ANITA
WOOLFOLK
EIGHTH EDITION
EDUCATIONAL
PSYCHOLOGY

教育科学精品教材译丛

Educational Psychology

教育心理学 第八版

[美] 阿妮塔·伍德沃克 著

陈红兵 张春莉 译
张斌贤 审校

凤凰出版传媒集团
江苏教育出版社

图书在版编目(CIP)数据

教育心理学：第8版/(美)伍德沃克著；陈红兵，张春莉译.
—南京：江苏教育出版社，2005.3(2010.7重印)
(教育科学精品教材译丛)
ISBN 978-7-5343-6410-5

Ⅰ.教... Ⅱ.①伍…②陈…③张… Ⅲ.教育心理学
Ⅳ.G44

中国版本图书馆CIP数据核字(2007)第019525号

教育科学精品教材译丛

教育心理学(第八版)

Educational Psychology

[美] 伍德沃克 **著**

陈红兵 张春莉 **译** 张斌贤 **审校**

责任编辑 金 玲

出版 江苏教育出版社
(南京市湖南路1号A楼 邮编：210009 网址：http://www.1088.com.cn)
发行 江苏省新华书店
照排 南京展望文化发展有限公司
印刷 镇江中山印务有限公司

开本 787×1092 1/16 印张 47.5 字数 1 126 000
2005年4月第1版 2010年7月第3次印刷
印数 3 181—6 200册

ISBN 978-7-5343-6410-5/G·6105
定价：78.00元

教育科学精品教材译丛

总序

作为高校教师，我们中的许多人常常为教育科学教材的陈旧落后而痛心疾首；作为教育学人，我们中的许多人也常常对经济学、社会学等显学学科教材建设的突飞猛进而称羡不已。

于是，我们坐卧不安，我们摩拳擦掌，我们立志超越，我们走到了一起。经过几年的努力，涵盖当代高等学校教育学专业的全部主干课程的大型海外教材《教育科学精品教材译丛》（下面简称《译丛》）呈现在读者面前。

许多年来，我国高等师范教育和高等学校教育学专业课程改革的步伐极为缓慢，师范教育的教育学、心理学、教材教法这三门课程多年不变，教育学专业的课程内容陈旧，课程的选择空间相当狭小。可以说，改变高等师范教育课程和高等学校教育学课程的落后状况，是《译丛》最为基本的宗旨。

另一方面，随着教育事业改革的深化，教育实践中产生的问题日益复杂，解决这些问题需要极为丰富的教育科学知识和能力。《译丛》追求的另一宗旨正是通过奉献世界上最先进的教育科学知识体系，促进我国教育事业改革的深化。

在过去的几年中，高等学校课程改革已经取得了相当明显的成效。深化课程改革的一条重要途径是引进国外尤其是发达国家的高校教材，藉此提高教育质量和增进学生的学习能力。《译丛》的宗旨和思路与我国高校教材改革的这种方向是一致的，而且是高校教材改革过程的组成部分。

促进学术交流，是《译丛》向往的又一宗旨。学术沟通的障碍，表征是交际语言，而深层原因则是学术语言与学术规范。《译丛》希望通过引进国外的教育科学知识体系和贯穿其中的研究方法与表达方式,促进我国教育科学学术事业的进步,并为其走向世界奠定基础和开辟道路。

《译丛》是建国以来从海外引进的规模最大、门类最全的教育学科教材,被国内媒体称为"又一次重要的拿来主义"。在科教兴国的基本国策背景下,它所蕴涵的巨大社会意义已经超出教材本身。因此,《译丛》的编委会和出版者——江苏教育出版社对此高度重视,并为此做了大量的细致而扎实的工作。第一,组建了强大的编委会和翻译队伍。《译丛》的编委会阵容整齐,有各师范大学的博士生导师、教授以及一批海外教育专家;主要翻译人员和审校者均是教育科学专业的博士或教育科学领域的教授,其中一些译者长期旅居国外,并从事教育科学专业的研究和教学工作,他们均在教育科学领域具有相当深厚的积累,可以确保《译丛》的翻译质量。第二,精心筛选选题。《译丛》的入选图书品质上乘,所有选题皆经中、日、美等国专家反复磋商论证,精选而成。其中一些书目为国外学术机构所推荐,在国外大学拥有广泛的学术声誉。许多教材一版再版,最多的已达八版。

我们希望,这套教材能成为国内教育科学的替代课本或重要参考书,同时也能作为各地教师继续教育的重要资料。

我们期待,这套教材能给中国教育理论界带来一些观念和方法上的启示,为我国的教育科学的教学和研究,尤其是教材编写工作提供一定的借鉴。

我们相信,这套教材会得到许多中小学教师、校长、教育行政机关干部、教育科学研究人员、教育专业的研究生以及高校在校学生的关注和选用。

当然,我们更希望、更期待的是创新和超越。希望和期待我国的教育科学工作者编写出高水平的、具有中国特色的教材。站得更高才能看得更远,看得更远才能做得更佳,希望我们这套教材能使中国教育理论界有一个更高的起点,使中国的教师和师范学生有一个开阔的视野。需要说明的是,原书附有大量的索引,但为降低图书成本,减轻读者负担,我们只好割爱,敬请诸君谅解。

我们欢迎各种形式的参与和合作,欢迎专家和读者随时为我们荐书,随时提出各种建议和评论。

《教育科学精品教材译丛》编委会

二〇〇二年四月

中文版序

阅读《教育心理学》中文版的同学们，你们好。非常高兴和荣幸，我编写的教材《教育心理学》英文第八版已被翻译为中文。你们当中许多人学习教育心理学课程，为将来从事教学或心理学等专业做准备。本书的内容会有益于关心教育和学习的每一个人。

自1980年发行《教育心理学》第一版至今，这一领域的发展令人振奋。第八版继续强调有关儿童发展、认知科学、学习和教学的研究在教育中的意义和应用。理论和实践不是孤立的，而被视为一个整体，书中展示了如何将来自教育心理学研究的信息和观点应用于解决日常教学问题。为了揭示知识与实践之间的联系，书中提供了大量案例、课堂片段、个案研究、指南和来自有经验教师的实践提示等。贯穿全书，你会不断受到挑战，激发你思考每一章理论的价值和应用，你将领会教育心理学原则的作用。

教育研究仍关注于教育对象——学习活动中的学生，关注学生如何在社会环境中获得对世界的认识。本版新增了有关社会认知和学习的建构主义观点一章，以探讨社会过程在学习中的作用。为了给未来教师提供最新的资料，本版新增了250多条参考文献，涉及的主题如下：

大脑与学习

维果斯基与发展的社会文化理论

在认知发展中成人与同伴的作用

个人自尊与集体自尊

欺凌弱小者与受害者

学校中转变期的过渡
情感智力和隐性知识
ADHD,注意缺失/多动症
刻板威胁
方言与教学
与文化相匹配的教学法
学习策略
社会认知理论和自我效能感
基于问题的学习
合作学习
学习中的兴趣和情感
自我图式与动机
科学中的概念转变教学
形成学习群体
应对冲突与暴力
经修改的学习分类
评分
真实评价
档案库

本书结构。 开篇第一章从你们——未来的教师谈起,首先提到你们可能自问的关于教学活动的一些问题,什么是好的教学?需怎样做才能成为一名优秀教师?教育心理学怎样才能帮助你成为这样一位教师?第一部分——学生,重点在学习者,他们在智力、身体、情感和社会性方面是如何发展的?这些方面如何协调一致?个体差异由何而来?对教师而言这些差异意味着什么?建立一个文化上和谐共存的课堂、一个能使所有学生都投入学习的课堂意味着什么?第二部分——学习,从三种主要观点来分析学习活动——行为主义、认知学派和建构主义,重点在后两个方面。学习理论对每个水平的教学都有重要意义。目前认知研究尤其重要,它成为教育思想源泉的前景已近在眼前。新增的一章"学习的社会认知和建构主义观点",探讨了社会和文化过程在学习中的作用。第三部分"激励",讨论了过往和目前的激励和教育当今学生的有关问题。第四部分,"教学",从两种观点探讨教学——以教师为中心的观点即强调教师在计划、准备和监控教学中的作用,以学生为中心观点即强调学生在构建理解中的积极作用。这部分也探讨了教师如何使教学适应有特殊需要的学生,这一部分的资料都是基于真实课堂里的最新研究。第五部分,"评估"分析了测试和评分的许多形式,为确定学生学习的水平奠定了一个很好的基础。

促进理解。 每章的**概览**开始于一个与该章主题有关的问题。在阅读每一章之前,花点时间回答这些问题。你对这些问题的回答和**概览**,连同学习目标列单(对以后的复习也有用),为这一章的主题提供了定向。

当你翻过这一页,会看到另一个问题:在与此章内容相关的一个真实课堂问题情境下"**你会怎么做?**"当你读完本章时,会对如何解决这一问题有更多认识,因此阅读过程中应留心注意和思考。

各章中,当提出主题、问题和难题时,都用标题的形式将它们凸显出来,这样你能很容易地查阅这些内容。这也将有助于你快速复习重要内容。每当介绍一个新术语或概念时，在页边就会有黑体字的简要定义。这些**关键术语**汇总于书后的**词汇表**。各章每个主要部分之后，都设有**检查要点**，它要求你回顾和应用所学知识。你能回答这些问题吗？如果不能，可以重新复习那些资料。全书各章中都选取了一些图、表、照片和卡通画以阐述、丰富课文内容——并增加你的兴趣。

每章的最后，对其中的主要观点进行**总结**，它回答了每个主标题下**检查要点**中的问题。

教材的其他特点。 同以前历版一样，第八版的每一章都包括**指南**、**教师案例簿**和**观点与争议**，它们讨论了诸如全纳教育、能力分层教学、“奖励”孩子们学习和直接教学以外的教学方法。

指南。 学习教育心理学的一个重要原因在于获得解决课堂问题的技巧。通常，教材只介绍理论和研究结果，而很少帮助把理论应用于实践。本书则不同，在第一章之后的每一章里都包括几套**指南**，这些都是基于该章中讨论的理论和研究而得来的教学技巧和实践建议。每一个建议由两到三个具体案例来说明。尽管指南不能涵盖每一种可能的情况，但它们确实在知识与实践之间架起了一座必不可少的桥梁，应有助于你将课本知识应用于新的情境。再者，第一章以外的每一章都有一套指南提供如何**同家庭、社区共同合作**(一个目前日益重要的方面)的建议。

教师案例簿。 这一部分备受称赞和欢迎。在每章的末尾，来自全国的杰出教师，包括许多“年度教师奖”的获得者，也有来自澳大利亚、巴布亚新几内亚和墨西哥的教师，针对 每章开篇时呈现的情景问题“你会怎么做？”提出了他们自己的解决办法。**“教师案例簿：他们会怎么做？”**使你洞察专家型教师的思想——把他们的回答与你的想法相比较。他们的见解真实地展现了教育心理学在日常情景中的应用。教师案例簿将每章中讨论的题目和原则带入生活。

观点与争议。 每一章都包括**观点与争议**的辩论，它剖析了围绕教育心理学中一个重要研究和实践问题和论题的大相径庭的两种观点，观点与争议中讨论的多数主题最近成为“新闻焦点”，而且是教育改革者讨论的中心议题。

走向专业化。 从第二章开始，每一章的最后有一个部分名为**“走向专业化”**，它指导你针对需要参加的专业**资格认证考试**建立一份个人学习指南，而且指导你组织一份专业的**教学档案库**和为未来的课堂编辑**资源文件夹**。

学生反馈。恳请你对本书的任何方面提出意见，我们欢迎你的反馈意见。例如，你可以评论**教师案例簿**中的解决方案，也可以建议在以后版本中应当增加的主题或内容。我们也非常想了解你对本书各部分和学生补充材料的看法。来信请寄：

伍德沃克(Woolfolk)
教育心理学，第八版 (Educational Psychology, 8/e)
阿林和培根公司 (Allyn and Bacon)
古尔登街 160 号 (160 Gould Street)
02494 美国麻萨诸塞州，尼达姆·海茨市(Needham Heights, MA, 02494)

阿妮塔·伍德沃克·霍伊

目　录

第一章
教师、教学与教育心理学

回想一下，在课内或课外你曾遇到的最好的老师，为什么多年后你还能记起他们？他们对你有什么影响？

同许多学生一样，你怀着期待而又谨慎的心情开始学习这门课程。或许你选修教育心理学，是由于在教师教育、语音治疗、护理或咨询等项目中，它被作为课程的一部分。也可能是因为你对教育或心理学感兴趣而选修这门课。无论选课的原因是哪一种，总之你对教学、学校、学生甚至你自己可能有疑惑之处，并且希望这门课程能够给予解答。我正是带着对此类问题的关注，完成了教育心理学第八版的写作。

在第一章中，我们不是由教育心理学开始，而是从教育学说起，更具体地说，是从目前的教育状况谈起。只有认识到教师所面对的挑战，才能体会到教育心理学的贡献。在简要介绍教师状况后，将返回来讨论教育心理学本身。我们将思考：什么是教育心理学？你为什么要学习它？教育心理学原则如何有助于教师、治疗者、家长和其他对学与教有兴趣的人？确切地讲什么是教育心理学的内容？它们从何而来？学完这一章，你将能更好地回答这些问题以及下面的问题：

- 什么是好的教学？
- 教学对我来说是一份好的职业吗？
- 专家型教师知道什么？
- 新教师最关心的是什么？
- 我为什么要学习教育心理学？
- 理论和研究在这一领域的作用如何？
- 学习教育心理学有助于我们解决哪类问题？

你会怎么做？

教师案例簿

你在美国加利福尼亚的瑞富塞德市联合学校（幼儿园—八年级）工作的第二年，在本州和私人基金的资助下，本地区在学校设立了三项“杰出教学奖”，校长请教师对如何选择获奖候选人提出建议，因此成立了一个委员会，它由一些有经验的教师和一名新教师组成，这位新教师就是你。当校长请你参加委员会时，你觉得自己不得不接受。从此你所有的休闲时间都消磨在讨论奖项上。一些教师表示怀疑，他们担心决定是纯行政的。另一些教师则高兴看到授予教学荣誉。提名被认为是当然的获奖者，一些教师以前很少与你交谈，而公布委员会成员名单后他们对你非常友好。显然，选择获奖者的工作并不像你想像的那样简单。下星期将召开第一次会议，你如何为此做准备？

- 为了完成这一任务，你需要对教学具备哪些了解？
- 出色的教学的特征是什么？对此不同的教育观念是否会带来不同的答案？
- 你的建议是什么？其依据是什么？

哈佛教授罗伯特·科尔斯(Robert Coles，1990)记述了在他生活中有着特殊意义的那些老师：

> 这些老师至今仍对我的生活有很大影响。他们的话语仍浮现在我的脑海里，而且融会到我的话语中，对此我确信不移。他们的思想、价值观唤起了我自己的思想和价值观。他们提供了榜样，他们的行为、教学形式、所运用的策略都始终影响着我的工作方式……
>
> 从一定意义上讲，所有好的教师，都能使学生免受厌倦、缺乏兴趣、孤芳自赏和自负的折磨：当然，作为智慧和道德生活的拯救者，教师在帮助他人时，自己也得到了帮助。(p. 59)

什么是好的教学？

这个问题有许多种答案，也包括基于你亲身经历的观点在内。这个问题经过教育工作者、心理学家、哲学家、小说家、新闻工作者、数学家、科学家、历史学家、政策制定者和父母的分析，可命名为几类。而且好的教学并不局限于课堂里——它可能出现在家庭和医院、博物馆和销售会议、临床医学家的办公室和夏令营中。本书中，我们主要关注课堂教学，但是你所学的许多知识也将应用于其他场合。[1]

四个课堂

为了对好的教学进行分析，让我们先到几位杰出教师的课堂里去看看。下面所有的情形都是真实的。首先介绍的两位教师与我教过的师范生在同一所地方小学工作。我之所以选择他们，是因为我以前的同事卡罗尔曾在有关课堂管理一书中写到过他们(Weinstein & Mignano，1997)。后面两位是中学教师，另外的教育心理学家对他们

---

〔1〕 联系与拓展——联系你自己的观念。什么是现实和理想的教育目标？受过教育的人是指什么？如何成为一个有效的教师？描述你曾认识的最有效的教师。你如何学得最好？你希望从这门课学到什么？你的回答将为你提供发展教学观念的基础。

的教学进行过研究。[1]

一年级双语班

在维维安娜(Viviana)的课堂上有 25 个学生，他们大多数刚从多米尼加移民过来，其余来自尼加拉瓜、墨西哥、波多黎各和洪都拉斯。尽管这些孩子刚上学时几乎不会或根本不会说英语，但是到七月离校时，维维安娜已经帮助他们掌握了所在区设置的第一级标准课程。她实现这一结果的做法是，在这个学年的早些时候用西班牙语教学以帮助学生理解，然后在学生们准备好时，逐渐使用英语。她不将学生分离开或将他们标为低等。她鼓励学生以说西班牙语为荣，同时利用每一个可能的机会支持他们提高英语熟练程度。

维维安娜对学生的期望很高，而且她确信他们具备所需的能力。她给学生提供必需的用品——铅笔、剪刀、蜡笔，所以没有孩子因缺乏文具而影响学习。她提供持续的鼓励。“在第一级的双语课堂上，维维安娜为其学生所做的一切是明显的。她以非同寻常的热情激励、鞭策、指导、示范、称赞和培养学生……每一步都是生动活泼的，显然维维安娜具有这方面的才能，她利用音乐、道具、手势、面部表情以及通过变换音调来交流信息。”(Weinstein & Mignano, 1997, p. 13)

维维安娜对自己的期望也很高。她通过研究生学习和参加专业培训课程拓展自己的教学知识。为了更好地了解学生，她每年都去每个学生家花几小时做家访。对维维安娜而言，教学不仅是工作，更是生活方式。

一个郊区六年级班

肯(Ken)在新泽西州中部的一所郊区小学教六年级。他强调“过程化写作”，学生们先写作文草稿，然后在班上大家讨论、修改、编辑，最后出版他们的作品。学生们还坚持写日刊，并以此与肯沟通想法。他们叙说家里的问题、打架和恐惧，肯则经常给以书面回复。科学学习也被置于真实的情境中，为了识别全世界的酸雨类型，学生们使用一个“国家地理社会”电脑网络与其他学校相联。在社会科的学习中，全班做了两个模拟 19 世纪上半叶情境的游戏，他们扮作掠取动物皮的捕猎者和西部淘金的拓荒者。

在这一年中，肯十分关注学生在社会性和情感方面的发展，希望他们在学习科学和社会学的同时发展责任心和公正感，从学期之初制定的班级规则中就明确体现了这一想法，规则中并没有具体规定什么能做、什么不能做，而是由肯和学生一起设计了一份“权

---

[1] 联系与拓展——联系新闻。《纽约时报》上的一篇文章(1988 年 5 月 26 日，B1)描述了康奈尔大学(Cornell University)为了表达对名列前茅的大学生和他们的高中教师的敬意，把这些教师请到一起，其中一位大学生说到他的高中数学老师，“她在班上是那么热情，她使学习这样有趣，我们喜欢学习微积分。”根据这篇文章，教师的技术包括一些革新之举，如对出色的学生给予“课堂奖券”，可以允许学生提前离开教室，或晚来教室。同时，这位学生讲到老师“在教授数学时全心全意的奉献和严谨”。

利单”，描述了学生的权利和教师的权利，这些权利涉及了需要规范的大多数情形。[1]

两个高级数学班

希尔达·博克和卡罗尔·利文斯顿(Hilda Borko & Carol Livingston，1989)记述了两位专家型的中学数学教师。在一堂高级数学班的课堂上，埃伦(Ellen)让她的学生们从课本中找出关于椭圆的任意三个题目，她问学生对这些题目是否有疑问或感到半信半疑。她回答学生们的问题，解答其中的两个题目，并且利用这三个问题推导出学生们理解这些内容所需的所有概念和公式。埃伦对这门学科的知识和对学生的了解是如此全面，以至于她能在现场创造性地解释和推导公式，而不论学生们提出什么问题。[2]

另一位教师，兰迪(Randy)帮助学生解决在复习积分策略时的困惑。当一个学生指出课本中的一个段落似乎是无条理的时候，兰迪就通过组织材料的过程引导学生。他要求学生概括积分运算的有效策略。他澄清学生们的建议，对其中一些加以详细阐述，并且帮助学生们修改其余的部分。他要求学生们把他们的观点同课本中的段落紧密联系起来。虽然他采纳了所有合理的建议，但他只在黑板上列出重要方法。到课堂结束时，学生们已经把课本中凌乱的内容变成指导他们学习的有序的、有用的要点。他们已掌握了如何阅读理解难度较大的内容的较好的方法。[3]

从这些课堂上你们看到了什么？教师们对学生尽职尽责。他们必须面对各种学生的能力和挑战：不同的语言、不同的家庭生活、不同的需要。这些教师必须很好地掌握学科知识，了解学生们的思维，这样当学生们感到困惑时，他们才能很自然地给出新例子和解释。他们必须把最抽象的概念例如积分，变成对学生们来说是真实的和可理解的。他们还要面对新技术、新技巧的挑战，必须适当地使用这些技术以达到重要目标，而不只是使学生们觉得有趣。专家型教师在教授学业材料的整个过程中，也注意到学生的情感需要，唤起低落的自尊心和激发责任感。如果从他们上课的第一天开始追踪，我们会发现，他们认真规划和教授课堂生活和学习的基本程序，他们能高效率地收集和批改作业、重组学生、给予指导、分配资料、收午餐费，以及应付突发事件——做这一切的同时还注意观察某些学生过于疲倦的原因。

---

〔1〕 联系与拓展——联系其他章节。肯的过程写作、学生出版作品和刊物写作是第十三章“全语方法”的一个例子。第十二章将讨论设置班级规则的新方法，肯的“权利单”便是这种新方法的一个例子。

〔2〕 联系与拓展——参考研究。博克和利文斯顿(Borko, H.，& Livingston, O. B.，1989)的《认知与临场发挥：专家型教师和新教师数学教学的差异》(Cognition and improvisation: Differences in mathematics instruction by expert and novice teachers)，载于《美国教育研究杂志》(*American Educational Research Journal*，26，pp. 473—498)。

〔3〕 联系与拓展——联系其他课堂。《哈佛教育简讯》(*Harvard Education Letter*)描述了另一位杰出教师，“罗伯特·摩西 (Robert Moses)，是麻萨诸塞州坎布里奇的马丁·路德·金学校的代数项目的创始人，他通过自然事件——如乘坐地铁——教学生数的概念和符号，选择一个地铁站作为起点，学生把进站和出站与正数和负数联系起来，他们把乘坐地铁转化为数学语言，考虑车站的数量与方向两个方面。在正式讲授代数之前让学生有这样的经历，摩西使数学学习更有趣和更容易”(Ruopp & Driscoll, 1990, p. 5)。

维维安娜、肯、埃伦和兰迪都是**专家型教师(Expert teachers)**[1]的典范,他们都关注在教育和心理学方面的最新研究成果。为了探讨"什么是好的教学"这个问题,我们来分析有关专家型教师的知识的研究。[2]

专家型教师的知识

专家型教师具备理解教学中问题的精细化的知识体系。例如,对于一个新教师来讲,学生在数学或历史测验中所有的错误回答似乎都是一回事——只是错误而已。无经验的教师可能很难把学生们的错误答案与其他的事实和想法联系起来。但对经验丰富的教师而言,错误答案是其丰富的知识体系的一部分,可能包括如何区分错误答案的类型,在每种错误背后的误解或信息缺失,重教或纠正误解的最好办法,过去用过的有效内容和活动,以及检查重教是否有效的一些办法(Floden & Klinzing, 1990; Leinhardt, 1998)。彼得森和科姆奥克斯(Peterson & Comeaux,1989)认为成为专家型教师正是在于教师的专业知识水平和对自我思维的意识能力水平。[3]

什么样的知识使专家型教师如此成功?李·舒尔曼(Lee Shulman, 1987)曾研究过这个问题,并且确定了专业知识的七个方面。专家型教师熟知:

1. 所教授的学科;

2. 应用于所有学科中的一般教学方法(诸如本书中介绍的课堂管理原理、有效的教学和评价);

3. 适合学科内容和学生年级水平的课程内容与计划;

4. 特定学科的教学知识:教授某些学生和特定概念的专门方法,比如对低能力学生解释负数的最佳方法;

5. 学生的个性和文化背景;

6. 学生学习的情境——结伴、小组、团队、班级、学校和社团。

7. 教学的目的与目标。

这里只是将它们列举出来。显然,一门课程不可能涉及教师教学需要的所有知识。事实上,一门课程不会使你成为一个专家,成为专家需要时间和经验。但是学习教育心理学能增加你的专业知识。教育心理学关注的核心是学习,无论它发生在课堂、公司、军队或在医师实习期间,无论在哪里,人们都在为拥有更多的知识和更强的竞争力而努力。

---

〔1〕 专家型教师——有经验和有成效的教师,他们形成了解决课堂常见问题的方法,他们对教学过程和内容具有广泛而系统的认识。

〔2〕 联系与拓展——参考研究。卡特、萨伯斯、库欣、皮尼格和伯利纳(Carter, K., Sabers, D., Cushing, K., Pinnegar, S., & Berliner, D., 1987)的《加工与应用有关学生的信息:一项专家型教师、新教师和未来教师的研究》(Processing and using information about students: A study of expert, novice, and postulant teachers),载于《教学与教师教育》(*Teaching and Teacher Education*, 3, pp. 147—157)。

〔3〕 联系与拓展——联系其他章节。教师对自己思维的认识是元认知知识的例子,第七章将讨论元认知。

学习不能由他人替代。学生构建他们自己的知识和技能。教师的作用如同编写管弦乐曲一样，把鼓励和支持学生学习与促进学生发展独立性的那些材料、任务、环境、对话、探究活动统统协调起来。要成为这样一位教师，你需要了解学生（本书第一部分）、学习（第二部分）、激励（第三部分）、教学（第四部分）和评估（第五部分）。

你怎样从一名新教师成长为专家型教师？你可以通过学习成为一名专家型教师吗？还是真正伟大的教师只能是天生的？好的教学是艺术还是科学？对最后这个问题的回答提供了关于好的教学的另一种理解。

教学：艺术、技术及大量工作

由于研究者已经鉴定了许多有效的教学技术，因此有些教育者认为，所有教师为了获取或保持其教师资格，应该学会这些方法，并且接受有关的考核。而另一些教育者认为，优秀教师的标志不是应用技术的能力，而在于教学**反思(reflective)**[1]的艺术性——深思熟虑的和富有创造性(Schon，1983)。接受这种观点的教育者更趋向于关心教师如何计划、如何解决问题，如何实施教学和作出决策，而不是教师应用的特定技术。他们相信教学是一种复杂的、要求严格的活动，这项活动需要创造性思维和毕生的学习(Borko，1989；Peterson & Comeaux，1989)。[2]

大多数人认为教师必须既掌握技术又有创造性。他们必须能运用一定的策略，同时也能发现新策略。他们必须掌握一些简单的课堂管理程序，但当情况改变时，也必须愿意而且能够摆脱既定程序。随时都会出现新问题，当旧的办法不起作用时，就需要其他方法。

教育是一种复杂的解决问题的活动。随着对其理解的不断深入，人们渴望给教师更多的自由和责任。正如你将在"观点与争议"中所看到的，许多教育改革运动正在寻求使教师参与课程设计和为其学生作出决策。[3]

你可能认为有关专家型教师和专业知识、艺术性和技术的讨论有点理想化和抽

---

〔1〕 反思——深思熟虑的和富有创造性。反思型的教师反省教学过程，分析自己所为和原因，思考如何促进学生的学习。

〔2〕 联系与拓展——参考研究。皮亚杰(Piaget，1973)曾这样谈到教学："教育的艺术就如同医学的艺术：没有特殊的'天分'是无法领悟的，除非具备有关人类的准确而据实验证明的知识。"[《理解就是创造：教育的未来》(*To Understand is to Invent：The Future of Education*，New York：Grossman，p. 94)。]

〔3〕 联系与拓展——参考研究。阅读并讨论。

• 斯帕克斯-兰格和科尔顿(Sparks-Langer，G. M.，& Colton，A. S. B.，1991)的《关于教师反省思维的综合研究》(Synthesis of research on teachers' reflective thinking)，载于《教育领导学》(*Educational Leadership*)，第48(6)卷，第37—44页。讨论问题：成为反思型教师的含义是什么？为什么反思对教师是重要的？

• 请阅读霍伊和伍尔福克(Hoy，W. K. & Woolfolk，A. E.，1989)的《指导师范学生》(Supervising student teachers)中的第109—111页，在伍尔福克主编的《关于教师毕业准备的研究观点》(*Research perspectives on the graduate preparation of teachers*，Boston：Allyn & Bacon.)的第108—131页。讨论问题：在教师职前准备中技术与反省思维哪个重要？

• 墨菲、埃弗森和拉德诺夫斯基(Murphy，J.，Evertson，C. M.，& Radnofsky，M. L.，1991)的《重构学校：十四位中小学教师对改革的看法》(Restructuring schools：Fourteen elementary and secondary teachers' perspectives on reform)，载于《小学杂志》(*Elementary School Journal*，92，pp. 135—148)。讨论问题：教师是否更多参与学校决策？

象，而现在更实际的是，你对如何成为一名教师心存忧虑，这份担心并不是惟你独有。

新教师面临的问题

任何地方的新教师都面临着很多共同的问题。一项对世界各地有关研究进行的综述发现，新教师认为维持课堂秩序、激励学生、针对学生差异因材施教、评价学生的学习，以及与家长打交道等是他们所面临的最严峻的挑战。许多教师当他们第一次面对“每日课堂生活的嘈杂而混乱的现实”时，便体验了所谓的“现实冲击”(Veenman，1984，p. 143)。冲击的一个来源是教师的确无法轻易地担当他们的责任。在他们工作的第一天，新教师就必须面对与有着多年教学经验的老教师同样的任务。同时一个关键原因是，实习教学并不能真正为未来的教师开始教学提供准备，而且学校通常并未提供机会，使新教师和老教师之间进行有益的联系、彼此相互支持和针对困难的辅助。如果你遇到这些困难，你不必为此焦虑不安，它们是作为一个新教师自然要面对的问题(Borko & Putnam，1996；Cooke & Pang，1991；Veenman，1984)。[1]

然而，随着经验的增长，绝大多数教师能够解决最初似乎十分困难的挑战，他们有更多的时间试验新的方法和材料。最后，随着信心的增强，富有经验的教师能够关注学生的需要。我的学生在学习吗？教学习较慢的学生写一篇有说服力的议论文的最好方法是什么？在这个阶段，教师以学生的成就来判断他们的成功(Feiman-Nemser，1983；Fuller 1969；Putnam & Borko，1997)。

观点与争议：究竟是谁的课堂？

卡耐基教育论坛和经济报告——《准备就绪的国家：面向21世纪的教师》(*A Nation Prepared*：*Teachers for 21st Century*)(1986)在教育改革词汇中引入了一个新词——重构(restructuring)，报告中讨论到我们必须“重构学校，为教师提供一个专业环境，使他们决定如何最好地为孩子创设环境和具体目标”(p. 57)。这一建议是否能成为现实？学校结构的变化是否使得教师能够在教学决策中运用他们的专业理论？

---

〔1〕 联系与拓展——参考研究。荷兰的一个教师教育项目非常强调反省思维的发展，对其进行的研究证实了技术和反省在教学中的重要性。科赛根(Korthagen，F. A. J.，1985)的《荷兰的反思教学和职前教师教育》(Reflective teaching and preservice teacher education in Netherlands)，载于《教师教育杂志》(*Journal of Teacher Education*)，第36(5)卷，第11—15页。调查的毕业生中有50%以上认为，他们对解决激励和管理的问题没有充分的准备。许多毕业生发现，在最初几年他们不得不放弃探究的设想，而去形成应对日常教学问题的方法。新教师需要掌握一些基本的教学技术和程序，以保证反省的能力，否则，在工作的第一年他们可能要用所有时间去学习应付。

▶**观点：教师有较大的发言权。**

国家管理者协会、国家教育协会和国家中学校长协会已发表报告支持教师参与学校决策。国家管理者协会(1989)声明“重构”应涉及：(1) 修改课程以支持高级思维、问题解决、创造性和合作；(2) 使每所学校的教师、行政管理人员和家长共同参与教学决策；(3) 创设新的教师角色，以更好地利用教师的专业经验；(4) 使学校为学生的学业成就负责。

《教育领导学》(*Educational Leadership*)1990 年 4 月刊介绍了许多中小学校，它们已彻底改变了课程、决策、角色和责任体系。例如，中央公园东中学的教师决定减少课时数，允许学生更深入地学习：

> 例如，7～10 年级学生的一周包括几次两小时的人类和数学-科学学习单元，每天一小时的西班牙语课，2～3 个小时的社区服务，和几个咨询单元。在午餐和放学后，学生可能参加俱乐部、音乐活动、体育和其他活动。(O'Neil, 1990b, p. 7)

在佛罗里达州戴得镇，学校的管理人员、教师和家长理事会创造性地重新设计学校，他们进行的三项变革是：提供额外帮助和拓展的星期六班，甚至包括芭蕾舞指导；本地事务的卫星学校；指导教师为其他同事提供支持和指导，并获得额外报酬。

◀**对立的观点：重构没有作用。**

1987 年，卡耐基促进教学基金会调查了美国的教师，了解他们是否觉得自己参与了学校决策。大多数教师——大约 79%——参与了选择课本，还有较多教师(63%)觉得他们参与了形成课程。但是只有 47%的教师帮助制定学生行为标准，43%参与设计教师发展项目，而且仅有 20%的教师在学校预算上有发言权。

一些研究者建议教师必须专注于他们的课堂和学生，从而没有时间和精力去参与整个学校的决策(Lortie, 1977)。还有一些研究者建议教师和管理人员形成某种默契，彼此不干涉各自的“领地”，将学校一级的决策交还给管理者，而教师在课堂上自治(Corwin, 1981)。一些批评者担心“重构”要求教师承担更多的责任，而没有提供给他们更多的时间和资源以应对这些新的责任(Conley, 1991)。

显而易见，争论仍在继续。戴维·克拉克和特里·阿斯图托(David Clark & Terry Astuto, 1994)对“重构”学校以使教师更多介入有关学生个体的决策提出质疑：

为什么我们要关注实施校本的高中管理系统，当我们维持每日6～8堂50分钟的课程计划，这样会使得绝大多数教师从不了解每天接触的150～200名学生的生活。是否有人确信这样一种组织结构能使文学教师有时间辅导学生写作？或者这种结构是否提供了个体化指导和咨询的机会？(p.514)

检查要点：什么是好的教学？

回 顾

- 专家型教师了解什么？
- 什么是教学的艺术和科学？
- 什么是新教师所面临的问题？

应 用

- 根据舒尔曼(Shulman)的7种知识，分析一位你的老师。
- 你关心的教学问题与新教师研究中报告的问题有何异同之处？

我谈论好的教师，因为许多教师希望将来成为好教师。但所有好的教学都是从理解学生和学习开始的。正如你在这本书中看到的，如今研究者们存在极大的兴趣去研究人们如何理解和应用知识。如教育心理学家研究在教学中技能如何发展，还有学生如何在某个特定的领域成为专业人才。本书中的许多部分涉及了这些问题。

教学的最终目标——终身专业化的学习

今天，人们在退休前平均变换7次工作。许多职业的变换带来了对新知识和技能的要求(Weinstein，1994)。因此，教学的一个目标应该是使学生能够不再依赖教师，而能在今后的人生中不断地、独立地学习。

要能够终身不断地独立学习，就必须成为一个自我监控学习者。**自我监控学习者(Self-regulated learners)**[1]既具备专业学习技能，又具备促进学习的自我控制能力和较强烈的学习动机。换句话说，他们具有学习的愿望和技能(McCombs & Marzano，1990；Murphy & Alexander，2000)。自我监控学习的概念整合了有效学习和动机的含义。有三个因素影响学习的技能和愿望：知识、动机和自我约束或意志力。

〔1〕 自我监控学习者——既具备专业学习技能、又具备促进学习的自我控制能力的学习者，他们具有学习的技能和愿望。

知识

要成为自我监控学习者，学生需要了解自己、学习对象、学习任务、学习策略及其应用条件。“专家型”学习者了解自我和自己学习的最佳方法。例如，他们知道自己所喜好的学习方式；对于他们来讲什么是容易的，什么是困难的，如何处理这些困难的部分；他们自己的兴趣和专长所在，以及如何运用这些优势（请阅读第四章）。这些学生也非常了解他们所学习的内容。他们知道得越多，就越容易继续学习更多的东西（Alexander, 1997）。他们可能理解不同的学习任务需要采用不同的方法。例如，一个简单的记忆任务，则可能要求一个记忆术的策略（请阅读第七章）。而一个复杂的理解任务，则可能采取画概念图的方法（请阅读第八章）。同时，这些自我监控学习者知道学习通常是艰苦的，知识并不是绝对的——看问题有不同的方式和不同的解决问题方案（Pressley, 1995; Winne, 1995）。

这些“专家型”学生不仅知道每个任务的要求，也能够应用所需要的策略。他们可以浏览或仔细阅读，可以使用记忆策略或重组策略。当他们在一个领域具备了更多知识，他们自动化地应用那些策略。简言之，他们掌握了大量的、灵活性的学习策略和技巧（请阅读第八章）。

最后，“专家型”学习者考虑应用知识的条件——何时、何处利用目前的学习，这样他们可以确立具有激励性的目标，把目前的学习与未来的成就联系起来（Wang & Palincsar, 1989; Weinstein, 1994; Winne, 1995）。

动机

自我监控学习者具有学习的动力（请阅读第十章和第十一章）。他们认为学校里的许多活动是有趣的，学习是有价值的，并不是为了在别人看来表现好。即使某个特定的任务没有引起他们的内在兴趣，他们也会认真考虑这个活动所带来的好处。他们了解自己的学习目标，因此自我决定行为和选择，而不是被他人控制，然而，对于学生的学习，具备了知识和动机有时还不够，自我监控学习者需要毅力和自我约束。“具有动机只是一种承诺，意志力才意味着达成”（Corno, 1992, p. 72）。

意志力

那是星期五晚上，我已经写作了整整一天，感冒更重了，我还要继续写下去，因为这一章的最后期限已经临近。我具备了知识和动机，但为了坚持下去，还需要巨大的意志力。**意志力（Volition）**[1]是表达自制力的一个古老的词。自我监控学习

〔1〕 意志力——自制力，自我约束。

者知道如何避免自己分心——例如在哪儿学习不受干扰。他们知道如何应对自己的焦虑、困倦和懒散(Corno, 1992, 1995; Snow, Corno, & Jackson, 1996)。当诱惑他们停下工作——如面前放着一大碗土豆条(低脂肪的)和萨拉斯调料时,他们知道如何做。

检查要点: 教学的最终目标——终身专业化的学习

回 顾

- 描述自我监控学习。

应 用

- 学习教育心理学可以帮助你发展哪些方面的教师专业知识?

显然,并不是所有学生都会成为自我监控学习者,事实上,一些心理学家建议你可以将这种能力视为个体差异特征(Snow, Corno, & Jackson, 1996)。在这方面,一些学生做得比其他学生更好。你如何帮助更多学生成为自我监控的学习者?教育心理学和本书对回答这个问题有所帮助。

教育心理学的作用

在分析教育心理学在教与学中的作用时,我们首先要界定教育心理学的含义。在教育心理学创立至今的大约90年中,对于什么是教育心理学存在着争议。一些人认为教育心理学无非就是将心理学的知识应用于课堂活动,而另一些人相信它是将心理学的方法应用于研究课堂和学校生活(Clifford, 1984a; Grinder, 1981)。[1]

今天普遍接纳的观点是,**教育心理学(Educational Psychology)**[2]是一门独立的学科,它有自己的理论、研究方法、关注的问题和技术。"教育心理学不同于其他心理学分支,是因为它以理解和促进教育作为主要目标"(Wittrock, 1992, p. 138)。教育心理学家"研究在有目的的教学环境下,人们教授和学习特定课程时的所想和所为[我补充'所感']"(Berliner, 1992, p. 145)。但教育心理学家的发现对教育真有所帮助吗?多数教学只不过是常识,不是吗?让我们花点时间考虑这些问题。

它只是常识吗?

在许多情况下,心理学家历经深思熟虑和花费大量研究与经费而提出的原则,听

〔1〕 联系与拓展——参考研究。请查阅《教育心理学家》(*Educational Psychologist*)1992年春季刊第27(2)卷,在此期中刊登了默尔·威特罗克(Merle Wittrock)、戴维·伯利纳(David Berliner)和罗伯特·卡尔菲(Robert Calfee)的几篇文章,讨论问题:教育心理学的本质与使命。
〔2〕 教育心理学——是关于教与学的过程的学科;运用心理学的方法和理论,同时也有自身的理论和方法。

起来却像是显而易见的。人们不耐烦地、而且常常这样讲,“每个人都知道这个。”请看下面这些例子:

轮流参与

在一个初级阅读课上,教师应采用什么方法选择学生参与活动?

常识答案

教师应随机叫学生发言,使每个学生都认真地听课,如果每次都采用同样的顺序,学生就知道什么时候要轮到自己了。

基于研究的答案

多年前,奥格登、布罗菲和埃弗森(Ogden, Brophy, & Evertson, 1977)研究发现回答这个问题并不简单。例如,在一年级的阅读课上,按顺序循环提问和给每个学生朗读机会,比随机提问能带来更好的整体成绩。在循环提问中一个关键因素可能是每个学生获得了参与的机会。如果缺乏提问每个人的程序,许多学生可能被忽略掉。研究表明还有一些比循环提问更好的方法,但无论用什么方法,教师应确保每个学生有练习和反馈的机会(Tierney, Readence, & Dishner, 1990)。

课堂管理

即使在适当的和有意义的活动中,一些学生仍会未经允许离开座位,在教室里走动。教师该怎么做?

常识答案

每当学生站起来时,教师都要提醒他们坐到座位上,反复提醒会帮助过分活跃的学生记住规则。如果教师不去提醒,任由他们违犯规则擅自离座,那么离座和坐在座位上的学生都会认为教师不会认真对待规则。

基于研究的答案

在一项研究中,马德森、贝克尔、托马斯、科泽和普拉哥(Madsen, Becker, Thomas, Koser, & Plager, 1968)发现当学生离开自己座位时,教师告诉他们坐下的次数越多,学生擅自离座越频繁。当教师不去理会离开座位的学生,而是表扬那些坐着的学生,离开座位的行为比率大幅度下降。当教师重新采用以前的方法告诉学生坐下,离座行为的比率又会有所升高。至少在某些情况下,似乎教师越说“坐下”,学生就越是站起来。

跳级

学校是否应鼓励特别聪明的学生跳级或较早进入大学?

常识的答案

不,非常聪明的学生如果比同班同学小一两岁,可能会有社会适应问题,他们没有在身体和情感两方面做好与较大学生相处的准备,在学校的重要社会关系中处境不利,尤其在以后的年级中更是如此。

基于研究的答案

未必,塞缪尔·柯克(Samuel Kirk)和他的同事 (1993) 认为"从早上学到早升入大学,研究始终表明,跳级的学生和那些与他们能力相似而未跳级的学生相比,发展得更好或至少相当" (p. 105)。跳级是否是最佳方案,这依赖于个体的许多具体的特征,包括智力和学生的成熟,也依赖于其他可选择的途径。对于一些学生来讲,快速学习和与较大的学生一起参加高级的课程是很好的选择。

莉莉·旺(Lily Wong, 1987)证明,只是因为看到研究结果落到字面上,使得它们看起来显而易见。她选择了 12 项有关教学的研究发现,"轮流参与"便是其中之一。她将 12 项发现呈现给大学生和有经验的教师,其中 6 项以正确的形式,另 6 项以完全相反的意义陈述。大学生和教师评价错误发现中大约一半为"显然"正确。在一个后续研究中,给被试呈现 12 项发现和与其对立的结果,请被试选出正确的结果。对于其中 8 项,被试选择错误结果多于正确结果。

你可能认为教育心理学家花费时间去发现显而易见的现象,前面的例子指出了这种想法的危险性。当以简单的方式陈述一个原则,使其听起来简单化。当我们看到一位天才的舞蹈者或运动员表演时,也会有类似的感受。训练有素的表演者使表演看起来十分容易。但我们只是看到了训练的结果,而没有看到掌握每一个动作的所有过程。请记住任何发现——或它的反面——都可能听起来像常识。请不要凭感觉,而要看这个原理接受检验时所证明的凭据 (Gage, 1991)。[1]

运用研究去理解和促进教学

进行研究以检验可能的规律是教育心理学两个基本任务之一,另一项任务是综合

〔1〕 联系与拓展——参考研究。阅读并讨论以下文章,盖奇(Gage, N. L. ,1991)的《社会和教育研究结果的显然性》(The obviousness of social and educational research results),载于《教育研究者》(*Educational Researcher*)第 20(1)卷,第 10—16 页。讨论问题:教育研究的发现为什么似乎是"显而易见"的?这种想法有什么危险?

各种研究的结果形成理论，力争呈现对教学、学习和发展的整体观点。

描述性研究

为了理解教学和学习，教育心理学家设计和进行了许多不同类型研究。其中一些研究是“描述性的”，就是说，其目的只是要描述一个特定班级或几个班级中发生的事件。**描述性研究(descriptive studies)**[1]的报告通常包括调查结果、访谈记录、实际课堂对话举例或课堂活动记录。

课堂**人种志(Ethnography)**[2]研究是由人类学借用来的一种描述方法。人种志方法是研究在一个群体生活中自然发生的事件和努力理解这些事件对相关人群的意义。例如，本章开篇对那位专家型高中数学教师的描述，就是摘自希尔达·博克和卡罗尔·利文斯顿(Hilda Borko & Carol Livingston, 1989)的人种志研究。研究者为了描述新手与专家型教师的区别，在教师的课堂里进行详细观察，并分析观察、录音记录和与教师的访谈信息。

在一些描述性研究中，研究者仔细分析课堂录像以识别教师和学生的行为模式，在另一些研究中，研究者采用**参与性观察(Participant Observation)**[3]和在班级或学校内工作，从教师和学生角度理解行为。研究者也采用个案研究，例如，深入探讨教师如何计划课程或学生如何学习一个特定材料的**个案研究(Case Study)**[4]。

相关研究

描述性研究的结果常常包含了相关性的信息。我们分析一下这个概念，因为在后面的内容中我们将遇到许多相关关系，**相关性(Correlation)**[5]是用于表明两个事件或两项测试之间关系强度和方向的数值，它的变化区间是从 1.00 到−1.00。相关性越接近 1.00 或−1.00，相互关系越紧密。例如身高和体重之间的相关性是 0.7(高度相关)；身高和口头语言数量之间的相关为 0.00(完全没有关系)。

相关系数的符号表明关系的方向。**正相关(positive correlation)**[6]表明两个变量共同增加或减少。当一个变量增加，另一个也随之增加。身高和体重是正相关，因为较高的身高一般与较重的体重相联系。**负相关(negative correlation)**[7]意味着一个因素的增加与另一个因素的减少相关。例如，户外温度与所穿衣服的重量的关系是负向的，因为当温度降低时，人们倾向于穿重的衣服。

---

〔1〕 描述性研究——指通常采用观察、调查、访谈或综合运用这些方法以收集关于特定情境的详细信息的研究。
〔2〕 人种志——研究一个群体生活中自然发生的事件和努力了解这些事件对相关人群的意义的描述性方法。
〔3〕 参与性观察——在描述研究中，研究者为了更好地了解某个群体而成为这个情境的参与者。
〔4〕 个案研究——深入研究一个人或一个情境。
〔5〕 相关性——是对两个变量相关程度的统计描述。
〔6〕 正相关——两个变量共同增加或降低的相关关系，例如，摄入热量与体重增加。
〔7〕 负相关——一个变量的高数值与另一个变量的低数值相联系的相关关系。例如，身高与头顶到天花板的距离之间的关系。

重要的是要注意，相关性并不证明因果关系（见图 1.1）。身高和体重是相关的——较高的人一般比较矮的人更重，但显然增加体重并不会使一个人长高。了解一个人的体重只能使你对他的身高作出一般估计。教育心理学家识别相关关系，以便对课堂中的重要事件有所预测。[1]

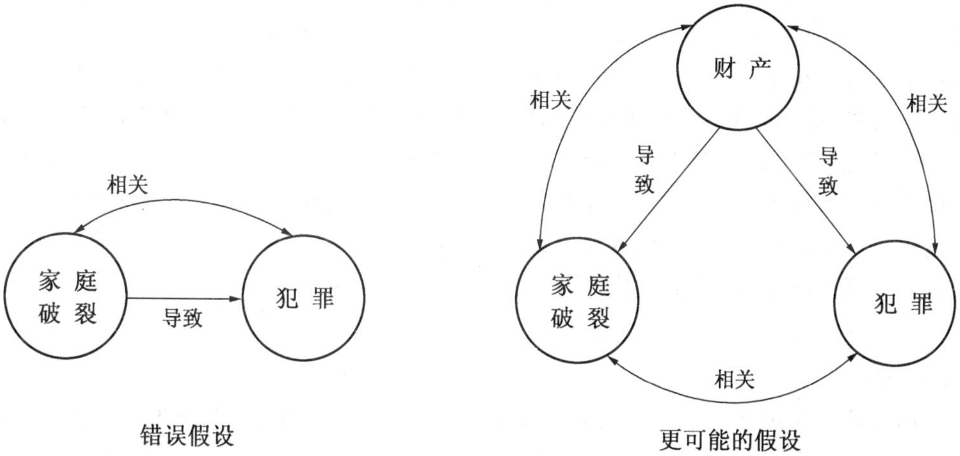

图 1.1 相关性并不表明因果关系

研究表明家庭破裂与犯罪是相关的，但这不表明因果关系，第三个变量，财产可能是犯罪和家庭破裂二者的原因。

实验研究

研究的第二种类型——**实验(experimentation)**[2]——可以使教育心理学家超越预测，去研究原因和结果。研究者不是只观察和描述现有的状况，而是改变一些因素并记录其带来的结果。首先，形成许多可比较的被试组。心理学研究中，**被试(subjects)**[3]一般是指被研究的人群——例如，教师或八年级学生——而不是数学或科学这样的学科。保证各被试组同质的一个通常方法是随机将每个被试分配到各组。**随机(random)**[4]是指每个被试进入任何一组的机会相等。

在一组或几组被试中，实验者改变情境的某些方面，看这一变化或处理是否带来预期的影响。然后比较每个组的结果。一般通过统计来分析组间差异是否显著。当

[1] 联系与拓展——联系现实生活。完全正相关(1.0)，如圆的半径和周长。完全负相关(−1.0)，如每日中的白昼时间与夜晚时间。不完全正相关，如汽车的价格与其保险费用，或孩子的 IQ 分数与学校评分的相关是 0.39(Scattler, 1992)。不完全负相关，如剧院座位票价与其到舞台的距离。零相关，如印第安人的数量与纽约人的获奖比例。

[2] 实验——操作变量并记录结果的研究方法。

[3] 被试——被研究的人或动物。

[4] 随机——没有确定的模式，无规则的。

差异达到**统计意义上显著(statistically significant)**[1]时，就意味这个差异并非偶然出现。许多研究试图识别因果关系，它们要解答的是诸如这样的问题：如果教师不理会擅自离开座位的学生，而是表扬在座位上努力学习的学生(原因)，学生们坐着学习的时间较长(结果)？

在许多情况下，描述性研究与实验研究是同时进行的。奥格登、布罗菲和埃弗森(Ogden, Brophy, & Evertson, 1977)的研究是个很好的例子。为了探讨在初级阅读课程上选择学生朗读的方式与学生的阅读成绩之间的关系，他们首先在许多课堂中观察学生和教师，然后测查学生的阅读成绩。他们发现按事先已知的顺序叫学生依次朗读，与阅读成绩的提高有联系或相关。然而，只有这样一个单纯的相关性，研究者并不能确定这一策略就是引起结果的因素。在第二个阶段的研究中，奥格登和他的同事请几位教师依次叫每一个学生，然后，将这些学生的阅读成绩与采用其他提问策略的班级的学生成绩相比较，因此，这个研究的第二部分是实验研究。[2]

教学理论

教育心理学的主要目标是理解教学和学习，研究是达到这一目标的主要工具。达到这个目标是一个漫长的过程，只有极少数的标志性研究一次回答一个问题，人类太复杂了。教育心理学研究只是检验某个情境的有限的方面——也许一次几个变量，或一两个课堂中的情况。如果在某个领域中进行了充分的研究，研究的发现也指向同一个结论，我们就获得了一条**原理(principle)**[3]，它是两个或多个因素之间建立的联系，例如在某种教学策略和学生成就之间建立联系。

另一个工具——**理论(theory)**[4]可使你建立对教学和学习过程更深刻的理解。通常人们以为理论就是“一种猜测或预感”(就像“噢，这只是个理论”，意思是，只不过是个猜想而已)。但理论的科学含义是非常不同的，“科学中的理论是概念的关系体系，可用于解释大量数据和预测未来的实验结果”(Stanovich, 1992, p. 21)。由于发现了许多确定的原理，教育心理学家已建立了对许多变量关系的解释，甚至形成关系的体系，如解释语言如何发展、智力的差异如何形成，以及人们如何学习的理论。[5]

没有一种理论可以作出完美无缺的解释和预测。在本书中，你会看到心理学家持

---

〔1〕 统计意义上显著——非偶然事件。

〔2〕 联系与拓展——联系已有经验。以下研究是描述性研究(D)还是实验研究(E)? 1. 研究者观察高学业成就班级的教师，以确定他们的相同之处(D); 2. 教师给三组冲动型儿童不同类型的训练，以确定哪种训练方式对降低他们的冲动性最有效(E); 3. 研究者对一组男孩和女孩进行 IQ 测试，以确定性别和言语能力之间的关系(D); 4. 教师采用不同的方法教两组相似的学生，以确定哪种方法会提高数学的学业成绩(E)。

〔3〕 原理——因素间的确定关系。

〔4〕 理论——将用于解释某个现象和进行预测的原理进行整合阐述。

〔5〕 联系与拓展——参考研究。基利昂和托德内姆(Killion, J. P., & Todnem, G. R., 1991)的《个人理论建立的过程》(A process for personal theory building)，载于《教育领导学》(*Educational Leadership*)第48(6)卷，第14—16页。讨论问题：为什么教师需要个人的教学理论?

有不同的理论观点，而且不赞同对诸如学习和动机等的全面解释，因为没有一种理论可以提供所有答案，要考虑的是每种理论提供了什么。

你可能会问，为什么有必要学习这些理论？为什么不可以只学原理？因为它们都有用。例如，课堂管理的原理将帮助你处理具体问题，另一方面，关于课堂管理的好的理论，为你提供思考纪律问题的新思路，它为你提供工具去解决不同问题和预测新情境可能发生的问题。这本书的一个主要目的是给你提供有关教学的最好和最有用的理论，这些理论有强有力的证据支持。虽然你可能倾向于赞成某些理论，但请把所有理论都作为理解教师面临的挑战的途径。

检查要点：教育心理学的作用

回 顾

- 什么是教育心理学？
- 什么是描述性研究？
- 什么是相关性？
- 什么是实验研究？
- 区分原理与理论。

应 用

- 有些人断言“教学只不过是常识”，你会对他们说什么？

教育心理学研究既涉及内容，又涉及过程。事实、原理和理论将增长你的教学专业知识，教育心理学的学习过程将帮助你批判性地思考教学，从而成为探究自己有效教学的研究者。

这本书如何帮助你学习

几年前，一位杰出的校长告诉我，教师是专业的学习者，学生是业余的学习者。她鼓励自己学校的教师成为好的指导者和学习训练者，以使学生也成为专业学习者。在这学期上课的第一天，我告诉学生希望他们“亲自感受教育心理学”。我的意思是希望他们以学习者的身份在实际的生活中应用教育心理学的理论。如果你通过应用从课本学到的有关策略、动机、主动学习和理解的知识而成为专家型的学习者，那你将成为一位更好的教师。所以我鼓励你通过这本书更多地了解学习、动机、目标设立、研究测验和自我监控，以将它们应用于你的生活中。

这本书的结构和内容将支持学习。下面将介绍你如何利用本书的各个组成部分，帮助自己形成认识的基础，使其既服务于今天和将来作为学习者的你，也使得未来作为教师的你受益。

做好学习的准备

每一章开始的几项内容将帮助你做好学习准备。最初请你回答的几个问题使你开始思考与此章相关的主题。你可能回想起已经了解的有关信息，很快看到所有的学习都是从学生已有的认识和信念开始的。章节**概览**为你提供了将要学习的资料概况。接下来的“**你会怎么做**?”，使你联想到一个课堂和决定你如何处理某一问题的情境。当考虑可能的解决办法时，你将遇到该章中涉及的问题。因此，随着继续学习这一章，你会检验自己处理问题的想法，并可能拓展自己的想法。有目的的阅读会促进理解。我希望“你会怎么做?”中提出的问题为你提供阅读该章的有效的理由和目标，使你把教育心理学的知识与课堂实践结合起来。

促进理解的辅助手段

综观各章，你会发现其他一些有助于理解和应用的工具，充分地利用它们将使你从本书中获得最大收益。阅读时注意标题和小标题，这些标题呈现了各章的结构和主要观点，以及与每个主要观点相关的观点。关键词用黑体字标识出来，并以脚注形式给出定义。而且，在各章当中的每一部分之后都有**检查要点**框，请你通过回忆关键观点和应用所学的概念，检查自己的理解情况。每章的最后有个**总结**，它是针对检查要点作出的回答。[1]

运用知识

如果说本书的观点是有价值的，就需要用它们来思考你和学生在教与学中遇到的问题并采取行动。在每章开始，当请你考虑“**你会怎么做?**”时，重点就很清楚了。后面的**指南**提供了可应用于教学的原理，每条原理下列举若干例子，希望这些例子有助于你思考原理的应用。其中一套指南是关于家庭在教学中的合作关系——这是目前非常重要的问题。而且，每章都有一个“**观点与争议**”部分，讨论教育心理学中的一个重要论题，你可以看到教育家们对研究发现的意义或如何应用那些研究成果并不总是达成一致。每章的最后是“**走向专业化**”，它将提供以下指导：

- 为专业**资格认证测验(Certification Test)**[2]提供个人学习指南。
- 组织个人**教学档案库(Teaching Portfolio)**[3]。

---

〔1〕 联系与拓展——联系现实生活。1988年8月30日，杂志《今日美国》(*USA Today*)发表了有关教师态度的一些调查数据，调查的教师有1 174名，是从参加美国教师联盟和国家教育协会1988年全国会议的10 000名教师中随机选取的。其中的一些结果是：教师年龄平均44岁，平均拥有19年的教学经历，平均每天工作8个小时。这些教师中，29%评价自己学校为A级，50%给学校评为B级，大约5%给学校评为D级或F级。大多数教师(71%)评价自己为A级，28%评价自己为B级，1%评价自己为C级。当请他们谈工作中最担心什么时，15%说是他们的老板，10%说班级规模太大，5%—6%说是文书性的工作，还有4%说是纪律问题。在教学中最大的问题是：低报酬和大班额。最大的奖励是：“看到智慧的火炬在延续。”

请讨论这些结果的有效性，他们是否代表了所有教师？为什么？什么样的教师成为这样的专业会议的代表？他们对教师职业是否同一般教师一样满意？是更满意还是更不满意？

〔2〕 资格认证测验——在美国许多州，为了获得教师资格认证或执照，教师被要求参加标准化测验，如教育测验服务处(Educational Testing Service)编制的实践系列(Praxis series)。

〔3〕 教学档案库——对作为教师的你的描述，通常包括简历、你的教育观点、你的教学计划和活动案例、作业和测验案例、学生作业甚至以及教学专家的录像和光盘。

● 形成资源文件库。

最后，我们回到**"你会怎么做?"**中讲述的问题，看看几位有经验的教师是如何做的，与自己的想法和该章内容相比较，你是否同意他们的做法？你有什么补充？

成为一名好的新教师

成为一名专家型教师需要时间和经验，但你可以从做一名好的新教师开始。在第一年教学中你可以形成一套有效的原则和实践方法，以便使得一些活动很快成为自动化。你还可以形成对自己教学提出质疑和分析的习惯，使得你能够解决新出现的问题。你还要学习对被认为有效的技术进行反思，提出问题：为什么这个方法对学生有效？还有什么好的或更好的方法？回答这些问题和你分析现实问题的能力，要比具体技术本身重要得多。当你提出并回答这些问题时，你将重新确定自己的教学理论。

检查要点：本书如何帮助你学习

回 顾

● 你用什么方法学习教育心理学？

我写这本书的目的是帮助你成为出色的新教师，成为既可以应用又可以提高教学技术的教师。更重要的是，我希望本书将使你从新的角度思考学生和教学，为将来你具有经验而成为专家型教师奠定基础。

总结

什么是好的教学？

专家型教师了解什么？

成为专家型的教师需要时间和经验。这些教师具有丰富的有关具体教学情境的系统知识，它包括所教学科的知识，对所教学生的了解，以及对一般的教学策略、特定学科的教学方法、学习的情境、课程资源和教育目标的认识。

什么是教学的艺术和科学？

教学既是科学又是艺术。有效的教学要求理解有关学习和教学的研究发现，具有关于有效的技术和规范的知识。教学也需要创造性、天赋和艺术家的判断。

什么是新教师所面临的问题？

学会教学是一个渐进的过程。随着教育的发展，教师的想法和遇到的问题也在变化。在开始的几年里,他们的注意力集中于维持日常教学,新教师普遍关心的是维持纪律、激励学生、评价学生的活动和与家长打交道。比较有经验的教师则转向关注专业发展和有效地教育所有学生。

教学的最终目标——终身专业化的学习

描述自我监控学习

教学的一个主要目标是为学生终身学习做准备。为了达到这个目标,学生必须成为自我监控学习者,就是说,他们必须兼具知识、学习动机和意志力,这些将带来独立和有效学习的技能和愿望。知识包括对自我、学习对象、学习任务、学习策略和应用情境的认识。学习动机提供了承诺,意志力抗拒分心和具有坚持性。

教育心理学的作用

什么是教育心理学?

教育心理学的目标是理解和促进教学和学习过程。教育心理学家发展知识和方法,他们也运用心理学和其他相关学科的知识和方法研究日常情境中的教与学的过程。

什么是描述性研究?

描述性研究的报告通常包括调查结果、访谈记录、实际课堂对话举例或课堂活动记录。课堂人种志是由人类学借用来的一种描述方法。人种志方法是研究在一个群体生活中自然发生的事件和努力理解这些事件对相关人群的意义。研究者也采用个案研究,例如,深入探讨教师如何计划课程或学生如何学习一个特定材料的个案研究。描述性研究和实验研究都为教师提供有价值的信息。

什么是相关性?

相关性可使你预测课堂上可能发现的事件。相关性是用于表明两个事件或两项测试之间关系强度和方向的数值,它的变化区间是从 1.00 到-1.00。相关性越接近 1.00 或-1.00,相互关系越紧密。

什么是实验研究?

实验研究可以指明因果关系,并帮助教师实现有价值的变化。研究者不是只观察和描述现有的状况，而是改变一些因素并记录其带来的结果。

区分原理与理论

教育心理学包括内容和过程。原理是在两个或多个因素之间建立联系，例如在某种教学策略和学生成就之间建立联系。理论是概念的关系体系，可用于解释数据和预测未来的实验结果。例如，有些理论解释语言如何发展、智力的差异如何形成，以及人们如何学习。研究得出的原理提供了针对具体问题的多种回答，而理论提供了分析任何情境的观点。分析研究的过程和理论将鼓励你批判性地思考教学。

这本书如何帮助你学习

成为一名好的教师就意味成为一名好的学习者。如果你形成个人的观点，并把它们应用于自己的生活中，本书中的许多信息将帮助你成为更专业的学习者。利用本书有用的部分——概览、要点、"你将怎么做?"、各章中的检查要点和总结、组织化的标题、指南和教师案例簿——努力成为一名专家型的学习者。

教师案例簿

他们会怎么做?

本章开头提出了一个"设立'教学杰出奖'"的问题情境，下面是几位教师对其作出的回应。

MADYA AYALA

High School Teacher of Preperatoria Eugenio Garza Lagüera

Campus Garza Sada, Monterrey, N.L. Mexico

我建议要做的第一件事情是建立一套选择标准。我们知道所有教师都既有优点又有缺点，也知道什么是最好的。评价标准可能由于国际的、国内的和地区内的需要和价值不同而变化。这些因素将影响对教师心理的、教学法的和认识论方面优点的解释。因此，委员会应识别当前社会的教育需求。

这套指标与教学能力有关，它应获得官方文献的支持，如联合国教科文组织的观点。也要考虑来自教师、学生和管理者的意见。我想向委员会建议，教师的意见非常重要，应在最后的决定中给予特别考虑。还可以请候选者自评。

经验的长短不应是一个考虑因素，只需考虑作为教师的表现如何。主要目标应是使教师意识到希望他们达到的目标是什么和树立最好的榜样。

KATIE CHURCHILL

Third Grade Teacher

Oriole Parke Elementary School, Chicago, Illinois

我将事先研究其他学校过去如何进行类似奖项的评选。我想建议选择不同的"杰出"类型,以决定谁是提名候选人,我建议我们根据他们的教学能力公平地选择候选人。最后,我建议让学生对哪位教师应获得这个奖发表意见。

CAREY PERKSON

Second Grade Teacher

Brown School, Natick, Massachusetts

在委员会开会讨论候选人条件之前,我将和有经验的教师讨论。要确保所有委员会成员根据同样的标准,就先要界定"杰出教学"的含义和明确推荐条件。

在委员会会议上,保持开放接纳的态度和注意倾听意见是非常重要的。通过建立一系列关键的品质和成就指标,我们将能评选出最有资格获得这个奖的人。

DENISE READY

Second Grade Teacher

Snug Harbor Community School, Quincy, Massachusetts

我将准备提交以下一些标准,我相信它们是杰出教师的标志,一个杰出的教师:

- 热爱学生。
- 在任何情况下尊重所有的学生和家长。
- 创设安全的课堂氛围,使学生在其中感到作为课堂主人的重要。
- 看到所有学生的潜能。
- 鼓励学生实现最高的潜能。
- 具备学生成长和发展的丰富知识,同时有能力应用这些知识满足儿童个体的需要。
- 对课堂管理和行为管理有深入认识。
- 有直觉和创造性,能看到教育时机并抓住这个机会。
- 是经验不足教师的好的榜样和师友。
- 具有团队归属感和分担责任的愿望。

- 采用新的教育观点，有能力和有愿望进行变革，使教育活动不断发展。
- 有幽默感。
- 愿意花费更多的时间和精力，愿意尽力成为最好的教师。

AIMEE FREDETTE

Second Grade Teacher

Fisher Elementary School, Walpole, Massachusetts

成为好教师包括许多方面，最重要的是，无论如何教师都要考虑到所有学生。有效的教师会调整课程和教学，使所有能力水平的学生都感受成功，他们会形成使学生建立自尊的学习环境，这种环境和自信心将鼓励儿童以自己的努力取得成功。

有效教师的另一个特征是，具有与其他教师一同工作的能力。具有与管理者、同事、家长和学生的较强的交流技能是必要的。当一个教师能积极和清晰地启发学生，这些学生将对探索世界充满好奇，这些孩子的家长也将成为教师的资源。这样，在学校和家庭中，孩子都拥有了成长的基础。

今天，教师是一个重要职业，而且为了履行这个使命，教师需要不断的自我提高和专业发展。有许多有效的方法来实现自我提高，从出席会议、课堂学习、阅读期刊和文章，到进行小组活动和教学反思。那些认识到发展和学习是贯穿终身和努力获得新观念和新技能的教师，对于任何课堂都是有价值的财富。

有各种不同的教育观，而且每一个教师对每种教学方法都有不同的解释。教学观点应该总是达到同一个结果：提高教师对学生的认识和教师自我学习的愿望。抱有这样的目的，所有的教育观将殊途同归，获得成功。

无论教育观如何，有效的教师激发孩子的兴趣，这将有助于儿童形成自己的学习动机。我还认为，教师应完全支持所有学生，无论学生的能力如何。为了有效教学，教师应适当调节和落实学习任务，以适合这些学生的水平。积极的学习经验将产生于教师、学生和家庭的合作关系中。

为了更好地总结出有效教师的特征的建议，利用专业书籍和期刊进行研究是有益的。另一个建议是利用头脑风暴的方法列出有效教师的特征。

第二章 认知发展和语言

想想怎么对一个6岁和一个14岁的孩子解释"象征"这个词？用其他的词？用图画还是举例子？用哪种呢？你了解大孩子和年龄小的孩子的思维有什么不同的地方吗？

这一章将帮助您回答这些问题，还有关于儿童怎么样思维和他们的思维怎么随着时间变化的许多其他问题。这些思维和理解上的变化就是认知发展。

在这一章，我们以一个关于人发展的一般规律和对人脑简单认识的讨论开始，然后我们考察皮亚杰和维果斯基这两个最有影响的认知发展理论家的学说。皮亚杰的理论包含针对儿童能学会什么和他们什么时候乐意学的阐述。当然我们也要提到对他的理论的一些批评。维果斯基，苏联心理学家，在当前他的著作越来越有影响。在孩子的认知发展过程中，他把教师和家长的作用提到了一个很高的位置。

最后，我们研究语言的发展，讨论一下学校在语言的发展和丰富过程中所担任的角色。

读完这一章后，您应该能完成的内容：

- 阐述人的发展的一般规律，并举出实例。
- 说明在皮亚杰的四个发展阶段中，每个阶段儿童思维特点有什么不同。
- 简述皮亚杰理论中关于对不同年龄阶段孩子的教育的内容。
- 比较皮亚杰和维果斯基的认知发展理论。
- 阐述维果斯基的教育理论。
- 为教师设想几种帮助孩子们发展语言应用能力和理解力的方法。

你会怎么做？

教师案例簿

地方上的课程指导提倡把诗纳入到教学中来，包括诗中的象征手法。您可能会担心，大多数的五年级学生理解不了抽象的概念。现在来问几个学生，看看他们对于象征知道多少。"有点像一个大的绑在一起的金属器具"，特蕾西像一个乐队指挥那样挥舞着手臂说。"是"，肖恩接着说，"我姐姐在大学里的乐队里就打过架子鼓。"这会儿，你意识到他们理解错了，那就再试一次。你接着解释："我说的象征是，比如，戒指代表婚姻，红色的心是爱的符号等等。"学生们呆愣愣地看着你。特雷弗小心翼翼地说了句："你是说像奥运会火炬？""好，奥运会象征着什么，特雷弗？"你接着问。"我说的是火炬。"特雷弗小家伙一定在想你怎么这么笨。

- 从学生们的反应中，你看到学生们是怎样思维的？
- 遇到这种情况，你该怎么继续往下进行呢？
- 该怎样去"聆听"学生的思维，使你的教学适合他们的思维水平呢？
- 怎么给学生们一些关于象征的具体的经验呢？
- 要是你的学生们还没有足够的能力接受，又该怎么办？

发展的概念

发展(development)[1]作为心理学术语，在大部分普通心理学里的含义是指，从人的胚胎到死亡过程中发生的变化。这个词并不是指所有的变化，而是指那些按一定顺序出现，并保持一定时间的变化。如：因小病引起的暂时性变化，就不能看做是一种发展。对此，心理学家们提出了一个非常有价值的判断理论，来确定什么样的变化才能称之为发展。"这类变化至少发生在生命的早期，一般被认定为有助于个体更好的成长，而且使行为变得更具适应性、组织性和更加复杂"(Mussen, Conger, & Kagan, 1984)。

人类的发展可以分成许多方面：**生理发展(physical development)**[2]，正如你所想到的，是身体方面的变化；**个性发展(personal development)**[3]，一般指个体性格方面的变化；**社会性发展(social development)**[4]，指个体人际关系方面的变化；**认知发展(cognitive development)**[5]，是指思维能力上的变化。

在发展过程中，许多变化是生长和成熟的问题。**成熟(maturation)**[6]是指自然和自发出现的变化，在很大程度上由遗传决定。这些变化随时间出现，除了营养不良和严重的病患之外，相对地不受外在环境的影响，大部分的生理上的发展可以归到这一类。其他由学习引起的变化，比如个体和周围环境的交互影响，这种变化构成了人的社会发展中的大部分。关于人的思维和个性的发展呢？许多心理学家认为，在人的思维和个性发展过程中，成熟和外部环境的影响都很重要，单纯强调哪一方面都有失偏颇。

发展的一般规律

虽然理论学家们在发展涉及的方面和发生方式上有分歧，但在以下的几个一般规

〔1〕发展——我们从胚胎到死亡经历的有次序的、适应性变化。
〔2〕生理发展——随时间产生的身体结构和功能上的变化。
〔3〕个性发展——个体成长的时候发生的个性上的变化。
〔4〕社会性发展——我们与其他人的关系随时间发生的变化。
〔5〕认知发展——智力加工逐渐按一定次序发生的变化，变得越来越复杂和熟练。
〔6〕成熟——遗传决定的，随时间自然发生。

律上都能达成一致：

1. 每个人的发展速度不同。

想想教室里的孩子们，你就能得到许多关于不同发展速度的实际例子。一些学生更高大一些，动作的协调性更好一些，或者思维更成熟一些。另外一些孩子在这些方面可能成熟得要慢一些。除了极少的发展很快或迟滞的特例，存在发展速度上的不同是正常的，在任何一个大的学生群体里都会有的。

2. 发展相对而言是有顺序的。

人的某些能力发展在其他的能力之前。婴儿会走之前先学会坐；会说话之前先听到他们的咿呀声；学会用自己的眼睛看周围世界之后，才开始去想像别人眼中的世界是什么样的；了解莎士比亚之前，先知道耶稣等等。理论家们可能在具体的什么在前什么在后有异议，但他们好像都各自找到了一个比较有逻辑的序列。

3. 发展是逐步产生的。

极少有变化是立刻表现出来的。一个不会用铅笔，或者不能回答假设性的问题的学生，会很好地发展这方面的能力，但这可能需要时间。

大脑和认知发展

上过心理学导论的话，一定读到过关于大脑和神经系统方面的内容。你可能记得，大脑有几个不同的区域，特定的区域有特定的功能。例如，像羽毛那样柔软的小脑控制调节人体的熟练活动——从优美的舞蹈姿势到日常吃饭时的叉子不会叉着鼻子等。小脑也参与高级认知功能，比如学习。丘脑与学习新的信息，尤其是口头形式的信息有关。网状结构控制注意和觉醒，调度信息发送到更高一级的大脑中心进行处理(Wood & Wood, 1999)。[1]

覆盖着大脑约 1/8 英寸厚，看起来褶褶皱皱的那部分是大脑皮层——人脑面积最大的部分。大脑皮层大约占人脑重的 85%，包含大量神经细胞——储存和转换信息的微小结构，这部分有助于促成个体的最大成就。这张皱皱的神经细胞片有三种主要的功能：从感知器官(如视觉和听觉器官)接收信号，控制言语活动，联系各部分进行协作。人类的这部分比其他低等动物相应的部分要大得多。皮层是脑最后发育的部分，所以一般认为这部分比大脑其他部分对环境影响更敏感一些。另外，皮层的各个部分成熟的速度不同：控制生理活动的皮层区域发展或成熟得最早；然后是控制复杂感知的区域，如听觉和视觉皮层区；最后是大脑皮层的前叶，这部分控制高级思维过程(Berk, 2000; Meece, 1997)。

脑的专门化与一体化(分化与整合)

皮层的不同区域好像是有不同的功能，如图 2.1(大脑皮层结构示意图)。即使在不

〔1〕 联系与拓展——参考消息。参见 1996 年 2 月 19 日，《新闻周报》(*Newsweek*)封面报导“你孩子的大脑”(“Your Child's Brain”)的论题，刊载了一些很有意思的数据和观点。

同的区域发现各自有不同的功能，这些功能也只是很具体和基本的。要获得更复杂的功能，比如言语和阅读，不同的区域就得协同工作(Byrnes & Fox，1998)。例如，语言加工过程中，就需要许多皮层区域的参与：要回答一个问题，得先听到这个问题，这就需要主要的听觉皮层区；说出你的回答，要有控制言语活动的运动皮层区。布洛卡区(在控制唇、颚和舌头的区域附近)提供一个正确的语法表达结构，威尼克区(在听觉皮层区附近)帮助我们用特殊字句联系上下文的意思。一个布洛卡区完好而威斯尼克区受到损坏的人，说出的是毫无意义的话，但语法结构没什么问题；反之，布洛卡区受到损坏，说的话就没有正确的语法结构，但用词还是适当的(Anderson，1995a)。

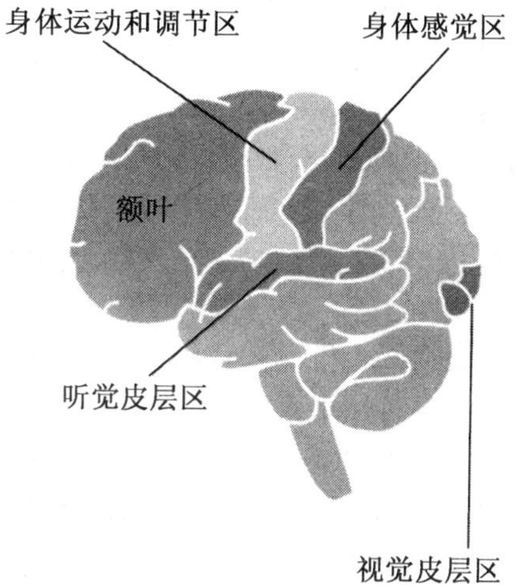

图 2.1 大脑皮层结构示意图

这是关于人脑左半球的简单示意图，以揭示大脑皮层结构。皮层被分为不同的区域，每个区域具有不同的功能。一些主要的功能如图中所示。

大脑功能的另一方面，关于认知发展的，(偏侧性，偏侧优势)**侧面化(lateralization)**[1]或两半球的专门化。我们知道大脑左右半球控制身体的相反的那一边，大脑右半球受到损伤，会影响左半身的活动，反过来也是这样。另外，大脑的特定区域影响特定的行为。对大多数人来说，进行语言加工主要是左半球，右半球主要处理空间—视觉的信息和情感(非言语信息)。对于大部分左利手的人来说，就正好相反了，两半球专门化的程度更小一些(Berk，2000)。另外，一般来说，女性表现出的两半球专门化程度要比男性小(O'Boyle & Gill，1998)。

在大脑两半球表现出来的这些功能上的不同是相对的，只是在特定的功能方面，一半球可能要比另外的那半球发挥的作用大些。几乎所有任务的完成，尤其是关于教师的复杂的技能和能力更需要大脑不同区域的协调工作来获得。例如，大脑的右半球更善于把握故事的含义，左半球的语法和分析能力较强，阅读的过程中就得两半球协同工作。“这些发现意味着分开训练大脑两半球得不到神经科学研究的支持”(Byrnes & Fox，1998，p.310)。因此，要注意，基于过分单纯的大脑功能分化说的教育方法，正如斯坦诺维奇(Keith Stanovich，1998)所指出，“左右脑分工的无稽之谈已经通过工厂车间、服务行业和商业出版社的渠道在教育领域泛滥”(p.420)。

〔1〕 侧面化——大脑皮层两半球的专门化。

信息的存储和转换

神经元(存储和转换信息的细胞)通过从突触(在神经纤维之间很小的空间)释放化学物质发送信息,从一束神经纤维传到另一束。从出生起,我们就拥有了这一辈子所能拥有的全部神经细胞,大约有一到两千亿(Baron, 1998)。但在生命早期甚至一直到青春期,从细胞里伸出来的,神经纤维和纤维末梢之间的突触,则能继续增长。

接受刺激、不断使用的神经细胞能长出新的突触,形成新的连接,那些失去连接的神经细胞就逐渐死掉了。实际上,动物研究表明,在刺激环境里(玩具,学习任务,人的逗弄)养的猫的突触数目,要比在几乎没有刺激的环境中养的多 25%(Greenough, Black, & Wallace,1987)。对人类而言,早期的刺激也很重要。很明显,过度的刺激丧失不利于大脑的发育,但也不意味着过多的超过他能够获得的足够的或一般的数量的刺激会促进青少年大脑的发育(Byrnes & Fox, 1998; Kolb & Whishaw, 1998)。当然,除了刺激丧失还有很多因素影响到孩子大脑的发育,比如:母亲孕期吸毒(包括酒精和咖啡因),婴儿生长环境中的生化毒素,孩子营养不良等等。

影响思维和学习的另一个因素是大脑神经纤维的**髓鞘形成(myelination)**[1],或者这么说,就是神经纤维上加了一层厚厚的绝缘罩。这个过程有点像给裸线加上橡胶或塑料皮套。这层罩使信息传递得更快、效率更高。大脑神经的髓鞘化发生在幼年早期,逐渐持续到青少年期,这也是早期儿童大脑迅速发育的原因。

在以后十年里,我们会看到关于大脑、发展、学与教方面的进一步研究。例如,1998 年有一个专门的教育心理评论栏目,是关于认知神经和教育的,他们强调大脑是个复杂的收集器,各部分协同工作,构建理解、总结模式,设置规则和搞清个体感觉的意义。随着个体不断地成熟和发育,这些系统将随生命进程不断地变化。下面就讨论这种变化过程。

皮亚杰,生物学家,后转为心理学家,提出了早期认知发展的理论。

检查要点: 发展的概念

回 顾

- 总结描述发展是如何发生的三个原则。
- 大脑的哪部分是和高级思维功能相联系的?
- 什么是侧面化,为什么它很重要?

应 用

- 发展的什么方面涉及在本章开始时提到的那个名叫特雷弗的学生对"象征"的理解?

[1] 髓鞘形成——神经纤维套上了一层叫做髓磷脂的脂肪护套,这使信息传递更为有效。

皮亚杰认知发展理论

在过去的半个世纪里，瑞典心理学家让·皮亚杰对人类是怎样通过收集和组织信息，进而理解他们的外部世界，作了一个典型的描述(Piaget, 1954, 1963, 1970a, b)。我们将仔细地研究皮亚杰的思想，他的理论为幼儿到成人的思维发展过程提供了一个很好的解释。

根据皮亚杰的理论(1954)，对成人来说特别简单的思维方式，就孩子而言就不那么容易了。有时要教孩子一个新的概念，就需要给他们一些基础的背景事实。也有时好多的背景事实并没什么用，学生只是还没做好学这个概念的准备。和一些学生在一块儿时，你能问他们内战的一般起因和为什么会认为美国内战发生在 1861 年，但要是学生们这样问你“1861 年是什么时候”，很明显孩子们的时间概念和你的不同。他们可能认为，比如，有一天他们在年龄上能赶上他们的哥哥姐姐，或者对过去和未来这样的概念感到迷惑不解。〔1〕

影响发展的因素

正如我们所看到的，发展不只是一个活的信息容器里加入了新的事实和观念。皮亚杰认为，因为在不断地努力了解这个世界，我们的思维过程从出生到成熟都在发生着根本的变化，虽然这种变化不那么快。我们是怎么做的呢？皮亚杰指出了四个要素——生理成熟、活动、社会经验和平衡——影响思维变化的交互作用(Piaget, 1970a)。我们来简单地看一下前三个因素，下一节再转入平衡的讨论。

对我们认知世界有影响的一个重要因素就是成熟，指在每个人身上出现的生理变化，这些变化从理论上说是由遗传决定的。除了确定孩子营养良好和关心他们的健康，父母和教师的帮助对孩子这方面的认知发展没有什么影响。

活动是另一个影响因素。随着生理上的成熟，孩子们不断增长的能力作用于环境并从中得到学习。当一个孩子的协调能力得到了合理的发展，比如，孩子玩了秋千后，可能会从中发现关于平衡的一些原理。这样，我们作用于环境时——当我们探索、实验、观察，最后组织得到的信息——同时也在改变着我们的思维过程。

在发展的过程中，我们也在不断地和周围的人相互作用。皮亚杰认为，社会信息传递或者向别人学习，影响认知的发展。没有社会传播，我们就得自己重新摸索已经被我们的文化所创造出来的所有东西。个体可以根据不同的认知发展阶段，从社会传

〔1〕 联系与拓展——参考学生的思维。体验儿童思维和成人的不同之处，问不同年龄的孩子以下几个问题：活着意味着什么？月亮是活的吗？你能说出几样活的东西吗？梦是从哪里来的？它们要去哪里？从山脚下沿路到山顶和从山顶沿路到山脚下哪个远一些？一个人能同时生活在芝加哥和伊利诺斯州两个地方吗？有一天你会和你的哥哥一样大吗？前天是什么时候？晚上太阳去哪里了？

播中进行学习。

成熟、活动和社会传播共同影响认知的发展。对这些影响，我们是怎么反应的呢?

思维的基本倾向

从早期生物学研究中，皮亚杰得出一个趋向是**组织(organization)**[1]——把行为或概念组合，调配，再组合，再调配到现有的系统结构中去；另一个趋向是**适应(adaptation)**[2]，或者说是调整以适应环境。

组织

人天生就有一种把思维过程内化成心理结构的倾向，这个结构就是我们理解和与外界交流的系统。原来简单的结构，经过组合和调整变得越来越复杂和有效。例如很小的幼儿，把一个东西放到他们手里，他们能盯着看或者是抓那个东西，但就是不能同时协调看和抓两个动作。随着不断地长大，幼儿逐渐可以把这两个分离的行为结构组织成一个更高水平的协调结构——看、伸手够、抓到物体。当然，这些动作仍能分开(Ginsburg & Opper, 1988; Miller, 1993)。

皮亚杰称这种结构为**图式(schemas)**[3]，他认为图式是思维这座大厦的基石，这些组织化的动作和思想系统使我们得以在头脑中展现或思考事物。图式可能很小、很专门化，例如用吸管吸这个动作图式或者区别玫瑰花的图式；也可能是很大和一般化的——喝的动作图式或者给植物分类的图式。随着思维过程越来越有条理和新的图式不断建立，个体的行为也变得更加丰富和成熟，更易适应环境。

适应

除了建构心理图式的趋向以外，另一个是趋向于对环境的适应，其中包括同化和顺应两个基本的过程。

同化(Assimilation)[4]是在人们试图用已经存在的图式解释事物时产生的，是把新的知识纳入到原有的知识体系当中进行解释。为了使新的知识适合我们的图式，往往同时也在使新的信息失实。比如，许多孩子第一次见臭鼬的时候，把臭鼬叫做猫。他们在识别动物的时候就在力图使新的经验和已经建立起来的图式相匹配。

顺应(Accommodation)[5]是在当人们面对新的情境解释不了，必须改变原有的认知图式时发生的。如果接受的信息不适合已有的任何的图式，那么就有必要建立更

〔1〕 组织——把信息和经验处理到内部智力系统或类别的一种正在进行的过程。
〔2〕 适应——根据环境作一定调整。
〔3〕 图式——知觉或经验的心理系统或类别。
〔4〕 同化——把新的信息组合到已有的图式中去。
〔5〕 顺应——为了适应新的信息，改变已有的图式或创建新的图式。

加合适的认知图式。我们对自己的思维进行调整使之适合新信息，而不是调整新的信息让信息适应我们的思维。孩子们为了辨别动物，在已有图式的基础之上加了一个识别臭鼬的图式，就是顺应的过程。

人们通过使用已有的认知图式(同化)当这些图式起作用的时候，对已有认知图式的调整和丰富(顺应)当需要新的知识的时候，不断适应越来越复杂的环境。实际上，大多数情况下，两个过程都有。即使是在用已经建立起来的图式，比如用吸管吸这个动作，要是吸管和平时用的不大一样，可能就需要在吸管的型号长度方面做些调整。如果你已经试过喝那种盒式果汁，肯定知道得在会吸的基础上加一个新的技巧——不能挤那盒子，不然的话果汁会从吸管里径直喷出来，弄脏你的衣服下摆。无论什么时候，新的经验纳入到已有的图式中总会使图式扩大发生或多或少变化，所以同化中必然包含有顺应。

也有这样一些时候，同化和顺应都没起什么作用。如果人们碰到的信息太过陌生，他们就选择忽略掉这些信息。在既定的时间里，人们总在对信息做一种过滤，使得到的信息适合他们自己当时的思维方式。比如，你无意中听到有人在用一种外语交谈，除非你懂点这种语言，否则你是不会试图弄明白他们交谈的内容。

平衡

根据皮亚杰的理论，建构、同化、顺应的过程都被看做是一种复杂的平衡运动。他认为，思维的实际的变化发生在**平衡(equilibration)**[1]过程中——寻求平衡的行为中，人们不断地在检测自己的思维过程是否恰当，以获得平衡。

简单地说，平衡的过程是这样的：如果我们把一特定图式应用到一个事件或者是一个情境中，已有的图式起了作用，平衡就建立起来了；如果这个图式不能得出令人满意的结果，就存在**失衡(disequilibrium)**[2]状态，这时我们就会感到不安。这种不安就驱使我们通过同化和顺应来找一个解决的办法，这样我们的思维就向着解决问题的方向发生变化。为了在认知世界的图式和外界所提供的信息之间获得一种平衡，我们不断地用已有的认知图式同化新的知识，一旦同化不成功，产生不平衡的状态，便调整原有的认知图式。

认知发展的四个阶段

现在我们来看看，皮亚杰假定的孩子们的成长过程中实际的不同。皮亚杰的认知发展四阶段是：感觉运动阶段、前运算阶段、具体运算阶段和形式运算阶段。他认为每个人都会以这样的顺序经历这几个阶段。这几个阶段有对应的年龄，如表2.1(皮亚杰的认知发展阶段)所示。记住，你看到的阶段和相应的年龄只是一般的划分，不代表一定年龄的所有孩

〔1〕 平衡——在认知图式和来自外部环境中的信息之间寻找一种心理平衡。
〔2〕 失衡——皮亚杰的理论中，指当一个人意识到他或她当前的思维方式不足以解决问题或理解情况时产生的一种“不平衡”状态。

子。皮亚杰感兴趣的是个体能够使用的思维方式的特点，而不是给它们分出具体的时间段。人们经常是用不同的思维水平解决不同种类的问题。皮亚杰指出，个体可能会在这几个阶段之间经历一个长时期的转换，一个人在一个情境中可能会表现出一个特定阶段的特征，但在其他的情境中表现的是更高或更低阶段的特征。因此，单单知道一个学生的年龄，并不能确定他的思维特点(Ginsburg & Opper, 1988; Orlando & Machado, 1996)。

表 2.1 皮亚杰的认知发展阶段

阶 段	大约年龄	特 征
感觉运动阶段	0—2岁	开始有模仿，记忆和思考 开始认识到东西藏起来看不到，并不是不存在了 从无意行为向有意行为转化
前运算阶段	2—7岁	语言能力和以符号形式思考的能力逐渐发展 能够进行单向的逻辑思维 从别人的观点来看问题有困难
具体运算阶段	7—11岁	能用逻辑方式解决遇到的具体问题 能够理解客体守恒的规律，能分类和排序 能理解可逆性
形式运算阶段	11—成人	能用逻辑方式解决各种抽象问题 思维更具科学性 对一些社会问题、身份更加关注

Source: From *Piaget's Theory of Cognitive and Affective Development* (5th ed.), by B. J. Wadsworth, 1996, Reading, MA: Addison-Wesley. Copyright © 1971, 1979, 1984, 1989, 1996 by Addison-Wesley. Adapted with permission.

婴儿期：感觉运动阶段

个体成长早期被称为**感觉运动(sensorimotor)**〔1〕阶段，因为这时候孩子的思维方式是看、听、动、触摸、尝等直接的动作。在这一阶段，婴儿发展了**客体永久性(object permanence)**〔2〕，理解物体存在不依赖于是不是能看到。正像大部分家长注意到的，在婴儿获得客体永久性之前，能很容易地从他们那里把东西拿走。窍门就是分散他们的注意力，在他们不看的时候把东西拿走——“看不到了，也就没有了”。大一点的孩子会去找滚出视野以外的球，这表明他们知道物体即使看不到了，也还是在的。但最

〔1〕 感觉运动——指感觉和运动活动。
〔2〕 客体永久性——理解物体是独立的，永久存在性。

近的研究表明，3～4 个月那么大的婴儿可能知道物体并不是没有了，只是他们记不住该怎么找或者协调这样一个寻找的动作，即活动水平达不到(Baillargeon & DeVos, 1991; Meece, 1997)。

在感觉运动阶段取得的另一个主要进步就是出现了逻辑的开始——**目的性行为(goal-directed actions)**[1]。想想那种幼儿常玩的玩具，通常是塑料的，上面有个盖子，里面放着几个彩条，彩条能倒出来也能换。6 个月大的孩子可能会因为打不开盒子而感到沮丧。再大一点儿的、已经掌握了感觉运动阶段基本的内容的孩子，就可能能够用有次序的动作对付这个盒子。在不断的尝试和错误中，孩子慢慢建立了一个"盒子玩具图式"：(1) 把盖子拿掉，(2) 把盒子倒过来，(3) 要是彩条挤在一起了，就晃一晃，(4) 看彩条掉出来。为了达到目标，分离着的低水平的认知图式已经被组织成一个更高水平的图式。

这个孩子很快就能反着做，把彩条再装进去。学会反向动作是这一阶段的一个基本的进步。正如我们很快会看到的，掌握逆向思维——就是学会想像动作结果的反面，得要更长一点时间。

儿童早期到小学初期：前运算阶段

在感觉运动阶段末期，孩子已经能用许多动作图式了，只要这些图式仍是和具体的物理动作相连结，而在回想过去的经过、理解信息和计划方面就没什么用。所以，孩子们需要皮亚杰所说的**运算(operations)**[2]，它是指在头脑里实施的和逆转的动作。感觉运动阶段之后的阶段称之为**前运算(preoperational)**[3]阶段，是因为孩子还没有完全掌握这些智力操作，但已经在逐渐掌握。

皮亚杰认为，从动作到思维的第一步是动作的内化，比用直接的动作更倾向于用精神上的智力操作。和动作分离的最初的思维方式使动作图式更系统化，然后是形成和使用象征符号——词、手势、符号、表象等的能力，这样就获得了前运算阶段的主要进步，有助于进一步掌握下一阶段的智力操作。这种运用象征符号的能力，比如用"自行车"这个词，或者是一张自行车的图片来代表实际上并不在眼前的真正的自行车，这就是**符号功能(semiotic function)**[4]。

孩子们早期是在比比划划中运用象征符号的，他们不会说话的时候常常用动作符号——假装从空杯子里喝水或者是装着在拿着梳子梳头发，这样来表示他们知道杯子和梳子是干什么用的。他们的这种行为也表明他们的动作图式越来越细致，越来越少地依赖于具体的动作。吃的图式，比如，可能会在玩家家时用到。我们也看到了另外

[1] 目的性行为——指向一定目标的有意行为。
[2] 运算——个体思考以后付诸行动，而不是直接实施行为。
[3] 前运算——儿童掌握逻辑思维操作之前的阶段。
[4] 符号功能——使用符号的能力——用语言、图画、符号或者手势代表思维中的行为或实物。

一种重要的符号系统——语言的迅速发展。在 2 岁和 4 岁之间,大部分孩子的词汇量会从大约 200 迅速扩展到2 000 个。

随着孩子在这一阶段的发展,用象征符号思考具体的对象的能力还是只限于一个方向的思维,或者是单向逻辑。对孩子们来说"逆转思维"或者是把任务中的各步反过来进行是很困难的。

逆向思维(reversible thinking)[1]存在于许多任务中,这对前运算阶段的孩子们来讲并不容易,比如守恒的问题。**守恒(conservation)**[2]是指这样一种规律,即使物体的排列和外观上发生了变化,只要没增加也没减少,数量仍保持不变。如果把一张纸撕成几片,数量上和原来的整张纸是一样的。为证明一下,你可以把这个过程反着做一下,把这几片纸重新粘起来。

在进行皮亚杰设置的任务过程中,前运算阶段的孩子的反应表现了守恒中的一个典型的困难。利厄,5 岁,给她看两个杯子,高度和粗细都是一样的,里面都盛着同样多的带颜色的水。实验者问利厄,两个杯子里的水是不是一样多,"是的",利厄回答说。然后实验者把其中一个杯子里的水倒进一个高高细细的杯子里,再问利厄杯子里的水是不是还一样多。现在她看到细高瓶里的水位更高些,就可能坚持细高瓶里的水多。注意,利厄的判断表现了她对同一性的一个基本的理解(水是一样的),但是还想不出水的数量没有变化(Ginsburg & Opper, 1988)。

皮亚杰对利厄的回答做了解释,利厄注意的中心和焦点在高度这个维度上,一次从多个角度对情境进行考虑对她来讲是困难的,或者说**去中心化(decentering)**[3]是不容易的。前运算阶段的孩子还不能理解增加的直径补偿了下降的高度,这得需要同时考虑两个维度。因此,前运算阶段的孩子不能把自己和所看到的周围世界分开来。

这让我们看到了前运算阶段的另一个重要的特点,皮亚杰认为前运算阶段的孩子是很**自我中心(egocentric)**[4]的;他们总是倾向于从自己的想法出发去看其他人眼里的世界和经验。自我中心,像皮亚杰所指出的,并不意味着自私;只是孩子们常常认为别人的感觉、反应和理解应该是和自己一样的。比如,一个这个阶段的小男孩怕狗,他就可能会想其他的小朋友肯定也怕。小孩子都是以他们自己的理解和他们所看到的情境为中心,这是这些孩子不能理解当你面对他们的时候你的右手不和他们的右手在同一边的一个原因。[5]

---

〔1〕 逆向思维——反向思维,从结尾到开头。

〔2〕 守恒——不管外表怎么变化,物体的某些特征仍然保持不变的规律。

〔3〕 去中心化——同时考虑两个或几个方面。

〔4〕 自我中心——假定其他人和自己体验世界的方式是一样的。

〔5〕 联系与拓展——参考学生的思维。小孩子对逆向思维感到困难,自我中心,问只有一个兄弟姐妹的孩子,"你有弟弟或妹妹(哥哥姐姐)吗?"小孩会说:"有。"然后再问,"你的弟弟妹妹(哥哥姐姐)有哥哥姐姐(弟弟妹妹)吗?"这时候孩子反过来思考,把自己放在他(她)的同胞的位置上考虑这个问题显得很困难,他们常常回答:"没有。"现在面对孩子,让他(她)把你的右手指出来,多数孩子以为即使他们自己是面对你的,你的右手跟他(她)的右手还是在同一边。

自我中心在孩子们的语言上也很明显，你可能看到过，孩子们在活动的时候，即使没人在听，他们也还是在兴高采烈地说。一个孩子独自处的时候，他也会自言自语，甚至在一群孩子里，每个孩子都热热闹闹地说，而没有任何真正地交流和谈话，皮亚杰称之为**集体独白(collective monologue)**[1]。

已经有研究表明孩子们在每个情境中并不是完全的自我中心，4 岁的孩子和 2 岁的孩子说话时用的是一些更简单的句子；2 岁前的孩子在递给大人玩具时知道把玩具转过来，让玩具的前部分朝着大人。所以至少是在某些程度上，孩子们似乎也能够考虑到别人的需要和与自己不同的理解(Gelman，1979；Gelman & Ebeling，1989)。下面的指南将给您一些和前运算阶段的孩子们打交道的办法。

指南——前运算阶段的孩子的教育

用具体的小道具和尽可能的直观事物的帮助。

举例：

1. 讨论一些概念时，比如，“部分”，“整体”，或者“一半”，用毡板上的各种形状或者一些能拼和拆的“比萨饼”纸板来演示。
2. 让孩子们用小棍、小石块、彩色的碎片做加减。

指示要短一些，用动作也用词来说明。

举例：

1. 给出这样的指示，课堂休息之后，怎么走进教室，为下堂课做准备。请一个同学给其他人展示这个过程，轻轻地走进教室，径直走向自己的座位，在书桌上摆好课本、作业和铅笔。
2. 通过演示游戏的部分内容，讲解一个游戏。
3. 给学生们展示他们完成后的作业应该是什么样的，用投影仪或者在能让学生们容易看到的地方展示范例。

不要期望学生总是能考虑到他人的观点来理解世界。

举例：

1. 避免社会学习的课程远远脱离孩子们的生活经验。
2. 避免在分享的问题上长篇大论，弄清楚共有和使用材料的规则，但不要在规则的合理性上做冗长的解释。

注意这样的可能性，学生们对一个词有不同的理解或者同样的意思用不同的词来表达，他们也希望其他人能理解他们自己的词。

[1] 集体独白——一种言语形式，儿童在小组里讲话，但实际上并没有与其他人进行任何交流或相互影响。

举例：

1. 若是学生抗议说："我不是要小睡，只是想休息一下。"他是意识到小睡意味着"换上睡衣，在家里自己的房间睡觉"。
2. 让孩子们解释他们用的词的含义。

让他们做大量的基本技能练习，为将来更复杂的技能的掌握，比如阅读，打基础。

举例：

1. 给出一些字母，让孩子们造词。
2. 进行一些活动以补充算术的纸笔练习，包括测量的简单的计算——烹饪，为课堂活动设一个展示区，把一炉爆米花均分。

提供宽泛的具体经验背景，为孩子们的概念学习和语言打基础。

举例：

1. 组织外出，去动物园、公园、剧场、音乐会等；把能讲故事的人请到课堂上来。
2. 给出一些词，让学生们描述一下他们正在干什么，听什么，看什么，摸什么，尝的什么，闻到什么。

小学末期到初中：具体运算阶段

皮亚杰用**具体运算(concrete operations)**[1]来描述这个阶段的"动手"思维，这个阶段的基本特征是对物理世界的逻辑认知，认识到变化或者转化了的元素仍保有它们原有的特征，理解这些变化能倒转进行。

图2.2给出了例子，给孩子们提供不同任务，从中获得守恒和大多数能解决这类问题的孩子的大约年龄段。皮亚杰认为，孩子解决守恒问题的能力有赖于三个基本方面的理解：同一性、补偿和可逆性。完全掌握**同一性(identity)**[2]时，学生明白如果没有增加和减少，量就不会变化；理解了**补偿(compensation)**[3]，孩子就知道在一个方向上的明显变化，能从另一个方向上的变化中得到弥补，这就是说如果玻璃杯里的水升高了，那同时玻璃杯肯定也变细了；认识到**可逆性(reversibility)**[4]，学生就能在头脑里展现这些已经发生的变化。

---

〔1〕 具体运算——思维任务和具体实物或情境相联系。
〔2〕 同一性——人或物不随时间发生变化的规律。
〔3〕 补偿——一个维度上发生变化，可能被其他方面的变化抵消掉的一种规律。
〔4〕 可逆性——皮亚杰逻辑运算的特征之一——在头脑里思考一连串的几步，然后倒过来思考，回到起点的能力；也叫作逆向思维。

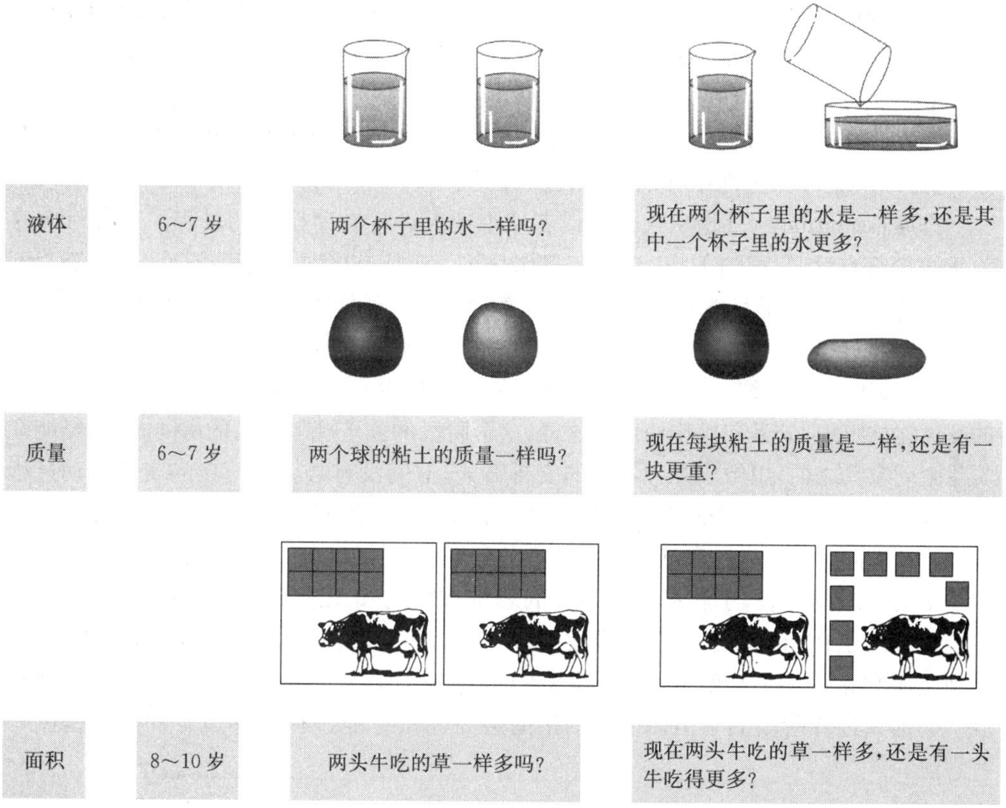

图 2.2 皮亚杰的一些守恒任务

除了这里给出的任务，还有一些涉及数量守恒、长度守恒、重量守恒和体积守恒的其他任务。这些任务只有处于具体运算阶段之上才能完成。

Source: From *Child Development* (4th ed.), by L. E. Berk, 1997, Boston: Allyn & Bacon. Copyright © 1997 by Allyn & Bacon. Adapted with permission.

除了在这里显示的任务之外，还有其他涉及数量、长度、重量和体积守恒的任务。这些任务都是在具体运算阶段时期达到的。

另一个重要的运算是**分类(classification)**[1]。分类是依赖于一定情境中，学生注意物体的单一特征，并据此把物体分组的能力。给出 12 个不同颜色和形状的物体，具体运算阶段的学生总是能把圆的挑出来。

这个阶段更高水平的分类是把一类纳入更高一级的类别中去。一个城市可能是在某个州，某个省，某个国家。当孩子们把这种分类用在写地址上，他们常常对完整的

〔1〕 分类——把物体按某种特征分组到不同的类别。

地址表示着迷，比如，李-杰瑞，5116 森林山街区，瑞彻曼德山，安大略奥，加拿大，北美洲，北半球，地球，太阳系，银河，宇宙。

分类和可逆性也有联系。具备在头脑中反转一个过程的能力，使具体运算阶段的孩子们看到能从更多的角度给一组物体分类。比如，学生们理解扣子能从颜色上分开，也可以从型号和上面小孔的个数再次分类。

排序(seriation)〔1〕是从大到小或者从小到大进行有序排列的过程。这种对次序关系的理解有助于学生们从中建立起逻辑序列，A<B<C(A 小于 B 且小于 C)等。不像前运算阶段的孩子只能顺着看，具体运算阶段的孩子能理解 B 比 A 大，比 C 小。

具备了守恒、分类和排序的能力之后，在这个阶段的孩子已经建立起了一个完整和非常有逻辑的思维系统。当然，这个思维系统还是和物理现实相联系的。基于具体情境的逻辑能被组织、分类和操作使用。这样，这个阶段的孩子规划自己的房间时，已经能在实际搬动家具之前，想像出几种不同的安排方式，他们没有必要在直接的实际搬动过程的尝试和错误中解决这个问题。但仍不能对假设性的和抽象的问题进行思考，这得需要很多要素的同时协调。这种协调是皮亚杰的下一个认知发展阶段里的部分内容。〔2〕

不管你教几年级，了解具体与运算的思维方面的知识总是有帮助的。低年级，学生们的思维正在向这种逻辑性思维发展；中年级，正是时候，他们的思维通过你的教育得到应用和拓展；高年级里，这些知识经常用来教育那些还没完全发展到下个阶段——形式运算阶段的学生。下面的指南会为你教育能进行具体运算的孩子提供一些想法。

指南——具体运算阶段的孩子的教育

继续用具体的小道具和直观事物的帮助，特别是处理复杂材料的时候。

举例：

1. 学历史的时候用时间线，上自然科学时用三角模型。
2. 用图表说明层次关系，比如，政府的各个分支和每个分支下的各个机构。

继续给学生们操作和检验对象的机会。

举例：

1. 设置一些简单的科学实验，比如，氧气和火之间的关系。离开一段距离向着火吹气，火焰会有什么变化？(如果不把火吹灭，火会慢慢变大，因为有了更多的氧气助燃。)用一个广口瓶扣在火上，会看到什么变化？

〔1〕 排序——根据物体的某个方面，比如，数量、重量、体积等，按一定的顺序进行排列。

〔2〕 联系与拓展——参考你的教学：孩子的认知发展达到具体运算阶段时，他们已经获得了一些能够使用的运算和策略。思考这些新的技能，你会怎样教这个阶段的孩子以下两个内容：(a) 一堂关于美国战争的历史课；(b) 五组营养食物的重要性。

2. 让学生们把灯芯浸在蜡油里做蜡烛，在简易织布机上织布，烤面包，用手设置形状，或者做其他一些说明殖民时期日常事务的手艺工作。

确信表达方式和阅读是简略的，组织好的。

举例：

1. 让学生读那种短的、合乎逻辑的篇章，等他们准备好了，再布置长的阅读作业。
2. 在往下介绍之前，暂停呈述，先练习前面的几步。

用熟悉的例子解释复杂的观念。

举例：

1. 将学生们的生活和故事中的角色做比较。读完《蓝色海豚之岛》(一个在荒岛上长大的小女孩的真实故事)后，提问："你曾经不得不独自在一个荒岛上待过很长一段时间吗？那时你有什么感觉？"
2. 通过让学生对学校两个不同大小的教室进行测量，教授面积的概念。

给学生机会去分类和组合那些逐渐复杂的对象和观念。

举例：

1. 给学生几张纸，上面写有独立的句子，让他们把句子连成段落。
2. 比较人类和其他类似的系统：大脑和计算机，心脏和抽水机。把故事分成几部分，从宽泛到具体：作者、故事、人物、情节、题目、地点、时间、对白、描写、行为。

给学生提供一些需要逻辑分析、系统思考的问题。

举例：

1. 采用智力难题、谜语等。
2. 讨论开放式的问题，激发思维，"大脑和智力是一回事吗？城市怎样处理走失的动物？有没有最大的数？"等等。

初中和高中阶段：形式运算阶段

有的学生在学校里甚至整个一生中都保持在具体运算阶段，然而新的经历，通常发生在学校里，最终给他们带来一些用具体运算解决不了的问题。像是在实验室里一样，当有许多的变量干扰时，将会发生什么呢？这时就需要一种控制这些变量，并在众多的可能性中起作用的智力操作能力。这就是皮亚杰称作的**形式运算(formal operations)**〔1〕。

〔1〕 形式运算——包括抽象思维和多个变量之间的协调。

在形式运算水平，所有早期的操作和能力继续发展，形式思维是可逆转的，在内部以相互依赖的众元素组织起来。思维焦点从是什么转变到可能是什么，有些情境不必亲身经历，就可以想像出来。如果问一个小孩子，"人要是不睡觉，会是什么样的？"小孩说了"人就得睡觉"；再问一个已经掌握了形式运算的青少年，他就能从事实的反面进行思考，回答体现了形式运算的优越之处——**假设-演绎推理（hypothetico-deductive reasoning）**[1]。形式运算的人能思考一种假设的情境（如果人不睡觉）并进行推理（从一般的推论到具体的内容，比如工作时间加长，照明费增加，新兴娱乐产业）。形式运算也包括归纳推理，也可以说是从特殊个案观察到一般规律，例如，经济学家在证券市场上观察到许多具体的变化，从中得出经济运行的一般规律。形式运算的人能建立假设，并在头脑中设置实验来检验假设，分离或者控制变量以使检验有效。

这种抽象思维的能力对大部分数学和科学的学习很重要，上完小学以后，大部分数学内容和假设性情境、推断有关，给出"令 $X=10$"，或者"假定 $X^2+Y^2=Z^2$"，或"给出两条边和一个直角……"幼小的孩子还不能基于象征性符号和抽象概念进行推理，这种推理能力在以后更高的年级里获得。社会学研究和文学方面的工作也需要抽象思维，"威尔逊说，第一次世界大战是结束所有战争的一场战争，这句话是什么意思？""莎士比亚的诗中，哪些是希望和绝望的隐喻？""T. S. 爱略特的《荒原》中，什么象征着逝去的岁月？""《伊索寓言》里，怎样用动物代表人类的品质？"

有条理的、科学的形式运算思维需要学生对给定的情境系统地想到各种可能性，比如，问一个已经具备形式运算能力的孩子，用 3 种肉、3 种蔬菜和 3 种沙拉能配出多少种肉菜沙拉食品，这个孩子能有规律地得出 27 种组合方式；要是问一个具体运算阶段的孩子，他可能只能说出几种食品的名字，思考集中在自己喜欢吃的食物或者每样食品只用一次，还没有掌握基本的组合方法。

能进行假想思维、选择性考虑、确认所有可能的组合以及自我思维分析对青少年而言能产生许多有趣的结果。因为能思考并不存在的世界，他们常常对科幻的东西很感兴趣；他们能从一般规律演绎到具体的行为动作，因此常常喜欢批评那些和自己的原则相背的行为。青少年能够推理出最佳的可能性的情境，并想像出那个理想世界（理想的老师、家长）。这就是为什么这个年龄阶段的学生大多热衷于乌托邦、政治、社会的话题。他们试图设计更理想的世界，而他们的思维也有能力让他们这样做。青少年们也能够想像自己的未来，并试图确定哪种可能性是最好的，对这些理想的感受也许会非常强烈。

这个阶段的另一个特点是**青少年自我中心（adolescent egocentrism）**[2]。和幼儿的自我中心不同，青少年并不否认其他人可能会有不同于自己的理解和信念。他们只是非常

---

〔1〕 假设-演绎推理——形式运算阶段的问题解决策略，个体首先确定可能对问题有影响的所有因素，然后再推理，系统地求得具体的解决方法。

〔2〕 青少年自我中心——假定所有其他人都能接受自己的想法、感受和关注的问题。

专注于自己的想法，分析自己的信念和态度，也考虑其他人的想法，但常常是在假定其他人和自己一样，对“我”的思想、感受和行为感兴趣。这就产生了埃尔金德(Elkind, 1981)叫作的“假想观众”。青少年们往往认为别人都在分析他们，“别人肯定看到我这件衬衫这周已经穿了两次了。”“全班的人肯定都在想我的回答有多么愚蠢!”“每个人都会爱上我新出的唱片。”看得出来，要是“大家都在看着”，社交失误和外表上的缺憾是具破坏性的。有幸的是这种“在舞台上表演”的感觉在14或15岁左右达到顶点。[1]

我们所有人都能达到第四阶段吗?

正像我们刚刚看到的那样，大多数心理学家认为还存在一个比具体运算阶段更成熟的思维水平，但问题是这种综合的形式运算思维到底是什么样的？即使在成人中间，也很有必要进行讨论。尼马克(Neimark, 1975)认为，皮亚杰理论中的前三个阶段，就大多数人而言是通过物理现实不断增强的。物体确实是守恒的，把水从一个杯子倒进另一个杯子，水的量保持不变。而各种形式运算阶段和物理环境的联系就不那么紧密了，它们可能是在解决假设性问题和练习中产生的，或者是应用形式科学推理的结果。这种能力，尤其是在大专院校的文学课上，很受推崇。[2]

皮亚杰认为，大多数成人只是在他们最有经验和最感兴趣的一两个领域里能进行形式运算思维，所以不要期望你的初高中课堂上的每个学生都能对你提出的所有问题进行假设性思维，还没有学会跳出给定信息的学生可能会被落在一边。有时学生也能发现解决问题的一些捷径，这些捷径是超出他们掌握范围的。他们可能记住了格式或者关键的几步，这种方法对应

检查要点：皮亚杰的认知发展理论

回　顾

- 关于认知发展的主要影响是什么?
- 什么叫一个图式?
- 当儿童从感觉运动阶段向形式运算阶段发展时，主要的变化是什么?

应　用

- 具体运算阶段的特征是什么？特雷弗的思维水平是处于具体运算阶段吗?

---

〔1〕 联系与拓展——参考学生的思维。儿童的自我中心和青少年的自我中心有什么相同和不同的地方?

〔2〕 联系与拓展——参考学生的思维。对你的学生试试下面的测试，看看他们是不是能确定，以一种组织化的方式，在一个存在多种不同可能性的合理的限制性框架中应用形式运算。问你的学生：用下面的衣服可以组成多少种不同的装束：(1) 三件衬衣——球衣，礼服和T恤；(2) 三条裤子——牛仔裤，短裤，运动裤；(3) 三件夹克——短夹克，运动夹克，牛仔夹克？具备形式运算能力的学生就开始系统地列出所有的可能性：首先是每件夹克配球衣和牛仔裤，然后每件夹克配球衣和短裤，再是每件夹克配礼服和牛仔裤，接着配礼服和短裤等等。具体运算阶段的学生，他们做的组合就不那么系统了；他(她)可能从自己喜欢的某种服饰开始，然后再接着以自己的其他偏爱继续组合下去。对具体阶段的学生来说，让他们每件外衣只用一次配三套装束就容易多了。

付考试或许有帮助，但只有当学生能超越这种对记忆里的知识的浅层应用，或者换句话说，也就是他们学会形式运算思维的时候，真正的理解才会产生。下面的指导性建议可能会有助于和学生一起建立形式运算思维。

指南——帮助学生们进行形式运算

继续使用进行具体运算的教学策略和材料。

举例：

1. 借助于直观事物，比如插图、图表，也用一些复杂的图表和图解。
2. 将学生的经历和故事中人物的经历相比较。

给学生探究许多假设性问题的机会。

举例：

1. 让学生写下自己的见解，然后和后座的人交换，并讨论社会、环境、经济和政府健康保险问题。
2. 让学生把他们自己想的乌托邦的样子写出来；描述一下世界若没有性别差异会是什么样的，人类灭绝之后地球又会是什么样的。

给学生提供科学解决问题和科学推理的机会。

举例：

1. 组织小组讨论，学生通过设计实验来解答问题。
2. 让学生证实关于动物权利的两个观点，每个观点都要有合理的论据。

不管什么时候，只要可能就利用和学生的生活密切相关的材料和观念，教学生一些广义的概念，不要只是告诉他们一些事实。

举例：

1. 讨论美国内战时，思考一下有没有其他的原因使得南北对立起来。
2. 用流行歌里的抒情韵文教学生写诗的方法，思考社会问题，讨论流行音乐在文化中的位置。

皮亚杰的理论对教师的启示

皮亚杰已经让我们知道，只要我们仔细去“聆听”和注意学生解决问题的方式，我们就可以了解很多学生思维特点的知识。如果我们能了解孩子的思维，就能使教学方法和学生已有的能力更加匹配。

理解学生的思维

任何一个班的学生，在认知发展水平和理论知识上都会有不同。作为老师，当你发现学生有困难时怎么确定是因为他们缺乏必需的思维能力，还是不知道一些基本的事实呢？要确定这一点，凯斯建议在学生尝试着解决你给出的问题时，仔细观察他们，回答下面的问题：他们用的是一种什么样的逻辑？是不是他们只注意到问题情境的一个方面？他们被问题表面现象蒙住了吗？学生是在进行有步骤的解决问题还是只是在猜，猜过之后就把已经试过的内容忘记了？让学生说说他们是怎样考虑的，听听他们使用的策略，老是重复出现同一个错误意味着什么。要得到学生思维特点的信息，学生本身是最佳的信息来源(Confrey, 1990a)。

教学策略要和学生的能力相匹配

皮亚杰关于教育的一个非常重要的启示是亨特(Hunt, 1961)多年前提出的“匹配问题”。教育不应让学生因为学的东西太简单或者太难以至不能理解而厌倦学习。亨特认为，不平衡状态必须是适当的，才能促进发展，创设一些容易犯错误的情境，有助于建立合适的不平衡水平。学生在情境中感到应该发生的(这么大的木头应该沉入水中)和实际上出现的(木头是漂着的)有冲突的时候，他们就会重新思考，从中学习新的知识。

值得指出的是，许多知识和课程能以不同水平的认知能力被理解，并都能找到相对于某一阶段的认知能力的合适的表现方式。例如，艾丽斯漫游奇境记、神话、童话，既可以在具体的水平，也可以在符号化的水平让学生都喜欢。让学生们共同面对一个问题，独立完成适合自己认知能力水平的分步任务。古德和布罗菲(Tom Good & Jere Brophy,1997)对三个或四个水平做了行为活动卡，这些卡上写着不同的阅读和各种分配任务，所有的任务都指向总体目标。这样，每个学生都能找到与自己的认知能力水平很好“匹配”的一张卡片。

知识的建构

皮亚杰的基本观点是个体是在建构自己的理解；学习是一个建构的过程，无论是在哪个认知发展水平，我们都能看到学生积极地参与学习过程。学生必须能够把老师提供的信息并入到他们已有的图式中去。要做到这一点，学生得采取某种方式加工新信息。学校必须给学生创造体验物质世界的机会和条件，这种生动的体验，即使在低年级也不要只是局限于对对象的物理操作，也应该包括对超出课堂计划或实验之外的想法进行智力加工。比如，一堂关于不同职业的社会学习课以后，小学的老师拿出一张图片，上面是一个女性，然后问：“这是一个什么样的人？”在诸如教师、医生、秘书、律师、售货员之类的答案之后，老师再提示：“她是不是一个女儿？”接下来的答案就是“姐姐、妈妈、姨妈、外孙等等”。这有助于学生变换思维的角度，注意问题情境的另一方面。下一步老师再提示：“美国人，喜欢慢跑的白皮肤金发的人。”大一点的学生可能就建立了一定的等级类别：这是一张女性的图画，画中的女性是一个人，灵长类动物，哺乳动物，动物，一种生命形式。

所有的学生都需要和教师及同伴交流以检验自己的思想，接受反面意见的挑战、各种反馈并考察别人是怎样解决问题的。教师或者别的同学提出一种新的思维方式，不平衡状态自然就产生了。一般而言学生应该动手操作、仔细观察，然后说或写出（面向老师或学生们彼此之间）自己体会到的。具体的经验为思维提供待加工的思考对象，和别人交流使学生应用、检测，有时也提高他们的思维能力。[1]

关于皮亚杰理论的讨论常常集中在认知能力能不能加速发展这个问题上，下面是两种对立的观点：

观点与争议：能不能加速认知的发展呢？

自从皮亚杰描述了他的几个认知发展阶段以后，一些人就发出这样的疑问，这些阶段能不能加速发展。近来这个问题集中到学前儿童身上，是不是能加速他们的学习进程，即使是冒着学习失败的危险？如果能的话，这样做好吗？

▶观点：每个孩子的教育都要提前开始。

一些支持加速发展的观点的理论基础是学习的跨文化研究结果（在不同文化背景下比较孩子的学习）。结果表明特定的认知能力受环境和教育的影响，例如，做陶器的家庭的孩子学会说话比其他家庭的孩子早，而且西方文化环境下成长的孩子说话比其他文化环境中的孩子早，环境中的某些因素似乎能影响到认知发展的速度。

但即使认知能力能加速发展，这样对以后的成长有利吗？两个最提倡早期学习训练的人，西格弗里德和特里斯·恩格尔曼（Siegfricd & Therese Engelmann，1981），在他们的《给孩子一个聪明的大脑》中认为像学龄前的孩子那样学会学习技能的孩子在他们整个上学过程中会比其他孩子更聪明，更少可能失败，更容易喜欢上学。他们主张：孩子会对环境作出反应，他们的学习能力以及学什么依赖于外在环境教了些什么。我们要进一步利用环境，把它变成一个有目的的发展工具，而不是依赖于传统的只是学习机会丰富的环境，这样才能教授和保证我们的孩子拥有超级的头脑。

---

〔1〕 联系与拓展——参考研究。贝林（Beilin，H，1992）的《皮亚杰对发展心理的不朽贡献》（Piaget's enduring contribution to developmental psychology），载于《发展心理学》（*Developmental Psychology*），第28卷，第191—204页。

摘要：皮亚杰对儿童时期思维的社会概念的转化，以及他的智力发展四阶段，从20世纪20年代到80年代，这些都强调了皮亚杰的建构主义对发展心理的不朽贡献，包括他所描述的发展机制，他的认知观，对结构和功能分析的解释以及他对认识论观点和非传统的方法论的理解。

◀**对立的观点：加速学习是无效的，甚至可能是有害的。**

皮亚杰主义的心理学家们试图把他的理论应用到教育实践中去，他们的见解是发展不能加速。沃兹沃思总结这种传统的观点如下：教师的作用不在于加速孩子的发展或者加速阶段之间过渡的速度，而在于确保在每个阶段中的发展是完整的和彻底的。

皮亚杰认为，认知发展基于个体自我选择的行为和思想，而不是教师的行为。如果你试图教学生一些他不愿意学的东西，学生可能也能找 ‖正确的答案，但这种结果并没有真正触及到学生思考问题的方式。所以，既然学生能在另一个更高阶段学得更快更彻底，为什么非得要学生在这个阶段掌握呢?

当今，压力来源于想培养天才的父母和学前老师，他们想让3岁大的孩子能读会写，能讲第二种语言。埃尔金德(David Elkind，1991)断言，把孩子硬推着向前是有害的。他认为接受正规学习科目指导的孩子常常表现出有压力，比如头疼。这些孩子可能更加依赖于父母的指导。过早地把学习定位在正确的和错误的答案上，容易导致竞争，而使学生失去自尊。

埃尔金德认为：现今这种幼儿教育误导在美国很普遍，他们忽视了早期教育和正规教育之间的区别。作为教育者，我们的首要任务是重新确立这种不同，并坚持其重要性。

皮亚杰理论的一些局限性

皮亚杰告诉我们，孩子的思维和成人不同，他的理论在发展心理和教育中有巨大的影响，但近期的研究结果并不支持他的理论。大多数心理学家都认同皮亚杰对儿童是怎样思维的深入描述，但许多人不同意他对为什么思维是那样发展的解释。

关于发展阶段的问题

一些心理学家对思维的四个分离的发展阶段质疑，当然他们同意儿童确实经过皮亚杰所描述的那些变化(Gelman & Baillargeon，1983)。其中的一个问题是儿童的思维缺少一致性。心理学家们推理认为，如果存在分离的各个阶段，并且每个阶段儿童的思维基础是某种特定的运算，那么一旦儿童掌握了这些运算，他们就应该可以解决需要这些运算的所有问题。换句话说，一旦获得守恒，就应该知道重排之后的木块数量保持不变(数量守恒)，把团泥巴压平，重量没有变化(重量守恒)，但事实并不是这样。儿童获得数量守恒要比重量守恒早一年或者两年。皮亚杰的追随者们试图克服这些不一致，但他们的解释并不能使所有的心理学家满意(Case，1992，1980；

Orlando & Machado, 1996; Siegler, 1991)。

一些心理学家也指出大脑方面的研究支持了皮亚杰的发展阶段理论。爱泼斯坦(Epstein, 1978,1980)观察了脑重量和头盖骨大小的成长速度变化、幼儿和成人脑电波的变化。这些几乎在同时突然发生的成长变化就像皮亚杰描述的发展阶段之间的过渡。动物研究表明,猕猴在掌握皮亚杰描述的各种感知运动问题的同时,大脑皮层的神经连接数目也在极大地增长(Berk, 2000)。对人类而言,幼儿的情况可能也是这样。人类过渡到更高级的认知阶段和大脑中发生的变化相关,比如,神经连接的增加(Byrnes & Fox, 1998)。这样,神经学为皮亚杰的发展阶段提供了依据。

低估了儿童的能力

皮亚杰低估了孩子的认知能力,尤其是幼儿的认知能力。问题出在他给孩子们出的问题太难,提问的方向太容易模糊。例如:格尔曼和她的同事们的研究(Gelman, Meck, & Merkin, 1986; Miller & Gelman, 1983)表明即使学前儿童有时会犯错误或者感到困惑,他们对概念的了解也要比皮亚杰认为的多。如果学前教育者一次只让他们操作三或四个对象,不论是把对象远远地分成几个部分,还是将他们紧紧地团在一起,他们都能判断出数量没有发生变化。我们也容易看到,幼儿要比皮亚杰想像的能干得多。他们只是要学会怎么找那个物体,而不用知道客体永久性。换句话说,我们可能生来就具备了一个认知工具储藏室,它比皮亚杰所想的更大。一些基本的理解,比如客体永久性,数量感,可能是我们发展装备的一部分,在认知发展过程中随时备用。

皮亚杰的理论没有解释在某个领域,一般的小孩子怎么表现出一种高级的认知水平,获得高度发展的专门知识。一个 9 岁的小专家棋手,能对每步棋进行抽象思考;而一个 20 岁的高尔夫球手可能得凭借更具体的策略来设计和记忆球的轨迹(Siegler, 1991)。正像弗拉维尔(John Flavell, 1985)指出的:“小专家们在他们擅长的领域表现得很聪明,认知发展得非常成熟。”

认知发展和信息加工过程

在第七章你将会看到关于为什么孩子在理解守恒和皮亚杰的其他任务上有困难的不同解释,这些解释集中在儿童信息处理技能上的发展,比如注意、记忆能力、学习策略等。西格勒(Siegler, 1991)提出随着儿童的逐渐长大,他们解决问题和逻辑思维的方法越来越高明。教师把学生放到情境中去,从中激发他们的思维,揭示他们逻辑上的不足,能帮助学生发展形式思维的能力。西尔格勒的方法是规则评价,这种方法的重点在于理解、激发,并改变学生的思维定势,它假定具体经验、教学和其他外在影响在儿童认知发展中起很大作用。

一些发展心理学家发展了皮亚杰的理论，即**新皮亚杰理论(neo-Piagetian theories)**[1]，其中保留了皮亚杰对儿童知识建构和儿童思维的一般趋势的理解，另外加入了关于注意、记忆和策略的信息处理过程的研究发现。例如，凯斯(Robbie Case, 1992, 1998)提出的认知发展的一个解释，建议在专门的领域，如，数字概念、空间概念、社会任务、讲故事、物理对象的推理等方面发展各个认知阶段。在儿童练习使用特定领域的图式(比如数字概念领域中的计数图式)时，获得这些图式只需较少的注意。由于儿童不需要费很大力气去思考，图式变得越来越自动化，这就省下许多智力资源和记忆空间来做更多其他的事。儿童现在能把许多简单的图式组合到一个更复杂的图式中去，并且如果需要的话(动作的同化和顺应)就建立新的图式。

在每个领域中，儿童从早期学前时掌握简单图式到把两个图式合并为一个单元(4—6 岁)，再到协调这些图式单元到一个更大的组合中去，最后大约 9—11 岁时，建立起能应用到许多问题的复杂关系图式(Berk, 2000; Case, 1992, 1998)。凯斯发现通过这些每个领域内不同性质的发展阶段，儿童确实进步了，但是他们的这种进步在各个领域是不同的。所以凯斯认为，一个领域的进步在另一个领域不能自动起作用。儿童必须经历和投入到每个领域的内容和思维方式中，以逐步建构复杂的、有用的图式和关于这一领域相应的概念理解。

认知发展和文化

对皮亚杰理论的最后一个批评是忽视了儿童所处的文化和社会环境的影响。西方文化环境中成长的孩子可能掌握了科学思考和形式运算，因为在西方学校里需要这种思维方式(Artman & Cahan, 1993; Berk, 2000; Geary, 1998)。基本的具体运算，比如分类可能对其他国家的人来说就不算是基本的了。例如，让来自非洲的格贝列人把给出的 20 个对象排序，他们创建组并赋予这些组以含义——锄头和土豆，刀子和橘子。实验者没能使格贝列人

检查要点：皮亚杰的理论对教师的启示

回 顾

- 亨特所描述的“匹配的问题”是什么？
- 积极的学习是什么？为什么皮亚杰的认知发展理论与积极的学习相一致？
- 皮亚杰的理论存在哪些局限性？

应 用

- 你如何给一个像特雷弗一样的学生讲授一个抽象的概念？

[1] 新皮亚杰理论——许多新近的理论利用皮亚杰对儿童思维的研究和他的知识建构把在注意、记忆和策略上的发现加以整合。

改变他们的类别划分：他们说聪明人都会这么做的。最后，实验者绝望地问到："好吧，那傻瓜会怎么做?"然后所有对象就都被清清楚楚地划分为四类——事物、工具等(Rogoff & Morelli，1989)。

许多年以前列夫·维果斯基(Lev Vygotsky)提出的关于认知发展的一个观点，近来被重新提出来，而且变得越来越有影响力，这个理论把认知发展和社会文化联系起来。

维果斯基的社会文化观

今天的心理学家们认识到儿童所处的文化氛围从决定他们学什么和怎么学的过程中塑造了他们的认知发展，比如墨西哥南部的印第安小姑娘，在社区成人的非正规教育中学到了各种复杂的织布方法；巴西那些不上学的小孩，在大街上卖甜点，从批发商那里买货，再卖出，实物交易和获取利润的过程中也学会了复杂的算术。皮亚杰的发展阶段对所有孩子来说并不是自然而然的，因为在某种程度上，这些发展阶段反映了儿童所处的社会文化环境的期待和行为。

社会文化理论(sociocultural theory)〔1〕的一个主要的代言人是一个50年前去世的苏联心理学家，列夫·维果斯基。他死于肺结核，终年只有38岁，但已经出版了100多部书和论文，他的著作涉及思维和语言、艺术心理、学习和发展个别化教学等方面。他的作品因为提到西方心理学家，被苏联查禁了许多年。在过去的25年里，随着他的著作被重新认识，维果斯基关于语言、文化、认知发展的思想已经逐渐成为心理学和教育的主流，为皮亚杰的许多理论作了有益的补充(John-Steiner & Mahn，1996)。〔2〕

维果斯基认为人的活动是在一定文化下的活动，不能脱离文化来理解人的活动。他的一个主要思想是人的智力结构和思维过程来自和其他人的社会交往，这些交往不只影响到认知发展，实际上创造了认知结构和思维过程(Palincsar，1998)。实际上，维果斯基定义的发展是外部社会活动向内部过程的转化(John-Steiner & Mahn，1996，p. 192)。我们将研究维果斯基著作中的两个主题，说明社会交往过程怎样形成学习和思维：个体思维的社会源泉和在学习与思维中工具的作用，尤其是语言的作用(Wertsch，1991，Wertsch & Tulviste，1992)。

个体思维的社会源泉

维果斯基设想：儿童文化发展中的每项机能都表现在两个水平上。首先是社会

〔1〕 社会文化理论——强调儿童与比他们更富有知识的社会成员之间的合作对话在儿童认知发展中的作用。儿童在这些交往过程中学到他们的社区文化(思考和行为的方式)。

〔2〕 联系与拓展——参考研究。参见《教育心理学家》(*Educational Psychologist*)1995年春季中特别的一期，其中刊登了《维果斯基和当代教育心理学》(Lev S. Vygotsky and Contemporary Educational Psychology)。

活动水平，后来是个体水平；开始是人和人之间的，然后是儿童内部的（1978，p. 57）。换句话说，高级心理过程首先出现在人和人之间的协作活动中，在活动中**共同建构（co-constructed）**〔1〕的，然后被儿童内化成自己认知发展的一部分。例如，在和其他人的交往活动中，儿童先是使用语言规范其他人的行为（不要睡觉，我要块糕点），后来儿童能用自我语言来协调自己的行为（不要洒）。所以维果斯基认为，社会交往不只是产生影响，而且是高级心理过程（如问题解决）的起源。考虑下面的例子：

> 一个6岁的孩子，把玩具弄丢了，向父亲求助。父亲问她最后一次看见玩具是在什么地方，孩子说："不记得了。"父亲又问了许多问题——房间里有吗？外边？隔壁房间呢？每次问小女孩都回答："没有。"当父亲问道："汽车里呢？"她说："我想是在那里。"就跑过去取玩具了。（Tharp & Gallimore，1988，p. 14）

是谁记起来的呢？好像既不是父亲也不是女儿，是他们两个人一起想起来的。这种一起回忆和解决问题是在两个人的交往协作中完成的。孩子可能从中已经把这些策略内化，下次东西丢了就能用上了。在一定程度上孩子能够独立解决这类问题，所以这种找玩具的方法，即一种高级机能，首先出现在儿童和一个"指导者"之间，然后是在儿童的思维内部出现（Kozulin，1990）。

皮亚杰和维果斯基都强调社会交往在认知发展过程中的重要性，但皮亚杰看到的是交往的另一个不同的作用。他认为交往通过产生不平衡状态——认知冲突，促进发展变化，所以最有效的交往应该是发生在同伴之间，因为同伴之间的认知水平相似，能彼此提出异议。相反，维果斯基（1978，1986，1987，1993）认为儿童的认知发展是在和更善于思考、思维水平更高的人的交往活动中发展的，比如父母、教师等（Moshman，1997；Palinscar，1978）。

文化工具和认知发展

维果斯基认为社会**文化工具（cultural tool）**〔2〕，包括真正的工具（如印刷机、尺子、算盘以及今天的移动电话、微机、互联网）和符号工具（如数字、数学规律、盲文、语言符号、地图、艺术作品、信号和编码、语言）在认知发展中起着重要的作用。例如，如果我们只知道用罗马人的阿拉伯数字来表示数量，数学思维的一些特定方式——从分解到

〔1〕 共同建构——人们之间通过交往和协商（通常是口头的）来建立理解或者解决问题的一种社会过程。最终产品的形成是所有参与者合作的结果。

〔2〕 文化工具——供一定社会中的人们交流、思考、解决问题和创造知识使用的物质工具（计算机、天平等）及符号工具（数字、语言、图表等）。

微积分几乎是不可能的，再加上零，分数，正负数和数的无穷，更多的才成为可能。数学体系是支持思维、学习、认知发展的一个文化工具，这个符号系统通过成人对孩子的正规和非正规的交往和教学活动传递下去。

维果斯基强调，文化提供的各种工具支持思维。他认为所有高级智力过程，比如，推理和问题解决，借助于心理工具得以实现，比如语言，符号，信号。在每天的活动中把这些工具教给儿童，儿童把它们内化，然后这些心理工具就能帮助学生促进思维发展(Karpov & Haywood, 1998)。这个过程差不多像这样：儿童跟成人或者更有能力的同伴进行活动的过程中，彼此间交流想法或考虑和表示概念的方式，比如，画地图来代表空间和地方。这些共同创造的想法被儿童内化，这样儿童的知识、思想、态度、价值通过利用社会文化和活动小组中更有能力的人提供的思维或行为方式发展了(Kozulin & Presseisen, 1995)。

在这个信号、符号和解释的交换过程中，儿童开始建立起一套社会文化工具，来解释和学习他周围的世界(Wertsch, 1991)。这套工具有物理的，如，铅笔，画刷，直接指向外部世界；有心理工具，如，智力活动中的问题解决或记忆策略。

儿童不只是接受从别人那里传送来的工具，他们在建构自己的表征、符号、模式和理解时，也在转换工具。正像皮亚杰告诉我们的，儿童的意义建构不同于成人，在信号和符号如数字系统的交流中，儿童创造性地得出他们自己的理解。这些理解随着儿童继续参与社会活动和理解周围世界也在不断变化(John-Steiner & Mahn, 1996; Wertsch, 1991)。

在维果斯基的理论中语言是这套工具中最重要的符号系统，正是借助于语言，儿童用其他工具充实自己的认知工具箱。

语言和自我言语的作用

语言在认知发展过程中的作用非常重要，它提供了表达思想、请教问题、思考概念和类别、联结过去和未来的工具(Das, 1995)。当我们思考问题时，一般是用词和短句思考。维果斯基认为：

> 人类特殊的语言能力给儿童提供解决困难任务的辅助工具，克服冲动性行为，设计一个容易实施的解决办法，掌握他们自己的行为。(Vygotsky, 1978, p. 28)

维果斯基比皮亚杰更强调语言在认知发展过程中的作用，实际上维果斯基相信是自我言语引导认知发展。

比较皮亚杰和维果斯基的观点

要是你花时间跟孩子们相处过，你肯定知道他们玩的时候经常跟自己说话。皮亚杰把这种指向自己的对话叫做“自我中心言语”。他认为这种自我中心言语正说明儿童不能理解别人，不考虑他们的听众的需要和兴趣。皮亚杰认为，随着他们不断的成熟，尤其是有了跟他们有分歧的同伴，儿童就发展了社会言语，开始学会听和跟别人交流。

维果斯基对于**自我言语(private speech)**[1]的观点和皮亚杰不同，他认为自我言语并不只是一种认知不成熟的表现，这些嘀嘀咕咕在认知发展中起很重要的作用，促进儿童自我调整行为、计划、监控、指导思考和问题解决。

维果斯基认为儿童的自我调节能力是经过一系列发展阶段的。首先，儿童的行为由其他人调节，通常是父母、教师，借助于信号如手势。例如，儿童把手伸向蜡烛火苗，父母说“不”。下一次儿童就学会了用同样的语言来调节其他人的行为。其他孩子要把玩具拿走，儿童说“不”，甚至常常是在模仿父母的声调。在学会用外部语言调节他人行为的同时儿童开始用自我言语调节自己的行为，在想摸火苗时轻轻地跟自己说“不”。最后儿童学会用无声的内部言语调节自己的行为(Karpov & Haywood, 1998)。这一系列步骤也是一个高级心理机能出现的一个例子，起初是人与人之间的交流和彼此调节行为的过程，然后是作为一种认知过程出现在个体思维内部。

所以自我言语的儿童是在和他们自己交流，指导自己的思考和行为。在任何一个学前班里都会听到四五岁大的孩子说：“不，不合适，试试这儿，转过来，转一下，可能这个行。”这时他们正感到困惑。随着儿童逐渐成熟，他们的这种自我言语转向地下，从讲出来到低声耳语，再到无声唇部动作，最后儿童只是在头脑里思考这些指导性词句了。自我言语在5—7岁达到顶峰，9岁消失，更聪明点的孩子也许更早一些(Bee, 1992)。

维果斯基把有声的自我言语到无声的内部言语的转化看做是认知发展中一个基本的过程，在这个过程中，儿童使用语言来完成重要的认知活动，比如定向注意、问题解决、计划、形成概念、获得自我调控等。有研究支持维果斯基的理论(Berk & Spuhl, 1995; Bivens & Berk, 1990; Diaz & Berk, 1992; Kohlberg, Yaeger, & Hjertholm, 1969)。儿童感到困惑、有困难和犯错误时，倾向于更多使用自我言语。内部言语除了帮助我们解决问题之外，也在调整我们的行为。你可能这样想过：“让我想想，第一步是……”“上次我用眼镜是在什么地方？”“学完了这一页，我就可以……”你这是在用内部言语来回忆、找线索、鼓励和指导自己。在真实的情境中，比如参加一个重要的测验，你也可能发现自己都咕哝出声了。下面是比较皮亚杰和维果斯基关于自我言语的

[1] 自我言语——儿童的自我对话，指导他们自己的思考和行为。最终这些口头语言描述转化为无声的内部言语。

理论,我们注意到皮亚杰接受了许多维果斯基的观点 同意语言可以用于自我言语,也可以用于帮助解决问题(Piaget, 1962)。

表 2.2 皮亚杰和维果斯基关于自我中心或自我言语的不同观点

	皮亚杰	维果斯基
发展的意义	代表孩子还不能考虑其他人,不能与别人交流。	代表外部思维;它的功能在于自我交流,以实现自我指导和自我定向。
发展进程	随年龄增长逐渐减少。	年幼阶段增多,然后逐渐减少,从有声言语转向内部言语。
与交往言语的关系	消极的;非社交性的,认知越成熟的孩子自我中心言语越少。	积极的;自我言语是从与其他人的交往活动中发展起来的。
与环境背景的关系		任务难度越大,自我言语越多。孩子在问题情境中需要付出更多的认知努力才能找到解决办法,自我言语可以帮助他们自我指导。

Source: From "Development of Private Speech among Low-Income Appalachian Children," by L. E. Berk and R. A. Garvin, 1984, *Developmental Psychology*, *20*, p. 272. Copyright © 1984 by the American Psychological Association. Adapted with permission.

自我对话和学习

正因为自我言语有助于学生调节思维,因此在学校里要允许甚至鼓励学生使用自我言语意义重大。小学生在解决难题时,一点声音也不让出,可能会使任务显得更加困难。你可能注意到了,孩子们嘀嘀咕咕多起来的时候正是他们需要帮助的信号。有一种叫做认知自我指导方法,教学生用自我言语指导学习。举个例子,学生学会提示自己慢慢来,仔细一点,他们在完成任务的过程中自言自语。比如他们可能这样说:"好,往下画,往下,好,然后向右,对,现在……"(Meichenbaum, 1977, p. 32)。

成人和同伴的作用

语言在认知发展过程中起另一个很重要的作用。维果斯基认为,认知发展发生在儿童和更有能力的人、同伴和成人的谈话及相互交往中。这些人作为指导者和老师,为孩子智力发展提供必要的信息和支持。成人听孩子说,给儿童提供适当的帮助,促进他们的理解,这样儿童就不是自己一个人在"发现"守恒或者是分类等认知运算了,家庭成员、教师和同伴介入到这个发现过程中,并提供帮助。大部分指导是用语言交

检查要点：维果斯基的社会文化观点

回 顾

● 解释外部心理发展如何转变为内部心理发展。

● 皮亚杰和维果斯基各自的观点有什么不同，它们在发展理论中各自所发挥的作用如何？

应 用

● 你能否追寻你的一个问题解决策略的起源是与你的父母或者教师有联系？你是怎么学习它的呢？

流的，至少在西方是这样。在另一些文化环境里，不是跟孩子说，而是让他们自己观察熟练的示范，来指导儿童的学习(Rogoff, 1990)。

杰罗姆·布鲁纳把这种成人的帮助叫作支架(Wood, Bruner, & Ross, 1976)，这个术语巧妙地说明了，儿童在建立稳固的理解时，利用这种帮助作为支持，建立起来的理解最终使他们能独立解决问题。

维果斯基的理论对教师的启示

把文化工具从一个人传到另一个人那里至少有三种方式：模仿学习(个体试图模仿其他人)、指导性学习(学习者把老师的指导内化，并用这些指导自我调整)、合作学习(所有小组成员在互相理解的过程中共同学习)(Tomasello, Kruger, & Ratner, 1993)。维果斯基更关注的是指导性学习，通过直接的指导或结构性经验帮助另一个人的学习，但他的理论也支持其他形式的学习。因此，维果斯基的观点与直接教学的教育者和创设学习环境有关(Das, 1995)。在任何一个情境中，教学的一个主要方面就是辅助学习。

辅助学习

为了让学生能独立发现，维果斯基建议教师除了设置学习环境以外还需要做许多事。他认为儿童不能也不应该被期望去重新发明或重新发现在他们的文化中已存在的知识。他们需要引导和帮助，所以维果斯基把家长、教师或其他成人都看成一样的指导者(Karpov & Haywood, 1998)。

辅助学习(assisted learning)〔1〕或者课堂指导，需要**支架(scaffolding)**〔2〕提供信息、提示、回顾、适当鼓励，然后逐渐让学生自己多做，教师可以借助适合学生当前水平

---

〔1〕 辅助学习——在学习的最初阶段提供一定的基本帮助，随着学生越来越独立，这种帮助逐渐减少。

〔2〕 支架——为学生的学习和问题解决提供的帮助。这些帮助可能是线索、暗示、鼓励、把问题分解成几步，给出例子或者其他一些辅助，让学生逐渐成长为一个独立的学习者。

的材料、问题进行辅助教学；演示技巧或者思维过程；对于复杂问题看着学生一步一步地进行；教师做问题的一部分（比如，代数学习中，学生建立方程，教师做具体计算部分）；给出详细的信息反馈，允许修正错误；通过提问集中学生注意等（Rosenshine & Meister, 1992）。上面讲的米凯鲍姆（Meichenbaum）的认知自我指导是辅助教学的一个例子。其他例子还有认知训练、交互性教学、指导性谈话（见第九章）等。表 2.3 给出了一些课堂策略的例子。

表 2.3 辅助学习：指导学生学习的"脚手架"策略

- 有步骤的促进者。这些脚手架可以帮助学生学会一些复杂的技巧。比如，教师可能会鼓励学生读完一个片断后，用谁、什么、在哪里、什么时候、为什么、怎么了这样的"信号词语"提示学生提出问题。
- 模拟促进者的使用。上例中的教师可以先提出几个问题给学生做示范。
- 边想边说。示范教师的思考过程，给学生展示使用有步骤的促进者解决问题过程中，学习者做的修正和选择。
- 预期难点。在示范和表述教学阶段中，比如，教师预测和讨论一下学生可能会出现的错误。
- 给出提示或者核心词。有步骤的促进者写在"提示卡"上，学生保存，做作业的时候参考。随着学生不断练习，就逐渐不需要这些卡了。
- 调节难易水平。开始的时候用一些简单的问题引入一些包含复杂技巧的任务，每个步骤都给学生一些练习，逐渐增加任务的复杂程度。
- 提供一些做了一半的例子。给学生一些"半成品"问题，让他们得出最后答案，这是一个教学生如何独立完整解决问题的有效方法。
- 交互教学。让教师和学生的角色对换，学生组织讨论和提出问题的时候，教师给予帮助。
- 给出检验单。可以教学生自己检查各个步骤，帮助他们对自己作出的解答进行调整。

Source: From "Effective Teaching Redux," *ASCD Update*, *32*(*6*), p. 5. Copyright © 1990 by the Association for Supervision and Curriculum Development. Reprinted with permission. All rights reserved.

怎么知道该提供哪些帮助，什么时候提供帮助合适？回答这些问题，先来看一下什么是学生的最近发展区。

最近发展区

维果斯基认为不论处在哪个发展点，总存在一些这样的问题，儿童处在能解决这类问题的边缘上。儿童需要一些结构、线索、记起一些细节和步骤的帮助、鼓励等等。当然有一些问题即使每一步都理解得很清楚，也是在儿童能力范围之外的。**最近发展**

区(zone of proximal development)[1]是儿童不能独立解决问题，但能在成人的引导或者和一个更有能力的同伴协作下成功解决问题(Wertsch, 1991)的区域。在这个区域里真正的学习发生了，指导是成功的。

我们能够看到，维果斯基认为认知发展中的自我言语适合最近发展区的概念。成人常常用口头言语提示和指导帮助孩子解决问题或完成任务。随着儿童逐渐掌握，支架渐渐减少，由起初的自我言语提示到最后的内部言语。我们再来看看前面第 49 页那个丢玩具的小姑娘：当她发现课本不见了的时候，听听她是怎么想的，可能就像下面这样：

> “数学课本呢？上课时用了，下课后放进书包，坐公车的时候放在公车上，笨蛋拉里撞了我一下，可能……”

这个小姑娘已经可以不用他人的帮助，自己有条理地思考那本书的下落了。

评价

维果斯基的最近发展区理论也包括评价。许多标准测验测量到的是学生自己能独立做什么，这种信息是有用的，但可能在如何帮助学生学习更多东西方面，并不能向教师和家长提供更多帮助信息。另一种评价是动态评价(Spector, 1992)或学习潜在性评价(Feuerstein, 1979, 1990)，这种评价的目的是通过让儿童解决问题，确定儿童的最近发展区，然后给孩子提示，看他们如何学习、调整和使用帮助信息，在多大程度上需要帮助以及儿童的反应情况。教师观察、聆听、仔细记录儿童是怎样使用这些帮助的，需要什么水平的支持，然后应用这些信息来计划小组指导、同伴互学、学习任务和作业等(Grigorenko & Sternberg, 1998)。

教学

我们应该把学生放在需要他们理解，而且能得到教师和其他同学的帮助的情境中去。有时候，最好的老师恰恰是能找出问题的另一个同学，就因为这个同学在对最近发展区进行操作。学生应该有解释、示范方面的指导，和同学一起学习——协作学习的机会。让一个学生和另一个稍稍比他(她)强一点的同伴一起学习是个不错的想法。另外应该鼓励学生使用语言组织自己的思维，谈论他们试图完成的任务。对话和讨论是很重要的学习途径(Karpov & Bransford, 1995; Kozulin & Presseisen, 1995)。下面的指导步骤给出了许多应用维果斯基观点的建议。

---

[1] 最近发展区——如果给儿童提供某种适当的帮助和支持，孩子就能完成任务的这样一种状态。

指南——维果斯基的理论在教学中的应用

建立适合学生需要的支架。

举例：

1. 开始进行新的任务或题目时，给他们提供范例、提示、句式练习（sentence starters）、训练和反馈。随着学生逐渐掌握，减少帮助，给他们更多独立作业的机会。
2. 让学生自己选择任务的困难水平和完成任务的独立程度，鼓励他们向自己挑战，但真正进行不下去的时候，要寻求帮助。

确信学生已经获得帮助思维的有效工具。

举例：

1. 教学生使用学习和组织的策略、研究工具、语言工具（字典、电子搜索）、电子制表软件和字处理程序。
2. 示范如何使用工具，例如，向学生展示如何使用约会记录本或电子笔记本来计划和安排时间。

利用对话和小组学习。

举例：

1. 进行同伴互学，教学生怎样提出有意义的问题，并给出有帮助的解释。
2. 应用第九和十一章里的协作学习策略。

很明显，语言在课堂内外的学习中起很大作用，我们来仔细看看我们人类的这种能力。

语言的发展

除了严重丧失和生理缺陷，各种文化环境下的儿童都能掌握母语的复杂结构。这方面的知识很有研究的意义，儿童能在谈话中和人有效交流之前，至少得把声音、意义、词、语序、音高音量的变化、变化带的规则协调好。正像大家所想到的，关于人是如何掌握这种交流的复杂过程有很多不同的理论。

我们是怎样学习语言的？

语言发展的早期观点认为，儿童通过重复那些带来某种积极结果的行为学习语言。孩子偶尔说出“mmm”，代表牛奶，父母就会说“是的，milk”，然后就给孩子喝牛奶。儿童学会说牛奶这个词，因为说了之后父母很高兴，而且还能喝到牛奶。儿童通过模仿听到的声音，增加新的词汇，在身边成人的纠正过程中，逐渐正确地使用语言。

这种引人注意的理论,有一个问题,即许多孩子早期的咿呀并不是模仿得来的,而是他们自己创造的。但是因为这种咿呀声是“不正确”的,因此即使儿童是在对相关的人表示意义,也不会得到奖赏。比如这样的短句:“纸找到,汽车蚊子,牙齿人(牙医),都不见了猫”(Moshman, Glover, & Bruning, 1987)。

另外语言发展的早期阶段,父母很少纠正孩子的发音和语法,他们更注意的是孩子讲的内容(Brown & Hanlon, 1979; Demetras & Post, 1985)。成人似乎在不断地调整语言,使自己的语言水平正好超出孩子的水平。孩子一说出能辨认出来的词,成人就把自己的语言简单化。随着儿童不断进步,成人开始根据儿童当前的发展水平,把自己的语言水平调整得比孩子的高一点,鼓励他们建立新的理解(Bohannon & Warren-Leubecker, 1989; Fernald, 1993)。为了尽量发展儿童语言,成人提供各种各样的帮助,或者是维果斯基提到的支架。成人调整自己的语言水平也会产生不平衡状态,有助于他们自己的发展。

即使是用这种丰富的语言学习环境也不能解释,儿童是如何这么迅速和正确地学会语言。想想那些混乱的合在一起的声音和相应的意义,为什么儿童没有创造出另外的稀奇的语言,或者在声音和意义之间找到其他奇怪的联系。举例来说,父母说:“看,兔子!”孩子学会的是把这个词和兔子整体联系起来,而不是和这种动物的耳朵、动作、大小,或者皮毛联系起来,这是为什么?

一些心理学家对此解释说,人类天生就有一种特殊的获得理解和创造语言的能力(Chomsky, 1965, 1986; Eimas, 1985; Maratsos, 1989)。人类可能已经具备某种语言基础和规则,包括限制相关可能性的语言。例如,儿童学到一个新词,总是倾向于把它和所指对象的整体联系起来,而不是那个对象的一部分。另一种已有的基础使儿童把代表对象的这种符号认定为一类熟悉的对象,所以儿童学习兔子这个词的时候,很自然地指向整个兔子(而不是兔子耳朵)和其他看起来和兔子相像的动物,这些已经存在的内在的约束简化了语言学习(Markman, 1990)。

生理的、经验的许多因素可能在语言发展过程中起作用。最重要的是儿童是在其他认知能力发展的同时发展语言,在这个过程中积极赋予听到的声音意义,并寻找模式,建立规则,把语言这个拼图摆好。在这个过程中,已存在的语言基础和规则,限制这种寻找,并引导认知模式。奖赏和纠正在帮助儿童正确使用语言时起一定作用,儿童的思维在组合这个复杂系统的各部分时显得更为重要(Rosser, 1994)。

入学后的语言发展

到五六岁,大多数儿童已经掌握了基本的母语。学龄前儿童还要掌握什么呢?

发音

大多数小学一年级的学生已经掌握了母语中的大部分发音,但还有些没学会的。

j、v、th、zh 的发音要最后掌握。8 岁的孩子有 10%对 s、z、v、th、zh 的发音感到困难(Rathus, 1988)。儿童也许能理解许多词,但他们更喜欢用那些容易发音的。

语法

儿童在母语学习早期阶段就掌握了词序或者**句法(syntax)**[1]的基本内容。但更复杂一点的形式,比如,被动语态,得再需要一些时间才能掌握。许多小学低年级的学生,能理解被动语态句型的含义,但他们自己说话时一般不用这种结构。在小学阶段取得的其他进步包括开始是理解,然后是使用复杂的语法结构,比如,附属从句、修饰词、连词等。

词汇和意义

一般 6 岁孩子的词汇量是 8 000—14 000 个词,到 11 岁的时候,增加到20 000个。青春期前,尤其是在学龄前是语言学习的敏感期。研究表明,个体青春期以后能学到更多语言知识,但在之前敏感期语言学习的积极或消极影响能有助于或者阻碍语言的发展(Anglin, 1993; Johnson & Newport, 1989)。

小学早期阶段,一些儿童可能对正义、经济这类抽象词语感到困难。他们只能说出字面上的意思,因此也就容易把反语或隐喻理解错了,讲童话故事比上道德课更容易接受。许多儿童在青春期阶段能区别被取笑和被责骂的情形,知道反语不能按字面上的意思那样去理解(Gardner, 1982b)。

元语言意识

5 岁左右,儿童开始发展**元语言意识(metalinguistic awareness)**[2],这意味着他们对语言的理解和语言如何运作变得明确了。他们已经具备了语言本身的知识,并在准备学习和拓展一些不太明确的规则——理解,但不能有意识地表达出来。这个过程始终持续着,并且在这个过程中我们变得能更熟练地利用和理解语言。教师能通过各种方式发展学生的语言能力和语言知识。

语言、读写和教学

学校教育的一个目的是语言和读写能力的发展。读写能力包括口头语言,还有阅读和书写。现在我们已经了解,儿童基本会读写之前,已经知道许多书面语言方面的知识:

[1] 句法——词在短语或者句子里的顺序。
[2] 元语言意识——理解自己对语言的应用。

幼儿园里，孩子们自己弄了个假的食品杂货铺。它的指示牌上写着当天专卖的东西，“APLS BNS5₵。”(apples and bananas 5₵)(Berk, 1996)

一个 4 岁的孩子跟妈妈去商业街，车开进停车场时，孩子对妈妈说：“妈妈，我能把这些字母读下来，M...A...C...Y...S—sears!” (Morrow, 1997)

图 2.3 是一个 4 岁的孩子写的一个故事和一张杂货铺的单子。

(a) A story　　　　(b) A grocery list

图 2.3　一个故事和一张杂货铺单子

Source: From *Literacy's Beginnings* (2nd ed.)(p. 181), by L. M. McGee and D. J. Richgels, 1990, Boston: Allyn & Bacon. Copyright © 1990 by Allyn & Bacon. Reprinted with permission.

这些孩子对于阅读和书写知道得不少，他们知道字母有大小写之分，字母有特定的发音，字母放在一起组成词，词能表达意思和组成句子，写字的时候从左往右写，列表的时候从上往下列，购物单和故事不一样。基于儿童表现出来的这种文字理解，教师要努力进一步引导(Paris & Cunningham, 1996)。[1]

教师和读写

在出版的《早期儿童读写能力的发展》一书中，下面是国际阅读委员会(1995)列出

---

〔1〕 联系与拓展——参考研究杂志。查尔和斯诺 (Chall, J. S., & Snow, C. E., 1988) 的《学校教育对低收入家庭儿童阅读能力发展的影响》(School influences on the reading development of low-income children)，载于《哈佛教育简讯》(*Harvard Education Letter*)第 4(1)卷，第 1—4 页。

这篇文章讨论的是课堂中对帮助低收入家庭儿童学习阅读有影响的一些重要因素。词汇发展是教学成功的一个重要方面，要发展学生的词汇，以下是一些好的教学方案：

1. 在内容教学部分强调词汇，同时阅读使用其他教学材料，比如读百科全书、地图、杂志的时候也要强调。
2. 不要老是让学生使用字典。
3. 给学生提供的阅读材料应该能满足学生不同阅读水平，即使是最好的阅读者也能遇到疑难问题。
4. 利用实地考察或者其他活动让学生在情境中学习新的词汇，这样学生能建立理解这些词的相关背景知识，将来阅读遇到这些词的时候就能联想到当时活动中的直接体验。

的正常的学前阅读计划的一些基本前提：

> 读和写应该建立在儿童已有的口语和书面语基础上。
>
> 学习应该发生在一个支持的环境中，儿童能在这里对自己建立起肯定的态度。
>
> 最理想的学习是教师通过许多有意义的、有效的语言经验，包括说、听、写、读，积极介入到儿童的学习中去。
>
> 幼儿教师应该对语言和文化背景中公认的差异做好准备，强调阅读是语言艺术中的一个整体，把阅读当做独立的一门课。

教师能够丰富学生的语言环境，不要只是局限在正确和错误的用法上，应该重在学生想法的表达上，了解和拓展学生的想法。比如，学生说："我在我的画上写上名字了。"教师回应："你把你的名字写到你画的岩石上面了，你的宇航员要到哪儿去？"这样教师既抓住了学生的兴趣，同时又扩展了表述的内容，用一种更为成熟的方式表达出来(Rice，1989)。知道利用这些策略的父母，他们教育的孩子往往在语言学习方面进步更快(Farrar，1990)。

凯兹旦(Cazden，1988)指出，成人通过交往和对话教儿童新词，词的意义更容易理解。例如，学生解释说："他是故意的，就是为了让我气得发疯。"教师可能这样反应："这么说你认为他在你的课桌前故意摔倒是为了惹恼你，有证据吗？"大声朗读也是一种有效的语言刺激方式，读给学生听常常引起学生对书中的图画和观点的讨论。许多教育家和心理学家强调语言发展中儿童和成人的一对一的交往(Morrow，1997；Rice，1989)，这和维果斯基的认知发展理论一致。

与家庭合作

尤其是在儿童的早期阶段，语言和读写能力的发展主要发生在家庭生活中(Rokos & Neuman，1993；Snow，1993；Whitehurst et al.，1994)。在能促进儿童读写能力的家庭中，父母或其他成人以读书为乐，到处有书、课本或者其他阅读材料。父母读书给孩子听，带他们去书店和图书馆，限制他们看电视的时间，鼓励他们做有意义的与提高文字能力相关的游戏，比如模仿在学校上学、写信等(Pressley，1996；Roskos & Neuman，1998；Sulzby & Teale，1991)。当然，并不是所有的家庭都能提供这种丰富的学习环境，但教师能给家庭提供一些帮助。看看下面的家庭社区合作就知道了。

与家庭和社区建立合作关系指南——提高读写能力

和每个家庭交流你的教学目标和教学活动。

举例：

1. 教学开始阶段，给每个学生家里寄去一些资料，告诉他们在你的班上，学生要达到的目标。
2. 每个单元开始的时候，寄给家长一些教学内容方面的信息，告诉他们学生正在学什么，建议组织一些辅助学校学习的家庭活动。

让家长参与课程设置。

举例：

1. 不时组建每个家庭成员都能加入的工作室，让儿童关心更小的兄弟姐妹，让儿童和家人一起完成任务。
2. 把父母请到课堂上来：读书给学生听，口授听写故事，记录，装订书，示范一些技能。

提供家庭成员都参与的家庭活动。

举例：

1. 鼓励家长跟孩子一起读，用一些简单的诀窍，玩一些语言游戏，记家庭日记、游记，去图书馆。从学生或家长那里取得这些活动的反馈信息。
2. 给学生家长发反馈纸，让他们帮助评价学生的作业。
3. 给儿童列出一些在当地能找到的好的文学作品——利用图书馆、俱乐部、教堂的学习资源。

检查要点：语言的发展

回 顾

● 人类是如何在发展语言上具有预先倾向性的？学习扮演了一个怎样的角色？

● 描述教师的行动和反应以鼓励语言的发展。

应 用

● 指出两个能够与你的学生所在的家庭形成读写伙伴关系的两件事。

● 你如何丰富和扩展特雷弗对“象征”的理解？

整本书读完以后，你会发现教师鼓励幼儿和学生语言发展的其他方式。例如，第五章的双语教学，第九章的交互性教学和指导性对话，第十三章的学习读和写。

总结

发展的定义

发展的三个一般规律是什么?

理论学家一般都认为:每个人是以不同的速度发展的,发展是按一定顺序的,发展是逐渐发生的。

大脑的哪些部位和高级心理机能相关?

褶皱的大脑皮层布满了神经细胞,它有三种功能:从感官细胞接收信号(比如视觉或听觉信号),控制随意运动,组织协调。控制生理活动的那部分皮层最先成熟;其次是控制复杂感知的,比如视觉和听觉;最后是大脑前叶,控制高级思维过程。

什么是侧面化,为什么侧面化很重要?

侧面化是大脑两边或两半球的专门化。出生后不久,大脑就开始侧面化了。对大多数人来说,左半球在语言学习中起重要作用;右半球主要是处理空间和视觉信息。即使特定功能和大脑的特定部位相关,大脑的各个部分也得相互协作完成复杂的活动,比如阅读和建构理解。

皮亚杰的认知发展理论

影响认知发展的主要因素

皮亚杰的认知发展理论基于这样一种假设:个体总是试图理解外界,在对物体、人和观念的直接经验中主动创造知识。成熟、活动、社会传播、平衡都影响思维过程和知识的发展。对应于这些影响,思维过程和知识通过思维组织(图式的发展)的变化和适应而发展——其中适应包括同化(纳入已有的图式)和顺应(改变先前现有的图式)这两个互补的过程。

什么是图式?

图式是思维大厦的基石,是动作和思维的组织系统,使我们得以在头脑中表示和思考世界上的事物。图式可能很小(抓,辨认方形),也可能很大(在一个陌生的城市里使用地图)。个体不断增加和组织他们的图式以适应环境。

儿童从感知运动阶段到形式运算阶段过程中发生哪些主要的变化?

皮亚杰认为,儿童发展经历了四个阶段:感知运动阶段,前运算阶段,具体运算阶段和形式运算阶段。在感知运动阶段,婴儿通过直接感觉和动作,掌握客体永久性和目的性行为;前运算阶段的儿童开始表象思维和逻辑操作;儿童在具体运算阶段对具体情境能进行逻辑思维,获得守恒、逆向思维、分类和次序。运用假设进行推理、操作变量,对其他空间世界的想像是形式运算阶段的标志性进步。

皮亚杰的理论对教师的启示

什么是亨特的"匹配问题"?

匹配问题是指学生既不会因为学的东西太容易产生厌倦,也不会因为教师教的东西太难理解而落后。亨特认为,不平衡必须是和鼓励成长一致起来的,能导致错误的情境有助于设置恰当的不平衡水平。

什么是主动学习?为什么皮亚杰的认知发展理论和主动学习是一致的?

皮亚杰的基本观点是个体建构自己的理解,学习是一个建构的过程。在每一个认知发展水平上,学生必须能把信息纳入到他们自己的图式中去。要做到这一点,他们必须以某种方式加工信息。这种积极体验,即使在入学的最初阶段也包括对实体的物理操作和对概念的智力操作。一般而言,学生行为、操作、观察,然后是说或写出他们体验到的,和其他人交流能让学生使用、检验,有时也改变他们的思维能力。

皮亚杰的理论有哪些局限?

皮亚杰常常受到这样的批评:儿童和成人常常用一些和某一个发展阶段的特征不一致的思维方式。研究表明,皮亚杰低估了儿童的认知能力。另一种解释是皮亚杰过于强调学生信息处理技能的发展和教师如何促进这一发展;皮亚杰忽视了儿童认知发展中的文化因素。

维果斯基的社会发展观

高级智力发展过程首先出现在共同活动的人和人之间,在儿童和成人或者更有能力的同伴的活动中,他们交流想法、思考或者表示概念的方式。这些共同产生的想法被儿童内化,这样儿童的知识、观念、态度和价值就通过他们的文化和小组里更有能力的成员提供适当的行为和思维方式发展了。

皮亚杰和维果斯基对于自我言语在发展中的作用有什么不同的看法?

维果斯基的社会文化观点认为认知发展取决于社会交往和语言的发展,例如,他描述了儿童在引导和监控思维和问题解决过程中自我言语的作用。而皮亚杰认为自我言语只是证明儿童的自我中心主义。维果斯基比皮亚杰更强调成人和更有能力的同伴在儿童发展中的作用。这种成人辅助为学生建立以后独立解决问题所需要的理解提供了早期支持。

维果斯基的理论对教师的启示

什么是辅助学习,支架起什么作用?

课堂辅助学习或者指导性示范需要支架在适当的时候提供信息、提示、回忆线索、鼓励,然后逐渐让学生独立地做。教师这样进行辅助学习,提供适合学生水平的材料、问题,演示技能或者思维过程,监测学生一步一步解决复杂问题,完成问题的一部分,提供详细的反馈信息,允许修改和进行提问集中学生注意。

什么是学生的最近发展区?

在任何一个发展点的儿童,都有他自己的边缘问题和超出他能力之外的问题。最近发展区就是儿童自己不能独立解决问题,在与成人或者更有能力的同伴的帮助合作下能成功解决的这样一个区域。

语言发展

什么促使人类的语言发展? 学习在其中起了什么作用?

儿童发展其他认知能力的同时,通过主动理解他们听到的,寻找模式,建立规则也在发展语言。在这个过程中,已经存在的一些基础和规则把这种寻找限制在一定范围之内,或者是引导这种寻找。奖赏和纠正在帮助儿童正确使用语言时起一定作用,儿童的思维过程更为重要。语言分析意识始于五六岁,并一直发展下去。

教师鼓励儿童语言发展的行为和反应

教师在儿童语言能力的发展和语言知识的获得过程中起重要作用,他们能在课堂上集中有效地交流、弄懂意义、阅读理解并重视语言。大声朗读和与成人一对一的交往在语言能力的发展中也很重要。父母在家庭中促进儿童的阅读识字能力起关键作用。

走向专业化

反思

你能应用这一章所学的认知发展的知识解决以下的实际问题吗?

学前和幼儿园

一些喋喋不休的家长让你给他们推荐一些书,教四五岁的孩子基础算术,他们好像认为,用木块、水、沙子、土是在浪费时间,对此你作何反应?

小学和中学

两个忧心忡忡的家长希望找你谈一下他们儿子的语言问题,他们的儿子上一年级,发音方面有点困难,如何准备这个谈话?

初中和高中

你班上的学生坚持记忆许多抽象概念的定义。他们认为"在班里要得高分就得这么做",即使他们能精确地重述那些定义,但好像他们对于那些术语的意义并没有任何理解,他们不能辨认问题中应用这类概念的实例,似乎也不对理解这些抽象的东西寄予任何期望。选一个重要的有难度的概念,专给这类学生设计一堂课。

学生的词汇量不大,他们总是说一些相似的词。他们对材料的理解程度也很有限,你认为高中学生应该理解的一些词汇,他们并不知道,比如,前者和后者。考虑到你所教的科目,该怎样促进学生的词汇发展?

认证测验要求

明确发展的三个基本规律。

确定已经了解了皮亚杰理论中的概念(同化,顺应,平衡,图式)和他的认知发展阶段。

对于维果斯基的理论,熟悉关于最近发展区和辅助学习的观点。还要搞清楚自我言语在认知发展中的作用。

教学档案库

考虑一下你的教学理念,这是在许多求职面试中会碰到的一个问题。对于教学要和学生当前的发展水平相匹配,你怎么看?皮亚杰的理论和"准备学习"有关吗?在学生的学习中,接受教学和发现教学各起什么作用?皮亚杰和维果斯基是否给你带来了不同的理念。从这一章中把父母参与教学加入到你的教学档案库中去。

教师资源

修订表 2.3“辅助学习：指导学生学习的‘脚手架’策略”，以适应你教的年级和学科，并且把它加到你的教学资源文件夹中。

教师案例簿

他们会怎么做?

本章开头提出了一个“如何教学生抽象概念”的教学情境，下面是几位教师对其作出的回应。

LINDA GLISSON AND SUE MIDDLETON

Fifth Grade Team Teachers

St. James Episcopal Day School, Baton Rouge, Louisiana

大部分 11 岁的孩子处在理解抽象概念的初步阶段，这时看起来这些学生还没有达到那个阅读水平。不过，通过可控的教学设计，从具体到抽象引导学生，他们就能了解自己对于抽象和象征知道的比他们自己意识到的多。

为了“倾听”学生的思维，以使我的教学水平和学生的思维水平相匹配，我要一整天都拿着一个记事本，以便可以记下和象征有关的一些想法——孩子们在课堂、午餐和休息的时候可能无意中的一些抽象表达。然后我就在象征课上结合他们的亲身体验，再来决定是不是要转入诗中的象征那个教学单元。

开始的时候，我让学生借助于字典来定义象征这个词(根词-符号)，学生们发现象征的含义是“代表或体现其他事物的东西”。然后我要他们做一个简单的“跨学科”的练习，把符号和象征与自己每天的思考结合起来。例如：(社会学习，美国历史)：美国国旗只是一块布，为什么我们要对着它宣誓呢？阅兵时经过国旗要行注目礼，它代表什么？(语文，文学-寓言和童话)：狼常常代表什么？狮子、小羊呢？(艺术)什么颜色能够体现灿烂的夏日？魔鬼？善良和纯洁？接下来我用数学符号、科学符号和音乐符号引导学生自己找一些其他的例子，比如，什么能象征他们的考试和假期。然后我告诉他们我已经把他们举出的象征的例子记下来了，通过学生们参与练习以及他们表现出的热情，我就可以确定他们是否为学习那些教学材料做好了准备。

MADYA AYALA

High School Teacher of Preperatoria Eugenio

Garza Lagüera *Campus Garza Sada*, *Monterrey*, *N. L. Mexico*

教师在课堂上讲解象征使用的方法非常抽象，与 10 岁孩子的接受水平，或者皮亚杰所说的具体运算阶段不相适宜。教师对学生要求的口头类推，适合形式运算阶段。

学生的经验是具体的，他们只能用自己能够联系起来的相关符号作出反应。这样，我不用口头类推，而是用更具体的视觉形象。例如，我用一些熟悉的例子，如在黑板上画一颗心，然后让学生说这颗"心"代表什么？还可以利用这个机会从反面使用这个方法，比如，我让学生思考海滩，接着让他们想一个符号来表示。

学生做这些练习的反应可能是多样的(也是我们所期望的!)——诗并不重要——重要的是学生学会什么是符号，什么是表征，可能更重要的是给学生机会发展创造性思维和批判思维。

MARY FRANCES DONOHOE

Fifth Grade Teacher

Lawton Chiles Elementary School*, *Gainesville*, *Florida

学生对一个抽象的词产生误解，需要重新回过头来，找一些他们能联系起来的东西(一个具体的词)。第一步在天花板或黑板上写下这个词"圆盘式张力装置"，向学生说明管弦乐队和通俗音乐乐队里会用到这些圆盘式张力装置，让学生正确理解这个词。比如，"我喜欢它们敲击的时候发出的音乐，但实际上我在思考一种不同的符号(在黑板上写下"符号"这个词，并用笔圈了一下)。讨论符号之前，我们先来讨论友谊。"

为了刺激学生的背景知识，鼓励他们积极参与，我要创建一个语义词汇图。让学生来说对他们而言友谊是什么样的，在语义图上记下他们说到的几点想法。然后让他们举出实例，这时再次记下他们的反应。最后，让学生说出一些代表友谊的符号。符号插图常常可以把那些最不活跃的学生带动起来，可以通过以下这样的小组活动来展开：

第一步：把学生分成三个或四个小组，给每个小组一大张图表纸和一盒彩色标记。然后给每个组分配不同的抽象词，给他们大约 20 分钟的时间，让他们分别做自己的语义图。把做好的语义图挂在教室四周，让每组的学生对他们的词和符号作出解释。这个活动是引入诗单元教学的一个跳板。

第二步：给学生发一些诗的书，用 10 到 20 分钟的时间让他们仔细读，每个学生挑一本。

第三步：鼓励学生在书中的诗里找出象征的例子。

第四步：学生小组活动的时候，鼓励他们小组成员之间彼此分享、交流自己发现的象征的例子，教师巡视。

第五步：每个小组的发言人要拿出一两个例子代表小组集体努力的成果，教师把这些例子记录在图表上。

CAROL GROSBERG

Fifth Grade Teacher

Bates School, Wellesley, Massachusetts

我的经验告诉我，五年级的学生有能力理解，实际上也能享受到学习同音异义、同形异义字的乐趣。给学生们解释它们之间的区别之后，我要鼓励学生自己尽可能多地列出一些例子。（要找到一个词列在表上，学生需要理解这个词的含义，并且能在句子中正确使用。）

我确定学生们已经理解了这个词的几个含义，我希望他们能知道 symbal 和 cymbal 也是一组这类的词，借助于图片可以帮助学生认识到有些物体可以象征性地表示一些概念。接着，我可能让全班学生列另外一张其他类别的词汇表。假定学生已经了解一些简单形式的诗，这就可以教学生地方课程中要求的诗歌中的象征用法了。

DR. NANCY SHEEHAN-MELZACK

Art and Music Teacher

Snug Harbor Community School, Quincy, Massachusetts

如果一开始给孩子呈现符号，接着给他们解释，这样即使很小的孩子也能认识象征。在一个杆子上加一个八角形，学生见到这样的符号常常这样回答，“一个停止标志”。孩子们认识符号，教师要做的工作是把他们的具体经验上升到更为抽象的概念。他们的日常生活中有很多符号，孩子们自己也能画下来。在课堂上跟学生讨论什么是象征的时候，跟他们解释符号常常是一个群体的人大都同意用来代表某些想法或概念的一些事物。小学一年级的孩子就会认交通符号、字母表上的字母、数字，进一步能认识到这些符号代表的含义、方向、声音以及其他等等。他们之间说起常见符号的时候，也能意识到他们使用这些符号的时候指的是同样的意思。

VALERIE A. CHILCOAT

Fifth/Sixth Grade Advanced Academics

Glenmount School, Baltimore, Maryland

关于象征的具体例子要从学生他们自己的世界里找，街道的标志，尤其是那些图案的不是文字的符号都是非常好的例子。学生自己的名字也是象征的一个较抽象的例子。雕像、照片和图画是一些更为具体的例子。

这些具体的例子和诗歌中的象征还不完全一样，诗歌中的象征必须在具体和抽象之间找到连接点。可以鼓励学生去读和听一些朴素的诗歌，从中也能找到许多一种事物充当另一种事物的实例。这个方法也可以用在低年级，可以只是让学生接触一些包含象征的诗歌。

第三章 个性、社会性和情感的发展

回想一位曾经帮助你塑造自我——培养你的能力、志向或价值观的教师，他的哪些言行曾经影响过你？你是否认识这样一些人？他们的职业选择深受老师的影响。

学校涉及的不仅仅是认知能力的发展，在本章中，我们将分析个性、社会性和道德情感的发展。

我们将从埃里克·埃里克森(Erik Erikson)的研究开始，他的综合性理论为研究个性和社会性的发展提供了一个框架。接着，我们探究有关如何理解别人和自身的理论，自我概念的含义是什么？它是怎样形成的？随着我们的成长，对他人的认识是怎样变化的？决定我们道德观念的因素是什么？教师如何培养学生的个性品质如诚实、合作、同情心和自尊等？然后，我们再来思考影响儿童个性、社会性发展的三个主要因素：家庭，同伴和学校。现在的家庭已经发生了许多转变，这些变化影响到教师的角色。

在本章的最后，我们研究孩子们面临的若干挑战——生理发育的问题和机遇，以及今天孩子们面对的许多危险，诸如虐待儿童、饮食异常、吸毒。

当完成这章的学习时，你应该能够：

- 描述出埃里克森的心理发展阶段理论，并列举该理论对于教学的几点意义。
- 设想教师该怎样培养学生的自尊心。
- 描述儿童友谊观念的变化。
- 描述科尔伯格(Kohlberg)的道德推理的阶段理论，并给出相应的例子。
- 评价那些与科尔伯格理论不同的观点。
- 解释那些造成班级中欺骗和攻击行为的因素，并讨论每种因素带来的影响。
- 描述学生今天必须面对的挑战和危险，并设想教师在帮助他们应对这些问题时承担的角色。

你会怎么做？

在你所教的十年级的学生中，有个女孩叫瓦内莎，她非常想交朋友。她看上去是那么孤单和沮丧——没有人和她共进午餐或与她结伴走进教室。她是一个非常优秀的学生，只是

教师案例簿

看起来不太适应环境。在一些场合，她试图通过提供帮助或请教问题的方式参与到同学中，但这些尝试都无济于事。即使萌生了一份友谊，也不能长久保持。如果瓦内莎看到有可能与某个同学交往，她就显得特别兴奋，以致于把她的新朋友吓跑了，因为她会给予过分的关注，赠送对方太多的特别礼物，向对方倾吐心声，分享心中最大的秘密和忧虑。瓦内莎似乎总是一个被利用、被抛弃、被伤害的人。后来，她的作业丢三落四，不能完成，她看上去疲惫而且面色苍白。

- 对于这个学生，你关注的焦点是什么？
- 你认为瓦内莎的自我感觉怎么样？
- 你可能关注到的危险信号是什么？
- 你该怎样帮助她建立起真诚亲密的人际关系？
- 设想同样的情况发生在一个三年级的孩子身上。

埃里克森的研究

像皮亚杰一样，埃里克·埃里克森最初也并不是一位心理学家。事实上，埃里克森根本没有高中毕业。在成年早期，他投入了大量时间研究艺术和在欧洲各地旅行。一次在维也纳同西格蒙德·弗洛伊德(Sigmund Freud)会面，在弗洛伊德的邀请下他开始去研究精神分析学说。之后埃里克森移居美国去发展自己的事业，同时也是为了逃避希特勒的威胁。

在埃里克森的一部很有影响力的著作《儿童期与社会》(*Childhood and Society*)(1963)中，他提供了一个基本的理论框架，用以解释年轻人的需要，那些需要与他们成长、学习和以后为之作贡献的社会相关联。他后来的著作《同一性、青少年和危机》(*Identity, Youth, and Crisis*)(1968)和《同一性与生活周期》(*Identity and the Life Cycle*)(1980)拓展了他的思想。尽管埃里克森的观点并不是对个性和社会性发展的惟一解释，但我还是选择它来组织我们的讨论，因为他强调自我的出现、同一性的追寻和整个生命中与他人的个人关系。

在研究了几种文化中养育儿童的实践活动之后，埃里克森得出了一个结论，人类拥有共同的基本需要，每个社会必须以某种方式满足这些需要。在每一个社会，情感的变化和它们与社会环境的联系遵循着相似的模式。由于埃里克森强调文化与个体的关系，从而他提出了**心理社会学(psychosocial)**[1]的发展理论。

如同皮亚杰，埃里克森视发展为历经一系列阶段的过程，每个阶段都有它特定的目标、关注的焦点、取得的成就和面临的危机。阶段之间相互依赖：后面阶段的成功

〔1〕 心理社会学——描述个体情感需要与社会环境的关系。

取决于前面各阶段冲突的解决状况。埃里克森认为在每一个阶段，个体都面临着一个**发展危机(developmental crisis)**[1]。每个危机都涉及积极选择和潜在的消极选择之间的冲突。个体解决每一种危机的方式将对其自我形象和社会观念产生持久影响。早期阶段的冲突的解决不善在一生中都会有潜在的负面影响，即使这种损害在以后阶段中有时能够得到补救，但负面影响也还存在。我们将简要介绍埃里克森理论的八个阶段——或他称作的“人的八个时期”，表 3.1 概括地描述了这些阶段。

表 3.1 埃里克森的心理社会发展的八个阶段

阶段	大体年龄	重要事件	描述
基本信任对基本不信任	出生至 12—18 个月	喂养	婴儿必须与养育者形成爱和信任的关系，否则就会形成不信任感。
自主对羞愧或怀疑	18 个月至 3 岁	排泄训练	儿童的精力指向发展身体动作，包括行走、抓握、排便，儿童学会操作和调控，否则可能形成羞愧或怀疑。
主动对内疚	3 岁至 6 岁	独立性	儿童不断变得更自信和更主动，过分强迫可能导致内疚感
勤奋对自卑	6 岁至 12 岁	学校	儿童必须符合学习新技能的要求，否则就可能形成自卑感、失败感和不胜任感。
同一性对角色混乱	青少年	同伴关系	青少年必须在职业、性别角色、政治和宗教方面形成认同感
亲密对孤独	成年早期	恋爱	青年人必须形成亲密关系，否则就会遭受孤独。
繁殖对停滞	中年	养育/指导	每个成年人必须发现满足和支持下一代的方法。
完满感对绝望	老年	反省和接纳自己的生活	顶峰体验是认同自我和自我实现的感受

Source: From *Psychology* (5th ed.), by L. A. Lefton, 1994, Boston: Allyn & Bacon. Copyright © 1994 by Allyn & Bacon. Reprinted with permission.

学前阶段：信任、自主与主动

埃里克森认为“信任对不信任”是婴儿期最基本的冲突。在生命最初的几个月，婴儿开始探寻是否可以依靠他们周围的世界。根据埃里克森的观点，如果婴儿对于食物和照顾的需要得到有规律的满足和照料者的回应，他们将会发展起一种信任感。在出

〔1〕 发展危机——一种特定的冲突，解决这一冲突为下一阶段提供准备。

生后第一年，婴儿处于皮亚杰所说的感觉运动阶段，而且刚开始懂得将自己与周围世界区分开来，这种意识使得信任非常重要：婴儿必须信任他们无法控制的世界的那些部分(Bretherton & Waters，1985；Isabella & Belsky，1991)。

埃里克森的第二个阶段，"**自主(autonomy)**[1]对羞愧和怀疑"标志着自制和自信的开始。年幼的孩子能独立地做越来越多的事情，他们开始承担起自己照顾自己(比如吃饭、如厕和穿衣)的重要责任。在这一阶段，父母必须小心处理把握好分寸：必须给予保护——但又不要过分保护。如果父母不具备一种可靠的、自信的态度，便不能强化孩子们掌握基本动作和认知技能的努力，孩子们可能开始感到羞愧。他们开始怀疑自己应对世界的能力，埃里克森认为，如果在这一阶段孩子经历的怀疑太多，那么在整个一生中，他们对自己的能力将缺乏信心。

埃里克森指出，下一阶段的"主动性比自主发展了一步，主动性涉及为了积极推进活动而承担责任、进行计划和着手实施"(Erickson，1963，p. 255)。但是伴随着**主动性(initiative)**[2]而出现的是对被禁止行为的意识。有时，孩子们可能感到在他们想做和应该做(或不应该做)两者之间备受折磨。这个阶段的挑战是，既要维持行为的兴趣，又要明白并不是每一个突发奇想都能去做。这里再次强调，成人必须把握分寸，这一时期，要提供监督但不要干涉。如果不允许孩子独自做事，他们将会产生羞愧感，可能渐渐相信自己想做的事情总是"错"的。下面的指南提出了一些鼓励主动性的方法。[3]

指南：鼓励学前儿童的主动性

鼓励孩子们作出选择并且付诸实践。

举例：

1. 当孩子们能够选择一种活动或游戏时，给予他们自由选择的时间。
2. 尽可能避免打扰那些全神贯注做事情的孩子。
3. 当孩子们提议一种活动，要尝试去遵循他们的想法，或把他们的想法融入正在进行的活动中。
4. 提供肯定的选择：不要说："你现在不能吃饼干。"而是问："吃完午饭或睡完觉以后再吃饼干，好吗？"

---

〔1〕 自主——独立的。

〔2〕 主动性——愿意开始新的活动和探索新的方向。

〔3〕 联系与拓展——联系你自己的观点。请思考埃里克森对以下问题会给予怎样的回答：A. 你是否建议喂养婴儿要遵循一个严格的时间安排？B. 只要孩子哭就抱起来，是否会宠坏他？C. 你是否应该帮助孩子做事情，以免他们遭受挫折？D. 如果一个家长过分保护和总是剥夺孩子的探究机会，你对他有何劝告？E. 如果一个孩子正尝试着做某件事，告诉他一个正确的或更好的方法是否会有帮助？F. 如果一个孩子总是因为成绩好而受到表扬，他是否会变得自负？G. 你是否认为在法律面前青少年与成年人应同等对待？你是否认为对青少年比对成年人的惩罚更宽大才是公平的？

确保每一个孩子都有经历成功的机会。

举例：

1. 介绍一种新的游戏或技能时，采取小步子教学。
2. 班级中的能力水平差别很大时，避免进行竞争性的游戏。

鼓励扮演各种角色。

举例：

1. 置备好孩子们喜欢的故事中的服装和道具，鼓励孩子们表演故事或为喜爱的人物编写新的冒险情节。
2. 监控孩子们的游戏，保证没有孩子独占扮演"教师"、"妈妈"、"爸爸"或其他英雄的角色。

容忍意外和失误，尤其是当孩子们正尝试独立做事的时候。

举例：

1. 使用杯子和带柄及倾口的大水罐，这样倒水比较容易，而且不易外溢。
2. 对孩子的尝试给予称赞，即使结果并不如人意。
3. 如果出现失误，教给孩子们如何清理干净、修正或重做。

小学和中学时期：勤奋对自卑

在学龄早期，学生正在形成埃里克森所说的**勤奋(industry)**[1]。他们开始明白毅力和完成工作带来的喜悦之间的关系。这一阶段的危机是勤奋对自卑。对现代社会中的孩子来说，学校和社会环境提供了一系列新的挑战，与同伴的相互作用也变得日益重要。孩子们在家庭、邻里间和学校的适应能力和处理学业学习、小组活动和朋友关系的能力将导致胜任感的增长。难以应对这些挑战将产生情绪上的自卑感。下面的指南给出了鼓励勤奋的一些方法。

指南：鼓励勤奋

确保学生有机会确立现实的目标并为之努力。

举例：

1. 先从短小的任务开始，然后再转向较长期的任务。通过建立进展检查要点来监控学生的进步。

〔1〕 勤奋——渴望参与各种活动。

2. 教学生树立合理目标。写下目标,使学生不偏离达成目标的过程。

给学生展示自己独立性和责任感的机会。

举例:

1. 容忍诚实的失误。
2. 给学生布置任务,诸如浇灌班级植物,收集和分发材料,管理计算机实验室,家庭作业评分,记录回收的表格等等。

给那些看起来没有勇气的学生提供支持。

举例:

1. 采用可以展示学生进步的图表和合约。
2. 保存以往的活动案例,学生由此可以看到自己的提高。
3. 对进步最大的、最乐于助人的、工作最勤奋的学生给予奖励。

青少年时期:探求同一性

青少年时期的中心问题是**同一性(identity)**[1]的发展,它将为成年时期打下坚实的基础。自从婴儿时,个体已经在发展自我意识,但直到青春期,他们才第一次有意识地要去回答这个迫在眉睫的问题,"我是谁?"在本阶段的冲突是"同一性对角色混乱"。

同一性是指将个体动机、能力、信念和经历组成为一个一致和谐的自我形象,它涉及深思熟虑的选择和决策,尤其是关于工作、价值观、意识形态和对人民和理想的奉献(Marcia,1987;Penuel & Wersch,1995)。如果青少年时期没有整合好这些方面和各种选择,或他们感到根本无法选择,也就受到了角色混乱的威胁。

同一性状况

詹姆斯·马西娅(James Marcia)认为,对青少年而言,当他们面临同一性选择时存在着四种可能(Marcia,1980,1991,1994)。第一种是**同一性获得(identity achievement)**[2]。这意味在考虑现实的可能选择之后,个体作出选择并为之不断追求。显然只有很少学生在高中毕业之前能达到这种状况;那些升入大学的学生可能需要较长时间做决定,但甚至在大学期间,还有大约80%的学生至少改变一次专业。[3] 而且,一些成人在生活的某一时期可能获得了稳固的同一性,但以后竟会

---

[1] 同一性——对"我是谁?"这个问题的复杂的回答。

[2] 同一性获得——在自由考虑各种选择后对生活选择的强烈认同感、责任感。

[3] 联系与拓展——联系你的知识。请联系第二章所学的概念。例如,形式运算的哪些方面对获得同一性形成是有所帮助的(或者是必要的)? 你如何看待那些似乎建立了同一性、但未达到形式运算阶段的人? 同一性形成是否是必要的意识过程?

抛弃原有的同一性，而形成一个新的身份认同。因此，对每一个人来说，已形成的同一性可能并不是一成不变的(Stephen, Fraser, & March, 1992; Waterman, 1992)。[1]

同一性排斥(Identity foreclosure)[2]描述了那些没有体验过不同的同一性或未思考过各种选择的青少年的状况，他们只是使自己服从于他人的目标、价值和生活方式，通常他们的父母不是信徒就是极端主义者。另一方面，当个体不知道自己是谁，或不知道在有生之年如何作为的时候，就会发生**同一性扩散(identity diffusion)**[3]；他们没有稳定的方向。经受同一性扩散的青少年不能成功地作出选择，或者他们根本就避免认真考虑这个问题。他们可能成为无动于衷、退缩和对未来不抱希望的人，也可能变得公开叛逆。他们可能用插上耳机听音乐或者睡觉的方式，来试图逃避与父母或老师的沟通(Berger & Thompson, 1995; Kroger, 1995)。

最后，青少年在选择的斗争过程中，经历着埃里克森所说的延迟，埃里克森用**延迟(moratorium)**[4]描述青少年时期涉及个人或职业选择的延迟。这种延迟对现在的青少年来说是很普遍的，而且可能是有益的。埃里克森认为处于复杂社会的青少年在延迟时期会有一个同一性危机。现在，这一时期不再被认为是危险时期，因为，对大部分人来说，这种经历是渐变的探索过程，而不是带来心灵创伤的巨变(Grotevant, 1998)。

表3.2简要概括了不同的同一性状况的特征。同一性获得和延迟被认为是健康的选择。青少年努力去尝试不同的身份，尝试各种生活方式，致力于某些理想，这些是建立稳固的同一性的重要部分。但是，那些不能走出同一性混乱或排斥阶段的青少年将会面临适应困难。例如，同一性混乱的青少年和年轻人总是放弃希望、甘愿认命或随大流，因此，他们更可能吸毒(Archer & Waterman ,1990)。同一性排斥的青少年倾向于呆板、偏执、教条和自我防御(Frank, Pirsch, & Wright, 1990)。学校给青少年提供社区服务实践、现实的工作、实习训练和辅导，以促进他们同一性的形成(Cooper, 1998)。下面的指南提出了更多的方法。

---

[1] 联系与拓展——联系你自己的观点。你同意以下哪种观点？埃里克森会怎样讲？A. 为了建立同一性，青少年需要将自己与父母分开，以认识他们自己。如果父母非常严格和富于控制性，儿童就不得不用更多的精力去脱离父母，以致于他们没有时间和经历去确定他们自己的同一性。因此，家长和教师宽松地对待孩子会更有助于他们同一性的获得。B. 青少年与多数两岁的孩子有两点相似，他们都是自我中心的并表现出某些越轨行为。他们知道存在必须遵守的规则，由此可获得安全感。他们已不是小孩子，但还不是成人，他们处于一个没有明确行为标准的转换阶段。因此，家长和教师应该严厉而加强规则，以帮助他们更容易和更安全地完成这个转变。

[2] 同一性排斥——未经考虑而接受父母的生活选择。

[3] 同一性扩散——无中心的，关于一个人是谁和一个人希望什么存在混乱。

[4] 延迟——同一性危机，由于矛盾斗争而选择推延。

表 3.2 四种同一性状况的特征：青少年在同一性获得程度上的差异

	排　斥	扩　散	延　迟	获　得
对父母的态度	爱和尊重	逃　避	试图保持距离	爱和关心
自　尊	低（容易被他人影响）	低	高	高
种族认同	强	中　等	中　等	强
偏　见	强	中　等	中　等	低
道德阶段	前习俗和习俗	前习俗和习俗	后 习 俗	后 习 俗
独 立 性	非常独立	独　立	自我指导	自我指导
认知过程	简化复杂问题，参照他人或社会的意见和决定	简单问题复杂化，参照他人和个人的意识选择	深思熟虑，延迟，特别是在做决定方面。避免参照他人观点和社会常模	深思熟虑，通过寻找新信息和考虑他们的观点来做决策
大　学	非常满意	易变的	最不满意（可能改变专业）	好 成 绩
与他人的关系	呆 板 的	呆板的或孤独的	亲密的	亲 密 的

Source：From *The Developing Person through Childhood and Adolescence* (p. 583), by K. S. Berger and R. A. Thompson, 1995, New York: Worth. Copyright © 1995 by Worth Publishers. Reprinted with permission.

指南：支持同一性形成

为学生提供职业选择的榜样和其他成人角色。

举例：

1. 指出文学作品和历史中的榜样。找出杰出的女性、少数民族领袖和对你所教学科作出鲜为人知贡献的人，按出生年月将他们排列，在他们生日那天简短地讨论他们取得的成就。
2. 邀请校外人士讲述他们选择自己专业的过程和原因，确保能代表各类工作。

帮助学生寻找解决个人问题的资源。

举例：

1. 鼓励他们与学校咨询者交谈。
2. 讨论可利用的校外服务机构。

只要孩子没有冒犯他人或干扰学习，宽容地对待少年的狂热。

举例：

1. 讨论早年的狂热(如新发型、假发)。
2. 对着装和发式不强加限制。

提供给学生关于自我的现实反馈。

举例：

1. 当学生行为不当或表现不良时，确保他们理解自己行为的后果——对自己和他人造成的影响。
2. 为学生提供标准的答案或其他学生完成的功课，使他们能将自己的工作与好的榜样相比较。
3. 既然学生是在“扮演”角色，那么请将角色与学生本人区分开来。你可以批评行为，但不要批评学生。

毕业之后

在埃里克森理论中，成年时期的几个阶段的危机都涉及到家庭亲情的状况。首先是亲密对孤独的阶段。在这个意义上来说，亲密感是指希望与另一个人建立深入的和相互需求的关系，那些没有获得充分同一性的人倾向于害怕被另一个人征服或压制，而退缩到孤独中去。

检查要点：埃里克森的研究

回　顾

● 为什么埃里克森的理论被认为是心理社会学的观点？

● 埃里克森的心理社会发展阶段是什么？

应　用

● 体验了同一性的青少年如何回答这个问题，“为什么你选择这个专业”？

● 瓦内莎的交友困难如何影响她的同一性获得？

下一阶段的冲突是“繁殖对停滞”。**繁殖(generativity)**[1]是将关心特定个人的能力扩展到对下一代的照顾和指导以及对未来社会的关心。虽然繁殖常常指生育和培养孩子，但它的意义更为广泛，生产性和创造性是其基本特征。

埃里克森理论中的最后阶段是“完满感对绝望感”阶段，这一阶段一直延续到一个人生命终结。获得**完满感(integrity)**[2]意味着巩固自我

〔1〕 繁殖——关爱后代。
〔2〕 完满感——自我接纳和自我实现的感受。

意识和完全接受自己的独特性和已无法改变的历史。那些不能获得完满感和安全感的人会陷入绝望。

以埃里克森的心理发展理论作为框架，我们能够研究贯穿童年和青少年时期的个性和社会性发展的几个方面。

了解自己和他人

什么是自我概念？我们是怎样逐渐了解他人和我们自己的？我们如何形成是非感？这些认识影响我们的行为吗？你将会发现，这些方面与第二章的认知发展遵循相似的模式。孩子们对自己的了解起初是具体的，后来就变得更为抽象。有关自我和朋友的早期观念是基于直接的行为和外表之上，他们设想他人与自己有同样的感情和感觉，他们对自己和他人的认识是简单的、分割的、教条的、不灵活的或者不能被整合成为有组织的整体。但终有一天，他们能够抽象地思考内部过程——信念、目的、价值和动机，随着抽象思考的发展，对于自我、他人和情境的认识也呈现出更为抽象的特点(Berk, 2000; Harter, 1998)。

自我概念和自尊

当思考本章开始案例中瓦内莎遇到的问题时，你的分析是否涉及“自我概念”？我们在日常交流中常常使用“自我概念”这个词，我们谈论一些人自我概念“低”或者自我概念不“强”，就好像“自我概念”是汽车里的油量或是可以锻炼的肌肉，这实际上是误用了这个概念。在心理学中，**自我概念(self-concept)**〔1〕一般是指“人们对自身的认识、感受和态度的整合”(Hilgard, Atkinson, & Atkinson, 1979, p. 605)。我们可以这样来认识“自我概念”，自我概念是我们尝试向自己解释自己，以此来建构一个关于自己的印象、感情和态度的图式(皮亚杰的术语)，但是这种模式或图式并不是永久性、统整或一成不变的，我们的自我知觉随着情境的改变和生活阶段的变迁而发生变化。

自我概念和自尊经常相互替代，即使它们有不同的涵义。自我概念是一种认知结构——是关于你是谁的观念。**自尊(self-esteem)**〔2〕是一种情感反应——是对于你是谁的评价。如果人们对自己的评价是积极的——如果他们“喜欢他们的经历”——我们就说他们有高自尊(Pintrich & Schunk, 1996)。

自我概念的结构

图 3.1 中所示的模型显示，一般的自我概念是由较具体的自我概念组成的，包括

〔1〕 自我概念——关于自我的知觉。
〔2〕 自尊——基于自己的特征、能力和行为评价自己的地位和处境。

非学术活动中的自我概念、语言学习中的自我概念、数学学习中的自我概念。最近的研究表明,有关艺术能力的自我概念是另外一个不同的方面(Vispoel,1995)。这些自我概念本身又是由一些更具体的不同的自我概念构成,比如关于自己身体能力、外表、与同伴关系、与家庭(特别是父母)关系等的概念(Byrne & Shavelson ,1996)。这些概念建立在许多经历和事件基础上,例如体育成绩,对身体、皮肤或头发的评论,友谊,艺术能力和对团体的贡献等。[1]

图 3.1 中所示的自我概念的等级结构对青少年早期来说是最为明显的。年龄大一些的青少年和成年人似乎具有了不同的、具体的自我概念,这些概念不一定整合为一个整体的自我概念。可能在青少年早期,当学生面对学校不同学术课程的挑战和形成同一性的"生活任务"时,他们尝试整合多个"自我"以获得同一性。成年人并不必要参与到所有的学术活动(数学、科学、社会研究)中,他们可以依据自己当前的兴趣和活动来判断自我,因此,成年人的自我概念更具有情境的特定性(Byrne & Worth Gavin, 1996; Pintrich & Schunk, 1996)。

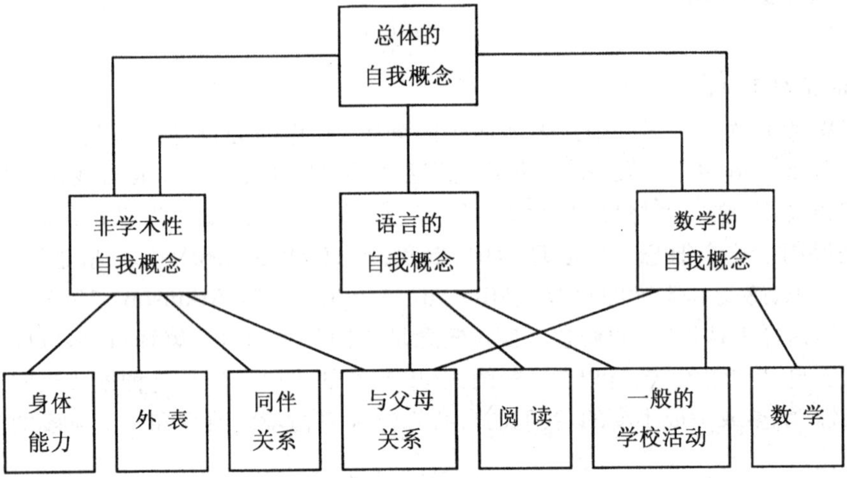

学生具备许多独立的但有时又相互联系的自我概念,对自我的整体感觉至少可以分为不同的但又有所关联的三种自我概念——语言的、数学的和非学术性的自我概念。

图 3.1　自我概念的结构

Source: From "Self-Concept: Its Multifaceted, Hierarchical Structure," by H. W. Marsh and R. J. Shavelson, 1985, *Educational Psychologist*, *20*, p. 114. Copyright © 1985 Lawrence Erlbaum Associates, Inc. Adapted with permission of the publisher and the authors.

[1] 联系与拓展——参考研究。伯恩和加文(Byrne, B. M. , & Worth Gavin, D. A. ,1996)的《修改的谢夫尔森模型:测试青春期之前、早期和晚期的学术自我概念的结构》(The Shavelson model revisited: Testing for structure of academic self-concept across pre-, early, and late adolescents),载于《教育心理学杂志》(*Journal of Educational Psychology*)第 88 卷,第 215—229 页。

在学校中，自我概念影响学习的一个重要途径是课程的选择。追溯到高中，当你有机会选择课程的时候，你会选择那些让你感到无能为力的课程吗？大概不会。赫伯特·马什和亚历山大·尤（Herbert Marsh & Alexander Yeung，1997）研究了澳大利亚悉尼市一所高级中学的 246 名男生是如何选择课程的。对一个特定学科（数学、科学等）而言，学术的自我概念是课程选择的最重要的预言者——比以往该学科的分数或总体的自我概念更重要。事实上，当自我概念在其他课程上很低时，在一个特定学科上具有积极的自我概念就成为影响课程选择的比较重要的因素。高中时选择的课程将把学生引向通往未来的道路，因此，关于特定学术课程的自我概念会成为改变生活的影响因素。

自我概念是怎样形成的

自我概念是通过在不同情境中不断的自我评价而形成的。实际上，儿童和青少年总是在不断地问自己："我现在做得如何？"他们对关键人物对自己的反应（言语或非言语）进行评价，以作出判断。在童年早期，重要人物是父母和其他家庭成员，以后是朋友、同学还有教师（Harter，1998）。例如，学生拿他们自己的成绩与自己心中的标准和同伴的成绩相比较，将自己的数学成绩与英语和科学成绩相比较，从而形成在这些领域的自我概念。如果数学是他们最擅长的学科，他们数学的自我概念可能是最积极的，即使他们实际的数学成绩是差的。但是，社会比较也有影响作用，学生在数学上的自我概念也是通过与其他学生的学习成绩相比较而形成的（Marsh，1994）。在普通学校中数学强的学生，比那些在高成就学校中同等能力的学生，对自己的数学能力感觉更好。马什（Marsh，1990）称这为"池小鱼大效应"（"big-fish-little-pond effort"）。参与天才儿童培养项目的孩子似乎体会着相反的感受，即"池大鱼小效应"，与仍留在常规班级中的天才儿童相比，他们倾向于降低学术的自我概念，但非学术的自我概念没有变化（Marsh，Chessor，Craven，& Roche，1995）。[1]

学校生活与自尊

现在我们来讨论自尊——学生们对自己的评价和感受。对教师来说，关于自尊至少要问两个问题：（1）自尊如何影响学生的学校行为？（2）学校中的生活如何影响学生的自尊？

对于第一个问题，研究似乎表明有较强自尊的学生在学校里取得成功的可能性更

〔1〕 联系与拓展——参考研究。马什、切瑟、克雷文和罗奇（Marsh，H. M.，Chessor，D.，Craven，R.，& Roche，L.，1995）的《天才项目对学术自我概念的影响：大鱼又上钩了》（The effects of gifted and talented programs on academic self-concept: The big fish strikes again），载于《美国教育研究杂志》（*American Educational Research Journal*）第 32 卷，第 285—321 页。

大(Marsh，1990)，尽管这两者之间的关系也取决于学生的性格和研究中采用的方法(Ma & Kishor，1997；Marsh & Holmes，1990)。此外，高自尊还与对学校更满意的态度、课堂上更积极的行为和在同学中较高的声望相关(Cauley & Tyler，1989；Metcalfe，1981；Reynolds，1980)。当然，正如我们在第一章中所指出的，知道两个变量相关并不能说明一个变量是另一个变量的原因。可能高的学业成就和声望导致了自尊，或者反之。实际上，这两种影响作用可能都存在(Marsh，1987；Shavelson & Bolus，1982)。

如何回答第二个问题——学校如何影响自尊？学校是否起着很重要的作用？一项对 322 名六年级学生进行的两年研究给予了肯定的回答。霍格、斯米特和汉森(Hoge，Smit，& Hanson，1990)发现，学生对学校的满意度、感到课堂是有趣的、体会到教师的关注和教师的反馈与评价都影响着学生的自尊感。在体育教学中，教师的评价在形成学生对自己运动能力的概念方面起着特别强有力的影响作用。被分在低能力组或在学校受到压抑对学生形成自尊有负面影响，而在合作的情境中学习似乎对自尊有积极影响(Covington，1992；Deci & Ryan，1985)。有趣的是，特别项目如允许进入数学提高班对自尊的影响很小（请联系“池小鱼大效应”）。[1]

100 多年前，威廉·詹姆斯(William James，1890)认为，自尊取决于我们在完成自己认为有价值的任务和目标时取得成功的程度。如果一项技能或是成绩对个体来说不重要，那么不擅长该领域的活动并不威胁到自尊。苏珊·哈特(Susan Harter，1990)发现证据证明詹姆斯的观点是正确的。那些认为某项活动很重要并且感觉自己在这方面有能力的儿童，比那些认为这活动很重要但对自己这方面的能力表示怀疑的儿童有较高的自尊。学生必须在他们认为重要的任务上取得合理的成功。个体解释自己成功或是失败的方式也是非常重要的，为了建立自尊，学生必须把他们的成功归因于自己的行为，而不是运气或是特殊的帮助。

教师的反馈、评分、评价和关切的交流，对学生评估自己在特定学科中的能力有重要影响。但是，只有在学生认为有价值的领域——包括青春期重要的社会性活动方面——他们具有了更强的能力，他们的自尊才会有最大的提高。因此，教师面临的最大挑战是如何帮助学生获得重要的能力和技能。面对这个责任，教师应该如何做？表 3.3 的建议可以作为一个开端。

---

〔1〕 联系与拓展——联系你的教学。威廉·格拉瑟(William Glasser)谈到在成功认同和失败认同方面的自我概念。孤独、冷漠和退缩或懈怠是“失败认同”的特征，而“成功认同”的特征是，给予和接受爱的能力，还有感觉做了对自己和他人重要的事情。[威廉·格拉瑟(1969)。《没有失败的学校》(*Schools without failure*. New York：Harper and Row.)] 教师提供怎样的经验以帮助学生由失败认同转变为成功认同？就是说，如何形成一个更积极的自我概念？

表 3.3 提高学生自尊的建议

1. 肯定和接受每一位学生的努力和取得的成就。
2. 为学生营造一个安全的物理和心理环境。
3. 谨防自己的个人偏见(每个人都有自己的一些偏见)和期望。
4. 确保你的教学和分组的程序是必要的,而不是处理问题学生的方便之举或是对某些学生的回避。
5. 明确评价标准;帮助学生学会评价自己的成绩。
6. 示范适当的自我批评、坚持不懈和自我奖赏的方法。
7. 避免不利的比较和竞争,鼓励学生与自己以往的成就水平相比较。
8. 接受学生,甚至在你必须拒绝某个特定的行为和结果时也要做到接纳孩子。学生应感到自信,例如,一次考试的失败或是在课堂上的批评并不会使他们成为"差"学生。
9. 请记住,积极的自我概念来自于生活中的成功体验和环境中重要人物的称赞。
10. 鼓励学生承担对事件作出反应的责任,并让他们明白他们可以选择如何行为。
11. 在学校中建立支持小组或是"学习伙伴",教学生如何相互鼓励。
12. 帮助学生建立明晰的目标,并利用头脑风暴的方法寻找资源以达到目标。
13. 重视不同种族群体的价值——他们的文化和成就。

Sources: Information from "Improving Students'Self-Esteem," by J. Canfield, 1990, *Educational Leadership*, *48*(1), pp. 48-50; *Teacher Behavior and Student Self-Concept*, by M. M. Kash and G. Borich, 1978, Menlo Park, CA: Addison-Wesley; "The Development of Self-Concept," by H. H. Marshall, 1989, *Young Children*, *44*(5), pp. 44-51.

性别、种族与自尊

年幼的儿童更倾向于给予自己积极和乐观的评价。在一项研究中,被调查的一年级儿童中超过80%认为他们是班级中最好的学生。随着学生年龄的增长和成熟,他们变得更现实,但许多学生仍不能准确判断自己的能力(Phillips & Zimmerman, 1996)。事实上,一些学生经受着"无能力错觉"带来的痛苦——严重低估自己的能力(Phillips & Zimmerman, 1990)。这里性别和种族起着重要的作用。[1]

性别与自尊

在低年级中,女孩和男孩对自己能力的感知相差无几。到了九年级和进入高中,一般来说,女孩对自己能力的估计要比男孩低(Cole, Martin, Peeke, Serozynski, & Fier, 1999; Phillips & Zimmerman, 1990)。美国女子大学协会(the American Association of University Women, 1991)发现了类似倾向。八九

〔1〕联系与拓展——参考研究。美国女子大学协会(American Association of University Women, 1991)的《歧视女孩,歧视国家》(*Shortchanging girls, shortchanging America*. Washington, DC: AAUW.)。这份研究报告在全国范围内取样,评价了9至15岁儿童的自尊、教育经验、在数学和科学上的兴趣和期望的职业。

岁的女孩报告对自己有信心、肯定自己并有优越感。但是到了青春期她们的自我意象很低，对于自己的未来以及她们在社会中的位置表示担忧，对她们自己以及自己的能力没有信心。其他的研究显示对于大多数种族群体(除了非洲裔美国人)，男孩对自己在学校中的能力比女孩更有自信，尤其在数学和科学方面。但是不同研究之间，女性和男性之间的差异是不一致的(Grossman & Grossman，1994；Kling，Hyde，Showers，& Buswell，1999)。请同时考虑马什和尤(Marsh & Yeung，1997)的发现——特定学科的自我概念影响课程选择。所以，许多妇女和少数民族学生选择的课程永远限制了他们的生活观点，他们的决定并不是基于他们自己的能力，而是由于"无能力的错觉"。

个体的和集体的自尊

我们已经讨论了作为纯粹个体特征的自尊。许多心理学家认为，自我价值和同一性的另一个基础是集体自我，或是作为家庭成员、同伴组织成员、种族成员、班级或组队成员的自我(Wright & Taylor，1995)。可能我们的自尊不仅被个体品质影响，而且也被**集体自尊(collective self-esteem)**〔1〕所影响，后者是一种对我们归属的集体产生的价值感。当学生们每日都在被种种微妙的或显现的信息提醒着——他们的民族或家庭缺乏社会地位和权力，集体自我的基础就会逐渐削弱。

关于儿童自我知觉的一些早期研究似乎表明，少数民族群体的儿童内化了负面的定式。当面对一个白皮肤和一个黑皮肤的洋娃娃时，美籍非洲裔孩子倾向于选择浅色皮肤的洋娃娃，觉得它们在许多方面是更漂亮和更出色的(Clark & Clark，1939)。针对墨西哥裔美国儿童(Weiland & Coughlin，1979)、中国裔美国儿童(Aboud & Skerry，1984)和加拿大土著儿童(Corenblum & Annis，1987)的研究也报告了相似结果。然而，这些研究中很多都没有询问孩子们喜欢白皮肤玩偶的原因。一些心理学家认为，这些结果只表明儿童理解其周围的权力和地位的差异，孩子们并没有轻视自己——他们的自尊是很强烈的——但是他们知道主导群体的成员倾向于拥有更多的财富和权力(Spencer & Markstrom-Adams，1990)。

对所有的学生来说，在家庭和团体中的自豪感是形成稳定同一性和集体自尊的一部分。由于少数民族学生同时是主文化群和某个亚文化群的成员，所以有时他们很难建立一个清晰的同一性。学生所属的亚文化群的价值、学习方式和交流模式可能与学校和社会的期望不一致。接受主流文化价值似乎要求抵制种族的价值。少数民族学生不得不"仔细审视两种文化价值和同一性选择"来获得一种稳固的同一性，因此，他们可能需要更多的时间来探究各种可能性

〔1〕集体自尊——相信自己所属的群体的价值。

(Markstrom-Adams, 1992, p. 177)。在建立同一性的过程中,个体可能经过几个阶段(Frable,1997):

- 未意识到、否定或贬低民族同一性;
- 受到冲突和歧视的挑战,正视和探讨民族性;
- 沉浸在一种特定的民族或种族意识中;
- 欣赏民族性;
- 将民族性整合融入一个完整而复杂的二元文化的同一性。

特别重要的是,要为激发学生的**民族自豪感(ethnic pride)**[1]而多做工作,使得学生在分析自己的同一性时,不会感到差别就是欠缺(Spencer & Markstorm-Adams, 1990)。我们每一个人都有种族传统,当多数青少年了解并且保护他们自己的传统时,他们也会更尊重其他人的传统。因此,探究所有学生的民族渊源应该会促进自尊和接纳他人(Rotherham-Borus, 1994)。

民族传统和民族自豪中,有一个特别的方面影响着学校的学习——民族语言。在第五章我们将更深入地分析双语教育。这里当我们讨论自尊的时候,请思考斯蒂芬·赖特和唐纳德·泰勒(Stephen Wright & Donald Taylor,1995)的研究,他们分析了民族语言对个体自尊和集体自尊的影响。他们研究发现,在一所学校里,当一些加拿大土著(因纽特人)儿童在入学前三年接受使用他们民族语言的教育,他们比那些从学前开始就接受第二语言教育(英语和法语)的土著儿童拥有更加积极的个体和集体自尊。当学校认为所有学生的语言都有价值,民族自豪和集体自尊可能会被促进。

对所有的学生来说家庭非常重要。约翰·范图佐、格温德林·戴维斯和马利卡·金斯伯格(John Fantuzzo, Gwendolyn Davis, & Marika Ginsburg)1995年的一个研究利用家庭的力量来提高学生的自尊,"与家庭和社区建立合作关系指南"中列举了他们在研究中证明有效的策略,这些策略有效地提高了参与研究的四、五年级的非洲裔的美国城市学生的自尊和数学成绩。

与家庭和社区建立合作关系指南——建立自尊

1. 和家庭成员一起工作,共同创建家庭参与的方法。提供一系列可能的参与方法。确保计划实现并适合家庭生活。
2. 通过电话或便条保持家庭与学校间的常规联络。如果某个家庭没有电话,确定一个联系人(亲戚或朋友)传达信息。如果家长识字有困难,可用图画、符号、编码来代替书面交流。

---

[1] 民族自豪感——对自己的种族或民族传统的积极的自我概念。

3. 所有的交流都应是积极的,强调发展、进步和成就。
4. 和家庭成员一起,设计祝贺学生努力和成功的家庭庆祝方法(一场电影,特别的饭菜,去公园或图书馆,外出吃冰激凌或比萨)。
5. 给学生家中发一张便条,用词句或图片描绘学生的进步。请家庭成员简要说明他们是怎样庆祝成功的,并且回复便条。
6. 随后用电话讨论进步、回答问题、征求家长的建议,以及对家庭的贡献表示感激。
7. 鼓励家长参观教室。

Source: Adapted from "Effects of Parent Involvement in Isolation or in Combination with Peer Tutoring on Student Self-Concept and Mathematics Achievement," by J. Fantuzzo, G. Davis, and M. Ginsburg, 1995, *Journal of Educational Psychology*, *87*, pp. 272 - 281.

自我和他人

当我们寻求自我同一性和形成自我印象时,也正是在寻求和形成理解我们周围的"重要他人"的过程。孩子们学会理解自己是独特的,他人也是独特的。我们怎样学会解释他人的想法和感情?

意图

大约两岁左右,孩子们有了目的感,至少能感受到他们自己的意图。他们会声明:"我想要花生奶油三明治。"他们能肯定地说:"我不是故意打碎它的。"到 2 岁或 3 岁的时候,孩子们的能力扩展到理解他人的行为意图。与同伴很好相处的较大学前儿童能够把有意识的行为和无意识的行为区分开来,并作出相应的反应。例如,当另外一个孩子不小心撞翻了他们搭的积木塔时,他们不会生气。但是,攻击性的儿童会有更多的问题,他们可能去攻击每一个碰倒他们积木塔的人,即使对方不是故意的(Berk, 2000; Dsdge & Somberg, 1987)。随着孩子成熟,他们能更有效地判断和考虑他人的意图。

理解他人观点

年幼的孩子不理解他人有不同的感情和经历,但是,这种**理解他人观点的能力(perspective-taking ability)**[1]随着时间而发展,直到成年时达到非常复杂的水平。罗伯特·塞尔曼(Robert Selman, 1980)提出了阶段模式来描绘理解他人观点的发展。

[1] 理解他人观点的能力——理解他人有不同情感和经验的能力。

当孩子们成熟并达到形式运算思维水平，他们开始考虑更多的信息。他们意识到不同的人对同样的情境的反应会不同。在10岁到15岁之间，大多数孩子发展了从一个客观的旁观者角度分析一个情境中几个人的观点的能力。最后，较大的青少年和成年人甚至能设想不同文化和社会价值观将会怎样影响旁观者的观点。即使孩子们都要经过这些阶段，但在同龄的孩子中间还会存在很大的差异。当那些理解他人观点有困难的学生虐待了他人时，他们可能不会感到自责。教师在理解他人观点方面进行一些训练可能会对这些学生有所帮助(Berk，2000)。[1]

检查要点：了解自己和他人

回 顾

- 自我概念和自尊有什么相似和不同之处？
- 随着儿童的发展，自我概念如何变化？
- 随着学生成熟，他们理解他人观点的能力是怎样变化的？

应 用

- 在瓦内莎这个年龄，她与同伴相处的经历如何影响她的自我概念？

道德发展

如果你与年幼的孩子相处一段，便会知道有一个阶段，你可以对他们讲“不允许在卧室吃东西”这就可以奏效。对年幼的孩子来说，规则原本就是存在的。皮亚杰(1965)称其为**现实道德(moral realism)**[2]的阶段。在这个阶段，五六岁的孩子相信行为规则和做游戏的规则是绝对的、不能改变的。如果规则被打破，孩子们相信惩罚的程度将决定于破坏的程度，而不是依据孩子们的意图或其他条件。因此，不小心打碎三个杯子比故意打碎一个杯子更糟糕，而且在孩子们眼里，打碎三个杯子的惩罚应该更重一些。

随着孩子们与他人的相互交往，发展了理解他人观点的能力，明白了不同的人有不同的规则，他们逐渐转向**合作道德(morality of cooperation)**[3]。孩子们开始逐渐理解规则是人们制定的并且人们能够改变它们。当规则被打破时，要考虑造成的损失和触犯者的动机两个方面。这些以及其他发展变化在科尔伯格的道德发展理论中都有所反映，科尔伯格的理论部分以皮亚杰的思想为基础。

---

〔1〕 联系与拓展——参考新闻。《如何培养有道德的孩子：我们应该使他们具备诚实、自律和富有同情心的品格》(How to Raise a Moral Child: Let's Hear it for Honesty, Self-Discipline, and Empathy)，载于《美国新闻与世界报导》(*U. S. News and World Report*)1996年6月3日刊，第52—59页。这是一个有趣的研究和观点，一个很好的讨论出发点。

〔2〕 现实道德——儿童视规则为绝对的道德发展阶段。

〔3〕 合作道德——儿童认识到规则是由人制定的并且人们可以改变规则的道德发展阶段。

科尔伯格的道德发展阶段论

劳伦斯·科尔伯格(Lawrence Kohlberg，1963，1975，1981)提出了**道德推理(moral reasoning)**〔1〕或者判断是非的详细发展阶段。他把道德发展分为三个水平：(1) 前习俗水平，判断纯粹是以个体的需要和感知为基础；(2) 习俗水平，基于社会期望和法律的考虑；(3) 后习俗水平，道德判断建立在更加抽象和个人伦理的原则之上。以上每一个水平又可细分为不同的阶段，如表 3.4 所示：

表 3.4 科尔伯格的道德发展阶段论

水平 1. 前习俗道德水平

道德判断基于个人需要和他人规则。

阶段 1 惩罚—服从倾向

服从的原则是避免惩罚。行为的好坏决定于其客观的结果。

阶段 2 个人报酬倾向

个人的需要决定错或对。倾向于根据这样的逻辑去行为"你抓我的背，我就抓你的背"。

水平 2. 习俗道德水平

道德判断基于他人的认同、家庭的期望、传统价值观念、社会准则和对国家的忠诚等。

阶段 3 好孩子倾向

好就是意味着"乖"。它决定于是否令别人高兴、能帮助他人以及被别人认同。

阶段 4 法律和秩序倾向

法律是绝对的，权威必须受到尊重，社会秩序必须得到维护。

水平 3. 后习俗道德水平

阶段 5 社会契约倾向

决定好坏根据社会认可的个人权利标准。这种道德类似于美国宪法所宣扬的。

阶段 6〔2〕 普遍的伦理道德原则倾向

好与对的判断关系到个人良知，涉及正义、人类尊严、平等等抽象的概念。

* In later work Kohlberg questioned whether Stage 6 exists separately from Stage 5.

Source: From "The Cognitive-Developmental Approach to Moral Education," by L. Kohlberg, 1975, *Phi Delta Kappan*, *56*, p. 671. Adapted by permission of the *Journal of Philosophy*.

科尔伯格分析评价儿童和成人道德发展水平的方法是，呈现**道德两难问题(moral dilemmas)**〔3〕，或者呈现必须作出困难抉择的假设情境，然后要求被试回答陷入两难困境的人应该怎么办以及为什么。

其中一个最常见的两难困境的例子是：一个男人的妻子快要死了。现在有一种药可

〔1〕 道德推理——判断对与错的思维过程。
〔2〕 在科尔伯格后期的研究中，他对是否在阶段 5 之后还独立存在阶段 6 提出怀疑。
〔3〕 道德两难问题——很难作出明确的和完全正确抉择的问题情境。

以救她，但是这种药很昂贵，而发明该药的药剂师却不愿意以这个男人能够承受的较低价格卖给他。最后，这个男人感到非常绝望，他准备为妻子去偷药。他该怎么做？为什么？

在水平1(前习俗水平)，儿童的回答可能是："偷东西是错的，因为会被抓的。"这个回答反映了儿童的自我中心主义，推理可能是："如果我偷东西的话会怎么样？我可能会被抓住和受到惩罚。"

在水平2(习俗水平)，被试不仅能够考虑个人的直接行为后果，还会考虑其他人的观点，尤其是他人赞同的观点。在这个水平，法律、宗教、国家被认为是非常重要的，而且是绝对的和不容改变的。基于这种原则的一种可能的回答是："偷东西是错误的，因为他违反了法律。"另外一种回答，表现出既考虑到家庭和所爱的人，但又要遵从法律，如，"偷药是对的，因为他是在帮助他妻子。但是他仍应该尽可能地付钱给药剂师，或是接受法律的惩罚。"

在水平3(后习俗阶段)，属于这个阶段的一种回答可能是，"他没有错，因为必须维护人的生命，人类生命的价值要重于财产的价值。"这种回答考虑了抉择的根本价值。抽象的规则不再固化刻板，而且顾名思义，这一水平的原则可以从习俗的价值观中分离出来。处于这一推理水平的人理解被大众认为是正确的东西在某种特殊的情境下可能被个体认为是不正确的，因此，强调理智的和个体的选择。

道德推理既与认知有关，也与情感发展有关。我们已经看到，抽象思维在道德发展的较高阶段变得更加重要，因为儿童的抉择从依据绝对规则转向了依据抽象原则如公正和仁慈。理解别人观点、判断行为意图以及设想法律和规则的其他价值基础的能力，都将融入较高阶段的道德判断。[1]

对科尔伯格理论的批评

科尔伯格的阶段理论已经受到批评，首先，因为在现实中这些阶段似乎不是独立、依次出现和一致的。人们经常作出同时反映几个不同阶段的道德选择推理，或者一个人在某个场合下的选择可能符合一个阶段，而在其他情境下的决定可能反映出其他阶段。当请儿童和青少年在帮助他人与满足自己需要之间做判断时，他们表现出来的道德推理水平高于在有关触犯法律或惩罚的情境中所做的推理(Eisenberg et al, 1987; Sobesky, 1983)。而且，科尔伯格强调道德的认知推理，但忽略了道德成熟的其他方

---

〔1〕 联系与拓展——联系你的教学。努奇(Nucci, L., 1987)的《关于道德发展的综合研究》(Synthesis of research on moral development)，载于《教育领导学》(*Educational Leadership*)，第44(5)卷，第86—92页。阅读以上文章并围绕道德发展进行简短讨论。努奇的文章与科尔伯格对道德发展的分析是一个很好的对照。努奇提出甚至年幼的孩子也能区分习俗与道德问题。习俗是群体中的规则和期望，如约会的方式、礼貌常规或交谈的规则。道德问题是与对他人造成身体和心理伤害、偷窃、撒谎和任何错误行为相关联，即使没有规则和法律的限制，这些行为也是道德所不允许的。道德教育的一个目标应该是帮助儿童区别常规文化习俗与一般的道德问题如公正、公平和人的利益，为了帮助儿童理解这些区别，努奇建议(1) 道德教育应关注公正和人类利益；(2) 这些问题应融入课程中，而不是一个独立的内容；(3) 当学生的道德水平有差异时，允许对解决道德两难问题发表不同观点，彼此认真倾听以及努力理解、扩展或反驳彼此的观点，这样的道德讨论将促进道德发展；(4) 合作的目标结构将促进道德发展；(5) 严格、公正和灵活的课堂管理有助于道德发展。

面，比如，性格与德行，它们有助于解决日常生活中的道德问题。

社会习俗与道德问题

对科尔伯格理论的一项批评是，在道德推理的较低阶段没有区分社会习俗与真正的道德问题。社会习俗是一种社会规则和特定群体或社会的期望，例如，“用手抓饭吃是不文明的。”这种行为在道德上不是错误的，它只是社会不接受而已——在一些文化或情境下用手抓饭吃也是可以接受的（事实上，用叉子吃土豆片就很勉强）。另一方面，真正的道德问题涉及个体权利、群体的普遍利益或避免伤害。偷盗是错误的，而不只是行为粗鲁。3岁的孩子就能把社会习俗与道德问题区分开来。例如，他们知道如果在学校里没有规定要保持安静，聒噪也是可以的，但是打别的孩子是不对的，即使没有规则禁止它。因此，很小的孩子就能依据道德原则推理，而不是根据社会习俗和规则（Nucci，1987；Smetana & Braeges，1990；Turiel，1983）。

道德推理中的文化差异

对科尔伯格阶段理论还有一项批评是，道德推理的阶段五和阶段六是源于西方和男性的强调个人主义的价值观。在那些以家庭为中心和集体导向的文化中，最高的道德价值可能涉及在基于个体意识做决策之前要考虑集体的观念。关于最高道德阶段存在很多不同的意见。科尔伯格本人也曾质疑第六阶段的适用性，除了经过训练的哲学家，很少有人能自然而轻松地进行这一水平的推理。科尔伯格（1984）认为，由于现实的需要，第五阶段和第六阶段可能要合并起来。[1]

关爱的道德

关于科尔伯格理论的最激烈的批评之一是，依据性别来看科尔伯格的道德发展阶段是有偏差的，它们没有呈现出女性道德推理发展的过程。因为阶段理论只是基于对男性的纵向研究，很可能它并未充分表明女性的道德推理及其发展阶段（Gilligan，1982；Gilligan & Attanucci，1988）。卡罗尔·吉利根（Carol Gilligan，1982）已经提出了一个不同的道德发展系列——“关爱伦理”。吉利根认为个体是从关注自我利益发展到对特定个体和特定关系负责的道德推理，然后发展到道德的最高水平，即基于对所有人负责和关心的原则。

在科尔伯格道德发展理论中，最高阶段涉及基于公平和公正的普遍规则的决策，而基于照顾他人和维持相互关系的推理则被评价为处于较低水平。科尔伯格道德推理的许多早期研究发现，多数男性在成年之前已经发展到第四和第五阶段，而多数女

〔1〕 联系与拓展——联系你的教学。在一堂讨论偷窃的课中，教师发现许多孩子表达了这样的观点：如果你没被抓住，偷窃是可以的，教师应如何回应？学生的种族、文化、性别或社会经济地位是否影响教师的反应？

性仍"停留"在第三阶段。看起来似乎女性在道德方面面临挑战。但是最近的研究发现，依据科尔伯格方法测查男性和女性，或者男孩子和女孩子的道德推理水平，他们之间没有显著区别(Eisenberg, Martin, & Frabes, 1996; Thoma, 1986)。

为了研究真实生活中道德推理的实际过程，以及了解道德决策的基础，沃克和他的同事(Walker, 1991; Walker, Pitts, Hennig, & Matsuba, 1995)要求较小的儿童、青少年、成年人来描述一个个人的道德问题，并且分析一个传统的道德两难问题。对这两种类型的问题，男性和女性都表现出关爱的道德和对公平的关注。安德鲁·加罗德(Andrew Garrod)和他的同事(1990)采用寓言来研究一、三和五年级的学生的道德推理，结果发现男生和女生都倾向于接受一种关爱定向，一年级和三年级学生中男生和女生的道德推理没有区别，但是，一部分五年级的男生(没有女生)提出暴力和恶作剧的解决问题的方法。因此，无论男性还是女性，公平和关爱似乎是他们道德推理的基础。然而，即使男性和女性都看重关爱和公平，但日常生活中仍有证据表明，女性对违背关爱规则(不顾及别人或不值得信任)感到更加有负罪感，而男性对自己的暴力行为(争斗或损坏财产)更感到有负罪感(Williams & Bybee, 1994)。女性更可能采用关爱定向，但是男性和女性都能采用两种定向(Skoe, Pratt, Matthews, & Curror, 1996)。

关爱学生和帮助学生学会关爱，已经成为很多教育家关注的主题。例如，内尔·诺丁斯(Nel Noddings, 1995)强烈呼吁把"关爱的主题"用到课程的编制中。可能的主题包括"关爱自我""关爱家庭和朋友"和"关爱陌生人和世界"。如"关注陌生人和世界"可用于有关犯罪、战争、贫穷、宽容、生态和科学技术的这些单元中。表 3.5 呈现了在高中课堂中如何加入犯罪和关爱陌生人的主题。[1]

表 3.5 "关爱陌生人和世界"作为教学主题

作为"关爱陌生人和世界"学习单元的一部分内容，高中学生在几堂课里分析了犯罪的问题，将研究犯罪与关爱的主题、安全、责任、信任的讨论联系起来。

学　科	内　容
数　学	统计：收集有关犯罪地区和犯罪率、罪犯年龄和犯罪对社会造成危害的资料，在惩罚的严厉程度与犯罪事件之间是否相关？一次犯罪审讯的实际成本是多少？
英语与社会学习	阅读《奥利弗·特维斯特》(*Oliver Twist*)，将主人公与社会和历史环境联系起来，什么因素导致 19 世纪英国的犯罪？ 阅读流行侦探小说，它们是文学作品吗？它们准确描述了犯罪审判体系吗？

[1] 联系与拓展——参考杂志。请阅读《菲·德尔塔·卡潘》(美国教育专业协会会刊)(*Phi Delta Kappan*)1995 年 5 月刊中关于学校与关爱的部分，其中包括内尔·诺丁斯的文章和乔伊斯·爱泼斯坦(Joyce Epstein)关于家庭与学校共同创设关爱学校的文章。

续 表

学 科	内 容
科 学	基因：犯罪倾向是否可遗传？在攻击行为上是否有性别差异？在道德推理上女性是否不如男性（为什么一些社会科学家这样认为）？你如何检验这个假设？
艺 术	在公共场所涂鸦是真正的艺术吗？

Source: From "Teaching Themes of Care," by N. Noddings, 1995, *Phi Delta Kappan*, *76*, pp. 675 – 679. Copyright © 1995 by Phi Delta Kappan. Reprinted with permission of Phi Delta Kappan and the author.

道德行为

当人们发展到道德推理的更高级阶段，他们也表现出更多的分享、帮助和保护不公平的受害者的行为。然而，在道德推理和道德行为之间的关联并不是非常紧密（Berk, 2000）。除了道德推理，还有许多其他因素影响行为，影响道德行为的两个重要因素是内化和模仿。

大多数道德行为的理论提出假设，年幼儿童的道德行为首先是通过直接指导、监督、奖励惩罚和矫正来控制的。渐渐地，儿童**内化（internalize）**〔1〕了那些指导他们的权威人物提出的道德规则和原则，就是说，儿童将外界标准作为了自己的标准。当告诫孩子时，如果给予他们可以理解的理由，尤其是突出他们行为对他人的影响，那么他们更可能内化道德规则，学会即使在无人监督的情况下也能道德地行为（Berk, 2000; Hoffman, 1988）。

影响道德行为发展的另一个重要方面是榜样。那些经常看到有同情心的、慷慨的成人榜样的孩子，更倾向于关心别人的权利和情感（Lipscomb, Macallister, & Bregman, 1985）。让我们思考在课堂里出现的几个道德问题。

欺骗

早期的研究表明，欺骗行为与其说与个体的一般的诚实品质有关，不如说与特定情境的关系更大（R. Burton, 1936）。一个在数学课上作弊的学生也可能在其他课上作弊，但是这个学生可能永远不会想对朋友撒谎或者将糖果带出商店。如果考好的压力很大而且被抓住的可能很小，大多数学生可能会作弊。〔2〕

在作弊问题上，存在某些个体差异。多数针对年龄较大学生和大学生的研究发现，男性比女性更可能作弊，低学业成就的学生要比高学业成就的学生更容易作弊，那

〔1〕内化——儿童采用外界标准作为自己的标准的转化过程。

〔2〕联系与拓展——联系你的观点。道德行为并不必然直接来自道德判断，那么道德判断一定先于道德行为吗？就是说，一个人即使对应该如何行为不能作出认知判断，他或她也能按一种道德方式行为吗？

些关注成绩表现目标(获得好分数,看起来聪明)而不是学习本身的学生容易作弊。在工程学、商学和科学领域的大学生比艺术和人文领域的大学生更可能作弊(Davis, Grover, Becker, & McGregor, 1992; Newstead, Franklyn-Stokes, & Armsted, 1996)。当学生成绩落后或"为了考试临时突击"时,他们也特别容易作弊。

给予教师的建议很明确,要避免作弊,就尽量避免把学生置于高压力的环境。确保他们对考试、活动和作业有充分准备,他们不用作弊就能理所当然做得很好。关注学习本身而不是分数。当学生需要时,给予额外帮助。明确你对于欺骗的态度,并且不断强化。在考试过程中认真监督,帮助学生抗拒诱惑。〔1〕

攻击

攻击(aggression)〔2〕是指故意伤害他人,不应该把它与固执相混淆,后者意味着坚持或维护一种合法的权利。正如海伦·比(Helen Bee, 1981)解释的,"一个孩子说'那是我的玩具',这表现了他的固执。如果他为了要回玩具打小伙伴的头,这就是攻击性"(p. 350)。

榜样在攻击性的表现方面扮演着重要角色(Bandura, & Ross, 1963)。那些成长在充满严厉惩罚和家庭暴力环境中的孩子更可能用攻击来解决他们自己的问题(Emery, 1989; Holden & Ritchie, 1991)。

在美国,几乎每一个家庭中都能看得到攻击性榜样的一个真实来源——电视。至少82%的美国电视节目有暴力内容。儿童节目的暴力内容比率尤其高——平均每小时32个暴力行为,其中卡通片最为严重。而且在70%以上的暴力场景中,暴力没有受到惩罚(Mediascope, 1996; Water, 1993)。攻击性的孩子倾向于相信暴力会受到奖赏,他们使用暴力获得自己想要的东西。他们更可能相信暴力复仇是可以接受的:"当你生气的时候,可以猛推别人。"(Egan, Monson, & Perry, 1998)。看到电视中的暴力行为没有受到惩罚可能会强化和鼓励他们的这种想法。

除睡觉外,多数孩子做其他任何事情的时间不及看电视的时间多(Timmer, Eccles, & O'Brien, 1988)。教师可以向学生强调三点,以减少电视暴力的负面影响:第一,大多数人不会表现出电视中的暴力行为;第二,电视中的暴力行为不是真的,而是通过特殊的效果和特技表演来完成的;第三,解决矛盾冲突还有更好的方法——这些方法才是现实中人们用来解决问题的途径(Huessmann, Eron, Klein, Brice, & Fischer, 1983)。同时,避免用看电视作为奖励或惩罚的手段,因为那会使电视更加吸引孩子(Slsby, et al., 1995)。但是电视并不是惟一的暴力榜样来源,许多流行的电影和光碟游戏也充满了暴

〔1〕 联系与拓展——联系你的观点。你对花大量时间看电视有何看法?孩子娱乐游戏是否只是浪费了他们的时间?玛丽·温(Marie Winn)写了一本令人深思的书《带插头的毒品》(*The Plug-in Drug*. New York: Viking, 1985)。

〔2〕 攻击——故意伤害他人或抢夺财产的行为;无正当理由的攻击。

力的画面，而且经常是由“英雄”实施暴力。另外，在市中心长大的学生见过枪支和毒品交易。报纸、杂志和收音机也充满了谋杀、强奸和抢劫故事。在一些幼儿园，孩子们不扮演“妈妈”或“爸爸”，而去假装卖海洛因的“镍包”（粉笔末包）给玩伴。

除了被暴力包围和认为受到侮辱或伤害时进行暴力报复是适当的，另外有一些孩子尤其是男孩，还很难理解别人的想法（Zelli，Dodge，Lochman，& Laird，1999）。正如我们前面提到的，当这些孩子的积木塔被另外一个孩子踢倒，或在汽车里被人推了一下，或是发生了其他问题，他们会主观地认为别人是故意的，报复随之而来，暴力的循环会继续下去。桑德拉·格雷厄姆（Sandra Graham，1996）完成了一项成功的研究，验证了帮助有攻击性的五六年级的美国非洲裔男孩子学会更好地判断他人意图的方法。策略包括角色扮演、参加有关个人经历的小组讨论、理解照片中社会性的提示、表演哑剧游戏、制作光碟及给未完成的故事写结尾。参加了 12 期训练的男孩在理解别人意图上表现出了明显的提高，而且攻击性反应减少。[1]

受害者

当一些学生倾向于欺凌弱小者时，另一些孩子就成为了受害者。来自欧洲和美国的研究表明，大约 10％的孩子是长期的受害者——长期成为身体和精神攻击的目标。这些受害者倾向于低自尊，并且他们感到焦虑、孤独、没有安全感和不幸福。他们通常是爱哭和退缩的；当受到攻击时，常常不能保护自己。最近的研究表明，受害者可能由于自己的处境而自责。他们相信自己之所以不被接受，是因为自己有无法改变或控制的性格缺陷——难怪他们沮丧和无助！对于年龄较小的青少年受害者情况更糟，因为他们似乎得不到同伴的同情。在小学和中学始终处于受害者

检查要点： 道德发展

回 顾

- 道德推理的前习俗、习俗和后习俗水平之间的关键区别是什么？
- 描述吉利根（Gilligan）的道德推理水平。
- 什么影响道德行为？

应 用

- 教师如何鼓励道德行为和关爱？
- 瓦内莎的老师如何支持她结交朋友和保持友谊？

〔1〕 联系与拓展——参考研究。盖伦和安德伍德（Galen，B. R.，& Underwood，M. K.，1997）的《儿童间的社会攻击的发展性研究》（A developmental investigation of social aggression among children），载于《发展心理学》（*Developmental Psychology*），第 33 卷，第 589—600 页。摘要：社会攻击包括故意伤害他人自尊和社会地位的行为，以及如轻蔑的表情、粗鲁的闲话和利用友谊等行为。在第一个研究中，四年级、七年级和九年级的学生完成了《社会行为问卷》的测试。男孩认为身体攻击比社会攻击伤害大，而女孩比男孩更强调社会攻击的伤害。在第二个研究的第一个阶段，女孩参与一项实验室活动，当中引发了社会攻击的行为和并对这些行为进行了可靠的编码。在第二个阶段，另外一些被试（小学、中学的男孩和女孩）观看社会攻击行为，女孩比男孩评价攻击者时更生气，中学生比小学生对社会攻击行为更令其厌恶。

角色的孩子，当他们成为青年人时，会更消沉并更可能有自杀倾向（Graham，1998；Hodges & Perry，1999）。在美国，过去几年中我们已经看到被折磨的学生将枪指向折磨者的惨剧。[1]

还有第二种受害者——那些情绪冲动和脾气暴躁的学生，他们似乎能挑起同伴的攻击性反应。这种学生大约有10%到15%，他们几乎被所有同伴拒绝，很少有朋友（Pellegrini，Bartini，& Brooks，1999）。下面的指南提出了有关控制攻击性和鼓励合作的一些建议。

指南——控制攻击性和鼓励合作

教师自己成为非攻击性的榜样。

举例：

1. 不用暴力威胁使学生服从。
2. 出现问题时，示范用非暴力的策略解决冲突。

保证教室里为每个孩子提供足够的空间和适当的资源。

举例：

1. 避免过分拥挤。
2. 保证奖励品充足。
3. 拿走鼓励攻击性行为的物品，如玩具枪。

确保学生不从攻击性行为中获利。

举例：

1. 安慰受害者，忽视攻击者。
2. 实施合理的惩罚，尤其对较大的学生。

直接指导积极的社会行为。

举例

1. 将社会伦理和道德的内容融入阅读和讨论中。
2. 讨论反社会行为的影响，如偷窃、以强凌弱和散布谣言。

〔1〕联系与拓展——参考研究。格雷厄姆（Graham，S.，1998）的《中学阶段的自责和同伴伤害：一项归因分析》（Self-blame and peer victimization in middle school：An attributional analysis），载于《发展心理学》（*Developmental Psychology*），第34卷，第587—599页。摘要：分析了中学生对受伤害和不适应的自责归因与性格之间的关系，被试接受了问卷试测，该问卷评价了对受害状况的自我知觉、对假设的受害事件的归因、孤独感、社会焦虑和低自我价值。被试还进行了同伴提名，以此测评对他人受伤害的知觉和同伴接受与拒绝。自我知觉的受伤害与性格化的自责、孤独、焦虑和低自我价值感相关。相反，同伴知觉的受伤害同接受与拒绝相联系。数据表明自我知觉较好地预测了受伤害个体受到的内在影响（孤独、焦虑和低自我价值），而同伴知觉对受伤害造成的人际间关系（同伴接受与拒绝）有较好的预测。

提供学习宽容和合作的机会。

举例：

1. 强调人与人的相似性而不是差异性。
2. 建立小组项目鼓励合作。

训练受害学生，使他们更加自信。

举例：

1. 提供榜样和鼓励——进行正当的自我防卫。
2. 通过提高技能和知识建立自信。
3. 为特别孤立和受到伤害的学生去寻求帮助。

社会化：家庭、同伴和教师

社会化 (socialization) [1] 是社会中的成年成员如父母和教师影响儿童的信念和行为的过程，它使儿童全身心地参与社会并作出贡献。在这一部分，我们将思考对儿童发展和社会化有最重要影响的三个方面：家庭、同伴和教师。

今日的美国家庭

对你的学生家庭所寄予的最恰当的期望就是根本没有期望。今天在美国大约70%有学龄孩子的妇女在工作(U. S. Bureau of the Census, 1977)。从单亲家庭孩子的数量(大约25%)和双职工家庭孩子的数目来看，你的学生很可能是孤独的，在校外的大部分时间无人看管。事实上，挂钥匙儿童的不断增加促使很多学校提供“上学前”和“放学后”的活动项目。

现在的学生越来越多地只有一个或者没有兄弟姐妹，或者他们生活在**混合家庭 (blended families)** [2] 中，在他们的生活中有同父异母或同母异父的兄弟姐妹加入和离开。你的一些学生可能和姨妈，或爷爷奶奶，或父母一方，或收养家庭，或和一个哥哥或姐姐住在一起，当和学生交谈时，最好不要用“你的父母”“你的妈妈和爸爸”，而是说“你的家庭”。

离婚家庭的孩子

美国的离婚率居世界首位，几乎是离婚率第二高的瑞典的两倍(Nielsen, 1993)。而且我们很多人都能从自己家庭的经历中了解到，即使在最好的环境下，分居和离婚

〔1〕 社会化——社会成员鼓励未成年个体积极发展的过程。
〔2〕 混合家庭——由于再婚使得父母、孩子和继子生活在一起的家庭。

对所有的当事人来说也会带来压力。父母真正分开之前，要么矛盾冲突已持续了好多年，要么似乎突然发生，使所有人感到震惊，包括朋友和孩子。在离婚过程中，可能会因财产和监护权的抉择而使冲突加剧。

父母离婚以后，更多的变化可能会扰乱孩子的生活。和过去的情况一样，母亲通常是孩子的监护人，但是父亲作监护人的数量正在增加，目前在9%到14%之间(Hetherington & Stanley-Hagan, 1997)。有监护权的父亲或母亲可能不得不搬进便宜一些的住房、寻找新的收入来源、开始参加工作或者工作时间延长。对孩子来说，这一切意味着当他们最需要支持的时候，却没有了在老邻居和学校中建立的重要友谊的支持。离婚家庭的孩子只有父亲或母亲一方，而父亲(母亲)却比以前更少有时间和孩子在一起。大约2/3的父母再婚，而他们当中又有一半会再度离婚，因此，孩子们面临更多的调整和适应(Furstenburg & Cherlin, 1991; Nelson, 1993)。虽然有些离婚中没有冲突、资产充足，而且也能获得朋友和亲戚的继续支持，但离婚对任何人来说永远不会是件轻松的事情。[1]

离婚的影响

不管对男孩还是女孩子来说，父母离婚后的前两年可能都是最困难的时期。在这个阶段，孩子在学校里可能出现很多问题，体重大幅度地增加或减少，出现睡眠困难等等。他们可能会因家庭破裂而感到自责，或对父母和解抱有不切实际的希望(Hetherington, 1989; Pfeffer, 1981)。同样也会影响到长期的适应。离婚家庭中的男孩，比女孩和完整家庭中的男孩，更倾向于在学校和家庭中表现出较多的行为和人际交往问题。离婚家庭中的女孩子可能在处理与男性关系上有困难，她们可能在两性交往上更主动，或者很难信任男性。然而，和父亲或母亲一方满意地一起生活总比和不幸福的父母双方一起生活在充满了矛盾和冲突的环境里要好。对离婚的适应存在个体差异，一些孩子责任感增强、更加成熟且处事能力提高(Amato, Loomis, & Booth, 1995; Berk, 2000)。下面的指南是关于教师如何帮助离婚家庭中的学生的建议。

指南——帮助离婚家庭中的孩子

记录学生的任何行为突变，它们可能表明家庭问题的出现。

举例：

1. 关注学生的身体症状，如反复的头疼或胃疼、体重快速增加和减少、疲劳和精力过剩。

---

〔1〕 联系与拓展——阅读以下文章，讨论离婚对孩子的影响，以及提出教师帮助学生应对离婚带来问题的建议。克拉克-斯图尔特(Clarke-Stewart, K. A., 1989)的《单亲家庭：对儿童的不利影响》(Single-parent families: How bad for the children?)，载于《今日美国教育协会》(*NEA Today*)，第7(6)卷，第60—64页。

2. 警觉学生不良情绪的信号，如喜怒无常、脾气暴躁、注意力集中困难。
3. 让家长了解学生的紧张征兆。

与学生个别交谈，了解他们的态度或行为变化，从而有机会发现不寻常的压力事件如离婚。

举例：
1. 做一名好的听众，也许没有其他成人愿意听学生讲心里话。
2. 让学生了解你可以和他们交谈，让学生决定时机。

注意你的语言，确保避免形成有关“幸福的”(完整)家庭的刻板印象。

举例：
1. 在班上讲话时，用“你的家庭”，而不要说“你的母亲和父亲”。
2. 避免讲诸如“你爸爸会帮助你”这类话。

帮助学生保持自尊。

举例：
1. 对出色的工作给予认可。
2. 确保学生能理解作业和能完成作业，这个时期不是添加新任务和加大任务难度的时候。
3. 学生可能对自己的父母不满，但却把火气撒向教师，不要以个人的角度来理解学生的发火。

发现学校可利用的资源。

举例：
1. 与学校心理学家、指导咨询者、社会工作者或校长谈论需要特别帮助的学生。
2. 考虑建立一个讨论小组，由受过训练的成人主持，帮助学生度过父母离异的阶段。

对父母双方的知情权保持敏感。

举例：
1. 如果父母双方有联合监护权，他们都有权利了解孩子的情况和出席家长会。
2. 没有监护权的家长仍然关心孩子在学校的进步。与校长一起核实本州关于非监护家长权利的法律。

同伴关系

同伴关系在健康的个性和社会性发展中具有显著作用。有力的证据表明，那些在孩童时有亲密朋友的成年人比那些度过孤独童年的人有更高的自尊并更有能力维持亲密关系。朋友的个性和友谊的质量也很关键。一个人与具有社会能力和成熟的朋友形成稳定和相互支持关系将促进其社会性的发展，尤其在困难时期，如父母离婚或转学到新学校(Hartup & Stevens，1999)。孩童时被拒绝的成年人倾向于有更多问题，比如辍学或犯罪(Coie et al.，1995；Coie & Dodge，1998)。友谊是学生生活的中心。当发生争吵，当一个孩子没有被邀请去野营，当流言开始而且公众联合起来排斥某个人时，结果对被排斥的孩子可能是毁灭性的。即使学生已经开始成熟，而且能理性地判断冲突将很快结束，但他们仍可能在情感上被暂时的友谊挫折压垮。

教师应该了解每一个学生是怎样和群体相处的，是否有被排斥情况？是否有些学生在扮演以强凌弱的角色？细心的成年人的干预经常能够纠正这样的问题，尤其在小学中年级阶段。

1998 年出版的一本书引起了一场全国范围的争论，它声称在形成孩子性格和行为方面，主要的影响因素是同伴而不是父母。下面的“观点与争议”对此进行了分析。

观点与争议：父母与同伴

几年前，朱迪斯·里奇·哈里斯(Judith Rich Harris)出版了一本书，震惊了大多数父母和很多心理学家。她提出了这样一个养育假设：对于孩子会成为什么样的人，父母的作用比原以为的要小，同伴起的作用更大(1998)。这一假设质疑了人们的普遍观念即父母是孩子的主要影响因素。她的书和随之而来的争论提出了一些重要的问题。与同伴的可能的强有力的影响相比，家庭对孩子的影响到底有多大？天生气质等其他因素有怎样的影响？

▶观点：父母的作用比想像的小。

当代的行为遗传学已明确个体的个性和能力有遗传的成分，但是基因只解释了人与人差异的大约一半，人们普遍认为父母就是另一半影响因素，哈里斯的著作对这一被广泛接受的观念提出了挑战。卡罗尔·塔夫利斯(Carol Tavris)是一位社会心理学家和教科书作者，她写了一篇关于哈里斯著作的评论，概括了质疑父母影响的五点发现——即养育假设：(1) 培养孩子的方式似乎不能预测家庭以外孩子的个性。而且，父母对待孩子的方式经常取决于孩子——例如，对能合作的孩子更宽松，对爱挑衅的孩子更严厉。(2) 即使父母用同样的方式来对待他们所有的孩子，但结果孩子们还是存在着很大差距。例如，父母焦躁不安，他们的孩子大多数都受到缺乏忍耐的影响，但是只有一部分长大后成为同样焦躁不安的人。(3) 收养的孩子和养父母的个性特点之间没有相关。(4) 无论孩子生活在完整家庭还是在单亲家庭，无论是在托儿所还是在家里，也无论被同性家长还是异性家长抚养，都对孩子的个性没有影响。(5) 当孩子和父母在一起的时候，父母的行为可能对孩子影响最大(这可能也是为什么很多父母不能相信教师对他们孩子在学校不良行为的评价的原因)。根据塔夫利斯的观点，哈里斯将本性(基因)和养育(父母)的讨论转向了遗传和环境的老问题，而且，证明了环境的一个方面——同伴文化——在儿童发展中的重要作用。“父母总是对孩子表面的冷酷和十几岁孩子间的痴迷从众感到不满，但是哈里斯指出，他们忽略了一点，孩子们依恋同伴群体并不是没有意义的，这是必要的”(Tavris, 1998, p. 14)。依恋同伴，而不是父母，对人类的生存是必要的。为了研究同伴的影响力，我们需要分析父母价值观和兴趣与同伴相冲突的情境，然后，研究谁的影响占主导。在对比中同伴总是获胜。例如，塔夫利斯声称当你考虑到同伴文化的影响时，黑人和白人的学业成就差别就消失了。父母是否是影响孩子个性的环境因素？根据哈里斯的观点，一旦遗传被考虑进去，作为环境因素的父母的影响几乎是零。哈里斯的结论受到了批评，但是许多有名的心理学家，比如斯坦福大学的神经学专家说她的工作是建立在可靠的科学研究之上的(Begley, 1998)。

◀ 对立的观点：父母是关键。

另外一些心理学家不同意上述观点。莎伦·贝格利(Sharon Begley,1998)访问几位著名的心理学家，在《新闻周刊》(*Newsweek*)上发表了一篇访谈文章。下面将援引其中的几段话。坦普尔大学(Temple University)的弗兰克·法利(Frank Farley)后来成为美国心理学会主席，美国心理学会曾经给予哈里斯的工作以嘉奖，但弗兰克说，“她完全错了。她基于有限的数据而走向一个极端。她的论题从表面看来是荒谬的，但是考虑一下如果父母相信了这种灌输将会发生什么！既然父母不起作用，一些人不就可以毫无顾忌地虐待他们的孩子？既然父母不起作用，不就是告诉那些忙碌一整天而疲惫的父母没必要再去关注他们的孩子?”康奈尔大学的温迪·威廉斯(Wendy Williams)认为“有很多很多的好的研究表明父母能够影响孩子的认知能力和行为上的形成。而哈里斯发表如此极端的见解，的确是极为不利的。”而哈佛大学的杰罗姆·卡根(Jerome Kagan)只是说：“我为心理学感到难堪。”卡根引证了他自己的一项研究作为父母起作用的证据。他研究了害羞的孩子，当他们的父母过度保护或鼓励他们与人交往时，这些孩子发生了变化。那些被鼓励去玩耍的孩子，尽管他们害羞，但很少胆怯——因此，父母的行为在与气质相互作用下影响着孩子的个性。同时，华盛顿大学的约翰·戈特曼(John Gottman)也引证自己的干预研究，即教父母怎样与有行为问题的孩子进行交流和倾听孩子的话，那些学会了新的交流方法的父母对孩子有明显的影响。最后，一些心理学家质疑哈里斯的关于双胞胎研究的解释，因为这些研究的数量太少，不能为哈里斯的结论提供足够的证据。

也许从这次争论中得到的最大收获是，我们看到父母不是孩子的惟一的影响源——包括积极的或消极的。哈里斯说她写这本书的目的是"要减轻问题儿童的父母所承受的内疚和自责"。尤其是当孩子们不在父母身边的时候，同伴、其他成人和教师都对孩子有影响作用，教师有机会帮助建立一种对学生有重要影响的同伴文化。

教师的新角色

当考虑到高离婚率和儿童同伴关系的影响时，我们看到今天的教师正在应对那些曾经是学校以外的问题。教师首要的和最重要的任务是教学，但是如果学生出现个性和社会性发展问题，他们的学习就会受到影响。

有时教师是帮助学生面对感情或人际问题的最好人选。当学生的家庭生活陷入混乱和发生难以预料的事件时，他们在学校则需要富有同情和稳定的环境，他们需要那些坚持原则的教师一如既往地、坚定地但非依靠惩罚来执行规则，需要这些教师尊重学生和真诚地关心学生。作为教师，学生能够与你谈论个人问题，但不是强求学生这样做。我教过的一位教师送给她班上一名男生一个日记本，日记本题名为"痛苦思绪"，使他能够写下有关父母离婚的感受。有时他与老师交谈日记中的事件，而其他时间他只是记录下自己的感受。这位老师十分注意尊重男孩日记中的隐私。教师在鼓励学生个性和社会性发展方面能做些什么？下面的指南又提供了一些建议。

检查要点：社会化：家庭、同伴与教师

回 顾

- 父母离婚的孩子面临什么样的挑战？
- 同伴关系为什么重要？

应 用

- 如果你是瓦内莎的老师，在解决她的社会化问题时，是否让她的家庭介入？
- 你如何决定做什么？

指南——促进个性和社会性的发展

帮助学生分析他们目前正面对的和不久将要面对的各种两难情境。

举例：

1. 在小学，讨论兄弟姐妹间的竞争、取笑他人的行为、偷窃、偏见、班上新同学的待遇和如何对待残疾同学。
2. 在中学，讨论欺骗、酒后让朋友驾车、追随流行和包庇违反规则的朋友。

帮助学生理解他人的观点。

举例：

1. 请一个学生描述他或她对另一个人观点的理解，然后，让那个人确认或修正他或她的理解。
2. 让学生交换角色，在讨论中努力"成为"另一个人。

帮助学生在表达出的价值观和行为之间建立联系。

举例：

1. 在题为"应该做什么？"的讨论之后，跟着讨论"你将如何做？"、"你第一步做什么？"以及"会出现什么问题？"
2. 帮助学生理解他们的观点与行为之间的不一致，请他们首先识别他人的不一致，然后再识别自己的不一致。

维护所有参与者的隐私。

举例：

1. 提醒学生在讨论中他们可以"忽略"某些问题，不予回答。
2. 如果由于同伴压力而迫使某个学生说出自己不想讲的事情，教师给予干预。
3. 不要强化讲述"秘密"的行为。

确保学生真正彼此倾听。

举例：

1. 保持较小的小组规模。
2. 你自己做一个好的听众。
3. 称赞认真关注他人的学生。

确保你的课堂尽可能多地对道德和价值观问题给予关注。

举例：

1. 明确基于管理方便而制定的规则（保持教室秩序）和基于道德问题的规则。
2. 加强标准的一致，当心表现偏袒。

Source: From "What Criteria Should Public School Moral Education Programs Meet?" by J. W. Eiseman, 1981, *The Review of Education*, *7*, pp. 226－227. Adapted with permission.

孩子们面临的挑战

在接下来的部分中，我们将分析随着儿童的成熟，他们面临的许多挑战。成长要面临的第一个挑战是生理的发育，这一挑战与人类起源一样古老，其余的挑战都出现在现代社会，它们使今天的学生处于巨大的危险之中。我们将分析其中几个方面。

生理发育

对大多数孩子来说，至少在最初几年中，成长意味着长得更高大、更强壮、更协调，这些变化可能使人感到惊慌、失望、兴奋和困惑。

学前阶段

学前的孩子非常活跃，正如在表 3.6 中看到的，儿童的**大运动技能(gross-motor skills)**[1]和大肌肉的控制能力，在 2 岁到 5 岁之间提高得很快。在这段时间，孩子的肌肉变得更强壮，平衡性提高，身体重心下移，因此他们能够做到跑、跳、爬和单腿跳。如果儿童的生理能力正常并有玩耍机会，大多数这样的动作都会自然发展起来。然而，那些有生理问题的孩子可能需要特殊训练来发展这些能力。对于年幼的孩子，身体活动本身就是目的，提高就是娱乐。但只有品尝了跌倒的滋味他们才可能学会一步一步地跑。在身体精疲力竭之后，他们需要有规律的休息。

表 3.6 学前阶段动作技能的发展

大体年龄段	大运动技能	精细动作技能
出生至 3 岁	坐，爬，走，开始跑	捡捏，抓握，摞和扔东西
3 岁至 4 岁半	上下台阶，双脚跳，掷球	拿蜡笔，用餐具，系纽扣，模仿塑形
4 岁半至 6 岁	跨越，骑两轮车，接球，体育运动	用铅笔，画具象画，用剪刀，书写字母

精细运动技能(fine-motor skills)[2]，比如穿鞋或系纽扣，这些都需要细小动作的协调，如表 3.6 中所示，这些技能同样在学前期间提高很快。孩子们需要使用大的画笔、粗的蜡笔、大张的画纸和松软的黏土或面团以适应他们未发育完善的技能。在这一时期，孩子们将表现出他们对左手或右手的偏好，大约 85%的孩子，倾向于使用右手，对于那些倾向于使用左手的孩子不应该迫使他们改变，因此在学前班里必须提供左手式的剪刀。

〔1〕 大运动技能——涉及大肌肉的身体随意运动。
〔2〕 精细运动技能——涉及小肌肉的身体随意运动。

小学阶段

在小学阶段，大多数孩子的生理发育相对稳定，他们变得高了、瘦了和更强壮了，因此他们能更好地掌握体育运动和游戏。然而，孩子间存在很大差别。某个特定的孩子长得可能比平均水平要大很多或小很多，但仍然非常健康。这个年龄阶段的孩子已意识到生理的差别，但他们说话不知变通和谨慎，你可能听到他们在谈论"你太小了，不能上五年级。你有什么毛病吗?"或者是"你怎么变得这么胖?"

整个小学阶段，很多女孩可能会和班上的男孩子一样高或更高一些。11 岁到 14 岁之间，平均水平上女孩子比同龄的男孩子更高和更重一些(Tanner, 1990)。这种差异使女孩子在生理活动方面占据优势，尽管有些女孩子对此感到矛盾，因此并不重视她们自己的身体能力。

青少年时期

青春期(puberty)[1]标志着性成熟的开始。它并不是某个单一的发展，而是涉及身体几乎每个部分的一系列变化，变化的结果是具有了生育能力。在小学后期生理发展中表现出的性别差异在青春期早期表现得更加明显。一般说来，女孩的青春期的开始要比男孩大约早两年，并在 16 岁时身高达到最后的高度，而大多数男孩子身高可以长到大约 18 岁。对典型的北美和欧洲女孩来说，在 10 岁到 11 岁期间，她们进入了以胸部发育为开端的青春期发育的突发期，这一时期将持续大约三年，然而这只是一个平均年龄，实际的年龄范围是从 9 岁到 16 岁。大约 80%的美国女孩在 11 岁到 14 岁之间来第一次月经，而男孩的生长突发期开始于 12 岁和 13 岁。当发育突发到达顶点时，男孩子在一年里会长 4 英寸和 26 磅，女孩子长 3.5 英寸和 20 磅。

青少年身体的变化对个体的同一性有很明显的影响。心理学家早已经对成熟早和成熟晚的青少年之间存在的学业、社会性和情感上的差异感兴趣。较早成熟对男孩子来说会有一定的优势，这样的男孩身体要高一些、肩膀要宽一些，这样的体形符合传统的理想男性形象。较早成熟的男孩更可能具有高的社会地位，他们倾向于受到欢迎和成为领导者。另一方面，较晚成熟的男孩会度过一段很困难的时光(Kaplan, 1984)。然而一些研究表明，成熟较晚的男孩在成年时倾向于更有创造性、忍耐力和理解力，经历成熟晚的考验和焦虑可能教会男孩成为更好的问题解决者(Brooks-Gunn, 1988; Seifert & Hoffnung, 1991)。

对女孩来说影响正相反，比同学提早成熟可能是非常不利的。在很多文化中，一个女孩比班上其他任何人长得都大，她不会得到称赞(Simmons & Blyth, 1987)。

---

〔1〕 青春期——青少年早期，这期间个体开始达到生理上和性生理的成熟。

而且一个成熟早的女孩很可能在她的同伴群体中成为第一个出现青春期变化的人，这对一些女孩子来说可能令其心烦，尤其当她们还没有为这种变化作好准备或者被朋友取笑时。晚熟的女孩可能会有较少的问题，但是她们会担心自己有什么毛病。如果她们了解到成熟的"正常"的年龄范围是很大的，以及早熟和晚熟都各有优势，这将对所有学生都是有益的。以下的指南提供了一些在班级中应对生理差异的方法。

指南——应对发育和发展中的差异

不要在学生中引起对生理差异不必要的关注。

举例：

1. 避免明显地按身高安排座位，但是要尽量安排个矮的学生坐到能看到的位置和参与整个班级活动的位置。
2. 避免那些引起关注身高、体重和力量差异的游戏。
3. 不要使用或不允许学生使用基于生理特点的诨名。

帮助学生获得有关生理发育差异的客观信息。

举例：

1. 提供有关成长速度上的性别差异的科学资料。
2. 围绕早熟和晚熟差异组织阅读和讨论，确保说明每一种情况的积极和消极的方面。
3. 分析学校在性教育和对学生非正式指导方面的政策。例如，一些学校鼓励教师和那些因第一次月经而烦恼的女孩交谈，而其他一些学校期望教师送女孩去与校医交谈。
4. 从文学作品中或学生群体中，寻找那些虽不具备理想的生理特征但仍取得高成就的个体为学生提供榜样。

理解青少年对外表和异性的关注将会占用他们很多时间和精力。

举例：

1. 允许学生有一些时间用于社会化。
2. 在课程相关的资料中，处理一些有关性别差异的问题。

在学生由孩童到青少年经历生理转变的同时，他们还必须度过学校里社会交往和学业活动上的转变，对某个孩子来说，这些变化或令其振奋，或使其挫败，或介于两者之间。

度过关键的转变期

你记得自己第一天上学的情境吗？我还记得我拿着学校提供物品的清单（大写字板，2号铅笔……），来到瑞艾克塞尔杂货店，在那里购买学校提供的物品还免费附送一份奶昔。到我女儿上学的时候，免费奶昔没有了——我们都在警惕着自己的胆固醇。上学第一年的转变是一个关键时期，它是迈向终身学习旅程的开始。

年幼儿童：入学

在5岁至7岁之间，当大多数孩子开始上学时，他们的认知发展十分迅速，能更快地加工更多的信息，记忆范围也在提高。他们正从前运算阶段过渡到具体运算思维。发生这些内部变化的同时，孩子处于学校这个新的物质和社会环境中。在不熟悉的学校环境里他们一定经历着埃里克森的心理社会发展阶段，他们必须学会信任新认识的成年人，在更复杂的环境里自主行为，而且使自己的行为符合新的学校规则。与此同时，“勤奋对自卑”的心理挑战显得十分突出，孩子们必须掌握新的技能和定向于新的目标，同时接受与他人的比较和承受着失败的风险。

儿童应对这些挑战的方式对他们以后的学校经历将有所影响。预测学生辍学的两个最好指标就是，三年级之前的平均成绩低和在低年级时留级（Paris & Cunningham，1996）。那些在一年级做得很好的学生将迈上成功之路，而那些吃力的学生则走入困境。来自不同社会经济群体的一年级学生的学业成绩差异相对较小，但是到了六年级时，这一差别增大为三倍。“学生在低年级时的成绩对他们未来成功的影响，要大于任何其他时候的学校成绩”（Entwisle & Alexander，1998，p. 354）。

对学生来说，学校这个重要的环境意味着什么呢？首先，学校要求新的社会角色——孩子们必须适应群体和学会做学生。对每个孩子来说，这些新的角色不会轻而易举或者自动形成。而且，学校本身就包含着评价，并不保证一定成功。当孩子从家庭走到学校，奖赏和认可的标准也发生了变化。在家庭中，通常从成长和发展的角度让孩子与自己比较（记住，“自从去年秋天你已经长了这么多！”）然而，在学校里孩子们被相互比较，而且有些人总是更强壮，长得更快和更聪明——或者看起来如此（Entwisle & Alexander，1998）。此外，不同的学生特征会引起注意——比如社会阶层和种族——这些特征是家庭成员所共有的，在上学前对孩子可能没有影响。

正如你在第十章看到的，教师的判断和期望对学生会有很大影响。在教师和学生之间过多的种族和社会阶层的差异为交流中的误解和低期望带来了可能。低期望和低成就之间的不良循环从一年级开始并不断加剧，到三年级时，学生的考试成绩稳定下来，并且能很好地预测未来成就（Butler，Marsh，Sheppard，& Sheppard，1985）。

如何实现入学后的积极转变？研究指出了几个方面。首先，良好的学前和日托幼儿园的经历对帮助孩子适应一年级的生活非常关键，尤其对于来自于低收入家庭的孩子更是如此。在一年级获得好成绩的孩子在以后的年级中也会做得比较好，因此形成差异的时间是很早的，有些教育项目正是基于早期和深层干预的观点。连续性可帮助学生成为成功的学生，因此，上学后仍和以往的伙伴在一起、保持在一所学校里和有熟悉的老师都会有所帮助。在第十二章，你能够了解到直接教授学生遵守学校规则和程序。教师、学校管理者、家庭和社区领导者可以共同努力，让所有孩子都能积极适应入学后的变化(Mangion & Speth，1998；Paris & Cunningham，1996)。

中学生：又一次转变

今天的学校里有很多不同的学制体系，但大多数学生是在五年级到七年级之间由小学升入中学，五到七年级被发展心理学家称为"青少年早期"(Sandrock，1996)。这个时期，随着抽象思维能力和理解他人观点能力的发展，认知过程扩展了。但是，随着青春期的到来，更大的变化是在学生的生理发育方面。学生们将自己新的认知能力和发育变化着的身体用于形成同一性的心理社会任务——探寻潜在的自我。我是谁？我想成为谁？害怕成为谁？在中学阶段，学生们更可能用心理和社会的特征来描述自己，比如"抑郁的"、"忠诚的"或"沮丧的"，以及采取政治或宗教的定向，比如，犹太人、穆斯林信徒、基督教信徒，保守主义或自由主义。他们的自我感觉更加分化，因此他们知道自己有很多能力和不足。很多特征还在变化当中。

世界也正在发生变化。卡耐基青少年发展理事会1995年报告——《巨大的转变：使青少年做好迎接新世纪的准备》——描述了带来今天学生成长复杂环境的五大变化。第一，正如我们前面提到的，在很多国家父母离婚和在职父母的数目增加意味着青少年儿童与成年人一起度过的时间减少了，与同伴相处或看电视的时间增多。第二，世界转向知识经济的社会，对很多青少年来说，未来的工作前景是残酷的，高中毕业不足以获得好的收入。如果你将得到与辍学者同样没有出路的工作，那为什么还要在学校里努力学习呢？第三，青少年度过青春期较早，但承担成人角色比前几代人晚。至少可以这样说，他们经历着性生理成熟和长时间受社会限制之间的冲突。第四，青少年被媒体所包围——电视、电影、影碟和音乐——这些都影响着他们的期望、忧虑和价值观。最后，世界已经变得更加多样化，今天大约三分之一的美国青少年不是欧洲血统。

因此，随着智力和同一性的发展和身体的发育，青少年在不确定的世界里必定要经历一个转变。结果如何呢？其中一个最普遍的发现是，在青少年早期，当他们评价学业和非学业能力时，他们的整体自我概念和自尊下降。因此，转到一个新的学校之后，尤其是转到一所新的中学，学生的自我概念可能会变得较为消极和不稳定。在中学和高中阶段，学生的自我意识增强(请联系青少年的自我中心和第二章中讨论的埃尔金德的假想观众)，在这个年龄，自我价值感更多地与身体外表和社会接纳联系在一起，因此对于瓦内莎这样的学生来说，这些年将是很艰难的（Wigfield，Eccles，& Pintrich，1996）。如果处于青少年早期的学生在一所小规模的、熟悉的小学里是最成熟和最高位置的学生，在他们转到一所大的、不熟悉的高中后，他们成为那里另一端的学生，这可能会产生消极结果（Graber & Brooks-Gunn，1996；Lord，Eccles，& Midgley，1991）。

要使学生更容易地度过这一转变，教师可以做些什么？中学运动旨在组织学校适应这个发展阶段学生的需要，那些中学的特征有以下几点：不同学科的几位教师与一群学生一起活动；设置考虑到学生自身兴趣的综合课程，其中围绕学生关注的问题确定学习任务；建立咨询项目，使每一个学生都有一位教师或咨询者与其配对；以及设立特殊兴趣探究班，比如摄影和电脑课。中学应有这样的教师，他们既洞察了解青少年，又喜欢这些孩子（Muth & Alvermann，1999）。

危险中的孩子

长大成人是一个艰难的历程，孩子们面临许多挑战，这些挑战威胁着他们的安全、个性和社会性的发展。我们这里只涉及学生们所面临的危险中的一小部分，教师在帮助学生处理这些问题中可以起到作用。第一个方面——虐待儿童——教师有法律的责任去考虑这个问题。

虐待儿童

在美国，很难了解准确的受虐待儿童的数量，多数专家认为大量事实未被报导（Children's Defense Fund，1994）。1996 年报导了 310 万个个案，比 20 世纪 80 年代上升了 132%。当我修订这本书时，写到这一段时我很难过，因为每次修订的时候，虐待儿童事件的数量都在上升。如果施虐的父母接受帮助和支持的话，他们中大约有一半会改变破坏性的行为方式。而在缺乏辅助的情况下，大约只有 5%的施虐父母会有所改善（Starr，1979）。当然，父母并不是虐待儿童的惟一的人，兄弟姐妹、其他亲戚，甚至是教师都对孩子们的身体和性虐待负有责任。[1]

作为教师，如果你发现可疑的虐待情况，必须报告校长、学校心理学家或社工。在美国所有 50 个州，哥伦比亚特区和美国准州地区，法律都要求专业人士（通常包括教师）报告可疑的虐待儿童事件。在许多州，法律对虐待的定义已经扩展到包括疏漏和没有提供恰当的照顾和监护，多数法律同样保护那些忠实报告可疑的疏漏行

---

〔1〕 联系与拓展——参考研究：彼得森（Peterson，M. P.，1993）的《学校儿童中的身体与性虐待：流行与预防》（Physical and sexual abuse among school children：Prevalence and prevention），载于《教育心理学评论》（*Educational Psychology Review*），第 5 卷，第 63—86 页。贝尔、申克和巴克纳（Bear，T.，Schenk，S.，& Buckner，L.，1993）的《给予儿童虐待受害者的支持》（Supporting victims of child abuse），载于《教育领导学》（*Educational Leadership*），第 50(4)卷，第 44 页。

为的教师(Beezer, 1985)。请确信你理解所在州或地区在这个重要问题上的法律规定和你的道德责任。在美国每天至少有五个孩子死于虐待或成人的疏漏,很多情况是因为无人"干涉"(Thompson & Wyatt, 1999)。表3.7列举了虐待儿童的可能的征兆指标。

表3.7 儿童受虐待的征兆

下面是儿童受到虐待的一些征兆。并不是每一位出现这些征兆的孩子都受到虐待,但应该对此进行调查。

	身体征兆	行为征兆	
身体虐待	· 无法解释的伤痕(包括不同愈合阶段的伤口)、鞭痕、咬痕。 · 无法解释的灼伤,尤其是烟头灼伤或浸伤。 · 无法解释的划伤、裂口或擦伤。	· 自伤。 · 极端的退缩和攻击行为。 · 不喜欢身体接触。 · 到校早或离校晚,好像有所畏惧。	· 长期逃学(青少年)。 · 申述痛苦或不喜欢被感动。 · 穿衣不合体,不适应天气变化。
照管疏忽	· 放任。 · 无人注意其就医需要。 · 总是缺乏监护。 · 总是饥饿、衣着不当、卫生不良。 · 长有虱子、腹部胀大、身体瘦弱。	· 总显出疲劳或倦怠,在课堂上睡觉。 · 偷食物,向同学讨要。 · 说在家里无人照管。	· 经常不上学或拖拉。 · 自伤。 · 辍学(青少年)。
性虐待	· 内衣被撕、弄污或有血迹。 · 阴部疼痒。 · 走路或坐有困难。 · 在外阴部有瘀伤或出血。 · 性病。 · 频繁的泌尿系统感染。	· 退缩、长期消沉。 · 过于诱惑招摇。 · 角色颠倒,过分关心兄弟姐妹。 · 缺乏自尊、自我贬低、缺乏自信。 · 同伴交往问题、缺乏参与。 · 体重大幅度变化。	· 有自杀企图(尤其是青少年)。 · 歇斯底里,缺乏情感控制。 · 不适当的性别角色和过早理解性。 · 惊恐身体接触,自我封闭。 · 滥交。

Source: From "Supporting Victims of Child Abuse," by T. Bear, S. Schenk, and L. Buckner, 1993, *Educational Leadership*, *50*(4), p. 44.

度过青少年时期始终是很困难的，但是今天的环境似乎比以前更加危险，这里只是窥其一二。

少年的性行为和怀孕

大约有一半的美国非洲裔男性在 15 岁以前已经有过性行为，一半的西班牙和白人男性在 17 岁前有过此经历。对女性来说，年龄要推后一些，美国非洲裔女性中大约有一半在 17 岁前有过性行为，一半的西班牙和白人妇女 18 岁前有此经历(Michael, Gagnon, Laumann, & Kolata, 1994)。大约 40%的男生和 30%的女生在九年级前已经有过第一次性经验(U. S. Departmen of Health and Human Services, 1997)。这些早期性经验在情感上的影响已经在学校中有所反映，受其影响的不仅是当事的学生，而且还有听说这些经历的其他同学。这些早期性行为的后果之一是发生意想不到的怀孕，每年，有超过一百万的少女怀孕——他们中有 3 万人还不到 15 岁。美国 1/4 的女生在 18 岁前至少已经怀孕过一次(Deridder, 1993; Scarr, Weinberg, & Levine, 1986)。美国的青少年早孕率在整个工业化社会中是最高的(Rice, 1999)。[1]

大量的美国青少年对节育没有了解，或者得到的是一些错误信息。例如，大约有一半的怀孕少女的受孕发生在她们性行为最初六个月里；通常情况下，她们还没有考虑节育，部分原因是她们没有预料到一切发生得这样快，但它确实会发生！一些成年人担心给青少年一些准确的性知识会鼓励他们去实践，调查表明提供事实的主要影响是减少了不希望的怀孕(Brooks-Gunn & Furstenberg, 1989; DeRidder, 1993)。

饮食异常

正在度过青春期的青少年非常在意自己的身体，这本来是很正常的，但是，今天对身材和形象的强调使青少年更可能担心他们的身体是否符合标准。对一些孩子来说，这种关注变得过分。一种后果是出现饮食异常比如**饥饿症(bulimia)**[2](暴食症)和**神经性厌食症(anorexia nervosa)**[3](自饿症)，这两种症状在女性中更常见。饥饿症患者常常暴食，吃下整加仑的冰激凌和整个蛋糕，然后为了避免增肥，他们迫使自己呕吐，或者服用泻药，以排除多余的热量。厌食症患者倾向于维持正常的体重，但是他们的消化系统受到了永久性损伤。

厌食是一种更危险的异常，因为厌食者拒绝吃东西或几乎不吃东西，同时却经常做强迫性锻炼。在这过程中他们的体重会减轻 20%到 25%，一些人(大约 5%到

---

〔1〕 联系与拓展——参考研究：德里德(DeRidder, L. M., 1993)的《青少年怀孕：原因分析与教育干预》(Teenage Pregnancy: Etiology and educational interventions)，载于《教育心理学评论》(*Educational Psychology Review*)第 5 卷，第 87—107 页。

〔2〕 饥饿症——过度摄食的饮食障碍，过度进食后，为了避免增肥，又靠自我人为造成的呕吐和腹泻排除食物。

〔3〕 神经性厌食症——极少摄食的饮食障碍。

10%)逐渐使自己饥饿而死。厌食的学生脸色显得苍白、指甲硬脆而且毛发细而发暗。他们很容易觉得冷,因为身体中脂肪很少而无法使身体保温。他们常常感到沮丧、不安全、不快和孤独。女孩可能会出现停经。这些饮食异常常从青春期开始,并且变得更常见——大约1%的少女变得厌食。这些学生通常需要专业帮助——不要忽略危险的信号(Harris, 1991)。再者,教师可能是帮助学生解决这些问题的一系列人员中最开始的一环。

药物滥用

现代社会使得成长过程充满困惑。注意一下电影和广告牌上的信息,"漂亮"的时髦人们喝酒和吸烟而很少关心他们的健康。几乎每一种常见疾病的药物都可以不需处方就得到。咖啡使人清醒,药丸帮助人入睡,然后再告诉学生要对药物说"不"。

除了相互矛盾的信息,还有许多原因使得药物滥用对学生来说已经成为一个问题。我们很难得到准确的统计数字,但是据国家教育统计中心估计,92%的中学高年级学生报告曾经喝过酒——66%在近一个月内曾喝过酒。大约20%的高年级学生成为经常性的吸烟者,30%的人至少尝试过一种非法药物。自20世纪中期以来,12岁到18岁儿童青少年使用药物的比例逐渐增大(Lerner & Galambos, 1998)。

对于学生使用药物,我们应该做些什么呢?首先,我们应该区分初试药物和滥用药物。很多学生在舞会上试了一下,而不是经常如此。帮助那些很难拒绝药物的学生的最好的方法,似乎是通过同伴活动,这些活动教给学生怎样坚决说不。成功的活动同时也教给学生一般的社会技能和建立自尊,这些活动在学校进行,但由社会机构来运作,使得成人关注学生个体,而且提供了工作经历的机会(Lerner & Galambos, 1998)。另外,学生年龄越大,他们越可能作出负责任的选择,因此帮助年龄较小的学生学会拒绝是有益的。

自杀

男性在青少年时期自杀的数量正在稳步攀升,过去30年中自杀率已经增加了两倍。

自杀常常源于生活问题——对于这些问题父母和教师有时未予重视。有很多信号在警告不幸正在酝酿,要注意孩子在吃饭和睡觉习惯、体重、成绩、性格倾向、活动水平或者对朋友的兴趣方面的变化。处于危险中的学生有时会突然把自己珍视的收藏赠送他人,比如立体声音响、光盘、衣服或宠物。他们可能看起来沮丧或亢奋,而且可能说一些这样的话,"一切都不再有意义","你不必再为我担心"或者"我想知道死是什么样子"。他们可能开始逃课或不做作业。如果学生不但谈论到自杀而且有了具体的计划,这将是尤其危险的。

如果你怀疑某个学生有潜在的自杀危险，就直接找他或她交谈。很多企图自杀的人的共同感觉是，没有人真正在意他们。“询问自杀并不会引发自杀，实际上，如果有人充满关切地询问，十几岁的孩子(和成年人)经常感受到安抚和痛苦减轻”(Range，1993，p. 145)。谈论自杀问题应该现实一点，询问细节问题，认真对待学生。同时，要小心十几岁孩子自杀经常引发连锁反应，在一个学生出事之后，或者自杀事件被媒体报导后，其他青少年更可能去效仿(Lewinsohn，Rohde，& Seeley，1994)。表3.8列举了关于自杀的普遍的误区和事实。

检查要点：孩子们面临的挑战

回 顾

- 在小学阶段学生生理发育如何?
- 描述晚熟的少男少女的状况。
- 学生的关键转变是什么?
- 虐待儿童、饮食障碍和潜在自杀的危险信号是什么?

应 用

- 你如何评价瓦内莎面临的生理和情感危机?

表3.8 关于自杀的误区和事实

误区：那些谈论自杀的人不自杀。
事实：十分之八自杀的人在真正行动之前，都告诉别人他们想伤害自己。
误区：只有特定类型的人才会自杀。
事实：几乎所有类型的人都会自杀——男的和女的、年轻的和年老的、富裕的和贫穷的、农村的和城市的。自杀事件在每一个种族、民族和宗教团体中都有发生。
误区：当一个人谈论起自杀时，你应该变换主题以转移他的思想。
事实：你应该关注他们，仔细听他们的话，给他们表达自己感情的机会，让他们了解你非常关心，而且你能使他们获得帮助。
误区：多数自杀的人的确想死。
事实：多数自杀的人并不清楚自己是否真的想死。自杀经常被认为是对帮助的一种渴求。

Source：From *Changing Bodies*，*Changing Lives*：*A Book for Teens on Sex and Relationships* (p. 142)，by R. Bell，1980，New York：Random House.

总结

埃里克森的研究

为什么埃里克森的理论被认为是心理社会学的观点?

埃里克森感兴趣的是个体在心理上如何发展成为一个积极的和对社会有益的社

会成员。他认为所有的人都有同样的基本需要，而且每一个社会必须满足这些需要。埃里克森强调社会与个人的关系，因此是一种关于发展的心理社会学观点——即将个体发展（心理的）和社会环境（社会的）联系在一起的理论。

埃里克森的心理社会发展阶段是什么？

埃里克森认为，从婴儿到老年，人要经历8个生命阶段，每一个阶段都涉及一个核心的问题。每一个问题的充分解决将带来个人和社会能力的提高，以及为解决未来问题奠定比较稳固的基础。在前两个阶段中，婴儿必须形成信任感，克服不信任感，形成自主感，克服羞愧和怀疑。在儿童早期，第三个阶段的焦点是主动性的发展和避免内疚感。在小学时期，第四个阶段涉及获得勤奋感和避免自卑感。第五个阶段，同一性对角色混乱，青少年不断努力去巩固他们的同一性。根据玛西娅所说，这些努力可能导致同一性获得、排斥、混乱或者延期偿付。埃里克森成长的三阶段涉及争取获得亲密感、关爱感和完满感。

理解自己和他人

自我概念和自尊有什么相似和不同之处？

自我概念和自尊都是关于自我的信念。自我概念是我们尝试向自己解释自己，以此来建构一个关于自己的印象、感情和态度的图式。但是这个模式不是固定的、永久不变的，我们的自我知觉随着情境的改变和生活阶段的变迁而发生变化。自尊是一种情感反应——自我评价。如果人们积极地评价自己——如果他们“喜欢他们的经历”——我们就说他们有高自尊。自我概念和自尊经常相互替换，即使他们有不同的含义。自我概念是一种认知结构，自尊是一种情感评价。

随着儿童的发展，自我概念和自尊如何变化？

自我概念（自我的定义）和自尊（自我的价值判断）随着我们的成熟变得更加复杂、不同和抽象。自我概念是通过自我反省、社会交往和校内外经验而形成的。学生们通过将自己与个人的（内部）标准和社会的（外部）标准相比较来发展自我概念。初中和高中学生的自尊与身体外表和社会接纳关系更密切。高自尊与较好的整体学校经历相联系，包括是学业和社会活动两方面的经历。性别和种族的定式是一个很明显的影响因素。教师对学生的自我概念和自尊有着深刻影响。

随着学生成熟，他们理解他人观点的能力是怎样变化的？

随着成熟，学生对行为意图的理解发展了，但是攻击型的学生在对他人意图的理解上还存在困难。年幼的儿童认为每一个人的想法和感情都与自己相同。后来，他们了解到，其他人有不同的身份，因此也就有着不同的感情和看待事物的观点。

道德发展

道德推理的前习俗、习俗和后习俗水平之间的关键区别是什么？

科尔伯格的道德发展理论包括三个水平：(1) 前习俗水平，道德判断是建立在个人兴趣的基础上；(2) 习俗水平，道德判断依据传统的家庭价值观和社会期望；(3) 后习俗水平，道德判断建立在更加抽象和个人伦理的原则之上。科尔伯格通过呈现道德两难情境或难以抉择的假设情境评价儿童和成人的道德推理。批评者认为，科尔伯格理论不能解释可能存在的道德推理上的性别差异及道德推理和道德行为之间的差异。

描述吉利根的道德推理水平

吉利根曾经提出，科尔伯格的阶段理论只是基于对男性纵向的研究，它很可能并未充分表明女性的道德推理及其发展阶段。她提出了一个不同的道德发展顺序，一种"关爱伦理"。吉利根认为个体是从关注自我利益发展到对特定个体和关系负责的道德推理，然后发展到道德的最高水平，即基于对所有人负责和关心的原则。有证据表明，在日常生活中女性对于违背关爱常规（不关心和不被信任）而更感到内疚，而男性是在他们表现出暴力行为（打架或者破坏财产）时感到更内疚。女性更可能采用关注的定向，但研究也表明，不管是男性还是女性都能够采用两种定向。

什么影响道德行为？

年幼孩子的道德行为首先是通过直接指导、监督、奖励惩罚和矫正来控制，同时，儿童内化那些指导他们的权威人物提出的道德规则和原则，就是说，儿童将外界标准作为自己的标准。当告诫孩子时，如果给予他们可以理解的理由，尤其突出他们行为对他人的影响，那么他们更可能内化道德规则。影响道德行为发展的另一个重要的方面是榜样。那些经常接触有同情心的、慷慨的成年榜样的孩子们，更倾向于关心别人的权利和情感。周围环境和媒体经常提供许多负面形象，而一些学校已经实施了提高学生关心他人能力的活动。欺骗和暴力是学校内涉及道德行为的两个比较普遍的问题。

社会化：家庭、同伴和教师

父母离婚的孩子面临什么样的挑战？

在离婚过程中，可能会因财产和监护权的抉择而使冲突加剧。在离婚后，有监护权的父亲或母亲可能不得不搬进便宜一些的住房、寻找新的收入来源、第一次去参加工作或者工作更长时间。对孩子来说，这意味着当他们最需要支持的时候，却没有了在老邻居和学校中建立的重要友谊的支持。离婚家庭的孩子只有父亲或母亲一方，而父亲（母亲）却比以前更少有时间和孩子在一起。如果父母再婚，就意味着要去适应一个新组建的家庭。

同伴关系为什么重要？

同伴关系在健康的个性和社会性发展中起着显著的作用。有力的证据是，那些在孩童时有亲密朋友的成年人比那些度过孤独童年的人有更高的自尊和更有能力维持亲密关系。孩童时被拒绝的成年人倾向于有更多问题，比如辍学或犯罪。

孩子们面临的挑战

在小学阶段学生生理发育如何？

儿童在学前阶段运动技能上有一个很快速的发展。在小学时期，大多数孩子的生理发育相对稳定，他们变得高了、瘦了和更强壮了，因此他们能更好地掌握体育运动和游戏。然而，孩子间存在很大差别。某个特定的孩子长得可能比平均水平要大得多或小很多，但仍然非常健康。整个小学阶段，很多女孩可能会和班上的男孩子一样高或更高一些。在 11 岁到 14 岁之间，在平均水平上女孩子比同龄的男孩子更高和更重些。

描述晚熟的少男少女的状况

较早成熟对男孩子来说会有一定的优势，这样的男孩身体要高一些、肩膀要宽一些，这样的身型符合传统的理想男性形象。较早成熟的男孩更可能会具有高的社会地位，他们倾向于受到欢迎和成为领导者。对女孩来说影响正相反，比同学提早成熟可能是非常不利的。在很多文化中，一个女孩比班上其他任何人长得都大，不会得到称赞。而且一个成熟早的女孩很可能在她的同伴群体中成为第一个出现青春期变化的人，这对一些女孩子来说可能很令其心烦，尤其当她们还没有为这种变化作好准备或者被朋友取笑时。晚熟的女孩可能会有较少的问题，但是她们会担心自己有什么毛病。如果她们了解到成熟的“正常”的年龄范围是很大的，以及早熟和晚熟都各有优势，这将对所有学生都是有益的。

学生的关键转变是什么？

进入幼儿园或小学一年级，要求新的社会角色——孩子们必须适应群体和学会做学生。学校包含着评价，而且不保证一定成功。当孩子从家庭走到学校，奖赏和认可的标准也发生了变化。在学校里孩子被相互比较。不同的学生特征会引起注意，在上学前对孩子可能没有影响，因为这些特征是家庭成员所共有的。在小学阶段，学生成绩表现如何对他们未来成功的影响，要大于他们任何其他时候的学校成绩。下一个转变是进入中学，也正是学生经历生理和认知的巨大变化的时期。在经历进入新学校的转变之后，学生的自我概念似乎变得较为消极和不稳定。如果处于青少年早期的学生在一所小规模的、熟悉的小学里是最成熟和最高位置的学生，之后他们转到一所大的、不熟悉的中学，在那里他们成为另一端的学生，这可能会产生消极后果。

虐待儿童、饮食障碍和潜在自杀的危险信号是什么？

儿童受虐待或是被忽视的征兆包括在孩子身上有无法解释的伤痕、灼伤、烧伤或是其他伤害，以及疲劳、绝望、经常性的缺课、卫生不良、衣着不当和交朋问题等等（见表 3.7）。教师必须报告可疑的儿童受虐事件，并尽可能帮助学生解决这些危机。厌食的学生脸色显得苍白、指甲硬脆而且毛发细而发暗。他们很容易觉得冷，因为身体中脂肪很少而无法使身体保温。他们常常感到沮丧、不安全、不快和孤独。女孩可能会出现停经。有自杀危险的学生可能表现出在吃饭和睡觉习惯、体重、分数、性格倾向、活动水平或者对朋友的兴趣方面的变化。他们有时会突然把自己珍视的收藏赠送他人，比如立体声音响、光盘、衣服或宠物。他们可能看起来沮丧或亢奋。他们可能开始逃课或不做作业。如果学生不但谈论到自杀而且有了具体的计划，这将是尤其危险的。

走向专业化

反思

你是否能够应用本章关于个性和社会性发展的理论解决以下的实际问题？

学前和幼儿园

埃莉斯和多尼司本来是 4 岁年龄组中两个最合作的孩子，但是他们两家都要新添一个小宝宝，随着日期的临近，他们都变得越来越捣乱和不合作。你该怎么办？

小学和初中

你注意到一个学生发生了很大变化，这个男孩看上去很疲倦和焦虑，家庭作业也不做了。这种情形已经持续了几周。你将如何处理这个问题？

初中和高中

你发现你的几个初中学生不敢去上体育课，因为有一帮学生在那儿勒索钱财。你将采取何种措施来结束这个问题？

从你的学生那儿听说，有一帮高年级的学生在做出售大学入学申请论文的“买卖”。你该怎么做？

认证测验要求

明确自尊和自我概念两者的区别。

理解科尔伯格理论和他的道德发展三个水平，以及吉利根的理论。

理解目前家庭结构。

熟悉虐待儿童和忽视儿童的征兆以及应承担的法律责任。

你的教学档案

思考你的教学观点，多数工作面试都会问到这个问题。你认为应如何指导价值观和道德行为的形成？你如何支持学生形成真正的和有很好基础的自尊(参照表 3.3)。

在你的教学档案中加入有关父母参与的内容。

教学资源

根据表 3.5“把‘关心陌生人和世界’作为一个教学主题”的建议，在你所教的年级和学科中组织有关的教学，并把有关资料放入你的教学资源文件夹。

把表 3.7“儿童虐待征兆”放入你教学资源文件夹中。

教 师 案 例 簿

他们会怎么做？

本章开头提出“瓦内莎，一个没有朋友的学生”的问题情境，下面是几位教师对其作出的回应。

MARÍA ELENA RAMOS

Third Grade Teacher

Instituto San Roberto, Monterrey, N. L. Mexico

告诉学校心理学家找瓦内莎谈话之后，我将邀请瓦内莎一起吃午餐，让她参与到班级有趣的活动中。之后，我将让她负责组织这些活动，这些活动应该涉及个人情感、行为抉择、态度和性格，这样能使其他学生有机会更好地了解她。

STEWART GILL

Former Eighth Grade Teacher and Guidance Counselor

Hudson City School District, Hudson, New York

瓦内莎需要与稳定的和宽容的人交谈，所以我将以成绩下降为由约她见面。我们安排定期见面，一起促进她的学习成绩。当瓦内莎看来能自在地交谈了，我就期望她自然地表露她的感情，从而分担她的挫折，让她感受到信任的支持者的接纳。

既然瓦内莎似乎不能适应她的同学，我将引导她阅读一些描述许多在早年被视为不合群的名人传记。

如果瓦内莎对此反应不积极，而是看起来极端压抑，我将请尽可能多的人介入，包括父母、顾问和其他教师。

CONSTANCE CARTER, MARY PHILLIPS, AND DIANE BATTY

Orono High School, Orono, Maine

我们每个人的班级里都可能有像瓦内莎这样的学生。我们特别关注的是，尽管她是一个相当好的学生，但仍不足以补偿她在学校社会交往方面的问题。社会交往的问题非常重要，对于这个年龄阶段的学生甚至攸关生死。瓦内莎渴望找到朋友，行为不当仅仅是为了给同伴留下印象。

对于这么一个学生，老师们应该警惕某些信号，如缺课和学习成绩的下降。如果瓦内莎已经觉得自己是个失败者，那么成绩下降只会强化这种感觉。让我们倾听她谈论自己无助和不适应的感觉。其他危险信号的影响可能会小一些，如体重降低。注意观察她在班里以及大厅中的行为。

像这样的一个学生，她可能转向尝试某种冒险性的行为，尤其是当她感到学业上的失败对她已没有意义时，她很有可能进行其他更危险的尝试，如破坏公物或违反规则来引起别的学生的注意。

许多学校都有可利用的资源来帮助瓦内莎这样的学生。我们学校有一个学生求助组，它由一群教工组成，旨在帮助那些有严重问题的学生。他们的立场是为学生提供支持，而不是给予处罚。我们鼓励瓦内莎融入同伴团体中建立健康的友谊，同时与学校的咨询员保持联系。一些课外活动也是极好的途径，可以发展学生的自尊，使那些感觉被排斥在学校生活以外的学生有一种归属感。

像瓦内莎这样的学生,如果与为她服务的咨询员形成一对一的关系,可能对她有所帮助。在学校里,一个任务,甚至是负责一个简单的差事,就能激发学生的自我价值感。如果能够让瓦内莎感到,在学校里每天她的出现都是重要的,由于她的存在使得生活更美好,这将对她的生活有着特别积极的影响。

SUSAN B. STRAUSS

Principal

Lincoln High School, Lincoln, Rhode Island

任何时候,只要一个学生的行为、态度或者外表显示出一种不同于他日常外表和常规行为的持续变化,那就是一个需要特别关注的信号。她对他人的需要可能是她家里存在问题的征兆——家庭不健全、被忽略或是受虐待。像瓦内莎这样一个需要依赖他人才能体验到自身价值的学生,可能开始怀疑努力取得好成绩、保持良好的外表是否有意义,甚至极端的情况下,连活着的意义也受到怀疑,瓦内莎可能对自己有很强的负面评价,可能怀疑自己是否对别人有价值。

无论何时,一个学生表现出寻求注意的行为,这就是因为在他或她自己的生活中失去了某些东西或出现了某种问题。这些行为本身就是危险的信号。我会确保监控瓦内莎,观察已有的不当行为是否有任何加剧,同时也注意她的其他行为诸如退缩、自我强迫伤害或是激进的情绪波动。我会联系学校咨询员,组织瓦内莎的老师、学校社工和心理学家一起开会,利用头脑风暴策略来为学生提供支持。我们是否了解她在所有课堂上的行为?是否有同学真正喜欢与瓦内莎交往?是否有老师和她有联系?这样一个会议能够帮助我们把焦点集中在可观察的行为上,识别有助于解决问题的各种独特的方法。这也是社会工作者决定是否需要了解社会影响的机会。在教室里,我将找那些充当同伴领导者角色的学生做助手,这些学生习惯于并有兴趣帮助他人,同时我将寻找方法提供合作学习的活动,通过自然的课堂学习环境,为学生自在的相互交流提供机会。

THOMAS O'DONNELL

Social Studies Chairperson, Grades 7 - 12

Malden High School, Malden, Massachusetts

问题在于瓦内莎的自我印象和人际关系。我会求助于调整人员、指导人员和家长,提醒他们注意,请他们发挥自己的专长。如果我觉得有信心,并且在适当的时候,我会尝试着和她作一对一的面谈。安排合适的座位和合作学习活动将会帮助瓦内莎与他人发展良好的关系。我会鼓励她参加课外活动,在其中她能够有所作为而且获得成就感。

第四章 学生的差异

你有过这样的经历吗，在小组里只有你一个人做事情有困难？如果在学校里每天你都碰到同样的困难，而其他人好像做起来都挺容易，这时你会怎么想？你想得到什么样的支持和帮助呢？

目前我们对个体谈论的不多，前面我们主要是讨论人类发展的一般原则——阶段、过程、冲突和任务。作为人，我们大家有很多共同的地方，但并不是全部。即使是在同一个家庭的各个成员之间，在外貌、兴趣、能力和性情上也会存在明显的差别。

我们来讨论一下个体的差异，先看一下我们给学生起的名字或者不如叫做贴上的标签，然后再扩展开来研究智力。人与人之间的差异是很大的，研究证明要定义和测量智力也是很困难的。教师怎么应付这么多等等不一的能力水平呢？把学生编成小组是个好主意吗？那些有资质的学生的特殊需要呢，教师怎么样才能把所有学生的创造性都激发起来呢？个体的认知风格和学习偏爱是如何影响学习的呢？

联邦法律最近的变更中这样规定，不管你教哪个年级，你带的班上至少要有一个特殊的学生。我们考察了学生学习过程中可能发生的一些普遍的和不那么常见的问题，在分别讨论每个问题的时候，我们也考虑了怎样使教师认识到问题，并从学校和社区方面寻求帮助，针对个体的需要建立辅导计划。完成这一章的学习之后，你应该掌握：

- 讨论一下给学生分类和贴标签存在的潜在问题。
- 自己开始建立智力的概念。
- 讨论如何辨别那些有资质的学生，该怎样教这些学生。
- 针对学生的学习风格调整教学。
- 讨论教学中学习有障碍的个体的含义。
- 列出听力、视力、语言能力、行为方面的问题，还有特殊的学习障碍的问题的特征。

你会怎么做？

学校办公室里的信箱(较一般尺寸小的)塞的满满是一个

很大的，看着像官方的邮包似的东西，几乎每个信箱里都是这种东西，里面是期末测验的打印结果。

教师案例簿

还有两对父母的便条，他们一定是知道测验结果已经下来了。他们想和你见面，看看孩子的成绩，尤其正像其中一对父母这样写的，“想看看杰森究竟有多聪明。”看着这些打印结果和便条，你在考虑该怎么处理：

- 你将怎样使用这些信息？
- 学生的智力测验分数说明了什么？
- 对学生家长的便条你会作何反应？你会把学生的分数告诉他们吗？

语言和标签

每个孩子都是一个天分、能力、缺点的独特集合体，在这个意义上，他们都是“特殊的”。但有些学生之所以被称为“特殊”的学生，是因为他们没有学习能力或者有学习问题，需要特殊的辅导来达到他们的潜力所能达到的水平。**特殊学生(Exceptional students)**〔1〕可能是丧失学习能力，交谈没有条理，情感或行为失调，智力障碍，生理性紊乱，听力受损或听力困难，孤独症(自我中心主义)，脑部损伤以及有特殊能力和天分的学生。即使这一章我们会用到这些术语，但要注意：给学生贴标签仍是个引起争论的问题。

一个标签不能告诉你对哪个学生该用哪种方法，比如，没有几个具体的智力障碍“治疗方案”在确定“症状”之后自动就能出来的：许多不同的教学策略和知识都很合适。而且，标签能成为自我实现的预言。每个人——教师、家长、同学甚至学生本人——都把标签看做一种不能改变的耻辱。最后标签被错误解释，就像这样，“米切尔常常打架是因为他有行为失调病。”“你怎么知道他行为失调？”“因为他常常打架。”

另一方面，一些教育家主张对于年幼的学生，给他们贴上“特殊”的标签至少是在保护他们。比如，如果同学们知道某个学生有智力障碍(有时叫做认知能力缺失)，他们就更能接受他(她)的一些行为。当然，标签也带来了一些具体方法，有用信息，特殊的技术和设备，以及财政补助方面的问题：标签可能既使学生感到侮辱，也会带给学生帮助(Heward & Orlansky，1992；Keogh & MacMillan，1996)。

这个告诫也适用于每天在学校里常听到的评论。现在许多人反对标签“智力障碍”或者“处于危险的学生”，因为用简单的一两个字描述一个复杂的人，就意味着这一两个字包含的内容是这个人最重要的方面。实际上，个体有很多方面的能力，只注意缺陷的方面是对个体的错误描述。变相的一种提法是使用那些“把人放在第一位的语言”，比如，“有智力障碍的学生”、“处于危险的学生”。这里强调的重点首先是学生，而

〔1〕 特殊学生 —— 学生有重要的能力或者问题，需要施以专门的教育或者其他服务才能满足学生的需要，发挥他们的潜能。

不是他们要面临的挑战。图 4.1 概括了一些把人放在第一位的语言。

人第一位的语言的例子

这个孩子有智力障碍	没有 ⟶	有智力障碍的儿童
儿童们接受特殊教育	没有 ⟶	特殊教育的儿童
这个人脑瘫	没有 ⟶	脑瘫患者
某个儿童存在一个特殊的学习障碍	没有 ⟶	一个学习有障碍的儿童
这个男孩有唐氏综合征	没有 ⟶	唐氏综合征的男孩
有生理残疾的人	没有 ⟶	生理残疾的人
她有癫痫病	没有 ⟶	她是癫痫病人

◆◆◆◆◆

避免使用带有侮辱性的术语(例)

受……的折磨	兔唇	白痴
瘸子	聋子	可训练的智力迟钝者
不正常的人	哑巴	……的牺牲品
残疾	外科整容过的	

这里给出一些方法,你可以来确定自己的用语是不是把学生放在第一位了。

图 4.1 人第一位(person-first)的语言的例子

Source: Adapted from *Child and Adolescent Development for Educators* (p. 392), by J. L. Meece, 1997, New York: McGraw-Hill. Copyright © 1997 McGraw-Hill Companies. Adapted with permission.

检查要点: 语言和标签

回 顾

给人贴标签有什么利与弊?

什么叫做人第一位的语言?

如何区别一个障碍和一个残疾?

应 用

你的教授们是否使用了人第一位的语言?

下个部分我们来仔细研究智力这个概念,它也是许多标签产生的基础。

语言上的用词不同很重要。**残疾(disability)**[1]这个词的含义是指不具备做某种具体事情的能力,比如观察和行走。**障碍(handicap)**[2]是指在某种状况下的缺陷,但不是在所有的情境下,比如失明(视觉丧失),如果你去开车,这就成为一种障碍,但作曲和通电话的时候就没有什么妨碍。斯蒂芬(Stephen Hawking),一个健在的最伟大的物理学家,一直饱受卢·格里

〔1〕 残疾——不能做一些具体的事,比如走路、听。

〔2〕 障碍——在某种情况下是一种缺陷,有的是残疾引起的。

克(Lou Gehrig)病的折磨，而不能走路和说话。他曾经说过，他那么幸运成为一个理论物理学家是"因为所有的东西都得以在脑袋里思考，所以我的残疾在这上面并没有成为一种障碍"。重要的是不要给有残疾的人制造障碍，一些教育家建议不再使用"障碍"这个词，因为这个词来源于对人的身份的贬低。障碍来自习语"手里拿着帽子"，用来描述那些由于生存所迫而行乞的残疾人(Hardman，Drew，& Egan，1999)。

智力的个体差异

智力的概念在教育中如此重要，也很容易引起争论和误解，我们会多用几页篇幅来讨论。我们先从最基本的问题开始。

智力的含义是什么？

很久以来人们头脑中智力的含义就千差万别，两千多年前柏拉图(Plato)也讨论过类似的一些差异。许多早期关于智力本质的理论一般包括下面三个主题：(1) 掌握的能力；(2) 个体已获得的知识；(3) 把知识成功应用到新的情境和一般的环境中。

20 世纪以来，关于智力的意义存在众多的争论。在 1986 年的一次关于智力的讨论会上，24 个心理学家提出了 24 种不同的观点阐述智力的本质(Neisser et al.，1996；Sternberg & Detterman，1986)。半数以上的专家提到了高级思维过程，比如抽象推理、问题解决、判断等，作为智力的重要方面，还增加了元认知或者自我意识等一些新的观点。但他们在智力的结构问题上——智力到底是一种一般能力还是许多独立的能力，不能达成一致(Gustafsson & Undheim，1996，Sternberg & Kaufman，1998)。[1]

智力[2]：一种能力还是多种能力？

许多理论学家认为智力是一种基本能力，影响个体所有认知任务的表现，从计算数学题到写诗、猜谜语等，智力测验的相关评价研究支持这种观点。随着研究的深入，发现测量独立智力能力的不同测验有高度的相关性(Lohman，1989；McNemar，1964)。这些结果该怎么解释呢？

查尔斯·斯皮尔曼(Charles Spearman，1927)提出一种智力品质，即一般能力，在任何智力测验中都会用到，但同时除了这种一般能力，也需要一些特殊能力。比如，记住一组数字，可能既需要一般能力，还需要一种特殊能力，迅速反应刚刚听到的内容。斯皮尔曼假定个体在一般能力和特殊能力上存在差异，这些因素共同决定个体完成任

---

[1] 联系与拓展——参考其他观点。这里是当前关于智力含义的另外几个观点：有目的地适应性行为的能力；解决问题的能力；获得概念体系，并用概念体系进行思考的能力；计划或其他元认知能力；处理信息的速度；人们认为智力就是 IQ 测验测量到的东西；在劣质教学中所学的能力。

[2] 智力——获取知识和使用知识解决问题，适应环境的一种或几种能力。

务的表现。当前一般能力加特殊能力的一种理论表达形式，约翰·卡罗尔(John Carroll,1993)在他的著作中确定了几种主要的能力(比如，学习和记忆、视觉、语言表达流畅)和至少70种特殊能力。现今最为人们所广泛接受的一种观点是，智力就如同自我概念有很多方面，是不同层次的能力体系。体系的顶端是一般能力，下面是特殊能力(Sternberg,1998)。一般能力可能与大脑前叶的成熟和功能有关，与特殊能力相联系的是大脑其他区域(Byrnes&Fox,1998)。

多元智能

尽管测量不同能力的测验之间有相关性，一些心理学家坚持认为应该有几种相互独立的"基本智力"。许久以前，瑟斯通(Thurstone,1938)列出了口头表达能力、记忆力、推理能力、辨别空间关系的能力、数理能力、语言流畅性以及认知速度，把这些作为智力活动中最主要的心理能力。吉尔福德(J. P. Guilford,1988)和霍华德·加德纳(Howard Gardner,1983)是现代多元认知能力最主要的代表人物。

根据加德纳(Gardner,1983,1993C)的**多元智能(multiple intelligence)**[1]理论，至少有8种相互独立的能力：语言(口语)、音乐、空间、逻辑数理、运动、人际关系(理解他人)、自我认知(理解自我)以及自然能力(naturalist)(观察、理解自然和人为的模式和系统)(见125页的图4.2)。加德纳认为也许还有更多种能力——8并不是一个很确定的数字。最近一次美国心理学会的会议上，他提出可能还有第9种智力——生存的能力或者说是寻求生活意义这种重大问题答案的能力(Gardner,1999)。他提出这几种独立能力部分的依据是大脑损坏(比如，重击导致)常常造成一定区域的功能紊乱，如语言，但并不影响其他功能区域。另外，个体可能在这8种或9种能力中的一种能力上表现非常突出，但在其他能力方面平平。这些"相互独立的能力"毕竟并不完全分离，最近，一些关于音乐和空间能力联系的研究证明促使加德纳思考这些智力成分之间也许还是有内在的联系(Gardner,1998)，这里还有待新的进展。

这些智力成分是什么呢？加德纳(Gardner,1998,1999)主张智力是解决问题和创造有一定价值的产品或成果的能力。不同的文化和历史时代对这8种智力成分的价值意义不同。在农场文化背景下，自然能力显得尤其重要，而在科技文化背景下，语言和数学能力就非常重要了。另外，加德纳认为智力有其生理学基础。智力"是一种生理和心理的潜能；这种潜能是可以被认识到的能力，在一定程度上是一个人的经验、文化、动机因素对自身的影响的结果"(1998,p. 62)。一些批评家认为加德纳的多元智能其实是多元才能(Sternberg,1985)。但是加德纳拒绝了这种才能和能力的区分，他认为我们一般意义上的智力概念"仅仅是在语言或者逻辑数理领域内的一部分才能"(Gardner ,1998,p. 63)。

---

〔1〕 多元智能——加德纳认为，人有8种各自独立的智力成分：逻辑数理、语言(口语)、音乐、空间、运动、人际关系(理解他人)、自我认知(理解自我)以及自然能力(naturalist)。

智力	最终表现	核心能力
逻辑-数理	科学家,数学家	灵敏的辨别能力,逻辑或者数学模式,处理复杂推理的能力。
语言能力	诗人,记者	对声音,韵律,词义的敏感;对语言不同功能的敏感。
音乐	作曲家,小提琴家	能自己写曲,欣赏韵律、音调、音质,能欣赏不同表达形式的音乐。
空间	航海家,雕刻家	准确的空间认知,并转化为基本的感知觉的能力。
身体运动	舞蹈家,运动员	详尽、准确把握控制自己身体的能力,能熟练地操作物体。
人际关系	精神治疗,师商人	对他人的情绪、脾气、动机以及需要作出正确的反应。
自我认知		了解自己的情感,具备辨别自己情感的能力以及依据这些情感来指导自己的行为的能力;对自己力量、弱点、智力的认知。
自然	植物学家,农民,猎人	辨别植物和动物的能力,在自然界进行区别判断的能力,理解和分类的能力(甚至可能是智力的分类)。

加德纳的多元智能理论认为存在8种智力成分,个体在一种或几种能力上面有强有弱。

图4.2 八种智力成分

Source: From "Multiple Intelligences Go to School," by H. Gardner and T. Hatch, 1989, *Educational Researcher*, 18(8), Figure p. 6. Copyright © 1989 by the American Educational Research Association. Reprinted with permission of the publisher. "Are There Additional Intelligences? The Case for the Naturalist, Spiritual, and Existential Intelligences," by H. Gardner (in press) in J. Kane (Ed.), *Educational Information and Transformation*, Saddle River, NJ: Prentice-Hall, Inc.

加德纳(Gardner,1998)已经证实了对多元智能理论和学校教育的一些迷惑和错误的观念。一种错误的观点认为智力与学习风格是等同的(加德纳认为实际上并不存在固定不变的学习风格)。另一种错误的概念是认为多元智能理论反对一般能力理论,加德纳并没有否认普遍能力的存在,只是怀疑把一般能力作为人类成就的一种解释究竟有多大用处。

多元智能走入教学

这种观点的一个好处就是拓展了教师对教学能力和方法的思考，但是这个理论也被错误使用。一些教师过分单纯化地接受加德纳的理论，不管多么不合时宜，他们在每节课上都要包括所有的智力成分，表 4.1 列出了一些对加德纳理论的误用以及正确的使用，图 4.3 是一个正确结合多元智能成分的课程计划。

表 4.1 多元智能理论的误用和正确应用

近来，加德纳记述了一些对他的理论的消极和肯定的应用，下面是在这个问题上摘引的一些他的话。

误　用

1. 试图用全部的智力成分教授所有的概念和科目："每门课都能至少用 7 种方法有效达到教学目标，这种假定是毫无意义的，这样做只是浪费时间和努力。"

2. 假定不管你怎样使用，只使用某一种智力已经足够了：比如对于体能，"不定时的肌肉运动和培养智力没什么关系。"

3. 把一种智力当做其他一些活动的背景，比如让学生思考数学题的时候演奏音乐，音乐就相当于水龙头的滴水声和扇扇子的嗡嗡声。

4. 把智力和其他希望获得的品质融合起来：例如，人际关系智能"常常被曲解成合作学习的许可证"，而自我认知智能则"常常被曲解成自尊项目的理论基础"。

5. 直接对智能进行评价，甚至给智能划分等级，而不考虑情境："我很少看见在评价个体时采用这样的描述，说他们'语言'怎么样，或者'身体的动觉'怎么样。"

正确使用

1. 培养我们所期望的能力："学校应该培养那些在社区或在更广阔的社会上有价值的技能和能力。"

2. 用不同的方式来教授一个概念或一门学科，一个原理："学校总是试图囊括太多的内容，把时间用在学习关键性概念，普遍观点以及基本的问题上更有意义，以使学生熟悉这些概念，理解它们的含义。"

3. 个别化教学："无论理论还是实践，多元智能理论的核心就是强调个体间的差异。"

Source: "Reflections on Multiple Intelligences: Myths and Messages," by H. Gardner, 1998. In A. Woolfolk (Ed.), *Readings in Educational Psychology* (2nd ed.) (pp. 64–66), Boston: Allyn & Bacon. Copyright © 1998 by Phi Delta Kappan.

结合智力多元理论的课程/单元设计

课程/单元题目： 解代数方程

课程/单元目标： 让学生掌握如何利用 6 种智力成分解方程

课堂教学资源/资料： 教科书、彩色标记、磁带和盒式录音带单放机，课堂上放"When Johnny Comes Marching Home"这首曲子

学习活动

语言： 让学生结对，彼此读，讨论，提问课本中的内容。	**数理逻辑：** 分小组，画出解方程用到的示意图。
视觉-空间： 教师和学生一起来用不同的颜色写解方程的各个步骤，学生解的是彩色方程。	**身体运动：** N/A
音乐： 让学生按照"When Johnny Comes Marching Home"的曲调编歌词，这个过程中解释集合、指数、因数、变量、常数这些概念。	**人际关系：** N/A：包含在其他活动中，但尤其强调善于倾听、参与、吸取其他人的意见这些社交技能。
自我认知： 每个学生在其一生中都要确定两个变量，并对它们如何类似地组到一个方程里去作出解释。	**自然：** 让学生结对，观察自然界中的现象，比如，兔子和狐狸、毛毛虫和树叶等，创造代数方程。

课程/单元序列： 1. 视觉/空间活动 2. 语言活动 3. 数理逻辑活动 4. 音乐活动 5. 走进大自然的活动 6. 自我认知活动

评价步骤： 1. 评价解方程的示意图 2. 给学生出一些代数方程，建议他们用彩色编码来解 3. 让每个学生出一个方程求解的题目，让其他同学做

这堂课对传统教学方法而言加了哪些内容？哪些可能被遗漏？哪些学生能学会，哪些可能有困难？

图 4.3　运用多元智能理论解代数方程式的授课计划实例

Source：From *Teaching and Learning through Multiple Intelligences* (2 nd ed.)(p. 270), by L. Campbell, B. Campbell, & D. Dickinson, 1999, Boston: Allyn & Bacon. Copyright © 1999 by Allyn & Bacon. Reprinted with permission.

许多教师和学校已经采用了加德纳的观点，但是并没有强有力的证据表明采用多元智能理论会加强学习。在一项没有进行严格设计的评估中，卡拉汉、汤姆林森和普拉克(Callahan, Tomlinson and Plucker, 1997)发现那些参加 START(一种多元智能方法，用来辨别处在学习失败危险中的学生，并帮助提高他们的才能)的学生，无论他们的成绩还是自我概念都没有得到显著的提高。即使有很多方法获得知识，学习仍然是一种很困难的事情。

情感智力

我们知道许多人具有学术的或者是艺术的天赋,但是他们并没有获得成功。他们在学校、人际关系以及工作中存在问题,但是自己不能克服这种状况。一些心理学家认为出现这种困境可能是因为缺乏**情感智力(emotional intelligence, EQ)**[1],可以定义为这样一系列能力:"了解自己和其他人的情绪情感,区别各种情绪情感,并利用这种信息指导自己的思想和行为"(Salovey&Mayer, 1990, p. 189)。丹尼尔·戈尔曼(Daniel Goleman, 1995)在他关于这个问题的一本畅销书中把情感智力这个概念普及化,把彼得·萨洛维和约翰·迈耶(1990;Mayer & Salovey, 1993, 1997)的研究推进一步,他明确提出了情感智力的五个方面。根据加德纳的分类,其中三个方面属于自我认知能力,另外两个方面属于人际关系能力。

情感智力的中心是认识自己情感的自我认知能力。如果你不知道自己的感觉,怎么在工作、各种关系、时间安排、甚至娱乐活动中作出适合自己的选择(Baron, 1998)?不知道自己的情感何谈向别人正确表达自己的感觉呢?朋友们不停地问,"怎么了?"你就不断地说,"没什么。"EQ的第二个方面是控制自己的情感,尤其是诸如气愤或者沮丧等消极情绪。知道自己在生气是很有用的,但是如果气愤转化为愤怒,大动肝火,就很难在学校里获得成功,其目的不是压抑情感,而是不能让情绪把自己淹没了。第三个方面是自我激励,自我激励很重要,比如和同样4岁大容易冲动的孩子相比,那些能延迟即刻的满足而向下一个目标继续努力的孩子在高校中更容易成为优秀学生(Shoda, Mischel, & Peake, 1990)。

情感智力的两个涉及人际关系能力的方面是辨认其他人的情感和处理人际关系的能力。能辨别其他人的情感(通常是通过一些非语言的线索),并且作出恰当反应的人更容易在与他人的合作中取得成功,而且常常成为领导者(Wood&Wood, 1990)。

一些研究者已经对EQ提出批评,认为情感智力不是一个能力群,而是一系列个性品质(Nestor Baker, 1999)。是否因为智力告诉情感,所以我们才能很好地处理自己的感觉和冲动?是否是因为情感告诉智力,所以我们才能作出好的选择,理解他人的情感?可能都是正确的。重要的一点是,在人生中取得成功不只需要认知技能,因此教师在帮助学生发展各种能力过程中是一个重要的影响因素。

智力作为一种过程

正向你所看到的,斯皮尔曼,瑟斯通,加德纳和戈尔曼的理论都倾向于描述个体智力成分的差异——能力差异。近来认知心理学的研究强调用对所有人都一

〔1〕 情感智力——监控自己和他人情绪和情感的能力,利用获得的信息指导思考行为。

样的一般思维过程来替代差异性研究，人是怎样收集和利用信息来解决问题和正确行为的？在这个问题上不断有新的观点出现。

罗伯特·斯滕伯格（Robert Sternberg，1985，1990）的**智力三元理论（triarchic theory of intelligence）**[1]是从认知加工的角度来理解智力。你可能从名称上就能猜到，这个理论有三个部分：分析、创造、实践（见图4.4）。

	分析的智力成分	创造性的经验智力	实践的环境智力
定　义	抽象思考、处理信息的能力；口头表达能力。	构造新想法，把无关事实性信息组合起来的能力；创造性——处理新情境、自动选择新的解决方法的能力。	适应变化的情况，对各种情境信息进行重组，以充分利用各种可能性——在具体情境中解决问题。
实　例	学新概念的时候，理解、类推、演绎。	判断汽车发动机出现的问题；为新方案的设计搜集一些材料。	把电话线拔掉，或者在门上做一个“请勿打扰”的标志牌，以避免学习的时候受到干扰。

斯滕伯格认为智力行为是运用思维策略的结果，迅速、创造性地处理新问题，通过选择和重组环境中的信息，适应问题情境。

图4.4　斯滕伯格的智力三元理论

智力的成分分析指的是能引起个体或多或少的智力行为的各种心理过程。这些过程用术语“成分”给出定义。**成分（components）**[2]——以各自提供的不同功能来划分的基本信息处理过程。反省成分处理高级心理机能，比如计划、选择策略、监控；执行选择策略由操作成分完成；第三个功能——新知识的获得——由知识习得成分处理，比如，理解一个新概念时区别相关信息和非相关信息（Sternberg，1985）。

一些成分是具体的、特殊的：只是在完成一类任务时需要这种成分，如各种问题解决策略。其他是一般成分，几乎在所有的认知任务中都要用到，例如反省成分总是进行策略选择，监控思维过程。这可能有助于解释各类智力测验中都存在的一个永恒的相关问题。善于选择解决问题策略、长于监控过程、一种方法失败了就采取另一种新的方法的人更可能在各类测验中获得成功，反省成分可以说是斯皮尔曼一般能力理论的当代版本。

斯滕伯格的三元理论的第二个部分，创造/经验智力，指处理新经验的能力，智力

〔1〕智力三元理论——认为智力由三个部分组成（思维过程，新经验的处理，适应情境），引起智力行为的增加或减少。
〔2〕成分——信息加工理论认为，智力包含在基本问题解决的过程中。

行为有两个特征：(1) **洞察力(insight)**[1]，或者是有效处理新情境的能力；(2) **自动化(automaticity)**[2]，无意识思考和解决问题的能力，因此智力包括解决新问题的能力以及很快地将新的解决方法转化为常规方法，以使得以后应用起来不需要付出太多的认知努力。

斯滕伯格理论的第三个部分，实践/环境智力，主要是在更有可能成功的环境中选择生活和工作的重要性，个体在环境中主动适应，如若有必要就重新组织环境。这里，定义成功选择、适应和修整的一个要素是文化，不同的文化群体中需要的能力不同，例如，使一个人在乡村农场里成功的能力，在中心城市或者是一个市郊的乡村俱乐部里可能就没有任何用处。成功之士通常选择能体现出他们能力价值的环境，然后努力工作，利用这些能力弥补其他弱点。所以，智力的第三个意义是指实际应用性的内容，比如职业选择和社交技能。

实践智力大部分是由一定行为指向的**常规性知识(tacit knowledge)**[3]组成。这种常规性知识更多的是在日常生活中获得，而不是在学校里学到的，知道怎么做，胜于只是了解是什么(Stemberg, Wagner, & Horvath, 1995, p. 916)。近期，斯滕伯格和他的同事设计了一种帮助学生发展实践智力的方法，教学生一些阅读、写作、作业和测验的有效策略，促进他们学习获得成功(Sternberg & Kaufman, 1998; Williams et al., 1996)。

智力如何测量?

对于智力是什么，心理学家们尽管不能达成一致，但他们都同意通过标准测验测出来的智力同学校学习有关。为什么会这样呢？这在一定程度上和智力测验最初建立的方式有关。[4]

比奈(Binet)的困境

1904年，艾尔弗雷德(Alfred)碰到了教育部长给他出的难题：那些需要特殊教育和额外帮助的学生，如何在入学初期让他们在常规的班级里失败之前被鉴定出来？比奈也是一个政治活动家，非常关注儿童的权利。他认为对学习能力进行客观测量能保护那些面临退学的贫困家庭的学生，因为他们一直是被歧视的牺牲品，被看做迟缓的学习者。

比奈和他的同事西蒙(Theophile Simon)想要测量的不只是学习成绩，还包括在

---

〔1〕 洞察力——有效处理新异情境的能力。
〔2〕 自动化——熟练掌握一种行为或者思考过程，能够自动进行，不需要任何努力就能实现。
〔3〕 常规性知识——只是了解是什么，不知道是怎么回事，指在日常生活中不是在正式学校教育中学习到的知识。
〔4〕 联系与拓展——参考历史。历史上关于智力测验和一些主要的智力理论的讨论，参见第三章的 Sattler, J. (1992). *Assessment of children* (3rd ed. rev). San Diego: Jerome Sattler Publisher.

学校里表现出色所需要的智力技能。他们尝试过许多不同的测验和评估项目，都没能区别成功和不成功的学生，最后，比奈确定了 58 个测验，从 3 岁到 13 岁每个年龄组分别有几个测验。比奈测验允许研究者自己决定儿童的**心理年龄(mental age)**[1]，例如，一个孩子通过了大多数 6 岁儿童能通过的测验项目，那么不管这个孩子实际是 4 岁，6 岁还是 8 岁，他(她)的心理年龄都被认定为 6 岁。

比奈测验提交美国政府之后，又提出了**智商(intelligence quotient)或 IQ**[2] 的概念，并在斯坦福大学得到修正，即斯坦福-比奈测验。IQ 的分数是心理年龄和实际生理年龄的比值，公式如下：

智商(IQ)＝心理年龄/生理年龄×100

最初斯坦福-比奈测验经过了四次修订，大都是 1986 年以来(Thorndike，Hagen &Sattler，1986)进行的。计算心理年龄的实际实行有问题，IQ 分数测量依据的心理年龄随儿童的不同年龄而含义不同。为了解决这个问题，引入了**离差智商(deviation IQ)**[3] 的概念，离差智商是和同年龄组的其他人相比较，得出的一个表示高于或低于平均水平多少的数字。[4]

团体和个体 IQ 测验

斯坦福-比奈测验是一个个体智力测验，一次对一个学生施测，由训练有素的心理学家进行，大约用两个小时的时间。其中大多数问题是口头提问，不需要阅读和书写。学生通常会集中注意力，直接和一个成人一起参与的时候，会更加激发学生的动机。心理学家也建立了对整个班级或者学校施测的团体测验，和个体测验相比较，团体测验对个体能力所做的描述就粗略得多了。学生参加小组测验的时候，他们可能因为这样那样的原因而表现不好，比如，没理解指令，铅笔断了，其他学生的干扰或者不擅于纸笔测验等。作为教师，应该特别警惕基于学生小组测验的 IQ 分数。

IQ 分数意味着什么?

大部分智力测验设计的都有一定的统计特征。例如，平均分数是 100；参加测验的 50%的人的平均分数等于或高于这个分数，另外 50%低于 100 分。一般人群中 68%的人的 IQ 分数在 85 和 115 分之间，只有 16%的人得分会低于 85 和 16%的人高于 115 分。注意，这些数字针对的是那些母语是标准英语的土著美国白人，对于是否

---

[1] 心理年龄——智力测验中，根据所在年龄组的平均能力水平得到的一个分数。
[2] 智商或 IQ——心理年龄和实际生理年龄的比值得到的分数。
[3] 离差智商——根据个体的成绩与所在年龄组其他人的成绩统计比较得出的分数。
[4] 联系与拓展——参考其他章节。离差智商分数计算个体与年龄组平均成绩的离差，考虑到了不同年龄的成绩的变化。

能将 IQ 测验应用于少数种族的学生引起了很大的争论。下面的指导能帮助你对 IQ 分数进行实际的解释。

指南——IQ 分数的解释

核实 IQ 分数是团体测验还是个体测验的分数，尤其注意团体测验分数。

举例：

1. 个体测验包括韦氏智力量表（WPPSI，WISC－Ⅲ，WAIS－Ⅲ，略写为 WAIS），斯坦福-比奈量表，儿童能力的麦卡锡（McCarthy）量表，伍德科克-约翰逊的心理教育测验系列，考夫曼儿童评估系列，考夫曼青少年和成人智力测验（KAIT）以及达斯纳格利瑞（DasNaglieri）的认知评估体系。
2. 团体测验包括洛奇-桑代克智力测验，学习潜能的分析，库尔曼-安德森的智力测验，奥迪斯-伦农心理能力测验及学校和高校的能力测验（SCAT）。

注意，IQ 分数只是对一般的学习倾向的评估。

举例：

1. 忽略学生分数之间的细小差别。
2. 在头脑里树立这样一种观念，学生的分数可能因许多原因发生变化，包括测量失误。
3. 注意整体分数通常是几类问题的平均分数。在中间或者平均水平的分数可能表示学生在各类问题的回答上都是一般水平，或者是某些方面的问题（如，口头任务）回答得好，其他问题（如，定量任务）表现得差点。

记住，IQ 分数反映的是学生过去的经验和学习。

举例：

1. 把这些分数当做对学生学习能力的预测，而不是对先天智力能力的测量。
2. 如果你的班级里有个学生表现不错，不要只是因为一个分数比较低就改变你对他（她）的看法，或者降低对学生的期望水平。
3. 留意少数民族学生或者那些第一语言不是英语的学生的 IQ 分数，即使是那些文化自由开放的测验，处于不利环境下的学生得分也可能比较低。

智力和成绩

智力测验分数能很好地预测学生的学习成绩，至少对大的团体是这样。例如，学习成绩和一般个体智力测验，韦氏儿童智力量表修订本（WISC－Ⅲ）的分数之间的相关程度是 0.65（Sattler，1992）。这并没有什么吃惊的，这些测验本来就是为预测学习成绩而设计的。记住，比奈提出的测验项目不区别好学生和坏学生。

在智力测验中得高分的人在他(她)的一生中会取得更大的成就吗？这个问题的答案就不那么明确了。有证据表明一般智力和"现实生活中的学术、社交、事业成就相关"(Ceci,1991),但是对于这些相关的含义和大小有很大的争论(*Currnet Directions in Psycholodical Science*,1993;McClelland,1993)。在智力测验中得分较高的人倾向于完成更多年的学业,有较高社会地位的工作。然而当教育的年数一定,IQ 分数、读书时的学习成绩与收入和以后取得成功并不具有高相关。一些其他的因素,比如动机、社交技能、情感智力、运气等都可能起到很大的作用(Goleman,1995; Neisser et al.,1996;sternberg&Wagner,1993)。

智力：是遗传还是环境的结果

在智力的研究领域中,没有哪个问题像遗传与环境之间引起如此激烈的争论。智力应该被看做一种潜能,受遗传特质的限制吗？还是只是指个体智力机能的当前水平,受经验和教育的影响？实际上,把"遗传基因"中的智力和"由经验得来的"智力分离开几乎是不可能的。现今,许多心理学家认为智力差异是由遗传和环境两个方面引起的,对儿童来说,可能这两方面的比重持平。"基因不决定行为。它们只是建立起一系列可能的反应方式"(Weinberg,1989,p. 101)。环境影响包括从孩子母亲孕期的健康状况,到儿童所在家庭中的权威力量,再到孩子接受的教育的质量。

检查要点：在智力上的个体差异

回　顾

什么是一般智力？

加德纳关于智力的观点以及他关于一般智力的立场是什么？

智力如何测量？一个 IQ 分数的含义是什么？

应　用

你将如何告诉贾森的父母关于智力测验分数的意义和如何使用它吗？

说说你个人关于智力的定义。

分别给加德纳的 8 种智能举出一个独特例子。

作为教师,认识到认知技能和其他技能一样也是可以提高的尤其重要。智力是一种当前的心理状态,受过去经验的影响,并指向将来的变化。即使智力是一种有一定限制的潜能,这种潜能也还是相当巨大的,对所有教师都是一种挑战。举例来说,日本和中国的学生知道的数学知识比美国的学生多,但是他们智力测验的分数很相近。这种数学上的优势可能和三个国家不同的数学教学方式和学习方式的不同以及许多亚洲学生的自我激励技能有关(Baron,1998; Stigler,1992)。

能力差异和教学

这一节我们来考虑一下你可能怎么处理班级里的学业能力的差异。按能力水平划分小组能解决能力差异的问题吗？划分能力小组的目的就是为了使教学更符合学生的需要。正像我们看到的，教学对学生来讲并不总是恰当的。[1]

班级间的能力分组

整个班级根据能力组建而成，这个组建过程称为**班级间能力分组(between-class ability grouping)**[2]，是中学和一些小学常用的一种教学实践。许多中学在某一个学科上都有"大学预备课程"和"一般"课程，或者是高能力水平班(快班)、中等能力水平和低能力水平班。虽然表面上看起来似乎是一种很有效的教学方法，但研究不断表明按能力分组，可能对高水平能力的学生有益，但对低水平能力的学生容易产生问题(Garmon, Nystrand, Berends, & LePore, 1995; Good & Marshall, 1984; Slavin, 1987, 1990)。

低水平能力的班级一般接受的也是低质量水平的教学，教师倾向于强调那些较低要求的目标和常规的方法，很少有学习重点和难点。通常许多学生有行为问题，随着这些问题的不断出现，教师的压力增加，而降低了教学热情。这些教学上的差异和教师的消极态度，向学生传递的是较低的期望水平。随着学生自尊水平的降低，旷课的越来越多。较低水平的班组里通常有不成比例的少数经济上贫穷的学生，所以能力分组，在效果上造成了学校里的隔离。友谊可能被限制在同一个能力组内，布置的作业通常依据小组 IQ 测验，而不是相应学科本身的测验。然而，小组 IQ 测验并不能提供学生即将学习的某一特定学科的有效指导(Corno & Snow, 1986; Garmon, Nystrand, & LePore, 1995; Kulik & Kulik, 1982; slavin, 1987, 1990)。

一般都发现班级能力分组导致较低的学习成绩，不过也有两个例外。第一个是在优异班或者天才班里，高水平能力的学生表现得要比具备相同能力水平而在一般班级的学生出色。第二个是**不分级的小学和与之相关的 Joplin 计划(nongraded elementary school/the Joplin Plan)**[3]。学生按在一定学科上的能力进行分组，不管他们的年龄和年级，一个阅读班上的学生可能有来自不同年级的学生，都在同一个水平

---

[1] 联系与拓展——参考研究。斯莱文(Slavin, R. E., 1990)的《在初中能力分组的成效：一个最好的证据合成》(Achievement effects of ability grouping in secondary scholls: A best-evidence synthesis)，载于《教育研究评论》(*Review of Education Research*)，第 60 卷，第 471—500 页。

[2] 班级间能力分组——根据测量学生的能力或者成绩，把学生分配到不同的班级的一种分组方法。

[3] 不分级的小学和与之相关的 Joplin 计划——不考虑学生的年龄或年级，只按照学生在某些科目上的能力，把学生分组。

上学习阅读。这种跨年级分组看起来对所有学生的学习都有效，只要分组能使教师对小组进行更多的直接指导。如果跨年级分组用来实现个别化教学，积极的作用就少了许多（Gutierrez&Slavin，1992）。

检查要点： 能力差异与教学

回 顾

班级间能力分组存在什么问题？

在一个班级内部能力分组有哪些可供选择的方案？

应 用

如果在你的班级里学业能力差异较大，你对分组学习有什么意见吗？

教师如何面对那些智力水平较高或者有天资的学生？下面我们来看一下这个问题。

班级内的能力分组

第二种方法，**班级内的能力分组（within-class ability grouping）**[1]，在同一个班级内按能力把学生分组。尽管没有什么明确的证据表明这种方法优于其他方法，许多小学里的班级分成阅读小组、数学小组等等。如果你想在你的班级里组建同质的小组，下面的指导可以使这种方法更加有效（Good & Brophy，1997；Slavin，1987）。[2]

指南——按成就分组

结合要教授的科目在学生当前的行为水平的基础上形成和重组小组。

举例：

1. 使用最近的一次阅读成绩的分数建立阅读小组，依据当前的数学行为表现进行数学小组的分组。
2. 当学生的成绩发生变化时，经常变动小组的名次。

---

〔1〕 班级内部能力分组——在班级内，为了适应学生的差异，根据学生的能力把他们分成两个或三个小组的一种分组方法。

〔2〕 联系与拓展——参考研究。关于能力分组研究的一个回顾是：《按能力组建班级》（Oganizing Class by Ability1987，July），载于《哈佛教育简讯》（*Harvard Education Letter*），第3(4)卷，第1—4页。

关于班级间和班级内分组对小学生成绩产生的影响研究的一个理解性的回顾可参见斯莱文（Slavin，R. E.，1987）的《在小学能力分组与学生成就：一个最好的证据的合成》（Ability grouping and student achievement in elementary schools：A best-evidence synthesis.），载于《教育研究评论》（*Review of Educational Research*）第57卷，第293—336页。

对于在中年级国际上的跟踪情况如何的一个考查可参见：布拉多克（Braddock，J. H，1990）的《跟踪中年级：教学分组的国际模式》（Tracking the middle grades：National patterns of grouping for instruction），《菲·德尔塔·卡潘》（美国教育专业协会会刊）（*Phi Delta Kappan*），第71卷，第445—452页。

不鼓励组与组之间的比较，而鼓励学生发展班级精神。

1. 不要跳出他们的阅读和数学小组之外将他们组建在一起。
2. 避免用能力小组对组进行称谓——保留混合能力小组或班级团队的称谓。

针对一个或至多两个学科的能力进行分组。

1. 确保有许多课和项目按小组将学生组合在一起学习。
2. 开展一些针对合作是必需的学习策略的实验。
3. 小组人数保持在小数目(两个或最多三个)，以便你能提供尽可能直接的教学——让学生们单独的时间越长，将导致越少的学习。

确保教师、教学方法和进度与小组的需求相适应。

1. 组织和教授小学，使得那些低成就的学生得到适当的、额外的教学——不仅仅是重复同样的材料。
2. 针对分组的各种形式进行实验。在班内分组中有很多种不同的形式，对于有些科目看来更有效。梅森和古德(1993)发现目的在于补救和拓展学生的数学而针对全班进行的补充教学比把班级分成两个能力小组分别独立进行教学的效果要好。

创造性、才能和天赋

有创造力的，有天赋的，有才能的——我们通常使用这些词来描述那些具有非凡能力的人。在这一章前面的多元智能理论的那一节中，我们看到加德纳认为智力和才能之间没有什么不同。加德纳对创造力也进行了详细地描述，他这样定义有创造力的人："一定领域中用一种方式有规律地解决问题，形成产品，界定新问题的人，而这种方式起初被认为很新颖，但最终在某一特定的文化背景下被接受下来"(Gardner，1993a，p. 35)。解决问题的概念对一种文化来说很重要，同时也是智力概念内容的一部分。所以，创造力、天赋、智力是彼此相关的，它们使我们能够解决重要问题(Robinson&Clinkenbeard，1998)。我们先来看创造性。

创造性

许多心理学家都认为没有"全能的创造力"，人们的创造力是在某一特定领域中的。但是要有创造性，"发明"必须是有目的的。往木料上喷洒涂漆偶然得到了一个新颖的设计图案不是创造，除非这个艺术家意识到了这种偶然事件的潜在性，或者有目的地使用这种喷洒技术进行创作(Weisberg，1993)。尽管我们一直把艺术和**创造性(creativity)**〔1〕联

〔1〕 创造性——富于想像的、新颖的思维或者问题的解决。

系在一起，其实任何一个学科都能用创造性的方式进行研究。

创造性和认知

在一个领域具有丰富的知识是发挥创造力的基础，但还需要更多的东西。对许多问题来说，这些"更多的东西"就是打破常规，**重新建构(reconstruction)**[1]问题，用一种新的方式审视问题情境，常常能得到意外的收获。这种情况通常发生在一个人对某个问题或方案经过了一段时间地仔细研究(可能没有任何结果)，然后把它搁置在一边。一些心理学家认为表面上离开问题一段时间，能使人进入潜在的深思，一种无意识的思考问题的状态。有点像离开问题一会儿，打断那些严密的思维程式，得以重组问题情境(Gleitman，Fridlund，&Reisberg，1999)。所以，创造性需要广博的知识，灵活性和对想法、观点的不断重组，同时动机和毅力在创造的过程中也很重要。

创造性的评估

如何评估创造力呢？一种方法是把创造力和发散思维划等号。**发散思维(divergent thinking)**[2]是提出许多不同想法和答案的能力。**聚合思维(convergent thinking)**[3]是更一般地确定出惟一的一个答案的能力。

托兰斯(E. P. Torrance)设计了两种类型的创造力测验，口头的和图形的(Torrance，1972；Torrance &Hall，1980)。口头测验中，可能会让你想出尽可能多的易拉罐的用途或者问你怎么把一个玩具改装，让它变得更有趣好玩？图形测验中，可能会给你 30 个圆，让你画出 30 个不同的图案，每个图案至少包含一个圆圈(Sattler，1992)。图 4.5 是一个 8 岁大的小女孩画的，在完成任务的过程中表现出了她的创造力。

针对学生对这些任务的反应从发散思维的三个方面，创意的新颖性、流畅性、灵活性给予评分。创意的新颖性通常经过统计确定，新颖的反应方式每 100 个参加测验的人中要少于 5 或 10 个。流畅性是不同反应的数目，灵活性一般通过反应的不同类型的数目来测量。举例来说，让你画 30 个圈的画，每张画都是一张脸，你得的流畅性的分数可能比较高，但灵活性方面的得分可能就相当低。在这三个方面的测量中，流畅性——反应的数量——是发散思维最好的预测值，但是现实生活中的创造力比发散思维要有更多的内容(Bjorklund，1989)。

---

〔1〕 重新建构——用一种新的、不同的方式来考虑问题。
〔2〕 发散思维——想到许多可能的解决办法。
〔3〕 聚合思维——把所有的可能性收缩到一个单一的答案。

在标题处她给出了她的绘画，从左到右，列出如下："恐怖片"，"一只眼的怪物"，"南瓜"，"呼啦圈"，"海报"，"轮椅"，"地球"，"月亮"，"行星"，"电影相机"，"难过的脸"，"照片"，"红绿灯"、"海滩球"，"字母 O"，"小轿车"，"眼镜"。

图 4.5 一个对 8 岁儿童的创造性的图形测验

Source: Test form copyright © 1980 by Scholastic Testing Service, Inc. Reprinted by permission of Scholastic Testing Service, Inc., Bensenville, IL 60106 from *The Torrance Tests of Creative Thinking* by E. P. Torrance.

教师并不总是能对创造性作出最好的评定。实际上，托兰斯做的一项连续 12 年的跟踪研究，得出的数据表明，教师对学生创造能力的判断和这些学生在以后他们的成人生活中表现出的实际创造力没有相关。可能有这样几个创造力的指标，好奇、注意力、适应性、精力充沛、幽默(有时古怪)、独立、好玩、不墨守成规、爱冒险、对复杂的神秘的东西感兴趣、喜好幻想和白日梦、不能忍受无趣的事物、有独创性(Sattler，1992)。

教室中的创造力

今天和明天的种种复杂问题都需要提出创造性的解决办法。教师要如何促进学生的创造性思维？经常是在每天紧张的课堂生活中，教师无意识地压制了学生各种创造性的想法。教师处在这样一个极好的位置，通过对学生与众不同和富有想像力的想法的接纳或者否定，能够激励或者阻碍学生的创造性。“早期能有创造性突破的个体最终倾向于成为探险家、改革家、思想家……尽管也有许多幸运的‘小思想家’从教师和同伴那里得到很多的鼓励，但通常这种敢于冒险的精神被当做反抗、不服从”(Gardner，1993a. pp. 32—33)。

头脑风暴的方法

除了通过和学生的日常交往鼓励学生的创造性之外，老师可以尝试一下**头脑风暴(brainstorming)**[1]。头脑风暴的基本原则是把形成各种想法的过程和对这些想法评价的过程分离，因为评价常常抑制创造性(Osborn，1963)。评价、讨论、批评都延后到所有可能的建议提出来之后。这样，一个想法引起一系列其他的想法；大家都不会因为害怕受到批评而压抑自己可能想到的创造性的解决方法。贝尔(John Baer，1997，p. 43)针对头脑风暴给出了以下规则：

1. 推迟评判。

2. 避免把提出的想法归于某个人所有。当学生觉得那个想法是他们自己的，在创造性思维的方面就容易产生自负的情绪。当后来别人对他们的观点提出批评时，他们可能作更多的辩护，更不情愿让别人修正他们的观点。

3. 可以灵活借用别人的观点，就像“搭便车”。这里的意思是可以利用已经提出的想法，从中借用某些部分，或者直接在上面做些小的调整。

4. 鼓励胡乱的古怪的想法。那些不可能的、完全没有用处的想法可能让人想起其他更可行的，更有效的想法。想出一个富有想像力的不怎么可行的想法，然后把这些想像降低和使它们满足现实中的种种限制，要比把一个令人厌倦的想法变得有趣而值得思考，也更容易。

个体和团体都会从头脑风暴中获益，像写这本书，有时候我发觉就很有帮助，把一章里需要涉及的不同论题列出来，然后把它们放在一边，以后再回过头来进行评价。

不要着急——来做游戏

几年前，西格蒙德·弗洛伊德(Sigmund Freud，1959)把创造性和游戏联系在一起：“也许我们不能说每个玩游戏的孩子都像一个创作家，但他们在游戏的过程中创造自己的世界，或者用一种他(她)喜欢的新的方式把自己的世界重新组织，……创作家和儿童游戏时做的事情是相似的。他(她)认真创造了一个幻想中的世界，一个倾注了他们许多感情的世界”(pp. 143—144)。有研究表明，常玩幻想和角色扮演游戏的学前儿童

[1] 头脑风暴——不断地产生各种各样的想法，不去停下来判定想法的好坏。

更具创造性。实际上，对年龄较小的学生来说，参加创造性测验之前先让他们玩游戏，这样他们会在测验中得更高的分数(Bjorklund，1989)。教师能够鼓励各个年龄阶段的学生，使他们更加善于思考产生、发展、重构。下面是引自弗雷德里克森(Frederiksen，1984)和萨特勒(1992)的指南，描述了鼓励创造性的可能出现的其他情况。

指南——鼓励创造性

肯定和鼓励发散思维

举例：

1. 课堂讨论中，问学生："谁能用另外一种不同的方式来看这个问题?"
2. 强化学生寻求新异的解决问题的方法，即使答案不是很完善。

允许有分歧

举例：

1. 让学生维护自己对立面的观点。
2. 保证观点不一致的学生得到相同的课堂权利和奖励。

鼓励学生相信自己的判断

举例：

1. 学生问到你认为他们自己能回答的问题时，换个说法把问题再阐述一遍，把问题再交给学生。
2. 不时给予学生非等级性的评价。

强调每个人都具备某方面的能力

举例：

1. 不要把哪个伟大的艺术家或发明家的功绩描述成是只有超人才能做到的。
2. 肯定每个学生作业中的创造性的努力。

教师成为创造性思维的一种刺激因素

举例：

1. 只要有可能，就采用头脑风暴式的讨论。
2. 教师通过对课堂问题提出新异的解决方法，给学生的创造性解决问题做示范。
3. 鼓励学生直到把所有的可能性都考虑到了，才对某个提议作出评定。

有天赋和才能的学生

学校里这样一组有特殊需要的学生常常被校方忽视：有才能和天分的学生。过去，给这些非常聪明和有天分的学生进行更深一步的教育，被看做是不民主和在实施精英教育。现在人们越来越认识到许多公立学校提供的教育非常不能满足那些**天才学生(gifted students)**〔1〕,一项全国性的调查表明,超过一半的天才学生在学校里取得的成绩达不到就他们的能力而言的水平(Tomlinson-Keasey,1990)。

谁是这些学生?

天才学生是由什么构成的,这个问题没有任何定论,个体可以有很多不同的天赋,我们一定还记得加德纳确定的 8 种独立的智力成分。伦祖利和赖斯(Renzulli & Reis,1991)把天才定义为具备这样三个基本特征:一般能力水平之上,高水平的创造力,倾向于承担高难度水平的任务或者成就动机的水平较高。真正的天才儿童不是那些只是不费力气就能学得很快的学生,他们的作业具有独创性,远远地超出了他们的年龄,并具有潜在的持久的重要性。

对于这些卓越的个体,前美国教育委员西德尼·P. 马里兰德(Sidney P. Maryland)把他们称做"最被我们忽视的学生",我们了解多少?几十年前,刘易斯·特曼(Lewis Terman)和他的同事们(1925,1947,1959)进行了一项关于天才特征的著名研究,该研究方案跟踪了1 528位天才的男性和女性,将一直持续到 2010 年。所有研究对象的 IQ 分数均在总体中领先的那 1%中(斯坦福-比奈个体智力测验中的 140 分或者更高),他们是根据测验分数和教师的推荐确定的。

特曼和他的同事们发现这些天才学生比常模更加高大,强壮和健康,他们通常走路很快,更活跃好动,情感比同伴更加稳定,和一般人相比成为适应性更好的成年人,出现行为过失、情感困难、离异、吸毒等的几率较低。当然,特曼研究中由负责提名的教师选出的学生都是起初就适应得比较好的。

天才学生面对的是哪些问题〔2〕

撇开特曼的研究结果,不可能每个天才学生都非常善于调整自己,保持情感健康。生活中会出现许多问题,包括学习上的烦躁、挫败和同伴的孤立(有时甚至是嘲笑、奚落)。其他同学可能打棒球打得筋疲力尽,或者担心学不好数学,而天才学生迷恋莫扎

---

〔1〕 天才学生——非常聪明、有创造力和天分的学生。

〔2〕 联系与拓展——参考研究。费尔德赫森(Feldhusen, J. F. 1989, March)的《关于天才少年的研究合成》(*Synthesis of research on gifted youth*),载于《教育领导学》(*Educational Leadership*),第 46(6)卷,第 6—12 页。

最重要的部分:关于有天赋和才能学生的研究著述很多,这里给出以下几点:

确定。学校常常不能确定什么样的学生是天才学生,尤其是那些来自少数贫困背景下的,年龄很小的和一些成绩落后的学生。确定天才学生的时候要从多方面搜集数据。

加速。加速可以通过让他们认识到自己的潜力刺激天才学生的学习,加速不会损害社会情感的适应。

分组。在全部或部分在校期间对天才学生进行分组可以作为一个促进因素,对他们的学习兴趣施以多种积极强化常常能起到积极作用。

为了满足天才学生的学习需要,我们要把教学作相应的提升,以适合他们的能力、成绩水平和兴趣。丰富学习内容的惟一方法是在一个较高的水平上,以较快的速度,选出一些专门的主题进行教学。

特，关注某个社会问题，或者沉迷于电脑、戏剧艺术、地质学等。天才儿童可能对不能分享他们的兴趣和能力的朋友、父母，甚至是教师感到不耐烦。越有天分的，具有很高学术能力的学生面临的适应性问题越大（例如，IQ 分数 180 分以上的学生）(Keogh & MacMillan，1996；Robinson & Clinkenbeard，1998)。表 4.2 列出了一些有特殊能力的学生常出现的一些问题。

表 4.2 具备特殊能力和天分的学生具有的特征和出现的问题

领域	差异性特征	问题
认知领域（思维）	问题信息量非常大，记忆力好，高水平的语言发展，坚持不懈，有目的的行为，不寻常的信息处理能力。	对常规的课程设置感到厌烦；没有耐心等其他小组成员，被其他同龄人看做在炫耀，太固执，任性，不合作，讨厌被人打断，一本正经，不喜欢常规的程序和枯燥的练习。
情感领域（情绪）	对其他人期望和情绪的特殊敏感；极好的幽默感——可能是文雅的或者挑衅性的；情感的深度和强度水平高，道德判断的水平较高。	面对别人的批评时特别脆弱；成功和被别人认可的需要水平较高；用幽默反击别人的批评，结果使人际交往关系受损，非常脆弱；关注人生的现实目标问题。褊狭，对小组其他同伴缺乏理解，造成被同伴拒绝和脱离群体。
生理方面（感知觉）	生理和智力发展水平的非常不平衡，标准和运动技巧之间滞后的容忍度较低。	只有在思维活动中才能轻松地表达自己，生理和精神方面的发育不完善，拒绝参与任何自己不擅长的活动，愉悦、健康的身体运动方面的体验很少。
直觉	很早进入到直觉的认知，关注形而上学的思想和现象，在许多方面显示出创造力。	一些行为或想法被同学视为可笑和荒谬的；一些年长的人没有认真对待他们；被看做是稀奇古怪的，不合常规的；对现实中必须做的事务感到厌烦；可能被当做喜欢制造麻烦的人。
社交	自我实现需要的强烈动机，领导地位，社会和环境问题的解决办法。	问题不具挑战性的时候感到沮丧；丢掉了一些没有意识到的才能；缺乏积极应用社交能力的机会，致使从其他孩子的活动名单里被除名，或者造成一种消极否定的性格特征；如果这些问题得不到有效的指导，并结合有意义的参与活动，可能被社会遗失。

Source: From *Human Exceptionality*: *Society*, *School*, *and Family* (6th ed.) by M. L. Hardman, C. J. Drew, & M. W. Egan, 1999, Boston: Allyn & Bacon. Copyright © 1999 by Allyn & Bacon. Original source: From *Growing Up Gifted* (5th ed.) by B. Clark, 1979, Upper Saddle River, NJ: Prentice-Hall, Inc. Copyright © 1979 Prentice-Hall, Inc.

特曼方案 60 年后的一个继续研究，在学生时代的受欢迎和成年以后取得的成就之间的相关性上得出了一些让人吃惊的结论。特曼的研究对象中那些小时候就更受欢迎或者突出的学生，他们更少可能保持像成人那样严谨的思维活动的兴趣。研究者推测，那些成年以后更有成就的天才学生可能在小时候就很乐意成人陪伴，或者早已适应一个人的独处。活跃的社会交际生活可能会分散个体对理性思维追求的兴趣(Tomlinson-Keasey&Little，1990)。对个体来说，无论走哪条路都有它的利弊。

找出学生的特殊能力

确定一个天才儿童并不总是那么容易，许多父母给他们的孩子进行早期教育，即使是在低年级进行高等阅读训练也不能保证几年后学生能成为出色的阅读者(Mills&Jackson，1990)。初中和高中阶段，一些非常有才能的学生故意取得较低的等级，使得他们的真实能力更加难以辨别出来。

教师在课堂上只有10%—50%的时间里能成功地辨别天才学生(Fox，1981)。下面是选自一个早期的天才学生的研究的七个问题，这几个问题在当今看来仍然很有指导意义(Walt on，1961)：

▲ 哪些学生学起来很容易、很快？

▲ 哪些学生使用了许多常识性和实践性的知识？

▲ 哪些学生很容易就记住他(她)听到的内容？

▲ 哪些学生知道许多其他孩子不知道的东西？

▲ 哪些学生能够很容易地准确使用大量的词汇？

▲ 哪些学生能辨别出各种关系，并领悟其中的含义？

▲ 哪些学生很活跃，积极观察，并且反应很快？

依据伦祖利和赖斯(Renzulli & Reis)对天才的定义，我们可以再加上下面两点：

▲ 哪些学生比较有毅力，完成任务的动机水平比较高？

▲ 哪些学生有创造性，常常产生一些新异的想法，或者在一些事物之间想出很有意思的联系。

天赋与正式测验

最好的学业天分的预测工具还是个体的IQ测验，但是这些测验要花费大量的金钱和时间，而且也还不够完善。团体成绩和智力测验一般是低估了那些非常聪明的孩子的IQ分数，团体测验可能适合选拔，但它们不适宜作出名次的判断。许多心理学家推崇用个案研究方法确定天才学生，这意味着搜集大量的各类信息，测验分数，等级，作业实例，设计方案和最佳作品袋，教师方面的信件和评价，学生的自我评价等等(Renzulli & Reis，1991；sisk，1988)。尤其是辨别艺术天赋的时候，这个领域的专家要判定儿童的创造性品质。科学课题设计、展示、成绩、面谈都可以考虑进去。早期的创造性测验没有采用其他测量方式，特别是对于那些在其他类型测验中处于不利地位的少数学生(Maker,1987)。

针对天才学生施教

一些教育家认为天才学生应该加速学习进程——跳级或者在某个科目上进行跨越。还有其他一些教育家更倾向于丰富教学内容——给这些学生额外的,更复杂的,更刺激学生思考的作业题目,而进度方面和他们的同龄人保持一致。实际上,这两种方式都可以(Torrance,1986)。

许多人反对教学速成,但一些更为细致的研究表明真正的天才学生,提前进行小学、初中、高中、大学、甚至研究学院,常常比那些按正规步骤来的非天才学生做得好。社交和情感适应没有受到损害,天才学生倾向于更喜欢和年龄稍长的人搭档,和他们的同龄人一样地学习会使他们感到非常地厌烦。跳级对一个特殊的学生来讲也许并不是最好的解决办法,但也不像过去评论的那么糟(Jones & Southern,1991;Kulik & Kulik, 1984; Richardson & Benbow, 1990)。跳级可以是针对某一、两个学科的,或者同时允许学生参与更高一级的课程学习,但让他们和其他大部分学生保持一致(Robinson & Clinkenbeard,1998)。对于那些智力水平比较高的学生(比如,个体智力测验得分大于或等于 160 分),惟一的处理办法就是加快他们的教育进度(Gross, 1992; Keogh & Macmilan,1996)。

针对天才学生的教学方法应该鼓励他们的抽象思维(运算思维),创造性,阅读高水平和原版的课文,独立而不只是学习一堆事实性的知识。另外一个看起来不怎么样的办法是,合作学习,组成能力水平不一的小组。如果把那些天才学生放到能力水平比较高的小组,在共同完成任务的过程中,他们能从同伴那里学到更多(Fuchs, Fuchs, Hamlett, & Karns, 1998; Robinson & Clinkenbeard,1998)。

检查要点: 创造性、才能和天赋

回 顾

什么是创造性,如何测量?

天才学生有什么特征?

加速对天才学生来说是否是一个有效的方法?

应 用

回想你用创造性的方法解决某个问题的情境。是什么帮助你看到了一个不同的方法?

如果你的班上有两个总是比其他同学理解快的学生,你将如何帮助他们更好地学习?

对付那些天才学生,教师必须想像力丰富,富有灵活性,不要被这些学生的能力吓倒。教师要自问:这些学生最需要的是什么?他们愿意学什么?谁能帮助我对付他们?答案可能来自附近大学里一些有才能的人,退休的老教授,参考书,图书馆，或者年龄大点的学生。其他还有一些暑期学会；附近大学里的课程；当地一些艺术家、音乐家或舞蹈家的课；独立的研究方案；给年幼的学生选一些初中的课；荣誉课；组建一些专门的兴趣俱乐部等(Mitcchell，1984)。

认知风格和学习风格

这一节中我们来研究一下和智力没有任何关系，但却能影响学生学习的个体差异。这些差异被称作认知风格或学习风格，你可能见过这两个术语之间互换使用。一般来说，教育家们更倾向于使用学习风格这个词，在这个较宽泛的范畴里包括许多不同类别的差异。心理学家倾向于使用认知风格，把他们在这个问题的讨论限制在人们信息加工方式的不同上(Bjorklund，1998)。

认知风格

认知风格(cognitive styles)[1]是个很新的概念，它是从对人们如何理解和组织周围世界的信息的研究中发展起来的。认知风格的差异与"理解，记忆，思维，解决问题，做决定的特有模式，对由潜在的个性倾向发展起来的信息加工规律的思考"有关(Messick，1994，p. 122)，而与智力没有关系。例如，某些人在大部分的情境中反应迅速，而其他一些人倾向于多想想，作出反应要慢一些，即使这两种类型的人可能对手头的任务同样在行。[2]

场依存和场独立

早在20世纪40年代初期，赫尔曼和威特金(Herman & Witkin)观察到特定航线的飞行员飞进云层里，然后颠倒着飞出来，而没有意识到他们自己已经改变了位置，在对人们如何把一个因素从整个视野中分离开来的研究中，他们确定了场依存和场独立的认知风格(Davis，1991； Witkin，Moore，Goodenough，& Cox，1997)。

场依存(field dependence)[3]的人倾向于整体的反应模式，而不是把某个因素从整个视野中独立出来。对他们来说，集中注意情境的一个方面、找出重要的细节、把一个图式分解为几个不同的部分或者监控解决问题使用的策略有困难。他们倾向于在小组作业中表现的不错，能记住大量的社交信息，更喜欢文学、历史这样的科目；另一方面，**场独立(field independence)**[4]的人更可能去监控他们自己的信息加工过程，理解整个图式的各个部分，能根据各个组成部分对整个图式进行分析。他们不像场依存

---

〔1〕 认知风格——理解和组织信息的不同方式。

〔2〕 联系与拓展——参考你的教学。学生哪个等级没评上，或者哪个科目没学好的时候，他们常常去"重复"看那些材料，他们认为"重复"会促进学习。你来用认知风格的定义反驳这种认识。

〔3〕 场依存——一种整体反应模式的认知风格。

〔4〕 场独立——把事物按照各自分离的几个部分来理解和分析的一种认知风格。

的人那样合群，在他们的分析能力得以应用的数学和科学领域中能取得不错的成绩。

尽管你可能没有必要去确定每个学生的不同认知风格，但你得注意学生处理问题的不同方式。一些学生可能需要学会忽略一些无关细节，把问题情境中的重要特征找出来，他们看上去好像在那种缺乏建构的情境中迷失了，他们更需要明确的、一步一步的指导。而另一些学生组织信息的能力可能很强，但往往忽视其他人的情感，在社交领域中就不那么擅长。

冲动型和反思型的认知风格

认知风格的另一个方面是冲动型对反思型。**冲动型(impulsive)**[1]的学生做得很快，但往往会犯许多错误；相反，**反思型(reflective)**[2]倾向多一点的学生，做得很慢，但出现的错误相对少一些。像场依存和场独立一样，冲动型和反思型认知风格在正常范围内与智力没有高相关。然而，随着儿童的成长，他们的反思型逐渐加强，对于学龄儿童，反思型更强的学生好像更能提高学习任务的成绩，比如阅读(Kogan，1983；Smith & Caplan，1988)。

如果教学生一些具体的策略，他们会学得更具反思性。第二章中讲的**自我指导(self-instruction)**[3]已经在许多情境中得到成功的证实，这种方法利用的是维果斯基所描述的自我言语的技术(Meichenbaum，1986)。另一种可能是学会略读方法，比如，学生进行多项选择的测验，鼓励他们思考的时候要对每个选项依次进行排除，这样就不会忽视其中某一个可能性。他们可能结对一起作业，谈论为什么那种可能性是正确的或者是错误的。在数学课上，对于冲动型的儿童，需要给他们一些检查作业的具体策略的指导，只是让他们慢下来是不够的，必须通过考虑每个合理的问题解决方式，教他们一些解决问题的有效策略。我也曾经碰到过几个挺聪明的学生，他们看起来似乎又太具反思性了，本来 30 分钟的作业却要一个晚上才能完成。

学习风格和偏好

学习风格(learning styles)[4]是学习和研究的各种方法。尽管专家们已经对许多不同的学习风格进行了描述，其中大部分的学习风格都是根据学习情境中不同的信息加工程度而划分的(Snow，Corno & Jackson，1996)。精细加工学习风格的个体把学习材料或者学习活动当做一种理解一些隐晦概念或者内涵的手段。这些学生倾向于为了获得知识而学习，较少考虑到别人怎么评价他们的学习表现，所以动机也在起

[1] 冲动型——这种认知风格的特点是作出反应的速度快，但常常不准确。
[2] 反思型——这种认知风格的特点是反应很慢，但仔细、准确。
[3] 自我指导——在任务的各个步骤中，自己用言语指导问题解决行为。
[4] 学习风格——特有的一些学习方法。

作用。粗加工学习风格的学生集中做的是把学习材料记住，而不是理解，这些学生倾向于能从一些外在的动机因素得到鼓励，比如，奖励、等级、外部标准、期望获得别人给予积极性的评价等。当然，学习情境能刺激学生进行精细加工或者是粗加工，但研究表明个体确实有以某种特有的方式处理学习情境的不同倾向(Pintrich & Schrauben, 1992; Tait & Entwistle, 1988)。

从1970年末期到现在，已有很多学生学习风格差异方面的研究(Dunn, 1987; Dunn & Dunn, 1978, 1987; Gregorc, 1982; Keefe, 1982)。全国各地的专题学术讨论会、在职培训会议集中对这个问题进行研究。学术讨论会中通常把学习偏好称为学习风格，但我认为偏好是一个更为精细的标识。**学习偏好(Learning preferences)**〔1〕是个体对某种特殊学习模式和学习环境的偏好，这些偏好可能是学习的地方、时间、和谁一起、学习时的灯光、食物和音乐等等。仔细考虑一分钟，在什么样的情况下，你能学得最好。我喜欢在大块的时间段里进行研究和写作，一直到深夜。通常每周给自己许下某种承诺或者是确定一些任务需要完成的最终期限，这样我就不得不在一定的压力下连续工作，以保证在最终期限之前完成任务，然后就可以放一天假了。在计划或者思考的时候，我必须得把想到的写出来。我有一个同事，她听演讲或者计划的时候，习惯在纸上把关系图画出来。尽管我们都一样能有效地工作，你采用的方式可能和其他人一样，也可能不同。

有许多工具可以用来评价学生的学习偏好——例如，学习风格目录(Renzulli & Smith, 1978)，学习风格目录(Dunn, Dunn, & Price, 1984)和学习风格剖析图(Keefe & Monk, 1986)。注意，学习风格测验没有足够的信效度。斯奈德(Snider, 1990)得出这样的结论，“人们之间是有差异的，区别和适应个体的差异性很有实际意义。通过用多种方式呈现知识是很好的一个实践，但是把学生进行分类，基于一些技术质量值得怀疑的测验就给他们指定某种方法是不明智的。学习风格的理念很吸引人，但是这种方法的一个关键的地方就是要让教师富于怀疑精神”(p. 53)。〔2〕

要给每个学生提供他们喜欢的学习环境以及学习指导，未免对教师期望太高，但教师可以利用一些能够做到的。一个安静、幽僻的角落，加上几张大的办公桌；舒服的坐垫，整齐的椅子；课桌前灯光明亮，但也有相对光线较暗一点的地方；用双耳式耳机以及耳塞听音乐；布置作业既有结构性的也包括开放性的作业；电影和磁带与书本教学相结合，这些都能使学生用他们喜欢的模式进行学习和作业，至少某些时候是这

---

〔1〕 学习偏好——优先使用的一些学习方法，比如用图片而不是文本，和其他人一起学习不是自己单独学习，喜欢结构性的学习而不是非结构性的等等。

〔2〕 联系与拓展——参考其他观点。伦祖利和史密斯(Renzulli & Smith, 1978)在他们的学习风格调查中，让学生在一些不同类型的教学方式中选择自己喜欢的，比如，讲课、讨论、做设计、游戏等等。邓恩和普赖斯(Dunn & Price, 1984)做的学习风格调查测量了学生对教学方式中23种成分的偏爱，包括直接环境(气温，噪音水平等等)；情感投入(教师鼓励方法，教学结构等等)；社交帮助(独立作业还是与其他人一起等等)；物理特征(学习时间，学习材料是视觉的还是听觉的等等)。学习风格剖析是一套含有126个项目，以广泛的学习风格定义，包括认知、情感和生理差异为基础的测验(Keefe & Monk, 1986)。

样的。

做到这些就能够更大地促进学生的学习吗？答案并不是很明确。一些研究表明学生在他们喜欢的环境中，用他们喜欢的方式来学习效果最好（Dunn，Beaudry，& Klavas，1989；Dunn & Dunn，1987）。非常聪明的学生不怎么需要组织，他们更喜欢安静的独自学习（托伦斯，Torrance，1986）。但是在你开始满足学生的学习风格之前，也要注意，学生，尤其是那些年龄比较小的孩子，他们可能还不知道自己应该怎么学习？有时候，尤其是那些学习成绩稍差的学生更愿意学一些容易的，让他们感到轻松的知识；真正的学习可能是艰难而不那么舒服的。有时候学生愿意用某种方式学习是因为他们根本没有别的选择；那只是他们所知道的处理问题的惟一方式。这些学生可以从逐步发展新的，或者更有效的学习方式中获益（Weinstein & McCombs，印刷中）。

检查要点：认知风格和学习风格

回 顾

区别认知风格和学习偏好。

针对个体学习风格的匹配教学有什么利与弊。

应 用

你是场依存多一点，还是场独立多一点？你怎么知道的？

目前为止我们集中讨论的是教师对学生多样的学习能力和学习风格的反应，本章下面的内容将研究一下干扰学习的几个问题，对教师来说，注意这些问题很重要，因为过去的 25 年以来，法规和政策方面已经做了一些调整，拓宽了教师对全部学生的责任。〔1〕〔2〕

法律上的变化：整合、主流化和纳入

1975 年通过了一项关于残疾儿童教育变革的法案，《教育所有残疾儿童法令》（国际法 94—142 条）要求政府"不管儿童的学习障碍是怎么形成的，有多么严重，都要给每个 3 到 21 岁之间的儿童提供免费的，适宜的公立教育（除非国家法律规定不向 3 到 5 岁和 11 到 21 岁的儿童提供免费教育）。"1986 年，国际法 99—457 条中把这种免费的适宜的教育范围扩大到所有 3 到 5 岁的学习障碍儿童，即使一些国家可能还没有这个年龄阶段儿童的公立学校。20 世纪 80 年代中期，一些教育专家和教育法令制定人

〔1〕 联系与拓展——参考其他章节。我们在第二章中看到没有任何证据可以证明人不是"右利脑"就是"左利脑"。对于那些大脑正常完好无损的人来说，大脑两半球都参与到主体的所有学习任务中，即使可能平均起来两半球参与任务的程度相对有大有小。诗人用文字写诗，用他们的另一半球描绘想像和模板。雕刻家们常常先仔细计划，进行逻辑思维，并在雕刻的时候进行计算（Caine & Caine，1991）。可能研究者们会跟踪研究某些方面的学习问题来研究半球的专门化，但这方面仍没有结论性的证据。实际上，一些初步研究表明大脑前后部位的功能在理解能力和学习能力上的功能与左右半球的功能同样重要（Jordan & Goldsmith-phillips，1994）。

〔2〕 联系与拓展——参考研究。参见 1992 年 1 月份的小学杂志中关于头脑风暴的 10 篇论文。

员提出普通教育和特殊教育，应使一般教师有能力承担更多的特殊儿童教育的责任。这场运动叫做**正规教育主动化(regular education initiative)**。

1990 年，残疾儿童教育法案(IDEA)(**Individuals with Disabilities Education**)对国际法中的 94—142 条进行了修正。其中用"能力丧失"这个词替代了"残疾"。也是在 1990 年，**美国残疾人法令(ADA)(American with Disabilities Act)**中拓展了残疾人群在受雇，运输，公共设施服务，国家和当地政府，长途通讯中的受保护的民事权利。我们来研究一下这些法律要求做到的，对教师而言主要有三个关键点：最少受限制的环境的概念；个别教育计划(IEP)；对残疾学生以及他们父母的权利的保护。

最少受限制的学习环境

这项法案需要政府建立在最少受限制的环境中教育儿童的方法，**最少受限制的安置(least restrictive placement)**[1]——就是最大限度的一般化。早期对这个要求的阐释定位到回归**主流(mainstreaming)**[2]——让特殊儿童在普通的教育环境下学习，这样这些学生就得到一般学习环境中的期望——比如允许他们参加休假、艺术和音乐(Friend & Bursuck，1996)。大部分学校不把严重残疾的学生放到普通班；但也有一些地区进行**全纳(full inclusion)**[3]——把所有学生放在一起，即使是那些有严重残疾的学生，也把他们融入到正常班级里去。融入的提倡者们认为那些有某种程度残疾的学生跟他们正常的同伴们一起学习将对他们很有益处，他们应该在正规的家庭社区学校接受教育，即使这样做意味着教学要求的一些改变，需要提供一些特殊的帮助，服务，对普通的教学人员进行训练，提供咨询(Stainback & Stainback，1992)。然而，有些研究者警告说一体化课堂对每个儿童来说并不都是最好的方式，例如，齐格蒙德(Naomi Zigmind)和她的同事们(1995)所作的报告显示六所全纳的小学中只有半数残疾的学生从学习中获益。从下面的正反面的观点，你可以看出纳入运动的确是一个备受争论的热点问题。

观点与争议：教育特殊学生采取全纳的方式是否合理?

在迈克尔·哈德曼(Michael Hardman)的小册子里，这样定义纳入：在常规的教育环境中对特殊儿童施教。哈德曼(1994)概括了对纳入持肯定和否定意见的两方面的观点。

---

〔1〕 最少受限制的安置——把每个孩子尽可能的安排到正常的教育环境中去。
〔2〕 主流——用全天或者其中一部分时间在普通班级里对残疾儿童进行教学。
〔3〕 全纳——把所有学生放在一起，包括那些有严重残疾的，组成正常的班级。

▶观点：全纳很重要。

代表人物，如，玛莎·福里特斯(Marsha Forest)认为：所有的儿童都需要和其他孩子一起学习，互相学习……每个孩子都需要从属感和被需要……所有孩子的生活中都需要乐趣，喧闹和笑声……所有孩子都需要冒险，摔倒，哭泣和受伤……所有孩子都需要生活在真正的家庭，真正的社区，在真正的学校里学习(p. 403)。

在给他们特别设置的班级里这些都将被限制，不管教学多么出色，这些学生永远也不会处理教室以外的世界，如果他们并不属于那个世界。而且，许多研究者认为特殊教育已经失败了。比如，接受特殊教育的学生中只有56%的学生能拿到高中文凭，其中只有21%的毕业生继续接受某种初中以后的教育。把特殊儿童从一般教室隔离到特殊教室，这种做法剥夺了这些学生充分参与社会的机会，对于那些正常儿童而言也剥夺了他们对这些特殊儿童的理解和接受的机会，增加了特殊儿童被正常儿童轻蔑的可能性。

◀对立的观点：全纳入不会起什么作用。

只是因为学生生理上有某种残疾并不意味着学生就能有归属感，在常规的班级中学生一样可能会是孤立的，像在特殊班里一样，孩子们会很残酷，他们可能不会给他们的特殊同伴“一起玩乐，尽享喧闹，欢笑”的机会，而且，许多研究人员认为特殊教育已经相当成功，77%的特殊学生的父母对他们孩子接受的特殊教育持满意态度(Harris，1989)。实际上，特殊儿童的父母比一般学龄儿童的父母对公立学校的教育更满意(Robert Wood Johnson，1988)。低毕业率和高退学率不能归咎于特殊班级。92%的特殊学生在常规的课堂也至少花费了一些时间，这些常规课堂难道不也应该承担责任吗？

最后，当一般教师面对那些成绩差的、有家庭危机的、很少或根本就不讲英语的学生已经不堪重负时，真的能够期望他们再来应付这些障碍程度不一的特殊学生吗？普通的教育者并没有做好这方面的准备，没有能力能够应对这些众多的挑战。提供特别帮助和咨询的想法很好，但是如何把它真正在实践中展开呢？艾伯特·尚克(Albert Shanker)，美国教师联合会(AFT)主席，在一次美国教师联合会的会议上发言：纳入：我们的立场在哪里？下面是他的一部分讲话内容：

> 我认为把众多的已经隔离到特殊班的学生纳入到常规班级确实对他们有好处……但我们应该立即停止慌张狼狈的状态，以及吵得闹哄哄的

> 全纳运动，以使每个人，包括父母，学校管理委员会，立法者，议会，甚至克林顿政府行政管理部门，共同基于在公立学校中什么方式最适合孩子，发展建立起一个策略……全纳更多考虑的是预算和社会动机，而不是大部分美国人所认为的课堂和教育。(纳入教育方式，1994，p.1+)

个别化教育方案

这项法案的起草者们注意到每个学生都是特殊的，需要给他们专门设置不同的学习方案以促进他们的学习。**个别化教育方案(Individualized Education Program, or IEP)**[1]，应由包括地方教育部门或有关部门的代表、班级教师及学生家长或监护人、学校心理专家或者专门的教育督学，还可能有学生本人组成的小组共同为学生制定和完善一份书面教育计划。这个计划每年都得更新，内容应该包括：

1. 学生受教育的水平现状。
2. 学生应达到的短期阶段性可测量目标和年终目标。
3. 为学生提供的特定服务设施列表及实施期限。
4. 学生可参与普通教育方案的程度说明。
5. 如何评价学生在各项目标上进步的进度表。
6. 从16岁开始(有些学生也可以是14岁)，给学生提供心理过渡期需要的一些帮助，为学生成年后进一步的学习和工作做准备。

> **检查要点：** 法律上的变化：整合、主流化和纳入
>
> **回 顾**
>
> 描述保护学习障碍儿童的主流法律的要求。
>
> **应 用**
>
> 对全纳你的观点是什么？
>
> 在向一个特殊教育的教授咨询对一个孩子的评价之前你应该做些什么？

学生和家庭的权利

有几项保护学生和父母权利的法律条款，要求学校必须采取一定的措施保证学生记录的保密性。测验不能歧视不同文化背景下的学生，父母有权利了解与测验有关的所有记录，以及对他们孩子的教育。如果他们愿意，也可以独立教育自己的孩子。父母个别教育计划得到发展，没有父母的学生必须给他们

[1] 个别化教育方案——针对特殊教育学生，由教师，父母，专家，以及学生(如果可能)起草，详细设计学生目前的成绩水平、目标和学习方法，每年进行修订。

指定代理父母，参与到这个计划中来。给学生实施任何评价和环境变动之前，他们的父母必须拿到书面通知（用他们的母语书写的）。最后，父母有权利对为他们的孩子设置的教育计划提出质疑，该权利受充分的法律程序的保护。如果你依据家庭社区合作指导与学生的家庭开展会谈，这样的话，这种讨论就更有效用。

会谈中你会见到哪些人？看看表 4.3，你就能发现某些较为普遍的问题。现在我们来看看你的学生会碰到的各种挑战。

表 4.3

美国学校里的残疾儿童有多少？1992—1993 学年中，美国学校里的残疾儿童总共超过 4 500 000人。从下表能看出，其中有 85%的学生在普通班级里接受教育。

障　　碍	数　　量	学生占的百分比	在普通班级受教育的百分数
特殊学习障碍	2 369 385	51.1	24.7
交流紊乱	1 000 154	21.6	85.5
智力迟钝	533 715	11.5	5.1
情感或行为紊乱	402 668	8.7	15.8
重或者多重残疾	103 215	2.2	6.2
其他健康损伤	66 054	1.4	35.3
耳聋或者听觉困难	60 896	1.3	27.0
生理残疾	52 291	1.1	32.4
视力差或失明	23 811	0.5	39.6
自闭症	15 527	0.3	4.7
大脑外部损伤	3 903	0.1	7.8
耳聋眼盲	1 425	0.0	5.8
总　　和	4 633 674	100.0	34.9

Source: U. S. Department of Education, 1994.

与家庭和社区建立合作关系指南——富有成效的会谈

预先做好相应的计划和准备。

举例：

1. 明确会谈目的，搜集需要的信息。要是你想跟家长谈论学生的进步状况，就拿出学生的一部分作业当做例子。
2. 给家长准备一些问题寄到他们家里，会谈的时候把相关的资料带去。

弗兰德和伯萨克(Friend & Bursuck,1996)列了一些样题：

1. 你们的孩子最喜欢哪类班级活动？
2. 你们的孩子对班级活动感到焦虑吗？如果是，对哪些活动？
3. 这个学年你孩子的教育重点是什么？
4. 这个学年对你们的孩子在我的班上受的教育有什么问题吗？
5. 如何帮助孩子这个学年表现得最成功？
6. 你们见面的时候有什么想讨论的问题？如果有，请通知我，可能我需要准备一下。
7. 你们想让其他人参与到这个会谈中来吗？如果是的话，请给我列一个名单。
8. 你们是否想让我了解一下其他某个学校的信息？如果是这样，请通知我。

在会谈的过程中建立和保持一种合作、互相尊重的氛围。

举例：

1. 准备一间会客室，在门上贴标牌避免干扰。在会议桌上进行，以促进双方更好的协作。桌边放一些卫生纸。
2. 称呼家庭成员的时候用“先生”、“夫人”，不要随学生用“妈妈”、“爸爸”、“奶奶”这类词汇。提到学生时，用学生的名字。
3. 听家庭成员讲讲他们的忧虑，以他们对孩子的想法为依据。

会谈以后，做好记录和跟踪结果。

举例：

1. 你要做笔记，并把内容组织好。
2. 书面概括出一些行为或决定，给学生的家人以及其他教师或专家寄一份副本。
3. 和家庭成员在其他场合交流，尤其是有好消息的时候。

一些普遍问题和轻度残疾

教师碰到的更多的是那些某种特定残疾的学生，从表 4.3 中可以看出，学习障碍，交流紊乱，智力迟钝和情感或行为紊乱发生率较高。随着法律上最近的变化和新的、包容面更大的政策的推出，你的班上可能会出现各种类型的残疾学生。[1]

---

〔1〕 联系与拓展——参考你的学生。患有 AIDS 的学生在这一章里可能会有很多问题讨论：智力迟钝，注意力不足/多动症，癫痫，神经受损(等同于脑瘫)，行为混乱等等。许多国家都没有相应的政策强调把患有 AIDS 的孩子放到正常班级里进行教学。

几乎在公立学校中接受某种特殊教育服务的学生有一半被诊定为学习障碍，目前这是特殊学生中最大的一类。

学习障碍

即使一个学生智力上并不迟钝，情绪上没有受到打扰，或者视觉、听觉也都正常，虽然她(他)努力学习读、写、拼或学习数学，但是在语言学习和接受教育方面却都有障碍，这该怎样解释呢？一种解释就是这个学生有**学习障碍(learning disability)**〔1〕，这是一种比较新但是有争议的特殊学生的类别。到目前为止没有一个一致接受的解释。最近的一篇文章列举了许多种解释。委员会支持以下这种解释：

> 学习障碍是一个通用的词汇，意思是在获得或运用听、说、读、写、推理和计算等方面有重大困难的不同种类的混乱的群体。这种混乱对个人来讲是固有的，很可能是内在神经系统功能紊乱，而且可能是贯穿一个人的一生的。(p. 1)

这种解释排除了原来的一些旧的因素，如：大脑受伤或者很小程度的大脑功能紊乱，同时也表明了学习障碍可能是一生的挑战。许多解释都认为有学习障碍的学生至少智力一般而且在理解问题和运用方面比一般预料的水平低。

一些教育学家和心理学者认为学习障碍的标签实际上是被过度使用甚至是滥用的。他们指出许多被认为有学习障碍的学生只是在一般学校里接受能力差一些，或者在高等学校里学习能力一般或者在第二外语的学习方面一般或者工作方面落后，主要是因为他们经常旷课或经常变换学校的缘故(Gartner & Lipsky，1987)。

学生特点

有学习障碍的学生并不都完全一样。最常见的情况就是在一个或多个学业领域有特殊困难，在注意力方面有问题，多动或容易冲动，在组织或解释见到的或听到的信息方面有困难，在思考、记忆、演讲和听力方面混乱，在交朋友或保持朋友关系方面有困难。正如你所看到的一样，许多有其他障碍的学生和许多一般的学生都有这些特征。使情况更为复杂的是，并不是所有有学习障碍的学生都有这些问题，只有很少一部分有这些问题。一个学生可能在阅读方面落后别人三年，但是在数学方面却超过一般的学生，而有人却相反。还有一些在组织和学习方面有困难，而这会影响他所有的方面。

---

〔1〕 学习障碍——学会和使用语言有问题；可能表现出阅读、书写、推理或数学方面的困难。

许多有学习障碍的学生在阅读方面有困难。表 4.4 列举了一些最普通的问题和标志。这些困难表面上看起来是因为把组成单词的字母转换成发音有困难或者在拼写方面有困难所致。数学，包括计算和解决问题对有学习障碍的学生来说是第二种比较常见的问题。这些学生不能写是因为不能读，他们的口语也因此而滞后或混乱。有学习障碍的学生通常缺乏完成学术任务的有效途径，他们不知道如何把相关的信息集中起来，组织起来，运用学习目标和学习技巧，在不工作的时候就变换战略以及评价他们的学习能力。他们通常很悲观，一部分原因是他们不知道如何学习。独立的工作对他们更是一种挑战，所以家庭作业和课堂作业就经常不能完成(Hallahan, Kauffman, & Lloyd, 1999)。[1]

表 4.4 有学习障碍的学生的阅读习惯和错误

你的学生有以下这些表现吗？这些很可能就是有学习障碍的体现。

不好的阅读习惯

经常走神。
不时地摇头。
通过哭或者拒绝读书表达不安全感。
读书的时候，喜欢把书放在离眼睛几英寸之内的地方。
读书的时候表现紧张，如用一种很尖锐的声调读书，咬嘴唇，坐立不安，烦躁。

字母识别错误

漏掉单词。
添加单词。
用另一个单词取代原来的单词。
读倒字母或单词。
单词发音错误。
颠倒字母或单词。
不尝试去读一个生词，而是把它打散成几个熟悉的单元。
读得很慢或很费力，一分钟读不超过 20 到 30 个单词。

---

〔1〕 联系与拓展——参考你的教学。多尔金斯、迈尔斯、费林和穆尔(Dolgins, J., Myers, M., Flynn, P. A & Moore, J., 1984)的《我们该怎么做来帮助那些有学习障碍的孩子?》(*How do we help the learning disabled?*)，载于《教育者》(*Instructor*)，第 29—36 页。

允许学生以打印文本、录制磁带、听写等形式交作业。给学生多复印一些资料，把一些指导放在他们的课桌上，而不是列在黑板上。增加容许的时间，或减少书写量。评价作业的时候把书写这个标准略掉。编写的测验尽可能减少书写量，比如采用多选、匹配题的形式。录音选集，孩子可能读不好，但能理解。让学生做一些小组设计，同伴间相互指导，相互合作以及给他们提供一些学习要点。要求学生写阅读作业总结。减少要求拼写的单词量。增加单词接触量，利用阅读和学科中的拼写词。不把拼写作为评价作业的一个标准。作业中少要求一些数学题。允许学生使用计算器或其他辅助工具。给学生举一些具体的例子。

联系与拓展——参考研究。查普曼(Chapman, J. W., 1989)的《学习障碍儿童的自我概念》(*Learning disabled children's self-concepts*)，载于《教育研究评论》(*Review of Educational Research*)，第 58 卷，第 347—371 页。摘要：关于学习困难(LD)儿童自我概念的研究表明 LD 的学生比没有障碍的正常孩子的自我概念水平低。在学习中的自我概念上远远低于一般的自我概念。对大多数 LD 儿童来说，自我概念降低是在三年级，中学时期保持相对稳定。主流教学也没有比隔离教学形成更高水平的自我概念，但没有受到安置的儿童明显比那些接受矫正帮助的孩子自我概念水平低。

续 表

理解错误
回忆基本事实(不能根据文章直接回答问题)。
回忆片断(不能解释一个故事中事件的顺序)。
回忆主要主题(不能给出一个故事的主要观点)。

Source: From *Child and Adolescent Development for Educators* (p. 400), by J. L. Meece, 1997, New York: McGraw-Hill. Copyright © 1997 by McGraw-Hill Companies. Adapted with permission.

早期的诊断是非常重要的,这样有学习障碍的学生就不会变得非常的沮丧和绝望。这些学生自己不明白为什么会有这些困难,这样他们就可能成为**习得无能为力(learning helpless)**〔1〕的牺牲品。这种情况是在动物的学习试验中首次认识到的,动物被放到接受惩罚的自身不能控制的环境中,以后,环境变化的时候,他们就可以逃避或者避开这种电击,但是他们甚至都没有尝试一下,他们成了无助的牺牲者。有学习障碍的学生也渐渐地相信他们不能控制或者提高他们的学习能力。这是一种很强的信念,这些学生从来没有努力尝试着来发现在他们自己的学习中可以有所不同,所以他们一直都很悲观和无助。〔2〕

有学习障碍的学生也尝试着弥补他们的问题,在学习过程中形成一些不好的学习习惯,避免一些自己感觉恐怖的自己无法解决的项目。为了避免这种事情发生,老师应该尽早在学校里让学生找到感兴趣的专业。

教育有学习障碍的学生

关于如何来最好地帮助这些学生是有争论的。一个比较有效的方法是强调在一个给定的项目如阅读和数学中处理信息的学习技巧和方法。第七章和第八章的认知学习的原则有助于帮助这些学生提高他们的注意力、记忆力和解决问题的能力。堪萨斯州的学习课程就是一个这种方法的很好的例子。不要假定学习技巧对每个学生都会很有效。你应该跟学校里受过专门教育的老师一起来为每个学生设置合适的指导。表 4.5 总结了各种问题和对这些一生都有学习障碍的学生的有效的教育方法。

〔1〕 习得无能为力——以先前缺少控制的经验为基础形成了这样一种预期,觉得不管付出多少努力,最终的结果都是失败。

〔2〕 联系与拓展——参考其他章节。习得无能为力的概念在第 5 章中作为贫困儿童学习成绩不好的一种解释,以及在第 9 章作为影响动机的一个因素还将继续讨论。

表 4.5 人一生中各阶段的学习障碍

学习障碍不只是局限在学校学习期间，这个表列举了人一生中的不同时期可能出现的一些问题，以及来自这个领域的专家和有相关研究强大支持的一些治疗建议。

	学前	K—1 年级	2—6 年级	7—12 年级	成人
问题	发展阶段的一些转折点迟钝(比如，走路)语言接受、表达，口语理解，听力理解，短时注意力广度，多动。	文字阅读(如，字母表知识，数量概念，方向概念等)，语言的接受和表达，视觉和听力理解，笨拙和良好的运动技巧注意/多动，社交技能。	阅读技巧，算术技能，书面表达，口语表达，语言接受，注意力广度，多动，社交情感。	阅读技巧 算数技能 书面表达 口语表达 倾听技巧 学习技巧 (元认知) 社交情感 行为不良。	阅读技巧 计算技能 书面表达 口语表达 倾听技巧 学习技巧 社交情感。
专家、学者的治疗建议	语言技巧上的直接指导，行为管理父母对孩子进行训练。	在文字和语言上的直接指导，行为管理，父母对孩子进行训练。	文字上直接指导，行为管理，自我控制训练，父母对孩子进行训练。	文字上直接指导，学科辅导，学习策略的直接指导(学习技巧)自我控制训练，课程选择。	文字上直接指导，学科(大学)或职辅导，辅助教学(使用磁带录音机，计算器材，计算机，字典)。

Source: From *Students with Learning Disabilities* (5th ed.)(p. 50), by C. D. Mercer, 1997, Saddle River, NJ: Prentice-Hall Inc. Copyright © 1997 by Prentice-Hall Inc. Adapted with permission.

多动症和注意力紊乱

你可能听说过甚至使用**多动症(hyperactivity)**[1]这个词语，这个词语是一个现代的概念，在五六十年前并没有多动的孩子。现在，这个词语运用得非常频繁而且广泛，一个班里大概有 10 多个学生被诊断为多动的。实际上，多动症并不是一个很普遍的情况，“它实际上是一系列的行为——例如过度的不休息，注意力不集中。对于同一性别、年龄和社会经济地位的孩子有质和量的不同”(O'Leary，1980，p. 195)。

现在大多数心理学家都认为对于多动的孩子来说，主要的问题是保持集中注意力，而不仅仅是控制他们的身体行为，美国的精神病协会已经建立了一个诊断列表称

[1] 多动症——行为紊乱，表现为反常、过度的，无休止的和不注意。

为**注意力缺陷或多动症(attention-deficit/hyperactivity disorder, ADHD)**[1]来区分有这些问题的孩子。表 4.6 列举了一些这个小组用来表示 ADHD 的特点。

表 4.6 ADHD 的特点：注意力缺陷/多动症

你班里的学生有表现出这种迹象的吗？他们很可能就是 ADHD 的迹象
注意力不集中方面的问题
对细节不能集中注意力或者犯一些马虎的错误
在完成工作或者活动中保持注意力有困难
跟他说话的时候他好像没有在听
不按照指导进行以至于不能完成作业
在组织工作或活动方面有困难
对于很费脑力的工作(比如学校作业,家庭作业)尽量避免、不喜欢或者很勉强的完成
经常漏掉对于完成工作或活动很重要的环节
在日常活动中非常健忘
对于控制冲动方面的问题
在问题还没有问完以前就不假思索地脱口而出
在等待别人出现方面有困难
在谈话或游戏过程中很容易打断别人
多动症
坐着的时候手、脚不安分
上课的时候或者其他需要坐在座位上的时候离开座位
在不适当的时候到处乱跑乱爬
做一些需要安静的活动有困难
说话太多
活动时就像是用发动机控制的,无法保持安静

Source: From *Diagnostic Statistical Manual of Mental Disorders* (DSM-IV) (pp. 83－84), 1994, Washington DC: American Psychiatric Association. Copyright © 1994 American Psychiatric Association. Adapted with permission.

有 ADHD 的孩子不仅仅是比别的孩子好动和注意力不集中,而且为实现目标而安静地工作并合适地回应方面也有困难。他们不能按照要求控制他们的行动,即使是很短的时间都办不到。在所有的情况下,对每一个老师来讲,行为方面的问题都是非常显而易见的。困难的是,如何确切地知道到底有多少孩子被认定为多动症患者。最普通的估算是在初中大概有 3%—5%的孩子是多动症患者,还有的估计高达 20%,在这些多动症患者中男孩比女孩要多得多。几年前,许多心理学家认为当孩子步入青春

〔1〕 注意力缺陷或多动症——当前描述行为紊乱的专门术语,表现是活动过度,表达困难,持续注意困难,易冲动。

期的时候，多动症就会消除，但最近有学者认为问题会持续到成年以后。青春期——随着青春期压力的增长，进入初中或高中，更多的理论学习，更多的社会关系——对于有 ADHD 的学生而言更为困难了。

治疗和教育有 ADHD 的学生

现在对于多动症的药物治疗的依赖性在不断地上涨，根据一个周报报导，130 万的美国儿童服用立他林，比 1990 年增长了 250%。根据图 4.6 的数字你可以看出：立他林和其他指定的药物比如中枢神经刺激剂都是兴奋剂，特别是服用这些药物一般会对这些孩子产生负面的影响。短期的影响包括在一些活动如：合作、注意力和依从等方面的影响。研究表明大约 80%的有多动症的孩子在服用药物以后会变得容易管理，但是对许多孩子来讲都有负面的影响，如：心跳加速、血压升高、生长速度受到影响、失眠、体重下降、恶心等症状。此外，对于药物治疗的长期影响知道的还很少。没有证据表明服用药物可以提高理论学习和处理人际关系的能力，有多动症的孩子会在两个方面有很大的问题。因为这些学生的行为看起来好像有很大的提高，父母和老师看到这些变化也就松了一口气，也就认为问题已经得到根治，其实不然，这些学生在学习方面还需要得到特殊的帮助。

在帮助学生弥补注意力不足方面，已经证明以第六章的关于行为准则的描述为基础的方法是最有效的方法。给学生分派各种长期任务会让他们感到目不暇接，所以应该不时地给他们一些有明确结果的问题或片断。一个有效的方法就是把在学习和记忆方面的指导同有目的的训练结合起来。目的是给学生技巧和决心来提高他们的能力，学会如何完成学习目标和学习技巧，什么时候完成学习目标和学习技巧，同时还应该鼓励他们要有毅力，要看到他们已经有了进步。这些方法在使用药物以前都应该试试。即使你班里的学生正在使用药物，他们也应该学习将来生存所需要的理论和社会技巧。再强调一下，即使用药物控制了他们的行为，这些也不是自然而然发生的。

交流障碍

语言是一种很复杂的学习行为，有许多原因都可能引起语言混乱，因为在一个人的学习过程中会涉及到许多方面的问题。一个听力有障碍的孩子不可能正常地学会说话，一个孩子在家里听到的是不适当的语言，他学会的也是不适当的语言。不能听到的孩子或者对世界的感知因为情绪问题被扭曲的孩子，在他们学习语言的过程中也会反映出这些问题。因为说话涉及到运动，任何语言器官运动功能的损害都可能造成语言混乱。因为语言的学习和思考过程是交织进行的，任何认知方面的问题都可能影响运用语言的能力。

语言障碍

在说话的时候不能正确发音的学生就被认为是有**语言障碍(Speech Impairments)**[1]。大约5%左右的在校生都有语言方面的障碍。清晰度和口吃是最常见的两个问题。

发音动作障碍(articulation disorders)[2],包括用一种发音取代另一种发音、扭曲发音、增加发音或者漏掉发音等。但是,要注意的是,大部分孩子都是在6到8岁以前,在他们的日常对话中能够成功地学会所有的英语发音。L,r,y,s和z的发音的协调一致以及sh,ch,zh和th的发音的协调一致是最后要掌握的。此外,还有基于地理原因而存在的方言的不同,这些不是发音不清晰的问题。从新英格兰来的孩子就可能把"ideer"说成"idea",但这不是发音动作障碍。

口吃(Stuttering)[3]通常出现在3—4岁的孩子之间。为什么会产生口吃的原因还不很明确,但是对于口吃会使人产生窘迫和焦虑是毫无疑问的。大约有50%的口吃者在进入青春初期时就会消除口吃,如果口吃还要持续一年左右,这个孩子就应该接受语言治疗,早期的介入是很重要的。

嗓音问题(voicing problems)[4]是第三种语言障碍,包括用不适当的语音、腔调等,有这些问题的学生都应该尽快接受语言治疗。认识到这些问题是第一步,所以对一个学生的发音、响亮度、发音质量、发音频率、表达范围同其他同学不同的要特别注意,对于很少说话的学生也要注意,看看他们是害羞呢,还是在语言方面有困难?

语言混乱

语言不同不一定都是语言混乱,有语言混乱的学生是指那些与他们相同年龄和文化背景的人相比,在他们理解和表达语言方面有明显缺陷的学生。很少说话的学生,只用很少的单词很短的句子来表达的学生或者只用手势来交流的学生应该接受高水平的专家的观察和测试。表4.7给出了提高学生的语言能力的方法:

表4.7 鼓励语言发展

- 讨论一些孩子们喜欢的话题。
- 跟着孩子们的引导,对于他们最初的评论作出回应,分享他们的兴奋和快乐。
- 不要问太多的问题,如果必须问就用这类问题:怎么了、为什么、发生了什么等一些要很长的解释才能回答的问题。
- 鼓励孩子提出问题,要放开、诚实地回答,如果不知道怎么回答,要如实告诉孩子并告诉他为什么。
- 用愉快的音调,你可能不是一个喜剧演员,但是你可以轻松幽默一些。孩子们更喜欢显得有点笨的大人。

〔1〕语言障碍——说话时不能有效发出声音。
〔2〕发音动作障碍——任何一种发音困难,比如声音的替换、歪曲、冗长。
〔3〕口吃——语言受到重复,声音延长,犹疑不定的阻碍。
〔4〕嗓音问题——不适宜的音调、音色、响度或者声调。

续 表

· 不要轻易下断语或取笑孩子的语言,如果你对孩子的语言要求太严格或老是想尽力纠正他们所有的错误,他们就不想再同你聊天了。 · 给孩子足够的反应时间。 · 对孩子也要礼貌,不要在他们说话的时候打断他们。	· 家庭会议或班级讨论中让孩子也参与进来,鼓励他们加入,认真听取他们的意见。 · 接受孩子和他们的语言,拥抱和接纳会对他们的语言学习大有帮助。 · 给孩子们提供使用语言的机会,帮助他们用语言来实现自己的目标。

Source: From *Language Disorders*: *A Functional Approach to Assessment and Intervention* (2nd ed.) (p. 416), by R. E. Owens, Jr., 1995, Boston: Allyn & Bacon. Copyright © 1995 by Allyn & Bacon. Reprinted with permission.

智力迟钝

根据美国智障委员会(AAMD Ad Hoc Committee on Terminology and Classification, 1992, p. 5)的解释,**智力迟钝(mental retardation)**[1]是指:

> 当前智力功能方面受到重要的限制,特征是在交流、照顾自己、家庭生活、社会技巧、团体运用、自我指导、健康和安全、有效地理论学习、休闲或工作等其中的两个或更多方面的智力水平比一般的孩子低的多,智力迟钝只在18岁以前存在。

智力水平通常通过IQ测验来确定。一般70至75分之间的孩子就被认为是存在智力迟钝。但是光是IQ分数低于这个范围还不足以被认定为是智力迟钝。他还必须在行为的适应性、日常独立生活方面、交际功能方面有问题。这种认识在解释认定不同文化背景下孩子的IQ分数方面有很重要的意义。仅仅根据IQ测验分数就判断一个人是不是智力迟钝就造成了批评家所称的"六小时智力迟钝"—— 学生只是在学校的那段时间被看做是智力迟钝。

大约有1%—1.5%的人符合智力缺陷委员会的关于在智力和行为两方面都有缺陷的解释。有好长时期,智力迟钝被进一步分为轻微的、中等的、严重的和深度的四种,每一种都对应一定的IQ分数。目前仍有许多学校采用这种分类方法。但是,IQ分数对于确定每一个学生的能力并不是很确切的,美国智障委员会建议采用一种新的分类方式,这种分类是建立在一个学生水平最高的时候对行为的支持度。表4.8总结了这种分类体制。

〔1〕 智力迟钝——智力行为和适应性社会行为低于平均水平,18岁之前较为明显。

表 4.8　美国智障委员会对于智力迟钝的分类

这种新的分类方案是建立在帮助一个学生最大限度实现自己这个水平的基础上	
间断性的	建立在"需要基础"上的帮助，特征是插曲式的，可能个体并不是总需要这些支持，或者在人生转折阶段（比如，失业、病危）短期需要这种帮助。间断性支持提供的强度可能大，也可能小。
限制性的	所提供支持强度和时间保持一致，受时间限制，但不是间断性的，需要工作人员的花费可能比高强度水平的帮助要少一些（比如，有时间限制的职业培训或者刚从学校步入社会的转换阶段的帮助）。
广 泛 的	至少在某些情况下（比如，工作和居家）经常需要（比如，日常）的帮助，没有时间的限制（比如，长期家庭生活的帮助）。
普 及 的	这种帮助的特征是经常性，高强度，各种情况下都需要提供；维持可能的自然生命。这种普及的支持和上面广泛的、时间限制那两种帮助比较起来，一般需要的工作人员和工作内容都要多一些。

Source：From *Mental Retardation*：*Definition*，*Classification*，*and Systems of Support*，by AAMR Ad Hoc Committee on Terminology and Classification，1992. Washington，DC：American Association on Mental Retardation. Copyright © 1992 by American Association on Mental Retardation. Reprinted with permission.

作为一个普通的老师，除非你的学校为特别学生安排了特殊课程，你可能跟需要广泛性和普遍深入性支持的学生接触不是很多，但是可能跟轻度低能的学生有所接触。在低年级，这些学生可能比他的同伴学得慢，他们需要更多的时间，更多的练习，并且在把一门课程里学到的东西应用到别的课程或者把小的技巧结合起来应用到完成更为复杂的工作的时候有困难，下面列的指导建议对于教育智力较低的学生会有所帮助。

指南——对于轻度迟钝学生的教育

1. 有阅读的决心：一个孩子可能知道的很少，但他（她）决心更进一步。
2. 制定并完成目标。
3. 根据一个孩子的学习能力和弱点来制定学习目标。
4. 采取小的、合理的步骤来完成目标，在进行下一步以前进行广泛的练习。
5. 根据成人的要求来训练和认知。
6. 不要跳步而行，智力一般的学生通过一步步的学习可以形成概念上的认知，而智力迟钝的孩子则需要每一步都很清楚明确，把每一步都联结起来，而不要期望他们能够看出联结点。

7. 在不同的方面要有相同的思想准备。
8. 如果感觉到学生跟不上，就回到简单一点的水平上。
9. 特别注意激发学生的学习兴趣，让他们保持注意力。
10. 注意寻找不会让学生感到受侮辱的材料。一个年龄大一点的孩子可能需要一些简单的词汇如：看、点、跑等，但是让他看低年级孩子看的小说的人物和内容他就会觉得受到侮辱了。
11. 注意一下目标行为和技巧，这样你和你的学生就有可能成功，每个人都肯定需要援助的。
12. 注意智力低能的孩子必须比一般孩子多学、多读、多练。还必须教会他们怎么学习，他们必须不断地复习和练习新学习的知识。
13. 对于社会关系也要密切关注，简单地说，智力低下的孩子在普通学校里就有可能不被接受或者没有朋友。

对于许多智力低能的9—13岁的孩子来说，要定下学习目标，包括基本读、写、算术，还要学习当地环境、社会行为以及个人兴趣等。在初中和高中，重点就是专业知识和家庭技巧、生存文化、与工作有关的行为如：礼貌和守时，自我照顾和人际关系相处的技巧。现在越来越强调**过渡计划(transition program)**〔1〕——让学生准备好在社会上生存和工作。正如你在文章的前一部分看到的那样，法律要求学校为每个有智力障碍的学生安排个人学习课程。个人过渡计划是低能学生个人学习过程的一部分。

情绪或行为混乱

在一般学校里有情绪或行为混乱的学生是最难教的，当一个孩子的行为严重地背离与他同龄的孩子的正当行为的时候，行为问题就会严重地影响孩子地成长发展或者其他人的生活。明显地，背离就意味着与其他相同的情况、年龄、文化和历史时期的人的行为标准有所区别。此外，这种背离不是在特定的情况下的暂时表现，他必须是在不同时期和情况下的频繁表现。

奎伊和彼得森(Quay & Peterson)描述了情绪或行为混乱的六种表现：行为混乱主要表现为侵略性、破坏性、不服从性、不合作性、不专心性和持久稳固性。他们已经因为相同的行为受到无数次的矫正和惩罚。成人甚至与他们同龄的孩子都不喜欢这些孩子。最有效的帮助这些孩子的方法就是第六章描述的行为管理法。这些学生需要明确的规则和结果，需要不断强化。对于从来都不学着控制他们行为的孩子和经常失败的孩子，他们是很难前途光明的。等着孩子长大问题就会解决的办法是很难有结果的。

〔1〕 过渡计划——逐渐为特殊学生从中学到高校接受进一步教育、参加工作以及加入社区作准备。

那些极端忧虑、孤僻、害羞、消沉、敏感、爱哭和没有信心的孩子常常被认为是患有忧虑孤僻症。这些孩子没有什么生存能力，也很少有朋友。对于这些孩子最有效的方法就是给予直接的生存技巧的教育。

第三种就是注意力不集中的问题。特征主要有注意力集中时间短，经常做白日梦，很少主动，脏乱，很难合作。如果一个不成熟的学生比班里的其他同学不是远远落后，那么采用第六章所讲的行为管理法就会很有效。如果这个方法不灵或者问题很严重，你就应该咨询学校里的心理学家，引导顾问或其他的心理健康专家。与这一种有关的还有一种就是运动过度。这些学生很少休息，经常紧张。他们从来就不能安静地坐一会儿或停止谈话。这些孩子有很多患有多动症孩子的特征。

第五种行为混乱是社会进攻性，这些学生经常是暴力团伙的成员。他们经常偷或者破坏东西，因为他们的团体文化希望他们这样。

最后一种就是精神病患者。你很可能不愿与这些学生一块学习。他们的行为可能很怪异，他们的思想也很不切实际。这六种是非常普遍的情况，如果你发现班里的同学有这其中的一种情况，你最好咨询学校里的心理学家或者辅导员。[1]

因为有情绪或行为混乱的学生经常破坏规矩，所以老师就把他们当做是不守规矩的学生。要注意还有法庭裁决来约束这些有严重的情绪混乱的学生(Yell，1990)。当你面对这种情形的时候，下面的指南中描述的方法可能会有所帮助。

检查要点：普遍存在的问题和轻度障碍

回　顾

什么是学习障碍？

什么是多动症(ADHD)，以及如何处理它？

最常见的交流紊乱有哪些？

应　用

你将如何对一个智力迟钝的孩子教授“安全”这个概念？

指南——训练有情感问题的学生

注意不要侵犯学生的正当权利，学生和父母必须了解哪些是期望的行为和品行不端的后果。

举例：

1. 明确地用书面文字向学生传达你对他们的期望。
2. 让父母和学生在制订的班级规则的副本上签名。

〔1〕 联系与拓展——参考其他章节。参考第十二章，你会找到处理轻度或中度行为问题的一些方法。

3. 把班级规则和违反班规的后果张贴出来，也包括在班级主页上。

仔细注意一些让学生长时间离开教室的严厉的惩罚措施，这些构成了儿童教育方案(个别教育方案)中的一种变化，需要正当的程序。

举例：

1. 停课 10 天以上的需要正当的程序。
2. 延长休息时间(在校停课)需要正当的程序。

对有严重情感问题的学生的惩罚必须有明确的教育目的。

举例：

1. 给出一个惩罚或者纠正的合理说明，把一种行为和学生的学习或者班级里其他人的学习联系起来。
2. 使用包括解释的书面行为契约。

确定规则和惩罚的合理性。

举例：

1. 考虑学生的年龄和生理状况。
2. 惩罚措施是否和犯的过错相称，与对待班级里其他人的方式相一致。
3. 其他教师处理类似的情境时也用这种方式吗？
4. 先尝试强迫程度低的惩罚措施，要有耐心。非严厉的惩罚方式失败的时候用一些更严格的处理方式。

做好记录，搞好合作，以使所有涉及的人都明确。

举例：

1. 把对所有学生的惩罚以杂记和日志的形式形成文件，列出受到惩罚的理由，使用了哪些程序，惩罚延续的时间，后果，惩罚的调整，新的结果。
2. 和学生家庭成员、特殊教育教师、校长进行会谈时做记录。
3. 和学生家庭成员，其他教师共同做一些管理计划的调整。

给学生负面结果的同时也使用一些积极的方式。

举例：

1. 如果学生因为违反班级规则而丢了分数，告诉他们通过积极的行为再得分的方法。
2. 认可学生真正的成绩和细小的进步——不要说，“是时候你该……”

一些不常见的问题和更严重的残疾

这一节中我们看到的是一些严重残疾的学生。在你的教学生涯的第一年中，你可能只是碰到少数几个这样的学生，但你仍然可以在他们的生活中起重大的作用。

健康受损

要在正规学校接受教育，有些学生一定得有一些特殊的**整形外科装置(orthopedic device)**[1]，比如钢丝套，特别制作的鞋，拐杖或者轮椅。如果学校建筑上满足这些学生的一些特殊需要，比如，斜坡，电梯，进出方便的休息室等，如果教师接受那些有生理缺陷的学生，就很少需要对常规的教育方案进行改变。还有两种你可能遇到的健康损伤是脑瘫和突发性痉挛。

脑瘫和多重残疾

出生前或出生过程中，或者婴儿期大脑受到损伤都可能导致儿童正常行动和协调身体各部分有困难。问题可能并不严重，孩子只是表现得有点笨拙；或者也可能很严重，孩子根本不能随意动作。最常见的表现形式就是**脑瘫痪(cerebral palsy)**[2]，特征是**痉挛状态(spasticity)**[3](肌肉过度紧张或松弛)，许多脑瘫痪儿童都带有一些其他障碍(Kirk，Gallagher，& Anastasiow，1993)。教室里，这些附带障碍最受关注——一般也是普通教师最能给予帮助的方面。例如，许多脑瘫的孩子也有视觉损伤，言语问题，或者轻微的智力迟钝。这里阐述的一些策略对帮助这些孩子应该很有作用。

突发性痉挛，抽搐(癫痫症)

痉挛是一组大脑中不正常的影响神经系统的化学物质活动反应引起的行为(Hardman，Drew，& Egan，1999)。痉挛的影响程度在于能量开始释放是在大脑的什么部位，能传播多远。有**癫痫症(epilepsy)**[4]的人痉挛会周期性发作，但并不是所有的痉挛都是因为癫痫造成的。一些暂时的条件下，比如高烧，感染也能引起痉挛。从发作的长度、频率和动作看，痉挛有多种形式。部分或者没有抽搐只涉及到一小部分大脑，而一般的或者强直阵挛和大脑的大部分相关。

多数**一般的痉挛(generalized seizures)**[5](原来叫做癫痫大发作)伴随有不能控制的肌肉抽搐，一般持续两到五分钟，可能造成肠和膀胱失控，呼吸不正常，接着是沉睡或者深度昏迷。清醒后，学生可能非常疲倦，迷惑，非常需要睡眠。多数癫痫病能通过药物治疗得到控制，如果学生在课堂上癫痫病发作伴随痉挛，教师必须采取行动以使学生不会受到伤害。有这样癫痫病的学生最大的危险是疯狂发作的过程中，打到坚

---

〔1〕 整形外科装置——如钢丝套、轮椅等辅助残疾人的一些工具。
〔2〕 脑瘫痪——因为大脑受损引起的一定范围的活动和协调。
〔3〕 痉挛状态——肌肉紧绷，过度紧张，也是某些脑瘫的特点。
〔4〕 癫痫症——因大脑释放反常的电子流引起的抽搐，痉挛。
〔5〕 一般的痉挛——与大脑大部分相关的痉挛。

硬的物体表面受伤。不要限制孩子的动作;一旦癫痫发作,你就控制不了。把孩子渐渐放低到地面,远离家具、墙壁和坚硬的物体,轻轻把他(她)的头转向一边,解开他的衣服,拿一件柔软的外套或者毯子盖在他的头上。不要把任何东西放到孩子的嘴里,问问他的父母一般发作的时候都是怎么处理的。如果一个接一个抽搐连续发作,中间学生没有恢复意识或者抽搐持续了10分钟以上,立刻寻求医疗帮助(Hallahan & Kauffman,2000)。

不是所有的癫痫发作都很明显,有时学生只是轻微地失去意识,可能发呆,对问题没明确反应,手里的东西突然掉了,不记得30秒钟内发生的事情。这种原来叫做癫痫小发作,现在提到的时候一般称为**失神痉挛(absence seizure)**[1],不容易发现。如果你班里的学生常常表现的像在做白日梦,有时好像不知道正在发生的事情,问他(她)的时候也不记得刚刚发生了什么,这时你应该去咨询学校心理学家或者医护人员。这些学生的最大问题是经常感受不到课堂交互的连贯性——痉挛发生的频率通常一天100次左右。若他们的癫痫病发作频率较高,学生就会对课程内容感到迷惑不解。经常提问,确定他们能理解讲的内容,跟上课的进度,教师要准备好经常重复。

耳聋和听觉困难

你可能听过这个术语,用"听觉受损"来描述一些残疾学生,但耳聋团体组织和研究人员反对使用这个术语,所以我们使用他们喜欢的词汇,耳聋和听觉困难。听觉问题表现是把耳朵朝向说话者这边,交谈时只有一只耳朵有用,或者看不到说话者的脸时,常常误解谈话内容。其他表现包括不理解指令内容、不时好像受到干扰,感到迷惑、不停地让说话者重复、不愿意参与课堂讨论。记录下那些常常耳痛,窦性感染,或者敏感症的学生。

过去,教育家们一直在讨论口语的,还是手语的教育方式对耳聋和听觉困难的学生更好。口语包括**语言识别(Speech reading)**[2](也叫做识别唇语)和训练学生使用他们有限的听力。手语教育方式包括**手势语(sigh language)**[3]和**指语拼写(finger spelling)**[4]。研究表明学会一些手语交流方法的儿童在学习科目上表现得更好,比那些只是接受口语教育的学生交际方面更成熟一些。现在的趋势是口语和手语教学相结合(Hallahan & Kauffman,2000)。技术创新,比如家用电传打字机、公共电话、电子邮件和互联网等众多交流方式给有听觉问题的人们扩大了更多交流的机会。

---

[1] 失神痉挛——只和大脑小部分相关的痉挛,能让孩子暂时失去接触。
[2] 语言识别——用视觉线索来理解语言。
[3] 手势语——用手的动作来表示词和概念的一种交流方法。
[4] 指语拼写——用手的位置"拼出"字母的一种交流方法。

弱视和失明

在美国，1 000 个儿童中只有大约一个儿童有视觉损伤，需要提供特殊教育服务。这个需要特殊服务的群体中的大部分被划作**视弱（low vision）**[1]这样一个类别，这意味着学生借助于放大镜和印刷字体比较大的书才能够阅读。还有一小部分学生，2500 人中有 1 个是**教育意义上的失明（educational blind）**[2]，这类学生必须使用听觉和接触作为主要的学习方式（Kirk，Gallagher，& Anastasiow，1993）。

有视力问题的学生常常把书拿得离眼睛特别近或者特别远，他们可能斜视，经常擦眼睛，或者老抱怨眼睛感到灼热和发痒。他们的眼睛可能肿胀，通红或者长皮。有视力问题的学生会常常把黑板上的材料读错，看到的东西很模糊，对光很敏感，头歪成一个很奇怪的角度（De Mott，1982），所有这些迹象都应该报告到有资格的学校专家那里。

一些特殊材料和器械能帮助这些学生在一般教室里顺利接受教育，包括用大号铅字打印的打字机；速度可调节的磁带录音机（教师可以压缩磁带播放时间，不改变音调而加快语言速度）；特殊计算器；算盘；三维地图、表格和模型；特殊测量装置。对于有视力问题的学生而言，印刷的质量比字体的大小更重要，所以注意那些难以阅读的分发印刷品和重复的书页。美国盲人用资料打印社教育资料参考中心（1839 Frankfort Avenue，Louisville，KY 40206）给视觉损伤学生提供的教育资料编了目录。

房间的布置也是一个问题。有视觉问题的学生需要知道什么东西应该在什么地方，所以一致性很重要——每件东西都规定好一个位置，都在它该在的位置。房间里留出足够的空间可以走来走去，监控可能的障碍物和安全危害，比如过道里的废易拉罐，橱柜打开着的小门。若重新布置一下房间，可以给那些有视觉问题的学生一个机会认识新的布局。确定这些孩子进行消防训练或者应付其他突发事件时有同伴（Friend & Bursuck，1996）。

检查要点：一些不常见的问题和更严重的残疾

回 顾

学校如何适应生理上有残疾的学生？

你将如何处理在你班上的一次痉挛？

听觉或视觉损伤有什么表现特征？

应 用

如果你的班上有听觉或视觉的问题的学生时，你准备为他们做些什么调整呢？

要使你的学生从特殊服务

[1] 视弱——视觉看近的物体受到限制。
[2] 教育意义上的失明——学习需要借助于盲人用点字法。

中受益,第一步就是做一个治疗安排,如何开始呢?表 4.9 能给你提供建立安排的指导。在第十三章里当我们讨论有效教学,我们将会看一下针对全体学生的多种的教学方法。

表 4.9 建立一个治疗安排

1. 和学生家长取得联系。在你谈到学生之前,和家长讨论学生的问题非常重要。

2. 安排之前,检查学生的在校记录。学生是否曾经:

- 做过心理评价?
- 满足接受几项服务的条件?
- 也接受其他特殊的教育方案(例如,给缺陷儿童设计的言语或语言治疗)?
- 在标准测验上的得分远远低于平均水平?
- 是保留对象?

档案记录是否表明:

- 有些地方实施的教育计划还是不错的,但其他有的地方就差了些?
- 一些生理和治疗方面的问题?
- 学生是不是正在服药?

3. 和学生的其他老师和专家帮助人员谈谈学生的一些问题,其他老师处理学生问题的时候是否也有感到困难?他们找到成功解决问题的方法了吗?把你在班级里使用的策略形成文件,来满足学生的教育需要。你的文件作为一种根据,将对评价学生的专家委员帮助,他们可能会向你要求提供这样的文件。通过保持记录,列出你关心的问题,你的记录笔记应该包含以下这样的项目:

- 你十分关心的问题。
- 为什么你非常关心那些问题?
- 你观察到那些问题时的日期、地点、时间。
- 详细描述你做过什么来解决问题?
- 谁,如果有的话,帮助你设计使用的计划或者策略?
- 运用策略成功或者没有成功的根据。

记住只有当你有一个确信的案例时,你才能判断该学生可能有障碍,才能判断可能没有特殊教育他就不能得到适当的教育服务。特殊教育的安排开始是一个费时间,代价高,压力大的过程,对学生存在潜在的伤害,并且有许多法定的分支。

Source: From *What Should I Know about Special Education? Answers for Classroom Teachers* by P. L. Pullen & J. M. Kauffman, 1987. Copyright © 1987 PRO-ED, Austin, Texas. Reprinted by permission.

总结

语言和标签

标签的优点和问题是什么?

特殊学生的标签和诊断性分类都很容易成为一种耻辱和自我实现的预言,但是它们也能打开特殊教育方案之门，帮助教师建立恰当的教学策略。

何谓人第一位的语言？

“人第一位”的语言（“智力迟钝的学生”，“处境危险的学生”等等）是标签的另一种说法，用一个或几个简单的词来概括一个复杂的人，意味着被标记的那个方面应该是这个人最重要的方面。人第一位的语言，强调重点首先在人，而不是他们面对的特殊挑战。

区别残疾和障碍

残疾是做某种具体事情的能力缺失，比如，不能看东西、不能走路。障碍是在某个情境下才表现出来的缺陷。一些残疾能造成某些障碍，但并不是在所有的情境中都如此。教师必须避免把障碍这个词强加到残疾学生身上。

智力的个体差异

什么是一般智力？

斯皮尔曼提出有一种智力特质，他称为一般智力，一般在智力测验中都会用到，但是每个测验另外也还需要一些特殊智力。斯皮尔曼认为个体在一般智力和特殊智力都存在差异，这些因素共同决定了个体在智力任务中的表现。一般智力加特殊智力理论的最近观点是卡罗尔（Carroll）的著作中确定的少数几个宽泛的能力（比如，学习和记忆，视觉理解，言语表达流利）和至少 70 种特殊能力。

加德纳对智力的看法和在一般智力上的立场

加德纳主张智力是一种解决问题和创造出被文化接受的产品或成果的生理和心理的潜能。作为经验、文化和动机因素的结果，这些智力的发展将变到一个更大或者更小的范围。至少有 8 种分别独立的智力成分：语言，音乐，空间，数理逻辑，身体运动，人际关系，自我认知（最后两个类似于情感智力），自然能力，或可能称为生存能力。加德纳不承认存在一般智力，对一般智力对于人类取得成就的贡献有多大表示怀疑。

斯滕伯格智力理论的要点是什么？

斯滕伯格的智力三元理论是用认知加工方式将智力理解为三个部分：分析，创造和实践。分析/包括指向更多或更少智力行为的智力过程，这些过程用术语来说就是：元成分，操作成分，和知识获得成分。创造/经验智力包括通过思考处理新经验，或者有效处理新环境的能力，或者有效和无意识思考和问题解决的能力。第三部分是实践/环境智力——选择在更容易成功、更适合自己的环境中生活和工作，如若需要就重新塑造环境。实践智力大部分更是由一些指向行为的日常生活中的常识性知识组成的，而不是在学校里学到的。

如何测量智力，IQ的含义是什么？

通过个体测验（斯坦福-比奈，韦氏，伍德科克-约翰逊等）和团体测验（洛奇-桑代克，学习潜能分析，奥迪斯-伦农智力测验，学校和高校能力测验等）测量智力。和个体测验相比较，团体测验对个体能力做的描述更粗略一些。平均分是100；参加测验的50％得的分数大于或等于100，还有50％的分数低于100分。68％的人得分在85到115之间，只有16％的人得分在115以上。这些数据适用于第一语言是标准英语的本土白人，智力水平能预示在学校里的表现，但对于一生的成就状况，把教育水平考虑进去，预见性就差了。

能力差异和教学

班级内能力分组产生了哪些问题？

学习能力分组对学生和教师而言利弊共存。对能力水平较低的学生，班内分组一般来说会给他们的成绩，社交适应，自尊带来消极的影响。一般低水平能力的班级接受的教育质量水平也比较低，教师倾向于给学生强调一些较低水平的目标，常规的方法，较少学习重点难点。常常这样的班级里有行为问题的学生多一些，随之而来的是教师的心理压力增加和教学热情的降低。学生从教师那里接收到的是较低的期望水平，出勤率会和自尊一起下落。智力水平比较低的学生通常是不成比例的少数群体和经济上处于劣势的学生，所以能力分组，在效果上造成了学校的群体隔离。

班级分组有哪些可行的选择？

按学科跨年龄分组是一个有效解决能力差异问题的措施，班内能力分组，若处理得比较细致、灵活，就能起到积极的作用。其他，如合作学习也是一个不错的方法。

创造性，才能和天赋

什么是创造性，如何进行评价？

创造性是一个独立的用一种新的、富有想像力的方式重构问题的过程。创造性很难测量，但是发散思维测验能评估独创性、流畅性和灵活性。独创性通常用统计的方法确定，新颖的答案或者创意是每 100 个参加测验的人中少于 5 或者 10 个人拿出的方案。流畅性是想出的各种不同答案数目。灵活性是根据作出各种答案的不同类别的数目确定的。教师可以通过给学生提供游戏，头脑风暴，接受分歧意见的各种机会来鼓励学生的创造性。

天才学生有哪些特征?

特曼和他的同事们发现天才儿童比一般的孩子长得更大、更强壮和健康。他们的情感和同伴比起来更稳定，比一般孩子更能很好地调整自己。天才学生学习起来很快，很容易，学过的知识保持得也很持久；使用常识和实践知识；知道许多其他孩子不知道的东西：能够轻松和准确地使用大量的词汇；能确定各种关系和理解其中的含义；警觉性高，观察敏锐，反应迅速；完成任务时表现出坚强的毅力和较高的动机水平；具有创造性或者能在不同事物之间进行很有趣的连接。

加速学习对天才学生是一个有效的方法吗?

许多人反对加速学习，但是许多严谨的研究表明加速学习的天才学生和按常规教育进程学习的非天才学生做得一样好，而且常常是更好。天才学生倾向于喜欢和年龄比他们大的人搭档，而和他们同年龄的在一起可能会感到厌烦。跳级对某个学生来讲可能不是最好的解决方法，但对那些智力发展水平非常高(个体智力测验分数 160 以上)的学生来说，惟一的实际解决方法就是加速他们的教育。

认知和学习风格

区别认知风格和学习偏好

认知风格是理解、记忆、思维和做决定采取的特定方式，各种信息加工方式是在潜在的个性倾向下建立起来的。场独立对场依存、冲动型对反思型的认知风格表现了这些差异。学习偏好是个体对特定学习方式和学习环境的个人倾向，可能是在什么地方，什么时候，和谁一起，光线怎么样，食物或者你喜欢的音乐。认知风格和学习偏好也许和智力或者努力无关，但可能影响到学生在校的表现。

教学和学生的学习风格相匹配的优缺点

一些研究结果表明当学生在他们喜欢的环境中，采取他们愿意的方式学习的时候学到的更多。但是，有时对某些学生，尤其是学习成绩较差的学生，更喜欢那些更容易和轻松的任务或情境：真正的学习是艰难的、不轻松的。有时，学生采取某种方式学习是因为他们根本没有别的选择;那种方式是他们惟一知道的能处理任务的方式。这些学生会在发展新的,可能更有效的学习方式中获益。

法律上的变化:整合、主流化和纳入

阐述和残疾学生有关的主要的法定要求

国际法 94 - 142(1975)要求每个有特殊需要的特殊学习者或者学生,根据个别教育方案,都能在最小限制的环境中学习。法律也保护有特殊需要的学生和他们父母的权利。国际法 99 - 457 扩展了 94 - 142 法令,教育服务范围拓展到学龄前儿童,还有残疾儿童教育法案,也把服务范围拓展到包括 16 岁和年龄更大的特殊学习者。常规教育运动提倡对常规教室里的普通教师进行教育特殊学习者的培训。

普遍存在的问题和轻度障碍

什么是学习障碍?

具体的学习障碍包括听、说、读、写、推理和数学能力方面的使用和获得的严重困难。这些紊乱是个体固有的,推测是中枢神经系统功能失调,可能困扰人的一生。那些有学习障碍的学生,当他们开始相信他们不能控制和提高自己的学习,不会取得成功,就可能会成为习得无能为力的牺牲品。学习策略的集中研究常常能帮助那些有学习障碍的学生。

ADHD 是什么?在学校是怎么处理的?

多动和注意力不集中,ADHD 是用来描述任何年龄阶段的有多动症和注意力困难问题的人。ADHD 引入药物治疗,仍有争议,但趋势在加强。患 ADHD 的儿童中有 80%使用药物治疗之后能够得到很好的控制,但是会有很多副作用,比如,心率、血压的升高,增长率抵触,失眠,体重下降,恶心。另外,对于药物治疗的长期潜在的影响,我们了解的很少。同时,没有证据表明药物能促进学习能力的提高和同伴关系的改善,这是患 ADHD 的儿童主要需要治疗的两个方面。行为矫正以及学习辅导和有关动机训练的记忆策略相结合的技巧是两种不错的方法。

最常见的交流障碍

一般的交流障碍包括言语损伤(语音缺乏清晰度,口吃,发音问题)以及口头语言混乱。

不常见的问题和一些更严重的残疾

学校如何适应生理有残疾的学生?

如果学校有必要的建筑设施,比如坡道,电梯,出入方便的休息室,如果教师接受那些有生理缺陷的学生,就很少需要对常规的教育方案进行改变。给这些学生找个同伴来帮助他们的行动和过渡会很有效的。

如何处理课堂上的癫痫病发作?

不要限制孩子的动作。把孩子慢慢放到地上,远离墙壁、教学设备和坚硬的物体。轻轻把孩子的头转向一边,下面垫上一件柔软一点的外套或者毯子,解开比较紧的衣服。一定不要在孩子的嘴里放任何东西,问问孩子的父母一般发作的时候都是怎么处理的。如果孩子连续发作,发作时间持续 10 分钟以上,学生不能清醒过来,就要立刻寻求医疗帮助。

听力和视力损伤的表现

有听力问题的人常常把一只耳朵朝向正在说话的人,跟别人谈话时偏爱使用一只耳朵,若看不到讲话者的脸常常会误解谈话内容。其他还有有时受到干扰或者感到迷惑,不时要讲话者重复刚刚说过的内容,对刚接触的词或者名字不能正确发音,不愿意参与课堂讨论。把常耳朵痛,窦(耳道)感染,容易过敏的学生做专门记录。对于视力问题,把书放到离眼睛特别近或者特别远,斜视,擦眼睛,看不清黑板上的字,习惯把头歪成一个很奇怪的角度等,这些是视力损伤的一些可能的表现。

走向专业化

反思

你能否应用本章关于认知发展的知识来解决以下实际问题?

学前班和幼儿园

你的幼儿园班上有个小姑娘很少讲话,说的时候也只是讲一两个字,好像能明白其他人讲的话,但是很少做口头反应。你会怎么处理这个问题呢?

小学和中学

学校心理咨询人员告诉你,你的一个学生准备服用一些药物,以使他(她)自己能平静下来。你想进一步了解些什么？对此会作何反应？校长通知你，想再安排两个学生到你的班上，因为“你是刚参加工作的教师，比那些老教师对全纳教学了解得更多”。一个学生有轻微的智力迟钝和交往问题，另一个失明。对于校长的安排你会怎么想？应该如何备课，使教学能照顾到这些学生？

初中和高中

你的第五期的班级里有个学生正面临失败。打开分级手册，能看得出是书面作业让这个学生感到烦恼。多项选择题的得分和课堂参与的分数都不错，但是他写的东西很难辨认得出，也缺乏条理性。一些句子有开头没结尾，他写的想法和念头就像受了惊吓的小鸟飞来飞去的。你会如何找出这个问题的根源？

生物实验课上，如何组织课堂，使教学满足听力损伤学生的特殊需要。

认证测验要求

了解障碍和残疾之间的区别。

了解标准 IQ 测验和多数人得分的范围。

熟悉加德纳的多元智能理论。

了解跨班级分组和班内分组的效果。

了解一些天才学生的教育方式，包括加速学习。

熟悉国际法 94－142，99－457 和残疾人教育法令的基本要求。

理解认知风格和学习风格/偏向的差异，如何满足学生差异的不同需要你的教学袋。

根据表 4.7，想想如何促进学生的语言发展，把这些加到你的教学袋里。

建立一个课程计划，适当使用加德纳的多元智能理论——参考表 4.3。

把表 4.9 加进去，做一个治疗安排(referral)。

教学资源

将表 4.2、4.3、4.4、4.5、4.6、4.7 和 4.8 加到你的教学资源档案袋里。

教师案例簿

他们会怎么做？

本章开头提出了一个“与家长讨论学生智商分数”的教学情境，下面是一些教师对此作出的应答。

KELLY L. HOY
Third Grade Teacher
Faber Elementary School, Dunellen, New Jersey

根据标准测验透视学生的个体信息是一个较难处理的问题。当然家长都想尽可能多的知道孩子,但是对一些信息的误解和误用容易造成一些危险。把儿童分类,用一些陈词滥调来描述孩子,在他们之间作比较等。我会十分谨慎地向学生家长解释IQ测验分数代表的信息。

我当然要和一些写信询问学校对学生进行IQ测验的原因的家长会面。测验是帮助教师更有效辅助学生的一个工具——应对学生,帮助他们,对他们施以高的同时也是现实的期望。对于那些坚持要了解IQ测验结果的家长,私下会面时,我会向他们讲一下IQ测验的基本含义,并对多元智能的理念加以强调。我会避免使用简单的数字,粗糙的说明,像"你孩子的智商是115。"相反,讨论学生的智力表现的时候,我会更多集中在学生的实力上。我作的解释都使用一般性的词汇,比如"你的孩子在处理新体验的时候,表现比他的多数同伴要好,但是在解决抽象的词汇问题的时候表现一般。"还有,我要强调积极的方面,使用其他一些结果向家长提一些建议,指导他们如何帮助孩子提高那些比较薄弱的环节。

这个现实问题是一个挑战,因为它迫使我去做无论如何要做的事情——评估每个学生,来确定他们每个人适宜的学习强度和需要多大程度上的支持。这个问题迫使我在儿童可能需要某些特殊帮助的领域寻求更多的帮助,我相信这个过程是进行良好教学的基础。

JEFF D. HORTON
Seventh-Twelfth Grade Teacher
Colton School, Colton, Washington

一般来说,智力测验能够提供一些学生群组的信息,和群组相比也能告诉我们学生个体在小组中的位置。但是这些测验通常不能确定学生现在或者能够如何"聪明"。

把智力测验分数拿给家长看的时候,明确测验结果告诉了我们什么和哪些是不能确定的很重要。要告诉家长应该把他们儿子或者女儿的分数和一个组比较,而不是和某一个学生,这一点非常重要。通常家长会让教师比较一下自己的孩子和其他某个学生的作业,永远也不要这样做。每个学生都是一个特殊的个体,都有不同擅长的方面和不足。教师要看到学生的能力、技巧和知识,也要看到学生在学习上付出的努力。如果家长想知道学生的实际分数,请学校的咨询顾问或者管理人员来解释不失为明智之举。

THOMAS W. NEWKIRK

Eighth Grade English Teacher

Hamilton Heights Middle School, Arcadia, Indiana

给我的学生,尤其是我特别跟他们谈过话的那些学生报告他们的成功很重要,值得我付出时间和精力去关注。顺利的话,这些报告和我自己以及同事的观察结合在一起,在帮助学生认识他们自己的潜力方面能给我一些更深刻的认识。很明显,我占有的信息越多,可能得出的思考也就越多,我要避免根据任何单一的观察或者报告作出判断。

AMY NEAL

Ninth Grade Teacher

Katy High School, Katy, Texas

看完测验结果以后,我会给每个学生的父母打电话,安排一个时间让他们来和我以及学生的咨询老师见面。会面时,我们要讨论测验结果和测验的效度。我会向家长解释,作为一名特殊教育老师,使用智力测验只是我了解学生智力水平的一个大概的引导,分数并不是用来测量"学生真正有多聪明"的。

ELIZABETH CHOUINARD

Fourth Grade Teacher

MacGregor Elementary School, Houston, Texas

杰森有多聪明?标准智力测验能给出一个精确的测量吗?从一直以来我对智力测验的个人体验来看,我敢说它们常常是不准确的。一个孩子相比另一个孩子有优势,可能是因为他或者她原来曾经接受过这种测验形式的训练,而另一个孩子没有。一些学生在智力测验上得高分是因为他们曾经接受过训练,使用了有效的考试策略。没有受过这种策略训练的学生就处于劣势,他们的得分反映了这一点。

第三点是测验的实施问题。虽然测验可能是在明确的导向下实施的,但是没有任何方法能保证测验的效度。不同的实施测验的人可能会对测验的方向作出不同的解释,他们可能随意地按照某个方向来做,或者根本就漠视这些东西。测验得到的显著结果就是学生的智力分数,它们并不能真实反映学生的情况。另外,有许多情感和自然因素影响测验结果,包括测验前一天晚上的睡眠质量,是否意识到测验的重要性,测验环境中灯光是否充足等等。测验结果并不能合理地反映学生的智力水平。

思考过这些内容，我会仔细分析测验结果，把测验分数和孩子其他方面的信息做比较，比如，其他测验的成绩和课堂测验。我会把测验结果告诉孩子的父母，但我要让他们注意测验可能出现错误的一些方面，同时也会给他们提供一些可能会更准确反映孩子智力水平的信息。

第五章 文化与群体

你所在的学校，是否有学生与你讲不同的语言？是否有学生与你的种族和民族背景不同？你如何看待这些“不同”的学生？他们是否曾成为嘲笑的对象？你是否对致力于教育来自其他种族和民族的学生有所准备？

美国学校课堂的情况正在发生变化。这一章将探讨构成我们社会结构的多种文化。首先追踪学校对不同种族和文化群体的反应，再考虑多元文化教育的概念。以广义的文化为基础，分析构成学生身份的三个维度：社会阶层、种族和性别。对于每个维度，我们将探讨学校里不同学生的经历，在学业成绩和学习方式上可能存在的差异，以及一些学生学业成就较差的原因；然后，我们考虑语言和双语教育；最后，提出指导每个学生的三个一般原则。

完成这章的学习时，你应该能够：

- 比较“熔炉”和多元文化教育的观念。
- 界定“文化”，并列出构成你自己文化认同的各种群体。
- 解释低收入家庭学生的成绩通常低于中等收入或高收入家庭学生的原因。
- 举例说明介于家庭和学校文化之间的冲突和一致。
- 描述在性别差异发展中学校的作用。
- 描述双语课堂的有效教学。
- 将多元文化的概念融入你的教学。
- 举出几个适于多元文化差异的教学法。

你会怎么做？

教师案例簿

你在一所小学任教，学生背景差异不大，事实上绝大部分学前孩子和一年级的学生都来自中等和中上阶层的白人家庭。1月份你的班上来了一位新同学，她的父亲是一位非洲裔的美国教授，他最近受聘于附近的一所学院。几周后，你发现许多活动中都看不到这个新同学，她独自在图书馆，一个人在角落里玩。有一天，你无意中听到两个成绩较好的女同学谈到她们的“白人女孩俱乐部”。

- 你将会调查这个“俱乐部”以便对它有更多了解吗？你如何进行调查？
- 如果你发现一些学生组织了排斥非白人学生的俱乐部，你将怎么做？
- 如果你教年龄较大的学生，学生团体规定某些人不能成为成员，你怎么办？

今天的多元文化课堂

目前美国学校的学生情况如何？这里有一些统计资料：[1]

- 18 岁以下的美国人有四分之一生活在贫困中，3 岁以下的儿童中有三分之一生活在贫困中。
- 在美国，处于贫困中的儿童数量几乎高出其他任何西方发达国家 50%，与领先的工业化国家相比，则高出 5 至 8 倍。
- 非洲裔美国儿童中接近 50%是穷人。
- 三分之一单亲家庭的儿童通常是与在职母亲生活在一起。
- 1986 年入学的儿童中 15%是移民，他们很少或根本不说英语；10%的父母受教育程度很低或者是文盲。
- 到 2020 年，美国所有学生中的 46%将是有色人种，多是来自新移民家庭。
- 到 2050 年，在美国将没有多数种族，每个美国人都将属于一个少数群体 (Banks，1997；Grant & Sleeter，1989；Halford，1999；Mcloyd，1998；Payne & Biddle，1999；*Teacher Magazine*，April 1991)。

个体、群体与社会

自 20 世纪初起，一股移民潮涌向英国、西欧、加拿大、澳大利亚、美国和许多其他发达国家。这些新的移民被希望同化，就是说，进入文化的大**“熔炉”(melting pot)**[2]，趋同于那些先期到达的人。这些年，美国学校的目标是为熔炉添柴助燃。移民中儿童说不同的语言、拥有不同的宗教信仰和文化传统，人们希望他们进入学校，掌握标准英语，学习成为主流的美国人。

在 19 世纪 60 和 70 年代，一些教育家提出少数民族和贫穷阶层的学生在学校面临问题，因为他们不能完全“被融入”或“被同化”进入主流的美国生活，这些学生被描写为“文化劣势”(culturally disadvantaged)或“文化残疾”(culturally handicapped)。这个**文化缺陷模型 (cultural deficit model)**[3]假设这些学生的家庭文化是低级的，这些家庭没有为学生适应学校做好准备。今天大多数人反对文化缺陷的观点，他们相信

---

〔1〕 联系与拓展——参考杂志：《多元文化教育》(1992 特刊)(Multicultural Education，1992，special issue)，载于《教育领导学》(*Educational Leadership*)第 49(4)卷。

〔2〕 熔炉——比喻吸收和同化外来移民进入社会主流，而消除文化差异。

〔3〕 文化缺陷模型——该模型用于解释美国少数民族学生学业成绩存在的问题，它假设少数民族的文化是不适当的，它们没有为学生在学校取得成功做好准备。

没有文化是低级的，而应该说学生家庭文化和学校的期望之间可能存在不一致和不协调。

同样在20世纪60和70年代期间，公民权和人权逐渐受到关注，许多民族逐渐增强了不愿完全被美国主流社会同化的意识。相反，他们希望在保留自己的文化和身份的同时，仍能成为社会中受尊敬的成员。多元文化主义成为目标。

今天，多元文化主义有许多不同的定义和存有分歧。在为《教育领导学》(*Educational Leadership*)(Halford，1999)准备的一次访谈中，罗纳德·塔卡基(Ronald Takaki)主张美国的多元文化主义简单地说就是“涉及所有美国人的严谨的学问”(p. 9)，他承认“当我们环视四周时，我们意识到并不是所有的人都来自欧洲，许多人来自非洲、拉丁美洲和北美洲地区”(p. 9)。

多元文化教育(Multicultural Education)[1]是对学校学生差异性逐渐明显、和要求所有民族平等的呼声渐强的回应，多元文化教育的狭义界定是指扩展的教育课程和活动，以包含非欧洲人的观念、历史、成就和关注的问题(Hilliard，1001/92)。广义的多元文化教育是指“一种改革运动，以促成学生教育的一些显著变化”(Banks，1999，p. 1)。考察多元文化教育的不同方法超越了教育心理学的范畴，但是我们意识到对于什么是“最好”的方法并没有达成共识。[2]

詹姆斯·班克斯(James Banks，1999)提出多元文化教育有5个维度。如图5. 1所示。大家只熟悉内容整合的维度，即当教授一个学科时，应采用来自不同文化的例子和内容。由于许多人认为多元文化教育简单地说就是课程中的某些变化，因此他们假设它与数学和科学没有关系。但是如果我们考虑其他四个维度——帮助学生理解知识如何受到信念的影响、减少偏见、在学校建立支持所有学生学习和发展的社会结构以及应用使所有学生受益的教学方法，我们便会发现多元文化教育的观点与所有学生和所有学科有关。[3]

---

〔1〕 多元文化教育——传授文化差异的价值的教育。

〔2〕 联系与拓展——参考杂志：以下内容经获许摘自黛布拉·维亚德罗(Debra Viadero，1990)的《多元文化教育的争论愈演愈烈》(Battle over multicultural education rises in intensity)，《教育周刊》(*Education Week*)，第10(3)卷，11月28日，第1、11、13页：

“虽然种族学习的观点是指接受许多种族群体，但通常情况下，它与非洲中心课程(Afrocentric curricula)联系在一起。人们设想的非洲中心课程的一般形式，主要来自1989年以来美国城市波特兰的公立学校中采用的模式。学校官员委托学者编写有关非洲人和美国黑人在以下六个领域所做贡献的原始资料——艺术、语言、数学、科学、社会研究和音乐，然后希望教师把这些信息融入到教学中。以后几年还将编写有关西班牙、美国印第安人、亚洲人和太平洋岛屿居民的资料。

“‘我们正认识到大多数教育项目是以欧洲人的视野看待世界，’波特兰区项目协调人卡罗琳·M. 伦纳德(Carolyn M. Leonard)讲道，‘我们现在要说，我在从另一个角度看世界，我的角度与你不同。’”

〔3〕 联系与拓展——参考研究：阅读《教育心理学评论》(1992年3月)(*Educational Psychology Review*，March 1992)上有关多元文化教育的两篇文章。

加西亚(Garcia，E. E.，1992)的《“西班牙的”儿童：理论的、实证的和相关政策问题》(“Hispanic” children：Theoretical，empirical，and related policy issues)，第69—94页。

伊(Yee，A. H.，1992)的《亚洲人的刻板印象和学生：固着的错误知觉》(Asians as stereotypes and students：Misperceptions that persist)，第95—132页。

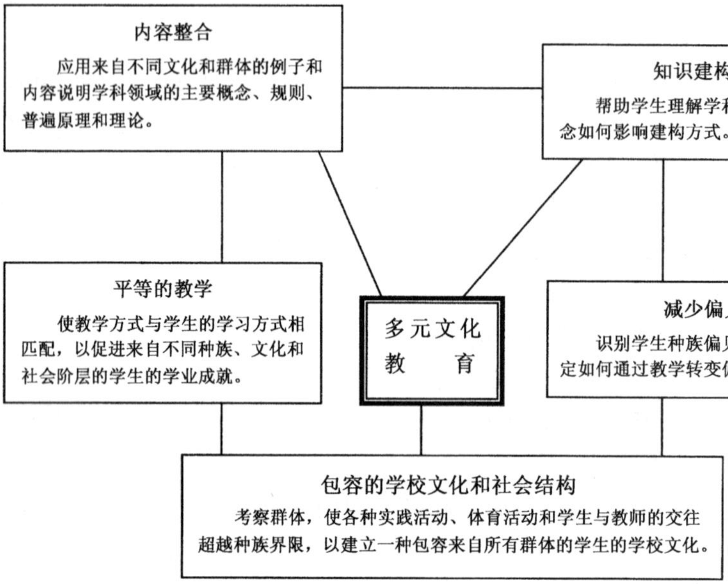

多元文化教育远不只是课程的变化，为了使课程适合所有学生，必须同时考虑其他方面，运动和讨论活动的组织方式、教学方法、有关偏见的课程、有关知识的观点以及更多的因素都是构成真正的多元文化教育的一部分。

图 5.1　班克斯多元文化教育维度

Source: From *Multiethnic Education*: *Theory and Practice* (3rd ed.) (p. 5), by J. A. Banks, 1994, Boston: Allyn & Bacon. Copyright © 1994 by Allyn & Bacon. Adapted with the permission of the author and the publisher.

多元文化教育反对"熔炉"观点。根据多元文化的理想，美国社会将成为价值多样化的社会(Banks，1997，1999；Sleeter，1995)。让我们仔细分析组成美国文化多样性拼图的各种差异。

美国文化的多样性

这一部分，我们对文化和多元文化教育持广义的理解，将分析社会阶层、种族和性别等方面。首先看文化的含义，许多人把这里的文化与报纸上的"文化时事"栏目如艺术画廊、博物馆、莎士比亚和古典音乐等等联系起来。文化有一个更宽泛的含义，它涵盖了人们生活方式的方方面面。[1]

〔1〕 联系与拓展——参考杂志：《应对多样性》(1989 特刊)(Dealing with Diversity，1989，special section)，载于《教育领导学》(*Educational Leadership*)，第 46(6)页，第 2—58 页。

文化与群体成员

文化(culture)[1]的定义很多,《心理学年度评论 1998》(*Annual Review of Psychology*, 1998)中的一篇文章描述了 7 种观点：文化是核心的社会价值；是环境和习俗；是权利和社会地位；是文化群体间的关系和社会身份；是工具和惯例；是社会资金和财富；是在多样化的社会里通行的心理能力(Cooper & Denner, 1998)。大多数定义包括了在某个特定群体中引导人们行为的知识、规则、传统、态度和价值观(Betancourt & Lopez,1993),这个群体创造了一种文化——一种生活的规则——并把这种文化传达给它的成员。因此人们成为群体的成员,而不是文化的成员。群体可以通过地区、种族、信仰、性别、社会阶层和其他范畴来加以界定。我们每个人都隶属于许多不同群体,因此我们都受到许多不同文化的影响。有时这些影响之间不一致,甚至相互冲突。例如,你是一位男女平等主义者,但同时又是一位罗马天主教徒,就可能很难协调关于女牧师地位的两种不同的文化观念。你个人的观念将部分决定于你认同每个群体的程度(Banks,1994)。

当然,在每个现代国家都存在着许多不同文化。在美国东部的一个小村镇里长大的学生,与中部大城市或西部沿海地区的学生相比,他们所属的文化群体有很大区别。同样,在加拿大多伦多农村生活的学生当然在许多方面不同于蒙特利尔山区或魁北克农庄长大的学生。在美国南部或加拿大魁北克的小镇上,一个煤气站服务员的孩子与镇医生或牙医的孩子在不同的文化中长大。非洲人、亚洲人、西班牙人、土著美国人或欧洲后裔有着迥然不同的历史和传统。在大多数种族和经济群体中男人和女人的经历不同。虽然同一个国家的人们拥有许多共同的经历和价值观,特别是由于大众媒体的影响,但他们生活中还有许多方面由不同文化背景构成。[2]

解释文化差异时需要注意的问题

在我们分析文化差异之前,需要特别提醒两点。第一,由于可利用的多数研究只是集中在某一种因素上,我们将分别考虑社会阶层、种族和性别。当然,现实中孩子不只是非洲裔美国人或中等阶层或女性,他们是多个群体中的成员,身份复杂。

---

〔1〕 文化——导引某个群体中人们行为的知识、价值观念、态度和传统,并使他们借此解决其环境中的生活问题。

〔2〕 联系与拓展——参考杂志：为了讨论文化方式和课堂中可能的文化冲突,请阅读：希利亚德(Hilliard, A. G., III,1989)的《多元社会中的教师与文化方式》(Teachers and cultural styles in a pluralistic society),载于《今日美国教育协会》(*NEA Today*),第 7(6)卷,第 65—69 页。希利亚德注意到:"行为方式的误解导致教师错误判断学生在学业方面的成就表现,如创造性等。许多来自欧洲中心文化的教师都采取(平铺直叙)顺叙的方式讲故事,许多非洲裔的美国儿童则不同,他们用迂回的方式叙述,从开始的一点扯得很远,最后再回到这一点,使整个故事完整。而他们的老师大多数不能听完整个故事,一些教师甚至认为他们讲的故事一点都不连贯,一些教师失去了耐心,指出他们做得不好。"(p. 69)

需要注意的第二点源自詹姆斯·班克斯(1993)的论述,他写过几本有关多元文化教育的著作。

> "在由一种性别、种族、社会阶层或宗教组成的群体中,虽然其成员的身份给我们提供了重要的关于个体行为的线索,但它并不可以使我们预测行为……一个特定团体中的成员身份并不决定行为,而只能使某种类型的行为更容易出现。"(pp. 13—14)。

当你读到关于经济地位不利的学生或美籍亚洲人或男性的特征时,请记住以上两点。我们所要考察的信息反映了倾向性和可能性,它并没有告诉你某个具体的人的情况,记住你将要教的是一个个具体的学生,每个学生都是在许多因素影响下形成的独特个体,并同时隶属于不同的群体。例如,如果班上一个来自少数民族的学生一贯迟到,你不应该假设这个学生的行为反映了不同文化在守时观念上的差异,而可能是他在上学前要做一项工作,或必须要徒步行走较长的路途,或甚至是因为他害怕上学。

社会阶层差异

社会学家用于描述财富、权利、威望方面差异的术语是**社会经济地位(socio-economic status)**[1],或简写为 **SES**。在现代社会,财富、权力和威望的水平并不总是一致的。例如,一些大学教授虽然非常有名望,但没有财富和权力。另外一些人虽然不富裕,但拥有政治权力。单一的因素(包括收入)都不能有效地测定 SES。然而,尽管这些因素之间存在不一致,但研究者划分了 SES 的四个水平:上层、中层、一般和下层。表 5.1 中总结了四个水平的主要特征。

检查要点: 今天的多元文化课堂

回 顾

区分"熔炉"和多元文化主义。
什么是多元文化教育?
什么是文化?

应 用

哪些文化群体影响你的身份?

〔1〕 社会经济地位——人们基于其所拥有的收入、权力、背景和威望而在社会中所处的相对地位。

表 5.1 不同社会阶层的若干特征

	上 层	中 层	一 般	下 层
收 入	$100 000+	$40 000—$100 000 (1/3) $25 000—$39 999 (2/3)	$12 000—40 000	少于$12 000
职 业	公司法人、职业运动员、家族集团	白领、技术蓝领	蓝 领	最低收入、非技术劳动
教 育	有声望的大学或专业学校	高中、大学或专业学校	高 中	高中以下
房 产	至少拥有一处	通常拥有一处	大约一半有一处	没 有
健康保险	拥 有	一般拥有	一些有	没 有
居住环境	高级、舒适	舒 适	中 等	恶 劣
供子女上大学	容 易	一般可以	很 少	没 有
政治权力	国家政府、州政府或地方政府	州政府或地方政府	很 少	没 有

Source: Information from *Sociology* (4th ed.) (pp. 270 - 274), by J. J. Macionis, 1993, Saddle River, NJ: Prentice-Hall. Copyright © 1993 by Prentice-Hall.

社会阶层是文化差异的一个重要维度，它的影响力超过了种族、性别等其他因素。例如上层英国人、美籍非洲人和美籍西班牙人发现他们彼此之间的共同点，要比他们与同民族中社会经济地位处于下层的人之间的共同点更多(Gollnick & Chinn, 1994)。[1] [2]

谁是穷人？

1999 年由美国商业部人口普查局界定四口之家的收入在 16 530 美元以下的为贫困人口，据此，美国 18 岁以下人口的四分之一生活在贫困中。在所有发达国家中美国的贫困儿童比例最高，是其他发达工业化国家的 5 至 8 倍，而且这些儿童中几乎一半是生活在极度贫困中——他们的家庭收入低于贫困极限 50%。如图 5.2 所示，贫穷儿童的绝对数量还在增加，到 2020 年，学校将不得不比 1984 年多接收 540 万贫困儿

〔1〕 联系与拓展——参考杂志：纳普、特恩布尔和希尔兹(Knapp, M., Turnbull, B. J. & Shields, P. M., 1990)的《教育贫困儿童的新趋势》(New directions for educating children of poverty)，载于《教育领导学》(*Educational Leadership*)，第 48(1)卷，第 4—9 页。核心问题：将传统的教育学习差生的方法与纳普和特恩布尔建议的新方法进行对比，为什么新的方法会更有效？

〔2〕 联系与拓展——参考杂志：阅读以下两期《教育领导学》中相关的部分，《趋向平等》("Reaching for Equity", December 1997/ January 1998)，第 55 卷，第 4 期；《种族、阶层和文化》("Race, Class, and Culture", April 1999)，第 56 卷，第 7 期。

童(McLoyd,1998；Reed & Sautter，1990)。

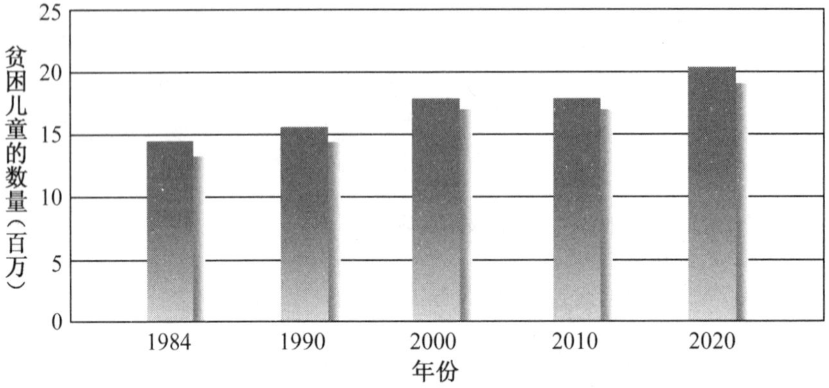

在美国,生活在贫困中的儿童数量每年都在增加,预测到2020年将达到2千万人。

图5.2　贫困儿童的数量预测

Source：From "The Changing Nature of the Disadvantaged Population：Current Dimensions and Future Trends," by A. M. Pallas, G. Natriello, and E. L. McDill, 1989, *Educational Researcher*, *18*(*5*), Figure p. 19. Copyright © 1989 by the American Educational Research Association. Reprinted with permission of the publisher.

这些贫困儿童中的大多数,大约65%是白人,因为贫困白人家庭的总数大于任何其他种族群体。但是即使如此,贫困的美籍非洲儿童和美籍西班牙儿童的比例仍然是比较高的,所有美籍西班牙儿童的40%、美籍非洲儿童的47%生活在贫困中,而美国所有儿童中贫困率为22%。除此之外,一半以上(60%)的抚养学前孩子的单身母亲生活在贫困中(U. S. Bureau of the Census，1997),而且这些母亲普遍缺乏教育和工作技能,因此走出困境的希望渺茫。[1]

社会经济地位与学业成就

SES和学生的学校表现之间存在许多联系。例如,据有力的证据表明,所有种族中高SES学生的平均学业成绩较高,而且比低SES学生就学时间较长(Alwin & Thornton，1984；Conger，Conger & Elder，1997；McLoyd，1998)。在学前期间,贫困对儿童的消极影响最大。不幸的是,抚养幼儿的家庭面临贫穷的可能性最大,因为年轻的父母工作报酬最低,或者根本没有工作(Bronfenbrenner，McClelland，Wethington，Moen，& Ceci，1996)。而且儿童处于贫困中的时间越长,对他们学业

〔1〕 联系与拓展——参考杂志:《教育贫困儿童》(Teaching the Children of Poverty,1991，special section),载于《菲·德尔塔·卡潘》(美国教育专业协会会刊)(*Phi Delta Kappan*),第73(4)卷，第282—310页。

成绩的影响就越大。例如，即使我们考虑了父母的教育因素，每年贫困儿童留级或归入特殊教育的仍以2%至3%的比率增长(Sherman, 1994)。

低社会经济地位如何造成学生低学业成就？许多因素构成了一个贫困的循环圈。母亲和孩子健康护理不良、有限的资源、家庭压力、学业中断、遭受暴力、过分拥挤、无家可归、歧视和其他因素导致了学业失败，继而导致低报酬的工作，和下一代在贫困中出生。加西娅(Garcia,1991)和麦克洛伊德(McLoyd,1998)描述了其他可能的原因，下面让我们逐一分析：

不良的健康护理

贫困家庭很少接受良好的胎儿和婴儿健康护理和营养，一半以上的未成年母亲根本未接受胎儿护理。贫穷母亲和未成年母亲更可能生下早产儿，而早产儿与许多认知和学习问题相关。贫困中的儿童在出生之前更可能受到有害物质(尼古丁、酒精)甚至毒品(可卡因、海洛因)的影响。母亲怀孕期间服用毒品，孩子会出现器官发育、注意力和语言技能方面的问题。有些孩子居住在许多老城区比较旧的房子里，那里含铅的涂料和铅焊的管道使他们血液里铅的浓度较高，铅污染与较低学业成就和长期的神经损伤有关。

低期望——低自尊

由于低SES学生可能穿旧衣服，说话不合文法，对书籍和学校活动不熟悉，教师和其他学生则可能以为这些学生是愚钝的。教师可能避免叫他们回答问题，以免他们因答错而焦虑不安，或者使教师感到不安。这些孩子渐渐认为自己不擅长学校学习(Elrich, 1994)。下面这个真实的故事说明了它会对自尊产生多么强烈的影响。特伦斯·奎因是纽约一所小学的校长，每个早晨，他在距离学校6个街区的一所福利宾馆里送咖啡和面包圈，尽力说服家长把孩子送到学校来。[1]

> 去年春天，住在宾馆的六年级学生杰奎琳被选中作告别演说，在正式宣布前一个月，她来到奎因的办公室，请求与他单独交谈，她问道："依靠救济的人能做告别演说吗？"奎因为了打消杰奎琳的顾虑，讲了一位少年克服许多障碍的例子。为什么像杰奎琳这样的孩子会为贫困处境感到羞愧和耻辱？(Reed & Sautter, 1990, p. K2)

---

[1] 联系与拓展——参考其他章节：讨论课堂中的文化差异时，教师期望效应和自我效能感是非常重要的概念，在第十一章对它们做了全面论述。

习得无助

低 SES 儿童可能成为习得无助的牺牲品。就是说，低 SES 学生（或者总是失败的学生）可能渐渐相信在学校做得好是不可能的，他们的许多朋友和亲戚从未完成过学业，中途辍学似乎很正常。事实上，大约有四分之一的贫困家庭的儿童辍学（Bennett, 1995）。这些学生发现，没有高中学历，就不能期待高劳酬的工作，他们可以从事的许多工作只能得到维持生活的基本费用。如果一个三口之家中的主要劳力有全日制的工作，但他的报酬是最低限度，那么家庭收入仍在贫困线下（Reed & Sautter, 1990）。低 SES 儿童，尤其是那些同时受到种族歧视的孩子，逐渐相信对于他们来说，"通过在学校的出色表现而跻身主流社会，即使有可能，也是非常艰难的。"（Goleman, 1988）[1]

同伴影响和反叛文化

一些研究者提出低 SES 学生可能成为**反叛文化（resistance cultures）**[2]的一部分，对于这种文化的成员来说，在学校的成功就意味着背叛和努力成为"中产阶层"。为了保持他们的身份和在群体中的地位，低 SES 学生必须排斥那些将使他们在学校取得成功的行为——学习和与教师合作，甚至拒绝上课（Bennett, 1995; Ogbu, 1987, 1997）。约翰·奥格布（John Ogbu）将认同反叛文化与贫穷的美籍西班牙人、土著美国人和美籍非洲人相联系，但是在美国和英国穷困的白人学生也有相似的行为反应（Willis, 1977）。然而，这并不是说所有的低 SES 学生都排斥好成绩，如果父母重视学业成就，他们的孩子倾向于选择看重学习的朋友（Berndt & Keefe, 1995）。而且，尽管许多儿童的经济景况不佳和受到消极的同伴影响，但他们仍然成绩优良（O'Connor, 1997）。[3]

分层教学

许多低 SES 学生的成绩较低的另一个原因是，这些学生都接受了**分层教学（Tracking）**[4]，因此他们经历了不同的学业社会化，就是说，实际上教他们的方式不同（Oakea, 1990）。如果他们被编入"低能力"或"普通"班级，他们被指导如何记忆和被动学习。他们的班级是低水平的和以教师为主导的。中产阶层的学生在课堂上更

---

〔1〕联系与拓展——参考其他章节：第四章已论及习得无助的概念，它用于解释学习无能学生的较低学业成就。第十章中习得无助又将被作为影响动机的一个因素。

〔2〕反叛文化——拒绝采用主流社会的行为和态度的群体价值观念和信念。

〔3〕联系与拓展——参考杂志：为了讨论学校文化和黑人青少年文化之间的可能冲突，请阅读《"扮演白人"的负担》(The burden of "acting white", 1987, November)，载于《哈佛教育简讯》(*Harvard Education Letter*)，第 3(6)卷，第 6 页。

〔4〕分层教学——依据成绩分班和布置学业任务。

可能被鼓励去思考和创造(Anyon, 1980)。当低 SES 学生接受较差的教育,他们的学业技能就较低,生活的机会也就受到限制。亚当·盖莫兰(Adam Gamoran,1987)发现在低能力和高能力班级学生之间学业成绩的差异,要大于高中辍学学生和毕业学生之间的差异。在一次与默格·谢勒(Marge Scherer,1993)的访谈中,乔纳森·科佐尔(Jonathan Kozol)描述了分层教学残酷的预测性:

> "分层教学具有如此可靠的预测性,一个小女孩被编在二年级低阅读组,如果她还没辍学,到八年级时很可能选择学美容而不是算术,十年级时,她最可能学习职业课程,而不是学院课程。"(p. 8)

如果分层能产生如此深远的影响,为什么不把它彻底取消?当你读到后面的"观点与争议"时,便会看到问题并不如此简单。[1] [2]

观点与争议:分层教学是有效策略吗?

按能力不同将学生分在不同的班级或培养方向(大学预科、职业学校、补习的、天才教育等)已成为许多学校的标准程序。但它有效吗?尽管它面临挑战,但众说纷纭……批评者说它有害,而支持者声称它是有效的。

▶观点:分层教学是有害的,应该取消。

汤姆·洛夫莱斯(Tom Loveless)在《教育领导学》1999 年第 4 期发表的文章中指出:

> "著名的教育家和权威的国家报告主张能力分层不利于教育机会的平等。"(p. 28)

洛夫莱斯接着援引了布拉多克和斯莱文(Braddock & Slavin, 1993)、卡耐基青少年发展理事会(1989)、奥克斯(Oakes,1985)和惠洛克(Wheelock,1992)等的工作,他们都反对分层教学。但他们的证据是什么?令人吃惊的是,缺乏清晰和直

[1] 联系与拓展——参考第四章中有关能力分组和分层教学的影响的内容。

[2] 联系与拓展——参考研究:描述和评价一个针对处境危险的儿童的项目,该项目通过小组重组和教学避免采用"逃避"取向,请阅读:斯莱文、马登、卡维特、利弗曼和多兰(Slavin, R. E., Madden, N. A., Karweit, N. L., Livermon, B. J., & Dolan, L.,1990)的《为了所有孩子的成功:一项改革城市教育的综合计划的第一年成果》(Success for all: First-year outcomes of a comprehensive plan for reforming urban education),载于《美国教育研究杂志》(*American Educational Research Journal*),第 27 卷,第 255—278 页。

接的证据。例如，只有几项设计周密和精心完成的研究发现——分层教学通过降低低能力学生的成绩、提高高能力学生的成绩而加大了二者的差距(Gamoran, 1987; Kerckhoff, 1986)。而且，加莫兰还发现在高低分层学生之间的成绩差距，大于辍学学生和毕业学生之间的差距。由于低收入学生和有色人种的学生很多分在较低能力组，他们受到分层教学的伤害最大，取消分层教学对这些学生最有好处(Oakes, 1990)。

◀对立的观点：取消分层教学对许多学生不利。

对分层教学进行过直接研究的研究者认为，分层教学只在某些时候对一些学生不利，但并不是在所有时间、对所有学生不利。首先，绝大多数人赞同，分层教学对能力高的学生有积极影响。那些天才项目、重点班级和高级班似乎是行之有效的(Fuchs, Fuchs, Hamlett, & Karns, 1998; Robinson & Clinkenbeard, 1998)。任何人尤其是家长都不希望取消这些项目的积极影响。美籍非洲学生被分在高能力组的机会大于10%(Gamoran & Mare, 1989)，因此取消分层对这些学生构成不利影响。

如果学校没有分层，将会怎样？洛夫莱斯(1999)指出了一些可能会出现的潜在问题。第一，一项大规模的国家研究结果表明，当十年级低能力学生没有分到低能力的班级，而被分在与其能力不匹配的班级，他们进步5个百分点，这样来看很好。但从总体来看，当学生进入不匹配的班级，平均每个学生成绩降低2个百分点，高能力的学生降低5个百分点。

> "成绩的差距的确不大，但显然影响了正常和高能力学生，在美国十年级的学生中，这部分学生大约占到70%。"(Loveless, 1999, p. 29)

取消分层的另一个后果是聪明学生流失——最聪明的学生离开学校。黑人和白人父母都认为混合能力的班级不能满足孩子们的需要(Public Agenda Foundation, 1994)。

在一些班级里，混合能力结构似乎影响了所有学生的成绩。例如，无论学生的能力水平如何，在混合的算术班里所有学生学得都不如在能力分层班里多(Epstein & MacIver, 1992)。另外，詹姆斯·库利克(James Kulik)对学生自尊的元分析表明，低能力班级学生的自尊心不低于混合班的学生。

那么，结论是什么？通常来讲，情况要比简单的分层与不分层复杂得多，认真观察每个学生的成绩变化，可能发现不同情况下的结论不同。

儿童抚养方式

对于低 SES 儿童学业问题的最早解释是，他们的家庭环境没有提供如中等阶层和上等阶层的家庭所提供的良好开端，学校倾向于看重和期望的行为经常是在中等阶层家庭教养的行为。例如，研究表明中等阶层家庭里的母亲交谈得较多，给予更多的言语指导，帮助孩子理解事件的原因，制订计划和预测结果，引导孩子注意问题的主要细节，以及鼓励孩子自己解决问题而不是把结论强加给他们（Hess & Shipman，1965；L. Hoffman，1984；Willerman，1979）。请比较母亲与孩子玩拼图游戏时两种相互作用的差别：

妈妈甲：“不，那片在这儿。”

妈妈乙：“那片是什么形状？你能找到一个地方像它一样直吗？是的，那是直的。但看那颜色，颜色匹配吗？再找一块直的、红色的片。对，试一试，太好了，你拼好了这个角。”

用这些方式辅助孩子，实际上是遵循了维果斯基的劝告，在孩子的最近发展区提供智力支持或“脚手架”，正如我们在第二章所讨论的那样。你可以看到第二种方法更能鼓励学生学习概念（直的、形状、颜色、角、匹配）和解决问题。赫斯和麦克德维特（Hess & McDevitt，1984）进行了八年的有关母亲和孩子的研究，他们发现中等阶层的母亲经常采用“与告诉相反的教学”方式，这种方式与 4 至 12 岁儿童的较高学业成绩有关。儿童与父母的相互作用方式的差异可能说明不同 SES 儿童间的差异。

然而，我们应警惕由于学生家庭社会经济地位不同对他们形成偏见。最近研究表明父母对子女高控制的养育方式，与美籍亚洲裔和美籍非洲裔学生的较好成绩有关系（Glasgow，Dornbusch，Troyer，Steinberg & Ritter，1997）。严厉和命令式的、伴有明确规则和后果的教养方式，结合高度的情感支持，与城市儿童的高学业成绩相联系（Jarrett，1995）。文化价值观念上的差异和环境的不利影响，使父母的控制显得更加有用和必要。

家庭环境和资源

近来，家庭和环境资源——书籍、计算机、图书馆、交通、博物馆等等成为研究的焦点。在暑期和学生上学前，它们似乎对学生的成绩有最显著的影响。例如，恩特维斯尔、亚历山大和奥尔森（Entwisle，Alexander & Olson，1997）发现，在学期当中，低 SES 学生和高 SES 学生在阅读和数学上的成绩相差不大。但在暑期，低 SES 的学生成绩下滑，而高SES学生在学业方面继续进步。另一项国家项目研究发现，家庭中缺乏情感支持和认知刺激，是穷困儿童的言语、阅读和数学技能不足的主要原因(Korenman, Miller & Sjaastad, 1995)。

并不是所有低收入家庭都缺乏资源，其中不少为他们的孩子提供了丰富的学习环境。无论SES的水平怎样，当父母支持和鼓励孩子——如为他们读书提供书籍和玩具、带孩子去图书馆、为孩子提供学习的时间和空间，这些孩子就倾向于会读书和乐于读书(Morrow, 1993; Peng & LEE, 1992; Shields, Gordon, & Dupree, 1983)。怀特(1982)发现父母的实际行为比收入水平和父母职业更能预测孩子的学校成绩。

检查要点： 社会阶层差异

回 顾

什么是SES?

SES与学校学业成就的关系如何?

应 用

你需要在课堂上做哪些变革来帮助低SES学生取得成功?

民族和种族的差异

这里的**民族性(ethnicity)**[1]是指"以共同的国家、文化和语言为特征的群体"(Betsncourt & Lopez, 1993, p. 631)。其中的认同感是基于地理、宗教、种族或语言的一致性。无论我们是意大利人、以色列人、乌克兰人、中国人，还是日本人、印第安纳瓦霍人、夏威夷人、波多黎各人、古巴人、匈牙利人、德国人、非洲人或爱尔兰人等等，我们都有各自的民族传统。另一方面，**种族(race)**[2]被定义为"一类具有同样遗传生理特征的人，这些特征具有社会意义，如肤色、发色等"(Macionis, 1991, p. 308)。根据你评判的特质和采取的观点不同，种族的数目可能在3至300个之间变化。实质上，种族是人们依据外在特征对自己和他人进行的归类，并没有在生理上纯粹的种族(Betancourt & Lopez, 1993)。

有时，社会学家用**少数群体(minority group)**[3]来指受到歧视或遭受不平等待遇的某个群体。虽然，严格地说，这个词是指在总人口中占少数的人群，但在某些情境下，称特定的种族为"少数"在技术上是错的，因为在某个地区"少数"群体实际上占了多数，例如，芝加哥和密西西比的美籍非洲人就占据多数。因此，实际中称一些人为少数群体，是因为他们的种族或民族传统因被误解而受到责难。有时"少数"成

[1] 民族性——一个群体所共有的文化传统。
[2] 种族——一个具有共同生物特征并自我认定这些特征的群体。
[3] 少数群体——一个处于社会劣势的群体，其实际人数并不一定是少数。

为“多数”。

变化着的人口分布比例：文化差异

在1981年到1990年期间，进入美国的移民数目达到有史以来最高。表5.2显示，1997年人口普查结果揭示美国人不同种族数量已有了实质性变化。到2020美国几乎一半的人口将由美籍非洲人、亚洲人、拉丁美洲人或其他种族构成。

表5.2　1997年人口普查结果

群　　体	人口总数	占总人口的百分比
美籍非洲人	3 200万	12%
亚　洲　人	900万	3.5%
土著美国人	200万	0.77%
西班牙人	2 800万	11%

Source：U. S. Bureau of the Census，1997.

里卡多·加西娅(Ricardo Garcia，1991)把文化比成一座冰山。冰山的三分之一是可见的，其余的部分是隐蔽和未知的。文化的可见标志，如习俗和婚姻传统，只代表了文化间差异的一小部分。许多差异在表层下面，它们是隐含的、不明确的，甚至是无意识的倾向和观念，每一个文化群体都教给它的成员关于生活的某种“教义”(Cassnova，1987；Kagan，1983)。

在构成人际关系的规则上，不同文化存在差异，例如，有的群体中，听者轻轻点头表示赞许，不时地应一声“啊哈”，表明他们正在认真倾听。但在其他文化中，听的时候并不给予赞许的表示，而是眼光向下表示尊重。在有的文化中，地位高的人士主动开始交谈和提问题，地位低的人只是回答，在另一些文化中，情况正好相反。

文化的影响广泛而深刻，一些心理学家甚至提出文化决定智力。例如，在巴厘人的生活中身体的优美很重要，因此在那里掌握身体运动技能是智慧的标志。在西方社会使用词汇和数目是重要的，在这里它们成为了智力的表征(Gardner，1983)。

文化冲突

上述情况，只是文化可能影响生活的几个方面。文化的差异可能非常明显，比如假日习俗。也可能非常微妙，比如如何把握交谈时机。差异越是细微和不被察觉，改变和识别它就越困难(Casanova，1987)。文化冲突经常隐藏在表面差异之下，因为当细微的文化差异彼此遭遇，误解是很普遍的。因此，不同文化背景的人可能被误解为粗鲁、怠慢或不尊重。

例如,埃里克森和舒尔茨(Erickson & Shultz,1982)研究了学校咨询工作者面对与他们文化背景相同和不相同的学生的工作情况。研究发现,文化背景不同的学生在听取咨询时,不点头也不说"哎"。由于没有得到所希望的反馈,咨询者就假定这些学生没有理解,因此他们用更简单的方式重复说过的话。当然,还是看到没有点头,咨询者再一次简化和重复。咨询之后,研究者与那些学生访谈,他们说咨询者使他们觉得自己很笨。事实上,咨询者已断定这些学生不是很聪明。他们也没意识到在如何倾听方面的微妙的文化差异可能是真正的原因。相反,当学生与咨询者的文化背景相同时,交谈顺利进行,没有反复的简化和复述。学生了解咨询者的倾听规则,因为咨询者和学生师从同一位老师——共同的文化。

文化相容(Cultural Compatibility)

然而,并不是所有的文化差异都导致冲突。一项研究比较了中国母亲、美籍中国母亲和美籍高加索母亲,结果发现她们在教育价值和动机的信念上存在很大的差异(Hess, Chih-Mei & McDevitt, 1987)。例如,中国母亲比高加索母亲更多将学习失败归于缺乏努力,美籍华人母亲介于中间,比高加索母亲较多归于缺乏努力,但不如中国母亲。[1]

然而,这并不意味所有的美籍华人儿童都很好地适应美国学校,这些儿童可能在测验和作业上表现很好,但在社会情境中感觉不自在,这里相互交往的细微准则不符合他们的习惯。

学业成就上的民族和种族差异

学校里的一个主要问题是,某些种族群体始终处于平均水平之下,在所有标准化成就测验中倾向获得一致的结果。但在过去的 20 到 30 年中,这一差异正在缩小,如图 5.3 所示。

虽然在认知能力测验上不同种族群体间的差异一致,但研究者一致认为这些差异主要是歧视的产物,是未与文化相匹配造成的,或由于低 SES 环境影响,因为许多少数群体学生在经济上也处于劣势,因此将这两种不同的影响区分开来很重要。当我们比较来自不同种族但 SES 相同的学生时,他们学业成绩的差异就消失了(Gleitman, Fridlund & Reiberg, 1999; Scarr & Carter-Saltzman, 1982)。

---

〔1〕 联系与拓展——参考研究:在中国传统中,成功被视为取决于专注、努力和毅力,而不是天分。几个世纪前,中国学者徐干说:"毅力是学习的老师,天赋是学习的追随者,假如一个人没有天赋,可能成功,但如果没有兴趣,谈论学习就毫无意义。"(Hess, Chih-Mei, & McDevitt, 1987, p. 180)。

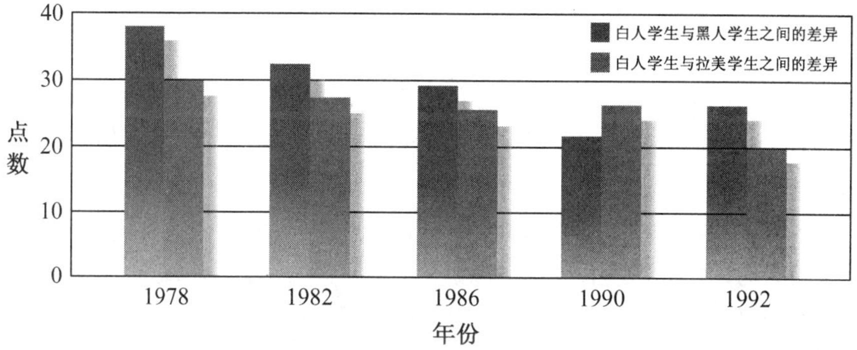

图 5.3　17 岁白人学生和少数民族学生在数学成绩上的差异

Source: From *The Condition of Education* (p. vi), National Center for Education Statistics, 1994, Washington DC: U. S. Department of Education.

与家庭和社区的联系

你怎样了解学生的文化背景?“与家庭和社区建立合作关系指南”提供了一些方法。在本章的稍后部分,我们将探讨使课堂与学生家庭文化相容的其他途径。然而,首先我们需要了解文化冲突和歧视对学生成绩的影响。[1]

与家庭和社区建立合作关系指南——建立学习群体

乔伊斯·爱泼斯坦(Joyce Epstein,1995)描述了家庭、学校和群体的 6 种关系。以下的指南正是基于她的分类。

养育关系:帮助所有家庭建立支持儿童成为学生的家庭环境。

举例:

1. 提供研讨会、录像、课程、家庭教养展览会和其他信息项目,以帮助家长处理他们认为重要的养育问题。
2. 建立家庭支持项目,以给予营养、健康和社会服务方面的辅助。
3. 寻找途径帮助家庭与学校分享关于儿童的文化背景、天赋和需求的信息——向家庭学习。

交流:设计有效的“学校到家庭”和“家庭到学校”的沟通方式。

举例:

1. 确保交流符合家庭的需要,提供有效交流所需要的一切,如翻译、图片等。

[1] 联系与拓展——参考其他章节:第十一章将讨论激励少数民族学生的策略。

2. 获得允许后，访问学生家庭。只有建立起信任关系，家长才会愿意到学校来。
3. 沟通中既报告问题，也告知成绩和好消息，取得二者平衡。

自愿：招募和组织家长提供帮助和支持。

举例：

1. 年度明信片调查，了解家庭才能、兴趣、可利用的时间和对学校的建议。
2. 建立通知所有家庭的方法（如电话簿等），没有电话的家庭也不能遗漏。
3. 如果可能，提供一个专门房间用于自愿者会议和项目。

家中的学习：向家庭提供有关如何帮助儿童完成学校功课和提高学习能力的信息和观念。

举例：

1. 提供家庭作业的规划和有关作业的规定，以及如何帮助但不代替学生学习功课的方法。
2. 使家庭介入课程计划——进行观念和活动交流。
3. 发放家庭学习包和布置寓乐其中的学习活动，尤其在假日和暑期。

决策关系：将家庭纳入学校决策，发展家庭和社会群体的领导者和代表。

举例：

1. 建立由家长代表组成的家庭咨询委员会。
2. 确保家长代表能代表所有家庭。

与社区合作：识别和整合来自社区的资源和服务，以加强学校活动、家庭实践以及学生的学习与发展。

举例：

1. 使学生和家长研究现有的资源——建立一个数据库。
2. 确定适合学生的服务项目——开展服务学习。
3. 了解社区中的校友，请他们参与学校项目。

Source: From "School/Family/Community Partnerships: Caring for the Children We Share," by J. L. Epstein, 1995, *Phi Delta Kappan*, *76*, pp. 704 - 705. Copyright © 1995 by Phi Delta Kappan. Reprinted by permission of Phi Delta Kappan and the author.

歧视的惯性

为了解释低 SES 学生在学校遇到问题的原因，我们罗列了教师和学生对这类同学的低希望和偏见。许多少数群体学生都有这样的感受。请想像你就是下面所说的孩子，你将怎么办？

> 近40年以前，在堪萨斯州首府托皮卡，一位牧师拉着他7岁的女儿去离家4个街区的一所小学，琳达·布朗想要上二年级，但学校不允许，公立学校的官员要求她到两里以外的另一所学校就读。这就意味着她每天要步行6个街区到一个汽车站，在那里等车半个小时，如果遇上下雨天，她会被淋得透湿。有一次站在车站实在太冷了，她返回家中。她问父母，为什么她不能在仅隔4个街区的那所学校学习？(Macionis，1991，p. 307)

她父母的解决办法是，在其他有关家庭的帮助下对学校政策提出诉讼。众所周知，布朗控告托皮卡教育部的结果是，宣布对黑人儿童实行“分离但平等”的学校本身就是不平等的。尽管在1954年，种族隔离已成为非法，但约三分之二的美籍非洲学生在少数民族学生占50%的学校学习，约三分之一的美籍非洲学生就读于90%是少数民族学生的学校(Schofield，1991)。这是因为在住宅和邻里环境中种族隔离还在继续，而且一些地区有意划分了学校招收学生的区域界限，使得学校按照种族不同来招收学生(Calmore，1986；Kantor & Lowe，1995)。

有关废除种族隔离结果的多年研究表明，法定的整合并不能即刻解决数个世纪种族不平等带来的有害影响。非常普遍的情况是，少数民族学生在综合学校里又被隔离在一个低能力分层教学班。简单地把人们置于同一个房间，并不意味他们将会彼此尊重，或者接受同样质量的教育(Pettigrew，1998；Schofield，1991)。但当少数民族学生进入有相当比例的中等阶层学生的高质量的学校，而且融合是从小学就开始的，少数民族学生会从中受益，他们很可能得到更高的分数，升入综合大学，成年后比那些留在隔离学校的学生收入更多。学校的质量可能是导致这些积极结果的主要原因(Schofield，1995；Wells & Crain，1994)。

什么是不平等待遇和歧视的惯性？在20世纪50年代布朗控告教育部的部分证词是这样说的：当要求美籍非洲儿童挑选更有吸引人或更聪明的玩具娃娃时，他们总是选择白人娃娃，而不要黑人娃娃。1990年重复这个测验得到了同样的结果(Pine & Hilliard，1990)。[1] [2]

持续的偏见

偏见(prejudice)[3]一词与预先判断(prejudge)一词关系密切。偏见是关于某一类人的固执和非理性的概括——一种先入为主的判断(Macionis，1994)。偏见可能是

---

〔1〕 联系与拓展——联系其他章节：第三章讨论民族自豪感时考虑了这个问题。

〔2〕 联系与拓展——参考杂志：派因和希利亚德(Pine，G. J.，& Hilliard，A. G.，Ⅲ，1990)的《整治种族歧视的处方：美国学校的责任》(Rx for racism：Imperatives for America's schools)，载于《菲·德尔塔·卡潘》(美国教育专业协会会刊)(*Phi Delta Kappan*)，第71卷，第593—600页。

〔3〕 偏见——是关于某一类人的非理性的概括和褊狭之见。

积极的或消极的。就是说，一个人可能对一类人有积极和消极的非理性的观念。但这个词通常是指消极的态度，偏见可能针对某个特定的种族、民族、宗教、政治、地理或语言群体，也可能指向性别或个体的性别取向。种族偏见是普遍存在的，1991 年国家观念研究中心(National Opinion Research Center)进行的一项调查发现，即使种族态度自 1970 年有所改善，但调查的绝大多数群体都对其他所有群体怀有某些偏见。例如，78%的非西班牙人裔美国人(白人、黑人和美籍亚洲人)一致赞同美籍西班牙人乐于靠救助生活的说法，55%认为美籍西班牙人不太聪慧。当询问白人关于美籍非洲人的看法时，结果必然是一致的。美国是一个种族主义者的社会，这个种族主义并不是限定于某个群体(Clark, Anderson, Clark & Williams, 1999)。

偏见的形成

有许多关于偏见是如何形成和形成原因的理论，但“还没有一个框架对偏见提供完整的解释”(Duckitt, 1992, p. 1182)。目前的解释综合了个人和社会的因素。极端的偏见可能构成为**独裁人格(authoritarian personality)**〔1〕的一部分——固执地坚持传统的价值观，相信社会本来就是竞争的，“优等”的人们肯定赢得胜利(Duckitt, 1992, 1994; Macionis, 1994)。产生偏见的一个相关原因是，人类倾向于将世界分为两类——我们和他们，或群体内和群体外。这种划分可能是基于种族、宗教、性别、年龄、民族或甚至是运动队。我们倾向于视群体外的人们与我们不同和不如我们，但其他人彼此相似——“他们看起来都很相像”(Lambert, 1995)。这章开始部分提到的“白人女孩俱乐部”(是发生在我们镇上的一个真实故事)就是划分群体的一个残酷例子。

但是偏见不仅是一种人格特质或群体内的倾向性，它还是一套文化价值观，儿童从家庭、朋友、教师和周围环境中学习那些被认为是重要的特质和特征。这些年来，书籍、电影、电视和广告中表现的大多数榜样都是中等和上等阶层的美籍欧洲人，其他民族和种族背景的人很少成为英雄(Gerbner, Cross, Signorelli & Morgan, 1986)。这种情况正在改变。

偏见很难抗拒，因为它是我们思维过程的一部分，你在第二章中读到儿童形成的图式——关于物体、事件和行为的有组织的知识体。我们头脑中有关于用吸管饮水、认识的人、词汇含义等等知识的组织图式。我们也形成了关于不同群体的图式。假如请你列出大学新生、政治家、美籍非洲人、美籍亚洲人、运动员、佛教徒、女性同性恋者或国家射击协会成员的主要特征，你可能列出一组组特征，这些特征显示了你具有**刻板印象(stereotype)**〔2〕——图式——将你所具备的关于这个群体的认识组织起来

〔1〕 独裁人格——固执地坚持认为社会本来就是竞争的，“优等”的人们将赢得胜利。
〔2〕 刻板印象——组织关于某一类型事物的知识和知觉的图式。

(Wyler, 1988)。

我们用自己的刻板印象来理解这个世界,第七章你将看到具备图式使你能更快、更有效地进行信息加工,但也会扭曲信息以使其适合已有的图式(Macrae, Milne & Bodenhausen, 1994),这是种族和民族刻板印象的危险。我们通常注意的是加强和赞同我们刻板印象和图式的信息,而忽略或排除不符合原有刻板印象的信息。例如,一位陪审员对美籍亚洲人有负面的刻板印象,当他听取审判一个美籍亚洲人的证据时,他可能对证据的解释更加消极,可能忘记对被告有利的证词,但记住较为不利的证词,符合刻板印象的信息被更快加工(Anderson, Klatzky & Murray, 1990; Baron, 1998)。

持续的歧视

偏见是由对一类人的态度、情感和信念(一般是否定的)组成,**歧视(discrimination)**[1]是一类特定群体受到的不平等待遇。显然,美国人每天都面对着细微或显现的偏见和歧视。我所遇到的最令人失望的事实是,在美国只有4%的科学家、工程师和数学家是美籍非洲人或美籍西班牙人——而他们的人口都占到整个人口的20%以上。尽管他们对科学和数学的态度比白人学生更好,但黑人学生和西班牙裔学生早在小学就开始失去机会,他们很少被选入天才班级和参加促进才能的项目,而更可能被编入"基础技能"班。随着他们历经初中、高中和大学,他们的足迹与塑造科学家的道路越来越远。如果他们坚持最终成为科学家或工程师,同样的工作中他们得到的报酬仍会少于白人(National Science Foundation, 1988; Oakes, 1990)。

损害学业成就的刻板印象和偏见引起的另一个问题是刻板印象威胁。

刻板印象威胁

刻板印象威胁(stereotype threat)[2]是"根植于多数美国人头脑中视美籍非洲人智力低劣的一种社会心理困境"(Aronson & Fried, in press)。基本的观念是,当被刻板印象化的个体处在一个采用刻板印象观念的情境中,他们承受着额外的情感和认知负担。在他人和自己看来,这种负担可能加强刻板印象。因此当让女孩解决复杂的数学问题时,她们承担又一次证实普遍刻板印象的风险,即证实"女孩在数学方面不如男孩"的刻板印象。即使他们并不相信这些刻板印象,但事情就是这样,当人意识到了这个刻板印象,就希望自己做得很好以反驳不利的暗示(Aronson, Lustina, Good, Keough, Steele & Brown, 1999)。刻板印象威胁的结果如何?最近研究提供了答案,所有教师都会对此感兴趣。

---

〔1〕 歧视——特定群体受到的不平等待遇。

〔2〕 刻板印象威胁——个体承受的额外的情感和认知负担,即担心他在学校中的学业表现会强化其他人对自己持有的某种刻板印象。

短期影响：测验成绩

在短时间内，害怕证实否定的刻板印象可能导致测验焦虑而影响成绩。在一系列的测验中，乔舒亚·阿伦森（Joshua Aronson）、克劳德·斯迪尔（Claude Steele）和他们的同事证实了当美籍非洲或拉丁美洲的大学生被置于一个导致刻板印象威胁的事件中，他们的成绩受到影响（Aronson & Salinas，1998；Aronson，Steele，Salinas & Lustina，1999；Steele & Aronson，1995）。例如，在斯坦福大学的一次测验中，一组美籍非洲和白人大学生被告之测验将准确测定他们的语言能力。而向另一组相似的被试说明测验目的是理解言语问题解决的心理过程，而不是评价个体能力。如图 5.4 所示，前一组被试中，美籍非洲学生只完成了白人学生一半的问题。而在无威胁的情境下，美籍非洲学生和白人学生解决的问题一样多。其他研究发现焦虑和分心是造成差异的主要问题，美籍非洲学生更可能一边活动一边想着那些刻板印象。

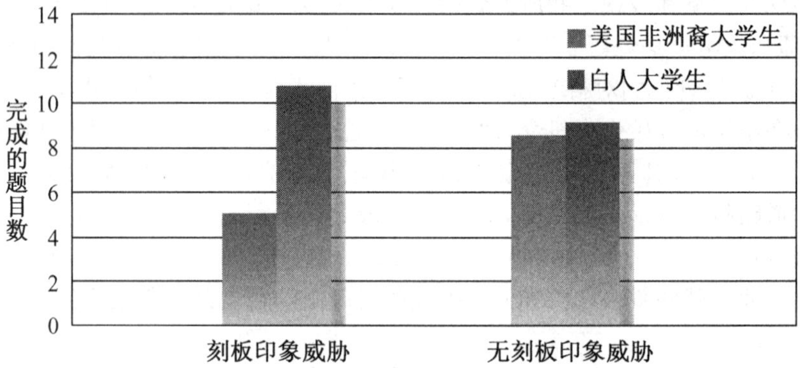

当美国非洲裔大学生被告知测验将测定他们的语言能力时，他们完成的问题只是另一组没有被告知这一测验目的的美国非洲裔学生的一半。白人学生的表现不受刻板印象威胁的影响。

图 5.4 刻板印象威胁对大学生标准化测验成绩的影响

Source: From "The Effect of Stereotype Threat on the Standardized Test Performance of College Students," by J. Aronson, C. M. Steele, M. F. Salinas, and M. J. Lustina, 1998. In E. Aronson (Ed.), *Readings about the Social Animal* (8th ed.) (p. 407), New York: Freeman. Adapted with permission.

长期影响：缺乏同一性

第十章我们将看到，学生通常形成自我防御策略以维护在学业上的自尊感。他们逃避、声称不介意、几乎不付出努力——他们不认同或在心理上逃避某个方面的成功，声称“数学是专为那些讨厌的人开设的”或“学校是为失败者设立的”。有证据表明美籍非洲人比白人更可能不认同学业（Major & Schmader，1998；Ogbu，1997）。一旦学生视学业为“没有把握的”，他们就不可能付出应有的努力。

抵御刻板印象威胁

刻板印象很普遍而且难以改变。在许多人看来，与其等着改变，还不如理解这些观念的存在和教给学生应付刻板印象的方法。在第十章我们将讨论测验焦虑和如何克服焦虑的负面影响，其中许多策略适于帮助学生抵御刻板印象的威胁。

阿伦森和弗里德(Aronson & Fried, in press)证明改变有关智力观念会带来强有力的影响。在他们的研究中，请美籍非洲人和白人大学生给“处于危险”的中学生写信，鼓励他们坚持学业。研究中，向一些大学生提供支持“智力可以提高”的证据，鼓励他们通过通信把这一信息传递给中学生。提供另一些大学生的信息是有关多元智力的，但并未提及这些多元智力可以提高。中学生并不是真实的，但是结果证明，撰写有关促进智力的劝说信的过程是有效的，四分之一学期后，美籍非洲大学生得到了较高的平均分(白人学生提高的程度较小)，并报告更愿意参与学校活动，因此，建立智力可以提高的信念会增强抗拒刻板印象威胁的抵抗力。

下一部分我们讨论性别差异，它也是构成刻板印象的来源。[1]

> **检查要点：**民族和种族差异
>
> **回　顾**
>
> 区分民族与种族。
> 民族如何影响学校成绩?
> 区分偏见、歧视和刻板印象威胁。
>
> **应　用**
>
> 作为一名教师，你如何使学生抵制刻板印象威胁?

男生与女生：课堂中的性别差异

当我利用乘坐火车的时间，为上一版校对这一页时，列车长站在我的座位旁说：“对不起，亲爱的，打断你的家庭作业，你有票吗?”我不得不对他蔑视女性的做法一笑了之(我保证他不是有意的)，我不相信他对走廊那头在便笺上写东西的那个男人也会说这样的话。像种族歧视一样，性别歧视的表现是很微妙的。这里我们将分析男人和女人如何社会化，教师如何为男生和女生提供平等的教育。[2]

---

〔1〕 联系与拓展——参考研究：《小学杂志》(*The Elementary School Journal*)，第 88 卷，第 5 期。1988 年有多篇有关少数群体学生的文章。

〔2〕 联系与拓展——参考研究：有关性别和性(gender and sex)术语的争论见《心理科学》(1993 年 3 月)(*Psychological Science*, March 1993)。

性别角色认同

男人与女人不同。关于人格的多年研究表明，男性平均比女性更自负和自尊稍高，女性更加外向、焦虑、相信他人和温柔(Feingold, 1994)。在言语能力和空间能力方面，两种性别也显现出某些差异。这些差异的根源和含意受到激烈的争论，性别角色认同是讨论的一部分。

性别(gender)这个词通常是指关于男性性格和女性性格的判断，这种判断受到文化和环境的影响。相对地，性(sex)指的是生理上的差异(Deaux, 1993)。**性别角色认同(gender-role identity)**〔1〕是每个人对自己作为男性或女性在性格方面的设想或想像，它是自我概念的一部分。持有"女性"认同的人，对自己与女性相联系的性格评价高，如敏感、热情，而对传统上与男性相联系的性格评价低，如强健和富于竞争性。多数人用性别类型的观点看待自己，要么看重阳刚之气，要么喜欢阴柔性格。然而，一些儿童和成人倾向于**性别角色混合(androgynous)**〔2〕，他们自我评价时既看重男性特质，又看重女性特质，他们既自负又敏感，具体的表现依情境而定。具备男性认同或混合性别认同的人比女性认同的人有较高自尊心，可能是由于女性的性格不被重视的原因(Bem, 1974; Boldizar, 1991)。

性别角色认同是如何形成的？首先是生理的作用，很早内分泌就影响活动水平和攻击性，男孩子倾向于喜好活跃、粗犷和喧闹的游戏。幼儿喜欢选择采取同样游戏方式的同性别的游戏伙伴。4岁前，儿童和同性别伙伴游戏的时间是与异性伙伴游戏的三倍。6岁时这个比例达到11倍(Benenson, 1993; Maccoby, 1990)。当然这是一般情况，个体情况并不总与此一致。另外，其他许多因素——社会和认知——也影响性别角色认同。

父母与儿子玩耍，比与女儿在一起时更粗犷、更活跃，最初父母倾向于与男婴孩接触更密切，以后他们与男孩子保持较大距离(Jacklin, DiPietro & Maccoby, 1984)。父母对儿子的自负行为和女儿的情感敏感更可能给予积极的反应(Fagot & Hagan, 1991; Lytton & Romney, 1991)。儿童通过与家庭、同伴、教师和环境的相互作用，开始形成**性别图式(gender schemas)**〔3〕，即组织有关什么是男性或女性的知识网络(图5.5)。性别图式帮助儿童理解世界和指导他们的行为。因此如果一个年幼女孩儿的"女孩"图式包括"女孩玩娃娃、不玩卡车"或"女孩不会成为科学家"，她将注意、记忆和更多接触娃娃，而不是卡车，而且她可能避免从事科学活动(Liben & Signorella, 1993; Martin & Little, 1990)。

---

〔1〕 性别角色认同——是对于与一种性别相联系、而与另一种性别相区别的性格和行为的认识。
〔2〕 性别角色混合——在一个个体身上兼具一些男性的典型特征和一些女性的典型特征。
〔3〕 性别图式——有关什么是男性或女性的有组织的知识网络。

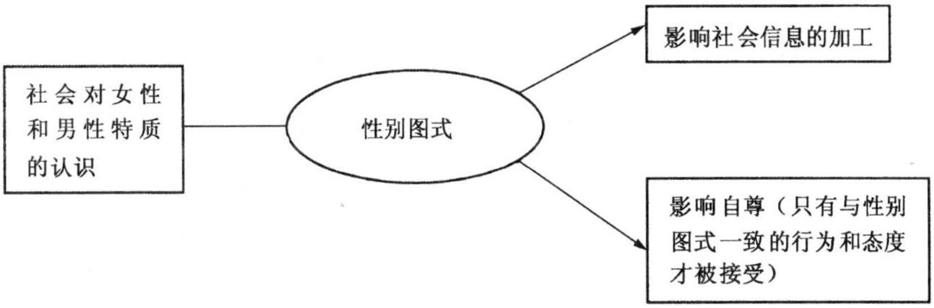

根据性别图式理论，儿童青少年用性别作为一个组织图式，来归类和理解他们有关世界的知觉。

图5.5 性别图式理论

学龄前的性别角色刻板印象

男女受到的不同待遇和性别角色刻板印象在儿童早期生活中就已存在。研究发现男孩有更多的自由在街上闲逛（玩耍），不像女孩那样总是受到长时间的监护，以避免可能的危险活动，如玩锋利的剪刀，或独自穿行马路。父母总是很快给予女儿帮助，而更多地鼓励男孩自己解决问题（Block，1983；Fagot，Hagan，Leinbach & Kronsberg，1985）。因此，对男孩来讲，独立和自主得到更多鼓励。

我教过的许多师范学生惊讶地听到幼小的儿童谈论性别角色，甚至在今天，性别公平机会虽然有了很大进步，但一个学龄前的小女孩更可能告诉你她想当秘书，而不是工程师。一次我的一位同事在学校发表有关性别刻板印象威胁的演讲，她把幼小的女儿带到教室，学生们问小姑娘："你长大了想当什么？"孩子立刻答道："医生。"她母亲自豪地笑了。可是小姑娘又对前排学生小声说："我很想当护士，但妈妈不让。"事实上，这是年幼孩子的普遍反应，学前儿童倾向比年长的儿童有更刻板印象化的性别概念。所有孩子似乎都对男性的职业拥有更固执的和传统的观念（Martin，1989）。[1][2]

课程中的性别偏见

在小学期间，儿童继续了解什么男性与女性，不幸的是，学校经常通过许多方式加剧了**性别偏见（gender biases）**[3]。1970年以前，绝大多数低年级的教科书刻画女性

〔1〕联系与拓展——参考研究：利顿和罗姆尼（Lytton，H.，& Romney，D. M.，1991）的《父母促进男孩女孩社会化的差异：一项元分析》（Parents' sex-related differential socialization of boys and girls: A meta-analysis），载于《心理学公报》（*Psychological Bulletin*），第109卷，第267—296页。

〔2〕联系与拓展——联系现实生活：你是否认为商业是一个影响性别角色发展的因素？

〔3〕性别偏见——对男性和女性的不同看法，常常认为一种性别比另一种性别强。

和男性多因循着性别角色刻板印象。一个名为"语言和图画中的妇女"的研究小组(1975)分析了16家出版社的134本书中的2 760个故事,他们发现关于男性的故事比关于女性的故事多出4倍。而故事中女性多出现在家里,她们行为被动、表现出害怕和退缩,男性通常更富支配性和倾向冒险,他们经常营救女性。

近些年,教科书出版者已在一定程度上意识到了这些问题,并编写指南以避免这些问题。然而仍需要审核教学材料中的性别刻板印象。珀塞尔和斯图尔特(Purcell & Stewart, 1990)采用"语言和图画中的妇女"研究小组设计的方法分析了62种小学读物,他们发现男性与女性人物的数目大约相当,女孩的活动范围广泛,但仍比男孩表现得更为无助。尽管有了新的出版指南,但问题并未彻底解决。当斯科特·奥德尔(Scott O'Dell)为他的《蓝豚岛》寻找出版商时,几位编辑都要求做一个小的改动——把这个关于一个女孩如何勇敢地为生存而拼搏的故事改成一个男孩的故事。奥德尔拒绝了,而这部书荣获了纽柏瑞儿童文学奖(Newbery Award)(Powell, Garcia & Denton, 1985; Sadker, Sadker & Klein, 1991)。[1]

课堂里的性别歧视

有很多关于教师如何对待男生和女生的研究。在过去25年中最具说服力的发现之一是教师与男孩的相互作用多于女孩。从学前到大学都是如此。教师问男生更多问题,给男生更多反馈(表扬、批评和纠正),给男孩更多明确的和有价值的意见。随着女孩年级升高,她们说话越来越少。上大学时,主动发表意见的男生是女生的两倍(Bailey, 1993; Sadker & Sadker, 1994, 1986b; Serbin & O'Leary, 1975; Wingate, 1986)。这些差异的结果是,从学前到大学,女孩平均得到的关注和指导比男孩少1 800小时(Sadker, Sadker & Klein, 1991)。当然,这些差异并不是平均分配的,一些男孩、成绩较好的白人女孩得到老师的更多关注,少数群体男孩像女孩则可能得到较少的关注。

在科学课堂上,教师对男孩、女孩关注的不均衡尤为突出。一项研究发现,男孩被提问的频率比女孩多80%(Baker, 1986)。在科学实验室里,男孩支配着仪器的使用,经常在女孩还没有来得及做实验时就撤掉了仪器设备。

刻板印象在许多方面是永恒的,有些是明显的,而有些是细微的。当一个聪明女孩说她不想再选修数学或科学课程了,咨询员、家长和教师一般不会提出任何异议。但当一个同样能力的男孩想放弃数学和科学时,那些人将会反对,通过这些微妙的方

[1] 联系与拓展——参考研究:珀塞尔和斯图尔特(Purcell, P., & Stewart, L., 1990)的《迪克和简在1989》(Dick and Jane in 1989),载于《性别角色》(*Sex Roles*),第22卷,第177—185页。这个研究分析了20世纪70年代的课本和儿童读物。讨论问题:在今天的课本中是否还残留着性别主义?具体表现是什么?

式，强化了学生对自己的刻板印象期望(Sadker & Sadker，1994)。[1]

智力的性别差异

大多数研究发现，从婴儿到学前，男孩和女孩在总的智力和动作发展或特殊能力上差异很小。在学校学习期间和以后，心理学家发现标准化测验的一般智力没有差异——这些测验的设计和标准化使性别的影响降到最小。然而，特殊能力的测验分数显示出性别的不同。[2] 在《学习与个体差异》(*Learning and Individual Differences*)杂志关于认知性别差异的专刊中，有一篇黛安·哈尔彭(Diane Halpern)的综述文章，黛安·哈尔彭(1996)总结道：

> 这里和其他来源的数据清楚表明，有些认知领域没有男女差异，有一些领域差异较小，还有一些领域差异比较大。一些领域女性较好，还有一些倾向男性具有优势。从平均水平看，女性在阅读理解、书面和口头言语以及估算方面较好，男性往往更准确、更快捷地完成数学、机械和形象信息的加工。除此之外，我们知道在许多领域男女的能力是重叠的，而且每个人都能通过充分的教育和实践促进在任何领域的发展。(p. 75)

同时，一般来讲男性的分数更显眼，即高分数和低分数的男性多于女性(Willingham & Cole，1997)。

然而，需要注意，在大多数关于性别差异的研究中，没有考虑种族和社会经济地位。当分别以不同种族群体为研究对象时，美籍非洲高中女生的数学成绩好于男性。美籍亚洲学生中男孩和女孩在数学和科学上有很少差异或没有差异(Grossman & Grossman，1994；Yee，1992)。

差异的根源是什么？答案很复杂。例如，在测查空间图形心理旋转、预测运动物体轨迹和定向的测验中，男性的平均成绩较好。一些研究者认为是进化使男性具有这些优势倾向(Buss，1995；Geary，1995；1999)。但另一些研究者把这些能力与男性更活跃的活动方式和他们参与运动联系在一起(Linn & Hyde，1989；Newcombe & Baenninger，1990；Stumpf，1995)。

---

[1] 联系与拓展——参考研究：社会化的女性是否选择以科学为职业？阅读韦尔和李(Ware, N. C., & Lee, V. E., 1988)的《在选择大学专业上的性别差异》(Sex differences in choice of college student majors)，载于《美国教育研究杂志》(*American Educational Research Journal*)，第25卷，第593—614页。摘要：在全国选取平均能力水平以上的男女大学生，研究他们选择科学专业的过程。在就读于4年制大学的女生中，那些在计划上大学时曾受到高中教师和指导咨询者影响、而且把未来的家庭和个人生活放在首位的女生，选择科学专业的可能性较小。对于男生，高社会经济地位、高中时获得的肯定评价和升入4年制大学则预示他们会选择科学专业。

[2] 联系与拓展——参考研究：林和海德(Linn, M. C., & Hyde, J. S., 1989)的《性别、数学和科学》(Gender, mathematics, and science)，载于《教育研究者》(*Educational Researcher*)，第18卷，第17—27页。

奥科斯(Oakes,1990)分析了在美国只有15%的科学家、工程师和数学家是女性的原因,她总结道,高中学业合格的女生选择不修高级科学和数学课程,因此他们没在这个领域获得能力发展。在这个过程中,限制了他们的大学和职业的选择,因为大学要求申请者在数学方面达到一定熟练程度,许多职业也要求这个领域的能力。最近随着女孩选修更多的数学课程,这种状况正在发生变化。〔1〕〔2〕

消除性别偏见

有部分证据表明在数学课上教师对待男生和女生不同。例如,一些小学教师,花费较多时间与男生一起学数学,而花较多时间与女生一起学阅读。在一项研究中,高中几何教师的大多数问题请男孩子回答,尽管女孩更常提问题和愿意回答问题。几位研究者发现一些教师倾向接受女生的错误回答,说:"好,至少你努力了。"但当男孩回答错误时,教师更可能说:"再试试,你能够想出来。"这样的讯息,一遍遍重复,可能使女孩相信她们不是学数学的料("Girls' Math Achievement," 1986; Horgan, 1995)。如果你就是位"真正讨厌数学"的老师,请不要把这种态度传递给你的学生,可能你本身就已是性别歧视的牺牲品。

检查要点: 男生与女生——课堂里的性别差异

回 顾

什么是性别角色认同?

性别角色认同如何发展?

是否存在认知能力的性别差异?

应 用

教师如何促进课堂中的性别平等?

教育测量服务处(the Educational Testing Service)的帕特丽夏·卡瑟利(Patricia Casserly)研究了20所没有发现数学成绩性别差异的高中学校。尽管这些学校并非各方面都一样,但他们具备一些共同特征:教师不仅在通识教育上,而且在数学、工程或科学方面具有深厚的背景;他们都热爱数学;

〔1〕联系与拓展——参考杂志:莱瑟姆(Latham, A. S.,1998)的《成绩评估体现出的性别差异》(Gender differences on assessments),载于《教育领导学》(*Educational Leadership*),第55(4)卷,第88—89页。

〔2〕联系与拓展——参考研究:与麦科比和杰克林(Maccoby & Jacklin)近20年前的研究发现不同,最近的研究表明男性和女性间的成绩差异正在减小,甚至在数学上也是如此。关于这个问题的文章有:

林和海德(Linn, M. C., & Hyde, J. S.,1989)的《性别、数学和科学》(Gender, mathematics and science),载于《教育研究者》(*Educational Researcher*),第18卷,第17—27页。

马什(Marsh, H. W.,1989)的《言语和数学建构发展中的性别差异:高中及以后》(Sex differences in the development of verbal and mathematics constructs: The high school and beyond study),载于《美国教育研究杂志》(*American Educational Research Journal*),第26卷,第191—225页。

学业上具有天赋的男性和女性在数学推理上存在差异,请阅读米尔斯、阿布拉德和斯顿夫(Mills, C. J., Ablard, K. E., & Stumpf, H.,1993)的《年幼的学业天才学生的数学推理中的性别差异:不同年龄和不同技能的模式》(Gender differences in academically talented young students' mathematical reasoning: Patterns across age and subskills),载于《教育心理学杂志》(*Journal of Educational Psychology*),第85卷,第340—346页。

最聪明的学生，包括男生和女生被分在一起学习数学；在课堂上强调推理（Kolata，1980）。教数学的方法可能也不同。小学年龄的女孩在合作的环境中比竞争的环境可能做得更好，当然，保持合作和竞争的均衡，使不同学习方式的学生有平等的机会（Fennema & Peterson，1988）。[1] 下面的指南为帮助你避免在教学中出现性别主义提供了另外一些方法，其部分摘自罗普的观点（Rop，1997/8）。

指南——避免教学中的性别偏见

检查你目前使用的课本和其他材料是否呈现了对男性和女性的公正态度。

举例：

1. 如何刻画男性和女性的工作、休闲和家庭角色，是传统的还是非传统的？
2. 与学生一起讨论你的分析，并请他们帮助你从其他资料——例如，杂志、广告、电视节目、新闻报导——找出性别角色偏见。

在你自己的课堂教学中警惕任何无意造成的偏见。

举例：

1. 你是否为了某个活动，让学生按性别分组？这种分组合适吗？
2. 你是否让男孩和女孩回答不同的问题？如请男孩回答数学问题，而请女孩回答诗歌问题。
3. 监控你的比喻。

发现学校里可能对男生或女生的选择构成限制的做法。

举例：

1. 咨询者给学生选择课程和职业提出什么劝告？
2. 是否有男生和女生都适合的好的体育项目？
3. 女生是否被鼓励选修高级的科学和数学课程？而男生是否被鼓励选修语言类的课程？

尽可能使用没有性别限制的语言

举例：

1. 你是否用"law-enforcement officer"和"mail carrier"代替"policeman"和"mailman"？
2. 你是否称一个政党的头目为"head"而不是"chairman"？

---

〔1〕 联系与拓展——参考杂志：萨克（Sadker，D.，1999）的《性别平等：仍在扣响教室的门》（Gender equity：still knocking at the classroom door），载于《教育领导学》（*Educational Leadership*），第56(7)卷，第22—27页。

提供角色榜样。

举例：

1. 布置学生阅读由女性的科学家或数学家写的专业杂志中的文章。
2. 请最近毕业升入大学学习科学、数学、工程或其他技术领域的女学生回来与中学生谈论大学的学习。
3. 设立"通讯导师项目"，使男生和女生与自己感兴趣的领域的成人取得联系。

确保所有学生有机会做复杂的技术性的活动。

举例：

1. 把同性别的学生分在一个组做实验，这样女孩就不总是充当"秘书"的角色，男孩也不总是充当"技术员"的角色。
2. 轮换承担小组任务或随机分配责任。

课堂中的语言差异

在课堂上，语言是载体，教学的核心是交流，但正如我们在本章已看到的，文化影响交流。这一部分，我们将分析两种语言差异——方言和双语。

方言

方言 (dialect)〔1〕是被某一特定种族、社会或地域的人们所使用的一种语言形式，它是这一群体共同特征的一个要素(Ogbu，1999)。语言的规则决定着字词如何发音、意思如何表达以及句子和段落的构成，方言之间在这些方面似乎存在不同，但差异并不是错误，记住这一点很重要。一种语言中的每一种方言都如同这种语言的标准形式[常被称为**"标准话"(standard speech)**〔2〕一样]符合逻辑、具有复杂性和遵循规则。双重否定的使用便是一个例子。在标准的英语中不允许过分使用双重否定，但在其许多方言中，如美国黑人英语，却像其他许多语言(如俄语、法语、西班牙语和匈牙利语)一样，语法要求双重否定。如果用西班牙语说："我什么都不需要。"必须逐字地讲："I don't want nothing，"或"No quiero nada."

方言与发音

方言区别于标准英语的另一个方面是语音。这可能会引发拼写错误。例如，在

〔1〕 方言——是被某一特定群体所使用的符合规则的一种言语变式。
〔2〕 标准话——一种语言的最普遍被接受和使用的形式。

美国黑人英语和南方方言中，较少注意词尾的发音，如“s”，这会导致未能指明代词的所有格、动词的第三人称单数和名词复数，因此，“*John's book*”就变成了“*John book*”，*thinks*、*wasps* 和 *lists* 这些词也很难发音。当词尾不发音时，学生谈话中就会产生更多同音异义词，比教师预想的要多，例如，spent 和 spend 可能说起来很像。即便没有方言带来的困扰，英语中已有许多同音异义词。通常，在拼写课上，会特别关注这些词，如果教师意识到学生方言中的特殊的同音异义词，便可直接讲解它们的不同。

方言和教学

教师应如何在课堂上应对语言的差异？第一，他们要警惕自己对说不同方言的学生可能抱有某种成见。泰勒（Taylor，1980）发现那些对“黑人英语”持否定态度的教师对使用方言的学生的阅读理解评分较低，即使他们回答得与那些说标准英语的学生一样准确。第二，为了确保学生理解，教师应该用不同的话重复讲解，并请学生复述或列举例子。

但是，在课堂上使用母语会怎样呢？当语言的各种方言具有同样的逻辑、复杂性和规则，教师是否应该采用大多数学生使用的方言，以使学生的学习更容易？这样做显示了对学生语言的尊重，但学生却失去了学习主导文化中标准语言的机会。作为成人能有效利用标准语言进行交流，将使他获得许多社会和专业发展的机会。

最好的教学方法似乎是专注于对学生的理解和接受他们的方言，视他们的方言为有效和正确的语言体系，但将标准英语（或本国的主导语言）作为另一种工具教给他们。例如，利萨·德尔皮特（Lisa Delpit，1995）讲到一个小村子的阿拉斯加土著教师玛撒·德米恩特尔夫（Martha Demientieff），她要教学生流利地使用两种语言——“传统的英语”和“正式英语”，后者是顾主和外面的人们使用的语言。她对学生讲，外界将根据他们说话和写作的方式评价他们。她接着解释道：

> “我们不得不为他们惋惜，因为他们只有一种说话方式。我们将要学习两种说话的方式……一种是我们的传统方式，另一种将是正式英语，当我们找工作时，我们像只会正式英语的人那样讲话，也许工作后，我们可以帮助他们学习如何理解另一种语言，比如我们的语言，这有多好。需要的时候，我们可以像他们那样讲话，但我们始终明白我们的语言是最好的。”

对于大多数原本使用方言的孩子来讲，只要有好的榜样、明了的指导和真实的练习机会，学习标准话并不难。下面的指南将提供一些其他方法。

指南：课堂中的方言

1. 熟悉学生方言的特征。这可以使教师更好地理解学生，区分朗读偏差（非理解性的）和理解错误，在学生口头朗读过程中，不应打断他们，纠正理解问题最好在朗读之后。
2. 允许学生首先听一个段落或故事，可以通过两种方式，一是听完故事后回答理解问题，二是在关键的理解片段，停下来，请学生预测结果。
3. 采用可预测的故事，它们可以是文学作品、音乐或历史中的脍炙人口的片段，它们可以是原著或简易读本。
4. 采用可视辅助手段促进理解。可视图像，无论是图画还是文字，都有助于认知和理解。
5. 采用“完形程序”以加强词汇和意义。完形程序是为了突出文章中的具体特征，在文章段落中有选择的去除一些字词，例如，(a) The little red hen found an ear of corn. The little red ________ said, “Who will dry the ear of ________?”（关键词汇）；(b) Today I feel like a (*noun*).（关键语法）；(c) There was a (*pain*) in the pit of his stomach.（关键语意）。
6. 允许学生用各种语言形式复述故事或文章段落。学生可以选择自己所希望的听众（家庭成员、校长、朋友等），这有助于他们针对不同的听众选择最适合的词语。这就允许教师和学生都成为语言权威。
7. 利用一切可能整合阅读、说话和写作的技能。
8. 利用计算机（如果可能的话）做记时练习。计算机可有效地辅助教授阅读技能，如浏览（大意）、仔细阅读（重点内容）、理解性阅读（整篇掌握）和批判性阅读（推断和评价）。
9. 直接教学生如何在家庭和学校语言之间进行转换。
10. 在使用学校语言中，给学生反馈和纠正。所有学习都需要练习。

Source: From *Comprehensive Multicultural Education, Theory and Practice* (2nd ed.) (pp. 234-235), by C. I. Bennett. Copyright © 1990 by Allyn & Bacon. “Beyond Language: Ebonics, Proper English, and Identity in a Black-American Speech Community,” by J. U. Ogbu, *American Educational Research Journal*, *36*, p. 178. Adapted with permission.

使用双语

使用双语（Bilingualism）[1]是一个引发激烈争论和触及许多情感问题的话

---

〔1〕使用双语——流利地讲两种语言。

题。一个原因是人口的分布比例正在变化，本章已讨论过，在过去的10年中，美国说西班牙语的学生增加了65%，说亚洲语言的学生增加了100%。在一些州几乎四分之一的学生第一语言不是英语，而是西班牙语（Gersten，1996a）。到2050年，估计大约美国人口的四分之一是拉美人（Yetman，1999）。

与使用双语相联系的两个术语是**作为第二语言的英语（English as a second language，ESL）**[1]和**英语能力不足者（limited English proficiency，LEP）**[2]，前者是指为第一语言不是英语的学生开设的课程。后者是指那些英语能力不足的学生。[3][4][5]

使用双语意味什么？

关于使用双语的含义，众说纷纭。一些定义特别强调基于语言的含义，如双语者或说两种语言。但这定义未指明双语学生面临的显著问题。请思考下面两位学生的谈话：

> 一位9岁男孩，新近从墨西哥搬到加利福尼亚，他说："在这里受到很多的歧视和厌恶，这些歧视甚至来自那些同样从墨西哥来的孩子，只不过他们早来一些。他们不把我们当做兄弟，甚至更讨厌我们，这使他们觉得自己更像美国人。他们想成为美国人，他们不想对我们说西班牙语。他们已经懂得英语并知道如何行为。如果他们和我们在一起，其他人就把他们当做'湿背人'[6]。所以，他们想方设法回避我们。"（Olsen，1998，p. 36）

> 一位10年级的美籍中国女孩，已在美国生活了几年。她说："我不知道我是谁，我是好的中国女孩吗？我是一个美国女孩吗？当我和朋友们在一起，我

---

〔1〕 作为第二语言的英语——为母语不是英语的学生开设的教授英语的项目和课程。

〔2〕 英语能力不足者——对未掌握英语的学生的描述。

〔3〕 联系与拓展——参考研究：哈佛教育研究生院（Harvard Graduate School of Education，1991，November/December）的《说西班牙语的孩子：帮助他们学习的学校》（Kids who speak Spanish：Schools that help them learn），载于《哈佛教育通讯》（*Harvard Education Newsletter*），第7(6)卷，第1—4页。讨论问题：帮助说西班牙语的学生学习的学校的特征是什么？

〔4〕 联系与拓展——参考杂志：门卡特（Menkart，D. J.，1999）的《深化传统月的意义》（Deepening the meaning of heritage months），载于《教育领导学》（*Educational Leadership*），第56(7)卷，第19—21页。这篇文章讨论学生如果通过传统的食品和节日理解传统文化。

〔5〕 联系与拓展——参考研究：康民斯和米拉缪特斯（Commins，N. L.，& Miramontes，O. B.，1989）的《公认的与实际的语言成分：四位低成就西班牙双语学生的描述性研究》（Received and actual linguistic components：descriptive study of four low-achieving Hispanic bilingual students），载于《美国教育研究杂志》（*American Educational Research Journal*），第26卷，第427—443页。摘要：一项人种学研究调查了四个被视为语言能力不足的使用双语的西班牙学生。研究提供了不同情境中学生的语言运用和能力的数据。数据表明，教学的组织形式限制了学生在两种语言上展示他们的所有才能，而且教师将他们对英语结构的不熟练和缺乏西班牙语词汇解释为概念能力缺乏。然而，在各种不同的情境中观察，可以看到，学生表现出在社会和认知方面运用语言有效地自我表达的能力。

〔6〕 美国口语中指非法进入美国的墨西哥人。译者注。

总觉得会令父母失望，因为我的举止如此美国化，但我也觉得自己永远不是一个真正的美国人。我再也不会感到自在舒畅。"(Olsen, 1988, p. 30)

这两个学生的经历表明使用双语并不仅仅是说两种语言。你必须能够在两种文化中应对自如，能保持自我认同感（Hakuta & Garcia, 1989)。成为双语者和双文化者，就意味要掌握两种文化中交流的必要知识，并应付可能的歧视。作为教师，你不得不帮助学生学习所有这些技能。

成为双语者

较高水平地使用双语，与概念形成、创造性、对语言背景的了解和认知灵活性方面的认知能力的发展相关联。这些发现似乎支持这样的观点，成为双语者不是耻辱，也不要求学生放弃第一语言来学英语(Galambos & goldin-Meadow, 1990; Garcia, 1992; Hakuta & Garcia, 1989; Ricciardelli, 1992)。[1]

学习第二语言不会干扰第一语言的理解。事实上，第一语言使用越熟练的人，掌握第二语言越快(Cummins, 1984, 1994)。如果孩子在蹒跚学步时同时学习两种语言，二三岁之间的进步比较慢，因为他们还不能将所学的两种不同语言区分开来。他们可能会混淆两种语法。但研究者相信，如果孩子有足够的机会接触两种语言，4 岁时就会把两种语言都掌握得很好，如同本族的**单语者(monolinguals)**[2]说得一样好(Baker, 1993; Reich, 1986)。学习第二语言越早，发音就越接近本族人的发音。过了少年时期才开始学习一种新的语言，带有口音则很难避免(Anderson & Graham, 1994)。

熟练掌握第二语言包括两个方面：面对面的交流(即情境化的语言技能)和学术语言的使用，如阅读和语法练习(即去情境化的语言技能)(Snow, 1987)。通过高质量的培养项目，2 到 3 年可以使学生用第二语言进行交流。但要掌握形式化的、学术语言技能则需要 5 到 7 年的时间。因此学生们交谈时能理解第二语言，但用第二语言从事复杂的学习任务时仍会有很大困难(Cummins, 1994; Ovando, 1989)。

双语教育

泛泛而论，每个人都赞同所有公民都应学习本国的官方语言。但学习应何时开始和如何开始呢？这个问题时常困扰着人们，但显然，美国并没有解决这个难题。例如，说西班牙语的学生，即使采用西班牙语教学和测试，他们的分数仍低于对比组(用英语

〔1〕 联系与拓展——联系现实生活：是否美国不断发展的文化多样化使得美国学校的外语学习（如西班牙语）比过去更重要？

〔2〕 单语者——只说一种语言的人。

教学和测试)32 个百分点(Goldenberg，1996，p. 353)。[1][2]

对于不讲英语和英语不熟练的学生，首先教他们用本族语言阅读好呢？还是一开始就用英语教他们阅读？在阅读教学前，是否需要英语的口语练习？学生能说流利的英语之前，是否应采用母语教其他科目？对于这个问题有两种不同观点，它们导致两种不同的教学方法，一种是尽快地转换到英语，另一种是在英语技能完全发展起来以前，努力保持和促进本族语言以及使用本族语言。

赞成“转换”观点的人认为英语应尽快教给学生。如果用本族语教学，学生就失去了学习英语的宝贵时机。目前的大多数双语培养计划都是遵循这个思路。然而，支持母语教学的人士指出了四个重要问题(Gersten，1996b；Goldenberg，1996；Hakuta & Garcia，1989)。第一，迫使学生用不熟悉的语言学习数学或科学，他们一定会遇到困难。如果你刚刚学习第二语言一个学期，就用这种语言教你分数或生物，结果会怎样？一些心理学家相信这样会使学生成为**“半语者”(Semilingual)**[3]——两种语言都未能充分掌握。第二，学生可能由此得到这样一种认识，他们的本族语(连带他们的家庭和文化)是较低等的。从前面两个学生讲述的经历中，就可以看到这种感受的萌芽。第三，学生通过本族语学习的学术内容(数学、科学、历史等等)，当他们能说英语时，这些知识和技能并不会遗忘。

第四个问题正是肯基·哈库塔(Kenji Hakuta，1986)所说的一种荒谬态度：“一方面，崇尚在学校习得双语，并为此自豪，另一方面，鄙视由于迁徙而自然形成的使用双语，或因此而感到羞愧。”(p. 229)具有讽刺意味的是，到学生掌握了学术英语而本族语已衰退的时候，他们升入了高中，并被要求学习第二语言。要使母语和英语都发展得很好，他们不必学习法语一级或西班牙入门，就已会流利地使用两种语言。哈库塔(1986)建议教育系统的目标可以是培养所有学生成为实际的双语者。

从“保持”的观点出发，应该用孩子的母语进行学科教学，同时培养英语能力。支持者确信儿童有权利熟练掌握母语，并完全胜任使用本国官方语言。实现这一目标的一个新方法是让两种不同语言的学生组成一个班级。目的是使两群孩子都能流利地使用两种语言(Snow，1986)。我女儿曾参加过这样的项目，班级是由加拿大魁北克的孩子和美国孩子组成，通过一个夏天的学习，她从此在法语课上名列前茅。有效的双语教育，需要许多双语教师。假如你掌握了另一种语言，你就会在教学中给以充分利用。

---

〔1〕联系与拓展——参考研究：菲尔莫尔和瓦拉德兹(Filmore，L. W.，& Valadez，C.，1986)的《教双语学生》(*Teaching bilingual Learners*)，威特罗克(M. Wittrock)主编的《教学研究手册》[*Hand-book of research on teaching* (3rd. ed.)，New York：Macmillan]，第 648—685 页。

〔2〕联系与拓展——参考杂志：托马斯和科利尔(Thomas，W. P.，& Collier，V. P.，1998)的《两种语言比一种好》(*Two languages are better than one*)，载于《教育领导学》(*Educational Leadership*)，第 55(4)卷，第 23—27 页。这篇文章介绍了从两种语言学习中受益的一个案例。

〔3〕半语者——不精通任何语言；不能有效地说一种或多种语言。

双语项目的研究

在有关双语教育的争论中，很难将政策和实践分离开来。显然高质量的双语教育项目产生了积极效果。学生的进步体现在母语教授的学科中，体现在英语的掌握上，也体现在自尊心上（Grawford，1997；Hakuta & Gould，1987；Wright & Taylor，1995）。作为第二语言的英语（ESL）项目对阅读理解似乎有积极的影响（Fitzgerald，1995）。但今天关注的焦点正由相持不下的争论转向探讨一般的有效教学策略。正如在本书中你将会多次看到的，将澄清学习目标和直接指导必要的技能相结合似乎是有效的（Chamot & O'Malley，1996；Gersten，1996b，Goldenberg，1996）。所谓必要的技能包括：学习策略和技巧；从教师或同伴指导的实践活动发展为独立的实践活动；真实而具有挑战性的任务；集中于学业方面的相互交流和对话的机会；以及教师的热情鼓励。表5.3是一套促进学习和语言获得的教学方法体系，后面几章我们还将论及它们。

表5.3 促进学习和语言获得的方法

在双语和ESL的课堂上，有效的教学包含许多策略——直接讲授、调节、指导、反馈、提供榜样、鼓励、挑战和真实任务。

1. 结构、框架、脚手架和策略

通过“大声思维”和澄清学生的思维内容为学生提供支持。

利用形象的故事图或其他辅助手段帮助学生组织和联系信息。

2. 相关的背景知识和关键概念

提供充分的背景知识和对学生已有的背景知识进行非正式的评价。

关注关键词汇和使用一致的语言。

恰当地融入学生的第一语言。

3. 调节和反馈

针对语义进行反馈，而不要针对语法和发音。

反馈频繁和易于理解。

提供提示和策略。

提问以使学生澄清和扩展最初的观点。

提供学生可以完成的任务。

分配合理的任务，避免挫折。

允许用母语回答问题（只要情境恰当）。

及时发现第二语言获得中的共同问题。

4、参与

确保所有学生积极参与，也包括那些成绩差的学生。

鼓励阐明观点。

5、挑战

内隐的（认知的挑战、利用高层次的问题）。

外显的（合理的高期望）。

6、尊重文化和个体差异，并给予回应。

尊重每个学生个体，给学生的话以回应，尊重文化和家庭，包含文化多样性的知识。

使学生的经验融入写作和语言艺术活动。

将教学内容与学生的生活和经验联系起来，以促进理解。

视差异为宝贵资源，反对文化缺陷的观点。

Source: From "Literacy Instruction for Language-Minority Students: The Transition Years," by R. Gersten, 1996, *The Elementary School Journal*, *96*, pp. 241－242. Copyright © 1996 by the University of Chicago Press. Adapted with permission.

检查要点：课堂中的语言差异

回 顾

课堂中语言差异的来源有哪些？
什么是双语教育？

应 用

教师在课堂上应如何面对不同的方言？

本章中我们讨论了差异的许多方面，那么，教师如何为所有的学生提供充分的教育呢？一种答案是使课堂与学生的文化背景相融合，这样的课堂被描述为文化和谐共存。

建立文化和谐共存的课堂

建立**文化和谐共存的课堂(culturally compatible classroom)**[1]是为了消除种族、性别和民族的偏见，为所有学生提供平等的教育机会。罗兰·撒普(Roland Tharp, 1989)提出："对于课堂的相互作用和学校学业成就方面的文化问题已积累了二十年的资料，学校发生变化，学生的经验和成长也随之改变。"(p. 349)撒普概括了满足学生需要的课堂特征——社会组织、学习方式和社会语言。

社会组织

撒普(1989)指出："教育设计的一个中心任务是形成适合于学生创造、参与和学习的教学与活动的社会组织形式。"(p. 350)这里所说的社会结构或社会组织是指人们为了达到一个特定目的而相互作用的方式。例如，夏威夷社会组织相当依赖于协同合作。一群小伙伴一起玩耍时，年长的孩子常常照顾年幼的孩子，在课堂上，夏威夷男孩、女孩组成三四人的合作活动小组，他们的学习和参与得到促进。教师在特别关注一个小组时，其他小组内的孩子则相互帮助。但在纳瓦霍[2]，同样的组织形式下学生却不能一起活动，社会化使他们变得更加孤独，不和异性一起游戏。教师通过让同性别的纳瓦霍学生组成2到3人的小组，促进了他们彼此帮助。[3]

---

〔1〕 文化和谐共存的课堂——课堂的程序、规则、分组策略、态度和教学方法不与学生的基于文化影响的学习方式和相互作用方式相冲突。

〔2〕 美国最大的印第安部落。

〔3〕 联系与拓展——联系你的教学：麦卡缇、华莱士和林奇(McCarty, T. L., Wallace, S., & Lynch, R. H., 1989, February)的《一所纳瓦霍学校的基于探究的课程编制》(Inquiry-based curriculum development in a Navajo school)，载于《教育领导学》(*Educational Leadership*)，第46(5)卷，第66—71页。

学习方式

一些心理学家发现学生的认知方式存在种族差异。前一章已介绍过学习方式是个体加工信息的典型方式，下面是几个例子。

可能的差异

一些研究结果表明，美籍墨西哥人倾向于场依存型，愿意选择整体的、具体的、社会性的方式学习。由于场独立型与数学成绩相关，如果用通常的抽象和分析的方法教数学，场依存型倾向可能对数学学习造成干扰（Buenning & Tollefson, 1987）。另一些研究者发现，美籍西班牙人倾向忠诚于家庭或群体，而较少独立性。这可能意味着这些学生愿意进行合作活动，而不喜欢与同伴竞争（Garcia, 1992; Vasquez, 1990）。

贝内特(Bennett, 1999)总结了美籍非洲人的学习方式可能与多数学校的教学方式不一致。他们学习方式的特征是形象的或整体的，而不是语言和分析的；他们倾向于推论分析，而不遵循正规的逻辑；他们关注人及其相互之间的关系；喜欢同时精力饱满地参与几项活动，而不愿意按常规、按部就班地学习；他们倾向于大约估计数量、空间和时间；以及更多地依赖非言语交流。为了利用这些学习方式，黑尔-班森（Hale-Benson, 1986）建议对美籍非洲孩子采用以下策略：

用充分的非言语线索、姿势和目光接触。
提供教师和学生的平等“谈话时间”。
强调小组学习和与教师的直接联系。
采用各种学习活动，包括运动、游戏、诗歌和音乐。

美国土著人的学习方式显然也更趋向整体和形象，例如纳瓦霍学生喜欢在讨论故事的情节前先听完整个的故事。教师中途停下来提问，似乎使他们感到奇怪，而且会中断学习过程（Tharp, 1989）。这些学生有时也对通过尝试错误独自学习表现出强烈愿望，但不愿让自己的错误公开（Vasquez, 1990）。

有关美籍亚洲人学习方式的研究很少，可能是因为他们被视为“成功的少数民族”，正如前面所提到的，亚洲文化所传承的许多价值观和态度，如尊敬教师、努力奋斗和坚持不懈等，都促进了学业成就。有的教育者提出，亚洲儿童倾向重视教师的称赞，并愿意在目标清晰、有社会支持的结构中和安静的学习环境中学习（Manning & Baruth, 1996）。但是把亚洲人和美籍亚洲人都看成是从容安静、勤奋和被动的，这样的刻板印象是危险的。苏祖基(Suzuki, 1983) 提出这种认识倾向于“强化顺从而抑制创造性。因此，亚洲学生和美籍亚洲学生通常不去发展大胆表达自己的能力，而被引导到大量从事技术和科学领域的工作。结果，许多亚洲学生和美籍亚洲学生经历家庭或校中断的创伤，自尊心差，过于因循守旧，从而导致其学业和社会性的发展狭隘。”(p. 9)

苏祖基的告诫得到了许多探讨学习方式种族差异的研究者的附和(Yee, 1992)。

慎重对待学习方式研究

在分析这项关于学习方式的研究中，应记住两点，第一，在前一章我们已经看到，一些学习方式研究的有效性受到强烈质疑。第二，识别种族在学习方式和偏好上的差异是否是危险的、种族主义或性别歧视的，这成为今天争论的热点。在我们的社会中，从“差异”观点到“缺陷”观点只有一步之遥。正如前面提到的，对一个种族群体典型学习方式的描述可能正构成了刻板印象的基础(Gordon, 1991; O'Neil, 1990a)。这里我介绍有关学习方式差异的文献信息，是因为我相信只要明智地使用，它们有助于我们更好地理解学生。[1]

然而，假设某个群体中的每个成员都具备同样的学习方式，这是危险和错误的。给教师的最好建议是，敏锐地观察所有学生中的个体差异，促成可行的、适当的学习方式。永远不要根据先入为主的有关种族和民族的假设，对学生的最佳学习方式抱有成见，应去认真了解每一个学生。

社会语言学

社会语言学(sociolinguistic)[2]是有关“文化中的交谈礼节和习俗”的研究(Tharp, 1989, p. 351)。社会语言学的知识有助于你理解有时课堂上出现交流中断的原因。课堂是一个特殊的交流情境，它有一套自身的规则体系，规定了使用语言的时间、方式、对象、主题和礼节。有时学生的社会语言学技能不与教师的期望相吻合。

参与结构

为了成功的交流，学生必须了解有关规则，就是说，他们必须了解课堂用语规则——交流的时间、地点和方式。这并非轻而易举，随着课堂活动的变化，规则也发生变化。有时你必须举手才能提问(在教师讲授过程中)，但有时不必这样(当大家围坐在地毯上讲故事时)；有的时候提问是好的(讨论时)，但在另外一些情况下，提问就不那么受欢迎(老师正批评你的时候)。不同的活动规则被称为**参与结构(participation**

---

〔1〕 联系与拓展——参考杂志：奥尼尔(O'neil, J., 1990)的《把学习方式与文化背景联系起来会造成矛盾》(Link between style, culture proves divisive)，载于《教育领导学》(*Educational Leadership*)，第48(2)卷，第8页。讨论问题：为什么一些教育者反对把学习方式与文化差异联系起来？

〔2〕 社会语言学——研究文化群体内有关交谈的方法、时机、内容、对象和时间跨度的正式和非正式规则的学科。

structures)[1]。这些结构明确了每一种课堂活动的适当参与形式，大多数课堂有许多不同的参与结构。

要在课堂上成为胜任的交流者，学生有时不得不看懂非常微妙的、非言语的线索，这些线索会告诉他们当前哪一种参与结构是有效的。例如，当老师走到教室中间，手撑在腰间，上身向前倾斜，这就是向学生示意要安静下来、看着老师，老师要宣布事情了（Shulz & Florio，1979）。

误解的来源

一些孩子显然比其他孩子更好地理解课堂情境，因为学校的参与结构与他们在家庭里学习的结构相一致。大多数学校的交流规则，与中产阶层家庭的规则接近。因此，来自这些家庭的孩子通常看起来能更好交流，他们了解不成文的规则。来自其他文化背景的学生可能学到的是与学校所期望行为相冲突的参与结构。例如，一项研究发现，夏威夷儿童的交谈方式是你一言我一语的共同讲述一个故事。然而在学校，这种方式被视为“打断”别人讲话。如果一所学校的教师了解到这些差异，使学生阅读小组的活动更像他们家里的交谈，班里年幼的夏威夷孩子在阅读方面会有所提高。

误解的来源可能就在于微妙的社会语言差异，如教师需要给学生回答问题留出多少时间。怀特和撒普(White & Tharp,1988) 发现，当纳瓦霍学生回答问题时停顿一下，英国教师就以为他讲完了，结果，教师经常无意间打断学生。在另一项研究中，研究者发现教师反馈之前等待时间长一些，印第安村落的学生参与得更多。较长的等待也有助于女孩在数学和科学课堂上更自在地参与（Grossman & Grossman，1994）。[2]

即使学生和教师语言相同，但是，如果学生的用语知识与学校情境不符，他们仍会有交流和学习困难。教师可以做些什么呢？教师应使交流规则清晰和显现，尤其对低年级的学生更需如此。不能假设学生知道怎么做，当出现变化时需为学生提供信号线索，解释和演示正确的行为，我曾看到教师向学生解释如何“默读”、“轻声阅读”，他先讲解，然后作示范，“如果我正在和别的孩子一起活动，而你不得不打断我，那么在我能帮你之前，请你静静地站在我身边。”对学生的反馈要保持一致。如果希望学生举手，

---

〔1〕 参与结构——有关如何参与特定活动的正式和非正式规则。

〔2〕 联系与拓展——参考研究：阅读《课堂中的文化差异》(Cultural differences in the classroom)，载于《哈佛教育简讯》(*Harvard Education Letter*，1988，March)，第 2(2)卷，第 1—4 页。这篇文章描述了 KEEP 项目和雪丽健康项目(Shirley Health's Project)。提出了 4 条结论：

1. 相互作用是学习的关键，语言是相互作用的关键。“当两个项目中的教师意识到孩子在家庭里形成的特定的交流和相互作用技能时，他们就根据这些技能改变课堂活动。另外，教师特别表现了对学生语言的尊重。”(p. 3)
2. 学业标准和教师对学生的期望不应该降低。两个项目中在没有贬低孩子们方言的同时，仍然强调标准英语技能。
3. 学校可以与当地的大学、学生父母和其他群体成员联系，以便对学生家庭文化背景了解更多。
4. 通过了解学生的文化背景，教师可以扩展和促进教学技能。在两个项目中形成的新的教学方法被证实对所有学生都是有益的。

就不要让不遵守这个规则的学生回答问题。用这些方法教师将教给学生如何在学校学习。

与文化相匹配的教学法

最近20年里，一些研究着重探讨了那些在教育有色人种学生和贫困学生方面取得成功的教师（Bennett，1999；Delpit，1995；Ladson-Billings，1994，1995；Moll，Amanti，Neff，& Gonzalez，1992）。格洛里亚·拉德森-比林斯（Gloria Ladson-Billings，1990，1992，1995）的研究便是一个很好的例子。她用了三年时间研究了加里福尼学区为美籍非洲人社区服务的杰出教师。她请家长和校长推荐这样的教师，家长推选的教师，不仅尊重家长、激发孩子学习热情，而且理解孩子们要在本族社区和白人世界都能成功的需要。校长推荐的教师没有违规记录、出勤率高和学生测验成绩高。拉德森-比林斯深入分析了由家长和校长共同提名的9位教师中的8位。

拉德森-比林斯根据研究建立了杰出教学的理论，它包含并超出了社会语言学和社会组织的范畴，她称这种教学方法为**与文化相匹配的教学法（culturally relevant pedagogy）**[1]，它基于三个命题。

学生必须体验学业的成功

“尽管当前存在社会不平等和不良的课堂环境，但学生必须发展他们学科能力。能力发展的途径是多样的，但所有学生需要具备基本的读写、运算、技术、社会和政治方面的能力，以便成为民主社会中的积极参与者。”（Ladson-Billings，1995，p. 160）。

发展和维护学生的文化特长

随着学生学业能力的提高，他们仍保持着自己的文化特长。“教师利用学生的文化作为学习的工具”（Ladson-Billings，1995，p. 161）。例如，一位教师用敲击乐教学生诗歌中字面含义、比喻、旋律、韵律和拟声。另一位教师，从社区请来一位以做甘薯饼手艺出名的专家，让他和学生们一起活动。活动包括探究乔治·华盛顿·卡弗（George Washington Carver）[2]的甘薯研究、味道测试的数量分析、销售甘薯饼的市场计划，以及成为一名厨师所需要的教育准备。

形成挑战现状的批判意识

除了保持文化特长和发展学业能力之外，杰出教师还帮助学生“发展广泛的社会

---

〔1〕 与文化相匹配的教学法——培养少数民族学生的有效教学法，它包括使学生取得学业成就、发展和保持文化特长和形成挑战现状的批判意识。

〔2〕 译者注：乔治·华盛顿·卡弗（George Washington Carver，1864—1963）是美国植物学家、农业化学家和教育家，他开发出花生、大豆和甘薯的几百种用途。

政治觉悟，使他们对产生和固守社会不平等的社会常规、价值观、习俗和制度给予批评”(Ladson-Billings，1995，p. 162)。例如，一所学校的学生对使用过时的课本感到不满，他们动员大家调查那些允许中产阶层学生使用新课本的支出款项，然后给报社编辑写信，质疑这些不平等的现象，并从其他来源获得新的信息更新课本内容。

拉德森-比林斯(1995)注意到许多人说以上三个原则是教学的起码要求，她同意这样讲，但感到疑惑的是，“为什么在美籍非洲学生的课堂上却很少落实这些原则”(p. 159)。

检查要点： 建立文化和谐相容的课堂

回 顾

文化和谐相容课堂的要素是什么？
什么是与文化相匹配的教学法？

应 用

参与结构如何影响学生在课堂上的学习？
教学中你如何达到基本目标？

综合应用：教学面向每一个学生

本章的目的是为你描述今天和未来学校的多样化，帮助你迎接在多元文化课堂教学中遇到的挑战。你如何理解学生的所有文化？如何应对多种不同的语言？这里介绍三条一般的教学原则，以便引导你回答这些问题。

了解学生

阅读一章有关文化差异的内容并不足以使你理解所有学生的生活，如果你再学习其他课程或阅读其他文献，我非常赞同。但是只是阅读和学习仍然不够，你应该了解学生的家庭和所属的社会群体。埃尔巴·雷耶斯(Elba Reyes)是一位成功的特殊儿童的双语教师，她介绍了自己的做法：

> 通常我发现如果你真想了解一位家长，就要到他的环境中去，这对于信任和理解家长的观点很关键。首先，了解他们所处的群体社会，熟悉当地的杂货店在哪儿、学生放学后做什么。然后，计划在家长方便的时候家访……家庭环境并不总是带来失败，有时我观察孩子在家里做得很成功，比如骑车或帮助做晚饭。(Bos & Reyes，1996，p. 349)

尝试与学生和家长一起开展校外活动，请家长向学生们介绍他们的工作、爱好或自己民族的历史和传统。在低年级，不要等到学生有问题时才去约见家长。观察和倾听学生在不同规模的小组中的交往方式。让学生给你写信,并给他们回复,和一两个学生一起吃午饭,教学之外也花一些时间与学生相处。

尊重你的学生

应尊重学生的学习潜能——他们能迎接挑战和克服障碍。对一个孩子来讲,得到真诚的接纳是发展其自尊心的必要条件。自尊心和自豪感是一个人学生生涯的重要收获。有时也许是由于对主导文化价值、成就和历史的强调,少数群体学生的自我印象和职业愿望实际上在上学的最初几年就已降低。教师可以通过介绍某个民族的成就,或课堂上介绍他们的文化(以文学作品、艺术、音乐或文化知识的形式),帮助学生保持对自己文化的自豪感。文化整合必定不限于某个民族的饮食或服饰,学生应学习各种群体在社会和智慧上所做的重要贡献。有许多极好的参考资料为不同文化群体的学生提供了背景信息、历史和教学策略(如 Banks, 1997,1999; Bennett, 1999; Ladson-Billings, 1995)。[1]

教你的学生

对学生来讲,你能做的最重要的事情是教他们读、写、说、计算、思考和创造。然而,对于低社会经济地位和少数群体的学生来说,学习的目标往往停留在基本技能上,只是教他们学习词语和发音,而教师认为故事的含义要留到以后再去讲。纳普、特恩布尔和希尔兹(Knapp、Turnbull & Shields,1990)提出了这样的建议:

> 请自始至终以含义和理解为中心——例如,教学应定向为篇章的阅读理解,书面交流重要的观点,以及理解数据事实背后的概念。
>
> 从学习开始就注意在常规的技能学习和新颖而复杂的任务之间求得平衡。
>
> 为技能学习提供情境,以明确学习这些技能的原因。
>
> 改变有关学业课程内容、技能和知识方面的态度和信念。
>
> 消除课程中不必要的冗余环节(如年复一年的重复同一个数学技能的教学)。

最后,直接告知孩子做学生的基本要求。在低年级可以直接讲授课堂的礼貌和规则:如何依次发言、何时和怎样打断教师、如何低语、如何在小组中得到帮助,以及如何作出有益的解释。高年级教师要教给学生适合各科的学习技巧。你可以请学生学

[1] 联系与拓展——参考杂志:米多伯奇(Midobuche, E.,1999)的《课堂中的尊重:一位教美籍墨西哥学生的教师的反思》(Respect in the classroom: Reflections of a Mexican-American educator),载于《教育领导学》(*Educational Leadership*),第56(7)卷,第80—83页。讲述了一个讲西班牙语的孩子在全英语环境中的早期学校经历。

习"我们在学校如何行为",而不违犯尊重学生的原则。在学校里提问题的方式可能与在家里围坐在餐桌旁提问题不同,但学生可以学会两种方式,而不考虑孰优孰劣。下面的指南提供了更多的指导。

指南:与文化相匹配的教学法

尝试各种分组安排,鼓励关系和谐与合作。

举例:

1. 尝试结伴学习。
2. 组成四五个人的异质小组。
3. 高年级学生建立规模较大的团队。

提供各种方法,使学习内容与学习方式相适应。

举例:

1. 提供不同阅读水平的文字材料。
2. 提供各种可视资料——图、表、模型。
3. 提供录音带和录像带。
4. 组织活动和项目。

直接教授课堂程序,即使你认为每个学生都知道的行为方式。

举例:

1. 告诉学生如何唤起老师的注意。
2. 解释如果需要帮助,何时和怎样打断老师。
3. 说明哪些资料学生可以随意使用,哪些需要征得获准。
4. 向学生示范如何适当的表达对其他同学观点的不赞同或质疑。

了解学生不同行为的含义。

举例:

1. 询问学生,当你肯定和表扬他们时,其感受如何,是什么给他们这样的信息?
2. 与家长、社区成员和其他教师交谈,探明你不熟悉的表达方式、姿势或其他反应的含义。

在教学中强调意义理解。

举例:

1. 确保学生理解他们所读的内容。
2. 尝试不需书面材料的方式,如讲故事等等。

3. 用例子把抽象概念和日常生活经验联系起来，比如，把负数与账单上的透支相联系。

去了解学生的习惯、传统和价值观念。

举例：

1. 利用假日机会讨论传统的来源和涵义。
2. 分析同一事件中不同的传统。
3. 参与社区的事务和节日活动。

帮助学生鉴别种族主义和性别歧视。

举例：

1. 分析课程资源的偏见。
2. 学生作为“偏见侦探”分析媒体的观点。
3. 分析学生表达偏见的方式，讨论面对它时应怎么办？
4. 分析诸如反犹太人这样的偏见的表现。

总结

今天的多元文化课堂

区分“熔炉”和多元文化主义

统计数据表明美国社会的文化差异正在不断加大。旧观点——少数民族群体和移民应丢弃他们的文化特征，在美国的熔炉中完全被同化，否则被视为文化缺陷，这种观点正在被新观点所取代。新的观点强调多元文化、教育机会平等、文化差异的价值。

什么是多元文化教育？

根据多元文化的理想，美国社会将成为价值多样化的社会。詹姆斯·班克斯(1999)提出多元文化教育有5个维度：整合内容；帮助学生理解知识如何受到信念的影响；减少偏见；在学校建立支持所有学生学习和发展的社会结构；以及应用使所有学生受益的教学方法。

什么是文化？

文化的定义很多。大多数定义包括某个特定群体中引导人们行为的知识、规则、传统、态度和价值观——文化是一种生活的规则。每个人都是许多不同群体的成员，这些群体可以根据地域、国家、民族、种族、性别、社会阶层和宗教的不同来划分。一个特定团体中的成员身份并不决定行为或价值观念，而使得某种价值观念或某些行为更可能出现。每个群体内都存在广泛的差异。

社会阶层差异

什么是SES?

社会经济地位(socio-economic status,SES)是社会学家用于描述财富、权力、威望方面差异的一个术语。社会经济地位是由几个因素决定的，而不只是受收入多少的影响。而且社会经济地位的作用常常超过其他文化差异。虽然在美国大多数贫困儿童是白人，但美籍非洲儿童和美籍西班牙儿童中生活在贫穷中数目远远大于平均水平。

SES与学校学业成就的关系如何?

SES和学业成就之间关系密切。低SES学生可能承受不良的健康护理、教师的低期望值、低自尊心、习得无助、陷入反叛文化、学校分层教学以及家庭环境和教养的不足等问题。一项令人惊讶的研究结果是，经过一个暑假的校外生活，低SES的儿童学习严重下滑，而高SES儿童不断提高。

民族和种族的差异

区分民族与种族

民族(文化方面传承的行为)和种族(生理上遗传的特质)是人们用以描述自己和他人的重要的社会类型。少数群体(数量上的或历史地位上的)在美国的人口中迅速增长。

民族对学校成绩的影响

群体之间的冲突可能引发自基于不同文化的信念、价值观念和期望差异。在某些文化中，学生学习的态度和行为与学校所希望的更为一致。民族群体间在认知和学业能力上的差异，主要是受种族隔离、长期偏见和歧视的后遗症的影响。

区分偏见、歧视和刻板印象威胁

偏见是关于某一类人的固执和非理性的概括，偏见可能针对某个特定的种族、民族、宗教、政治、地理或语言群体，也可能针对性别或个体的性别取向。歧视是一类特定群体受到的不平等待遇。刻板印象威胁是指个体承受一些额外的情感和认知负担，即担心他在某个情形下的表现会强化一些人对自己所持有的某种刻板印象。

男生与女生：课堂中的性别差异

什么是性别角色认同?

性别角色认同是每个人对自己作为男性或女性在性格方面的设想和想像，它是自我概念的一部分。持有“女性”认同的人，对自己与女性相联系的性格评价高，如敏感、热情，而对传统上与男性相联系的性格评价低，如强健的和富于竞争性的。多数人根据性别类型的观点看待自己。然而，一些儿童和成人性别角色混合，他们自我评价时既看重男性特质，又看重女性特质。

性别角色认同如何发展?

家长和教师对待男孩和女孩采取不同的行为方式，首先是考虑了生理的原因。孩子通过与家庭、同伴、教师和环境的相互作用，开始形成了性别图式或什么是男性和女性的有组织的知识网络。研究表明，在学龄前期就开始存在性别角色刻板印象，继而演变为学校课程中的性别偏见和课堂上的性别歧视。教师常常无意识地使这些问题不断延续下去。

是否存在认知能力的性别差异?

一些智力测验和标准化学业测验表明，存在性别间的差异，尤其在语言、空间能力和数学方面。有研究探讨差异的原因，结果表明学业社会化和教师在数学课上对待男生和女生的态度确实起到了一定作用，除此之外还未得出最终的结论。教师可以采取许多策略减少性别偏见。

课堂中的语言差异

课堂中语言差异的来源有哪些?

学生间的语言差异包括方言、使用双语和基于文化的交流方式。方言不是低等的语言，应该受到尊重。但为了学术内容应教标准英语。

什么是双语教育?

双语学生的第一语言不是英语，英语作为他们的第二语言。他们的英语熟练程度有限，而且必须常常面对关系到两种文化的社会调整问题。如何最有效地帮助双语学生掌握英语？对此有许多争论。研究显示最好的途径是不强迫学生放弃他们的第一语言。第一语言越熟练的学生，掌握第二语言越快。学会使用一种新的语言进行学术交流需要 5 到 7 年的时间。

建立文化和谐相容的课堂

文化和谐相容课堂的要素是什么?

文化和谐相容的课堂是没有种族主义、性别歧视和民族偏见的,它为所有学生提供平等的教育机会,课堂活动的维度是社会组织、学习方式和参与结构。教师必须避免基于文化的学习方式的刻板印象,必须认识到并不是群体中的每个成员都具有同样的方式。由于社会语言方式和技能的差异,课堂上的相互交流可能中断。教师可以直接讲解适当的参与结构,并敏锐发现与文化相关的交流规则。

什么是与文化相匹配的教学法?

格洛里亚·拉德森-比林斯建立了杰出教学的理论,它包含并超出了社会语言学和社会组织的范畴,她称这种教学方法为"与文化相匹配的教学法",她对教学的论述基于三个命题:学生必须体验学业的成功、发展和维护学生自身的文化特长和培养挑战现状的批判意识。

综合应用:教学面向每一个学生

教师如何创设一个适合所有学生学习的课堂环境?

为了创设兼容多元文化的课堂,教师必须了解和尊重所有学生,对他们抱有高期望,以及教给他们获得成功所需要的东西。

走向专业化

反思

你能否应用本章关于文化和社会的理论解决以下实际问题?

小学和中学

在你的班上,有几位学生来自本区的公共住房项目,显然许多方面他们不如其他学生。你注意到这些学生似乎从来不和班上其他同学一起学习或游戏。你将怎么做?

在你的班上,使用非英语的学生数量每年都在增加,今年班中的学生说四种其他语言,而你对每一种语言的了解极其有限,只会 5 个左右的语句,学校的资源也非常有限,选择一个具体的教学主题,谈谈你针对英语不熟练学生如何进行教学?

初中和高中

一天，你注意到班上大多数开口讲话的是男生，特别是在提高班上。只是出于好奇心，你开始每天记录男生和女生发言和提问的人数，你惊奇地看到，你的第一印象是对的。那么，你将如何更多鼓励女生积极参与？

由于某些原因，你所在学校发生了几件种族冲突的事件，每一件都令人不快，而且似乎不断升级。为改善这种状况，在班级里你将做些什么？

认证测验要求

了解多元文化教育的基本维度。

了解偏见与歧视的区别。

熟悉与文化相匹配的教学法的三个命题。

熟悉有关教师与不同性别学生相互作用差异的研究。

你的个人教学档案

你对多元文化教育的看法如何？对分层教学的看法如何？将你的观点放入档案库的“教学哲学观”中。

将你对整合多元文化素材的想法放入档案库。

教学资源

将表 5.4 放入你的教学资源文件中。

利用“与家庭和社区建立合作关系指南”，讨论家庭应如何帮助学生在家中学习。

教师案例簿

他们会怎么做？

本章开头描述了一个“白人女孩俱乐部”的问题情境，下面是几位教师对此作出的回应。

CAROLYN ELY PARHAM

Second Grade Teacher

Conway Elementary School, Ladue (St. Louis), Missouri

我首先要做的是，在课程里加入一些有关尊重和欣赏人与人不同的内容。对于二年级的孩子，一个好的选择是，大声朗读海伦·莱斯特(Helen Lester)的《塔基》(*Tacky*)和它的续篇《为塔基欢呼三声》(*Three Cheer for Tacky*)。读后，围绕人与人的差异进行讨论。可以安排大量"我有什么特别之处"的活动。这样一个活动可以是一场围绕这个主题的读者或作者专场。对这么小的一群孩子而言，可以编一本班级画册，让每个孩子用其中一页去描绘自己的独特之处。还可以设立"每周一星"布告栏，每个孩子都会成为一周的明星，这一周里，布告栏将展示他或她的独特兴趣和爱好。开展这些活动会使孩子们意识到每个人都有与别人不同的地方，而那恰好是我们每一个人的特别之处。

我会在不同的班级活动中，提到那位新来的学生，也许有时让她十分突出(比如，让她回答问题、清洁白板或用她的名字讲故事等)。如果需要，以后在班会时间我将重提那些主题活动。活动中我将提出这个富有挑战性的问题，鼓励全班解决问题。例如，我会讲：今天休息时我看到一个学生独自坐在操场上，如果那个孩子就是你，你心里怎么想？如果你看到另一个孩子孤独地坐着，为帮助那个孩子你会做些什么？或者举另一个例子：我今天在学校听说有一个俱乐部，并不是所有人都可以参加，这公平吗？如果有个男孩俱乐部，你觉得怎么样？或者叫二年级俱乐部，在学校是否应该组织这种不是每个人都可以参加的俱乐部？为什么？

最后，如果以上建议都没有消除学生的"排斥"行为，我会找他们单独谈话，这时将与家长和学校咨询专家取得联系。

REV. EDWARD MELI, MSC

Teacher, Sacred Heart High School

Hagita, Alotou, Milne Bay Province, Papua New Guinea

(问题情境变为一个白人孩子来到新几内亚孩子的班级里)

了解到"迈尔海湾女孩俱乐部"和那个新学生的孤独和孤立无援之后，我打算调查那个俱乐部，与俱乐部里带头的学生交谈，了解她们的成员标准。如果发现俱乐部排斥非迈尔海湾省学生，我将会鼓励她们改变成员标准，使它接纳任何学生，而无论他们的民族或肤色如何。

我要向她们解释，每个人都拥有尊严、自由和受尊重的权利。在新环境中，人们需要被接纳和获得安全自在的感觉，俱乐部应给这样的人提供服务，我将鼓励俱乐部把新学生吸收为她们的成员，给她支持。我还鼓励学生团结在一起，因为他们有一个共同的目标：学习。

JENNIFER HUDSON THOMAS

Armidale High School, Armidale, Australia

孩子很小，这样的歧视观点一定是来自家庭和群体的态度，也许冷静评价群体对种族和文化差异的态度是有意义的，我将采取一种迂回的方法来提高学生的认识和理解，确保必要的态度转变，以很好地接纳新来的学生。具体做法是这样：

如果可能，围绕社会价值差异的主题，请家长和更广泛的群体参与共同搜集资料和交流信息的活动。

开展关于多样性的单元教学，了解有关民族、宗教、社会和残疾群体的异同。

寻找新学生的长处，以此向学生们证实她是非常有价值的班级成员和参与者。

课上尽可能多地利用小组教学和合作学习的方式，使新学生轮流进入不同的小组，确保她在组内扮演鼓励交流和相互作用的角色。

随时使学生了解：我看重、欣赏和喜欢包括新学生在内的每一个学生。

对于大一些的学生，一个更直接的方法可能更有效。利用个案研究或角色扮演的活动，其中涉及到许多个人关系和个人问题，小组里可开诚布公地讨论个人的感受。

PAM GASKILL

2nd Grade Teacher

Riverside Elementary, Dublin, Ohio

虽然乍看这是一个很难的问题，但事实上，它可能成为一个很好的机会，可以利用它帮助学生获得有价值的认识，学会容忍和接受他人。很可能这些学生很少或没有机会接触与她们不同的人，她们的行为更可能是不敏感的结果，而不是出于有意排斥。我要做的第一步是，立即阻止"白人女孩俱乐部"，告诉那些女孩，我们学校不接受那种排斥他人的群体，因为这会伤害他人情感。然后我会和全体同学一起进行一系列的活动，帮助她们发展对人与人异同的意识，形成对差异的尊重，以及对他人情感的敏感。

彼得·施皮尔(Peter Spier)的儿童读物《人们》(*People*)为我们讨论全人类共同的特征提供了一个极好的起点。书中每一页都配有彩色的卡通插图，帮助孩子比较人类的不同特征。例如，其中一页指出所有人都有头发(眼睛、鼻子、皮肤、语言、服装等等)，但头发又是有差异的。在这样的情境中，当请孩子考虑自己的与众不同之处时，他们显然能够坦诚、自如地回答。我相信每个孩子不仅感到新学生的独特价值，而且开始理解班上的每一个人都是独特的。

另外，精心划分共同完成课堂练习的小组很有帮助，确保把新学生与热心的、乐于接纳他人的学生分在一起。对这个组的积极表现给予表扬，会鼓励其他学生也采取类似的做法。既然全班所有同学共同体验了上述经历，那么，如果需要的话，提及他人情感和对相互差异的赞赏应是非常有意义和有帮助的。但愿我们不仅仅只是解决了一个学生被排斥的问题，而是提高大家对他人情感的敏感度和对彼此不同的接受程度。

KELLY HOY
Third Grade
Faber Elementary School, Dunellen, NJ

如果这件事发生在我的班上，我会立刻采取措施。第一，我与“白人女孩俱乐部”的学生谈话，了解到底是怎么回事。我不会以命令的方法表达看法，而是把它作为一个机会，与学生非正式地交谈，可能在闲谈中说出意见，对排斥小组或俱乐部发出了一个信号。无论如何，我要建立一种允许新学生更多参与和交流的班内关系。许多活动中看不到这个新学生，她独自在图书馆和一个人玩，这些情况需要我们关注。我会安排休息时的活动，使得她能够参与到活动中，甚至成为中心。我也会请这个女孩和几个特意挑选出来的学生，放学后一起帮助我做一两件事，再一次鼓励积极的相互交往。

我还与学生们定期举行题为“生活中的教训”的活动，它围绕“是非”问题。我创设一个假定的情境，其中一位学生受到不公正待遇。全班分成小组，请他们谈在这种情况下的感受，什么是对的。然后，我们归纳一条生活的教训。我的学生做得很好，他们确实知道什么是对的、什么是错的。

而当前的情况是一个自然学习的机会，当中可以教学生容忍、敏感、多样性和民主。我教的三年级学生已为学习和讨论这些问题做好了准备。事实上，这些正是社会学习单元可能涉及的问题。通过这个问题可以帮助学生成长，使他们对不同种族和信仰的人们更加敏感。我并不过分担心，相反我把这个事件看做是一次以自然的方式教给学生民主和价值观的机会。

第六章 学习的行为主义观点

当你被带进诊室时，血压会不会升高？当你穿了一件新衣服而被恭维后，你是否发现你会经常穿那套衣服？当你讲的笑话冷场时怎么办？你以后还会讲这个笑话吗？如果你看见有人严厉地谴责上课看报纸这种行为，你还可能在那节课上看报纸吗？你觉得学习会对你回答这些问题有影响吗？下面，我们将用4章的篇幅来讲述学习及其应用。

我们从学习的一般定义开始，并考虑各种理论派别不同的看法。本章中我们强调行为主义理论，在第七、八章介绍另一个主要的理论派别，认知理论。然后在第九章我们将介绍当前的社会文化和社会认知观点。

我们在这一章将集中讨论三个行为学习过程：邻近、经典性条件和操作性条件，而最后一个过程是讨论的重点。在考察了教学的应用行为分析的含义之后，我们将讨论两个最近关于学习的行为研究方法上的新方向——自我管理和认知行为调整。

当你学完这一章后，你应该能做到：

- 定义学习。
- 比较邻近、经典性条件、操作性条件，并且可以分别举例说明。
- 可以举例说明4种不同的行为结果，及其对今后行为的影响。
- 选择一个普通的学业或行为上问题，应用行为分析设计如何将其改变。
- 在你的课堂里适当地应用团体效应、代币强化方案和暂时契约方案。
- 比较自我管理和认知行为调整的不同。

你会怎么做？

教师案例簿

你将被聘为一个班的班主任，因为原来的老师搬走了。这是该大地区内一所很好的学校。如果你做得好，明年秋天可能就会是一个全新的开始。当你被领着熟悉校园时，你看到的是许多同情的表情，听到很多人说："需要帮助的话,请找我。”

当你去上课时,开始明白为什么那么多人要主动地提供帮助。还走在半路上,你就听到堆满书的桌子撞在地板上的声音,紧跟着是尖叫,“还我,那是我的!”“休想——来拿啊!”“我恨你!”第一天像一个噩梦。显然以前的老师对它完全失控。当你在向全班讲话时,几个学生在教室里走来走去;当你和某个小组讨论时,又有几个学生来打扰你;他们折磨班里养的金鱼,打开他们的(或是其他同学的)午饭,私自决定要在上午加个餐。其他人都在听,而某个学生却问了上万个无关的问题。简单的点名和介绍第一项活动花了一个小时。第一天结束时,你已经精疲力竭,失望之至,失去了嗓音和耐心。

- 你将怎样面对这种情形?
- 你将先解决哪个问题?
- 在这种情况下实施奖励或惩罚有用吗? 为什么?

理解学习

当听到“学习”这个词时,我们中大多数人想到的是读书、学校,要学的科目或技术,诸如代数、西班牙语、化学或空手道,但学习并不局限在学校。我们生命中的每一天都在学习。婴儿们练习踢婴儿车上的横梁使车移动,十几岁的孩子们学他们所有喜欢的歌的歌词,像我一样的中年人学着改变他们的饮食和锻炼习惯,每过几年我们都发现一种新款衣服流行起来,而我们喜欢的旧款式已经落伍了。最后的一个例子表明学习并不总是有益的。我们并没有试图喜新厌旧,但常常在那样做。我们并没打算在看到牙医将努夫卡因推进注射器或上舞台时紧张,但大多数人确实会紧张。那么这种称为学习对人的行为有着强大影响的现象是什么呢?

学习:定义

从广义上说,当经验引起个体知识或行动上相对持久的变化时,**学习(learning)**[1]就发生了。这种变化可能是自觉的,也可能是不自觉的;可能是好的,也可能是不好的。这种变化必须是由经验引起的——人与环境的相互作用。生理变化,像长高或头发变白,不能称为学习。由于疾病、衰弱或饥饿导致的脾气改变也不在学习定义之内。一个两天没有进食的人不是“学习”饥饿,一个生病的人也不是“学习”跑得很慢。当然,学习部分地影响着我们对饥饿或疾病的反应。

我们的定义指定学习导致的变化是个体知识或行动上的。大多数心理学家都会同意这种说法,只是一些更强调知识上的变化,另一些更强调行动上的。认知心理学

〔1〕 学习——由经验引起知识和行为上的持久性变化的过程。

家，即那些更强调知识变化的，相信学习是内在的智力活动，只是不能被直接观察到。在下一章中你将看到，研究学习的心理学家对无法观察到的智力活动如思考、记忆、问题解决等很感兴趣(Schwartz & Reisberg，1991)。

另一方面，在本章中讨论的心理学家们，支持**行为主义学习理论(behavioral learning theories)**[1]。行为主义的观点通常认为，学习的结果体现在行动的改变上，并强调外部事件对个体的影响。一些早期行为主义者如华生的基本观点是，因为思考、注意和其他内在的智力事件不能被看到或严格科学地研究。这些"精神主义的东西"，正如他所称呼的，甚至不应该被包括在学习的解释中。在深入的探讨学习的行为解释之前，让我们先走进一个实际的教室看一下学习可能的结果。

学习并不总是"表里如一"

伊丽莎白开始她单独教书的第一天。在与一个老师合作教一个八年级的社会学习班几周之后，她准备接手了。当她从办公桌后站起身走向教室前台时，她看到一个成年人出现在教室门口，是诺思先生，她的大学督学。她的脖子和面孔肌肉突然紧张起来，手也开始发抖。

"我顺道来看看你怎么教学。"诺思先生说，"这将是我要做的六次观察中的第一次。我本打算昨晚告诉你的。"

伊丽莎白试图掩饰她的紧张，但当她整理讲义时手仍在发抖。"今天让我们从一个游戏开始吧。我说一些单词，然后请你们告诉我你们第一时间想到的词语。不必举手，只要大声说出词语，我将把它们写在黑板上。但请一个个地说。好了，第一个单词：奴隶制。"

"南北战争"、"林肯"、"自由"、"《解放宣言》"答得很快。看到学生们理解了游戏，伊丽莎白放松了一些。"很好，"她说，"下一个：南方。"

"南卡罗来那州"、"南达科塔族"、"南街港口"，"不是，同盟，你这笨蛋"，"《乱世佳人》"、"克拉克·盖博"，随着这个回答，班上发出一阵笑声。"克拉克·盖博，"伊丽莎白做梦般地叹了口气，"《乱世佳人》上礼拜在播放。"接着她也笑了。一会儿全班都笑了。"好了，安静下来。下一个：北方。"

"保加利亚"，大家继续笑。"黄色的"，更大笑声和一些怪表情。

"暂停，"伊丽莎白说道，"这些可有一点儿离题了。"

"离位？垒球。"第一次提到"克拉克·盖博"的男孩喊到。他站起来学若格·克雷姆思的风格开始向后方的一个朋友扔纸团。

"亚特兰大的勇士！""不，梅特涅。""露天广场"、"热狗"、"爆米花"、"家庭录影带"、"《乱世佳人》"、"克拉克·盖博"，反应太快了，伊丽莎白根本来不及阻止。因为

[1] 行为主义学习理论——对学习的解释是把外部事件作为可观察行为变化的原因。

某种原因，全班第二次哄堂大笑。伊丽莎白突然认识到已经失控了。

"好吧，既然你们对南北战争了解这么多，请关上书，拿出笔。"伊丽莎白说道。显然生气了。她没有遵循事先作好的一个开卷合作社社员的计划。"20 分钟的小测验。""您事先没通知我们！""这不公平！""我还没看课文呢！""我又没有做错什么！"即使最成熟的学生，也作出奇怪的表情和呻吟。"我要举报你，这是侵犯学生权利的！"这个评论很有力量。全班刚讨论完人权宣言，作为南北战争这单元的准备。当她听到这些抗议，她感到很可怕。她将如何进行这项"测验"呢？第一部分包括南北战争期间发生的事件，第二部分让学生们设计一个新型节目采访被战争伤害的普通人。"好吧，好吧。这不是一个测试，但你们必须完成这个问卷。我允许你们商量，但今天早上的行为告诉我你们还不具备小组学习的资格。如果你们能安静认真地完成第一部分，你们就可以一起做第二部分。"伊丽莎白知道她的学生喜欢一起写新闻采访节目的广播稿。

看起来，至少在表面上，有一种小的学习正在伊丽莎白的班上发生。实际上，伊丽莎白有一些好办法；但她在应用学习原则中也犯了一些错误。我们一会儿将回到这一章的小插曲来分析发生的各种可能。开始之前，有三件事必须提出来，每一件事可能涉及一个不同的学习过程。首先，当大学督学进教室时伊丽莎白的手在发抖。第二，学生们能将南卡罗来那和南达科塔族与南方联系起来。第三，一个学生用不适当的反应继续打扰教学。这三个学习过程可以描述为：经典条件反射、邻近条件反射和操作条件反射。以下几页中我们将解释这三种学习，从邻近条件反射开始。

早期对学习的解释：邻近和经典条件反射

亚里士多德做过最早的关于学习的解释。他说当事件（1）相似，（2）相冲突或（3）相邻近时我们将它们记忆在一起；最后一个原则最为重要，因为它包括了联想学习的所有解释。**邻近（contiguity）**[1]原则表现在无论何时两个以上的事件连续发生的频率足够高时，它们会被记忆在一起。后来，当这些事件（**刺激（stimulus）**[2]）的一个发生时，其他的会被记起来（**反应（response）**[3]）（Rachlin，1991；Wasserman & Miller，1997）。

一些邻近学习的结果发生在伊丽莎白的班上。当她说南方时学生们说出了南卡罗来那和南达科塔族。他们曾多次听到那些词连在一起。其他的学习过程也可能包括在学生们学习这些短语时，但邻近是一个因素。扩展在另一个众所周知的称为经典条件反射的学习过程中同样起着重要的作用。

---

〔1〕邻近——把两个重复成对出现的事件联系在一起。
〔2〕刺激——引起行为的事件。
〔3〕反应——对刺激产生的可观察的回应。

巴甫洛夫的困惑和发现：经典条件反射

经典条件反射(classical conditioning)[1]建立在自然情感或生理的反应基础之上，例如恐惧、心跳加快、分泌唾液、出汗。有时被叫做**反射(respondents)**[2]，因为他们是对刺激的机械反应。通过经典条件反射的过程，人类和动物可以被训练得对某种以前无关——或几乎没有什么联系的刺激作出不自觉的反应。这一刺激自动地引发或导致反应。

经典条件反射是由俄国生理学家伊瓦·巴甫洛夫在19世纪20年代发现的。在实验室中，巴甫洛夫被关于狗的消化系统试验中的一系列挫折所困扰。他试着确定狗从进食到分泌唾液所需的时间。但这个间隔不断变化。起初，狗按照所期望的在进食过程中分泌唾液。后来，一看见食物就分泌，最后，当它看见研究人员进入房间就分泌唾液。实验者的白色衣服和他们的脚步声都引起唾液分泌。巴甫洛夫决定在他的原始实验上走一个弯路，检验这些在他的实验中没被期望的干扰因素。

在他的第一批实验中的其中一个实验里，巴甫洛夫通过使一个调音叉发出声音开始，记录一只狗的反应。跟预想的一样，没有唾液分泌。在这个时候，调音叉的声音是一个**中性刺激(neutral stimulus)**[3]，因为它没有引起唾液的分泌。然后巴甫洛夫喂这只狗食物。狗的反应是分泌唾液。因为先前没有训练或者使食物和唾液分泌建立自然连接的条件，食物就成了一个**无条件刺激(unconditional stimulus, US)**[4]。又因为唾液分泌是自动产生的，不需要任何条件，所以唾液分泌就成了**无条件反应(unconditional response, UR)**[5]。

使用这三个组成部分——食物，唾液分泌和调音叉——巴甫洛夫证明了一只狗可以被训练在听见调音叉的声音后分泌唾液。他通过连续的声音和食物组合做到了这一点。在实验的开始，他使音叉发出音调，然后迅速地喂狗食物。在巴甫洛夫如此地重复几次后，狗在听到音调后吃到食物前就开始分泌唾液。现在音调变成了一个能够引起唾液分泌的**条件刺激(conditional stimulus, CS)**[6]。在音调后的唾液分泌反应现在就成了一个**条件反应(conditional, response, CR)**[7]。

泛化，区别和消退

巴甫洛夫的研究也辨别了在经典条件中另外三个过程：泛化，区别和消退。在狗

〔1〕 经典条件反射——陌生刺激引起自动的无意识反应。
〔2〕 反射——由具体刺激引起的反应(一般是自动的，无意识的)。
〔3〕 中性刺激——不和反应相连接的刺激。
〔4〕 无条件刺激——使自动产生情感或生理反应的刺激。
〔5〕 无条件反应——自然发生的情绪或生理反应。
〔6〕 条件刺激——在条件作用后激发情绪或生理反应的刺激。
〔7〕 条件反应——学习到的对先前中性刺激的反应。

学习到听到一个特殊的声音就分泌唾液后，它们在听到相似的稍微的高点或低点的音调也会分泌唾液。这个过程就叫**泛化(generalization)**[1]，因为这个分泌唾液的条件反应被一般化了或者说在相似的刺激出现时这一反应也出现。巴甫洛夫也能让狗作出**辨别(discrimination)**[2]——只对一个音调而不是相似的音调发生反应——通过总是在一个音调后给食物，而不是其他的音调来强化。而当一个条件刺激物(一个特殊的声音)反复出现，但不马上给无条件刺激物(食物)，**消退(extinction)**[3]便发生了。条件反应(唾液分泌)逐渐消退，最后"被熄灭"——完全消失。

检查要点： 早期对学习的解释：邻近和经典条件反射

回 顾

如何使一个中性的刺激变成一个条件刺激。

区别泛化和消退的区别。

应 用

在几次痛苦的拜访牙医的经历之后，你感到每当你坐在牙医那清洗牙齿的椅子上时，你不由地心跳加速。用条件反射的观点分析这一情形。

巴甫洛夫的研究结果和那些研究经典条件的研究者们的研究给教师们许多启示。可能我们许多对各种情况的情感反应部分是通过经典条件学习得到的。例如，当伊丽莎白看到她的大学督学手就颤抖，可以追溯到她以前的不愉快经历。可能她在以前的行为评价中很困窘，现在一想起被评价就引起剧烈地心脏跳动和手心出汗。认识到情绪和态度，包括事实和意见都是在教室中学习到的。这一情感的学习有时能干扰知识的学习。在经典条件基础上的程序也能被用来帮助人们学习更多的适应性情感反应，如以下指南中所建议的。

指南——经典条件反射的应用

在学习中联合有用的和愉快的事件。

举例：

1. 强调团体竞争和合作而不是个体的竞争。许多学生对个体竞争有消极情绪，这可能泛化到其他的学习中。

〔1〕 泛化——对相似的刺激以相同的方式反应。
〔2〕 辨别——对相似但不是同一个刺激的不同的反应。
〔3〕 消退——以学习到的刺激的逐渐消失。

2. 让学生决定如何公平地分点心，然后让他们吃分好的点心来训练愉快地分配。
3. 通过创造一个有枕头、有各种各样色彩丰富的书籍和阅读时能依靠的东西，如木偶的舒适的阅读环境使主动的阅读吸引人。(see Morrow & Weinstein, 1986, for more ideas)

帮助学生主动地、成功地增加产生兴奋的情况。

举例：

1. 安排一个害羞的学生负责教其他两个学生如何为地图的学习分配材料。
2. 在一个大的目标中设计一个个小的步骤。例如，每天进行一个不打分的练习，然后每周，使学生逐渐习惯于测验情形。
3. 如果一个学生害怕在教室前面说话，首先让这个学生坐着对一个小组读报告，然后站着，接着让他讲出这份报告而不再是逐字逐句地念。最后，让他当着全班同学作报告。

帮助学生认识各种情况中的不同和相似，使他们能够正确地区别和泛化。

举例：

1. 解释当陌生人提供礼物或座位时给予回绝是合适的，但是当家人在的时候接受成人的好意则是安全的。
2. 向焦急于大学入学考试的学生保证这个考试和他们参加过的其他成就考试是一样的。

操作条件反应：尝试新的反应

到目前为止我们一直关注于非主动的无意识条件反应如唾液分泌和害怕。显而易见，不是所有的人类学习都是自动的和无意识的。大部分行为不是刺激引起的，它们是自发的或主动发出的。人们积极地作用于他们的环境以产生各种各样不同的结果。这些有意识的行为叫做**操作性反应(operants)**[1]。包含在操作性行为中的学习过程叫做**操作条件反应(operant conditioning)**[2]，因为我们正是在对环境实施操作的过程中习得特定方式的行为的。

桑代克和斯金纳的研究

爱德华·桑代克和 B. F. 斯金纳都在发展操作条件理论中扮演了重要的角色。桑

〔1〕 操作性反应——人或动物发出的有意(一般是目的性的)行为。
〔2〕 操作条件反应——有意行为被结果或先前事件强化或弱化的一种学习。

代克的早期研究用的是放在迷箱中的猫。为了逃出迷箱获得外边的食物，猫必须拔掉螺栓或完成其他任务；它们必须作用于它们的环境。在迷箱被关闭后的拼命挣扎中，猫最后，常常是偶然地，作出了正确动作，逃出了迷箱，在多次重复这一过程之后，猫学会了迅速地作出正确反应。在这些实验基础之上，桑代克判定效果律是一条重要的学习规律，即在特定情境中，任何产生满意效果的行动在同样的情境中都有被重复的趋势。因为拔除螺栓产生了满意的效果，所以在猫发现再次被关闭在迷箱中时就会重复同样的动作。

桑代克就是这样确立了操作条件反应的基础，但人们普遍认为负责发展了这一概念的是斯金纳(1953)。斯金纳认为经典性条件反射的原理只适合于解释一小部分的学习行为。人类的许多行为是操作性反应而不是应答性反应。经典性条件反射原理仅仅描述了如何把现存行为与新刺激配对，没有解释新的操作行为是如何习得的。

行为，像反应或动作，仅仅是描述一个人在特定的情境中的所作所为的一个词汇。从概念上讲，我们可以把行为看做是三明治式地受双重环境影响：那些发生在此动作之前的事(**前因**(**antecedents**)[1])和那些发生在此动作之后的事(**后果**(**consequences**)[2])(斯金纳，1950)。这种关系可简单地表示为 前提——行为——结果或 A——B——C。随着行为的发展，一个特定的结果会成为另一个 ABC 序列中的前提。在操作条件反应方面的研究表明操作性反应会因前提性事件的变化、结果性事件的变化或二者共同的变化而改变。早期的研究集中在结果性事件上，常常以老鼠和鸽子作为被试。

结果的类型

按照行为主义者的观点，反应结果在相当大的程度上决定一个人是否会重复导致此结果的行为。反应结果的类型和时间间隔可以加强或削弱行为。我们首先看一下加强行为的反应结果。[3]

强化

一般地，通常，**强化**(**reinforcement**)[4]被理解为奖励，而在心理学中，这个词有特殊的含义。**强化物**(**reinforcer**)[5]指任何加强随之而来的反应的结果。因此，从定义

〔1〕 前因——先于行为之前的事件。

〔2〕 结果——行为之后发生的事件。

〔3〕 联系与拓展——联系真实生活。为了了解日常生活中普遍的强化，做一个记录，记下每次你给予或接受的强化。找出正强化和负强化并记下操作安排的种类，另一个可能是在实地安排教室或大学教室内记下强化和安排。在你的教育课堂上会出现什么样的强化例子呢？

〔4〕 强化——利用结果来加强行为。

〔5〕 强化物——发生在行为之后，使得行为再发生的频率增加的任何事件。

来看，被强化的行为在发生频率和持续时间上都应增加。任何时候若你看到一个行为维持或超过了预定时间，你就可以假定行为结果对于包含在其中的个体来说就是强化物。强化物过程可图示如下：

行为 —结果→ 强化物 —效果→ 加强或重复行为

我们可以十分确信食物对于一个饥饿的动物是一个强化物，那么对人来说是什么呢？我们不清楚为什么一个事件能够作为强化物对个体起作用，但关于强化为什么奏效却有很多的原理，例如：一些心理学家提出强化物可以满足需要，而另一些心理学家却相信强化物可以减轻压力或刺激大脑某一部分(Rachilin，1991)。反应结果是否起强化作用可能决定于个体对此事的知觉和此事对他或她的意义，例如：那些反复的因错误行为将自己送到校长办公室的学生可能正在说明一些导致此结果的事正在强化他们，即使它并不是你希望看到的。〔1〕

强化物就是那些加强联想行为的反应结果(Skinner，1953、1989)。强化的种类有两种。第一种叫**正强化或积极强化(positive reinforcement)**〔2〕，当行为产生一个新刺激时正强化就会出现，例如：一只鸽子通过啄红色键得到食物，穿一件新的外套获得许多赞美，或者从自己的椅子上摔下来从同学们那儿得到欢呼和笑声。

注意即使当正在被强化的行为(从椅子上摔下来)从老师的观点来看，并不是"积极的"，正强化也可能发生。实际上，在许多班级内，不适宜、不恰当行为的正强化在无意中发生着，老师可能不注意地强化了学生的问题行为。例如：伊丽莎白在她的课上嘲笑了第一次回答问题的男孩，"克拉克·盖博"，已经在无意中强化了该男生的问题行为。问题行为得以保留可能有其他原因，但伊丽莎白的嘲笑应该是其中之一。〔3〕

当加强行为的结果是一个新刺激(加强)出现时，这种情境被定义为正强化，当加强行为的结果是让一个刺激(减弱)消失时，这个过程被定义为**负强化或消极强化(negative reinforcement)**〔4〕。若一个特殊的行为导致了停止、避免或逃开了一个令人

---

〔1〕 联系与拓展——联系真实的生活。条件作用原理是怎样帮助解释许多人戒烟时经历的困难的呢？设计一个减弱或消除吸烟行为的大概计划。

〔2〕 正强化——行为发生之后呈现想要得到的刺激来加强行为。

〔3〕 联系与拓展——联系真实的生活。正强化：表扬成绩好的、考试拿奖学金的、在每周一次的拼写考试中都拿 85 分以上的。

负强化：把石头从脚上移开；一个孩子晃动着手，大叫道"我知道，我知道！"于是你叫这个孩子回答问题(吵闹声停止，你受到了负强化)；穿一双合适的鞋旅行避免脚痛；对你的爱人讲对不起避免他(她)生气。

给予惩罚：多跑几圈；谴责；给差分数；惩罚。

随机惩罚：罚款；停飞；失去休息机会；不允许外出旅游；解雇。

〔4〕 负强化——行为发生的时候通过消除令人厌恶的刺激来加强行为。

厌恶的情境(aversive situation)[1],那么在相似的情境中,就可能重复这种行为。一个普通的例子就是汽车安全带的嗡嗡作响声。当你系上安全带时,那刺激的嗡嗡声就停止了。以后你将会重复这一动作,因为这一行为使得一个讨厌的刺激消失了。想想那些在测试之前不断生病并被送到医务室的学生。这一行为通过负强化,允许学生逃避讨厌的情境——考试——因此"生病"被坚持了下来。之所以说这是负强化,是因为刺激(考试)消失了;之所以说这是强化,是因为导致刺激消失的行为(生病)在增长或重复。当然,经典条件反射原理也可能同时在起作用。学生可能已经被引起了对考试的不愉快心理反应的条件反射。[2]

负强化中的"负"(消极)并没有暗指被强化的行为必须是消极的。它的意思接近于负数的意义,一些东西被减去了。应该联系在一个行为后加或减一些东西来理解正强化和负强化。

惩罚

负强化和惩罚常被混为一谈。强化过程(正或负)总是意味着加强行为。而相反,惩罚,意味着减少或抑制行为。与惩罚跟随的行为在以后相似的环境中很少有可能被重复。另外,是效果把一个行为定义为惩罚,而不同的人对惩罚有不同的理解。一个学生认为被学校停学是一种惩罚,而另一个学生可能在类似情况下根本不在乎。惩罚的过程如下图所示:

行为 —影 响→ 惩罚 —效 果→ 减弱或减少了的行为

和强化一样,惩罚可以采取两种形式中的任何一种。第一种被叫做第一种类型的惩罚,但是这个名称并不十分形象,所以我用了**呈现惩罚(presentation punishment)**[3]这个词,它是使一个刺激后出现的行为抑制或减少的行为。当教师纠正缺点,布置完成更多的工作,罚他/她跑更多的圈数等等,他们使用的就是呈现惩罚。我叫另一种类型的惩罚(第二种类型的惩罚)为**去除惩罚(removal punishment)**[4],因为它意味着去除一个刺激。当一个年轻人的行为不恰当时,老师和家长就会撤消他的特权,他们实施的就是一个去除惩罚。两种惩罚的效果就是减少能够引起惩罚的这种行为。图6.1总结了强化与惩罚的过程。

---

〔1〕 令人厌恶的——让人觉得不愉快,不舒服的。

〔2〕 联系与拓展——联系你的教学。回忆你曾经的一次接受惩罚的经历,被惩罚的时候你是什么感觉?把你的各种感觉列出来。(可能占90%的是一些消极的情感,比如,尴尬、愤怒、伤心、生气等。)对你来说惩罚起作用了吗?惩罚对你产生哪些负面影响?如果惩罚是无效的,并且还会产生许多负面影响,为什么还有这么多老师这么依赖它呢?

〔3〕 呈现惩罚——通过在行为呈现一个厌恶刺激的形式来减少此行为再次出现的机会。也叫第一种类型的惩罚。

〔4〕 去除惩罚——通过在行为后去掉紧随着这个行为的一个愉快刺激来减少此行为再次出现的机会。也叫第二种类型的惩罚。

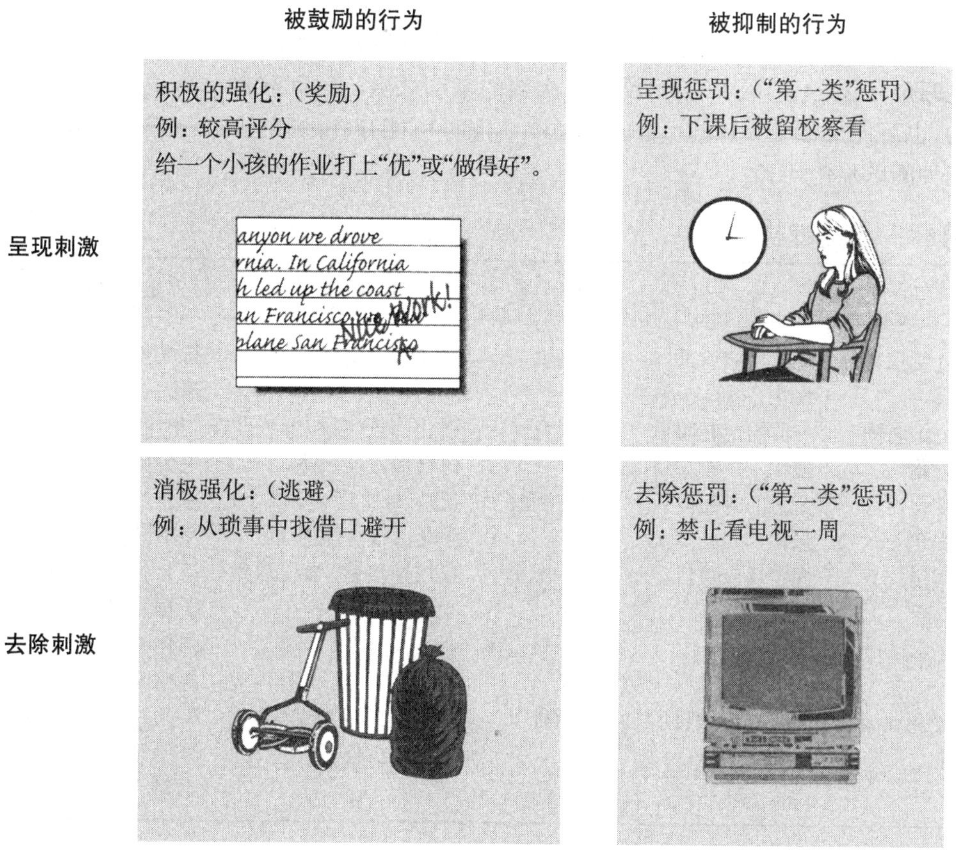

消极的强化和惩罚常常令人迷惑。上图会帮助你去记住强化总是随行为的增加而加强，而惩罚往往作用于抑制或减少这种行为。

图6.1 强化与惩罚的类型

强化的安排

当人们正在学习一个新的行为时，如果对每一次的正确反应都得到强化的话，他们将会较快地学会它，这就是**连续强化程式(continuous reinforcement schedule)**〔1〕。然后，新的行为已经被掌握了以后，如果这些行为间歇地而不是每一次都被强化，人们将会把它保持地更好。**间歇强化程式(intermittent reinforcement schedule)**〔2〕帮助学生去保持技能，他们不去期望持续的强化。

〔1〕 持续强化程式——每个正确反应之后都呈现强化物。
〔2〕 间歇强化程式——某些反应之后呈现强化物，不是所有反应都正确才呈现。

有两种基本的间歇强化方案，一种叫做**时间间隔程式(interval schedule)**[1]，它建立在两个强化之间的时间量上。另一种叫做**比率间隔程式(ratio schedule)**[2]，它建立在两个强化之间学习者给出反应的次数的基础之上。时间式和比率式或许是可预知的，也可能是不可预知的。表6.1总结了五种可能存在的强化程式(连续强化程式和四种间歇强化程式)。

表6.1 强化程式

程 式	定 义	例 子	反应模式	停止强化后的反应
连续强化	每次反应后都强化	开电视	快速学会反应	持久性差，反应快速消失
固定时间强化	一段固定时间后强化	每周竞赛	强化邻近，反应速度与时增加，过后下降	当时间流逝或强化消失后反应速率下降
变化时间强化	变化的时间段后强化	通俗测验	反应的速度慢，稳定，强化后很少停滞	持久性好；反应降速度不易下降
固定比率	固定反应数目后强化	每一次卖的量	反应速度快，强化后很少停滞	持久性差；如果作出了预期的反应数量，强化物没有出现，反应速度迅速下降
变化比率	变化反应数目后	投币机	非常高的反应速率，强化后很少停滞	持久性好；反应速度开始很高，然后逐渐下降

总结几种强化安排的效果

行为的速度取决于控制。如果强化建立在你所作出的反应数目的基础上，那么你就对强化有更多的控制。你作出正确反应次数的次数越多，得到的强化也就越大！一个老师对你说："做对这十道题，你就可以休息了。"而另一位老师说："下面用20分钟做这十道题，然后我判分，十个都做对才可以休息。"相比较之下，前面的那位老师更可能看到学生高水平的表现。[3]

在行为上的坚持性决定于预期。持续不断的强化作用和两种混合的强化(比率和间隔的)都是可以预期的。我们期待在某点上能强化，当强化不如我们所期待的一般都会放弃。为了鼓励反应的坚持性，变化的程式是最合适的。事实上，如果程式经常

〔1〕 时间间隔程式——两次强化之间的时间间隔长度。
〔2〕 比率间隔程式——根据两次强化之间的反应次数进行强化。
〔3〕 联系与拓展——联系真实生活。斯金纳在他后期的著作中，用学习的操作行为观点来分析自己的生活[斯金纳(Skinner, B. F., 1987)的《基于进一步的反应》(*Upon further reflection*, Englewood Cliffs, NJ: prentice-Hall)]。他认为如果前面已经经过了多年的强化形成了一定的持久性，年老的学者不需要频繁强化。

变化直到它变得"快不行了"——意味着强化作用只在许多回答或较长时间间隔后发生。——然后人们能学会在很长一段时期内工作而不需要一点强化。看赌徒玩投币机就可以知道恰到好处的强化是多么起作用!

当强化受到限制时,强化程式将影响我们反应的坚持性。完全没有强化将会发生什么结果呢?

消退:在经典条件反射学说中,我们知道如果条件刺激发生而非条件刺激没有跟上(只有声音,没有食物),条件性反应将消退(消失)。在操作条件反应学说中,如果一般强化被抑制,一个人或动物就不会持续某一行为,这个行为甚至会停止。例如,你出去一个星期一家家的推销,却连一本杂志也没有卖掉,你就会放弃了,没有强化会导致消退。不过,正如你也知道的,这个过程也可能会持续一段时间,如果你努力让自己不去注意,来制止孩子发脾气。经常孩子会赢——你放弃忽视,那么不仅你不希望的情况不会消失,而且还会出现间歇的强化。这样的结果,自然是,孩子以后发脾气的坚持性会更大。

前因事件和行为改变

在操作条件反应学说中,先前事件——先于行为的事件——提供了有关哪些行为将导致积极的结果,哪些行为将导致消极的结果的信息。斯金纳的鸽子学会当灯亮的时候去啄食物,但当灯熄灭时不烦恼。因为灯熄灭以后再怎么啄也没有食物。换句话说,他们学会将经历的灯光作为一种线索去辨别啄的可能结果。鸽子啄是在**刺激控制(stimulus control)**[1]之下的,是被对光的识别刺激所控制的。看得出来,这种想法是与经典条件反射学说中的辨别有联系的。但现在讨论的是有意识控制的行为如啄,而不是反射作用的行为如分泌唾液。[2]

我们都学习辨别——去分析情况。你将什么时候去向你的室友借车呢,是在一次很大分歧后还是在一次大家都玩得开心的晚会以后呢?一个学校大厅处竖立的学校法规将成为一个先前的线索帮助学生辨别逃跑或企图破坏一个带锁的储物室的可能后果。我们经常对这些先前的线索作出反应,而没有充分注意到它们对我们行为的影响。但是老师可以在教学中有意识地运用这些线索。

线索

根据定义,**线索(cueing)**[3]是在某种行为发生之前,提供一种先前刺激的行为。

---

〔1〕 刺激控制——用控制前事件出现或者不出现来引发行为。

〔2〕 联系与拓展——联系真实生活。几个刺激控制的例子:自己的部门已经搬到对面城镇一栋新楼里了,发现自己又来到旧办公室的停车场。头脑里旧有的线索让我没有意识到就到了旧办公室那里。另一个例子也许是个真实的故事,一次银行抢劫案犯开车逃跑,在十字路口看到红灯停车的时候被警察抓到了。红灯已经变成了一种自动的控制刺激。

〔3〕 线索——提供刺激,引发希望看到的行为。

有些行为在特定时间必须发生，但又容易忘记，暗示对给这种行为进行时间设置显得很有意义。在与年轻人工作中，老师们发现他们在知道事实之后会矫正自己的行为。例如，他们也许会问学生："你什么时候开始记得……"这样的提示常常让人厌烦。错误已经犯了，年轻人只剩下两个选择，要么承诺下一次会更努力，要么说："你为什么不让我一人静静地想一想？"任何一个反应都不能让人满意。这时给出一个没有评判性的暗示能够防止这些消极的反抗。当一个学生在线索以后表现出某种行为，老师再强化学生的成就而不要去处罚学生的失败。[1]

提示

有时我们需要帮助学生学会用适当的方式对线索作出反应，所以线索成为一种可辨别的刺激。一种方法是第一个线索呈现以后，另外提供线索，叫做**提示(prompt)**[2]。用一个线索和一个提示来教一个新行为要遵循两个原则(Becker, Engelmann, & Thomas, 1975)：第一，确保你希望成为线索的环境刺激在使用提示之前就立即发生，这样学生会学会对线索的反应，而不是依赖于提示；其次，尽可能减弱提示，这样学生就不会依赖它。

提供学生一个记录一览表或备忘录就是使用线索和提示的例子。表 6.2 就是一张学生之间两两互相学习的步骤一览表。结对学习就是线索；一览表是提示。当学生熟悉整个程序以后，老师可以停止使用这个一览表，只是提醒学生各个步骤。当书面或口头的提示都不需要时，学生已经学会在结对学习这个环境线索下作出适宜的反应——他们已经学会在互助学习情境中应该怎么做。尽管如此，教师仍应继续监控整个过程，更正错误。在进行互助学习之前，老师应叫学生闭上眼睛，用心去"看"那张一览表，注意每个步骤。学生学习或完成任务的时候，教师可以聆听他们相互所做的指导，并继续训

> **检查要点：** 操作条件反应：尝试新的反应
>
> **回 顾**
>
> 是什么将一个结果定义为一个强化物或一个惩罚？
>
> 负强化和惩罚有何不同？
>
> 你将如何鼓励一个行为的坚持性？
>
> 提示和线索有什么不同？
>
> **应 用**
>
> 你将如何使用强化和惩罚来改善在本章开始时所表述的那个情境中的学生的行为？
>
> 线索在什么样的情境中才有用？

[1] 联系与拓展——联系你的教学。这里是几个例子，在某种特定情境下行为得到奖励，先前事件成为线索。先前事件：教师上课——做笔记能够得到奖励，读杂志就不会。先前事件：代课老师——这次不遵守班规不会受到惩罚。先前事件：把课桌环形排列——参加讨论就会得到奖励。

[2] 提示——线索之后的提醒，确定对象已经注意到线索。

练，促进他们提高互相学习的技巧。[1]

记住……

1. 做好上课准备

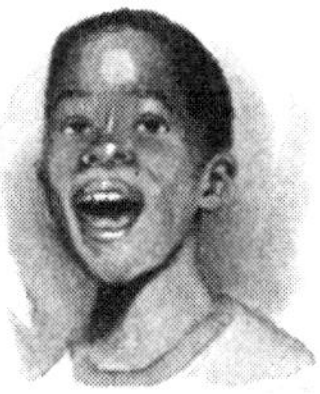

2. 说话清楚

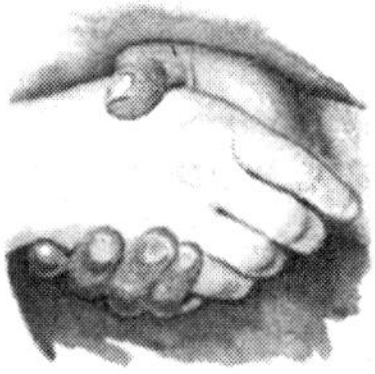

3. 待人友善

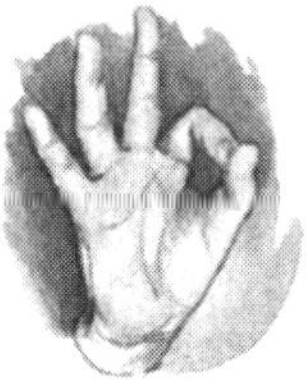

4. 当学生做得正确时，告诉他。

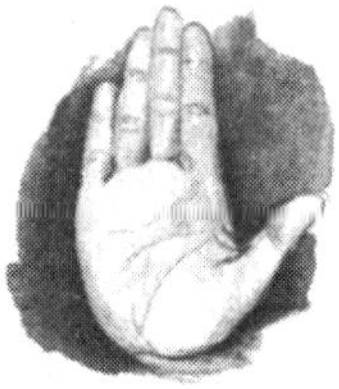

5. 纠正错误。叫停，给出正确答案，让学生完成

6. 表扬好的作业

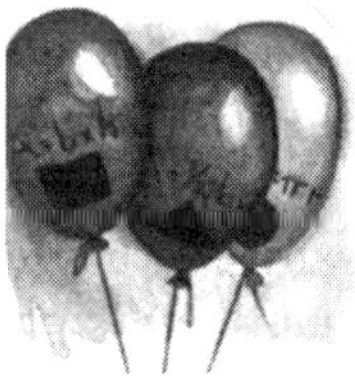

7. 使课有趣味

8. 不要给予过多帮助

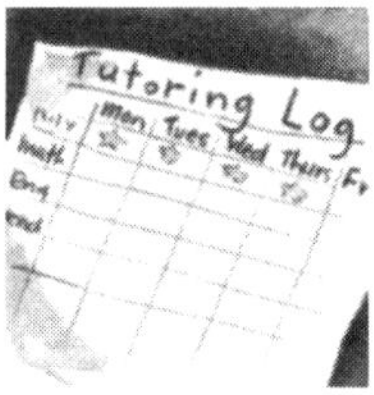

9. 填写每日记录表

10. 你能再提出一个建议吗?

通过使用这个一览表。学生被提醒如何在学习中互助。当他们更加熟练以后，这个一览表就会不太有必要了。

图 6.2　写出提示：一个互助学习的一览表

Source：From *Achieving Educational Excellence*：*Behavior Analysis for School Personnel* (Figure, p. 89), by B. Sulzer-Azaroff and G. R. Mayer, 1994, San Marcos, CA: Western Image, P. O. Box 427. Copyright © 1994 by Beth Sulzer-Azaroff and G. Roy Mayer.
Reprinted by permission of the authors.

---

[1] 联系与拓展——联系你的教学。假设你要用一些线索或提示来引发以下行为：(1) 全班都看着你，听你的指导。(2) 学生打开书，翻到指定的页，铃声响了。(3) 你在讲一个很重要的知识点，学生全神贯注听讲。(4) 放学铃声响起的时候，学生不是跑向门口，而是走过去。

应用行为分析

应用行为分析(applied behavior analysis)[1],是应用学习行为的原理来改变行为。这种方法有时候被称为**行为矫正(behavior modification)**[2],但是这种方法对许多人来说有负面的含义,并且常常被误解(Alberto & Troutman,1990; Kaplan,1991)。

理想的应用行为分析要求被改变的行为清晰、明确,对行为进行仔细测量,分析前因事件和可能正在维持不合适或不值得有的行为的强化物,基于行为法则进行干预以改变这种行为,以及仔细地测量这种改变。在应用行为分析的研究中,ABAB 设计是共通的。研究者作出了一个行为的基本测量线(A)应用干预(B),然后停止干预去观察行为是否回到了基本测量线(A),再重新采用这种干预(B)。

在教室里,教师通常不能做完所有的 ABAB,但是他们可以做以下这些:

1. 清楚明确被改变的行为,记录下当前的水平,比如,如果一个学生很粗心,这意味着每 10 个问题中有两个,三个,四个或者更多的计算错误。

2. 使用前因事件、结果或者两者做一个明确的干预计划,比如说:提供这个学生额外的计算时间使得他没有错误地完成每个问题。

3. 保持这一结果,并在需要的时候改进计划。[3]

鼓励行为的方法

我们以前的讨论,鼓励行为就是去增强它,有许多特殊的方法去鼓励已存在的行为或是教授新的行为,这些方法包括表扬,普雷马克原则,修正,正面练习。[4]

通过教师注意进行强化

基于早期的工作,比如马德森,贝克尔和托马斯(Madsen, Becker, & Thomas,1968)的研究表明,教师可以改善学生的行为——通过忽视违规者和表扬遵守规则的学生。许多心理学家建议教师忽视错误和错误行为,用黄油面包对学生的好的行为进行表扬,这种表扬—忽视法是很有帮助的。但是我们不应该期望它可以解决所有的班级管理问题。许多研究表明,当教师使用明确的结果作为他们惟一的班级管理策略的

---

〔1〕 应用行为分析——应用行为主义学习原理理解和改变行为。

〔2〕 行为矫正——系统的利用前因后果来改变行为。

〔3〕 联系与拓展——联系你的教学。史蒂文斯(Stevens)先生是一个二年级的教师,他仅仅教了几周就有了一些问题。在他教的 25 人组成的班级中有一些超龄的学生,他们不断地在回答问题时大叫,而不是安静的等待或者举手发言。他发现要让每个学生都有好的反映是很困难的。看见他们渴求知识他很高兴,但是他觉得更需要一个安静的课堂。如果你是他,你会怎么做呢?

〔4〕 联系与拓展——联系你的教学。教师想消退学生的某种行为,他的做法是开始忽视它,这种行为发生减少之前,短时间内反而有所增加,怎么解释这种现象?

话，制造混乱的行为仍会继续(Pfiffner, Rosen & O'Leary, 1985; Rosen, O'Leary, Joyce, Conway, & Pfiffner, 1984)。

使用表扬还有第二个考虑。研究发现当教师仔细地、系统地表扬他们的学生，会产生积极的效果。不幸的是，给予学生的表扬并不总是被使用地恰当和有效，仅仅“派送赞扬”并不能改善行为。为了使其有效，表扬必须(1)与被强化的行为紧密联系；(2)明确地指出被强化的行为；(3)是可信的。换句话说，表扬应该对好的行为有真诚的承认，使学生明白他们所做的事是得到承认的。没有受到过特殊训练的教师常常违背这些要求(Brophy,1981)。利用有效的表扬的这种观点基于布罗菲(Brophy)在这个方面的大量的论述，具体见下面的指南。

一些心理学家已经建议，教师们使用的表扬趋向于聚焦在学生们为了获得赞许，而不是为他们自己而学习。也许最好的建议就是意识到滥用或误用表扬的危险性。

指南——适当地使用表扬

在给予表扬时要清楚并且有系统。

举例：

1. 务必要让表扬与具体的行为直接相联系。
2. 务必使学生理解是哪个行为或完成的任务受到赞扬。要说：“你按时归还了这幅贴画，并且保存得很好。”不要说：“你很有责任感。”

识别真正的完成。

举例：

1. 对于一个特定目的的完成要进行奖励，而不仅仅是参与。
2. 对于那些没有参与的学生，不要因为他们没有打扰别人、表现得很安静就奖励他们。
3. 要将表扬与学生能力的进步和所完成部分的价值相联系。应该说：“我知道你核查了你的所有问题，你的成绩体现了你细心的工作。”

要在个人的能力和局限的基础上建立标准。

举例：

1. 要根据学生个人所做的努力对其进步或所完成的任务进行表扬。
2. 要让学生关注他们自己的进步，而不是与他人的比较。

将学生的成功归因于他们自己的能力与努力，以便他们获得自信：要成功其实很容易。

举例：

1. 不要暗示学生成功基于运气、额外的帮助，或者这件事本身很容易。

2. 让学生自己描述他们遇到的一些问题，以及他们是如何解决的。

让表扬真正地起到强化的作用。

举例：

1. 不要试图用表扬个别同学来刺激班上其他同学。这种策略经常会招致相反的结果，因为学生们知道正在发生着什么。另外，你会让被表扬的学生很受窘迫。
2. 不要为了平衡学生的失败而给予他不应得的表扬。这很少能使学生安慰并让他认可自己的真实能力。

选择强化物：普雷马克原理

在大部分班级里其实有许多可被利用的强化物未被老师注意到，好比与其他同学说话的机会或者喂养班级宠物。然而，老师们都有一种要随便提供这种机会的倾向。其实在使用表扬方面，如果老师将给予回报或奖励与学生的学习或实际行为直接关联，那么老师就会大大促进学生的学习和行为。

在选择有效的刺激物方面有一个有效的指导是普雷马克原则，这是以普雷马克(David Premack，1965)来命名的。根据**普雷马克原理(Premack principle)**〔1〕，一个高频率发生的行为(更愿意的行为)是一种低频率行为(不太愿意的行为)的刺激物。有时也被称作"祖母的规则"：首先做我要你做的，然后做你想做的。伊丽莎白用了这个原则，她先让学生们自己安静地完成他们自己的那份工作后再让他们一起来研究内战新闻项目。

如果学生不必学习的时候，他们会做什么呢？这个问题的答案也许会给我们指出许多可能的刺激。对于大部分学生来说，聊天、四处转、和一个朋友坐一起、从作业与考试中解脱出来、看杂志或者玩游戏，这些都是他们更愿意做的事。最有效的确定学生的有效刺激的方法也许就是观察他们空闲时间到底在干什么。

为了让普雷马克原则发挥效应，应使低效行为首先发生。在下面的对话中，观察一下这位老师是怎样失去一个使用普雷马克原则的好机会的：

学生：噢，不！难道我们今天又得学习语法？今天早上我看见别的班都在大礼堂讨论电影。

教师：别的班昨天就完成了关于句子的那节课，我们也快要讲完了。如果我们不完成这节课，我怕你们又要忘记昨天复习的那些语法规则了。

---

〔1〕 普雷马克原理——用某种愿意做的行为作为强化物引发另外一种不太喜欢的行为。

学生：为什么不把完成句子的事放在课的最后，而现在我们来谈会儿电影呢？

教师：好吧，如果你们保证过后会去完成句子的话。

讨论电影本可以作为完成课程的刺激。而像这样，这个班的学生很可能会把整个时间都拿来讨论电影了。当讨论得正热闹的时候，老师将不得不阻止并让大家回过神来学习语法。

有些老师使用如表 6.2 那样的表格来确定对于他的学生哪些是刺激物。要记住，对于一个学生适用的，对另一个学生就不一定适用了。而且学生可能会获得"过多的好东西"，如果使用过多的话，刺激就会失效。

表 6.2 你喜欢什么？从学生的喜好可以得到一些强化的想法

名称：________ **年级**：________ **日期**：________

请尽量详细地回答所有的问题。

1. 你最喜欢的是哪门课：
2. 在学校里我最喜欢做的三件事是：
3. 如果在学校每天都有 30 分钟的时间给我做我真正想做的事会是：
4. 我最喜欢的两样零食是：
5. 在课间我最想要做的(三件事)是：
6. 如果我有一美元给我买想要的东西，我会买：
7. 在班上我最爱干的三件事是：
8. 在学校我最喜欢一起学习的两个同学是：
9. 在家里我最喜欢做(三件事)：

Source: From *Modification of Child and Adolescent Behavior* (3rd ed.) (pp. 281－283), by G. Blackman and A. Silberman, 1979, Belmont, CA: Wadsworth. Copyright © 1979 by Wadsworth Publishing Co. Reprinted with permission.

塑造

当学生总是不能成功的获得强化，因为他们不能执行某个技能时将会怎么样呢？考虑如下的这些例子：

一个四年级的学生看到了数学期末考试的试卷。"又是差不多一半的试题连一分都没有得到，而这些问题中每一个我都只是错了一小点。我恨数学！"

一个十年级的学生试图每天发现一些借口以逃避在体育课中的垒球活动。这个学生不能抓住一个球，现在拒绝再次尝试。

在这两种情况下，学生都没有从他们的工作中得到加强，因为他们努力的结果不够好。一个可靠的预言是，学生会很快学会厌恶上课、课程，可能还包括学校和老师。一种防止这种问题出现的策略是**塑造（shape）**[1]，也称**逐步接近法（successive approximations）**[2]。塑造是要加强进步，而不是追求完满。

为了运用塑造，老师必须把最后学生要掌握的复杂的行为分解成许多小的步子。一种识别小步子的方法是**任务分析（task analysis）**[3]，最早由米勒（R. B. Mille）发展出来，那时他是为了帮助军队训练人员。米勒的方法由对最后的要求进行界定开始，每个单元受训者要学会什么，每个具体的步骤要指向最后的目标。整个过程要分解成小的过程。

想一个任务分析的具体例子，学生要基于图书馆的检索来构思一篇文章。如果老师分配了文章，而没有按这种方法进行任务分析，会发生什么呢？一些学生可能不会使用计算机来检索，他们可能查找一两本百科全书，写个简单的摘要。另一些可能会使用计算机，简介，索引，但很难达成结论。他们可能交上长长的、满是不同观点的摘要。另一些人可能达成结论，但他们所写的满是语法错误，令人迷惑，以至于老师不明白他们所要表达的。每一组同学因为不同的原因而不能很好地完成任务。

任务分析会给出一幅图，指向最后目标的逻辑序列步骤。对这一序列的意识有助于老师确保学生进入下一步时有足够的技能。另外，当学生有问题时，老师能指出问题所在。

克伦鲍尔兹和克伦鲍尔兹（Krumboltz & Krumboltz，1972）已经对以下塑造的三种方法进行了描述：1. 加强基本技能。2. 加强精确度的提高。3. 加强长时间的行动和参与。

许多行为可以通过塑造改进，特别是那些技能需要持续、忍耐、提高精确度、加快速度、大量练习来掌握时。因为塑造是消耗时间的过程，它没必要用在那些通过简单方法就能获得成功的目标上，比如线索。

正练习

帮助学生用一种行为代替另一种行为的策略叫**正练习（positive practice）**[4]。这种方法在处理学习中的错误时得到特别地运用。当学生犯了错误，他们必须尽快纠正，练习正确反应（Gibbs，Luyben，1985；Kazdin，1984）。当学生破坏了教室纪律，同样的规则就可以运用。学生们被要求练习正确的行为，而不是惩罚。

下面的指导步骤概括了一些鼓励正练习的方法。

---

〔1〕 塑造——加强指向目标或行为的每一步过程。
〔2〕 逐步接近法——每一个复杂的行为都是由小的部分组成的。
〔3〕 任务分析——把任务完整的分解成小的、基本的步骤。
〔4〕 正练习——在错误后立即进行正确的练习。

指南——鼓励正行为

确保你认可的正行为符合学生的价值。

举例：

1. 公布班级纪律时，说明服从和违反纪律的结果。
2. 认同承认错误的行为，并给予第二次机会："因为你承认你的文章抄袭了书本，我给机会让你重做。"
3. 提供努力学习的相应奖励，比如额外的休假，解除作业或考试，某些课程额外的荣誉。

当学生提出新的材料，尝试新的方法时，给予充足的强化。

举例：

1. 在学生的第一幅画中，找出并赏识其中可取之处。
2. 强化学生互相鼓励。"法语的发音，第一次很困难，尴尬。让我们互相帮助，当别人鼓足勇气尝试新单词时，不要嘲笑。"

建立新行为后，要不预期地给予强化去鼓励坚持。

举例：

1. 对积极的参与要给些意外的惊喜。
2. 以一些简短的、带有附加分的问题来开始上课。学生不是必须回答，但好的答案可以在学期的总分中加分。
3. 保证学生的学习一直得到称赞。别想当然。

运用线索帮助建立新行为。

举例：

1. 提供教室里幽默的标志，提醒学生注意纪律。
2. 每年的开始，学生刚入学时，叫他们注意黑板上要遵守的条例。

确保所有学生，即使那些经常引起问题的学生，表现好时会得到赞扬、权利，或其他的回报。

举例：

1. 不时强调班级纪律，确保学生得到强化。
2. 建立强化的标准，使学生有机会表现，得到表扬。

建立多样的强化。

举例：

1. 让学生建议强化物，每星期从强化物表单中选择具体的强化物。
2. 告诉其他老师和家长关于强化物的想法。

运用规则确认有效的强化物。

举例：

1. 观察学生的课余表现。
2. 注意哪些学生喜欢一起工作。与朋友一同工作的机会常常也是一种强化。

处理不良行为

不论你强调正行为做的有多成功，总得处理一些你不愿意看到的行为，这或者是因为其他方法的失败或者是因为行为本身有危险或者是因为要求直接的处理。要达成这个目的，负强化、饱和法和惩罚都能提供可行的解决方案。

负强化

回想一下负强化的基本原则：如果行动阻止或避免不了愉快的事，那么在相似的情况下，就有可能再发生。伊丽莎白在课堂上进行了负强化的实验，当她屈服于那些满是牢骚怨言的学生而取消了考试，她的行为正在得到消极强化。她通过改变任务来逃避不愉快的评论。[1]

负强化也可以用来促进学习。进行负强化时，你把学生置于一种适度的不愉快的状态，这样当他们的行为改进时，他们就可以脱离这种不愉快的状态。请看下面的例子：

> 老师对三年级的同学说："把教学用品都整齐地放入橱柜里并且你们每个人都安静地坐好以后，我们才出去休息。否则，做不到的话，你们就没有休息时间了。"
>
> 高中老师对一个很少完成课堂作业的学生说："只要你完成了作业，你就可以到大礼堂和同学们一起上课；如果完不成，就得一直呆在自习室做作业。"

实际上，一个真正的行为主义者也许会反对把这些例子叫做负强化。因为在这种要求学生们的行动中，有大量的意识成分要求参与进来。老师们不能把学生当成实验室的动物一样对待，不能在他们的脚上施与轻微的电击直到他们作出正确的回答才取消电击。但老师们可以确保当学生的行为改善时使不愉快的状态得到减轻。

---

〔1〕 联系与拓展——联系课堂。负强化的几个例子：一个十年级的教师对全班说："谁的作业做的不整洁，就得拿出自己的自由时间来重做。"一个一年级的教师对一个生气的男孩说："你必须坐在树底下，直到你能心平气和的重新参加板球比赛。"

你也许会想为什么上述的例子不能被认为是惩罚。确实,在休息时间还要呆在教室与不能参加班级的一个特别的项目都是一种惩罚。但上述两个例子所关注的焦点是加强某种特殊的行为(如收拾用品和完成课堂作业)。一旦某种被要求的行为发生了,老师就通过消除某些令人讨厌的东西来增强(强化)这种行为。因此这种结果中包含了消除或"减少"一种刺激,这种强化是负强化。

负强化还给学生创造一种练习自我控制的机会。失去休息时间和待在自习室里是一种不愉快的状态,但在每种情况中学生都要保持自我控制。只要他们表现出适当的行为,不愉快的情境就会结束。而反过来,惩罚发生在一个学生不能很好的自我控制后。

关于负强化的原则:用一种积极的方式来描述你所需要的行为的改变。不要含混不清。确保你能给予一种不愉快的状态,而不要因为抱怨而停下来。坚持你的行动而不要轻信承诺。如果你因为学生对你承诺下次会表现更好而取消这种状态,你强化的是作出承诺,而不是行为的改变(Krumboltz & Krumboltz,1972; O'Leary,1995)。

饱和法

另一种停止问题行为的方法是坚持让学生从事这种行为直到他厌烦为止。这个过程,叫做**饱和法(satiation)**[1],但在运用的时候要多加注意。强迫学生一直做某种行为,可能会给学生带来生理或心理上的伤害甚至危险。

克伦鲍尔兹(Krumboltz,1972)给我们描述了一个很好运用饱和法的例子。在一次九年级代数课上,老师突然注意到4个学生正在做着各种奇怪的动作。在老师的一再追问下,学生们承认他们在进行一种想像的弹球游戏。老师假装对这个主意持欢迎和热衷的态度,并建议整个班的同学都来做。起初,教室里充满了欢乐和笑声。一分钟后,笑声渐少,并有一个学生退出。而老师却坚持让所有学生继续。五分钟后,教室充满疲惫的景象,这时老师才允许学生停下来。以后再也没有人在课堂上玩同样的游戏了。

老师也应该让学生继续某些行为直到他们自己停下来,如果这种行为在没有干扰其他学生的情况下。老师只要忽略这些行为就行了。记住,对一个可以忽略的行为作出反应反而实际上会强化它。[2]

在运用饱和法时,老师应记住不要在学生之前放弃。而且要记住你反复让学生做的行为应该是你希望要结束的。如果上述的那个代数老师是反复要求学生写"我再也不在课堂上玩想像的弹球了"500遍,学生只会对写感到厌烦,而不是对想像弹球。

---

〔1〕 饱和法——要求一个人重复问题行为直至超过他的兴趣和动机。

〔2〕 联系与拓展——联系课堂。饱和法:一个六年级老师发现他的学生在自习时间折纸飞机。他给了那个学生一沓纸,并告诉她一直折下去,直到那沓纸被折完。这个学生在前十分钟里觉得这是一件趣事,但随后她开始厌倦并想停下来。这次经历后,这位学生开始更好地利用自习时间。

申斥

在《融和》刊物——一份我女儿所属小学的报纸上，我在一篇四年级学生写的叫做“为什么我喜欢学校”的文章上读到了下列几行：“我很喜欢我的老师，他帮助我理解和学习。他对每一个人都很好……我喜欢他对某个人无可奈何的样子，但他从不当着全班的面对某人大声叫喊，而是私下里与他谈。”

奥利里(Dan O'Leary)和他的助手们进行了一项对温和的、私底下的**申斥(reprimands)**[1]与大声、公开的申斥对减少捣乱行为效果的研究(O'Leary, Kaufman, Kass, & Drabman, 1970)。对一个问题学生私下的申斥，从而只有他自己能听到，这种效果似乎更好一些。当一个老师当着全班面去大声批评学生，这种捣乱行为就可能增加或在一定水平上持续下来。有些学生喜欢因不好的行为而出风头。如果申斥不是经常使用，而且教室是一个积极的温暖的氛围，学生通常会对批评很快地作出反应(Kaplan, 1991; Van Houten & Doleys, 1983)。[2]

反应代价

反应代价(response cost)[3]的概念有点像某人被罚款。因为违反了规则，人们就要失去一些强化物(如金钱，时间，特权，快乐等)。在班级上，反应代价的概念可以用很多方法来表现。当一个学生第一次违纪，老师给予警告。第二次，老师在花名册上做一个记号。而每做一个记号，这个学生就失去了两分钟的休息时间。对高年级的学生来说，一定数量的记号可能意味着失去小组学习或与全班一起旅行的特权。

社会隔离

用来减少不好行为的最富有争议的一种行为方法就是**社会隔离(social isolation)**[4]的策略，也经常叫做强化的**间歇(time out)**[5]。这个过程包括将一个非常调皮捣蛋的学生与班集体隔离5—10分钟。这个学生得一个人呆在一间空旷单调的房间里。与别人短暂隔离作为惩罚看起来似乎是真正减少不良行为的因素。学生被安置在校长室或被限制在教室里一个角落的椅子上都起不到与隔离在一间空房子

---

〔1〕申斥——对错误行为的批评、指责。

〔2〕联系与拓展——联系课堂。轻微申斥：在麦考密克(McCormick)小姐一年级的阅读课上，她注意到肯尼没有把注意力放在他的课本上。她当时正在辅导一个小组，所以她本可以喊到：“肯尼，仔细做功课，别开小差。”但她觉得这会使他很尴尬并且会打扰其他人。于是麦考密克小姐走到他跟前，问了他一些关于所读故事的问题，并且让他告诉她故事是怎样结束的。她没有引起任何尴尬就达到了她的目标，并且她促使肯尼重新把注意力放到他的故事上。

〔3〕反应代价——失去强化物的惩罚。

〔4〕社会隔离——把一个调皮捣蛋的学生弄到另外的地方5—10分钟。

〔5〕间歇——方法上是除去所有的强化物。实际操作起来，把一个学生与其班级隔离一段时间。

里相同的作用。[1]

一些警告

惩罚自身并不能导致积极的行为。因此，无论你什么时候考虑运用惩罚，都要把它作为刀的两面的一面。第一个目的是实施惩罚，抑制不希望发生的行为。第二个目标是让学生清楚该做什么，强化希望发生的那些行为。这样，问题行为得以控制，积极的反应得到加强。下面的指南列出了一些正确使用惩罚的建议。

指南——使用惩罚

尽量创设使用负强化而不是惩罚的情境。

举例：

1. 当学生能力达到某一水平时，容许他们从一些不愉快的事中得到解脱(完成增加的工作任务，每周的数学测验)。
2. 坚持要学生付出行动，而不仅是作出承诺，不要让学生说服你改变原来的主张。

坚持应用你的惩罚。

举例：

1. 避免轻率地强化你试图惩罚的行为，把对抗控制在私人范围，以免学生成为公众中对抗老师的英雄。
2. 首先要让学生懂得打破法则的后果，对于年幼的学生要把班级规则贴出来，或强调这些规则，而对于年龄大一些的学生要简明扼要地谈这件事的后果。
3. 告诉学生，他们只会受到一次警告，用冷静的方式给予警告并且执行。
4. 使得惩罚尽可能合理地成为一件不可避免和立刻的事情。

聚焦于学生的行动，而不是学生的个人品质。

举例：

1. 用冷静并严厉地说话声进行斥责。
2. 避免用仇视的、讽刺的词汇或语调声音。当你的学生模仿你的讽刺的语调时，你会听到你生气时使用的词汇。
3. 强调结束这个问题行为的需要，而不是表达你对这个学生的任何不满。

---

〔1〕 联系与拓展——联系课堂。公立学校使用的惩罚方式有哪些？从长远看，这些惩罚减少或降低行为为吗？(根据教师的观点)思考几次为了施以强化，学生体验到的惩罚。

在惩罚和对抗的行为之间进行协调。

举例:

1. 忽视那些细小的,不会使课堂混乱的不合适的行为,或用表达不满的眼神,或走到那些学生面前去阻止那些行为发生。
2. 不要将做家庭作业作为对课堂上讲话的惩罚。
3. 一个学生不端正的行为是为了获得关注,将他从朋友中分离将是一个有效的方法,因为这才真正使他离开了强化他行为的情境。
4. 如果这些问题行为继续存在,分析情况并尝试新的方法,你的惩罚也许并没有达到惩罚的作用,或者是你轻率地强化了这种错误的行为。

教学与管理的行为方法

学习的行为方法对教学作出了几个重要贡献,包括具体指定的学习目标体系(我们可以在第十一章看到这一话题,当我们讨论计划和教学时),掌握学习的技巧和课堂管理方法,如团体效应、代币强化方案和暂时契约方案。当学习目的是获得明确的资讯或者改变行为时,当材料是连续并真实时,这些方法是有用的,作为一个教学实例,我们来看一下掌握学习。

掌握学习

掌握学习(mastery)[1]是建立在有足够的时间、合适的指导的前提下,大部分学生可以掌握任何学习目标。为了使用掌握学习的方法,教师要把一门课程分成若干小的学习单元,每个单元大致包括几个要求掌握的具体目标。"掌握"意味着在测验中或其他评估中得到百分制的80—90分。教师要针对每个学生的特点分别向他们说明学习目标和要达到的标准,那些没有达到掌握最低水平的人,或者达到最低线,希望提高成绩(以此提高等级)可以重复某个单元学习。他们觉得掌握的差不多的时候,再换一种形式进行单元测验。

对于掌握学习的挑战是对那些向来不能取得合适的掌握水平的人提供适宜的、额外的帮助。这有很多种可能性。学生可以与同伴一起工作,或者在课内或课外提供帮助,或者在合作小组中从同组成员中获得帮助。如果没有额外的时间和可利用的空间,掌握学习可以适应于一个正常的课堂教学的框架。例如:在解释过掌握学习的方法后,老师教授课程,给予一个未分学级的评估,来确认学生是否明白。那些达到掌握水平的学生会被给予丰富的活动,如:独立的或小组合作,计算机模拟,研究工程,解

[1] 掌握学习——一种教学方法——学生必须学好一个单元,通过一定水平的测验才能转入下一个单元的学习。

决有独创性的问题。那些需要更多帮助的人和老师一起，在纠正性的教学中进一步学习(Block & Anderson，1975)。“Keller 计划”也叫个性化的系统指导(PSI)，是掌握学习在大学里运用得最多的一个形式(Sherman，Ruskin，& Semb，1982)。

若掌握学习集中在掌握主要概念和技巧上，作为以后进一步学习的基础时，其意义更加重大。在数学领域，例如：一些学生会落得越来越远，如果当他们并未真正理解加法，却不得不从加法的学习进入分数的学习，甚至更高深课题的学习。当他们进入分数的除法的学习时，他们就会失败。当学生有充足的时间和获得足够的帮助——特别是在特定的导师或合作学习小组成员的正确指导下，掌握学习一直是成功的(Guskey，1990；Kulick，Kulick，& Bangert Drowns，1990；Shuell，1996)。布洛克和安德森(Block & Anderson，1975)纠正和丰富课堂模式的效果之间界限不是非常清晰，它取决于可能单独使用的课堂时间内进行纠正的质量(Ellis & Fouts，1993)。

掌握学习这种方法仍然存在问题。教师必须拥有丰富的材料以允许他们重新达到那些第一次没有掌握的目标。通常，重复相同的材料是没有帮助的，对每个单元的评估同样也是很重要的。实际上，掌握学习对消除学生之间的成绩差异没有什么帮助，这和那些赞成掌握学习的人所希望的有出入。个体差异始终会存在，除非老师阻止反应快的学生，同时使反应慢的学生赶上来——不过这种方法意义不大。(Arlin，1984)。让他们按自己的方式去进行，有些学生可能学的很快，并获得比其他学生更好的理解。有些人可能利用这样的学习机会，学习更加努力(Grabe & Latta，1981)。有些人，你要他(她)重复，他(她)会有挫折感而不是受到鼓励(“你的意思是我要重做?”)。[1]

许多行为原理系统的运用集中在课堂管理上，我们来看一下以下三方面：团体效应，代币强化方案，暂时契约方案。

团体效应

教师可以根据班级成员长期的表现制定一些强化措施。通常是把每个学生的分数加到一个班或一个组的总数里。**良好行为比赛(good behavior game)**[2]是使用这种方法的一个典型的例子，把一个班分成两组，共同给良好行为制定规则。若一个学生违反规定，就给其所在组记上一个记号，每节课得到最少记号的组将得到特别的奖励或特权(较长的休息时间，最先吃午饭，或其他东西)。如果两组得到的记号都比预

---

〔1〕 联系与拓展——参考研究。富尔克和史密斯(Fulk，C. L.，& Smith，P. J.，1995)的《学生对教师在教学和管理上针对有学习和行为问题的学生所作的调整的知觉》(Students' perceptions of teachers' instructional and management adaptations for students with learning or behavior problems)，载于《小学杂志》(*The Elementary School Journal*)，第 95 卷，第 409—419 页。

摘要：个别访谈一到六年级的学生，让他们用是或否回答下面 4 个对某些学生做的一些调整：1. 简单的工作，2. 困难的工作，3. 奖励良好行为，4. 额外的机会或不同的规则。多数(69%)的反映是积极的，需要的话，在学习和行为两方面做一些调整学生都赞成。然而，大多数一、五、六年级的学生反对给有些人布置难一些的作业，一年级学生也反对处理行为问题区别对待。

〔2〕 良好行为比赛——把一个班分成几个小组，如有违反事先达成一致的良好行为规则，就给所在小组记处罚分数。

定少，就都会有奖励。许多研究表明即使在学习方面进展不大，学生也可在良好行为表所列的行为上取得一定的进步。

也可以不将班级分组，利用**团体后果(group consequences)**[1]把强化措施建立在整个班级上，威尔逊和霍普金斯(Wilson & Hopkins，1973)进行了一项利用团体效应减少噪音的实验。收音机里的音乐作为强化物，对上家庭经济课的学生起了很有效的作用。班级里的噪音低于预定强度，学生可以听到音乐，超过强度收音机会被关掉，当音乐不会干扰工作时，这种方法很成功。

然而，在使用这种方法时要慎重，整个团队不需要为一个并不真正受团体影响的人的不良行为负责(Epanchin，Townsend，& Stoddard，1994；Jenson，Sloane，& Young，1988)。我见过老师宣布某男孩转学时，整个班级欢呼的情境。“不会再得分了!”的叫喊声充斥整个教室，这里的分是老师采用的一种方法，每次有人违反纪律，整个班级就得一分。每得一分意味着减少五分钟的休息，这个男孩对很多损失负有责任，他一开始就不受欢迎，这种方法对维持秩序有效，却让这个学生受到排斥和更不受其他孩子欢迎。

然而，同伴间的以支持或鼓励的形式体现的压力，可以产生积极影响。当学生关心同伴对他们的认可的情况下，可以建议采用团体效应。如果一个行为不端的学生被其他学生的嘲笑和注意所鼓舞，那么团体效应会更加有效。老师可以给学生演示如何给同学支持或建设性的反馈。如果个别学生以破坏纪律为乐，那么他们就需要施以隔离管理。

代币强化方案

通常很难使所有学生得到应得的奖励，**代币强化方案(token reinforcement system)**[2]可以通过允许学生从作业和良好的课堂表现赢取代币来解决。代币可以是分数，记号，卡片上打的孔，圆形筹码，和其他任何可以充当学生财产的东西。定期的，学生可以用这些代币换取想要的奖励(Martin & Pear，1992)。

根据学生的年龄，奖励可以是小玩具，学校提供的物品，自由时间，特别的课堂任务，或其他的特权。当这种被称为“代币制”的制度第一次被确立，这些代币应以相当连续的模式用完，即有机会用这些代币来换取一些奖励。不过一旦这个制度运行良好时，代币应以一种间隔的方式分发，在交换奖励前要积攒一段时间。

另外一种变通的方式是让学生用在学校的代币在家中交换奖励，当父母乐意合作时这个计划会很成功。通常，一张便条或汇报，每天或每周两次被送到家里，这些便条表明在前段时间里获得的分数，这些分数可以交换看电视的时间，得到特别的玩具，和

[1] 团体后果——由于遵守或违反行为准则，把全班作为一个整体，给全班施与惩罚或奖励。
[2] 代币强化方法——一种教学管理方法，如作业良好和课堂积极行为，可以交换一些自己想要的奖励。

父母单独在一起的时间，分数也可以积攒起来换取像旅行这样大的奖励，如果你认为这个孩子会因为不好的报告而受到严厉的惩罚，那么无论如何不要使用这种方法。

代币强化措施是比较复杂和耗时的，通常，它们只应用于三种情况：去激发一个对自己功课毫无兴趣或其他方法对他不起作用的学生；去鼓励那些在学业进度上屡屡失败的学生；去对付那些无法控制的班级。一些团队的学生比另一些获益更多，智力迟钝的学生，经常挫败的孩子，几乎没有学习技巧的学生，有行为问题的学生，通常对代币强化有具体、直接而自然的反应。

在尝试使用代币措施前，你应确定教学方法和材料对学生是适合的。有时，课堂混乱，或缺乏积极性，表明教学实践需改进。也许，课堂规则，不清晰，或实施起来不一致。也许，课文过易或过难。也许速度不合适。如果这些情况存在，代币措施可以改善这些情况，但是，学生在学习课业资料时仍有困难（Jenson，Sloane，& Young，1998）。

暂时契约方案

暂时契约方案（contingency contract）[1]中，教师与每个学生签订一个个人的契约，确切的描述学生必须做到什么才能获得特定的权利和奖励。在一些计划中，被选定的学生可以获得在行为上被宽限的权利和奖励。执行该过程本身也成为一个教育的过程，当学生学会制定合理的目标和遵守契约上的规定。

完成作业的暂时契约是适合中年级和高年级的学生做的，就像在图 6.3 所描述的那样。这个图表适合作为一份契约，任务工作表，或是进程报告。其中的一些应该也可以帮助在大学课程中的你顺利通过任务或应具有的鉴别能力倾向的测验。

在这里呈现的为数不多的几页仅仅为代币强化方案和暂时契约方案提供了一个介绍。如果你想在你的班级中建立一个大规模的奖励计划，你应该从专家那里获取建议。很多时候学校心理学家，咨询者或负责人可以提供帮助。另外，记住，提供不适当的、外部奖励只会降低学生学习的积极性（Deci，1975；Lepper & Greene，1978）。

检查要点：教学和管理的行为方法

回　顾

什么是掌握学习？

描述团体效应、代币强化方案和暂时契约方案的管理策略。

应　用

你如何使用这些管理方法处理在本章开始所描述的情境中的问题学生？

〔1〕暂时契约方案——教师和学生个人之间形成的某种约定，内容是学生必须做到哪些才能赢得某种特权或者奖励。

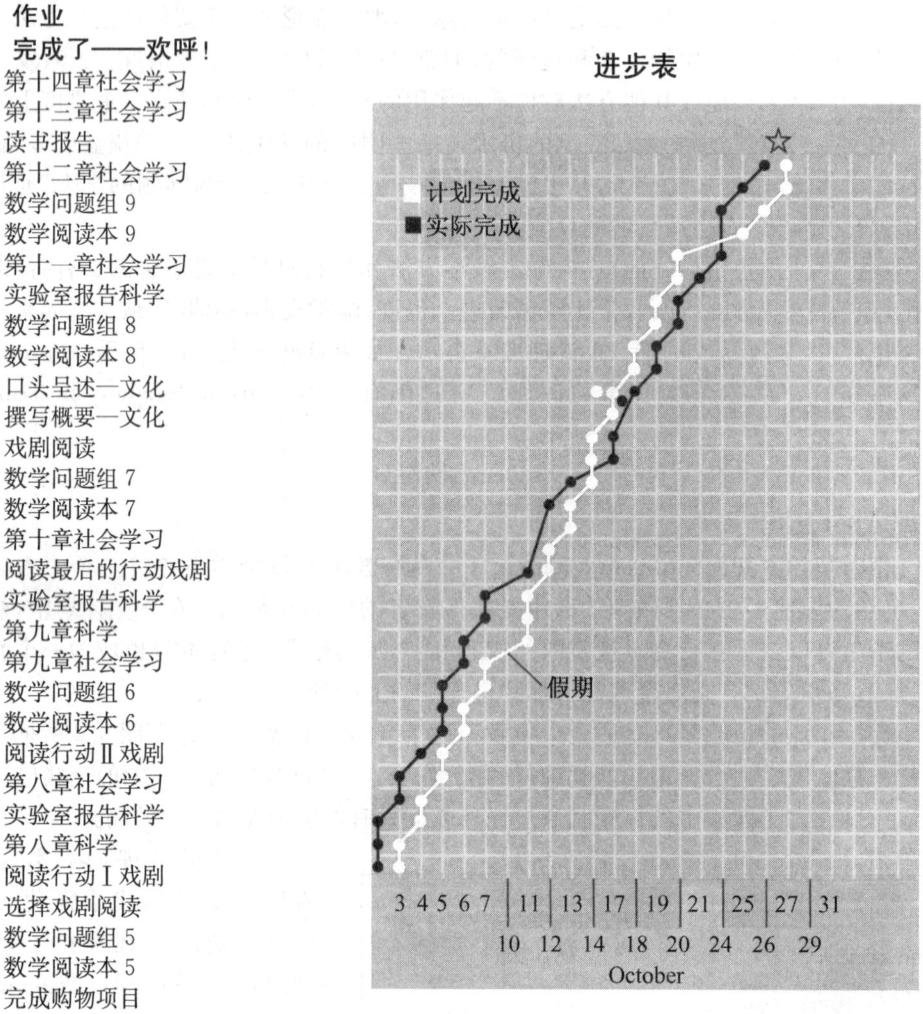

老师先与学生在完成每次作业的预定日期上达成一致，并在表中用白色做上标记。每次交作业时，用黑色把日期标示在图表中。只要实际完成的线条在计划完成的线条之上，学生就会获得休息的时间或其他事先定好的奖励。

图 6.3 完成作业的暂时契约

Source: From *Achieving Educational Excellence*: *Behavior Analysis for School Personnel* (Figure, p. 89), by B. Sulzer-Azaroff and G. R. Mayer, 1994, San Marcos, CA: Western Image, P. O. Box 427. Copyright © 1994 by Beth Sulzer-Azaroff and G. Roy Mayer. Reprinted with permission.

新近方法：自我调节和认知行为矫正

最近大多数行为主义观点强调运用**自我管理(self-management)**[1]帮助学生自主学习。正如你将从这本书中所看到的，学生自学这条规则在今天被心理学家和教育工作者提到很重要的位置。这个观点没有受到其他派别或理论的限制。不同地区的调查和理论都聚合成一个重要的观点，那就是学习的责任心和能力存在于学生自身当中。没有人可以从其他人那里学到(Manning & Payne，1996；Winne，1995；Zimmerman，1990；Zimmerman & Schunk，1989)。

行为主义心理学家之所以对自我控制感兴趣是因为在经典行为主义方法下教出的学生很少能把他们的所学扩展到新的情境中。举个例子来说，在我的研究报告调查中，我发现在一个很小的组中注意力不集中的学生能够学着去集中全部的注意力听讲，但是当他们回到常规教室中时，他们没有把新学会的技能带到学习中去(Woolfolk & Woolfolk，1974)。很多行为主义心理学家认为，在行为转变计划中如果学生间形成伙伴，将促进行为的泛化。而几乎与此同时，米凯鲍姆(Donald Meichenbaum，1977)也曾成功地使冲动的学生学会“说服自己”。因此我们说我们有证据表明学生可以从米凯鲍姆命名的“认知行为矫正”中受益(Manning，1991)。

自我管理

如果制定一个教育目标来培养人们自我学习的能力，那么学生必须学会控制他们自己的生活，制定他们自己的目标，并且给自己提供强化。在成人的生活中，有些时候奖励是不明确的，经常也要花费很长一段时间才能达到目标。想一想为了实现一个教育目标或找到你第一份工作要做多少步的准备。生活中充满了需要这种自我管理的各种任务(Kanfer & Gaelick，1986)。[2]

在执行一个基本的行为转变计划中，学生可能卷入到其中的一些或全部的步骤。他们可以帮助制定目标，观察他们自己的工作，保持记录，或对他们自己的行为作出评

〔1〕 自我管理——利用行为主义的学习原理来改变自己的行为。

〔2〕 联系与拓展——联系课堂。自我管理可以用来鼓励社会行为。这份自我记录表是摘自詹森、斯隆和扬(Jenson，W. R.，loane，H. N.，& Young，K. R.，1988)的《教育中的应用行为分析：结构化教学方法》(*applied behavior analysis in education：A structured teaching approach*. Englewood Cliffs，NJ：prentice-Hall)第272页。

社会技能练习卡

姓名＿＿＿＿＿＿＿＿

日期＿＿＿＿＿＿＿＿

要记住：使用自己刚学到的技能，随身带着这张卡片，使用这种技能的时候就在卡上标一下。

社会技能＿＿＿＿＿＿＿＿＿＿＿＿

什么地方？	多少次？ 1	2	3	4	5
1. 课堂上					
2. 操场上					
3. 午餐时					
4. 在家里					
5. 其他					

价。最后，他们可以选择并实施强化。这些活动可以帮助学生掌握所有的步骤以便他们可以以后执行这些任务(Kaplan，1991)。[1]

目标设定

目标设定阶段在自我管理中是十分重要的(Pintrich & Schunk，1996；Reeve，1996)。实际上，某些研究表明，设定具体目标然后将它们公之于众可能成为自我管理系统中的舆论基础。例如，海斯(S. C. Hayes)和他的同事证明了有些大学生有严重的学习问题，教授他们如何设定具体的学习目标，那些设定了目标并告诉实验人员的学生在所学材料的测验中表现出明显的好于那些私下设定目标而没有向任何人透露的学生的成绩(Hayes，Rosenfarb，Wulfert，Munt，Korn，& Zettle，1985)。[2]

更高的标准倾向于导致更好的行为。很遗憾，学生在设定目标时有越来越低的倾向。教师可以通过监控目标的设定和提出更高的标准来帮助学生保持高标准。在一个研究中表明，教师帮助一年级的学生增加数学问题的数量，而这些问题是他们每天自己设定要做的，而每当问题数量增加10%，他们会受到表扬。学生们保持着新的更高的工作标准，而这种提高也将被泛化到其他科目。[3]

记录和评估过程

学生可能参与到行为转变的计划中的记录和评估过程。一些很适合做自我记录的行为的例子包括：指定完成的任务的数量，花费在练习某技巧的时间，所读的书的数量，未经允许离开座位的次数。任务必须不在老师的监督下完成，例如，家庭作业和自习，这些都很适合进行自我监控。学生保存一个图表、日记或检核单，来记录问题行为发生的频率或周期。

一个进程记录卡可以帮助学生把指定的任务分成小步骤并决定最佳的完成次序，设定目标并记录每天的进程。记录卡本身的提示作用可能会减弱(Jenson，Sloane，& Young，1988)。因为在记录卡上作弊成为一个潜在的问题，尤其当学生会因为进步而

---

〔1〕 联系与拓展——联系其他章节。不要把自我管理限于某个团体或某种理论。研究维果斯基认知发展理论(第二章)的心理学家，还有对学习策略(第七、八章)感兴趣的认知心理学家以及动机研究的心理学家都指出自我管理是动机(第十、十一章)中一个很重要的因素。

〔2〕 联系与拓展——联系真实生活。摩根(Mark Morgan，1985)做的一个研究《学习中对达到子目标的自我监控》(Self-monitoring of attained subgoals in private study)，载于《教育心理学杂志》(*Journal of Educational Psychology*)，第77卷，第623—630页。结合了目标设定，自我记录以及自我评价。摩根在大学里给所有教育专业需要学教育心理这门课的学生进行自我监控策略的指导。给每个学习单元设定具体的短期目标，并且监控自己的对目标进步的情况，这样做的学生比那些只是监控自己的学习时间的学生，做得好，即使监控学习时间的学生实际上用了更多的学习时间。

〔3〕 联系与拓展——联系你的教学。你的班里有个学生，从来都准备不好开始做作业。他没有铅笔，课本也不知道哪里去了，把作业本忘在家里，不理解布置的作业，忘了买笔记本纸等等。所有这一切的结果就是他很少交家庭作业。你会怎么解决这个问题？建立几种备选策略，比如奖励和惩罚，塑造或者自我管理。

受到奖励时，老师间歇性的检查及意外的奖励对正确的记录也许有用(Hundert & Bucher，1978)。

自我评价在某种程度上比简单的自我记录要难，因为它包括对于行为质量的判断。对这个领域的研究很少，但是学生似乎可以学会正确合理地评价自己的行为(Rhode，Morgan，& Young，1983)。间歇性检查学生的自我评估并且对正确的判断给予强化似乎是很关键的。年长的学生学习正确的自我判断比年幼的学生要快得多。当学生和老师的评价一致时，学生可以得到奖励(Kaplan，1991)。我曾和一个老师工作过，他发现当他使用这个系统时八年级的许多学生给自己公正且正确的评价。

自我强化

自我强化(self-reinforcement)[1]是自我管理的最后一步。尽管关于这步是否必要还有一些异议。有些心理学家认为目标设定和过程监控就已经足够，自我强化对于结果没有什么作用(Hayes et al，1985)。而有的则认为因为工作完成得好而奖励自己，比仅仅设定目标、记录自己的进步能导致更高水平的行为成绩(Bandura，1986)。这比简单设定目标并记录过程要效果好。如果你愿意忍耐且真的拒绝一些你想要得到的东西，除非你达到了你自己设定的目标，那么对奖励的承诺也许可以提供额外的鼓励。有了这种想法，当你读完这一章时，你也许会思考一些自我强化的方式。我就是用同样的方法完成本章的写作任务的。

家庭也可以参与到帮助孩子发展自我管理能力的活动中来。家长和老师共同合作，可以专注于一些目标，同时培养学生在成长中形成独立能力。与家庭和社区的合作关系指南则给出了一些建议。

与家庭和社区建立合作关系指南——学生自我管理

用一种积极的方式给学生和家长介绍这个方法。

举例：

1. 邀请家庭参与，对全体家庭人员强调这种方法可能带来的益处。
2. 先从愿意参加的人开始实施。
3. 向他们描述你自己是怎样使用自我管理方法的。

[1] 自我强化——提供给自己依完成的某个行为而定的满意的结果。

帮助家庭和学生建立一些能达到的目标。

举例：

1. 给学生一些自我管理目标的例子，比如晚上早点写作业，做读书笔记。
2. 给家庭成员演示如何提出目标并保持进步。家庭中的每个人分别负责一个目标。

给家庭成员提供一些记录和评价孩子(或他们自己)进步的方法。

举例：

1. 把任务分成易于测量的几个步骤。
2. 遇到评判困难的时候，比如，创造性的写作，给出一些做得较好的范例。
3. 给家庭成员一个记录表或者备忘单，来记录学生的进步状况。

鼓励家庭成员不时检查记录，帮助孩子建立自我强化表。

举例：

1. 学生刚开始学习的时候，多做一些审查，以后逐渐减少。
2. 让兄弟姐妹之间互相检查记录。
3. 适当的时候，对学生在家应该发展的一些技能进行测验，自我评价和测验成绩一致的时候对学生进行奖励。
4. 让学生和家人一起利用头脑风暴法畅谈他们所期望的作为对他们自己任务完成较好时的奖励是什么。

有时，教给学生自我管理的方法可以解决教师的问题和得到附带的好处。例如，有一个很有竞争力的游泳队(成员年龄 9—16)，教练总是不能让队员保持较高的训练效率。于是，教练就制定了四张图表，表明每一个人的训练计划，并贴在游泳池旁。队员有记录队友训练单元完成的量及圈数的责任。因为记录是公开的，队员可以看到自己和其他队友的进步，送出或收到祝贺，保证了每个训练单元的完成。训练效率提高了 27%。教练也喜欢上了这个方法，因为队员不再静待命令而是马上开始训练(McKenzie & Rushall，1974)。

认知行为调整与自我指导

自我管理一般指让学生参与行为改变方案的各个基本步骤。**认知行为调整(cognitive behavior modification)**[1]强调思考和自我对话。基于这个原因，很多心理

〔1〕 认知行为调整——以行为主义与认知主义的学习原则为基础，运用自我谈话与自我指导的方式改善行为的方法。

学家认为与其说是行为方法，认知行为调节更像是认知方法。我在这儿提出它是因为它在谈到认知学习的第七章和第八章之间建起了一座桥。

如在第二章提到的，幼儿在任务中运用自言自语指导他们自己是认知发展的一个阶段。他们自言自语，经常重复家长或者老师的话。在认知行为调节中，学生直接地被教授如何运用**自我指导(self-instruction)**[1]。米凯鲍姆(Meichenbaum，1977)概括出5个步骤：

1. 一个成人一边模仿着执行一个任务，一边大声地自言自语。(认知榜样)
2. 孩子在榜样的指导下，进行同样的任务。(明显的，外部的指导)
3. 孩子在自己大声的指导下，进行同样的任务。(明显的，自我指导)
4. 孩子小声对自己指导，进行任务(消退的，明显的自我指导)
5. 在自言自语的指导下，孩子进行任务。(内隐的自我指导)(p. 32)

曼宁和佩恩(Brenda Manning & Beverly Payne，1996)列出了四种有助于学生学习的技能：听，计划，做和检查。自我认知指导怎样帮助学生发展这些技能呢？一个可行的办法是运用个人的小册子或是课堂标语牌。它们可以激励学生对于这些技能进行自我对话。举个例子来说，五年级的一个班设计了一套发展这些技能的激励语，并且张贴在教室周围。听的激励语包括"这样做有意义吗?""我马上进行吗?""现在在我忘记之前，我要问个问题。""注意了。""我能做到他说的吗?"计划的激励语是"我准备好了吗?""我现在就和朋友联系吗?""先让我计划好。""我按什么顺序做好呢?""我知道这材料。"关于这些以及其他两项技能(做和核实)在下面图6.4中详细列出。这个过程的目的之一是让学生思考并且创造属于他们自己的自我指导和自我激励。通过讨论和张贴，这些点子会让学生更加意识到而且有效控制他们的学习。

事实上，像米凯鲍姆和其他人实践的那样，认知行为调节有许多其他成分，不仅是教给学生运用自我指导。米凯鲍姆的方法也包括师生间的谈话和互动，树立榜样，指导性的发现，激发动机的策略，仔细地将任务与学生的发展水平相匹配，以及其他教学原则。有些方法甚至让学生参与到设计活动中(Harris，1990；Harris & Pressley，1991)。考虑到这些，你就不会对学生随着认知行为调节发展而运用这些技能去适应新的学习环境而感到惊奇了(Harris，Graham，& Pressly，印刷中)。

[1] 自我指导——在任务的各个步骤中进行自我对话。

张贴画 1
当听的时候：
1. 这样有意义吗？
2. 我现在就干吗？
3. 在我忘记之前我要问个问题。
4. 注意了。
5. 我能做到他说的那样吗？

张贴画 2
当你计划的时候：
1. 我是不是准备好了？
2. 我是不是现在就和朋友联系呢？
3. 先让我计划好。
4. 我应该按什么顺序做呢？
5. 我了解这个材料。

张贴画 3
当你做的时候：
1. 我做的足够快了吗？
2. 停下来看看我的女朋友然后再继续工作。
3. 还剩多少时间？
4. 我是不是要停下来，做过头了？
5. 对我来说这有点难，但我能做好。

张贴画 4
当你检查的时候：
1. 我全做完了吗？
2. 我需要重新核实什么？
3. 我是不是为这个工作骄傲呢？
4. 我写下所有的话了吗？数数。
5. 我想我完成了。我独自组织的。我是不是想太多了？

这四张张贴画是五年级一个班设计的，用来提醒他们运用自我指导。一些提醒的话反映了未成年儿童的特殊世界。

图 6.4 提醒学生在听，计划，做和检查中进行自我对话的张贴画

Source: From *Self-Talk for Teachers and Students: Metacognitive Strategies for Personal and Classroom Use* (p. 125), by B. H. Manning and B. D. Payne, 1996, Boston: Allyn & Bacon. Copyright © 1996 by Allyn & Bacon. Adapted by permission.

问题和争论

前几部分为改善学生行为从各方面提供了一些策略。尽管这样，你应该意识到这些策略可能被合理或不合理地应用。那么，你应该记住哪些观点呢？

对行为主义方法的批评

如果能够运用得恰当的话，本章所提到的方法可以成为帮助学生提高学业成绩和增强自主性的有效工具。但是有效的工具不一定会产生好的效果。甚至是最好的工具，如果滥用的话，也会引发问题，行为主义的批评者指出两个可能会出现的问题。

一些心理学家担心对学生所有的学习都进行奖励会使他们对学习本身失去

兴趣。正如你们在这一节的“观点与争议”中将看到的。研究已经显示：对那些已经对某一科目产生兴趣的学生应用奖励措施事实上可能会使他们在奖励结束时对学习的兴趣反而减少。此外，还有证据表明，在学生成功时夸奖他们聪明，那么下一次他们做得不好时就会削减他们的积极性。和那些因努力而被表扬的学生相比，那些因聪明而被表扬的学生在失败后的坚持性和对任务的兴趣都将变得更小。

观点与争议：学生应该因为学习而得到奖励吗？

对于学生是否应该因为完成学习任务或是取得学业成绩而受到奖励，教育学家和心理学家们一直争论不休。在20世纪90年代初，钱斯和科恩(Paul Chance & Alfie Kohn)就在《菲·德尔塔·卡潘》(美国教育专业协会会刊)(*Phi Delta Kappan*)的好几篇文章上交换了意见(1991年3月，1992年11月和1993年6月)(March 1991;November 1992;June，1993)。后来，卡梅伦和戴维(Judy Cameron & W. David)在《教育研究评论》(*Review of Educational Research*)上发表的一篇关于强化的文章引起了来自莱珀，基夫尼，德雷克，科恩，瑞安和德西(Mark Lepper，Mark Keavney，Michael Drake，Alfie Kohn，Richard Ryan，& Edward Deci)在同一杂志上的批评和驳斥。

这些人当中的许多人在1999年11月的那期心理学报上交换了意见。争论的结果如何呢？

▶观点：对学生的奖励等于是惩罚。

科恩(Alfie Kohn，1993)说：“应用行为主义等于是说‘做这个，你就可以得到那个’这本质上是一种控制人的手段。在教室里这是一个对学生实施你要干的事情的方法而不是和他们合作的方法。”他认为奖励是无效的，因为一旦表扬和奖赏停用了，那么行为也就停止了。在分析了128例由外部奖励引起或维持的学习后，凯斯特纳，瑞安和德西(Richard Koestner，Richard Ryan & Edward Deci)推论说“在我们所特设的有限的条件下，实际的奖励对学生的内部动机产生了很大的影响。甚至当有形的奖励作为对好的行为的指导也会减少学生参加有趣活动的内部动机。”(pp. 658—659)

问题并不只是这些。科恩(Kohn)认为奖励学生学习实际上使他们对活动本身的兴趣减少：这意味着使孩子把学习当做是获得标签、金星或者是等级——更糟糕的是通过等级得到钱或玩具，等于是用一个外部动机替代另一个。这很可能会使学习由目的变成为一种手段，学习成了获得奖励必经的途径。采取像孩子们只要读一定数量的书就可以获得换取比萨饼的票这样的奖励程序更令人担忧。伊利诺斯大学的尼克尔斯(John Nicholls)半开玩笑地说,这个程序的可能后果是"一群不爱读书的胖孩子。"

◀对立的观点:学习应该得到奖励。

根据钱斯(Paul Chance,1993):行为主义心理学家特别强调我们通过作用于我们周围的环境而学习。正如斯金纳所说:"(人)作用于这个世界,改变它。反过来又被他们行动的后果所改变。"斯金纳和科恩不同,他认为人们在反应灵敏的环境中学的最有效。那些表扬或是奖励学生的老师就提供了一个这样的环境。如果说让学生知道他们答对了,表扬他们的努力,对他们明白了概念而表示高兴或是通过授予金星或证书来承认他们取得的成就是不道德的,那么把我当做是罪人好了。(p. 788)

奖励损害了兴趣吗?在他们的研究评论中,卡梅伦和皮尔斯(Cameron & Pierce,1994)推论说,当只是偶然地对完成任务的表现给予奖励(例如:金星、钱)(不只是对参加者)时,或者是出其不意地给予时,内部动机仍能保持。在一篇晚一点的研究评论中艾森伯格,皮尔斯和卡梅伦(Eisenberg,Pierce & Cameron)补充说:"对较好地完成任务的表现给予奖励表明了任务的社会和个人意义,同时还会增加内部动机。"甚至像德西和莱珀(Edward Deci & Mark lepper)这样的认为奖励会损害内部动机的心理学家也同意奖励也可以起积极的作用。当奖励让学生知道他们对某一科目的掌握程度增加了时,或者是奖励表达了对学生完成得很好的工作的赞赏时,这样奖励就增强了学生的自信心,并使他们对任务更感兴趣,特别是那些最初对任务缺少能力和兴趣的学生,没有什么能胜过成功。如果学生通过奖励学会了读书,当奖励停止了他们不会忘记他们所学的东西。没有奖励他们会学吗?一些可能会而一些可能不会。如果一个公司不再付钱给你,你还会为它工作吗?自由作家科恩会因为得到了报酬和荣誉而对写作失去兴趣吗?

还需要考虑的是奖励不仅对受奖励的学生个体产生影响,还会影响其他同学。对一位同学给予奖励或者对他的关注增加可能对教室里其他学生产生有害的影响。在这种奖励机制下其他学生有可能感到自己是"坏学生"吗?许多证据显示,如果老师信任这种措施,并且向没有参加的学生解释应用的原因,那么,对个体的应用,例如奖励,不会对其他没有被奖励的学生产生坏的影响。在采访了98名一到六年级的学生后,富尔克和史密斯(Cindy Fulk & Paula Smith,1995)得出结论:教师可能比学生更担心公平对待的问题。如果对一些学生的处理确实看来在恶化,当他们的同伴也正在面对这样的奖惩机制中时,那么本章所讨论的程序都应该能够在矫正他们的行为方面起作用。

准则问题

本章所介绍的策略的应用准则应和任何以影响人为目的的措施的准则一样。必须弄清楚，目标是什么？这些目标如何与学校的总目标相适应？学生应该由于做了先看起来是对的，但实际上是错的事而得到奖励吗？这些策略应该根据什么标准尺度来选择，策略的应用会对个体产生什么样的影响？是对教师，还是对大多数学生的控制太多了？

目标。这一章中所描述的策略专门用于教学生在课堂上静静地坐着、发言前先举手，并且在任何时候都保持安静(Winett & Winkler，1972)。这确实是对技术的一个非准则的应用。没错，老师有必要建立一些规范和秩序，但是停滞在管理上的改进保证不了学校的学习。另一方面，在一些情况下，强化学习技能也会引起管理上的改善。一旦可能，学校学习都应该被强调。

策略。惩罚会产生负面效果：它会为好斗反应提供典范，并且会滋长消极的情绪反应。当有较少潜在危险的积极途径可以奏效时，惩罚就是不必要的，甚至是违反道德的。简单地说，当约束少的方法失败时，应该试试复杂方法。在策略选择上的第二个考虑是，策略对学生个体的影响。例如：一些老师考虑依据在校的出色表现，在家对学生施以物质奖励。但是，如果学生有过因在校的糟糕表现回家后受到严厉惩罚的历史，依靠家庭强化的计划可能对该生非常有害。在校不满意的成绩会导致家庭暴力的增加。

检查要点：问题与争论

回 顾

对行为主义方法的主要批评是什么？

应 用

表扬学生的学习是否总是合适的？为什么？

总结

理解学习

学习的定义

虽然理论家对“学习”的定义存在分歧，但大多数都同意，当经验使得一个人的知识或行为发生变化时，学习就产生了。行为主义理论家强调环境刺激在学习中的作用，并且把焦点集中在行为——可观察到的反应上。行为学习模式包括邻近学习、经典条件反射和操作条件反应。

对学习的早期解释：邻近和经典条件反射

中性刺激是如何转化成条件刺激的？

在由巴甫洛夫发现的经典条件反射理论中，先前的中性刺激总是和一种能够引起情绪或心理反应的刺激一起反复出现。接着，这种先前的中性刺激单独地引起反应——也就是，这种被赋予条件的中性刺激引起了条件反应。这种中性刺激就转化成了条件刺激。

泛化律与辨别律之间的区别

条件反应是泛化和辨别过程中的主题。当动物或人学会对一种特定的刺激作出反应后，他们也可以对其他的相似刺激作出相似的反应。这个过程被称为泛化，因为条件应在相似刺激出现时发生了。辨别律就是学习分化——即对一种刺激反应，而对另一种相似的刺激不作出反应。

操作条件反应：尝试新反应

什么情况下结果被定义为强化？什么时候又被定义为惩罚？

在由斯金纳提出的操作条件学习中，人们通过他们主动发出的反应效果学习。对一个个体来说，一个行为的结果所产生的效果，可以作为强化，也可以作为惩罚。如果结果增强或是增多了反应，则被定义为强化物：相反，如果结果减少或是抑制了反应，则被定义为惩罚。

负强化和惩罚是如何区分的？

负强化经常和惩罚相混淆。强化（包括正强化和负强化）通常会加强行为。负强化的关键是加强特殊行为（例如：完成课堂作业等）。一旦期望的行为发生，老师就通过取消反感的刺激来加强行为。正因为结果中包含了转移或“减少”一种刺激，这种加强就是负的。而惩罚则包含着减少或压抑一种行为。一种被惩罚的行为在将来的相似情境中不太可能重现。负强化也能给学生提供训练控制能力的机会。只要他们表现出正确的行为，不愉快的情况就会结束。相反地，惩罚发生在事实之后，学生不容易控制或终止它。

你如何激发行为的持续性？

强化的安排会影响反应的频率和持续性。比率强化安排（建立在反应次数的基础上)激发更高的反应频率;间隔强化安排(建立在变化的反应次数或变化的时间间隔上)激发反应的持续性。

提示与线索的区别是什么?

线索是一种在特殊行为发生之前的前提性刺激。提示是紧接着第一个线索的另一个线索。在利用提示和线索教一个新行为时有两个原则。第一,确保你想使其变成线索的环境刺激在你所使用的提示前立即发生,那样的话,学生就会学会对线索作出反应,而不是只能依靠提示才能作出反应。第二,提示应尽可能快地消退,这样学生不会对它产生依赖性。

应用行为分析

应用行为分析的步骤是什么?

应用行为分析给老师提供了激发积极行为和应付不愉快行为的方法。步骤是:(1) 清楚地指明行为的变化并且记录当前的水平。(2) 运用前因事件、结果或是两者安排一个具体的干涉。(3) 跟踪记录结果,在需要的时候修改计划。

普雷马克原理如何帮你定义强化物?

普雷马克原理陈述:高频行为(受欢迎的活动)可以成为低频行为(不受欢迎活动)的有效强化物。通常这被称为"祖母的规矩":先做我要你做的,再做你想要做的。为你的学生制定适当的强化物的最好的方法是观察他们在空闲时间都做些什么。对大多数同学来说,聊天,在房间里走来走去,与朋友坐在一起,被免除做作业或者考试,看杂志,或做游戏等,都是颇受欢迎的活动。

何时形成恰当的途径?

许多行为是可以通过塑造得以提高的,尤其是包含持续性、忍耐力、高精确度、高速或广泛的练习的技能。因为塑造是一个时间消耗的过程,然而当通过诸如线索一样更简单的方式可以获得成功时,它不应当被使用。老师可以用塑造发展学生新的反应,每次一点。所以,塑造对于建立复杂的技能或为艰难的目标而奋斗是有帮助的。

使用惩罚应注意些什么?

负强化、饱和法和惩罚——如申斥、反应代价和社会隔离——也可以帮助改变行为。所以,无论何时你打算使用惩罚,都应该使其成为有分叉行为的一部分。第一个目标是实行惩罚并且减少令人不快的行为。第二个目标是，确保学生取而代之应该做什么，并且对这些期望的行为施以强化。那样，当问题行为被减少时，积极转化的行为就被加强了。

教学和管理的行为方法

什么是掌握学习?

要利用掌握学习，教师必须把一门课分成若干小的学习单元。每个单元可以包含几个具体的掌握目标。"掌握"通常意味着在测验或者其他评价方式中得分在百分制的 80—90 分，教师要针对每个学生的特点分别向他们说明要学习的目标和需要达到的标准，那些没有达到掌握最低水平的人，或者达到最低线，希望提高成绩(以此提高等级)可以重复某个单元学习。他们觉得掌握的差不多的时候，再换一种形式进行单元测验。

描述团体后果，代币强化方案，暂时契约方案这三种管理策略

利用团体后果是基于对全班整体行为进行的强化。代币强化方案中，学生凭作业和积极的课堂行为得到代币，代币可以是分数，检查通过的记号，在卡上穿的小孔，筹码，游戏用的货币或者其他一些能很容易能被学生当做财产的东西。学生可以定期用已经得到的代币来换取那些希望得到还没得到的东西。暂时契约方案中，教师跟每个学生建立一个暂时性的契约，说明学生必须怎么做才能得到某种权利或者奖励。其中，学生可以参与决定强化的行为和获得的奖励。教师要谨慎使用这些方法，要强调学习而不只是"出色的"行为。

新近方法：自我调节和认知主义行为矫正

自我管理的步骤

学生可以把行为分析运用到自己身上来进行自我行为管理，教师可以通过让学生参与目标设定，了解学习进步状况，评估成绩以及选择和给出他们自己的强化来促进学生自我管理技能的发展。教师也可以用认知行为调整，用米凯鲍姆描述的改变行为的程序直接教学生如何利用自我指导。

问题和争论

对行为主义方法的主要批评

行为主义学习方法的误用和滥用是不道德的，对行为方法的各种批评也指出过分

强调奖励的强化使得其他学生的学习兴趣降低，从而产生消极的作用。教师必须在一些指南帮助下适当地，合乎职业道德地使用行为主义学习方法。

走向专业化

反思

你能应用本章的知识解决以下实际问题吗？

学前班和幼儿园

你班上的一个学生害怕宠物猪，这个孩子不愿意接近笼子，想让你“把它们赶走”。你会怎样帮助这个孩子克服恐惧？

小学和中学学校

你想让你的学生提高时间管理和自我管理的能力，以使他们能为下个学年学习上更高的要求做好准备。你会怎么做？

初中和高中学校

你班上来了一个情感上受到伤害的学生，表面上她看起来还不错，但是你注意到她面对困难任务的时候，她就经常打断或者戏弄别的学生，对此情况，你会如何反应？

上课铃声响过后，要花十分钟的时间才能使课堂安静下来。分析这种状况，是什么原因造成的？你会怎么做？

认证测验要求

了解强化和惩罚，负强化和惩罚之间的差别。

注意对行为矫正的各种批评。

熟悉代币强化方案和暂时契约方案。

了解使用惩罚时需要注意的一些警示。

个人教学档案

教学中使用外部强化和惩罚，你的立脚点在哪里？做好准备在你跟家长会见时回答这些问题。

参考表 6.2 针对你的学生，给他们建立一些强化物，把想到的加到你的个人教学档案袋里。

教学资源

把图 6.2,6.3 和 6.4 加到你的教学资源文件中。

教师案例簿

他们会怎么做?

本章开头提出一个"失控课堂"的问题情境,下面是几位教师对其作出的回应。

RICHARD T. SMITH
Fifth Grade Teacher
Harrison Middle School, Yarmouth, Maine

让其他教师知道你带的班是一个很难管理的班,你面临着一个挑战,可能是件好事。老教师们将提供你作为一个新老师所需要的帮助和支持,所以把它当做一个挑战,去寻求你所需要的帮助。每个学校都有一些有丰富课堂管理技巧和经验的教师,和这些教师多交流,找出一个适合你的管理风格和方法。

教师都希望在学生身上产生积极的影响。越难管理的课堂,学生就越需要一个角色典范,或者一个让他们安静下来的力量。只要记住孩子们需要你和你的专家知识,你就能很轻松地保持耐心。

班会上开始"day two",让所有学生都安静地围成一个圈坐下。教师手里拿着一个网球,网球在教师手里,教师先开始说为了管理好一个班级自己对学生的期望。然后把球依次往下传,每个学生都有机会说出自己需要教师和班级同学做到哪些方面。所有人都讲完之后,就把课堂预期、后果和权利列表总结下来。你知道孩子们期望的是什么,他们也知道能在你这里期望得到什么。把这些规则影印之后贴到学生的课桌上,时刻提醒他们的行为,奖励和后果。

纪律是所有孩子都需要的,它并不一定是受到反对的。作为学生的角色典范,要让他们知道你认为什么有价值,很重要。作为一名教师,你需要把你的价值体系传达给学生。"宽容即获得",生活中许多方面都是这样的,包括在课堂上。如果你不能容忍学生畅所欲言,他们就不会说。如果你不能容忍学生说"我恨你!",他们也不会讲。坚持下去,始终如一。

我相信如果教师把这种情境当做一种挑战;从有经验的教师那里寻求帮助;和学生一起建立基本的规则,对学生的期望,奖励和惩罚,她就会结束她的第二天,以及以后的许多天。虽然仍旧疲惫不堪，嗓音沙哑，学生的进步将鼓励老师坚持下去。

KATHLEEN CONROY

Third Grade Teacher

Rancho Canada Elementary School, Lake Forest, California

如果我一月份受聘接手一个没有任何管理体系的班级，我会用第一天讨论我的规则、期望、后果体系开始我的课。我们会一起建立需要的课堂预期，以使学生感觉自己是这个过程的一部分。然后全面检查如何实施课堂预期，把全班共同建立的班级规则做成一份彩色的图表，相应地还有一张表格列出违反规则之后要承担的后果。我要把所有学生的名字和一组刚刚分配的数字在不同的彩色卡片上贴出来，告诉他们这个行为体系是一种奖励系统。如果遵守了所有的规则，学生就能通过收集任务完成过程中的标志来获取不同的特权。奖励是动机，学生从贴出的列表中选择他们想要的特权以及每项权利或每种奖励所需要的标志数量。这类奖励可以是很小的一些事情，比如，免费提供一次水，和老师共进午餐，免查一次家庭作业等等。这样，学生就会积极寻求他们选择的奖励，努力遵守班级管理规则。

KATIE CHURCHILL

Third Grade Teacher

Oriole Parke Elementary School, Chicago, Illinois

我认为进入一个新的班级，严厉是非常重要的。我会在第二天早晨走进教室时就让学生意识到，我要加强班级规则和期望，如果有任何行为问题依然存在，我将和当事人的家长取得联系。我会让学生帮助我选择一系列合理的班级规则，以使这些规则对学生更有意义。我要让学生明确，他们得对自己的行为负责和承担后果。学生应该明确知道应该做什么，如果违反了规则会有什么后果。我会坚持按照规定进行处理，也会让学生忙于他们感兴趣的资料。最后，通过正面加强，鼓励课堂积极行为。

CAREY PERKSON

Second Grade Teacher

Brown School, Natick, Massachusetts

建立一个有利于学习的课堂环境是非常重要的。前任老师可能有也可能没有建立班级规则，对于我来讲，告诉学生学校对他们这个学年留下来的学生的期望是非常必须的，和学生一起确立一系列大家都赞成的班级规则。

我会和学生一起讨论设立的规则是我们大家都赞成的，同时还要不妨碍其他人。让学生作为决策过程的一个整体部分，对于赢得他们的信任和尊重很重要。学生要理解我会重视他们个人的想法。大家一起把课堂当做一个大家庭，就可以建立起一套班级规则。

我的理念一直是严肃公正，确保学生知道老师会给他们创造获得成功的机会。

ANNE WORTH

Fourth Grade Teacher

Clardy School, Kansas City, Missouri

经过一天的苦恼之后，你发觉很明显在进行任何的学习之前，有些东西必须得改变。让学生们交流在学校里哪些规则是必须的，一个有效促进学习的课堂应该是什么样的。设法让那些举手的同学回答问题，对于那些遵守规则的学生给予表扬。在开始讨论之前，开场白可以这样："我认为建立一套大家共同遵守的班级规则很重要，所以下面的十分钟我们来讨论一下校规。请大家举手发言，每个人都有机会把自己想说的讲出来。"时间限制，列表完成，如果还需要添加，教师可以增加一些基本的规则。

使用行为工具，比如在罐子里放弹球，教师能立刻建立一个方法。告知全班遵守了一条规则，就放一个弹球进去。罐子满的时候，学生就能获得 15 分钟的自由时间，每次班里有人做好事就放一个弹球。一天或两天后，你就能看到你的成果了，开始能控制这个班级和有效组织教学活动。

BRENDA MILLER

Second Grade Teacher

Yucca Elementary School, Alamogordo, New Mexico

我将引进一种奖励系统，用课堂"美元"，储藏有各种项目的"店铺"，每个星期五营业一次。我会向学生家长征求意见，决定"店铺"里卖的物品，玩具、铅笔、记事本、书签、化妆品等。我会向学生描述我所期望看到的行为和伴随每个良好行为的"美元"奖励。

我认为最初给予奖励很有效，因为大部分学生都把纪律视作对立面的东西，班级里已经有很多这样否定的论调。当我的奖励系统建立以后，我会谋求学生的帮助，一起来确定班规。这种奖励系统有效的关键在于坚持，宽容，公正。我会抬高那些项目的价格，经常地把"美元"分散掉，来强化学生的良好行为。店铺营业的那天，我让两个学生做店主(每个星期换不同的学生)奖励系统教学生责任、数学、合作、交流。在我的二年级班里用这种奖励系统取得很大的成效。

第七章 学习的认知学派观点

怎样把一节课变得容易学和记住？想想这个学期你上的课，上周最近的两三天前的课上你学到的东西有哪些你觉得下周还能记得？下个学年还能记得？能够记住的信息有什么不同？你是不是采用了另外一种不同的学习方式？

这一章从学习的行为主义理论转向认知观点，这意味着从“把学习者和他们的行为看做环境刺激的产物”转变成把学习者看成“有计划，意图，目的，想法，记忆，情感的积极参与，选择，和建构来自刺激和经验知识的意义”（Wittrock，1982，pp. 1—2）。我们从学习和记忆的一般认知方法和了解有关学习的知识的重要性开始本章的学习，要理解记忆，我们来看一个被广泛接受的认知模式，信息加工模式，认为信息加工过程经过了三个不同的存储阶段。我们将简要地从另一个角度来考查记忆的三个存储模式——加工的深度。接下来我们将考查元认知，一个新的研究领域，它可以给我们研究学习中的学习者个体和发展性差异提供一些思考，然后我们来看教师怎样帮助学生变得更加博学多知。当你完成本章的学习时，应该能做到：

- 讨论学习中知识所起的作用。
- 描述人类信息加工过程——三种存储模式和加工水平。
- 界定陈述性知识，程序性知识和条件知识。
- 举例说明感知觉和注意在学习中的作用。
- 解释图式和脚本是怎样影响学习和记忆的。
- 讨论工作记忆和长时记忆的个体差异。
- 描述认知技能的发展阶段。[1]

---

〔1〕 联系与拓展——联系真实生活。思考关于记忆的格言，摘自克拉特兹基（Klatzky，R. L.，1984）的《记忆和注意：信息加工观》（*Memory and awareness：An information processing perspective*. New York：Freeman），第 122 页。

关于学习：在一年里学的多过二十年里经历的（Roger Ascham）。我们学习做什么，又通过做来学习（Aristotle）。

关于记忆：记忆的真正艺术在于注意的艺术（Samuel Johnson）。一个人的记忆可能几乎是根据他自己目前的兴趣，不断对过去做的改变和曲解（Geroge Santayana）。

关于遗忘：学会用的时间越长，忘的就越慢（Seneca）。学的快，忘的快（谚语）。眼不见，心不烦（谚语）。伤害比侮辱忘得更快（Lord Chesterfield）。

关于年龄：我太老了，学不会（Shakespeare，*King Lear*）。没有人会老到什么也学不了（德国谚语）。老狗也会认新路（Thomas D'Urfey）。

你会怎么做?

教师案例簿

在历史课上,学生们完全用记忆代替了理解。为了准备单元考试,他们只是背诵课本上的精确词句。即使是班上最好的学生,也认为记忆是学习的惟一可行的方法。当要他们通过阅读原始资料来考虑历史问题,在课堂上讨论历史事件,或是考查学生正在研究的历史阶段的美术和音乐,大多数学生会反对。他们会问。"会考这些东西吗?""我们为什么要看这些作品?我们一定要知道他们的作者和年代吗?""他们与历史有关吗?"有些学生会配合参与讨论,但他们所谈的都直接来自于课本,尽管他们自己都不知道在谈些什么。

- 这些学生是怎样理解历史的?他们期望从历史中得到什么?这些是怎样影响着他们的学习的?
- 对于学生机械记忆的学习方式,你有什么看法?
- 你会怎样教你的学生?
- 这些讨论会影响你教课的原则吗?

认知观的基本观点

认知观有着非常久远的历史,早在古希腊时期,知识的本质,推理的价值,和思维的内容就是哲学家经常讨论的问题(Hernshaw, 1987)。然而在19世纪初到几十年前的一段时间里,由于行为主义的盛行,认知主义失去了以往的繁盛。继而,在二次世界大战期间,人们对人类复杂技能的研究,计算机革命,以及人们在语言发展上取得的巨大成就,共同导致了认知主义研究的再度盛行。积累起来的证据表明,人们对强化和惩罚的反应并不那么简单。例如,人有计划地作出反应,运用策略帮助记忆,运用独特的方式组织我们学习的材料(Miller, Galanter, & Pribram, 1960; Shuell, 1986)。随着人们越来越认识到学习是一个主动的、脑力的过程,教育心理学家们开始关注人们怎样思维,学习概念和解决问题。

不久,教育心理学家的目光就转向了知识的再现和记忆。在20世纪70年代到80年代之间,记忆和遗忘是认知心理学的研究主题。其中,记忆的信息加工模型居于研究的主导地位。[1]

除信息加工模型以外,当今又出现了新的记忆理论。另外,许多认知理论家对学习、思维、问题解决又发生了兴趣。**学习的认知观(cognitive view of learning)**[2]可以

〔1〕 联系与拓展——联系其他章节。基于认知学习原理的两种不同的教学模式——布鲁纳的发现学习和奥苏贝尔的接受学习——参见第八章。

〔2〕 学习的认知观——把学习看做是一种获取,记忆和使用知识的积极心理过程。

描述为一种趋于一致的哲学思潮。换句话说认知主义者对学习和记忆的基本观点是一致的。认知主义者相信，学习是人们尝试理解世界的结果。为了理解世界，我们需要运用已经掌握的所有的工具。运用我们的知识、期望、感觉，思考环境的方式，与他人和环境的交互作用，无不影响着我们学习的内容和方式（Anderson，1995a，b；Bandura，1986；Farnham-Diggory，1994；Piaget，1963）。

比较认知学派和行为主义的观点

认知主义与行为主义的分歧在于他们对学习内容的假设。按照认知主义的观点，人们学的是知识，知识的改造是行为变化的前提；而行为主义者认为，人们学习的就是行为本身（Shuell，1986）。认知主义者与行为主义者都肯定“强化”在学习上的重要性，但原因不同。行为主义者坚持认为“强化”加强了“反应”；而认知主义者把强化看成一种信息的来源，提供一个反馈——如果重复某种行为，将会导致什么结果。

认知主义把人们看成积极的学习者，他们启用经验寻找信息，解决问题；他们重新组织知识进行新的思考。实际上，这个过程中的学习更被看做是“转化我们已经形成的一些重要理解，而不是往白板上写什么”（Green，Collins，& Resnick，1996，p. 18）。人们追求目标的时候，他们不是被动地受环境影响，他们在积极地选择，实践，注意，或者忽略，思考，或是作其他决定。原有的认知观点强调知识的获得，而新认知理论强调建构（Anderson，Reder，& Simon，1996；Greeno，Collins，& Resnick，1996；Mayer，1996）。

在研究学习所用的方法上，两派也有明显的差别。行为主义者的许多工作都是建立在人工控制条件下的动物研究上面。试验目的是确定适用于所有高等动物的普遍的学习法则。而认知主义者则在很大范围内研究学习的情境。由于他们的研究焦点集中在认识的个性差异和发展性差异，所以尚未找到学习的总的法则。为什么现在还没有一种认知模型或学习理论可以代表整个领域，这也是原因之一。

“学习”知识的重要性

知识是学习的结果。当我们掌握了一个名词，了解了认知心理学的历史，或是打网球的规则，我们就知道了一些新的东西。然而，知识并不是学习的终极产品，它还会引发新的学习。认知心理学的研究表明，个体自身创设的学习情境是学习过程中非常重要的一个因素。我们已有的知识是构建新知识的脚手架，它在很大程度上决定着我们注意、理解、掌握、记忆和遗忘的对象（Greeno，Collins，& Resinck，1996；Shuell，1986）。

雷克特和莱斯利（Recht & Leslie，1988）做的一项研究表明了知识在理解和记忆新信息方面的重要性。这些心理学家区别了阅读水平高、低的初中学生，他们测验学生棒球方面的知识，发现棒球知识和阅读能力不相关。这样研究者可以区别出四组学生：好的阅读者/棒球知识多、好的阅读者/棒球知识少、差的阅读者/棒球知识多、差的阅读者/棒球知识少。接着，所有被试阅读一段描写棒球比赛的文字，并通过多种方式来测验他们是否理解并记住了阅读内容。

测验结果显示了知识的力量。了解棒球的差阅读者，记得比那些只有一点棒球知识的好阅读者要多，并几乎和两样俱佳的人做得一样好。不懂棒球的差阅读者记得最少。因此，对理解和记忆而言，好的知识基础比好的学习策略更重要——但广博的知识加上好的学习策略，结果会更好。

一般知识和具体知识

认知主义在谈到知识时"强调不同学科（如数学、历史）中概念和理论的理解和一般的认知能力（如推理、计划、解决问题、语句理解）"（Greeno. Collins & Resnick，1996，p. 160）。因此，这里存在着不同的知识类型。有些**专门领域的知识（domain-specific knowledge）**[1]，例如知道游击手在第二和第三号位活动是具体的棒球知识。另外一些知识，相反，是普遍的——它们适用于许多不同的情境。譬如，如何阅读、书写、使用一个文字处理软件，这些**一般知识（general knowledge）**[2]无论在校内、校外都大有用处。当然，一般知识和具体知识间并没有绝对的分界线。当你刚开始学习阅读时，你可能会学到单词发音的具体实例。此时，相对于阅读而言，单词发音是具体知识。但现在，包括发音知识和阅读技巧，你都能更普遍地应用它们了（Alexander，1992；Schunk，2000）。

陈述性知识、程序性知识、条件性知识

另一种划分知识的方法是将它分为陈述性知识、程序性知识和条件性知识（Paris & Cunningham，1996；Paris；Lipson & Wixson，1983）。**陈述性知识（declarative knowledge）**[3]是指"通过讲演、书籍、写作、对话、盲文、信号、数学符号等形式，可以用言语来表述的知识"（Farnham-Diggory，1994，p. 468）。陈述性知识即知道某物为某物。例如学历史的学生若处在开头"你会怎么做"的场景下，他们的脑子里呈现的会是关于历史的陈述性知识。陈述性知识的范围非常广。你可能知道非常专业的知识（金原子的重量是196.967），或者普通的事实（有的树叶到秋天会变色），或者个人的喜好（我不喜欢吃利马豆），抑或规则（除以分数时要将因子倒置再相乘）。对陈述性知识而言，小的单位可以组织进大的单位里。例如，在你思考时，强化和惩罚的原则可以归入行为主义学习理论（Gagne，Yekovich，& Yekovich，1993）。

---

〔1〕 专门领域的知识——在某种特定情况下或者某个专门的主题中有用的知识。
〔2〕 一般知识——在许多不同类任务中都有用的知识；可以应用到许多情况下的信息。
〔3〕 陈述性知识——口头信息；事实；"知道是什么"的这个什么。

程序性知识(procedural knowledge)[1]

即"知道怎样"做某事,譬如除以分数、清洗汽化器——程序性知识必须是被演示出来的。注意,重述"除以分数时要将因子倒置再相乘"这条规则,它所显示的是陈述性知识——学生能将它说出来了。但要显示程序性知识,学生还必须真正去做。当面对一个分数时,学生要正确去除它。当他们将一段文字翻译成西班牙语,成功地将一个几何模型分类,加工一段相关的短文时,他们所表现出来的就是程序性知识。

条件性知识(conditional knowledge)[2]

即"知道什么时候,为什么"去应用你的陈述性知识和程序性知识。假设有许多类型的数学问题,这就需要条件性知识去弄清楚什么时候用这种方法,什么时候用另一种方法来解决问题。有了条件性知识,就能知道什么时候要逐字阅读,什么时候可以浏览。对许多学生来说,条件性知识是一块绊脚石。他们掌握了知识并知道如何去做,但他们似乎并不能在恰当的时候将这些东西派上用场。

表 7.1 说明我们可以综合两种体系来描述知识。陈述性知识、程序性知识、条件性知识既可能属于一般知识,也可能属于具体知识。

> **检查要点**:认知观的基础观点
>
> **回 顾**
>
> 对比认知和行为主义关于学习的内容和强化的作用的观点。
>
> 知识是如何影响学习的?
>
> **应 用**
>
> 你已经知道的什么知识将有助于学习本章的内容?

表 7.1 知识的种类

	一般知识	具体知识
陈述性	图书馆开馆时间 语法规则	直角三角形斜边的定义 诗《乌鸦》
程序性	如何使用文字处理软件 如何开车	怎样算出一道氧化还原反应方程式 怎样制作一个陶罐
条件性	什么时候放弃并尝试另一种方法 什么时候浏览,何时仔细阅读	什么时候使用公式计算容积 打网球何时冲到网前接球

要利用知识就得记住它。我们对记忆知道些什么?

[1] 程序性知识——我们完成一项任务的过程中展示的知识,"知道该怎么样"。
[2] 条件性知识——"知道什么情况下,为什么"要用陈述性知识或程序性知识。

记忆的信息加工模型

记忆的理论有很多，但最常见的是**信息加工(information processing)**[1]说(Hunt & Ellis, 1999; Sternberg, 1999)。我们将利用这个研究深入的体系来考查学习和记忆。

模型的概述

信息加工对记忆的看法是以计算机为模型的。跟计算机一样，人脑输入信息，对信息进行形式和内容的处理，储存信息，在需要的时候查询信息，并对信息作出反应。因而，加工过程包括收集和再现信息，或将信息译成密码，或将它储存，并在需要时找到或恢复信息。整个系统由控制程序引导，这些程序决定信息怎样、何时在系统中流通。

对一些认知心理学家来说，电脑模型只是人类活动的模拟。但是，另一些认知心理学家，尤其是致力于人工智能研究的科学家却尝试设计并编制程序使电脑像人类一样"思考"并解决问题(Anderson, 1995A)。一些理论家暗示说：大脑的工作状态和许多运行很慢的电脑是十分相似的，即这些电脑平行工作(同时的)，每一台电脑专门用于执行一个不同的、特定的任务(Martindale, 1991)。

图示7.1就是一些理论家推断出的一种典型的记忆信息加工模型(Atkinson & Shiffrin, 1968; R. Gagne, 1985)。还有一些模型被提出，但所有的模型不管它们如何变动其流程图都基本相似。为了理解这一模型，我们需要考查每一个元素。

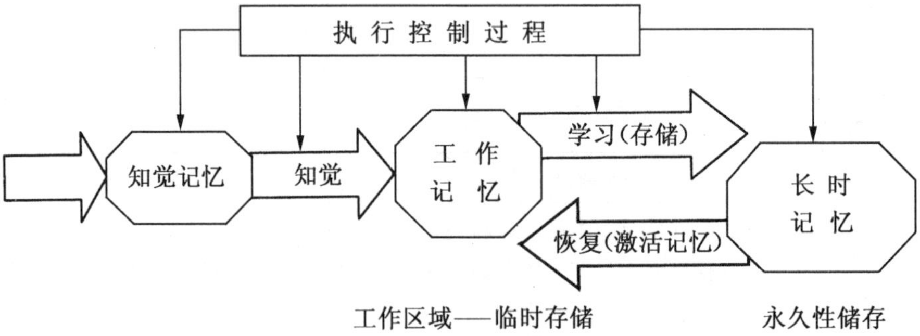

在知觉登记中，信息被译成密码，由知觉功能决定哪些功能会被保留在初步记忆中以供将来使用。完全被加工的信息变成长期记忆的一部分，并且可以在任何时间因被刺激而返回工作记忆。

图7.1 信息加工系统

[1] 信息加工——人头脑中的理解，存储和使用信息的各种活动。

感觉记忆

外部环境的刺激(视觉的,声音,气味等)不断轰炸我们身体的看、听、闻和感觉机制。感觉记忆(sensory memory)[1]是信息加工的最初阶段,通过感觉记忆识别涌进来的刺激,然后进一步理解。虽然视觉和声音的信息存在的时间可能不到一秒钟,它们能很快地在感觉存储器或者感知信息仓库中记录下来——非常简要——所以这个过程能够发生(Bruning, Schraw, & Ronning, 1999)。

感觉记忆的容量、持久性和内容

感觉记忆的存储容量是非常大的,比我们一次可处理的信息多得多,但是这些巨大数量的知觉信息在持续时间上是十分脆弱的,它只能持续两三秒钟,你可以感受到这种知觉信息在你的知觉领域登陆。当你直视前方时,在你的眼前,前后挥动一支铅笔(或你的手指)看见渐渐消失在物体背后的影像了吗?在刺激消失后,知觉登记器只能在非常短暂的时间保持输入信息。在真实的刺激已经被去掉后,你可以看见一支铅笔运动的足迹(Lindsay & Norman, 1997)。知觉记忆的内容和来自于最初刺激的感觉相似。视觉被编码短暂地登记在知觉中,就像照片一样。声音模型被编码成类似于回音。可能其他的感觉也有他们自己的编码,因此在几秒钟内知觉经验中有价值的数据仍被完整保持,在这段时间内我们有机会为将来的加工选择和组织信息。

知觉

察觉到一个刺激并赋予其意义的加工称作**知觉(perception)**[2]。这种解释的构筑基于客观的现实和我们现有的知识,例如注意这个记号:I3。如被询问这字母是什么,你会说是B,如被询问这数字是什么,你会说这是13。事实上这个记号前后是相同的,对于他们的知觉含义理解的不同是因为你认识的期望不同,即期望是字母还是数字而选择的。对于一个没有固有知识的儿童,要他们去理解的话无论是字母还是数字这个记号可能都是无意义的(F. Smith, 1975)。[3]

目前我们关于知觉的理解是基于20世纪早期德国(以及后来的美国)格式塔主义心理学家的理论。**格式塔(gestalt)**[4],意思差不多类似德文中的模式和结构,指人们有一种将知觉信息组织成模式或关系的倾向。不是把它们当做支离破碎的事物和无关的信息,相反我们倾向于把事物知觉成有组织的、有意义的整体。

---

[1] 感觉记忆——快而粗略地把握感觉信息的一种记忆。

[2] 知觉——对感觉信息的解释。

[3] 联系与拓展——联系真实生活。"隐藏的图画"(在一张画某个东西被隐藏起来,孩子得去找)和"沃尔多在哪里?"是两个图形背景知觉任务的例子。("隐藏的图画"可在《精彩画面》(*Highlights*)和其他儿童的杂志中找到)。

[4] 格式塔——德语中代表模式或整体;德国理论学家认为人们把他们知觉到的统合成连贯的整体。

a 图像——背景

你看到了什么？是两张侧脸还是一个柱子？当你把一个图像定位图像时另一个就是背景。

b 临近

你看到这些竖线分为三组，是因为这些竖线临近排列。

c 相似

你看到这些竖线仿佛是间隔的、轮流的模式是因为这些竖线在高度上相似。

d 封闭

你看到的是一个圆圈而不是稀疏的曲线。

格式塔关于知觉的原则解释了我们如何在我们周围世界中"看到"模式

图 7.2 格式塔原理的例子

Source: From *Learning Theories*: *An Educational Perspective* (2nd ed.), by D. H. Schunk, 1996, Saddle River NJ: Prentice-Hall, Inc. Copyright © 1996 by Prentice-Hall, Inc. Adapted with permission.

格式塔心理学对知觉的某些方面的解释是正确的，但是它们不能解释知觉的全部方面。对于我们如何认识到模式并且给这些感觉信息赋予意义，信息加工理论方面有两种解释。第一种被称为特征分析或**自下而上的信息加工(bottom-up processing)**[1]，由于信息被分解成特定的部分，并且整合成一个富有意义的模式，"来自底部的"例如，字母 A 是由两条以 45 度角相连接的直线并且中间有一条横线组成。当我们看到这些特点时，和其他足够近的包括A, *A*, **A**, $\mathcal{A}$, A,我们认识一个 A 就可以了（Anderson, 1995）。这样就可以解释为什么我们能够读其他人写的单词。

如果所有的感觉都依赖于特征分析，学习将会非常慢，幸运的是，人类有另一种感觉能力，这种感觉以知识和预期为基础，经常被称为**自上而下的信息加工(top-down**

---

〔1〕 自下而上的信息加工——以各个分离定义的特征为基础感知，把信息纳入到可识别的模式中。

processing)[1],为了迅速地识别模式,除了注意特征,我们用我们已经知道的知识——关于图片和文字或世界一般的运动方式,例如,如果你不会罗马字母表,就认不出信封上的 A。所以说你所知道的也影响你所能够知觉的。

注意的作用

任何一种颜色、动作、声音、气味和温度等的变化都会引起我们的注意,否则生活将变得不能想像。我们从所有可能加工的信息中选择自己感兴趣的,注意一定的刺激,把其他信息忽略。**注意(attention)**[2]是有限的智力资源,在一定的时间我们仅仅能注意一个认识到的并且要求的任务(安德森,Anderson, 1995a)。例如在我学车时的一段时间,我不能开车时听收音机,通过一段时间的练习,我可以一边开车一边听收音机了,但在交通紧张的时候我就得关掉收音机。通过几年的练习,我开车的时候可以计划一堂课或打电话(我的手可以运用自如)。这是因为很多信息加工的过程,开始时需要注意,经过练习之后注意越来越不需要意识的主动参与,能自动进行。实际上,这种**自动化(automatic)**[3]可能是一个熟练程度的问题,我们不会完全的没有意识,但是在我们行为中或多或少的自动化由我们已经练习的多少和当时的情况决定。例如,在一个使人失去判断的风雪天,即使是一个很有经验的司机也可能变得非常警惕(Anderson, 1995a)。

注意与教学

学习中的第一步是注意。学生不能处理一些他们没有意识或觉察到的事情。在班上的很多事实影响学生的注意。在一堂课开始时,眼睛看到的或是令人惊吓的图片或动作都能吸引学生的注意力,一个老师可能从利用空气压力吹起一个气球直到它爆破开始他的一堂科学课。明亮的颜色,下划线,加重所写的或所说的内容,叫学生的名字,吃惊的事情,引起兴趣的问题,形式多样的任务和教学方法,改变语调、语气或语速都能吸引学生的注意力。并且学生不得不保持注意——他们不得不把注意力放在重要的并且具有特色的学习环境中。下面的指南为如何吸引和保持学生的注意力给出了一些建议。[4]

---

〔1〕 自上而下的信息加工——基于情境和在当时情况下你希望发生的模式进行感知。
〔2〕 注意——注意力集中在某种刺激上。
〔3〕 自动化——完全学会的东西,不需要过多智力努力就能完成。
〔4〕 联系与拓展——参考研究。弗拉维尔(Flavell,1985)儿童注意发展的四个方面:1. 控制,提高更长时间的注意并且把能力集中到重要的事情上,忽视次要的环节。2. 设定特定环境,年龄较大的儿童把注意力集中在较困难的已经学过的事情上。3. 指导,由于老师的暗示(老师的手势、声音)告诉他们怎么去引导他们,在什么时间,地点。4. 自我劝告,让他们学者去决定是否他们正在运用正确的方法,并且如果不恰当如何去改变。

指南——引起注意和保持注意

使用信号。

举例：

1. 建立某种信号，表示让学生停下自己正在做的事情，把注意力集中到你这里来。有些是走到教室里的某个特定的地方，咯哒地一声打开灯，或者按一下教室钢琴的一个键。
2. 不要使用这类干扰性行为比如在桌子上敲铅笔，这样会干扰学生对信号的学习和注意力。
3. 之前给学生一些短暂的、明确的说明，而不是中间或过渡时。

确定学生已经明确这堂课或者这次作业的目的。

举例：

1. 把目标写在黑板上，开始之前和学生一起讨论。让学生来总结和重述这些目标。
2. 解释学习某个内容的原因，让学生对如何应用他们对材料的理解举出一些例子。
3. 把新课和先前学过的课程结合起来——以纲要或者示意图的形式向学生展示新课和先前学过的，以及以后要学到的内容之间的关系。

加强变化，好奇心和惊奇。

举例：

1. 用“如果……的话，会发生什么呢?”这样的问题引起学生的好奇心。
2. 引入想像不到的事件，比如交流课之前组织一场喧闹的辩论。
3. 改变教室里的物理环境，可以通过变化教室的布置等。
4. 讲课过程中，变化学生接受信息的感觉渠道，让学生摸，闻或品尝。
5. 利用动作、手势或嗓音的变化——在教室里巡回，指点，说话开始时柔和到语气加强。（我的丈夫在大学里教课的时候，就曾跳上过他的讲桌为了强调一处重点!）

提问和提供答案的框架。

举例：

1. 问学生这些材料的重要之处在什么地方，他们要怎么学，会使用哪些策略?
2. 给学生一些自我检查和修正的引导，集中解决常见错误，让学生之间结对进行，共同提高他们的作业水平——因为有时候学生很难看出自己的错误。

工作记忆

一旦注意并转变成表象或声音的模式(或是其他类型的知觉编码)在感觉记忆中的信息就可以被进一步加工。工作记忆是记忆系统中的"工作台",是记忆各组成部分相互作用的地方,在这里新的信息被暂时储存,并且和长时记忆的信息相互作用。**工作记忆(working memory)**[1]像一个工作间或是计算机的屏幕——它的内容是被激活的信息——你此时正在想的事情。由于这个原因,一些心理学家认为工作记忆与意识是同义词(Sweller, van Merrienboer, & Paas, 1988)。

能力、持续时间和工作记忆的内容

工作记忆的容量是有限的——你的许多教授讲课的时候,好像把一些东西忘掉了。早期的实验情境以信息加工模型为基础,这说明工作记忆的容量是每次记 5 到 9 条独立的新条目(Miller, 1956)。在我们的日常生活中,这种有限性在某种程度上是适用的。查看完一个电话,然后去另一个房子打电话,就把这个电话号码记住了,这很容易。但是要是有两个新电话号码(14 位),就同时记不下来了。

记住——放在你的工作记忆中的——将是我们正将讨论的对新信息的回忆。在日常生活中我们当然能一次占有多于 5 到 9 位的信息。当你拨你刚查到的 7 位电话号码时,在你的头脑中一定还有其他的东西,例如怎样使用电话,你打给谁以及为什么打。你不必注意这些东西,因为他们并非新信息。这些活动,比方说拨电话就已经变成了无意识的了。但是,由于受工作记忆的限制,如果你在外国使用你并不熟悉的电话系统你很可能很难记住电话号码,因为在你记的同时也在努力地学会使用那套系统。如果新信息非常复杂或者你并不熟悉,必须把新信息的各要素结合起来才能弄懂该情境的意思,那么这些信息就很难记住(Sweller, van Merrienboer, & Paas, 1998)。

一些心理学家认为工作记忆的容量受限制,并不是由于它能够储存的新信息的位数一定所致,而是我们在一个**关节环路(articulatory loop)**[2]上能保持的信息数量一定造成的。这个关节环路是一种能维持信息约 1.5 秒的复述系统。巴德利(Baddeley, 1986)认为我们在工作记忆中处理的信息和在 1.5 秒内能复述出来的信息一样多。7 位的电话号码就说明了这种限制。

不管工作记忆的容量是怎样受到限制,或是因为新信息的条数或是因为通过复述系统中你能掌握的信息条数,有一点是很清晰的,新信息的保存时间很短,大概在 5 到 20 秒内。这就是工作记忆一直被叫做短时记忆的原因。你可能会认为一个只能将信

〔1〕工作记忆——个体在一定时间集中注意信息的过程。
〔2〕关节环路——大约 1.5 秒钟的记忆复述。

息保存 20 秒的记忆系统的作用是非常小的；但是，若没有它，你会在读一个句子的后半部分之前就把句子的开头忘了。很明显，这会使我们理解句子非常困难。

在工作记忆中，信息的内容可能以类似于感觉记忆中的知觉那样的表象形式存在，或者根据它们的意义，这些信息以更抽象的形式被组织起来。最近的一些理论指出：实际上存在两套工作记忆系统，一套针对基于语言的信息，一套针对非言语的，空间的，视觉上的信息(Baddeley，1986；1998；Jurdem，1995)。

在工作记忆中保存信息

因为工作记忆中的信息是不牢固和易忘的，所以必须通过保持它们的活跃性而使它们被保存。只要把记忆力集中在信息上，活性就高；但是当注意力分散时活性就很快地衰退乃至消失。在工作记忆中掌握信息就像在马戏表演中使所有的盘子在撑杆的顶部保持旋转一样。表演者使第一个盘子旋转起来，接着第二个，第三个，但是当第一个盘子慢得快要掉下来之前必须回过头去使它保持旋转。如果我们不让信息在工作记忆中旋转起来，即保持它的活跃性，它将会掉下来(Anderson，1995a，b)。当活动性消失时，遗忘就产生了，如图 7.3。为了使工作记忆中的信息的活跃性的保持时间长于 20 秒，大多数的人都不断地复述信息的主要内容。

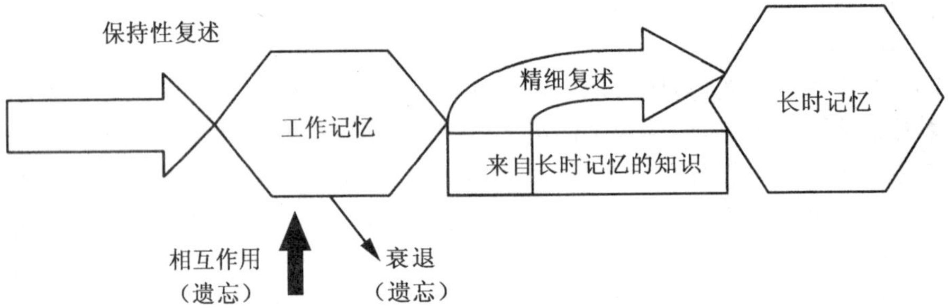

工作记忆重点信息可以通过保持性复述被激活或者通过与长时记忆中的信息相联系转入长时记忆(精细复述)。

图 7.3 工作记忆

这里有两种复述形式(Craik & Lockhart，1972)。**保持性复述(maintenance rehearsal)**[1] 指在你的脑子里信息不断重复。只要你不断地重复信息，信息就能不确定地保留在工作记忆中。保持性复述对于那些用完就可忘的信息是有用的，如电话号码。

---

[1] 保持性复述——用对自己复述的方法，保持工作记忆里的信息。

精细复述(elaborative rehearsal)〔1〕是把新信息与你已知道的东西以及来自长时记忆的东西联系起来。例如,你在一个聚会中遇到一名跟你哥哥名字相同的人,你不必通过不断的重复这个名字来记住它,你只需联想一下。这种复述形式不仅能使信息保留在工作记忆中,还可使信息从工作记忆中转入长时记忆中。因而复述是一个"执行控制过程",它会对信息通过信息加工系统时的流动产生影响。

工作记忆的有限容量在一定程度上也会受**组块(chunk)**〔2〕控制过程的阻碍,对工作记忆来说,因为信息的条数而不是每条信息的大小是一个限制因素,所以如果你能把分散的信息分组记忆你就可以保存更多的信息。例如,若你必须记 6 个阿拉伯数字 3,5,4,8,7 和 0,如果把它们变成两个一组即 35,48,70 或者是三个一组即 354,870 记起来就相对容易些。像这样改变一下,就只需同时记两条或三条信息。形成组块能帮助你记住电话号码或密码(Bruning, Schraw, & Ronning, 1999)。

遗忘

由于受干扰或消退,信息可能从工作记忆中遗失(见图 7.3)。干扰当然是直接的:记忆新信息时会干扰对旧信息的记忆或两者相互干扰。

新的思想总代替着旧的思想。当新的思想积累时,旧的信息就在工作记忆(暂时记忆)中丢失了。信息也随着时间而**衰退(decay)**〔3〕、丢失。如果你没有继续去注意这些信息,那么它活跃的水平将衰退(减弱),最后降低到那些信息不能被重新恢复活力——它们一起消失了。

遗忘是非常有用的。没有遗忘,人会很快超出他们工作记忆的能力而学习也会停止。如果你把你看过的每一句话都永久地记住的话也会是一个问题。在所有海洋般的知识中查找特定的知识是不可能的,有一个提供暂时储存的系统是非常有用的。

长时记忆

工作记忆中储存的信息是当前正激活的信息,比如,你刚查到的,将要拨的电话号码。**长时记忆(long-term memory)**〔4〕中储存的信息是已经很好掌握的,就像其他你记得的电话号码。熟练掌握的信息记得最牢,也最持久。

长时记忆的理解能力和持续时间

从表 7.2 中你可以看到工作记忆和长时记忆有许多不同之处。信息进入工作记

〔1〕精细复述——和其他已知的相联系,来保持工作记忆中的信息。
〔2〕组块——把独立的数据组成有意义的大的单元。
〔3〕衰退——指一段时间里记忆力衰弱和逐渐消失。
〔4〕长时记忆——知识的永久性储存。

忆非常快，把信息移入长时记忆中却需要更多的时间和大量的努力。虽然工作记忆中的理解能力很少，但长时记忆，为了所有实践目的，表现出不少的理解能力。另外，一旦信息被牢固地存储在长时记忆中，它将永久地存在那里。就理论上讲，我们想记住多少就能记住多少，想记住多久就能记住多久。当然，问题是当我们需要时怎么找到最合适的信息。我们连通工作记忆中的信息是非常快的，因为我们这个时候正在思考这些信息。但要连通长时记忆中的信息却需要时间和努力。最近，一些心理学家提出并没有两种完全独立的记忆(暂时和长时)。更准确地说，他们认为工作记忆是长时记忆的一部分，处理当前激活的信息——所以工作记忆更是一个操作过程而不是储存器(Baddeley，1988)。

表7.2 工作记忆和长时记忆

记忆类型	输 入	容 量	保持时间	包含内容	检 索
工作记忆	非常快	受限制	非常简短：5—20秒	单词、概念、观点、句子	很快
长时记忆	相当慢	实际上不受限制	实际不受限制	命题网络、图式、作品、一段情节，也许是表象	依赖于描述和组织

Source: From *Comprehension and Learning*: *A Conceptual Framework for Teachers*, by F. Smith, 1975, New York: Holt, Rinehart, and Winston. Copyright © Holt, Rinehart, and Winston. Adapted with permission of the author.

长时记忆的内容

佩维奥(Allan Paivio，1971，1986；Clark & Paivio，1991)认为信息不是以视觉形象存储就是以文字单元存储的，或者两者兼有。赞成这个观点的心理学家认为把信息编译成视觉或语言的是最容易记忆的(Mayer & Sims，1994)。这可能是为什么用文字和相关的图表来解释一个观点时，就像我们在课本中所做的那样，有助于学生理解。例如，黛安娜和韦伯(Diana & Webb，1997)发现用地图，就像图7.4那样除正文外配有地图可帮助六年级的学生记住更多关于古希腊的知识。佩维奥的观点是有一些支持证据的，但批评家则认为大脑的理解能力并没有大到足以储存所有我们看到或能想到的形象。他们认为许多形象实际上是以语义编码储存的，然后当需要这个形象时再转成视觉图像信息(Schunk，2000)。[1][2]

〔1〕 联系与拓展——参考研究。克拉克和佩维奥(Clark, J M., & Paivio, A.，1991)的《双编码理论和教育》(Dual coding theory and education)，载于《教育心理评论》(*Educational Psychology Review*)，第3卷，第149—210。这是最新的双编码理论。

〔2〕 联系与拓展——联系真实生活。为什么以图画的形式呈现事件或者物体能促进学习？

图 7.4　一个支持古希腊学习的地理图

Sources: From "Using Geographic Maps in the Classroom: The Conjoint Influence of Individual Differences and Dual Coding on Learning Facts," by E. M. Diana and J. M. Webb, 1997, *Learning and Individual Differences*, *9*, p. 200. Map from *The World and Its People*, *Europe*, *Africa*, *Asia*, *and Australia*. Silver Burdett Co. 1984. Reprinted with permission.

大多数的认知心理学家把长时记忆的种类区分为三种：语义的、情节的和程序性的。

语义记忆(semantic memory)[1]是一种意义记忆。信息以命题、表象、图式的形式存储。这些是几个很重要的教学概念，所以我们得多用些时间来说明。

命题和命题网络

命题是能得出正确或错误判断的最小信息单元。比如，这个表述："埃达借了一块古时的桌布"，你能得出两个命题：1. 埃达借了一块桌布。2. 桌布是古时的。

像上面的两个表达桌布信息的命题(埃达借了桌布，桌布是老式的)连接起来被认

[1] 语义记忆——意义记忆。

知心理学家称作**命题网络(prepositional networks)**[1]。在网络里存储的是意义而不是词或词序。同样的命题网络可以应用到这些句子中:"古时桌布被埃达借来了。"或者"埃达借了一块桌布,它是古时的。"它们的意义是相同的,这些意义作为一系列关系存储在记忆中。

大部分信息可能是以命题的网络的形式存储和表征的。当我们回忆一条信息的时候,我们可能会把它的意义(命题网络表征的)转化成熟悉的短语或句子,或者心理图画。而且,因为是网络,记起其中一条信息能引发或激活其他信息。我们并没有意识到这些网络的存在,因为它们不是意识记忆的一部分(Anderson,1995a)。同样,我们用自己的语言作句子的时候,也意识不到潜在的语法结构;我们没有必要说句子之前把句子图解。

表象

表象(images)[2]是基于知觉的表征——关于信息的结构或者外观(Anderson,1995a)。建立表象的时候,我们会尽力记住或者再造信息的物理特征和空间结构。例如,问一些人,他们的起居室里有多少块窗格玻璃,大多数人会在"思维的眼睛里"想像窗户的表象,开始数窗格块,窗格块越多,反应得越慢。如果信息是用命题表征的,"我的起居室里有7块窗格玻璃,"那么人们就会用同样时间回答出问题,不论数字是1还是24(Mendell, 1971)。尽管如此,正像我们早些时候看到的,研究者们在具体表象是如何存储在记忆中这个问题上并不能达成一致。一些心理学家认为表象以形象的形式存储,其他一些心理学家认为我们把命题存储在长时记忆中,需要的时候,再在工作记忆中把命题转化成形象。

每个涉及——图像复制记忆和表象的语义或命题描述的记忆的加工过程,都会有自己的特征。在"思维的眼睛里"看到的表象和看到实际图像并不完全一样,在头脑里形成心理表象的复杂转换比对真正的形象进行转换要困难得多(Matlin & Foley, 1997)。不过,做一些实际决定的时候,形象非常有用,比如,起居室里的沙发看起来应该是什么样子的或者怎么把高尔夫球杆排列整齐。形象也有助于抽象推理。物理学家,比如,法拉第和爱因斯坦面对复杂新问题时,曾报告自己在头脑里创造表象去推理(Gagne, Yekovich, & Yekovich, 1993)。

图式

命题和表象都能很好地表征单一的概念和关系,但通常我们关于某个主题的知识结合了命题和表象的表征形式。"为了处理实际情况,我们的许多知识看起来都是整

〔1〕 命题网络——长时记忆中一系列互相连接的概念或者关系。
〔2〕 表象——以物理属性为基础的表征——信息的外观。

体的,心理学家建立了图式这个概念"(Gagne, Yekovich, & Yekovich, 1993, p. 81)。**图式(schemata)**[1] 是把大量知识组织起来的一种抽象的知识结构。一个图式(单一形式)是理解一个事件,概念,或者技能的模式或指南。图 7.5 是一个关于"古董"的有关知识的图式的部分表征。

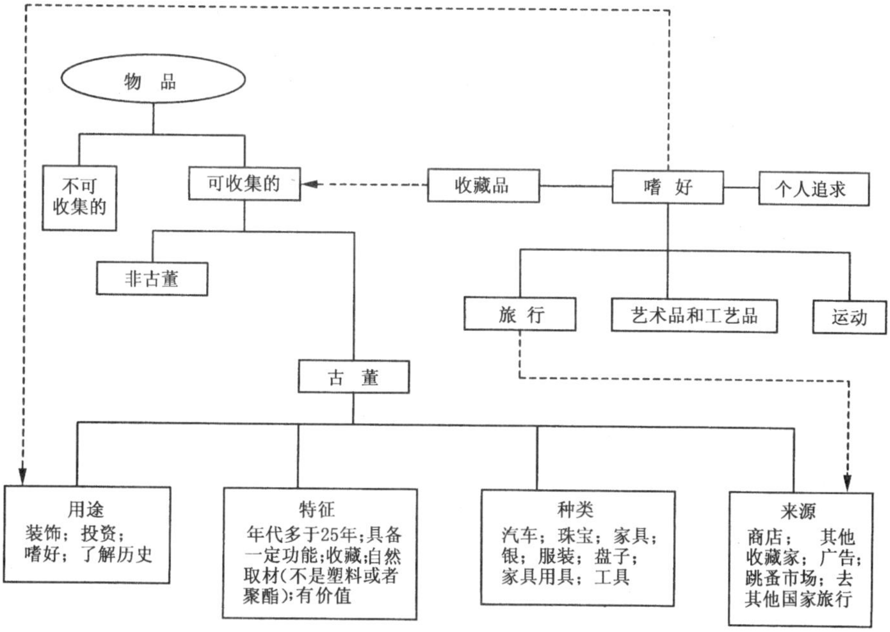

"古董"的概念在"可收集的物品"这个一般类别之下,和其他概念相关,根据个人经验,比如"嗜好"和"逛跳蚤市场"。

图 7.5 "古董"的图式

当你听到这么一句话:"埃达借到一块古时的桌布",你能得到的信息就不只是那两个命题的信息了。这是因为你想到借,桌布,古时,也许也会想到埃达这个人。不言而喻:那块桌布已经不在它的主人手中,因为埃达拿着它,而且埃达也有责任把桌布还回去(Gentner, 1975)。以上的各项信息都没有明确地讲出来,但都是我们理解"借"的部分含义。其他部分让你去推断,那块桌布不是塑料的(假如它是真正的古董)和埃达可能邀请了朋友聚餐。你的推理还有可能让你预言埃达在什么时候和什么情况下归还桌布。[2]

另一种类型的图式,一个**故事文法(story grammar)**[3](有时也叫课文或故事结

〔1〕 图式——单元,组织信息的基本结构;概念。
〔2〕 联系与拓展——联系真实生活。不同的人、团体以及不同社会背景中的图式存在的差异决定了不同的兴趣点,举例说明。
〔3〕 故事文法——一类故事的典型结构或组织。

构的图式)帮助学生们理解和记忆故事(Gagne, Yekovich, & Yekovich, 1993; Rumelhart & Ortony, 1997)。比如像这样一个故事情节:发现凶杀现场,搜寻线索,发现谋杀者犯的致命错误,设计陷阱让嫌疑犯落网,杀人犯中计,最终真相大白!换句话说,一个故事情节的典型结构能适合许多特殊的故事。在理解一个故事时,我们会选择一种适合的图式,然后我们用这样的基本结构去推断哪些细节是重要的,要寻找什么信息并记住什么。图式就如一种在故事中应该出现的理论。图式指导我们质疑文章,找出我们所期望的信息并使之构成一个整体,以便更好地理解故事。如果我们要表演自己设计的"神秘的凶杀案"时,就要对细小的情节和谋杀者的致命错误保持高度的警觉(Resnick, 1981)。没有合理的图式而试图去理解一个故事,一篇文章或教科书,进度会很缓慢,要取得进展也很困难,就像在一个陌生的城市里寻找道路却没有地图一样。

一个表现典型日常生活情形的系列图式被称作**脚本(script)**〔1〕或事件图式,3 岁的小孩就已经对他们生活中熟悉的事件具有一些基本的图式(Nelson, 1986)。图 7.6 是某个幼儿园的小朋友关于"午餐时间"的一个图式。

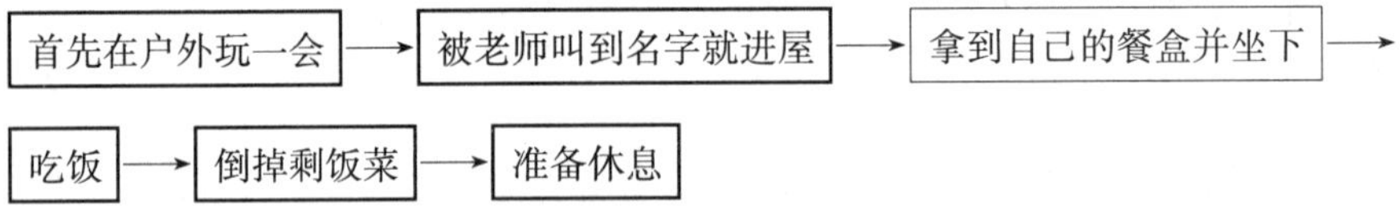

这是一个典型的 5 或 6 岁儿童产生的脚本。越小的儿童给出的脚本中的细节越少,只包括一些主要的活动。

图 7.6 "午餐时间"的剧本

Source: From *Child Development* (2nd ed.), by L. E. Berk, 1991, Boston: Allyn & Bacon. Copyright © 1991 by Allyn & Bacon. Reprinted with permission.

以图式或剧本的形式存储关于世界的知识有其优缺点。一个图式能用于解决很多上下文的关系,这都取决于将图式放在什么部分。你可以充分地利用自己所掌握的有关古董的知识。例如,计划旅程,判断一件艺术品的要价是否合理,或参观博物馆的展览。对埃达的进一步了解能让你认出她(即使她改变了模样),记住她的性格特征,也许能推断她的行为。但这也有可能出错,你也许将错误的信息结合在一起,或者对埃达存在偏见。举一个例子来说,假如你和埃达属于不同的民族,又假如你认为那个民族是不诚实的,你就可能会主观地认为埃达会占有那块桌布。在这种情况下,民族或种族的刻板印象对误解个人或种族歧视有较大影响。

〔1〕 脚本——比如购买食品、定比萨饼这样的常见事件中,给每个步骤的序列做的图式或预期计划。

情节记忆

与特殊地点、特殊时间相联系的记忆信息，特别是有关你个人生活的插曲事件，这样的记忆就叫做**情节记忆(episodic)**[1]。情节记忆与我们所经历过的事件有关，因此，我们通常都能解释这些事件是何时发生的。相对来说，我们通常都无法描述自己何时获得语义的记忆。例如，你很难想起自己什么时候学会并记住"不公平"这个词，但是，你很容易记起自己什么时候受到过不公平的待遇。情节记忆能提供事件发展的线索，所以它也是存储笑话、谎言或者电影情节的好地方。

程序性记忆

关于如何完成任务的记忆就称为**程序性记忆(procedural memory)**[2]。这可能需要花一点时间学习程序——比如滑雪、打网球或解方程——但一旦学会以后，就能记忆很长一段时间。程序性记忆描述的是条件—活动规则，有时也称为**产生式(productions)**[3]。一个产生式详细说明一个条件的下一个步骤应该是什么：如果事件A发生，则要执行步骤B。一个产生式可能与下面的例子有些相似："如果你想加快滑雪速度，那么就把身体稍稍后仰"，"如果你的教学目标提高了学生的注意力，并且学生们集中注意力的时间比平常有所延长，那就奖励他们"。人们不可能说出所有的条件—活动规则，然而却经常执行它们。练习的次数越多，反应的自动化程度也越高(Anderson, 1995)。

长时记忆信息的储存和提取

怎样才能永远地"挽留"信息呢？——去创造语义，情节或是程序性的记忆呢？怎样才能最有效地利用我们几乎无限的脑容量来学习和记忆呢？第一步是取得信息，从一开始就把它记住——似乎对过后的回忆都有影响，其中很重要的一个要求就是将新的记忆材料和已经存储在脑中的长时记忆构成一个整体并理解它。在这种情况下，精加工，组织和上下文都起很大的作用。[4]

精加工(elaboration)[5]就是用新的信息补充和丰富原有的知识。换句话说，我们用自己的方式，并利用已有的知识去建构和理解新的信息，并很快将它们同化为自身的知识。我们经常无意识地进行上述过程。例如，一篇关于古罗马某个有影响的历史人物的文章，能让我们更好地了解那个时代。我们会用原有的知识来理解新的

〔1〕 情节记忆——长时记忆中，和特定时间、地点相关的信息，尤其是个人生活中的事件记忆。
〔2〕 程序性记忆——长时记忆中关于怎么做这类信息的记忆。
〔3〕 产生式——程序性记忆的内容；特定条件下，怎么做的规则。
〔4〕 联系与拓展——联系你的教学。参见教师案例簿中教师对如何帮助学生保持和提取信息的一些想法。
〔5〕 精加工——把新信息和已有知识联系起来，增加和拓展新信息的含义。

知识。

材料就是第一次学习过后能更好地回忆的细节。首先,就像我们前面说到的一样,图式就像是排练。它让信息在短时记忆中维持足够长的时间,以便将它化为永久记忆储存在长时记忆中。其次,精加工为原有知识建立新的联系。一条信息或一个知识能与其他知识建立尽可能多的联系,那么,顺着这样的路线返回原始信息的可能性就更大。也就是说,你有几种"手段"或者说提取的线索,通过它们,你就能再认或再现你所需要的信息(Schunk, 2000)。心理学家还发现,精加工越合理和明确,它们就越容易被回忆(Bransford, Stein, Vye, Franks, Auble, Mezynski & Perfetto, 1982, Stein, Littlefield, Bransford & Persampieri, 1984)。

学生的新想法越多,自主学习的机会越多,那么他们的理解力和记忆力就会越强。当我们让学生把信息内化时,我们会要求他们把信息转化为他们自己的语言,或者举一些例子,解释给同伴听,或者画出或执行其中的关系,或者提供解决新问题的信息。当然,如果同学们在新的信息之间建立了错误的联系或者解释得不正确时,这些错误的概念也会被记忆。

组织(organization)〔1〕是推进学习过程的第二个要素。很好组织过的材料比一条条零散的信息更容易学习和记忆,特别是复杂而广泛的信息。概念结构化有利于学习和记忆一般的定义及特殊的例子。当需要的时候,这个结构就会像向导一样带你找回所需信息。例如:表 7.1 整理了关于各种类型的知识的信息;表 7.2 整理了工作及长时记忆中信息的容量,持续时间,内容和提取;图 7.5 则组织了我关于古董方面的(有限的)知识。

背景(context)〔2〕是影响学习过程的第三个因素。生理和情绪方面的联系——地点,房间,在特定日子里我们的感觉,谁跟我们在一起——通常会跟其他信息一起被感知,而后,当回忆这些信息的时候,那些与原来信息相近的信息会更容易被回忆起来。这已被实验所证明。那些在一定类型的房间里学习过的学生在相似的房间里比在一个完全不同的房间里的考试成绩要好(Smith, Glenberg & Bjork, 1978)。因此,在模拟测验的情境中学习有利于提高成绩。当然,你不能总是回到相同或相近的地点来回忆事情,但是你可以想像背景,时间,你的伙伴,或许你可以最终找到所需要的信息。

信息加工水平的理论

克雷克和洛克哈特(Craik & Lockhart, 1972)最先将他们的**信息加工水平理论**

---

〔1〕组织——有序的,逻辑的关系网络。
〔2〕背景——和事件相关的自然的和情感的环境。

(**levels of processing theories**)[1]作为短/长时记忆的模型的替代物提出，但是加工水平跟上面所说的精加工的观念非常有关。克雷克和洛克哈特(Craik & Lockhart)认为信息的保存时间取决于信息分析和与其他信息联系的完全程度，信息加工的越完全，就越有利于我们记住它。比如：根据加工水平理论，如果我们要你按狗的衣服颜色整理它们的照片，你可能以后不会记得很多，但是如果我要求你按照在你缓步前进时，它追赶你的可能性的大小给狗定等级，你可能就记得很多了。为了定等级，你必须关注照片上的细节，等等，这种定级程序要求更深入的加工和对照片上的特点的更多关注。

提取长时记忆中的信息

当我们需要用到长时记忆中的信息时，我们就会搜索它。有时搜索是有意识的，就像当你看到一个朋友走过来时搜索她的名字一样，在其他时候，寻找和使用长时记忆中的信息是无意识的，就像你不需要经过逐步思考就可以拨通一个电话号码或解出一道数学题一样。把长时记忆想像成一个大的装满了工具和供应物的架子，这些工具和供应物随时都可以拿到工作记忆这个工作台上去完成一项任务。这个架子(长时记忆)有着惊人数量的储存，但是可能很难很快找到你所寻找的东西。工作台(工作记忆)很小，但是上面的任何东西都可以立即被利用，当然，由于它很小，当工作台已经超载，或当一条信息覆盖了另一条时，这些供应物(信息)也有可能会丢失(E. Gagne, 1985)。

记忆网络是非常大的，但是每次都只能激活一个很小的区域。只有我们正在思考的信息才在工作记忆中，网络中的信息提取是通过这种**激活的扩散(spread of activation)**[2]进行的。当一个特定的命题或表象在活跃的时候——当我们思考它的时候——其他与之联系紧密的知识也会活跃起来，而且这种活跃可以在网络中传播(Andrson, 1993; Gagne & Yekovich, 1993)。这样，当我的注意力集中在这样的命题“我想开车去看落叶”的时候，与之相联系的观点，比如“我得寻找叶子”“汽车需要换油了”等也会出现在脑中。当活跃从“汽车旅行”传播至“换油”的时候，由于有限的空间，原先的想法或者说活跃记忆就从工作记忆中消失了。因此，长时记忆中的信息的**提取(retrieval)**[3]是通过记忆网络中活跃点从一条信息向与之相关联的信息的蔓延进行的。我们经常在回忆谈话过程的时候颠倒着用这种传播过程。比如：“在谈到在哪里换油这个主题前，我们在谈论什么？哦，对了，是看叶子。”这种长时记忆的学习和提取过程如图 7.7 中所示。

---

[1] 信息加工水平理论——回忆信息的基础是当时对信息加工的深度。
[2] 激活的扩散——提取信息的基础是当前信息与其他信息的相关。记住一点信息可以激活许多其他相关信息。
[3] 提取——长时记忆中信息的搜索和发现过程。

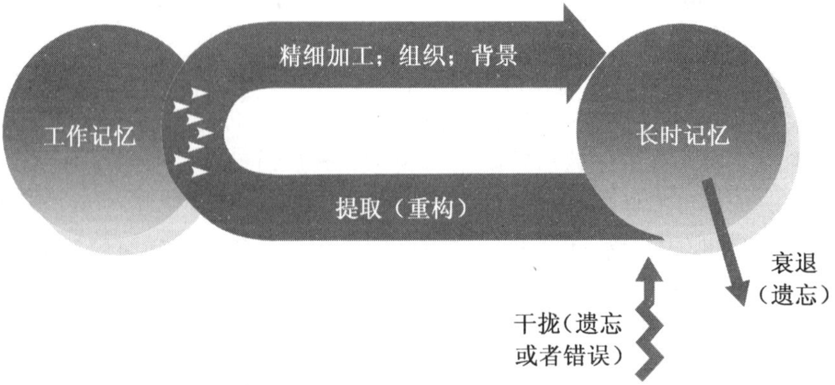

我们激活长时记忆中的信息来帮助理解工作记忆中的信息，通过智力操作和信息加工（精细化，组织，前后联系），新信息就被永久地存储在长时记忆中。遗忘是由干扰和与时间相关的衰退引起的。

图7.7 长时记忆

在长时记忆中的信息依然可以被利用，甚至在它不活跃，在你当时并没有思考它的时候，如果四面传播的激活没有找到我们要搜寻的信息，那么我们仍然可以通过**重构（reconstruction）**[1]，利用逻辑线索和其他知识来建构一个合理的答案。有时，这种重新构造而回想起来的事物是不对的，例如：1932 年，巴特利特（F. C. Bartlett）传述了一系列著名的记忆力研究的故事。他在剑桥大学给学生们读了一个复杂的、不同于美国本土的传说，然后在不同长度的时间之后，让学生们回忆这个故事。学生们回忆出的故事大都比原故事短，而且被转换为剑桥学生用自己文化下的语言和概念表述出来。比如说，原故事讲的捕猎海豹的事，但是很多学生都记成钓鱼——一种和他们的生活经验非常接近，与他们已形成的图式一致的活动。重构记忆部分起到了见证人、证据的一个重要角色。洛夫特斯（Elizabeth Loftus）和她的同事们做了许多的研究表明误导性问题或者在问问题时其他的信息可以影响到记忆。比如说，在一次传统的学习中洛夫特斯和帕尔默（Loftus & Palmer，1974）向被试者呈现了一组汽车撞毁的幻灯片。稍后，实验者问一些被试者，“在这些汽车相碰撞时，他们开得有多快？”而同时，他们也问了另一些看了同样幻灯片的被试者一个问题，“当这些车撞毁时，他们开得有多快？”不同的动词足以使被试者的记忆存在偏差——被以“碰撞”提问的被试者们估计汽车相撞时平均速度为每小时 34 英里，而被以“撞毁”提问被试者们则估计汽车的平均速度几乎为每小时 41 英里。过了一周以后，被以“撞毁”提问的被试者中，有 32％的人记得在撞车的情境中看见撞碎的

〔1〕 重构——利用记忆，预期，逻辑和已有的知识重新提取信息。

玻璃，而只有14%被以"碰撞"问的被试者记得玻璃。（而事实上没有一张幻灯片中有碎玻璃）

遗忘和长时记忆

信息在记忆加工的过程中真正地消失了。无论怎样努力都找不回来了。但是储存在长时记忆中的信息是可信的，可以提供正确的线索。一些人相信长时记忆不会被失去、遗忘；尽管研究对此断言仍抱以怀疑(Schwartz & Reisberg, 1991)。

在长时记忆中的信息会因时间衰退和**干扰(interference)**[1]而出现信息丢失。比如说，在一个人结束了西班牙语课程的3年中，他记忆的西班牙语词汇会减少，然后会保持一定的水平约25年，在接下来的25年中会再次减少。对于这种下降趋势的一个解释是神经连接如果不用的话，就会像肌肉萎缩一样变弱。25年以后，那些记忆也许仍在大脑的某个地方，但是他们太弱以至于不能提取激活(Anderson, 1995a, b)。最终，新的记忆会干涉或覆盖旧的记忆，旧的记忆会因新的材料而受妨碍、干扰。但即使在衰退和干扰下，长时记忆也是很不平凡的。在一篇关于对学校所教授知识的记忆情况的100项研究的评论中，塞姆和艾利斯(George Semb & John Ellis, 1994)作出结论，"和一般流行的信仰相反，学生们保留了很多在教室里学到的知识"(p. 279)。这说明，在学习初期，能鼓励学生参与并带领学生到更高的水平的教学策略(比如频繁的复习和测验，详细地说明，反馈，高标准，安排学习和灵活联系已学过的知识)与长时记忆相关联。以下的指南教你如何将信息加工观念应用于教学。

检查要点：记忆的信息加工模型

回　顾

比较陈述性知识、程序性知识和条件性知识。

给出知觉的两种解释。

信息是如何在工作记忆中保持的？

信息是如何在长时记忆中表征的，图式扮演的是什么角色？

什么样的学习过程有助于提高长时记忆？

为什么我们会遗忘？

应　用

一个来自大城市的儿童能够记住一个有关在国家公园里物种遭到危急的故事，但在理解上却有困难，使用信息加工理论解释这个情形。

[1] 干扰——由于其他信息的出现，记忆某种信息受到阻碍的过程。

指南——在教室里运用信息加工观念

确定你得到了学生的注意。

举例：

1. 发出信号让学生们停下正在做的事并且注意你。确定学生们对你的信号有所回应，别让他们忽略它。练习使用该信号。
2. 在教室里转，用手势和姿势而避免单调的说话。
3. 以同一个问题开始一节课，刺激学生们对这节课主题的兴趣。
4. 走近每一个学生，叫他们的名字或者问他们问题以唤起每个学生的注意。

帮助学生们从非本质的细节中区分出本质的细节，并且注意到最重要的信息。

举例：

1. 总结教学目标指导学生知道应该学会什么。在你教学时，将你所呈现的材料与目标联系起来："现在我们来准确地解释一下为了达到黑板上的目标1——确定故事的基调，你怎样才能找到有关的信息。"
2. 当你讲授重要的知识点时，暂停、重复、让一个学生解释、用彩色粉笔将信息记录在黑板上或者让学生们在他们的书和笔记上给这些知识点加上重点符号。

帮助学生把新信息与他们已经知道的联系起来。

举例：

1. 必要的复习、回顾能帮助学生们留意在他们理解新知识时所需要的信息："谁能告诉我四边形的定义？现在，什么是菱形呢？正方形是四边形吗？正方形是菱形吗？我们昨天学的知识可以回答这些问题。今天我们来看一些其他的四边形。"
2. 用一个纲要或图表来说明新信息在你提出的知识框架中的位置："现在你们知道联邦调查局的职责了，在这个美国政府机构分支图的哪个位置你可以找到联邦调查局？"
3. 布置一个需要运用新旧信息的作业。

提供信息的重复与复习。

举例：

1. 在讲课开始时对家庭作业做一个快速的回顾。
2. 经常做常规的小测试。
3. 在游戏中练习和重复，或者让学生们分组互相提问。

把材料组织后，清楚、有条理地呈现出来。

举例：

1. 明确每课的教学目标。
2. 给学生一个简要的大纲，将同样的一份纲要投影在前面，这样你就可以在教学中保持自己的路线。当学生提问或者做注解时，把它们与纲要的适当部分联系起来。
3. 在课程中间和结束时，进行汇总。

重视理解，而非记忆。

举例：

1. 在教授新单词时，帮助学生把新单词与他们已学过的、与之相关的单词联系起来："憎恨(enmity)与敌人(enemy)源于同样的词根。……"
2. 教授关于"剩余的"的知识时，把 12 个学生分为一组，从中划分出 2 个、3 个、4 个、5 个、6 个，然后让他们数出"剩余的人"。

元认知、调控和个体差异

有个问题引起许多心理学家的兴趣，为什么有些人比其他人学得快，记得快呢？持信息加工观的人认为，一部分答案可以在图 7.1 所示的执行控制过程中找到。**执行控制过程(executive control processes)**[1] 指导信息通过信息处理系统时的流动。我们已经讨论过很多的管理过程，包括注意，保持性复述，精细复述，组织策略和精加工策略。这些执行过程有时被称为元认知的技能，因为这些过程能有目的地用于调节认知。[2]

元认知知识和调控

米凯鲍姆和他的同事把**元认知(metacognition)**[3] 描述为人们"对他们自己的认知机制是什么和这些机制如何工作的意识"(Meichenbaum, Burland, Gruson, & Cameron, 1985, p. 5)。元认知字面上的意思是对认知的认知或关于认知的知识。这种过程通常是用来监控或组织认知过程像推理，理解，问题解决，学习等等(Metcalfe & Shimamura, 1994)。因为人们在元认知知识和技术上存在差异，所以他们在学习的好坏和速度上也不同(Brown, Bransford, Ferrara, & Campione, 1983; Morris,

---

〔1〕 执行控制过程——影响记忆中信息的编码、存储和提取的过程，比如，选择性注意、复述、精加工、组织。

〔2〕 联系与拓展——参考研究。关于个体在反省认知上的个别差异(individual differences in metacognition)参见《学习和个别差异》(*Learning and Individual Differences*)(1996, #4)。

〔3〕 元认知——关于自己思维过程的知识。

1990)。

元认知包括三种知识：关于你自己是一个学习者的陈述性知识，影响你学习和记忆的因素；还有完成一项任务时的技术，战略和需要的资源——也就是知道做什么；程序性知识或者说知道如何运用这些策略的知识；以及保证任务完成的条件性知识——知道什么时候和为什么运用这些步骤和策略(Brunning, Schraw, & Ronning, 1999)。元认知是策略地运用陈述性知识、程序性知识和条件性知识以达到目标和解决问题(Schunk, 2000)。

元认知知识用来调节思考和学习(Brown, 1987; Nelson, 1996)。我们做到这一点的三个基本措施是：计划，监控和评估。计划包括完成一项任务所用的时间，采用什么样的策略，怎么开始，需要收集哪些资源，需要遵循哪些秩序，哪些可略过和哪些需要集中注意力等等。监控对"我是怎样在做的"一个即时的意识。监控需要问的问题是"这有意义吗？我做的是不是太快了？我学的已足够多了吗？"估测包括对思考和学习过程和结果做判断。我应该改变方法吗？需要帮助吗？现在要放弃吗？这篇论文(或绘画，模型，诗歌，计划等)完成了吗？

当然，我们不必一直保持着元认知的活动，有一些行为已成为习惯。只有当任务富有挑战性但又不是太难时，元认知才是最重要的。这时计划，监控，预测才有作用。甚至当我们计划，监控，评估时都可以没有意识。特别是成年后，这些过程可以是自动的或隐性的——我们可能运用它们时根本就意识不到我们的努力。一个领域的专家可以把计划，监控和估测作为第二本能，他们很难描述他们的元认知知识和技能(Bargh & Chartrand, 1999; Reder, 1996)。

元认知的个体差异

有些元认知的差异是发展的结果。孩子们在成熟的过程中越来越能练习执行控制和使用策略。例如，他们更能确定他们是否已经理解了教学(Markman, 1977, 1979)或为了记住一组条目他们是否已学得足够(Flavell, Friedrichs, & Hoyt, 1970)。元认知能力大约从5—7岁开始发展并且在学校里一直在发展(Flavell, 1985; Flavell, Green, & Flavell, 1995; Garner 1990)。南希·佩里(Nancy Perry)在研究一、二年级的学生时，她发现经常提问学生两个问题有助于他们发展元认知能力，这两个问题是"作为一个读者或作者今天你认为你自己学到了什么？""你一遍又一遍地做某件事你能学到什么？"当老师在课堂上有规律地问这些问题时，即使是很小的学生在元认知理解和行为中也能显示出相当的水平(Perry et al., 2000)。

并不是所有的元认知能力差别都与年龄有关。在同等发展水平的形式之间也有很大的差异，但这些差别似乎与智力无关。事实上，很强的元认知能力能够补偿低水平的能力，所以这些元认知的能力对于那些在学校里有困难的学生就更重要了(Swanson，1990)。

元认知能力的差别主要是由于生理机能的不同和学习经历的变化引起的。学生们在环境中有选择地获得知识的能力是有很大差别的。事实上，许多被诊断为学习困难的学生实际上是注意分散(Hallahan & K auffman，2000)，特别是面对需要长时间的任务时(Pelham，1981)。注意受我们在第四章和第五章所提到的个人和文化差异所影响，像学习能力和偏好，认知方式和文化背景。有场依存性的学生，例如，在知觉模式中的元素方面有困难，更趋向于注意整体。[1]

个体差异和工作记忆

正如你可能认为的那样，工作记忆既存在着发展的差异，也存在着个人的差异。让我们稍微来看一下。

发展性差异

研究表明幼儿工作记忆很有限，但是他们的记忆跨度随年龄的增长而增大。不过并不清楚这些差别是否会导致记忆容量的变化或策略应用的改变。凯斯(Case，1995a & b)认为在每个年龄都有相同的可利用的空间来获取信息，但是幼儿必须用其中的大量空间去记忆一些基本的运算，比如去够一个玩具，用词描述物体，或数数。运用一个新的操作在孩子的工作记忆中占了相当大的一部分。一旦执行了一个操作，将会有较多短时记忆用来储藏这些信息。生理也起很大作用，随着孩子脑和神经系统的成熟，加工过程将越来越高效，这样很多短时记忆的空间将被释放出来。

随着成长，儿童发展了更为有效的策略来回忆信息，大部分 5 岁或 6 岁左右的儿童很自然地显露出复述的现象。西格勒(Siegler，1991)描述了一个 9 岁儿童的经历。这个男孩目击了一起抢劫案，于是他在心理上不断重复那辆逃逸的车的车牌号，直到告诉了警察为止。年龄小的儿童能被教着做这种复述，并且可以在提醒的基础上很有效地使用这种策略，但是不能自发地应用。儿童在 10 岁或 11 岁才具有成人一样的工作记忆。

根据凯斯(Case)的实验，年龄小的儿童因为他们有限的记忆力，通常使用合理的

---

[1] 联系与拓展——联系你的教学。邦迪(E. Bondy，1989)描述了元认知的重要性，尤其在监控理解方面。他给教育工作者列了 9 点建议：(1) 要求学生记学习日志。(2) 展示和讨论正确的元认知活动(比如评价任务的难度，设定目标，选择策略)。(3) 给学生反馈提供机会。(4) 指导学生自我质疑。(5) 教学生做资料总结。(6) 指导学生对自己的理解评定等级(比如，“我理解的很好”“有一定程度的理解”“我不能理解”)。(7) 利用学习模式作为教学计划的框架。(8) 教学生怎么学习。(9) 教学生一边想，一边说，系统的解决问题。[关于思考的思考(Thinking about thinking)载于《年鉴：教育心理学》(*Annual Editions：Educational Psychology* Guilford，CT：Duskin)，第 83—86 页]。

但却是错误的策略来解决问题。他们试图通过忽略一些重要的信息或遗漏一些步骤来简化任务，从而达到一个"正确"的解决办法。这使得记忆负担减少。例如，当比较质量时，年龄小的儿童可能就仅考虑杯中的水的高度，而没有意识到杯的直径，这就是幼小的儿童不能解决传统皮亚杰守恒问题的原因(参见图 2.2)。

学生在如何使用组织策略、精加工策略和在工作记忆中用于加工信息的知识上存在一些发展性的差异。多数 6 岁左右的孩子发现了使用组织性策略的意义，9 岁或 10 岁的孩子就能自发使用这些策略了。所以，让孩子学下面的词：

沙发，橘子，老鼠，灯，梨，山羊，香蕉，地毯，菠萝，马，桌子，狗。

年龄大的儿童或成人可能就分之为三组：家具，水果，动物。幼儿可以被教着用这种组织方法来改进记忆，但是这种策略的应用也是建立在被提醒的基础上的。儿童也会随着成熟的发展而发展更为精确的策略。但是这种策略只能在儿童晚期得以发展。编制形象或故事来记忆信息，小学高年级或青春期儿童更有可能发生(Siegler，1991)。

个体差异

除了发展差异外，在工作记忆中还有其他一些个体差异，有些人似乎比其他人有更有效的工作记忆(Cariglia-Bull，Pressley，1990；Di Vesta，Di Cintio，1997；Jurden，1995)，并且在工作记忆中的差异与数学或文学领域的天赋有关。例如，在一个研究中要求被试记住一列数，在一页纸上标记的位置、字母和词语。结果那些数学方面优秀的被试记住的数字和位置比有文学天赋的人好得多；另一个方面，文学方面有天赋的人在词语的记忆上有更多的优势。依据这个结论，达克和本鲍(Dark & Benbow)认为：在信息加工能力的一般差异在数学和文学能力的发展中扮演着一个重要的角色。

个体差异和长时记忆

影响长时记忆的主要个体差异是知识，当学生具有更多的专业领域和程序性知识时，他们在那个知识领域更易学习和记忆材料(Alexander，1997)。想一想当你读一本非常专业的而自己又在其领域上知之甚少的书时，你是什么感受。每一行对你都是那么难懂，你不得不不时地停下来查一下单词的意思或返回去重温一下搞不懂的概念。之所以这么难理解你手上的材料，是因为你试图同时弄懂并记住它。但是具有一个好的语言基础，学习和记忆就容易得多了；你懂得愈多，就愈易弄懂更多的东西，应该说在某种程度上这种说法是正确的，因为知识的储存能改进策略的应用。另一个

检查要点：元认知、调控和个体差异

回 顾

三种元认知技能是哪些？

描述一些在元认知方面的个体差异。

如何使用较好的元认知策略提供儿童的记忆力？

应 用

举出你自己在元认知能力方面的一些例子。

因素是与发展知识领域有关，亚历山大(Pat Alexander)和她的同事指出发展专长的理解力和回忆能力要求的是“技能(即知识)和兴奋(即兴趣)不断相互作用”(Alexander, Kulikowich, & Schulze, 1994, p. 334)。

既然我们已经了解了关于知识是如何重现和记忆的信息加工理论，那就让我们转向真正重要的问题：教师如何促进知识的发展？

博学：一些基本原则

弄懂一个概念例如“古董”涉及有关特征和表象的陈述性知识和关于如何应用规则去分类具体的古物的程序性知识，我们将讨论陈述性知识和程序性知识各自的发展，但是记住真正的学习是具有整体性和相互关联性的。

陈述性知识的发展

根据信息加工的观点，学习陈述性知识实际上是把旧知识与新观点相互联系，建构一种新的理解。例如，一位老师说：“通过 In vitro 试验说明维他命 C 增快白血球细胞的形成。”

学生可能就因为不存在帮助自己理解其意义图式而忽略词组“in vitro”，但通过激活的扩散，那些白血细胞和维他命 C 等概念作为一些线索帮助学生提取出一些先前的知识，如“维他命 C 可抗感冒”，“病毒引起感冒”，“白血细胞杀死病毒”。用这些关于感冒，病毒，维他命 C 等先前知识，并伴有关于维他命可增快白血细胞产生的信息，学生可以推断：维他命 C 因为增快白血细胞的产生而抵御感冒。这种信息既不在他们的长时记忆中也不是在老师的陈述中，但是它可以被学生所建构，因为他们对其作了精加工，并组织了对维他命 C 自己的理解。这里所形成的精细组织起来的知识网络不仅包括对从教师那里得到的对新信息的解释，而且包括学生自己对知识的建构和推断(Gagne, Yekovich & Yekovich, 1993)。让我们检查一下支持这些陈述性知识建构的因素吧。

正如你所看到的，当人们在他学习的领域里有好的基础时，他的学习效果就是最佳的，在很多精加工的图式和脚本的指导下，新的材料更加有意义，并且会形成许多可

能连接新旧信息的网络。但是学生不是总是能拥有一个好的知识基础。在学习的早期阶段,任何年龄的学生都必须从周围环境中抓到一点,寻找路标和方向。甚至一个领域的专家,当他们面临不熟悉的资料或新的问题时,都必须运用一些学习策略(Alexander, 1996, 1997; Garner, 1990; Perkins & Salomon 1989; Shuell, 1990)。

哪些是可行的策略呢?当信息没有多少联系时,**机械记忆(rote memorization)**[1]可以是其他学习方式的基础。

机械记忆

很少东西需要靠死记硬背来学,老师面临的最大挑战就是帮助学生学习思考和理解,而不仅是记忆。不幸的是,许多学生,包括本章开始的故事中所描述的那些学生,把记忆和学习等同起来(Iran-Nejad,1990),但是,有些时候我们不得不一字一字去记忆,比如歌曲、诗歌和剧本。

如果你必须要记忆,你怎么去做呢?如果你已经试着在记忆一个所有项目都极其相似的项目表,你会发现你可能记住开头和结尾的条款而忘记中间的,这叫做**序列位置效应(serial-position effect)**[2]。**部分学习法(part learning)**[3],将条款分成小的部分有助于避免这个效应。因为把一个列表分成几个较短的条款来记忆,意味着有更少的中间部分被遗忘。

另一种记忆长段落或条目的策略是**分散练习(distributed practice)**[4]。一个用周末时间背诵哈姆雷特内心独白的人会比一个在周日晚上努力记诵整篇演讲稿的人效果更佳。在很长的时间内学习,而不是利用较短的时间间断地学习,叫做**集中学习(massed practice)**[5]。分散学习给了我们深层次加工的时间,这使得我们把信息转入长时记忆的机会更大(Mumford, Costanza, Baughman, Threlfall, & Fleishman, 1994)。

下面我们来看一下记忆策略,它建立在把将要学习的东西和已学过的词语或表象联系起来的基础上。

记忆术

记忆术(mnemonics)[6]是提高记忆的系统的方法。许多记忆术的策略都借助于表象(Atkinson et al. , 1999; Levin, 1993, Mc Cormick & Levin, 1987)。

场所法(loci method)[7]根据拉丁文 locus 的复数形式,意为地方,而命名。要运用

---

[1] 机械记忆——没有对信息的意义做必要的理解,通过重复进行记忆。
[2] 序列位置效应——对材料的开头和结尾比中间更容易记住的一种倾向。
[3] 部分学习法——把一组机械学习的条目变成几组短的,再进行记忆。
[4] 分散练习——休息间隔之间做短时间的练习。
[5] 集中学习——单一的长时间练习。
[6] 记忆术——记忆的方法;也是记忆的艺术。
[7] 场所法——把记忆条目和具体的地点联系起来的一种记忆方法。

场所法你必须首先想像一个非常熟悉的地方，比如你自己的家或者公寓，而且选出特定的位置，每次当你回忆东西时，这个相同的场所就会为你保留记忆。简单地说，把清单上的条目都放在位置场所里，比如，假如你要记住去商店买牛奶、面包、黄油和谷物。你就可以想像一瓶巨大的牛奶瓶堵塞了大厅入口处，一块懒洋洋的面包在卧室长沙发上睡觉，一条黄油棒在整个餐桌上融化，谷物撒了一地。当你回忆这些项目时，只要做到这些即可：你只要在想像中走一遍房子即可。另一种**钉子法(peg-type mnemonics)**〔1〕，是列出一个标准的表单，就像是钉钉子一样(一是小面包，二是鞋……)。

如果你需要长期地记住信息时，可采用首字母缩略法。**首字母缩略法(acronym)**〔2〕是利用缩写形式——用每个单词的第一个字母组成的单词和短语。比如说，HOMES 用来记忆五大湖(Huron，Ontario，Michigan，Erie，Superior)。另一种方法是把列表中的每个单词或项目的第一个字母抽出来构成短语或句子，比如说，用 Every Good Boy Does Fine 来记忆音部记号 E，G，B，D，F。因为是将这些单词组织得像句子一样有意义，所以这种方法也具有类似**链记法(chain mnemonics)**〔3〕的一些特征——第一项目连接第二项目，第二和第三以此类推。有一种类型的链记法，在列表上的每个项目通过一些形象的联想或故事与下一个连接起来。还有一种类型的链记法，是使所有的项目都被记忆成顺口溜，比如："i before e expept after c."

一种已被广泛地应用于教学的记忆方法是**关键词法(keyword method)**〔4〕。这种方法有两个步骤。为了记忆一个外语单词，比如，你先选择一个英语单词，最好是一个具体名词，一个听起来像某个外文单词或至少一部分听起来像某个外语单词的名词。然后，你联想这个外文单词到英文单词(通过一个形象或句子)。比如说，西班牙语"carta"(意为信件)听起来像英文"cart"。cart 就成了关键词：你想像一个在去邮局的路上装满信件的大卡车，或者你造一个句子，比如装满信件的大卡车翻了。图 7.8 又给出了这种方法的一个例子，这次用来学习英语词汇。

不过，这里有一个问题，如果对某个单词不能鉴别出一个关键词的话，关键词法就不能起到很好的效果。许多需要去记住的单词和观点，学生们找不到与它们联系的关键词。而且用关键词法记忆的单词也许会比用其他方法记忆的单词更易遗忘，特别是当这些联系的关键词和表象是我们提供给学生，而不是靠他们自己去构造时。当老师提供了记忆链接，这些联系可能不适应学生现有的知识，不久可能会被遗忘和混淆。这样，记忆就会出现困难。年纪小的学生在形成表象时有一些困难。对他们来说，依靠听觉线索帮助记忆——像诗句"Thirty days hath September..."看上去效果更好。

---

〔1〕 钉子法——把记忆条目和提示性词联系起来。
〔2〕 首字母缩略法——记忆名字，短语或步骤时，用每个单词的首字母组成一个新的、容易记忆的词。
〔3〕 链记法——把一组中的一个单元和下一个单元联系起来的一种记忆方法。
〔4〕 关键词法——把生词或概念和听起来熟悉的提示词，或图像联系起来。

这里关键词是"purse"，一个名词发音听起来像"persuade"(要学的词)。上面的图片把关键词，定义和生词连结起来。

图 7.8 用关键词法学习英语词汇

Source: From "Mnemonic versus Nonmnemonic Vocabulary — Learning Strategies for Children," by J. R. Levin, C. B. McCormick, G. E. Miller, J. K. Berry, and M. Pressley, 1982, *American Educational Research journal*, *19*, pp. 121 - 136.

许多老师使用记忆术去速记学生的名字。除非我们具备了一些知识可以指导学习，否则我们将需要借助一些机械记忆和记忆术的方法去记忆一些词汇和事实。不是所有的教育家都同意这个观点，正像下面提到的一些关于这个问题的支持和反对的观点。[1]

观点与争议：记忆怎么了？

学生们依赖于记忆来学习词汇、过程、步骤、名称和事实已经有很多年了，这是一件坏事吗？

---

〔1〕 联系与拓展——联系你的教学。以下各个例子使用了哪些记忆策略？A. 为了帮助孩子们记住数字 8，老师堆了一个雪人，告诉孩子们，雪人身上有 8 粒扣子，只能活 8 天。B. 为了记住俾斯麦是美国北达科他州府，一个学生想像饼干(biscuit)上的 N．D．字样。C. 为了教会孩子们拼"separate"这个词，老师说："separate 里有一只老鼠(rat)。"D. 一个学生用 CAPS 代表阿拉巴马州的出产，各首字母依次代表——棉花(cotton)，苹果(apple)，纸产品(paper products)和大豆(soybeans)。E. 1492 年哥伦布在蓝色的大海上航行。F. 为了记住食品单：Tarent 夫人想像在电视里看到干酪，沙发上放着酸橙，桌子上有牛奶，柳条篮子里放着蚕豆，电炉上放着西红柿。G. 教师用时间线表示越南战争之前，之后，期间的主要事件。H. 让学生对现在的家务和如果是生活在内战时期，可能要做的家务两相比较。

▶**观点：死记硬背的记忆造成惰性知识。**

很多年以前，詹姆斯(Willian James，1912)通过讲述一个关于当学生只记忆但不理解时会发生什么的故事来描述死记硬背的记忆的局限性。

“我的一个朋友，去一个学校参观访问，有人让他去考察低年级的一门地理学方面的课。看着书，他说道：‘假如你们需要在地上挖一个洞，有上千英尺深，你们怎么去发现它的底部比顶端更温暖还是更寒冷呢？’全班无一人回答，老师说：‘我敢肯定他们知道，但我认为你的问题问得不太好。让我来试试。’接下来，她接过书，问道：‘地球的中心是一个什么样的状况？’立即全班有二分之一的人作出了回答：‘地球中心处于火成的融化状态。’”(p. 150)

这些学生们已经记住了这个答案，但他们并不知道它是什么意思。可能他们并不理解“内部”，“地球”或“火成的融化”这些词的意思。不管怎样，只有在当他们回答考试问题时，而且只有在当问题是完全按他们记忆的那样表述出的时候这个知识才是有用的。学生们在没有希望真正地理解某个概念时，或者当老师对不精确表述的定义不予肯定时，他们往往求助于记住定义的精确表述。

最近以来，加德纳成为了对死记硬背记忆法的强烈批评者，支持“为了理解而教”。在《菲·德尔塔·卡潘》(美国教育专业协会会刊)(*Phi Dela Kappan*)(Siegel & Shaughnessy，1994)里的一篇采访报导中，加德纳指出：

> 我对于美国教育的最关心的问题是，甚至是我们的好学校里的好学生也正在敷衍教育。在《未受过学校教育的头脑》一书中，我列举了大量的例子，它们都提到了一种理解的缺乏——学生们获得知识，技能和其他外显的成就，并成功地把它们运用到新情境中去的。当缺乏了这种灵活性和适应性时，学生们受到的教育就没什么价值了。(pp. 563—564)

◀**对立观点：死记硬背会有作用。**

当我们去学习一些并不具有什么内在意义的新知识的时候，记忆也许并不是一个不好的途径，例如外国词汇。瓦，托马斯和奥莱特(Alvin Wang，Margaret Thomas & Judith Qwellette，1992)对于用死记硬背法或关键词法学习 Tagalog(菲律宾的本国语言)作了一个比较。关键词法是一种为了联系新单词与已经存在的单词和想像而创造一些连接和意义的方法。在他们的研究中，尽管这种关键词法能够在最初带来更快更好的学习，但时间一长，用关键词法的学生比用死记硬背法学习的学生的遗忘率更大。

> 现在有许多时候是学生们必须记忆，而如果我们不教给他们怎么去记就会给他们带来损害。每一条原理都有它自己的术语，名称，事实和规则。作为成人，我们希望同那些记得身体的骨骼和组织的正确名称或者熟知对付某种感染所需药物的医生们一块工作。当然，他们可以查阅信息或是研究某个条件，但是他们需要知道从哪儿入手。我们想要同那些给我们关于新税制密码的准确信息的会计们合作，那些信息是他们可能不得不去记住的，因为这些信息它们常常是以不那么合理或者有意义的方式年年变化的。我们想要同计算机销售人员们打交道，他们能记住库存，并且准确地知道哪种打印机能与我们的电脑适配。因为通过记忆习得的东西并不表示它就是惰性知识。真正的问题，正如上面加德纳指出的那样，是在于你能否灵活并且有效地运用这些信息来解决问题。

赋予意义

也许帮助学生学习最简便可行的方法就是去使每一课尽可能有意义，有意义的课程出现在对学生有意义的词汇里，新的学期通过在更多熟悉的单词方法中阐明，课程也是精心组织的，不同部分之间关系分明。最后，有意义的课程能充分利用学生原有的信息，通过实例和类比帮助学生理解新信息。

史密斯(Smith, 1975)提出的一个例子中强调了意义课程的重要性，思考下面三行字母：

1. KBVODUWGPJMSQTXNOGMCTRSO
2. READ JUMP WHEAT POOR BUT SEEK
3. KNIGHTS RODE HORSES INTO WAR

开始的时候露出第一行，其余的覆盖起来，看一秒钟，合上书，写下你记住的字母。然后，用第二和第三行重复这个过程。每行字母的个数相同，但第三行你记住的字母最多，第二行比较多，第一行最少。第一行的字母没有任何意义，瞟一眼的一瞬间没有方法把它们组织起来，工作记忆不能在这么短的时间里加工这么多陌生的信息。第二行就有意义多了，你没有必要一个一个地看字母，因为你的长时记忆中能调出拼写规则和词汇的先前知识来帮助你完成任务。第三行是最富有意义的，只需扫一眼就能记住，因为这时你调出的先前知识不只是拼写规则和词汇，还有语法以及可能还有关于骑士的一些历史信息(骑士不乘坦克)。这个句子有意义是因为你头脑中储存有吸收它的图式，这对于把句中的词和意义同其他长时记忆中的信息联系起来就相对比较容易(Sweller, van Merrienboer, & Paas, 1998)。

对教师来说，工作的挑战在于把教材组织得不要像第一行字母，而要像第三行字母那样富有意义。虽然这听起来很明显，但许多时候你会发现当你从一个教授那听到过的某个解释或从课文里读过的某个句子，常常和见到 KBVODUWGPJMSQTXNOGMCTRSO 的情况一样。但是记住，改变学生以前的学习方法——从记忆到有意义的活动，如创设一个类似本章开头的"你会怎么做？"的情境，并不能总是引起学生的热情，学生会担心他们的等级，至少当通过记忆他们能得到等级 A 时，他们知道这是他们所期望的。有意义的学习更是具有冒险性和挑战性。在第八章，第九章，第十三章我们会检查各种各样的方法，用这些方法有助于老师促进学生有意义的学习和理解。

教学事件模型

加涅(1977)提出了一个较为完善的学习信息加工理论。表 7.3 展示了加涅的学习阶段与每一个阶段发生联系的教学事件。

正如你所看到的，在这个指导性理论的模型中，学习的第一步是教师如何获得学生的注意。下一步是通过制定一个教学计划让学生知道学习的目标，还能引起他们的好奇心或者形成学习动机(这点我们会在第十一章或第十二章更多地讲到)。当学生注意了以及有适当的期待，提醒他们之前学过的内容与他们将要学习的材料有密切的联系。通过他们记忆中的这些先前的知识，他们就会把旧信息与新信息联系起来。现在到了该呈现新的学习材料的时机了，注意强调重要部分或关键特征。这时学生应该将这些新材料在他们短时的或工作记忆激活，这样他们就可以将这些信息进行加工并储存到长时记忆中。教师现在的作用是提供学习指导，比如说解释、举例或有指导的发现练习。

表 7.3　加涅的学习阶段以及支持每一个阶段的教学事件

描　述	学习阶段	教学事件
准备学习	1. 注意	通过不平常的事件，问题或刺激的变化获得学生的注意
	2. 期望	把目标告诉学生，激发动机
	3. 提取有关信息或技术进入工作记忆	刺激回忆以前的知识
获得与执行	4. 对呈现的刺激进行选择性知觉	呈现材料，强调关键特征
	5. 编码，储存长时间记忆	提供学习指导
	6. 提取和反应	引起反应
	7. 强化	提供信息反馈
学习转移	8. 根据线索提取信息	评估行为
	9. 概括	

Source: From *Learning and Instruction*: *Theory into Practice*, (3rd ed.) (p. 125), by M. E. Gredler, 1997, Saddle River, NJ: Prentice Hall, Inc. Copyright © 1997 by Prentice-Hall, Inc. Reprinted with permission.

学习并没有在此结束，在加涅的模型里，学生必须向老师以及他们自己证明，他们确实已理解了材料。学生必须用某种方法作答，这种作答允许老师对学生的理解能力作检验，以及给予强化或校正，或两者都有。最后，为了保证他们能随着准备重新提取以及简单地应用这些新的知识，学生应该在各种各样的情况下练习。在每一节课、一周课结束后，通过不断地练习能够促进知识的迁移。

成为专家：程序性和条件性知识的发展

不同领域的专家们各自富有专门领域的知识，这就是说，知识被应用于他们的领域或区域，他们不仅有陈述性知识（事实及词语的信息），也有他们需要的程序性知识，即知道怎样执行各种各样的认知活动。他们也知道何时以及为何应用他们的陈述性和程序性知识去解决问题。这就是说，他们有条件性知识，所以他们可以熟练地使用陈述性和程序性知识去解决问题。

专家与新手之间还有另外一点不同。许多专家的陈述性知识已经“程序化”了，已经融合成一些不需要对工作记忆有许多要求就能自动调用的“程序”。这种不需要有意识思考就能应用的技能称为**自动化基本技能（automated basic skills）**[1]。一个例子是在一个标准的传送车里改变驾驶方向。第一，你不得不考虑每一个步骤，但是当你变成了一个专家（如果你确实是的话），这种程序会转向自动化。但并非所有的程序性知识（有时被称之为熟练的技术）都能达到自动化，甚至对于某个特殊领域的专家。例如，不管你在驾驶技术上有多么熟练，都得有意识地去注意周围的交通情况，这种有意识的过程被称之为**专门领域策略（domain-specific strategy）**[2]。自动化基本技能和专门领域策略是以不同的方式学会的（Gagne, Yekovich, & Yekovich, 1993）。

自动化基本技能

大多数心理学家把自动化技能的发展分成三个阶段：认知阶段、联结阶段、自动化阶段（Anderson, 1995b; Fitts & Posner, 1967）。在**认知阶段（cognitive stage）**[3]，当我们第一次学习时，我们会依靠陈述性知识与解决一般问题的一般策略去达到我们的目标。例如，学习组装书架，我们会尝试按照手册说明一步一步地做，完成每一步后我们会进行核对。在这一阶段，我们不得不考虑每一步以及也许会回到图片的部位去看看“4英尺带有锁螺母的金属螺栓”像什么。工作记忆的负担很重。在这个阶段有很多的试误式学习。比如，被我们选中的螺栓可能不合适。

---

〔1〕 自动化基本技能——不需要意识思考就能运用的技能。
〔2〕 专门领域策略——在特定主题或问题领域中有意识地应用技能来达到各个目标。
〔3〕 认知阶段——学会自动化技能的最初阶段，用一般的问题解决方法来理解每个步骤或每个过程。

在**联结阶段(associative stage)**[1],把程序中的独立的各个步骤结合起来,或者“组块”进入更大的单元,我们选择正确的螺栓把它放入合适的孔里,前一步做好是下一步的基础。通过练习,联结阶段进入**自动化阶段(autonomous stage)**[2],在这一阶段,整个程序不需要太多注意就会完成。如果你装配足够数量的书架,你可以边做边说话,不用注意装配任务。这一活动是从认知,到联结,到自动化的阶段,适用于各个领域中基本认知技能的发展,在科学,医学,棋术与数学领域中的研究较多。

老师做什么才能帮助他们的学生,通过这三个阶段变得更熟练呢?一般地,他表现出两个关键性因素:必要的知识或通过练习反馈。首先如果学生没有必要的基础知识(图式,技能等等),工作记忆的负担将会太大了。举例来说,要用外语写一首诗,你必须了解这种外语的单词和语法,而且你必须了解诗歌的格式,要学习单词语法和诗歌的格式去写一首诗,记忆量将会特别大。

其次,有反馈的训练能使你形成联结,自动识别信息,并把各个步骤合并成一个更大的条件行为反射,或者说是产生式,甚至从早期的阶段上来看,这样的一些练习应当包含在真实情境下进行。在真实情境的训练不仅帮助学生学习了怎样去做一项工作,也教会了他们为什么去做,什么时候做(Collins, Brown, & Newman, 1989; Gagne, Yekovich, & Yeckovich, 1993)。当然,正如每一个运动员教练所知,如果一个特定的步骤,一个组成部分,或者进程中的一些阻碍,先被单独训练,直到做到无意识的程度(更加自动化),那时再把它放回整个过程中,会有助于降低在记忆负担上的要求(Anderson, Reder, & Simon, 1996)。

专门领域策略

正如我们刚刚看到的,一些程序性知识,例如,当你驾驶一辆汽车时,你注意交通,这并不是自动的,由于情况总是在不断改变,一旦你想改变路线,熟练的动作可能完全是自动的,但是改变路线的决定是有意识的,取决于你周围的交通状况。特殊领域的策略是有意识地运用自我技能组织思想和动作以达到目标的知识。为了帮助这种学习,教师要给学生提供各种不同情况下联系的机会——举例来说,用报纸,杂志,书籍,信件,执行手册等来练习阅读能力。在下一节关于问题解决和学习策略的讨论中,我们会看一下其他帮助学生发展特殊领域策略的方法。现在,我们转而考虑怎么让学生提高在校外学习的方法。

校外学习

这章最后几部分已经描述了许多帮助学生变得知识丰富的观点,记忆策略,记

[1] 联结阶段——把程序中的各个步骤组合起来,组成大的模块单元。
[2] 自动化阶段——学会自动化技能的最后阶段,整个过程非常有规则,变得“自动化”。

检查要点： 博学：一些基本原则

回 顾

描述发展陈述性知识的三种途径。

描述发展程序性知识的一些程序。

应 用

你如何使用关键词法教授外国的出口商品？

忆术，元认知如计划或调控自己的理解，认知技能。一些学生在学校有优势，是因为他们在家里掌握了这些策略和技能。下面的家庭与社区合作的指南，给出了一些和家庭成员工作的方法，用这些给你的所有学生以更多的指导，并且练习发展这些技能。

与家庭和社区建立合作关系指南——组织学习

给学生家庭成员提供一些具体的策略帮助他们的孩子练习和记忆。

举例：

1. 建立“超级学习者”作业，包括要学习的材料和一个“父母指导卡”，上面写有简单的记忆策略——适合要学习的材料——父母有能力教会孩子。
2. 提供几个检查学生理解情况的问题，这样家庭成员能够帮孩子复习阅读作业，检查学生的理解情况。
3. 向家庭成员说明分散练习的意义，对如何和何时在家庭座谈和计划中插入技能训练提出一些意见。

让家庭成员之间分享他们的组织和记忆策略。

举例：

1. 建立一个家庭日历。
2. 鼓励做讨论计划，讨论中家庭成员帮助学生把大的任务分成几个小的工作，确定目标，找到资源。

讨论学习中注意的重要性。

举例：

1. 鼓励家庭成员给孩子创造远离干扰的学习环境。
2. 确定父母知道家庭作业的目的。

总结

认知观的基本观点

比较认知主义和行为主义在学习内容和强化所扮演的角色上的观点

认知学习理论家关注人类思维的变化，试图以此来感知世界。在认知主义观点中，知识是学到的，并且知识的变化可以促使行为的变化。在行为主义观点中，新的行为是自我习得的。行为主义和认知主义心理学家都认为强化在学习中起非常重要的作用，但是对其解释却不相同，严格的行为主义者解释说强化增强反应；认知主义心理学家把强化看成是一种如果行为重复时可能发生的反馈的来源——作为一种信息的来源。

知识怎样影响学习?

认知手段表明在学习过程中最重要的一个要素是个体学习某种情况时具有的知识。知识是学习的成果，知识的动力是学习中的驱动因素，我们现有的知识，很大程度上决定我们将注意什么，知觉什么，学什么，记什么和最终忘记什么。

记忆的信息加工模型

比较陈述性知识，程序性知识和条件性知识

陈述性知识是那些可以经常用词语或其他表象表达的知识。陈述性知识就是知道某物处于某种状态;这些知识是由小的单元联合起来组成一个大的单元。程序性知识是知道怎样去做某事，程序性知识必须被演示出来。条件性知识是知道什么时候怎么用陈述性知识和程序性知识。

给出两种关于知觉的解释

格式塔理论正确地解释了知觉的某些方面，但是还有两种认知加工理论解释了我们如何识别模式和赋予感觉的事件以意义。第一种被称为特征分析，或者是自下而上的加工，因为刺激物必须分解成各个部分，组合成一种有意义的形式。第二种自上而下的加工，是建立在原有的知识和预期之上的，除了借助特征分析，要迅速地认出模式，我们还可以借助于我们对已知情况的了解。

信息怎样存留在短时记忆中?

为了使信息在短时记忆中保持二十秒以上的活跃，人们用保持性复述(在心理上

循环地重复着某个信息）和精细复述（把你试着记住的东西和长时记忆中的信息联系起来）。这种复述不仅能在记忆中保存信息，也可以使短时记忆的信息转移到长时记忆中。短时记忆的有限能力可能也是一些被组块过程控制的东西。

信息怎样储存在长时记忆中和图式所起的作用？

长时记忆似乎可以长久地存储无限的信息。信息可能是语义的、情节的或是程序性记忆。在长时记忆中，大量的知识可能以命题网络和图式（就像是故事的语法和脚本）的形式储存。这种数据结构允许我们表征大量复杂的信息，形成推论，并且理解新的信息。

知识加工对长时记忆有什么提高？

你第一次学习信息的方式影响后来对它的提取，一个重要的要求是要把新材料的信息和已经存储在长时记忆中的信息通过精加工，组织和利用上下文联系整合到一起。精加工是指给出新的信息通过它与已存在知识的联系添加意义。组织好了的材料很容易学习和记忆，特别是信息是复杂的或是很广泛的。物理和情绪方面的背景情况是与其他信息联系在一起而被学习的。记忆的另一种观点就是信息加工水平的理论，在这个理论中，信息的提取质量取决于它是怎样被加工的。

我们为什么会遗忘？

储存在短时记忆中失去的信息真的消失了，但是储存在长时记忆中的信息可能被利用，如果给出正确的提取线索。随着时间的流逝，长时记忆中的信息长时间不用就会消失（神经联结就像肌肉不用就会变弱）或者被干扰（新的记忆可能被旧的记忆干扰或覆盖，旧的记忆也可能被新的材料的记忆所干扰）。

元认知、调整和个体差异

三种元认知技能

用于控制思维和学习的三种元认知技能是计划，监控和评估。计划解决一件任务要用多少时间，怎么样开始等等问题；监控是一种在线的观察“我做的怎么样”。评价对过程和结果作出判断，并执行这些判断。

描述元认知方面的个体差异

当孩子发展认知时，他们可能更多练习执行控制和使用策略。一些在元认知上的个体差异可能是由生理差异或各种学习经历造成的。学生在从环境中有选择地注意信息的能力、计划的能力和执行策略的能力方面可能有很大的差异。

怎样运用更好的认知策略提高孩子的记忆?

很小的孩子可以被教会运用组织来提高记忆效率，但是如果他们不被人提醒，他们不会想到运用这种策略。当孩子变得更成熟以后，他们便能够使用精加工策略，但是这种策略在童年发展得很晚。创造表象或是编故事来使他们记住观点可能更适合于小学中高年级的学生和成人。

博学：一些基本原则

描述三种发展陈述性知识的方法

当我们把我们已有的理解和新的知识结合起来，陈述性知识就发展了。完成这项任务最低效的方法就是机械性记忆，它可以通过部分学习和分散练习得到改善。作为提高记忆的记忆术包括钉子法，如场所法，以及首字母缩略法、链记法和关键词法。学习和记忆的最好的方法是理解和运用信息。使记忆的信息有意义是非常重要的，而且经常是教师所面临的最大的挑战。

描述发展程序性知识的过程

自动基本技能和专门领域策略——两种不同的程序性知识——是以不同的方式被学习的。发展一项自动基本技能有三个阶段，认知的(紧接陈述性知识的阶段)，联结的(把个体的步骤联合成大的联合体)和自动化的(不用多大的注意就可以完成整个过程)。有反馈的知识和练习帮助学生很快经过这三个阶段。专门领域策略是能够自觉运用技能来组织思维和行为以达到目标。要支持这种学习，教师要提供在各种不同情况下运用的机会。

走向专业化

反思

你能运用本章认知主义学习观点解决下面练习中的问题吗?

学前班和幼儿园

一年级的老师认为幼儿园的老师可以使他的学生在课堂上认真地听讲，作为一个幼儿园教师，你会怎样做？你会怎样调整你的教学计划来适应一年级的老师。

小学和中学学校

你班上的几个同学是最近转来的，仅有极为有限的知识。这些学生能说和读英语，但是在理解和记忆他们说的话方面还是有问题，你会怎么做？

初中和高中学校

你已经教到一个总结性的一章——一个对每年的学生都非常难的一章。你怎么样使得这些非常抽象的概念对你的学生来说易于理解？

认证测验要求

懂得先前知识在学习中的作用。

知道什么是图式，图式怎样影响注意、学习和记忆。

了解元认知能力怎样影响学习和记忆。

熟悉一些常见的认知策略。

个人教学档案

使用行为主义和认知主义对学习理论的不同认识重新建立你的教学哲学观。你将怎样回答这样的职业性的问题“你的学习理论是什么，为什么选择这种学习理论？”

教学资源

使用记忆术这部分的内容创造出一些方法来教给你学生在自然科学和社会科学科目的学习中学习关键词语并且在你的教学资源文件夹中记下这些方法。

教师案例簿

他们会怎么做？

本章开头提出一个“学习历史的学生只顾记忆”的教学情境，下面是几位教师对其作出的回应。

MARK SMITH

Ninth-Twelfth Grade Teacher

Medford High School, Medford, Massachusetts

这个班的学生一直运用记忆，尽管他们过去很可能取得一定的成就，但仍存在如何使学生必须达到高水平思维的问题。因为这是一个高年级历史班，许多学生将会进入大学，必须教给他们不一样的学习和思考的方法。了解历史事实和给出信息是很好的。但他们一样需要能够分析发生的事情，为什么它是重要的，这个信息将会引发什么其他结果。

批判性学习是能够对一个主题进行辩论和作出有说服性的论证。如果我是这个班上的老师，并且学生非常担心考试与成绩，我会增加使学生思考历史事件并试着分析资料的口头陈述和书面作业。一种解决方法是在考试的时候给他们提供事实和信息，要求他们自己发展自己的思维，思考为什么它很重要或者试图与曾经学过的其他主题联系起来。知道历史事实和细节不如懂得历史如何影响现在以及为什么过去对现在和将来都很重要对学生来说更具有学习价值。

MADYA AYALA

High School Teacher of Preperatoria Eugenio Garza Lagüera

Campus Garza Sada, Monterrey, N. L. Mexico

我观察到存有两个矛盾。第一，学生可利用的认知策略（记忆）无法适应指定的任务（高水平的思考）；第二，学生看不到现实情况和过去事件的联系。对第一个矛盾我可用诸如认知地图、图表、对照表和其他组织形式更好地使学生学习材料的一些认知策略。

第二，我主张集中学生注意力在过去发生的重要事件上，并且要求他们联系到国际国内地区甚至学校里发生的社会问题。戏剧是一种很有趣的解决学生问题的方法。由于它给学生提供机会去感受和体验具有历史意义的事件，他们能够重现在作出决定和产生结果时“真正”发生了什么。另一方面，它能够改变事实并且分析当作出不同决定时历史可能如何改变。这是一种积极的建构方法。

以上要求学生把过去事件与他们现实经历联系起来，增加有意义学习。如果他们可以对现实的社会问题作出（短期）预测，作出解决问题的决定，并预测这个决定会对未来有何影响，这将是很有趣的。

ASHLEY DODGE

Ninth and Tenth Grade Teacher

Los Angeles Unified School District, Los Angeles, California

这些学生很显然用了他们过去使用的策略（记忆和复述事件及日期），但是他们不曾发展任何批判性思维技能。很多学生非常成功地应用这些策略达到了一定的分数，但是他们困扰于仅仅学习那些考试所必需的东西。有时，他们似乎试图把他们的精力转移到其他事情上，他们坚持用机械记忆可能是由于那些过去考试中只出事实和日期的缺乏想像力的老师所致，过去这些学生可能拿到高分，然而现在他们会把这种取得成功的学习方法用于进一步的学习。

为了使这些学生有机会看到历史不仅仅是一条时间线，我将对全班宣布下单元没有考试，取而代之的是，我们会建立一些反映时代的计划。我们可能创作一个剧本，一个流行时装表演或是一个节日。一些学生希望在学习时建造一个城市，集中对照它与现在城市的不同点。学生们需要用课本中的知识结合自己的想法完成这一项目，但不需要去死记。他们会在创造力与工作质量两方面来分级，并且项目等级会从这两个等级综合起来考虑。

因为我认为给学生提供成功的合理保证是极其重要的，特别是在尝试陌生的东西时，我会试着给出一些相似计划的成功案例，在必要时给予尽可能多的指导和时间。这需要的个人时间与精力要比对原文的简单提问多得多。但当学生看到老师和他们一起工作时，通常很感激。根据我的经验，学生会很努力地完成计划并对结果非常满意。

MITCHELL D. KLETT

Twelfth Grade Teacher

A. C. New Middle School, Springs, Texas

很明显，这些学生知道历史事件，有时间和地点。但他们没有领悟到这些事件对今天世界的暗示，他们似乎把理解浅薄的知识与概念的理解等同起来，他们的想法认为过去的事情就是"历史"，与今天的世界尤其是他们的世界没有关联。他们的学习包括表面的知识和机械记忆，很可能是由于他们经历了一系列不连续事件。

学生必须懂得过去事件对今天的世界具有极深的影响。有句谚语说得很对，"不知历史将重蹈覆辙。"作为他们的老师，我强调关注贯穿历史的特定事件的因果联系以及将它们互相对比。通过集中讨论某一个特定事件发生的原因，如经济衰退引起革命，学生能很好地理解这类革命的周而复始的规律。像法国大革命及俄国革命这些事件，通过学习质疑，小组讨论及角色扮演能够得到很好的考查。可以给学生提供机会去探索革命的实质并把他们所学的应用到新的情况下，举例来说这个主题可以是：第三世界国家人口增长和资源匮乏——贫富差距的增大将会引发什么？

THOMAS O'DONNELL

Social Studies Chairperson, Grades 7 - 12

Malden High School, Malden, Massachusetts

这些学生仅把历史当做是一种过去发生的事实来理解。虽然在"已知的"历史中存在很多偏见、反感、虚伪,但学生没有意识到。由于他们相信历史只是一种事实,他们期望学习这些事实,了解这些事实,并相应地在考试中考查这些事实。

如果学习的经历是通过死记硬背就能获得成功,对他们来说,坚持用这种学习方法是合乎逻辑的。

要帮助学生破除机械的思考,我会对他们进行理解性测试并基于这些进行评估,一旦他们意识到目标是什么,他们会转变策略以达到成功。我也会教他们在阅读中注意一些字句,这些字句或者展现"一种事实",或是仅表达了一个事件的一种解释。最后,我会训练学生在任何情况下都去问一问:谁?什么?哪里?怎么样?为什么?这些问题。

第八章 复杂的认识过程

思考一下你最近在课堂上学到的一个概念。你是怎样学到的呢？如果你是从课本或是老师那里学到的，你能举出一个例子吗？它属于哪种类型？你能真正很好地理解这个概念，并且可以运用自己的语言来给它下定义吗？你能运用它来解决问题吗？

在前面的几章中，我们把焦点集中在知识的开发——人们怎样对信息和知识赋予意义并加以记忆。在这一章中，我们主要把焦点放在理解力和问题解决方面。我们感兴趣的理论是认知理论在日常的教学实践中的应用，尤其是如何发展学生的思维和理解力。

因为认知观点是一个哲学定位，而不是一个单一的理论模型。来源于这种认知观点的教学方法是多种多样的。我们首先要考查的是在学习和教学方面认知理论提出的三个建议：概念学习，问题解决，学习策略和方法。最后，我们将探索关于怎样鼓励学生从一种状态到另一种状态进行知识的迁移，从而使学习更为有效。

在你学完这一章的时候，你可以学会：

- 在你的主题领域内设计一个关于主要知识和关键概念的课程。
- 描述问题解决的步骤，同时说明问题表征的作用。
- 举出一些解决问题的规则和论据。
- 运用新学到的学习策略和方法为你当前所学课程的考试和作业做准备。
- 列出三种老师鼓励的主动进行知识迁移的方法。

你会怎么做？

教师案例簿

你已经安排学生阅读完了来自于发现课程中关于磁铁的一些杂志和资料，而你却感觉十分沮丧。在差不多每个工作小组中，仅只有一个或两个同学看起来得到了答案。剩下的同学对单元或对来自于读物（从同学手里得到的）的复印本与内容的关系仍十分模糊。你进行的这个实践活动是根据一本很好的“动手做”的科学书籍而进行的，你认为活动的目的与方向都很清楚了。你知道许多学生将会因你将要给他们评定等级而感到不安。

- 什么事情可能是导致这节课的失败的原因呢？
- 你将如何处理目前这些情况？
- 你在将来会如何开展更有建设性的类似的发现活动？

理解的重要性[1]

在之前的一章中我们讨论了基本的学习和记忆过程，如注意，知识的表征，记忆和遗忘。在这一章里我们来研究一下由复杂的认识过程所引起的理解。理解要比记忆复杂得多，它比用你自己的话来复述还难。加德纳（Howard Gardner）是这样来定义理解的：

> 这是一种获取知识、技能和观念并将之合适地运用在新的环境中的能力。若某人仅能鹦鹉学舌般地将别人教授的东西进行复述，那么我们就无法知道他是否对所教授的东西有个人的理解。若那人杂乱无章地运用知识，且不关心其运用得是否合适时，那么我更不能说他已理解了知识。但是如果那个人知道应在哪儿应用知识，在哪儿不用，并能将知识迁移到新的环境中去，那么他就是理解了。所以，理解包括适当地迁移并运用知识、技能和观点。理解被认为是在一个公认的教育目标体系中更高水平的认知目标。（p. 2）

在下面的部分中我们将探索思维的几个不同方面的认识：学习概念，问题解决，运用学习策略，以及老师们如何提供途径帮助学生达到理解。我们就从讨论理解的基本要素——概念开始吧。

概念的学与教

绝大多数我们所知道的有关世界的事物都包括于观念和关系，即概念之中（Schwartz & Reisberg，1991）。但确切地说什么是概念？**概念（conception）**[2]是一种由相近、相似的事件、想法、物体或人所组成的集合。当我们谈论一个特定的概念，如学生，我们指的是这一类人，这类人之间有共同的特点，即他们都是以学习为目的的。这些人中也许有老有少，有在校的有不在校的；他们可能在学习棒球或是文理学

---

〔1〕 联系与拓展——加德纳说："理解的最大的敌人是勇气。当你决定理解所有东西的时候，实际上你自己已经确定多数人没打算去理解。" 摘自布兰特（Brandt，R.，1993）的《为理解而教：与加德纳的对话》（teaching for Understanding：A conversation with Howard Gardner），载于《教育领导学》（*Educational leadership*），第 50(7)卷，第 7 页。

〔2〕 概念——具有共同属性的思想、物体、人或经验的一类。

士，但他们作为学生都能被分为一类。概念是抽象的。它们不存在于真实的世界。只存在概念的一些例子。概念帮助我们把数量巨大的信息整理成一个个易于管理的单元。比如，世上大约有七百五十万可区分开的不同的颜色。通过把这些颜色分成分或组，我们就可以很好地处理这些变化多端的颜色了。[1]

对概念学习的看法

传统上，心理学家假定每一类别的成员都具有一套自己类别的**定义属性(definingattributes)**[2]或者说是独特的特征。比如，书就是一些捆在一起的书页(但电子书籍呢?)，这种概念的定义属性的学说认为我们是通过注意事物的关键特征来识别具体的例子。

但大约从1970年开始，这些流行了很长时间的关于自然的概念的观点开始受到质疑(Benjafied，1992)。虽然一些概念，像等边三角形，有着定义明确的性质，但更多的概念却没有。比如“聚会”这个概念，它的性质是什么？你也许很难列出这些性质，但你可能能识别出这是一个“聚会”，当你看到或听到它时。(当然，除非是正谈论政治的聚会或是另外的诉讼案件的聚会时，你在那里所听到的也许不能帮助你识别出它是一个“聚会”。)鸟的概念是什么呢？你的第一个想法也许是鸟是一种会飞的动物。但鸵鸟是鸟吗？企鹅呢？

原型与范例

通过对传统观念的概念学习的讨论，我们已在我们脑中对“聚会”与“鸟”的概念有了一个原型的认识，知道了每个概念的内涵。**原型(prototype)**[3]是对它所属的那一类事物的最好的代表。例如，在北美的许多地方，对鸟这个类概念的最好代表也许就是知更鸟了(Rosch，1973)。这个种类的其他成员(麻雀)也许与这个原型十分相似，或有一些方面相似，但与另一些成员(鸡，鸵鸟)则不同。在一个种类的界线，也许很难判定出一个特别的例子到底属于哪一类。比如说，电话是家具吗？电梯是交通工具吗？橄榄是水果吗？一种事物是否可以划归为某一类别是程度上的问题。因此，一些种类的划分界线和**等级资格(graded membership)**[4]都很模糊(Schwartz & Reisberg，1991)。一些事件、事物或观点比其他事件、事物或观点能作为一个概念的更好例子。

另外一些关于概念的学习的解释建议我们通过范例来确认每一种类中的成员。

---

〔1〕 联系与拓展——联系你的教学。皮亚杰认为个体达到形式运算阶段，不能进行抽象思维。那孩子们是怎样学会比如“前天”、“幸福”这样的抽象概念的呢？

〔2〕 定义属性——一类事物共同具有的一些独特的属性。

〔3〕 原型——某一类别的最好代表。

〔4〕 等级资格——一种事物属于某一种类别的程度。

范例(Exemplars)[1]是我们具体记忆中的具体的鸟、聚会、家具等。我们用这些来与论点中的细目相比较看，这些项目是否属于与我们的范例一样的种类。比如，如果你在公园里看见一个奇特的用钢和石头做成的长凳，你可能会拿你家卧室里的沙发来与之相比以确定这个看起来不怎么舒服的创作物是否仍是用来坐，或者这个长凳已经越过了模糊的界定而成了一个雕塑品。

原型可能是从许多的范例中建立起来的。这个过程十分自然，因为对个别事物的片断记忆倾向于把这些事物模糊地结合在一起。对于沙发的原型的创建是从你所见到的所有的一般的或者是典型的沙发范例中抽取综合出来的(Schwartz & Reisberg, 1991)。

概念和图式

除了原型和范例外，还有第三个要素与我们识别一个概念有关——即与这个概念有关的图式知识。我们如何知道伪钞不是真钞，甚至在它完全与我们印象中的钱的原型与范例相吻合时？因为它的历史。我们知道，是一些“坏人”把这些“钱”印出来的。因此，我们常将金钱同罪恶、伪造和联邦公库等其他许多概念联系起来。

概念教学的策略

大多数现行的概念教学的方法，在很大程度上仍然依赖于对定义特征进行一般的分析。但是人们对概念教学越来越感兴趣，概念学习的原型观认为，造成这种局面的部分原因是孩子起初是通过成人在现实生活中指出的一些好的例子或原型来学习概念(Tennyson, 1981)。概念的教学能将显著的特征与原型结合起来。

教授概念的一种方法被称为概念获得，一种帮助学生建构对具体概念的理解并练习思考能力的方式，如假设检验(Joyce & Weil, 1996; Klausmeier, 1992)。[2]

一堂概念获得课的实例

这里是一个五年级的老师如何教他的学生学习一个熟悉的概念，并同时练习思维能力(Eggen & Kauchak, 1996, pp.105—107)的一个课例。这节课是这么开始的，老师说他心里想着一个概念，请同学们“猜出是什么”。老师在桌上放两个牌子——“正面例子”和“反面例子”。然后他在“正面例子”前放了个苹果，在“反面例子”前放了块

---

〔1〕、范例——给定类别中的一个具体实例，用来对某个条目归类。

〔2〕 联系与拓展——参考研究。坦尼森和利克奇阿雷拉(Tennyson, R. D., & Cocchiarella, M. M., 1986)的《基于教学设计理论的经验性概念教学》(An empirically based instructional design theory for teaching concepts)，载于《教育研究评论》(*Review of Education Reserch*)，第56卷，第40—71页。摘要：教学设计理论把概念学习分为这样两个阶段：(a)形成概念上的知识。(b)建立程序性知识。这两个基本部分就是提出理论模型的内容变量和教学变量。把这些组成部分进行合理的组合，就可以从四种基本的教学设计策略中选出一种。具体的理论模型参见：教学方法和认知过程。

石头。他问学生:“你们认为这个概念是什么?”第一个人回答:“吃的东西。”老师在黑板上写下了“假设”,在对“假设”的含义稍加解释之后,他又在“假设”下写出“吃的东西”。接着他又得到了其他一些猜测——“有生命的东西”和“生长在植物上的东西”。在对植物和有生命的东西进行一些讨论之后,老师又拿出一个西红柿放在“正面例子”一边,放一个胡萝卜在“反面例子”一边。在对以上假设的活跃的讨论和思考之后,学生们又提出一个新的假设——“红色的东西”。通过对更多正面例子(桃子,南瓜,橙子)和反面例子(莴苣,洋蓟,土豆)的讨论,学生们缩小他们的猜测范围为“可食用的带有种子的东西”。学生已经“建构”了“水果”的概念——可食用的带有种子的食物(或者,更高位的定义,任何饱满的植物子房,比如豌豆荚,坚果,西红柿,菠萝,或者食用部分是从花中长出)。

一节课的组成

无论你用什么策略教授概念,一节课中都需要四个组成成分:正面示例,反面示例,相关性质及无关性质,概念的名称和定义(Joyce & Weil, 1996)。除此之外,视觉帮助也能促进许多概念的学习,例如图片,图表或地图(Anderson & Smith, 1987)。

举例是教授概念的要素。对年幼的或能力较差的学生来说,在教授他们复杂概念的过程中需要更多的示例。我们必须利用示例和非示例(有时称为正面示例和反面示例)分清种类的范围。因此,关于为什么蝙蝠(反面示例)不是鸟的讨论可以帮助学生界定鸟的概念。

明确相关属性与无关属性是教授概念的另一方面,如我们所知,飞行能力就不是辨别某种动物是否是鸟类的一个相关属性。尽管很多鸟会飞,但有些鸟(鸵鸟,企鹅)就不会飞,而另一些非鸟类的动物却会飞(蝙蝠,飞鼠)。对鸟的讨论中要包括对鸟的飞行能力的讨论,但学生应理解,具有飞行能力不能界定某种动物是否是鸟类。

对于概念的名称的讲授是很重要的,但也会附带某些局限性。仅仅学习概念的名称并不意味着人们理解了这个概念,尽管名称对理解概念是必需的。由上面的例子可以看出,学生们可能已学会使用“水果”这个名称,但却还没理解西红柿、南瓜和鳄梨也是水果。

定义能使概念的属性明确。一个好的定义要有两个要素:提及新概念所属的一般的种类和对新概念定义属性的描述(Klausmeier, 1976)。例如:水果是种子为可食用部分(定义属性)的食物(一般种类)。等边三角形是一个平面的、简单的、封闭的图形(一般种类),它有三条等长的边和三个等度数的角(定义属性)。这类定义能帮助我们将概念置于相关知识的图式中。[1]

---

〔1〕 联系与拓展——联系你的教学。能利用原型进行抽象概念的教学吗?

在教一些概念的时候，"一幅图胜过一千句话"——或者至少也胜过一百句。参照并把握住典型的例子，或一些图片示例，能帮助年幼的儿童学习概念。对于所有年龄层的学生，在历史、科学、数学中的复杂概念经常可以通过图形或表格来解释。例如安德森和史密斯(Anderson & Smith，1983)发现他们的学生仅仅阅读光线的概念时，只有 20%的人明白反射光对于我们看东西的作用。但如果让他们通过图 8.1 来学习，差不多有 80%的人理解了这个概念。

图 8.1 理解复杂的概念

Source: From *The Educator's Handbook*: *A Research Perspective*, edited by V. Richardson-Koehler, 1987, Reading MA: Addison-Wesley Educational Publishers, Inc. Copyright © 1987 by Addison-Wesley Educational Publishers. Reprinted with permission.

课的结构

以上的那堂水果课，是一个很好的概念教学案例。理由有以下几个方面：首先，它在讨论属性或定义之前很有效地验证了正例和反例的区别(Joyce & Weil，1996)。从引入原型或最好的例子开始你的这堂概念课，帮助学生形成类别。上例中的那位老师，是以传统的水果——苹果为例开始，然后过渡到不太典型的例子，如西红柿，南瓜。这些例子表现了属于这种类别的最大范围内的可能事物，以及该类别内的各种不相关因素。了解了这些信息，学生就不会把不相关的属性作为定义特征。比如，水果，有一个或多个种子，有无甜味，颜色是否相同，或皮薄，皮厚等，如果这样定义则会造成**概念外延缩小(undergeneralization)**[1],或把一些水果从它应属类别中排除出去了。

反例可能会非常接近概念,但是会不具有一个或几个关键特征。例如,甜的土豆和大黄并不是水果,但是甜土豆是甜的,大黄可以做馅饼,因此,包含反例将会造成**概念外延扩大(overgeneralization)**[2],或把一些不属于水果类别的东西划进去。[3]

在学生们经过思考,看似掌握了概念之后,要求他们运用一些方法去巩固或检验他们的假说是很有用的,一些学生可能一时只能想出一个例子,而另一些学生可能会同时想到好几个例子。一些高年级的学生可能会进行有系统地检验而淘汰某一个假说,同时保持书面记录,而另一些会考虑得更全面和发散。可以想像,这些后续工作可以帮助学生发展他们的能力,并且表现了他们解决问题的不同方式,表格 8.1 简要地展示了概念形成的不同阶段。

表 8.1 阶段性获得概念实例

第一阶段呈现数据并识别概念	第二阶段验证概念是否获得	第三阶段分析思维策略
老师呈现带有标注的例子。 让学生比较正例和反例的属性。 学生提出假设并检查假设。 学生根据基本的属性下一个定义。	学生识别出其他未标注的例子是正例还是反例。 老师证实学生的假设,给出概念的名称,同时根据基本属性重新给出定义。 学生据此寻找新的例子。	学生描述思维过程。 学生讨论假说和属性的作用。 学生讨论假设的类型和数量。

Source: From *Models of Teaching*, (5th ed.) (p. 173), by B. R. Joyce and M. Weil, 1996, Boston: Allyn & Bacon. Copyright © 1996 by Allyn & Bacon. Reprinted with permission.

概念获得模式的三个阶段。

首先,由老师来展示正例或反例,而学生识别出概念,然后,教师检查他们的了解情况,最后让学生分析他们的思维策略。

概念的延伸和联系

一旦学生有了对概念的好的认识,他们就应该去运用它,这可能会包括做一些练习,解决问题,书写,阅读,解释或一些其他的灵活的要求,让他们去运用他们的新思维策略。这会使学生把这个新概念与他们已有的知识的命题网络建立联系。其中一个

〔1〕 概念外延缩小——把属于某一类别的事物排除在外;限制的概念。
〔2〕 概念外延扩大——把不属于某一类别的事物包括进去,扩大概念的外延。
〔3〕 联系与拓展——联系你的教学。教师如何确定学生是否已经掌握了概念。

方法是你可以在一些课本或练习册中看到有一些针对小学以上学生设置的**概念地图**(**concept mapping**)[1](Novak & Musonda，1991)。学生们把他们对概念的理解图解化。艾米(Amy)在图8.2中表示出了她对于“分子”概念的理解，她认为在固体分子之间不存在空间。

艾米，一个八年级的学生，绘制了一幅表示她对“分子”概念的理解图，这里包括了一个错误的概念，即她认为在固体分子之间不存有空间。

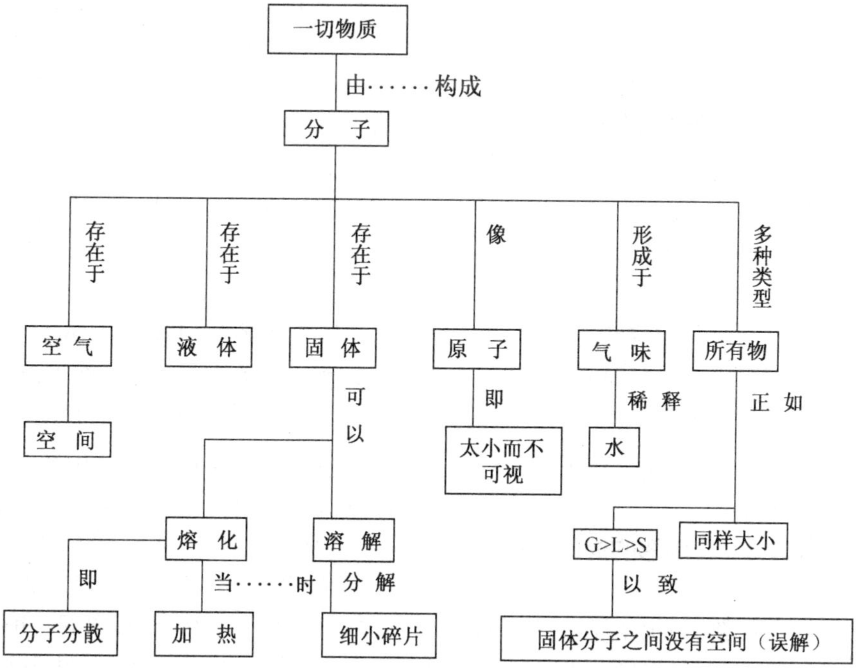

图 8.2 Amy 的分子概念图表

Source: From “A Twelve-Year Longitudinal Study of Science Concept Learning,” by J. D. Novak and D. Musonda, 1991, *American Educational Resource Journal*, *28*, figure p. 137. Copyright © 1991 by the American Educational Research Association. Reprinted by permission of the publisher.

使用发现法教授概念

布鲁纳(Jerome Brunner)早期关于思维的研究(Brunner, Goodnow, & Austin, 1956)引发了他关于鼓励概念学习及思维形成发展的教育途径的兴趣。布鲁纳的工作强调理解学习时对一个学科结构理解的重要性，为获真知作为基础的活动学习的必要

〔1〕 概念地图——学生用于理解概念的图表。

性以及学习中归纳推理的价值。[1]

结构与发现

学科结构涉及了这一领域的基本内容，相互间关系及其形式这些重要信息。因为结构不包括关于学科的确切事实或细节，一个内容的重要结构可用一个示意图，一套原则或分子式简单地呈现出来。据布鲁纳的观点，如果学生注重理解被学习的学科结构，那么学习对其而言将更具意义且更易于记忆。例如，如果你学习图形，平面几何，简单图形，封闭图形，四边形，等腰及不规则三角形的概念，你将以你的方式去理解几何的一个方面。但这些概念间的相互关联呢？如果你把这些概念放置如图 8.3 的编码系统中，你将对于几何学这部分的基本结构有更好的理解。

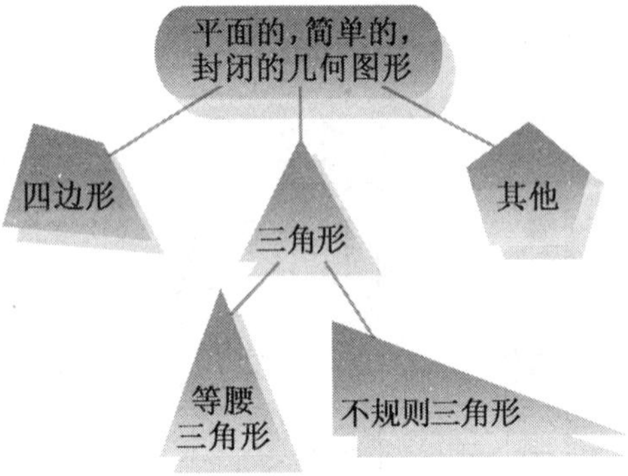

将这些概念以等级排列，以使你知道什么概念在上，什么概念在下

图 8.3 三角形的编码系统

编码系统(coding system)[2] 即相关概念的一个等级制度。在编码系统的最顶部是最全面的概念，如“平面的，简单的，封闭几何图形”这一方面。更确切的概念被排列至一般概念之下。

为把握信息的结构，布鲁纳认为，学生们须积极主动——须自己找到关键的原则，而非接受教师的解释。这个过程被称为发现学习，在**发现学习(discovery learning)**[3] 过程中，教师提供实例，学生们使用实例工作直至他们发现相互关系——学科的结构。因此，布鲁纳认为课堂学习应该在**归纳推理(inductive reasoning)**[4] 的过程中发生，也就是说，通过使用确切的实例来计划一个大体的原则。例如，如果给学生们提供足够的三角形及非三角形的实例，他们最终将发现三角形的基本特性。令人鼓舞的归纳思考法有时被称为**例规法(eg-rule method)**[5]，其来自拉丁语，意为“举例”。这个概念达到的课业成果远超过使用这个方法的范围。在上述列举对“水果”概念的学习就使用了这个方法。

---

〔1〕 联系与拓展——联系你的教学。参见：“教师案例簿”中教师的观点，思考如何上一堂让所有的学生都有发现的发现课，而不是只有那些聪明的、反应快的有所发现。

〔2〕 编码系统——观点或概念的等级层次。

〔3〕 发现学习——布鲁纳的教学法，学生自己研究发现基本原理。

〔4〕 归纳推理——以实例和细节知识为基础形成一般原理。

〔5〕 例规法——从具体实例到一般原理的教或学。

在活动中发现

归纳法需要学生进行**直觉思维(intuitive thinking)**[1]。布鲁纳建议教师可通过鼓励学生对不完全的证据进行猜测然后系统地确认,或证实这些猜想有误来组织这种直觉思维(Brunner, 1960)。在了解了海洋流及船舶工业之后,可以给学生们展示3个港口的老地图并要求他们去猜想哪一个已变成主要港口。然后学生们可通过有条理的研究核对他们的猜想。不幸的是,通常教育实践不是通过惩罚错误的猜想和奖励正确的构想来鼓励直觉思考,而是提供没有创造性的答案。

注意在布鲁纳的发现学习过程中,教师组织课堂使学生们学会解决他们的活动困扰。在发现学习中,学生们很大程度上自己独立工作,而**有指导的发现(guided discovery)**[2]中,教师会提供一些方向,二者会有差别。没有指导的发现适合于学龄前的儿童,但在典型的小学或中学课程中,没有指导的活动常被证明是不易管理而且没有效率的。因此在这些情形下,指导发现是更可取的。学生被给予了使他们饶有兴趣的问题、困惑的情境或是有意思的问题:为什么当我们用广口瓶盖住它火焰熄灭了?为什么铅笔放入水中看上去是弯曲的?使这些单词排列成组的规则是什么?教师提供适当材料并鼓励学生们去观察,形成假设,测验结果而非去解释如何解这道题目。须在最适宜的时间给予反馈,当学生们或者可以使用它来修订他们的方法或是拿它当一种促进手段鼓励他们继续所选的方向。下面的指导会对你应用布鲁纳的建议有所帮助。

指南——布鲁纳思想的运用

通过正反面例子来进行概念的教授。

举例:

1. 在教授哺乳动物这一概念时,用人、袋鼠、鲸鱼、猫、海豚、骆驼作为正面的例子;而用小鸡、鱼、短嘴鳄、青蛙和企鹅来作反面例子。
2. 叫学生找出正反例子之间的区别。

帮助学生看到概念之间的联系。

举例:

1. 问下面这个问题:你还可以将这个苹果叫做什么?
2. 用图表、纲要和概括归纳图来指出概念之间的关系。

[1] 直觉思维——对理解或解决问题的方法进行纠正时做富于想像的跳跃。
[2] 有指导的发现——发现学习的一种应用,在学生的发现过程中,教师提供一定的指导。

适当地给出一个问题并让学生试着去找出它的答案。

举例：

1. 人类的手是怎样改变进化的？
2. 一块铺地的瓷砖和整块地之间有什么联系？

鼓励学生用直觉去猜测。

举例：

1. 不要直接把词的定义给学生，而是说，"根据生词周围的一些熟悉的词，我们一块来猜一下它们的意思。"
2. 给学生看一张古希腊的地图，让他们说出他们认为的古希腊的主要城市在什么地方。
3. 在学生们给出仅有的少数几个答案的时候不要忙于给出最后结果，而是要等到你得到了更多的答案的时候才给出最后答案。
4. 当你发现你学生的思路偏离得太远以至迷失了方向时，请用引导性的问题来把学生的思路重新拉到正轨上来。

发现法学习表现出许多优点，而即使布鲁纳本人也认为它并不是适用于任何场合的。下面是这个问题的正面和反面观点，来探讨这种方法的优缺点。

观点与争议：发现学习有效吗？

许多心理学家和教育学家都认为学生应该融会贯通地学习并记住所学的知识，仅仅简单记住的条目或事实是很容易被忘掉的。而当学生努力去解决一个问题、检验一个答案或最终由他们自己发现了一个主要的概念的基本构成原则时，他们就更可能理解并记住相关的概念。但是，对于发现式学习的一些评论也引发了一些重要的问题。发现式学习法是有效的方法吗？

▶观点：发现学习符合认知的发展。

教育学家都乐于认为发现式学习的步骤与人们的学习和发展相一致。例如：布鲁纳(1966—1971)定义了认知发展的三个阶段，这与皮亚杰定义的阶段相类似。布鲁纳认为儿童是从动作表征阶段发展到肖像表征阶段最后到符号表征阶段的。在运动表征阶段(类似与皮亚杰的感知运动阶段)儿童是通过行为来感知和认识世界的：他们认知的方式是通过手的触摸、嘴的接触、扔或摔东西等；而在肖像表征阶段，儿童通过表象来呈现世界——表象控制，这个阶段对应皮亚杰的前运算思维阶段，这是一个与前相比较高的认知水平，因为此时在儿童大脑中呈现的东西更为真实。而在最后的水平上，儿童能够用基本的思想、符号、语言及逻辑去理解感知世界。运动与表象仍被用在思考当中，但是却不占主导地位。

发现式学习法允许学生在遇到新的信息时灵活运用这三个思维策略。首先，学生会用手触摸或其他的一些动作作用于所给的材料，然后记住一些具体的特性，形成一定的表象并做观察，最后他们通过这些已有的经验和观察来得出一般性的结论和原理。因为他们已经经历过了每一个感知阶段，故布鲁纳认为学生们将能对整个主题有一个很好的认识。当学生被调动起来并真实参与到这个发现式的教学过程当中时，则发现式学习法的效果将会优于其他的一般性学习方法(Strike，1975)。

◀对立的观点：发现学习法并不实用。

在理论上，发现式学习法看起来很理想，但在实际的运用当中却有很多的问题。要想使该学习方法取得成功，那么在安排该教程时就需要特殊的材料和大量的准备。而在做这些准备时却又不能保证成功。

为了使学生能够在发现式学习中得到更多的益处，学生本身就必须拥有关于主题的很多相关的背景基础知识以及知道一些如何解决问题的策略。如果没有这些知识背景和相关的技能，他们则会出错并因此而沮丧。他们还可能只是去简单地玩一些为上课所提供的教学材料，而忽略学习本身。也许聪明的学生可以在此过程中有不少的发现，但是对那些被动学习或对此毫无兴趣的学生来说，他们只是在等待别的一些同学的学习结果。不是从老师有组织的说明性教学获益，这些没有任何发现的学生只能尾随于那些能独立完成学习但却又对自己的发现结果不太确定的同学。每一个人可能都会因为老师对一切都了如指掌而自己仍在探索一些结果的课题而感到沮丧，他们必须从老师那里才可以得到确切的解释。

评论认为发现式教学法是没有效率的并且很难组织成功的教学方法，相比之下，其他方法会更好。这或许对于那些能力偏低的学生更是如此。发现式的学习方法可能会对这些学生有更多的要求，因为他们本身基础知识就比较差，而且对问题的解决能力也比较弱。一些研究表明，发现式学习法对于能力较低的学生来说是无效的甚至是有害的教学方法(Corno & Snow，1986；Slavin，Karweit，& Madden，1989)。

用讲授法进行概念教学

奥苏贝尔(David Ausubel，1963，1977)的教学观念与布鲁纳不同。根据奥苏贝尔的观点，人们获取知识主要通过接受而不是发现。教师呈现概念、原理和观点，学生理解,而不是被发现。正像你在第七章看到的,材料呈现得越系统、越集中,学生学得就越好。[1]

我们知道奥苏贝尔强调的是**有意义言语学习(meaning verbal learning)**[2]——它包括言语信息,观念以及存在于观念间的关系的三者的统一。死记硬背式的回忆不被认作理解性的学习。因为死记硬背式的形式性学习与实际存在的知识没有什么关系。奥苏贝尔已经证明了他的**讲解式教学(expository teaching)**[3]模式更会鼓励学生进行理解性的学习而不是死记硬背的接受式学习。(在这里,讲授的含义是解释,或是关于对事实或思想的陈述。)在这种教学方法中,老师通过呈现精细组织的材料来安排教学,使学生以最有效的方式来获得最多材料的知识。奥苏贝尔也十分同意布鲁纳关于人们通过将新信息重组到层级结构或编码系统中进行学习的观点。奥苏贝尔把处在系统最顶端的一般概念叫做上位概念,因为其他的所有概念都会被纳入到此概念之下,就像在图8.3里一样。尽管如此,奥苏贝尔仍认为学习是应该有进步的,并不是像布鲁纳认为的那样没有逻辑。奥苏贝尔认为学习是有逻辑的,从一般到具体,从规则原理到一些具体实例。这种利用**演绎推理(deductive reasoning)**[4]的方法就是我们平时所说的"**规例法(rule-eg method)**[5]"。

先行组织者

最佳的学习一般发生在学习的图式与所要学习的材料之间具有潜在的适应性的情况下。为了形成这种适应性,在奥苏贝尔教学策略的指导下,每一堂课的开始都应从**先行组织者(advance organizer)**[6]开始。这是一个简单的介绍性的说明,它包括概念之间的联系,或是使一个高层概念的外延不断扩大以至于可以将所有与之相关的概念都纳入其下。这种课前的先行组织者的作用在于它能为新的知识信息提供一个建构和框架。课本中经常包含有先行组织者——例如书前面的章节概要。这有三个目的:它们能指向性地让你知道将要学的材料中哪些是重要的;它们能高度地把将要出现的概念、观念串联起来;它们还能让你重新记起一些你曾学过的相关知识。

一般来说,先行组织者有两类,比较性的和说明性的(Joyce & Weil, 1996; Mayer, 1984)。这两种先行组织者分别起不同的作用。比较性(输入工作记忆)激活已有的图式,能让你记起那些你已经知道的内容,但没有意识到哪些是相关内容。历

[1] 联系与拓展——联系其他章节。接受性学习对中级水平的学生比对初级水平的学生更合适,认知发展的哪些特征支持这种观点?

[2] 有意义言语学习——关注的是观点和口语信息之间有组织的关系。

[3] 讲解式教学——奥苏贝尔的教学法——教师给学生呈现完整的、组织好的、从广义到具体概念的教学材料。

[4] 演绎推理——运用规律或原理得出结论;逻辑上从一般规律到具体的解决办法。

[5] 规例法——从一般原理到具体实例的教和学。

[6] 先行组织者——包括概念的一些介绍性或总结性材料。

史课上关于革命的比较性先行组织者可以是对武装起义和在工业革命中自然及社会发生的变化的比较性说明；也可以比较法国、英国、墨西哥、苏联、伊朗和美国革命各个方面(Salomon & Perkins，1989)。[1]

相比之下，说明性的先行组织者给学生提供的是理解即将要学到的信息的新知识。一个说明性的先行组织者就成了一种包摄性的或者上位的说明，一般概念的界定等。英语课上，开始一个很大的主题单元，关于文学作品中描述仪式的段落，你可以借助一个很宽泛的说明，说明为什么在文学作品中仪式的位置这么重要——比如，“一个成年个体必须学会了解自己，常常经历某种自我发现，必须确定哪些是社会容许的，哪些是社会所不能接受的。”

关于先行组织者的研究得出的一般结论是它们的确能帮助学生学习，尤其是对学生而言要学习的是一些很陌生、复杂或者困难的材料(Corkill，1992；Mayer，1984；Shuell，1981b)。

如果材料既很陌生也非常困难，首先，想要有效，先行组织者必须能被学生理解。这一条在迪奈尔和格洛弗(Dinnel & Glover，1985)做的研究中得到显著的体现，他们发现指导学生对先行组织者进行解释——这当然也需要学生理解它的含义——能提高先行组织者的效用。第二，组织者必须真正是一个组织者：它必须能说明基本概念之间的关系和材料中用到的术语。换句话说，一个真正的组织者不只是相关的历史或背景信息和学习材料的纲要说明。没有哪个学生能使一个差劲的组织者发挥效用。具体模型，图表，类推等是一些较好的先行组织者(Mayer，1983a，1984)。

一堂讲授课中，让学生自己说出一些相同和差异的地方常常对理解很有帮助。语法课上，你可以问学生，“逗号和分号的用法有什么不同?”假定要教授文学中的成年个体这个主题，你选择 The Diary of Anne Frank 和 The Adventures of Huckleberry Finn 这两篇作品作为基本教学材料。学生读第一本书的时候，你可以让学生对中心人物的成长、思想状况和在社会中的位置与其他小说、戏剧和电影中的人物相比较。进行到第二本书时，你可以从让学生对弗兰克的内在心理历程和芬恩沿着密西西比河的旅行的比较开始。完成比较后，无论是就这一堂课还是针对整个单元，强调本节课的目标和偶尔重复一下先行组织者(经修正和进一步加工的)都是很重要的。

---

〔1〕 联系与拓展——联系真实生活。以下的先行组织者选自乔伊斯和韦尔(Joyce，B. & Weil，M.，1988)的《教学模式》(第3版)(*Models of Teaching* (3rd ed.). Englewood Cliffs，NJ：Prentice-Hall)，第70—71页。

有个导游带一队中学生参观艺术博物馆，他对学生们说：“我给你们一个建议，让你们更好地理解一会儿我们要看到的油画和雕塑。很简单，虽然那些作品表达的是个人的情感，但它们从很多方面反映了当时的文化和时代。你刚开始注意东西方艺术品的差异的时候，这一点看起来很明显。然而，在每种文化发展中的不同历史阶段，艺术品也在随文化的变化而变化，这就是我们说的不同的艺术时期。这种变化常常在艺术家所运用的技术中显示出来，选题、颜色和风格等。主要变化通常反映在艺术品的制作形式上。”接下来的参观中，学生看油画和雕塑的时候，导游指出其中的差异。

比较过程中，自然就出现了一些具体的例子。可以看出，指出异同的最好的方式莫过于以实例说明。总可以找到一些逗号和分号使用的具体例子；芬恩的具体因素和弗兰克感到的迷惑一定是很清楚的。最后，所有的材料都呈现之后，让学生讨论怎么用这些例子来拓展最初的先行组织者。图 8.4 概括了讲解式教学的各个阶段。

讲解式教学对于小学高年级的学生更为合适，即五、六年级的学生(Luiten，Ames，& Acker son，1980)。下面的指南可以帮助你了解讲解式教学的主要步骤。

检查要点：关于概念的学与教

回　顾

区别原型和例子之间有什么不同。

概念教学的四个要素是什么？

布鲁纳的发现学习的主要特征是什么？

奥苏贝尔的讲解式教学的阶段是什么？

应　用

“杯子”这个概念的定义性属性是什么？什么属性是无关特征？

先行组织者 → 用具体的例子表现相同和差异 → 把材料内容重新和先行组织者联系起来

图 8.4　讲解式教学的阶段

指南——奥苏贝尔理论的应用

使用先行组织者。

举例：

1. 英语：莎士比亚用他所在时代的社会观念作为他的戏剧——朱利叶斯-恺撒、哈姆雷特和麦克白的框架，处理自然秩序，像人体一样的国家等。
2. 社会学习：地理环境限定了前工业化地区的经济状况。
3. 历史：文艺复兴时期的重要概念是调和，羡慕古典世界，人类思想的中心。

使用实例。

举例：

1. 数学课上，让学生指出在房间里能找到的直角。
2. 讲授岛和半岛时，使用地图、幻灯片、模型和明信片等。

注意相似和差异之处。

举例：

1. 历史课上，让学生列出美国内战前南方和北方有哪些相似和不同的地方。
2. 生物课上，问学生如何把蜘蛛变成昆虫，或者把两栖类动物变成爬行类动物。

问题解决

罗伯特·加涅这样写道："教育的最终目的就是教学生解决问题——数学或物理问题，健康问题、社会问题以及自我调节问题"（1977，p.177）。一个**问题（problem）**[1]包括最初状态——前提条件，目标——希望得到的结果，达到目标的途径，包括让你接近目标的运算或活动。在向最终目标靠拢的过程中，人们常常需要设置和达到子目标。比如，如果你的目标是开车到海滩，但过十字路口时，在第一个停车标志，刹车打滑了。也许在到达最终目标之前你得完成这样一个子目标，停车把刹车修好（Schunk，2000）。当然，问题有结构良好的，也有结构不良的，这取决于目标清晰度和问题的结构程度。许多算术问题都是结构良好的，但发现恰好是大学专业结构不良——许多不同的解决方案、途径都是可能的。[2]

问题解决（problem solving）[3]经常被界定为寻找新解答，超出了对以前学过的规则的简单的应用以达到目的（Mayer & Wittrock，1996）。问题解决是当不清楚怎么解决该问题时问题就出现了——比如，当你不能为那个轿车担付新的刹车装置的费用，以使它能在沙滩上刹车时，问题就出现了。一些心理学家认为大多数人类的学习都包含问题解决（Anderson，1993）。

问题解决：一般的还是专门领域的？

关于问题解决有个很有趣的争论：一些心理学家认为问题的有效解决是直接指向问题领域，这就是说数学中的问题解决策略只是针对数学的，艺术中的解决问题的策略也只是针对艺术的，成为某个领域的问题解决专家需要精通那个领域的各种策略。争论的另一方认为有些一般的问题解决策略在许多领域中都可以应用。

争论的双方都持有各自的根据，实际上，根据问题情境和个体的专门知识和技能的掌握水平，人们既使用一般方法，也使用特殊策略。起初，我们可能对于问题所涉及

[1] 问题——你要尝试通过某种方法达到特定目标的任何一种情境。

[2] 联系与拓展——联系历史。你可能会注意到虽然现今人们对问题解决的兴趣很大，约翰·杜威的许多早期理论和现在的强调把学生变成能有效解决问题的人的理论一致。

[3] 问题解决——创造解决问题的新方法。

的领域了解不多，更多的是依靠一般知识和问题解决策略来理解问题情境。当我们获得了更多的专门领域的知识(尤其是这个领域中关于如何做的一些程序性知识)后，就会有意识地少用到一般问题解决策略；问题解决模式更加的自动化。但若再碰到当前知识领域以外的问题，我们可能会再次回到一般的问题解决策略上来(Alexander，1992，1996；Perkins & Salomon，1989；Shuell，1990)。

我们先来看一般的问题解决策略。把一般的问题解决策略当做起始点，一个比较宽泛的提纲。通常这些策略有五个步骤(Derry，1991；Derry & Murphy，1986；Gallini，1991；Gick，1986)。

约翰-布兰斯佛德和贝瑞-斯特恩用 IDEAL 这个首字母的缩写词来代表这五个步骤：I 确定问题，D 确定目标并表征问题，E 找出所有可能途径，A 预测和实践，L 检验和反思。

我们来仔细说明、论证每一步，它们都广泛应用于问题解决。

确定：发现问题

首先确定问题的存在，而且把问题作为进程的发端、机会，这往往不是一帆风顺、直接了然的。这儿有个小故事讲的是一个房客愤怒至极，缘由是楼里的电梯速度太慢。于是就找来专家"解决这个问题"，结果专家报告说这栋楼的电梯并不比一般的电梯慢，要提速需要很大一笔开销。然后一天，该楼的管理人员巡查的时候，看到人们在不耐烦地等电梯，他意识到不是电梯慢的问题，而是人们等电梯的时候没什么可做的，感到太无聊了。人们等电梯无聊的问题确定后，采用了一个很简单的解决方法，在每个楼层的电梯口安了一面镜子，以此消除了人们的抱怨。

发现问题是很值得谈论和关注的一步，研究实验证明人们往往忽略、轻视第一步，用当下即刻想到的内容(电梯太慢了)确定问题的性质。某个领域的专家往往会多用一些时间来思考问题的本质(Bruning，Schraw，& Ronning，1999)。发现一个现实性问题然后将其变成一种机会是很多发明之序曲，比如圆珠笔、垃圾处理、设备计时器、闹钟、自动清理烤箱等等。

一旦确定一个实际问题之后，接下来要做什么呢？

确定目标并表征问题

让我们先来看一个现实问题：西红柿采摘机会破坏果实，怎么办？如果我们把问题定位在机器的设计不良，那么解决问题的重点落在怎么改进机器上；如果问题在西红柿上，那么就去改良西红柿的品种。这样问题的解决就有了两条不同的思路，这就如前所述，取决于思维方式以及解决目标的选择(Bransford & Stein，1993)。要重新表征问题和设定目标，就需要集中注意相关信息，理解问题中使用的词汇，建立正确的图解以全面理解问题。

集中注意

问题的表征通常需要找到相关信息，忽略一些不相关的细节。考虑一下下面的一个选自斯滕伯格和戴维森的问题：

> 假如你的抽屉里有一些黑袜子和白袜子，以 4 比 5 的比例混在一起，要确定拿出的袜子是同种颜色的一双袜子，需要拿几次？

要解决这个问题需要哪些相关的信息？你意识到关于黑袜子对白袜子的 4∶5 比率的信息是无关的吗？如果你只有两种不同颜色的袜子在抽屉里，在给它们中两只配对的时候，你只要将三只袜子拿出来就可以了。

对用词的理解

描述一个故事问题的第二个任务是**语言的理解(linguistic comprehension)**〔1〕。理解每一个句子的意思(Mayer，1983a，b，1992)。例如来自代数故事问题的下列句子：

> 一条船在静水中的速度比在逆水中的速度多 12 英里/时。

这是一个关系命题，它描述船的静水速度和逆水速度间的关系。另一个来自故事问题的句子：

> 糖果的价格是每磅 2.75 美元。

这是一个分配问题，它仅仅将一个价值赋予给某个事物，这里是指每单位重量的糖果的价格。研究表明与分配命题相比，关系命题是很难去理解和记住的。如果你不理解问题中个别陈述的意思，你将很难正确并切中要害地描述一个问题。

在许多描述词语的问题中，主要的绊脚石是学生对部分—整体关系的理解(Cummins，1991)。学生在指出什么是什么的一部分中存在问题。在下面一个老师和一个一年级学生的对话中很明显地表现出来：

---

〔1〕 语言的理解——理解问题中各个句子的含义。

老师： 皮特有 3 个苹果，安也有一些苹果，皮特和安一共有 9 个苹果，安有几个苹果？

学生： 9。

老师： 为什么？

学生： 因为你刚刚这样说。

老师： 你能重复一下这个故事吗？

学生： 皮特有 3 个苹果，安也有一些苹果。安有 9 个苹果。皮特也有 9 个苹果。(De Corte & Verschaffel, 1985, p. 19)

这个学生将“总共”(整体)解释为“每一个”(部分)。[1]

理解整个问题

描述一个问题的第三个工作是收集所有相关信息和句子。将其变为对整个问题准确的理解和翻译。即使你理解了每一个句子，你仍可能不理解一个作为整体的问题。考虑一下这个例子：

两个火车站相距 50 英里，在一个星期六的下午两点，两列火车相向开出，当两列火车开出车站时，一只鸟在第一列火车的前面飞，并且飞到第二列火车的前方。当这只鸟到达第二列火车时它掉头并朝着第一列火车飞。这只鸟一直这样做，直到两列火车相遇。如果两列火车的速度都是 25 英里/时，鸟的速度是 100 英里/时，在两列火车相遇时，这只鸟飞了多少英里？(Posner, 1973)

你对这个问题的解释被称作转换。因为你将问题转换成你理解的图式。如果你将这个问题作为一个距离问题转换(“我必须算出这只鸟飞了多远，在它遇见那列接近的火车并且转弯前，然后在它再次转弯时，它又飞了多远，最后将来回的全部路程加起来……”)，然后你的手头上会有一个非常困难的工作，但是有一种更好的方法去构建这个问题，你能将鸟在空中描述成一个时间和中点相遇问题，解决方法可以像这样叙述：

两列火车以相同的速度行驶，所以它们将在中点相遇。距离每个车站

[1] 联系与拓展——联系其他章节。多年以前，皮亚杰(第二章)问孩子们这样的问题：“有六枝雏菊，两枝水仙；雏菊多还是水仙多?”小孩常常回答，“雏菊!”于是，皮亚杰确定孩子处理这种部分/整体关系的问题有困难。

25 英里。因为它们的速度是 25 英里/时，所以将用一个小时。在这一个小时中，这只鸟将飞 100 英里，因为它的飞行速度是 100 英里/时。简单！

研究表明：学生倾向于太快作出反应以至不能决定所问的是一个什么样的问题。这一学习主题使他们在读完问题开始的很少的句子后获得如何对代数问题加以分类的决定(Hinsley, Hayes, & Simon, 1977)。一旦一个问题被加以分类——"啊哈，这是一个距离问题！"——一个特殊的图式被活化了。这个图式引导学生注意到相关的信息并且为正确答案建立期望(Robinson & Hayes, 1978)。

当学生没有必要的图式来描述问题时，他们往往只依赖事物的表面，并且无法正确地描述问题。正如学生写出"15 + 24 = 39"并认为它是问题"约翰有 15 个圆珠笔，路易斯有 24 个，路易斯多出多少个呢？"的答案，是因为这个学生看见两个数字和单词"多"，所以他就运用相加于"多"的图式。当学生使用错误的图式时，他们忽视起决定作用的信息，使用无关的信息，甚至使用错误阅读或错误记忆的关键信息，以便使它和图式相适应。由于表征问题的错误导致了解决问题的困难。但是当学生使用一个正确的图式来表征一个问题时，他们很少有可能被无关的信息或复杂的语法所干扰，如"多"在一个问题中真正要求的运算是减法(Resnick, 1981)。如下图 8.5 给出的例子，表明学生表征简单数学问题可能有不同的方法。

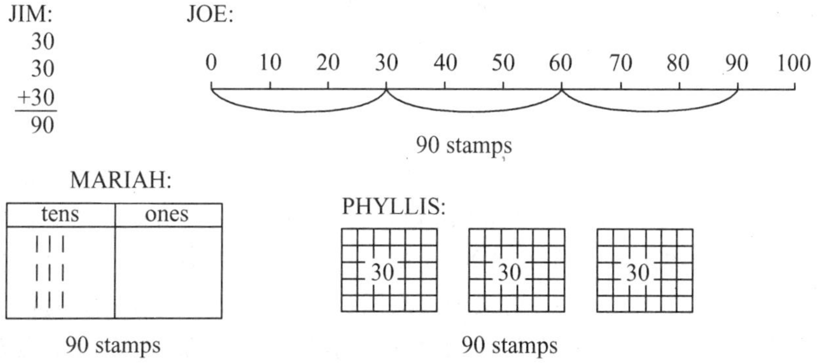

老师问，"简(Jane)的集邮册还有三张空白页，每页能装 30 张邮票，她还需要往里面装多少野生动植物的邮票才能把集邮册装满呢？"教师发给学生一些方格纸、数轴、计数器，鼓励他们用尽可能多的方法来解决这个问题。这里是四种不同的基于四种不同表示方式的解决方法，但都是正确的。

图 8.5 表示问题的四种不同的方法

Source: From *Essentials of Classroom Teaching: Elementary Mathematics* (pp. 123-124) by J. E. Schwartz and C. A. Riedesel, 1994, Boston: Allyn & Bacon. Copyright © 1994 by Allyn & Bacon. Reprinted by permission.

转换和图式训练

如何才能提高学生的转换和图式选择能力？为了回答这个问题，我们常常不得不从一般的问题解决策略转移到具体的问题解决策略上，因为图式是具体的。例如，在数学中，学生从看见正确解决许多不同种类的问题中受益。展示给学生一些练习的例子，然后让学生自己做许多题目，这样印象不是很深刻。尤其当问题是陌生或困难的，给出样例是有帮助的(Cooper & Sweller, 1987)。最有效的例子似乎是那些不要求学生去综合一些信息来源，如关于问题的一个图表和一组关于问题的陈述。这种分散注意力的做法在工作记忆上可能导致紧张。当学生学习的时候，样例应该在某一时间只处理信息的一个来源(Marcus, Cooper, & Sweller, 1996)。要求学生比较例子，每个结论的相同点是什么？不同点是什么？为什么？同样的做法在数学以外的其他领域可能也是有效的。阿德里安娜和哈钦森(Adrienne Lee & Laura Hutchinson, 1998)发现当大学生有解决化学问题的例子，而这个例子在每一个起决定作用的解决阶段都被注释，以揭示一个专家的问题解决者的思维时，他们学得更多。要求学生思考例子也是有帮助的，所以解释和思考能够使作出的例子更具影响力。

在需要描述问题的特殊学科领域学生将如何发展图式能力？迈耶(Mayer, 1983b)建议给学生实施以下练习：1. 将多种问题进行识别和分类；2. 解决问题——运用具体的图片、符号、曲线图或文字；3. 筛选题目中相关和无关信息。[1]

问题表征的结果

如图 8.6 所示，在解题前，问题解决中的题目表征阶段会产生两种主要结果。如果你把问题表征出来以后，就立即有了解题方法，那么，你的任务就完成了。用认知学家的话来说，就是如果你有一个有效的、正确的图式，那么解题方法就是显而易见的，解法是你图式的一部分。从某种意义说，你并没有真正地解决新问题，而仅仅是识别出这个新问题是你业已会做的旧问题的“翻版”而已。这种方法就是“**图式驱动解题法(schema-driven problem solving)**[2]”—种已有图式和当前情形相匹配的解法。在图 8.6 中，你应当学会运用图式法找到解法。但是，当你没有现存的图式可以解题或者图式法失败了，你所要做的就是立即寻找新方法。

---

〔1〕 联系与拓展——联系你的教学。教给学生进行问题解决的一些指南：1. 准备好问题而不仅仅是答案；2. 鼓励他们从不同角度和观点看问题；3. 确保学生们有必要的背景信息；4. 确保学生们理解了问题：·运用正确、有效的方式阐述问题。·确保语法正确并运用正确的图式法解题。·运用联想和推理。5. 帮助学生系统地解题，陈述；分析比较；按照例题进行练习；查找数学漏洞。

〔2〕 图式驱动解题法——认识到新问题是已有解决办法的老问题的伪装。

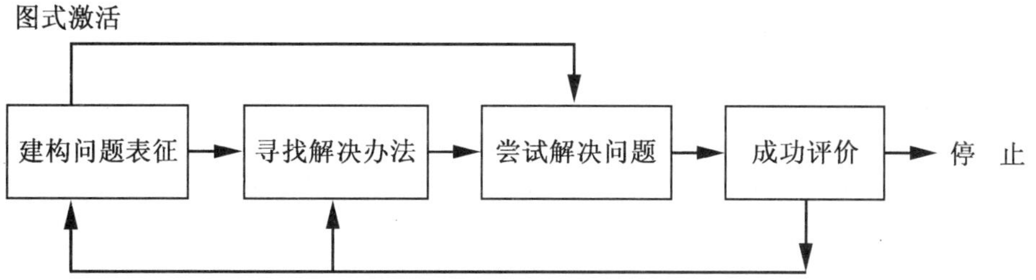

解决问题有两种途径，第一种，激活正确的图式，就能得到解决方法。但如果没有任何图式可以利用，就得寻找和验证可能的解决途径。

图 8.6 问题解决过程图示

Source: From "Problem-Solving Strategies," by M. L. Gick, 1986, *Educational Psychologist*, *21* p. 101. Copyright © 1986 by Lawrence Erlbaum Associates, Inc. Adapted with permission of the publisher and the author.

探索问题解决的可能策略

如果你没有现存的图式能提供你一个解法，那你就要用图 8.6 给出的方法去解题了。显然，这种方法不像图式法那么高效，但是这是惟一的办法。在指导你寻求解决方法时，你可以运用两种方法：算法和启发式。

算法

算法(algorithm)[1] 就是按照一定步骤、规律解题的方法，通常存在于特定领域，只适用于一定范围的题型。在解题过程中，如果你选择了正确的工具和公式，那你一定能得到正确的解答。不幸的是，很多学生常常随便地使用公式，先用这个，再用那个，或许偶尔会对，但是他们不明白是怎么算对的。对一些学生来说，随意运用公式表明他们形式运算思维和用整体看待问题的能力还没有得到发展。

数学课上，你一定有过成功运用公式的经历，只要你仔细地分析，你就能解决更为复杂的问题。可是，如果给你些几何证明题，你就会发现没有公式可以帮助你解题。这时，如果没有一些提示，你很快就要陷入困境了。

启发式

启发式(heuistic)[2] 是一种可能导向正确答案的一般方法。因为许多生活中的

〔1〕 算法——解决问题一步一步的程序；解决问题的指令。
〔2〕 启发式——尝试解决问题的一般策略。

问题(职业的,人际关系的等等)都是间接的,结构不良的问题,没有明显的运算法则,所以发现和进行有效探索非常重要。现在我们来看几种探索的方法。

手段—目的分析(means-ends analysis)[1] 这种方法把问题分解成不同的小目标或子目标,然后把每个子目标解决了,问题也就解决了。例如,写一篇 20 页的论文对大多数学生来说比较难,当他们把论文分成几部分,有针对地去做就会很容易完成他们的论文。选择一个题目,找出可提供信息的书、文件等,阅读并组织信息,做一个纲要等等。当他们着手从事某特定的目标时,他们很可能会发现其他一些目标出现。比如,加工信息时他们中的一些人想到利用图书馆的电脑查询系统。记住心理学家为那些交论文的头天晚上才开始写的学生已经探索出了有效的启发式解决问题的方法。

手段—目的分析的第二个方面是时间间隔的减少,或采取一种直接驶向最终目的的路线。人们先找到当前的状况与目标的最大不同,接着找到一种策略来减少这种差距。当我们寻找一种达到目的的最快方法时,我们拒绝绕弯路或间接的行为。所以当你意识到要完成论文可能需要迂回进行,先去发现用图书馆电脑系统查询后再来完成论文,你可能一开始会抵制,因为并没有直接快速地朝最终目标行进(Anderson, 1993)。

有些问题需要采取**逆推策略(working-backward strategy)**[2],你开始一个目标然后回到最初的前面未解决的问题。逆推策略有时是解决几何证明题的有效的方法。它还是一个对待截止期限的最好方法。("让我们想想,如果我必须在三个星期内提交这章,接着在 28 号以前邮寄出去,所以我应该在 11 号之前起草。")

另外一个有用的探索法是**类比思维(analogical thinking)**[3](Copi, 1961),有些在特定条件下找不到答案的问题与一些你经常遇到的问题是有共同之处的。当潜水艇第一次被设计出来时,比如说,设计师必须计算如何确定战舰的存在和隐藏在深海中的船只的位置,对蝙蝠在黑暗中飞行时如何解决类似问题的研究导致了声波定位仪的发明。

类比推理也可能会导致错误的问题解决。当他们第一次学习使用文字处理软件,一些人按照打字机的使用方法类比,结果没能利用电脑的特征。看起来,为了更有效地利用类比,既需要问题领域的知识,还需要类比领域的知识(Gagne, Yekorich, & Yekovich, 1993)。[4]

把你解决问题的计划落实到言词,并给出选择的理由,这样会导致成功的解决问

---

〔1〕 手段—目的分析——把目标分成若干个子目标的一种探索性方法。

〔2〕 逆推策略——从最终目标开始往前推的一种探索法。

〔3〕 类比思维——只寻找与当前问题类似的自己较为熟悉的问题的解决方法的一种探索法。

〔4〕 联系与拓展——参考研究。沃斯尼艾道和肖默(Vosniadou, S, & Schommer, M., 1988)的《解释性的类推能帮助孩子们从说明性的教科书中获得信息》(*Explanatory analogies can help children acquire information from expository text*),载于《教育心理学杂志》(*Journal of Educational Psychology*),第 80 卷,第 524—536 页。这篇文章描述了实验的结果,类推常常帮助小孩从科学教科书中获得新的信息。比如"传染就像战争","胃就像混合物"等等。结果显示,孩子在类推条件下比在限定性条件下的孩子能联系到更多的信息。

题(Cooper & Sweller，1987；Lee & Hutchinson，1998)。当你对某人解释问题时，解决问题的方法突然进入你的脑海中。你会意外地发现这种**言语表现(verbalization)**[1]的作用。加涅和史密斯(Gagne & Smith，1962)发现九、十年级的学生在为每个所进行的步骤陈述理由的过程中，他们比那些没有陈述理由的学生解决问题成功得多。

预期、执行和反思

在陈述问题和探索钻研可能的答案之后，下一个步骤是挑选答案并预期结果。比如，如果你决定通过发展培植坚硬的西红柿解决西红柿易被毁坏的问题，消费者会有什么反应？如果你花时间学习新的制造程序来提高你的检测(与你的成绩)，你还会有足够的时间来完成测验吗？

当你选择解决计划并执行它后，通过核对证据来评估结果，证实或否认你的结论。很多人在达不到最好的结果和彻底地接受在一些事件上奏效的答案前是不打算放弃工作的。在数学问题上，评估答案可能意味着运用一个检核程序，比如像检查一个减法问题的答案或一个连加法的问题，从底部到顶部而不是从顶部到底部增加一个专栏。另一个可能性是估计答案。比如，如果计算是 11×21，答案应该在200左右，因为 $10\times20=200$。那些得到的答案为2 311或23或562的学生应该很快意识到自己的答案是错的。对于依赖计算器或电脑的学生，估算答案是非常重要的。因为它们不能回头并识别出手指操作上的错误。[2]

阻碍问题解决的各种因素

考虑以下情形：

> 你进入一个房间，天花板上悬挂着两根绳子。实验者让你把两根绳子的末端系到一起，并确认这项任务是可能的。在旁边的桌子上有几个工具，包括锤子和钳子。你抓住一根绳子的末端移向另一根绳子。你很快意识到你不能碰到另一根绳子的末端。你努力用钳子延长你所到达的距离，但是仍旧不能抓住另一根绳子，你该怎么办？(Maier，1933)

功能固着

这个问题可以借助实物通过不常规的方法加以解决。如果你把锤子或钳子系在

---

〔1〕 言语表现——把解决问题的计划或逻辑形成言语文字。

〔2〕 联系与拓展——联系你的教学。老师给一个学生出了一道题“解方程 $8x+4y=28$，$4x+2y=10$，求出 x、y 的值。”学生很快求出 $x=2$，$y=3$，这个解符合第一个方程，但是他没有在第二个方程中对答案进行验证。怎么样才能让学生变得更善于反思呢？

一根绳子的末端并开始像钟摆一样摆动它。接着你会抓住它并横跨站在房子中握住另一根绳子。就像图 8.7 所示的那样。你能利用工具的重量使绳子摆到你这儿来而不是试图拉紧绳子。人们经常解决不好这些问题,因为他们很少考虑工具的不常规用法有着特殊的作用。这个困难叫做**功能固着(functional fixedness)**[1](Ducker, 1945)。解决问题要求用新的方式看待事物,在每天的生活中,你会常常表现出功能固着。假想橱柜抽屉把上的一颗螺丝钉松了,你会花十分钟的时间去找螺丝刀,还是会想想用其他东西代替,虽然它们并不是用来当螺丝刀用的,比如尺子的边,或者是一枚硬币?

在两个绳子的问题上,题目必须使一个绳子处于运动中以使两个绳子能系在一起。

图 8.7 克服功能性障碍

反应定势

另外一个阻碍有效的问题解决因素是反应定势。

请考虑下面的问题:

在下列四种火柴棍的排列中,要求只移动一根火柴棍,把以下等式变为真正的等式,正如"Ⅴ＝Ⅴ"一样。

Ⅴ＝Ⅶ　　Ⅵ＝Ⅺ　　Ⅻ＝Ⅶ　　Ⅵ＝Ⅱ

你也许会很快指出怎样解决第一个等式。你只需把等式右边的一根火柴棍移到左边,便可形成"Ⅵ＝Ⅵ"。第二、三个等式也可用类似简单的方法解决:只需移动一根火柴棍的位置,把Ⅴ变成Ⅹ,或者反之。但是,第四个等式(Raudsepp & Haugh, 1977)很可能会把你难住。为了解决这一问题,你就必须改变你的反应定势或者转换

〔1〕 功能固着——不能用某种新的方式使用实物或者工具。

图式，因为对前三个等式有效的方法已不适用于第四个等式，答案就在于改变罗马数字为阿拉伯数字并运用“平方根”的概念。通过改变反应定势，你可以从等式右边移动一根火柴棍到左边，形成“平方根”的符号，就形成了：$\sqrt{1}=1$，表示“1 的平方根等于 1”。

灵活的重要性

功能性固着和反应定势使“灵活”在解决问题中变得重要。如果你以一个不准确或者无效的典型真实问题着手，那就会变得困难，或者至少是非常浪费时间去寻找解决方法(Wessells，1982)。有时候，以玩的心态对待问题也许会有用。问问你自己：“我知道些什么？我要回答这些问题需要知道些什么？我能以其他方式解决这些问题吗？”试着带着条件想问题，而不是一成不变地去想：要发散地去想，而不是定向地去想。问一问，“这会是什么？”而不是“这是什么？”(Benjafield，1992)

如果你放开去想多种可能，你会获得格式塔心理学家所称的“顿悟”。**顿悟(insight)**[1] 是一种突然的了解和重新对问题的分类，并提出可行的解决方法。管理人员突然发现问题不在于电梯快慢，而是房客们容易烦躁、没有耐性。于是就恍然大悟，在电梯旁装上一面镜子就能解决这个问题。[2]

有效的问题解决：专家们是怎么做的？

大多数心理学家认为：有效的问题解决是建立在有关问题的知识经验的存储基础上的。举例来说，为了解决火柴棍问题，你必须明白罗马数字、阿拉伯数字以及平方根的概念，同时，还要知道 1 的平方根为 1。下面，就让我们来检验这些专业论断：

专家的知识

现代的专业化研究开始于对国际象棋大师的调查研究(Simon & Chase，1973)。结果表明，大师们能快速记忆大约 5 万种不同的棋局。他们可以通过看任一棋局一小会儿，而记住此局中每一个棋子的位置，也就是说，他们有 5 万个棋局的“词汇量”。奇(Michelene Chi，1978)证明，第三级到第八级的国际象棋高手都有类似的能力去记忆棋局。对所有棋坛高手来说，棋局就像单词一样。如果你看着你已记住的单词几秒钟的时间，你就立刻能记得这个单词的每一个字母，以及它们的正确序列(但这必须建立

---

〔1〕 顿悟——突然想到解决问题的方法。

〔2〕 联系与拓展——联系你的教学。下列的五种可能会帮助学生解决大学数学问题的启发式教育法训练是由舍恩菲尔德(Schoenfeld，1979)提出的。明确的启发式教育法训练在问题解决中十分有效。《数学教育研究》(*Journal for Research in Mathematics Education*)，第 10 卷，第 173—187 页。1. 可能的话，画出示意图。2. 如果问题中有整数 N，试着用 1，2，3，4 ……来代替 N，然后寻找结果的规律。3. 如果你想证明一个命题，例如：“若 X 正确，则 Y 正确。”试着去以相反的思路证明：“若 X 错误，则 Y 错误。”或者假设此为假命题，然后再用反例证明。4. 尝试用更少的变量解决问题。5. 尝试设定子目标。

在你能正确记忆这个单词的拼法基础上)。

但是,一堆无序的字母是难以记忆的,就像你在第七章看到的一样。类似的情境应用于国际象棋大师们的测试中,当棋子在棋盘上凌乱的排列时,大师们并不比一般棋手记忆得好。大师们记忆的是有意义的或是在下棋对才会发生的棋局排列。

类似的现象在其他领域出现,这意味着可能有一种建立在再认棋局和预知正确走法基础上的解决问题的直觉。举例来说,物理学家以关键的原理为核心来组织他们的知识。相反,初学者们是以问题的细节为中心来组织他们的为数不多的知识。比如说,当他们对课本中的物理问题以自己喜欢的方式分类时,初学者们是基于细节特征进行分类,像仪器的种类——一个杠杆或是力矩——而专家们却根据解决问题要用到的,像波意尔定律或是牛顿定律那样的理论来对问题归类(Hardiman, Dufresne, & Mestre, 1989)。

为了快速解决问题,专家们知道下一步应做什么。他们有大量的在不同情境下不同的反应图式。接下来,解决问题和选择方法自动同步进行(Ericssion & Smith, 1991)。当然,这要求他们必须拥有大量有用的图式,要成为专家,就要拥有大量结构化的知识或者说专业领域的知识(Alexander,1992)。因此,你必须要见过这一领域的诸多不同问题,了解他人解决问题的方法、过程,并且练习自己解决问题。一些理论认为,要在某领域成为专家,需要花 10 年或者 1 万小时的时间去学习。

专家们丰富的知识是经过特殊的努力得来的,而且得到了很好的温习。所以,尽管隔了很长一段时间,他们仍很容易在需要的时候记起这些知识。专家们可以用他们的专业知识去组织信息,这样可以更容易组织和再认。和对足球了解甚少的四年级学生相比,四年级的足球高手知道并记忆了更多的足球术语,尽管两组人记忆非足球术语的能力是相同的。足球高手们组织和集中这些足球术语去帮助记忆(Schneider & Bjorklund,1992)。就算是小孩,只要他们是某方面的能手,他们也能用策略去组织他们的知识。以有关恐龙种类的知识为例,我的侄子卢卡斯和杰弗里(分别为 4 岁、3 岁),他们可以迅速地记忆各种大小的植食和肉食恐龙:从众人皆知的剑龙(大型植食恐龙)到人们不太熟悉的小型肉食恐龙。

在组织计划下,专家们用更多的时间分析问题,画图表,把大问题分解为小问题,然后再作出计划。但初学者们可能会立刻着手解决问题——写出物理公式或者在试卷上打满草稿。专家们会想好整个解决方法,这会令整个过程简单化。当他们工作的时候,专家们会注意整个过程,因此,时间不会浪费在寻求错误的答案或不正确的解决方法上。

奇,格拉泽和法尔(Chi, Glaser & Farr, 1998)概括了专家、专长人物的优秀性格如下:(1) 丰富知识储备,(2) 高效、准确,(3) 深入,(4) 广泛、记忆力好,(5) 勤勉、执着,(6) 组织规划能力好。当很好界定了问题解决的区域以后,比如象棋、物理或者计算机编程，然后问题解决专家就不断地根据这些方面的技能来解决问题。但如果问题解决的领域并没有很好地确定，那么所持有的潜在原理就不是很明确，比如经济和心理领域中的问题解决，专家和新手之间的差异也就不是那么明显了（Alexander，1992）。下面的指南对帮助学生问题解决给出了一些建议。

指南——问题解决

问学生是否确定已经理解了问题。

举例：

1. 学生是否能区分相关和无关信息？
2. 学生是否意识到所做的假定？
3. 鼓励学生用图表或者画把问题可视化。
4. 让学生给其他人解释问题，一个好的解决方法应该是什么样的？

鼓励学生从不同的角度看问题。

举例：

1. 你先提出几个不同的可能性，然后再让学生说。
2. 给学生在一些问题上申明和维护自己的观点的练习。

帮助学生建立一些考虑各种可能性选择的系统方法。

举例：

1. 解决问题的时候，边想边说。
2. 不时问一问，“如果……，会怎么样呢？”
3. 把各种提议列成表格。

启发式教学。

举例：

1. 学生解决问题的时候，让他们解释一下做的每一步。
2. 使用类比来解决商业闹区停车的问题，其他“储藏”问题是怎么解决的？
3. 利用逆推策略计划一个宴会。

让学生思考：不要只是把答案给他们。

举例：

1. 给小组一些问题，也给个体一些问题，保证每个人都能得到一定的练习。
2. 如果学生能拿出一些问题的错误解决方法的理由，要相信他们。
3. 如果学生陷入困境了，一定不要给学生太多的提示，让他们再彻底思考一下问题。

专家教师

关于专家教师的研究确定了许多上面描述的各种品质，专家教师对教室里的典型情境或事件，对一天中的特定时间或某个活动中学生会有什么样的表现有一种感觉。他们的许多教学程序都是自动的——他们甚至不需要思考怎么发放教学材料，点名，让学生形成小组合作，或停止小组合作以及分配等级等。这就使教师能够把更多的精力集中到学生的进步和创造性教学上。例如，研究表明，数学老师规划一天工作（关于课堂）要 2—3 分钟，而无经验者则要 15 分钟（Leinhardt，1986）。

专家教师的工作从一个整体的原则出发，而不是把每一个新事件当做一个新问题来处理。他们寻找规律揭示出一些乍眼看来很不同的情境之间的共同之处。专家比新手花更多的时间用于分析一个问题，并且应用不同的原则发展解决方法。在解决纪律问题的一项研究中，专家教师花费了很少的一点时间去组织每个问题，形成提问，决定什么信息是需要的，并考虑可能的解决方法（Swanson，O'Conner，& Cooney，1990）。

专家教师对他们所教的学科有一个很深的组织得很好的知识基础。他们能够即席地进行解释和创造出新的例子。他们通过帮助学生组织和扩展所学，将疑惑变成理解。专家教师不被他们的计划所约束，而是跟随学生的需要（Borko & Livingston，1989；Sabers，Cushing，& Berliner，1991；Tochon & Munby，1993）。并且，正如你在第一章中所看到的，专家教师也十分了解他的学生，课程，教学策略并使得课程易于被学生理解和接受的方法。[1]

新手的知识

在某个特定领域的专家和新手的差异研究中，关于新手是如何理解和误解题目揭示出一些让人吃惊的发现。物理学中再次提供了许多实例，许多刚开始学物理的人持有很多错误的信息，一定程度上是因为他们起初建立的对物理世界的观念是错误的。许多小学生认为光照亮了物体所在的那部分区域，所以我们能看到物体。他们并没有意识到是因为光被物体反射到人的眼睛里，然后才看到物体。这个概念和日常生活中打开灯照亮物体的体验不一致。密执根州大学的小学科学计划的研究人员发现即使是在完成了光那一单元中明确说明反射光和视觉的知识，大部分 5 年级的学生——大约 78%依然坚持他们起初的概念。但如果教材是直接针对学生的错误概念设计的，

〔1〕 联系与拓展——参考研究。乔舒亚和杜平（Joshua，S.，& Dupin，J. J.，1988）的《教学策略中要考虑到学生的前概念：物理教学中的一个例子》（Taking into account student conceptions in instructional strategy：An example in physics），载于《认知与教学》（*Congition and Instruction*），第 5 卷，第 193—222 页。摘要：有几项研究都强调学生的前概念对物理学习的重大影响。但不知为什么，人们常常否定这些前概念，把它们当做是"错误"。这篇文章以 12 岁和 14 岁的学生样组说明要把学生的前概念作为在真实课堂情境中进行科学推理的积极的基础。文章选取的教学内容是基础电学。这篇文章说明学生没有向科学概念靠近一点，实际上他们是利用（或不用）前教学概念来解释电学现象，这些概念随后是如何改变的，内部一致性怎么增加的。类推有助于克服这种状况。

就只剩 20%的学生不能理解了(Eaton, Anderson, & Smith, 1984)。

对自然科学教师来说,理解学生原有的一些基本概念的直觉模式非常重要,如果学生原有的模式中包括一些错误或不准确的概念,他们就可能建立不适当的或容易误解的表示问题的图式。(要注意到一些研究人员不使用"错误概念"这个词来表示学生已有的概念,而更倾向于使用"直觉概念"。)为了学习更多的新知识和解决更多的问题,学生必须不时要"忘却"那些常识性观念(Joshua & Dupin, 1987)。改变对一些概念原有的认识也包括动机,平特利斯,马克斯和博伊尔(Pintrich, Marx, & Boyle, 1993)提出以下四种情况下有必要调整学生的一些基础概念:(1) 学生不同意当前学习的概念;他们已有的概念不适当、不完整或者没有用。(2) 学生必须理解新概念。(3) 新概念必须是可以接受的——必须符合学生已有的这方面的知识。(4) 新概念必须是有实际效用的——必须让学生看到它们在问题解决和回答中起的作用。[1]

检查要点: 问题解决

回 顾

一般的问题解决过程的步骤是什么?

为什么问题解决的表征阶段这么重要?

描述干扰问题解决的因素。

在一个给定的领域,专家和新手之间的差异是什么?

错误概念如何干扰学习?

反 思

关于作为一个专家的一些常见的错误概念是什么?

成为会学习的学生: 学习策略和学习技巧

正如我们在第七章看到的,第一次学习某种东西的方式很大地影响了我们怎样去记忆和我们以后怎样适当地应用这些知识。首先,学生必须认识到为了学习——他们不得不集中注意力在材料中相关的或重要的方面。其次,他们必须投入努力,找出联系,加工,编码,组织和改组,这些都是为了更深层次的思考和加工——练习和加工得越多,学习就越牢固。最后,学生们必须调节和监控他们自己的学习——保持理解和注意到什么时候需要寻求新的方法。今天要强调的是帮助学生发展他们包括集中注意力的有效学习的策略和学习技巧,包括处理信息的过程和对理解能力的监控。一些学生是可以发展他们自己的好的组织和学习的策略,但是他们大多数都需要帮助。[2]

---

〔1〕 联系与拓展——联系你的教学。科学和数学领域之外,其他领域中关于直觉模式的头脑风暴。在文化差异,历史,政府或教育心理方面有哪些常见的误解?

〔2〕 联系与拓展——联系其他章节。参见第七章讨论的每个想成为专家学习者的人都使用的学习技巧,包括元认知能力和执行控制过程。

学习策略和技巧

学习策略(learning strategies)[1]是为了完成学习目标的各种观念，一种关于攻略的总体计划。**学习技巧(learning tactics)**[2]是完成计划的特殊技巧(Derry，1989)。你学习这一章的材料的策略，包括运用记忆符号去记忆关键名词，撇去段落而去识别整个组织，然后写下文章中问题的答案。你运用的策略和技巧反映了你的元认知知识。[3]

幸运的是，这些策略性技巧在教育教学中已经占据很重要的位置，有几条重要原则已经得到确认。

1. 学生必须掌握大量的不同的策略，不仅仅是一般的学习策略，而且还有非常特殊的技巧，如将要在这段后面讲到的绘画的策略。

2. 学生应该被教给条件性的知识，关于什么时间，什么地点以及为什么运用各种各样的策略(Pressley，1986)。虽然这看起来似乎很明显，教师们经常忽略这一步，而且因为他们没有意识到它的重要性或者他们误以为学生会自己推论出来。如果学生知道什么时间，什么地点以及为什么去运用的话，一个策略就能更好地被提取和运用。

3. 学生也许知道什么时候以及怎样运用一个策略，但是除非他们也发展了运用这些策略的欲望，否则在一般的学习能力上是不会有提高的。一些学习策略的方案(Borkowski，Johnston，& Reid，1986；Dansereau，1985)都包括着一个激发动机的训练成分。在第十章和第十一章我们将更细致地关注动机这个重要的话题。

4. 直接的教导在概要的知识中常常是策略训练的一个重要成分。为了鉴定主要的观点——大量学习策略中一个重要的技能——你必须有一个能理解材料的适当的图式。表8.2总结了一些学习陈述性知识(言语信息)和程序性技能的技巧(Derry，1989)。

表8.2　学习技巧的例子

	例　子	什么时候用
言语信息的学习策略	1. 集中注意	
	· 写出概要，画线标注	使用简单的，结构化的材料；针对好的阅读者
	· 找出标题和主题句子	针对差一些的阅读者；使用更难一些的材料
	2. 建立图式	
	· 故事文法	使用较差的文本结构，目的是鼓励积极理解
	· 理论图式	
	· 网络和地图	
	3. 创意精加工	
	· 自我质疑	理解并记住特殊的想法
	· 想像	

〔1〕学习策略——处理学习任务的一般性计划。
〔2〕学习技巧——学习的具体技巧，比如，使用记忆法，把一段文字的提纲列出来。
〔3〕联系与拓展——联系其他章节。参见第七章讨论的陈述性知识，程序性知识和条件性知识。

续 表

	例 子	什么时候用
学习程序性信息的策略	1. 模式学习	
	· 假设	掌握概念的特征
	· 确定行为的原因	根据情境选择合适的方法
	2. 自我指导	
	· 对自我表现和专家模型进行比较	调整,提高复杂技能
	3. 练习	
	· 部分练习	有些具体方面需要特别注意的时候
	· 整体练习	巩固,提高技巧

Source: Based on "Putting Learning Strategies to Work," by S. Derry, 1989, *Educational Leadership*, *47*(5), pp. 5 - 6.

确定什么是重要的

你可以从表 8.2 的开头处看到,学习是从集中注意力开始的——决定什么是重要的。但是从较不重要的信息中区分出主要的观点也是很不容易的。学生们常常把注意力集中在那些"有魅力的细节"或者具体的例子上,可能是他们更感兴趣(Dole, Duffy, Roehler, & Pearson, 1991; Gardner, Brown, Sanders, & Menke, 1992)。你也许有在一个演讲中记住一个笑话或一个有趣的例子的经验,但并不清楚教授在费力指出的那个要点。如果你缺乏在这一区域的先前的知识,并且新信息的数量很大,那么找到这些信息的中心思想是特别困难的。教师可以给学生们一些在文本中运用符号的练习,如标题,粗体字,概要或者其他提示以鉴别关键概念和主要的观点。教学生概括材料也是非常有益的。

概要

编写概要有助于学生学习,但必须教会他们怎么写(Byrnes, 1996; Dole et al., 1991; Palincsar & Brown, 1984)。奥姆罗德(Jeane Ormrod, 1999, p.333)概括了以下几条建议,指导学生如何写概要:

- 先从那些简短、有条理的阅读物开始,逐渐再引入长的,不很有条理,并且有些难度的篇章;
- 对于每篇概要,要求学生:
  1. 找出或写出每段每节的主题句

2. 确定由几个观点概括出的中心
3. 找出一些支持中心思想的事例
4. 删除多余或不必要的事例、细节；

- 要求学生互相对比摘要，并对他们认为重要的观点进行讨论，要他们拿出认为该点重要的论据。

另外两个基于确定主要观点的学习策略是在书上标注文本和做笔记。

画线和加色

你在课本的主要短语上画线或涂上其他颜色加强一下吗？我写的这些字是不是正在变成黄色或粉红色了？你对标注和做笔记怎么看？加色和画线可能是大学生最常见的学习方法了。但很少有学生接受怎么做笔记和标注才能达到最好的学习效果这样的指导，所以许多学生用的都是一种无效的学习策略也就不足为怪了。

一个很常见的问题就是学生们画线，或加色的地方太多了，而这实际上应该很好选择一下。在一项限定学生画多少线的研究中——比如，每段画一句——学习被提高了(Snowman，1984)。另外当被选择到发言的时候，你还应该积极地把标注的文字用你自己的话来表达，而不要依赖书本的原话。笔记就是连接已知和未知的桥梁，也可以用图表来说明事物的关系。最后在材料中寻找组织的模式，用以引导你做标注和做笔记。

做笔记

当你坐在班里做着笔记，或急切地想跟上讲师的进度，你可能生怕自己的笔记与讲师的讲义有什么不同，如果你说："正是这样的呀！"那么这里有两点重要的教训：

- 在课上做笔记可以集中注意，也有助于这些信息转为长时记忆。为了用自己的话记下关键意思，你必须对所记内容转译、联系、详细拟定、加以组织。只要把做笔记放在首位，你即使考前不再复习它，也会明显有助于你的学习。这对在某一领域缺乏基本知识的人尤其重要。当然如果做笔记影响了你聆听教师的讲课，那么笔记就没有效果了(DiVesta & Gray，1972；Kiewra，1989；van Me ter，Yokoi，& Pressley，1994)。

- 笔记是允许反复记看的持久性信息库。学习中做笔记的学生，有在考试中取得好成绩的倾向，尤其是他们做了高质量的笔记——尽量地抓住关键意思、构思、关系，而不仅是激起兴趣的细节(Kiewra，1985，1989)。

在对 252 所大学学生进行广泛的面对面的研究后，得出结论：学生通过记笔记以在重要问题上集中注意，并在笔记中新建构了讲师组织的内容时，学生智力就发展了。当此过程不断进展，一个熟练的学生把笔记与预期比较，并在考后或完成作业时修改策略；用个人化的符号标注材料中的新知识和难点；在参考有关材料后（包括同班同学的笔记）后，来补充自己的笔记；只有当有逐字逐句记录的必要时，才那样做。这些只是一般的记用笔记的策略。

一些老师为帮助学生组织他们的笔记，提供了范例、导图。当学生首次学用这种导图时，教师可在空格中填一些东西，如果教师给学生这些导图范例去填，那么应该鼓励他们互换填好的图表，并要求他解释填充每个空的想法、原因。[1]

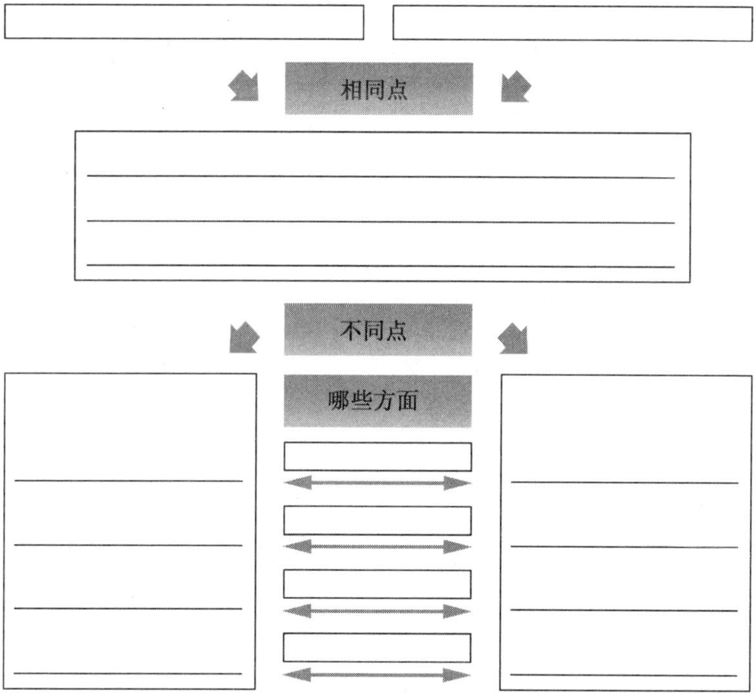

如上的比较图/对比图帮助学生在思考两种观点，概念，时间周期，作者实验和理论等时组织他们听到的或阅读到的内容。

图8.8 笔记指导图(略)

Source: From *Organizing Thinking*: *Book 1*, by S. Parks and H. Black, 1992, Critical Thinking Books and Software. Copyright © 1992 Critical Thinking Books and Software. Reprinted with permission.

〔1〕 联系与拓展——联系你的教学：温斯坦、里德利、达尔和韦伯（Weinstein, C., Ridley, D. S., Dahl, T., & Weber, E. S., 1988/1989）的《帮助学生形成有效的学习策略》（Helping students develop strategies for effective learning），载于《教育领导学》（*Educational Leadership*），第46(4)卷，第17—19页。作者给出了许多精加工的例子。故事的主要思想是什么？如果这条原理不是真的，那会意味着什么？这让我想到什么？我怎么把这个信息应用到目前工作中的一个项目中去？怎么以图表的形式表示出来？我怎么看作者的观点？怎么把它变成我自己的话？举个例子。如果我去访问作者，想问她什么？怎么把这一点应用到我的生活中？

运用形象化的工具进行组织

要有效使用划线和做笔记,你必须确定其主要观点。另外,还有赖于你对课文或讲课的组织结构——各种观点之间的关联的理解。针对这一关键因素的一些帮助,学生的视觉策略已经发展起来了,有证据表明创建图标组织者,比如地图、表格等,比建立源自课文内容的轮廓要有效得多(Robinson, 1998; Robinson & Kiewra, 1995)。安德森等人(Armbruster & Anderson,1981)教学生把文中的各种关系用图表进行表示的具体技巧,注意那些偶然的关联、比较/对比关系和促进检索的一些例子来"绘制地图"。戴维森(Davidson,1982)建议学生之间互相比较做的"地图",并讨论其中的种种差异。图 8.9 是一个关于霍尔登·考菲尔德(Holden Caufield)的一幅复杂地图,给出了使用"灵感"(Inspiration)软件而发展出来的塞林杰(J. D. Salinger)关于在黑麦中的捕捉器(Catcher in the Rye)的主要特征。艾米的分子概念地图(图 8.2)描绘的是关于概念之间关系的一个按层级组织的图表。还有其他一些形象化组织的方法,比如文氏图法(Venn Diagrams)表示概念或观点如何重叠或者树状图(tree diagrams)表示观点彼此之间的分叉。按时间顺序组织信息的方法在比如历史课或者地理课中也十分有用。

阅读策略

正如上面我们所看到的,有效学习策略和手段应该能帮助学生集中注意,付出努力(精细加工,组织,概括,联系,转换),这样学生能够对信息进行深度加工,并监控他们的理解,有许多策略支持这些阅读过程中的信息加工。许多人用记忆术帮助学生记住用到的步骤,例如,**READS**,R 复习标题和副标题;E 研究黑体词;A 提问,"我希望能从中学到什么?";D 做——阅读;S 用自己的话概括(Friend & Bursuck, 1996)。[1]

READS[2]和你上学的时候经常提到的 **PQ4R**[3] 策略很相似(Thomas & Robinson, 1972):

P 预习;Q 提问;R 阅读;R 思考;R 背诵;R 回顾。

阅读文学作品时可以用 **CAPS**[4] 策略,C 人物有哪些? A 故事的主旨是什么? P 发生了什么问题? S 问题是怎么解决的?

---

〔1〕 联系与拓展——联系其他章节。对于那些有学习障碍的学生来说,对他们的学习方法进行直接指导很重要,参见第四章。

〔2〕 READS——五步阅读法:复习标题;研究黑体字;提问,"我希望能从中学到什么?";D 做——阅读;S 用自己的话概括。

〔3〕 PQ4R——学习课文的六个步骤:预习,质疑,阅读,思考,背诵,复习。

〔4〕 CAPS——阅读文学作品的一个方法:人物,故事的主旨,问题,解决。

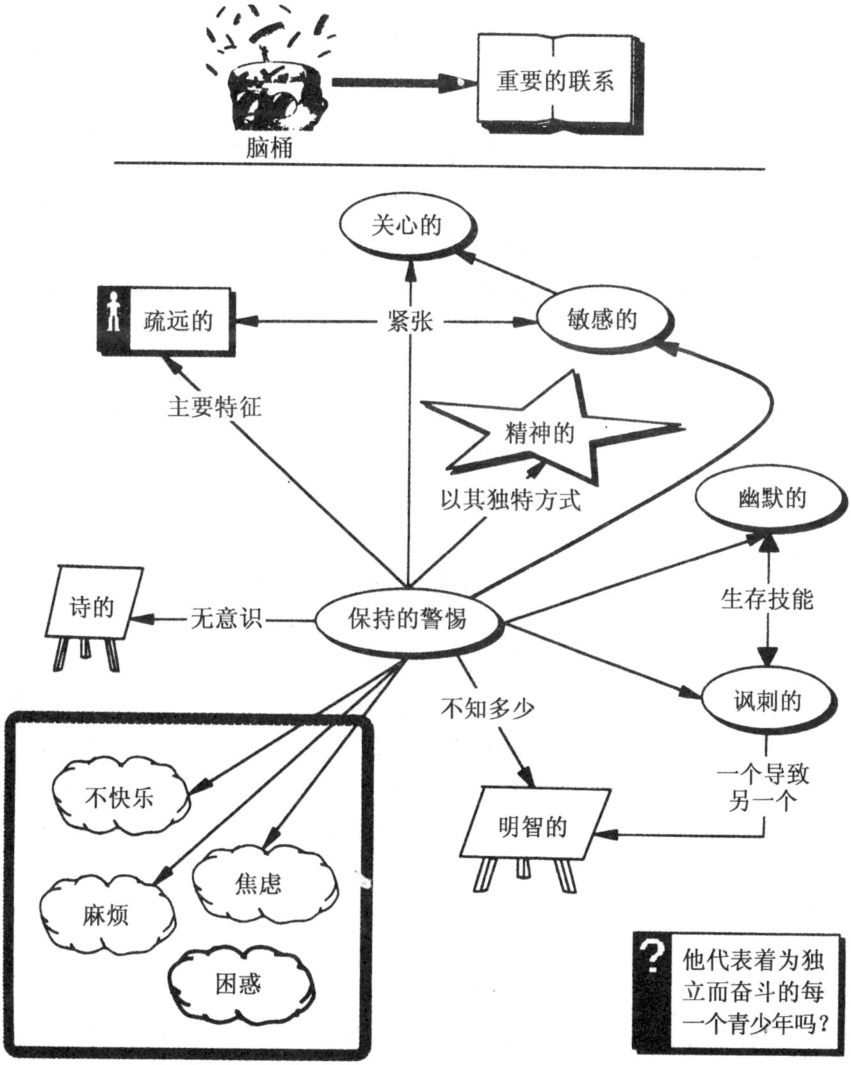

这个地图代表的是一个学生库珀对在黑麦中的捕捉器的分析。这一地图是用名为"灵感"的软件而制作出来的。

图 8.9 一个组织研究和学习的地图

Source: From *Inspiration Software*: *User's Guide Manual* by D. Helfgott, M. Westhaver, and B. Hoof, 1992, Inspiration Software, Inc., 1-800-877-4292 or 503-297-3004. Reprinted by permission.

和我一起工作的许多老师用一种叫 **KWL Plus**[1] 的策略来指导学生的阅读和提问。这种大致的框架能被大多数年级使用。步骤如下：

K 对于这个题目我已经了解多少？

W 我想了解什么？

L 阅读与提问之后，我学到了什么，有什么收获？

不管你用的是什么策略，学生首先必须被教会怎样运用它们。直接教授，解释，示例，以及有反馈的练习等都是必要的。这儿是一位老师怎样使用示例和讨论来教授 KWL 策略。复习过上面的策略和步骤以后，这位老师模拟了一个运用 KWL 策略法指导学生学习关于“蜡笔”的教学正例和反例（Friend & Bursuck, 1996）：

老师：我们有一段文章要读，现在我们该怎样做呢？首先，我用头脑风暴，即努力想我对这个主题了解多少，并把想到的写下来。

老师把知道的有关“蜡笔”的性质写在讲板上，比如“由蜡做的”，“有多种颜色”，“能被削尖”，“有几种不同型号”。

老师：然后我把这些信息归类。比如：“材料”，“颜色”。接着，我写下在阅读时我就可以回答的问题，例如“谁发明了蜡笔？”“什么时候发明的？”“蜡笔是怎样做的？”“在哪里制作的？”到此为止，我已经准备好阅读了，于是我就读了这篇关于蜡笔的文章。现在我必须写下我从这篇文章学到了什么。其中要包括我阅读前提出的问题的答案，以及补充信息。例如，我了解到彩色蜡笔最初是在 1903 年在美国由爱德温·宾尼和 E. 哈罗德·史密斯制造的。我也了解到克雷拉公司注册了最早的商标。最后，我必须把信息组织好画在一幅图上，那样我就能看到不同的要点以及论点所在。

这时，老师在板子上画出一幅图。

老师：让我们谈谈我使用的策略和步骤以及在阅读前后我都做了什么。

接下来是班级讨论。

老师：现在我要再读一遍文章，并且我想要你们对我的阅读技能评估一下。这些阅读技能是以我们所学的 KWL 策略为基础的。

老师接下来开始错误地演示学习策略。

老师：这篇文章是关于蜡笔的。那么，除了有许多种颜色以及它们常常在中间断折以外，能有多少关于蜡笔的事是真的要我们了解呢？蜡笔是给小孩子用的，我已经很大了，所以我不需要知道那么多关于蜡笔的知识。我会只略读一下文章，就回答问题。好，我用这种策略用的怎么样？

---

[1] KWL Plus——引导学生阅读和提问的一种方法：阅读之前——我已经了解多少？我还想知道什么？阅读后——我学到了什么？

班级讨论了老师这种方法中的不合适的地方(Friend & Bursuck, 1996, pp.342—343)。[1]

安德森(1995a)提出了为什么READS和PQ4R这样的策略有效的几个原因。首先,按着那些步骤,使学生对所给出的章节的组织有更多的注意和认识。你是否经常跳过阅读标题从而错过了主要的关于信息如何被组织的线索?接着,这些步骤要求学生一部分一部分地学习篇章而不是努力一次就了解到所有的信息。这利用了分配练习,提出和回答关于材料问题,使学生更深入地处理信息,以及使用更深入的精加工(Doctorow, Wittrow, & Marks, 1978; Hamilton, 1985)。

下面的指南提供了有关如何学习的一个总结。

指南——成为会学习的学生

确信你拥有必要的陈述性知识(事实,概念,观念)来理解新知识。

举例:

1. 弄清楚当你学习时所可能碰到的词汇。
2. 在尝试新材料之前重温要点和概念。

找出哪种类型的考试老师会给(文章、简短的答案),并研究材料用心记住。

举例:

1. 对一次带着细节性的问题的测试,练习对可能的问题写出答案。
2. 对多项选择题,用记忆术记住关键词的定义。

确信你熟悉要学习的材料的组织。

举例:

1. 预习标题,介绍,主题句和文章的总结语。
2. 注意那些单独列出的词和短语,比如:“另一方面”,“因为”,“首先”,“其次”,“然而”,“既然”。

了解自己的认知技能并有意识地运用。

举例:

1. 使用例子,将新材料和与你关心的事情或理解得很好的事情,比如运动,爱好或者电影进行类比。
2. 如果一种学习技巧不管用,尝试用另一种学习技巧——目的是继续保持,不要用任何特别的策略。

〔1〕 联系与拓展——联系你的教学。这个教师用实例和非实例教学来教KWL的概念,和我们在这一章中开始学到的概念教学一致。

用正确的方法来学习正确的知识。

举例：

1. 确定你准确了解测试中会涉及的主题和阅读。
2. 把时间花在考试和作业会要求的重要的、困难的、不熟悉的材料上。
3. 把文章中让你感到困难的部分记下来并花更多的时间在那些页上。
4. 通过用记忆术，图像，有创造性的示例，回答问题，用你自己的话记下来，详述在文章上彻底加工重要的信息。不要努力去记忆作者的话，用你自己的语言。

监控你自己的理解。

举例：

1. 用提问检查你的理解力。
2. 当阅读速度放慢时，看看所看的这段知识信息是否重要，如果是，记下问题，这样你就能再回过头来看一遍，或寻求帮助。如果不重要，就忽略它。
3. 检查你的理解力通过与一个朋友工作和相互测验。

Source：From "Research Synthesis on Study Skills," by B. B. Armbruster and T. H. Anderson, 1981, *Educational Leadership*, *39*, pp. 154 - 156. Copyright © 1981 by the Association for Supervision and Curriculum Development. Adapted and reprinted with permission. All rights reserved.

为迁移而教

回忆一下高中阶段某科目的一节课（该科目在大学不上）。想像一下老师、教室和课本。现在记住你真正所学的东西。如果是一堂理科课，你都学了什么公式？氧化还原？如果你和我都差不多的话，你应该记得你学过的那些东西，但不是太肯定学了什么。那些时间是否浪费了呢？这些问题就是关于学习的迁移。[1]

迁移的定义

先前学过的东西对现在正在进行的学习产生一定的影响；或原先解决的某个问题影响新问题的解决，这时候就产生了**迁移(transfer)**[2](Mayer & Wittrock，1996)。

---

〔1〕 联系与拓展——联系你的教学。读下面的单词，学习"o"的发音，会出现哪些迁移。第一组：does oh spot good dog；第二组：hot stop clock pop Tom。哪一组单词的发音更符合第一年的基本阅读方案？

〔2〕 迁移——先前学过的知识对新材料学习的影响。

如果学生在课堂上学习一个数学原理，然后在几天或几周后的另一个课堂上解决一个物理问题，迁移也发生了。尽管如此，以前知识对现在所学的影响并不总是积极的。功能固着和反应定势就是消极迁移的例子。因为对于一个新的情况，他们都企图运用熟悉但不恰当的方法。

当一个在某种情况下学会的原理、事实或技巧运用到另一种非常相似的情况时，具体迁移就发生了。例如，运用标点规则写一封求职申请信，或用字母表的知识在字典里查一个字。一般迁移是指运用在另外一种情况下，常常是不太相似的情况下学到的原理、态度解决一个新的问题。因而，一般迁移可能意味着用问题解决的探索法处理自己个人生活的一些问题。例如，你运用逆推策略决定春节休假之前，跟牙医约好及时检查你那颗老是疼的牙，得到一些必需的治疗。

当前关于迁移的观点

萨洛蒙和珀金斯(Gavriel Salomon & David Perkins，1989)描述了两种迁移，分别称为低路迁移和高路迁移。**低路迁移(low-road transfer)**〔1〕包括对强化练习的技术的不需深思熟虑的自发的无意识的迁移(p.118)。低路迁移的关键是在许多情况下对技能的经常练习，直到你执行它的时候无意识。所以如果你夏天临时当秘书，并被派到许多不同的办公室去操作所有的电脑，在夏天结束时，你可能已经对许多机器应付自如了。你先前对许多机器的练习将使你在新的情况下无意识地迁移你的技术。

另外，**高路迁移(high-road transfer)**〔2〕包括有意识地运用先前学到的抽象的知识去应付不同的情况。这能在以下两种情况中的任何一种发生。你可能在学习一个原理或技巧的同时计划在将来用它。例如，如果你计划用你这学期在解剖课上所学的去为下学期将学的人体画服务，你将搜索有关人体的大小、肌肉的显像度等有关原理。这叫做前向迁移。因为你正期待运用已获得的知识。后向迁移是在你遇到一个问题的同时，回想你以前在另一种情况下所学到的，帮你解决现在的问题，推理思考就是这种迁移。你搜索其他的能为当前问题提供线索的有关情况。高路迁移的关键是留心抽象，或是对那些不是仅适用于某个问题或情况而是能适用于许多问题或情况的原理、中心思想、策略或程序的审慎识别。这样的抽象成为你元认知知识的一部分，对以后学习和解决问题有指导。表 8.3 就概括了这种类型的迁移。

〔1〕 低路迁移——高度熟练技能的自觉和自动迁移。
〔2〕 高路迁移——在一种情况下掌握的抽象知识在其他不同情况下的应用。

表 8.3 迁移种类

	低路迁移	高路迁移
定义	高度熟练技能的自动迁移	把抽象知识有意识地应用到一个新的情境
关键条件	大量练习 变化情况和条件 过度学习，自动化	集中思考抽象原理，主要思想或者在许多情况下都能使用的程序
例子	开许多不同的车在机场找到你的入口	阅读课文时应用 PQ4R 应用数学方法为校报设置一个页面

还有一种对学生来说特别重要的迁移——学习策略的迁移。学习策略和技巧意味着在各种情况下都能使用它，但常常这种情况不会出现，在下文中就会看到。

教学生正向迁移

多年的研究和经验表明学生可以掌握新的知识，问题解决的方法，学习策略，但是在没有提示或指导的情况下就不会使用。例如，真实世界中的数学研究表明，人们并不总是能运用在学校所学的数学方法去解决家庭或者杂货店里遇到的问题(Lave, 1988; Lave & Wenger, 1991)。这是因为学习是受限于某种情况的学习，学习发生在某些具体的情况下。我们学习特定问题的解决方法，并不是适合任何问题的，普遍通用的解决方法。因为知识作为一种工具是用来解决特定问题的，当我们遇到难题的时候，我们也许没有意识到知识是有意义的，至少表面是这样。只有在明显合适的情况下，我们才倾向于应用所学的知识(Driscoll, 1994; Singley & Anderson, 1989)。当情况发生变化的时候，你怎样能保证你的学生还会运用他们所学的知识呢?

什么是值得学习的?

首先，你必须回答这个问题：什么是值得学习的？最基础的知识，如听说读写、计算和合作等等很明确的要迁移到其他领域，因为这些知识在你的日常生活中不断地要应用——写工作报表，读小说，付账，在团队中工作等等。所有的学习都是依靠这些基础知识在新的领域的迁移。

老师也必须意识到：将来，不论是对个人还是对集体，什么知识对他的学生最重要。什么知识在他们成年了以后还需要？作为一个成长在 20 世纪五六十年代的德克萨斯州的孩子，我没有学习任何有关计算机的知识，即使我的父亲是一个程序分析员；即使现在我花数小时在计算机上，当时我的大学课程还是没有计算机的影子，除了如何使用幻灯片。可现在对于计算机工作人员这已是一件很简单的事了。不用怀疑，你将来要教的学生必须面对很大的和不可预知的变化，因为这些原因，一些原理法则，态度，学习策略和问题解决的能力等方面的知识就变得同样重要。

老师怎样帮助学生？

要迁移知识，学生必须学习知识。如果他们全神贯注地学习，他们将很容易地迁移知识。他们将被鼓励尽量从所学的知识中提取将来要应用的知识。例如，萨洛蒙和珀金斯(Salomon & Perkins，1989)对历史教学给了这样的建议：

> 历史老师讲解同时代人的事件。为了促进前向迁移，老师选一个历史片断，鼓励学生找出当今社会中与之类似的事例。为了促进后向迁移，老师可以选择当前的一种社会现象，然后鼓励学生在他们的历史知识中寻找相应的事例(p. 136)。

更好的迁移能力的培养可以通过**过度学习(overlearning)**[1] 获得，许多小学生就是通过不断地练习来掌握基础知识的，并且，不断的练习使他们能够快速而准确地获取他们所需要的知识。[2]

策略迁移的阶段性

有时学生仅仅是学习在一种情况下的知识，他们不知道怎样适当改变它以适应不同的情况。这也许是因为他们仅仅是在一种情况下练习他们所学习到的知识而不能够在新的情况下练习，他们考虑太多却得不到正确的答案，因为他们还意识不到怎样把所学的知识改变一下以适应新的情况(Shunk，2000)。

菲(Gary Phye，1992；Phye & Sanders，1994)建议我们可以把迁移能力当做一种需要我们留心的解决问题的工具。他描述了提高迁移能力的三个阶段。在最初阶段，学生不仅接受有关一个策略的教学，而且知道怎样应用它，还要重述这个策略，并练习以明确在怎样的环境下运用和怎样应用。在保持阶段，通过更多的提供反馈的练习帮助学生正确地运用策略。在迁移阶段，教师应该提供能够用同样的策略解决的新问题，虽然这些问题表面上看来很不同。为激发动机，应告诉学生运用策略能够有助于他们解决许多的问题，完成不同的任务。这些步骤帮助建构程序性知识和条件性知识——如何使用这些策略，以及什么时候和为什么使用它们[3]。

---

〔1〕 过度学习——过了技能熟练点之后的学习。

〔2〕 联系与拓展——联系真实生活。为什么过度学习的信息不易遗忘？我们练习和复述的信息都要过度学习吗？

〔3〕 联系与拓展——参考研究。加纳(1990)的《当孩子和家长都不用学习策略的时候：定势的理论》(When children and adults do not use learning strategies：Toward a theory of settings)，《教育研究评论》(*Review of Educational Research*)，第60卷，第517—530页。

刚刚掌握的概念、原理和方法必须加以练习，在多种不同情况下运用。在真实情况下运用技巧的时候，就有利于建立正迁移，以后需要使用这些技巧时，相同的要素就会存在。学生能够通过计算 1.67 美元能分成多少个角、多少分来学习乘法；他们能通过给国外的笔友写信学习写作；他们能通过找自己的家谱，学到历史研究的方法。这些应用可能包括复杂的、界定不良的、非结构化的问题，因为许多问题是在以后生活中，校内或校外遇到的，不可能给学生完全的指导。家庭社区合作指南给出了有关这方面的一些提议。

检查要点：为迁移而教

回　顾

区别具体迁移和一般迁移之间的不同。

区别低路迁移和高路迁移之间的不同。

反　思

为什么要求学生应用新的知识到结构良好和结构不良好的问题中是很重要的？

与家庭和社区建立合作关系指南——促进迁移

要让家长知道孩子的课程学习，以便他们给予支持。

举例：

1. 在各个单元或主要学习计划开始的时候，给他们寄一封信，总结概括重点目标、一些主要任务和学生在学习该单元的材料时容易产生的一般问题。
2. 向家长征求如何使他们的孩子对课堂主题感兴趣的建议。
3. 邀请家长到学校参加“策略学习”之夜活动——让孩子们向他们的家人传授他们在校所学的其中一种策略。

向家长提供有关他们如何鼓励孩子们去实践、延伸或应用在校所学知识的建议。

举例：

1. 为了让孩子发展协作本领，建议家长鼓励孩子向一些公司或公民组织写信或发 E-mail 索取信息或免费产品。并提供信的轮廓和格式说明其结构及内容，附上供应样品或信息的公司的地址。
2. 建议孩子的家里人把他们纳入一些要求测量，利用半数或双份食谱，或估量费用的工作中。
3. 建议学生跟祖父母合作制作一本有关家史的书，并注意结合历史研究和写作。

展现学校和社会生活的联系。

举例：

1. 让家长们讲述他们的孩子如何运用在工作、娱乐或社区生活中学到的技巧。
2. 让家长们走进教室演示他们在工作中如何应用体育运动、阅读、写作、科学、数学和其他方面的知识的。

让家长参与学习策略的实践。

举例：

1. 某段时间内集中学习某种策略——让家长提醒孩子在某周内采用某一特定的策略解决家庭作业。
2. 创建一个外借图书馆并制作相应录像带，给家长们教授学习策略。
3. 送给家长一份 307 页的与其孩子年级水平一致的《成为会学习的学生的指南》的复本。

这一章提出了很多领域的问题，部分的原因是因为认知观点在教学上有很多的启示。虽然它们互不相同，但是你还是能发现大多数针对教学的认知观点，如问题解决的技巧、强调学生先前知识的作用的学习的策略以及积极的留心学习的需要性等问题。

总结

概念的学与教

原型和范例的辨析

概念是具有类似属性的一类事件、观点、人物或物体事物。一个原型就是某一类事物中最好的一个。例如，对于许多美国人来说，知更鸟就是鸟类中最棒的一类。范例是我们对于具体鸟类的实际的回忆。并且我们用来比较，以确定某个项目是否跟我们的范例处于同一类。我们可以从类别的原型或范例中来学习概念，根据我们的图式知识来理解它，并通过额外的有关或无关特征的经验来完善这些概念。

在概念教学中的四大要素

概念学习包括四大基本要素：概念的名称，定义，属性和正例（及反例）。概念获得模式是教授概念的一种手段，它要求学生形成有关某个例子是否属于这个种类的假设，和描述这个种类（概念）可能是什么。

布鲁纳的发现学习理论的关键特征是什么?

在发现学习中,教师给学生呈现实例,学生则从实例中学习,直到他们发现了知识和结构之间的关系为止。布鲁纳认为课堂学习应该通过归纳推理,即借助特殊的例子形成一个一般的原则。用这种方式鼓励归纳推理的方法有时也被称为例规法。

奥苏贝尔的讲解式教学有哪几个阶段?

奥苏贝尔认为学习应该演绎性地进行:从共性到个性或从理论到实例。在使用奥苏贝尔方法的课程中,先介绍一个先行组织者,之后采用特殊例子针对基本的共同点和不同点呈现具体内容。最后,当所有材料已被呈现后,要求学生基于先前的先行组织者的指导,讨论如何使具体例子得以延伸。

问题解决

一般的问题解决过程有几个步骤?

问题解决既有一般性,也有领域的专门性。其五大阶段是:确认问题(或许把问题看做一个机会);通过表示问题和建立目标来理解问题;探求可能的解决办法;预测各种策略可能产生的结果,然后使用其中一种策略;评估结果并从结果中学习。布兰斯福和斯腾利使用的首字母 IDEAL 简化地描述它的五大步骤:确定问题,确定目标并表征问题,探索可能的策略,预期结果并执行计划,反思和学习。

为什么问题解决中问题表征阶段如此重要?

在学校问题解决中,决定性的因素是准确地表征问题。呈现对整个问题和具体各元素的理解。图式训练或许能增强这种能力。根据你所选择的不同的表征和目标,问题解决的过程就会出现完全不同的途径。如果你对问题的表征暗示着一种即时的解决方案,任务已经完成,新的问题则被认为是一个已明确解法的旧问题"盗版"。但如果没有现成的解决问题的办法或者激活图式失败,学生们则必须另寻一种解决方案。算法和启发式的应用——例如手段—目的分析法、类比法、逆推法和形象表征法,将帮助学生解决问题。

描述那些可能阻碍问题解决的因素

妨碍问题解决的因素包括:功能性固着或僵化(反应定势)。它们将阻碍准确描述问题和拥有解决问题洞察力的必要的适应性的产生。

在某一领域，专业人员跟初学者在知识上有何不同？

专业的问题解决者在陈述性知识、程序性知识和条件性知识方面有巨大的储备。他们以应用于大量问题解决的一般原则或模式来组织和应用这些知识。他们学习更快，记住相关信息，监控自己的进程这些能力比初学者强得多。对于专业教师也是一样，它们能自动完成大量课堂任务，所以这种习惯性的程序是如此顺利。课堂时间几乎没有被浪费。专业人员在特殊情境教学方面有大量组织良好的知识。

错误概念如何妨碍学习？

如果学生的直觉模式包含有错误概念和不准确内容，学生就有可能形成对问题片面或歪曲的理解。为了习得新信息和解决问题，学生有时必须"忘记"常识。

成为会学习的学生：学习策略和研究技巧

辨别学习的策略和技巧

学习策略是达到学习目标的方法，是学习进行的全部计划。学习技巧则是组成计划的具体的技巧。一个学习策略可能包含好几个学习技巧，例如记忆关键术语的特殊法，浏览文章以弄清其结构，接着写出短文问题的可能答案。使用学习策略和技巧反映出了元认知方面的知识。

学习策略有何重要功能？

首先，学习策略使学生变得认知性地参与学习——集中注意力于相关材料的重要方面。其次，它将鼓励学生在学习上投入精力，联系、作详细说明、翻译、组织、再组织，目的在于让学生有更深的思考和进步。实践更多，进展越大，学得更强。最后，学习策略帮助学生管理和监控自己的学习——保留有意义的途径，并注意合理改变新方法。

描述一些建立发展性学习策略的方法

给学生呈现一些不同的学习策略，除了一般性的学习策略之外，也给他们提供一些特殊的学习方法，比如图解法。教学生一些条件性知识，什么时候，在什么情况下以及为什么使用这些不同的策略。通过向学生表明使用这些策略之后，他们的学习将得到怎样的提高，激励他们使用这些学习策略。在知识内容的学习过程中，需要使用这些策略时教师要给予直接指导。

为迁移而教

区别特殊迁移和一般迁移

特殊迁移通常是一种情境下学到的规则，事实，或者学习技巧应用在其他很相近的情境中；例如，应用标点符号规则写一封求职信。一般迁移指的是用学到的原理规则来解决新的问题，一种情境下习得的态度应用到其他情境之中，通常两种情境很不相同。

区别低路迁移和高路迁移

在相近情境中的自发、自动迁移称为低路迁移；高路迁移包括对所学知识的反思和有意识的把理论知识应用到新的情境中去。教师可以通过教学生知识的积极的、一般的迁移帮助学生提高思维和学习技能。另外，教师帮助学生提高学习策略的迁移，还可以直接教学生一些策略，并对他们的练习提供及时反馈，然后把策略的应用拓展到一个新的、完全不同的情境中去。

走向专业化

反思

你能把本章的知识应用到复杂的认知过程中，来解决以下几个实际问题吗？

学前班和幼儿园

班里还有几个学生对区分简单的形状感到有困难，你会怎么做来帮助他们的理解？

小学和中学学校

学生对热能的概念感到不好理解，你会怎么帮他们理解这个概念？

初中和高中学校

学生在数学课上会做作业中的题目，但是一到综合几章的测验的时候就糊涂了，他们好像不知道什么时候该用哪种方法，你会怎么帮助他们呢？

你决定进行一次论文测验，要求学生思维视角新颖，有创造性。学生测验表现得很差，还大声抗议这次测验“不公平”，他们想用那些他们已经认真记好的定义和事实论据，对此，你会怎么处理？

认证测验要求

了解教学概念的基本特征。

了解问题解决的五个一般步骤。

熟悉一些直觉的,直观的概念。

熟悉一些学习方法和策略。

个人教学档案

应用表 8.2,学习方法和策略的知识考虑给你的学生建立一些学习方法和学习策略,并把这些想法加到你的教学袋里去。

教学资源

将图 8.5“呈现一个问题的四种不同方式”,图 8.8“做笔记的指导步骤图”,图 8.9“组织学习和知识”和表 8.2 加到你的教学资源文件中去。应用家庭社区联合体的原则,集体讨论一下,家庭成员对学生学习的影响,指导他们帮助学生“在家的学习”。

教师案例簿

他们会怎么做?

本章开头提出了“一堂走样的发现课”的教学情境,下面是几位教师对此作出的回应。

MARIA CIRMIA

Fifth Grade Teacher

Hillside School, Needham, Massachusetts

这是许多教师都不得不面对的一场战斗。我们常常会想是哪里出错了呢? 虽然,对教师来讲考虑每节课学生要取得的进步很重要,但是这个过程不一定是要他们自己来完成。我觉得让学生参与到这个过程中来是非常有益的,让学生知道老师像他们一样是个学生,是一个学习者,需要不断改进教学实践,加强所教学科的学习,这很重要。

我会把评定好的作业和设计发还给学生,鼓励他们和我开放地讨论自己是怎么看自己做的那些设计的。我总是很公正地看待学生的成绩和作业，鼓励他们反思自己付出的努力，遇到的困难和成功的体验。我要让他们知道我会对他们的作业本身产生各种疑问，需要他们帮助共同提高作业水平，以促进以后的学习。他们是这种信息的最佳来源，因为他们有对作业最直接的体验。

我们会讨论如何采取不同的方法完成功课，要遵循的目标方向、标准和期望是否都很已经确定。学生这样帮助我修订他们自己的作业，也是形成自我评价的一种方式，一种教师和学生可以利用的重要工具，可以辅助学习，帮助增加先前学习的知识，使学习得以提高。因为付出了努力，许多学生希望有机会重做一遍作业，他们对自己的学习将有一个更加积极和健康的态度。

JAN ANDREWS
Teaching Principal, Years Four-Seven
Dulacca State School, Dulacca QLD 4255, Australia

我不认为一门课程的教学失败的原因出在教材上，只是对于这种新的教学方法，学生们还没很好的适应。我不会给学生的作业设计打分，而是把它们发还给学生，得到作业的学生把他们的设计和日志当做例子。我会向学生说明需要怎么样仔细检查作业，让他们发现那些我希望他们“发现”的。然后让他们做一些简单的练习，将对他们下一次参与发现课有帮助（例如，头脑风暴，如何把讨论的内容详细总结出来，小组学习和一些指导性的发现课）。最后再进行一次发现课，根据那些作业设计和日志讨论记录给学生分级。

KATE McMENEMY
Fifth Grade Teacher
St. Ignatius Primary School, Grove Crescent, Toowong, Australia

这节课有许多方面可能造成学生作出粗劣的报告。A. 评价学生一门课的学习，只是最后拿出一个等级报告是不够的，发现课尤其如此。指导性的发现可能更有效，我发现学生在理科实验课上的那种兴奋使得他们难以按照预先的程序进行实验。B. 可能学生对小组合作学习还不熟练。我在考虑采用这种学习方式之前，学生需要表现出足够的社交技能，合作，协同作业，对小组学习的兴趣等，然后就让他们接受小组角色和小组学习步骤的训练。C. 不是给作业设计打分，我会考虑向学生道歉，由于我的组织引导不够，而使学生没有或很少成功。学生依照正确的预先准备重复实验，这时我知道学生已经明白实验的步骤和小组作业的程序。

WENDY MEREFIELD-WARD
Teacher-Librarian
Payne Road State School, The Gap QLD 4061, Australia

1. 为什么这节课失败了,我会自问以下几个问题?

我是否已经清楚明确地向学生说明要让他们做什么?

学生对采用小组合作来完成任务是否有足够的经验?

小组的大小和成员组成是有效的吗?

给学生的任务是否包含多种学习经验以满足不同学习风格的学生需要?

学生是否有足够的时间和资源完成给定的任务?

给出的任务是否是有趣和有意义的?

找出以上问题的否定回答,并作相应处理。

2. 该怎么处理那些研究方案?

把不成功的方案当做一个问题共同解决——我们来一起解决这些问题。

我们应该把这些方案作为发现过程的一部分而不是最终结果。

让"成功"的学生给大家讲述他们是怎样做到的——有时候孩子跟他们的同龄人交流比听老师讲更有效。

3. 提高效率:

建立有关学生情况的信息——他们的能力,经验,学习风格等。

结合"多元智力"给学生提供多种多样的学习体验。

结合任务、学生特点,考虑小组构成,使成员之间协调一致,在完成任务的过程中发挥各自不同的特长。

任务对学生而言要有意义。

JENNIFER HUDSON THOMAS
Armidale High School, Armidale, Australia

很明显我选择的那些科普材料并没有引起学生的兴趣,不论那些课题研究得多么好,资料呈现以及教学多么适当,看起来这组学生没有任何学习目的,多么令人沮丧!大概是时候开展班级讨论,让学生讲出自己感兴趣的科学课题。学生自己拥有学习的选择权和所有权,也就能产生有意义和创新性的作业。随着一系列的学生自选课题任务的成功完成,我和学生都会充满信心地转向更深奥、更有挑战性的学习。

第九章 社会认知和建构主义的学习观

你是否听说过认知学徒？探究？合作学习？交互式教学？当你听到这些术语时会想到什么？

前面三章我们分析了学习的不同方面。我们认为行为主义和信息加工可以解释人们学什么和如何学。我们探讨了概念学习和问题解决等复杂的认知过程。这些学习理论主要关注个体及其头脑中的活动过程。但是，近来有关学习的观点已将注意的焦点投向另外两个关键方面——社会和文化因素。本章我们将探讨他人和文化背景在学习中的作用。

两种基本理论以社会和文化因素作为主要要素：社会学习或社会认知理论和社会文化建构主义理论。我们不去争辩两种观点的优劣，而是认真思考基于两种不同学习理论的不同教学模式的贡献。不要认为你必须选择"最好"的方法——从来就没有这种事。各种不同模式的目标是建立一些情境，在这些情境下学生们能够学习、理解和记忆。即使理论家们在争论哪一个模式最好，但大多数优秀教师是从所有方法中受益，并将它们加以适当应用。

完成这章的学习时，你应该能够：

- 总结社会认知理论的要素
- 描述教师可能运用模仿的情境
- 解释三种建构主义者的学习观点
- 将探究、基于问题的学习和合作小组应用于教学中
- 设计一堂课，包括教学谈话和思维中的学徒

你会怎么做？

教师案例簿

你最终选择在一所高中教授英语和写作。整个夏季，你都在规划世界文学课程，重新阅读高中时非常喜欢的书籍，补充一些来自最新影片的新片段。上课的第一天，你发现很多学生似乎英语本身不够熟练。于是你决定深入了解他们掌握什么类型的阅读材料和多少阅读材料。为了对学生的兴趣有个全面了解，你要求每个学生写一篇书评，评论最近自己阅读的一本书，就好像他们在电视上做"书论专题"节目。虽然他们嘟嘟囔囔有怨言，但看起来都还在写，所以你便

去与一位英语有困难的学生交谈。

那晚,你查看学生们写的“书评”。要不是学生们有意为难你,就是他们最近什么书也没读。两个学生选择了圣经,但没有做任何“评论”。有几个学生提到别班的课本,他们的总结只是一句评语——还总夹杂着“蹩脚”或“无用”的词语(通常是拼写错误)。即使成段的话,这些学生也不能把四句话编在一起与主题保持一致。与此形成鲜明对照,有三个学生的文章——读起来是一种享受,值得在学校文学刊物(如果有的话)上发表,确实反映了他们对某些好作品的深刻理解。

- 对这班学生你如何实施你的计划?
- 明天你会怎么做?
- 你认为什么样的教学方法会在这个班行得通?
- 对那三位水平较高的学生你会怎么做?

学习中的社会过程

当你思考上述的文学课时,你考虑过社会和文化对学生学习的影响吗?阅读书籍对班上不同的学生似乎有不同的意义,他们在校外的生活中可能看到不同的阅读方式。下面我们将讨论人们如何通过彼此间的相互作用进行学习,以及观察、模仿、对话和文化如何影响学习。了解社会因素在学习中的作用在教育心理学中变得日益重要,正如近十年前卡罗尔·古迪诺(Carol Goodenow,1992)所说:

> 教育基本上是一个社会和个体间相互作用的过程。尽管个体能够而且确实通过其对周围世界的独自观察、个人的尝试与经历以及独自阅读学习了很多东西,但大多数情况下我们所称作的教育(例如,学校教育)是在他人伴随下发生的。(p. 177)

我们要审视的第一个观点是艾伯特·班杜拉(Albert Bandura)的理论,他把社会因素运用到对学习的解释上(1977,1986,1997),在20世纪60年代早期,他证明人们可以通过观察他人的行为和结果学习。

社会学习和社会认知理论

我们在第六章已讨论了行为主义的学习理论,班杜拉的有关学习的早期著作是基于行为主义的强化与惩罚原理,但是,通过增加社会因素扩展了行为主义的学习概念,对行为主义提出了挑战。他深信传统的行为主义学习理论是精确的,但不全面。行为主义理论只对学习作出了部分解释,而且忽略了重要的因素,特别是社会对学习的影响。班杜拉的早期工作专注于社会行为,尤其是他人行为。由于这个原因,他的早期研究被称为**社会学习理论(social learning theory)**〔1〕,而且被认为是新行为主义观点(Bandura, 1977)。

为了说明行为主义模式的一些局限性,班杜拉将知识的获得(学习)与基于此知识的可见的表现(行为)加以区分。换句话说,班杜拉认为我们都是知道的比表现出来的多。在班杜拉的早期研究中(1965)有这样一个实验。学前儿童观看榜样对一个充气玩偶拳打脚踢的电影。接下来,一组孩子看到榜样因攻击行为而受到奖励,另一组看到榜样受到惩罚,第三组看到没有发生后果。当让这些孩子走进有玩偶的房间,看到榜样受到强化的孩子对玩偶的攻击行为最多,看到攻击受到惩罚的孩子攻击行为最少。但如果向孩子们许诺,他们模仿榜样的攻击行为将受到奖励,那么,所有孩子都证明他们学到了这些行为。因此强化可以影响表现。即使学习已经发生,但直到情境适当或存在强化的时候,这些行为才可能表现出来。这可以用来解释为什么一些学生虽然看到同伴的一些坏行为,如骂人或抽烟,但他们并不去做。对于这些同学,个人所受到的评价不鼓励他们去做这些事情。同样地,儿童可能已经知道如何写字母,但却写不好,因为他们的精细动作协调性不足,不可能写得规规整整,他们的行为表现并不是学习的标志。学生可能知道如何简化分数,但因为焦虑或生病或读题错误,测验成绩不好。〔2〕

近来,班杜拉已经关注于认知因素,如信念、自我概念和期望,因此他的理论现在被称为**社会认知理论(social cognitive theory)**〔3〕。社会认知理论区分了直接操作学习和替代性学习。直接操作学习是指通过亲自去做和经历行为结果而进行的学习,听起来就像是操作性条件反射,但它们是不同的,它们对行为结果的作用解释不同。操作性条件反射的支持者认为行为结果加强或削弱了行为。然而,在直接学习中,结果被视为提供了一些信息,人们对行为结果的解释形成期望、影响动机和构成信念(Schunk, 2000)。我们将看到直接学习——通过做而学习——的许多例子,如后面我们要谈到的探究、基于问题的学习、认知学徒和其他方法。

替代性学习是通过观察他人而学习。人和动物都可以仅借助观察他人或其他动物来学习,这一事实对行为主义的观点提出挑战。行为主义认为认知因素在解释学习中是不必要的。假如人们可以通过观察学习,他们就必须集中注意力、形成表象、记忆、分析和做决策,因此,这些内部心智活动都是在行为表现和强化发生之前进行的。

---

〔1〕 社会学习理论——强调通过观察他人而学习的理论。

〔2〕 联系与拓展——联系你的教学:下面是利用榜样的一个常见例子。在B女士教的二年级班上,替代性强化带来了许多积极的效果:促进了注意力、整洁的活动习惯、负责任的行为、兴趣和对课外活动的热情。当学生正进行一个社会研究活动时,B女生注意到四个孩子围坐在一张桌子旁,其中两个专心致志,另两个却去干别的事情。她对那两个专心工作的孩子给予评价,从而帮助另两个孩子把注意力集中到工作上。"为什么你们能在地图上做得这么好,我可以告诉你们,这是你们专心并付出了最大努力的结果。"当看到另两个学生回到活动中,她讲:"我很高兴看到你们都做得很好,你们专心,就会做得很棒。"接下来的时间里,他们四个人各司其责。相似的方法还被用于培养学生清洁的活动习惯和负责任的行为。

〔3〕 社会认知理论——在社会学习理论中,增加了对认知因素如信念、自我概念和期望等的强调。

在班杜拉早期和近期的理论论述中，观察始终是学习的一个重要方面。

通过观察他人学习

通过**观察学习（observational learning）**〔1〕，我们不仅学会如何完成某个行为，而且了解到在特定的情境下这个行为会带来什么后果。观察可以是非常有效的学习过程。当孩子第一次拿梳子、杯子或羽毛球拍时，在一定的肌肉发育和协调性的基础上，通常他们会尽可能好地梳头、喝水或挥动球拍。让我们仔细观察观察学习是如何发生的。班杜拉（1986）发现在观察学习中要考虑四个重要因素——注意、保持信息和表象、行为表现和被激励重复行为。〔2〕

注意

为了通过观察来学习，就不得不给予注意。在教学中你要通过清晰的讲解和突出重点来保证学生注意到教学的关键内容。在技能的示范中（例如在缝纫机上纫线或操作机床），你需要让学生看清你的操作，他们观察的角度与他们自己操作的角度一致，这样学生会抓住情境的正确特征，观察学习更容易。

保持

为了模仿榜样行为，就不得不记住它，这涉及在心里用某种方式表征榜样的动作，可能是口头叙述的步骤（跆拳道的第八个动作是，手掌拍击于脚跟，然后……），或者是视觉印象，或二者兼具。通过心理复述（想像中模仿行为）或实际的练习可以促进保持，在观察学习的保持阶段，实践可以帮助我们记忆目标行为要素，如步骤序列。

表现

我们知道某个行为，并记住了基本步骤，但可能仍不能顺畅地完成动作，有时在再现榜样行为前，我们需要大量练习、反馈和获得有关细节的指导。在表现阶段，练习使行为更流畅和更熟练。

动机与强化

正如前面所提到的，社会学习理论将学习获得与行为表现加以区分。我们可能通过观察获得一种新的技能和行为，但直到具备相应的动机和诱因时，我们才会表现出

〔1〕 观察学习——通过观察和模仿他人学习。
〔2〕 联系与拓展——联系现实生活：观察学习的其他例子有：通过看电视电影学习接吻；目睹飞机失事而尽量避免乘坐飞机；看到别人考试作弊未被发现，自己也去作弊。

这一行为。强化在观察学习中有几方面的作用。如果我们预知模仿榜样行为将会受到强化，我们就更积极地注意、记忆和再现那些行为。另外，强化在维持学习中非常重要。没有强化，尝试某个新行为的人不可能坚持下去(Barton，1981；Ollendick，Dailey，& Shapiro，1983)。例如，如果一个不时髦的学生穿了一套流行服装，而受到了取笑和嘲讽，继续模仿的可能性就不太大。

班杜拉识别了激发观察学习的三种强化形式。第一，当然是观察者再现榜样行为和得到直接强化，正如体操运动员成功地完成了一个向前翻腾的动作，教练或榜样说："好极了。"

但强化并不一定是直接的——它可能是**替代强化(vicarious reinforcement)**[1]。观察者可能只是看到其他人的某种特定行为受到强化，他自己就更多地表现这种行为。例如，如果你称赞两个学生在实验报告中加入了引人注目的图表，其他几位学生可能在下一次实验报告中也采用图表说明。大多数电视广告正是期望这种效应，广告中的人驾驶一辆新车和喝某种果汁，会变得无比快乐幸福，期望观众也照着去做，观众的行为受到表演者心满意足的替代强化。惩罚也可以是替代性的：当看到几个人因驾车超速被罚款，你在高速公路上就可能会减慢驾车速度。

强化的最后一种形式是自我强化。这种强化对学生和教师都很重要。我们希望学生不是因为外在奖励而提高，而是因为他们看重和乐意提高自己的能力。作为教师，有时自我强化是保持你持续发展的一切。

影响观察学习的因素

是什么使得一个人去学习和表现榜样的行为和技能？如表 9.1 所示，有以下几个影响因素。观察者的发展水平造成学习差异，孩子较大时，他们能集中注意较长时间，能利用策略保持信息，能激励自己去实践。第二个影响因素是榜样的地位。儿童更可能去模仿那些似乎有能力、有权利和有声望的人的行为。基于孩子的年龄和兴趣，父母、教师、哥哥姐姐、男性、运动员、英雄、摇滚明星或电影中的人物都可能成为他们的榜样。第三，通过观察，我们了解到像我们自己这样的人，应采取什么行为才是适当的，因此与观察者相似的榜样更容易被模仿。无论学生的种族、社会经济地位或性别如何，他们都需要看到与其外表特征相近的成功榜样。[2]

---

〔1〕 替代强化——通过观察他人行为受到强化，而提高了观察者重复某种行为的可能。

〔2〕 联系与拓展——参考其他章节：第十章中，对自我效能感进行了更全面的讨论，并将它与教师自我效能的概念相联系。请阅读班杜拉的有关自我效能感的两本著作：班杜拉（1997）《自我效能感：控制的练习》(*Self-efficacy: The exercise of control*. New York: Freeman)；班杜拉（1995）《变化社会中的自我效能感》(*Self-efficacy in changing societies*. New York: Cambridge University Press)。

表 9.1　影响观察学习的因素

有关榜样的特征效应	
观察者的发展状况	随着观察者的发展，观察学习能力提高，包括注意时间增长、信息加工能力、使用策略能力、将行为表现与已有表征比较的能力的提高，以及采用内部动机。
榜样的声望和能力	观察者更多注意有能力和地位高的榜样。榜样行为的结果传达着有关其功效价值的信息，观察者努力学习那些他们相信将来需要的行为。
替代性的结果	榜样受到的评价，传达了有关行为恰当性和行为的可能结果的信息，有价值的结果激励了观察者，榜样和观察者之间在特征或能力方面的相似性，标志了行为的恰当性，并提高动机。
结果期望	观察者更可能去采取他们认为是恰当和带来奖励结果的榜样行为。
目标设定	观察者可能模仿有助于他们达成目标的榜样行为。
自我效能	当观察者相信自己有能力学习和完成榜样行为时，他们模仿榜样，观察与自己相近的榜样影响自我效能。（“如果他们能做，那我也行。”）

Source: From *Learning Theories*: *An Education Perspective* (3rd ed.) (p. 121), by D. H. Schunk, 2000, Saddle River, NJ: Prentice-Hall, Inc. Copyright © 2000 by Prentice-Hall, Inc. Adapted with permission.

后面的三个影响因素涉及目标和期望。如果观察者期望榜样的某种行为将带来特定的结果（例如特定的强化训练和饮食起居制度提高运动成绩），并重视这些结果和目标，那么观察者更可能关注榜样和尝试再现他们的行为。最后，**自我效能感（self-efficacy）**[1]水平高的观察者更可能向榜样学习。就是说，如果相信自己有能力完成达成目标所需的活动，或者至少可以学会那些行为，就更可能学习榜样（Bandura, 1997; Pintrich & Schunk, 1996）。我们将在第十章和第十一章深入讨论目标、期望和自我效能感。

教学中的观察学习

观察学习可能产生五个结果：注意力定向，激励已有行为，改变抑制，教新的行为，以及态度和情感唤起。让我们逐一分析它们出现在课堂上的情形。

引导注意力

通过观察他人，我们不仅了解行动，而且注意行动的对象。例如，学前班上，当一个孩子玩起一个多日来被大家淡忘的玩具时，许多孩子会要这个玩具，即使他们用不

〔1〕 自我效能感——自己能有效胜任某项任务的个人感受。

同的方式玩这个玩具或只是简单地拿一拿它。出现这种状况，部分原因是因为孩子们的注意力已经被吸引到这个特定的玩具上的缘故。

微调已学过的动作

我们都有这样的经历：当我们身处陌生的环境时我们会从别人那儿寻求提示。观察他人的行为可使我们了解可采用已学过的哪种行为：哪种叉子可用于吃沙拉，何时捐款，哪种语言适当等等。选择电视偶像的服饰也是此种影响的一个例子。

增强或减弱限制

如果课堂上学生们看到一个同学违反课堂规定而逃脱了惩罚，他们会意识到打破规定不总是伴随着不好的结果。将来这个班就会在打破这个规定上受较少的约束。如果违反规则的是一个深受欢迎和地位较高的学生，这种榜样的影响作用会更强。一个心理学家把这种现象称为**连锁效应 (ripple effect)**[1](Kounin，1970)。这种连锁效应也可以为教师所利用。当教师有效处理违反规定的学生，特别是学生中的带头者时，通过相互影响将会抑制学生们违反这个规定的念头。这并不意味着教师必须斥责每一个违反规定的学生，但是只要教师提倡某个特定行为，始终坚持要求是利用连锁效应的一个重要条件。

教授新行为

当然，**模仿 (modeling)**[2] 已经长期用于舞蹈、体育和手工艺的教学中，也用于诸如家庭经济、化学和购物等技能科目的教学。模仿也能有目的地应用于开发智力、开阔视野、传授新的思维方式的课堂。教师在很多行为上作为榜样，从单词的发音，到对学生癫痫发作时的反应，直至对学习的热情。例如，一位教师可以通过对一个学生的问题进行“大声”思维来示范良好的批判性思维技巧，或者一位高中教师关心那些看起来对职业有陈腐想法的女生，便会邀请职业妇女来做课堂演讲。

当有意识地利用模仿作用时，它在传授新行为时会是一个很有影响和十分有效的方法(Bandura，1986；Schunk，1987)。研究表明，当教师利用前面所述的所有观察学习的因素，特别是反复强化和练习时，模仿最具影响力。

和学生同龄的榜样会很有影响力。例如，申克和汉森(Schunk & Hanson，1985)比较了教授那些学习减法有困难的二年级学生的两种教学方法。一组学生先观察二年级学生学习这种方法，然后再加入减法的教学过程。另一组学生先观看教师的演示，然后再加入同样的教学过程。在这两组中，那些观察过同伴学习的学生经过指导

[1] 连锁效应——通过模仿，行为得以蔓延式传播。
[2] 模仿——通过观察他人——一个榜样而出现的行为、思维或情绪上的变化。

不仅在考试中分数很高，而且对自身的学习能力很有信心。对那些怀疑他们自身能力的学生来说，好的榜样是一位学业成绩较差的学生经过不断尝试最终掌握了学习内容(Schunk，2000)。

调动情绪

最后，人们通过观察学习可以提高他们对个人从未经历过的情形的情绪反应，像驾驶飞机和汽车。一个看过朋友从秋千上摔下来并摔断胳膊的孩子可能会害怕秋千。当学生们听说新来的教师如何厉害时，他们会因此焦虑。听到或读到某个情形也是一种观察形式。学校里出现的"模仿杀害小动物"也是一些可怕的模仿例子。当可怕事情发生在那些在年龄和环境上与学生们相似的人们的身上时，他们可能需要议论自己的感受。下面的指南会给你提供一些有关在课堂上使用观察学习的建议。

指南——利用观察学习

示范希望学生学习的行为和态度。

举例：

1. 展示对你所教学科的热情。
2. 乐于向学生示范希望他们完成的智力活动和外部活动任务。我曾经看到一位老师坐在沙箱里，向4岁的孩子示范"玩沙子"和"扔沙子"的区别。
3. 读书时向学生示范好的问题解决方法。读书中途停下来讲："现在看看是否我记住了已经读过的内容。"或者"这个句子很难，我得再读一遍。"
4. 示范好的问题解决方法——当你对付一个难题时，把思维过程大声说出来。

以同伴尤其是班级中出色的学生为榜样。

举例：

1. 在小组活动中，将做得好的学生与有困难的学生配对。
2. 请学生示范"低语"与"沉默"的区别。

确保学生看到他们的积极行为带来强化。

举例：

1. 指出积极行为与积极结果之间的联系。
2. 公平强化，对问题学生和好学生采用同样的强化规则。

争取班级的出色学生的协助，为全班树立榜样行为。

举例：

1. 请一个好心的学生友善地对待一个孤立和胆小的学生。

2. 当你需要班级开展合作活动，或一开始学生们十分勉强时，请班中地位较高的学生带头做。在外语课的对话活动中或生物课的第一次解剖实验中，被大家推崇的学生可能起到示范作用。

交互决定论

在社会学习理论中，内在和外在的因素都很重要，学习过程中的环境事件、个人因素和行为被视为相互作用。个人因素（信念、期望、态度和知识等）、物质和社会环境（资源、行为结果、其他人和物理环境）以及行为（个体行为、选择和言语）之间相互影响，班杜拉称这种相互影响为**交互决定论（reciprocal determinism）**[1]。

> 根据社会认知理论，人们的行为既不是受内部因素驱使，也不是自动形成或受外部刺激控制的。可以用一个三维的交互影响的模型来解释人类的心理活动，模型中行为、认知和其他个人因素与环境事物彼此相互作用、交互决定。(Bandura, 1986, p. 18)

再略微谈一谈在人类相互影响中交互决定的作用。如果个人因素、行为与环境事件持续的相互作用，那么它们的循环就不断发展和延续下去。例如，一个新学生迟到了，他身上绘有文身，实际上他内心很紧张，希望在新学校里做得更好。但他的迟到和特别的外表，使教师的第一反应带有一点敌意。这个学生觉得受到了侮辱，并以同样的方式回应，于是，教师开始形成了对他的期望，对他更加防备和不信任。而这个学生又认定新学校与他以前的学校一样不值一提，他没有必要作出努力。教师看到学生不努力，也就不花费多少精力指导他，就这样不断循环下去。

社会认知理论研究社会因素对个体的影响——影响的方式是从学习者外部的社会过程到学习者内部的心理活动。但

检查要点：社会学习与社会认知理论

回 顾

区分社会学习理论和社会认知理论。
区分直接操作学习和替代学习。
什么是观察学习的要素？
什么是交互决定论？

应 用

描述如何利用观察学习和模仿帮助本章开始案例中的学生写好书评。

〔1〕 交互决定论——强调个体与环境相互作用的解释行为的观点。

还有一些关于学习的其他观点涉及了更广泛的社会过程,如文化和历史因素、关注人们之间发生的知识建构。这些观点中有许多是来自人类学和社会学,后被引入教育心理学,以帮助我们获得对学习的更完整的认识。这些理论非常有影响,下面将给以介绍。

建构主义和情境化学习

请思考这个案例:

> 一个小孩正躺在儿科病房里,她以前从未去过医院。护士在大厅里通过安在她床头的对讲机和她讲话:"嗨,切尔斯,你怎么样?你需要帮助吗?"这个女孩看起来很疑惑,她没有回答,护士又问了一遍,结果还是一样。最后,护士加重语气:"切尔斯,你在吗?说句话。"小女孩试探着回答:"你好,墙,我在这儿。"

切尔斯碰到一个新的情境——一堵会说话的墙。这扇墙很固执,听起来像一个成年的墙。她不该和陌生人讲话,但对于墙她拿不准。她利用她所知道的和情境提供的信息建构意义和行为。建构主义的学习理论专门研究人们如何形成意义。

建构主义的学习观

建构主义 (constructivism)[1],"当代心理学、认识论和教育中的一个广泛而庞杂的领域"(Von Glaserfeld, 1997, p. 204),哲学家、课程设计者、心理学家、教育家等正广泛使用这一概念,他们大多数人强调"学习者通过个体活动和社会活动对意义和学习所做的贡献"(Bruning, Schraw, & Ronning, 1999, p. 215)。建构主义观点基于皮亚杰、维果斯基、格式塔心理学、巴特雷特和布鲁纳的研究,以及杜威的教育哲学,下面将仅回顾几个方面。[2]

并没有建构主义者的学习理论。认知科学中的大多数理论都包含着一些建构主义的成分,因为这些理论假设个体在解释其在特定情形中的经验时建构了自己的认知结构(Palincsar,1998)。在科学与数学教育、教育心理学与人类学和基于计算机的教育中存在着建构主义者的观点。但是即使很多心理学家和教育家都在使用"建构主义者"这一术语,但具体含义却差异很大(Marshall,1996;Phillips,1997)。一些建构主义者的理论关注个体如何理解;另一些强调共享的社会知识结构的重要性(Driscoll,

[1] 建构主义——强调在理解和掌握信息中学习者的能动作用的理论观点。

[2] 联系与拓展——参考研究:马歇尔(Marshall, H. H.,1992)主编的《重新定义学生学习:教育变化的根源》(*Redefining student learning: Roots of educational change*. Norwood, NJ: Ablex.)。

1994；Iran-Nejad，1990；Perkins，1991；Spiro，Feltovich，Jacobson，& Coulson，1991；Tobin，1990；von Glaserfeld，1990；Wittrock，1992）。事实上，将建构主义者观点加以组织的一种方法是讨论两种形式的建构主义：心理学的和社会的（Palincsar，1998；Phillips，1997）。

心理学的/个体的建构主义

心理学上的建构主义者“关注个体如何建立自己的认知或情感功能的一些要素”（Phillips，1997，p. 153）。这些建构主义者对个体的知识、信念、自我概念或身份认同感兴趣，所以他们有时被称为个体建构主义者；他们都关注人们内在的心理生活。根据这些标准，新近的信息加工理论属于这种建构主义观点（Mayer，1996）。信息加工的学习观点把人的大脑看做是一个信息加工系统。这个系统把感官的东西转化为信号结构（任务、图像或模式），然后加工（复述或详细阐述）这些信息结构以存储和重新获得知识。外部世界被看做是信息输入源，但是一旦有感觉并进入工作记忆阶段，就假设重要的事情已发生在个体的头脑内部（Schunk，2000；Vera & Simon，1993）。

即使信息加工理论者论及理解和知识结构，但很多心理学家认为信息加工是“琐碎的建构主义”，因为个体的建构作用仅仅是建立对外部世界的精确表征（Derry，1992；Garrison，1995；Marshall，1996）。相反，皮亚杰的心理建构主义理论却较少关注“正确”表征，而对个体建构的理解更感兴趣。正如我们在第二章看到的，皮亚杰提出了一个所有人都经历的认知阶段序列。每一个阶段的思维都是建立于并涵盖前一个阶段，同时思维将发展为更具条理和适应性、更不依赖具体事件。皮亚杰特别关注普遍认识的逻辑性和建构，这些认识是不能直接从环境中得来的，如能量守恒或可逆性（Miller，1993）。这些知识来自我们对自身认识或思想的综合与反映，而不是对外部实体的勾画。皮亚杰把社会环境当做人们发展的一个重要因素，但不认为社会的相互作用是改变思维的主要机制（Moshman，1997）。

维果斯基的社会建构主义

如你在第二章看到的，维果斯基认为社会的相互作用、文化工具和活动构成了个体的发展和学习。学习者通过与他人共同参加广泛的各种活动，而借用（内化或误用）一起工作得来的成果，“获得了关于世界和文化的新方法和新知识”（Palincsar，1998，pp. 351—352）。一些理论家把维果斯基归为心理建构主义者，因为他主要是对个体的发展感兴趣（Moshman，1997；Phillips，1997）。但是由于他的理论在解释学习时主要依赖社会相互作用和文化环境，大多数心理学家把维果斯基归为社会建构主义者（Palincsar，1998；Prawat，1996）。某种意义上说，两种倾向他兼而有之。其学习理论的一个优点是给出我们既考虑心理又顾及社会的途径——他在两方面之间架设了连通的桥梁。例如，维果斯基提出最近发展区的概念，最近发展区是孩子能在成年人或更有能力的同伴的帮助(脚手架)下解决问题的一个区域，它被称为是文化与认识相互促进的区域(Cole，1985)。当成年人使用来自文化方面的工具和实践(语言、地图、计算机、织布机或音乐)把孩子引向文化认为有价值的目标(阅读、写作、编织，跳舞)时，文化就生成了认识。当成年人和孩子一起进行新的实践活动和形成解决问题方案，并成为这个文化群体的成果的一部分时，认识即创造了文化(Serpell，1993)。[1]

建构主义，这个术语也用于谈论公众认识如何产生，尽管这不是我们在教育心理学中关注的主要方面，但仍值得给以简要回顾。

社会学的建构主义

社会学的建构主义者(有时称作构成主义者)不关注个体学习，他们关注的是大众学科如科学、数学、经济学或历史学知识的建构。此外，社会学的建构主义者还关注常识、日常信念和对世界的共同理解如何传播给社会文化团体的新成员(Gergen，1997；Phillips，1997)。提出的问题可能包括谁决定什么构成历史、或什么是公共场合适当的举止方式、或如何被选为班长。所有知识是在社会中建构的。而且，更重要的是，在决定由什么构成这些知识中，某些人比其他人更有影响力。教师、学生、家庭和群体之间的相互关系是中心议题。鼓励通过交流理解多种不同观点，传统的知识体系常常受到挑战 (Gergen，1997)。维果斯基的理论也关注认知如何造就文化，所以与社会学的建构主义有一些共同的方面。

不同的建构主义观点提出了一些普遍性问题，但各自给出不同的回答。这些问题从未得到彻底的解决，不同的理论倾向于选择不同的角度。

知识是如何建构的?

不同建构主义观点之间的一个重要分歧体现在关于知识是如何建构的解释上，莫施曼(Moshman ，1982)介绍了三种解释。

1. 外部世界的现实和真理支配知识的建构。个体通过建立准确的心理表象重建外部现实，如建立反映现实事物的命题网络、概念、因果关系和条件—行为产生规则。信息加工理论便持有这种知识观，视知识为在一种情境下建立、并应用于另一种情境的实体 (Cobb & Bower，1999)。

2. 内部过程，如皮亚杰的组织、同化和顺应导致了知识建构。新知识是从已有知

---

〔1〕 联系与拓展——参考研究：菲利普斯(Phillips，D. C.，2000) 主编的《国家教育研究社会 2000 年年鉴》(*The 2000Yearbook of the National Society for the Study of Education* (*NSSE*))，《教育中的建构主义：关于争论问题的观点和第二种观点》(*Constructivism in education*: *Opinions and second opinions on controversial issues*. Chicago，IL：University of Chicago Press.)。

识中概括出来的。知识并不是现实的镜子，是随认知能力而成熟和发展的一种概括。知识也不是非对即错的，随着发展它的内在一致性和组织化逐渐提高。

3. 内部和外部两方面因素都支配着知识建构。认识通过内部因素(认知)和外部因素(环境和社会)的相互作用而提高。维果斯基对认知发展的描述与这一观点相一致 (Bruning, Schraw, & Ronning, 1999)，他认为认知发展是通过掌握和使用文化工具如语言而实现的。另一种体现这种观点的是班杜拉的有关个体、行为和环境交互作用的理论。表 9.2 总结了关于知识如何建构的三种基本观点。

表 9.2 知识如何建构

观点类型	关于学习和知识的假设	代表性的理论
外部定向	知识是通过建立外部世界的表征而获得的，直接的教学、反馈和解释影响了学习，知识精确地反映了外部世界的客观规律。	信息加工理论
内部定向	知识是通过转化、组织和对已有知识的再组织而建构的，即使经验影响了思维，思维又影响了知识，但知识并不是外部世界的一面镜子。探索和发现比讲授更重要。	皮亚杰理论
内部和外部定向	知识是在社会交往和经验的基础上建构的。知识对外部世界的反映是通过文化、语言、信念、人际交往、直接讲授和模仿的过滤和影响而发生。指导下的发现、教授、榜样与训练，连同个体的已有知识、信念和思维都影响着学习过程。	维果斯基理论

世界是可知的吗?

大多数建构主义者都认为人们不能直接感知世界，而一定通过他们理解的过滤，就像切尔斯回答墙那样。但信息加工等理论假设世界是可知的。即使知识建构是个体的，而且还可能包含一些关于世界的错误概念，例如，年幼的孩子有时形成的减法规则是“不论哪个数在前面，只要从较大的数里减去较小的数”。但仍存在着一个客观现实，个体可以把握它。其他建构主义者，包括皮亚杰和维果斯基都不谈论准确概念，而代之以符合逻辑和合理的理解。他们相信我们可以了解世界，因为知识建构是合理的过程，其中一些建构比其他建构更好，如更符合逻辑、更合理、更站得住脚 (Moshman, 1997)。

另一方面，许多更为极端的建构主义者假设世界是不可知的。这些研究者常被称为**激进的建构主义者 (radical constructivists)**[1]，他们认为所有知识都是在文化和社

〔1〕 激进的建构主义——声称所有知识都是个体建构的和同样有效的知识和学习的理论。

会环境中个体建构起来的，激进的建构主义者不关心准确和真实的世界表征。

> 激进的建构主义者坚持认为我们生活在一个相对论的世界里，这个世界只可能从个体化的独特角度来理解，个体的观点是通过在社会/物质环境中的验证性活动建构的。因此，任何人的观点都不应被视为歪曲事实或不如其他人的正确，虽然某个人的观点完全可能比其他人的更有用。(Derry, 1992, p. 415)

走向极端的相对主义，面对的困难是所有知识和信念是平等的，因为它们都是被建构起来的。对教育家来讲存在这样一些问题，首先，教师有责任强调某些价值，如倡导诚实或公正、而不是固执，所有信念并不是平等的。作为教师我们要求学生努力学习，如果所有理解同样好，学习便不会促进理解，那么，正如戴维·莫施曼(David Moshman, 1997) 指出的："我们只让学生继续相信他们所相信的一切就足够了。"(p. 230)而且，某些知识如计算和一一对应，看起来不是建构的，而是普遍概念，知道一一对应是作为人的一部分 (Geary, 1995; Schunk, 2000)。

知识：情境化的还是概括化的？

划分许多建构主义者观点的最后一个问题是：知识是内在的、概括的、可迁移的？还是与建构知识的时间地点联系在一起的？强调知识的社会建构和**情境化学习 (situated learning)**〔1〕的心理学家，坚持维果斯基关于学习必然是社会的和存在于一个特定的情境中的观点 (Cobb & Bowers, 1999)，在某个时间和地点是正确的"事实"——例如在哥伦布时代之前的"地球是平的"——在另一个时间和地点却是错误的。特定的知识对某个特定的**实践群体(community of practice)**〔2〕是有用的，例如 15 世纪的航海，对那个群体以外的人没有用处。什么被看做是新知识，部分决定于这种新的观点能否适应目前普遍存在的实践活动。随着时间推移，现行的规则可能受到质疑，甚至被推翻，但在产生主要的替代观念之前，现行的规则将仍被视作有效。

情境化学习强调真实世界与学校里的学习不同，它更接近学徒情境，一个新手在专家指导和示范的支持下，承担越来越多的责任，直到他们能独立工作。持情境化学习观点的人认为，这一理论可以解释工厂的学习、餐桌上的学习、高中学校餐厅里的学习、街头的学习、办公室的学习和操场上的学习。

情境化学习常被描述为"适应文化"，或接受某个特定群体的常规、行为、技能、信

---

〔1〕 情境化学习——将技能、知识与获得它们的情境联系起来，并认为知识和技能很难应用于新情境的观点。

〔2〕 实践群体——某些观念被判断为有效和正确的社会情境和环境。

念、语言和态度。群体可能是数学家、棒球队员、作家、八年级学生或足球队员——任何一个有特定思维和行为方式的群体。知识不被看做是个体的认知结构，而是随着时间推移积累的群体创造产物。群体的实践——如相互影响和解决问题的方式和群体创造的工具——构成了那个群体的知识。学习意味着更好地参与到那些实践中和更好地使用工具（Cognition and Technology Group at Vanderbilt University，1990，1993；Derry，1992；Garrison，1995；Greeno，Collins，& Resnick，1996）。[1]

从最基本的角度说，“情境化学习……强调多数学习内容都与其发生时的特定情境相连”（Anderson，Reder，& Simon，1996，p. 5）。因此，一些人认为，在学校里学习计算可以有助于学生做更多学校的计算功课，但不能帮助他们结算收支，因为这些技能只能应用于学习时的情境，即学校情境（Lave，1988；Lave & Wenger，1991）。

有证据表明许多学习与其发生时的情境相连，但显然知识和技能可以应用到与最初学习情境不同的环境中。如你可以阅读和计算自己的所得税，即使所得税表并不是高中课程的一部分（Anderson，Reder，& Simon，1996）。因此学校情境中的学习并不注定是无用的或不适用的。正如你在第八章中所看到的，教育心理学和教育中的一个主要问题是关心特定和概括的知识以及知识从一个情境到另一个情境的迁移。如何促进迁移？在下一个部分将会涉及。

建构主义者观点的共同要素

我们已经分析了建构主义者的几个观点分歧，但他们的一致之处是什么？虽然没有一个单一的建构主义理论，但许多建构主义者强调：

- 复杂、具有挑战性的学习环境和真实的任务。
- 社会协商和分担责任是学习的一部分。
- 内容的多元表征。
- 理解知识是被建构的。
- 以学生为中心的教学（Driscoll，1994；Marshall，1992）。

在我们讨论特定的教学方法前，我们先详尽地分析这几个建构主义教学要素。[2]

---

〔1〕 联系与拓展——参考研究：加德纳（Gardner，H.，1991）《天生的头脑：儿童如何思维与学校应该如何教》（*The unschooled mind: How children think and how schools should teach*. New York: Basic Books.）；加德纳（1993）《教育天生的头脑：科学与公共政策研讨会》（*Educating the unschooled mind: A science and public policy seminar*. Washington，DC: American Educational Research Association.）；布兰特（Brandt，R.，1993）《关于为了理解的教学：与霍华德·加德纳的交谈》（On teaching for understanding: A Conversation with Howard Gardner），载于《教育领导学》（*Educational Leadership*），第50(7)卷，第4—7页。

〔2〕 联系与拓展——参考杂志：《教育领导学》1993年4月有关真实学习的特刊，本期中有25篇文章，从与霍华德·加德纳的访谈到描述国内战争再现。

复杂的学习环境和真实任务

建构主义者相信不应给学生分解的、简单化的问题和基本技能训练，学生应面对**复杂学习环境(complex learning environments)**[1]，应付繁杂的、不良结构的问题。学校以外的世界很少有简单问题或一步步的指南，因此学校应保证学生有解决复杂问题的经历。复杂问题并不就是困难问题，复杂问题有许多部分，在问题中有多个相互作用的元素，可能有多种解决办法，不存在一个达到结论的正确途径，每一个解决方案都可能带来一些新的问题。复杂问题应包含在真实的任务和活动中，学生将所学应用到现实世界时将面对的情境 (J. S. Brown, 1990; Needles & Knapp, 1994; Resnick, 1987)。当学生解决复杂问题时，他们可能需要支持，帮助他们发现资源、保持前行的轨迹、将较大的问题分解为较小的问题等等。建构主义者的这一观点与情境化学习一致，强调在未来应用知识的情境中学习知识。

社会协商

许多建构主义者同意维果斯基的观点，认为高级的心理过程是通过**社会协商(social negotiation)**[2]和相互交往发展起来的。因此，认为学习中的合作非常有价值。语言发展和超媒体集团(the Language Development and Hypermedia Group)(1992)建议教学的一个主要目标是促进学生形成和维护自己的观点，同时尊重他人观点，共同协商和共同建构意义。为了实现交流，学生必须彼此交谈和倾听。对于生活在像美国这样的个人主义和竞争性文化中的孩子来讲，在协商和联合建构意义时采取所谓**主体间态度(intersubjective attitude)**[3]是个挑战。主体间态度就是承诺通过发现共同见解和交流彼此的理解与他人建立共同的意义。

内容的多种表征

当学生只面对一个榜样、一种分析、一种对复杂问题的理解时，他们经常过于简单化地试图在每个情境中应用同一种方法。我在教育心理学课堂上就看到这种情况，六个学生展示指导性发现学习的例子，他们的例子几乎是我曾提供的示范的翻版，他们只知道一种发现学习的形式。课堂资源应利用不同的类比、例子和比喻，为学生提供**内容的多种表征(multiple representations of content)**[4]。

兰德·斯皮德(Rand Spiro)和他的同事(1991)建议“在不同时间、在重整的环境中、在不同的目标和观点下，重新学习同一个材料对于达到高级知识获得的目标

[1] 复杂学习环境——模拟现实生活不良结构自然状态的问题和学习情境。
[2] 社会协商——依赖于与他人的合作和尊重不同观点的学习过程。
[3] 主体间态度——承诺通过发现共同见解和交流理解与他人建立共同的意义。
[4] 内容的多种表征——利用不同的类比、例子和比喻思考问题。

是必要的”(p. 28)。这一观点与杰罗姆·布鲁纳(Jerome Bruner,1966)的**螺旋课程(spiral curriculum)**[1]相一致,这种教学模式向学校低年级学生介绍所有学科的基本知识结构——“大概念”,然后随着年级升高,以越来越复杂的形式再次学习这些学科。[2]

理解知识建构过程

你在本书中已接触到元认知——关于自己心理过程和自己如何学习的认识。建构主义方法常常超出帮助学生理解自己的元认知过程,而是使学生意识到自己在建构知识中的作用(Cunningham, 1992)。我们提出的假设、我们的信念和期望形成了我们各自对世界的理解。不同的假设和不同的经验导致不同的认识。建构主义者强调对知识建构过程理解的重要性,以便学生意识到形成其思维的影响因素,因此他们能够以自我批判的方式选择、发展和维护自己的观点,同时尊重其他人的观点。

检查要点:建构主义和情境化学习

回 顾

描述三种建构主义。

建构主义者在知识来源、准确性和概括性上的不同观点是什么?

建构主义学习观的四个共同主张是什么?

应 用

解释如何利用建构主义的方法帮助本章开始案例中的学生写好读书心得。

以学生为中心的教学

“尽管对建构主义理论有几种解释,但大多数人同意它主要涉及令人注目的教学中心的转变,将学生自己努力去理解置于教学活动的中心”(Prawat, 1992, p. 357)。以学生为中心的教学并不意味教师放弃指导的责任。由于教学设计是本书的中心问题,下面我们将讨论以学生为中心教学的几个例子。

建构主义和情境化学习观的应用

在这部分中,我们将分析四种具体的以学生为中心的教学方法:探究与基于问题的学习、合作学习、对话和教学交谈以及认知学徒。

---

〔1〕 螺旋课程——布鲁纳提出了的模式:向学校低年级学生介绍所有学科的基本知识结构,随着年级升高,以越来越复杂的形式再次学习这些学科。

〔2〕 联系与拓展——参考研究:康弗里 (Confrey, J. ,1990) 的《建构主义对教学意味着什么?》(*What constructivism implies for teaching*),戴维斯、梅尔和诺丁斯(R. Davis, C. Maher, & N. Noddings)主编的《数学教与学的建构主义观点》(*Constructivist views on the teaching and learning of mathematics*. Monograph 4 of the National Council of Teachers of Mathematics, Reston, VA),第107—122页。

探究与基于问题的学习[1]

1910年约翰·杜威(John Dewey)描述了**探究学习(inquiry learning)**[2]的基本形式,虽然这一策略已有许多不同的变式,但它通常包括以下要素(Pasch, Sparks-Langer, Gardner, Starko, & Moody, 1990):

教师提出一个令人困惑的事件、一个疑问或问题,学生将:

- 形成解释事件和解决问题的假设;
- 收集数据检验假设;
- 得出结论;
- 反思最初的问题和解决问题的思维过程。

探究举例

在一种探究活动中,教师呈现一个问题,学生为了解决这个问题,他们可以向教师提出"是或否"的问题、收集数据和检验假设。这使教师可以监控学生的思维和指导这个过程。下面是一个例子:

1. 教师提出一个矛盾事件。教师在一张纸上轻轻地吹气,这张纸升高了,教师请学生发现它为什么升高。

2. 学生提问题以收集更多的信息和抽取相关变量。教师只回答是或否,学生问"温度是否重要",教师回答"不",学生问"是否需要特殊的纸",教师回答"不",学生问"空气压力与纸升高是否有关系",教师回答"是",就这样继续下去。

3. 学生检验因果关系。学生问"是否是纸上面的气引起了纸上升",教师回答"是"。学生又问"气体的快速运动是否造成纸上的压力减少",教师回答"是",接下来他们用其他材料检验这个结论。

---

〔1〕 联系与拓展——联系你的教学:约翰·克罗宁(John Cronin)列出了普遍存在的有关真实教学的四个错误概念。

错误概念1:如果不带学生去西班牙,他们就不可能学好西班牙语。与以西班牙语为母语的人一起生活,是学习这种语言的最好成绩方法,这一事实并不意味在教室对话中使用这种语言的方法就很差。假如你不能带他们去西班牙,就请寻找简便易行的方法使学习更加真实。

错误概念2:如果没有厨师执照,就会挨饿。你不需要特别的训练或资料来创设真实的教学。好教师已这样做了许多年。

错误概念3:如果它不是那么有趣,那么就不是真实的。重要的学习和有价值的生活技能并不总是有趣的。自律是真实成长的一部分。

错误概念4:如果想学习弹奏钢琴,你必须从掌握肖邦的钢琴曲开始。不是所有的学习都必定是复杂的,一些重要的生活技能是简单的。

克罗宁(1993)的《关于真实学习的四个错误概念》(Four misconceptions about authentic learning),载于《教育领导学》(*Educational Leadership*),第50(7)卷,第78—80页。

〔2〕 探究学习——是教师提出问题、学生通过收集数据和检验结论解决问题的方式。

4. 学生形成一个概括化的规则:“如果一个物体上面的气体比下面的气体运动快,那么上面的气体压力就小于下面,这个物体就升高了。”以后通过进一步的实验拓展学生对这个规则的理解。

5. 教师引导学生讨论他们的思维过程。什么是重要的变量? 如何将原因和结果联系起来? 等等。(Pasch et al. , 1991, pp. 188—189)

雪莉·马格努森和安玛丽·帕林克萨(Shirley Magnusson & Annemarie Palincsar)编制了一套规划、实施和评价探究科学单元不同阶段的教师指南(Palincsar, Magusson, Marano, Ford, & Brown, 1998),图 9.1 呈现的是“支持多种素质的指导性探究”模型(*Guided Inquiry Supporting Multiple Literacies*, or GIsML)。

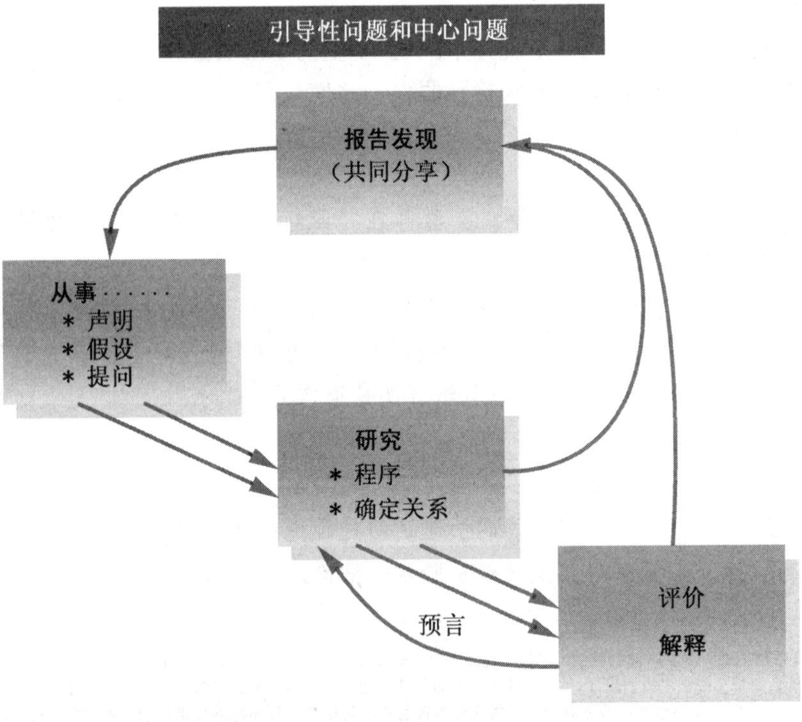

直线表示教学中阶段次序,曲线表示教学中可能被重复的部分。

图 9.1　用于指导教师思考基于探究的科学教学的模型

Source: From “Designing a Community of Practice: Principles and Practices of the GIsML Community,” by A. S. Palincsar, S. J. Magnuson, N. Marano, D. Ford, and N. Brown, 1998, *Teaching and Teacher Education*, *14*, p. 12. Adapted with permission.

教师首先找出一个课程主题和概括性引导问题。例如，一位小学教师选择交流作为主题，他问的概括性问题是："人类和动物如何交流和为什么交流?"下面提出几个具体问题，鲸如何交流？大猩猩如何交流？必须仔细选择具体问题，以引导学生理解。理解动物交流的一个关键是动物的结构、生存功能和生活环境的关系。动物有特别的结构如大耳朵或回音探测器，它们的功能是寻找食物或吸引异性或识别天敌，而且这些结构和功能与动物的生存环境相关。因此，具体问题必须涉及交流结构不同、赖以生存的本领和生存环境不同的一些动物。如果问题只涉及那些结构相同、生存环境相同的动物，它们将不会成为好的探究起点（Magnusson & Palincsar，1995）。

下一个阶段是让学生进行探究，可能通过播放不同的动物声音，请学生猜测和判断交流的内容，对他们的猜测和判断提问。然后学生进行第一手资料和第二手资料的探究，第一手资料探究是获得直接的经验和做实验，例如测量蝙蝠眼睛和耳朵占身体的比例(利用图片或录像，不是测量真的蝙蝠)。第二手资料探究时，学生查阅书籍、互联网、访问专家等等，寻找特定信息或获得新的观点。作为探究的一部分，学生开始识别模式。表 9.1 中的曲线表示重复的循环。事实上，在学生形成最后的解释和报告前，他们可能进行重复多次探究、模式识别和报告结果。还可能在评价解释、做报告、检查预测和在新情境中应用解释之间进行多次重复。

探究教学使学生可以同时掌握内容和过程。在上面的例子中，学生学习了气体压力的影响、飞机如何飞行、动物的交流和生存环境。另外，他们学习了探究过程本身——如何解决问题、评价解决方案和批判性思维。探究与指导下的发现学习有许多共同点，它既有优点，也有不足。像发现学习一样，探究方法要求大量的准备工作、组织工作和监控，以保证每个学生都投入其中和面临挑战（Kindsvatter，Wilen，& Ishler，1988）。

基于问题的学习

在**基于问题的学习(problem-based learning)**[1]中，学生面临一个对他们来讲有意义的真实问题，这个问题引发他们在相互合作发现解决方法的过程中进行探究。在真正的基于问题的学习中，问题是真实的，学生的行为是关键。例如，一位教师利用现实事件鼓励学生阅读、写作和进行社会学习的问题解决：

> 小学教师凯思琳所教的班级学习了阿拉斯加原油泄漏事件，她带来一篇报纸上的文章，是以航海日记的体例记录了威廉王子海湾的原油泄

[1] 基于问题的学习——向学生提供未必存在所谓"正确"答案的真实问题的教学方法。

> 漏事件。为了使学生做好理解这篇文章的准备，她请学生一起来建立背景资料。首先，他们利用地图、百科全书和图书馆的书籍收集和分享相关信息。接下来，她用石油涂在一个物体上来模拟原油泄漏，此时，同学们都已迫不及待地想读那篇文章了。（Espe, Worner, & Hotkevich, 1990, p. 45）

他们阅读和讨论了这篇报纸文章之后，教师请学生想像如何预防问题的发生。学生们必须解释自己建议的解决方法并提供依据。下一周，学生阅读了另一篇关于他们所在州的人们如何帮助阿拉斯加清除污染的文章。教师问学生是否想参加这一活动，学生热情地回答“想”。学生设计了海报和讲演，号召捐献清洁毛巾用于清洁威廉王子海湾被石油浸泡的动物。全班学生往阿拉斯加寄了四大箱毛巾。教师和学生的阅读、写作、研究和谈话都是为了解决一个真实的问题(Espe, Worner, & Hotkevich, 1990)。学生研究项目的另一些真实问题是当地河流的污染、学校中的学生暴力、为班级项目筹款或为年幼儿童建立运动场。表 9.3 概括了教师在基于问题的学习中的角色。

表 9.3　基于问题学习中的教师角色

阶　段	教　师　行　为
阶段 1 使学生关注问题	教师描述教学目标，讲述重要的准备工作，激励学生进行自我定向的问题解决活动。
阶段 2 组织学生进行研究	教师帮助学生确定和组织与问题有关的研究任务。
阶段 3 辅助独立的和小组的探究	教师鼓励学生收集适当的信息、做实验和寻求解释与解决方案。
阶段 4 形成和展示作品和证据	教师帮助学生规划和准备适当的资料如报告、录像和模型，帮助他们分享彼此的工作。
阶段 5 分析和评价问题解决过程	教师帮助学生反思他们的探究和经历的过程。

Source: From *Classroom Instruction and Management* (p. 161), by R. I. Arends, New York: McGraw-Hill. Copyright © 1997 McGraw Hill. Reprinted with permission.

从影响学生生活的角度看，有些问题并不真实，但它们却引人入胜。例如，温德比尔特大学的认知和技术小组（the Cognition and Technology Group）研制了一套基于录像光盘的学习情境，其内容针对五六年级学生的数学教学。这套系列叫做《杰斯波·武德伯里探险记》(*the Adventure of Jasper Woodbury*),它向学生呈现复杂情境,其中需要发现问题、分解目标和应用数学、科学、历史以及文学知识解决问题。虽然这些情境是复杂的和生活化的,但可以利用故事中的数据来解决问题。例如,在一次探险中,杰斯波驾驶一艘小摩托艇前往雪松小溪,去察看一艘他想购买的旧巡洋舰。沿途他需要查阅地图、使用航海无线电台、处理燃料和修理问题、买巡洋舰,最后决定是否有足够的燃料和时间驾驶巡洋舰在天黑之前回到家里。探险之后常常可让学生利用从中学到的知识继续解决现实生活问题。例如,在学生为杰斯波探险中假想的一群孩子设计运动场之后,他们可以为一个学前班孩子建一个真正的游乐室。

这套系列中有12个不同的探险经历,研究表明从四年级的小学生到高中学生都可以进行这些探险活动(CTGV, 1990),当学生组成小组一起解决问题时,他们十分积极踊跃,甚至数学技能不足的小组成员也可对解决方案有所贡献,他们可能注意到录像中的关键信息或建议采用新的途径和方法。

温德比尔特大学的认知与技术小组称这种基于问题的方法为**支点式教学(anchored instruction)**[1]。支点就是一个丰富而有趣的情境,它提供了一个中心主题——设立目标、规划和运用数学工具解决问题的理由。要达到的结果是形成有用而又灵活的知识,而不是只记住但不能应用的惰性知识(CTVG, 1996; Whitehead, 1929)。

学习中的小组活动与合作

小组学习(group learning)与合作学习(cooperative learning)这两个术语常在同样的含义下使用。实际上,小组活动就是几个学生一起活动,他们可能合作,也可能没有合作。

小组中的活动

许多活动可以在小组中完成,例如学生可以一起完成一项本地调查:人们对新建一个购物商场的规划的态度如何?社区支持还是反对建造一个核电厂?如果生物课上学生必须学习10个新定义,为什么不让学生把术语分配到不同小组,然后互相指导。然而,要保证小组里每个人都有事可做,有时一个小组的全部工作最后落到一两位学生身上。

小组活动可能是有用的,但真正的**合作学习(cooperative learning)**[2]并不仅仅

〔1〕 支点式教学——基于问题学习的一种形式,以一个复杂的、有趣的情境作为学习的支撑点。
〔2〕 合作学习——学生在能力异质的小组里学习并根据小组的成功给予奖励的教学组织形式。

要求简单地把学生分成小组，下面将讨论这个问题。[1][2][3]

超越小组的合作

美国教育中协同合作的学习有很长的历史。20 世纪初期，约翰·杜威批评教育中利用竞争，鼓励教育者将学校建成为民主的学习社区。20 世纪四五十年代，这些理念由盛到衰，被竞争性的重新兴起所取代。60 年代，在个体化的学习和合作学习之间来回摇摆，部分原因是来自对公民权利和种族关系的关心（Webb & Palincsar, 1996）。

今天，发展中的建构主义学习观激发了对合作学习的兴趣。正如前面所看到的，建构主义教学的两个特征是复杂而真实的学习环境和社会交往。随着教育者对真实环境下学习的关注，"他们更感兴趣于有他人支持的学习以及将精细加工、理解、解释、讨论与小组活动相整合的学习情境"（Webb & Palincsar, 1996, p. 844）。

不同的建构主义出于不同的原因赞成合作学习。信息加工理论指出小组讨论的价值是帮助参与者复述、精细加工和扩展他们的知识。当小组成员相互提问和解释时，他们不得不组织自己的知识、形成联系和进行复习——所有过程都支持信息加工和记忆。皮亚杰理论的支持者提出小组内的相互作用可能造成认知冲突和失调，这将导致个体对自己的理解提出疑问，并努力发现新的观念，正如皮亚杰(1985)所说："超出现有的认知，在新的方向上努力"(p. 10)。赞成维果斯基观点的建构主义者指出社会交往对于学习非常重要，因为高级的心理功能如推理、理解和批判性思维起源于社会交往，然后再被个体内化。儿童在能独自完成智力任务之前，可以在社会支持下完成。因此合作学习提供了学生学习新内容的社会支持和支架。表 9.4 概括了建构主义不同观点提出的合作学习的作用，描述了每一种合作小组的要素。

---

〔1〕 联系与拓展——联系你的教学：《合作学习》(Cooperative learning, 1986, September)，载于《哈佛教育简讯》(*Harvard Education Letter*)，第 2(5)卷，第 4—6 页。这篇文章描述了 STAD 和罗杰(Roger) 与戴维·约翰逊(David Johnson)的观点。正如斯坦福大学的内尔·诺丁斯(Nel Noddings)所注意到的，合作学习的一个优点是"与全班活动相比，儿童解决问题时考虑得更深入和更细致，在没有教师赞同或反对他们提出的解决方案时，他们仍用一些时间讨论策略。"小组中孩子经常叫道："等等！"诺丁斯不知道有多少学生愿意让整班的教学慢下来，直到他们觉得真的理解。

〔2〕 联系与拓展——参考研究：斯莱文(Slavin, R. R., 1991)的《关于合作学习的研究综述》(Synthesis of research on cooperative learning)，载于《教育领导学》(*Educational Leadership*)，第 48(5)卷，第 71—82 页。讨论问题：什么时候合作学习最有效？与哪些学生合作最有效？

〔3〕 联系与拓展——参考杂志：《合作学习》(Cooperative Learning, 1990)(专栏)，载于《教育领导学》第 47(4)卷，第 4—67 页；《合作学习》(Cooperative Learning, 1990)(专栏)，载于《教育领导学》第 48 卷，第 71—95 页。

表 9.4 不同目标下的合作学习的形式

不同的合作学习的形式适于不同的目的，需要不同的结构，并有各自可能遇到的问题和解决的方法。

	精细加工	皮亚杰学派	维果斯基学派
小组规模	小(2—4 人)	小	双数
小组构成	异质或同质	异质	异质
任务	复述或综合	探究	技能
教师角色	促进者 提供帮助	促进者	榜样或指导者
潜在问题	不平等的参与 直接指导如何提供帮助	没有认知冲突 使辩论组织化	提供足够的时间/对话 直接指导如何提供帮助
预防问题	示范提供帮助 模拟交互作用		示范提供帮助

Source: From "Learning from Peers: Beyond the Rhetoric of Positive Results," by A. M. O'Donnell and J. O'Kelly, 1994, *Educational Psychology Review*, *6*, p. 327. Copyright © 1999 by Plenum Publishing Corporation. Reprinted with permission.

小组必须是合作的——所有成员必须参与进来。但正如教师和家长所了解的，并不是把孩子们分到小组里合作就可自动发生。我的同事安吉拉·奥唐奈(Angela O'Donnell)和吉姆·奥凯利(Jim O'kelly)描述了一位声称采用了"合作学习"的教师，他让学生配对完成一篇论文，每人写一部分。不幸的是，允许他们不在一起活动，没有为他们提供合作的社会技能方面的指导。学生的分数是基于各自完成的部分，再根据整篇文章给小组评分。一个学生得了 A，但他的小组得 C，因为他的同伴只得了 F——他从未承担任何小组工作。因此一个学生因一个自己无法控制的原因而受到 C 分的惩罚，同时另一个学生没有做任何工作却得到 C 分的奖励。这不是合作学习——它甚至不是小组活动 (A. O'Donnell & J. O'kelly, 1994)。让我们先来看看合作学习可能会遇到什么问题，然后，再考虑如何避免这些问题。[1]

[1] 联系与拓展——参考其他章节：第十章将讨论，归属的需要处于马斯洛需要层次的第三个水平，维护关系的需要非常强烈，我女儿受到老师的严厉批评，因为她在课堂上把笔记传来传去。我女儿的解释是，午饭时有个争论，"……我们必须把这个问题搞清楚。"

可能的问题：误用小组学习

缺乏认真计划和教师的监控，小组的相互作用可能阻碍学习，削弱而不是促进班级的社会关系。例如，如果在小组中存在保持一致的压力——可能因为误用奖励或一个学生主导其他学生——从而使得相互作用没有意义和不深刻，错误概念可能被强化，或者采用了最差而不是最好的观点建构肤浅的理解（Battistich，Solomon，& Delucci，1993）。还有，无论学生的观点是否有价值，地位低的学生的想法可能被忽视，或者甚至受到嘲讽，而地位高的学生的发言被接受和受到强化（Anderson，Holland，& Plincsar，1997；Cohen，1986）。下面是玛丽·麦卡斯兰和汤姆·古德（Mary McCaslin & Tom Good，1996）列举的小组学习的其他缺点：

- 学生经常看重过程或程序而不是学习，追求速度和最终的结果使得程序主宰着思维和学习。
- 学生支持和强化了错误概念，而不是挑战和纠正错误概念。
- 社会化的人际间的关系使程序占据了主导。
- 学生可能只是从依赖教师转向依赖小组的“权威”——学习仍然是被动的，学到的可能是错误的。
- 地位差异可能被加大而不是减小。一些学生学会了“闲荡”，因为他们的存在对于小组无关紧要。而另一些学生却认为如果没有小组的支持他们不可能理解。

下一部分，我们将分析教师如何避免这些问题，以及如何鼓励真正的合作。

形成合作的学习活动

戴维和罗杰·约翰逊(David & Roger Johnson，1999)罗列了界定真正的合作学习小组的5个要素：

- 面对面的交流
- 积极的相互依赖
- 个人责任明确
- 合作技能
- 小组活动过程

学生都要面对面交流和聚在一起，当然不是整堂课如此。小组成员体验积极的相互依赖——他们需要相互支持、解释和指导。即使他们在一起活动和相互帮助，小组成员最终必须依靠自己来学习——常常通过个别测验和其他评价，使他们承担学习的个人责任。合作技能对于有效的小组活动是必要的，如给予建设性的反馈、达成一致和调动每一个成员，这些技能通常必须在小组处理学习任务前教给学生和进行练习。最后，小组成员监控小组的活动过程和相互关系，以确保小组活动有效进行和了解小组的动态变化。学生要花些时间考虑"作为一个小组我们工作得怎么样？是否每个人都参与了？"

建立合作小组

一个合作小组应该有多少人？这要依学习目的而定。如果小组的学习目标是回忆、复述信息或进行练习，那么 4 到 5 或 6 个人可能是合适的规模。但如果目的是鼓励每个人参与讨论、解决问题或计算机学习，那么 2 到 4 个人一起工作最好。还有，在建立合作小组时，通常要保证小组中男女生人数的平衡。一些研究表明，如果小组里女孩少，她们倾向于被排斥在讨论之外，除非她们非常有能力和非常自信。相反，当小组里只有 1、2 个男孩，他们倾向于支配他人或成为女孩子的"咨询者"，除非他们能力不如女孩或非常害羞。总的来讲，对于非常害羞和内向的学生，独自学习可能是更好的方式(O'Donnell & O'Kelly，1994；Webb，1985；Webb & Palincsar，1996)。无论具体情况如何，教师必须监控小组，以确保每个人都在参与和学习。

实际上，小组的学习效果是变化的，这依赖于小组中实际发生的情况和小组中的成员。如果只有少数人承担活动的责任，这些人将在学习，但那些没有参与的成员可能没有学习。那些提问题、得到回答和努力解释的学生比那些不提问不回答的学生更可能学习。事实上，有证据表明一个学生在小组中提供详细而富有思想的解释越多，他学习到的就越多。作出好的解释显然比得到一个好的解释更重要(Webb & Palincsar，1996)。为了作出解释，你不得不组织信息、把它变成自己的话、思考例子和类比(与你已知的内容联系起来)，以及通过回答问题检验你的理解。这些都是很好的学习策略(King，1990；O'Dannell & O'Kelly，1994)。

一些教师给学生分配角色，鼓励他们合作和充分参与。表 9.5 中描述了几种角色。如果你采用这些角色，要确定这些角色能支持学习。如果小组的核心任务是练习、回忆或掌握基本技能，那角色就应支持坚持、鼓励和参与。如果核心任务是高级的问题解决或复杂的学习，角色就应鼓励深入的讨论、分享认识和洞察力、探查、"头脑风暴"和创造性。确保你不曾向学生传达所谓小组学习就是简单地按程序规则行事的观念。角色是学习的支持，其价值并不在于它本身(Woolfolk Hoy & Txchannesn-Moran，1999)。

根据小组的目的和参与者的年龄分配角色可能有助于学生的合作和学习。当然，可能需要教学生如何有效地担当这些角色，而且这些角色应该是轮换的，学生可以参与小组学习的不同方面。

表9.5 合作学习小组中的学生角色

角色	描述
鼓励者	鼓励不主动或害羞的学生参与
称赞者/啦啦队队长	对他人的观点表示赞赏，承认成果
守门人	使参与者平等，确保没有人处于支配地位
教练	提供学术方面的帮助，解释概念
提问指挥	确保所有学生都提问题，并得到回答
检查员	检查小组的理解
工头	保持小组专心工作
记录员	记录观点、决定和计划
反思者	使小组保持对进展(或缺乏进展)的了解
安静指挥	监控噪音水平
资料监控者	收集和归还资料

Source: From *Cooperative Learning*, by S. Kagan, 1994, San Clemente, CA: Kagan Cooperative Learning, 1(800) WEE CO-OP. Copyright © 1994 by Kagan Cooperative Learning. Adapted with permission.

拼图式

拼图式 (jiasaw)[1]是一种早期的合作学习方式，它强调彼此的高度依赖。给每个小组成员一部分资料去学习，对于自己阅读的这份资料来讲他是“专家”，学生们必须相互教，因此每个人的贡献都很重要。另一个较新的版本——拼图式第二代，是让不同小组中阅读同一份材料的学生组成一个专家小组，他们一起讨论以保证对材料的理解，并计划如何把其中的信息教给各自小组的学生。接下来，他们回到自己的学习小组，带回“专家的见解”。最后，学生接受一项涉及所有资料的个别测验，根据小组总的成绩评分。小组可能为了奖励而学习，或仅仅是为了得到赞赏(Slavin, 1995)。

朱蒂·皮茨(Judy Pitts,1992)描述了一门关于如何在图书馆做研究的课程，它采用了拼图式，每个小组的研究项目是为班级提供一个国家的情况。每个小组要决定选择展示哪些信息和如何让班上同学对此感兴趣。在图书馆里，每个小组成员负责精通一种特定的信息资源(《读者指导》、《新闻库》、参考书目、年鉴等等)，如果需要还要教给其他成员使用这种工具。学生首先在专家组学习使用某种信息资源，以确定所有“教师”都知道如何使用它们。

在这个班级里，学生面对复杂的现实生活问题，而不是简单化的作业。他们通过亲自做和教其他人来学习，必须确定自己的观点并维护它们——例如我们应该怎样向

〔1〕 拼图式——一种合作结构，小组的每个成员都有责任教其他成员。

全班介绍有关土耳其的情况——同时要对其他人的观点持开放态度。他们可能遇到同一个内容的不同呈现方式——图、数据、地图、谈话或百科全书——必须整合来源不同的信息。这一课程可以成为建构主义方法许多特征的范例，但它最重要的特征是，通过实际做使学生得到了一次学会如何在图书馆做研究的机会。

交互提问

另一种合作方式可用于各种年龄的学生和不同的学科，**交互提问(reciprocal questioning)**〔1〕不要求特定的材料或测验方法。在课后或教师讲授之后，2 到 3 个学生组成一组，互相提问和回答问题(King, 1990, 1994)。教师提供问题主干(见图 9.2)，然后教学生在一般问题主干上形成有关学习材料的具体问题。学生想好自己的问题，然后轮流提问和回答。已证明这种方法比传统的小组讨论更有效，因为它似乎鼓励了更深层的思维。有些问题似乎非常有效，如图 9.2 中“提示卡”上的问题，它们鼓励学生将教学内容与已有的知识和经验联系起来。〔2〕

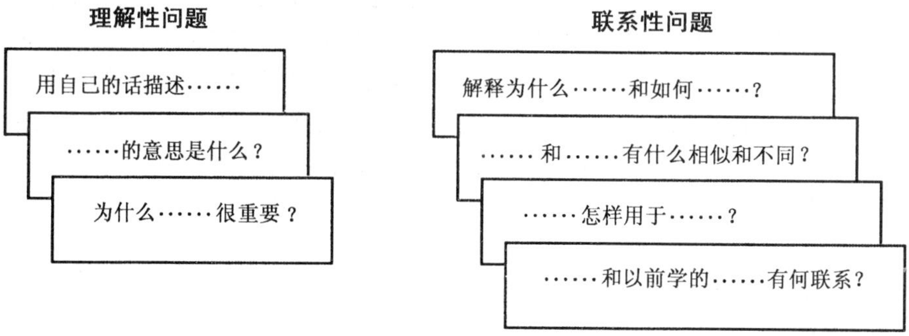

学习某些内容或上完一堂课之后，配对的学生利用提示卡提问题和共同回答这些问题。

图 9.2 指导对话的交互提问提示卡

Source: From “Guiding Knowledge Construction in the Classroom: Effects of Teaching Children How to Question and How to Explain,” by A. King, 1994, *American Educational Research Journal*, *31*, p. 345. Copyright © 1994 by the American Educational Research Association. Adapted with permission.

互评式合作

唐纳德·丹塞罗(Donald Dansereau)和他的同事提出了一种配对学习的方法，称

〔1〕 交互提问——在课后或教师讲授之后，2 到 3 个学生组成一组，互相提问和回答问题。

〔2〕 联系与拓展——参考研究：金(King, A., 1990)《通过交互提问提高课堂中的同伴交互作用和学习》(Enhancing peer interaction and learning in the classroom through reciprocal questioning)，载于《美国教育研究杂志》(*American Educational Research Journal*)，第 27 卷，第 664—687 页。

作**互评式合作(scripted cooperation)**[1]。学生可以用这种方法完成任何任务，包括阅读课文、解决数学问题或修改写作草稿。例如，在阅读中，两个伙伴读一段文章，然后一个学生做口头总结，另一个学生对总结给予评价，指出遗漏或错误。接下来，两人一起深入分析信息——形成联系、图像、记忆方法、与以前内容的联结、举例、类比等等。在阅读下一段时，两人交换总结和评价的角色，这样不同轮换直到完成任务(Dansereau, 1985, O'Donnell & O'Kelly, 1994)。

合作学习的形式还有许多，第十一章你将看到强调通过小组活动和组间竞争提高动机的方法。斯潘塞·卡根(Spencer Kagan, 1994)已广泛阐述了这个问题，并提出了许多模式。

另一种依赖相互作用的建构主义方法是教学交谈。

对话和教学谈话

维果斯基认知发展理论的一个内在的观点是，重要的学习和理解需要相互作用和交谈。学生需要在他们的最近发展区解决问题，他们需要与教师或其他学生相互作用来为自己提供支架。教学交谈提供这样的机会。**教学交谈(instructional converstions)**[2]起着教学的作用，因为它的设计是为了促进学习，但它们又是谈话的形式，不是讲授或传统的讨论。下面是一个语文小组的谈话片段，学生来自三年级的双语班(Moll & Whitmore, 1993)。这段交谈说明了参与者如何通过交流共同的经验促进彼此的学习。

教师:《西尔威斯特与魔石》，你们认为这个故事怎么样?

瑞塔: 我觉得他们非常喜欢他。

教师: 你指谁? 是指他父母吗?

瑞塔: 是的。

教师: 故事中什么内容使你这样想?

瑞塔: 因为他们非常担心他。

教师: 其他人有什么想法? 我想听听每个人的看法。然后我们再决定谈什么。莎拉?

莎拉: 我觉得，当他(作者)小的时候或者他的一个朋友走丢了，他就想到了。

教师:"他就想到了"指的是什么?

莎拉: 他想到西尔威斯特的父母认为他迷路了。

---

〔1〕 互评式合作——两个学生轮流总结材料和评价总结的学习策略。
〔2〕 教学交谈——学生通过与教师和/或其他学生相互作用而学习的情境。

教师：你在说威廉姆·斯第格的这个想法是从哪得来的。

莎拉：是的。

教师：可能类似的事情发生在他或他认识的人身上，作者经常从现实生活中得到素材，不是吗？约翰，你认为这个故事怎么样？

约翰：它像一个道德故事，就像你不能希望实现每一件事情，但从某种意义上讲，当他惊慌的时候，它们就发生在他身上。

教师：你觉得他什么时候惊慌了？

约翰：他看到狮子的时候，开始惊慌了。

理查德：还有他把自己变成了石头。

约翰：是的，他说："我希望我是一块石头。"

教师：是的，真的发生了，不是吗？

理查德：他太笨了。

教师：他可能预先没有想到会这样？你不希望变成石头，希望变成什么呢？（pp. 24—25）

谈话就这样继续着，学生发表他们对故事的不同程度的理解，教师总结了他们的理解："你们说到不同的事情，瑞塔谈到故事里的角色和他们的感情，莎拉接受作者的观点，还有约翰说它是一种特别的故事——道德故事。"

在教学对话中，教师的目的是使每个人的认知活动都参与到这个真实的对话中，教师几乎轮流和每个学生交谈。当学生对这种学习方法更熟悉时，我们希望他们之间的交谈更多一些，与教师的交谈少一些。这些对话不一定很长，甚至买午餐票可能就是个教学对话的机会。

这天，学生们刚来到学校，怀特女士询问中午有多少学生想要热餐，18个学生举起手，6个学生想吃冷餐，怀特女士问："今天有多少人要在这儿吃午饭？"

几个学生从18开始数，回答说24人。有一个学生拿出餐币，一组18个，另一组6个，再把它们放在一起数，最后说24人。

怀特女士又问："吃热餐的同学比吃冷餐的同学多多少？"

几个学生从18往回数数到12。带了小木块的那个学生把18个木块与6个木块对应起来放，数剩下的木块。

怀特女士问学生是怎么算出结果的，请他们说出不同的方法，直到没有人再提出新的方案为止。

这位教师创设了一个环境，其中学生不仅在理解数学，而且用数学理解世界。为了达到目标，教学从学生现有的知识开始，教师自然地运用数学策略，来看学生可以有多少种不同的解决问题的方法。重点在于数学思维，而不是“事实”或学会最好的(教师的)解题方法。教师是向导，帮助学生通过对话建构他们自己的理解(Putnam & Borko，1997)。表 9.6 概括了建设性的教学交谈的要素。

表 9.6 教学交谈的要素

好的教学交谈必须具备教学和谈话两个要素。

教　　学

1. 主题集中。教师选择讨论的主题，计划如何展开主题，包括如何组织课文有助于主题的最佳探讨。

2. 激活和利用背景知识。教师联系或为学生提供相关的背景知识，这些知识对于理解课文和讨论中利用信息是必要的。

3. 直接讲授。必要的时候，教师直接讲授技能和概念。

4. 促进更复杂的语言和表达。教师利用各种诱导技术，如请学生详述、提问、再说明和停顿等，引导更广泛的学生参与。

5. 形成观点的依据。教师促进学生用课文、图片和推理支持自己的观点，可以委婉地讲“你是如何想到这一点?”或“让我们看看为什么这么说?”

谈　　话

1. 很少提问已知答案的问题。多数讨论的问题有不止一个正确答案。

2. 对学生的参与积极作出回应。有一个初始计划，并保持交谈的中心和连贯，与此同时，教师也要对学生的观点作出回应。

3. 串接谈话：交谈的特征是多角度的、相互作用的、转折衔接，后面的谈话建立在前面谈话的基础上，并拓展前面的谈话。

4. 挑战但非威胁的气氛。教师创立一个富有挑战性并具备积极情感的氛围，教师更像合作者，而不是评价者，学生被激发去进行讨论和建构课文的意义。

5. 全面参与，包括自我选择顺序。教师不专断要求谁讲话，鼓励学生自愿发言或选择发言的顺序。

Source: From *Instructional Conversations and Their Classroom Application* (p. 7), by Claude Goldenberg, 1991, Santa Cruz, CA and Washington, DC: National Center for Research on Cultural Diversity and Second Language Learning. Copyright © 1991 by National Center for Research on Cultural Diversity and Second Language Learning. Reprinted with permission.

认知学徒

几个世纪以来，学徒被证明是一种有效的教育形式。通过与一位师傅和其他学徒一起工作，年轻人学会了许多技能、学会如何做买卖和手艺。学徒是有效的教与学的途径，师傅和徒弟都从中受益。富有见识的指导提供了榜样、示范和矫正，还鼓励了个人间的密切关系。学习者的行为是真实和重要的，而且随着学习者能力的提高，行为表现更加复杂（Collins, Brown, & Holum, 1991; Collins, Brown, & Newman, 1989）。另外，新手和老手都可以通过掌握技能和提高技能，对行业有所贡献（Lave & Wenger, 1991）。

艾伦·科林斯（Allan Collins）和他的同事（1989）指出，学校里学习的知识和技能已远离它们在外界现实中的应用，为了改变这种不平衡，一些教育家建议学校应利用学徒的许多特征，但不是去学习雕塑或舞蹈或做一个柜子，学校里学徒是针对认知目标，比如阅读理解、写作或数学的问题解决。认知学徒模式有很多，多数具备以下6个特征：

- 学生观察一个专家榜样（通常是教师）的行为。
- 学生通过训练和指导（包括暗示、反馈、榜样和提醒）获得外部支持。
- 学生得到概念支架，随着学生能力增强和更熟练，支架逐渐消退。
- 学生不断把他们的认识表达出来——说出他们对过程和内容的理解。
- 学生反思自己的进步，将自己的问题解决与专家的操作和自己以前的做法相比较。
- 要求学生探索应用所学的新方法——在师傅身边没有尝试过的方法。

当学生学习时，他们接受挑战，去掌握更复杂的概念和技能，并在许多不同的情境下实践（Roth & Bowen, 1995; Shuell, 1996）。

教学如何提供**认知学徒（cognitive apprenticeship）**[1]？在印第安纳州波利斯市的一所公立小学，每天都有部分时间不同年龄的学生坐在一起进行一些活动，这些活动具有许多学徒的特点，它们可能是一个手艺或一个学科，比如园艺、建筑和做生意。对于不同年龄的学生提供不同水平的专家，这样学生能够以适合自己的进度学习，但仍有一个可以模仿的榜样。社区自愿者比如许多家长，前来为相关的主题做示范。

另一个认知学徒的成功例子是交互教学的方法。

交互教学：认知学徒的例子

交互教学（reciprocal teaching）[2]的目的是帮助学生理解和深入思考阅读的内容（Palincsar, 1986; Palincsar & Brown, 1984, 1989）。为了达到这个目标，阅读小组中的学生学习了四种策略：总结段落内容、提问中心观点、澄清困难之处和预测下文。技巧熟练的阅读者几乎自动使用这些策略，而不良的阅读者很少使用，或者不知道如何使用。不良阅读者要学会有效地使用这些策略，需要直接指导、提供榜样和在实际的阅读情境中进行练习。

---

〔1〕认知学徒——一位经验较少的学习者在一位专家的指导下获得知识和技能的关系。
〔2〕交互教学——一种基于示范的教授阅读理解策略的方法。

首先，教师介绍这些策略，可能是每天介绍一种策略。教师解释和示范每一种策略，鼓励学生练习。接下来，教师和学生默读一段课文，教师通过总结、提问、澄清和预测再一次做示范。大家再阅读另一个段落，学生渐渐开始代替了教师角色。通常，学生的第一次尝试会半途中断或做得不对，这时教师要给予引导线索、指导、鼓励、支持和示范（布鲁纳称为支架或脚手架），帮助学生掌握这些策略，最终目的是使学生学会在阅读时独立应用这些策略，从而理解文章含义。[1]

交互教学的实践

我们来看一些交互教学的实际例子，第一个例子是处于交互教学进程中早期的一堂课。教师正在指导阅读小组中的一位学生，这位学生读了一篇有关蜘蛛的文章段落，他正尝试着针对中心观点提问（"When the Student Becomes the Teacher," 1986, p. 6）：

课文： 雄蜘蛛比雌蜘蛛小得多，它的身体是暗褐色的，它大部分时间爬在雌蜘蛛结的网上。

查尔斯：（没有提问）

教师： 这一段是关于什么的？

查尔斯： 雄蜘蛛，雄蜘蛛如何……

教师： 很好，继续说。

查尔斯： 雄蜘蛛怎么比雌蜘蛛……，我怎么说？

教师： 不着急，你想用"怎样"开始，问一个关于雄蜘蛛和它做什么的问题。

查尔斯： 它们怎么大部分时间都爬着？

教师： 你做得很接近了，问题是："雄蜘蛛怎样渡过它大部分时间？"现在你说一遍。

查尔斯： 雄蜘蛛怎样渡过它大部分时间？

经过一段时间，学生通常能承担越来越多的教学责任。从下面的例子可以看到，学生劳拉在上了 12 堂课后有了很大进步（"When the Student Becomes the Teacher," 1986, p. 6）：

课文： 制作盐的第二古老的方式是采盐矿。早期这种工作极端危险和

---

[1] 联系与拓展——参考研究：罗森夏因和迈斯特（Rosenshine, B., & Meister, C., 1994）的《交互教学：研究评论》（*Reciprocal teaching: A review of the research*），《教育研究评论》（*Review of Educational Research*），第 64 卷，第 479—530 页。

困难，而现在使用了特殊的机器，盐矿的开采比较容易和安全了。“回到盐矿”(引申意思是陷入困境)的讲法已不适用了。

劳拉：说两个过去常用来描述开采盐矿的词。

基姆：回到盐矿？

劳拉：不对，安祺儿？

安祺儿：危险和困难。

劳拉：对了。这一段就是比较从前的盐矿和今天的盐矿。

教师：好极了。

劳拉：我对后面的内容做了预测。

教师：好呀。

劳拉：我想可能要写第一次发现盐矿是什么时候……对了，可能要写盐是由什么构成的和怎么形成的。

教师：好的。我们再找一位老师吧？

应用交互教学

关于交互教学的研究发现了一些令人注目的结果。虽然交互教学似乎可用于任何年龄的学生，但研究中的大多数学生是已能够比较准确地大声朗读，但阅读能力低于平均水平的孩子。练习这种方法 20 小时之后，处于班级阅读理解测验成绩最后四分之一的许多学生，升到了平均或平均以上的水平。在几个研究结果的基础上，帕林克萨提出了有效交互教学的三条原则(Palincsar & Brown, 1984; “When the Student Becomes the Teacher”, 1986)。

1. 渐进变换。从教师控制到学生承担责任的转变必须是渐进的。
2. 要求与学生相匹配。任务和责任的难度必须与每个学生的能力相对应，并随着能力的提高而提高。
3. 诊断思维。教师应仔细观察每个学生的“教学”，以了解学生是怎样思维的和他们需要哪种指导。

在交互教学方面，安玛丽·帕林克萨和安·布朗作出了重要贡献。首先，她们使我们看到提高和监控阅读理解的方法必须教给学生，并不是所有学生可以自己掌握这些策略。第二，她们集中在 4 种策略，并非 40 种策略。第三，她们强调在实际的阅读情境——阅读文学作品和课文中练习这 4 个策略。最后，她们提炼和发展了支架/脚手架的理论，逐渐使学生掌握独立和流畅的阅读理解(Rosenshine & Meister)。

随着对交互教学的思考，我们将转向那些强调社会相互作用和学生积极建构意义的教学方法。

思维中的认知学徒

许多教育心理学家相信好的思维能力能够而且应该在学校得到培养。但显然，培养思维能力必须远远超出课堂上常规的回答章节之后的"思考"问题，或参与教师主导的讨论。有什么其他办法呢？有一种方法用于专门发展思维技能，既可以通过直接教授技能的独立项目，也可以采用将思维培养渗透在常规课程中的间接方法。

发展思维的独立项目

有许多不同的项目直接教授思维技能，一本资料册(Costa，1985)列举了15个项目，包括"波诺的CoRT体系"(de Bono's CoRT)、"奥德赛：思维课程"(*Odyssey：A Curriculum for Thinking*)、"威诺娜的项目冲击"(*Winocur's Project Impact*)、"利普曼的面向儿童的哲学"(*Lipman's Philosophy for Children*)和"米克的智力结构"(*Meeker's SOI*)。在这些项目中，学生学习技能，如比较、排序、分类和推测。这些**独立的思维技能项目(stand-alone thinking skills programs)**[1]的优点是不需要学生具备许多学科知识来掌握技能，那些在传统课程中有困难的学生也可以取得成功——也许通过这些项目提高了自我效能感。正如第八章中所看到的，鼓励学生把知识和技能应用到新的情境中，对所有教师来讲是个挑战(Mayer & Wittrock，1996；Prawat，1991)。一般技能的不足就是在项目以外的情境中不能使用，除非教师们共同努力告诉学生如何在特定的学科中应用这些技能。在"观点与争议"中你会看到有关的讨论。[2][3]

观点与争议：学校应如何教批判性思维和问题解决？

学校教学应集中在过程还是内容？应关注问题解决技能还是核心知识？应关注高级思维技能还是学科信息？这些问题已争论了许多年。一些教育家提出必须教学生如何思维和解决问题，而另一些教育家则断言学生不可能学会抽象的"思考"，他们一定是思考某些事情——某些内容。教师应关注知识还是思维？

---

〔1〕 独立的思维技能项目——不需要许多学科知识的直接教授思维技能的项目。

〔2〕 联系与拓展——联系你自己的观点：不同的模式如直接教学或建构主义方法是否要用不同的形式如讲授或自修？

〔3〕 联系与拓展——联系专业知识。以下是关于奥德赛(Odyssey)项目的描述(*the Human Intelligence International Newsletter*，1985，winter)p.9："奥德赛"供4到8年级使用，它包括6册：《推理的基础》，它讲述了基本概念：用系统和批判的方式收集信息、组织和解释信息的过程，这些概念将在其他各册中得到扩展。《理解语言》帮助学生扩展他们分析词、句子和段落的技能。《语言推理》，学生学习如何识别、分析、形成和评价观点和论据；《问题解决》教给学生问题的图表表征和模拟、使用尝试错误和通过推论解决方法的思维方法。《决策》：根据相关性、一致性和可信性几个维度进行信息收集和分类。《创造思维》：评价、促进和发明设计的方法。

▶观点：能够而且应该可以教解决问题和高级思维能力。

《高等教育编年史》(*Chronicle of Higher Education*)1995年4月28日的一篇文章曾声明：

> “批评性思维是有效读、写、说、听的核心，它使我们能够把掌握内容和自尊、自律、多元文化教育、有效合作学习以及问题解决等多种目标联系起来。它使所有的教师和管理者都可以提高自己的教学和思维水平。”(p. A-71)

学生如何学习批判性思维呢？一些教育家建议采用广泛使用的技术直接教授思维技能，例如“积极思维项目”(Productive Thinking Program)和CoRT项目(Cognitive Research Trust)。其他研究者指出学习计算机程序语言如LOGO将促进学生的心智发展，并教会学生如何逻辑地思维。例如，佩波特(Papert，1980)认为，儿童通过发现学习掌握如何用LOGO给计算机发布指令，“这个过程中发展了有效的智慧技能”(p. 60)。最后，因为专家型阅读者自动化地应用一定的元认知策略，所以许多教育家和心理学家建议直接教新手或不良阅读者应用这些策略。迈克尔·普雷斯利(Michael Pressley)的“良好策略使用者模型”(Good Strategy User Model)和帕林克萨与布朗(1984)的交互教学方法都是直接教授元认知的成功例子。关于这些方法的研究总体上表明，参加研究的所有年龄的学生的成绩和理解能力都有所提高(Pressley, Barkowski, & Schneider, 1987; Rosenshine & Meister, 1994)。

◀对立的观点：思维和问题解决技能不能迁移。

赫希(E. D. Hirsch)，一位直率的批评家曾对批判性思维项目提出质疑：

> 事实上，批判性思维或自我监控的直接教学对行为是否有所促进，这在研究界是一个争论的问题。例如，关于批判性思维的研究并不可靠，批判性思维的教学已在一些国家施行了百年，然而，研究者发现，在不同的国家如以色列、德国、澳大利亚、菲律宾和美国，接受批判性思维教学的学生继续陷入逻辑谬误中。(1996, p. 136).

CoRT已被用于10个国家的5 000个班级，但波尔森和杰弗里斯(Polson &

Jeffries, 1985)报告"在如此广泛应用10年后,我们没有足够的证据表明项目的有效性"(p. 445)。另外,梅尔和威特洛克(Mayer & Wittrock, 1996)指出,关于真实情境的问题解决的研究表明,人们经常无法把学校中学到的数学解决问题的方法应用到商店和家庭里的实际的问题解决中。

即使教育家在教元认知技能方面比较成功,但批判家仍提醒道,许多时候这样的教学干扰而不是帮助了学生。罗伯特·西格勒(Robert Siegler, 1993)建议,教学业成就低的学生自我监控策略可能干扰了学生适应性策略的发展。要求学生采用专家的策略可能给学生的工作记忆增加许多负担,学生费劲地使用一种不熟悉的策略,而错过了课堂内容。例如,如果不教学生从文章中识别词的策略,会有助于学生专心于学习更多词汇。

在每一个课堂中发展思维

另一种发展思维的方法是,通过常规的课程提供分析、问题解决和推理的认知学徒。戴维·帕金斯和他的同事(Perkins, Jay, & Tishman, 1993)提出教师可以通过在班级中创设思维文化来实现提供认知学徒的机会。这意味着课堂中体现求知和批判的精神、对理性和创造性的尊重以及学生对学习和理解的期望。在这样的课堂里,与维果斯基的中介学习理论一致,教育被视为适应文化和获得知识和理解的一个复杂过程。我们都是通过成为一个特定文化群体成员来学习语言的,通过在支持某种知识和价值的文化中生活,学习相互交往方式、适当行为模式和其他许多复杂的规则。就像家庭文化教我们使用语言一样,班级文化通过许多渠道教我们思维,如通过提供好的思维榜样、在思维过程中的直接教学以及鼓励与他人相互作用的思维活动。[1]

让我们思考在帕金斯、杰伊和蒂什曼(Perkins, Jay, & Tishman, 1993)所描述的课堂上将发生什么。

假设一个8年级的教师想让学生学习如何建构解释包含多个原因的现象。他们正在学习东亚工业,特别是重要的水稻作物。教师在第一堂课上示范了思考多种原因的好的思维:

你们注意到今年公园里玫瑰开花提前了吗?我正在想这是为什么。什

〔1〕 联系与拓展——参考研究:亚当斯(Adams, M. J., 1989)的《思维技能课程》(Thinking skills curricula),载于《教育心理学家》(*Educational Psychologist*),第24卷,第25—27页。这篇文章专门探讨了思维教学的好处。一门思维技能课程应包括哪些内容和过程?它应如何组织?这样的课程与传统学校教学在效果上有什么不同?这篇文章还总结了思维直接教学是传统学校体制的一个重要补充,对学校教育的困难有重要价值。

么因素使它们提早开花？我记起今年是个暖冬。这可能是非常重要的因素，当然还有其他因素——可能是隐蔽的——我知道发现它们很重要。事实上，我现在又想到，我记得三月下了一场大雨，可能这也有影响。(Perkins, Jay, & Tishmen, 1993, p. 80)

提供了这个模式后，教师指出其他由多种原因引发的一些现象，如赢得一场比赛和保持健康。接下来，教师直截了当地指导他们如何分析原因，比如考虑这些可能因素如何共同或分别起作用。教学生画图描述多种原因。然后请他们画出影响水稻生长的因素图，描绘各种因素如何共同或分别发挥作用，使学生练习分析多种影响因素。教师建议学生广开思路考虑许多因素如天气、土壤、昆虫和耕种。图 9.3 所示的正是一位学生绘制的图表。

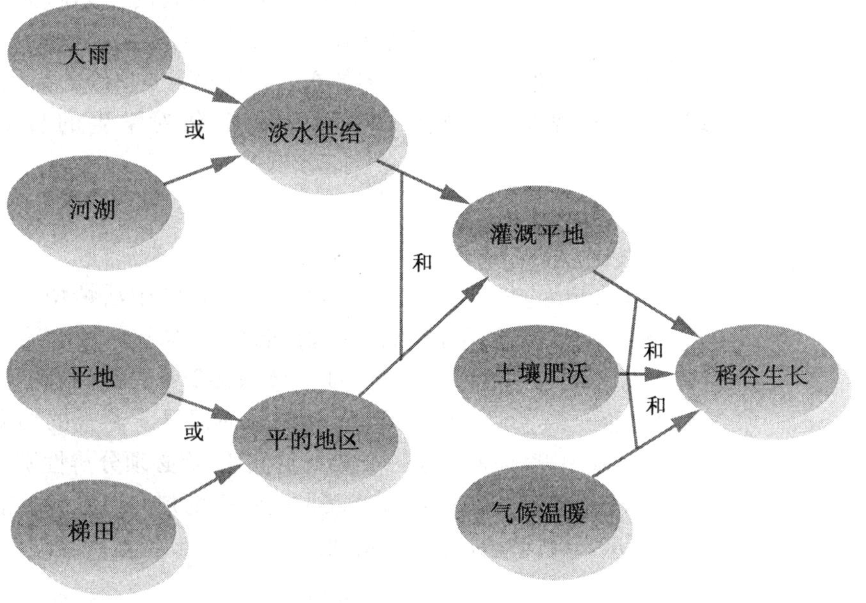

学生学习如何用“和”、“或”分别连接共同影响稻谷生长的因素和分别起作用的因素。

图 9.3　影响稻谷生长的多因素分析

Source: From “Epistemic Forms and Epistemic Games: Structures and Strategies to Guide Inquiry,” by A. Collins and W. Ferguson, 1993, *Educational Psychologist*, *28*, p. 35. Adapted by permission of the publisher and the authors.

学生完成图表后，教师让他们与同伴讨论他们的分析。教师借助一些问题指导学生的相互讨论，如“你们如何识别原因？”“发现影响因素共同还是单独起作用是否困难？”“对这个多因素因果关系分析的活动，你有什么问题？”“你能想到可以运用这种因果关系分析其他情况吗?"

在这门课程中,示范、直接指导、练习和相互作用这四个因素帮助学生成为思维群体的专家成员。

思维语言

在上述课程中,你能发现多少描述思维的词汇?粗略一看就会发现"寻找"、"询问为什么"、"隐蔽因素"、"分析"、"识别"、"领会"、"设想"、"结果"、"原因"和"发明"。当我在计算机辞典中点击"思维"时,找到了一百多个词,包括涉及心智过程和产品的词汇——如"思考、相信、猜想、推测、假设、证据、推理、估计、计算、怀疑、疑惑和理论化——这儿只列出了一小部分(Tishman, Perkins, & Jay, 1995, p. 8)。课堂里应充分使用清晰、准确和丰富的思维词语。教师最好问:"你们有哪些证据反驳和支持詹玫的回答?"或"詹玫的假设是什么?""还有其他的解释吗?"而不总是问:"你们认为詹玫的回答怎样。"学生身处一个丰富的思维语言的环境中,他们更可能深入思考。当学生为了解释、分析和举例而交谈时,他们能学到更多的东西。如果只是单纯的描述,而没有加以解释、提供理由、识别要素、给出例子和评价证据,将对学生的帮助较小(Palincsar, 1998)。[1][2]

批判性思维

批判性思维(critical thinking)[3]技能几乎渗透在每个日常生活情境中——甚至用于评价那些不断带给我们冲击的媒体广告,比如广告中宣称100个牙医中有99个选择某种品牌的牙膏,你必须考虑这样的问题:哪些牙医接受了民意调查?他们是如何选择的?牙膏公司是否介入了调查?如果是,他们如何误导了调查的结果?或者,当你听到一帮人穿着浴袍闲聊,他们夸赞一种橘汁的品质,你必须分辨性别偏好是否是影响选择果汁饮料的相关因素。虽然心理学家未就构成批判性思维的技能形成共识。但表9.7提供了一个具有代表性的技能系列。[4]

---

〔1〕联系与拓展——联系你所知道的。列出在一个班级里听到的与思维有关的所有词汇,对比分析激发你思考的课堂"思维语言"与关注技能和能力的课程。

〔2〕联系与拓展——参考杂志:《教育领导学》(*Educational Leadership*, 1988, April),第45卷,第7期,"贯穿整个课程的思维教学"专栏(special section: "Teaching Thinking Throughout the Curriculum")。

〔3〕批判性思维——通过符合逻辑地和系统化地检验问题、证据和解决方案而评价结论。

〔4〕联系与拓展——参考研究:格里诺(Greeno, J. G., 1989)《一种思维观》(A perspective on thinking),载于《美国心理学家》(*American Psychologist*),第44卷,第134—141页。简略摘要:有关一般思维能力的研究——研究高级思维、批判性思维和创造性思维——与认知结构和过程的研究相比,进展比较缓慢。提出了思维研究的三个预先假设——情境化的认知、个人和社会认识论以及概括的能力,思维心理学中讨论的问题多与这些假设相关。

表 9.7 批判性思维技能的举例

确定和澄清问题

1. 识别中心问题
2. 比较相似性和差异性
3. 确定相关信息
4. 形成适当问题

判断问题的相关信息

5. 区分事实、观点和推理性判断
6. 检查一致性
7. 识别隐含的假设
8. 识别刻板印象
9. 识别偏见、情感因素、宣传定向和语义上的歪曲
10. 识别不同的价值体系和意识形态

解决问题和得出结论

1. 识别数据的有效性
2. 预测可能的结果

Source: From "California Assesses Critical Thinking," by P. Kneedler. In A. Costa (Ed.), *Developing Minds*: *A Resource Book for Teaching Thinking*, p. 277. Copyright © 1985 by the Association for Supervision and Curriculum Development and the author. Reprinted with permission. All rights reserved.

无论你用什么方法培养批判性思维，重要的是需要练习过程，仅一次课是不够的。例如，如果你的学生学习了对一份特定历史文件作出评价，确定它是否带有偏见或带有宣传性，随后你应该再布置他们分析其他的书面文件、当前的广告或新闻报导，直到思维技能经足量学习成为自动化，它们才可能迁移到新的情境中，否则，学生只能完成社会研究课程中的功课，不能评价朋友、政治家、玩具制造商或膳食计划中所宣扬的观点。应用好的思维还需要什么？

许多教学新标准，如国家数学教师理事会的《数学的课程和评价标准》(*Curriculum and Evaluation Standards for*

检查要点：建构主义和情境化学习观的应用

回　顾

区分探究和问题解决学习。
描述确定真正的合作学习的五个要素。
描述大多数认知学徒方法共有的六个特征。
描述交互教学中对话的运用。
思维作为文化适应的含义是什么？

应　用

举一个探究学习的例子。
比较合作学习和教学交谈。

School Mathematics)(National Council of Teachers of Mathematics, NCTM, 1989)和美国科学促进联合会的《科学素养蓝图》(*Benchmarks for Science Literacy*)(American Association for Advancement of Science, AAAS, 1993),都是基于建构主义发展思维能力的设想。改革和重构学校的努力常常是将建构主义教学观点应用于课程和整个学校组织。并不是所有改革都得到家庭和社区的赞同,采用非传统教学方法的许多教师发现,他们必须向学生家长解释这些方法。"家庭和社区的合作关系指南"提供了与家长交流建构主义教与学改革的一些方法。

与家庭和社区建立合作关系指南——关于变革的交流

有信心和诚实。

举例:

1. 写出你采用方法的理论依据——考虑可能的反对意见,做好细致的应对准备。
2. 承认错误和疏忽——解释你从中学到什么。

视家长为平等的伙伴。

举例:

1. 认真听取家长的反对意见,做好笔记,落实他们的要求和建议——记住,你们都希望对孩子最好。
2. 告诉家长学校管理人员的电话号码,他可以回答有关新项目或改革的问题。
3. 邀请家长参观你的办公室,或以某种方式在项目中做辅助工作。

有效交流。

举例:

1. 使用明了的语言,避免使用专业术语。如果必须使用某个技术术语,要采用一种可接受的方式。用你最擅长的教学技能让家长了解新的方法。
2. 鼓励当地报纸或电视台报导你的班级或学校进行的改革。
3. 建立一个有关新策略文献和参考资料的出租图书馆。

当家长到班上参观时,列举新项目的一些例子。

举例:

1. 鼓励家长做数学活动,如果他们有困难,向他们展示你的学生(他们的孩子)如何借助活动而取得成功,并突出学生所使用的策略。

2. 积累学生所钟爱的活动，向家长展示。

建立家长参与资料包。

举例：

1. 每月一次，让孩子带给家长一些资料，涉及将要学习的数学、科学或语言内容的说明和活动举例，包括孩子可以与家长一起完成的活动。
2. 给家庭活动项目记分，比如作为家庭作业的分数。

综观不同的学习理论

以上四章，我们讨论了学习的不同方面，考虑了关于人们学什么和如何学习的不同解释，包括行为主义的、信息加工的、社会认知的、建构主义和情境化的解释。表9.8总结了不同的学习理论，呈现了不同的学习观点。我们并不是争论这些理论优劣，而是看它们对理解学习和促进教学的贡献。我并不认为要选出最好的理论——事实上也并不存在。化学家、生物学家和营养学家都根据不同的理论解释而促进人的健康。综合运用不同的学习观点创设积极的学习环境，行为主义理论帮助我们理解在建立行为阶段暗示的作用，以及结果与联结在鼓励或削弱行为中的作用。但大部分人类生活和学习超出了行为范畴，语言和高级思维要求复杂的信息加工和记忆——认知模型有助于我们理解这些过程。而且，作为创造和建构知识的人，不仅仅是信息的加工者，对此建构主义观点提供了较多阐释。

检查要点：综观不同的学习理论

回　顾

不同的学习理论为我们的认识增添了什么？

应　用

从你最近的活动中，举一个行为的、认知的和建构主义的学习例子。

总结

区分社会学习理论和社会认知理论

社会学习理论是一种新行为主义理论，它扩展了行为主义对强化和惩罚的认识。根据行为主义，强化和惩罚直接影响行为。而社会学习理论视他人、榜样、强化或惩罚对观察者产生相似的影响。社会认知理论又扩展了社会学习理论，它包含了认知因素如信念、期望和自我知觉。

表9.8 四种学习观

每种学习观内部都存在不尽相同的观点，而各种建构主义观点间存在一致的立场。

	行为的	认知的	建构主义	
		信息加工	心理学/个体	社会的//情境化的
	斯金纳	J. 安德森	皮亚杰	维果斯基
知识	获得固定的知识体系	获得固定的知识体系	变化的知识体系 在社会环境中个体建构	社会建构知识
	来自外界的刺激	来自外界的刺激	建立于学习者已有的知识影响信息的加工方式	建立于参与者贡献和共同建构
学习	获得事实、技能、概念	获得事实、技能、概念和策略	积极建构，重构已有知识	合作建构社会界定的知识和价值
	通过反复操练、指导下的练习进行	通过有效策略的应用	通过多种机会和不同过程，联系已知的东西	通过社会建构的机会
教学	传递 呈现(告之)	传递 指导学生获得更准确、更完整的知识	挑战、指导思维获得更完整的理解	和学生共同建构知识
教师角色	管理者、监督者	教授和示范有效的策略	促进者，指导	促进者、指导、共同参与者
	纠正错误答案	纠正错误概念	听取学生的现有的概念、观点、思维	共同建构不同的知识解释，了解社会界定的概念
同伴的角色	通常不予考虑	没有必要但可能影响信息加工	没有必要但可以刺激思维、提出问题	是知识建构过程的正常组成部分
学生角色	被动的接受信息	主动的信息加工者、策略运用者	(在内部)积极的建构	与他人和自我，积极的共同建构
	积极的听众、命令的服从者	信息的组织者和再组织者 记忆者	积极的思维者、解释者、理解者、提问者	积极的思维者、解释者、理解者、提问者，积极的社会参与者

Source: From *Reconceptualizing Learning for Restructured Schools* by H. H. Marshall. Paper presented at the Annual Meeting of the American Educational Research Association, April 1992. Copyright © Hermine H. Marshall. Adapted with permission.

区分直接操作学习和替代学习

直接操作学习是通过实际做和体验自己行为的结果来学习。替代学习是通过观察来学习，后者对行为主义在解释学习时无视认知因素的观点提出了挑战。如果人们可以进行观察学习，他们就必须注意、形成表象、识记、分析和做决策，因此在有外显行为和强化之前，就已发生了许多内部的心理活动。

什么是观察学习的要素?

观察学习的要素是注意、保持信息和表象、行为表现和被激励重复行为。为了通过观察来学习，我们不得不注意有助于自己学习的方面。为了模仿榜样行为，不得不保持信息，这涉及到在心里用某种方式表征榜样的动作，可能是口头叙述的步骤。在行为表现阶段，练习使行为更流畅和更熟练。有时在再现榜样行为前，我们需要大量的练习、反馈和获得更细致的指导。最后，通过诱因和强化鼓励观察学习。我们可能通过观察获得一种新的技能和行为，但直到具备相应的动机和诱因时，我们才会表现出这一行为。强化在观察学习中有几方面的作用，如集中注意力、鼓励再现行为以及练习和维持新的学习。

什么是交互决定论?

学习过程中环境事件、个人因素和行为相互作用。个人因素(信念、期望、态度和知识等)、物质和社会环境(资源、行为结果、其他人和物理环境)以及行为(个体行为、选择和言语)之间相互影响。

描述三种建构主义

心理学的建构主义关心个体如何理解世界。建构主义者可能对个体的知识、信念、自我概念或同一性感兴趣，因此它们有时被称为个体的建构主义者，他们都关注人们内在的心理生活。皮亚杰是一个典型的个体建构主义者。社会的建构主义者认为社会的相互作用、文化工具和活动影响个体的发展和学习。学习者通过与他人参加广泛的各种活动，而借用(内化或误用)一起工作得来的成果;他们获得新策略和对世界的新知识。大多数心理学家把维果斯基归为社会的建构主义者。社会学的建构主义者关注的是大众学科如科学、数学、经济学或历史学知识的建构。在专业知识之外，社会学的建构主义者也关注常识、日常的信念和对世界的共同理解是如何传播给社会文化团体的新成员的。

建构主义者在知识来源、准确性和概括性上的不同观点是什么?

建构主义者围绕知识是如何建构展开争论，知识是通过描绘外部现实世界而建构的，还是内在理解的适应和变化，或外部因素和内部理解的相互作用。大多数心理学家都承认内部和外部因素两方面的作用，但对每种因素强调的程度不同。一些建构主义者认为世界是可知的，人类可以建构准确的、符合逻辑的或合理的现实模型。另一些心理学家坚持所有的建构都是同样有效的和正确的，即使某些建构可能比其他更有用。而且，关于知识是否可以在一种情境中建构而应用到另一个情境中，或知识是否与它被建构时的特定环境相连以至于不能成功地应用到其他情境中。情境化学习强调学习的物理和社会环境的重要性。

建构主义学习观的四个共同要素是什么?

虽然没有一个单一的建构主义理论，但许多建构主义者主张，采用复杂和具有挑战性的学习环境和真实的任务，社会协商和分担责任是学习的一部分，内容的多元表征，理解知识是被建构的以及以学生为中心的教学。

区分探究和问题解决学习

探究学习有许多形式，但它始于教师提出一个令人困惑的事件、一个疑问或问题，然后学生形成解释事件和解决问题的假设、收集数据检验假设、得出结论，最后反思最初的问题和解决问题的思维过程。问题解决可能遵循类似的路径，但它的起点是一个真实问题——对学生来讲，问题解决的目的是，寻找解决问题的方法同时，学生学习数学或科学或历史或其他重要的学科。

描述界定真正的合作学习的五个要素

学生都要面对面交流和聚在一起，当然不是整堂课如此。小组成员体验积极的相互依赖——他们需要相互支持、解释和指导。即使他们在一起活动和相互帮助，小组成员最终必须依靠自己来学习——常常通过个别测验和其他评价，使他们承担学习的个人责任。如果必要的话，在小组处理学习任务前，要教给学生和让他们练习一些合作技能，这对于有效的小组活动是重要的，如给予建设性的反馈、达成一致和调动每一个成员等合作技能。最后，成员监控小组的活动过程和相互关系，以确保小组活动有效进行，并了解小组的动态变化。

描述大多数认知学徒方法共有的六个特征

认知学徒模式有很多，但大多数具备以下六个特征：学生观察一个专家(通常是教师)榜样的行为;学生通过训练和指导(包括暗示、反馈、榜样和提醒)获得外部支持;学生得到概念支架,随着学生能力增强和更熟练,支架逐渐消退;学生不断地把他们的认识表达出来——说出他们对过程和内容的理解;学生反思自己的进步,将自己的问题解决与专家的操作和自己以前的做法相比较;要求学生探索新的应用所学的方法——在师傅身边没有尝试过的方法。

描述交互教学中对话的运用

交互教学的目的是帮助学生理解和深入思考阅读的内容。为了达到这个目标,阅读小组中的学生学习了四种策略:总结段落内容、提问中心观点、澄清困难之处和预测下文。在有关阅读的课程对话中练习这些策略。对话中,教师先担当着中心角色,但随着讨论的推进,学生越来越掌握了主动。

思维作为文化适应的含义是什么?

文化适应是一个获得知识和理解的复杂过程,这与维果斯基的中介学习的理论一致。我们都是通过成为一个特定文化群体成员来学习语言,我们也是通过生活在支持某种知识和价值的文化中,学习相互交往方式、适当行为模式和其他许多复杂的规则。就像我们家庭文化教我们语言的使用一样,班级文化通过许多渠道教我们思维,如通过提供好的思维榜样、在思维过程中的直接教学以及鼓励与他人相互作用的思维活动。

不同的学习理论为我们的认识增添了什么?

我们并不是争论这些理论优劣,而是看它们对理解学习和促进教学的贡献。我并不认为要选出最好的理论——也并不存在。化学家、生物学家和营养学家都根据不同的理论解释和促进人的健康。综合运用不同的学习观点创设积极的学习环境,行为主义理论帮助我们理解在建立行为阶段中暗示的作用和结果与联结在鼓励或削弱行为中的作用。但大部分人类生活和学习超出了行为,语言和高级思维要求复杂的信息加工和记忆——认知模型有助于我们理解这些过程。而且,一个人作为创造和建构知识的人,不仅仅是信息的加工者,对此建构主义观点提供了较多的解释。

走向专业化

反思

你是否能够应用本章关于社会认知和建构主义学习观解决以下实践问题?

学前和幼儿园

你的一个学生非常害怕冒险尝试没有正确答案的问题，这个孩子总想告诉其他学生做每件事的"正确方法"，你如何帮助他接受不确定性、在思维过程中愿意承担风险。

小学和中学

你如何帮助三年级学生理解负数？

你希望学生采用合作学习的方法，但他们已习惯单独活动，你从何入手？

初中和高中

你们学校的图书室管理员想帮助所有历史课的学生学会使用图书馆的书籍和数据库资料，你如何利用这个机会？

用头脑风暴的方法"了解你的学生对某个特定内容的理解"，为了使你和学生自身都能看到他们的认识和思维过程，在这堂课之前、当中和之后，你分别做些什么？

认证测验要求

了解观察学习的要素。

了解多数建构主义观念公认的五条教学建议。

能够辨别探究学习、基于问题的学习、认知学徒和教学交谈的例子。

你的教学档案

利用表 9.8 思考你自己的学习观点，你是否将不同理论观点的元素融入到你个人的学习概念中。

教学资源

利用"与家庭和社区建立合作关系指南"给你的启发，考虑如何向家长解释你的教学改革。尝试起草一份"简讯"。

将表 9.5"合作学习小组中的学生角色"、表 9.6"教学交谈"的要素和图 9.2"指导对话的交互提问提示卡"放入你的教学资源文件中。

教师案例簿

他们会怎么做?

本章开头提出一个"糟糕的书评"的教学情境,下面是几位教师对其作出的回应。

MARK H. SMITH
Teacher, Grades Nine-Twelve
Medford High School, Medford, Massachusetts

经验是最好的教师。在理想的情况下,你可以根据自己认为重要的资料安排课程,使课程符合你期望的水平。但现实是你看到的真实的水平。高标准和高期望是很好的目标,但对学生的要求必须合理。教育工作就需要根据情境不断灵活地调整。学生学习方式不同,适应学生和课程的教师拥有更多的成功机会。

由于这个班学生水平不同,重要的是找出共同的起点,使他们都感兴趣,都参与到学习中来。做不同的活动可能是好办法,甚至让三个拔尖的学生帮助教其他学生。考虑到所有人并不容易。你可能不得不用许多时间做计划。付出耐心和心血,你将会找到适合学生的水平,使学生参与进来。

虽然案例中的教师是新教师,但任何一位教师都必须不断适应课程和学生,都会遇到同样的情况。教学不是一门精确的科学,缺乏灵活性和适当的调整,教师不会把工作做好。

THOMAS W. NEWKIRK
Eighth Grade Teacher
Hamilton Heights Middle School, Arcadia, Indiana

学生一开始就对世界文学着迷,那当然好极了。但你更可能遇到的是学生不愿意读"无用的"书。因此,重要的是找出与学生相关的书籍。幸运的是,阅读书单上已经有一些是与最近电影有关的,可能有一些是与音乐、电视甚至商业有关的书籍。文学与学生的联系越多,我就越可能激发他们的动机。

虽然有三个学生表现出较好的文学理解能力,但班上每一个学生都能在讨论中发表一些独特的见解,课堂讨论以外,可以设计一些个人和小组的活动项目,鼓励他们接触文学作品。考虑到学生的差异性,我将用评分契约来评价他们的成绩,激励学生不同水平的表现。

JEFF D. HORTON
Seventh-Tenth Grade Teacher
Colton School, Colton, Washington

这位教师假设所有学生都在同一个水平上,可能一开始就给自己出了难题。显然不会是假设的那样。如果课程只针对少部分学生,大多数学生就不会成功。这位教师即使不放弃最初的目标,也需要采取另一种方法。

显然,这位教师应教大多数学生学习完成目标必需的技能,教师必须决定哪些技能和知识对于学生完成课程是必要的,然后,在这些方面评估学生的水平,完成之后,教师针对这些需要设计一些单元,这可能要花费几天时间,但这不是浪费时间,它会使大家在以后的教学中更加从容。

另一个问题可能是教师计划使用的资料,我确实相信需要向学生推荐一些经典著作,但是,教师是自愿阅读和研究那些著作的。我们必须记住,大多数学生并没有同样的想法。这位教师必须以诱导学生兴趣的方式,介绍经典著作。选取反映作者写作风格和主要思想的部分来读,不是看整个一本书。然后再用其他教学工具介绍这本书的其他部分,可以利用一些电影,用较流行的形式可以吸引学生。无论教师采用什么工具,都必须有一种学习活动与之相连。

拥有出色的学生总是对教师的报偿,这使我们觉得自己完成了努力的目标。那三个学生可以帮助教师把技能和知识传达给其他学生。应要求他们和全班一起完成所有作业和活动。然而,他们将做得很快,而其他学生很吃力。教师应试着让他们把作品介绍给其他学生。觉得任务容易的学生可以帮助其他学生反思他们的活动,提供一些建议,他们也可以给教师提一些建议,如怎样使文学作品引起其他学生的兴趣。

MICHAEL J. ELLIS
Tenth and Eleventh Grade English Teacher
Quincy High School, Quincy, Massachusetts

问题在于一个错误假设,这位教师已预想了一种能力水平和一种知识程度,而这两方面学生都十分欠缺。显然,学生不熟悉评论这种写作形式。如果明天我要开始讲这种形式,首先学生需要读一篇写得好的评论,他们可以从照猫画虎开始。幸运的是,我手头有三篇极好的范文,是我的学生交上来的。下一节课,我将请这三位学生大声朗读他们的评论,并把评论复印发给全班同学。然后讨论三篇文章好在哪里,这不仅对各个小组有益,也是对那三位学生的积极强化。

这门课程的目的似乎就是使学生受到大量伟大的文学作品的影响。这是一个了不起的目标。然而，在教学中高远的目标往往要让位于实用的目标。教师的首要责任是指导学生获得必要的技能。有时，让他们去读狄更斯的作品并不是最好的方法。这个夏天计划的课程适用于那三位学生。我想把那三个学生与其他学生分开。它意味着大量的准备工作，增加了一倍时间。但最好的方法是当你满足其他同学需要时，能力出众的学生并没有停滞不前。

对于班上的其他学生，应该放弃最初的阅读书目，对于一个不良阅读者占多数的班级，阅读较长篇的小说，就像一个延续40个星期的自杀企图。如果你用较短的节选取而代之，并用容易记忆的故事情节做标题，那你至少有了一个可能成功的机会，学生们真的能读完那些书。而且，加入一些录像资料永远是一个好主意。在我教学的第一年，我向两个十年级的班介绍了《强力莫菲的地球捍卫战士》(*Mighty Morphin Power Rangers*)中的一个片段，我知道他们轻视它。孩子们总是对不喜欢的东西写出更有效的评论。从技术的角度看，他们交上来的评价是他们所写作文中最好的一次。这次作业确实有助于把适当的文章格式印刻在了许多学生的脑海里。不要忘了这就是技能本身，并不是你用来传达它的手段，根本上讲它是最重要的。

第十章
动机：问题与解释

你为什么阅读这一章？是因为对动机问题感兴趣吗？还是不久要参加一次考试？你是否需要学习这门课程以取得教师资格或获得毕业？也许你相信自己会在课堂上做得更好，这一信念促使你不断努力学习。也许是多种动机共同作用，那么你的学习动机到底是什么？

大多数教育家认为激励学生是教学中最关键的任务之一。我们首先看“什么是动机？”，并分析已有的几种不同观点，我们将讨论内部动机和外部动机、四种动机理论：行为主义、人本主义、认知学派和社会文化的动机观点。

后面，将更详尽地分析在讨论动机时常常提到的几种个性因素：定向、兴趣和情感（包括好奇心和焦虑）、自我图式（包括自我效能感的重要概念），在第十一章我们将分析影响学校学习动机的外部因素。

完成这章的学习时，你应该能够：

- 举例说明学习的内部动机和外部动机。
- 从不同的理论理解动机概念：行为主义的、人本主义的、认知学派的和社会文化的观点。
- 列出马斯洛(Maslow)提出的七种需要水平，并列举每种需要在课堂中的例子。
- 讨论成功和失败的可能的动机原因，以及动机与有关能力的观念的关系。
- 为自己和所教的学生建立激励目标。
- 描述兴趣和情感在动机中的作用。
- 解释自我效能感、自我决定和动机之间的关系。
- 描述掌握动机型、避免动机型和接受动机型学生的特征。

你会怎么做？

教师案例簿

今年由于某些原因，你所在中学的许多学生似乎学习吃力，他们总是抱怨作业“太长了（太难了、太多了）！”“到明天（星期一、下周）我做不完！”当然，因为他们不肯下功夫，所以每次他们都证实了自己的担心——不能完成功课。与学生进行激励性的谈话和惩罚不完成作业都未能转变学生认定失败的态度。这种"我不能"的情绪似乎在蔓延，甚至较好的学生也开始拖沓起来，对长一点的作业不满和只付出很少努力。你怀疑一些学生开始考试作弊以挽回下降的成绩。一些教师把这种消极的态度归咎于今年刚转来的一帮学生，因为学区中的一些中学关闭，那里的学生不得不被重新分配到其他学校。失望的愁云似乎笼罩着整个学校，每逢星期一，你也开始担心起来。

- 这些学生没有动机吗？
- 为什么他们对学习如此悲观？
- 你能做些什么来改变学生的态度？
- 你如何挽回自己消沉的动机？
- 这些问题如何影响你教的班级？

什么是动机？

动机(motivation)〔1〕通常被定义为引发、指引和维持行为的内部状态。研究动机的心理学家侧重五个基本问题(Graham & Weiner, 1996; Pintrich, Marx, & Boyle, 1993)：〔2〕

1. 人们作出怎样的行为选择？例如，为什么一些学生在别人看电视时自己能专心做功课？

2. 行为的启动需要多长时间？为什么一些学生选择马上开始做功课，而有的学生却要耽搁？

3. 投入的深度或水平如何？书包一打开，学生就集中精力、全神贯注呢？还是做做样子？

4. 一个人坚持或放弃的原因是什么？一个学生按教师的要求读完莎士比亚作品呢？还是只读几页？

5. 在活动过程中个体想到什么和感受如何？学生是真的喜欢莎士比亚的作品呢？还是考虑到将来的考试？

洞察学生

针对真实的学生回答以上这些问题的确是一个挑战，正如你将在本章看到的，有

〔1〕 动机——引发、指引和维持行为的内部状态。

〔2〕 联系与拓展——参考研究。为了全面讨论有关动机的许多术语和概念，请阅读墨菲和亚历山大(Murphy, P. K., & Alexander, P. A., 2000)的《关于动机术语的探讨》(A Motivated exploration of motivation terminology)，载于《当代教育心理学》(*Contemporary Educational Psychology*)，第25卷，第3—53页。

许多因素影响动机。为了体验其中的复杂，让我们走进一所中学的普通科学课堂，分析学生的动机问题，那些问题都是你作为教师可能遇到的。学生档案由斯蒂普克(Stipek，1998)提供。

作业："在你的实验笔记本上，写下明天化学实验的程序，列出你需要的所有材料和你如何安装仪器。"老师刚说完，学生就纷纷举手提问，"我们必须写得很详细吗？还是只是列出大纲？""我们必须把仪器画出来吗，还是描述一下就可以了？""我们可以一起做吗？"一些学生马上开始做起来，而另一些学生等着老师回答这些问题，还有少数几个学生似乎在想其他事情。

无能为力的亨利，和往常一样，他不开始做作业，而只是不停地说，"我不明白，"或者"这太难了。"当老师帮他的时候，老师的问题他都能回答上来，但又说是"猜的"、"我并不真的明白。"亨利不会引起管理问题，因为多数时间他只是在那儿愣神，但他正越落越远。亨利的问题是问题2(行为启动)和问题5——在活动中他感到挫败和无能为力。〔1〕

谨慎的莎拉，与老师核对每一个步骤——她想做得完美无缺，她曾经因为画了一张非常棒的彩色的实验仪器图，得到老师的分数奖励。现在每次实验她都绘出一幅艺术作品般的实验图。但莎拉从不冒险，她科学学得很好，但只打算学习要求的科学课程，所以她不会有得B的危险。如果老师不要求或不是考试内容，莎拉就不感兴趣。从上述的五个问题来看，莎拉在三个方面做得不错——行为选择(问题1)、马上启动(问题2)和坚持(问题4)，但她没有真正投入和并未从活动中感受快乐(问题4和5)。〔2〕

满足的塞姆，正好相反，他对这个实验感兴趣，事实上，他比老师知道的多，他在自家的车库建了一个实验室，还花许多时间阅读有关化学和实验的书籍，但他在这门课上的总成绩在B－和C＋之间，因为老师在讲生物学时，他完全不感兴趣。他对自己没有努力而取得C的成绩感到满足。家庭作业不能使他感兴趣，他总是拿课本的插图开玩笑。从他的标准化考试成绩来看，塞姆能做得非常不错。从以上五个有关动机的问题来看，塞姆只要是他自己作出的选择，他就能迅速开始、投入、坚持和享乐其中。〔3〕

自卫的黛安娜，又没带自己的实验手册，老师告诉她可以和别人合用一本，她假装在活动，但大部分时间在糊弄，当老师转过身时她从别的同学那儿得到答案，她想让所有人都知道她"不是真正努力"，这样，如果她分数低，也有借口。她害怕努力，因为如果努力了再失败，她害怕大家都认为她"笨"。在以上五个问题方面，因为黛安娜非常

---

〔1〕 联系与拓展——联系你的教学。无能为力的亨利是典型的经历习得无能的学生，本章稍后将讨论习得无能。

〔2〕 联系与拓展——联系你的教学。谨慎的莎拉是典型的受外部因素激励、建立成绩目标、害怕失败和视能力不变的学生，她也是一个(成功地)避免失败的学生。这些概念稍后都将讨论。

〔3〕 联系与拓展——联系你的教学。满足的塞姆是典型的被内部因素激励的学生，他在自己感兴趣的领域设立学习性目标，但其他方面他只求通过就行。

在意他人对她的评价，所以她未进行正确的行为选择，而且行为拖拉、避免投入和轻易放弃。〔1〕

焦虑的艾米，在多数学科学习中是个好学生，但科学测验却一筹莫展。在小组活动和完成自己的作业时，她似乎做得很不错，但当众回答问题或考试的时候，知道的所有东西就"忘"了。她的父母是科学家，并希望她将来也成为科学家，这个希望看起来前景不乐观。艾米的问题与上述的问题 5 有关，她的担心和焦虑可能使她行为选择不当和行为拖拉，这些只能使她在考试时更加焦虑。〔2〕

我们看到，每个学生有不同的动机问题，然而教师必须教整个班级。下面我们将更深入地分析动机的含义，从而更好地理解这些学生。

内部动机与外部动机

我们都知道，当我们充满渴望、精力饱满地去实现某个目标时，是怎样一种感受；我们也知道，如果我们不被工作任务所吸引，仍然努力工作又是怎样一种情形。是什么激励和指引我们的行动？是内驱力、需要、诱因、恐惧、目标、社会压力、自信、兴趣、好奇心、信念、价值观、期待等等。一些心理学家根据个性特质和个体特征对动机加以解释。正如该理论所揭示的那样，某些人有强烈的成就需要、害怕考试或者有持久的对艺术的兴趣，于是在他们的行为上就有相应的表现，他们为事业成功而努力工作、逃避考试或在美术馆流连忘返。另一些心理学家更倾向于把动机看成是一种状态，一种暂时的状况。例如，如果你是因为明天有一场考试而阅读这篇文章，那你就是由这个情形所激发(至少现在如此)。当然，不论何时我们所体验到的动机总是个性特性与状态的结合。你或许正孜孜以求地学习，是因为你崇尚求知，同时也是因为你的老师常常直接发问。正如你所看到的，一些动机理论的阐释建立在诸如需要、兴趣、好奇心和兴奋等内在的个性因素之上，另一些解释则指向诸如赞誉、社会压力、惩罚等外在的环境因素。〔3〕

产生于诸如兴趣或好奇心等因素的动机被称作**内部动机(Intrinsic motivation)**〔4〕。内部动机是一种寻找挑战并征服挑战的自然倾向，正如我们追求个人的兴趣和锻炼能力(Deci & Ryan, 1985; Reeve, 1996)。当受到内在激励，我们不需要诱因或惩罚，因为"活动本身就是报偿"。詹姆斯·拉费尼(James Raffini，1996)简洁地指出内部动机是"当我们并不必须做某事时，而激励我们做该事的因素"(p. 3)。满足的塞姆在校外

〔1〕 联系与拓展——联系你的教学。自卫的黛安娜是典型的被外部因素激励、设立成绩目标、害怕失败和视能力不变的学生，她也是一个避免失败的学生，因为避免付出努力，她不久就可能成为一个接受失败的学生。

〔2〕 联系与拓展——联系你的教学。焦虑的艾米是典型的体验令人衰弱的焦虑的学生。

〔3〕 联系与拓展——参考研究。维纳(Weiner, B.，1990)的《教育中动机研究的历史》(History of motivational research in education)，载于《教育心理学杂志》(*Journal of Educational Psychology*)，第 82 卷，第 616—622 页。讨论问题：不同的动机理论如何体现了行为主义或认知学派的学习观？当前流行的动机概念是什么？

〔4〕 内部动机——以活动本身作为报偿的动机。

研究化学仅仅是因为他的喜好，没有人要求他那样做。

与此相反，当我们从事一项活动是为了取得高分和赞誉、避免惩罚、取悦教师或是为了与任务本身几乎无关的其他原因时，那么我们所感受到的是**外部动机(extrinsic motivation)**[1]。我们对活动本身没有真正的兴趣，我们关心的只是它能使我们获得什么。正如谨慎的莎拉为了分数而学习一样，她对课题本身几乎没有兴趣。

仅仅看外表就说出行动是受内在因素的还是外在因素的激励是不可能的。两种动机类型的根本差异是学生行为的原因，也就是说，行为的**原因控制点(locus of causality)**[2]是内在的还是外在的，是存在于个体内部还是存在于个体外部。正在读书、仰泳或绘画的学生，可能是因为他们根据个人爱好(行为的内在原因或内部动机)自由选择该活动，也可能是因为外在的其他人或事(行为的外在原因或外部动机)影响他们(Reeve，1996)。

你阅读本页内容的动机是内在的还是外在的？构成你行为的原因是存于其内还是发乎其外？当你试图回答这个问题的时候，你或许觉得内部动机和外部动机的区别太简单了，简直是一目了然。我们的活动从完全的**自我决定**(行为的内在原因或内部动机)到完全的**外部决定**(行为的外在原因或外部动机)处于一个连续的渐进变化中。例如，学生发现学习并不是特别令人愉悦的活动，但仍然自愿努力学习，因为他们知道为实现有价值的目标，努力学习是非常重要的。例如一些教师为了成为优秀教师而愿意花大量时间学习教育心理学。这究竟是内部动机还是外部动机呢？实际上，它介于二者之间——人们自愿接受外在目标诸如资格认证的要求，然后再从那些要求条件中获得最大收益，人们把外在目标加以内化。

> **检查要点：**什么是动机？
>
> **回 顾**
>
> - 定义动机。
> - 内部动机和外部动机的区别是什么？
> - 原因的控制点如何应用于动机？
>
> **应 用**
>
> - 一些时候有人建议促进教育的途径之一是使学生在学校获得学业成功，这样做很可能带来什么影响？

在学校教育中，内部动机和外部动机都是举足轻重的。许多活动是有趣的，或能使学生感兴趣。通过激发学生的好奇心并让他们感到随着学习自己更有能力，教学活动能促成内部动机。但是你会认识到内部动机并不会始终有效。你是否会觉得长篇累牍的章节或语法本身有意思呢？你的好奇心是否会因背诵州名及其首府而受到削弱呢？如果教师始终依赖内部

〔1〕 外部动机——由外部因素如奖赏和惩罚而导致的动机。
〔2〕 原因控制点——行为原因的位置——内部或外部。

动机激发所有学生，那么他们将感到失望。有些情况下诱因和外部因素的支持是非常必要的。教师必须鼓励并培养内部动机，同时确保外部动机为学习提供支持(Brophy, 1988; Deci, Koestner, & Ryan, 1999; Ryan & Deci, 1996)。为达此目的，教师需要了解影响动机的各种因素。

关于动机的四种基本观点

动机是一个包括诸多理论的外延广阔、内涵复杂的课题。一些理论是通过实验室里的动物实验而提出来的，另一些理论是建立在研究游戏和难题情境中人类活动的基础之上。许多理论源于临床心理学或企业心理学。这里我们将有选择地分析动机问题，否则永远无法结束这个话题。

行为主义的动机观

行为主义者用“奖励”和“诱因”概念来解释动机。**奖励(reward)**[1]是作为特定行为的后果而被提供的颇具吸引力的事物。例如，当谨慎的莎拉绘制出一张很棒的实验图表时，她得到了分数的奖励。**诱因(incentive)**[2]是鼓励或阻碍行为的事物。对于莎拉来说，争取获得“A+”是一个诱因，真正获得了这一成绩就是奖赏。因此，根据行为主义的观点，对学生动机的理解始于对课堂上所呈现的诱因和奖励的仔细分析。

如果连续强化我们的某个特定行为，我们就可能形成这一行为方式的习惯和倾向性。例如，如果一名学生由于在棒球比赛中的优异表现而不断得到友情、金钱、赞扬、特权等奖励，但在学习方面很少得到称赞，那么她就可能花更多时间，更刻苦地提高她的快球打法，而不把这种努力用在理解几何知识上。给学生的学习评分，奖励小五星、不干胶图案等等，或处罚过错行为，这些都是利用诱因、奖励和惩罚等外在方式来激励学生。当然，在任何特定的情况下，其他许多因素将会影响一个人行为的方式。

人本主义的动机观

人本主义有时被称作心理学的“第三势力”，因为20世纪40年代它是以反对当时居支配地位的两大心理学派——行为主义学派和弗洛伊德精神分析学派的面貌而出现的。动机的**人本主义观点(humanistic view)**[3]强调个人“自我实现”的需要(Maslow, 1968, 1970)、天生的“实现倾向”(Rogers & Freiberg, 1994)或“自我决定”的需要(Deci, Vallerand, Pelletier & Ryan, 1991)这样一些内部动机。这些理论的共同之处在于，认为人们不断受到实现自我潜能的本能需要的激励。因此，从人本主

[1] 奖励——作为行为后果而被提供的颇具吸引力的事物。
[2] 诱因——是鼓励或阻碍行为的事物。
[3] 人本主义观点——强调个人自由、选择、自我决定和为个人发展而奋斗的动机观点。

义的观点看来，激励学生意味着鼓励他们的内在才智，即胜任感、自尊、自主和自我实现(Reeve，1996)。马斯洛的理论是颇具影响力的人本主义动机观点。

马斯洛的层次说

亚伯拉罕·马斯洛(Abraham Maslow)对心理学有重大影响，尤其是动机心理学方面。马斯洛(1970)提出人类拥有一个**需要层次(hierarchy of needs)**[1]，该层次从首先必须满足的生存和安全的低层次需要到高层次的自我实现的需要。**自我实现(self-actualization)**[2]是马斯洛用以解释自我满足以及实现个人潜能的术语。图 10.1 是马斯洛需要层次说的模型。

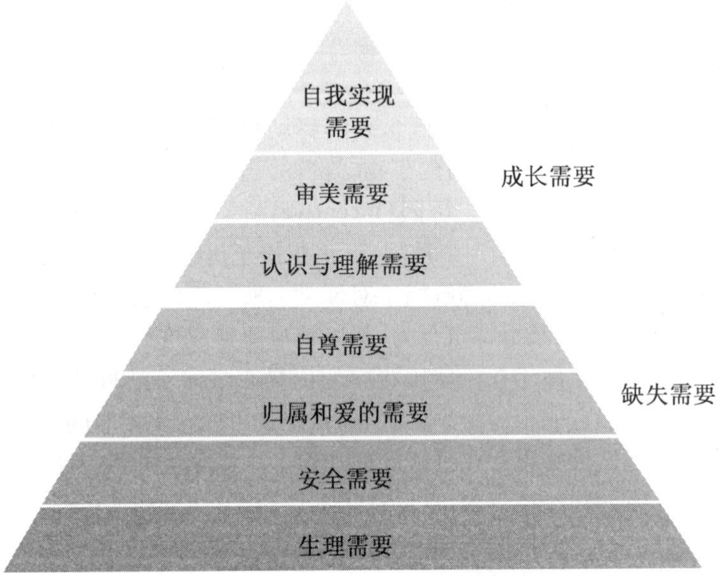

图 10.1 马斯洛的需要层次

Source: Data for diagram based on Hierarchy of Needs from "A Theory of Human Motivation" *Motivation and Personality* (2nd ed.), by A. Maslow, 1970, New York: Harper & Row, Publishers, Inc. Copyright © 1970 by Abraham H. Maslow). Reprinted with permission of Harper & Row, Publishers, Inc.

马斯洛(1968)把生存需要、安全需要、归属与爱的需要、自尊需要这四种较低层次的需要称为**缺失需要(deficiency needs)**[3]。当这些需要得以满足，实现它们的动机就

〔1〕需要层次——马斯洛的人类七种需要水平模型，从基本的生理需要到自我实现的需要。
〔2〕自我实现——实现自我潜能。
〔3〕缺失需要——马斯洛理论中的首先要满足的四种低级需要。

会减弱。他把认知需要、审美需要、自我实现需要称为**成长需要(growth needs)**[1]。当这些需要得以实现，人的动机不会终止，相反，为追求更高的完善，动机会继续增强。例如，你探求认识和理解的努力越成功，你就会越勤奋地追求更渊博的知识和更深邃的思想。与缺失需要不同，成长需要永远不会彻底满足，实现成长需要的动机永无止境、不断得以更新。

马斯洛的理论已受到批评，一个显而易见的原因就是人们并不总是如其理论所说的那样行为。我们当中的大部分人摇摆于不同类型的需要之间，甚至同时被不同的需要所激发。许多人为实现认知需要、理解需要或强烈的自尊需要而自我放弃安全和友爱。

所受批评姑且不论，马斯洛的需要层次理论确实给予我们一个全面观察人的视角，人们的生理需要、情感需要和认知需要都是相互关联的。这一理论对教育有着重大意义。饥肠辘辘、头晕目眩或遍体鳞伤的学生来学校上课，他们不太可能被激励去探索知识与智慧。一个孩子的安全感和归属感受到父母离异的威胁，他(她)在学习除法运算方面会兴味索然。如果课堂是令人生畏、难以预测的地方并且学生不知自己身处何方，他们就极有可能会更多地关注安全问题，而对学习关注甚少。马斯洛的需要层次说为关注学生行为提供了另一个视角。学生实现低层次需要的愿望常常同教师要求他们实现高层次目标的愿望发生冲突。例如，对于学生来说，作为某个社会团体当中的一分子并在该团体中保持自尊极为重要。如果教师的要求与该团体规则相冲突，学生可能对教师的期望置若罔闻，甚至会与教师分庭抗礼。

“自尊运动”是人本主义学派观点在当今的反映，它是满足学生尊严与自尊需要的一种颇有争议的方式。“观点与争议”探讨了这个问题。

观点与争议：为鼓励学生的自尊心，学校应该做些什么？

詹姆斯·比恩(James Beane，1991)在他的《自尊之争面面观》文章开头开宗明义地提出：“在20世纪90年代，问题不在于学校是否应该提高学生自尊，而在于学校应该如何做才能达到提高学生自尊的目的。”试图提高学生自尊的尝试主要有三种形式：一是个人发展活动，如敏感性训练；二是自尊项目，设立一门课程直接以提高学生自尊为核心内容；三是学校体制转变，更加强调合作、学生参与、社区参与和民族自豪感。

▶观点：自尊运动问题重重

试图直接通过敏感性训练或自尊课程来促进自尊，事实证明不很成功。正如

[1] 成长需要——马斯洛理论中的三种高级需要。

比恩所说，"在大家面前说'我喜欢我自己和其他人'与真实的感受不是一回事，如果我这样做仅仅因为我应该这样做，那就更是如此。学生本身表现优秀在提高自尊方面有一定作用，但不是充分的条件"(p. 26)。众多自尊课程带有商业化色彩，不仅没有确切的证据证明它们对学生有非同凡响的作用，而且对学校来说成本高昂(Cnisci，1986，Ieming，1981)。

敏感性训练和自尊课程存在着共同的基本问题。它们都认为通过改变个体的信念，让年轻人面对挫折仍百折不挠地努力，这样可以鼓励自尊。但是如果学生所面临的环境确实是不安全的、孤立无援的，情况又会怎样呢？有些人能克服极端的困难，但期望每一个人都能做到这一点，就"忽略了这样一个事实，对于许多年轻人来说，假如他们生活在一个社会不公、令人悲哀的环境之下，那么拥有积极的自尊是几乎不可能的"(Bean，1991，p. 27)。

因为试图鼓励自尊的诸多做法是肤浅的、商业化的，并被"通俗心理学"所充斥，所以自尊运动极易成为杂志文章抨击的目标，例如《教育：做得糟糕，感觉良好》(Education：Doing Bad and Feeling Good. *Time*，*February 5*，1990)和《自尊的麻烦》(The Trouble with Self-esteem. *U. S. News and World Report*，April 2，1990)都对自尊运动加以抨击。

◀对立的观点：自尊运动大有希望

自尊运动不仅仅是"感受美好的心理学"，这是一个基本事实，"自尊是人类尊严的核心特征，因此也是一项不可剥夺的人权。正因如此，学校以及其他机构有道德的责任来帮助建立自尊并避免削弱自尊"(Beane，1991，P. 28)。如果我们把自尊准确地界定为我们思维和行动的结果，界定为我们的价值观、思想、信仰以及我们与他人的相互关系，那么我们会看到学校的重大作用。允许真正参与、合作、解决问题、成就事业的实践活动应该取代有损自尊的做法，如分层教学和竞争性的评分。

比恩提供了指导教育者的四条原则：

第一，表现出色理所当然是提高自尊的一部分，但仅做到这一点还远远不够。第二，在情感方面进行直接指导有一定作用，但同样不够。自尊与情感的培养并不是在学校里再加入一门课程那么简单。第三，"变得坚强"的策略产生消极影响，它没有把学生引向通往自尊的希望之路，只是让年轻人因为并非自己造成的问题而受到责备。第四，既然自我知觉受到文化的强烈影响，那么如果没有阐明文化差异，而在不同文化间比较自尊会使人困惑并且没有意义(pp. 29—30)。

Source：From "Sorting Out the Self-Esteem Controversy，" by J. A. Beane，1991，*Educational Leadership*，*49* (1)，pp. 25 - 30.

认知学派的动机观

在许多方面，动机的认知学派的观点也是在对行为主义观点进行反驳的过程中形成的。认知学派心理学家认为行为是由人们的思维决定的，而不是取决于过去行为是否得到奖励和惩罚（Schunk，1996；Stipek，1998），行为的发起和调控来自于计划（Miller，Galanter，& Pribram，1960）、目标（Locke & Latham，1990）、图式（Ortony，Clore，& Collins，1988）、期望（Vroom，1964）和归因（Weiner，1992）。认知观点的一个核心假设是人们不是对外部事件或生理状况如饥饿作出反应，而是针对自己对这些事件的解释。你或许有这样的经历，你非常投入地做一件事情以至于忘了吃饭，直到发觉时间已过，才感觉到饿。看来剥夺食物并不会自动促使你寻找食物。

认知学派理论强调内部动机，认为人们是积极的、有求知欲的，能寻找信息来解决个人问题。伯纳德·韦纳（Bernand Weiner）的归因理论是一个很好的例子。

归因理论

关于动机的认知学派的阐释始于这样的假设，即我们总在试图去理解成功与失败，我们总在问"为什么？"学生可能问自己，"我为什么期中考试没有及格？""我的论文有什么毛病？""这一段我为什么做得这么好？"学生或许把他们的成败归于能力、努力、心情、知识、运气、帮助、兴趣、指导清晰、他人干扰、不公平的做法等等。**归因理论（Attribution theories）**〔1〕描述了个体的解释、理由和借口是怎样影响动机的。

伯纳德·韦纳（Bernand Weiner）是将归因理论与学校学习联系起来的主要教育心理学家之一（Weiner，1979，1986，1992，1994a，b；Weiner & Graham，1989）。根据韦纳的观点，大多数成功和失败归咎的原因能够用三个维度来划分：

1. 控制点（原因的控制点在人的内部还是外部）
2. 稳定性（原因是否保持不变还是能够改变）
3. 责任（人是否能够控制原因）

每个成功或失败的原因都能根据这三个维度加以分类。例如，运气是外在的（控制点）、不稳定的（稳定性）和不可控制的（责任）。〔2〕 表 10.1 显示了考试成功或失败的基本归因。

---

〔1〕 归因理论——描述个体的解释、理由和辩解如何影响他们的动机和行为。

〔2〕 联系与拓展——参考研究。格雷厄姆（Graham，S.，1991）的《评论成就背景中的归因理论》（A review of attribution theory in achievement contexts），载于《教育心理学评论》（*Educational Psychology Review*），第 3 卷，第 5—39 页。这篇文章回顾了与追求成就相关的归因理论的几个基本原则，包括特定自我归因的前因、成败归因的情感后效、寻求和给予帮助、同伴拒绝和接纳、成就评价和归因过程。

表 10.1 韦纳的归因理论

学生提出考试不及格的理由有许多，下面八种理由代表了韦纳的归因理论模型当中控制点、稳定性和责任的八种组合形式。

维度分类	失败原因
内部—稳定—不可控制	能力低下
内部—稳定—可控制	从不学习
内部—不稳定—不可控制	考试当天生病
内部—不稳定—可控制	没有为这次考试而学习
外部—稳定—不可控制	学校要求严格
外部—稳定—可控制	教师偏心
外部—不稳定—不可控制	坏运气
外部—不稳定—可控制	朋友没有帮助

Source: From *Human Motivation: Metaphors, Theories and Research*, (p. 253), by B. Weiner, 1992, Newbury Park, CA: Sage Publications. Copyright © 1992 by Sage Publications. Adapted with permission.

韦纳认为这三个维度对动机有重大意义。例如内部/外部控制点的维度，似乎与自尊感密切相关(Weiner, 1980)。如果我们把成功或者失败的原因归结为内部原因，成功会导致产生自豪感和动机加强，相反，失败则会使人失去自尊。稳定性的维度似乎与对未来的期望密切相关。例如，学生如果把他们的失败归结到稳定性的因素上面，如归因于科目难度，那么他们就预计将来这门课考试还会不及格。但是，如果他们把原因归结到心情和运气这样的不稳定因素上，那么他们就会期望将来有更好的结果。[1]

责任维度与情感有关，如愤怒、怜悯、感激或羞愧(Weiner, 1994a)，如果我们觉得应对自己的失败担负责任，我们就会有内疚感；如果我们觉得成功应归功自己，就会有自豪感。如果某个任务是我们无法控制的，其中的失败会导致羞愧感或对实施控制的人或机构感到不满，然而在我们不可控制的任务中获得成功，会使我们备感幸运和萌生感激之情。

当我们把失败归因于缺乏能力，并把能力看做是不可控的因素，动机的表现是这样的：

---

〔1〕 联系与拓展——联系你的教学。动机的归因理论的意义是什么？请思考摘自以下文章的内容：《为什么苏茜和约翰尼不会做数学？》(1987, July)，载于《哈佛教育简讯》(*Harvard Education Letter*)，第3(4)卷，第6—7页。戴尔·申克(Dale Schunk)识别了40个有减法困难的孩子，并把他们分为4组，要求其解答减法题目。有一个监控者……每8分钟检查……一次A、B、C三个组。她对A组的每个孩子说："你很努力。"对B组的学生说，"你需要努力学习。"C组的孩子没有得到任何评价，在D组，监督者只是去为孩子们读了指导语，没有其他接触。结果很明显：被告之已经很努力的孩子比其他组的孩子多做了63%的题目，在后测中他们答对了3倍的减法题目。

失败⟶能力缺乏⟶不可控制⟶没有责任⟶耻辱困窘⟶退缩⟶行为表现衰退

当我们把失败归因于努力程度不够时，结果却是这样的：

失败⟶努力不够⟶可控制⟶应负责任⟶愧疚⟶奋斗⟶行为表现提高

而且，对于自己学习的控制感似乎与选择难度较大的学业任务、付出更多努力、在学校学习中能持之以恒有密切相关（Schunk, 1996; Weiner, 1994a, b）。而不幸的是，妇女、有色人种和有特殊需要的人所受到的长期歧视，会影响到他们对自己驾驭生活能力的认识（Beane, 1991）。如果人们觉得他们不能控制自己的生活，他们的自尊就有可能降低。韦纳的控制点和责任维度与德西（Deci）的因果关系控制点的概念有着紧密联系。

课堂中的归因

当经常成功的学生失败的时候，他们常会作出内部的、可控的归因，例如，他们会把失败的原因归结为没有理解要求、缺乏必要知识或者只是努力不够。当学生把他们自己看做是有能力的，并且把失败的原因归结为缺少努力或知识不完备（可控制的原因）时，他们通常会为下次取得成功而寻找策略。这是一种具有适应性的、掌握定向的反应，是一种通常会导致成就、自豪和更大控制感的反应（Ames, 1992）。

当学生把失败的原因归结到稳定的、不可控制的原因时，动机问题最严重。这样的学生对失败听天由命、沮丧、无能为力——我们通常称之为"丧失动机"（Weiner, 1994a, b; Weiner, Russell & Lerman, 1978）。这些学生对失败的反应是更认定自己无能，他们对学校学习的态度进一步恶化（Ames, 1992）。如果学生认为失败的原因是稳定的、不可能改变的，并且无法控制，那么，冷漠的反应便顺理成章。而且，这样来看待失败的学生也不太可能寻求别人的帮助——他们相信任何方法和任何人都不会有所帮助。

教师行为与学生归因

学生怎样来确定他们成功和失败的原因？教师的行为就是答案所在。当教师认为学生的失败是由于学生无法控制的因素，他们就倾向于同情学生和不给予惩罚。然而，如果失败可以归因于不努力这样的可控制因素，教师的反应极有可能是恨铁不成钢，并且惩罚措施会接踵而至。在不同时代和文化背景下，这种趋势看起来是一致的(Weiner, 1986)。[1]

学生如何解释来自教师的反应呢？桑德拉·格雷厄姆(Sandra Graham，1991，1996)给出了许多令人惊奇的答案。有事实表明，当教师对学生的错误抱以同情、并称赞是一次“不错的尝试”或未经学生要求给以帮助时，学生很可能把他们失败的原因归结于不可控的原因，通常是归于缺乏能力。例如，格雷厄姆和巴克(Graham & Barker, 1990)要求不同年龄段的被试评价录像带上两个男孩努力程度和能力大小。录像中一位教师在教室来回走动，学生正在埋头做题。教师停下来看着两个男孩的试卷，他没有评价第一个男孩，而是对第二个男孩说，“让我提示你一下，不要忘了进十位数。”第二个男孩并没有要求帮助，而且似乎也没有被问题所难倒。观看录像的所有年龄的人、甚至年龄最小的孩子，都觉得受到帮助的男孩比没有得到帮助的男孩能力低。仿佛看到教师的行为在说，“可怜的孩子，你没有能力解决这个困难的问题，因此我要帮助你。”

难道这意味着教师应该表示不满和不给予帮助吗？当然不是。但不要忘了对于失败来讲，“赞扬作为安抚式的奖赏”(Brophy, 1985)，或过分予以帮助都无意间流露某些信息。格雷厄姆(1991)提出许多少数群体的学生可能就会成为教师善意怜悯的受害者。一旦看见学生为真实问题所困扰，教师或许就会降低要求，以使学生“体验成功”和“自我感觉良好”。但与怜悯、赞扬、额外的帮助相伴随，传达了这样一个微妙的意思：“你没有能力做这件事情，因此我不介意你的失败。”格雷厄姆说，“对于黑人来说，相关的问题是他们自己学术失败的历史是否使其更有可能成为教师同情的对象，因此更有可能接受能力低下的暗示”(1991, p. 28)。这种同情即使出于善意，也带有微妙的种族歧视色彩。[2]

期望 X 价值理论

一些动机理论既考虑了行为主义者所关注的行为影响和结果，又涵盖了认知学派所侧重的个体思维的影响，我们把其称之为**期望 X 价值理论(expectancy x value theories)**[3]。这意味着动机被看做是两种主要因素的产物，这两种因素是个体对达

---

〔1〕 联系与拓展——参考研究。布卢门菲尔德、平特利施和汉密尔顿(Blumenfeld, P. C. , Pintrich, P. R. , & Hamilton, V. L. ,1986)的《儿童对能力、努力和行为的认识》(Children's concepts of ability, effort, and conduct)，载于《美国教育研究杂志》(*American Educational Research Journal*)，第23卷，第95—104页。摘要：儿童对能力的自我知觉可能是对自己在努力、行为结果和学业成绩方面受到的评价的反映。一项研究调查了158名二年级和六年级学生，研究发现，在评分和判断指标上，一般把能力与努力、努力与结果相联系，而不把能力与结果连在一起，儿童在判断能力时一般采用绝对的标准，而在判断努力和行为结果时也是如此，几乎没有例外。这一结果表明对能力、努力和行为结果的判断是相互关联的，但是可以区分。

〔2〕 联系与拓展——联系你的教学。阅读以下文章，克利福德(Clifford, M. M. ,1990)的《学生需要挑战，而不是轻而易举的成功》(Students need challenge, not easy success)，载于《教育领导学》(*Educational Leadership*)，第48(1)卷，第22—26页. 克利福德声称学生需要一些失败的经历。请评价他的观点，谁最需要这种经历？

〔3〕 期望X价值理论——强调个体对成功的期望与他们对目标价值的评价相结合的动机观点。

到目标的预期和目标对个体的价值。换句话说，重要的问题是，“如果我努力了，我能成功吗？”“如果我成功了，结果是不是对我有价值和有意义？”动机是这两种因素的产物，因为如果缺少其中的任何一个方面，就不会产生为那个目标而努力的动机。例如，如果我认为我很有可能参加这支篮球队（高期望），并且这支篮球队对我来说相当重要（高价值），那么我的动机就很强烈。但是缺少其中的任何一个因素（我认为自己没有希望加入这支篮球队，或者我不太喜欢打篮球），那么我也就没有动机。本章稍后将要讨论班杜拉的自我效能感，它就是一个体现期望 X 价值动机观点的理论例子。[1]

社会文化的动机观

社会文化的动机观（Sociocultural views of motivation）[2] 强调参与实践群体。人们从事活动是为了保持同一性以及保持他们在群体内的人际关系。因此，如果学生所在的班级和学校重视学习，学生也就被激励去学习，学习就是参与到群体生活的方式。正像我们通过社会化——即从更有能力的文化成员那儿观察和学习，学会了在饭店和购物中心应该如何说话、穿戴和举止一样，我们也从群体成员那里通过观察学会做一名学生。换句话说，我们通过同伴来学习（Greeno，Collins and Resnick，1996）。

在动机的社会文化观点中，身份同一性这一概念处于核心地位。当我们把自己看做球员、或雕塑家、或工程师、或教师、或心理学家时，我们在这个群体中就有了一个身份。我们社会化的部分过程就是在一个群体中从真实的外围参与转向核心参与。**真实的外围参与（legitimate peripheral participation）**[3] 意味着初学者真正参与到群体活动当中，即使他们的能力还未得以发展，他们的贡献微乎其微。例如，编织新手在纺纱和编织之前先学习染羊毛；新教师在指导一整班学生之前先学习辅导一个孩子。每一项任务都是专家的真实工作的一个片段。新手和专家的身份就在于参与群体之中，他们为了保持作为群体成员的身份，而拥有学习群体的价值观念和实践活动的动机。

一些课堂有意识地被组成为学习群体。例如，布朗和坎皮恩（Brown & Campione，1996）围绕着科学研究项目为中学生规划了学习群体。斯卡德梅利安和贝雷特（Scardamalia & Bereiter）利用被称作 CSILE 的一个利用计算机系统的学习群体——计算机辅助学习系统（Computer-Supported Intentional Learning Environment），该学习群体鼓励学生就疑难问题、假设、科学探索加强合作。这些方式的挑战是保证所有学

〔1〕 联系与拓展——联系你的教学。根据期望理论，预测以下每种情况的动机水平：a. 认识到付出很小的努力的情况下成功的可能性很大，诱因值高。b. 认识到付出很小努力的情况下成功的可能性很大，诱因值中等。c. 认识到付出很大努力的情况下成功的可能性很小，诱因值中等。

〔2〕 社会文化的动机观——强调参与、认同和实践群体内的人际关系的观点。

〔3〕 真实的外围参与——虽然能力还未形成和贡献也微乎其微，但已真正参与到群体活动中。

检查要点：关于动机的四种基本观点

回 顾

- 从行为主义观点看，关键因素是什么？认知学派的观点呢？人本主义的观点呢？社会文化的观点呢？
- 区分马斯洛理论中的缺失需要和成长需要。
- 韦纳理论中，归因的三个维度是什么？
- 什么是期望 X 价值理论？
- 什么是真实的外围参与？

应 用

- 采用马斯洛理论解释为什么一个为家里的事情担心的学生没有学习的动机。
- 在一个群体当中的参与和身份如何影响动机？

生都成为群体的真正的参与者，因为动机来自身份，而身份来自合理的参与。

表 10.2 概括了行为主义、人本主义、认知学派和社会文化的动机观。这些理论的分歧在于，它们对“什么是动机?”这一问题的回答各不相同，但每一个理论都以自己独特的方式为全面理解人类动机作出贡献。

为了采取一种有益于教学的方式把诸多动机理论组织起来，让我们来分析以下三个大的方面。当代对动机的解释中，大多数都涉及目标、兴趣、情感和自我知觉的问题（Murphy & Alexander, 2000），我们将深入分析其中的每一个领域——并强调它们对于教与学的重大意义。

表 10.2 四种动机观

	行为主义	人本主义	认知学派	社会文化
动机来源	外 部	内 部	内 部	内 部
重要因素	强化，奖励，诱因，惩罚	自尊需要、自我实现的需要、自我决定的需要	信念、成功和失败的归因、期望	积极参与到学习群体中，通过参与群体活动维持身份
主要代表人物	斯金纳	马斯洛 德 西	韦 纳 格雷厄姆	拉夫(Lave) 温格(Wenger)

目标定向与动机

目标(goal)[1]是个体努力达到的结果或获得的成就（Locke & Latham, 1990）。

〔1〕 目标——个体努力获得的结果或成就。

当学生们正努力去阅读一章或力争取得 4.0 分 GPA[1] 的成绩时，他们的行为是目标定向的。在追求目标过程中，学生一般意识到当前情况（我还没有翻开书）、某些理想状况（我已经阅读和理解了每一页）、以及当前情况和理想状况之间的矛盾。目标激励人们为了缩小"现状"和"理想"之间的差距而采取行动。对我而言，确立目标通常是有效的。除了常规的无须注意的活动如吃午饭，我总是每天设定目标。例如，今天我的目标是写完这一章、为我女儿乔迁新居赠送礼物。决定要做这些事情之后，如果没有完成列出的任务，我会感到不安。[2]

根据洛克和莱瑟姆（Locke & Latham，1990）的观点，确立目标能促进行为表现的原因主要有四个。第一，目标把我们的注意力引向当前手头的任务（每当我的思绪从本章的写作游离出去，完成本章写作的目标有助于把我的注意力引回到写作上面来）。第二，目标推动人们努力工作（目标越难以完成，需要付出的努力程度就越大）。第三，目标提高人的坚持性（当我们拥有明确的目标，在实现目标前分心或放弃的可能性较小）。最后，当旧策略不能奏效时，目标促使形成新的策略。例如，如果你的目标是取得 A 等成绩，然而在第一次测验中你没有实现目标，你或许会放弃一遍遍阅读课文的策略，而去尝试一种新的学习方法，比如向朋友解释要点。

目标类型

我们确立的目标类型影响了我们的努力程度。具体的、难度适中的和短期就可能实现的目标倾向于提高动机和毅力（Pintrich & Schunk，1995；Stipek，1996）。具体的目标提供了判断行为表现的清晰的标准。如果行为表现尚有差距，我们就需再接再厉。例如，我决定"写完这一章"而不是决定"写这本书"，因为这个目标的完成是清楚的，我知道何时达到目标。只要本章没有寄出，就意味着我要"继续工作"（比如工作到深夜！）难度适中提出了挑战，一个合理的挑战，如果坚持到底我就能完成本章节的写作。最后，很快就能实现的目标不太可能被其他更紧迫的事情冲到一边。如匿名酒精协会已意识到短期目标的激励价值，他们鼓励协会成员"一次戒酒一天"。

四种目标类型

教育心理学家写了许多关于目标定向的文章，目标可以分为四种类型——学习性

---

[1] 译者注：GPA(grade point average) 又称 GPR(grade point ratio)，即成绩点数与学分的加权平均值。如果学业成绩的计算是采用百分制，在计算 GPA 时须将百分点的分数换算成等级点数(grade point)，如一般美国大学采用的换算分法为 A：90—100 为 4 点，B：80—89 为 3 点，C：70—79 为 2 点，D：60—69 为 1 点，E：0—59 为 0 点。

[2] 联系与拓展——参考研究。埃姆斯（Ames，C.，1992）的《课堂：目标、结构和学生动机》（Classrooms：Goal，structures，and student motivation），载于《教育心理学杂志》（*Journal of Educational Psychology*），第 84 卷，第 261—271 页。这篇文章整合了有关目标的许多概念，为本书的下一章提供了一个框架。要获得埃姆斯观点的详细说明，请阅读下一篇文章：布卢门菲尔德（Blumenfeld，P. C.，1992）的《课堂学习与动机：澄清和扩展目标理论》（Classroom learning and motivation：Clarifying and expanding goal theory），载于《教育心理学杂志》（*Journal of Educational Psychology*），第 84 卷，第 272—281 页。

目标、行为表现目标、逃避工作目标和社会性目标(Murphy & Alexander, 2000)。关于学生目标的研究发现,学习性目标(也称作任务目标或掌握目标)和行为表现目标(也称作能力目标和自我目标)之间存在普遍区别。**学习性目标(learning goal)**〔1〕的意义在于提高、在于学习,而不管你犯了多少错误,也不管你的处境多么尴尬。确立学习性目标的学生倾向于寻找挑战并且在遇到困难时不折不挠、持之以恒。尼克尔斯和米勒(Nicholls & Miller, 1984)称这些学生是**任务介入型学习者(task-involved learners)**〔2〕,因为他们关心的是掌握任务,并且不担心与班里其他同学相比如何。我们常说这些人"沉迷于他们的学习之中"。另外,任务介入型学习者更有可能寻找适当的帮助,利用更深层的认知加工策略,并且运用较好的学习策略(Butler & Neunan, 1995; Young, 1997)。〔3〕

目标的第二种类型是**行为表现目标(performance goal)**〔4〕。有着行为表现目标的学生关心的是向别人展示他们的能力。他们把精力集中在获得好的考试成绩,或者更加关注战胜并打败其他同学(Wolters, Yu & Pintrich, 1996)。以行为表现超过别人为目标的学生做一些使他们看来聪明的事情,如为了"读最多的书"而去读简单易懂的书(Young, 1997)。如果没有获胜的希望,他们可能采取防御性的、避免失败的策略,这种策略正像前面介绍的自卫的黛安娜一样——他们假装不用心,造出一种"无所事事"的表象或者欺骗别人(Jagacinski & Nicholls, 1987; Pintrick & Schunk, 1996),别人对他们表现的评价对他们影响最大,他们不关心自己学到了什么或者付出了怎样的努力。尼克尔斯和米勒(Nicholls & Miller, 1984)把这些学生称作是**自我介入型学习者(ego-involved learners)**〔5〕,因为他们的全部注意力指向自我。德伯拉·斯蒂普克(Deborah Stipek, 1996)列举了自我介入型学习者在班级活动中的行为特征:

- 抄袭同班同学的试卷。
- 让别人注意自己的好成绩或表现。
- 只用功做评分的作业。
- 因考试低分感到不安,并把得低分的考卷藏起来。
- 和同学比较分数的高低。
- 选择最有可能导致积极评价的任务。
- 面对没有清晰评价指标的作业会感到不安。

一些学生不想学习,也不想让别人觉得他聪明,他们就是想逃避学习。这些学生想尽可能快地完成作业和活动,而不付出许多努力(Schunk & Pintrich, 1996),尼克

〔1〕学习性目标——无论成绩如何,促进能力和理解的个体目标。
〔2〕任务介入型学习者——关注于掌握任务或解决问题的学生。
〔3〕联系与拓展——联系你的教学。抱有学习性目标的学生更可能:(1)控制点是内在还是外在;(2)是内在的、稳定的归因,还是内在的、不稳定的归因;(3)是避免失败,还是追求成功?
〔4〕行为表现目标——看起来有能力和在别人看来表现好的个人目标。
〔5〕自我介入型学习者——关注自己表现如何和他人对自己的评价如何的学生。

尔斯把这些学生称作**逃避工作型学习者(work-avoidant learners)**〔1〕——当他们无须努力工作时，当任务简单时，或当他们能"稀里糊涂混过去"时，他们会有成就感。

最后一种目标类型随着学生年龄的增长而变得愈加重要——即**社会性目标(social goals)**〔2〕。随着学生步入青春期，他们的社会关系网络发生变化，包括了更多的同龄人。非学术活动如运动、约会和"闲荡"与学习活动平分秋色(Wrdan & Machr, 1995)。社会性目标包括多种多样的需要和动机，它们同学习的关系也不尽相同，某些有助于学习，但另一些却妨碍学习。例如，在合作学习小组中学生维护友好关系的目标有时就会妨碍学习，因为不愿伤害其他成员的感情，谁都不指出错误答案和错误概念(Anderson, Holland & Palincsar, 1997)。追求与朋友玩得开心或避免被称作"异己分子"这样的目标当然会妨碍学习。但是通过努力工作给家庭或团队带来荣耀的目标会促进学习(Wrdan & Machr, 1995)。

我们分别讨论了各种类型的目标，但是学生必须协调各种目标以作出行为决策，决定做什么和怎样做。正如上文所谈到的，有时社会性目标和学术性目标是不相容的。例如，学业上的失败或许得到少数群体学生的积极解释，因为违背主流文化规范和标准被看做是有成就的表现。因此，在学校和同辈团体中同时取得成功是不可能的(Ogbu, 1987; Wentzel, 1999)，而且在同辈人团体中取得成功才是重要的。对大多数人来讲，社会关系方面的需求是基本而强烈的。

对亲密关系的需要

形成亲密关系是与其他人建立密切的感情联系和友谊的需要，它反映了我们要与自己生命中重要的人物保持情感联系的渴望(Ryan, 1991)。当教师和父母与孩子产生共鸣，并且表现出关心孩子的兴趣和健康时，孩子就会具有高内部动机。但是，当我们拒绝孩子参与他们希望与成年人间的交往活动时——例如，成年人对孩子的需要无动于衷——孩子们就会丧失内部动机(Grolnick, Ryan & Deci, 1991)。另外，感情与生理问题——从饮食紊乱到自杀——在缺乏社会性关系的人们当中较为普遍(Baumeister & Leary, 1995)。

形成亲密关系有两个要素，即参与和支持自主。参与是教师和父母对孩子的活动和经历感兴趣和了解的程度，以及为孩子们奉献时间的程度。当学生有归属感并感受到教师的个人支持时，他们对班级工作更感兴趣而且觉得这些活动更有价值(Goodnow, 1993; Stipek, 1996)。支持自主是教师和家长鼓励孩子自己作出决定的程度，而不是施加压力控制孩子的行为。当教师和父母表现出高度参与及支持自主时，孩子们就会表现出更大的竞争力，更高的学业成就和责任心，同时也表现出较少的

〔1〕逃避工作型学习者——那些不想学习，也不想让别人觉得他聪明，就是想逃避学习的学生。
〔2〕社会性目标——与他人和群体相连的各种需要和动机。

攻击性(Grolnick & Ryan，1989；Grolnick，Ryan & Deci，1991)。

反馈和接受目标

除了具体的、具有挑战性的和可实现的学习性目标，以及专注于任务、创设支持性的社会关系之外，还有两个因素使课堂目标设置积极有效。第一个因素是反馈。为了使学生受到“现状”和“目标”之间差别的激励，他们就必须对自己身处何方和必须前行多远有个准确的认识。当反馈意见告诉学生他目前的努力已落后于目标，学生则能付出更大的努力甚至尝试另一种策略。当反馈意见告诉学生他已实现目标或超越目标时，学生则会感到心满意足和充满竞争力——足够的竞争力或许使他们为未来确立了更高的目标。有证据表明强调进步的反馈是最有效的。在一个研究中，给成年人的反馈或是强调他们已完成确定标准的75%，或是强调他们落后标准的25%，当反馈意见突出了取得的成就时，他们的自信心、分析思维以及行为表现都会得到提高(Bandura，1997)。

影响追求目标动机的第二个因素是接受目标。当学生接受了教师或自己所确立的目标，那么确立目标以激励学习的作用就能得以发挥。但是如果学生拒绝别人或自己设立的目标，那么它就给动机带来不利的影响。总的来说，如果他人设立的目标看起来是现实的、难度合理和有意义的(Erez & Zidon，1984)，而且如果目标价值有很好的理由支持，那么学生更愿意采用这些目标。如果你同学生家庭一起识别和监控目标时，学生接受目标的可能就会较大(目标就会更适合学生)，与家庭和社区建立合作关系指南提出了一些有关建议。

与家庭和社区建立合作关系指南——确立目标

理解家庭为孩子设立的目标。

举例：

1. 非正式场合下，在咖啡馆或小吃店，与单独一个家庭或几个家庭会面，倾听他们对孩子的期望。
2. 将调查问卷或回复卡寄到学生家里，询问家长认为自己孩子最需要何种赖以工作的技能。为每一个孩子选出一个目标，并制定一份实现这一目标的校内外活动计划，与学生家庭共同讨论这个计划，并且听取他们的反馈。

识别与目标相关的学生兴趣和家庭兴趣。

举例：

1. 请家长向班上的学生展示某种技能和爱好，与学生分享。

2. 识别“家庭最喜爱的事物”——最喜爱的食物、音乐、假期、体育项目、颜色、活动、赞美诗、电影、游戏、零食、食谱、纪念物。把课堂功课和兴趣联系起来。

为家庭提供一种追踪目标实现过程的方法。

举例：

1. 制定可以贴在电冰箱上的“进展表”或目标卡片。
2. 请家长谈谈他们对教师在帮助学生实现目标上的有效性的认识，询问他们的反馈意见。

目标：给教师的建议

学生更有可能为之付出努力的目标是：明确的、具体的、合理的、有适度挑战性的以及在相对短的时间内可以实现的目标。如果教师关注于学生的行为表现、高分、竞争，他们可能鼓励学生确立行为表现目标。这将削弱学生学习和介入任务的能力(Anclerman & Machr，1994)。学生可能还不擅于确立自我目标或者不擅于牢记目标，因此鼓励和准确的反馈是必要的。如果你利用任何奖励或诱因系统，就要保证确立的目标是为了在某些领域“学习和提高”，而不是仅仅表现良好或看起来聪明，并且一定不要使目标过难。

当投入的工作任务使人们有机会与他人建立积极的人际关系时，大多数人受到更多的激励。像成年人一样，学生未必能对工作任务坚持不懈，也不可能对使他们感到不安全和无能力的教师反应良好。如果他们认为教师并不是真正地关心他们，他们就不太可能承担起学习的责任。

检查要点： 目标定向与动机

回 顾

- 哪一种目标最具有激励作用？
- 描述学习性目标、行为表现目标、逃避工作的目标和社会性目标。
- 如何有效地设立课堂目标？

应 用

- 一位教师对学生说：“我希望你们所有人努力学习，在春季全州考试中取得好成绩。”请分析这一目标的影响，学生可能被这一目标激励吗？为什么？

兴趣与情感

你对于学习的感受如何？兴奋？厌倦？好奇？还是恐惧？今天，研究者强调学习并不仅仅是关于推理和解决问题的冰冷的认知过程，学习和信息处理过程也受到情感的影响，所以“火热”的认知在学习方面同样发挥了一定作用(Miller，1993；Pintrick，Marx & Boyle，1993)。学生更有可能注意、学习和记住能激发情感反应的事件、图片以及读物(Alexander & Murphy，1998；Couley & Underwood，1998；Reisberg & Heuer，1992)或者与他们个人兴趣有关的内容(Renninger，Hidi & Krapp，1992)。我们怎样利用这些发现支持学校中的学习呢？

激发兴趣

沃尔特·维斯波尔和詹姆斯·奥斯汀(Walter Vispoel & James Austin,1995)要求200多名中学生评价他们在不同学校学科中成功和失败的原因，作为对失败原因的解释，评分最高的是缺乏对学科的兴趣，而解释成功的原因时，兴趣仅次于努力。学习过程应与学生兴趣相联系看起来是顺理成章的。当学生感到自己有能力时，兴趣就会增加，因此即使学生最初不对学科或活动感兴趣，当他们体验到成功之时，他们也许会形成对学科或活动的兴趣(Stipek,1996)。

兴趣的一个来源是想像力。例如，科多瓦和莱珀(Cordova & Lepper,1996)发现，当学生被赋予宇宙飞船船长的角色，面临着驾驶飞船穿越太空的挑战时，他们会从一项计算机练习中学到更多的数学知识。学生会给他们的飞船命名，在他们(想像的)飞船厨房中储藏自己最喜爱吃的零食，以朋友的名字给全体船员命名。下面的指南提供了其他一些建议。

指南——建立学生的兴趣

将学习的内容与学生的经历联系起来。

举例：

1. 与另一所学校的一名教师建立班级间笔友活动。通过写信，学生交流个人经历、照片、绘画和写作作品，并且相互提问和回答问题(“你学过草书吗？”“在数学方面你正在学什么？”“你正在读什么？”)，为节省邮票，信件可以放在一个大邮包里一起邮寄。
2. 找出擅长不同作业和任务的学生。比如，谁会用电脑绘画？谁会搜寻网络？谁会做饭？谁会使用索引？
3. 举办一个“转换日”，这一天学生和学校职员或服务人员变换角色。学生必须通过访谈职员研究角色，必须为工作做准备，穿上当天所接管工作的工作服，并且在换班日之后评价他们的成功之处。

识别能够融入课堂学习与讨论的学生兴趣、爱好和课外活动。
举例：
1. 让学生设计和实施了解彼此兴趣的调查。
2. 使班级图书处存放着与学生兴趣和爱好相关的书籍。

用能表现人性的幽默感、个人经历和轶闻趣事来支持教学。
举例：
1. 交流你自己的爱好、兴趣和最喜欢的事物。
2. 告诉学生将有一个意外参观者到访；然后装扮成某个故事的作者，谈论关于“你自己”以及“你”的写作。

Source: Adapted from *150 Ways to Increase Intrinsic Motivation in the Classroom*, by J. P. Raffini, 1996, Boston: Allyn & Bacon. Copyright © 1996 by Allyn & Bacon.

然而，在顾及到学生的兴趣时，我们需要慎重，鲁思·加纳(Ruth Garner，1992)和她的同事发现“有诱惑力的细节”会妨碍学习。有诱惑力的细节是指有点趣味的内容，但不是学习核心的内容，会分散学习精力，比如，与重要的学习目标无关但激发了学生学习兴趣的有趣的疑难问题或其他的操作环节，或者无助于理解科学家理论的有关科学家生活的详细描述，因此，如果你扮演书的作者，不要忘了将讲述“自己”的生活细节与学生阅读的教学目标相联系。

情绪唤起：学习的兴奋和焦虑

正如大家都知道受到激励是怎样的感觉，我们也都了解情绪唤起的情形。**唤醒**[1]**(arousal)**包括心理和生理两方面的反应——脑波模式、血压、心率、呼吸频率等方面的变化。我们感到警觉、十分清醒，甚至兴奋，为了理解唤起对动机的影响，我们要考虑两个极端的情况。第一种情况是，夜已经很深了，你打算第三遍去理解要求阅读的材料，但是你太困倦了。尽管你没有完成明天的作业，可是眼皮在下垂，注意力无法集中，你决定上床睡觉，明天早点起来学习(你知道这种计划很少能实现)。另一种极端情况是，设想你明天有一场关键的考试——它将决定你是否能够进入你理想中的学校读书。你感到所有人都准备充分，因此觉得压力很大。你知道自己需要好好地睡上一觉，但却丝毫没有睡意。在第一个事例中，唤起水平太低；在第二个事例中，唤起水平太高。

对于大多数活动，似乎存在一个最佳情绪唤起水平，如图 10.2 所示(Yerkes & Dodson，1908)，总的来说，较高水平的唤醒有利于简单任务的完成，比如分拣要洗的

〔1〕唤醒——引起一个人警觉、注意和广泛觉醒的生理和心理反应。

衣服，但较低水平的唤醒对于完成复杂任务更有利，比如考 GRE。下面让我们分析通过唤起好奇心来提高唤起水平的情况。

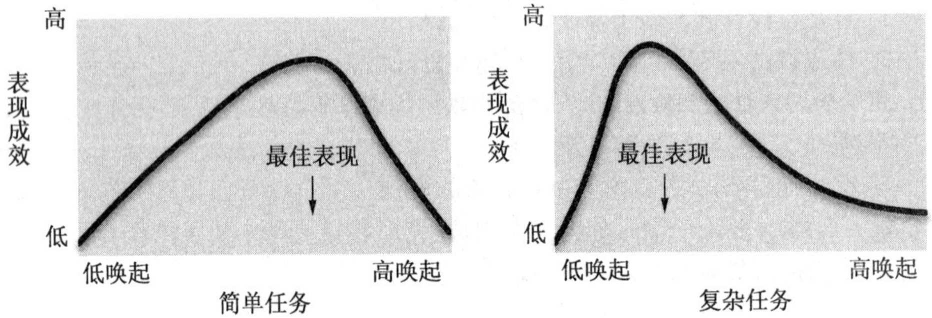

对于简单而又易于操作的任务，唤起水平达到中等高度时，行为表现最好，但是对于一项复杂的工作任务，较低水平的唤起导致较好的行为表现——只要唤醒水平不是过低。[1]

图 10.2 唤起水平与表现成效

好奇心：新奇性与复杂性

30 多年前，心理学家提出个体天生就渴望去寻求新奇、令人惊奇以及复杂的事物(Berlyne，1996)。有关教学的研究发现多样化的教学方法和任务能够有助于学习(Brophy & Good，1986；Stipek，1996)。对于年龄较小的学生来说，有机会动手操作和探究与学习相关的客观事物或许是激发好奇心的最为有效的方法。对于年龄较大的学生，结构化的、合乎逻辑的以及矛盾的问题对于激发学生的好奇心有着同样效果。例子：一些农场主在他们的农场猎杀狼，第二年春天他们发现鹿的数量减少了。怎么回事呢？既然狼捕食鹿，狼的减少是不是应该意味着鹿的数量增加呢？在探索解决这个问题中，学生了解了生态学和自然界的平衡：如果没有狼消灭相对虚弱病残的鹿，鹿的数量大幅度增加，以至于冬季供给的食物无法维持鹿群的需要，许多鹿死于饥饿。

乔治·洛温斯坦(George Lowenstein，1994)提出，当注意力集中在知识的不足之处时，就会产生好奇心，"这种信息缺乏产生的缺失感，我们称之为好奇心。好奇的人渴望获取缺失的信息，从而减少或消除缺失感"(p. 87)，这个观点与第二章所讨论的皮亚杰的失衡概念相近似，它对教学有着重要意义。首先，学生在

〔1〕 联系与拓展——参考研究。米斯、威格菲尔德和埃克尔斯(Meece, J. L., Wigfield, A., & Eccles, J., 1990)的《数学焦虑的预测和其对青春期初期儿童的课程选择意向和数学成绩的影响》(Predictors of math anxiety and its influence on young adolescents' course enrollment intentions and performance in mathematics)，载于《教育心理学杂志》(*Journal of Educational Psychology*)，第 92 卷，第 6—70 页。这个研究发现数学焦虑与学生的对数学能力知觉、表现期望和价值知觉的关系最直接，学生的表现期望预测了学生数学成绩，而他们的价值知觉预测了课程选择的目的。

能够体验带来好奇心的知识缺失之前，他们需要一定的知识基础。第二，为了产生好奇心，学生必须认识到知识的缺失，要求学生猜测和为他们提供反馈信息是有益的。而且，处理恰当的情况下，学生的某些错误通过指出他们的缺失知识也能激发好奇心。最后，对某一领域了解越多，就越可能对它产生好奇心，正如马斯洛(1970)所预言的，认知和理解的需要得到满足后会继续增强进一步认知的需要，认知的需要不会减弱。

正如我们早些时候所讨论的，有时唤起的水平太高了，而不是太低，因为课堂上学生受到测评，所以焦虑就成为影响课堂动机的一个因素。

课堂中的焦虑

每个人都不止一次体验过**焦虑**[1]**(anxiety)**，或体验过"泛泛的不安、不祥的预感、紧张感"(Hansen, 1997, p. 91)，焦虑对学校成绩的影响显而易见。"从对该问题最早的研究开始，即发端于耶克斯和多德森(Yerkes & Dodson, 1908)的开拓性工作，到目前为止，研究者一致发现学校成绩的每个方面与各种焦虑测量之间存在着负相关。"(Convington & Omelich, 1987, p. 393)。焦虑既是学校失败的原因又是其结果——学生因为焦虑而做得糟糕，而不良的行为表现又加重了他们的焦虑。焦虑或许既是特质又是状态。一些学生倾向于在许多情况下感到焦虑(焦虑特质)，但有些情况尤其刺激了焦虑的产生(焦虑状态)(Convington, 1992)。

焦虑看起来既有认知成分又有情感成分，认知方面包括忧虑和消极的想法——例如，总想如果失败了会多糟糕，并且担心自己会失败；情感方面包括心理的和情绪反应，例如掌心出汗、胃口不适、心率加快或者恐惧(Schunk, 2000; Zeidner, 1995)。

在课堂上，测验的情境会影响到高焦虑个体的行为表现。例如，希尔和伊顿(Hill & Eaton, 1997)发现，当演算算术题没有时间限制时，非常焦虑的五、六年级的学生与较少焦虑的同学一样做得快捷和准确。然而在一定时间限制下，高焦虑学生犯的错误是低焦虑学生的三倍，前者在每一个问题上面花费的时间是后者的两倍，并且作弊次数两倍于后者。无论何时，行为的压力、失败的严重后果和学生间的竞争都可能带来焦虑(wigfield & Eccles, 1989)。

焦虑与学业成就如何相互影响？

西格蒙德·托拜尔斯(Sigmund Tobias, 1985)提出一个模型，来解释在学习和成绩的循环周期中焦虑与学习和测验成绩三个方面的相互影响。当学生正在学习新的

[1] 焦虑——泛泛的不安，一种紧张感。

材料时，他们必须注意它。高度焦虑的学生显然要把他们的注意力分为两部分，他们既要学习新材料，又受到紧张感的牵制。他们不是把精力集中于听教师讲课或所阅读的内容，而是把精力集中于内心紧张的感受，心想，“我这么紧张，我永远不能理解这些材料！”他们把大部分的注意力消磨在消极的想法上，他们总是消极地想到表现不佳、受到批评和感到尴尬的情境。从学习开始时，焦虑的学生就漏过他们将要学习的知识，因为他们的思绪固着于自己的忧虑上（Hill & Wigfield，1984；Paulman & Kennelly，1984）。

但是问题并不就此结束。许多焦虑的学生即使能集中注意，但他们学习那些系统性不强和困难的材料时仍会有困难——这样的材料要求他们依靠记忆力学习。不幸的是，学校中的大量知识材料正是这种形式。焦虑的学生更容易为手头任务当中不相关的和偶然的内容所干扰，他们似乎很难全神贯注于重要的细节（Hill & Wigfield，1984）。另外，许多高焦虑的学生学习习惯不良，仅仅学会更加放松并不会自然而然地改进他们的行为表现，还应该改善他们的学习策略和学习技巧（Naveh Benjamin，1991）。

最后，焦虑学生了解的知识通常比他们考试时表现出来的要多。他们可能缺乏关键的应试技巧，或者虽然他们已学过这些知识，但在考场上“头脑僵滞而想不起来”。因此，焦虑能在以下一个或三个方面影响成绩，即注意力、学习和考试（Naveh Benjamin，Nckeachie & Lin，1987）。

应对焦虑

当学生面对考试等压力情境时，他们可以利用三种应对策略；问题解决、情绪管理以及逃避。指向问题的策略可能包括制定学习计划、借阅好的笔记或寻找保证学习的场所。指向情感的策略是试图减少焦虑感，例如，通过放松练习或者向朋友描述自己的焦虑感受。当然，后者或许演变为逃避策略，如外出吃比萨饼或者突然开始整理桌子（把它们整理好我才能学习！）。不同策略在不同方面发挥着作用——例如，在考试之前采取解决问题策略，在考试期间采取控制情绪策略。不同的策略适用于不同的人和不同的情境（Zeidner，1995）。

教师应该帮助高焦虑的学生确立现实的目标，因为这些个体通常难以作出明智的选择。他们倾向于选择极端困难的任务或者极端容易的任务。第一种情况下，他们可能会失败，这将增强他们无望的感受和在学校的焦虑。在第二种情况，他们可能在容易的任务上取得成功，但是体验不到满足感，而这种满足感能够鼓励他们付出更大的努力和减轻他们对学校学习的畏惧。焦虑的学生在选择短期目标和长期目标方面需要大量指导，这里，采用目标卡、进展图表或目标规划日志都会有所帮助。

检查要点：兴趣与情感

回 顾

- 兴趣与情感是否影响学习？
- 学习中情绪唤起的作用如何？
- 焦虑与学习如何相互干扰？

应 用

- 你如何利用学生在体育和电影方面的兴趣激励他们的学习？
- 请指出在典型课堂情境中焦虑的来源。

兴趣和情感：给教师的建议

你需要维持学生对手头任务保持适当的唤起水平，如果学生正在昏昏欲睡，那么通过一些方法激发他们的情绪，如教学形式的变化、激发好奇心、使他们感到惊讶或者使他们短暂的运动一下。了解学生的兴趣并将它们融入到课程和作业中。如果唤起水平太高，可参照下面指南中处理焦虑的方法。

指南——应对焦虑

谨慎地利用竞争。

举例：

1. 监控活动，确保没有学生是处于过分的压力之下。
2. 在竞争性游戏中，保证所有参与的学生都有成功的机会。
3. 尝试合作性的学习活动。

避免出现高焦虑学生不得不面对许多人表现自己的情况。

举例：

1. 用简单的问题提问焦虑的学生，他们可以用是或否或其他简洁的方式回答。
2. 为焦虑的学生提供面对较少人练习演讲的机会。

保证所有指导是清楚的，不确定性会导致焦虑产生。

举例：

1. 将考试指导语写在黑板上或写在试卷上，而不只是口头讲一下。
2. 检查学生以保证他们理解了指导语。问几个学生他们如何做第一个练习题或测试样题，矫正他们的错误理解。
3. 如果你采用新的格式或开始一项新的任务类型，要为学生提供例子或示范以表明怎样做。

避免不必要的时间压力。

举例：

1. 布置一些家庭测试。

2. 确保所有学生能够在给定的时间内完成课堂测验。

消除大型测验或考试的某些压力。

举例：

1. 传授应试技巧；安排模拟测试；提供学习指导。
2. 避免使成绩卡的某个分数主要基于一次考试。
3. 使特殊的名誉活动可为课程成绩提供加分。
4. 使用不同类型的测验，因为一些学生对特定的模式感到困难。

建立笔试以外的其他测评方式。

举例：

1. 尝试使用口试、开卷考试或集体考试方式。
2. 让学生完成一些项目、建立活动档案、口头报告或制作作品。

自我图式

到目前为止，我们已经讨论了目标、兴趣和情感，但是在解释动机方面我们必须考虑另外一个因素，学生对自己的认识如何？让我们从一个基本的问题开始——学生对于能力的理解和认识如何？

能力观

正如你已经看到的，当我们在讨论归因理论时，在学校里影响动机的最有力的归因是关于能力的观念。通过分析这些观念以及它们如何影响动机，我们将会理解，为什么一些人确立了不恰当和无激发性的目标？为什么一些学生采用自我挫败策略？以及为什么一些学生似乎彻底放弃？

成年人采用两种基本的能力观点。**能力实体观**[1]**(entity view of ability)**假设能力是一种稳定的、不可控制的特质——是无法改变的个体特征。根据这一观点，一些人比其他人更有能力，但是每个人所具备的能力是确定的。另一方面，**能力增长观**[2]**(incremental view of ability)**提出能力是不稳定的和可控制的——“是不断扩展的一系列技巧与知识”(Dwerk & Bempechat, 1983, p. 144)。通过努力工作、刻苦学习、勤奋练习，知识就能增加，因此能力也会提高。在图表 10.1 中，能力从稳定的、不可控制的转变为不稳定的、可控制的。

儿童倾向于持绝对的能力增长观点(Nicholls & Miller, 1984)。从小学低年级开

〔1〕 能力实体观——认为能力是不可改变的固定特征的观念。
〔2〕 能力增长观——认为能力是可以改变的一组技能的观念。

始，绝大部分学生认为努力和能力是一样的。聪明的人努力工作，努力工作又使人聪明。如果你失败了，你就不聪明而且你将不再努力奋斗；如果你成功了，你必定是一个聪明、刻苦的人(Stipek，1998)。孩子们到 11 岁或 12 岁才开始区分努力、能力和行为。在这一年龄，他们逐渐相信完全不付出努力就成功的人肯定是真正的聪明。也正是在这个时期，关于能力的观念开始影响动机(Andermaw & Machr，1994)。

持能力实体(不可改变)观的学生倾向于设立行为表现目标，他们寻求使自己看起来聪明和能维护自尊的环境，就像谨慎的莎拉一样。他们总是做那些无须付出很大努力或不必冒失败危险就能做得很好的工作，因为两者之中的任何一个——努力工作或者失败都表明(对他们来说)能力低。努力工作却仍然失败将对他们的能力感造成致命打击。

另一个保护性策略是立足于根本不努力，就像前面描述的自卫的黛安娜一样。如果她没有努力而失败，没有人会指责她是个笨蛋。临近考试之前，一名同学会说，“我根本没有学习！”或者说“我只要通过考试就行了。”那么，任何及格以上的分数都是一种成功。拖延也是一种自我保护策略。如果学生声称，“考虑到我昨天晚上才开始做学期报告，应该说我已经做得不错了”，那么低分就不意味着能力低。一些事例证明把考试发挥失常归咎于焦虑也是一种自我保护性策略(Covington & Oinelich，1987)。当然，即使这些策略有助于学生避免失败的消极影响，但学生并没有学习。

相反，既然提高能力意味着更加聪明，持有能力增长观的学生倾向于建立能够促进他们技能提高的学习目标和寻求相应的环境，失败并不是致命的打击，它仅仅表明需要更加努力地工作，能力也不会受到威胁。能力增长观的学生倾向于确立难度适宜的目标，这种目标是我们所知的最能激励人的目标类型。

另一种影响成就动机的最有力的观念是自我效能感。

自我效能感

艾伯特·班杜拉(1986，1997)提出动机的关键来源是对行为的可能后果的预测。“我将会成功还是失败？别人喜欢我还是嘲笑讥讽我？”我们根据已有的经历和对他人的观察来设想将出现的后果。这些预测受到自我效能感的影响，**自我效能感(self-efficacy)**[1] 是我们对在特定领域内个人能力或有效性的信念。班杜拉(1997)把自我效能感定义为“对实现特定目标所需要的组织和执行行为的能力的信念”(p. 3)。

自我效能感、自我概念和自尊

大多数人认为自我效能感和自我概念或者自尊是一回事，但是并非如此。自我效

[1] 自我效能感——在特定情境中有关个人能否胜任的观念。

能感不同于其他自我概念，因为它包括对于特殊任务的特定能力的判断。因此自我效能感是指向未来的，是“对于完成特定任务的能力所做的特定情境的评价”(Pajares，1997，p. 15)。自我概念更加全面，它包括关于自我的许多认识，其中包括自我能力。自我概念的形成是内外比较的结果，用其他人和自我的其他方面作为参考的框架。但是自我效能感是针对成功完成特定任务的能力，而不需进行比较——问题在于你是否能够完成任务，而不在于其他人是否将会成功(Marsh, Walker & Debus，1991)。同时，自我效能感是行为有力的预言者，但是自我概念的预测性较弱(Bandura，1997)。

与自尊相比，自我效能感涉及的是对个人能力的判断，而自尊是关于自我价值的判断。在自尊与自我效能感之间没有直接的联系。很可能在某个领域感到非常胜任，却仍然没有高水平的自尊，反之亦然。例如，我对于唱歌的自我效能感非常低，但是我的自尊并不受影响，或许因为在我的生活中不需要歌唱能力。但是如果在教特殊班级中遭受了数次坎坷，我这方面的自我效能感降低，那么我知道我的自尊将受到伤害。

自我效能的来源

班杜拉指出自我效能期待的四个来源；掌握的经验，心理或情感唤起水平，替代经验以及他人劝说。**掌握的经验(mastery experiences)**[1]是我们亲历的直接经验——是最有力的效能信息来源。成功会提高效能感，而失败则降低效能感。情绪唤起水平对自我效能感的影响依赖于如何理解情绪的唤起。当你面对工作任务时，你可能焦虑、担忧(降低效能)或兴奋、精力充沛(提高效能)(Bandura，1997；Pintrich & Schunk，1996)。

替代经验(vicarious experience)[2]，即效仿他人取得的成功，学生越是认同榜样，其自我效能感的影响力就越大。当榜样表现好的时候，学生的效能感就得以提高，但榜样表现不好时，效能期待就会降低。虽然对于成年人来说，掌握的经验总的来说被看做是效能感的最有影响力的来源，但是凯泽和巴林(Keyser & Barling，1981)发现孩子(研究中的六年级学生)更加依赖替代榜样作为自我效能信息的来源。

他人劝说(social persuasion)[3]可能是一次“鼓励性的谈话”或是某个特定行为反馈。单纯的他人劝说并不能使自我效能感持续提高，但是在自我效能方面劝说性的鼓励会引导学生作出努力，尝试新策略，或为成功而奋力拼搏(Bandura，1982)，他人

〔1〕 掌握的经验——自己的直接经验——是效能信息的最有力的来源。
〔2〕 替代经验——取得的成就为他人所效仿。
〔3〕 他人劝说——自我效能感的一个来源，可能是一次“鼓励性谈话”或是某个特定行为的反馈。

劝说能够克服偶尔的挫折，这种挫折或许已经灌输了自我怀疑的思想并且阻碍了持之以恒。劝说的潜在作用依赖于劝说者的可信性、可靠性以及相关的技巧（Bandura，1986）。

效能感和动机

在面对挫折时，效能感较强会导致更努力和更能坚持。自我效能感也通过确立目标影响动机。如果我们在特定领域的效能感高，我们将确立更高的目标，不害怕失败，当旧策略失败时努力寻找新的策略。然而，如果我们的效能感非常低，当出现问题时我们可能会逃避任务或者轻易放弃（Bandura，1993，1997；Zimmerman，1995）。

自我效能感和归因之间相互影响。如果把成功归因于能力和努力这类内部或可控制的因素，自我效能感就会得到提高。但是如果成功的原因被归结为运气或他人的干预，自我效能感就可能得不到增强。同时效能感也影响归因，对特定任务有强的自我效能感的人（“我擅长数学”）倾向于把失败的原因归结为缺少努力（“我应该仔细检查作业”）。但是自我效能感较低的人（“我不擅长学数学”）倾向于把他们失败的原因归结为缺乏能力（“我是十足的笨蛋”）。因此，对于特定任务，强烈的自我效能感鼓励进行可控归因，同时可控归因又增强了自我效能感。你会看到这样一种现象，如果一个学生持有能力实体观（能力不能改变）和较低的自我效能感，那么当他把失败的原因归结为缺乏能力时，动机就会受到挫败（“我做不了，我永远都学不会”）（Bandura，1997；Pintrich & Schunk，1996）。

事实证明，即使自我效能感很高以致不切实际，也会支持动机。无论是孩子还是成年人，那些对未来持乐观态度、认为自己能够有所作为和抱有高期望的人，身心更加健康，较少感到悲观，更渴望成功（Flammer，1995）。桑德拉·格雷厄姆分析了几乎140项有关动机的研究之后，得出结论：这样的品质是许多美籍非洲人所具有的特征。她发现被研究的非洲裔美国人即使在面对困难时也具有强烈的自我概念以及高度的期待（Graham，1994，1995）。

有关自我效能感和学业成就的研究表明，以下情况，学生在学校的成绩会得到提高，自我效能感也得以增强：(a) 采用短期目标以更加容易地看到进步；(b) 教学生使用特定的学习策略，如列提纲或写总结这种有助于集中精力的策略；(c) 不仅仅根据参与情况，而且根据行为表现来给予奖励；因为行为表现奖励标志着能力的提高。

教师效能感

我自己的大量研究集中于一种特定的自我效能感——教学效能感（Hoy &

Woolfolk，1990，1993；Tschannen-Moran，Woolfolk Hoy，& Hoy，1998；Woolfolk & Hoy，1990；Woolfolk，Rosolf，& Hoy，1990）。**教学效能感（teaching efficacy）**[1]是一位教师相信自己能够帮助困难的学生学习的信念，看来它是为数不多的与学生学业成就有关的教师个性特征之一。自我效能感理论预言有高度效能感的教师工作更努力，毅力更持久，甚至当学生难以教育时也是如此，其部分原因是这些教师相信自己和相信学生。

我们已经发现未来的教师倾向于提高个人效能感，这是完成教学任务的结果。如果一个学校里教师和管理者对学生有很高期望，教师在解决教学和管理问题时从校长那儿获得帮助，那么教师就具有高的个人效能感（Hoy & Woolfolk，1993）。我们研究的另一个重要结论是，效能感产生于学生真正的成功，而不仅仅是由于专家和同事给予的道义上的支持和鼓励。任何有助于在日常教学中获得成功的磨炼都将为教师在事业中形成效能感奠定基础。

控制感是效能感的一个重要方面，它也是目前人本主义动机理论的一个要素——自我决定。

自我决定

自我决定（self-determination）[2]是人们对自己选择和决定做什么和怎样做的需要。它是我们渴求由自己的愿望决定自己的行动，而不是由于外部奖励或压力（Deci & Ryan，1985；Deci，Vallerand，Pelletier，& Ryan，1991）。人们力争控制自己的行为，他们不断抗争以抵制来自外部控制的压力，例如规则、日程、期限、命令以及他人强加的限制。有时甚至拒绝帮助以使自己保持主动（deCharms，1976，1983）。

为了突出自我决定和他人决定二者之间的区别，理查德·德查姆斯（Richard deCharms）采用“起端”和“末梢”来比喻两类人。起端者把自己看成是以某种方式行为的意图的来源或开端，而末梢者把自己看成是他人控制的游戏中的无能为力的参与者。当人们感觉到自己像“末梢”时，游戏变成了工作，休闲感觉起来像在履行义务，而且内部动机也变成了外部动机（Lepper & Greene，1978）。例如，你或许有这样的经历，你本来打算洗车或打扫房屋，但是父亲或母亲坚持让你处理一些杂务，这使你没有了干劲。你作为“起端”的机会被外部控制的企图所破坏，你不再想去洗车，因为你自我决定的感觉被剥夺了。

德查姆斯为自己观察到的情形所震动，他观察到学生很少被自身的内部动机所支配，而在外部的控制和命令面前过于无能为力。作为“起端”者，学生是积极的和负责

〔1〕 教学效能感——是一位教师相信自己能够帮助最困难的学生学习的信念。
〔2〕 自我决定——自我选择和控制做什么和如何做的需要。

任的，但是作为“末梢”，他们消极无为且对学校工作极少承担责任。为了解决这个问题，德查姆斯建立一些活动帮助教师支持学生自我决定。活动强调树立现实的目标、为达到目的制定个人计划、个人承担行动责任和树立自信心。一些研究结果表明，当学生感到自己更接近“起端”者而不像“末梢”者时，他们会具有更高的自尊，感到更有能力和为自己的学习负责，在标准化考试中获得高分，以及较少缺课（deCharms，1976，Ryan & Crolnick，1986）。

课堂中的自我决定

支持学生自我决定和自治的课堂环境与学生更高的兴趣、能力感、创造性、概念学习以及愿意接受挑战相关联，这一相关性贯穿小学到研究生学习阶段（Ryan & Grolnick，1986；Williams，Wiener，Markakis，Reeve，& Deci，1993）。当学生能够选择时，他们更可能认为工作是重要的，即使它并不有趣。因此，他们倾向于内化教育目标，把它们作为自己的目标。鲁思·加纳（Ruth Garner，1998）总结了自我决定的价值：“尽管可能要仔细分析，但正是通过自我决定，明智的教师使每一个学生能够引导他们关注学生所发现的特别感兴趣和值得学习的东西”（p. 236）。

控制性的环境倾向于提高死记硬背式的记忆任务的表现。当学生被迫学习时，他们通常寻找最快的、最简易的解决方法。然而，一个令人不安的发现是，学生和家长看起来更喜爱控制型的教师，即使当教师支持这些学生自主时他们会学到更多知识（Flink，Boggiano，& Barrett，1990）。假如你愿意冒险放弃受大家欢迎的形象——控制型教师，那么你怎样支持学生的自主性呢？答案之一是在你与学生相互交往中关注于信息，而不是施加控制。

信息与控制

在学校的一天中，学生会经历许多事情，被表扬或者受到批评，被提醒交作业期限已到，被排出名次，接受既定的选择，听取讲解规则等等。**认知评价理论（cognitive evaluation theory）**[1]（Deci & Ryan，1985；Deci Vallerand，Pelletier，& Ryan，1991）解释了这些事件是如何通过影响学生自我决定和能力感来影响他们的内部动机的。根据这一理论，所有事件都有两面性：控制性和信息性。如果一件事情是高度控制的，也就是说，如果它迫使学生以特定的方式行动或感觉，那么学生将体验到较多的控制，而且他们的内部动机将会削弱。另一方面，如果这件事情能够提供增加学生能力感和效能感的信息，那么学生的内部动机将会增强。当然，如果所提供的信息使学生觉得缺乏能力，那么动机就很可能会降低。

〔1〕 认知评价理论——认为外界事件对动机的影响，是通过个体对事件的知觉，即将事件视为对行为的控制或提供信息。

例如，教师可能这样赞扬学生，“太好了！你取得了‘A’。因为你最终正确地听从了我的教导。”这是一个高度控制性的说法，它把荣誉归于教师，因此也就削弱了学生自我决定的意识和内部动机。教师可以用另一种说法来赞扬同一件事情，“太好了！你对于作者所使用的比喻手法的理解大大提高了，你获得了‘A’。”这种说法提供了有关学生不断提高能力的信息，它将会增强学生的内部动机。

为了支持学生自主，教师能够做些什么呢？显然第一个步骤是限制他们对学生的控制性信息，保证所提供的信息高度重视学生能力的增长。不幸的是，当教师处于压力之下 并且为学校管理机构所“控制”的时候，他们可能以同样的方式对待学生，在一项研究当中，被告知要“确保”学生在解决问题方面表现良好的教师更为苛刻，他们要比被告知教学工作就是帮助学生学会如何独自解决问题的那些教师给学生更多暗示和更少的独立学习时间。事实上，那些为压力所迫的教师所教的学生成绩更差(Boggiano, Flink, Shields, Seelbach, & Barrett, 1995)。下面的指南给出了一些关于如何支持学生自我决定和自主的方法。

指南——支持自我决定和自主

允许和鼓励学生做抉择。

举例：

1. 设计达成某个学习目标的几种不同方式(例如，论文、采访编辑、测验和新闻广播)，让学生选择一种方式，请他们解释之所以作出这种选择的原因。
2. 委派学生委员会提出高效率的活动程序，例如如何照顾班级宠物和分发设备。
3. 为学生独立和拓展的活动提供时间。

帮助学生计划自己的行为以实现自我选定的目标。

举例：

1. 试用目标卡。学生要列出他们短期和长期的目标，然后记录3项或4项将推动他们实现目标的具体行动。目标卡是私人的——正如信用卡一样。
2. 鼓励初中和高中的学生在每一个学科领域确立目标，把它们记录在目标本或软盘上，定期检查为目标的实现所取得的进展。

让学生为他们的选择结果承担责任。

举例：

1. 如果学生选择与朋友一起工作，并且因为把太多的时间用于社交活动而没有完成计划，那么就根据活动的完成情况评分，帮助学生看到失去的光阴和不良成绩之间的关系。

2. 当学生选择了一个引发他们想像力的主题时，讨论他们在学习中的投入和随后的良好成果之间的联系。

提供限制、规则和约束的合理性的说明。

举例：

1. 解释规则的原因。
2. 在你自己的行为中体现对规则和约束的尊重。

承认消极情绪是对教师控制的正当反应。

举例：

1. 例如，使学生了解由于依次等待发言而感到厌烦是恰当的（正常的）。
2. 使学生了解有时重要的学习包括挫折、迷惑和疲倦。

利用非控制性的和积极的反馈。

举例：

1. 将不良的成绩和行为看做是要解决的问题，而不是批评的对象。
2. 避免使用控制性的语言，如"应该"、"必须"和"不得不"等。

Source: Adapted from *150 Ways to Increase Intrinsic Motivation in the Classroom*, by J. P. Raffini, 1996, Boston: Allyn & Bacon, and *Motivating Others*: *Nurturing Inner Motivational Resources* (pp. 29 - 31), by J. Reeve, 1996, Boston: Allyn & Bacon. Copyright © 1996 by Allyn & Bacon.

习得无能为力

无论理论派别如何，绝大多数理论家都赞同效能感、控制感和自我决定的意识是影响人们是否将会受到内部动机激励的关键因素。如果人们逐渐相信他们生活中的事件和结局绝大部分是不可控制的，那么他们就已形成了**习得无能为力**〔1〕**(learning helplessness)**（Seligman，1975）。为了理解习得无能为力的影响，请思考下面这个实验（Hiroto & Seligman，1975）：在第一个阶段被试分别接受可解决或不可解决的疑难问题。下一阶段，给予所有被试一系列可解决的疑难问题。在实验的第一阶段中曾遭受不可解决疑难问题困扰的被试，在第二阶段解决疑难问题的数目明显较少。他们已经习得自己不能控制结果，他们凭什么还要努力呢？〔2〕

习得无能为力看起来会导致三种类型的缺陷：动机缺陷、认知缺陷和情感缺陷。感到无能为力的学生没有努力学习的愿望，不愿付出努力，正像前面所描述

〔1〕 习得无能为力——基于缺乏控制的以往经验而形成的一种预期，即个人所有的努力都将失败。

〔2〕 联系与拓展——联系其他章节。在本书中，首次介绍习得无能为力这个概念是在第四章讨论学习障碍问题时，又如第五章所论述，习得无能为力也是处于危险中的学生所面临的问题。请思考课堂中可能带来习得无能为力的各种因素，如生理和认知缺陷、种族歧视、性别角色刻板印象、贫困等等。

的"无能为力的亨利"，既然他们预料将会失败，当然就不会去努力——因此动机遭受挫折。由于这样的学生悲观消极地对待学习，他们错过了练习和提高自己技能与能力的机会，因此形成了认知缺陷。最后，他们经常忍受情感问题，例如意志消沉、心情焦虑和无精打采（Alloy and Seligman，1979）。一旦这些认知缺陷形成，就很难逆转习得无能为力带来的影响。正如我们在第四章和第五章所看到的，习得无能为力对于有学习缺陷的学生和遭受歧视伤害的学生将带来更大的危险。

自我价值

成败归因与关于能力、自我效能和自我价值的观念二者之间的关系如何？科温顿(Covington)和他的同事提出这些因素来自三种动机类型：掌握定向型、避免失败型和接受失败型，表 10.3 表示了三种动机类型（Covington，1992；Covington & Omelich，1984，1987）。

表 10.3 掌握定向型、避免失败型、接受失败型学生

	对待失败的态度	目标确立	原因	关于能力的观点	策略
掌握定向型	对失败低度恐惧	学习型目标，难度适宜，挑战适度	刻苦努力，使用正确方法策略，完备的知识是成功的原因	不断增长可以提高	适应性的策略，例如尝试另一种方法，寻求帮助，更多的练习，更深入的学习
避免失败型	对失败高度恐惧	表现型目标，非常难以实现、非常易于实现	缺乏能力是失败的原因	实体，固定	自我挫败的策略，例如付出很少的努力，假装不关心
接受失败型	预料到失败，失望情绪	表现型目标，或者没有目标	缺乏能力是失败的原因	实体，固定	习得无能为力，可能放弃

掌握定向型学生[1]（**Mastery-Oriented Students**）倾向于重视成就并把能力看做是可以提高的（一种增长观点），因此他们为了提高自己的技能和能力而关注学习性目标。他们不畏惧失败，因为失败不会威胁他们的能力意识和自我价值意识，从而使他们能确立难度适宜的目标、敢于冒险和建设性地应对失败。他们一般把成功的原因归结为自己努力的结果，因此他们为了学习而承担责任，而且具

〔1〕 掌握定向型学生——由于重视成就和认为能力是可促进的而关注学习性目标的学生。

有强烈的自我效能感。他们在竞争性的环境中表现极佳，他们学习敏捷，拥有更多的自信和更多的精力，具有较高的唤起水平，乐意接受具体的反馈（反馈不会威胁他们），并且渴望学习"游戏规则"以使他们获得成功。所有这些因素造就了他们坚忍不拔、持之以恒的毅力以及成功的学习（Alderman，1985；Miclelland，1985；Morris，1991）。

避免失败型学生[1]**(Failure-avoiding Students)**倾向于对能力持实体性观点，所以他们确立了行为表现目标。他们对自己的能力缺乏强烈的意识，缺乏独立于成绩的自我价值，换句话说，他们对自己的聪明程度的感知只与最近一次考试成绩相一致，所以他们从来没有形成一个一致的自我效能感。为了感到自己是有能力的，他们必须保护自己（以及他们的自我形象）免受失败的打击。如果他们以往通常是成功的，他们可以仅仅通过不去冒险和"固步自封于自己所了解的领域"来避免失败。另一方面，如果他们体验过一些成功和许多次失败，他们可能采取前面讨论过的策略——拖延时日、极少努力、确立非常低的或者极其高的目标，或者声称无所用心。谨慎的莎拉和自卫的黛安娜都是避免失败型学生。

不幸的是，正如我们所看到的，避免失败的策略是自我挫败的，一般恰恰导向学生力图避免的失败。如果失败持续不断，借口渐渐失去作用，学生会最终承认他们缺乏能力。这正是他们最初畏惧的事情，但是他们逐渐接受了它，自我价值和自我效能的意识遭到破坏。他们放弃并因而成为**接受失败型学生**[2]**(failure-accepting students)**。他们确信自身的问题是因为能力低，并且他们再也无法使自己逃避这一结论。正如我们早些时候所看到的，那些把失败的原因归结为能力低而且认为能力是固定不变的学生可能会变得情绪低沉、缺乏兴趣、无能为力。正像无能为力的亨利一样，他们几乎无望改变处境。

或许，教师可以通过帮助学生寻求新的和更现实的目标防止某些避免失败型的学生变成接受失败型的学生。同时，一些学生在追求更高的目标时，他们面对着性别和种族刻板印象，这些刻板印象要求他们"应该"想要什么或者"不应该"能把什么做得很好，这些学生可能需要支持，这种支持能够带来迥然不同的影响。教师能够教会学生如何学习并且让他们担负起自己的责任，而不是怜悯这些学生或为他们寻找借口。

自我图式：给教师的建议

如果学生认为他们缺乏解决高级数学问题的能力，即使他们的实际能力已大大超

---

〔1〕 避免失败型学生——那些通过将自己固步自封于自己所了解的领域、不去冒险以及声称不在乎自己的成绩等方式来避免失败的学生。

〔2〕 接受失败型学生——那些相信自己的失败是由于能力不足和无能为力的学生。

检查要点：自我图式

回 顾

● 能力观如何影响动机？

● 什么是自我效能感？它和其他自我图式有何区别？

● 自我效能感的来源是什么？效能感如何影响动机？

● 自我决定如何影响动机？

● 自我价值如何影响动机？

应 用

● 解释有关能力本质的观念如何与学生的自我保护、自我挫败的行为如拖延或不努力相联系。

● 描述习得无能为力的形成，学生如何感到无能为力，他确立的是哪一种目标？

出平均水平，他们将可能基于这一信念来行为。这些学生不可能有解决三角学和微积分问题的动机，因为他们预期自己在这些领域会做得很差。如果学生认为失败就意味着他们愚笨，那么他们就有可能采取许多自我保护性的、同时也是自我挫败性的策略。仅仅告诉学生"更加努力地学习"并不是特别奏效。学生需要真正的事实来证明付出努力有所回报，证明确立更高目标不会导致失败，证明他们能够提高能力，证明能力可以改变。他们需要真实的掌握经验。下面指南中提供了鼓励自我效能和自我价值的方法。

指南——鼓励自我效能和自我价值

强调学生在特定领域中的进步。

举例：

1. 回顾复习早些时候学习的材料，表明这些材料现在是多么"容易"。
2. 当学生已经学得比较多时，鼓励他们改进学习项目。
3. 把特别好的功课案例保存在档案库里。

为促进学习提出具体的建议，并且当学生取得进步时修改评级。

举例：

1. 给予评论性的反馈，指出学生哪里做得正确，什么事情做错，他们为什么会犯这类错误。
2. 试验同伴校正。
3. 向学生说明他们变化后的、更高的成绩如何反映了他们更高的能力，以及如何提高他们班级的平均成绩。

强调过去付出的努力和过去取得的成就之间的关系。
举例：
1. 与学生共同召开个体目标确立和目标检查的讨论会，请学生反思他们是如何解决难题的。
2. 正视自我挫败和避免失败的策略。

为学生确立学习性目标，为他们示范掌握型定向。
举例：
1. 认识进步和提高。
2. 为学生列举你如何在某个领域发展自己的能力，以及提供与学生相近的其他人取得成功的例子，这些榜样不是那种高不可及的超人。
3. 阅读有关学生克服生理、心理和经济困难的故事。
4. 不要因为学生在校外有问题就为他们的失败寻找借口，帮助学生在校内取得成功。

总结

什么是动机？

定义动机

动机是引起、指引和维持行为的内部状态。动机研究侧重探讨人们如何和为什么发动活动指向特定的目标、在活动中投入的程度、为达成目标付出努力的坚韧程度，以及在活动过程中想法和感受。动机的解释包括个人和环境两方面因素，还包括内部动机和外部动机。

什么是内部动机和外部动机的区别？

内部动机是一种寻找挑战并征服挑战的自然倾向，正如我们追求个人的兴趣和锻炼能力——它是当我们并不必须做某事时，而激励我们做该事的动因。外部动机是基于与任务本身几乎无关的因素，即我们对活动本身没有真正的兴趣，我们关心的只是它能使我们获得什么。

原因的控制点如何应用于动机？

内部动机和外部动机的根本差异在于人的行为原因，也就是说，行为的原因控制点是内在的还是外在的——是存在于个体内部的还是存在于个体外部的。如果控制点在内部，动机就是内在的，如果控制点在外部，动机就是外在的。多数动机两者兼具。

关于动机的四种基本观点

根据行为主义观点，动机的关键因素是什么？认知学派的观点呢？人本主义的观点？社会文化的观点呢？

行为主义者倾向于强调由诱因、奖励和惩罚引起的外部动机。人本主义观点强调由个人成长、自我实现和自我决定的需要生成的内部动机。认知学派观点强调个体对意义、理解和提高能力的积极探求，以及个体归因和解释的作用。社会文化观点强调个体在群体中的真实参与和身份。

区分马斯洛理论中的缺失需要和成长需要

马斯洛把生存需要、安全需要、归属与爱的需要、自尊需要这四种低层次需要称为缺失需要。当这些需要得以满足，实现它们的动机就会减弱。他把认知需要、审美需要、自我实现需要称为成长需要。当这些需要得以实现，人的动机不会终止，相反，为追求更高的完善，动机会继续增强。

韦纳理论中归因的三个维度是什么？

根据韦纳的观点，大多数成功和失败归咎的原因能够划分为三个维度：控制点（原因的控制点在人的内部还是外部）、稳定性（原因是否保持不变还是能够改变）和责任（人是否能够控制原因）。当学生把失败的原因归结到稳定的、不可控制的原因时，动机问题最严重。这样的学生对失败听天由命、沮丧、无助——我们通常称之为“丧失动机”。

什么是期望 X 价值理论？

期望 X 价值理论提出，指向某个目标的动机是个体对成功的预期和对其价值评价的产物。如果缺少其中的任何一个方面，也就不会产生动机。

什么是真实的外围参与？

真实的外围参与意味着初学者真正参与到群体活动当中，即使他们的能力还未得以发展，他们的贡献微乎其微。新手和专家的身份就在于参与群体之中，他们为了保持作为群体成员的身份，而拥有学习群体的价值观念和实践活动的动机。

目标定向与动机

哪一种目标最具激励作用?

当目标是明确、具体、合理、有适度挑战性以及在相对短的时间内可以实现的，它们会提高动机。

描述学习性目标、行为表现目标、逃避工作的目标和社会性目标

学习型目标是旨在获得知识和掌握技能，确立学习性目标的学生倾向于寻找挑战，并且在遇到困难时不折不挠、持之以恒。行为表现目标是旨在得到好的分数、表面的聪明或比别人更有能力，有着行为表现目标的学生关注自我和自己看起来如何。逃避工作的学习者只是想找到解决问题的最容易的应付方法。持有社会性目标的学生在学习中可能受到支持、也可能受到阻碍，那将视具体目标而定(例如，与朋友玩得开心或给家庭带来荣誉)。

如何有效地设立课堂目标?

为了在课堂中设置有效的目标，学生需要获得有关自己实现目标过程的准确反馈，以及必须接受设定的目标，总的来说，如果目标看起来是现实的、难度合理、有意义的，而且如果目标价值有很好的理由支持，那么学生更愿意采用这些目标。

兴趣与情感

兴趣与情感是否影响学习?

学习和信息处理过程受到情感的影响。学生更有可能注意、学习和记住能激发情感反应的事件、图片以及读物，或者与他们个人兴趣有关的内容。然而，在顾及到学生的兴趣时，我们需要慎重，有诱惑力的细节，即那些有点趣味但不是学习核心的内容，会分散学习精力。

情绪唤起在学习中的作用如何?

对于大多数活动，似乎存在一个最佳情绪唤起水平。总的来说，较高水平的唤起有利于简单任务的完成，但较低水平的唤起对于复杂任务更有利。当唤起水平太低时，教师可以通过指出认识的缺失和提供多样化的活动激发学生的好奇心。严重焦虑是唤起水平远远高出最佳学习水平的例子。

焦虑与学习如何相互干扰？

焦虑既是成绩不良的原因又是其结果，它干扰信息的注意、学习和提取。许多焦虑的学生需要帮助他们形成有效的应试和学习技巧。

自我图式

能力观如何影响动机？

当人们持有能力实体观，就是说他们相信能力是固定的，他们倾向于设立行为表现目标和保护自己免受失败。然而，当人们认为能力是可以促进提高的能力增长观，他们倾向于设立学习性目标和建设性地应对失败。

什么是自我效能感？它和其他自我图式有何区别？

自我效能感不同于其他自我图式，它包括对于特殊任务的特定能力的判断。自我概念更加全面，它包括关于自我的许多认识，其中包括自我能力。自我概念的形成是内外比较的结果，用其他人和自我的其他方面作为参考的框架。与自尊相比，自我效能感涉及的是个人能力的判断，而自尊是关于自我价值的判断。

自我效能感的来源是什么？效能感如何影响动机？

自我效能期待的四个来源是：掌握的经验（直接经验）、面对任务时心理或情感唤起水平，替代经验（即取得的成就为他人所效仿）以及他人劝说（一次“鼓励性谈话”或是某个特定行为反馈）。在面对挫折时，效能感较强会导致更努力和更能坚持。自我效能感也通过确立目标影响动机。如果我们在特定领域的效能感高，我们将确立更高的目标，不害怕失败，当旧策略失败时努力寻找新的策略。然而，如果我们的效能感非常低，当出现问题时我们可能会逃避任务或者轻易放弃。

自我决定如何影响动机？

当学生经历自我决定时，他们会受到内部激励——他们对自己的活动更感兴趣，具有更高的自尊和学得更多。学生是否体验到自我决定，部分取决于教师与学生的交谈是否提供了控制学生的信息。另外，教师必须意识到学生的观点、为学生提供选择、提供限制、规则和约束的合理性的解释，以及将不良的成绩和行为看做是要解决的问题，而不是批评的对象。

自我价值如何影响动机？

掌握定向型学生倾向于重视成就并把能力看做是可以提高的，因此他们为了提高他们的技能和能力而关注于学习性目标上。他们不畏惧失败，因为失败不会威胁他们的能力意识和自我价值意识，这就允许他们确立难度适宜的目标、敢于冒险和建设性地应对失败。低自我价值感似乎与避免失败和接受失败的策略相联系，这两种策略是试图使个体免受失败结果，短期内它们可能是有效的，但长此以往会损害动机和自尊。

走向专业化

反思

你能应用本章节关于动机的观点解决下列实践问题吗？

学前班和幼儿园

你能帮助年幼的学生为在学校的自我效能感奠定基础吗？

小学和中学

你的一些学生似乎已经放弃学习科学，他们总是预期将要失败。尤其令人头疼的问题是认为"女性不擅长科学"的许多学生正是女生。你会做些什么？

你会怎样处理学生的错误？而不让学生觉得他们的错误是能力低下的结果。你同样要避免对学生所为抱有不切实际的想法或者暗示所学材料非常简单。

初中和高中

你是学生报刊的顾问，学生对新闻和报导有宏伟的设想，但是他们似乎偏离了航道，永远无法达到目标。报纸总是拖到最后一分钟匆忙草率地出版。你将怎样帮助学生保持动机并且安心于工作？

当 PSAT 考试迫在眉睫，你的一些学生变得非常焦虑以至于你担心他们是否能够通过考试。你如何帮助他们？

认证测验要求

明确最有激励性的目标种类。

确保理解内部动机和外部动机之间的区别。

理解归因理论的要素。

了解提高学生自我效能感的方法。

你的教学档案

考虑你的教育观念，这是一个在大多数求职面试时被问及的一个问题。对于鼓励那些难以激励的学生，你持怎样的观点？你怎样才能支持学生形成真实的、有根有据的自我效能感？（参阅相关的指南）

将本章中的家长参与的建议添加到你的档案库中。

教学资源

修改本章中所有指南以适于你将要教的学生。

教师案例簿

他们会怎么做？

本章开头描述了一个“那些中学生未开始学习就已放弃”的问题情境，下面是几位教师对其作出的回应。

THOMAS W. NEWKIRK

Eighth Grade Teacher

Hamilton Heights Middle School, Arcadia, Indiana

当课堂上进展得不顺利，我会记起我的学生给我的三条重要建议，首先，在讲课过程中幽默通常是重要的。例如，在看到我摇摇晃晃地走在想像中的绳索桥上之后，学生更有可能在他们的观念之间建立强烈的变换。

第二个建议，在计划课程中多样性很重要。也许某堂课不需要在教室里进行，也许在咖啡馆或足球场地也能授课，或许其他人——某位家长或社区的某个成员——也能给学生授课，或许这堂课可以通过听录音或观看电影来进行，而不是阅读作业。

我还认识到学生的态度就是我自己态度的反映。新年伊始，我的学生就认识到重点在于我们能做到什么：“我不能”很快得到了遏止。他们知道我不仅热心于我所教的内容，而且也热心于他们所取得的成就。

记住这些建议。在失望的愁云征服我的学生之前，我已将它们驱散开来。

PEGGY MCDONNELL

Sixth Grade Teacher

West Park School, Moscow, Idaho

看起来这所中学的学生已经失去了在学校的学习动机，他们是否也丧失了在篮球场上、在录像厅里或者在旱冰溜冰场上争强的动机？如果不是这样的话，这可能有助于我们看到学生从他们的校外努力中获得什么样的奖励。这些奖赏都是外部的吗？可能不是——许多奖赏是内在的，例如健康以及成功的感受。在校外，这些学生力争达到更高的标准，这些标准通常是自己强加的标准。作为教育者，我们应该怎样做才能使自己的课堂与之相媲美？

首先，最重要的是，我们能够提供学生对学习任务相关性的意识，这些任务是真实生活情境和生活的一部分。如果我们正在讲授"百分比"，我们应该带学生"购物"以计算商品的出售价格。如果我们正在探索科学分类法，我们可以参观宠物商店或者温室来对动植物进行分类。我们需要通过多种多样的方式来提供资料，以便使我们和学生共同学习的学科充满活力。我们还应该给学生选择的余地，允许他们以各种各样的方式共同参与到对学科的理解中来，这将带来更多的成功机会。

在建立学校内的"共同决策模型"中，教育者已经取得重大进展。在这样的模型中，教师和行政管理人员共同拥有决定权。但我们中的许多人已把学生排斥在决策之外。尽管我们认识到当我们考虑到学生的权利时，我们的工作会更加努力，但是我们还是倾向于否认学生拥有这样的权利。这个班级需要进行这样一个活动，他们作为一个整体制定规划和执行规划，目的是为了看看学生能否可以从该模型中获得收益，看起来学生需要拥有自己活动的一些控制权，而且他们在确立行为标准方面也需要获得帮助。

JEFF HOVERMILL

Seventh-Twelfth Grade Teacher

Seabury Hall School, Makawao, Idaho

我会试图通过培养学生的内部动机来改善课堂学习环境。我将寻找学生感兴趣的主题，而且把这些主题融入到布置的任务和活动中去。使班级保持新鲜感和兴趣非常重要，形式广泛的活动和任务有助于使学生投身于任务和活动中，并受到任务和活动的激发。我会尝试采用诸如团队活动、看电影、野外旅行、专题活动、演讲、操练和实践，以及跨学科的主题活动，把它们引入学习任务中去。

专题活动应该不断变化难度水平，学生应该可以从所有的专题系列中进行选择，选择那些他们最感兴趣并且对于实现他们的目标更具现实意义的课题。这种方法既可帮助学生在自己的水平基础上体验成功，又无须使他们感觉自己被划入不同的能力水平。我还会选择不同时间跨度、不同教育情境和涉及不同学习风格的课题。

逐渐了解课堂之外学生的状况，也是一种表示你的关心和向学生示范有动机激励的行为的途径，教师在课堂之外参与学生的课外活动或在活动中观察学生，这通常能够提高学生课堂之内的动机。当一位教师对学生成为俱乐部发起人或者体育教练表达了浓厚兴趣，并且出席学生的演出或独奏表演，这种关注通常会得到学生提高课堂努力的回报。

在学校里，低落的学习动机可能成为传染性的抑制学习的因素。如果学生冷漠麻木，感到在学校取得成功的原因在于外部因素，并且感到即使他们付出了努力也不能成功，那么将很难激励他们学习。教师认真关注学生的需要有利于减缓动机的降低。帮助学生实现现实的目标并建立内在的学习动因，将增加学业的成功，反过来也将增强自尊和动机。通过这种关注可以改善班级之内学生小组间和个体间的情感，进而为学习提供了一个更好的环境。

NICOLE DEPALMA COBB AND SANDRA T. MCNEICE

Eighth Grade Teachers

Sterling Middle School, Quincy, Massachusetts

当我们面临学生对学习似乎有失败感的情况下，我们必须扪心自问，目前的课程是否符合孩子和时代的要求。我们必须牢记把孩子们浓厚的兴趣、强烈的好奇心与我们的课程相联系的重要作用，假如我们已经编制出适合学生需要的课程体系，但仍然发现存在动机问题，我们必须努力采取一定的策略。为了开发学生的内部动机，让学生分组讨论，针对他们面临的冲突出谋划策。我们可以通过示范探究过程来引导学生。为了鼓励学生具有主人翁意识，也可以通过同伴指导、教育游戏、基于专题的学习、口头表演，蒙太奇录像或摄影、学生同伴教戏剧、报纸或社区杂志工作以及利用学科之间的相互联系来激励内部动机。

第十一章 动机、教学和学习

当面临一项艰巨的任务时,你是如何做的?你如何克服分心?是否有些事情你做起来易如反掌却自愿放弃?那是怎样一些事情?下面哪一种情况会令你受到更大的激励,是作为某个团体中的一员而且受到别人器重的时候呢?还是当你独立行事的时候?

在前一章我们看到,动机是一个非常复杂的概念。许多因素似乎影响我们选择目标和为达成此目标所付出的努力和坚持程度。我们看到目标、需要、信念、归因、期望以及焦虑都会对动机构成影响。

在教学中,如何将所有信息整合在一起?如何创造环境、条件和人际关系来激发动机?这些都是下面要强调的问题。首先我们考虑的是前一章讨论的影响动机的各种因素如何共同支持学习动机的形成。然后考虑一下动机是如何受班级学习活动、任务价值以及所处情境的影响。接下来我们将转向思考影响学生动机的一个非常重要因素——教师。最后,要讨论培养动机的策略,使对学习的追求成为课堂中的一种持续状态,成为学生具有的一种永久的品质。

完成这章的学习时,你应该能够:

- 定义学习动机。
- 解释学习任务的不明确和冒险会如何影响动机。
- 讨论任务的价值将如何影响学习动机。
- 描述支持学生自主性的班级特征。
- 解释为什么评价程序、小组安排,特别是合作学习会影响动机。
- 描述教师的期望对学生的潜在影响。
- 设计一项策略,指导一位对你所教学科不感兴趣的学生。

你会怎么做?

教师案例簿

在你走上四年级教师这个新岗位的第一天,你就拿到一张长长的清单,上面写满了四年级将要进行的春季测验所涵盖的所有能力和专题项目。你知道由于这所学校前一年测验分数很低，因此被列入了受监控的地区名单。虽然你也认为测验清单上的许多专题非常重要，但不赞同学校似乎只计划训练和培养测验中可能出现的那些知识和技能。

- 你将怎样激发学生的好奇和兴趣去学习将要测试的专题和任务？
- 你将如何阐释学习这些知识和技能的价值和重要性？
- 你将如何使学生真正致力于这些专题的学习？
- 为了帮助学生准备这次大的考试，你还需要了解什么？

学校里的学习动机

教师致力于发展学生的一种特定的动机——学习动机。杰尔·布罗菲(Jere Brophy, 1988)将学生的**学习动机(motivation to learn)**[1]描述为"学生倾向于发现学习活动的意义和价值并尽力从中获取预期的学业上的提高。学习动机既可以解释为一般特质，又可以解释为特定状态"(pp. 205—206)。

许多因素汇合成学习动机，其中包括计划、对于目标的关注、对你打算学习的内容和采取的方式进行监控、主动寻找新信息、对反馈的清晰知觉、对成就的自豪感和满意度以及对失败的恐惧和不畏惧(Johnson & Johnson, 1985)。因此，学习动机不仅包含要学习或想学习，它还包括学生心智努力的性质。例如，读十遍课文可以反映坚持性，但学习动机意味着学生采取思维积极参与的、主动学习的策略，如总结、推敲基本观点、用自己的语言概括、分析出段落之间的主要关系等等(Brophy, 1988)。

如果我们迎来的所有学生都具有充分的学习动机，那就太棒了，但事实并非如此，而且即便如此，对一些学生来说学校学习仍可能是枯燥或无关紧要的。作为老师，我们有三个主要目标。第一是使学生尽量融入班级活动中。换句话说，是创造一种产生学习动机的氛围。第二个目标，是一个长期目标，即培养学生具有渴望学习的特质，从而使他们将来可以实现"终生自我教育"(Bondwra, 1993, p. 136)。最后，我们要使学生深刻思考他们所学习的内容。换句话说，希望他们具有思维的能力(Blumenfeld, Puro & Mergendoller, 1992)。

检查要点：学校里的学习动机

回 顾

- 定义学习动机。

应 用

- 激励你的是什么？

〔1〕 学习动机——倾向于发现学习活动的意义和价值并尽力从中获取预期的学业上的提高。

前一章我们考察了内部动机、外部动机、归因、目标、兴趣、情绪和自我图式在动机形成中的作用。表 11.1 表明这些因素中的每一项是如何促成学习动机的形成的。这一章的核心问题是：教师如何激发和维持学习动机？教师怎样运用有关归因、目标、兴趣、信念和自我图式的知识来增强学习动机？为了组织我们的讨论，我们将使用 TARGETT 模型。

表 11.1 构建学习动机的概念

当动机源于内部，目标对个体具有挑战性，个人专注于任务，将成功和失败归因于可控因素并相信能力可以得到提高时，学习动机将得到激发。

	学习动机的积极特征	降低学习动机的特征
动机来源	内部：个人因素如需要、兴趣、好奇心、喜爱	外部：环境因素，如奖赏、社会压力、惩罚
目标设置的类型	学习性目标：满足于迎接挑战和获得提高；倾向于选择中等难度和挑战性的目标	表现性目标：热衷于得到他人对自己表现的赞赏；倾向于选择非常容易或非常困难的目标
介入类型	任务介入：关注于掌握型任务	自我介入：关注别人眼中的自己
成就动机	获得成功的动机：掌握定向	避免失败的动机：倾向于焦虑
归因方式	把成功和失败归因于可控的努力和能力	把成功和失败归因为不可控因素
关于能力的观念	增长观：相信能力可以通过努力学习和增强知识技能来提高	实体观：相信能力是一种稳定的、不可控的特质

关于学习的 TARGETT

卡罗尔·埃姆斯(Carol Ames，1990，1992)鉴别出以下六个方面，在这六个方面教师的决策将影响学生的学习动机：要求学生完成的任务特征(task)；学习中允许学生具有的自主性(autonomy)；如何认可学生的学业成就(recognized)；分组活动(grouping)；评价程序(evaluation)；以及课堂时间安排(time)。爱泼斯坦(Epstein，1989)用 task、autonomy、recognized、grouping、evaluation、time 的首字母构成 TARGET 来代表以上的六个方面。我们在模型中增加了一个方面——教师期望(teacher expectations)，这样我们会得到如表 11.2 所示的学习动机的 TARGETT 模型。下面我们将较为详细地分析每一个方面。[1]

〔1〕 联系与拓展——参考杂志。埃姆斯(Ames，C，1992)的《课堂：目标、结构和学生动机》(Clssrooms：Goals，structures，and student motivation)，载于《教育心理学杂志》(*Journal of Educational Psychology*)，第 84 卷，第 261—271 页。

表 11.2 支持学生学习动机的 TARGETT 模型

在许多领域中教师的决策影响学习动机。TARGETT 模型特别强调任务、自主性、认可成就、分组、评价、时间安排以及教师期望的重要作用。

TARGETT 中的领域	重 点	目 标	可能策略举例
任 务	如何组织任务——要求学生们做什么。	提高学习任务的内在吸引力，使学习具有意义。	鼓励与学生背景和经验相联系的教学； 避免因为出勤、分数或成绩给予报酬（金钱等）； 促进学生树立目标和自我调节。
自主性/责任心	学生参与学习或学校决策。	为学生提供进行选择和承担责任的最佳自由度。	布置可选择的学习任务； 询问学生对学校生活的意见——并认真对待这些意见； 鼓励学生采取主动和评价他们自己的学习。为所有学生创设领导的机会。
认 可	在学校环境中奖励、认可的特征和运用。	为所有学生提供认可其学习的机会； 认可目标获得过程中的进步； 认可寻求挑战和创新的精神。	鼓励“个人之最”的奖赏； 减少对“成绩排名榜”的强调； 认可和宣传各种与学校有关的学生活动。
分 组	学校学习和经验的组织。	为所有学生建立被接受和被欣赏的环境； 拓宽社交范围，特别是对那些面临危机的学生； 提高社会技能发展。	为学生进行合作学习，问题解决和抉择提供机会； 鼓励多重组员身份以增加同伴交往的范围； 消除按能力划分班级的做法。
评 价	评估程序的特性和使用。	评分和报告过程； 练习与标准考试联系起来； 目标和标准的界定。	减弱对学业成就的社会性比较的强调； 给学生提高成绩（如学习技能）提供机会； 建立评分和报告策略以描述学生学习的进步； 鼓励学生参与评价过程。
时间安排	学校生活的时间表。	允许将学习任务和学生需要列入时间表； 提供机会使学生更多地参与学习任务。	尽量允许学生按他们自己的进度推进学习； 提倡学习计划具有弹性； 给教师更大操控时间余地，比如组块时间的方式。

续 表

TARGETT 中的领域	重 点	目 标	可能策略举例
教师期望	关于学生能力的信念和预期。	对所有学生持有适当的期望，而不是高期望； 与学生交流，告诉他们你期望他们成长。	给所有学生机会改变和改善他们的活动； 监控谁得到了机会； 确保学习材料体现学业成就的差异性。

Source: From "Reinventing Schools for Early Adolescents: Emphasizing Task Goals," by M. L. Maehr and E. M. Anderman, 1993, *The Elementary School Journal*, *93*, pp. 604–605. Copyright © 1993 by The University of Chicago Press. Adapted with permission.

学习任务

为了理解一项**学业任务(academic task)**[1]如何影响学生的动机，我们需要对任务进行分析，学习任务可能令学生感兴趣，也可能使其厌烦。任务有特定的学科内容，也包含特定的认知操作，如记忆、推理、分类等等。当学生从事某项任务时，他们就在学习知识内容和练习操作。任务本身的清晰或模糊程度和从事任务面临的风险程度不同(Doyle, 1983)。最后，任务对学生而言有特定的价值，这部分取决于任务对于学生来说是否真实和有意义。下面我们将进一步分析任务的每一个侧面。[2]

任务操作：风险性和模糊度

多伊尔(Doyle, 1983)已经指出学习任务可以根据它们所需的操作进行分类：记忆、规程、理解及评价。记忆任务需要学生认知或重新认识他们以前了解的事物，如将国家和首都对应起来。规程任务包括一系列解决问题的步骤或规则——例如，使用 πr^2 计算圆面积。理解任务要求学生超越所给信息，如整合几种观点、发明一种程序或用独特的方式写作。评价任务要求学生阐述自己的观点，例如故事中哪一个角色最勇敢。学习任务的操作类型决定着任务的模糊程度和风险性，而且从下面就会看到，这也会影响学生的学习动机。

有些任务与其他任务相比似乎风险较小，因为失败的可能性不大。例如，评价任

---

[1] 学业任务——学生必须完成的工作，包括所涵盖的内容和所需的心智操作。

[2] 联系与拓展——参考研究。梅尔和安德曼(M. L. Maehr & E. M. Anderman, 1993)的《为青少年重建学校：强调任务目标》(Reinventing Schools for Early Adolescents: Emphasizing Task Goals)，载于《小学杂志》(*The Elementary School Journal*)，第 93 卷，第 593—610 页。这篇文章描述了 TARGETT 模型怎样用来改革中等学校，从而支持学习目标。

联系与拓展——参考研究。格雷厄姆和戈兰(Graham, S., & Golan, S., 1991) 的《动机对认知的影响：任务介入、自我介入以及信息加工的深度》(Motivational influences on cognition: Task involvement, ego involvement, and depth of information processing)，载于《教育心理学杂志》(*Journal of Educational Psychology*)，第 83 卷，第 187—194 页。

务是非常低风险的——没有正确和错误答案之分。简单的记忆或规程任务也只有较低的风险性，因为很容易得到正确答案：你只需要按照步骤做就可以了。然而，如果进行长期而复杂的记忆或规程任务，风险就会非常高。背诵100行莎士比亚的作品，就会因为记忆量很大而承受风险，尤其当你的记忆结果将受到评价时。

任务的另一特性是模糊度——期待的答案是否直截了当。评价任务和理解任务是模糊的：很难预期正确答案（如果存在的话）或怎样发现它。"正确"的答案可能包含教师的评价，相反，记忆任务和规程任务直截明了。如果你在背诵《哈姆雷特》的对白，尽管任务很困难，但"正确"答案非常明显。图11.1概括了任务按风险性和模糊度的分类。[1]

		风险性：高	风险性：低
模糊度	高	理解性任务	评价性任务
模糊度	低	复杂的记忆或规程任务	简单的记忆或规程任务

学习任务可以依据它们的风险性和模糊度不同来区分。因为学生们常发现高模糊度或高风险性的任务是有威胁性的，完成这些任务时他们需要较多支持和较少压力。

图11.1　模糊度和风险性与课堂学习任务的联系

Source: From "Academic Work," by W. Doyle, 1983, *Review of Educational Research*, *53*, Figure p. 183, Copyright © 1983 by the American Educational Research Association. Adapted with permission of the publisher.

这与动机有什么关系吗？多数学生想要降低学习任务的风险性和学习的模糊度，因为他的分数是一种赌注，对于那些高焦虑的学生或那些避免失败的学生更是如此。很多时候教师设计一项既有风险又很模糊的复杂的理解任务，他们要求学生思考并解决问题。但学生需要更多的指导，他们会要求提供示范、规则或公式："你要求有多少

〔1〕联系与拓展——参考研究。诺伦（Nolen, S. B.，1988）的《学习的理由：动机的来源和学习策略》（Reasons for studying: Motivational orientations and study strategies），载于《认知和教学》（*Cognition and Instruction*），第5卷，第269—288页。摘要：本研究探讨了八年级学生个体在三种动机或目标定向上的差异与重视和应用学习策略之间的关系。任务定向与重视和使用深度的信息加工策略有正相关。自我定向与重视和使用浅层的策略有正相关。避免工作与两种策略都有负相关。分析表明任务定向比能力知觉或对深度加工策略价值的认识，更能预测这些策略的自发应用。这项研究持续了四到六周，强调了个体在动机定向上差异的重要性。

在上述同一期杂志中还有两篇关于这个研究的文章。莱珀（Lepper, M. R.，1988）的《教学研究中的动机思考》（Motivational considerations in the study of instruction），第289—310页。布朗（Brown, A. L.，1988）的《学习动机和理解——承担自己学习的责任》（Motivation to learn and understand: Taking charge of one's own learning），第311—322页。

参考文献?""要写多少页?""我们必须知道日期和人名吗?""给我们一个可以效仿的例子。"换句话说,学生们在讨价还价,这些争执会导致管理问题。如果学生非常迷惑,他们会变得不安,转而求助其他学生,他们会感到沮丧,甚至丧失对任务的兴趣。

在学生的要求压力下,教师通常会这样做:阐明必须强调的三个要点,给出参考文献的最低数目或字数限制,以及提供有用的参考书目。这样就把理解任务转化为规程任务,风险性和模糊度降低了,而动机似乎增加了,至少暂时增强了。但任务本身不再有吸引力,在规程任务中做得好并不会带来奖励,因为取得好成绩并不导致胜任感的增强。因此,"任务交涉"的结果只是一种动机的临时状态,是追求自我表现和分数的动机,而不是学习动机。并且这样无助于促进学习动机特质的长期发展。进一步说,因为学生学到的是他们实际所为,所以这些学生学会了如何按程序去做——如何与教师讨价还价(Doyle,1983),而他们可能并没有提高老师想要培养的解决问题和批判性思维的技能。

显然,我们需要寻求平衡。教师应该作出明智选择,然后坚持要求,即使学生向教师交涉试图改变任务,教师也要坚持。任务指导应该清楚,但不应限制过多。最后,任务对于学生来说应该是有价值的,下面让我们分析班级任务的价值。

任务价值

当回顾前一章时你会发现,许多理论指出,在特定情况下我们动机的强弱取决于我们对成功可能性的预期以及成功对于我们的价值。我们认为成功对于学生而言有三种价值(Eccles & Wigfield, 1986)。**获得性价值(attainment value)**[1]是指出色完成任务的重要性。这个方面的价值与个体的需要(例如,胜任的需要,喜爱等等)以及成功对个体的意义紧密相联。例如,如果某人有强烈的需求要展现其聪明,并且相信测验中的高分数可以显示人的聪明,那么这个测验对于那个人来说就具有高获得性价值。第二种价值是**内在的或兴趣价值(intrinsic or interest value)**[2]。这仅仅是指个人从活动本身获得的享受。一些人喜欢学习的体验,另外一些人喜欢艰苦的体力劳动或解难题带来的感觉。最后,任务还有**实用价值(utility value)**[3];就是说,它们帮助我们实现短期或长期的目标。[4][5][6]

---

〔1〕获得性价值——圆满完成任务的重要性;任务成功满足个人需要的程度。

〔2〕内在的或兴趣价值——个人从任务中获得的享受。

〔3〕实用价值——任务如何满足个人目标。

〔4〕联系与拓展——参考研究。1988 年 1 月《小学杂志》(*Elementary School Journal*)中的专题"学校作业和学术任务"。

〔5〕联系与拓展——参考研究。维斯波尔和奥斯汀(Vispoel, W. P., & Austin, J, R., 1995)的《初中第一年的成功和失败:从关键的偶发事件去理解学生的归因理念》(Success and failure in junior high school: A critical incident approach to understanding students'attributional beliefs),载于《美国教育研究杂志》(*American Educational Journal*),第 32 卷,第 377—412 页。

〔6〕联系与拓展——参考研究。洛温斯坦(Lowenstein, G., 1990)的《好奇心理学:回顾和再解释》(The Psychology of curiosity: A review and reinterpretation),载于《心理学公报》(*Psychological Bulletin*),第 117 卷,第 75—98 页。

从我们对任务价值的讨论中，你会发现个人和环境的相互作用持久地影响着动机。学生被要求去完成的任务属于环境的一个方面，对学生来说是外在的因素。但是完成任务的价值是与个体内部的需要、信念和目标结合在一起的。[1]

最近，许多文章论及在教学中运用真实性任务。**真实性任务(authentic task)**[2]是与真实的生活问题以及学生当前或以后在课外会遇到的情境有关的任务。如果你要求学生做繁重的工作，记忆他们永远不会用到的定义，仅仅为了应付考试而学习材料，或是重复他们已经掌握的工作，这样只会降低学习的动机。但如果任务是真实的，学生则更可能看到学习的真实价值，也更可能发现任务的意义和趣味。

基于问题的学习(problem-based learning)[3]，便是教学中使用真实性任务的一个例子。根据威廉·斯蒂平和希拉·加拉格尔(William Stepien & Shelagh Gallagher, 1993)所说，"基于问题的学习彻底改变了教学方式。学生在接受指导之前面对一个不良结构问题。学习者深入分析问题以寻求联系、掌握复杂性、运用知识形成解决问题的方法，而不是学完整个课程"(p. 26)。教师充当辅导者和引导者，提出问题，提供思考示范，帮助学生组织和监控他们自己的问题解决过程。

伊利诺州的一组七年级和八年级的学生接受了一个问题："应该如何处理堆积在我们地区的核废料?"学生们很快发现这个真实性问题并不简单，科学家们不认为存在危险，而环境保护行动主义者要求运走这些废弃物，即使这会使那个牵涉其中的当地公司破产，而且这个公司雇佣了许多当地的居民。这个州的一些人聚集起来要求将这些核废料运到州外，尽管国家没有一个地方允许接收有毒物质。这家公司相信最安全的解决方法是把这些物质埋掉。学生们必须分析这些情况，与有关组织会谈，呈交意见书给专家和社团。在基于问题的学习中，学生扮演着科学家、历史学家、医生以及其他在问题解决中发挥作用的人物角色。他们动机高涨，因为学生意识到这是他们自己的问题(Stepien & Gallagher, 1993, p. 26)。

支持自主性与认可成就

在 TARGETT 模型中，第二个方面是允许学生拥有选择和自主性的程度。学校中的抉择是非常规的，青少年花费大量时间在学校中学习，但在学校却由别人决定发生什么，在学校"学生举起来的手有时会被忽视，向教师提出的问题经常被搁置，通常不允许去别的地方做别的事情"(Garner, 1998, p. 232)。然而，正如我们在第十章看到的那样，自我决定和内在控制感对于保持内部动机至关重要。教师应该如何做才能

〔1〕 联系与拓展——参考杂志。请参看《教育领导学》(*Educational Leadership*)1993 年 4 月关于"真实性学习"的专刊。
〔2〕 真实性任务——与学生在课外将会面对的真实生活相关的任务。
〔3〕 基于问题的学习——给学生提供真实的、但不一定有正确答案的问题的学习方法。

支持学生进行选择同时又避免产生混乱？

支持选择

就像完全没有指导的发现或是没有目标的讨论一样，没有组织或没有指导的选择会导致无效的学习(Garner，1998)。例如，戴森(Dyson，1997)发现当孩子遵照教师要求，按他们自己的方式去写或画他们想要写或画的东西时，他们会变得焦虑不安。戴森说学生视这种没有限制的选择为“引起恐慌的真空”。我知道，当我叫我班上的本科生按他们自己的程度决定最后的课题时，他们也会变得不知所措。正如当要我随意讲演时，我会感到非常恐慌。另一种情况是有限制的选择——给学生提供一些选项以及任务的价值，但允许他们按个人的兴趣进行选择，平衡要恰到好处：太多自主性会使学生感到迷惑，而自主太少又会使人厌烦(Guthrie et al.，1998，p. 185)。

下面的记叙描写了一个五年级学生如何练习作出探求和写作方面的选择。这个班级正在学习君王蝶的生命循环。每个孩子都在一个异质的小组中学习，每组都有一个蛹以观察它的成长。这个班建立了一个“图书馆”，有多种水平的说明书、贸易书、文学书、参考书、地图、电子数据库以及其他资源。教师已经教过必要的查阅技能——利用索引、目录，确立目标，写摘要，不过学生可以选择论题和适当的资源来编写他们的章节。

> 这天，为了参与班级编写关于君王蝶生命周期的书，肖娜正准备确定一个专题，她经常考虑君王蝶在不同形态阶段呈现出的不同颜色。她从班级图书馆中寻找书籍来帮助选择论题。她选择了三本书……当肖娜研究表格、观察蝴蝶的照片时，她发现君王蝶在一段时间内一侧翅膀的颜色不同于另一侧。她告诉她的朋友简，“你知道吗？蝴蝶翅膀的颜色在它们冬天休眠时可以保护它们？”把所有材料集中起来，肖娜准备写翅膀颜色在君王蝶的生命周期中所起的作用。(Guthrie et al.，1998，p. 186)

学生也可以练习如何自主地从教师和同学那里获得反馈。图 11.2 描述了一种叫做“检查”(Check it out)的策略，学生利用它具体说明他们在某个特定任务中所要评价的技能。通过一个单元的课程，所有的技能都将通过检查，不过由学生来选择这些技能何时接受评价。

除此之外，在每天的相互作用中，教师如何支持学生的自我决定？里夫·博尔特和凯(Reeve Bolt & Cai，1999)的研究发现，与控制型的教师相比，支持自主的教师更多倾听学生，教授的内容较少，不给解决问题的方法，提供较少的指导，更多询问学生的想法。

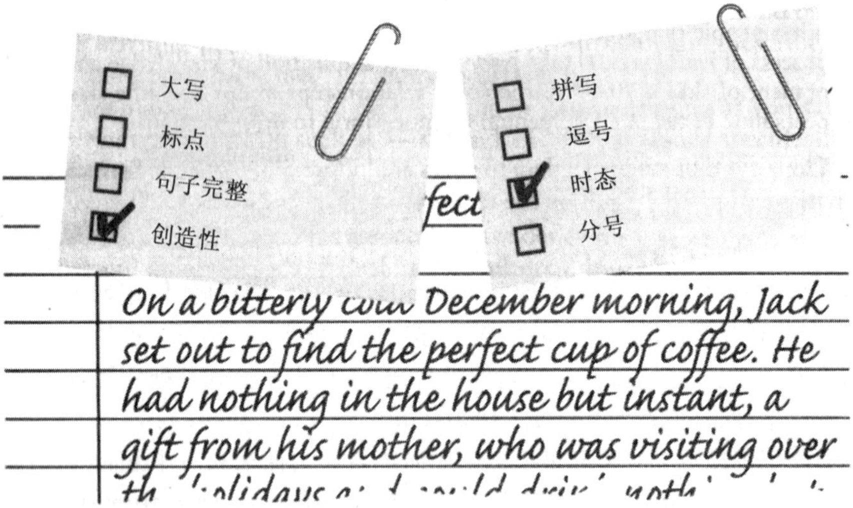

运用这种策略可以支持学生自主性，由教师决定在一个单元中培养何种技能，而由学生决定在某个给定任务中，将评估哪一种技能。通过一个单元的课程，所有的技能都将接受检查。上面这幅图学生已经表明她要教师“检查”她的创造性和时态。

图 11.2 学生自主：检查

Source: From *150 Ways to Increase Intrinsic Motivation in the Classroom* (pp. 33 - 34) by J. P. Raffini, 1996, Boston: Allyn & Bacon. Copyright © 1996 Allyn & Bacon, Inc. Adapted with permission.

认可成就

TARGETT 中的第三个方面是认可。学生的成就应该得到怎样的承认和奖励？在第六章我们讨论了关注进步、提高能力和独立性的真实性评价的重要性。但是教学中的问题并非如此简单。许多时候，表扬会带来双重的效果。例如，如果两个学生同时获得成功，可老师只表扬了其中一个，这意味着，至少年纪大一点儿的学生会觉得，受表扬的那个学生能力稍差一些，他必须非常努力才能获得成功，从而赢得表扬。没有受到表扬的学生，成功是因为他能力强，自然而然就取得了成功。于是学生们会把教师的表扬或批评当做评价能力的线索——表扬意味着我不是很聪明。所以，当我成功时我应得到称赞，批评意味着老师认为我很聪明，可以做得更好(Stipek, 1996)。

我们也已经了解，当学生已经津津有味地做着某项活动，此时给以奖励会降低他们的内部动机。学生受到认可，是因为其尽全力取得进步、解决难题、持之以恒和创造力，而不仅仅是因为比别人表现得更好。下一节将介绍一种以个人进步作为班级表彰基础的方法。

哪一种表彰会使学生投入学习？一个答案来自鲁思·巴特勒(Ruth Butler,

1987)的研究。给五年级和六年级的学生提出一个有趣的、有争议的思考型的任务，随后提供个人评论或标准化表扬(“很好”)或评分或没有反馈。兴趣、表现、努力的归因以及任务介入在受到个人评论后有所提高，自我介入的动机(想比别人做得更好)在得到评分和标准化表扬后变得更强。[1]

分组、评价及时间安排

你可能还记得某位老师讲课生动，使你愿意努力学习。或者你记得作为球队、乐团、合唱团或戏剧团的一名成员你花了多少时间去练习。如果是这样的话，你一定会了解与他人关系的激励作用。戴维和约翰逊(David & Johnson, 1985)这样描述这种力量：

> 学习动机本身就是人与人之间的联系。通过和他人的相互作用，学生学会了评价学习本身的价值，享受学习的过程，为获得知识和发展技能而感到自豪。在课堂现实存在的各种人与人之间的关系中，同伴关系是影响学习动机的最重要的因素。(p. 250)

学生之间同伴交往的方式受到教师提出的活动和任务的目标结构的影响。

分组与目标结构

学生在班级中的作用就好比一个大团队的一部分。约翰逊和约翰逊(Johnson & Johnson, 1999)在他们有关动机的研究中对这个问题给予相当的关注。他们发现，我们在完成特定任务中与相关他人建立联系的方式极大地影响了我们的动机。约翰逊和约翰逊把这种人与人之间相互作用的因素命名为任务的**目标结构(goal structure)**[2]。有三种结构：合作、竞争及个人主义的，正如图 11.3 所示。

我们在第九章看到，合作型的目标结构有许多优点。多项研究已经证明当任务涉及复杂学习和问题解决技能时，合作会带来比竞争更高的成就，特别是对于能力低的学生来说更是如此(Johnson & Johnson, 1985; Slavin, 1995)。此外，设计良好的**合作学习(cooperative learning)**[3]可以提高从他人角度看问题的能力，改善在学校或班级不同群体中的人际关系，提高自尊，增强帮助和鼓励其他学生的意愿，增强对有缺陷

---

〔1〕 联系与拓展——参考研究：巴特勒(Butler, R., 1987)《评价中任务介入和自我介入的特征：不同反馈条件下动机知觉、兴趣和成绩表现的影响》(Task-involving and ego-involving properties of evaluation: Effects of different feedback conditions on motivational perceptions, interest, and performance)，载于《教育心理学杂志》(*Journal of Educational Psychology*)，第 79 卷，第 474—482 页。

〔2〕 目标结构——学生与从事同一特定目标的人建立联系的方式。

〔3〕 合作学习——学生在混合能力小组中完成任务，根据小组的成绩进行奖励。

	合 作	竞 争	个人主义
定 义:	学生相信只有别人也达到目标时,他们的目标才能实现。	学生相信只有别人无法实现目标,他们才能达到自己的目标。	学生认为他们尽力实现目标,与别人是否达到目标无关。
实 例:	团队取胜——只有所有队员都胜利,才能赢得胜利:接力比赛,演奏交响乐等。	高尔夫比赛,个人网球赛,一百米跑,告别讲演,美国小姐选美。	减少打高尔夫障碍,跳远,学习一种新的语言,参观博物馆,减肥,戒烟。

每一种目标结构都和个人与团队之间的不同关系相联系,这种关系会影响达成目标的动机。

图 11.3 不同的目标结构

Source: From *Learning Together and Alone*: *Cooperation*, *Competition*, *and Individualization* (5th ed.), by D. Johnson and R. Johnson, 1999, Boston: Allyn & Bacon. Copyright © 1999 by Allyn & Bacon. Adapted with permission.

以及低成就学生的接纳(Slavin,1995; Stipek, 1996; Webb & Palicsar, 1996),学生学会建立可行的目标和进行协商。他们变得更友好和利他。学生与喜欢的同伴之间的相互作用成为学习过程的一个部分。这一切会带来什么结果?马斯洛提出的归属需要更容易被满足,而动机也会不断增强。

正如你在第九章看到的一样,同伴学习或小组学习的方式有很多。其中一些方式,如学生小组成就区分法和小组游戏竞赛法,是专门为提高动机而设计的。

学生小组成就区分法,STAD

罗伯特·斯莱文(Robert Slavin)和他的助手已经建立了一套方法用来克服合作目标结构的缺陷(焦点不集中,行为脱离任务,分配工作的不公平),而同时保持它的优点。这个系统叫做**学生小组成就区分法(Student Teams-Achievement Divisions)**[1],英文缩写为**STAD**(Slavin, 1996)。每组有五个具有不同能力、背景和性别的成员。教师给每个小组成员计算出他(或她)的**个人学习期望(individual learning expectation, ILE)**[2]的分数,或叫基础分。这个分数代表该学生表现的平均水平。如何决定基础分具体请参看表 11.3。

学生们在小组中学习并为每周两次的小测验做准备,但他们将单独参加考试,就像在普通班级一样。根据考试表现,每个小组成员可以为小组赢得 1 至 3 分。表11.3

〔1〕 学生小组成就区分法(STAD)——在异质小组中进行的,有竞争和奖励的合作学习。
〔2〕 个人学习期望(ILE)——经常重新计算出的一个学生某个科目的平均分数。

表明了如何通过比较每个学生目前的测验分数和他的基础分来打分(Slavin,1995)。正如你从表上可以看到的,每个学生都有平等的机会为小组总分贡献最大的分值。因此,每个学生不仅能够或愿意、而且有理由努力学习。这一系统避免了学生对小组活动中贡献不平等的问题。每周获得最高分的小组即优胜队。小组成绩应该在班级时事通讯或黑板布告栏中进行表彰。

表 11.3 使用个人学习期望(Individual Learning Expectations, ILE)

从个人学习期望中得出的观点是,应该根据学生本身的能力,而不是与其他人相比较来对学生进行评价。关注的焦点是发展,而不是和其他学生进行比较。

为了得到个人学习期望分数,教师只需要把学生先前的学习或测验分数平均一下即可。这些分数一般采用百分制。字母等级可以基于学校系统转化成分数——例如,A=90 分,B=80 分,等等。学生的平均分就是他(她)的原始基础分。这样个人学习期望分就成为评价每个学生学习的标准。

如果教师使用的是合作学习的 STAD 系统,那么学生按照下面的系统为他们的小组赢得分数:

测验分数	为小组赢得的分
满　　分	3
高出 ILE 分数 10 分及以上	3
高于 ILE 分数 5 分到 9 分	2
低于 ILE 分数 4 分到高出 4 分	1
低于 ILE 分数 5 分以下	0

每隔几周小组可以更换一下,这样学生就有机会和不同的班级成员一起活动。每过两周教师应该通过平均旧的基础分,再计算出每个学生的 ILE 分。在这个系统中,每个学生都得到了发展。那些能力较低的学生也可以通过比他的基础分高出 10 分以上,来为小组获得最高分。那些能力较高的学生仍然面临挑战,因为他们只有比自己的基础分高出许多,才能为小组总分贡献最高分。[1][2][3]

小组游戏竞赛法,TGT

小组游戏竞赛法(Teams-Games-Tournaments, TGT)[4]与 STAD 很相似。在教

〔1〕 联系与拓展——参考研究:斯莱文(Slavin, R. R., 1991)的《合作学习的研究综述》(Synthesis of research on cooperative learning),载于《教育领导学》(*Education Leadership*),第 48(5)卷,第 71—82 页。讨论问题:何时与何人合作,合作学习更有效?

〔2〕 联系与拓展——参考其他章节。第十章已讨论,归属需要是马斯洛需要层次说中的第三级需要。维护与他人关系的需要是强烈的。

〔3〕 联系与拓展——参考研究。为了对有关合作学习不同形式的研究进行全面回顾,请参考奥唐纳和奥凯利(O'Donnell, A. M., & O'kelly, J, 1994)的《向同伴学习:超越粉饰的肯定结果》(Learning from peers: Beyond the rhetoric of positive results),载于《教育心理评论》(*Educational Psychology Review*),第 6 卷,第 321—350 页。

〔4〕 小组游戏竞赛法——小组成员一起合作准备学习任务,然后各自分别参加竞赛,为他们的小组赢得分数。

师安排后，学生进入他们的异质小组，相互帮助解答关于学习材料的问题和质询。学生不参加笔试，而是每周一次与来自其他组的能力相当的两位同学在“竞赛桌”前比赛。这三个学生回答类似于他们在小组学习中练习过的问题。每桌胜出者为他的小组赢得6分。每周竞赛桌边的参与者都要调整——胜者安排到能力更高的一桌以保证竞争的公平。通过这种方式，每个学生都有机会为小组总分平等地做出贡献(Slawin，1990)。[1]

针对TGT这种方法进行的研究提出了一个警告，贝特·钱伯斯和菲利普·艾布拉米(Bette Chambers & Philip Abrami，1991)发现成功的小组组员比不成功的小组组员学到更多的东西，而且他们对结果更满意，认为自己的能力比失败组成员的能力高。而那些倾向于焦虑、接受失败、感到无助的低成就学生，处于失败组时情况会更为不利。钱伯斯和艾布拉米建议合作的尝试应该在组内和组间同时进行。例如，如果每个组都达到一定水平，整个班级都应该受到表扬。

表11.2提出通过同伴关系来培养动机。除了使用合作学习，其他手段还包括在学校中给予同伴相互作用的时间和机会，使用基于项目的学习，鼓励团队发展以及“学校中的学校”(Schools Within Schools)。

目标结构的特征——合作、竞争、个人主义——已牵涉到下面两个TARGETT方面，评价和时间安排。[2][3]

评价

越强调竞争性评价和分数，学生越去关注行为表现目标而不是学习性目标，更多的自我介入而不是任务介入。学生必须参加考试，课堂上回答问题，完成作业，而且必须在限定时间内完成。多伊尔(Doyle，1993)认为学生把许多学习活动看做是“换取分数的活动”(p.181)。评分不仅指成绩报告卡上的分数，它包括教师给予的正式或非正式的评价。

当然，并不是所有学生都能获得好的交易——取得好分数。低成就学生无望“获得高分”或“掌握任务”，他们可能只想完成那项任务而已。一项针对一年级学生的研

---

〔1〕 联系与拓展——联系你的教学。请你设计一堂运用合作学习的课。设计应该包括：(1) 描述如何准备这次课；(2) 概括预期的结果；(3) 这堂课的题目以及提供给小组成员的信息；(3) 用来评价学习的工具或测验。如果可能，在真实的课堂中教授一次。

〔2〕 联系与拓展——参考研究。钱伯斯和艾布拉米(Chambers，B.，& Abrami，P.C.，1991)的《学生学习结果与成就、归因、效果之间的关系》(The relationship between student learning outcomes and achievement，causal attributions，and effect)，载于《教育心理学杂志》(*Journal of Educational Psychology*)，第83卷，第140—146页。

〔3〕 联系与拓展——联系你的教学。最近在你的合作学习策略清单中新加入了一项——合作综合阅读和写作(Cooperative Integrated Reading and Composition，CIRC)。这种策略支持按能力分组阅读的传统方式。学生被分配到小组，然后组成两两配对的阅读组。当教师与一个阅读组学习时，他们采用第九章中描述的交互教学的许多方法——大声阅读、作出预期、提问、概括、写出他们正在阅读的故事。组员互相帮助，共同为考试做好准备，共同写作和编写并经常“出版”小组的作品。根据阅读和写作任务中小组成员的平均表现，给小组奖励。因此，以下三个元素：有平等的获得成功的机会，获得小组支持，个体承担最终成绩的责任，它们是许多合作学习策略的特征(Slavin，1995)。

究发现低成就学生为了完成作业而编造答案、死搬硬套或照抄他人作业。正如一个学生完成了一项单词匹配练习时说："我不知道它的意思，但我做完了"（Anderson，Brubalker，Alleman-Brooks & Duffy，1985，p. 132）。进一步分析，研究者发现任务对于这些学生来说太难了，所以他们只是把单词和定义任意连在一起。

教师该怎样防止学生只关注分数或只是"交差了事"？最显而易见的答案是在课堂上不要突出分数，而强调学习活动本身。学生需要明白学习的价值。告诉学生这些知识在解决要应对的问题时多么有用，而不是说，"为了考试你要知道这些。"建议课堂的内容可以回答一些有趣的问题，告诉学生理解比完成更重要。

不幸的是，许多教师没有遵从这些建议。布罗菲（Brophy，1988）报告说他和几位同事用 100 个小时观察六位教师如何介绍他们所讲授的课程，研究发现大多数介绍是程序化的、正式的、平淡的。这些介绍描述了活动的程序，强调完成，保证考试。例如：

"你并不期望我每天给你孩子布置任务，是吧？"

"我叫到的所有人都要在午饭时间完成第三页。"

"如果 10 点以前你能完成，你就可以出去玩。"（Brophy，1988，p. 204）

尽管许多教师与布罗菲研究中的这六位教师相似，但仍有例外。赫姆·马歇尔（Hermine Marshall，1987）描述了一些小学教师在班级中建立"学习定向"，他们强调理解而不是表现、分数或完成任务。在这一章的后面我们会分析在班级中建立这种定向的策略。

检查要点：关于学习的 TARGETT

回　顾

- TARGETT 具体指什么？
- 任务如何影响动机？
- 对学生来说"任务交涉"意味着什么？
- 任务的三种价值是什么？
- 有限制的选择和无限制选择的区别。
- 赞扬如何削弱动机和自我效能感？
- 是什么决定了目标结构是合作的、竞争的或是个人主义的？
- 评价的氛围如何影响目标设置？
- 时间安排对动机的影响是什么？

应　用

- 除了基于问题的学习之外，再指出一些使学习任务更真实的方法。
- 为什么提供班级规则的合理性会有助于学生感到更多的自主性？
- 描述一项支持学生学习动机的合作的学习结构。
- 评价程序如何有助于形成一个"学习活动定向"的班级。

一种强调学习而不是分数的方法是使用自我评价。这种策略也支持自主性。例如，图 11.4 中列出的自我评价和目标计划几乎适用于所有年级。

姓名＿＿＿＿＿＿＿＿＿＿＿＿　　导师＿＿＿＿＿＿＿＿＿＿
科目＿＿＿＿＿＿＿＿＿＿＿＿　　学期＿＿＿＿＿＿＿＿＿＿

1. 自我评价

a. 这个课程中我做得怎么样？＿＿＿＿＿＿＿＿＿＿＿＿＿＿＿＿＿

b. 遇到哪些困难？＿＿＿＿＿＿＿＿＿＿＿＿＿＿＿＿＿＿＿＿＿＿

c. 在这门课上我花了多少时间和精力？＿＿＿＿＿＿＿＿＿＿＿＿＿

d. 我需要帮助吗？＿＿＿＿如果是，我将如何尽力得到帮助？＿＿＿＿＿＿

2. 学业目标

a. 在学期结束前我要达到的目标是＿＿＿＿＿＿＿＿＿＿＿＿＿＿

b. 我要为这个目标努力，因为＿＿＿＿＿＿＿＿＿＿＿＿＿＿＿＿

c. 我会达到这个目标，通过＿＿＿＿＿＿＿＿＿＿＿＿＿＿＿＿＿

3. 行为或社会目标

a. 在学期结束前我要达到的目标是＿＿＿＿＿＿＿＿＿＿＿＿＿＿

b. 我要为这个目标努力，因为＿＿＿＿＿＿＿＿＿＿＿＿＿＿＿＿

c. 我会达到这个目标，通过＿＿＿＿＿＿＿＿＿＿＿＿＿＿＿＿＿

变化

导师可以在学期开始时选择使用这项活动，调节自我评价和目标计划单以适应不同的年级水平。下面的讨论也有助于帮助学生评价他们的计划。

通过填写这张表，学生根据自己的目标和为未来设置的新目标来评价自己的工作。

图 11.4　自我评价和目标计划

Source: From *150 Ways to Increase Intrinsic Motivation in the Classroom* (p. 67), by J. P. Raffini, 1996, Boston: Allyn & Bacon. Copyright © 1996 Allyn & Bacon. Adapted with permission.

时间安排

时间的使用如何影响学生的动机？许多有经验的教师都知道，学校有太多的活动却没有足够的时间。即使学生对一项活动很感兴趣，他们也几乎没有机会持续进行这项活动。下课铃一响或按计划要求，他们就要停下来，转向别的任务。而且，作为整体，学生们必须不断推进。即使某个人发展得较快或是需要更多的时间，他们仍然不得不跟从整个团队的进度。因此常常会因为要使学生的进度加快或放慢或中断学生的活动而使得课程计划和动机相互干扰。当学生没机会坚持完成一项艰巨的任务，那么很难使他们形成面对困难时的坚韧毅力和自我效能感。作为教师，你面临的挑战是如何安排时间使学生投入和坚持学习。一些小学留出时间“放下一切去阅读”(Drop Everything And Read, DEAR)——给所有人包括教师足够的时间去阅读。一些初中和高中实行组块式课表，教师们以小组形式工作，对较长时间段进行统筹规划。

我们已经考察了影响学生学习动机的TARGETT：任务、自主/责任心、认可、分组、评价和时间安排。在我们归纳激发动机的策略之前，让我们加入最后一项T——教师期望。[1]

教师期望

三十年前，罗伯特·罗森塔尔和勒诺·雅各布森(Robert Rosenthal & Lenore Jacobson，1968)的一项研究引起了全国媒体的关注，其后几乎再没有心理学家的研究有过这样的情况。全国的报纸都报导了“课堂中皮格马利翁效应”的显著影响，这一概念来自介绍这项研究的一部著作的标题。这项研究在心理学界也引起了激烈的争议，关于其研究结果的含义的争论还在继续(Babad，1995；Brophy，1982；Cooper & Good，1983；Elashoff & Snow，1971；Good，1988；Rosenthal，1987，1995；Snow，1995)。

罗森塔尔和雅各布森的发现为什么会这样的轰动？他们在许多小学班级中随意选取了一些学生，然后告诉教师这些学生在一年内会获得显著的智力提高。那一年这些学生真的比其他学生获得了更大的提高。研究者举出数据证明在课堂中自我实现预言的存在。**自我实现预言(self-fulfilling prophecy)**[2]是指没有根据的某种期望仅仅因为被期待而获得实现。在课堂上，这意味着教师对学生能力和行为的信念使学生产生了教师所期望的行为。下面的“观点与争议”分析了关于是否存在自我实现预言或**皮格马利翁效应(Pygmalion effect)**[3]的争论。[4]

观点与争议：教师期望会影响学生学习吗？

回答这个问题比看起来要复杂得多。有两种方法来探索这个问题。一是给教师一些关于学生的无根据的期望，如果这些无根据的期望产生作用就记录下来。另一种方法是确定教师自然产生的期望，然后研究这些期望的影响。这个问题的答案是，教师期望是否影响学生学习，部分取决于研究问题的方法。

---

〔1〕 联系与拓展——联系其他章节。第十二章将讨论如何通过减少干扰、顺畅的转换任务和避免纪律问题而赢得更多的学习时间。

〔2〕 自我实现预言——没有根据的期望，仅仅因为被期待而获得实现。

〔3〕 皮格马利翁效应——由于教师对某个学生抱有高期望，使得这个学生有了特别的进步。这个效应的名称取自神话故事中的一位国王的名字，皮格马利翁，他塑造了一个雕像，并在他的希望下使雕像具有了生命。

〔4〕 联系与拓展——参考研究。巴贝德(Babad，E，1995)的《“教师宠儿”现象，学生对不同行为的知觉和学生的精神状态》(The “Teachers' Pet” phenomenon，students' perceptions of differential behavior，and students' morale)，载于《教育心理杂志》(*Journal of Educational Psychology*)，第87卷，第361—374页。摘要：在以色列80个小学课堂中研究了“教师宠儿”现象、学生对教师不同行为的知觉与学生精神状态之间的关系。教师宠爱现象的强度(学生确认教师宠儿的一致程度)与学生对教师不同行为的知觉相联系，特别是对教师不同情感倾向(即偏爱)的知觉。而学生知觉到的教师不同情感倾向与学生精神状态和满意度成负相关。在“教师宠儿”不受大家欢迎的课堂上，学生士气较低，然而，在“教师宠儿”也得到大家喜欢的课堂中，学生并未表现出士气低落。再次证明了先前关于这一问题的研究结果。

▶观点：教师期望对学生的影响远没有我们认为的那样大。

罗森塔尔和雅各布森最初的实验使用了第一种方法——给教师无根据的期望并记录影响。这个研究的实验方法和统计方法受到严厉的批评（Elashoff & Snow，1971；Snow，1995；Weinberg，1989）。一项仔细的结果分析表明，尽管一到六年级的学生都参加了这项研究，自我实现预言的影响主要发生在一、二年级的学生身上。在这些年级，影响可以追溯到五个学生戏剧化的转变。当其他研究者试图重复这项研究时，他们并没有发现关于自我实现预言起作用的证据，即使在低年级学生那儿也没有发现（Claiborn，1969；Wikins & Clock，1973）。批评者认为即使高期望真的使低年级学生取得巨大的学习进步，这也不能证明低期望会降低学生成绩。此外，批评者还指出，给教师错误的期望是一种不自然的情境。几项研究发现当教师不相信他们获得的信息，那么将不会有期望产生。在回顾了关于教师期望的研究之后，劳登布什（Raudenbush，1984）归纳出期望只对学生的 IQ 分数有少许影响（Rosenthal 和 Jacobson 使用的测量结果），并且只在学生来到一所新学校的初期有影响——初中第一年和高中第一年。

◀对立的观点：教师期望可以有很大影响。

当研究者探讨了自然产生的教师期望，他们发现教师的确形成了对学生能力的信念，其中许多信念是基于最易获得的资料的准确评价，而且随着新信息的获得，那些信念得到修正（Good & Brophy，1997）。即使这样，一些教师确实会偏爱某些学生（Babad，1995；Rosenthd，1987）。例如，在一项涉及美国西南部 400 个班级的研究中，公民权利委员会发现西班牙裔的美国学生比英裔学生较少获得表扬和鼓励，较少得到教师的积极反应和提问。在教师区别对待高成就学生和低成就学生的班级，教师对学生能力的评价会影响学生的学业成就。“尽管有时过高估计了教师期望影响的重要性，但很明显这种作用是重要的，特别是和其他教学能力一起考虑时”（Good & Brophy，1994，p. 114）。如果教师认定了一些学生能力较低，而且又缺乏教导低成就学生的有效策略，那么这些学生就受到了双重威胁——低期望和教学不足。期望效应的作用大小取决于教师对待高期望学生与低期望学生的不同。

两种期望效应

事实上，两种期望效应在课堂上都会出现。第一种是以上描绘的自我实现预言，在这种情况下，教师对于学生能力的信念事实上并没有根据，但学生的行为会与这种最初不切实的期望相吻合。第二种期望效应发生在教师相当清楚学生的能力并作出适当的反应时，如此看来，这种期望很好，在形成和进行对学生能力的确切评价时是没有错误的。的确，许多教师几乎是自发地这样做。当学生有了进步，而教师没有根据这些进步来调整他们的期望时，问题就产生了。这就叫做**持续的期望效应(sustaining expectation effect)**[1]，因为教师固着不变的期望使学生的成就维持在期望的水平上，这样就错过了提高期望、提供更适宜的教学以及鼓励学生取得更大成就的机会。在实践中，持续的期望效应比自我实现预言的作用更常见(Cooper & Good, 1983)。由于不给学生提供关于他们自身的信息，使得学生停滞不前，从而教师也因为缺少学生进步的新信息，延续着对这些学生的原有期望(Jones & Gerig，1994)。[2]

期望的来源

教师期望有许多可能的来源(Braun，1976)。智力测验的分数是一个明显的来源，特别是当教师不能恰当地解释分数时。性别因素也影响教师，许多教师预料男生比女生有更多的行为问题。先前教师的记录以及档案库中学生心理和智力方面的报告也是期望的来源。对学生种族背景的了解也会带来影响，如同了解学生的哥哥姐姐一样。几项研究表明学生外貌特征的影响，教师对有吸引力的学生持有较高的期望。学生过去的成绩、社会经济阶层以及学生实际的行为同样会成为信息的来源。[3]

期望和信念使注意力具有倾向性，影响记忆的组织，这样教师可能关注并记住了那些符合最初期望的信息(Fiske, 1993; Hewstone, 1989)。甚至当学生的表现不符合期望时，教师会推断和将学生的表现归因于学生控制之外的外部因素。例如，教师可能会这样假定，能力低的学生考试成绩好一定是作弊的结果，能力高的学生考得不好只是因为那天不舒服。在这两种情况下，角色特征之外的行为似乎都被忽略了。可以举出许多这样的例子，假定的非本质行为影响了教师对特定学生能力的信念。因此，在面对矛盾的证据中期望保持不变(Brophy, 1982)。[4]

教师行为和学生反应

表 11.4 表明教师与学生进行交流的六个方面会受到期望的影响，这些方面既包括教学实践，又包括人际间的相互作用。

---

〔1〕 持续的期望效应——由于教师不认可学生的进步，学生的成绩维持在一定的水平上。

〔2〕 联系与拓展——参考研究。为什么教师不能对所有学生都具有高期望？“高期望”与“合理期望”的差别是什么？

〔3〕 联系与拓展——联系你自己的观点。在学年之初，你是否应该阅读学生的档案？如果是，你该如何避免形成低期望？

〔4〕 联系与拓展——参考研究：为了讨论教师期望与学生学习，请阅读古德(Good, T，1987)的《教师期望》(Teacher expectations)，伯利纳和罗森夏因(D. Berliner & B. Rosenshine)主编的《与教师交谈》(*Talks to teachers*. New York: Random House)，第 159—200 页。

表 11.4 传递期望的六个教学维度

维度	相信学生能力较强	相信学生能力较低
任务环境，课程，程序，任务定义，进度，环境质量	有更多机会在有意义的任务中当众表现	较少的当众表现的机会，特别是在有意义的任务中(编写新的故事结尾，而不是学习词的正确发音。)
分组活动	较多的思考机会 较多的理解性任务(高能力组)	较少的思考、分析机会 对课程任务有较少的选择——因为他们是低成就的学生，所以做较多的操练性的功课
学习责任的控制点	更为自主(在任务中更多的选择，较少干涉)	较少的自主(教师经常指导、经常干预)
反馈和评价学生的活动	较多自我评价的机会	较少自我评价的机会
激励的策略	给予较多诚实的和持续的反馈	反馈不太诚实、缺乏根据和不连续
与教师关系的质量	更加尊重学生，将学生视为有独特兴趣和需要的个体	较少将学习者作为一个有独特兴趣和需要的个体来尊重

Source: From "Teacher Expectations: A Framework for Exploring Classrooms," by T. Good and R. Weinstein. In K. Zumwalt (Ed.), *Improving Teaching* (The ASCD 1986 Yearbook). Copyright © 1986 by the Association for Supervision and Curriculum Development. Reprinted with permission. All rights reserved.

教学策略

正如我们所看到一样，不同的分组过程会带给学生显著的影响。一些教师没有留有想像的余地，他们使自己的期望太明显了。例如，阿洛维(Alloway，1984)记录了有的教师对低成就组学生讲的话：

> "过会儿，我结束后会帮助你慢慢分析这些问题。"
> "蓝组将发现这很困难。"

透过这些话，教师不仅告诉学生，他们缺少能力，也告诉他们，他们的目标就是完成工作，而不是理解。

一旦教师把学生分派到不同的能力小组，一般会给他们布置不同的学习任务，这种区别对待对于教师选择可以使学生们都受到挑战和提高他们成就的活动是必要的。然而，如果由于教师不相信学生能处理艰巨任务，学生虽然渴望更有挑战性的工作却得不到尝试的机会，这时活动就变得不适宜了，这便是一个持续期望效应的例子。

师生的相互作用

然而无论班级如何分组，无论布置什么功课，师生之间相互作用的数量与质量都会影响学生。与低期望的学生相比，被期待获得成就的学生经常倾向于被提问更多次数、被提问更难的问题、给更多的机会和更长的时间去作出反应以及较少受到干扰。教师也会给这些高期望的学生暗示，使学生了解教师相信他们能回答这些问题(Allington 1980; Good & Brophy, 1997; Rosenthal, 1995)。教师倾向于给那些有高期望的学生更多鼓励，他们常常对这些学生微笑，通过非言语反应如倚靠着学生、当学生回答时点头示意来表示更多的热情(Woolfolk & Brooks, 1983, 1985)。相反，对低期望的学生，教师提出容易的问题，只给较短的回答时间，而且很少给以暗示。

反馈和强化似乎也依赖于教师期望。古德和布罗菲(Good & Brophy, 1997)指出教师要求高成就学生有更好的表现，不太接受他们不好的回答，而且为他们好的回答给予更高的评价。教师更容易接受甚至表扬低成就学生的不充分回答，但对他们的错误答案给予批评。更让人不解的是，即使低成就学生回答同样正确，也只能比高成就学生获得较少的表扬。当在考试中答案"差不多正确"的情况下，教师会给高成就学生更高的分数(Finn, 1972)。

不一致的反馈通常会使低成就学生产生困扰。请想像一下，如果你的错误答案一会儿得到表扬，一会儿被忽视，一会儿又得到批评，而正确回答却很少得到肯定，从中收益是多么困难(Good, 1983a, b)。

检查要点：教师期望

回 顾

- 期望的来源有什么？
- 两种期望效应是什么？它们是怎样产生的？
- 传递教师期望的途径有哪些？

应 用

- 教师期望怎样能建立一个期望和强化的系统？

你可能承诺自己永远不向学生传达低期望，特别是现在你已经知道了它的危害。当然，并不是所有老师都形成不适宜的期望或以毫无建设性的方式实行他们的期望(Babad, Inbar & Rosenthal, 1982)，但是避免这一问题比想像的要困难。一般来讲，低成就学生更容易成为最受困扰的学生(当然，低期望会强化他们的捣乱和采取不当行为的想法)。教师可能较少提问这些学生，等待他们回答的时间较短，对他们的正确回答较少给予表扬，这样做的部分原因是为了避免错误的、草率的或愚蠢的回答引起课堂上的困惑、耽搁和离题(Cooper, 1979)。我们面对的挑战是如何解决这些对课堂管理真实存在的威胁，同时不向那些学生传递低期望的信息，也不促成他们对自己的低期望。有时，低期望成为学校文化的一个部分——教师和管理者有着相似的观念(Weinstein, Madison & Kuklinsik, 1995)。下面的指南也许可以帮助你避免这些问题。

指南——避免教师期望的负面影响

使用有关学生的各种信息时要格外小心,这些信息可能来自测验、积累的文件或其他教师。

举例:

1. 一些教师避免在学期初阅读学生的过去资料。
2. 对其他教师的意见,要采取客观和批判性的态度。

灵活运用分组策略。

举例:

1. 经常检查学生的活动,尝试新的分组。
2. 不同的学科分组不同。
3. 在合作练习中采用混合能力分组。

保证所有学生都接受了挑战。

举例:

1. 不要说,"这个简单,我知道你会做。"
2. 提供广泛的问题,鼓励所有学生尝试稍难一些的问题。

特别注意在班级讨论中你对低学业成绩的学生的回应。

举例:

1. 给他们提示、暗示和回答的时间。
2. 对好的回答大加表扬。
3. 提问低学业水平的学生与高学业水平的学生一样多。

采用体现广泛种族群体的材料。

举例:

1. 检查读物和图书馆的书籍,是否体现了种族多样性。
2. 如果没有可利用的资料,请学生依靠社区和家庭资源研究和作出他们自己的资料。

确保你的教学不带有种族、民族或性别定式和偏见。

举例:

1. 采用一种方法保证你提问顾及到了所有学生。
2. 监控你布置的任务内容,是否让男孩到黑板上做难的数学题?是否避免让英语能力不足的学生做口头陈述?

在评价和惩戒程序上要公平。

举例:

1. 保证同样的违规行为得到同样的惩罚。利用学生匿名问卷发现你是否偏爱某些学生。

2. 试着在不看学生姓名情况下，评价他们的学习，有时请另一位教师给出他的意见。

向所有学生表明你相信他们能学会——并体现在行动中。

举例：

1. 给不符合要求的作业提出特殊的促进建议。
2. 如果学生没有马上回答，等一等，探查他是怎样想的，帮助他们找出答案。

使所有学生参与到学习任务中。

举例：

1. 采用一种方法，保证给每个学生阅读、发言和回答问题的练习机会。
2. 追踪了解学生达到了什么程度，是否一些学生总是比其他人完成得快？

监控你的非言语行为。

举例：

1. 你是否总是背对着或离一些学生很远？是否一些学生走进你的讲桌时看到的是微笑，而另一些学生看到的是皱眉头？
2. 对不同的学生说话你的语调是否不同？

激发动机和积极思维的策略

首先要满足四个基本条件，激励策略才可能有效。一旦这些条件到位，就可采取许多策略帮助学生获得自信心、重视学习和投入到学习中（Brophy，1988；Lepper，1988）。让我们来看这些必要的条件。[1]

课堂必要条件

首先，课堂必须有相对的组织性，避免中断和陷入混乱（第十二章将提供有关实现这一要求的信息）。其次，教师必须是一个有耐心、提供支持的人，他不会让学生因错误感到困窘。班上每一个人都应把错误看做是学习的机会（Clifford，1990，1991）。再次，活动必须是具有合理的挑战性，如果学习太容易或太难，学生都将缺乏学习的动机，他们关注的将是完成的结果，而不是学习活动本身。最后，学习任务必须是真实的（Brophy 1983；Brophy & Kner，1986；Stipek，1993）。

一旦这四个条件具备，影响学生学习动机的因素可归纳为三个问题："我能把这个任务做好吗？""我想成功吗？"以及"我需要做什么才能成功？"（Eccles & Wigfield，1985）我们希望学生对自己的能力有信心，他们精力充沛、热情饱满地投入学习。我们

---

〔1〕 联系与拓展——联系你的教学：将第五章的内容与本章关于教师在激励所有学生中所面临挑战的讨论结合起来。

希望他们看到学习任务的价值，而不只是为了得到一个分数和达到一个结果。我们希望学生相信应用好的学习策略可以取得成功，而不是去选择自我挫败、避免失败、维护面子策略。当遇到难题时，我们希望学生坚持不懈，不要太担心失败以致使“思维停滞”。表 11.5 总结了激励学生学习动机的基本要求和策略，下面还将讨论这些策略。

表 11.5 激励学习动机的策略

实现基本要求
- 提供一个组织化的课堂环境
- 做一个提供支持的教师
- 布置具有挑战性的任务，而不是太难的任务
- 使得任务有价值

建立信心和积极的期望
- 以学生的水平为起点
- 使学习目标清晰、具体和可以达到
- 强调自我表现比较，而不是竞争
- 表明学业能力可以提高
- 示范好的问题解决

说明学习的价值
- 将学习任务与学生的需要联系起来
- 将班级活动与学生的兴趣联系起来
- 唤起好奇心
- 使学习任务有趣味
- 解释当前学习与未来生活的联系
- 如果需要，提供诱因和奖励

帮助学生坚持学习
- 给学生回答、行动的机会
- 给学生提供创造完美作品的机会
- 避免过于强调分数
- 在不过分简化任务的情况下，降低风险
- 示范学习动机
- 教授学习技巧

我能行吗？建立信心和积极期望

建立成功期望的最重要的因素之一是过去的成功经历，鼓励和喝彩不能代替真正的成功。为了实现真正的进步，要做到：

1. 以学生的水平为起点，小步推进。前进的步伐应是轻快的，但不是快到学生还没有理解前一步，就移到了下一步。这可能要求给不同的学生分配不同的任务。可以在每一次考试和作业中都有非常容易和非常难的问题，这样，所有学生都既获得成功又接受挑战。需要评分时，确保只要努力，所有学生都有机会得 C 以上的成绩。

2. 使学习目标清晰、具体和可以达到。当计划一个长期的项目时，需要将其分解成子目标，以帮助学生感觉到有所进步。如果可能的话，给学生提供不同难度水平的一个目标范围，供学生选择。

3. 强调自我比较，而不是竞争。通过向学生说明如何使用第六章介绍的自我管理策略，帮助学生看到自己的进步。给予他们具体的反馈和纠正，告诉学生怎样做是对的，什么是错误的和为什么是错误的。过一段时间，拿出学生以前遇到的一道难题，但现在它看起来已不再困难，从而指出他们已取得很大进步。

4. 使学生了解学习能力是可以提高的，而且对于具体的活动来说能力是特定的。换句话说，一个学生学习代数遇到困难，并不必然意味学几何很难或学不好语言。不要把所有作业都展览在布告栏中，这会削弱你强调进步所做的努力。

5. 示范好的问题解决，特别是当你必须尝试几种方法时，学生需要看到学习不是一帆风顺的，错误是在所难免的，甚至对教师也是如此。

我要做这件事吗？了解学习的价值

教师可以利用内部动机和外部动机策略帮助学生了解学习的价值，在这个过程中必须考虑学生的年龄。对于较小的孩子，内在的需要和兴趣价值比达到目标或功利价值更具决定作用，因为较小的学生更关注（当前的）即时的和具体的事物，他们很难理解与远期目标相联的活动价值，如为了将来得到一份好工作，或是准备升入高一年级。而较大的学生具备了抽象思维的认知能力，能把现在的学习与目标和未来发展联系起来，因此，对他们来讲，功利价值是重要的（Eccles & Wigfield，1985）。

目标达成与内部价值

为了建立获得性价值，我们必须把学习任务与学生的需要结合起来。第一，在课堂中必须满足学生的安全、归属和成就的需要。课堂不应是一个令人畏惧或孤独的地方。第二，我们要保证性别和种族刻板印象没有干扰动机。例如，当学生赞同关于男性与女性的刻板印象时，我们必须说明女性和男性都可能在所有学科成为优秀者，没有哪个学科是某种性别的独占领地。在数学、科学、机械或体育方面出色并不是男性的专利，擅长文学、艺术、音乐或法语也不是女性的专利。

鼓励内部（兴趣）动机的策略很多，以下几点引自布罗菲（1988）。

1. 课堂活动与学生多方面的兴趣结合起来，如联系体育、音乐、当今事件、动物、与家庭朋友的冲突、时尚、电视电影人物或其他生活中的重要方面（Schiefle，1991）。但你一定要了解你们谈及的内容。例如，如果你采用阿兰尼斯·莫里赛特（Alanis Morissette）歌曲中的一句歌词，你最好对这种音乐和演唱者有所了解。可能的时候，让学生选择阅读主题，以便能符合他们的兴趣。

2. 激发好奇心。指出在学生的想法和事实之间存在令人困惑的矛盾之处。例如，斯蒂普克（Stipek，1993）叙述了一位教师问五年级学生，在其他星球上是否有"人"，学生回答"有"，这位教师问人呼吸是否需要氧气。学生们刚刚学过这个知识，他们也给予肯定回答。然后，教师告诉他们在其他星球的大气中没有氧气。于是在学生关于氧气的知识和他们相信其他星球上有生命之间出现了令人惊奇的不一致，这引发了活跃的讨论，讨论了其他星球大气，在这些大气中可能有的生命类型等等。如果直截了当讲解星球的大气，可能让学生昏昏欲睡，而这样的讨论引起了学科学习的真正兴趣。

3. 使学习任务有趣味。许多课可以通过游戏来教。例如，我女儿上八年级时，全班同学花了三天时间玩一种老师设计的ULTRA游戏。学生分成几个小组，形成自己的“国家”，每个国家选择一个名称、标志、国花和鸟，编写和颂唱国歌，选出政府官员。教师给他们分配了不同资源，要完成布置的项目必须得到所有物资，各个国家不得不与别的国家建立贸易往来，形成了一个货币系统和流通市场。学生们必须和自己“国家的公民”一起完成合作的学习活动。一些国家在交易中欺骗其他国家，引发了有关国际关系、信任和战争的争论。我女儿说她玩得很开心，同时她也学会了没有教师的监督如何在小组里活动，她对世界经济和国际争端的理解更深了。

4. 利用新奇和熟悉的事物。不要总使用几种教学方法或激励策略。我们都需要一些变化。改变任务的目标结构（合作的、竞争、个人主义的）会有所帮助，就如我们用不同的教学媒体。当课堂上使用的材料对学生来讲是抽象的或不熟悉的，就要努力把它与学生知道和理解的事物联系起来。例如，谈到某个较大地区的面积，比如雅典卫城阿克让普利斯，可用足球场来表示。布罗菲（1988）描述，一位教师读过《斯巴达克斯》节选，把这一古代奴隶军队的单元讲得栩栩如生。

工具性的价值

有的时候很难激发学生的内在兴趣，因此教师必须依靠任务的实用或“工具性”功能，就是说，学习许多技能之所以重要是由于升学或未来生活的需要。[1]

1. 当学习的实用价值不明显时，需要向学生解释其中的联系。珍妮特·埃比-纳德（Jeanette Abi-Nader，1991）介绍了一个项目——PLAN，这个项目使西班牙学生认识到当中的联系。使学生关注他们未来的三个策略是：(1) 与导师和榜样（通常是PLAN的毕业生）一起工作，他们给学生一些建议，涉及如何选择课程、安排时间、做笔记和解决学校的文化差异；(2) 讲述以前学生取得成就的故事，有时把以前学生的成绩报告张贴在PLAN布告栏上；(3) 课堂上经常谈论未来定向的话题，比如“当你上大学时，会遇到这些情况……”或“你将来在家长会上——你希望孩子受到好的教育——你必须能大声说话，这就是为什么学习当众讲话技能很重要的原因。”

2. 在一些情况下，教师可以提供学习的诱因和奖励（见第六章）。但是请记住，当学生已对学习活动感兴趣时，给予奖励可能会减弱内部动机。如果教师开始检查学生前一天晚上看电视节目的情况，并给他们的记忆结果评分，电视节目甚至都会失去内在的吸引力（Stipek，1998）。

---

〔1〕 联系与拓展——参考杂志：埃比-纳德（Abi-Nader，J.，1991）的《开创未来——激励少数民族学生的策略》（Creating a vision of the future: Strategies for motivating minority students），载于《菲·德尔塔·卡潘》（美国教育专业协会会刊）（*Phi Delta Kappan*），第72卷，第546—549页。讨论问题：为什么少数民族群体学生有时感到学校教育没有意义？可以采取什么措施？

3. 教学中采用不良结构的问题和真实任务，将学校的问题与外界的真实问题相联系。

我怎样做才能成功？坚持不懈

当学生遇到困难时，如果他们在富有挑战性的水平上学习就肯定会遇到困难，此时他们需要继续专注于任务。如果他们的注意力转向担心自己的表现、害怕失败或考虑如何看起来聪明，那学习的动机就会丧失。以下是保持学习注意力的一些建议。

1. 给学生频繁的表达机会，如通过提问和回答、简短的任务或技能的展示，确保检查学生的回答以便及时纠正问题，避免让学生长时间做错误练习。计算机学习项目给学生及时反馈，他们需要在形成习惯之前改正错误。

2. 可能的情况下，让学生完成一个完整的作品。当学生看到活动的结果时，他们将更具坚持性和专心于任务。我们都体验过对结果的需求。例如，我经常计划只粉刷房屋一个小时，但几个小时后，我发现自己还在刷，因为我想看到最后的结果。

3. 避免过分强调分数和竞争。对分数的强调迫使学生成为自我介入而不是任务介入，焦虑的学生尤其受到高竞争评价的严重影响。

4. 在不过分简化任务的情况下降低任务风险。当任务带有风险时（很可能失败，而且失败的后果非常严重），学生的动机受到影响。对于困难的、复杂的和不明确的任务，要给学生大量时间、支持、资料、帮助和修改或改善活动的机会。

5. 向学生示范对学习的渴望。与学生谈论你的学习兴趣和你如何解决困难的学习问题。

6. 教授学生掌握学习所需的特定的技巧。向学生展示如何学习和记忆，这样他们不会被迫陷入自我挫败策略或机械记忆。

新教师如何激励学生

蒂莫西·纽比（Timothy Newby，1991）训练课堂观察者记录 30 位第一年上岗的小学教师 16 周中使用的激励策略，他发现这些教师平均每小时使用 10 种不同的策略——其中一般是奖励和惩罚。图 11.5 给出了新教师使用的四种类型的策略。如图所示，评价课程相关性（表明价值）的策略占 8%，建立学生信心的策略占 7%，集中学生注意力的策略是 27%，奖励和惩罚的策略为 58%。[1]

---

〔1〕 联系与拓展——参考研究：纽比（T. J.，Newby，1991）的《课堂动机——新教师的策略》（Classroom Motivation：Strategies of First-Year Teachers），载于《教育心理学杂志》（*Journal of Educational Psychology*），第 83 卷，第 195—200 页。讨论问题：请列举新教师四种激励策略的例子。

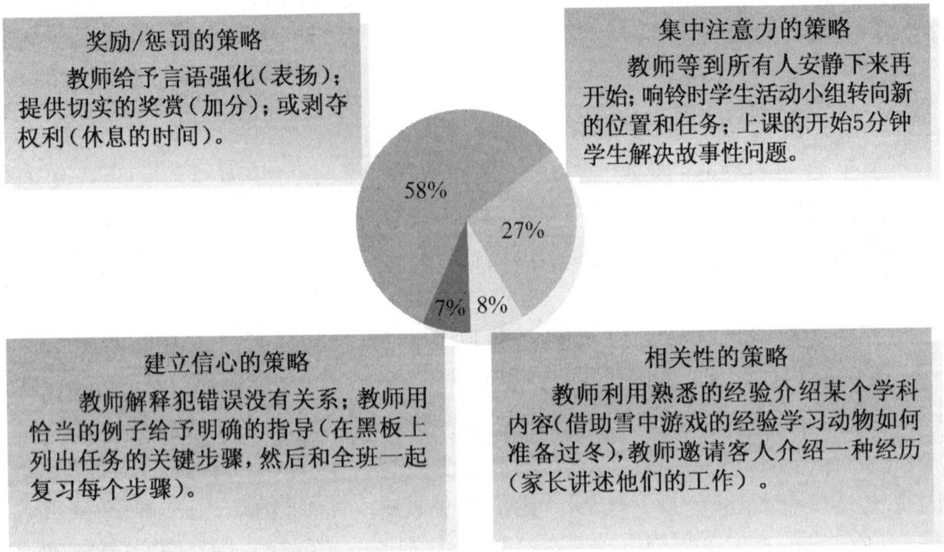

刚工作的教师倾向于以奖励和惩罚策略激励学生，尽管这些策略不一定是最有效的。

图 11.5　新教师的激励策略

Source: From "Classroom Motivation: Strategies of First-Year Teachers," by T. J. Newby, 1991, *Journal of Educational Psychology*, *83*, pp. 195 - 200. Copyright © 1991 by the American Psychological Association. Adapted with permission.

另一个有趣的发现是，谈论相关性与学生专心于任务是正相关，而使用奖励和惩罚策略则与之成负相关。因此，新教师倾向于更多用较为无效的策略。这些新教师给予外在强化(奖励和惩罚)，它很难维持学生的学习兴趣。这些发现表明，明智之举是除奖励和惩罚外，形成一套激励策略。家庭和社区的支持有助于你设计激发学生的策略，"与家庭和社区建立合作关系指南"提供了一些有关建议。

与家庭和社区建立合作关系指南——学习动机

与家庭合作使学生建立信心和积极经验。

举例：

1. 避免在家庭成员的讨论和交谈中将家里一个孩子与另一个做比较。
2. 请家长重视孩子家庭作业中的长处。他们可以对作业写评价笔记，描述其中三个好的方面和一个需要改进的地方。

请家长共同展示学习的价值。

举例：

1. 邀请家长到班级上展示他们在工作中如何运用数学和写作。
2. 家长参与识别在家里可以应用的知识和技能，并马上证明它们对家庭的帮助，例如，记录服务机构，给商店或房东写意见信，或研究假期旅游路线。

为家庭提供增强学习技能和愿望的资源。

举例：

1. 向家长建议一些简单的帮助孩子促进学习技能的策略。
2. 让年长的学生参与"家庭作业热线"电话网络，帮助年幼的学生完成家庭作业。

经常举行学习展览。

举例：

1. 学习完恐龙单元，邀请家长参观学生在大礼堂、图书馆或食堂举办的"博物馆"，然后，家长到班级里检查孩子本单元的资料库。[1]
2. 在当地的商店、图书馆或社区中心举办学生活动的微型展览。

学生的动机观

最后，我们来看学生对动机的看法。两项最近的研究考察了学生的动机和公平观念，特利萨·托基尔德森(Theresa Thorkildsen)和她的同事访谈了一所城市学校和一所郊区学校的93名学生(从二年级到五年级)，访谈者描述了四种激励方法：鼓励专心学习、表扬出色表现和奖励勤奋努力，要求学生回答许多问题，例如每种方法对他们是否有效和公平。访谈结果显示，学生对于动机似乎持有不同的个人观点。一种是重视有意义的学习和激励理解愿望的策略。另一种视学习为责任，喜欢促进努力的策略。第三种喜欢对努力和好的表现给予外在奖励。在公平方面，98%的学生认为鼓励学习专心是公正的，85%认为奖励努力是公正的。50%视奖励成绩为公正，而只有30%认为当众表扬是公正的(Thorkildsen, Nolen & Fournier, 1994)。[2]

第二个研究中，约翰·尼克尔斯(John Nicholls)和他的同事访谈了128名美籍非

---

〔1〕 福勒和科利(R. C. Fowler & K. K. Corley, 1996)的《联络家庭，建设社区》(Linking families, building community)，载于《教育领导学》(*Educational Leadership*)，第7卷，第24—26页。

〔2〕 联系与拓展——参考研究。托基尔德森、诺伦和福尼埃(Thorkildsen, T. A., Nolen, S. B., & Fournier, J., 1994)的《什么是公平的？儿童对激励策略的批评》(What is fair? Children's critiques of practices that influence motivation)，载于《教育心理学杂志》(*Journal of Educational Psychology*)，第86卷，第475—486页。围绕影响学习动机的几种策略的公正性与一些儿童(7至12岁)进行访谈。

洲学生，从一所城市学校的一至八年级中每个年级随即选取 8 个男孩和 8 个女孩。访谈的中心主题是两种教学类型：合作探究争议性问题和传统的陈述事实，例如，关于恐龙，前者可以是讨论恐龙为什么灭绝，后者是介绍各种恐龙的名称和大小。研究的一个结论是，年龄较大的学生比较小的学生更多视合作探究为更公平和更富激励作用。另外，学生年龄越大，就越强烈地认为学校应促进动机和理解，而不只是记忆事实（Nicholls，Nelson，& Gleaves，1995）。

这些研究结果为教师提供了什么？第一，了解自己学生对动机和公平的认识是很有趣的。第二，可预测不同学生对这些问题的认识存在的发展性差异和个体差异。了解你的学生的动机观念，将有助于应用 TARGETT 模型和设计激发学习动机的策略。

检查要点： 激发动机和积极思维的策略

回　顾

- 要使激励策略奏效，课堂必须首先具备的四个条件是什么？
- 教师如何激励学生？
- 新教师最常使用的激励策略是什么？
- 我们从学生的动机观念可以了解到什么？

应　用

- 为每一种策略举例：
  - 树立学生的信心；
  - 表明学习的价值；
  - 帮助学生专心学习。

总结

学校里的学习动机

定义学习动机

教师致力于发展学生的一种特定的动机——学习动机。学习动机既可以解释为一般特质，又可以解释为特定状态。它涉及认真地对待学业活动、努力从中获得最大收益以及在学习过程中采取适当的学习策略。

关于学习的 TARGETT

TARGETT 代表什么?

TARGETT 是教师的决策影响学生学习动机的六个方面关键词 task、autonomy、recognized、grouping、evaluation、time 和 teacher expectations 的首字母的缩写：要求

学生完成的任务特征(task);学习中允许学生具有的自主性(autonomy);如何认可学生的学业成就(recognized);分组活动(grouping);评价程序(evaluation);课堂时间安排(time);以及教师期望(teacher expectations)。

任务和任务价值如何影响动机?

教师提出的任务影响着学生的学习动机,当学生面对的学习任务与他们的兴趣相关、激发了他们的好奇心、或与真实情境相联系,他们更可能渴望学习。而那些困难的和要求批判性思维的任务则具有风险性和模糊性。

对学生来说"任务交涉"意味着什么?

许多时候教师设计一项既有风险又很模糊的复杂的理解任务,他们要求学生思考并解决问题。但学生需要更多的指导,他们会要求提供示范、规则或公式。如果学生非常迷惑,他们会变得不安,转而求助其他学生,感到沮丧,甚至丧失对任务的兴趣。在学生的要求压力下,教师通常会把理解任务转化为规程任务,风险性和模糊度降低了,而动机似乎增加了,至少暂时增强了。但任务本身不再有吸引力,在规程任务中做得好并不会带来奖励,因为取得好成绩不导致胜任感的增加。因此,"任务交涉"的结果只是一种动机的临时状态,是追求自我表现和分数的动机,而不是学习性动机。

任务的三种价值是什么?

学习任务对于学生而言有三种价值:获得性、内在的或实用的。获得性价值是指成功对学生的重要性。内在的价值是指个人从活动本身获得的享受。实用价值决定于任务对于我们实现短期或长期任务的作用。

有限制选择和无限制选择的区别

无限制选择就像完全没有指导的发现或是没有目标的讨论一样,没有组织或没有指导的选择会导致无效的学习。另一种情况是有限制的选择——给学生提供一些选项以及任务的价值,但允许他们按个人的兴趣进行选择,平衡要恰到好处,以避免太多自主性使学生感到迷惑,而太少又会使人厌烦。

赞赏如何削弱动机和自我效能感?

如果称赞是针对个人的进步而不是竞争的胜利,那么课堂中的赞赏和奖励将支持学习动机,表扬和奖励应该关注于学生不断提高的能力上。许多时候,表扬会带来双重的效果。例如,如果两个学生同时获得成功,可老师只表扬了其中一个,这意味着,至少年纪较大的学生会觉得,受表扬的那个学生能力稍差一些,他必须非常努力才能获得成功,从而赢得表扬。没有受到表扬的学生,成功是因为他能力强,自然而然就取得了成功。于是学生们会把教师的表扬或批评当做评价能力的线索。

是什么决定了目标结构是合作的、竞争的或是个人主义的?

学生在课堂上与同伴的相互关系受到学习活动的目标结构的影响。目标结构是竞争的(只有别人无法实现目标我才能达到目标)、个人主义的(我实现目标与别人是否达到目标无关)、或合作的(只有别人达到目标时我才能实现目标)。合作的目标结构能够促进动机和学习,尤其对于低成就的学生更是如此。

评价的氛围如何影响目标设置?

越强调竞争性评价和分数,学生越去关注表现目标而不是学习目标,更多的自我介入而不是任务介入。当关注于成绩而不是学习活动本身时,学生经常视课堂学习任务的目标就是交差,尤其对于困难的任务。

时间安排对动机的影响是什么?

为了培养学习动机,教师应该灵活地利用课堂时间。如何学生被迫加快或放慢进度,或在活动中被迫中断,那他们不可能形成学习的持久毅力。

教师期望

教师期望的来源有哪些?

教师期望的来源包括智力测验的分数、性别、先前教师的记录以及档案库中学生心理和智力方面的报告、种族背景、对学生的哥哥姐姐的了解、外貌特征、学生过去的成绩、社会经济阶层以及学生实际的行为。[1]

两种期望效应是什么?它们是怎样产生的?

第一种是自我实现预言,即教师对于学生能力的信念事实上并没有根据,但学生的行为会与这种最初不切实的期望相匹配。第二种是持续的期望效应,即教师相当清楚学生的能力并作出适当的反应。当学生有了进步,而教师没有根据这些进步来调整他们的期望时,问题就产生了。因为教师固着不变的期望使学生的成就维持在期望的水平上。在实践中,持续的期望效应比自我实现预言的作用更常见。

---

〔1〕 联系与拓展——你自己的哲学:在学年之初,你是否应该阅读学生的档案?如果是,你该如何避免形成低成就?

传递教师期望的途径有哪些?

某些教师倾向于根据他们自己对学生学习程度的认识来区别对待不同的学生，对待低期望学生设立缺乏挑战性的任务、关注较低水平的学习、提供较少的选择、提供不连续的反馈以及给予较少的尊重和信任。学生的行为可能与此相一致，实现了教师的预期，或停留在教师期望的成就水平上。

激发动机和积极思维的策略

要使激励策略奏效课堂必须首先具备的四个条件是什么?

首先要满足四个基本条件，激励策略才可能有效。课堂必须有相对的组织性，避免中断和陷入混乱；教师必须是提供支持的人，他不会让学生因错误感到困窘；活动必须既不是太容易也不太难；最后，学生的学习任务必须是真实的。

教师如何激励学生?

一旦具备了以上四个条件，教师就可以采用以下策略：帮助学生对提高能力有信心的策略（如，设立学生可达到而又富有挑战的目标；强调自我比较，而不是与他人比较；表明学业能力可以提高）；突出学习任务价值的策略（将任务与学生的兴趣联系起来；唤起好奇心；展示与未来和真实世界问题的联系；提供诱因），帮助学生免受害怕失败的威胁而坚持学习的策略（如，给学生机会去完成一个完整的作品、向学生示范对学习的渴望、避免过分强调分数、在不过分简化任务的情况下降低任务风险）。

新教师最常使用的激励策略是什么?

一项研究发现，新教师使用评价课程相关性（表明价值）的策略占 8%，建立学生信心的策略占 7%，集中学生注意力的策略是 27%，奖励和惩罚的策略为 58%。谈论相关性与学生专心于任务是正相关，而使用奖励和惩罚策略则与之成负相关。因此，新教师倾向于更多用较为无效的策略。这些发现表明，明智之举是除奖励和惩罚外，形成一套激励策略。

我们从学生的动机观念可以了解到什么?

第一，了解自己学生对动机和公平的认识。第二，可预期到学生对这些问题的认识将存在发展性的个别差异。了解你的学生的动机观念，将有助于应用 TARGETT 模型和设计激发学习动机的策略。

走向专业化

反思

你是否能够应用本章关于动机的理论解决以下实践问题?

学前和幼儿园

你如何帮助学生发展坚持不懈的品质,但又不妨碍他们的学习热情和自发性?

小学和中学

你正在与一位学生家长交谈,这位学生学习成绩较差,但你确实喜欢这个学生,可他似乎并无心学习。突然他母亲说:"我们认为我儿子学得不好是因为你不喜欢他,你似乎正希望他这样。"你会怎么做?

初中和高中

为了使学生为将来上大学进行独立工作做准备,你设计了一个研究项目。你刚一布置这个活动,问题就来了"多少参考资料?""多少页?""你讲的'用证据支持你的结论'究竟是什么意思?""哪种证据?"你如何使作业布置得更清楚,而避免陷入这样一些问题?

认证测验要求

了解动机中选择的作用。

理解自我实现预言与持续的期望效应的区别。

熟悉几种合作学习的方法。

你的教学档案库

利用 TARGETT 模型提炼你的教学观念,你如何回答这个问题"你怎样激励那些很难接受影响的学生"?

教学资源

利用 TARGETT 模型(表 11.2),为你教的学生建立激励策略。

将表 11.3(表明如何计算个人学习期望)放入你的教学资源文件中。

从表 11.5 中选择适合你教学的方法,编入你的教学资源文件中。

教师案例簿

他们会怎么做?

本章开头描述了一个"使学生为能力水平测验做准备"的教学情境,下面是几位教师对其作出的回应。

SANDRA GILL
Sixth Grade Teacher
Hudson Middle School, Hudson, New York

既然将要进行的能力水平测验中的内容是重要的,我会把它们作为我教学的核心。将会增加带有大量小组活动的个人作业,其中学生们将合作学习涉及校外测验的内容。这些活动最终结果是书面报告和小组汇报,它们融合了图像和语言的两个方面。我根据学生的个性和学习方式选择每个小组的成员。将在每个小组活动的计划中识别能力测验中涉及的能力和内容,并在一系列的活动中不断重复强化它们。

JULIE MOHOK (Currently a doctoral student at Queensland University of Technology)
Classroom Teacher
Ponam Primary School, Manus Island, Papua New Guinea

我要做的第一件事是分析理解这个情境,可能通过与其他教师交谈和分析过去的记录,很快了解到目前学校低成绩的主要原因。另外,我将搞清楚学校决定进行知识和技能训练的理由。这可能是情境分析,将帮助我计划头几个星期的教学,而不与学校管理相冲突。

我将继续根据学习和发展技能是为了应用于现实生活的原则来计划和教学,而不仅仅为了通过某些重要考试。教学将包括实验、模拟、角色扮演、观看电影剪辑等等,这些活动将唤起学生的好奇心和学习兴趣而激励学生。在这些有趣的活动之后可以进行关键概念和技能的反复操练和练习。在这个过程中,我将向学校告知我的教学安排,也许我甚至可以建议在大考之前,学校进行一次测验看看我的教学是否带来学生成功率的变化。

我相信通过积极的参与,学生应该能更清楚地掌握技能和理解内容。也许通过了解学习的现实意义,迎接大考的准备更加主动,教师只起到一种促进的作用。

MARGARET DOOLAN
Year Three
St. Michael's School, Gordonvale QLD 4865, Australia

多么富有挑战性呀！

前几个星期将用来熟悉我的学生和每个人的活动方式，然后我将谋求周围教师的帮助，请尽可能多的家长帮助学生的个人学习和小组学习。他们将与那些有学习困难的学生一起解决问题。他们还将给成绩最好的学生提供机会在指导下去尝试富有挑战性的问题。全班学生将充分进行各种练习，它们将促进阅读、理解和思维技能。

这一年里，我们将采用一切可利用的形式，涉及所有考试的内容，比如利用书籍、参观图书馆、郊游、来客讲话、报纸、计算机和展览，我们将进行阅读、写作、交谈、写诗、举例和与科学、数学和艺术的整合，呈现这些内容就像平常的课堂学习一样，并不提及测验。

最后，为了使学生做好考试准备，我会复印以前的考卷让他们练习。如果有必要，我会把全班（不是个人）的分数结果画成图表，争取每次都提高学生的正确回答率。

全班大多数学生将以信心而不是恐惧来迎接考试。

JENNIFER HUDSON THOMAS
Armidale High School, Armidale, Australia

虽然从学生和学校的角度看，四年级能力水平测验的重要性都不能忽视，但它不应阻碍“真实”的教学和学习进程，形成学习的热情对所有学生都应是最重要的。列出所有必须掌握的内容，讨论学习的顺序，这将给学生管理自己学习的权利。学生更多参与计划课程和活动单元，也将增强学生对自己学习承担的责任。将每一项内容的学习与现实生活情境和学生的兴趣联系起来，将有助于促进和“推销”学习。作为这位教师，有责任尽可能将所需要的能力融入所有的学习任务中，这应保证水平测验所要求的事实知识和技能得到牢固掌握，并为形成自动化和训练良好的反应技能奠定基础。以此为学习背景，学生应该能够有信心地概括技能和迎接春季能力测验。

第十二章 营造学习环境

想像一下，当你第一次面对25或30个学生时，你会有哪些担心和疑虑？写下你认为在课堂管理中最棘手的问题，你会采取哪些应对措施？

这一章将分析教师营造社会的和物理的学习环境的方式。我们都很关注课堂管理——这也是教师们最担心的，特别是刚刚走上讲台的教师。

一般情况下，班级、教学和学生是一个良好管理的关键因素，我们将分析其中的原因，接下来，将转向课堂管理的目标。成功的管理者促使学生有更多的学习时间，更多的学生投入学习，并且帮助他们成为自我管理学习者。

必须建立和维持一个积极的学习环境。最好的方法是防患于未然，但是当问题出现时——通常很难避免，恰当的应对非常重要。当学生在课堂上向你公开地挑战时，当学生就个人难题向你征询建议时，或者当一个学生从所参与的团体中退出时，你会怎么反应呢？我们将会分析在这些情形中或其他更多情境下，教师与学生有效沟通交流的方式和途径。

学习完这章时，你应该能够：

- 描述课堂管理中的具体要求，并且将这些要求与不同年龄学生的实际情况相结合。
- 为班级制定一份规则与程序。
- 布置一个与你的教学目标和方式相适应的物理环境。
- 设计你第一周的教学计划。
- 解释库尼恩(Kounin)有关预防课堂管理问题的建议。
- 描述一下你将怎样处理一位没有完成作业的学生。
- 考虑两种处理师生或学生之间冲突的方式。

你会怎么做？

教师案例簿

在你今年工作的中学里，学生来自四个不同种族。上周，校长又领来了一位有严重情感和行为障碍的学生和一位患有脑麻痹的学生，他们作为全纳教育实验的一部分。患脑麻痹的那个男孩需坐轮椅并且说话和听力上有一些障碍。班级中四个不同种族学生各自内部似乎关系紧密，从不与本族之外的学生交朋友。当你要求他们按计划一起活动时，不同种族学生间界限分明，许多小组内的交流使用其本族语言——你根本听不懂，而且你推断他们经常嘲笑你，因为他们冲着你笑。克拉丽斯，那个有情感问题的学生，还在使事情变得更糟，她把那些种族笑话讲给想要听的同学，声音大得班里一半同学都可以听到。有传言说：有些学生放学后埋伏在哪儿给克拉丽斯教训一顿。你同意要接受教训——甚至全班都需要为此事接受教训，但不是他们说的那种教训。

- 你将怎样组织班级活动以使学生们融洽相处？
- 处理这个问题时你的首要目标是什么？
- 是否需要冲突协商吗？你会怎样应对这种情况？
- 这类问题会对你所教的年级产生怎样影响？

组织的需要

1999年《菲·德尔塔·卡潘》（美国教育专业协会会刊）出版了第31次年度民意测查——公众对公立学校的态度。几乎从1996年起的每一年，“缺乏纪律”都被认为是学校面临的首要问题，1999年也是如此（Rose & Gallup，1999）。显然，公众认为“纪律”是教师面临的一大挑战，为了理解管理在教学中所扮演的角色，让我们来观察一下课堂。[1]

课堂的生态系统

“生态”这个词常与“自然”联系起来，但是课堂也是一个生态系统，课堂的环境和其中的居民——学生与教师——不断地交互作用。系统中的每一个方面都会对其他方面产生影响。课堂的特征、教学任务、学生的需求都会影响课堂管理（Epanchin，Townsend，& Stoddard，1994）。

课堂的特征

课堂是一种独特的环境，无论如何组织学生学习或教师持有怎样的教育观，课堂的“独特性”都影响着参与者（Doyle，1986）。以下是多伊尔列出的课堂具有的六个特征。

课堂是**多元的。**学生们有着不同的目标，兴趣，能力水平，他们必须分享教学资源、完成各种任务、重复使用资料、在教室内外出出进进、留意经历的事情等等。另外，行动有多种影响，提问成绩差的学生会鼓励他们的参与和思考问题，但是当他们不能

---

〔1〕 联系与拓展——联系公众看法。《菲·德尔塔·卡潘》（美国教育专业协会会刊）每年9月期都包括“年度菲·德尔塔·卡潘和盖洛普民意调查——公众对公立学校态度”。问题通常是请公众为学校评分、识别学校面临的问题、评价改善的策略以及对当前的问题提出意见，如择校、家庭学校等。

回答时，就可能拖延讨论而引发管理问题。

课堂内也是**多事件同时发生的**。许多事情同时发生，教师在讲解概念时，还要注意学生是否理解，考虑是不理会两个窃窃私语的学生还是阻止他们，决定是否有足够时间开始一个新的论题，考虑由谁来回答吉尔刚才的提问。行为反应是快速变化和**应急的**。教师在平常的一天中要面对与学生上百次的交流。在快速变化的情境中，出现的事件**难以预料**。即使做了周密的计划，投影仪准备停当，活动准备周全，课堂仍会被一些突发事件干扰中断，比如投影仪的一个灯泡烧坏了，一位孩子突然生病，或者一阵气氛激烈的讨论。〔1〕

由于课堂是**公开的**，教师如何处理这些意外情况，所有学生有目共睹，也受到学生的评判。学生们通常关注教师是否公平、有无偏心、学生违反规则时教师会怎样做。最后，课堂是有**历史的**，某个特定的教师和学生的行为的含义部分依赖于以前发生的事情。教师对第 15 次迟到的反应不同于第一次，入学后头几个星期的经历会影响到整个一年的班级生活。〔2〕

基本任务：获得他们的合作

没有一项积极而富有成效的活动是不需要全体成员合作的，显然课堂正是如此。即使一些学生不参加活动，但他们必须不妨碍其他人的参与(你可能曾看到过一两个学生使全班活动中断的情况)，所以教师基本的管理工作是，通过争取和保持学生在活动中的合作来维持课堂的秩序与和谐(Doyle，1986)。在多元的、多事件同时发生的、应急的、难以预料的、公开的和有历史的课堂中，做到这一点确实具有挑战性。

促进学生间合作意味着不仅要有效地处理不当行为，还要计划安排活动，准备活动材料，形成适当的学业与行为的期望，给学生清晰的信号，平稳地完成活动间的转换，预见可能发生的问题并提前采取措施，选择并安排活动顺序，以保持高潮与趣味性，保持一种信任与尊重的氛围，或者更多。不同的活动有不同的组织管理技巧，举例来说，一个新的、难度大的活动对于班级管理者是一个很大的挑战，这不同于家庭内部或普通的活动。

适合不同年龄的需要

显而易见，获得幼儿园儿童的合作不同于高中高年级学生。杰尔·布罗菲和卡罗

---

〔1〕 联系与拓展——联系你的教学。许多计算机项目帮助教师管理他们自己的课内外的活动。典型的活动包括在线标准表、IEP、学生作业和学校资料、学生报告、致家长的信、获取和安置信息、电子信件、财务计划和日程安排。也可使用计算机课堂管理系统计算机管理指导(CMI)。更详尽的内容将阅读 G. G. 比特和 M. E. 皮尔逊(Bitter，G. G.，& Pierson，M. E.，1999)的《在课堂中运用技术》[*Using technology in the classroom* (3rd ed.). Boston：Allyn & Bacon.]。

〔2〕 联系与拓展——联系你的观点。一些教育家反对将教师说成是管理者，这些批评者提出这给我们一种操纵和超然的感觉。形容为管理者是一个适当的选择吗？你还可以怎样来形容教师维持秩序和纪律的行为？在 1993 年 AERA 年会上我介绍自己在这方面的研究，研究建议形容为群体领导者(教练、导游)、问题解决者(医生、棋师等)和养育者(母亲、父亲、园丁等)。

琳·埃弗特森(Jere Brophy & Carolyn Evertson, 1978)识别了四个不同学龄时期的课堂管理(依据不同年龄来划分),让我们简要地回顾一下。

在幼儿园和小学低年级,儿童要学习如何进入学校,他们将逐渐社会化并开始适应新的角色,在这时期,直接讲授班级规则和活动程序非常重要。当儿童掌握了这些基本规则之后,才可能进行学习。

小学中年级,儿童通常熟悉了学生角色,尽管他们并不总能很好地履行自己的角色义务,学校和班级的许多规定开始变为相对自动化的行动,一些针对特定活动的特殊规定还需直接讲授。然而,你或许听到熟悉的抱怨"去年我的老师不是这样做的"。在这一时期,你将花费更多的时间监督和维持管理体系,而不仅仅是直接讲授。

小学临近结束和中学开始时,同辈群体中的友谊与地位变得极其重要,取悦教师也许会被取悦伙伴所取代。一些学生开始审视和挑战权威。这一时期管理的挑战是,富有成效地处理这种令人困扰的局面,并能激励那些逐渐不考虑教师建议而对社交活动更感兴趣的学生。

高年级时,大多数学生的焦点转移至学业。不幸的是,这时许多有不良行为的学生已经落后。这一时期教师面临的挑战是使课程材料适合学生的兴趣和能力水平,并且帮助学生更好地在学习中自我管理,每学期最初几堂课,可能用于讲授特定的程序:使用材料和设备的新规定和提交作业的方法,大多数学生知道什么样的行为是所期望的。

课堂管理的目标

课堂管理(classroom management)[1]的目标是保持一个积极、高效的学习环境。但秩序本身是一个空洞的目标。像我们在第六章讨论的那样,仅仅用课堂管理使学生保持"听话和安静"是不恰当的。那么为什么要花大力气去进行课堂管理呢?课堂管理之所以重要,至少有以下三条理由:

更多的学习时间

当我还是个小孩时,我曾经用秒表记录电视商业广告占去的时间,我吃惊地发现大约节目的一半时间被用来播放广告。实际上,如果做一个小小的测查,你到一个班级中记录全天所有活动的时间,也许会吃惊地发现实际用于学习的时间是多么有限。每天许多时间浪费在干扰事件、困扰、开始时的拖沓和活动转换的不顺畅(Karweit, 1989; Karweit & Slarin, 1981)。

---

〔1〕 课堂管理——维持一个良好课堂学习环境和较少出现行为问题的方法。

显而易见，学生们学会的只是他们有机会去学的东西。几乎每一项有关学习时间与效果的研究都发现了两者的重要关系。事实上，用于进行教学的时间与学生学业成就的相关性通常高于教师的特定教学方式与学生学业的相关性(Rosenshine，1979)。所以课堂管理的一个重要目标是尽可能争得更多的时间用于学习，有时称之为**分配时间(allocated time)**[1]。

正如你在认知学习那一章中所学到的，学生们加工信息的方式是学习和记忆的主要因素。从根本上说学生们将学习到他们练习并思考的内容(Doyle，1983)。主动用于某项具体学习任务的时间通常被称为**投入时间(engaged time)**[2]，或者有时称为**任务时间(time on task)**[3]。

然而，投入时间也还不能保证学习的效果。也许是因为材料过难或使用了错误的学习策略，学生学得步履艰难。当学生们取得高效率的成功——真正学习并且理解——我们称这部分时间为**学业学习时间(academic learning time)**[4]。课堂管理者的第二个目标是，通过使学生积极投入到有价值和适当的活动中，而提高学业学习时间。图 12.1 显示了在美国大多数州规定，对于一个普通学生来说，在校的 1 000 多小时如何衰减为 333 小时有效学习时间。

参与学习

每一种课堂活动有其参与的规则。有时由教师清晰详述这些规定，但规则常常是隐含而不确切的，教师与学生甚至没有意识到他们在不同的活动中遵从不同的规则。这些差异有时非常精细微妙。举例来说，在一个阅读小组中学生们必须举手发表意见，但是当大家围成圈做“演和讲”(show-and-tell)的游戏活动时，他们也许只需教师的目光许可。

正如我们在第五章中看到的，规则规定了谁可以发言，可以谈论什么，甚至在什么时间，针对谁，发言多长时间，这些通常被称为**参与结构(participation structures)**[5]。为了成功地参与活动，学生们必须懂得参与的规则。然而某些学生似乎比其他人较难参与其中。他们在家庭中与兄妹、家长及其他成年人的交往方式不同于学校的参与结构(Tharp，1989)，但是教师通常意识不到这种冲突。相反，教师看到一个儿童不能很好地适应，似乎总是不合时机地说错话，或者勉强参与，但他们不知道为什么会这样。[6]

---

〔1〕 分配时间——用于学习的时间。
〔2〕 投入时间——积极学习的时间。
〔3〕 任务时间——用于主动投入当前学习任务的时间。
〔4〕 学业学习时间——学生确实学有所获的时间。
〔5〕 参与结构——确定如何参与各种活动的规则。
〔6〕 联系与拓展——联系你的教学。学生在对话中表达尊重、注意和试图改变话题时，他们的言语和非言语方式是否存在文化差异？在交往方式和期望上的文化差异如何使课堂管理更具挑战性？

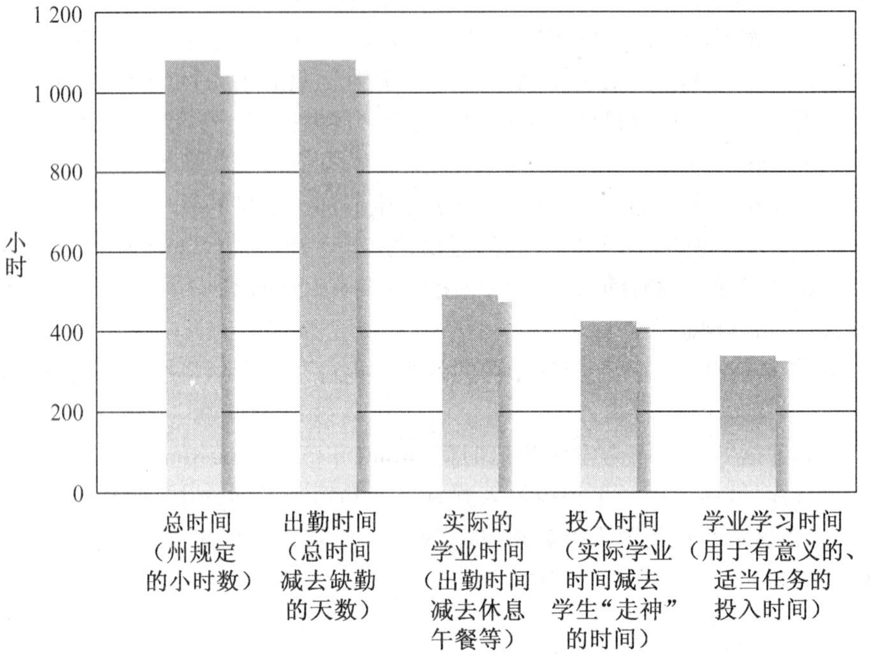

大多数州所规定的每年1 000多小时的教学时间意味着有300或400小时的高质量学业学习时间。

图12.1　谁知道时间到哪儿去了？

Source: From *Elementary Classroom Management* (2nd ed.), by C. S. Weinstein and A. J. Mignano, Jr., 1997, New York: McGraw-Hill. Copyright © 1997 by The McGraw-Hill Companies. Adapted with permission.

我们能得到怎样的结论呢？为了使所有学生参与，你必须确保每一个人都了解如何参与每一项具体活动。关键在于意识，你的规则与期望是什么？从学生的文化背景和家庭经验来看，这些规则能够被理解吗？哪些未言明的规则或价值观可能正在发挥作用？你清楚学生如何参与吗？要达到课堂管理者的第二个目标——所有学生参与学习，你必须肯定每一位都知道如何参与班级活动，这意味要针对规则进行教学，为学生提供信号，组织学生练习适当的参与策略。

促进自我管理的管理

管理系统的第三个目标是帮助学生提高自我管理的能力。今天有关课堂管理的讨论从严格要求转向培养自主调节和自我监控(Weinstein, 1999)。汤姆·萨维奇(Tom Savage,1999)说，“纪律最基本的目的是发展自我监控……如果拥有学业知识与技术技能而缺少自我控制将不会取得成果”(p. 11)。通过自我监控，学生们表现出承担责任的能力——在不侵犯他人权利和需要的同时实现自我需要的能力(Glasser,

1990)。学生们通过作出选择与承担责任、设定目标与重点、管理时间、协作学习、调解争执与讲和以及发展师生间的信任关系来学会自我监控(Rogers & Frieberg, 1994)。

> **检查要点：**组织的需要
>
> **回 顾**
>
> - 课堂管理的挑战是什么？
> - 什么是良好课堂管理的目标？
>
> **应 用**
>
> - 解释你如何在课堂上提高学业学习时间。

鼓励**自我管理(self-management)**[1]需要额外的时间，但教会学生如何承担责任是非常值得的投入。如果幼儿园和小学的教师建立有效的班级管理体系而忽视了学生的自我监控，当他们的学生从这种“成功管理”的班级中毕业后，通常会在无外界依靠的任务中面临困难。

营造积极的学习环境

在你为班级制定计划的时候，会证明这本书中学到的许多东西是有用的。例如，如你所知：如果我们在教学计划中考虑到学生的个体差异，比如第二、三、四、五章中所讨论过的那些个人变量，那么就会预防问题发生。有时因为任务太难而使学生们变得捣乱，而那些对于完全低于他们能力水平的课程感到厌烦的学生，会热衷于寻找更令其兴奋的活动去打发他们的时间。[2][3]

从某种意义上说，每当教师作出努力去激励学生，他们就预防了纪律问题的出现。一个投入学习的学生通常不会再去与教师或和其他学生发生冲突。所有激励学生的方法都起到预防纪律问题的作用。

一些研究成果

要成为好的管理者，教师还要怎么做？近年来，奥斯汀得克萨斯大学的教育心理学家们深入研究了课堂管理(Emmer, Erertsen, & Anelersen, 1980; Emmer, Erertsen, & Worsham, 2000; Erertson, 1988; Enerton, Emmer, & Worsham, 2000)。他们采取的方法基本上是，对大量课堂进行分析，首先，在开学的最初几周在

〔1〕 自我管理——管理自己的行为，并为自己的行为承担责任。

〔2〕 联系与拓展——参照其他章节。在第十三章将学习制定周密计划和明确目标的重要性。好的计划是课堂管理的一个重要方面。

〔3〕 联系与拓展——联系其他章节。动机和课堂管理有十分密切的关系，在第十章和第十一章中描述激励策略是有效课堂管理的首要一步。

课堂里进行频繁观察，以后减少观察次数。几个月之后在课堂上出现了明显的差别，有些班级很少有管理方面的问题，有些班却遇到很多问题。根据学期后期教师的课堂管理质量和学生的学业成就，识别出管理最有效和最无效的教师。

接下来，研究者分析了最初几周的课堂观察记录，了解那些有效管理的教师是怎样做的。他们也在以下两类教师之间进行了比较，一类教师管理的班级在学期最后学生关系和谐，学生学业成就高，另一类教师的班级里接连不断地发生各种问题。在比较分析的基础上，研究者提出了课堂管理的原则。而后，研究者将这些原则教给另一组教师，得到了相当肯定的结论，应用了这些原则的教师很少有管理问题，他们的学生更多时间在学习，较少捣乱，并且取得较高的学业成就。两本有关课堂管理的著作正是基于这些研究成果，下面的许多观点，便来自这两本书（Emmer et al.，2000；Evertson et al.，2000）。[1]

必要的规则及程序

在小学阶段，教师每天必须带领20到30个能力不同的学生进行各种活动，如果没有有效的规则及程序，就会把许多时间浪费在一遍又一遍的回答相同的问题上，如："我的铅笔坏了，叫我怎么做数学呢?""我做完了我的事，现在做什么呢?""史蒂文打我了。""我把作业落在柜子里了。"

在中学阶段，教师每天必须要和100多位学生打交道，这些学生使用多种材料，并且上不同的课去不同的教室，中学生还更可能挑战教师的权威。埃默、埃弗森和他们的同事研究发现，那些有效管理的教师设计了规则及程序以应对这些情况。

程序

如何分发和收集材料和作业？在什么样情况下学生可以离开教室？怎样确定评分？在科学、艺术和职业课程上，使用设备和材料有什么特殊的规程？**程序(procedures)**[2]是用来叙述在班级中怎样完成各种活动。但这些程序很少被写成书面，它们只是在教室中进行活动的一种方法。卡罗尔·温斯坦(1996)和温斯坦与米格耐诺(Mignano，1997)建议教师制定活动程序时涵盖以下几方面：

---

〔1〕 联想与拓展——参考研究。一项研究从其他观点，如青少年的强化策略，检验了埃默和埃弗森(Emmer/ Evertson)的管理原则，有关详细内容请阅读G.C. 戈特弗兰德森、G.D. 戈特弗兰德森和L.G. 海布尔(Gottfredson G. C.，Gottfredson，G. D.，& Hybl，L. G.，1993)的《管理青少年的行为：一项多年多学校的研究》(Managing adolescent behavior：A multiyear，multischool study)，载于《美国教育研究杂志》(*American Educational Research Journal*)，第30卷，第179－217页。一般来讲，应用这些原则改善了学生的行动。

〔2〕 程序——预先描述一项活动的步骤。

1. 管理规程，如出勤记录。
2. 学生活动，如进出教室或去厕所。
3. 环境维护，如给植物浇水或贮存个人物品。
4. 教学的规程，例如，如何收集作业或交作业。
5. 教师与学生间的相互作用，如怎样在需要帮助时引起教师的注意。
6. 学生间的交谈，如给予学生帮助或社会化。

你应该用这六个方面作为制定课堂程序和规则的框架，下面的指南会在你做计划时给予帮助。

指南——制定授课程序

制定程序使学生维护教室的桌椅，器具及其他设备。

举例：

1. 教师在自己课堂上每天或每周一次留出专门的“清理时间”。
2. 你可以示范并让学生自己练习怎样把椅子放在桌子下、怎样取放架子上的物品、怎样削铅笔、怎样使用水槽或饮水柜、怎样组装实验装置等。
3. 在某些班级由值日班长负责管理器具或材料。

明确期望学生如何进入和离开教室。

举例：

1. 怎样使学生了解一进教室就该做什么？一些教师给了一项标准性的任务（“拿出作业并检查”）。
2. 在什么情况下学生才可以离开教室？什么时候需要征得允许？
3. 如果学生迟到了，他们怎样请求进入教室？
4. 许多教师要求学生在课程结束离开前坐在座位上保持安静，是教师而不是铃声决定可以离开教室。

建立信号并教给学生。

举例：

1. 在教室，有些教师用灯光、钢琴和录音机的乐声，如售货柜台“迎客铃”那样的铃声，或者走近讲台沉默地注视着全班学生，说“请都看着我”等类似的话，拿出他们的分数簿或走到教室前面。
2. 在大厅举起手、击掌或别的信号可能意味“请停下来”。
3. 在操场上，举起手和吹哨可能表示“请排队”。

建立程序使学生参与班级活动。

1. 你允许学生举手示意发言，还是让他们只是静等前面讲话的人说完为止？
2. 你如何表示想让每一个学生都立即回应？一些教师是用一只手半拢着罩在耳朵后面，作出倾听的样子。另一些教师在提问题前加一个"每个人"。
3. 确保你清楚不同活动的程序间的区别：阅读小组、学习中心、讨论、教师讲解、座位上的活动、观看录像、同伴学习小组、图书馆或其他情境的活动。
4. 同时可以有多少学生使用削笔器、到教师办公桌前、在学习中心、使用水槽、在书架前、阅读角或卫生间？

决定你怎样布置、收集或下发作业。

举例：

1. 一些教师在黑板的一角留出空间用来布置作业，另一些教师用彩色粉笔写下布置的作业。对于较小的学生最好准备作业纸或作业夹，用不同的颜色为不同科目作标记，如数学练习册、阅读材料和科学工具。
2. 有些教师用盒子或有盖的木箱收集作业，另一些教师在自己介绍下面的活动时，请一位学生把完成的作业收上来。

规则

规则(rules)[1]详细说明了在班级里被期望和被禁止的行为，它们说明班级生活中可以做的和不可以做的事情。与程序不同，规则常被写下来并张贴出来。在制定规则时，你应该考虑，你到底想建立怎样一种氛围？学生什么样的行为可以有助于提高教学效率？学生的行为需要受到哪些约束？你所制定的规则必须与学校的规章制度和学习的规律相一致。例如，通过对小组学习进行的研究，我们了解到，学生向同伴解释活动，可以使他们自己从中受益，讲解的过程中也是在学习。因此禁止学生相互帮助不符合学习规律。又比如，一条这样的规则："不许在写作过程中删改"，这会使学生将精力集中在如何不犯错误，而不是如何通过他们的写作清楚地交流思想(Burden，1995；Weinstein & Megnano，1997)。

制定一些涵盖很多具体情境的普遍性规则比罗列出所有可做的、不可做的事要好，但是如果要禁止某些特定的行为，如在课上嚼口香糖或在厕所抽烟，那么应该设立一条规则使之明确。

---

〔1〕 规则——详细说明被期望和被禁止行为的声明；规定什么可以做和什么不可以做。

小学的规则

埃弗森和她的同事(2000)列举了五条小学课堂的一般规则：[1][2]

1. 讲究礼貌，乐于助人。这适用于成人(包括代课教师)和学生，有礼貌的行为包括顺序等候、说“请”和“谢谢”、不打架、不骂人。

2. 尊重别人的财物，这包括，不乱扔垃圾，归还图书馆的书，不在墙壁、书桌、公共汽车上涂抹，以及在使用他人物品前要征得同意。

3. 在别人讲话时安静倾听，适用于教师和学生，包括大班授课或小组讨论。

4. 不要打、推或伤害别人，确保清楚地解释你所说的“伤害”是什么含义，是指感情伤害和身体伤害吗？

5. 遵守所有学校的制度。这一条提醒学生学校所有的制度都适用于课堂，比如，学生不能声称，虽然学校规定不能嚼口香糖或听收音机，但他们认为在课堂上是可以这样做的，“因为你没有规定禁止它”。

不管制定什么样的规则，都必须教给学生哪些行为是规则允许的、哪些是规则所禁止的。例如：在学习结束之前，需要练习和讨论。

如你所见，不同活动常常要求不同的规则，对于小学生来说，在他们完全掌握这些规则之前，他们可能感觉迷惑。为防止学生的混淆和迷惑，你可以考虑使用符号将每项活动的规则列出来。在活动之前，你可以贴出适当的标记作为提示。这样可以提供关于参与结构的明确而一致的线索，使所有学生，而不只是“表现优秀”的学生知道被期望的行为是什么。当然，在解释和讨论这些规则之后，那些标记才能起作用。

中学的规则

埃默和她的同事(2000)举出六条中学生的规则：

1. 携带所有必须的材料上学。教师必须详细说明需要哪种类型的钢笔、铅笔、纸、笔记本，还有课本等其他用具。

2. 上课铃响起后，坐在座位上，做好上课准备。很多教师将这一规则和

〔1〕 联系与拓展——联系你的教学。参观小学班级、记录不同教师对同一年级水平学生所定的规则，确认十分相同或不同的规则。

〔2〕 联系与拓展——联系你的教学。程序和规则之间的差别是什么？对于你所教的学生，什么样的奖励和惩罚适当？

上课开始的标准程序结合在一起，比如，做黑板上的预备练习，或者要求学生准备好某个标题的报纸。

3. 尊重并有礼貌地对待每个人：这针对打架、骂人和一般的捣乱行为。

4. 尊重他人财物，包括属于学校、教师或其他学生的财物。

5. 在别人讲话时，倾听并且不要来回走动，这适用于教师或别的学生讲话时。

6. 遵守所有学校规则。相对于课堂规则，学校规章制度涉及很多行为和情况，你不必向学生重复所有学校规则。还有提醒学生你会在课内外监督他们。确保你了解所有的学校规则，有些中学生十分善于使教师相信他们的错误行为“真的没有违反规则”。

后果

一旦教师明确了规则和程序，就必须考虑，如果你的学生违反了规则或不遵守程序时，你该怎么做。在规则被破坏之后再来决定就太晚了。对于许多违反规程的情况，理论上的后果是退回去，再正确地做一遍。那些在大厅里奔跑的学生必须退回来，走姿端正地重新走过去；没有做完作业的学生要重做；落下的材料要放回原处（Charles, 1996）。有时后果较为复杂，温斯坦和米格耐诺（1997）对四位专家型小学教师进行研究，他们发现，教师采取的否定后果分为七种类型，如在表 12.1 中所示。这里重要的一点是，有关惩罚或奖励的决定必须事先告之学生，那么，学生在破坏规则或执行错误程序之前，就知道这对他们意味着什么。我鼓励我教过的师范生去复印一份学校规则和与其合作的教师的规则，然后再计划他们自己的课堂规则。[1]

---

〔1〕 联系与拓展——联系你的教学。下面是施加惩处的一些技巧，它们摘自理查德·柯温（Richard Curwin）的《重新发现期望：我们最伟大的教学策略》（*Rediscovering hope: Our greatest teaching strategy*. Bloomington. IN: National Educational Service），第 29—30 页。

- 当违反规则时，总要施与处罚。
- 选择最恰当的处罚，此时要考虑违规程度、情境、涉及的学生和能最好地帮助这个学生。
- 对犯错误的学生说明规则和结果，再无需多言。
- 保密，只有涉及的学生可以知道。
- 不要使学生尴尬。
- 不要把这种结果看做是输赢，这不是竞赛，不要让学生陷入一种较量。
- 控制你的愤怒，保持平静说话，但不接受学生的借口。
- 有时最好让学生自己选择处罚的方式。
- 专业人士应给予帮助。

表 12.1 惩罚学生的七种手段

1. 失望的表情。如果学生喜欢并尊敬他们的教师，那么，教师的一个严肃的、难过的和失望的表情便会引起学生停止错误行为并思考他们的行为。
2. 失去特权。学生会失去自由活动的时间。例如，如果他们没有做完作业，就要求他们在自由活动时间或休息时间写完作业。
3. 被小组排斥。那些给同伴带来困扰或不合作的学生会受到小组同学的孤立，直到他们学会合作。有些教师给一个学生 10—15 分钟的时间，这个学生必须在这个时间内去另一个教室或大厅，在那儿将没有人注意他。
4. 写检讨错误的报告。学生可以把他们自己做的事情和怎样影响了别人写成一篇日记、一个短文，或者写封道歉信——如果合适的话。另一种可能性是要求学生客观地描述他们做了什么，然后教师和这位学生在上面一起签名、记录日期，如果家长或管理者需要，这些记录可以作为学生行为的证据。
5. 扣留。在放学后的自由时间或午餐时间，可留学生开很短的会，主要目的是说说发生了什么事(在高中，扣留常被作为惩罚手段，中止并逐出教室也可以作为更极端的措施)。
6. 去校长办公室。资深的教师尽量避免用这种惩罚方式。但当理由充分时，他们也用这种手段。有些学校要求学生由于某些特定攻击性行为被送到办公室，如打架。如果你让一个学生去办公室，但他拒绝，你可以打电话告诉校长办公室，学生已被送去。接下来，学生就必须面对是去办公室还是被校长开除的选择。
7. 联系家长。如果问题反复出现，许多教师会和家长联系。这样做是为了寻求帮助学生的支持，而不是责怪家长或惩罚学生。

Source: From *Elementary Classroom Management* (2nd ed.), by C. S. Weinstein and A. J. Mignano, Jr., New York: McGraw-Hill. Copyright © 1997 by The McGraw-Hill Companies. Adapted with permission.

谁决定规则和后果?

在第一章我描述过一位专家型教师——肯，他和学生没有建立规则，而是一起制定了一份学生和教师的“权利表”，这些“权利”涉及了需要“规则”和帮助学生实现自我管理目标的大部分情境。表 12.2 中列出了最近某个班级的权利表。对学生来说，非常重要的是发展权利和责任，而不是建立规则。“教给孩子因为某件事违反了一项规则所以是错的，不同于教给他们因为这件事是错的所以要设立一项规则禁止它。要帮助孩子明白这是为什么”(Weinstein, 1999, p. 154)。学生们应该理解形成规则以使所有人可以一起工作和学习。

影响学习环境的另一方面，是对教室设备、材料和学习工具等物理环境的管理。

表 12.2 学生和教师的权利表

学生的权利	教师权利
本班的学生有以下权利：	教师有以下权利：
在教师没有说话或没有要求安静时可低声说话。	讲话时，其他人不能说话、走动或打扰。
至少每月有一次展示写作或其他活动成果的机会。	工作时不被干扰。
在没有体育课的日子做户外运动。	提出要求时，每个人给予注意。
有 2 分钟休息时间。	对不合作的人给予惩罚。
在茶点时间吃有益健康的食物。	将某些人逐出小组、教室或送到校长办公室。
参与选择。	
有隐私权，动别人东西前要先征得同意。	
感到舒适。	
嚼口香糖，不可以吹泡泡或随地吐弃。	
选定一日作息。	
有自由活动时间。	
与同伴一起活动。	
在班上发言时，没有其他人干扰。	
活动时不被打扰。	

Source：From *Elementary Classroom Management*（2nd ed.），by C. S. Weinstein and A. J. Mignano，Jr.，New York：McGraw-Hill. Copyright © 1997 by The McGraw-Hill Companies. Adapted with permission.

设计学习空间

在教室中，学习空间应该能引起和支持教师设计的活动，而且应该不妨碍这个空间里的“居住者”。这要从为年幼的孩子设计教室的门开始，帮助他们认清自己的教室，避免因为迷路而带来的尴尬和恐惧感。一所获得建筑奖的学校将每一间教室的门都涂上不同的颜色，这使得孩子们能找到他们自己的“家”（Herbert，1998）。到了教室里面，设计空间唤起学生安静的阅读、小组合作或独立探究。如果学生们要使用材料，他们应该能够拿到这些材料。同时，学习空间应该是很吸引人的。[1] 一次在玛吉·谢勒（Marge Scherer，1999）的采访中，赫特·科尔（Herb Kohl）描述了他在班级中如何营造积极的环境。

“我所做的就是将我所知道的最漂亮的东西张贴起来——海报、游戏、谜

〔1〕 联系与拓展——参考杂志。请阅读《教育领导学》1998 年 9 月刊中关于“实现积极的学校氛围”的几篇文章，其中介绍了通过建筑设计、学校会议、合作学习、预防暴力、父母介入和其他途径改善学校氛围的方法。

语、口号——并且让孩子们知道这些都是对他们的激励。激发他们去发挥自己的才智。你必须去营造一个环境，使得孩子走进来时会说："我真想知道这儿有什么，我真想看看这个。"(p. 9)

在布置教室方面，有两个基本的组织空间的方式：兴趣区域和个人区域。它们并不互相排斥。许多教师都在设计中将兴趣区域和个人区域结合起来。把每个学生的课桌——他们的个人区域——放在教室的中间，将兴趣区域安排在房间的后部或两侧。这种设计既能适应大组活动的需求，也能适应小组活动的需求。图 12.2 显示出一间将兴趣区域和个人区域结合起来的小学教室。

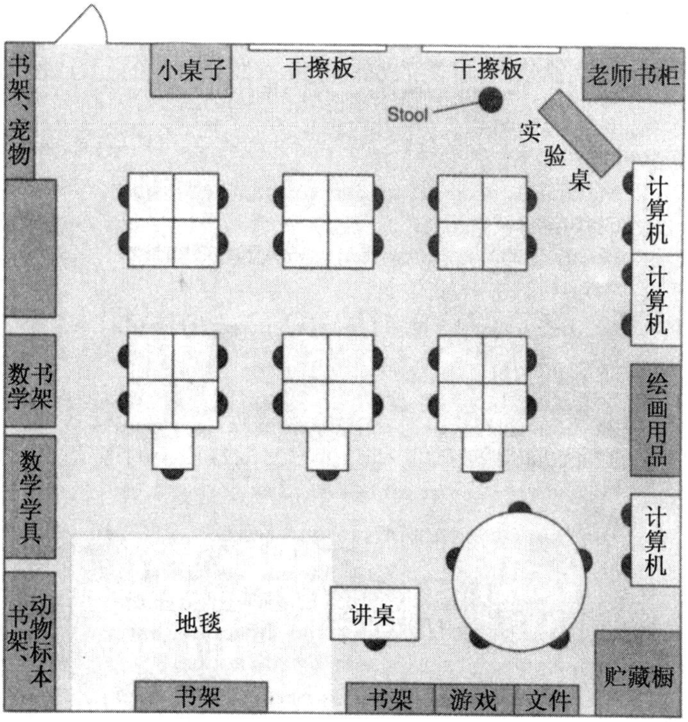

这位四年级教师设置的教室环境可以使教师不必变换教室的布置就进行各种活动：讲授和演示、小组活动、计算机互动、数学操作活动、非正式的阅读、绘画和其他活动。

图 12.2　一间小学教室的布置

Source: From *Elementary Classroom Management* (2nd ed.), by C. S. Weinstein and A. J. Mignano, Jr., 1997, New York: McGraw-Hill. Copyright © 1997 by The McGraw-Hill Companies. Reprinted with permission.

兴趣区域

兴趣区域的设计会影响到学生使用这些区域的方式。例如，在与一位教师共同努力下，卡罗尔·温斯坦(1977)在兴趣区域做了某些改动，帮助这位教师达到了让更多女孩加入“科学中心”和让所有学生更多利用各种操作材料做实验的目的。在第二项研究中，图书角的变化使得全班同学更多投入阅读文学书籍的活动(Morrow & Weinstein, 1986)。

设计教室空间时，首先要判断的是，你的教室可以容纳什么样的活动。比如说，如果你是在一间设备齐全的小学教室里，可以为阅读、美工、科学和数学开辟兴趣区域。如果你教初中或高中的某一门课程，可以把教室分为几个区域，可以用来做视听活动、小组讲授、安静研读或实验。

接下来，你要准备绘制几套可能的设计方案。如果可能的话，请使用绘图纸，并运用比例标尺绘制。当你在着手绘制时，请记住下面“设计学习空间指南”中的建议。

指南——设计学习空间

注意教室的固定装置，并据此设计。

举例：

1. 记住使视听器材和计算机靠近电源插座。
2. 使美术用品靠近水池，使小组活动靠近黑板。

设计可有条理摆放资料的空间，和一个容易取放资料的通道。

举例：

1. 务必使学生容易看到和拿到资料。
2. 架子空间充足，使资料不至于被堆叠起来。

给学生提供干净、便利的学习平台。

举例：

1. 将书架靠近阅读区，游戏用具置于游戏桌边。
2. 避免拥挤的活动空间，以防止发生打闹事件。

保证活动空间的私密性和安静。

举例：

1. 确保没有桌子或活动区堵住通道；确保不需要穿过一个区域才能到达另一个区域。
2. 使嘈杂的活动尽量远离安静的活动。在区域间或大的区域内放置书架或隔板等来增加私密感。

妥善放置物品，以使你可以看到学生，并且他们可以看见所有的教师演示。

举例：

1. 确保你的视线能越过分隔物。
2. 妥善设计座位，以使学生不用移动桌椅就可以看到教师的演示。

避免无效空间和“环行跑道”。

举例：

1. 不要将所有兴趣区域环列在教室外围，使得教室中间形成一大片无效空间。
2. 避免将一堆家具摆在中央，因为这样会使这些家具周围出现一条“环行跑道”。

提供选择和灵活性。

举例：

1. 为个体活动建立单独的小隔间，为小组活动摆放桌子，为全班的班会安排铺在地板上的坐垫。
2. 给学生提供一个能放置私人物品的地方。这点对于没有个人书桌的学生来说尤为重要。

尝试新的安排，并给予评价和改善。

举例：

1. 尝试一种“两周布置”，然后对其进行评价。
2. 吸纳学生参与设计。他们也是教室的主人；而且设计一间教室对他们来说是一次非常具有挑战性和教育意义的经历。

个人区域

在按区域划分的教室里，物质环境会影响教学吗？亚当斯和比德尔（Adams & Biddle，1970）发现，师生之间的口头交互作用集中于教室中前部和中间一排的学生。这种情况特别明显，以至于亚当斯和比德尔发明了一个术语——**作用区（action zone）**[1]——来指代教室中的这个区域。后来的研究修正了这一发现。即使大多数教室都有一个学生参与度最大的“作用区”，这样的区域也可能在一边，或是靠近某一个学习角（Good，1983a）。

前排座位似乎确实能提高倾向于发言的学生的参与度，反之，坐在后排会增大参与的困难，并且更容易在课堂上做白日梦（Woolfolk & Brooks，1983）。为了“扩展作用的区域”，温斯坦和米格耐诺（1997）建议，在有可能的情况下教师在教室里走动，保持与坐在远处的学生一种目光接触，请坐在后面的学生发表意见。

〔1〕 作用区——教室里师生相互作用发生最多的区域。

许多教师改变座位次序使得同一位学生不至于总是坐在教室后排，或者为了适于某个特定目标和活动而改变座次。图 12.3 是一间高中数学教室，它的座位布置既能够使学生专注于教师演示，又便于学生的小组学习。

横排的座位（如图 12.3 中的前排和后排）具有传统的横竖摆放座位的许多好处。对于学生独立在座位上完成任务和教师、学生或多媒体演示都十分有利，它们促进学生将注意力集中在演说人身上而简化了课堂关系。同时，水平座位更方便学生进行两两合作。但是，这种布置非常不适于大组讨论。

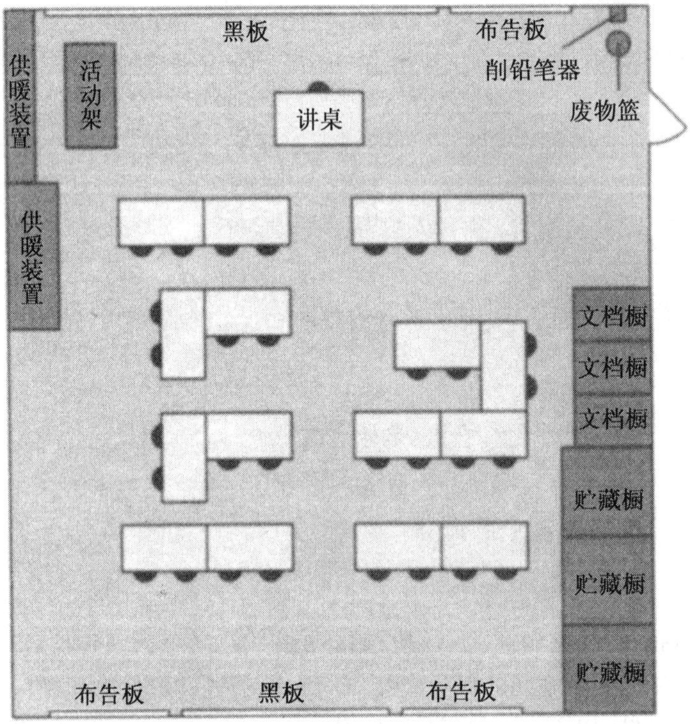

这位中学教师设置的数学教室适于教师讲授、演示和组织小组活动，移动三张桌子，教室就变成 4 个平行横排，可供学生独立活动和进行考试。

图 12.3 一个高中数学教室的布置

Source: From *Elementary Classroom Management* (2nd ed.), by C. S. Weinstein and A. J. Mignano, Jr., 1997, New York: McGraw-Hill. Copyright © 1997 by The McGraw-Hill Companies. Reprinted with permission.

四人一组或围成圆圈最方便学生沟通。尤其是排列成圆圈对讨论十分有利，同时也不影响独立在座位上完成任务。组成小组使学生之间相互交谈、互相帮助、分享材料、小组合作，尽管如此，但是这两种安排不适于面对全班的教授和演示，并且会使班级的管理更加困难。

在鱼缸式或谷垛式的教室里，学生一起紧紧地坐在靠近注意中心的地方(后排的甚至可以站起来)，这种形式只能维持在短时间内。因为这样坐十分不舒服，而且可能导致一些纪律问题。从另一方面来讲，鱼缸式可以激发团体精神，而且当教师想让学生观看一个证明过程、为一个班级问题出谋划策、或是观看一个小的演示材料时，这种方法非常适宜。

起步：班级建立后的最初几周

形成一个管理良好的班级的第一步是，确定教室设计、规则和程序。然而，在最初关键的几天和几周时间里，有效管理的教师如何得到学生的配合呢？一项研究细致地分析了高效和低效的小学教师在开始几周内的活动，结果发现了许多明显差异(Emmer, Evertson, & Anderson, 1980)

小学的有效管理

在有效教师的课堂里，第一天就进行得有条不紊，富有成效。名字标签已准备好，每个学生都立刻得到有趣的事情去做。资料库已建起来。教师计划周详以避免任何紧急任务迫使他们离开学生。这些教师解决了孩子们当即需要解决的问题，“我该把东西放在哪儿?”“我们教师的名字该怎么念?”“我可以对我旁边的同学小声说话吗?”“卫生间在哪儿?”有效的教师有一套操作性强又简单易懂的规则，而且在第一天就把最重要的规则教给学生。他们像教其他课程一样教规则，提供了许多解释、例子和练习。

前几周里，有效管理的教师始终不断地向学生讲授规则和程序。一些教师采用指导性练习来教程序，另一些教师利用奖励促进行为形成。大多数教师训练学生们对铃声或其他信号作出反应，以引导他们的注意力。这些教师与整个班级一起共同完成令人愉快的学科学习活动。他们不急于让学生开始小组合作，也不急于让学生们开始阅读，这种全班活动使教师能有一个更好的机会去不断监控学生学习规则和程序的情况，不良行为也能立即得到制止，教师的态度坚定但非粗暴。[1]

---

〔1〕 联系与拓展——联系你的教学。以下五本著作中有关课堂管理的讨论非常出色和具有实践意义：

C. M. 埃弗森和 E. T. 埃默(2000)的《小学教师的课堂管理》(第 5 版)[*Classroom management for elementary teachers* (5th ed.). Boston: Allyn & Bacon.]。

E. T. 埃默，C. M. 埃弗森，B. S. 克莱门茨(Clements, B. S.)和 M. E. 沃塞姆(2000)的《中学教师的课堂管理》(第 5 版)[*Classroom management for secondary teachers* (5th ed.). Boston: Allyn & Bacon.]。

H. J. 弗赖伯格(1999)的《超越行为主义：改变课堂管理的范式》(*Beyond behaviorism: Changing the classroom management paradigm.* Boston: Allyn & Bacon.)。

C. S. 温斯坦和 A. J. 米格耐诺(1997)的《小学课堂管理：研究成果和实践经验》(*Elementary classroom management: Lessons from research and practice.* New York: McGraw-Hill.)。

C. S. 温斯坦(1996)的《中学课堂管理：研究成果和实践经验》(*Secondary classroom management: Lessons from research and practice.* New York: McGraw-Hill.)。

在管理不良的班级里，开始几周的情况则大不相同。规则缺乏操作性，既模糊又过于复杂。例如，一位教师定了这样一条规则——学生应该“在正确的时间到达正确的位置”，学生没有被告知规则的确切含义，因此规则无法对他们的行为起到指导作用。不论是正面的行为还是负面的行为都没有一个清晰和一致的后果说明。在学生违反了纪律后，无效管理的教师可能作出含糊的批评，比如：“一些学生太吵了”，或是给出警告，但又不去落实所威胁的处罚后果。

在管理不良的班级里，日常工作的程序每天都在改变，并且从不把它们教给学生或让学生练习。无效管理的教师不去处理这些明显需要解决的事情，反而把时间浪费在无须立即实施的程序上。例如，一位教师在开学第一天就进行消防演习，却不解释其他日常应用的程序。学生们则漫无目的，彼此相互询问他们到底该做什么。学生们经常聊天，因为他们没有有用的事情可做。上课时，无效的教师离开教室的次数较多，他们中的许多人或自己埋头于文案工作，或仅仅去辅导一个学生。他们事先没有计划去应对迟到学生或其他干扰事件。一位无效教师曾尝试训练学生对铃声或其他信号产生反应以作为提醒注意的信号，但后来又让学生忽略这些信号。总的说来，这些班级的开始几周是杂乱无章的，教师和学生总是要面对各种意料之外的事件。

中学的有效管理

在中学的班级里应该如何着手呢？显然，在有效管理与无效管理的小学教师之间存在的许多不同，在中学阶段也同样存在。相反的，有效管理的教师在开学第一天就集中于建立规则、程序和预期目标。开学的最初几周里，就向学生清楚传达了学业学习和班级行为的标准，并经常给以强化。学生的行为受到严格的监控，违反纪律的行为将很快得到处理。在学生能力较低的班级里，活动周期较短，不要求学生长时间、不间断地做一项活动。在每个时段里，使他们顺利地转向一些不同的任务。总之，有效管理的教师认真跟踪每个学生的进展情况，因此学生不可能逃避学习而又免受处罚(Emmer & Eertson, 1982)。

在这样一种严格监督和对规则的一致强化下，你也许想知道，是否有效管理的中学教师既冷酷又缺乏幽默感，也不尽然。在一项研究中，有效管理的教师

> **检查要点：**营造积极的学习环境
>
> **回　顾**
>
> - 区分规则和程序。
> - 区分个人区域和兴趣区域的空间布置。
> - 比较有效管理者和无效管理者的开学第一周的活动。
>
> **应　用**
>
> - 你在自己的班上采取哪些基本规则？
> - 教室的物理环境如何促进学习？

更多对学生微笑和与学生开玩笑(Moskowitz & Hayman,1976)。任何有经验的教师都会说,当学生配合的时候,令人舒心微笑的情况就更多。事实上,开学之初还有另一项要求,这在肯·科瓦尔斯基的班级里表现得非常明显——为形成学习群体营造一个彼此信任与尊重的氛围。

形成学习群体

内尔·诺丁斯(Nel Noddings,1992;1995)曾写文章论及建立充满爱心和关怀的教育环境,在那样的环境里学生承担更多的管理学校和班级的责任。在第十章中我们谈到对情感联系的需要。当学生们感到教师关注自己的时候,他们会有更强的内部动机(Grolnick, Ryan, & Deci, 1991)。可是,从历史上看,美国学校强调的是通过规则来调控学生的行为,而不是通过情感联系。然而,并非所有文化都是如此,在《在两种文化中学习教学》一书中,希玛哈拉和萨凯(Shimahara & Sakai,1995)指出,日本的课堂管理的方法强调人与人之间的关系,如"情感纽带"、亲情和个性。日本社会的成功在于"不过多依靠规则,而依靠师生之间及同学之间的信任感和依赖感"(Shimahara & Sakai, 1995, p.79)。一种建立这种关怀与互相信赖的群体的方法是,戴维(David)和罗杰·约翰逊的学校课堂管理"3 C法"。

课堂管理的"3C法"

三个"C"是指,在一所安全和富有成效的学校里的**合作群体**(cooperation community)、**建设性的冲突解决**(constructive conflict resolution)和**群体成员的价值观**(civic values)(Johnson & Johnson,1999)。课堂管理开始于建立以合作为基础的学习群体,这点在第九章和第十一章中都有涉及。这种群体的核心是积极的相互依赖的观念——个体共同活动以达到共有的目标。建设性的解决冲突在群体中必不可少,因为学习上的冲突是不可避免的,甚至是必要的。皮亚杰的认知发展理论和关于概念转变教学的研究告诉我们,真正的学习需要一种认识上的冲突。同时,个体要尝试参与群体就会遇到人际间的冲突——这些冲突也能促进学习。表12.3呈现了学习群体中学习上的冲突和人际间的冲突怎样成为积极的动力。在本章的最后我们会更多地讨论学校中的冲突解决。

最后一个"C"是群体成员的价值观——群体共同具有的认识和信念。这种价值观是通过直接讲授、模仿、文学作品、小组讨论和意见交流习得的。一些教师设立了一个"意见箱",学生可以把写好的意见和建议放进去。这个"意见箱"在每周的班会上打开一次,并就这些意见进行讨论。约翰逊和约翰逊(1999)列举了一个班会的例子,班会的主题是关于尊重。一位学生告诉同学们她感到自尊心受到伤害,因为昨天课间当她试着教同学们一项游戏规则时,没有人理睬。在这个班会上,同学们探讨了尊重意味着什么和尊重的重要性。然后,同学们分享了自己感到被尊重和不被尊重的个人经历。

表 12.3　学习中冲突和人际间冲突与学习

冲突，如果处理得当，会给学习带来帮助。学习中的冲突会导致批判性思考和概念转换。利益上的冲突是不可避免的，但可以妥善解决使大家免受伤害。

学习中的争议	利益上的冲突
一个人的观点、信息、理论、结论和意见与另一个人的不一致，并且他们在寻找达成共识。	一个人努力实现自己最大利益的行为，阻止、妨碍或干扰了另一个实现自己最大利益的行为。
争议步骤：	**综合的（问题解决）协商：**
分析和明确自己的观点	描述需求
提出和维护自己的立场	表达感受
反驳对立的说法，并反驳别人对自己的批评	表述需求和感受的理由
从相反的角度考虑	听取别人的观点
综合和整合各方面提出的证据和推理	形成可供选择的几种方案，使获得最大限度的共同利益。
	选择其中之一，并使之成为正式的协定

Source: From "The Three Cs of School and Classroom Management," by D. Johnson and R. Johnson, 1999, in H. J. Freiberg (Ed.), *Beyond Behaviorism: Changing the Classroom Management Paradigm* (p. 133), Boston: Allyn & Bacon. Copyright © 1999 by Allyn & Bacon. Adapted by permission.

创建群体

下面是一位七年级的教师介绍她与全班学生建立规则和程序的经历（Freiberg，1999，p. 171）。

从课程一开始我们就着手了，起步时进展很慢，我问学生希望学什么，然后我告诉他们我希望在这门课做什么。我对其中有许多相同之处感到惊讶。他们想知道我对期末考试的预期、功课的数量和质量、最近的作业、课堂讨论、他们要做作业的数量和频率、他们该坐在哪里、评定等级和参与班级活动是否被包括在评级里。我们谈论了最好的班级和最差的班级，谈论了尊重和尊重别人意见、相互尊重的需要，倾听并乐意做一个积极的参与者，不敷衍别人或被别人敷衍。我谈了"我的教师时间"和他们的"学生时间"。嗯，这已经是5个月前的事了，我对学生的配合感到惊讶，我做得比去年要

检查要点： 形成学习群体

回　顾

● D. 约翰逊和 R. 约翰逊的形成学习群体的"3C 法"是什么内容？

应　用

● 如何将群体的观点介绍给你将要教的学生？

好;我们一周开一次班会看看情况如何、是否需要调整。我们制定了一个班级章程,当我们觉得需要修改时就召开"章程"会议。我原来不认为这会带来什么变化,但学生们的成熟和责任感令我吃惊,我也为自己积极投入改革而惊讶。这一年是美好的,我感到遗憾的是它就要结束了,我的学生要升入八年级了。我正在考虑向校长提出将我调入八年级,这样就可以继续和我的学生在一起。我已经教了14年书,这是最棒的一年。我觉得学生给予我很大支持,学生们也告诉我,他们感到得到我的支持。

保持良好的学习环境

一个好的开端仅仅是第一步,有效管理的教师在此基础上进一步发展。他们通过预防问题发生和使学生不断参与有益的学习活动来维护他们的管理体系。我们在前面已讨论了一些让学生不断参与的方法,例如,在"动机"那章,我们重视激发好奇心、将功课与学生的兴趣联系起来、鼓励合作学习、确立学习性目标而非行为表现目标,并使学生具有积极的期望。

鼓励参与

课程的设计常常影响学生的参与。一般来说,教师指导增多,学生参与活动的时间也会增加(Emmer & Evertson, 1981)。例如,一项研究发现跟教师一起活动的小学生,其投入任务的时间占其总时间的97%,而那些独自学习的学生投入任务的时间仅占57%(Frick,1990)。然而这并不意味,教师应剥夺学生独立活动的时间,它仅仅表明这类活动常需要教师悉心的指导和监控。

当活动不断提示学生下一步该做什么时,学生的参与性也会增强。步骤清晰的活动更能吸引学生,因为其中的一步自然导向下一步。当学生得到活动所需的所有材料时,他们趋向于坚持参与其中(Kounin & Doyle,1975)。一旦激发了学生的好奇心,他们就渴望不断去寻求问题的答案。此外,正如你所知道的,在真实的任务中学生会更积极的参与。

当然,教师不可能每时每刻监控每一个学生,也不可能完全依靠学生的好奇心,还需要别的方法使学生自主学习。在一项关于小学和中学教师的研究中,埃默、埃弗森和其他同事发现,有效管理的教师总有一套完备的指导方案鼓励学生管理自己的学习(Evertson et al., 2000; Eemmer et al., 2000)。下面的指南便是基于他们的研究成果。

指南——保持学生的参与

使基本活动清晰明了。

举例：

1. 详细说明并列出常规的活动要求，如标题、纸张大小、用铅笔或钢笔、整洁要求等。
2. 制定并说明迟到、未完成任务和缺勤的处置规则。如果出现不完成任务的苗头，尽快处理，若有必要应和家长沟通。
3. 活动期限合理，并坚持这一期限要求，除非学生有恰当的理由延迟。

说明活动的特点。

举例：

1. 对于年龄较小的学生，要有固定的布置作业的方法，例如每天把它写在黑板的同一个位置上。对于较大的学生，则可用口述、张贴或提纲的方式。
2. 提醒学生将要完成的作业。
3. 在布置复杂的任务时，给学生一张说明单，详细描述该做什么、需要什么材料、工作期限等。对于较大的孩子，还需告诉他们你评分的标准。
4. 示范如何做作业，和学生一起做前几道题目或给他们作业的样本。

监控活动的进展情况。

举例：

1. 你在班上布置一项活动时，要保证每个学生的起步是正确的。如果只是检查那些举手要求帮助的学生，将可能忽略那些自以为明白或太害羞而不敢举手的学生，还有那些根本不打算参与活动的学生。
2. 定期检查活动的进度，保证每个人在讨论中都有发言的机会。

在学业上给予频繁反馈。

举例：

1. 小学生应该在交作业的第二天内拿回作业，看到反馈。
2. 好的作业可以在班上展出，每周将评分的卷子带给家长。
3. 所有学生都保存他们的成绩、完成任务情况和得到的额外学分。
4. 对于较大的学生，把长期活动分成几个阶段，并在每一个阶段给他们反馈。

防患于未然是最佳方法

要维持你的管理，还需要做什么？最理想的方法当然是防患于未然。在一项经典研究中，雅各布·库尼恩(1970)比较了课堂较少产生问题的有效管理的教师和教学不断被混乱和纷争所困扰的无效管理的教师，研究他们的课堂管理方式。在观察这两组教师教学时，库尼恩发现，在发生问题后他们的处理方式并没有什么不同，两者的区别在于成功的管理者更擅长预防问题发生。库尼恩总结说，有效的课堂管理者在以下四方面特别有经验："明察秋毫、一心多用、维持团体注意和活动转换管理"（Doyle，1977）。近期更多的研究证实了这四个因素的重要性（Emmer & Evertson，1981；Evertson，1988）。[1]

明察秋毫

明察秋毫（withitness）[2]意味着应使学生感到教师了解课堂上发生的一切，教师没有忽略任何事情。警觉的教师似乎长着后眼。这些教师避免只关注一小部分同学而纵容其他学生无所事事。他们总是环视教室的每一个角落，注视那些独自活动的学生，让学生感觉自己仍受到教师的监控（Brooks，1985）。

这些教师也防止小问题演变为大的事件，他们清楚引发事端的是谁并保证对症下药。换言之，他们并没有犯库尼恩所说的"时机错误"（没有及时干预）或"目标错误"（错怪其他人，而犯错的同学却没有为自己的行为负责）。

如果同时发生两个问题，有效管理的教师先处理其中较严重的一个。例如，如果一位教师制止两个学生小声说话，而略过在削笔器上发出的短暂的吱吱咯咯声音，于是学生们开始相信，如果他们足够聪明，就几乎可以从所做的任何错事中逃脱。

一心多用和维持团体注意

一心多用（overlapping）[3]意味着教师同时关注和指导几项活动。例如，一位教师可能不得不一边检查某个学生的活动，一边对一个小组说"好，接着做"，鼓励他们继续下去，同时还在用一个眼神或一个暗示制止了另一个小组的违规行为（Burden，1995；Charles，1996）。

维持团体注意（group focus）[4]意味着使尽可能多的学生投入班级活动，避免只局限于个别学生。在课堂上所有学生都应有事可做。例如，教师可能会让所有学生写出问题的答案，但只叫个别学生起来回答，而其他学生在下面对答案。教师在教室里来回查看以确定每个学生都在参与，要求学生行为步调一致（Charles，1996）。一些教师让学生用小黑板或彩色小卡片分组回答问题。教师借此检查学生是否理解所讲授

---

〔1〕联系与拓展——联系你的教学。如果教师把所有学生分为若干小组，每组负责一部分工作。某小组中有一个调皮捣蛋的孩子妨碍小组完成任务，你将如何鼓励这个小组负责使这个学生参与合作呢？

〔2〕明察秋毫——根据库尼恩的观点，明察秋毫就是知觉教室中发生的一切。

〔3〕一心多用——即同时管理几项活动。

〔4〕维持团体注意——指让尽可能多的学生参与活动的技能。

的内容。例如，语法课上，老师说："已明白答案的同学，请举起卡片的红色那面；尚未完全理解的同学，请举起绿色那面"（Hunter，1982）。这是教师确保学生都参与活动并检查他们掌握程度的一种方式。

活动转换管理

活动转换管理(movement management)[1]意味着使课程和小组活动以合适（和灵活的）的步调顺利地从一项活动转向另一项活动。有效管理的教师会避免活动间的转换生硬和突然，比如，在尚未引起学生注意就宣布一项新任务，或者在一项活动中间就开始另一新的活动。在这样的课堂上，班上只有一部分学生开始了新的活动，而大部分学生却继续做着原来的事情，还有几位学生问邻座的同学该做什么，一些学生趁机嬉闹，而更多的学生不明白该干什么。

库尼恩指出，活动转换的另一个问题是过于拖沓，或用太多的时间来开始一项活动。有时教师给予指导过多。另外，当教师仅让一部分学生活动，却让其他学生等候和在旁观看，也会产生问题。查尔斯(Charles，1985，p. 26)举了这样的例子：

> 一堂自然科学课上，教师布置道："第一排同学起立，并拿上自己的烧杯。第二排照做。现在第三排。好，现在，第一排排成一行，依次取苏打，把苏打倒入自己的烧杯中。第二排也这样做。"待每排都倒好苏打后，教师又让他们逐排去加水。如此，就会使班上其他人只是干坐着，没有任何指导，无事可做，或者自己玩起来。

一位教师，如果能做到明察秋毫、一心多用、维持团体注意和有效的活动转换管理，他或她的课堂上会有更多学生积极参与学习活动。这并不意味课堂是严厉的，课堂更可能是一个忙碌的地方，学生在其中积极学习、获得自我价值感，而不会以不当行为去吸引他人注意、获得"地位"。

处理纪律问题

做一个有效管理的教师并不意味着你要公开纠正每一个小的违规行为。正如我们在第六章所看到的，事实上这种公众关注可能会强化那些不当行为。经常矫正学生错误的教师，他的班级学生的举止行为不一定是最好的(Irving & Martin，1982)。关键在于知道即将发生什么和重要的是什么。这样你就可以防止问题发生。埃默和他的同事(2000)及莱文和诺兰 (2000) 提议用七种方法尽快地制止不良行为，按七种方

[1] 活动转换管理——就是让课程和小组随着平缓的转换和变化，保持合适、平缓的步调运作。

法的干预性由小到大的顺序排列如下：[1]

- **注视或走近违规的学生，或者利用其他非言语的信号。**例如指出学生现在该做的活动。要确保这个学生确实停止了不适当的行为，回到学习中。否则，以后学生将无视你的暗示。
- **言语暗示。**例如，提到这个学生的名字（只是在授课中提到这学生的名字），请这个学生回答问题，或者幽默（并非讽刺）地说："我一定是产生幻觉了。我发誓我听到有人大声回答问题了，但这不可能啊，我还没叫人起来回答问题呢！"
- 你也可以问学生**是否意识到**他们的行为带来的消极影响，或者像本章后面所描述的那样给他们发送一个"我"的感受。
- 如果学生不能正确遵守班级规则，则**提醒他们**活动的程序，并使他们遵循程序正确行为。你可能需要把影响学生学习的玩具、梳子、杂志或笔记本收起来，但私下告诉课后会归还他们。
- 用平静的、非敌意的方式，请学生**陈述正确的规则和程序**，然后让他们按规则的要求去做。格拉瑟（Glasser，1969）建议可以给学生提三个问题："你正在做什么？它是否违法规则？你应该做什么？"
- 以清楚、坚定和非敌意的口吻叫学生**停止不良行为**。（本章后面我们将更详细地讨论如何给学生坚定的信息。）如果学生争辩，你只要重复之前你说过的话。
- **请学生自己选择**。例如，学生不顾教师的制止，不断说出问题的答案时，教师可以对他说："给你一个选择：马上停止大声讲答案，并举手要求回答问题，否则到教室后面去，过会儿我找你谈话。你选择吧。"（Levin & Nalan，2000，p. 177）

如果你必须实施惩罚，请阅读下面指南所给出的建议，它们摘自温斯坦和米格耐诺（1997，1996）的著作，其中的举例都是来自书中援引的专家型教师的原话。

指南——施加处罚

停止争论，直到你和当事学生都比较平静和较为客观的时候。

举例：

1. 平静地对学生说："坐下来，想想刚才发生的事。待会我会和你谈。"或者"我不喜欢看到刚才那一幕。今天空闲的时候来找我。"
2. 对学生说："对刚才发生的一切，我感到很生气。请大家拿出日记本来写写这件事。"几分钟以后再和你们讨论这件事。

[1] 联系与拓展——参考研究。以下这篇文章介绍了一项深入分析教师如何处理学生行为问题的研究项目：J. 布罗菲和M. 麦卡斯兰（1992）的《教师自我报告：如何知觉和处理问题学生》（Teachers' reports of how they perceive and cope with problem students），载于《小学杂志》（*Elementary School Journal*），第93卷，第3—68页。

私下里的处罚。

举例：

1. 与学生私下达成协议，并坚持履行协议。
2. 抗拒公开提醒学生的冲动，否则就违背了自己在协议中应承担的义务。
3. 走到必须给予约束的学生身边，以只有他听得见的声音警告他。

处罚后，即刻和学生重建积极的关系。

举例：

1. 交给这位学生一项任务或请他帮忙。
2. 称赞这位学生的学习，或在他举止得当时，拍拍他的后背或给他一个象征性的鼓励。

建立可适用于多种情况的惩罚等级表。

举例：

没完成作业的学生：(1) 接受提醒；(2) 接受警告；(3) 在放学前交作业；(4) 放学后留下来完成作业；(5)“教师—学生—家长”三方会面，一起制定一个行动计划。

中学生的特殊问题

许多中学生从来不完成作业。教师除了鼓励他们对学习负责任，还有什么其他办法解决这一令人沮丧的问题？这一年龄的学生有很多作业，教师也有很多学生，所以他们双方都可能会弄不清已完成了哪些作业、还未完成哪些作业。若是这样，教师应教学生制定每日计划。此外，教师还应该坚持做确切的记录。最重要的是执行对不完成作业规定的处罚后果。不要因为你知道某个学生很聪明，通过考试没问题，就对其不完成作业不加理会。让学生明白他们可以选择：完成作业并通过考试，或不完成作业而接受处罚。[1]

另外一个问题是，有的学生总是犯同样的错误。例如，经常忘带材料或打架。这时你该怎么做呢？首先该让他们坐得离可能被他们影响的同学远一点；其次，要尝试在他们违反规则之前及时发现他们的问题，但如果他们已违反了规则，你就得坚持让他们承担后果；不要接受“下次不会了”的保证(Levin & Nalan, 2000)；教会学生监控自己的行为，第六章介绍的一些自我控制的技巧应该会有所帮助；最后，要保持与学生的友好关系，尝试抓住机会与学生交谈其他有意思的事情，不要总是围绕着他们的违纪问题。

行为无礼、不友好的学生可能会带来严重的问题。如果发生冲突，教师应尽快摆

〔1〕 联系与拓展——联系你的教学。在六年级的班里，几乎每天都因罗伯没遵守规则而使他的小组失去奖赏，小组的其他成员给他施加压力，而且有两位学生的家长给你打电话抱怨小组奖赏不公平。你该怎么处理呢？

脱，在公开的对抗中大家会两败俱伤；一种可能的方法是，给学生保留面子和冷静下来的时间，对他们说："是否合作，由你来选择，给你一分钟的时间考虑。"如果学生同意合作，你们可以谈谈如何控制这尴尬的局面。如果学生拒绝合作，就让他在大厅等着，你安排好全班学生的活动后，再到外面和他单独谈话。如果学生拒绝离开，你就得派另一位学生去请校长助理，然后处理到底。如果在校长助理来到之前，学生改变了主意，答应合作，也不要就此了事。如果冲突经常发生，你可能要和咨询专家、家长或其他教师一起讨论。如果问题在于不可调和的性格冲突，这学生就应转到其他班级。

检查要点： 保持良好的学习环境

回 顾

- 教师如何鼓励学生参与活动？
- 解释库尼恩识别的预防课堂管理问题的几个因素。
- 描述七种干预不良行为的方法。

应 用

- 如果课堂上有学生违法规则，你会惩罚他们吗？用什么方式？

有的时候，对事件做记录是很有帮助的，记录学生的姓名、所说的话、日期时间地点和教师的反应，这些记录可以帮助你识别问题，在与学校管理者、家长和特殊服务人员会见时也会派上用场（Burden，1995）。一些教师还让学生记录小事情以证明它发生过。

暴力和破坏财物是很难处理的有潜在危险的问题。遇到这种情况，第一步是派人去求救，并记下当事人和目击者的名字。然后使围观者散开——观众只会让事情变得更糟。不要试图不寻求帮助而自己劝架。确保学校办公室了解这个事件，学校通常有处理这类问题的原则和规定。[1]

交流的需要

当问题出现的时候，师生之间的交流是必不可少的。师生之间的交流不仅仅是"教师讲，学生听"，也不只是个体之间交互的言语。交流的方式有多种，我们的行为、动作、声调、面部表情以及其他非语言行为都将信息传达给学生。但在许多情况下，我们打算传达的信息并不等同于学生接收到的信息。

发送的信息——接收的信息

教师： 卡尔，你的作业呢？

〔1〕 联系与拓展——联系你的教学。如果教师发现一个小学生参与了非法活动如贩毒或偷窃，教师的责任应该是什么？

卡尔：早上我把它落在我爸的车上了。

教师：又来了？明天把你爸写的便条交给我，请他证明你真的做了作业。没有便条就没有成绩。

卡尔获得的信息是：我不能信任你，我需要证明你做了作业。

教师：大家间隔地坐，把你们的东西放在桌子里。简和罗瑞尔，你们坐得太近了，你们中的一个必须挪开一点。

简和罗瑞尔获得的信息是：我料想你们考试的时候会作弊。

林肯女士的幼儿园新来了一位孩子，这孩子很邋遢。林肯女士把她的手轻轻地放在孩子的肩上说："我很高兴你能来这儿。"但她动作生硬，不愿接近那女孩。

女孩获得的信息是：我不喜欢你。我觉得你是个差孩子。

在以上的情境中，信息被发送出并被接收。有时教师认为他们只发出了某种信息，但是，他们的声调、身体位置、词语的选择、手势却在表达另一种信息。

学生们能够听出这种暗含的信息并作出反应。例如，如果学生觉得他（她）被教师（或其他同学）侮辱了，就会表现出敌意，但是他（她）可能不会说出这种感觉的来源。或许这并不是教师的言语，但隐含在教师的语调中。在这种情况下，教师感到被人无端的攻击，"我说什么啦？我只是说……"交流的第一个原则是人们只按他所理解的意思作出反应，而不一定是根据说话者的意图发出的信息和实际的语言。

有很多练习可以帮助我们实践正确地发送和接收信息。我班上的学生曾告诉我，一个教师用**释义方法（paraphrase rule）**〔1〕来促进准确的交流。首先，讨论中，在允许任何一位学生（包括教师）对班上其他人的发言进行评价之前，他（或她）应先概述发言人的话。如果不正确，说明他（她）误解了发言人的意思。这时，发言人必须重新作出解释，听者再释义一次，如此反复，直到听众理解了发言人真正想说的意思。

释义不仅是一种课堂练习，它也可以成为与学生交流的第一步。在教师适当地处理任何学生问题之前，他们必须知道真正的问题出在哪儿。当一个学生说："这本书真乏味！为什么我们一定得读它？"他真实的意思可能是："这本书对我来说太难了，我读不下去，我觉得好乏味。"

诊断：问题该由谁来解决？

作为教师，你可能会觉得许多学生的行为令人忧虑、不快和使人无法接受。但你

〔1〕 释义方法——在允许听者作出反应之前，先让其概述发言人的话。

却很难避开这些问题，也很难客观地看待这些问题和作出一个适当的反应。根据托马斯·戈登(Thomas Gordon，1981)的研究，良好师生关系的关键在于，教师如何分析自己因学生的某种特定行为而苦恼的原因和这个问题该由谁来解决。教师必须首先反思应该由谁来解决问题，对这个问题的回答很关键。如果真是学生要解决的问题，那么教师应该成为学生的咨询者和支持者，帮助学生找到解决问题的方法。如果是教师要解决的问题，那么教师有责任和学生一起找出解决方案。

诊断解决问题的主体是谁并不总是一件轻而易举的事情，下面我们举三个例子来练习一下：

1. 一个学生在学校的百科全书上乱写淫秽的话语和乱画明显有性内容的图画。

2. 一个学生告诉你，他的父母大打出手，他恨他的父亲。

3. 一个学生在教室的后排安静地读报纸。

为什么这些行为会带来麻烦？如果你不能接受学生的行为是因为这些行为对作为教师的你有严重影响；如果你认为学生的行为阻碍你达到自己的目标，那么，这就是你要解决的问题，你需要面对学生，并去寻找解决问题的办法。以上描述的第一个情境——一个年幼的色情作者——看起来是这种问题，因为教学资料被损坏。

假如你为学生的某个行为感到苦恼，是因为它对学生造成了影响，或者是因为你替他们感到难堪，而这一行为并没有直接干扰到你的教学，那么，这大概就是学生要解决的问题了。判断的标准应该是：学生这一行为是否确实影响到你，或者使你无法履行作为教师的职责？在第二个情境中，虽然你确实不希望那个孩子恨自己的父亲，但他不会影响到你的教学，因此这是学生要解决的问题，他得自己找出解决的办法。

判定第三个情况比较困难。在我的课上曾围绕它进行了长时间的争论，探讨学生上课看报纸是谁要解决的问题。一种观点以为教师并没有受到干扰，这是学生要解决的问题。另一种看法是教师可能觉得课上学生读报分散了他的注意力，这就成为教师要解决的问题，他们必须找出一个解决办法。在这种意见不一的灰色区，答案可能有赖于教师对学生行为的实际体验。一旦确定了解决问题的主体，就该采取行动了。

咨询：学生的问题

让我们选出一些学生认为阅读乏味的情况，教师该如何处理这些问题呢？

学生： 这些书真乏味！为什么我们非读不可呢？

教师： 你觉得心烦。这些书对你一点价值都没有。

[教师解释学生的状况，试着去引导学生的情绪和话语。]

学生： 是的。我认为它一点价值都没有。我的意思是，我不知道它是否有价值，我一点都看不懂。

教师： 它太难读懂了，这使你烦恼。

学生： 是的，我觉得我很笨。我知道我可以写一篇很好的文章，但不是关于这本难懂的书。

教师： 我想，我可以给你提些建议，使你能更容易理解书的内容。今天放学后你可以留下来吗？

学生： 好的。

这里，教师运用了**移情倾听(empathetic listening)**[1]的方法，允许学生自己寻找解决问题的方法（正如你所看到的，这种方法主要依赖于释义）。教师通过倾听学生和避免过早提供建议、解决问题的方法或给予批评、劝诫和质问，从而使交流之路保持畅通。下面是教师可能作出的无帮助的反馈：

- 我选这本书，是因为它是我们图书馆中最能体现这位作者写作风格的书。在明年英语二级之前，你必须得读它。（教师想证明他的选择是有道理的，但却妨碍了学生承认这个"重要"的作业对他来说太难了。）
- 你真的读了吗？我敢打赌你没有，而是想逃避布置的作业。（教师指责，学生感到："老师不信任我！"他要么会为自己辩护，要么就不接受教师的观点。）
- 你的任务就是去读书，而不是问为什么。我知道什么是最好的。（教师摆出老资格，学生似乎听到的是："你还不能判断什么对你有好处。"学生将对教师的判断反感或消极地接受。）

当学生向你提出问题时，移情、积极的倾听是一种很有效的反应。你必须对学生所说的给出反馈。反馈不仅仅是重复学生的话，它应反映出学生在话语中隐含的情绪、意图和含义。索科洛夫、加勒特、萨克和萨克（Sokolovo, Garrett, Sadker, & Sadker, 1986, p. 241）总结了积极倾听的要素：(1) 排除外在刺激；(2) 留心语言的或非语言的信息；(3) 区分情感和理智的信息；(4) 推断说话者的感受。

当学生意识到他们正在被认真倾听，而且没有因为其所说所想受到消极评价，他们会更信任教师并更大胆地讲话。有时，问题的真相将在谈话的后面浮现出来。

正视问题和坚定的管理

假设有一位学生上课十分好动，干扰了教师的教学。教师决定让这个学生必须停

---

〔1〕 移情倾听——听取他人说话隐含的意图和情感，并通过解释对它们作出反应。

下来。这就是教师要解决的问题，教师要正视问题，而不是提供咨询。[1]

“我”的感受

戈登(Gordon，1981)建议，为了干预和改变学生的行为，教师发送一个**“我”的感受(“I” message)**[2]。一般来说，这就意味着以直截了当的、确定的、非判断的方式告诉学生他们正在做什么、他们的行为对教师的影响及你的感受。那时，学生往往会自愿地纠正过来。下面是两个例子：

- 如果你把书包放在走廊里，我可能会被绊倒并受伤。
- 当你们一起大声说出答案时，我无法听清每个人的答案，我感到沮丧。

坚定的管理

李、马伦·坎特(Lee & Marlene Canter，1992；Canter，1989)建议用另一种方法处理教师要解决的问题，他们称之为**坚定的管理(assertive discipline)**[3]。当教师期望明确，并执行预定的处罚结果时，他们便是坚定的。这时学生有明确的选择：遵守纪律，否则接受处罚。许多教师对学生束手无策，因为他们要么冷淡、消极，要么不友好或盛气凌人。

消极方式(passive style)有好几种表现形式。不直接告诉学生该怎么做，而是让他们自己想出合适的解决办法。一位消极的教师可能会对学生的问题行为进行评论，但实际上并没有告诉他们应如何改变：“为什么你要这么做呢？难道你不知道规则吗？”或是“山姆，你这是在干扰课堂吗？”或者教师可能清楚说明了应该如何做，但从未落实规定的处罚后果，总是给学生“再一次”机会。最后，教师还可能会忽视那些该给予反馈的行为或者很久之后才给反馈。

非友好方式(hostile response style)包含了不同类型的错误。教师针对“你”陈词一番，“你该为你的行为感到羞耻！”或是“你从来不听讲！”或是“你像个三岁小孩似的！”谴责学生但并没有清楚地指出学生该做什么。教师可能会愤怒地威胁学生，但几乎没什么效果。也许是因为威胁太不清楚，“如果被我发现，你将会为你所作所为感到后悔。”或者是太严厉了。例如，一个体育课教师告诉一个学生他必须在冷板凳上坐三个星期。过了几天，队里缺少队员，教师就让这个学生回来，而不再让他继续接受坐冷板凳的处罚。通常当采取消极方式的教师发现学生仍继续他们的不适当行为时，他

---

〔1〕 联系与拓展——联系专业争论。里德·坎特(Read Canter，1989)的《坚定的管理——不仅仅是黑板上的名字和瓶子里的石子》(Assertive discipline—More than names on the board and marbles in a jar)，载于《菲·德尔塔·卡潘》(美国教育专业协会会刊)(*Phi Delta Kappan*)，第71(1)卷，第41—56页。评价坎特的“坚定的管理”观点，在对行为主义学习观的批评和对“坚定的管理”的批评之间的相似之处是什么？在《教育领导学》(*educational leadership*)1989年中有一个有关纪律的专栏[第46(6)卷，第72—83页]，其中发表了坚定的管理的支持者和批评者不同的观点。

〔2〕 “我”的感受——教师以清晰的、非指责的口吻向学生陈述某些事情如何对自己造成影响。

〔3〕 坚定的管理——明确、坚定而非敌意的管教方式。

们常常会变得不友好和非常容易发火。

与消极、敌对的方式相反，坚定的管理使学生感到，你非常关心他们，学习的过程允许不适当行为存在。自信的教师能清楚地指出什么是他们所希望的。最有效的是，当教师说话或提到学生名字的时候，教师通常注视着学生的眼睛。自信的教师的声音是平静的、坚定的、有信心的。他们从不因责备而转移目标，如“你就是不明白”或“你不喜欢我”。坚定的教师从不陷入关于规则公平性的争论。他们希望的是学生改变行为，而不是学生的承诺和道歉。

虽然有很多教师和学校的管理者对运用坚定的管理抱有热情，但一些教育家和心理学家对它的作用却提出质疑。下面的“观点与争议”将深入探讨这一问题。

观点与争议：坚定的管理有用吗？

李·坎特，这位“坚定的管理”的创建者，描述了他对一些有效教师的观察：

> 首先，我发现有经验的教师很自信，他们教给学生如何行为。他们为课堂制定了清晰的规则，并把这些规则告知学生，教学生如何去遵守这些规则(1989，p. 58)。

坚定的管理有效吗？支持和反对这种方法的意见都很强烈，正如你将看到的，研究者持怀疑态度，但实践者却致力于坚定的管理。

▶观点：研究结果并不支持坚定的管理的理念。

加里·伦德尔、杰·尼尔·帕迪利亚和 H. 马克·克拉克(Gary Render, Je Neil Padilla, & H. Mark Krank, 1989)在《什么研究支持坚定的管理》一文中，指出没有不带偏见的研究可支持坚定的管理。尽管有报告宣称已有 50 万人接受了坚定的管理的训练，但伦德尔和他的同事只看到了 16 项关于坚定的管理的系统化的研究。分析这些研究，他们得出如下结论：

> 坎特的主张(1988)……并未得到现有文献的支持。我们同意坚定的管理在情况严重时会对学生有所帮助，即超过 96%的时间里学生行为不当时，正如曼德尔鲍姆等人(Mandelbaum, et al., 1983)研究的情况。我们对在研究下的教师是否会从中获益一直存在争议。然而，找不到证据证明坚定的管理是个很有效的手段，值得学校和学区推广(p. 72)。

第二种批评意见认为坚定的管理只能在短时间内制止不当行为，而对学生的长时期的影响是不利的。理查德·柯温和艾伦·门德尔(Richard Curwin & Allen Mendler, 1988)提醒教师，课堂管理系统不仅要调控学生的行为，还应指导他们认识自我价值，认识自己具有负责任行为的能力与解决问题的能力，认识他们对自己生活有多大的控制力，以及他们如何利用这些控制力。可是那些坚定的管理能教会他们什么呢？“如果因为在黑板上划第四道就意味给家长打电话，理查德划了第三道后就洗手不干了，那么这个计划提高了他的自制力吗？或者改变了一个在破碎家庭长大的孩子的内心困扰吗？”(Curwin Mendler, 1988, p. 56)。这一问题得到了约翰·科瓦列斯基(John Covaleskie, 1992)的回应：“使学生成为品行端正的因素并不是认识法规，甚至不是遵守法规，而是讨论为什么要按某种方式行为”(p. 56)。

◀对立的观点：实践者认为坚定的管理起作用。

针对伦德尔和他的同事宣称的研究不支持坚定的管理，塞米·麦克马克(Sammie McCormack, 1989)说：“决定实施一项计划应以许多因素为基础，研究只是一方面。从实践者的角度来看，坚定的管理有效”(p. 77)。麦克马克报告了来自俄勒冈州四个学区和一个学校同盟的、超过 8 700 名教师的看法。在这些学校里，78%～99%的教师看到坚定的管理改善了学生行为。麦克马克并没有说明这些特定的样本是如何选出的，也没有说明是否其他学校的教师会有不同反应。

柯温和门德尔认为，像坚定的管理等管理系统可能会破坏学生的自我价值和责任感。与此相反，李·坎特(1988)提出，好几项研究发现，在引进坚定的管理之后，学生和教师的自我观念都得到提高。坎特进一步指出，坚定的管理的原理是给学生选择的机会，学生正是通过选择和接受行为后果学会了承担责任。

正视与协商

如果“我”的感受或坚定的管理方式都无法奏效，学生仍继续不当行为，学生和教师将陷入冲突，一些隐含的危险正在迫近。双方不能很正确地理解对方的行为。研究表明，你越生气，越会觉得对方像恶棍，而你是一个无辜的受害者。因为你觉得是别人做错了，对方却强烈认为冲突完全是你的错，没有一点相互信任可言，共同合作解决问题几乎是不可能的。事实上，当讨论进行了几分钟的时候，已经偏离了最初的问题，而陷入了无休止的批评、反击和自卫中(Johnson & Johnson, 1994)。

这时有三种解决师生间冲突的方法。一是教师强制实行一种解决方案，在紧急事件出现时，这是很必要的。例如，当一个傲慢的学生拒绝出去而爆发公开争执时。但这种方法对于大多数冲突来说并不是一个好办法。第二种方法是教师对学生的要求让步,你将可能在激烈的辩论中被说服,但是同样要谨慎地运用它。劝说对方改变立场不是个好办法,除非最初的观点是错误的。当教师或学生彻底放弃时,都会出现一些问题。

戈登推荐第三种方法。他称其为"无损失方法"。在解决问题过程中考虑了教师和学生两方面的需要,没有要求任何人彻底放弃原有的立场,所有当事人维持对自我和对他人的尊重。"无损失方法"有六个步骤,问题解决的策略是:

1. 确定问题。确切地说,涉及的行为是什么?每个人需要什么?(运用积极聆听的方法来帮助学生准确地找到问题所在)

2. 提出许多可能的解决办法。集体研讨,但请记住,这时还不允许对任何意见做评价。

3. 评价解决问题的方法。任何参与者都可以否决任何意见。如果没有发现可接受的方法,再次进行集体研讨。

4. 作出决定。根据大多数人的意见选择一种方法,但不是通过投票。最后,应使所有人对这一方法满意。

5. 决定如何实施解决方案。需要什么?每项任务由谁负责?时间安排如何?

6. 评估方法的成效。在方案实施了一段时间之后,问:"我们对自己的决定满意吗?它进行得如何?是否需要进行改动?"

许多课堂上的冲突是发生在学生之间,了解各种相关的经验是十分重要的。

学生冲突与正视冲突

解决冲突对大部分人来说很难,对年轻人来说就更加困难。从公众对学校暴力的关注中我们看到,我们对学生间冲突的了解少得让人吃惊(Rose & Gallup, 1999;Johnson, Johnson, Dudley, Ward, & Magnuson, 1995)。一些证据表明,在小学冲突主要围绕使用资源的争议(学校设备、计算机、运动器材或玩具)和偏好的不同(先进行什么活动或先玩什么游戏)。二十多年前,对来自三大城市的八百多名初中和高中学生和五百名教职工进行了一项大规模的调查,结果是90%的学生对冲突采取破坏性的解决办法,或者根本就置之不理(DeCecco & Richards, 1974)。之后的几项研究得出了相同结论,回避、强迫和威胁似乎成为解决冲突的主要策略(Johnson, et al. ,1995)。

冲突:目标与需要

当人们遇到冲突时,主要考虑两个问题,第一是要满足他们的需要和目标。个人需要与他人或集体需要发生矛盾，通常成为造成冲突的原因。第二是维护与冲突中其他各方的适当关系。这两点被置于从非常不重要到非常重要的连续体中。根据目标和关系的重要程度采取不同策略，详见表 12.4（Johnson & Johnson，1994）。

表 12.4 管理冲突的策略

不同的情况需要不同对策，但任何策略都可能被错误地用在不适当的情境下。例如，妥协可能被不恰当地用于避免一切冲突，也可能恰当地用于推迟正面对抗直到有可能进行建设性的讨论。

目标重要吗?	关系重要吗?	策略	恰当的使用	不适当的使用
不	不	妥协	推迟正面对抗直到有可能进行建设性讨论。	避免冲突、隐藏
不	是	平静/让步	当别人的需要更重要时	只为求得他人的欢心而让步
是	不是	强迫	很少适用，也许当保证别人的安全是你的责任时	威胁，不惜一切代价获得，压制
是	是	正视	解决冲突——加强关系——维护双方目的	一般是恰当的
中度	中度	和解	为共同利益而作出牺牲	当正视能满足双方目的时

这里需要指出的是，具体的策略在具体的情境中才有意义。虽然没有指导和实践，学生也可能使用一种策略，但他们也许不能根据问题情境采取针对性的策略。[1]

学校暴力

年轻人之间的暴力冲突，是一个遍及全国、存在于社区和学校中的正日益严重的问题（Lowry，Sleet，Duncan，Powell，& Kolbe，1995，p. 7）。在美国社会里，从 12 岁到 24 岁的年轻人最可能成为暴力的受害者，并且许多攻击性行为会破坏学校财物。造成这一问题有许多原因。它是对整个社会的挑战，学校该怎么做呢？

一是预防。在芝加哥的一些奇卡诺团伙成员说，他们开始游荡，是在发生了这样一系列情况之后，他们受到教师侮辱、辱骂，教师公开侮辱他们，贬低他们的文化，在课上忽视他们，把所有不好的事件都归咎于他们身上。这些学生报告说，一些教师因为

〔1〕 联系与拓展——帕克斯（Parks，C. P.，1995）的《学校中的团伙行为：虚构的还是真实的？》（Gang behavior in the schools：Myth or reality），载于《教育心理学评论》（*Educational Psychology Review*），第 7 卷，第 41—68 页。摘要：这篇论文的目的是揭示在美国的学校里团伙行为的性质，特别侧重于团伙行为在多大程度上影响或激化了更为严重的问题——学校暴力。出乎意料的发现是学校团伙暴力方面缺乏实证研究。事实表明青年团伙在近几十年中发生了明显变化，呈现更多的暴力倾向，主要原因是毒品及携带武器。这种暴力对学校的一个主要影响是，使学校结束了其作为没有团伙活动的"中立区域"，因此，看起来街道团伙的类似问题已渗入学校。这篇评论探讨了关于学校团伙暴力界定和文献的问题、与学校相关的团伙行为的趋向性、团伙成员的动机、危险青年以及解决问题的策略。

他们是拉丁美洲人而对他们不好或根本不对他们寄予希望，他们加入团伙是为了寻求安全和逃避这样的教师（Padilla，1992；Parks，1995）。俄亥俄州的另一项研究发现，加入团伙的学生尊重那些基于关心而坚持对他们提出学业成绩要求的教师。新泽西的一所高中里，教师对难管教的学生最有办法，我曾经问过这所学校里一位有才华的教育家，他说这里的教师有两种：一种是不会被恐吓或愚弄，并且希望学生学习，另一种是确实关心学生。我问他属于哪种，他回答说兼而有之。

除了预防，学校可建立一些师友活动、解决冲突训练、社交技巧训练、更有意义的课程，以及父母和社团介入的活动（Padilla，1992；Parks，1995）。同伴调解似乎也是有效的干预方法。

同伴调解

戴维・约翰逊（David Johnson）和他的同事（1995）向二至五年级的 227 名学生提供了冲突解决训练。学生学到了五步协商策略。

1. 共同明确冲突。将某个人与他的行为和问题区分开来，避免输赢的想法，并且明确双方的目的。

2. 交流观点和兴趣。提出一个暂时性的建议，并举出一个例证；然后听取别人的建议和想法；保持灵活性和合作精神。

3. 转换角度。从别人的观点考虑问题，交换角色，为那个观点提供论据。

4. 至少提出三种双赢的方案。集中研讨，以目标为焦点。创造性地思维，确保每个人有权利提出解决方案。

5. 形成整合的一致意见。确保可实现两方的目标。如果有失败，掷硬币，轮流依次，或者是找第三方作为调解员。

除了学习解决冲突，在约翰逊等研究中的所有学生，都接受了调解策略的训练。调解员的角色由学生轮换承担，每天教师挑选两名学生作为调解员，他们穿上调解员的 T 恤。约翰逊和他的同事们发现，学生们学会了解决和调解冲突的策略，并能在家里和学校有效运用这些策略更富有成效地解决冲突。要详细地了解这些策略，请阅读约翰逊和约翰逊（1994）、米勒（Miller，1994）或者史密斯（1993）的研究。[1]

---

〔1〕 联系与拓展——参考研究。D. W. 约翰逊、R. 约翰逊、B. 达德利（Dudley，B.）、M. 沃德和 D. 马格努森（1995）的《同伴协商对学校管理和家庭冲突的影响》（The impact of peer mediation training on the management of school and home conflicts），载于《美国教育研究杂志》（*American Educational Research Journal*），第 32 卷，第 829—844 页。摘要：在美国中西部郊区的一所学校进行了同伴协商项目研究，以调查了冲突发生的种类、学生解决冲突的策略以及在学校和家庭中解决策略的类型。研究还分析了同伴协商项目对解决冲突的策略和冲突的解决的影响。结果发现学校发生的冲突和家庭产生的冲突有明显不同。训练对学生的策略及冲突的解决有显著影响。

同伴协商对于年龄较大的学生和问题严重的学生一样有效(Sanchez & Anderson, 1990)。在一个项目中,被选择的团伙成员接受协商训练,然后团伙中所有成员被邀请自愿参加协商过程,期间由学校咨询师担任监督指导,严格的规则支配着书写协议的过程,由团伙中的代表签署协议,桑切斯和安迪生(Sanchez & Anderson,1990)发现学校团伙暴力降至最低点——协商过程的法宝在于交流(p. 56)。

尊重与保护

明尼苏达州明尼阿波利斯市的约翰逊学院提出了一个与学校暴力相抗争的项目——"尊重与保护"。该项目基于五个观点:第一,每个人都有尊重和保护他人权利的义务。第二,暴力是不被接受的。第三,该项目针对教师、学生和家长的纵容暴力的行为,例如否认暴力行为、为暴力提供依据和理由或者责备他人。第四,明确定义暴力的构成,区分两种暴力——欺凌弱小的暴力和正常冲突引起的暴力。第五,该项目包括两个方面,以成人为中心的预防措施改善学校的氛围,以学生为中心的干预措施给学生提供选择的机会和告之清楚的后果(Rembolt, 1998)。表 12.5 概括了选择和后果的水平。

表 12.5 尊重与保护

该表呈现了对每一种暴力水平采取的可观测的行为反应。

选择、结果和协议的过程					
暴力水平	**水平 1**	**水平 2**	**水平 3**	**水平 4**	**水平 5**
违反和侵犯行为	违反规定(较轻微的)	误用权力(重复违规)	滥用权力(严重的)	持续滥用(严重的)	病变的(难驾驭的、难治愈的)
教师行为	正　视 制止暴力 处理问题 整理干预报告 回顾"禁止暴力"的规定 建议采取愤怒管理,冲突解决,同伴协商,或班级会议等手段	正　视 制止暴力 提交校长办公室 整理干预报告 评价冲突类型 评价与家长的谈话	正　视 制止暴力 提交校长办公室 整理干预报告 评价冲突类型 家长会议 建议实施养育活动	正　视 制止暴力 提交校长办公室 整理干预报告 评价冲突类型 做心理社会学的评价 召开家长会议 建议实施养育活动 建议家庭咨询	正　视 制止暴力 提交校长办公室 整理干预报告 遵循心理学的建议 召开家长会议 建议实施养育活动 建议对学生实施强化治疗

续 表

选择、结果和协议的过程					
暴力水平	水平 1	水平 2	水平 3	水平 4	水平 5
学生影响/后果	回顾暴力活动 通知父母(可选择) 赔 偿 法律诉讼	提交办公室 生活技巧工作表 通知父母 限制直到完成工作表 赔 偿 法律诉讼	提交办公室 通知父母 最短隔离 列入暴力群体 愤怒管理 联 系 授 权 赔 偿 法律诉讼	提交办公室 通知父母 最长隔离 列入暴力群体 再 联 系 赔 偿 法律诉讼	提交办公室 通知父母 最长隔离 置于另一个环境 赔 偿 法律诉讼
协 议	口头保证	简单约定	问题契约Ⅰ	问题契约Ⅱ	底线协议

根据学生暴力行为的频率和严重程度，将学生分为1—5级水平。当情况发生后，学生可能保持在某个特定的水平上。任何涉及种族歧视，性别歧视、身体伤害或者企图伤害教师的暴力行为，都将被划入3级水平以上。此手册提供了与各暴力水平相关联的系列行为。

Source: From "Making Violence Unacceptable," by C. Rembolt, 1998, *Educational Leadership*, 56 (1), p. 36. Copyright © 1998 by *Educational Leadership*. Adapted with permission.

* See source for a complete description of the different contracts.

检查要点：交流的需要

回 顾

1. "移情倾听"是指什么？

2. 区分自信的、被动的和不友好的反应类型。

3. 处理学生之间和师生之间冲突的方法是什么？

应 用

1. 描述你怎样运用戈登的问题解决理论来处理你面对的课堂问题？

2. 你将如何使家庭参与建立班级的学习群体？

与家长交流课堂管理问题

综观全书，家庭在教育中扮演了重要角色，在课堂管理中也是如此。当家长与教师有着同样的期望和互相支持时，他们就能创造出一个积极的学习环境。"**与家庭和社区建立合作关系指南**"中提出了学校与家庭和社区合作的一些建议。

与家庭和社区建立合作关系指南——课堂管理

确保学生家长了解班级和学校的期望及规章。

举例：

1. 晚上家人一起娱乐时，让学生用幽默短剧的形式把规则表达出来——怎样遵守规则以及违反规则的后果"看起来怎样?""听起来怎样?"
2. 在家里电冰箱上张贴一张海报，以轻松的方式描述最重要的规定及期望。
3. 对于年龄比较大的学生，为其家长提供一张主要功课期限的清单，并附上说明如何激发通过循序渐进的努力完成高质量的工作，而避免临时抱佛脚。
4. 以适当方式与家长交流，可能的话，使用家长的第一语言来沟通，使用符合学生家长阅读水平的便条。使家庭的合作者认识良好的公民权利与义务。

使家庭与学校共同认可良好的公民行为。

举例：

1. 学生在班里有好的表现时，学校应积极地反馈给家里，尤其是对于那些以前给班级管理带来麻烦的学生，更应及时给予肯定。
2. 为学生家长提供一些表扬和庆祝学生取得学业成就的方法，甚至是经济情况不佳的家庭也可以做到——一份喜爱的食物、选择租看的录像带、对一位特别的人物如婶婶、祖父母或部长进行评论以及得到为弟弟妹妹读书的机会。

在社区中发现可利用的资源以帮助在班级里建立一个学习环境。

举例：

1. 让学生写信给地毯和家具店，请求其赠送地毯零头来铺设阅读角。
2. 在学生的家庭成员中寻找会装设书架、造房间隔断、绘画、缝制、写故事、种盆景或者熟悉计算机网络的人。
3. 与商业部门接触，争取获得捐赠的计算机、打印机及其他设备。

当学生出现行为问题时，寻求家庭的合作。

1. 与家长通过电话交谈或进行家访，保持对问题行为详细的记录。
2. 听取家庭成员的意见，与他们共同解决问题。

总结

组织的必要性

课堂管理的挑战有哪些?

课堂的特征是多元的、多事件同时发生的、应急的、难以预测的、公开的以及受到学生和教师以往经历影响的。一个管理者每天都必须处理这些组成因素。因此,有效的课堂活动需要学生的合作。保持合作对于不同年龄阶段的学生来说要求不同。年幼的学生学习怎样“上学”和基本的学校秩序。而年长的学生则需要学习不同学科中活动的特定要求。与青少年一起要求教师理解青少年同龄群体的作用。

良好的教室管理的目标是什么?

有效的课堂管理的目标是,使更多的时间用于学生学习,通过使学生积极参与学习以提高时间的利用率,确保参与结构是明确的、直接明了和给予一致的信号指示,以及鼓励学生自我管理、自我监控和培养责任感。

营造积极的学习环境

区分规则和程序

最有效管理的教师为解决可预见的问题制定规则和建立程序,规则指出了在课堂生活中应该做和不应该做的事,而且通常被写下来或张贴出来。而程序涉及管理活动、学生活动、清扫卫生、上课常规、师生之间以及学生之间的相互作用等等。法则还可以写成权利的形式,而且学生可能在参与制定规则中受益。另外,应确定遵守或破坏规则和程序的后果,使学生和教师明确结果。

区分个人区域和兴趣区域的空间布置

有两种空间安排,一种是传统意义上的教室安排,称之为领域的;另一种为功能的,即把空间分成兴趣区域和工作区域。通常灵活性是关键。而材料的取放、方便性、必要的私密性、易于监控指导和重新评价计划的愿望也是教师在选择物理条件的安排上的重要考虑因素。

比较有效管理者和无效管理者的开学第一周的活动

资料库已建起来。教师计划周详以避免出现任何紧急任务迫使他们离开学生。这些教师解决了孩子们当即需要解决的问题,“我该把东西放在哪儿?”“我们教师的名字该怎么念?”“我可以对我旁边的同学小声说话吗?”“卫生间在哪儿?”有效的教师有一套操作性强又简单易懂的规则,而且在第一天就把最重要的规则教给学生。他们像教其他课程一样教规则,提供了许多解释、例子和练习。

形成学习群体

D. 约翰逊和 R. 约翰逊提出的建立学习群体的“3C 法”是什么内容?

“3C”分别是指合作群体、建设性的解决冲突和群体成员的价值观。课堂管理开始于建立以合作为基础的学习群体,这种群体的核心是积极的相互依赖的观念——个体共同活动以达到相互共有的目标。建设性的解决冲突在群体中必不可少,因为冲突是不可避免的,甚至是必要的。最后一个“C”是群体成员的价值观——群体共同具有的认识和信念。这种价值观是通过直接讲授、模仿、文学作品、小组讨论和意见交流习得的。

保持良好的学习环境

教师如何鼓励学生参与活动?

课程的设计常常影响学生的参与。一般来说,教师指导增多,学生参与活动的时间也会增加。当活动不断提示学生下一步该做什么时,学生的参与性也会增强。步骤清晰的活动更能吸引学生,因为其中的一步自然导向下一步。活动要求清楚而具体、提供必须的材料和监控活动都会提高学生的参与。

解释库尼恩识别的预防课堂管理问题的几个因素

为了建立一个积极的学习环境和预防问题发生,教师必须考虑到个体差异、保持学生的动机和加强积极行为。库尼恩总结说,成功防范问题发生的教师在以下四方面富有经验:明察秋毫、一心多用、维持团体注意和活动转换管理。当不得不施加惩罚时,教师应该保持冷静且在私下实施。

描述干预不良行为的七个层次

教师首先可以用目光注视学生或采用其他非言语信息,再使用言语提示如在讲课中提及学生的名字。接下来是询问学生是否意识到他(她)的行为的消极影响。最后,提醒学生规则和要求她(他)正确地遵守。如果还不起作用,教师可以要求学生陈述正确的规则和程序并遵守它们。下面的方法是用明确的、坚定的和非敌意的方式制止不良行为。如果还行不通的话,教师可以请学生选择,要么马上停止这种行为,要么私下给出处罚。

交流的需要

"移情倾听"是指什么?

当问题出现的时候,师生之间的交流是必不可少的。人与人之间的所有相互作用,甚至沉默或漠视都传递着某种含义。当学生向你提出问题时,移情、积极的倾听是一种很有效的反馈。你必须对你学生所说的作出反馈。反馈不仅仅是重复学生的话,它应反映出学生在话语中隐含的情绪、意图和含义。

区分坚定的、消极的和不友好的反应方式

被动方式有好几种表现形式。不直接告诉学生该怎么做,而是让他们自己想出合适的解决办法,或者告诉学生违反规则的后果,但从未落实规定的后果;不友好的方式包含了不同类型的错误。教师针对"你"陈词一番,谴责学生但并没有清楚地指出学生该做什么。坚定的方式使学生感到,你非常关心他们,学习的过程允许不适当行为存在。自信的教师能清楚地指出什么是他们所希望的。

处理学生之间和师生之间冲突的方法是什么?

学生需要获得解决冲突的指导。不同策略的有效性取决于在冲突中个人目的或与他人关系或两者是否很重要,学生变换角色和从别人的角度来看待问题对于解决冲突会有帮助。在处理严重的问题时,预防和同伴协调可能有用。不管在什么情况下,家庭的合作将有助于在课堂和学校中建立一个积极的学习环境。

走向专业化

反思

你能运用本章的观点来营造一个学习环境解决以下的实践问题吗?

托儿所和幼儿园

今年,你的班级比以前的规模大,因此外出游玩时整队很困难。你会怎样解决这个问题?

小学和中学

每天早晨你都要花 15 分钟使课堂安静下来,然后才能开始上课。你将会怎样做?

你的班上的少数几个学生总是显得和大家步调不一致。当不应打断别人时,他们

却大声说出问题答案。应该坐着学习时，他们却站起来在教室里走动。你该怎么做？

初中和高中

你告诉一个学生把 CD 机收起来，她却说“看你能把我怎么样。”你将怎么做？

你的一名学生很聪明也很能干，但却开始不做家庭作业，你该怎么办？

认证测验要求

- 熟悉库尼恩的术语：明察秋毫、一心多用、维持团体注意和活动转换管理。
- 了解基本的教室布置——行列式，圆形，组块形和马蹄形，以及每种安排最适合哪种活动。
- 理解针对轻微的不良行为到严重的不良行为的各种惩罚措施。
- 熟悉与学生交流的各种形式，如移情倾听、“我”的感受和问题解决。

你的教学档案

考虑你的教学观点，关于教室管理你的观点是什么？你将制定哪些守则和怎样制定？（参考指南）

将本章中有关家长参与的一些观点添加到你的教学档案库中。

教学资源

将第 512—514 页的规则加以改编以适应你所教班级。

将图 12.2 和图 12.3 中的教室剖面图添加到你的教育资源文件中。

将表 12.5 中关于“学校暴力的逐级反应理论”添加到你的教育资源文件中。

教 师 案 例 簿

他们会怎么做？

本章开头描述了一个“存在众多冲突和种族小群体的班级”的问题情境，下面是几位教师对此作出的回应。

MARY FRANCES DONOHOE

Fifth Grade Teacher

Lawton Chiles Elementary*, *Gainesville*, *Florida

学生必须学会尊重自己和他人。在学校教育阶段应教授、示范和实践“尊重”，设立一项每日活动，使学生反省、谈论、实践“尊重”，这可以不断强化这个观念。每个周末都要求学生选出一位本周公民，要求他们说出提名的原因，教师应给予积极的评价。学生可以进行无记名投票，或教师基于他（她）的观察作出决定。教师在当天放学前宣布名字并公布在表扬榜上，也将给予这个学生与其年龄相称的奖赏。中学的学生会喜欢免除家庭作业这种奖赏。

例如，伊夫·邦廷（Eve Bunting）的寓言《可怕的事情》（*The terrible things*）激发学生思考和理解偏见。在学期初，我将这篇文章读给学生听，鼓励他们发表自己的意见，与别人共同讨论，最后在全班讨论。

每周都有一句关于尊重的格言，每日小活动总是提醒我们必须尊重自己和他人。

THOMAS W. NEWKIRK

Eighth Grade Teacher

Hamilton Heights Middle School, Arcadia, Indiana

这个班上的学生需要通过教学，展示他们之间的不同和了解彼此的相同之处。安排学生分成同质小组，并向全班讲述他们的文化，这样可能会消除学生间的误解。而安排学生分成异质小组，会鼓励他们与种族之外的人一同工作。给学生介绍E. L. 康尼格斯伯格（E. L. Konigsburg）的《星期六视线》（*The View from Saturday*）和其他文学作品中的杰出榜样，不仅能够提供课堂讨论的题目，而且也使学生理解班级成员都应为班级做贡献。希望这个活动能够减轻课堂中的紧张气氛，使克拉丽斯的种族笑话不再有听众。当然我们也不会允许克拉丽斯带给班上任何学生不舒服的感觉。

我需要得到有关特殊需要的指导和咨询师的专业帮助，使我理解克拉丽斯和那个有语言和听力困难的男孩。对学生背景了解得越多，我就越能创设一个课堂，使每个学生都发挥作用。

ANN SANDE

Third Grade Teacher

Henry Viscardi School, Albertson, New York

为了打破种族隔离的枷锁，我将会安排两个来自不同种族的学生共同完成一项他们喜欢的任务。他们会一起在电子百科辞典和网上查找信息，然后在班上汇报，或者为班上的科学实验准备材料，但这取决于年级水平和兴趣。我将保证任务是孩子能够共同完成的。这类活动很花费时间，但必须让不同的学生在不同的情境中重复这样的活动，孩子需要用新的方式看待彼此和学会排除成见去欣赏彼此的能力和天赋。

我将组织一个主题活动，关于某个群体遭受不公正待遇。我将允许学生在预定的题目中选择，其中一个题目可能是“研究身体残疾的人在通行或受到歧视方面的问题”。希望学生能够比较研究的群体与其他受到歧视的种族，理解每个群体的共同经历和挑战。

榜样行为很关键。当一群学生用另一种语言讲话而且似乎是在笑话我时，我会追问他们。我会坚定地表达出我对这个行为的厌恶，并且坚持这是在我们的课堂群体中不被接受的。这样做能为学生提供一个榜样，使他们看到如何用另一种方式和适当的语言去处理克拉丽斯所表现的令人不快的行为。我还建议，作为一种有趣味的活动，全班尽力去学习一种课程之外的语言，或许学习一些美国信号语言。

STEVEN P. RUDE

Guidance Counselor

John C. Fremont High School, Los Angeles, California

我将请求学校心理学家或特教教师到班上来，使学生们做好迎接新同学的准备。我也会鼓励残疾学生用他们自己的方式去解释自己的不同之处。许多课堂活动都鼓励学生探索和承认自己的不同之处，不论他们的肤色和有怎样的残疾。我希望检查每个处于转变时期的学生的“个人教育计划”。同样有帮助的是，了解什么样的行为干预对这个有情绪障碍的学生有效，和什么教学方法对患有脑麻痹的学生有效。我还会与这些孩子的父母交谈以了解他们的期望和过去的一切经历。还需要辅助人员帮助特殊教育学生与非英语学生交流。在班级中接纳一个残疾小孩确实是一种挑战，但它最终会鼓励孩子超越一切界限而接纳他人，包括不同的种族和是否异常。

第十三章
为学而教

在本书的第一章，曾经请你列出你发现真正的杰出教师具有哪些特征，现在请你结合对学生学习规律的认识，分析所列的教师特征可能促进学习的原因。

本书的大部分内容都是关于学习和学习者的，而且第九章中的绝大部分集中于以学生为中心的教学策略。而这一章，我们将主要关注教师——关注他们的决策、计划、知识和行为。首先，我们要观察教师怎样制定计划，包括怎样运用学习目标分类或主题作为计划的基础。伴随着对教师如何设置目标和制定计划的认识，我们将思考以教师为中心的教学策略：讲授、课堂练习、家庭作业、问答和小组讨论。

除此之外，对于教师我们还有哪些了解？区分有效教师与无效教师的特定特征是什么？关于全班教学的研究指出了一些重要因素，我们将探讨这些因素和全纳班级有效教学的要素。

在这章的最后一个部分，我们将集中分析不同学科的成功教学法——阅读、写作、数学和科学。而教育心理学家已经研究了这些学科的学习规律以及它们在教育中的意义。

完成这章的学习时，你应该能够：

- 运用不同的学习目标分类法为你的学生编写出教学目标。
- 描述出以下教学形式最适合的情境：讲授、课堂练习、家庭作业、问答和小组讨论。
- 描述有效教师共同具有的若干特征。
- 列出可保证演示清晰的步骤。
- 比较直接教学策略与建构主义教学策略中的教师角色。
- 讨论阅读中全语方法、基于编码方法和平衡法的优点。

你会怎么做？

你所在学匚从学前到六年级都采用了全语和综合课程，相当一部分时间和经费用于教师研讨、购置大部头的书和多套优秀的儿童文学作品、改进教学的操作工具、建造舒适的阅

教师案例簿

读角、做戏装、木偶和其他阅读小道具、设计科学活动以及给予革新全面的支持。学生和教师都对这个计划很满意。尽管有些学生似乎落后了，但多数孩子阅读了更多的书籍和更加喜欢读书。而且学生写的作文也更长和更具有创造性。然而，他们的标准化测试的分数却降低了。因此，校长显然非常着急，因为这是她的重要计划，她必须努力让教师与家长协会(PTA)和学校董事会接受这一计划。你班上的一些学生家长正抱怨他们不得不请家教或购买商业软件来教孩子阅读。

- 作为一位教师，面对家长的抱怨，你会怎样做？
- 你会对教学方法作一些改动吗？
- 你需要哪些信息以便作出正确的决策？
- 谁将参与决策？

第一步：计划

当你思考如何将校长的阅读项目转换成单元活动和一堂一堂的课堂教学时，这就是在制定计划。在过去的几年中，教育研究者对教师的计划很感兴趣。他们就如何计划的问题与教师进行访谈，要求教师在计划的同时“大声思维”，而且记录他们计划的过程，甚至在一个月内集中研究教师。他们有何发现？

第一，计划影响学生学习的内容，因为计划将可利用的时间和课程资源转变为学生的活动、作业和任务。比如，教师决定一周中 7 个小时用于语言文学，而只花 15 分钟在科学教学上，那么这个班的学生学到的语言将多于科学。而实际上这种显著的差异确实是存在的。卡维特·南希(Nancy Karweit，1989 年)曾报告，在同一所学校中，一个班级里分配用于数学的时间是每周 2 小时 50 分，而走廊尽头的另一个班则是 5 小时 55 分(Clark & Peterson，1986；Clark & Yinger，1988；Doyle，1983)。

第二，教师进行不同水平的计划：学年计划、学期计划、单元计划、周计划和日计划。所有计划应该协调一致。要成功完成一学年的计划，需要将工作细分到每一学期，每一学期的计划又细分为每一单元，每一单元又细分为一周和一日的计划。而在一学年的开端就制定计划是很重要的，因为很多的常规和模式都要尽早确立。对有经验的教师来说，单元计划似乎是最重要的，其次是周计划和日计划(Clark & Peterson，1986；Clark & Yinger，1988)。

第三，计划只是减少而并非消除教学中的不确定性。即使是最好的计划也无法控制课堂中发生的所有事，计划必须有一定的弹性(Calderhead，1996)。有证据表明“过度计划”——即填满每分钟和不管任何情况下都坚持照搬计划，这种教师的学生反而不如灵活的教师的学生收获大(Shavelson，1987)。克里斯·克拉克(Cris Clark，1983)建议刚工作的教师应该将计划视作“一个灵活的活动纲要、指向正确方向的启动程序、可做增减而非刻板不变的剧本”(p. 13)。因此，如果你在课堂上检查发现，很多学生都没有明白当前这一单元的内容，那么你就不应该继续按原定计划讲授新的单元。

为了有创造性地和富有弹性地制定计划，教师需要具有广博的知识，包括对学生及其兴趣和能力的了解，对所教学科、可选择的教学方法和评价方法的认识，熟悉小组合作，清楚学校及社会的期望和限制，知道如何使用和改编材料和课文，以及理解怎样将所有这些知识综合应用于有意义的活动中。新教师制定的计划有时不能落实，因为他们对学生及学科的认识不足，例如不能正确估计学生完成一项活动的时间，或者当需要做解释或给学生其他的例子时，他们常显得迟疑不决(Calderhead，1996)。

第四，并没有一个有效计划的模式。对于有经验的教师来说，制定计划是创造性解决问题的过程(Shavelson，1987)。他们知道如何完成大量课程及课程的每个细节，知道应该期望什么和如何实现这些希望，因此他们不必再继续亦步亦趋地跟着教师在预备培训中所学到的详细课堂计划模式。而对他们来说，制定计划更加非正式化——是一种“头脑中的计划”。但是，许多有经验的教师认为，学习详细的制定计划方法作为基础是很有帮助的(Clark & Peterson，1986)。

不管你如何计划，都必须在头脑中有一个学习目标。下面，我们将思考你为学生所制定的目标。

学习目标

今天，我们对设想、目标、结果和标准这些话题已经耳熟能详。社会对公立学校毕业生提出的培养目标非常概括和抽象，例如，在《目标 2000 年》(*Goals 2000*)中的 8 项美国教育目标之一是“所有的学生在开始学业之前都应为学习做好准备”。但是，非常大的目标对于指导教学是没有意义的，各个州会将这些大目标转变为课程标准，例如南卡罗莱纳州课程标准，它规定学生将形成分数、混合数和小数的概念以及运用模型将分数和小数联系起来，找出相等的分数。有时，这些标准被转换成指标，例如“表征相等的分数”。在这一水平上，指标接近于教学目标(Airasian，in press)。[1]

教学目标(instructional objective)[2]，是对教师教学意图的一个清晰和明确的描述。诺曼·格朗兰德(Norman Gronlund，2000)定义教学目标为“有目的的学习结果，即在教学结束时能够表明学生已经学到了教师所期望他们学到的东西的某种表现”(p. 4)。虽然有许多不同的编写目标的方法，但都认为教学的第一步是决定学生将发生什么变化——这就是教学的目的。具有行为主义观点的人所制定的目标关注

〔1〕 联系与拓展——联系你自己的观点。L. 古巴(Cuban，L.，1990)《美国教育国家标准的四个历程》(Four stories about national goals for American education)，载于《菲·德尔塔·卡潘》(美国教育专业协会会刊)(*Phi Delta Kappen*)，第 72(4)卷，第 264—314 页。焦点问题：美国教育的目标应该是什么？我们是否应该有一份国家大纲以形成我们的教学目标呢？

〔2〕 教学目标——明确描述在教学中期望学生学习的东西。

于可观察和可量化的学生行为变化上。**行为目标(behavioral objectives)**[1]通常使用的术语有列清单、确定、加或者估算。而相反,**认知目标(cognitive objectives)**[2]强调思维和理解,因此更多使用诸如理解、识别、创造或应用等词汇。让我们来看一看一套完善的编写具体目标的方法。

马杰:从具体开始

罗伯特·马杰(Robert Mager)制定了一套极有影响的编写教学目标的体系。马杰的观点是:目标应该描述当学生要展示他们学习收获时将要做的活动和你如何知道他们正在做这项活动(Mager,1975)。马杰的目标通常被认为是行为的。依照他的观点,一个好的目标应有三部分,第一,描述了学生的有目的的行为——学生必须做什么。第二,列清某个行为发生所需要的条件——怎样辨别和测试这种行为。第三,提供了评判行为是否可接受的标准。图 13.1 表明这个体系的原理。因为系统强调最终行为,所以要求非常明确的陈述。马杰还坚持认为,如果给学生提供表述清楚的目标,他们通常能够自学。[3]

部　分	中心问题	例　子
学生行为	做什么?	用 F 标注事实,用 O 标注意见
行为出现的条件	在什么条件下?	报刊上的一篇文章
行为表现的评判标准	有多好?	正确标注出 75%的论述

罗伯特·马杰相信一个好的学习计划有三部分:学生行为、行为出现的条件、评判行为表现的标准。

图 13.1 马杰的三部分系统

Source: From *Preparing Instructional Objectives*, by R. F. Mager, 1975, Fearon, Belmont, CA. Copyright © 1975 by David S. Lake Publishers. Reprinted with permission.

格朗兰德:从一般入手

诺曼·格朗兰德(Norman Gronlund, 2000)提供了另一种方法,它常被用于编写认知目标。他确信一个目标应该首先用概括化的术语陈述,如理解、解决、欣赏等。然后教师应该列举出一些能证实学生达到目标的样本行为,使这些概括化的术语更明

〔1〕 行为目标——用可观察的行为表述教学目标。
〔2〕 认知目标——用高级思维活动表述教学目标。
〔3〕 联系与拓展——联系你自己的观点。你对以下论述的反映是什么?行为目标通常适合训练(本身就是目的)而不适合教育(关注理解)。

确。请看表13.1中的例子,目标是呈现一个研究计划并为之提供依据。教师希望学生不仅仅局限于描述、概括、回答问题等,而是依照学生在样本任务中的表现决定学生是否能有效地展示和辩护自己观点。另外,教师还会选择六种不同的指标。

表13.1 格朗兰德的创设目标复合法

一般目标
面对一个小组,展示和辩护一个研究计划。
具体事例
1. 用条理清晰的语言描述这个计划。 2. 概括发现及其含义。 3. 利用展示的材料使观点和关系明确。 4. 直接和完整地回答小组成员的问题。 5. 呈现一篇体现缜密计划的报告。 6. 通过呈现和回答问题,展示良好的推理能力。

Source: Adapted from *How to Write and Use Instructional Objectives* (6th ed.) (pp. 74 - 75), by N. E. Gronlund, 2000, Columbus, OH: Merrill. Copyright © 2000 Merrill Education, Upper Saddle River, NJ.

格朗兰德强调具体目标作为一般的学生能力样本的重要性。一个教师永远不可能列出学科内用于解决问题的所有行为,而通过陈述一个最初的、概括的目标说明解决问题的能力才是我们的目的。而最新的关于教学目标的研究也倾向于赞同与格朗兰德方法相似的方法。如表13.1所示,似乎合理的做法正是用概括化的术语陈述少数几个核心目标,再通过具体行为样本明确目标的含义。

目标有用吗?

为学生提供学习目标,可以促进他们进行一些组织松散、结构性较弱的活动,如演讲、电影和研究计划,如果学习材料或活动本身没有对一些信息的重要性提供清晰说明,教学目标将可能使学生专攻要点和提高他们的学习成绩(Duchastel, 1979)。但当学习任务是把握文章主旨或将信息迁移到新的环境,最好利用问题将注意力集中在意义探索上,将这些问题在阅读文章之前呈现(Hamilton, 1985)。[1]

如果预先提供目标——尤其当学生也参与设计目标时——那么学生和教师都将了解行为标准是什么。在考虑教学目标的过程,教师和学生都要思考什么是重要的、什么是值得学的。我发现那些对每一个学生都有明确的、适当的目标的教师通常会在

〔1〕 联系与拓展——联系你自己的观点。你是否认为行为主义的目的就是行为本身?或者说,他们就是"达到目的的手段"?

帮助学生学习方面取得成功。最后，许多学区仍要求教师完成包括学习目标在内的课程计划。无论你要制定完整的教学目标，还是只为某次作业确定目标，下面的指南应该对你有所帮助。

指南——运用教学目标

避免“文字游戏”——像“学生将成为深刻的思想者”这样的语句听上去高雅而重要，但却没有任何意义。

举例：

1. 关注学生知识技能方面发生的具体变化。
2. 请学生解释目标的含义，如果他们不能为目标举出具体的例子，那么就说明这些目标没有将你的意思传达给学生。

使活动符合目标。

举例：

1. 如果目标是记忆单词，就给学生记忆方面的帮助并通过实践进行练习。
2. 如果目标是培养提出深思熟虑见解的能力，那么活动形式就要考虑抒发见解的论文、辩论、研究项目或模拟裁决。
3. 如果你希望学生成为好的作家，就要给他们较多机会写作和修改。

确保测评与教学目标相关。

举例：

1. 编写教学目标的同时，也拟定测验的草稿——随着单元教学的进行和目标的变化，对测验草稿进行修订。
2. 根据各个目标的重要性和花费的时间，给测验赋予权重。

灵活而富有创造性的计划——运用分类法

几十年前，本杰明·布卢姆(Benjamin Bloom)领导下的一批教育评价领域的专家开始着手改进学院和大学的考试，他们的工作给世界各地所有水平的教育都带来了冲击(Anderson & Sosniak, 1994)，布卢姆和他的同事建立了一套教育目标的**分类法(taxonomy)**[1]或称为分类系统，目标被分为三类：认知领域的，情感领域的和动作领域的目标，描述各个领域目标的手册已被印刷出版。当然，在现实生活中这三个领域中的行为是同时发生的，在学生写作时(动作的)，他们也在进行记忆和推理(认知的)，同时他们可能对测验产生了某种情绪反应(情绪的)。

---

〔1〕 分类法——分类体系。

认知领域

在布卢姆的思维或**认知领域(cognitive domain)**[1],有六个基本目标(Bloom, Engelhart, Frost, Hill, & Kiathwohl, 1956):

1. 认识:记住或再认,不一定能理解、应用或变化。
2. 理解:理解所交流的材料,不一定能将它与其他内容相联系。
3. 应用:用普遍的概念解决特定的问题。
4. 分析:将事物分解为小的部分。
5. 综合:通过融合不同的观点而建立新的认识。
6. 评价:当材料或方法被应用于特定的情境时,判断它们的价值。

在教育中通常将这些目标看成一个有层级关系的体系,其中每项技能都建诸于低一级的目标之上,但这并不是绝对的(Seddon, 1978),有些科目,如数学,并不十分适合这种结构体系(Kreitzer & Madaus, 1994)。你还会听到许多地方提及低水平目标和高水平目标,了解、理解和应用被认为是低水平的,而其他目标则被认为是高水平的。作为一种对目标的大致划分,这是有所帮助的(Gronlund, 2000)。

目标分类法对设计评定方法也有帮助,因为不同方法适合于不同水平的不同目标。格朗兰德(2000)建议事实性的认识目标采用的最好测试方式是是非题、简答题、匹配题或选择题,这些测验还可用于目标分类中的理解、应用和分析水平的目标。然而,对于测查综合和评价目标,论文、报告、项目活动、档案会更合适。作文测试还适用于目标分类的中等水平目标。

布卢姆 2001

布卢姆的分类法指导教育工作者已 40 多年,它被认为是 20 世纪最重要的教育理论之一(Anderson & Sosniak,1994)。1995 年,一批教育研究者聚在一起商讨修订这一分类法,目前这一项目(Anderson & Krathwohl, in press)还在进行当中。但我可以提供一些初步信息。首先,分类修订者仍保留了六个基本目标水平,但他们对顺序做了细微调整,并改变了其中三项目标的名称以说明相应的认知过程,六个新的认知过程是记忆(了解)、理解(理解)、应用、分析、评价和创造(综合),此外,修订者们还给分类法增加新的维度,以便识别认知过程必须加工的对象——你必须记住或理解或运用某些形式的知识,通过表 13.2 你会看到结果,我们现在有六个认知过程或动词——

---

[1] 认知领域——在布卢姆的分类法中的记忆和推理的目标。

记忆、理解、运用、分析、评价和创造的认知活动，这些过程按四种知识划分——事实性的、概念性的、程序性的和元认知的。

表 13.2 经修订的认知领域的目标分类

认知过程维度						
知识维度	1. 记忆	2. 理解	3. 运用	4. 分析	5. 评价	6. 创造
A. 事实性的知识						
B. 概念性的知识						
C. 程序性的知识						
D. 元认知性的知识						

Source: From *A Taxonomy of Teaching and Learning*: *A Revision of Bloom's Taxonomy of Educational Objectives* by L. Anderson & D. Krathwohl(Eds.) (in press), New York: Addison Wesley Longman. Copyright © 2000 by Addison Wesley Longman. Adapted with permission.

请考虑根据修订的分类法怎样制定社会研究和语言艺术课程的目标，一个指向概念性知识分析的目标是：

阅读一篇阿拉摩战斗的历史说明后，学生们将能够了解作者的观点或倾向。

评价元认知知识的目标可能是：

学生将反思他们对作者倾向的识别策略。

情感领域

情感领域(affective domain)[1]目标分类法中的目标是从(某种价值)最低持有到最高持有(Krathwohl, Bloom, & Masia, 1964)，在最低水平上，学生仅仅注意到某种观念，而在最高水平上，学生持有某种观点或价值，并坚持与这些观点相一致的行为。情感领域的五个基本目标是：

1. 接纳：知道并注意到环境中的某些事物，即“我会去听音乐会，但我不保证一定会喜欢它”。

2. 反应：在有所体验后，表现出某种新的行为。处于这一水平的人也许会在音乐会后拍手欢呼，或第二天还在哼唱音乐会的某些歌曲。

3. 评价：表现出某些确定无疑的行为和情感倾向。处于这一水平时，个人可能会选择放弃看电影，而去参加音乐会。

〔1〕 情感领域——围绕态度和情感的目标。

4. 组织：将新的价值融入一个人总的价值观念中，为新的价值观在总体优先次序中确定一个等级。这一水平上，一个人开始长期坚持去听音乐会。

5. 价值个性化：行动与新的价值保持一致。达到最高水平的人将坚定地致力于热爱音乐，并公开地和始终如一地表现出对音乐的喜爱。

正如认知领域中的基本目标一样，情感领域的五个目标也是十分概括的。在编写具体的学习目标时，你必须说明，当学生注意、反应、评价时，他们的实际行为是什么。例如，营养课中的评价水平的目标(表现出参与或持有观念)可能表述为：在学完食物成分及标签的单元后，至少50%的学生会参与到抵制垃圾食品的联合活动中，一个月不吃糖。

营养课的教师怎样确知学生已为支持抵制垃圾食品的联合活动而放弃吃糖？最好的方法是要求学生以匿名的方式汇报他们吃糖的量，如果要求学生在汇报上署名，这活动可能与达到另一个情感目标——诚实——相抵触。并且，如果给学生的行为打分，这个过程结果会鼓励学生做虚假的汇报。很多情况下，不给情感方面目标评估评分是最好方法。给学生的信仰和价值观进行评分是不道德的，就算你要求他们考虑其他观点，或请他们为自己的观点提供依据。

动作领域

直到最近，多数教师还未意识到**动作领域(psychomotor domain)**[1]或身体运动能力目标领域并不只包含在体育教育中。在这个领域有多种分类法(如，Harrow，1972；Simpson 1972)，它们基本上都将动作分为从基本知觉和反射活动到富有技巧的、创造性的运动。詹姆斯·坎吉劳斯(James Cangelosi，1990)提供了一个有效途径以考虑动作领域的目标，它既包含了肌肉的随意运动如耐力、体力、灵活性、敏捷性或速度，也包含了操作特殊技巧的能力。

动作领域目标应受到更广泛的教育者的关注，包括美术教师、职业技能教育和特殊教育教师，很多其他学科，如化学、物理和生物也要求专门化的动作和良好的手眼协调能力。使用实验室仪器、电脑的鼠标或艺术材料都意味着学习新的动作技能，下面是两项动作领域目标：

在用8分钟以内的时间跑完1英里之后4分钟时，你的心跳频率低于120。

〔1〕 动作领域——身体的运动能力和协调的目标。

使用计算机鼠标有效地拖放文件。

动作领域的学习意味着发展一种特定的操作能力，你怎样评定一个学生的操作？显然要请学生演示这种技巧并观察他们的熟练程度。在某些情况下，技能的操作将产生某种产品，因此，对结果的评价取代了观察真实操作过程。例如，一个正在学习使用陶工旋盘的学生，应该能够制作出一样均匀的、有特色的和烧制时没有破裂的陶器作品。

当学生实际演示技能或操作时，你需要一个检查单或考核表以帮助你将注意集中在被评价的技巧的重要方面，通常检查单可以列出可测量的操作维度，维度的旁边留出用于评判的空白格。表 13.3 是一个检查单的例子。评判各个操作的尺度通常遵循相同的设计，但要为操作的每一个方面分别评分。

表 13.3 评价学生双臂抓举操作的考核项目表

这个学生面前放着一个不需用力便可举起的轻杠铃，他接受了双臂抓举的指导。

得分点：(11 个可能的得分点)+1 分
要求：
____在举杠铃时脚放在杠杆下面正确的位置。
____正确抓紧并将手展开。
____背部完全伸直。
____头面向正前方。
____双膝弯曲。
____双肘展开。
____正确地抓起杠铃。
____将杠杆在胸部上方停留片刻。
____正确地举起杠铃。
____将杠杆放降至胸部并暂做停留
____轻轻地将杠杆放回地面，弯曲双膝。

Source: From *Designing Tests for Evaluating Student Achievement* (p. 125) by J. S. Cangelosi, 1990, Reading, MA: Addison Wesley Copyright © 1990 by Addison Wesley Educational Publishers, Inc. Adapted with permission.

另一种观点：基于建构主义观点的计划

传统上，编制教学目标主要是教师的责任，但现在正在倡导一种新的制定计划的方法，根据**建构主义观点(constructivist approaches)**[1]，计划由大家一起承担和共同

〔1〕 建构主义观点——强调学习者在建构对信息理解和意义中的主动作用。

协商，教师和学生一起决定内容、活动和方法。教师有一些上位的目标——“宏观观念”——指导计划的制定，而不是以学生具体的行为和技巧为目标。这些目标就是教师反复强调的理解力和能力。

建构主义者制定计划的例子

维托·佩龙（Vito Perrone，1994）为选修他的中学历史课程的学生设计了目标，他希望学生能够达到：

- 利用原始资料，形成假设，并从事系统研究。
- 分析多种观点。
- 阅读认真，写作积极。
- 提出和解决问题。

计划过程的下一步是创设一种学习环境，以尊重学生个人兴趣和能力的方式，使学生们逐步达成这些目标。佩龙（1994）建议识别“那些有助于学生发展理解力的蕴涵深刻见解和多元思路的观点、主题和问题”（p. 12）。对于中学历史课程，一个主题的例子是“民主和革命”、“公平”或“奴隶制”，数学或音乐方面的主题可以是“模式”，在文学方面，“人的身份”可成为主题，佩龙建议通过绘制主题图来思考主题如何促成学习和理解，例如，图 13.2 所示的有关“美国移民”的主题图。

在主题图的引导下，教师和学生共同确认那些支持实现课堂宏观目标——发展学生理解力和能力的活动、材料、项目和操作。教师花较少时间用于计划具体的授课和作业，而将较多时间收集各种资源和促进学生学习，焦点并不集中在学生的学习结果上，而是获得结果的学习和思维过程。

综合的和主题性的计划

佩龙的计划图呈现了运用美国移民主题以整合历史课问题的方法，今天，从幼儿园（Roskos & Neumam，1995）到高中（Clarke & Agne，1997），运用主题教学和整合内容成为计划和设计课程与单元的基本要素。例如，伊莱恩·霍姆斯特德（Elaine Homestead）和卡伦·麦金尼斯（Karen McGinnis）（两位中学教师）和伊丽莎白·佩特（Elizabeth Pate）（一位大学教授）（1995）设计了一个关于“人类相互影响”的主题单元，包括研究种族主义、世界饥荒、污染和水与空气的质量。学生通过读课本和课外材料、学习利用数据、采访当地官员和邀请校外专家到班里做报告来研究这个问题，学生不得不了解科学、数学和社会研究方面的知识，他们学习富有说服力的写作和讲话，而且，在这过程中，为非洲饥民筹款。

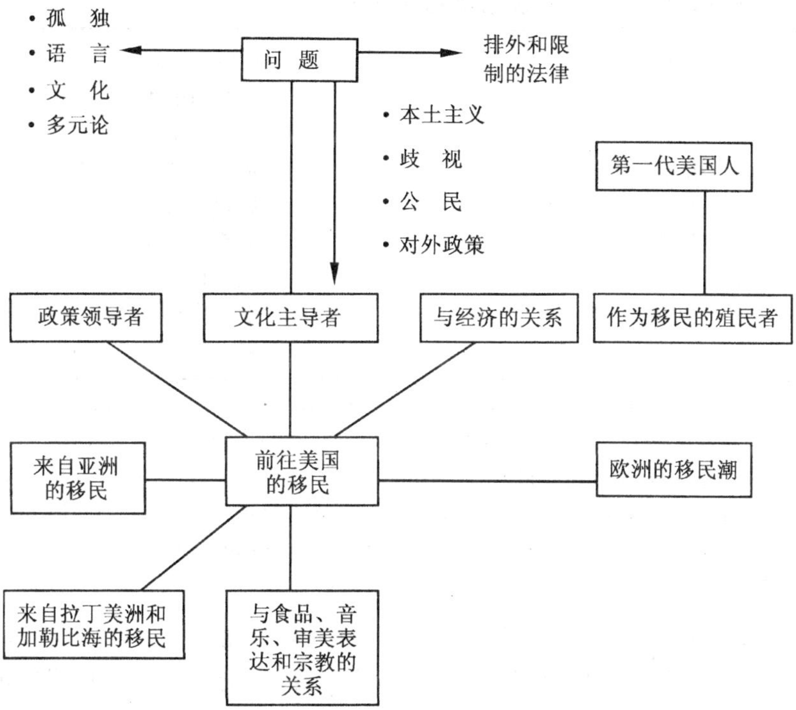

利用这幅"美国移民"的主题图，历史教师可以确定学习的主题、问题和观点。并不是要论及图中的所有问题，而是深入分析几个领域。

图 13.2　运用主题图制定教学计划

Source: From "How to Engage Students in Learning," by V. Perrone, 1994, *Educational Leadership*, *51*(5), p. 13 Copyright 1994 by the Association for Supervision and Curriculum Development. Reprinted with permission. All rights reserved.

小学学生也可以从综合性的主题活动中获得益处，没有理由先练拼写技能再练听力技能、写作技能，然后再进行社会研究或科学学习，如果学生努力去解决一个真实的问题，那么所有上述能力都可以得到共同发展。与年幼学生相适应的主题可以是人们、友谊、交往、习惯、社区和同伴，对于年龄较大的学生来说，一些可能的主题如表 13.4 所示。

评定

建构主义的课堂内评估计划有所不同，当教师和学生评论彼此付出的努力时，评估就在进行了，展示、档案和活动操作形式的评估(在第十四、十五章中介绍)取代了传统的考试。但是也许最重要的是，教师与学生共同承担了评价工作，学生有责任评估

表 13.4 适于年龄较大学生的综合计划的主题

勇 气	时间和空间
神 秘	小组和集体
生 存	工 作
人类相互作用	运 动
未来社区	原因和结果
交流/语言	可能性和预言
人权及责任	改变和预言
身 份	多样化和变化
互相依赖	自 传

Source: Adapted from *Toward a Coherent Curriculum* by J. A. Beane (Ed.), 1995, Alexandria, VA: Association for Supervision and Curriculum Development; *Interdisciplinary High School Teaching* by J. H. Clarke and R. M. Agne, 1997, Boston: Allyn & Bacon; and *Teaching through Themes* by G. Thompson, 1991, New York: Scholastic. See Thompson for resources and strategies to develop some of these themes in elementary school and Clarke and Agne for ideas at the high school level.

自己和其他学生的思维、解释和活动操作。教师放弃了在课堂中对"正确"的控制权，不再问学生，"那种解释明白吗?""这有助于解决问题?""你还能改进吗?""你同意吗?""为什么?"学生懂得自我评估，判断和反省是学习的重要部分，表 13.5 是一个检查项目表，可用于主题教学中计划评估。

让我们假设，你和学生们已经设计了有价值的和令人感兴趣的计划和学习目标，以及具备了评估学习的一些适当方法。接下来该怎么做呢? 你仍需决定星期一将要做什么，你需要设计适合目标的教学任务和活动。也就是，你已知道希望学生理解什么，但怎样通过你的教学促进理解?

检查要点： 第一步：计划

回 顾

- 有哪些不同水平的计划? 它们如何影响教学?
- 什么是教育目标?
- 描述三种教育目标的分类法。
- 设计以教师为中心和以学生为中心的计划。

应 用

- 确定本周内你教学中的认知、情感和动作目标。
- 提出某个主题可以实现你的计划。

表 13.5 主题教学中的指导评估检查表

你可能会运用此检查表作为你评估学生讨论、写作和活动的一个基础。

____展示内容所涉及的知识	____听讨论并给予相应的回应
____运用主题词汇	____识别主题中探讨的不同课程领域
____理解主题中研究的关系	____能参与小组活动又可单独钻研
____注意主题信息中的细节	____澄清主题信息
____区分和归类主题信息	____在一定的时间基础上完成计划
____对比、对照与主题有关的书籍	____独立扩展有关主题的书籍阅读
____同化、展示书中与主题有关的知识	

Source: From *Teaching with Themes* (p. 176), by G. Thompson, 1991, New York: Scholastic. Copyright © 1991 by Scholastic, Inc. Reprinted with permission.

教学的形式

这一部分描述了将目标转化为课堂中行为的各种教学策略，这些策略并不是完整的教学模型，只是构建课程与教学单元的组块。我们首先来看讲授，许多人认为它与教学的联系最直接。

课堂讲授与解释

一些研究发现教师的课堂讲解占用了课堂全部时间的 1/6 到 1/4。当然，高年级教师的讲授时间要多于低年级教师。你将通过教学方法的课堂学会如何讲授，有许多可以采用的方法，你将依据你的目标和所教学科进行选择。当然你始终要考虑所教的学生，因为学生年龄越小，你的解释越要简短和浅显易懂。你也许想遵从坎兹瓦特(Kindsvatter)、威伦(Wilen)和伊什勒(Ishler)提出的三部分模式，如表 13.6 所示。

讲授(Lecturing)[1]是在较短时间内向许多学生介绍大量信息的一种适当方法。教师可以在较短的时间里综合许多不同来源的信息，而不是让学生自己整合这些信息。当教师要介绍一个新的主题、介绍背景信息和激励学生更多依靠自己学习时，讲授是一种理想形式。讲授也促进学生学习准确地和批判性地听课，同时给教师一个机会——当学生感到困惑时，当即作出调整(Cilstrap & Martin ，1975；Kindsvatter, Wilen & Ishler, 1988)。因此，讲授对于实现目标分类中较低级的认知目标和情感目标——了解、理解、应用、接受、回应和评价来讲是最合适的方法。

〔1〕 讲授——一位教师对某个主题的有条理的解释。

表 13.6 讲授的三阶段

进入：学习的准备
A. 陈述目标和理由。 B. 理清当前要学习的材料背景。 C. 将注意力集中在材料中出现的重要概念、归纳总结或原则。
讲　解
A. 按由简单到复杂的顺序排列学习理解内容。 B. 运用直观教具增强理解。 C. 运用言语或非言语行为激发注意力。
结论：学习的回顾
A. 整合学生的知识与经验。 B. 转换到下一堂课或下一个活动。

Source: From *Dynamics of Effective Teaching* (2nd ed.) (p. 221) by R. Kindsvatter, W. Wilen, and M. Ishler, 1988, 1992, Reading, MA: Addison Wesley. Copyright © 1988 and 1992 by Addison Wesley Educational Publishers Inc. Reprinted with permission.

互评式合作（scripted cooperation）[1]。在第九章已描述了它是一种将主动活动学习融入讲授的方式。教师请学生配对活动，一个是总结者，另一个对总结给予评价。这种方式为学生们提供机会去检查自己的理解、组织思维和用自己的语言交流观点，在表 13.7 中描述了其他的可能方法。

讲授法同样有其缺陷。你会发现一些学生很难一次持续听讲几分钟，他们通常会把你的“讲授频道关掉”。讲授使学生处于被动的状态，对于学生来说，认知活动太多，妨碍了他们提问和思考。还有，学生以不同的进度学习与理解，而讲授是以讲授者本身的进度来进行（Freiberg & Driscoll 1996；Gilstrap & Martin, 1975）。如果你的教学目标包括：促进学生解决问题、形成论点、写散文、诗歌或短剧、创作一幅油画或评价活动等，那么你必须采取讲授之外的更能调动学生积极参与的方法。

〔1〕 互评式合作——两个学生轮流总结资料和评价总结的学习策略。

表 13.7 主动学习与教师讲解

下面介绍一些方法，使学生保持认知上积极参与课堂教学，它们适合于不同年龄的学生。

提问，所有学生写出回答：提出一个问题，请每位学生简要写下答案，然后询问大家："多少同学愿意交流他们的想法。"

结论句：一段讲解之后，请学生完成这样的句子："我学到……我开始懂得……我惊奇地发现……"学生们将把这些表达结果的句子保存在学习记录或档案中。

为学习同伴提供非充分的解释：提供简短的解释，然后请学生与同伴一起发现程序和方法。

举手表决：提问"你们中有多少人……"，然后计算人数。如："你们有多少人同意拉申的意见？""有多少人做好了继续进行的准备？""有多少人这个问题得 48？"

齐声问答：让全班共同复述主要的事实和观点，如"环境是一个完整的系统"或"一个 10 边的多边形是十角形"。

说一写：告诉学生你简短地说 3 或 4 分钟，听的时候他们不需要做笔记，在你说完之后，请他们写下你说话的主要观点，总结你的话或他们的问题。

Source: From *Inspiring Active Learning*: *A Handbook for Teachers* by M. Harmin, 1994, Alexandria, VA: Association for Supervision and Curriculum Development.

课堂作业与家庭作业

只有少量的研究关注**课堂作业（seatwork）**[1]或独立的学校作业的效果，很明显这一方式常常使用过度。事实上，一项研究发现美国小学生将 51% 的在校学习数学的时间用于单独完成作业，而日本的学生花费 26% 时间，台湾学生仅用去 9%（Stigler, Lee, & Stevenson, 1987）。一些研究者指出这一差异可以作为对亚洲学生数学超群的部分解释。课堂作业应该用来巩固功课，并向学生提供指导下的练习，它不应成为教学的主要模式。

确保课堂作业与家庭作业有价值

最近的研究证明那些花更多时间做作业而不是看电视的学生有更高的学业成就，甚至当其他因素如性别、年级、种族、社会经济地位和成人的指导情况都被考虑在内时也是如此（Cooper, Valentine, Nye, & Lindsay, 1999）。仅仅布置更多的家庭作业并不必然是好方法，家庭作业应是课堂内容的有意义的扩展，而不仅仅是要学生有事可做。作业的基本重点应是复习与练习，而不应扩充更多的新材料。不幸的是，作业簿中的许多内容和其他"类似的学习材料"对重要目标的学习没有帮助。在你布置作业之前，请自问："做这一次作业会对学生学习所要掌握的内容有帮助吗？"举例说，请

〔1〕 课堂作业——独立的课堂活动。

考虑下面的这个作业，它曾被国家教育协会阅读委员会引用(Anderson, Hiebert, Scott, & Wilkinson, 1985)：

阅读下列各句，选择使用最多的辅音字母，在其下面划横线。

> 最重要的是什么？这种活动使学生感到阅读不是很重要或者无所用途。学生们应看到课堂练习或课堂作业与所讲内容之间的联系。告诉学生做练习的原因，目标应是明确的，充分提供所有需要的材料，并且学生依靠自己可以独立完成，成功率应较高——接近100%。当课堂练习过难，学生们常会为了完成而转向猜测或者抄袭。

卡罗尔·温斯坦(Carol Weinstein)和安迪·米格耐诺(Andy Mignano)(1997)描述了作业簿以外的几种可选择的作业方式，例如：默读或大声朗读给同伴听，给一个"真实"的读者写作，写信或者日记，实录对话并加上适当的标点符号，编写问题，做一个长期的项目或报告，解决难题和智力游戏，参与电脑活动。我喜爱的方式之一是创作一个小组故事。首先由两个学生在电脑上写一个故事的开头，然后又由两个学生添加下一段，这个故事随每一对学生的参与而不断扩展。学生们在其中阅读、写作、编辑、修改。

保持专著

如果学生要从小组或个人的课堂练习或家庭作业中有所收获，他们必须保持专著和完成作业。第一步是要确保学生领会作业的要求，即起步是正确的。全班一起完成前几道题目，已澄清错误概念，会有助于实现第一步。对于家庭作业更是如此，因为如果学生对作业有疑问，他们在家中可能无人询问。保持学生参与的第二个方面是，使学生承担正确完成作业的责任，而不仅仅是写满作业纸。就是说学生要检查作业，学生应有机会检查错误和修改作业，并且结果应计入班级评分(Brophy & Good, 1986)。专家型教师经常通过让学生交换批改或自己核对的方法在课堂的前几分钟迅速检查作业。

课堂作业特别要求认真监控，当学生需要的时候给予帮助比在他们询问之前就提供帮助更有效。要做到这一点，你应该在班上来回走动，而避免在一两个学生那儿花费过多时间。短暂、频繁的接触是最佳选择(Brophy & Good, 1986; Rosenshine, 1977)。

有时，你会和某个小组的同学一起活动，而其他同学做课堂练习。这种情形下，尤其重要的是让学生知道如果他们需要帮助该怎么做。温斯坦和米格耐诺(1997)描述的一位专家型教师教给学生一个原则，“先询问三个人，然后再问我。”学生们不得不在向教师寻求帮助之前先请教三位同学。这位教师在学年开始时曾向学生解释如何相互帮助——如何提问与解答。

如何监控家庭作业？如果学生做家庭作业时遇到困难，他们需要在家里获得帮助，需要为他们学习提供支持的人，而不仅仅提供答案。但是许多家长不知道怎样提供帮助(Hoover-Dempsey, Bassler, & Burow, 1995)。下面“与家庭和社区建立合作关系指南”为家长提供了一些建议。

与家庭和社区建立合作关系指南——家庭作业

确保家长知道学生要学习的内容。

举例：

1. 单元开始时，发给家长以下资料：主要教学目标的清单，主要作业举例，主要期限，家庭作业的时刻安排或可免费使用的图书馆或因特网资源清单。
2. 提供一份清晰而简洁的家庭作业规则说明——如何将分数转化为班级评分，迟交、忘带和未做作业要承担的处罚。

帮助家长在孩子家庭作业中扮演合适的、有所帮助的角色。

举例：

1. 提醒家长，“辅助家庭作业”意味着鼓励、倾听、检查、表扬、讨论和出谋划策——不仅仅是教导，永远不要替孩子完成作业。
2. 鼓励家长为家里的每个人都预备安静学习的时间和空间，使学习时间成为每日的常规部分。
3. 做一些有趣味的、全家参与的家庭作业——智力游戏、制作家庭专辑、一起观看某个电视节目然后作出评价。
4. 在家长教师会议上，向家长询问：为了在孩子完成家庭作业中起到更有益的利用，他们需要什么。

征求并采纳家长有关家庭作业的建议。

1. 发现孩子在家里承担的责任——有多少时间可用于做家庭作业。
2. 定期设立一个“家庭作业热线”用来提问与征询建议。

如果家中无人能为孩子提供帮助，建立其他的支持系统。

举例：

1. 安排可以通过电话提供支持的学习伙伴。
2. 如果学生有电脑，提供网络帮助的联系地址。
3. 在公共图书馆寻找免费帮助，使大家了解这些资源。

问答

问答(recitation)[1]是我们多年来一直使用的一种普遍教学方法(Stodolsky,1988)。教师提出问题,学生回答,教师通常根据形成学科内容框架的计划来提问,学生的回答通常会得到教师的反馈,比如表扬、纠正或进一步询问。从教师的角度看,这种模式包括结构(建立一个框架体系)、诱导(提问)和回应(表扬、纠正或扩展)(Clark et al.,1979)。这些步骤周而复始地重复着。

让我们通过分析提问的不同形式、何时提问、如何回应学生的提问来思考问答的核心部分——诱导或提问阶段。当然,教学的一个重要目标应是鼓励学生提问,但是现在我们主要集中在教师的提问上,使其对学生尽可能有所帮助。与我共事过的许多刚参加工作的教师惊奇地发现,好的问题是多么有价值,而且提出好的问题又是多么困难。

提问的种类

一些教育工作者估计高中教师平均每天要提问 395 次(Gall,1970)。那么,他们都提出一些什么样的问题呢?根据布卢姆的目标分类,其中大部分可归为认知领域,表 13.8 提供了这类提问在不同分类水平上的案例。

表 13.8 认知领域目标的课堂提问

可以提出促进布卢姆目标分类认知领域任何一个水平思维的问题,当然所要求的思维有赖于之前所做的准备。

类 别	预期的思维类型	示 例
认识(记忆)	回忆或再现所学内容	定义…… ……首都是哪里? 这篇文章论述了什么?
理解(领悟)	证明对材料的理解,变换,重组或解释	用自己的话解释…… 比较…… 什么是……主要观点? 描述你所看到的……
运用(应用)	运用所学的知识解决一个有明确答案的问题	证明了什么原理? 计算这个面积…… 应用……规则解决……

[1] 问答——教师提问、学生回答、教师反馈的形式。

续 表

类别	预期的思维类型	示例
分析(分析)	批判性思维,识别理由和动机,根据具体的数据进行推理,分析结论是否有证据支持	影响……作品的是什么? 为什么选择了华盛顿…… 以下哪些是事实?哪些是观点? 根据你的实验,这一化学物质是什么?
综合(创造)	发散的、原创思维,新的计划、建议、设计或故事	……的最好的名字是什么? 我们怎样可以提高资金? 如果南北战争时,南方取胜,美国会变成……?
评价(评价)	判断观点的价值,提供意见,应用标准	哪一位美国参议员是最有效率的? 你认为哪一幅画更好? 为什么? 为什么你喜欢……?

Source: From "Questioning Skills" by M. Sadker and D. Sadker, in J. Cooper (Ed.), *Classroom Teaching Skills: A Handbook* (3rd ed.) (pp. 143 - 160), 1986, Boston: D. C. Heath. Copyright © 1986 D. C. Heath. Adapted with permission.

另一种对问题的分类是将其分为**聚合型问题(convergent questions)**[1](只有一个正确答案)和**发散型问题(divergent questions)**[2](许多种可能的答案)。具体事实类的问题是聚合型的,"谁于 1540 年统治英格兰?""谁写了最早的《永不长大的孩子——彼得·潘》?"解决观点与假设的问题是发散型的,"这个故事中,哪一个角色最像你?为什么?""在过去的 100 年中,最受人尊敬的五位前总统是谁?"

教育学的教材中许多篇幅用于讨论如何促进教师提出许多高水平问题(分析、综合和评价)和发散型问题,它们确实是较好的提问方式吗?研究已发现一些令人意想不到的结果。

问题应适合学生的水平

高水平和低水平的问题都有可能是有效的(Gall, 1984, Redfield & Rousseau, 1981)。不同模式似乎适于不同的学生。对年龄小或能力水平低的学生来说,最佳提问方式是,正确回答可能性高的简单问题,并给以充分鼓励,当学生未得出正确结论时给予及时的帮助,以及给予表扬。对能力水平较高的学生,成功的提问方式包括较高和较低水平上较难的问题,给予更具批判性的反馈(Berliner, 1987; Good, 1998)。

〔1〕 聚合型问题——只有惟一正确答案的问题。
〔2〕 发散型问题——有非惟一正确答案的问题。

无论学生的年龄或能力水平如何，所有学生应该接受能激发思维的问题。必要时，帮助学生学习如何回答这类问题，正如我们在第八章所看到的，要掌握批判性思考和解决问题的技巧，学生们必须有机会练习这种技巧。而且，他们需要时间考虑自己的答案。但是一项研究显示教师留给学生回答问题的时间平均只有1.5秒(Rowe，1974)。思考以下课堂中的一幕：

教师：《雪夜林边小伫》(*Stopping by Woods on a Snowy Evening*)这首诗是谁写的？汤姆？

汤姆：罗伯特·弗罗斯特。

教师：很好，这首诗中发生了什么事？莎莉？

莎莉：一个男人停下雪橇观看被大雪覆盖的森林。

教师：是的，埃玛，那个男主人公想到了什么？

埃玛：他想多么壮观的森林……(她停顿了一下)

教师：他还想到了什么？乔？

乔：他想自己多希望停下来欣赏呀。(停顿了一秒)

教师：好的，还有什么呢？瑞塔？(等了半秒)赶紧，瑞塔，你会想到答案的。(等待了半秒)好的，为什么他对是否停下来欣赏雪景感到犹豫不决？

莎拉：我认为，也许是——(停顿了一秒)

教师：谢谢你，莎拉，(等待半秒)好的，那么迈克？(又等待半秒)约翰？(等待半秒)今天你们怎么了？你们没有阅读吗？

这种情况下，学生的回答缺乏思考。当教师学会提问，叫学生回答问题之前至少等待3—5秒，学生会说出较为完整的答案，更多的学生可能会参与进来、提问题、自愿回答；包含分析、综合、推理和猜测的回答开始增多，并且学生在回答时更有自信心(Berliner，1987，Rowe，1974；Sadker & Sadker，1986a；Tobin，1987)。看起来这只是教学中一个简单的改进，但把握5秒钟的沉默并不容易，这需要实践。你或许可以尝试让学生快速记下答案，或让他们与另一个学生讨论问题并共同形成一个答案。这些活动会使等待的过程更加适意，而且为学生提供了一个思考的机会。当然，如果学生明显感觉迷惑不解或不理解题意，再长的等待也无济于事。如果你的问题遭遇到学生困惑不解的眼神，你就要重新解释问题或请同学解释他们的疑惑。然而，也有一些研究证明延长等待时间，不会在大学课堂上产生影响(Duell，1994)，所以，对于高中学生，你可能要自己分析等待时间的作用。

下面我们谈一谈如何选择学生回答问题。如果仅仅靠学生自愿回答问题，你可能得到的是关于学生理解状况的错误信息。而且，往往是同样一些学生一次又一次自愿回答问题。许多专家型教师有一套系统化的方法来确保每位同学都被提问，比如，他们从一个罐子里抽取名字，或者当每个学生回答问题时，就把其姓名勾掉(Weinstein，1996；Weinstein & Mignano，1997)。另一种方式是把学生姓名做成卡片，然后打乱卡片，像纸牌一样使用，你可以在卡片上记录对学生回答的评价或他们需要的额外帮助。

回应学生的回答

学生回答完你将做些什么呢？教师最普遍的反应是用简单的方式表示接纳——“OK”或“啊哈”，这种反应在大多数课堂中占到50%(Sadker & Sadker，1986)。但是根据学生回答是正确、部分正确或者错误应有更恰当的回应方式。如果学生回答迅速、坚决又准确，教师加以称赞然后开始下一个问题。如果回答准确但犹豫不决，需要进一步询问为什么是正确的：“对的，克里斯，参议院是政府立法部门的一部分，因为参议院……”这使你可再次解释材料。如果这个学生不能肯定，那么，其余学生也可能同样感到困惑，如果学生回答得部分错误或完全错误，但他们已做了诚实的努力，你应了解更多情况、提供线索、使问题简化、回顾前面的步骤或重教一遍。如果学生的错误回答是由于疏忽大意，最好只是纠正答案，然后继续进行下面的内容(Good，1988；Rosenshine & Stevens，1986)。

小组讨论

小组讨论(group discussion)[1]从某种意义上说类似于前一部分所描述的问答，但它应接近第九章所描述的教学性谈话(Tharp & Gallimore，1991)，即一位教师提出问题，听学生回答，作出反应并寻求更多的信息。然而在真正的小组讨论中，教师无需扮演主导角色，而是由学生提问，相互回答问题，并对彼此的回答作出反应(Beck，Mckeown，Worthy，Sandora，& Kucan，1996)。

小组讨论有许多优点。在小组讨论中，学生可以直接介入和有机会参与。小组讨论帮助学生清晰地表达和论证自己的观点，并接受不同意见。小组讨论还给予学生机会澄清自己的观点，检查自己的思路，服从个人的兴趣，以及在小组中担当领导角色和承担责任。因此，小组讨论可以帮助学生评估和综合大家的意见。在学生试着理解与习惯相违背的概念时，讨论也是非常有用的。正如我们在第八、九章中看到的，如“光在虚像中的作用”或牛顿运动定律之类的很多科学概念，学生是很难理解的，因为它们与一般的常识相矛盾。经过大家一起思考、互相质疑、提出和评价可能的解释后，学生将较容易真正理解概念的含义。

---

[1] 小组讨论——由学生提出和回答自己的问题、教师不担任主导角色的谈话形式。

检查要点：教学的形式

回 顾

- 描述讲授的形式。
- 区分“聚合型问题和发散型问题”、“高水平和低水平问题”。
- 小组讨论的利与弊是什么？

应 用

- 描述一些可代替课堂作业的形式。
- 在你的学科领域列举一些聚合和发散问题的例子。

当然，小组讨论也有缺点。它许多方面不可预测，在讨论过程中学生容易偏离论题。一些小组成员可能会在参与时感到有困难，有些学生因被迫发言感到不安。此外，你必须做大量的准备工作以保证参与者具备讨论所需要的充足知识。而且人数过多的组，常常难以控制。很多时候，某些学生会主导讨论，而同时有的学生却在做白日梦（Kindsvatter, Wilen, & Ishler, 1998）。以下指南介绍了一些促成富有成效的小组讨论的方法。

指南——富有成效的小组讨论

鼓励害羞的学生参与。

举例：

1. 教师问学生：“乔尔，你有什么意见吗？”或“还有人有其他意见吗？”
2. 不要等到出现死寂的沉默时，才请害羞的学生回答问题。因为大部分人，即使是胆大的学生也怯于打破沉默。

引导学生对其他学生的发言给予评论和提问。

举例：

1. “斯蒂文，这个观点很特别。金，你们怎么看斯蒂文的想法呢？”
2. “约翰，那是个重要问题。莫拉，如果要你回答，你会怎么想呢？”
3. 鼓励学生相互交流意见，而不是等着看你的态度。

确信你已理解了学生表达的意思，如果你不确定，其他学生可能也不确定。

举例：

1. 让学生总结先前学生的意见。如果总结不准确，就让先前发言的学生再解释一下自己的观点。
2. 问提出意见的学生：“卡伦，我想，你的意见是……对吗？还是我理解错了？”

寻求更多的信息。

举例：

1. 问学生："这是个有力的论断，你有什么证据支持它吗？"
2. 追问学生："能说说你怎么得出结论的吗？你经过了哪些步骤？"

使讨论言归正传。

举例：

1. "好了，我们刚才讨论的是……而且莎拉提出了一个建议，其他人有不同意见吗？"
2. "在我们继续下去之前，让我总结一下刚才讨论的内容。"

在让学生回答之前，给其思考的时间。

举例：

"如果从未发明电视，你的生活会有什么不同呢？把你的意见略记在纸上，一分钟后我们再讨论。"一分钟后提问："希罗米，可以告诉我们刚才你所写的吗？"

在一个学生回答问题后，环视一下教室看学生们有什么反应。

举例：

1. 如果其他学生有疑问，询问他们原因。
2. 如果学生点头表示赞成，请他们举个例子。

我们已经了解了一些面向全班、全组和个人的教学计划和基本的教学模式。但执行这些计划的人——教师该怎么做呢？他们如何有效地实施众多不同的教学模式？

关注教师

你如何确定教师教学的关键？你可以请学生、校长、大学教育系教授或有经验的教师列出好教师的特点。或者，你可以做深入的长期课堂个案研究。还可以观察课堂，按某些特征给教师评分，然后分析所教学生取得最好学业成就或学习最积极的教师具备的特征有哪些（当然，为了做这样的分析，你须确定如何评判学业成就和学习积极性）。你可以先确定哪些教师能让学生学到更多知识；然后观察这些更加成功的教师，并记录下他们教学行为。你还可以训练教师用不同的方法教同一堂课，比较哪种方法教学效果最好。你也可以把教师的教学过程用摄像机录下来，然后放给他们看，请他们说说教学时自己的想法，以及是什么因素影响了他们在教学过程中进行决策。你甚至可以记录课堂对话，以探讨帮助学生理解的因素是什么。

以上方法越来越多地应用于教学研究中。研究者经常通过仔细观察和确定教与学之间的关系来进行一系列研究。他们把这些关系作为开发教学方法和通过实验检验这些方法的基础（Brown，1992；Greeno，Collins，& Resnick，1996）。下面让我们来看看这些教学研究的具体结果。

有效教师的特征

早期一些关于有效教学的研究主要关注教师自身的个性素质。研究者以为成功教学的关键在于教师的性格(Medley,1979)。虽然这一假设已被证实是错误的——或者说,至少是不全面的——但它的确为我们呈现了三个(重要的)教师特征:专业知识,表达清晰和热心。

教师的专业知识

有较多专业知识的教师对学生有更积极的影响吗?当我们以考试分数和大学分数来评判教师具有的事实和概念的专业知识时,它与学生学习的关系是不清晰的,甚至可能是间接的。掌握较多专业知识的教师不一定能让学生学到更多的知识,但他们能较清楚地把知识呈现给学生,并较敏锐地发现学生的困难。他们对学生的任何问题都准备充分,而无需逃避学生的提问或搪塞学生。因此,具备专业知识是必要的。但对于一名有效的教师来讲,仅有此并不够,因为有丰富的专业知识仅能使教师的教学较为清晰和有条理。

表达清晰和有条理

学生们常常会这样评论教师:“她讲课真清楚。”或“他太没条理了!”当巴拉克·罗森夏因(Barak Rosenshine)和诺尔玛·弗斯特(Norma Furst)(1993)回顾了50项教学研究,他们总结道,表达清晰是研究有效教学的最具预见性的教师行为。研究结果证实了表达清晰的重要性。表达和解释清晰的教师更能使学生学到更多的知识,学生也会对他们有较积极的评价(Hines, Cruickshank, & Kennedy, 1985; Land, 1987)。有更多专业知识的教师在讲解中很少含混不清,教师表达得越清晰,学生学到的就越多(Land, 1987)。

计划清晰的教学

最近的一项研究为清晰教学提供了一些指导(Berliner,1987; Evertson, et al., 2000; Hines, Cruickshank, & Kennedy, 1985)。备课时,努力预测学生将会遇到的问题,翻阅教师指导手册和向有经验的教师寻求解决的方法。你也可以亲自做一遍课本的书面练习,以确定学生可能会存在的问题。准备好新术语的定义后,还需要找一些恰当的例子来说明它们的含义,可以考虑采用类比方法,以使理解更容易。按一定的逻辑顺序组织教学,包括以口头提问或书面问题的方法确定学生是否理解了教师的解释。

设计一个清楚的课程介绍，让学生知道自己将要学什么内容和将会达到什么样的目标。教师经常会分不清“教什么”和“如何教”。例如，在杜菲、罗勒、梅洛斯和瓦夫鲁斯(Roehler, Meloth, & Vavrus, 1986)的一项研究中，一位阅读教学不成功的教师是这样开始“阅读中利用上下文”教学的：“今天我们将学习如何在阅读中利用上下文，这一技巧将帮助你提高阅读水平。”(p. 206)这种对将要学习内容的表述是含糊而笼统的。在这个研究中一位有效的教师则会用一种明确且具体的方式开始这堂课：

> 上完这堂课，你们将学会如何利用上下文得出生词的意思。这种技巧可以应用于你遇到生词而又必须说出它的含义情况。(p. 206)

准确教给学生“如何”学习更是一件难事。一项研究发现教师们很少(如果有的话)向学生解释他们希望学生在课堂作业中练习哪些认知过程。聪明的学生也许可以找到正确的学习方法，但较迟钝的学生经常只能猜测或放弃。例如，一个无效的教师可能会这样进行有前缀单词的教学：“这些是有前缀的单词，你们把它们各自的意思填到表里。”然而，有效的教师可能会在开始学习前，向学生示范如何把这种词拆成前缀和词根，如何确定前缀和词根的意思，及如何把它们结合起来得到整个词的含义(Berliner, 1987)。

教学过程的清晰化

用**说明性连词(explanatory links)**[1]，如“因为”、“如果……那么……”或“因此”等，向学生说明命题间或**概念间的联系**。例如，当一个教师说“北方经济发展是基于它的制造业，在内战中北方占有优势”时，学生只得到了两个命题，而没有把它们联系起来。如果两个命题间有联系，就应用连词把它们联系起来。例如“北方在内战中有优势，因为它的经济发展是基于制造业。”因此，用说明性的连词把命题联系起来，使它们容易掌握(Berliner, 1987)。说明性连词也有助于说明形象的材料，如图解、概念图或例证。

一般来说，要坚持你的计划，保证不偏离主题。用“下面一个方面……”、“现在我们将要转向……”或“第二步是……”之类的短语引导学生从一个主题转向另一个。你可以通过简述活动主题、列出重点、在黑板上画简图或用投影仪等方式帮助学生跟上课程的进度。不断监控各个小组，了解学生是否跟上了上课的进度，查看学生的反应是认同的点头还是疑惑的眼神。你应该能够了解是否大部分学生已跟上你的进度。

在整个教学中，选择使用学生熟悉的词语。定义新的术语并把它们与学生已有的

〔1〕 说明性连词——说明概念间关系的词或短语，如因为、为了……而……。

知识联系起来。保证定义准确，并经常检查学生的理解。避免使用含糊不清的词或模棱两可的短语：引导学生正确地理解下列词的意思，“某些”——某些东西、某些人、某些时候、某些方法，“不是很”——不是很多、不是很好、不是很难、不是很经常；和其他非具体词汇，如“最、不是所有、有点儿、等等、当然、正如你所知的、我猜、事实上、无论什么以及或多或少”等等。用具体的(且丰富多彩的——如果可能的话)名称代替“它、它们和东西”。此外，还要限制使用“你知道”、“喜欢”和“好吗”之类短语。还有一个办法是用磁带录下一堂课的过程，然后自己检查是否做到了表达清晰。

热心和热情

众所周知，一些教师与另一些同行相比更富有热情。一些研究已发现教师对自己专业的热爱程度和学生取得成就的程度有相关(Rosenshine & Furst, 1973)。热心、亲切和理解似乎是教师最能影响学生态度的因素(Murray, 1983; Ryans, 1960; Soar & Soar, 1979)。换言之，热心和亲切的教师一般更能使学生喜欢他和他所讲的课。但请注意，这些只是相关研究。研究结果并没有告诉我们，教师对其专业的热情决定了学生的学习状况或教师的热心决定了学生的积极态度，只是说两者是相关的。教师在教学中热情饱满，能使学生更积极地参与学习，却不一定能使学生在考试中取得更好的成绩(Gillett & Gall,1982)。

我们所提到的上述研究已指出，专业知识、表达清晰、有条理和热情是有效教师的重要特征。下面的指南总结了这项研究对课堂教学的实际意义。

指南——有效教学

认真组织教学。

举例：

1. 提供目标，帮助学生关注课程目的。
2. 课程开始时在黑板上写出简洁的大纲，或在课程中与学生一起拟定提纲。
3. 如果可能的话，把讲解分成清晰的步骤和阶段。
4. 定期复习。

努力讲解清楚。

举例：

1. 用具体的或与学生生活相关的例子，在特别难理解的地方举若干个例子。
2. 列举不同水平的例子，以使所有学生都理解，而不只是聪明的学生明白。
3. 一次活动只围绕一个主题，并避免离题。

向学生表达你对本学科或今天这节课的热情。

举例：

1. 告诉学生为什么这门课很重要。给他们一个比"考试中要考"或"明年你们要掌握它"等更好的理由。强调学习本身的价值。
2. 确保与学生的目光接触。
3. 改变你说话的节奏和音量，利用沉默表示强调。

"以教师为中心教学"中的教师

20世纪70年代至80年代，关注有效教学的一项研究提出了一种可促进学生学习的教学方法，巴拉克·罗森夏因称这种教学方法为**直接教学(direct instruction)**(1979)或**显性教学(explicit teaching)**〔1〕(1986年)。汤姆·古德(Tom Good, 1983a)用**活动教学(active teaching)**〔2〕称呼另一种与之相近的教学方法。直接教学的方法适用于某一类型的具体情况，这源于其研究的特定性。研究者通过在以下两类教师之间的比较而得出"直接教学"的各个要素，一类教师所教的学生的学习效果好于预期效果(学习效果评判基于教学中包含的内容)，另一类教师所教学生的学习效果与预想的一样或只达到平均水平。研究者关注美国课堂现行的教学模式。因为这一研究总是关注传统的教学模式，所以研究者无法确立有效的教学改革制度。有效性常常会被限定在提高全班或全校标准化考试的平均分数，所以结果只是对总体有效，而不一定对小组中的每个学生有效。即使可以提高小组的平均成绩，也不见得它会对个别的学生有促进作用(Brophy & Good, 1986; Good, 1996; Shuell, 1996)。〔3〕

在这些情况下，你会发现"直接教学"最好应用于教授**基本技能(basic skills)**〔4〕——清楚地构建的知识和基本技能，如科学规律、计算法、阅读词汇和语法规则等等(Rosenshine & Stevens,1986)。这些技能的获得涉及相对简单的活动，它们可以一步步地教，然后用标准化测验检查学生的掌握情况。这种教学方法不一定适用于以下目标，如帮助学生创造性地写作、解决复杂的问题或充分发挥想像力等。韦纳特和赫姆基(Weinert & Helmke, 1995)指出"直接教学"具有以下特点：

> (a)教师的课堂管理非常成功，学生捣乱行为的比率非常低；(b)教师

〔1〕直接教学或显性教学——熟练掌握基本技能、事实和信息的系统性教学。

〔2〕活动教学——以教师高水平的讲解、论证及与学生的相互作用为特点的教学。

〔3〕联系与拓展——联系你的教学，如果你观察过低年级的教学，你会得出采用了"直接教学"的结论吗？为什么说采用了或为什么没有？

〔4〕基本技能——在以后的教学中必需的、可一步步传授的清楚的结构化的知识。

> 围绕一学术性强的主题，并利用充足且集中的时间给予学生足够的指导，以激发和促进他们学习；(c) 教师通过选择适合学生的活动、清楚地给出有关资料和解决问题的策略、不断检查每个学生的进展和困难以及补救教学的有效帮助，来保证尽可能多的学生得以进步。(p. 138)

那么，教师该如何把这些特点应用到教学中呢？

罗森夏因提出的六项教学功能

罗森夏因和他的同事(Rosenshine, 1988; Rosenshine & Shevens, 1986)基于关于有效教学的研究识别了教学的六项功能，它们可看成是教授基本技能的项目或框架。

1. 复习并检查前一天的工作。如果学生产生误解或发生错误，就再教一遍。

2. 呈现新材料。目的清晰，小步子教学，提供正面和反面的例子。

3. 引导练习。提问学生，给出练习的问题，主要识别学生的错误概念和误解。有必要的话重教。继续引导学生练习，直到他们可以正确回答 80%的问题。

4. 就学生的回答，给予反馈和纠正。如有必要则重教。

5. 独立练习。让学生在独立学习、课堂作业、合作小组或家庭作业中应用所学的新知识。独立练习的成功率应达到 95%。这意味着学生必须对教师的示范和引导练习有充分准备，也意味着作业不能太难。让学生坚持练习，重要的是学生要多次练习直到技能成为过度学习和自动化——直至学生变得自信。让学生对自己的工作负责——并检查它。

6. 每周或每月复习一次，以巩固所学的知识。包括把一些复习知识当做家庭作业。经常测验，重教学生在考试中出错的知识。

这六个功能并不必定遵照某个特定的顺序，但它们都是有效教学的要素。例如，不论何时，只要需要反馈、复习或重教，就须实施，也应该适合学生的能力水平。关于直接教学的其他模式有很多，但大多数都具备表 13.9 中所列的要素。“马德林 · 亨特的掌握教学”(Hunter, 1982)则是直接教学的另一个例子。[1][2]

---

〔1〕 联系与拓展——联系你的教学。马德林 · 亨特列举了一些教师可用于检查学生理解情况的教学例子。《掌握学习》(1982) (*Mastery teaching*. EL Segundo, CA: TIP Pubications)，第 60 页。“看第一道多选题，决定你要选的答案，并在我说‘给我看’时用手指在下巴下表示相应的数字。”“如果你同意这个观点，则用手指做一个加号；如果你不同意则做一个减号；如果你有话要说就做一个零的手势。”

〔2〕 联系与拓展——参考研究。马德林 · 亨特的方法多年来一直很受欢迎，但是也不乏批评。请阅读《小学杂志》(*Elementary School Journd*)1986 年 11 月期中 5 篇关于马德林 · 亨特四年研究的文章。它们介绍了量和质的分析结果。安德鲁 · 波特(Andrew Porter)和鲍勃 · 斯莱文(Bob Slavin)的评语和马德林 · 亨特的回应。总的来说，分析结果显示采纳亨特项目的学校有所收获，但是当为教师提供的咨询与支持撤回后，那些成果未得以维持。

表 13.9 亨特的掌握教学项目：部分原则

促使学生开始学习
● 在一节课的开头，充分利用最佳时机。 ● 在你点名、发试卷或做其他“班务管理”事务时，给学生一个复习性的问题或两个需要思考的问题。后续活动——听学生的回答，必要时予以纠正。 ● 创造一系列准备活动以吸引学生的注意力。它们可能是一个先行的组织者、一个有趣的问题或一个简短的练习。例如，在一堂有关植物种类的课开始时，你可以问道：“为什么南瓜派和樱桃派很像，而与甜马铃薯派不同呢？”答案是：南瓜和樱桃都是水果，而甜马铃薯不是。 ● 传达课程目标(除非暂时不透露这个信息是你整个计划的一部分)。
有效地提供信息
● 选择基本信息并把其组织好。用这个基本结构作为这堂课的支点。 ● 清楚、简洁地列出信息。用熟悉的术语，例子和插图。 ● 示范说明你的意见。如果合适，证明或进行类比——“如果安手中的篮球是太阳，那你认为我该把这颗代表冥王星的豌豆放在离它多远的地方呢……？”
检查学生的理解程度，并提供指导性练习
● 提问，让每个学生用手势表示答案——“如果评论是正确的，请竖起拇指，如果是错误的，则拇指向下。” ● 要求一起回答：“大家说说，这是一个从属子句还是独立子句？” ● 让个别学生回答：“大家都想一个封闭系统的例子。乔恩，你的例子是什么？”
允许学生独立练习
● 通过一起完成练习中的前面几个问题，使学生能正确地开始活动。 ● 使独立练习简短。关注学生的反应，并及时地给予反馈。

为什么要实行直接教学

直接教学的哪些方面可能为其成功提供说明？琳达·安德森(Linda Anderson, 1986)提出帮助学生认识主要概念间联系的教学可有助于学生形成正确的理解。组织条理的讲解、清晰的解释、运用说明性连词和复习等都可帮助学生理解概念间的联系。因此，如果做得好，一堂直接教学的课可成为学生构建知识系统的起点。例如，复习可以激活学生先前掌握的知识，以使学生做好接受新知识的准备。简明的示范和指导性练习可避免使学生的信息加工系统和工作记忆负荷过重。多种例子和解释为学生提供了建构概念网络的途径和联系。指导性练习也可以使教师简要了解学生的想法和错误概念，因此可以直接解决错误观点而不只是纠正一次“错误的回答”。

对直接教学的批评

批评家认为，直接教学限制于较低水平的目标上，基于传统的教学方法而忽略新方法，而且阻碍学生独立思考。一些教育心理学家声称“直接教学”的模式仅告诉教师“去做什么工作”，而没有把这些建议建立在学生学习理论的基础上。另一种批评意见认为，直接教学是建立在错误的有关学生学习的理论基础上。教师把教学内容分成许多小部分，清楚地展示每一部分，并强化或改正它，从而把正确的知识通过教学传递给学生。学生被看做是一个等待盛载知识的“空容器”，而不是一个主动的知识建构者(Anderson, 1989a; Bery & Clough, 1991; Davis, Maher, & Noddings, 1990)。以上这些对“直接教学”的批评是对行为学习理论批评的回应。[1][2]

然而，也有充足的证据证明直接教学和讲解可以帮助学生主动学习，而非被动学习。对较年幼且准备不足的学习者而言，没有教师指导和讲解，自主学习会使学生的知识体系产生系统性的不足。没有指导，学生自己建构的知识系统可能会不全面或被误导(Weinert & Helmke, 1995)。深刻的理解和流畅的表现——在舞蹈、解数学难题或阅读中——都要有专家的示范和带有反馈的大量练习(Anderson, Reder, & Simon, 1995)。带有反馈的指导性练习和独立练习是直接教学模式的核心。

直接教学做不到的是确保学生正确理解。如果做得不好，它可能使得学生只会机械记忆和单纯模仿，而永远不能真正拥有这些知识。埃莉诺·达克沃斯(Eleanor Duckworth)认为若要使学生达到此目标，教师应非常注意了解学生的知识系统(Meek, 1991)。下一部分将会介绍另一种有效的以学生为中心的教学方式。

“以学生为中心教学”中的教师

表 13.10 列出了杰奎琳·格伦南·布鲁克斯(Jacqueline Grennon Brooks)和M. G. 布

---

〔1〕 联系与拓展——参考研究。另一种观点，参见 C. A. 伯格和 M. 克拉夫(Berg, C. A., & Clough, M., 1991)的《亨特的课程设计：一种错误的科学教学法》(Hunter Lesson Design: The wrong one for science teaching)，《教育领导学》(*Educational Leadership*)，第 48(4)卷，第 73—78 页。焦点问题：为什么伯格和克拉夫认为亨特的设计是一种错误的科学教学法呢？学生们认为亨特会作什么反应呢？然后参看亨特(1991)的《亨特的设计帮助达到了科学指导的目标》，《教育领导学》，第 48(4)卷，第 79—81 页。焦点问题：评价亨特为他的模式的辩护。你同意亨特的方法可以达到科学指导的目标吗？

〔2〕 联系与拓展——联系你的教学。以下是一些课程中让所有学生都积极参与的方法。让学生做以下事情：

1. 把答案告诉邻桌。
2. 用一两句话概括主要意思，做一份总结并与邻桌同学交流，或告诉他你思考的过程。
3. 把答案写在石瓦板上，然后举起来。
4. 如果知道答案，请举手(由此教师可以检查全班同学情况)。
5. 如果同意其他同学的说法，则举起手来。
6. 选择不同的答案则举起不同颜色的卡片。

摘自 B. 罗森夏恩(Rosenshine, B., 1987)的《显性教学》(Explicit teaching)，收录在 D. 伯利纳和 B. 罗森夏恩(D. Berliner & B. Rosenshine)主编的《与教师的谈话》[*Talks to teachers*, (pp. 75—92). New York: Random House]，第 84 页。

鲁克斯(M. G. Brooks)描述的建构主义教学实践的某些特性。这些教学方法与第九章提到的建构主义教学策略一致——探究、合作学习、教学性交谈和认知学徒。

表 13.10 建构主义教学实践

许多建构主义教学实践可以适于任何班级。

1. 建构主义教师鼓励并接受学生的自主性和主动性。
2. 建构主义教师利用原始数据和第一手资料,并使用可操作的、相互作用的、自然的材料。
3. 当设计任务时,建构主义教师使用认知术语,如“分类”、“分析”、“预测”和“创造”等。
4. 建构主义教师允许学生推动课程、转换教学策略并变更教学内容。
5. 建构主义教师在与学生交流关于概念的见解之前,要了解学生对概念的理解。
6. 建构主义教师鼓励学生参与同教师或与别的同学的对话。
7. 建构主义教师鼓励学生通过询问一些经过深思熟虑的、开放性的问题来进行探究;并鼓励学生互相发问。
8. 建构主义教师寻求对学生最初反应的精细分析。
9. 建构主义教师使学生经历与他们最初假设产生矛盾的实践,并鼓励他们讨论。
10. 建构主义教师在提出问题后留有等待的时间。
11. 建构主义教师给学生发现联系并进行类比提供时间。

Source: From “Becoming a Constructivist Teacher.” In *In Search of Understanding*: *The Case for Constructivist Classrooms* (pp. 101-118) by J. G. Brooks and M. G. Brooks, 1995, Association for Supervision and Curriculum Development. Copyright © 1995 by ASCD. Reprinted with permission.

对杰出教学模式的超越

我们已经分析了关于良好教学的两种观点,一种适于直接的、外显的教学,另一种与建构主义的观点相一致。你会在许多教育课程中听到关于这些主要教学方法的辩论。通常,当有问题的学生面临失败时,在直接教学与建构主义教学之间的争论最激烈,正如你会在下面的“观点与争议”中所见。

观点与争议:帮助面临失败危险的学生的最好办法是什么?

有许多关于教育低成就学生的意见和模式,这些学生通常被称为面临失败危险的学生。一些建议是基于直接指导和基本技能教学,另一种教学方法是基于认知学习理论,并且对直接指导的价值提出质疑。每种方法都提供了哪些教学策略呢?

▶观点:使直接教学适应学生的需求。

有关有效教育低成就学生的教师的研究发现,下述方法是行之有效的(Ebmeier &

Ziomek, 1982; Emmer et al., 2000; Slavin, Karweit, & Madden, 1989):

将教学分成小步骤,并提供短小的活动,由教师选择并排序。

完整地覆盖材料,并保持一个中度的速度。给予充足的练习、及时清晰的反馈、具体的赞扬。

让学生进行班级或小组学习以便教师监督。避免个体化的、自定进度或独立的学习。

保持问题的难度水平以保证高成功率。

提问聚合型问题——仅有一个答案的问题。

务必唤起每个人的注意,并坚持引导一位学生直到他回答问题。

避免中断、开放式的问题以及非学科的讨论。

侧重简短的笔头练习,而不是游戏、画图、手工、发现式学习活动与兴趣角,这些都无助于学习。

◀对立的观点:超越基础。

持认知学习观的教育家与心理学家对直接教学提出批评。例如巴巴拉·米恩斯(Barbara Means)和 迈克尔·克纳普(Michael Knapp)(1991)谴责基础方法教出低成就学生:

最近由阅读、写作及数学方面的一些国家级教育专家提供的一篇批评综述,总结了教授面临失败学生学业技能的传统方法倾向于:

低估学生的能力;

推迟有挑战性的和有趣的活动,在一些场合下甚至永远搁置。

使学生远离富有意义和有激励性的学习环境和运用已学技能的环境。

直接教学的批评者在他们的立场上提出了哪些建议呢?下面是米恩斯和克纳普(1991)提出的一些原则:

围绕一些复杂的和有意义的问题。保持足够高的活动水平使任务的目的对学生来讲是明显的和可理解的。

将基本技能教学融在更完整的任务中,如保持班级记录或写信。

与学生的校外经验与文化建立联系。

向学生示范有力的思维策略。例如,当学生在分析一段有难度的课文时进行大声思维。

鼓励学生在学科任务中采取多种方法，让学生描述他们是如何得到答案的。

提供支架式教学使学生完成复杂的任务。例如，当学生正确地建立起一个代数问题时为学生演算。

使对话成为教学的中介。交互教学就是例子之一。（阅第九章）

尽管存在争议，但并没有一种最好的教学方法。不同的目标要求不同的方法。以教师为中心的教学使得成就测验成绩较好，而开放的、非正式的方法如发现学习或探究方法则与较好的创造性、抽象思维和问题解决的测验分数相联系。另外，开放方法更好地促进对学校的态度和激发好奇心，促进学生间的合作和改善低出勤率（Walberg，1990）。根据这些结论，当教学目标涉及问题解决、创造性、理解和掌握过程时，直接教学以外的许多方法应该是有效的。[1]

这些指南与汤姆·古德的结论保持一致，他总结到随着学生的成熟和当教学目标涉及到情感发展和问题解决时，应减少直接教学（Good，1983a）。当然，每一个学科，甚至大学英语或化学都可以进行一些直接教学，如果你正在教什么时候用"主格的谁"和"宾格的谁"，或者教如何装配一个实验室的仪器，直接教学可能是最好的方法。诺丁斯（1990）提醒教师，学生可能在如何通过使用各种操作性的材料方面需要一些直接指导。合作小组中的学生活动可能在提问和做解释方面需要指导、示范和练习，而且为了解决困难的问题，学生可能需要解决问题策略方面的直接指导。总之，给教师的建议是将教学方法和学习目标相匹配。

检查要点：关注教师

回　顾

- 研究教学采用了哪些方法？
- 什么是好的教学的一般特征？
- 对比直接教学和以学生为中心的教学。

应　用

- 在你的老师中，找出一位可作为有效教学的典型代表的教师。

全纳课堂的有效教学

当你想到全纳课堂的教学时，你会考虑哪些问题？你是否有足够的训练？你是否

[1] 联系与拓展——联系你的观点。不同的形式如讲授或课堂作业是否能用于不同的模式如直接教学或建构主义方法？

会从学校行政部门和专家那里得到你所需要的支持？教授残疾学生是否占用了你担负其他责任的时间？这是一些很普遍的问题，有忧虑也是合理的。但有效教授异常学生并不需要一套独特的技巧。这需要你将良好的教学实践与对所有学生的敏感性结合起来。残疾学生需要学习学科材料，并且他们需要完全参与到日常教学生活中。

拉里维（Larrivee，1985）得出结论，为了达到上述的第一项学科学习目的，教主流学生的有效教师会做到如下几条：

1. 通过流畅的管理规程避免纪律问题，制定周详的计划来有效利用时间。
2. 提出一些难度适宜的问题。
3. 当学生犯错误但思路正确时，给予学生支持性的、积极的反馈，来帮助学生算出正确答案。

为达到使残疾学生融入班级日常活动中的目的，弗格森、弗格森与波格丹（Ferguson，Ferguson，& Bogdan，1987）给出以下指导：

1. 将残疾学生与无特殊需要的学生混合编班。避免将残疾学生再次分离在特殊小组。
2. 努力将特殊帮助融入班级中，而不是让这些学生出去接受特殊服务，如言语能力矫正、阅读矫正或是个性化指导，也许可以将这些特殊帮助安排在其他学生也进行独立活动的时间段里。
3. 务必使你对残疾学生的言行举止成为其他人的好榜样。
4. 将人与人之间的区别当做课程的一部分教给学生。让学生熟悉如何帮助残疾人，如听觉帮助、手语、交流板等等。并给学生许多不同的途径来展现他们的能力——例如：写作、谈论、组织、绘画、制表、计划、证明、协助或表演等。
5. 使学生共同参与合作小组或特殊项目，例如：角色扮演、生平事迹采访或实验室作业。
6. 努力使所有学生保持相同的日程与活动方式。

对特殊学生进行教学

当学生有特殊的需要，要请专家做评估，如儿童研究小组、学校心理学家，或帮助特殊需要学生的教师（见表 4.9 关于建立治疗安排以评估指南）。正如第四章所描述的，此过程的结果有时包含准备个别化教育项目或 IEP（Individulized Educational Program）。图 13.3 摘录了一位轻微迟钝的 9 岁女孩的 IEP，它集中于个体的行为问题与阅读问题。你应该帮助班里的学生建立这样的计划，这些计划会为你的教学提供指导。

这份 IEP 是为一个 9 岁的女孩制定的。下面呈现的部分集中于"遵从教师的指导和阅读"。

学生：艾米·诺斯 年龄：9 岁 年级：1 日期：1995-10-17

1. 独特的特征和需要：不服从

经常不服从教师的指导。

1. 目前的行为表现水平
   仅遵从教师 50%的要求/命令。
2. 特殊教育、相关服务及矫正
   对服从教师指导的行为给予迅速和强有力的强化[例如，正如在罗德、詹森和雷维斯(Rhode, Jenson & Reavis)的《困难儿童工作簿》一书中提到的"我当然会这么做"的计划，它包含精确的要求和服从得分的强化单]。在三个星期内，学校心理学家训练家长在家中运用准确要求和强化。
3. 目标(包括程序、标准和进度)
   在一个月内达到在 90%的情况下遵从教师的要求和命令，每周由教师实施检测。
4. 年度目标
   服从教师的要求和命令。

2. 独特的特征和需要：阅读

2A：非常慢的阅读速度　　2C：有限的发音技巧
2B：阅读不良　　2D：阅读时的目视词汇视野有限

1. 目前的行为表现水平
   2A：以大约每分钟 40 个词的速度阅读近 100 个词的一年级水平的故事。
   2B：极少能在读完故事后立刻回忆起故事中的事实信息。
   2C：经常将元音混淆，经常认错辅音，无法合成音素。
   2D：阅读时的目视词汇量仅限于约 150 个词。
2. 特殊教育、相关服务及矫正
   2A—2C：每天 30 分钟的元音区别、辅音辨认和合成音的直接教学：立即开始，并持续整个学年。
   2A&2D：除发音指导和每日练习外，每天 10 分钟用于训练目视词汇量。以她的现有水平阅读故事中进行 10 分钟的发音和目视词汇技巧练习：立即开始，并持续整个学年。
3. 目标(包括程序、标准和进度)
   2A：3 个月内达到，以每分钟 60 个词的速度并少于 2 个错误阅读她水平上的文章；6 个月内达到，以每分钟 80 个词的速度并少于 2 个错误阅读她水平上的文章。每天由教师或助教检测其表现。
   2B：3 个月内达到，能在阅读后正确回答 90%要求回忆文章信息的口头或书面阅读理解问题(如：文章提到了谁？发生了什么？什么时候？为什么？)；并能以 80%的准确率预测结果；每天由教师或助教检测其表现。
   2C：3 个月内达到，将目视单词量提高至 200 个词，6 个月内提高至 250 个词，由闪卡来评定其表现。
4. 年度目标
   2A—2C：流利地阅读并达到二年级开始阶段的水平。

图 13.3 一份个别化教育计划(Individulized Educational Program, IEP)的摘录

Source: From *Exceptional Learners*: *Introduction to Special Education* (7th ed.) (p. 37), by D. P. Hallahan and J. M. Kauffman, 1995, Boston: Allyn & Bacon. Copyright © 1995 by Allyn & Bacon. Reprinted with permission.

资源室、协作咨询和合作教学

许多学校为教授残疾学生的教师提供额外帮助。**资源室(resource room)**[1]是一间拥有特殊资料、设备的教室，那里还有接受过特殊训练的教师。学生可以每天去资源室接受数分钟或数小时的个别指导或小组指导，而其他时间这些学生在常规教学班。除了与学生直接接触外，资源室的教师还以间接的方式为学生提供帮助，如为其他教师提供建议、材料或向他们实际演示教学技巧。

特殊教育的教师与普通教育教师越来越多地共同协作，他们合作承担教育残疾学生的共同责任。这种合作是通过协商、计划及解决如何教育特殊学生的问题来实现的。并且特殊教育的教师会直接在全纳课堂中与普通教育教师共同授课。后一种被称为**合作教学(cooperative teaching)**[2]。教师根据学生的不同年龄与不同需求承担不同的角色。例如，在低级班普通教育教师教授学科内容，而特殊教师指导学习技巧和学习策略。在另一个班级，普通教育教师处理核心内容，而特殊教师提供矫正、拓展或必要的重复教学。两位教师也可以进行小组教学，他们负责课程的不同部分。

采用合作教学时，很重要的一点就是不要将普通学生与残疾学生再次隔离，如普通教育教师总是教授普通学生，而特殊教师总是教授特殊学生。我观察过一个班，只接受特殊教师教学的残疾学生总是非常渴望共同参与其他同学与普通教育教师一起的活动，这种合作教学加重了对残疾学生的隔离，而没有使残疾学生融入整个班级。图13.4呈现了实施合作教学的几种方法。

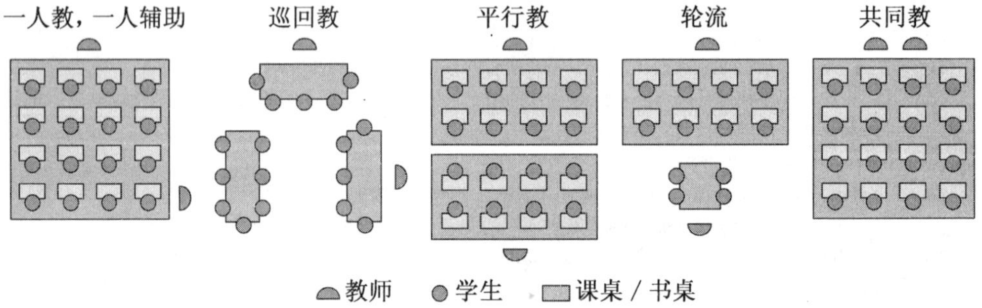

在全纳教室里，教师们共同工作的方式有多种。

图13.4　合作的和共同教学的方法

Source: From *Including Students with Speciat Needs*: *A Practical Guide for Classroom Teachers* (p. 87), by M. Friend and W. Bursuck, Boston: Allyn & Bacon. Copyright © 1996 by Allyn & Bacon. Reprinted with permission.

---

〔1〕资源室——是一间有特殊资料、仪器和接受过特殊训练的教师的教室。
〔2〕合作教学——普通教育教师与特殊教育教师之间的合作。

计算机与特殊学生

计算机已通过无数种方式改进了特殊学生的教学。教师为了保持记录和制定符合联邦规定的计划，可以利用计算机来管理教学。对于在学习新概念时需要小步骤和许多次重复的学生，计算机是最耐心的辅导教师，只要需要就可以不断重复。一个精心策划的计算机教学软件具有吸引力和互动性——这两点对于吸引特殊学生的注意力或由于失败经历而使学习动机受损的学生来说是非常重要的。例如，一个数学或拼写程序会使用形象、声音、游戏使有注意力缺陷的学生维持注意力。互动的影碟程序正用于帮助听觉障碍人群使用手语。许多软件没有声音，因而听觉损伤的学生能从这套课程中获益。有阅读困难的学生可以使用一种程序帮助他们学习发音，当他们用一支光笔或光标划过一个不认识的词时会发音。通过这种方便快捷的帮助，学生可以接受更多的阅读训练，以免他们越落越远。另外还有些设备为盲人学生或其他受益于听力材料的学生将印刷的文字和打印的文本转换成声音。

有的学习困难学生的笔迹难以辨认，计算机文字处理可以使得笔迹清晰，使学生的想法能最终呈现在纸上。一旦想法呈现在纸上，学生就可以再认和改进书写，而免受重复书写的折磨。(Hallahan & Kauffman, 2000; Hardman, Drew, & Egan, 1996; Reynold & Birch, 1988)

尽管如此，这些巨大的技术进步也可能成为障碍。许多计算机有清晰的界面，为了操作程序，需要精确的“鼠标移动”，你应该会记得自己初次学习使用鼠标和单击时的情境。对于有肌肉运动问题和视觉损伤的学生来说，这些操作非常困难。研究者正在致力于解决这个问题，发明一种使学生可以接受非可视信息的设备，但这种改进尚未完善(Hallahan & Kauffman, 2000)。

检查要点： 全纳课堂的有效教学

回　顾

- 对于特殊学生，有效教学的特征是什么？
- 教师可利用哪些资源来有效教育特殊学生？

应　用

- 在一个全纳课堂里，你需要哪些资源？

对于天才学生来说，计算机可以作为与数据库、大学、博物馆及研究室的计算机的连接工具。网络使学生得以致力于某一项目，并与全国各地的人交流信息。也可以让天才学生为教师与其他学生编写程序，全国许多校长都依靠学生去完成学校工作中的技术环节。这里我们只提及了看到技术作用的几个例子，请与你所在学区的资源室教师联系，寻找可用于你的学校的资源。

下一部分我们将分析各个学科的成功教学。

关注学科：阅读、数学和科学教学

很显然教师的学科知识是教学的关键因素(Broko & Putnam, 1996)。部分知识是教育学的知识,或是关于怎样教给学生学科知识的知识(Shulman, 1987)。在最近的十年里,心理学家已在理解学生怎样学习不同学科方面取得了很大进展(Mayer, 1992)。基于这些发现,在教授阅读、写作、科学、数学、社会学习以及所有其他的学科方面已经形成了许多方法，而其中很多反映了第九章所描述的建构主义观点。

学习阅读和写作

多年来,教育工作者一直在讨论,教授读和写应该通过基于编码(语音或技能)的方法还是基于意义(全语、基于文学作品、读写能力自然萌发)的方法(Goodman, 1986; Goodman & Goodman, 1990; Smith, 1994; Stahl & Miller, 1989; Symons, Woloshyn, & Pressley, 1994; Vellutino, 1991)。前者是把字母和声音、声音和词联系,后者是不把词和句子分解出来,而是关注文本的含义。

全语

全语方法的提倡者认为学会阅读是一个自然而然的过程,就像自然掌握母语一样。阅读是一种猜测游戏,根据文章中上下文的意思和先前已有的知识,学生预测和猜测它的含义。因此,词语不能脱离文章而出现,应该避免将词一个个摘出来,避免把"完整的语言分解为一块块抽象的、零碎的东西"(Goodman, 1986, p. 7)。的确,儿童应该有一个良好的读书环境,周围有许多值得阅读的书籍,成人可以读给孩子听,也可以让他们自己阅读。

在**全语观点(whole-language perspective)**[1]下,教与学被视为交互和合作的过程,教师是学生敏锐的观察者,关注他们在学习方面需要什么帮助。教师和学生共同决定课程。当学生写作时,他们是在为一位听众而写,他们的目标是有效的交流。写作是一种有针对性和有意义的活动。维果斯基(1978)认识到真实的写作任务的重要性,"写作应该是与我们生活相关和必需而为的活动的一部分,只有这样我们才确信不仅是形成一种动手写的习惯,而且要真正掌握一种新的、复杂的言语形式"(p. 18)。大卫·皮尔逊(David Pearson, 1989)声明了类似的观点:"(我们)应该要求学生读和

〔1〕 全语观点——强调通过真实的、现实生活中任务学习的一种哲学的教学观念。强调运用语言学习,跨越不同技能和学科综合地学习,以及关注教师和学生的语言能力。

写，为了真实的原因（现实的人们在现实世界里所具有的），而不是为了我们在学校给学生的虚假理由。学校太学校化了”（p. 235）。

有许多全语学习的方法，但大多数都强调真实任务和综合课程。显然，全语、综合课程方法有很多优点，但是仍然……

学生需要学习技能和语音吗？

20 年来的研究表明，识别语音和语词的技能对阅读有帮助。倡导基于编码方法的人援引了一项研究，该研究显示阅读时识别词义并不是根据上下文猜测的；事实上，它几乎是一个相反的过程——了解词义帮助你更好地理解课文。在阅读中识别语词是一个高度自动化的过程。你对词义的辨析越快越自动化，你就能更有效地把握原文的意思（Vellutino，1990）。最差的读者才经常通过上下文来推测词义（Pressley，1996）。

很多研究支持编码观点。例如，三个不同研究小组在《教育心理学杂志》（1991 年 12 月）上报导了相似的发现，弗兰克·维诺蒂诺（Frank Vellutino）对这些调查结果进行了总结：

> 我认为，公正地讲，全语教学方法所建诸于的主要理论的设想还未在检验这些假设的相关研究中得到证明。除了有充足的理由来拒绝由全语理论家提出的口语和书面语的“自然的”平行发展外，研究支持了如下的归纳结果：(a) 学习阅读的最基本的技巧是对字词的识别。(b) 熟练地识别字词是成功阅读理解的基本前提。(c) 熟练的读者对字词的识别是一个快速的、自动化的和有效的过程，很少依赖于上下文的信息来完成。(d) 即使是熟练的读者也不能借助句子背景推测出四个字词中一个以上的词，这说明了通过上下文来推测词义一定是非常有限的。(e) 因为有限的识别字词的能力，初学的读者和不良的阅读者比高水平读者更多依赖于上下文（p. 442）。

维鲁迪诺接着又提出两个更概括的结论，字母编码和字母发音意识是识别字词的必不可少的技能，因此，直接教授字母和语音有助于阅读的学习。最好的方法是明智地使用语音和全语两种方法。毕竟我们想让学生成为得心应手的、热情的读者和作者（Bus & van Ijzendoorn，1999；Pressley，1998）。

关于读写教学的明智之举

表 13.11 总结了高质量研究的结果，其建议如下：

● 在托儿所和幼儿园，全语是读写教学最有效的方法。全语为孩子读写提供了良好的基本概念。围绕读写而进行的社会交往——阅读大部头的书、共同编写故事、分析图片和讨论意义——是支持儿童读写和反映儿童早期家庭经验的活动，全语的方法似乎有助于提高儿童的动机、兴趣和阅读态度，并帮助他们理解自然和读写的本质与目的（Graham & Harris，1994；Morrow，1992；Neuman & Roskos，1992）。

● 语音意识——认识到单词由不同的音素组成，而这些音素整合起来形成了词。儿童在幼儿园和小学一年级时具有的语音意识可预测他们高年级时的读写能力，如果儿童在低年级时没有语音意识，直接教学可以逐渐提高他们的读写能力。语言意识的教育越早越好——托儿所的儿童比起幼儿园的和小学低年级的学生从语音训练中受益更多（Bus & van Ijzendoorn，1999；Pressley，1998）。

● 优秀的小学教师既使用显性的编码技能教学，又使用全语教学。阅读教师应该使用平衡的方法，而不是要么强调基于文学的全语，要么强调技巧第一（Adams，Trieman，& Pressley，1998；Bus & van Ijzendoorn，1999；Vellutino，1991）。

表 13.11 促进美国儿童的阅读成就：CIERA 的基于研究的 10 条基本原则

改善早期阅读成就中心（the Center for the Improvement of Early Reading Achievement，CIERA），回顾了关于学习阅读的研究，并把研究成果浓缩为 10 条原则。你可以在网页上详细阅读免费资料——WWW. ciera. org。

1. 家庭语言和读写经验。家庭语言和读写经验支持学生形成对印刷品的基本认识和各方面的知识，使学生为学校学习做好准备。项目帮助家庭启动和维持那些对儿童取得成绩有积极意义的经验。

例如：与家庭成员一起阅读、父母示范良好的读书习惯、监督家庭作业和观看电视节目。

2. 学前项目。学前项目对那些在家庭里没有机会体验非正式学习机会的儿童特别有帮助，这种学前经验有助于提高他们的阅读水平，它的影响将持续到小学三年级。

例如：聆听读书并对照着看书，说托儿所的押韵诗，写便条，看和谈论出版读物。

3. 可预测今后阅读成就的技能。这种技能可在幼儿园和小学一年级得到提高。这些技能中最具预见性的两种是：字母名知识和语音意识。现已证明讲授这些技巧对于低年级的阅读有积极影响，尤其是伴有字母发音的指导。

例如：鼓励儿童通过颂唱押韵诗和歌曲以及写简短的字句和日记来掌握和合成音素。

4. 初级水平指导。支持成功的阅读习得的初级水平指导是连续的、精心设计的和重点集中的。

例如：进行系统化的语词再认教学，教学内容是常见而稳定的字母与发音关系，以及重要但通常不可预测的高频词，如“the”和“what”；教会儿童通过预测、推理、澄清误解和概括等策略来检测他们阅读和理解文章的准确度；通过反复读课文、指导性读写、策略课程、带有反馈的大声朗读和谈论儿童阅读过的课文这些方法来促进词语的再认和理解。

续 表

5. 初级水平的课堂环境。成功学校的初级水平环境为学生提供了应用在教师指导教学中学到的读写知识的机会。 **例如：**教师大声读书并且组织讨论，学生每天独立阅读、写故事和记日记。这些活动经常受到教师的监控，使学生能合理支配时间并能得到反馈。教师基于对儿童长处和需要的形成性评价来设计和修改这些活动。 **6. 文化和语言的多样化。**美国儿童当中的文化和语言的差异反映了他们群体和家庭的差别。这种差异性也明显反映在儿童对主题、语言和读写的倾向性和认识上。 **例如：**有效的教学包括评估、整合、拓展相关的背景知识和采用认可多种文化背景的课文。当儿童学听、说、读、写英语时要依赖于儿童的语言。当教师利用双语和读写能力的优势时，第二语言阅读获得会得到明显的促进。 **7. 被识别为有阅读障碍的儿童。**那些对所有学习读写的儿童有益的平衡良好的教学活动，也同样可以使有阅读障碍的儿童受益，这些活动，包括系统化的教学、有意义的阅读和写作。 **例如：**强化的一对一的教学或小组教学，既注意理解又注意词语认识过程，全面的个体化评估和教学计划，以及多种类型课文的广泛经验。 8. 三年级以上的熟练阅读。可维持和提高三年级以上的熟练阅读的活动项目需要坚持以下四条基本原则： **原则：**(1) 深入而广泛的阅读机会。(2) 通过大量的阅读和明确讲授新概念联系，来获得新的知识和词汇。(3) 强调认识课文类型(例如，故事与散文)和作者组织特定课文的方法的影响。(4) 帮助学生进行有关课文的推理。 **9. 专业人员参与的机会。**专业人员参与提高阅读能力在成功的学校和项目中非常突出。 **例如：**教师和行政管理人员有机会分析教学、评估和成绩；制定改善的目标；了解有效练习的机会；参与当前的群体，共同讨论并努力理解成功和毅力问题。 **10. 学校的全体职员，**不只是一年级的教师，都投身到带领学生取得更高水平成就的事业中。 **例如：**在成功的学校里，阅读成就目标是明确的，期望是高的，达到目标的教学手段是分明的。共同评估监控着学生的进步。尽管成功的学校可能采用不同的材料和技术，但他们都以读写为中心，都包括使父母参与在内的阅读和家庭作业，还包括自愿辅导项目的社区合作伙伴关系。

如果学生解读文字编码需要帮助，便为他们提供相应的帮助，不要让观念成为障碍。如果学生家庭可以负担得起，就让更多的学生接受辅导教师的指导。但是不要忘记，读写需要有目的性，使学生身处优秀的文学作品之中，创设一个读者和作者的群体。正如你在表 13.11 所看到的，促进早期阅读成就中心描述了体现综合平衡的教学方法的 10 条原则。

以上的讨论适用于低年级的读和写，但是到了高年级，当理解高难度的课文变得重要时，该怎么做呢？第九章的交互教学和第八章的学习技巧会有所帮助。

数学的学习与教学

对建构主义最有说服力的支持，一部分来自数学教育。直接教学的批评者认为传统的数学教学常常是教给学生一个无头脑的课程——他们不理解数学或者更糟，数学对他们没有任何意义，他们只得背诵公式。[1] 阿瑟·巴鲁迪和赫伯特·金斯伯格(Arthur Baroody & Herbert Ginsburg, 1990, p. 62)提供了一个例子：

> 谢莉，一位初中学生，她在数学课上正在学习怎样从一种测量单位转换到另一种单位。访谈者为谢莉出了下面这道问题：
>
> 向计算机中输入数据，你报告中的测量必须转化为一种测量单位：英尺。然而，你首先测量的是3英尺6英寸。你将怎样输入计算机？
>
> 谢莉立即认识到要运用在学校学到的转换法则……但是，由于谢莉确实没有理解转换法则的原理，她很难想起解题步骤和如何运算。经过一段时间，她得出一个不太可信的答案(少于3英尺)。谢莉意识到存在问题，她慌乱起来。这时，访谈者设法去帮助她，问她有没有别的解题思路，她肯定地回答"没有"，并解释说，"这是惟一的解题方法"，访谈者努力给她提示"看看这些数字，想想有没有帮助我们解出难题的简便方法？"谢莉更加不耐烦了，"我在学校学到的就是这种方法，它只能这样做。"

谢莉认为只有一种解题方法。尽管谢莉知道6英寸等于1英尺的一半，分数的一半与小数的0.5是相等的，但她不用这一知识来简单而快速的解决难题("3英尺6英寸是$3\frac{1}{2}$英尺或3.5英尺")。她的观点妨碍了她有效地运用已有的数学知识来解题。谢莉被教的是记住转换的步骤。[2][3] 建构主义如何教同样的内容呢？

下面的摘录讲述了科尔曼先生，一位三年级教师如何使用建构主义方法来教负数知识。注意使用的对话以及教师让学生证明和解释自己思路的方法。学生一直在思

---

〔1〕 联系与拓展——参考研究。学生如何运用定理解决数学难题的另一个例子摘自 K. K. 默塞斯(Merseth, K. K, 1993)《牧羊人有多大年龄？一篇关于数学教育的论文》(How old is the shepherd? An essay about Mathematics)，载于《菲·德尔塔·卡潘》(美国教育专业协会会刊)(*Phi Delta Kappan*)，第74卷，第548—554页。默塞斯援引了一项研究结果。对于下面这个题目，3/4的学生给出了具体的数字答案：在禽群里有125只羊和5只狗，牧羊人的年龄是多大？下面是一学生的解题过程，注意逻辑推理在这里的作用："125+5=130太大了，125−5=120仍然太大……当125/5=25时，噢，对了。我想牧羊人是25岁。"

〔2〕 联系与拓展——参考研究。L. B. 雷斯尼克(Resnick, L. B., 1989)的《发展数学知识》(Developing mathematical knowledge)，载于《美国心理学家》(*American Psychologist*)，第44卷，第162—169页。主要摘要：这项研究提出了有关儿童数字知识发展本质的新观点，本文表明婴儿和幼儿的内隐的主要数量(protoquantitative)推理图式如何与早期数字知识结合起来产生数字概念。它还讨论了小学生非正式的和编撰的算术以及数学教育的意义。

〔3〕 联系与拓展——参考研究。P. 彼得森、E. 芬纳玛和 T. 卡彭特(Peterson, P., Fennema, E., & Carpenter, T., 1989)的《运用学生如何解数学的知识》(Using Knowledge of how students think about mathematics)一文，载于《教育领导学》(*Educational Leadership*)，第46(4)卷，第42—46页。

考一个问题：－10＋10＝？学生玛尔塔已经尝试运用数字的排列来解释为什么－10＋10＝0：

教师：玛尔塔说负10加上10等于0，因此你必须向右数10个数，你们怎么想，哈罗德？

哈罗德：我认为这很简单，但是我不明白她是怎么解释的？

教师：好了，还有谁有不同意见？泰萨？(Peterson，1992，p.165)

当讨论继续时，科尔曼先生鼓励学生彼此直接交谈。

教师：你不明白她刚才所说的？

钱：不理解。

教师：那你想问她吗？

钱：你说的向右数是什么意思？

上面的对话解释了建构主义的课堂上教学与学习的三个方面：注意力的焦点是学生的思维过程；深入思考一个主题而不是涉足所有主题；评估要与学习过程相伴随，并且由教师和学生交互地共同承担。[1]

杰尔·康弗里(Jere Confrey，1990b)分析了一位教有数学困难的高中女生班的专家型数学教师。康弗里分析出了这位教师教学模式的五个元素，详见表13.12。

表13.12 数学教学的建构主义方法：五个组成部分

1. 培养学生的自主性和为自己的答案负责。
例如：
- 既提问回答正确的学生也提问回答错误的学生。
- 强调学生至少要努力去解决问题，而且能够解释他们的做法。

2. 发展学生反省过程。
例如：
- 向学生提出疑问，引导他们尝试不同的方法来解决难题。
- 让学生用自己的话复述题目；解释他们在做什么和为什么要这么做；讨论他们使用的方法的意义。

3. 建立每位学生的个案记录。
例如：
- 注意学生解决问题的一般倾向和常见的错误概念及长处。

〔1〕联系与拓展——参考研究。1993年《教育领导学》(*Educational Leadership*)5月刊上刊登了关于课程改革的十二篇文章，其中包括几篇有关国家数学教师理事会的《学校数学课程和评价标准》对数学教育的改变方式。

续 表

4. 如果学生不能解决难题，给予干预，和学生商讨共同可能的解题方案。 例如： ● 基于个案研究和你对学生怎样思考问题的理解，指导学生考虑可能的解决方案。 ● 问以下问题，"你刚才做的对你现在有帮助吗?"或者，"你能解释你画的图表吗?" ● 如果学生感到气馁了，提出一些更直接指向结果的问题。 5. 当问题得以解决后，回顾一下解决问题的方法。 例如： ● 鼓励学生反思他们的做法和理由。 ● 注意学生做得好的地方，使其增强自信心。

Source: From "What Constructivism Implies for Teaching," by J. Confrey, 1990, in *Constructivist Views on the Teaching and Learning of Mathematics* by R. Davis, C. Maher, and N. Noddings (Eds.). Monograph 4 of the National Council of Teachers of Mathematics, Reston, VA. Copyright © 1990 National Council of Teachers of Mathematics. Adapted with permission.

科学的学习

我们已经看过许多这样的情况，在高中以前，许多学生已经在学校学习了某些不适宜的课程。就像前面提到的谢莉一样，学生已经习得数学是晦涩难懂的，你必须要套用公式来求解。或者他们已形成了一些对世界的错误概念，比如相信地球在夏天更暖和是因为此时离太阳比较近。[1]

许多教育家指出对于学生来讲，科学中理解的关键是直接分析自己的观念并正视不足(Hewson, Beeth, & Thorley, 1998)，只有这样才能进行真正的学习和概念转变。要想发生改变，学生必须通过六个阶段：最初对自己的观点和信念不满意；试图解释他们自己的观点与实际证据之间的不一致；努力调整测量或观测来适应自己的理论；怀疑；犹豫不决；最终概念转变(Nissani & Hoefler-Nissani, 1992)。你可以看到这里与皮亚杰的同化作用、不平衡和顺应的概念相一致。学生努力将新的资料适于已有观点(同化作用)，但是当简单地适应不可能和不平衡发生时，认知结构就要随之发生改变。

科学课程中**概念转变教学(conceptual change teaching)**[2]的目标是帮助学生经过六个阶段的学习。概念转变的两个中心特征是：

● 教师致力于教会学生理解而不是"学完整个课程"。

〔1〕 联系与拓展——参考研究。B. Y. 怀特(White, B. Y., 1993)的《修补工具：因果模型、概念转变和科学教育》(TinkerTools: Causal models, conceptual change and science education)，载自《认知与教学》(*Cognition and Instruction*)，第10卷，第1—100页。

〔2〕 概念转变教学——通过利用和挑战学生的现有观点，帮助学生理解(而不是记忆)概念的教学方法。

- 鼓励学生用他们当前的想法理解科学——请学生描述、预测、解释、证明、辩论和为他们的理解作适当的辩护。对话是关键。只有当那些直觉观念证明不适当时，新学的知识才能掌握(Anderson & Roth，1989)。

概念转变教学与认知学徒、探究学习和第九章讲到的交互教学有许多共同之处——支架和对话起着重要作用(Shuell，1996)。下面的指南提供了概念转变教学的一些方法，它摘自休森、比思和索利(Hewson，Beeth，& Thorley，1998)的著作。

指南——概念转变教学

鼓励学生使自己的观点清晰。

例如：

1. 让学生作出可能与他们的原有观念相抵触的预想。
2. 让学生用自己的语言陈述他们的想法，包括这些想法的可取之处和局限性。
3. 让学生解释他们的想法，采用实物模型或举例说明。

帮助学生找出想法之间的不同之处。

例如：

1. 让学生相互概括或阐述他人的观点。
2. 鼓励学生用呈现或比较证据的方法来比较他们的观点。

鼓励认识的转变。

例如：

1. 每个单元开始之前做一次前测，然后让学生讨论他们对前测的看法。把观点相近的组合起来并让学生讨论在这些看法后面的更一般的概念。
2. 在该课结束时，问学生："你们学到了什么？""你们都明白了什么？""关于这门课你们确信什么？""你们的观点是如何改变的？"

探讨观点的状况，所谓状况是学生在多大程度上了解和接受观念及发现它们价值的指标。

例如：

1. 直截了当问学生某个观点可理解、合理和有成效的程度。即你知道这个想法意味着什么吗？你相信吗？你能从中获益吗？
2. 计划一些活动和实验来支持或质疑学生的想法，例如说出成功的应用或指出矛盾之处。

请学生证明自己的想法。

例如：

1. 教学生运用术语证明他们的想法，如逻辑、协调、不协调和连贯。
2. 让学生交流和分析彼此的证明。

这些建议如何付诸实践？答案之一来自麦克尔·比思(Michael Beeth)对五年级课堂的一项研究。表 13.13 是一位教师呈现给学生的学习目标列表。在这个课堂中，教师通常以这样的问题开始讲授，“你是如何想的？能说说看吗？说给大家听？你为什么觉得你的想法好？为什么你被它们所吸引？”(Beeth，1998，p. 1 095)在教学过程中，她不时地问一些需要解释和证明的问题，她概括学生的回答，有时候会质疑，“你真的肯定你是这么想的？”对这位教师课堂中的学生进行的多年研究表明，他们对科学有着精准的理解。

表 13.13 教学观念转变后，教师的教学目标

一位五年级的教师向学生提出以下问题来支持他们关于科学的想法。
1. 你能陈述你的想法吗？ 2. 你能说说你为什么被这个想法所吸引？ 3. 你的想法一致吗？ 4. 你是否认识到你的想法的局限性和它们可能做哪些修改？ 5. 你能尝试用实物模型解释你的想法吗？ 6. 你能讲清理解和深信的区别吗？ 7. 你能使自己的观点清晰、合理吗？

Source: Adapted from "Teaching Science in Fifth Grade: Instructional Goals that Support Conceptual Change," by M. E. Beeth, 1998, *Journal of Research in Science Teaching*, *35*, p. 1093.

对学科教学中的建构主义方法的批评

建构主义方法对过度使用“讲授—操练”方法作了许多修正。建构主义教学的一些积极的结果是：对材料有更好的理解，能更好地欣赏文学作品，对学校抱有更肯定的态度，更好地解决问题，更高的学习动机(Harris & Graham，1996；Palincsar，1998)。但是，完全信赖建构主义方法而忽视技能直接教学可能会给一些孩子带来不利。例如，哈里斯和格雷厄姆(1996)描述了她们的女儿莉亚的经历，莉亚在一个全语/进步主义学校，在那儿教师成功地发展了孩子的创造力、思维和理解能力。

> 从另一个方面来说，技能曾是我们的女儿和其他孩子的问题之一。在上幼儿园的后期，她还没有在阅读方面取得很大的进步，她的老师说，她认为莉亚在知觉方面有问题或学习有障碍。莉亚开始问自己有什么问题啦，因为别的孩子都在读，而她不行。最后做了一份评估。(p. 26)

测验表明，莉亚并没有学习障碍，她有很强的理解能力，但处理词的技能却很弱。幸运的是，莉亚的父母知道如何教她加工词的技巧。他们在 6 个星期之内，运用直观教学的方法帮助莉亚成为能读书并且渴望读书的孩子。

莉亚的经历并不是惟一的例子。全语教学和建构主义单独使用可能并不适用于所有孩子(Airasian & Walsh，1997；Harris & Graham，1996；Smith，1994)或不适于学习的所有类型(Weinert & Helmke)。苏珊·斯通德斯基(1998)告诫说，建构主义的方法可能并不能在所有学科都可获得成功。如果学生因缺乏特定的技能而落后，不进行相应的教育而只是等待这些技能自然发展是违反规律的，这仅仅适于某一特例。

检查要点： 关注学科：阅读、数学和科学的教学

回　顾

- 描述关于学习阅读的争论。
- 描述建构主义的数学和科学教学方法。

应　用

- 如何评估学生对你将教的科学主题的已有概念？

俄斯特·凡·格拉瑟斯菲尔德(Ernst von Glasersfeld，1995)是强烈主张在数学教育中使用建构主义方法的倡导者之一，他认为，说记忆和背诵方法毫无用处是对建构主义的一种误解。“确实，有一些东西能够并且可能必须通过纯粹机械的方法来学”(p. 5)。在课堂中整合建构主义教学和必要的技能直接教学，对于有特殊需要的学生将形成特别好的学习环境。当堂对每个学生的能力、知识、动机作出认真评价，并随后给予适当的支持，从而确保没有一个学生迷失或落后(Harris & Graham，1994)。在后面两章，我们将主要探讨学生评估。

总结

第一步：计划

什么是计划的不同层次？它们如何影响教学？

教师制定不同层次的计划：一学年的、一学期的、一单元的、一周的和一天的。所

有计划应该协调一致。要成功完成一学年的计划就要求将工作细分到每一学期,每一学期的计划又细分为每一单元,每一单元又细分为每一周和每一天。计划将可用的时间和课程材料转变为学生的活动。并没有一个有效计划的单一模式,所有计划都应有一定的灵活性。

什么是教学目标?

教学目标,对学生来说,是对教师教学意图的一个清晰和明确的描述。马杰的富有影响的编写教学目标的体系指出,目标应该描述当学生要展示他们学习收获时将要做的活动和你如何知道他们正在做这项活动。一个好的目标应有三部分——学生的有目的的行为、行为发生所需要的条件和可接受行为的标准。格朗兰德提供了另一种方法,他建议一个目标应该首先用概括化的术语陈述,然后教师应该列举出一些能证实学生达到目标的样本行为,使这些概括化的术语更明确。

描述三种教育目标的分类法

布卢姆等人建立了一套教育目标的分类法,目标被分为三类:认知领域的,情感领域的和动作领域的。在现实生活中这三个领域中的行为是同时发生的,这一分类法鼓励系统地思考相关的目标和评价方法。认知领域的六个目标是认识、理解、应用、分析、综合和评价。对这一分类进行的最近一次修改保留了同样的认知过程,但补充了这些过程是作用于四种知识——事实性的、概念性的、程序性的和元认知的知识。

设计以教师为中心和以学生为中心的教学计划

在以教师为中心的教学中,教师选择学习目标并计划如何使学生达到这些目标。教师控制学生"学什么"和"如何学"。与之相反,在以学生为中心或建构主义的教学中,共同参与制定和协商计划。教师和学生一起决定学习内容、学习活动和方法。教师只有宏观目标或指导计划的"大观念",而不规定具体的学生行为目标。综合性的学习内容和主题教学通常是这种计划的一部分。对学习的评价是在学习过程中进行的,教师和学生相互评价。

教学的形式

描述讲授形式

这种教学适于这些目标,讲授是在较短时间内向许多学生介绍大量信息的一种适当方法。它应该遵循三个基本阶段:学习的准备、内容的讲解和学习的回顾。然而,讲授可能使学生处于被动的状态和忽视学生个体的学习速度。学生年龄越小,讲解应该越短。问答可以涉及不同类型的问题，而且应该适应学生的能力和动机水平。

区分“聚合型问题和发散型问题”、“高水平和低水平问题”

聚合型问题只有一个正确答案，而发散型问题有许多种可能的答案。高水平的问题要求分析、综合和评价——学生必须自己思考。在大多数情况下，教师对学生回答的反应不应过于仓促和应提供恰当的反馈。

小组讨论的利和弊是什么？

小组讨论有助于学生直接参与，清晰地表达和论证自己的观点，并接受不同意见。小组讨论还给予学生机会澄清自己的观点、检查自己的思路、服从个人的兴趣，以及在小组中担当领导角色而承担责任。因此，小组讨论可以帮助学生评估和综合大家的意见。经过大家一起思考、互相质疑、提出和评价可能的解释后，学生将较容易真正理解概念的含义。然而，小组讨论有许多不可预测性，而且在讨论过程中学生容易偏离论题。一些小组成员可能会在参与时感到困难，有些学生被迫发言时感到不安。

关注教师

研究教学采用了什么方法？

许多年来，研究者努力揭示有效教学的秘密。他们采用了各种方法，包括课堂观察、个案研究、访谈、各种实验以及其他在真实课堂中研究教学的方法。关于教学特征的研究指出，在有效教学中全面而高级的学科知识、讲解的条理和清晰以及教师的热情都扮演了重要角色，但并没有发现一种可用于所有班级、课程和时机的正确方法。

什么是好的教学的一般特征？

教师具备专业知识是必要的，但对于一名有效的教师来讲，仅有此并不够，因为有丰富的专业知识仅能使教师的教学较清晰和较有条理。条理和清晰是好的教学的重要特征。表达和解释清晰的教师更能使学生学到更多的知识，学生也会对他们有较积极的评价。清晰始于教学计划，告诉所有学生他们将要学什么和如何达到目标。在课程中，避免使用含糊不清的语言，用说明性连词清楚地连接事实和概念，经常检查学生的理解。最后，教师的热心、友好和善解人意似乎是与学生积极的学习态度关系最密切的特质。

对比直接教学和以学生为中心的教学

在直接教学中，教师给予有条理的讲解、清晰的解释和认真的提示和反馈。这些行为成为学生建构理解的来源。在以学生为中心的教学中,教师设计真实任务、监控学生的思维、提问题和推动学生的探究。两种方法可适于不同的阶段。

全纳课堂的有效教学

对于特殊学生,有效教学的特征是什么?

有效教授特殊学生并不需要一套独特的技巧。这需要你将良好的教学实践与对所有学生的敏感性结合起来。残疾学生需要学习学科材料,并且他们需要完全参与到日常教学生活中。

教师可利用哪些资源来有效教育特殊学生?

当学生有特殊需要,他们要被提交专家做评估,如儿童研究小组、学校心理学家,或帮助特殊需要学生的教师,此过程的结果有时包含个性化教育计划的准备或 IEP,正如涉及教学理念和指导的第四章所描述的,许多学校为教授残疾学生的教师提供额外的帮助。比如一间具有特殊材料、仪器及接受过特殊训练的教师的资源室。特殊教育的教师与普通教育教师越来越多地共同协作,或者特殊教育的教师会直接在全纳课堂中与一般教师共同授课。

关注学科:阅读、数学和科学的教学

描述关于学习阅读的争论

关于阅读和写作的教学正进行着一场争论,辩论焦点发生在全语方法与包括直接教授技能和语音的平衡方法之间。提倡全语教学的人认为,孩子身处优秀的文学作品的氛围中,而且是为了真实的目的去读去写,他们学得最好。主张平衡教学方法的人引用广泛的研究表明识别声音和字词的技能——语音意识——是学会阅读写作的基础。优秀的小学教师采用将真实阅读和必要的技能教学相结合的平衡方法。

描述建构主义的数学和科学教育方法

数学、科学教学的建构主义方法强调对概念的深刻理解(与背诵记忆相对)、讨论、解释和对学生内隐理解的研究。许多教育家注意到,学生理解科学的关键就在于他们直接检验自己的见解和正视不足。要发生概念的转变,学生将经历六个阶段:最初对自己的理论和信念不满意;试图解释他们自己的观点与实际证据之间的不一致;努力调整测量或观测来适应自己的理论;怀疑;犹豫不决;最终概念转变。

走向专业化

反思

你是否能够应用本章关于教学的理论,解决以下实际问题?

托儿所和幼儿园

在你的班级里,有一个设备齐全的科学角,但学生很少在那儿活动。当他们在那儿活动时,也似乎不能充分利用可供使用的各种材料和工具。你如何做才能使学生从中受益?

小学和中学

与你合作的教师想要一份各个学科的全面课程计划。在这个计划中要包含哪些内容将对你更有用?

你得到一本教学操作手册和一套系列教材,并被告知你必须用这些教材作为你教学的基础。那么你将如何把这些资料融入帮助学生理解数学思维和解决问题的课程中呢?

初中和高中

你被安排到一个"实验班级"——有 25 个学生,他们比同龄孩子落后好几年。你如何帮助他们学得更好?

你要为十年级的一个混合能力班上一堂课,你确定了这堂课的三个教学目标,你如何使学生明了这些教学目标?

认证测验要求

熟知布卢姆认知领域分类,包括每个水平所用的动词举例。

知道聚合型问题与发散型问题的不同,以及高水平和低水平问题的区别。

熟悉直接教学的功能。

你的教学档案

思考你的教学观。

你制定计划的方法是什么?你是如何使教学方法和学习目标相匹配?

将有关促使父母参与学生家庭作业的建议放入你的教学档案。

教学资源

将认知、情感和动作目标分类的概括放到你的教学资源文件中。

将表格 13.2"经修订的认知领域的目标分类"放到你文件夹中。

将表格 13.7"主动学习与教师讲解"放到你的文件夹中。

如果你将教小学，将表格 13.11《促进美国儿童的阅读成就：CIERA 的基于研究的 10 条基本原则》放到你的文件夹中。

教 师 案 例 簿

他们会怎么做？

本章开头描述了一个"全语教学受到批评"的问题情境，下面是几位教师对此作出的回应。

KATIE CHURCHILL

Third Grade Teacher

Oriole Parke Elementary School, Chicago, Illinois

如果校长选择维持原有的全语教学项目，我会在项目中加入另一种教学方法。孩子们要求有更多的方法来满足不同的学习需要。我会在项目中加入语音和更为直接的教学，以保证学生的学习和有所收获。另外，我会更仔细地评价学生的学习来追踪每个学生的进步情况。全语教学项目中某些方面是有作用的，因为学生已经表现出增强的阅读兴趣和更富创造性的写作。从学生整体看，他们从这种教学中受益，因为学生需要这种鼓励和激励方式来维持在学校学习的兴趣。

REGINA M. LAROSE

Second Grade Teacher

Hillside School, Needham, Massachusetts

在这个项目中，好的方面是孩子们看起来成为具有积极态度的富有成效的学习者。当我回答家长的质疑和疑虑时，我会提醒他们注意这一点，家长们需要了解。因此，我将以放开、宽容的态度接受家长的抱怨，作出尽可能直接如实的解释，或许，可以由学校校长和教师举行家长座谈会，更深入地解释目标和回答问题。

我相信，当教师在创新方法和结构化的技能训练计划之间取得平衡时，学生将会成功。如果学生没有达到测试的标准，我会严格审视我的目标和方法。我会仔细修改我的计划，并确保为学生提供针对其某些弱项的足够技能及其训练。因为学生有不同的认知方式，所以必须以不同的方法来介绍知识和训练技能。和同事的交流经常揭示了有助于产生观点的新方法。

通过对计划的分析，我会向校长提供方法的具体例子，这些具体方法将针对我发现的不足的技能提供更透彻的理解和更多训练。我在给家长的每周通报中加入了这些额外的解释。

VALERIE A. CHILCOAT

Fifth/Sixth Grade Advanced Academics

Glenmount School, Baltimore, Maryland

回应家长的抱怨必须十分慎重，特别是当他们的问题涉及到学校主管作出的决策时，你更需要仔细听取。如果在家长中普遍存在疑虑，我将召开一次家长会，请主管或许还有其他教师参加。在家长会之前，同主管仔细讨论你们将要说些什么，以确保你清楚主管的观点。

作为一位实施综合课程的教师，对全语方法正反两方面都有许多实践经验。作为教育者，我们知道所有孩子不能以同一种方式来学习，这就是我为什么认为彻底的全语教学项目不是一种适宜的教学方式的原因。与综合课程理念相一致，基础语言知识和阅读技能必须整合到标准的全语教学方式中。

通过对我的学生的学习方式的第一次评价，我可以发现谁通过"整体—部分"的方式学习得更好，谁更擅长通过"部分—整体"的方式学习。这样就可以提供给每个人符合其学习方式的课程，同时给他们推荐可供选择的多种学习策略。

通过使用综合课程的方法，我相信学生将学会并且保持贯穿许多学科的主要概念和主题。从不同的观点和通过实施阅读、数学、科学和社会科学的内在要求，不断地讨论和再讨论这些问题。然而，这远远不够。基础性阅读、语言和数学技能必须与全语教学项目进行整合，才能适于各个学生的需求。

FRANCES D. GARLAND

Third Grade Teacher

Winship School, Boston, Massachusetts

我将直接谈到每个家长他们所关心的全语教学和考试分数降低的问题。当我尝试理解家长抱怨的合理性的同时，我会指出考试分数并不是学生进步的惟一标志。全语教学的教师是孩子的观察者，对孩子的观察不仅使教学气氛活跃，而且还提供了对孩子优点、缺点、策略和技能等方面的洞察。考试评分只是所有评价过程中的一部分。

在同家长的讨论中，我会邀请他们进入课堂，他们可以亲眼目睹基于意义的教学环境，在这里学生积极投入到真正的阅读和写作活动中。我也会提出一些建议让家长在家中使用以强化和支持课堂中使用的教学方法。我会推荐一些书给他们，帮助他们了解全语教学，如《读写的基础》(*The Foundations of Literacy*, by Holdaway)或者《有效的课堂》(*Classrooms That Work*, by Cunningham, Allington)。

第十四章 标准化测验概述

到目前为止，标准化测验给你的生活带来了怎样的影响？由于测验分数使你拥有或失去过什么机会？测验的过程公平吗？建议一种更好的决策方法。

如果你了解到正式出版的那些测验如大学入学测验和智力测验只是20世纪的新生事物，你会感到惊讶吗？19世纪到20世纪初期，大学入学一般是基于学生的分数、论文和面试成绩。根据你个人经验便可以了解到，测验从产生到现在已走了很长的路——而且走得太远了，许多批评家如是说。他们希望通过变革测验的方式来改变课程和改革教育。在这一章里我们将对此进行探讨。

虽然批评很多，但是学校仍然在大量使用标准化测验，所以教师必须通晓测验方面的知识。这一章重点介绍如何为参加标准化测验做准备和如何解释测验结果。了解标准化测验的分数是怎样获得的、分数的意义是什么以及如何使用（或误用）测验，这些可为你提供确保恰当实施测验的框架基础。

首先，我们来思考有关测验的总体情况，包括解释测验分数的各种方法。其次，考虑在学校使用的各种不同标准化测验。最后，我们将分析人们对测验提出的批评和建议的新方法。

学习完这章时，你应该能够：

- 计算平均值、中位数、众数、标准差。
- 定义百分等级、标准差、z分数、T分数、标九分数。
- 解释如何提高测验的信度和效度。
- 以实例解释成就测验、能力倾向测验、诊断性测验的结果。
- 你个人对于测验的见解，并提供依据。
- 描述如何使学生或自己做好参加标准化测验的准备工作。
- 解释其他评价方式如档案库的优点和不足。

你会怎么做？

正值学期末，九年级成就测验的结果出来了，上周五已把成绩报告单发给家长，周一早晨你正在计划一天的活动便接到校长的电话。你所教数学班的一位学生的父母已经坐在校长办公室，而且要求现在就同校长和你谈一谈。学生的父亲是位著名的商人，母亲是位律师，他们女儿在数学标准化测验中得了11.8分的年级等值分数(grade-equivalent)。这个女孩平时成绩总得B或C，因为她很少完成家庭作业，在初级数学学习中她也有很多困难。她觉得只要知道解决问题的方法就行了。你曾试图和孩子的父母谈谈关于帮助她学习的问题，但尝试了几次，他们似乎总是没时间——直到今天。

教师案例簿

你进入校长办公室的时候面带微笑，但是女孩的父母没有笑。你一就坐，孩子的父亲就开口了："好的，从我女儿的成绩，你可以看出今年你给她的评分是错误的。我们原以为她数学就是差，但现在很明显你是针对她的！或者你根本不懂如何去教聪明女孩学数学。"

孩子的母亲也附和道："是的，我们希望你能根据她的实际能力重新考虑一下她今年的期末评级。事实上，"她瞥了一眼校长，然后对你怒目而视，"我们相信她应该进入你教的十年级班，因为她已经完全学会了那些知识。"

- 你会对孩子的父母说些什么？
- 为了处理这种情况，你必须知道有关测验的哪些知识？
- 你将如何着手处理这个学生的问题？
- 这些问题将会怎样影响你将要教授的等级水平？

评价、测量和评估

所有的教学都涉及评价。**评价(evaluation)**[1]的核心是判断和基于价值进行决策。评价的过程中，我们把所有信息与标准相比较，然后作出判断。教师需要做各种各样的评价，"今年我们是不是需要使用一种不同的教材？""这场电影适合我的学生看吗？""如果重读第一级的话，莎拉是不是会做得更好？""这个活动中特丽应该得 B_- 还是 C_+？"

测量(measurement)[2]是定量方式的评价——数量化的描述一个事件或特征。测量通过提供分数、等级或分级来说明数量、频率和程度。教师可能说"家庭作业中15道加法，莎拉只做对了2道题"，而不是"莎拉看起来不理解加法运算"。通过测量，教师可以拿学生某一种作业的成绩与标准或者其他学生的成绩做比较。当然，一说起测量，我们一般想到的是纸笔测验。[3]

---

〔1〕 评价——有关学生成绩和适当教学策略的判断。
〔2〕 测量——在定量(数字)方面的评价。
〔3〕 联系与拓展——联系你的教学。在评估的过程中既包括主观判断，又包括客观测量。在有关教育的决策中，这两方面同样有效吗？

并不是所有的教师作出的评价性决定都要使用测量，一些判断是建立在那些难以用数字来描述的信息之上：学生的偏好、父母反映的信息、学生以前的经历，甚至是根据直觉。但测量在许多课堂决策中还是占有很重要的地位，并且，如果测量适当还可以为评价提供无偏见的数据。

越来越多的评价和测量专家开始使用**评估(assessment)**〔1〕这个术语，用它来描述有关收集学生学习的信息的过程。由于评估包括抽样和观测学生技能、知识和能力的所有方法，所以评估的含义比测试(testing)和测量(measurement)更宽泛。"用于获得有关学生学业表现的信息的任何一种方法"(Linn & Gronlund，2000，p. 32)都可以称做是评估。评估可以是正式的，如单元测验，也可以是非正式的，如观察在小组活动中哪位学生成为组织者。评估可以由学校教师设计，也可以由地方机构、州政府或国家的有关机构设计，例如学区或教育考试服务处等。当前评估可以不必只局限在纸笔测验，而可采取观察学生行为表现、建立档案库或手工创作(Linn & Gronlund，2000；Popham，1999)。这一章，我们主要关注那些由学校外的团体、机构设计的正规评估。这些评估一般包括测试和分数报告。我们将从分析两种测验入手。

任何测验结果本身并没有任何意义，我们必须通过做某种比较来解释测验的结果。有两种最基本的比较：一种是将某个测验分数与其他人完成同一测验而得分数进行比较(称为常模参照比较)，另一种是指标参照比较。这里，比较是为了确定标准分数或最低分数线。

常模参照测验

在**常模参照测验(norm-reference testing)**〔2〕中，接受测试的人群提供了决定某个个体分数意义的常模(norm)。你可以把常模看做是某个特定群体的典型的行为水平。通过把个人原始分数(实际正确答题数)与常模相比较，我们可以确定这个分数是在小组平均分数之上、之下还是等于平均数。教育中至少有三种**常模群体(norm group)**〔3〕(对照组)——班级或学校、学区和国家样本。

常模参照测验的应用范围很广，绝不局限在评估有限的具体目标。常模参照测验对于测量学生通过不同途径解决复杂问题的综合能力特别有效。当然，常模参照测验也适用于那些只允许少数最优的应试者入选的情况。

然而，常模参照测验也有它的局限性。它的结果不能说明学生是否准备好了学习更高级的内容。比如，一次代数概念测验中，一名学生处于全班的前3%，但这并不能

〔1〕评估——获取学生成绩信息的过程。
〔2〕常模参照测验——在测验中将个体的测验分数与其他人的平均分数做比较。
〔3〕常模群体——测验中将某个群体的平均分作为评价他人的标准，这个群体就是常模群体。

表明这个学生是否具备了学习几何学的能力，可能班级中的每一个人对代数概念的理解都是不足的。

常模参照测验对测量情感目标和动作目标也不是非常适合。要测量个人的动作，你需要有明确的标准说明。（即使学校里最好的体操运动员在某个项目上比其他人做得都好，但他在如何提高上也需要个别的指导。）在情感领域中，态度和价值观是个体特征，个体之间不适合进行相互比较。比如，我们如何能测量出政治价值观和见解的"平均"水平呢？最后，常模参照测验倾向于鼓励竞争和比较分数。一些学生力争做最优秀的学生，而另一些学生意识到不可能成为最优秀的学生，便去跟那些最差的做比较，这两种目标都有其危害性。

指标参照测验

指标参照测验(criterion-referenced tests)〔1〕中，个体测验的分数不是与其他人作比较，而是与一个既定的准则或成绩标准做比较。例如，为了决定谁可以驾驶汽车，确定安全驾驶人员的考核标准是很重要的。把你的测验结果与其他人比较，并没有多大意义。如果你的测验成绩是在群体的前10%，但是你总是闯红灯，也不可能拿到驾驶执照——尽管你的分数很高。〔2〕〔3〕

指标参照测验测量的是对相当具体的目标的掌握情况。测验的结果会明确地告诉教师，学生能够做什么或者不能做什么，至少在某些条件下是这样。例如，指标参照测验能够衡量学生学习三位数加法的能力，设计一份包括20道题目的测验，掌握的标准是答对20道题目中的17道(这个标准常常带有主观性，它可能取决于教师经验等条件)。如果有两个学生的得分分别是7和11，那么并不意味着一个比另一个好，因为他们中的任何一个都没有达到标准17。两个人都需要帮助。

在基本技能的教学过程中，许多情况下，参照预定目标比与他人成绩比较更重要。作为父母，如果班里所有孩子的阅读都没有达到标准水平，那么某位家长知道孩子的阅读比班里大部分孩子好，也并不会感到欣慰。有时候达标的指标需要定在100%的正确率，你绝对不希望外科医生拿着成功率只有10%的外科手术器具来切除你的阑尾。

然而，指标参照测验也不是任何条件下都适用。许多目标不能再细划为一组具体目标。而且，尽管标准在指标参照测验的过程中很重要，但正如你已经看到的，标准带

---

〔1〕指标参照测验——测验中分数与预先设定的标准做比较。

〔2〕联系与拓展——联系你的教学。你所教的七年级班的一个学生在标准化测验中的算术推理部分做得很差。如果测验是指标参照测验的话，你对测验结果的解释与常模参照测验有什么不同？请加以解释。

〔3〕联系与拓展——参考研究。伯克(Berk, R. A., 1986)，《确定指标参照测验分数标准的用户指南》(A consumer's guide to setting performance standards on criterion — referenced tests)，《教育研究评论》(*Review of Educational Research*)，第56卷，第137—172页。这篇评论识别了38种确定标准和校准误差率的方法，提出了评价这些方法的技术准确性和实用性的10项指标，还为学校教师提供了一些具体建议。

检查要点： 评价、测量和评估

回 顾

- 区别评价、测量和评估。
- 区分常模参照测验和指标参照测验。

应 用

- 医生告诉你，你的胆固醇水平高于一般水平。你想知道有关常模群体的情况吗？
- 测量血压时，你愿意用标准参照测验还是常模参照测验？为什么？

有很大的主观性。当我们在答对16道题和17道题之间判断某个学生是否掌握了三位数加法时，似乎很难判定一个特定标准比另一个标准更合理。最后，有的时候了解本班学生与本地及本国同一年级其他学生的比较情况也很有意义。表14.1给出了常模参照测验和指标参照测验的比较。你可以看到每种测验都有自己最适用的情况，也都存在一定的局限性。[1]

表 14.1 测验类型的选定

常模参照测验最适宜应用的情况是
● 测量学生在某一领域的一般能力，例如在英语、代数、科学或美国历史等领域。 ● 评价某个大群体的能力跨度。 ● 当只有很少的机会，需要选拔拔尖的人选。
指标参照测验最适宜应用的情况是
● 测量基本技能的掌握情况。 ● 判断学生是否具备学习一个新单元的能力。 ● 评价情感和动作目标。 ● 分组教学。

测验分数意味着什么？

平均来说，全国每一天都有超过一百万个标准化测验在学校课堂教学中使用(Lyman，1986)，其中大部分是常模参照标准化测验。**标准化测验(standardized tests)**[2]是指那些由学校购买并负责对学生施测的正式试卷和成绩登记表。说得更

〔1〕 联系与拓展——联系你的教学。向家长提供准确的反馈是教师工作的一部分。当与家长谈论孩子的学习能力时，你认为使用常模参照测验结果还是指标参照测验结果更合适？

〔2〕 标准化测验——通常是适用全国范围的、在统一的条件下施测并根据统一的程序评分的测验。

详细一点，这些测验之所以被称做标准化，是因为“在所有课堂施测时，都使用同样的指导语，在评分和解释分数时也采用标准程序”（Carey，1994，p. 443）。标准化测验这个术语包含了编制测验项目、实施测验、打分和报告分数的标准过程。

基本概念

标准化测试过程中，测验的项目和指导语要经过不断的验证以保证其有效性，必要时就要重新编写或重测。测验的最后版本将施测于**常模样本(norming sample)**〔1〕——抽取尽可能与将要使用该测验的学生相当的被试组成的大规模样本。常模样本将成为使用测验的所有学生的对照组。

测验的编制者提供了几种将学生原始分数（正确答题数目）与常模样本比较的方法。

频次分布

频次分布(frequency distribution)〔2〕是指在一次测验或其他测量方法中达到某一分数或进入某一分数范围的人数的序列。例如，参加拼写测验的 19 个学生的成绩分别是：100，95，90，85，85，85，80，75，75，75，70，65，60，60，55，50，50，45，40。这次拼写测验的**直方图(histogram)**〔3〕或条形图如图 14.1 所示，图中有一个坐标轴（x 轴或横坐标轴）表示的是分数，另外一个坐标轴（y 轴或竖坐标轴）表示的是获得每一分数的人数。〔4〕

集中趋势的测量与标准差

你也许对平均数已经非常熟悉。**平均数(mean)**〔5〕是指一组分数的算术平均值。要计算平均数，你先要累加各个分数，然后用总和除以分数的个数。例如，19 个学生拼写测验的分数总和是 1 340，所以平均数是 1 340/19，即 70.53。平均数是测量**集中趋势(central tendency)**〔6〕 的一种方法，它是所有分数的典型代表。

另外两个测量集中趋势的量是中位数和众数。**中位数(median)**〔7〕是位于频次分布中心位置的数值，一半的数值比它大，一半的数值比它小。19 个学生分数的中位数

---

〔1〕 常模样本——标准化测验过程中作为对照群体的大规模取样。
〔2〕 频次分布——记录有多少分数落在划定的各个小组内。
〔3〕 直方图——频度分布的条形图。
〔4〕 联系与拓展——联系你的教学。在家长与教师协会(PTA)会议上父母抱怨这个社区一半学生在测验中成绩低于社区的平均分数。这一意见有效吗？
〔5〕 平均数——算术平均数。
〔6〕 集中趋势——一组分数中的典型分数。
〔7〕 中位数——一组分数中居中的那个分数。

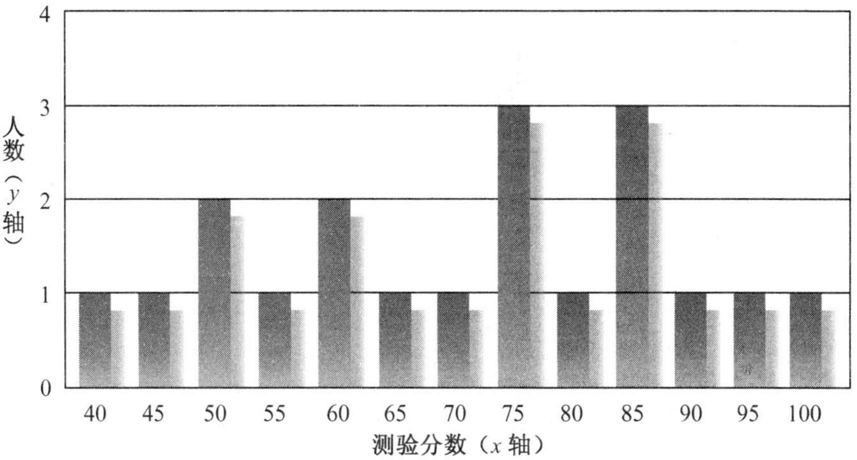

条形图或直方图描述的是测验中获取一定分数的人数。例如，你可以立刻看到三个人得了75分数，还有三个人得了85分。

图14.1 频度分布直方图

是75，那么9个人的分数高于或等于75，9个人的分数低于75。**众数(mode)**[1]是重复出现次数最多的数值。在图14.1中实际上有两个众数，75和85，因为这两个数在分布中都出现了3次。这使得该分布呈现**双峰分布(bimodal distribution)**[2]。

虽然测量集中趋势将给出一个代表一组分数的数值，但是它并不能说明数据的分布情况。两个小组的平均数都是50，但是他们在其他方面可能完全不同。一组数据可能是：50，45，55，55，45，50，50；另一组数据是：100，0，50，90，10，50，50。两种情况下，平均数、中位数和众数都是50，但分布情况却差别很大。

标准差(standard deviation)[3]是测量数据偏离平均数的程度。标准差越大，数据偏离中心的程度越大；标准差越小，数据越集中在平均数周围。例如，数据组50，45，55，55，45，50，50的标准差比数据组100，0，50，90，10，50，50的标准差小。换句话说，标准差越小数据的**变异性(variability)**[4]越小。[5]

如果你还记得高中的数学知识，计算标准差会很容易，但确实需要时间。计算过程与求平均值相似，但要用到平方根。计算标准差应该遵循以下步骤：

---

〔1〕众数——出现最多的那个分数。
〔2〕双峰分布——有两个众数的频度分布。
〔3〕标准差——测量分数与平均数差异程度。
〔4〕变异性——差异的程度或偏离平均数的程度。
〔5〕联系与拓展——联系你的教学。数学A班还是数学B班容易教？这个判断依赖于下面的标准分数的结果(50=国家平均水平)。班级A：平均数=55 标准差=13，班级B：平均数=53 标准差=4。(答案：可能是班级B，因为班级B成就水平的跨度没有班级A的跨度大。)

1. 计算分数的平均数。写作($\overline{X}$)。
2. 求每个分数与平均数的差。写作($X-\overline{X}$)。
3. 求每个差的平方(差值乘以差值)。写作 $(X-\overline{X})^2$。
4. 累加所有差的平方。写作 $\sum(X-\overline{X})^2$ 。
5. 差的平方和除以样本个数。写作 $\frac{\sum(X-\overline{X})^2}{N}$ 。
6. 求平方根。写作$\sqrt{\frac{\sum(X-\overline{X})^2}{N}}$,这就是求标准差的公式。

如果知道了一组分数的平均数和标准差,你会对每个分数的含义有更清晰的认识。比如,假设某次测验你的分数是78。如果这次测验的平均数是70,标准差是4的话,你就会很满意自己的分数。因为在这种情况下,你的分数比平均数高2个标准差,即比平均分高很多。

如果平均数仍然是70,但标准差是20,请考虑一下有什么差别。这时,你的分数78高出平均值不足一个标准差,它的位置会更靠近中间,尽管在平均分之上,但并不很高。了解标准差比只知道分数的**范围(range)**[1]获得了更多的信息。无论大多数学生的测验成绩如何,总可能有一两个学生考得很好或很差,因而加大了分数跨度。[2]

正态分布

标准差对于理解测验结果是很有用的,尤其是测验结果呈现正态分布的情况。你以前可能遇到过**正态分布(normal distribution)**[3],正态分布的钟状曲线是最有名的频次分布,因为它能够描述大多数自然和社会现象。许多分数集中在中间,使得曲线隆起,当你向分布的末端或尾部看去,会发现分数越来越少。统计学家已对正态分布做过详细的分析。正态分布的平均数也就是中位数。一半分数大于平均数,另一半分数小于平均数。在正态分布中,平均数、中位数和众数重叠在同一个点上。

正态分布的另一个带来便利的特征是,曲线上每一个区域中的分数的百分率是已知的,正如从图14.2看到的,分数在平均数周围1个标准差内的人很多,事实上,有68%的人的分数在低于平均数一个标准差到高于平均数一个标准差的区域之间。高

〔1〕 范围——一组分数中最高分和最低分之间的距离。

〔2〕 联系与拓展——联系你的教学。在分数跨度可能是从1到50的测验中,你们班的平均分是40,标准差是3,你能从中得出什么样的结论呢?你把这个测验施测于另一个班,他们的平均分是26,标准差是7。你将怎样描述第二个班级的特征呢?这两个班级之间的差别是什么呢?

〔3〕 正态分布——最经常出现的分布,分布中分数集中在平均数的周围。

分组中，只有 2%的人的分数高于平均数两个标准差。同样的也只有 16%的人在低于平均数一个标准差的区域，并且只有 2%的人在低于平均数两个标准差外的区域。在偏离平均数两个标准差的任一方向的分数的获得者便属于特殊。

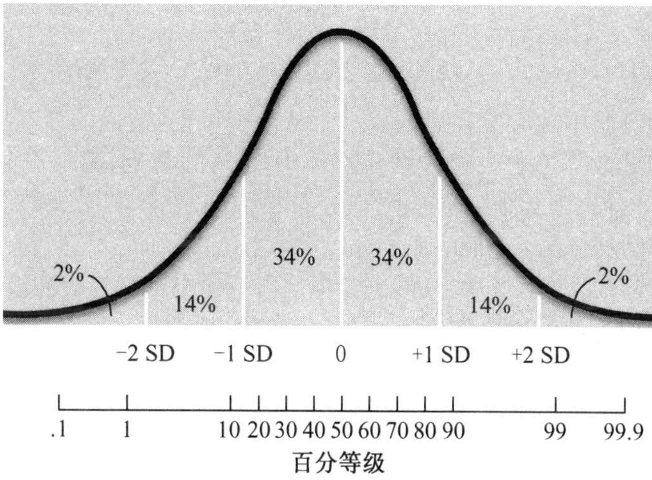

正态分布曲线或者是钟状曲线具有可预见性。例如，在低于平均数 1 个标准差到高于平均数 1 个标准差的范围内有 68%的分数。

图 14.2 正态分布图

SAT 大学入学考试是正态分布的一个例子。SAT 的平均数是 500，标准差是 100。如果你得知一个人的分数是 700，那么你知道这个人是很优秀的，只有大约 2%参加测试的人能够做得那么好，因为在正态分布中只有 2%的分数高于平均数两个标准差。

分数的类型

如今你已经有足够的知识来讨论标准化测验结果报告中遇到的各种不同类型的分数。

百分等级分数

百分等级是标准化测验分数报告中一种非常有用的分数，等级的概念是**百分等级(percentile rank)**〔1〕分数的基础。在百分等级评定过程中，每个学生的原始分数需要与常模样本的原始分数作比较。百分等级说明的是常模样本中低于或等于某个原始分数的学生百分数。如果一个学生的分数等于或高于常模样本中四分之三的学生，那

〔1〕 百分等级——标准样本中分数低于或高于个体分数的百分数。

么这个学生将得到75%的分数或百分等级75。你能够明白这并不是指该学生答对了75道题或这个学生答对率为75%。而是指常模群体中有75%的学生的分数等于或低于这个学生的成绩。百分等级分数是50的话，意味着这个学生的分数等于或高于常模群体50%的学生，即他的分数等于平均数。

图14.3说明了在解释百分等级分数时应注意的一个问题。位于曲线中间和边缘的原始分数的百分等级分数之间的差别的意义是不同的。图中呈现了在假想的语言和算术天赋测验中琼和艾丽思的成绩。从图中可见，他们的算术技能都处于平均水平。一个的分数是等于或超过常模群体中50%的学生，另一个是等于或高于60%常模群体。然而，因为他们的成绩都分布在中间位置，百分等级分数的差异意味着原始分数仅仅差一点。他们的原始分数实际上是75和77。语言测验中，百分等级分数的差异似乎与数学测验中一样，因为他们当中一个百分等级分数是第90%，另一个是第99%。但是他们语言测验原始分数的差别就大一些。在等级量表的两端，原始分数较大的差别才能使百分等级分数有所不同，语言测验中原始分数相差大约10分。

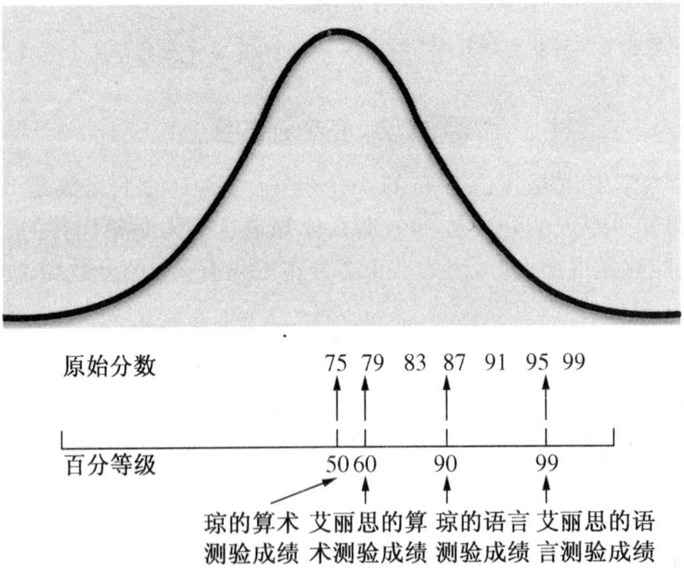

百分等级在分布的不同位置有不同的意义。例如，在平均数附近原始分数两三分的差异就可能带来百分等级10分差异，而在分布的边缘，6或7分的原始分数的不同才可能导致百分等级10分差异。

图14.3　正态分布曲线上的百分等级

年级等值分数

总的来说，**年级等值分数(grade-equivalent scores)**〔1〕是来自每个年级水平的常模样本。常模样本中十年级所有学生分数的平均数决定了该年级的等值分数。假设十年级常模样本的原始平均分数是38。在那个测验上的原始分数是38的任何学生将得到十年级的年级等值分数。年级等值分数一般用数字诸如8.3、4.5、7.6、11.5来表示。整数值表示等级，小数代表的是一年的十分之几，但一般被解释为月份数。

假如当一个七年级学生的年级等值分数为10时，这个学生应该立刻升级吗？可能不，不同测验适用于不同的等级水平，所以七年级的学生可能不能回答那些为十年级学生设立的问题。高分数可能代表的是在七年级水平上掌握情况非常好，而不是表明继续学习的能力。尽管在某个特定测验中一个普通的十年级学生和七年级学生分数一样，但是十年级学生知道的必定多于这个测验的内容。而且，年级等值分数单位在每一个等级水平的含义不同。例如，一个处于二年级的学生阅读一年级水平的材料，比十一年级水平的学生阅读十年级材料会遇到更多的困难。

由于年级等值分数容易被人误解，尤其是被父母误解，所以许多教育家和心理学家坚决认为不应该再使用这种分数，而应该使用其他更适合的方式。〔2〕

标准分

就像你可能记得的，百分等级的一个问题就是很难进行等级之间的比较。原始分数之间的差异在分布上的不同位置有不同的意义。而如果是标准分，在分布的任何位置10分差异的含义是相同的。

标准分(standard scores)〔3〕建立在标准差的基础上。一种最经常使用的标准分是**z分数(z score)**〔4〕。z分数表明在原始分数的平均值之上或之下多少个标准差。在前面所举的例子中，测验的平均分是70、标准差是4时，你很幸运地得了78分，那么你的z分数将是+2或高于平均数2个标准差。如果一个人在这个测验中的得分是64，那么他的分数是低于平均数1.5个标准差，z分数是−1.5。z分数是0时，表明它没有高于平均数任何标准差，或者说是这个分数正好等于

〔1〕 年级等值分数——等级水平的测量建立在与每个等级的标准样本比较的基础上。

〔2〕 联系与拓展——联系你的数学。图14.5中"个体测验记录"是"加利福尼亚成就测验"1992年版本，这一版本(第五版)中没有报告年级等值分数，但是在本书的前一版同一图表明加利福尼亚成就测验1985年版中报告了年级等值分数。这个变化反映了测验公司意识到了年级等值分数是不适当的。

〔3〕 标准分——基于标准差的分数。

〔4〕 z分数——说明高于或低于平均数多少标准差的标准分。

平均数。

根据原始分数计算 z 分数，要用这个原始分数减去平均数，再除以标准差，最后得到的商便是 z 分数。公式是：

$$z = \frac{X - \overline{X}}{SD}$$

很多时候，负数应用起来不大方便。为了减少应用困难，人们设计了其他类型的标准分，例如 **T 分数(T score)** [1]。T 分数的平均数是 50，标准差是 10。因此 T 分数 50 说明是平均水平。如果你把 z 分数乘以 10(去掉小数点)后再加上 50(去掉负数)，你得到的答案就是 T 分数。z 分数是－1.5，T 分数则是 35。

首先 z 分数乘以 10：－1.5×10＝－15
然后再加上 50：－15＋50＝35

SAT 测验的评分是基于相似的方法。该分数的平均数是 500，标准差是 100。

在我们结束介绍分数的类型之前，我们还应该提一下另一种应用范围很广的分数。**标九分数(stanine scores)** [2](其名称来自“标准九分”)是标准分。在标九等级上只有 9 个可能的分数，整数从 1 到 9。平均数是 5，标准差是 2。从 2 到 8 的每个单位都等于标准差的一半。

标九分数提供了一种考虑学生等级的方法，因为 9 个等级中的每一个都包括正态分布中一个具体的百分等级分数的范围。例如，标九分数 1 代表的是正态分布尾部 4%的分数，标九分数 2 是相邻的 7%的分数。当然，在这 7%的范围中的，一些原始分数高于另外一些，但他们都得到标九分数 2。

标九分数的每一个等级都包括很大范围的原始分数。这有助于教师和家长从更概括的角度评价学生分数，而不是根据几个分值的差距作出完全不同的区分。图14.4 比较了我们考虑到的四种标准分，呈现了它们的分布都符合正态分布曲线。

分数的解释

使用测验经常遇到的问题之一是错误解释测验结果。这种情况经常发生的原因是：人们以为数字代表的分数是对学生能力的准确测量。事实上，没有一种测验能够提供对一个人能力的全面评价；一种测验考查的只是个体的一小部分行为。在编制好的测验和解释测验结果的过程中，有两个因素很重要——信度和效度。

---

〔1〕 T 分数——平均数是 50，标准差是 10 的标准分。
〔2〕 标九分数——从 1 到 9 的整数分数，每个数字都代表某个范围的原始分数。

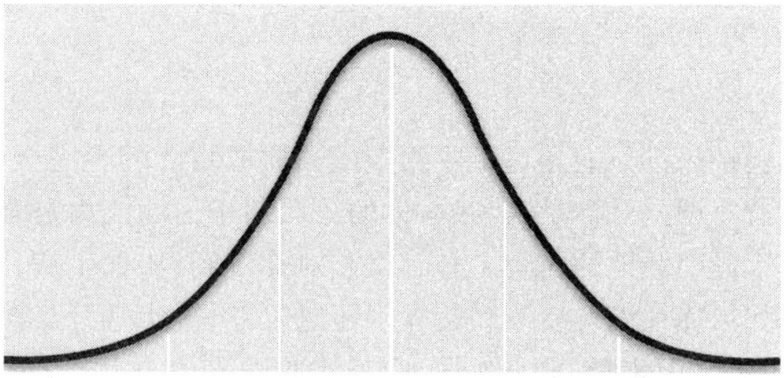

标准差	−3 SD	−2 SD	−1 SD	0	+1 SD	+2 SD	+3 SD
				平均数			
z 分数	−3	−2	−1	0	+1	+2	+3
T 分数	20	30	40	50	60	70	80
SAT 分数	200	300	400	500	600	700	800

标九分数 1 2 3 4 5 6 7 8 9

利用这个图,你可以将一种标准分转换成另一种标准分。

图 14.4 正态分布曲线上的四种标准分数

信度

如果你在星期一接受了一次标准化测验,一周后你又做了一次,结果两次的成绩是大致相同的,那么你有理由相信这个测验是可信的。假设一天有 100 个人接受了测验,第二周他们又做了一次,结果两次测验个体分数排列的顺序是相同的,那么你会更加确信这个测验的可信性(当然,这要假设在第二次测验前没有人查阅答案或学习)。在假设个体能力保持不变的情况下,信度高的测验会提供不同情境下个体能力一种一致和稳定的解释。一支高质量的温度计在常态下测量开水温度时,每次显示的都是 100℃。通过在两种不同的情况下重复施测的方式来验证测验的**信度(reliability)**[1]将说明稳定性(stability)和再测信度(test-retest reliability)。如果同一群人接受了一个测验的两个等质复本的测试,测验成绩一致,这表明了复本信度(alternate-form reliability)。

信度也指内在的一致性或测验的准确性。这种类型的信度叫做分半信度(split-half reliability),这种信度是把一份问卷分作两部分,通过比较两半问卷得分情况来获得。例如,假定某个人做奇数题没有偶数题好,我们就可能会推测该测验不能一致而准确地测查所要测量的对象。增加测验题目数量是提高信度的最有效方法。一般

[1] 信度——测验结果的一致性。

说来,题目数量多的测验比题目数量少的测验信度高。[1]

真实分数

所有的测验结果都只能是对所要测量的品质或技能的不完全估计。每种测验都会存在误差。有时误差对你是有利的,你的分数高于你的能力是合理的;可能恰巧在测验前你复习了其中关键的内容。有时误差对你不利,比如生病、困乏或复习了错误的内容。但是如果你在没有疲倦和没有刚巧记住答案的情况下,参加了一次又一次的测验,那么你的运气因素就可以忽略,这些测验的平均分就会接近于你的**真实分数(true score)**[2]。换句话说,如果测验重复测试许多次,我们就可以把一个学生参加所有测验的平均成绩当做他的真实分数。

然而,现实中学生只参加一次测验,那就意味着每个学生的分数相当于假设的真实分数加上一定的误差。如何降低误差以使实际分数更接近真实分数呢?正如你可能猜想到的,这就使我们回到了信度问题。测验的信度越高,实际分数存在的误差就越小。标准化测验中,测验的编制者考虑到了这个问题,估测了在重复测试的情况下学生成绩可能发生的变化有多大。这种估计叫做**测量的标准误(standard error of measurement)**[3]。标准误代表的是我们从假设的重复测试得来的分数分布的标准差。因此,当一个测验的测量标准误很小,那么这个测验就被定义为是可信的测验。在解释测验的过程中,教师必须也把误差考虑进去。

置信区间

千万不要把对学生能力或成就的评价建立在他们的某个具体测验分数之上。现在许多测验公司报告分数时都使用包含实际分数的一个**置信区间(confidence interval)**[4]或"标准误区间"。这就利用了测量的标准误,使教师可以了解包含学生真实分数的分数范围。

例如,如果我们假设你们班的两个学生参加了西班牙语标准化成就测验。这次测验的标准误是 5。一个学生的分数是 79,另一位学生是 85。第一眼看上去他们的成绩不尽相同。但是当你考虑的不仅仅是分数本身,加上分数的标准误区间时,你就会看到区间之间的重叠。第一个学生的真实分数是在 74—84 之间的某个位置(就是说,实际分数 79 加上和减去标准误 5)。第二位学生的真实分数在 80—90 之间的某个位

---

〔1〕 联系与拓展——联系你的教学。测验中的误差有很多来源:个体的(比如:读错指导语、生病、回忆了错误的材料、焦虑);与测验本身有关(比如:不清楚的指导语、测验过长、要求过高的阅读水平);与测验环境有关(竞争激烈的环境、噪音、监考者的误导)。

〔2〕 真实分数——如果有可能在理想的环境中重复测量,某个个体的所有分数的假定平均数。

〔3〕 测量的标准误——对重复测验分数差异的假定评估。

〔4〕 置信区间——某个个体的一次分数可能处于的分数范围。

置。当我们为特殊培养计划挑选学生时，考虑到标准误区间是很重要的。任何孩子不应该因为所得成绩与录取分数线相差一两分而被拒之门外，这个学生的真实分数可能高出录取分数线许多。

效度

如果某一测验的信度很高，那么接下来要考虑的问题是测验的效度，或者更准确地说，要考虑测验所基于的判断和决定是否有效。要保证高**效度(validity)**[1]，测验所基于的决定和信息必须是有确凿证据的。这意味着效度是与特定的作用和目标相关的判断，就是说，效度是与实际的决定及支持决定的证据相关的判断(Linn & Gronlund，2000)。[2]

每一种特定判断都有各种各样的证据来支持。如果测验的目的是测量某门课程或单元所要训练的技能，我们希望测验的内容要包含所有重要的方面而不是涉及那些无关紧要的内容。如果遇到这种情况，我们应该考虑**内容关联效度(content-related evidence of validity)**。你是否接受过只涉及某次课中几个观点或课本中某几页内容的测验？基于这个测验的判断当然缺乏内容关联效度。

有些测验是用于预测结果的。例如SAT测验的目的就是预测大学成绩。如果SAT测验的分数与学生在大学里第一年的测试平均成绩相关的话，那么以SAT测验作为大学录取学生依据的决定就得到了**效标关联效度(criterion-related evidence of validity)**的支持。

标准化测验大多是用来测量个体的心理特征或心理结构，例如个体的推理能力、阅读理解能力、成就动机、智力、创造力等等。获取**结构关联效度(construct-related evidence of validity)**的证据是很困难的，然而这又是必须的，甚至可能是最重要的。寻求结构关联效度证据已经历经许多年的努力。它以分数的形式表现的。比如，年龄较大的孩子在智力测验中会答的问题要多于年龄小的孩子，这与智力的结构相符合。如果在一个测验上5岁孩子回答问题的平均正确率与13岁孩子相同，我们就要怀疑这个测验是否真的测量了智力。当某一测验结果与测量同一心理结构的另一个设计良好、有效的测验结果相关时，它的结构关联效度也就得到了证实。

现在，许多心理学家认为结构关联效度是最宽泛的效度类型，而获得内容关联效

---

〔1〕 效度——一个测验测量了它所有测量的内容的程度。

〔2〕 联系与拓展——联系你的教学。以下摘自波帕姆(Popham，W. J.，1998)的《教育评价》(*Educational evaluation*，2nd ed. Englewood Cliff，NJ：Prentice-Hall)，第127页，你能回答这些问题吗？简要的推断说明下面的效度证据类型是哪一种。

a. 召集学科知识专家去鉴定测验项目与测验目的的一致性。

b. 计算新编制的学生自尊测验与另一个过去的有效的和广泛应用的学生自尊测验之间的相关系数。

c. 筛选测验(用于将大学二年级学生分入标准英语班或加强英语班)的分数与大学三年级学生的英语能力(以三年级结束时被分派的等级作为指标)是相关的。

答案：a. 内容 b. 结构 c. 效标

度和效标关联效度是证明测验是否测量了所要测的心理结构的另一种途径。20 年前萨姆·梅西克(Sam Messick)指出了在决定使用测验时应该注意的两个重要问题：这个测验对于所要评估的心理结构来说是否是好的测量方法？测验是否应该用于提出的目标？第一个问题是有关结构关联效度的；第二个问题有关伦理和价值(Moss，1992)。

我们必须选择性地使用标准化成就测验，以使测验项目实际测出学生获得的知识。测验与学习不匹配的情况比我们所估计的多：密苏里大学圣路易斯分校的教师发现课程中不足 10%的内容与他们使用的教材和标准化测验相一致(Fiske，1988)。而且，学生必须具备参加测验的必要技能。如果一个学生在科学测试中的成绩很低不是因为他们缺少科学知识，而是因为他们对问题的理解有困难、不理解指导语或者是没有足够的时间完成，那么这份测验对那些学生来说就不是测量科学成就的有效方法。

测验要有效，首先必须是可信的。例如，如果几个月内某一学生每次参加智力测验的结果都不一样，那么这个智力测验是不可信的，当然它也就不会是测验智力的有效方法，因为智力一般被认为是相当稳定的，至少短时间内是不会改变的。然而，信度不能保证效度。如果某个儿童每次智力测验的结果是一样的，但是它并不能预测他的学习成绩、学习速度或其他与智力有关的特征，测验的结果并不代表他的真正智力水平。因此这个测验可信但无效。下面的指南会帮助你提高编制标准化测验的信度和效度。[1] [2]

检查要点： 测验分数意味着什么？

回 顾

- 描述标准化测验的典型特征。
- 什么是平均数、中位数、众数和标准差？
- 描述各种不同类型的分数。
- 测验的信度？
- 测验的效度？

应 用

- 如果有 1 千万人参加了 SAT 考试，在口语测验中大约有多少人的分数在 400 至 600 分之间？请记住平均数是 500 分。
- 百分等级分数 75 和 T 分数 75，哪一个成绩更好？哪一个更容易对家长解释清楚？
- 每次你在自己家浴室磅秤上称体重，体重没有变化，而在医生办公室里称的体重却更重一些。你的磅秤有效吗？可信吗？

---

〔1〕 联系与拓展——参考研究。莫斯(Moss，P. A.，1992)的《教育测量中信度概念的转变：对成就测验的意义》(*Shifting conceptions of validity in educational measurement：Implications for performance assessment*)，刊登在《教育研究评论》(*Review of Education Research*)，第 62 卷，第 229—258 页。

〔2〕 联系与拓展——联系现实生活。一个妇女把她的枪瞄准靶子的靶心，射击 5 次。5 次都打在了右上角。这枝枪可信吗？有效吗？误差的来源可能是什么？

指南——提高信度和效度

确保测验包含了学习单元的全部内容。

例如：

1. 比较测验问题和课程内容，确保两者之间是交叠一致的。
2. 可能的话，使用当地的测验及标准。
3. 检查测验项目是否足以包括所有的重要问题。
4. 学生参加测验是否有任何困难？比如时间不够、阅读水平等等？如果有困难，与学校专门人员讨论这些问题。

确保学生知道怎样使用所有测验材料。

例如：

1. 测验实施前几天，做一些类型相似的练习题。
2. 说明演示答案纸的使用，尤其是电脑计分的答案纸。
3. 对新来的学生、害羞的学生、差生、阅读存在困难的学生核查一次，要确保他们理解测验问题。
4. 确保学生知道猜题是否合理及什么时候可以猜。

准确地遵循实施测验的指导语。

例如：

1. 在实际施测之前先练习一下。
2. 遵守测验的时间限制。

确保学生在测验过程中尽可能感到舒适。

例如：

1. 不要制造紧张气氛，使测验看起来像这一年里最重要的事件。
2. 测验开始前，通过讲笑话、做深呼吸帮助学生放松。注意不要使你自己紧张。
3. 确保教室安静。
4. 监控教室防止作弊，不要一味地埋头于自己的案头工作。

记住任何测验的结果都不完美。

例如：

1. 用区间来解释分数，而不是用单一分数。
2. 忽略分数之间的那些细微差别。

标准化测验的类型

当前，有几种标准化测验在学校中使用。如果你看过装有几年来每个学生测验记录的档案袋，你就会了解这个国家学生考试的方式。有三类应用较广的标准化测验：成就测验、诊断性测验、能力倾向（包括兴趣）测验。作为教师，你可能最常接触的是成就测验和能力倾向测验。[1]

成就测验：学生学会了什么？

学生最经常参加的标准化测验是**成就测验（achievement tests）**[2]。成就测验是用来测量学生在某个具体的知识领域方面已获得了多少知识，例如阅读理解、语言的运用、计算、科学学习、社会学习、数学和逻辑推理能力等领域。成就测验有个体测验[例如，多类成就测验（Wide-Range Achievement Test），皮博迪个体成就测验（Peabody Individual Achievement Test），关键数学诊断测验（Key Math Diagnostic Tests）]和团体测验[加利福尼亚大学成就测验（California）、城市大学成就测验（Metropolitan）、科学研究协会成就测验（SRA）或斯坦福大学成就测验（Stanford Achievement Tests）、特拉诺瓦基本技能综合测验（the TerraNova Comprehensive Test of Basic Skills）和爱荷华测验（the Iowa Tests）]两种。这些测验的信度和效度是不一样的。团体测验有甄别的功能——识别哪些孩子需要接受进一步的测验或者根据学生的成就水平将其分组。个体成就测验用于更准确地确定某个学生的学业水平，或者帮助诊断学生的学习问题。

利用来自常模参照成就测验的信息

教师希望从成就测验的结果获得哪些具体信息？测验编制者通常为每一个学生提供其个人的测验图，呈现每个子测验的分数。图 14.5 是五年级学生肯·艾伦参加加利福尼亚成就测验（第 5 版）的个人测验图。从图中可以看出个体测验记录用各种不同的方法报告学生的分数。在表格的最上端，在肯的年级和生日之后，是各种测验的列表——阅读词汇量、阅读理解、总的阅读水平（包括词汇和理解力）和语言结构等。与每个测验对应的横行上便是肯得到的相应的几种分数。

---

〔1〕 拓展你的教学——如果你看到自己的考试记录，那么查找一下你参加过的标准化测验的复印件，像教师那样解释一下分数的意义。

〔2〕 成就测验——测量学生在某个指定的领域内学习情况的标准化测验。

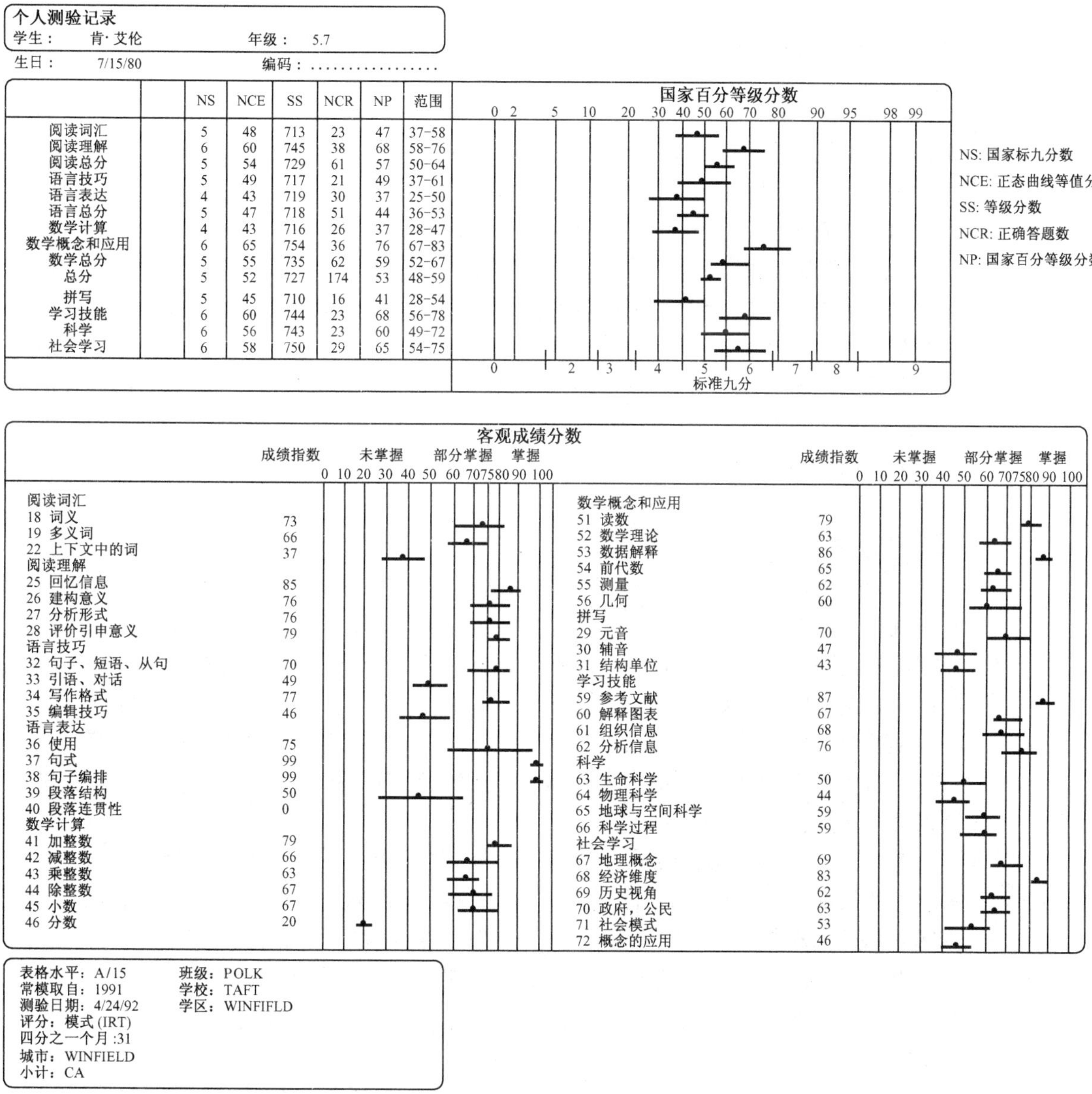

个人测验记录
学生：　肯·艾伦　　年级：　5.7
生日：　7/15/80　　编码：.................

	NS	NCE	SS	NCR	NP	范围
阅读词汇	5	48	713	23	47	37-58
阅读理解	6	60	745	38	68	58-76
阅读总分	5	54	729	61	57	50-64
语言技巧	5	49	717	21	49	37-61
语言表达	4	43	719	30	37	25-50
语言总分	5	47	718	51	44	36-53
数学计算	4	43	716	26	37	28-47
数学概念和应用	6	65	754	36	76	67-83
数学总分	5	55	735	62	59	52-67
总分	5	52	727	174	53	48-59
拼写	5	45	710	16	41	28-54
学习技能	6	60	744	23	68	56-78
科学	6	56	743	23	60	49-72
社会学习	6	58	750	29	65	54-75

NS: 国家标九分数
NCE: 正态曲线等值分数
SS: 等级分数
NCR: 正确答题数
NP: 国家百分等级分数

客观成绩分数

	成绩指数
阅读词汇	
18 词义	73
19 多义词	66
22 上下文中的词	37
阅读理解	
25 回忆信息	85
26 建构意义	76
27 分析形式	76
28 评价引申意义	79
语言技巧	
32 句子、短语、从句	70
33 引语、对话	49
34 写作格式	77
35 编辑技巧	46
语言表达	
36 使用	75
37 句式	99
38 句子编排	99
39 段落结构	50
40 段落连贯性	0
数学计算	
41 加整数	79
42 减整数	66
43 乘整数	63
44 除整数	67
45 小数	67
46 分数	20

	成绩指数
数学概念和应用	
51 读数	79
52 数学理论	63
53 数据解释	86
54 前代数	65
55 测量	62
56 几何	60
拼写	
29 元音	70
30 辅音	47
31 结构单位	43
学习技能	
59 参考文献	87
60 解释图表	67
61 组织信息	68
62 分析信息	76
科学	
63 生命科学	50
64 物理科学	44
65 地球与空间科学	59
66 科学过程	59
社会学习	
67 地理概念	69
68 经济维度	83
69 历史视角	62
70 政府，公民	63
71 社会模式	53
72 概念的应用	46

表格水平：A/15　　班级：POLK
常模取自：1991　　学校：TAFT
测验日期：4/24/92　　学区：WINFIFLD
评分：模式 (IRT)
四分之一个月 :31
城市：WINFIELD
小计：CA

测验编制者为每个学生和整个班级提供几种成绩报告表格。此表是关于一位五年级男孩的常模参照和指标参照信息。

图 14.5　一份个人测验记录

Source: Reproduced from the *California Achievement Test*, 5th edition, by permission of the publisher, CTB, a division of Macmillan/McGraw-Hill School Publishing Company. Copyright © 1992 CTB by Macmillan/McGraw-Hill School Publishing Company. All rights reserved.

NS：肯的国家标九分数(基于国家常模样本对照群体的标九分数)。

NCE：肯的正态曲线等值分数(这种分数主要用于评估某种补偿教育计划的研究目的)。

SS：肯的等级分数。等级分数描述的是随着学生年级升高学业成就出现的普遍提高——年级越高,他得到的分数就会越高。

NCR：肯的实际正确答题数——他的原始分数。

NP：肯在国家百分等级分数告诉我们他在全国同年级学生中所处的位置。

范围：肯的真实分数很可能落在国家百分等级分数的这个范围内。你可能记得,在我们讨论真实分数时讲道,范围或置信区间是将肯的真实分数减去和加上测验标准误而获得。肯的真实分数在这个范围的可能性是95%。

在分数左侧是显示肯的国家百分等级分数和标九分数的图,任何重叠的区间可能表示没有显著差别。当两个测验分数区间没有重叠时,我们有理由认为肯的成就水平在两个方面是不同的。

解释成就测验分数

让我们再仔细看一看肯的分数。他的语言结构得分是标九分数5分,等于标准分717,就是说他在全国处于第49%的位置。他的真实国家百分等级分数可能在37—61区间内(也就是说,从实际分数49加上和减去一个标准误,所以语言构成法测验的标准误一定是12)。从图14.5我们会发现肯的语言结构和语言表达分数的区间有重叠。尽管当你单独看NP分数的时候好像不一样,但是在这些领域他的成绩可能是相似的。另一方面,比较一下语言表达和阅读理解,我们会发现它们的区间不重叠,肯的阅读理解比语言表达成绩好。〔1〕

图14.5的测验图说明了很多东西。首先,我们能够发现肯的所有分数与国家常模样本相比都在平均水平之内。肯的最高分数是数学概念和数学应用。然而,这一分数区间与其他几种分数区间重叠,所以我们不能肯定数学概念和应用是他最强的方面。肯在数学概念和应用中的优势使他的数学总分提高到第59%的位置,但是他的数学计算的分数明显低于数学概念分数(区间没有重叠)。如果肯在数学计算上下些

〔1〕 联系与拓展——联系你的教学。选择一个同伴,扮演家长教师见面会。下面是教师必须向家长解释两个测验结果的例子。每一小组中的两个人一个人扮演教师,一个人扮演家长,然后互相交换。教师要向家长解释测验的结果,并且为孩子未来的教育提供建议。父母应不受限制地询问有关测验结果解释和征求建议。

特里：三年级,基于国家常模的分数：

数学计算：6.0(年级等值分数)；数学推理：3.5(年级等值分数)；阅读词汇：百分等级分数第85。

阅读理解：百分等级分数第53；IQ分数是：79(测验是在特里生日前一天施测的)。

鲍比：十年级,基于当地常模的分数：

数学计算：5(标九分数)；数学推理：4(标九分数)；阅读词汇：53(T分数)；阅读理解：38(T分数)；

WISC Ⅲ口头表达=121；WISC Ⅲ操作=130；WISC Ⅲ总分=125。

功夫的话，他的数学总成绩就会提高。我们也可以看到肯的拼写较差，如果提高了拼写能力，他的词汇成绩就会更好，反之亦然。

我们上面讨论的分数都是常模参照的。然而，肯参加的标准化测验的结果也可以用指标参照的方式来解释。图 14.5 中肯的个人测验记录的下部显示了指标参照分数，这种分数表明某种具体能力完全掌握、部分掌握或没有掌握。它包括阅读词汇技能如单词的用法、单词在文章中的含义，还包括学习如何使用参考资料和解释图表。客观成绩指标（the Objective Performance Index）分数是对肯可能在某个领域正确回答题目的百分数的估计。换句话说，根据他在这个测验中的得分，他应该正确回答所测试领域所有可能问题的百分数。教师利用这些测验结果了解肯在这些具体技能方面的优势和缺陷，这样就可以确定他在这个学科的努力目标。然而需要小心的是，一些具体技能可能只是通过几个题目测量，题目越少，信度的潜在问题就越多。

诊断性测验：学生的优点和不足是什么？

如果教师想识别具体的学习问题，他们可能需要参考已有的各种诊断性测验的结果。大多数**诊断性测验（diagnostic tests）**〔1〕都是由受过专门训练的专家来主持个别施测，测验的目的主要是诊断学生遇到的具体问题。标准化的和教师编制的成就测验可以诊断出学生在诸如数学、计算机、阅读等学业知识方面的弱点，个别施测的诊断性测验可以发现学生学习过程中的薄弱之处。有的诊断性测验是考查学生，鉴别不同声音的能力、记忆口语单词和语句的能力、复述一系列符号的能力、从背景中抽取图画轮廓的能力、表述关系的能力、手眼协调的能力、口头描述事物的能力、将声音合成词的能力、识别图画中细节的能力、协调运动的能力及其他许多在学习、记忆和交流中所需要的能力。小学教师比中学教师更可能获得诊断性测验的信息，高中学生更可能使用能力倾向测验。〔2〕

能力倾向测验：学生将来会做得怎样？

成就测验和能力倾向测验都是测量已形成的能力，成就测验可能测量的是短时间内形成的能力，比如一周的地理阅读单元学习，或者更长一点时间，比如一学期。**能力**

---

〔1〕 诊断性测验——个别施测的测验，目的是鉴定学生学习中存在的具体问题。

〔2〕 联系与拓展——联系你的教学。某些诊断性测验测量不同领域的学生能力，包括“底特律学习能力倾向测验”（Detroit Test of Learning Aptitude）、“伍德科克—约翰逊心理与教育系列第一部分：认知能力测验”（Part 1 of the Woodcock-Johnson Psycho-Educational Battery: Tests of Cognitive Ability）。然而，其他诊断性测验测量的是较为具体的某个领域的能力，动作技能的测验包括“本德格式塔测验”（Bender Gestalt Test）和“珀杜知觉动作问卷”（Purdue Perceptual Motor Servey）。评价具体领域的感知，一般使用的测验包括“韦普曼听觉辨别力测验”（Wepman Auditory Discrimination Tests）、“戈德曼—弗里斯通—伍德科克听觉辨别力测验”（Gold-Fristone-Woodcock Test of Auditory Discrimination）、“弗罗斯迪格视知觉发展测验”（Frostig Developmental Test of Visual Perception）和“无运动视知觉测验”（Motor-Free Visual Perception Test）。

倾向测验(aptitude tests)[1]则是测量历经很多年形成的能力和预测学生在未来学习新的材料时做得如何。两种测验的最大不同是它们用于不同的目的,成就测验测量最终的表现(可能给出分数),能力倾向测验是预测人们在特定情境下的表现,比如上大学或专业学院时他们达到的水平(Anastasi,1988)。

学术能力倾向

学术能力倾向测验如SAT(Scholastic Assessment Test,学术评估测验)、ACT(American College Testing Program,美国大学测验项目)的目的是预测学生在大学里可能的学习情况。大学使用这些测验分数帮助他们决定接收和拒绝录取某个学生。SAT对你来说就像是成就测验,测量的是你在中学学到了什么。虽然编写测验时避免过多仿照具体的中学课程,但是那些问题与成就测验问题非常相近。

标准化能力倾向测验——如SAT、中学与大学能力测验(School and College Ability Tests, SCAT)和针对较小儿童的初级学术评估测验(the Preliminary Scholastic Assessment Test, PSAT)——在预测学生的未来成就方面似乎是可信的。既然标准化测验很少受教师偏见的影响,所以标准化测验的成绩比高中的分数更公平。的确,一些心理学家认为高中故意夸大分数使得诸如SAT这样的测验更重要。另一些人则认为SAT不是对大学成就的最好预测,尤其对于妇女或文化种族的弱势群体。争论还在继续。

智商和学术能力倾向

第四章我们讨论了最具影响力的能力倾向测验——IQ测验。正如我们所知道的,智商测验实际上是一种学术能力倾向测验。因为前面你已经了解了标准差的概念,所以现在你能够理解测验中的几个统计学特征。例如,智商测验分数正是一个以100为平均数、标准差是15或16(取决于测验)的标准分。因此普通人群中的68%的分数都在平均数加上和减去一个标准差之间,即标准分在85到115之间。[2]

两个学生的智商分数之间的几分之差不应被视为重要区别。从90分到109分都是在平均水平范围内。事实上,80分到119分被视为一个更广的平均范围。请看下面的对话,思考可能会出现的问题:

---

〔1〕能力倾向测验——预测学生未来成绩的测验。
〔2〕联系与拓展——联系你的教学。教师应该如何解释在学生成绩档案备案的智商分数?如果学生的智商分数与他在学校的学习成绩相差很大,你应该更关注哪一方面?你认为哪一个更有效?为什么?

家长：今天我们跟你谈话的原因，是我们对儿子的智商分数感到震惊，我们不相信他只得了99，他姐姐在同一测验上的分数比他高。我们知道他们应该是差不多的。事实上，萨姆的成绩比劳伦五年级时好。

教师：劳伦的智商分数是多少？

家长：哦，她做得很好。她的分数是103！

检查要点：标准化测验的类型

回 顾

- 三种标准化测验是什么？

应 用

- 如果你是肯·艾林的老师（见图14.5），你将如何帮助他提高阅读、数学和拼写？
- WISC Ⅲ测验中120分和125分有明显的差别吗？为什么？

很明显，弟弟和姐姐的分数都处于平均水平。然而WISC Ⅲ（Weschler Intelligence Scale for Children，third edition，韦氏儿童智力水平测验，第3版）测验的标准误在不同年龄阶段有细微的差异，整个量表的平均标准误是3.2。所以，萨姆和劳伦的智商测验分数大约位于96—102和100—106之内——这两个区间有所重叠。他们两个中任何一个的分数都可能是100，101，102。

与家长讨论测验的结果

有时，家长会希望你解释和描述一下测验结果，下面"与家庭和社区建立合作关系指南"提供了一些建议。

与家庭和社区建立合作关系指南——解释与使用测验结果

做好准备，用非专业化的术语来解释测验报告中每一种分数的意义。

举例：

1. 如果测验是常模参照测验，需要知道对照组是国家范围的还是当地的，向家长解释，学生成绩表明了他或她与对照群体中其他学生分数比较之下的情况。
2. 如果测验是指标参照测验，向家长解释，学生分数说明了学生在某一具体方面表现如何。

如果测验是常模参照测验，请侧重百分等级分数，它们最容易理解。

举例：

1. 百分等级分数说明了对照群体中得到相同和较低分数的学生的百分比——百分数越高成绩越好，学生能得到的最好分数是 99，50 是平均分。
2. 提醒父母注意，百分等级分数并没有说明“正确率”，所以课堂测验得到不高的分数（大约 65%到 75%）可能在百分等级分数上处于平均水平之上——甚至是很好的成绩。

避免使用年级等值分数。

举例：

1. 如果父母想关注孩子的“年级水平”，你就应该告诉他年级等值分数反映的是对当前年级水平的整体理解，而不是完成更高水平活动的能力。
2. 告诉家长相同的年级等值分数在不同课程中具有不同的意义——例如，阅读与数学就不同。

小心测验中的误差。

举例：

1. 鼓励家长不把分数看做是单一的点，而是一个包括该分数的区间。
2. 忽视分数之间的细微差别。
3. 注意到有时指标参照测验中的技能是只通过几个测验（2 个或 3 个）项目测量的，请将测验分数与同一方面中的实际课堂作业对照比较。

利用开家长会的时间确定孩子的学习目标，这个目标也要得到家长的支持。

举例：

1. 给出一些与测验题目类似的例题，使家长了解他们的孩子很容易解决哪些问题或者对哪些问题有困难的。
2. 做好提议一项重要技能目标的准备。

标准化测验的问题

今天，许多有关学生、教师和学校的重要决定都部分基于标准化测验的结果，测验成绩会影响小学入学、升级、高中毕业、接受特殊培养项目、特殊教育班的编排、教师资格和执教期限以及学校资金等。因为测验分数对上述决定的影响非常关键，所以许多教育专家把这个过程叫做**高风险测试（high-stakes testing）**[1]。到 1991 年，有 47 个

〔1〕 高风险测试——测验结果由于被学校行政人员、其他政府官员或雇主用于进行决策而具有强大影响的标准化测验。

州颁布了一些适用全州范围公立学校学生的测验(Ziomek & Maxey,1993)。一些人正在努力提高测验的作用,比如设置全国性的测验,而另一些人却试图减少标准化测验在学校中的应用(Linn & Groulund,2000;Madaus & Kellaghan,1993)。[1]

接下来,我们将讨论两个基本问题:测验在关于人的决定中应该扮演什么样的角色?一些学生是否在测验中占据了不公平的优势?

测验在美国社会中的应用

测验不仅仅是用于研究的过程。每天都有许多涉及个体的决定是基于测验结果而作出的。比如,应该发给莉斯驾驶执照吗?多少八年级学生和哪位学生从一个科学促进项目中获益?谁被归在某个补习班?谁有可能进入大学或专业学校?谁会取得教师职业认证?要回答这些问题,关键在于清楚测验本身特性和测验应用的差异。即使是最好的测验工具也可能被误用。例如,早些年里使用有效和可信的个体智力测验却使许多学生被错误划为智力缺陷,问题不在于测验,而在于测验分数实际上成为划分学生所依据的惟一信息,事实上,我们还需要考虑更多信息。[2]

所有的统计和术语背后都蕴含着价值和伦理问题。测试的对象是谁?针对某个群体为了某个特定目标而选定某一测验造成的后果是什么?测验对学生造成什么影响?如何解释少数民族群体学生的分数?我们所测的智能、能力、学术能力倾向到底是指什么?我们的观点与我们用来测量这些心理结构的测验所隐含的观点一致吗?在判断过程中测验结果怎样跟个体的其他信息整合起来?要回答这些问题,需要基于价值的选择,还需要对测验能够说明和不能说明的内容有准确了解。正如我们在下面"观点与争议"中所看到的,有关测验的争论还在继续。

观点与争议:测验还是不测验?

教师经常对每年春天花费大量时间使学生为"考试周"做准备感到惊讶。我们早已司空见惯的是,那些因为采取诸如"全语"和"'做中学'科学教学"改革措施后学生分数下降的学校,最终放弃改革而采取针对考试的训练。关于测验和编制国家课程的讨论已经太多,而不是太少。是否应继续采纳标准化测验呢?

---

〔1〕联系与拓展——参考研究。G. F. 马多斯和 T. 凯莱汉恩(Madaus,G. F., & Kellaghan,T.,1993)的《作为公共政策机制的测验:短暂的历史》(Testing as a mechanism of public policy: A brief history),刊登在《咨询和发展中的测量与评价》(*Measurement and Evaluation in Counseling and Development*),第 26 卷,第 6—10 页。练习。学生之间通过互相提问的方式来准备测验。

〔2〕联系与拓展——参考研究。史密斯(Smith, M. L.,1991)的《经受考验:校外测验对教师的影响》(Put to the test: The effects of external testing on teachers),刊登在《教育研究者》(*Educational Researcher*),第 20(5)卷,第 8—11 页。

▶**观点:测验应该被停止使用。**

标准化测验的批评者声明这些测验测量的都是一些在现实生活中没有用处和意义的支离破碎的事实和技能,测验题目与学校课程经常不相匹配,所以测验并不能测量学生课程学习的情况。虽然如此,使学生取得高分让教师承受了很大压力。教师的工作、校长的升迁甚至学区资产的价值都受到学校测验分数的影响,所以教师发现他们是在“为考试而教学”。由于测验最适用于测量那些低水平的目标、事实、基本机能,所以这些事实和技能就变成了课程的内容。相当普遍的是,测验结果用来给那些成绩低的学生贴标签,自我实现预言开始发挥作用。马莉·李·史密斯(Mary Lee Smith,1991)发现标准化测验对教师产生了以下影响:

> 当测验的分数公开,教师经常会感到尴尬、生气和羞愧。因为获取高分的压力是如此之大,以至于他们有时会改学生的答案、找借口不让成绩差的学生参加考试、让学生反复操练答案,或给予学生某些不允许的帮助。
>
> 教师不信任考试过程,因为当分数公开时,没有人考虑到某些学生生活贫困或只是刚刚开始学英语。
>
> 教师担忧测验占去他们宝贵的教学时间,而且使学生感到过于焦虑。在史密斯研究的那些学校里,每次为测验做准备、实施测验和从测验中恢复过来平均需要100小时的教学时间。

◀**对立的观点:测验能够提供有价值的信息。**

标准化测验的支持者认为选择适合的测验是学校的责任。标准化测验计划抽取的是有代表性的教学内容,所以对每个特定课程的适用性可能不是很好。因此一份标准化测验只是信息的一个来源。重新设计课程使它适应测验或者单纯依靠一次测验分数来做决定都是对测验的滥用和误用。即使再可信和有效的测验也不足以成为重要决策的惟一基础。但是测验的确提供了一些有用的信息。

为了充分利用测验的结果,布莱恩·沃森和维基·斯潘戴尔(Blaine Worthen & Vicki Spandel,1991)提出以下建议:

> 除非有重要的决定要做,否则不要使用测验。然后选择一种能够为决定提供有用信息的好的测验。

> 不要把测验作为决定的惟一基础，补充一些其他信息，包括教师的评判。
>
> 假定每一个测验的结果都是有缺陷的，把测验分数视为估算。
>
> 知道测验实际测量的是什么。所谓的阅读理解测验并不意味着测验的测量项目包括了阅读理解的所有方面。
>
> 了解你的学生。用文字表述的数学测验对那些英语水平有限的同学来说可能变成了阅读理解能力测验。
>
> 不要根据测验的结果比较学生或鼓励竞争，要使学生从测验结果中获益。

准备性测验

1988年，佐治亚州首先提出儿童从幼儿园进入小学一年级需要通过一次测验(Fiske，1998；Linn，1986)。这一测验立刻被视为误用测验的标志。公众的大声疾呼导致了政策的修正，并且促使一些教育专家改革**准备性测验(readiness testing)**[1]的方法。事实上，这次针对幼儿的团体实施、电脑计分、常模参照测验的争论"可能对准备性成就测验改革的促进作用比所有其他因素的总和都大"(Engel，1991，p. 41)。

准备性测验评论家(Meisels，1989；Shpard & Smitn，1989)认为：

1. 团体施测的纸笔测验对幼儿园的儿童是不适用的，所以不应该以此作为入学录取决定的标准。准备性测验不具备单独用来筛选或编排学生的充分确凿的有效性(Linn & Gronlund，2000)。
2. 准备性测验的运用限制了幼儿园的课程设置，使课程更具学术性，更不适合儿童的发展。
3. 教育事实表明推迟一年级学生入学或让学生留在幼儿园都是无益的。那些被留级的学生并不比与他们相似但没有留级的学生做得更好。

尽管遭到很多批评，但是现在几乎每个州都在州和地区的范围内使用测验来确定一个孩子是否能够升入一年级或鉴别一个孩子是否应该进入特殊幼儿园(Kirst，1991a)。有几个州和一些测验出版商正在努力发展测查儿童是否做好入学准备的更适合的方法。恩格尔(1991)认为更适宜的方法是同步评价(ongoing assessment)认

[1] 准备性测验——测验的目的是判断个体是否为进入更高一级教育或训练做好了准备。

知、社会和情感、身体等许多方面的准备程度。这些评价是间接的，也就是说，它们要求成人完成而不是要求孩子直接在纸上作答。这些观察资料能够为教学提供有用的信息；他们在更自然舒适的氛围中进行，本身作为幼儿园计划的一部分。

最低和国际的标准

许多比较美国与其他工业化国家的研究发现，美国学生的学业成就水平低。比如，在第三次国际数学和科学教育研究中，美国学生不如其他发达国家的学生。尽管这些结论受到争议（Berliner & Biddle，1997），但是政策制定者为此担忧。提高学生成绩的一个建议是实施最低能力要求测验。**最低能力要求测验（minimum competency test）**[1]是判断个体是否达到了进入高年级或毕业的最低要求的标准化测验。美国几乎每一个州都有某种高中能力测验计划。一些人甚至提出国家统一考试是有益的（O'Neil，1991）。

编制一项全国测验的计划被搁置，取而代之的是国家标准（national standard）的计划（Lewis，1995；Ziomek & Maxey，1993）。有几种不同的标准，内容标准（content standards）界定在每一特定学科如数学、历史中学生应该学习的内容是什么。成绩标准（performance standards）是指学生被期望达到的学习水平或质量。学习机会标准（opportunity-to-learning standards）描述的是给予每个学生达到内容标准和成绩标准的平等机会的教育资源和条件。最后，你可能听说过国际标准（world-class standards），或者在其他国家期望的内容和成绩水平。

国家教育组织，例如国家数学教师理事会（NCTM，1995）在制定标准中起着领导作用（Hambleton，1996；Lewis，1995；Resnick & Nolan，1995）。从这个意义上说，标准是自愿编制形成的，但关于采用国家标准的意义的争论仍在继续。公众对标准问题各持己见，“1999年度菲·德尔塔·卡潘和盖洛普民意调查——公众对公立学校态度”指出，有57%测试对象认为现在的标准基本合理，然而有33%认为标准太低（其中43%城市中心的人认为标准太低）。[2][3][4]

---

〔1〕 最低能力要求测验——用于确定学生是否达到毕业或升学所需的最低要求的标准化测验。

〔2〕 联系与拓展——有关测验的争论。一种观点认为是美国标准和学生并未面临危机，请阅读伯利纳和比德尔（Berline，D.，& Biddle，B.，1996）的《捏造的危机：虚构，欺骗，对公立学校的攻击》（*The manufactured crisis: Myths, frauds, and the attack on America's public schools*. White Plains, NY: Longman）。有关对立的观点，请参考拉维什（Ravitch，D.，1995）的《美国教育的国家标准：公民的向导》（*National standards in American education: A citizens's guide*. Washington, DC: Brooking Institution）。

〔3〕 联系与拓展——有关测验的争论。《美国新闻和世界报导》（*U. S. News and World Report*），1996年4月1日刊的封面报导是《哑与更哑：为提高学校标准而奋斗》（Dumb and Dumber: The Battle to Raise School Standards）。这篇文章描述了最近由45位政府官员和12个主要公司的主席执行官举行的会议。这次会议的目的是什么呢？是探讨将“国际标准”引入美国学校的途径，更高的标准有必要吗？

〔4〕 联系与拓展——有关测验的争论。有关标准争论的两期专刊：《教育领导学》（*Educational Leadership*），1995年3月刊和《菲·德尔塔·卡潘》（美国教育专业协会会刊）（*Phi Delta Kappan*），1995年6月刊。

教师测验

新的评价教师的模式正处于设计和发展阶段。例如，修订后的国家教师考试(National Teachers Examination，NTE)是一组被称做"实践系列"(praxis series)的测验，它分三个阶段施测。在未来教师培养计划的早期，*实践Ⅰ*："理论技能评估"测试基本技能，比如阅读、写作、数学。可以利用计算机软件包来矫正测验中发现的任何弱点。*实践Ⅱ*："学科评估"，在大学毕业前夕测试，检查专业知识和教学、学习规律的掌握情况。*实践 Ⅲ*："课堂表现评估"以每个参与州的特定的职业资格认证要求为基础，这一评估由受过训练的当地教育专家主要通过课堂观察完成。每个实践阶段都有几个单元。每个州可以要求教学教师通过实践阶段的一个、两个或三个组合起来以获得资格认证(Danielson & Dwyer，1995；Dwyer & Villegas，1993)。[1]

像我们将要讨论的取代标准化测验的其他方法一样，实践系列和其他新的教师测验将充分利用真实成绩和成果。在实践Ⅱ，教师应试者分析教育案例，并提出教育问题的解决办法。实践Ⅲ，教师可能需要完成一节课的练习计划，然后说明他们的计划是什么和设计的理由。可能要求他们提交一份档案包，包括一个单元概述、两堂相连课程的细节、下发资料的复印件、选择的背景资料目录、小班和大班教学案例录像带及其他教师真实教学的例子。康涅狄格州正出台一种依据档案评估新科学教师的新评价系统，档案包包括教师板书实例、学生活动、课堂教学片断的录像带等，请见表14.2。这些评估的结果将被用来确定教师是否符合临时教学资格的要求，也为继续的专业发展提供反馈(Lomask，Pecheone，& Baron，1995)。

这些方法看起来很有前景。当然，每次改革都有它的局限。这些档案库或过程能得到客观的评价吗？是否我们会看到快速形成一种专门帮助教师建立漂亮档案库的行当？是否富裕的教师和应试者会拥有最好的档案库和录像(Kirst，1991b)？

除了评估新教师，设立成功教学标准的兴趣也在不断增强。1986 年关于专业化教学的卡内基工作小组(Carnegie Task Force)呼吁成立了专业化教学标准国家委员会(National Board for Professional Teaching Standards，NBPTS)。这个委员会将为有经验的教师提供包括 30 多个领域的高级资格认证，这些领域是根据学科内容和学生的发展阶段来划分的，所有领域的标准都建立在与熟练和成功教学实践相关的五个一般命题基础之上(Yinger，1998)：

- 教师要对学生和教学负责。
- 教师熟悉他们所教的科学内容，并且知道如何向学生教授这些学科内容。
- 教师负责管理和监控学生学习。

〔1〕 联系与拓展——联系你的教学。查寻你所在州对资格认证测验的要求是什么。参考教育测验服务处的网站：www.ets.org。

表 14.2 科学教学档案的概览

下面列出的是在康涅狄格州一位新科学教师的档案库中所预设的项目。有关临时资格的认证和提出改善的建议将基于这个档案库。

任务一——学生学习的计划

- 描述一个为期两周的单元应该学习的关键概念和目标。
- 描述与这个单元学习有关的学生特征。
- 该单元的日程。

任务二——促进学生的学习

- 描述该单元过程中的一个以学生为中心的实验室活动。
- 描述一个解决科学、技术和社会问题的单元主题。
- 实验室实验、实验后讨论和科学—技术—社会学课程各 15 分钟录像片断。

任务三——评价学生的学习

- 该单元内三个学生学习的完整情况。
- 这些学生学习情况的详细分析。
- 整个班级活动和学习的总体分析。
- 教学情况分析和未来改进建议。

Source: "Assessing New Science Teachers," by M. S. Lomask, R. L. Pecheone, and J. B. Baron, 1995, *Educational Leadership*, 52(6), p. 63. Copyright © 1995 by Connecticut State Department of Education. Adapted with permission.

- 教师要系统地考虑他们的实践过程,并从经验中学习。
- 教师也是学习社会中的一员。

基于档案库评价的过程是自发的,它仍处于有待完善阶段。如果你是一个教师,那么在你职业生涯的每个阶段都有评估在等着你。

测验中占据优势——公平与不公平

这一部分我们将讨论三个基本问题:标准化测验对少数群体学生存有偏见吗?学生通过训练能更好地完成成就测验吗?应试技巧可以教给学生吗?[1]

测验中的偏见与公平

个体智力测验和高校入学测验之类的测验对少数群体学生是公平的评估吗?这

〔1〕 联系与拓展——有关测验的争论。沃森和斯帕内尔(Worthen, B. R., & Spanel, V., 1991)的《分析标准化测验争论》(Putting the Standardized test debate in perspective),《教育领导学》(*Educational Leadership*),第 48(5)卷,第 65—70 页。

是一个复杂的问题。对**测验偏见(test bias)**[1]的研究表明大多数标准化测验在预测所有群体的学生的学校成就上是平等的。那些表面上看起来为难少数群体学生的问题并不一定为他们正确回答造成困难(Sattler,1992)。尽管标准化的能力倾向和成就测验在预测学校学业成就时没有对少数群体学生存有偏见,但是仍有许多人认为这些测验是不公平的。测验可能没有程序上的公平性,也就是说,某些群体在测验中没有得到显示他们知识的公平机会。下面是几个例子:

1. 测验和测验者的语言经常与这些学生的语言不同。
2. 支持中产阶级的答案经常得到更高的评分。
3. 在个别施测的智力测验中,善于口头表达和侃侃而谈将受到奖励,那些在这种特定情境下感到舒服的学生会因此受益。

而且,因为不同群体的人学习被测知识的机会不同,所以测验也可能是不公平的。测试的问题是集中在那些主流文化中的个体更熟悉、而少数群体学生较陌生的经验和事实上。

对测验中文化偏见的关注,使许多心理学家努力去发展**文化公平或超越文化的测验(culture-fair or culture-free tests)**[2]。这些努力还未取得成功。在许多所谓的文化公平的测验中,来自较低社会经济背景或少数群体的学生的成绩,与他们在韦氏和比奈标准化智力量表中的分数一样甚至更低(Sattler,1992)。下面的"指南"可能会对所有学生参加测验有所帮助。

指南——应试技巧

有效利用测验前一天晚上的时间。

举例:

1. 在测验前一天晚上学习,最后应浏览一遍有关重点、概念和关系的总结。
2. 保持良好的睡眠。如果你知道自己一般会在考试前一天晚上睡眠不好的话,尝试前几个晚上就开始拥有充足的睡眠。

创造条件以便你能集中精力。

举例:

1. 留出充裕的吃饭时间和到达考试现场的时间。

[1] 测验偏见——测验中的一个潜在问题,即测验内容对不同性别、社会经济地位、种族或民族的某个群体的学生存在歧视。

[2] 文化公平或超越文化的测验——没有文化偏见的测验。

2. 不要坐在朋友附近。那样会使注意力不集中。如果你朋友早交了卷子，那你也会试图这样做。

确保你知道测验问题是什么。

举例：

1. 仔细阅读问题指导语。如果你不能确定，就请教师或监考人解释清楚。
2. 仔细阅读每一个问题，挑出那些使意思发生微妙变化的词，比如"不"，"除了"，"下面除了一个以外所有"。
3. 对于论文测验，首先要仔细阅读每个问题，这样你就知道你面临的任务量，能够预先安排每个问题应花费多长时间。
4. 对于多项选择的测验，阅读完每一个选项，即使前面的答案看起来是对的。

有效地利用时间。

举例：

1. 立即开始做问卷，在你精力充沛时尽可能快地回答问题。
2. 先做容易的问题。
3. 不要对一个问题死守不放。如果你遇到麻烦，在这个问题上作个标记以便你一会儿能容易地找到它，然后继续做那些能够很快就回答出来的问题。
4. 如果你对回答某个问题没有把握，回答后做个标记，如果有时间再回去看一下。
5. 对于多项选择测验，如果你意识到时间不够了，而且猜测不扣分的话，就选择同一个选项来回答剩余的问题。
6. 如果做短文测试时，时间就要到了，也不要让任何问题下面是一片空白。简短地列出几个关键要点，向教师表明你知道完整的答案，只是需要更多时间。

知道在做多项选择测验和判断对错测验题中何时进行猜测。

举例：

1. 当只给正确答案评分时可以猜测。
2. 当你能排除一些选项的时候可以猜测。
3. 如果猜测要得到惩罚的时候不要猜，除非你能保证至少排除一个选项。
4. 正确选项总是较长、较短还是中等？更可能是哪一项？
5. 根据语法是否能判断正确答案或排除某个选项？

检验。

举例：

1. 即使你没有时间检查测验，也要重读一下每个问题，以确保你是按自己想法来做的，没有笔误。

2. 如果你使用的是机器评分的答题纸，你要不断检查，以确保你的答案号与考卷上答案号相对应。

论文测验，尽可能直接作答。

举例：

1. 避免开题过分华丽虚饰，第一句开门见山地给出答案，然后再展开。
2. 不要把你的最佳想法留到最后，一开始就要呈现出来。
3. 除非教师要求用完整的句子，否则可考虑列举答案的要点、论点。这样会有利于你组织思路，使思路集中在答案的重要方面。

从实际的测验经验中学习。

举例：

1. 当教师讲解答案时要专心听讲。你可从自己的错误中学到知识，同样的问题可能会出现在以后的测验中。
2. 注意你是否在某一特定类型的问题上遇到了困难；改变你的学习方法以便下次遇到这类问题会做得更好。

训练和应试技巧

帮助学生为大学入学考试做准备的课程越来越流行。如你所知，培训项目既有商业性的，也有公立学校的训练项目。总的说来，研究表明短期的高中培训项目会使SAT测验口头表达分数平均提高10分，SAT测验数学分数平均提高15分，但在长期的商业性培训中一些人提高得分达到50到200(Owen，1985)。库利克、库利克和班戈特(Kulik，Kulik，& Bangert，1984)分析了关于能力倾向和成就测验训练的40项研究，发现当学生经过短期的与某个测验形式类似的模考培训会有更大收获。所以培训计划的设计是一个关键因素。

另外，还有两种训练可以提高测验分数。一种训练就是使学生熟悉标准化测验的程序。那些具有许多标准化测验经验的学生比没有这方面经验的学生做得好，优势之处来自于那些学生更有自信、较少畏惧、熟悉各种不同问题(诸如由房子对车库类推出____对车子)以及使用过各种答题纸(Anastasi，1988)。甚至简要介绍如何参加测验对那些不熟悉测验和缺乏自信的学生也会有所帮助。

另外一种看起来很有前景的训练方法是，在一般认知技能方面给予指导，如解决问题、认真分析问题、考虑所有可能的选择、注意细节、判断哪些是相关的内容、避免冲动性的回答以及检验等方面。这些正是我们前面讨论的那种元认知和学习技能。这类技能训练可以迁移到很多任务中(Anastasi，1988)。

帮助学生为测验做好准备

最近我读到这样一个案例：一个六年级班级将本州测验作为基于问题学习的一个机会(Ewy with student authers,1997)。这个班的学生读了报纸上一篇文章，文中提到了将要进行的测验，指出现在六年级学生的学习成绩与前几年稳定的成绩相比有所下降。这个班的学生首先考虑，怎样才能提高自己的IGAP(伊利诺斯州目标评估计划，Illinois Goal Assessment Program)成绩？并讨论这个问题为什么重要和如何解决，而且绘制了问题分析图(图14.6所示)。然后，他们分组来做不同的活动：计划练习时间、查找资料、提出问题、访问专家，确定辅导计划。结果如何？这些学生达到或超过了本州确立的阅读、写作、数学目标。当他们升入初中和必须参加数学分级测验时，这些学生们也对测验进行了研究，什么是分界点、可能的分数范围和评估标准？也许你应该让你的学生考虑类似的问题。下面的指南作为培训计划的一部分可能是有益的。

检查要点： 标准化测验的观点

回 顾

- 目前测验中存在的问题是什么？
- 学生能变成更有效的应试者吗？

应 用

- 高风险测试意味着什么？哪些决定不应基于标准化测验分数？
- 你如何确定入学的准备程度？

标准化测验的新趋势

人们对标准化测验仍然是有争议的。由于人们对传统评估方式的不满，出现了解决测验的最常见问题的新途径。[1]

评估学习潜能

对传统智力测验的一种批评是，这些测验只是当时某一特定方面的成绩的样本，而不能预见学生未来学习的潜力。一种新的认知评估的目标就是基于这样一种假设，即评价的目标是预测学生的未来学习能力和确定哪些心理和教育干预措施可帮助学

〔1〕 联系与拓展——参考研究。科祖林和费利克(Kozulin, A., & Falik, L., 1995)的《动态的儿童认知评估》(Dynamic cognitive assessment of the child)，载于《趋势》(*Current Directions*)，第4卷，第192—195页。根据文章：标准的智力评估的假设是：1. 外显的活动水平或多或少地解释了儿童的内在能力。2. 儿童在无辅助情况的表现是评估的最好方式。3. 测验的目的是预测未来的活动水平和根据儿童的能力水平将其分类。动态的认知评估的假设是：1. 认知过程高度可变，评估任务要探明可变性的程度，而不是显露的活动水平。2. 在交互评价中包含了一个学习环节，与采取无辅助活动相比，它提供了对儿童学习能力更好的认识。3. 评估的目的是解释儿童学习的潜能，并为促进和实现这些潜能而提供心理教育方面的干预建议。

问题分析表

问题：我们如何使自己在 IGAP 测验中的分数按如下方式提高？(1)保持每年都有所提高；(2)为我们学校树立榜样；(3)使准备 IGAP 测验的学习变得更有趣？

我们的想法

- 课堂中要专心
- 抓住募捐者以便找到更多的书和计算机程序
- 看 IGAP 书的正版本
- 练习：利用计算机游戏
- 找到知道如何训练 IGAP 的人：教师、父母、朋友、哥哥/姐姐
- 一次解决一个主题
- 找出想了解的人

我们了解的事实

- 测试阅读、写作、数学
- 练习时，成绩会更好
- 你可能读错了问题
- 填充圆圈
- 写作的评分是根据时间、拼写和句子结构。

我们的问题

- IGAP 什么时候进行？
- 测验多长时间？
- 我们应该练习多长时间？
- 我们应该练习什(数学、阅读、写作)？
- 问题有多少？
- 测验如何评分(数学、阅读、写作)？
- 数学、阅读、写作需要的时间各是多少？
- 你上一次 IGAP 测验完成得怎样？

我们的行动计划

- 咨询校长、老师、教练
- 咨询测验编制者
- 跟老师一起制定时间表
- 寻找练习资源
- 寻求父母和校长的帮助

某个六年级班的学生们在设计提高他们自己成绩的方案时，作出了这张表格。

图 14.6　迎接"这项测验"的挑战：基于问题的学习

Source: Adapted from "Kids Take on 'the Test,'" by C. Ewy & student authors, *Educational Leadership*, 54(4), p. 77. Copyright © 1997 by the Association for Supervision and Curriculum Development. Reprinted with permission. All rights reserved.

生意识到自己的潜能。乔·坎皮恩(Joe Campione)和安·布朗(Ann Brown)提出的方法是，当孩子解决一个问题时，为他或她提供循序渐进的提示。这些提示被书写出来，开始是一般的提示，最后是详细说明如何发现这个答案。孩子使用提示的方式和测验情境下的学习方式为其学习潜力提供了证据(Kozulin & Falik, 1995)。

鲁文·福伊尔斯坦(Reuven Feuerstein)的**学习倾向评价程序(Learning Propensity Assessment Device)**[1]是另一种关注学习过程而非结果的尝试(Feuerstein, 1979; Kozulin & Falik, 1995)。这套评估程序包括 14 种不同的工具，包含推理的、数字的、语言的、形象的、逻辑的和记忆的任务。当需要的时候，主考者会教孩子怎样去解决问题，然后评价学生从指导中受益的程度。评估的结果不是分数，而是对实际的教学方式和用于指导这个孩子的资料的描述性信息。

福伊尔斯坦、坎皮恩和布朗的方法都反映了维果斯基提出的"最近发展区"理

[1] 学习倾向评价程序——测试由教学获得的学生能力的新方法，它与维果斯基认知发展理论相一致。

论——孩子不能独立解决但是可以在他人的指导下解决问题的机能区域。这些测验的结果提供了值得人深思和完全不同的测验智力方式。这些测验指出儿童能够达到的程度和为儿童进步提供的指引，而不是关注孩子当前的水平（Grigorenko & Sternberg，1998）。[1]

真实评估

19世纪80年代到90年代间，随着政府和大众要求在教育的过程中享有更多权力，而且标准化测验成为高风险决策的依据，出色表现的压力使得教师和学校"为考试而教学"。这一倾向使学生学习的重点放在基本技能和基本事实上。一些批评家指出，更令人困扰的是传统测验所评估的技能在现实世界中没有用武之地，学生被迫去解决或回答他们永远不会再遇到的问题，而且要求他们单独一人不依靠任何工具或资源、并在限定时间内完成。真实的生活恰好不是这样。重要问题的解决需要花费时间，经常需要借助资料、询问他人以及把基本技能和创造性、高水平的思考能力结合起来（Kirst，1991a；Wolf，Bixby，Glenn & Gardner，1991）。[2][3][4]

为了回应这些批评，**真实评估（authentic assessment）**[5]运动应运而生。其目的是编制一种测验，用于评估复杂的、重要的和真实生活的结果。这种方法也被叫做直接评估（direct assessment）、操作评估（performance assessment）或新型评估（alternative assessment），这些术语指出了这种评估不同于传统多项选择标准化测验的方法，因为它们直接评估学生在现实生活任务中的操作过程（Hambleton，1996；Worthen，1993）。一些州正在制定程序建立真实评估。例如，1990年，肯塔基州通过了"教育改革法令"，这次运动为学生确定了6个目标，比如当学生成为自立的个体和成为家庭、工作群体和社区中负责任的成员时，他们能够应用从数学、科学、艺术、人类学、社会科学学到的知识解决生活中遇到的问题。

改善标准化测验的许多方案需要新的测验形式，需要更具思想性和更耗时的评

---

〔1〕 联系与拓展——有关测验的争论。《众说纷纭：过程评估》（*Read At Odds: Performance Assessment*）（1991，专栏），《菲·德尔塔·卡潘》（美国教育专业协会会刊）（*Phi Delta Kappan*），第72（9）卷。这个专栏包括两篇文章：奇泽克（Cizek，G. J.）的《改革或衰弱：过程评估的前景》（Innovation or enervation: Performance assessment in perspective），第695—699页，维金斯（Wiggins，G）《回应奇泽克》（A response to Cizek），第700—703页。讨论问题：总结两个作者在文章中表明的对过程评估的观点。哪个观点更接近你的观点？为什么？

〔2〕 联系与拓展——联系其他章节。第十五章中涉及对真实评估的一些方法的讨论，包括档案库和展示。

〔3〕 联系与拓展——参考杂志。《菲·德尔塔·卡潘》（美国教育专业协会会刊）（*Phi Delta Kappan*）关于真实评估的特刊（1993年2月），第74卷，第444—479页。

〔4〕 联系与拓展——参考研究。对过程评估有兴趣的人，请阅读一份会议报告《过程评估中什么在起作用?》（What Works in Performance Assessment?），《教育评论》（*Education Comment*），1993年春天刊，来自UCLA评价研究中心和评价、标准和学生测验国家研究中心、研究生教育研究中心（405 Hilgard Ave，Los Angeles，CA90024-1522）有关过程评估的完整的讨论，请阅读汉布尔顿（Hambleton，R. K.，1996）的《评估模式、方法和实践的进展》（*Advances in assessment models，methods，and practices*），摘自伯利纳和卡尔菲（D. C. Berliner & R. C. Calfee）主编的《教育心理学手册》（*Handbook of educational psychology*. New York: Macmillan）。

〔5〕 真实评估——通过采用一些方法使某些重要能力应用于解决现实生活问题而测量这些能力的评估方法。

分，或许还需要判断测验本身质量的新方法。将来的标准化测验可能与你在大学入学时参加的多项选择测验不同，而更像你为入大学而提交的论文。新型的测验更多采用**构建回答形式(constructed-response formats)**[1]，它意味着学生应该自己编写答案(短文、问题解决、图、表)，而不是简单的选择(一个且惟一)正确答案。这样的测验会测量到那些较高水平和发散性的思维。例如，在修订的学术评估测验的数学部分，20%的问题要求学生自己写出答案，允许但不要求便携计算器。另外，还有一项写作测验，它由三分之二多项选择问题和三分之一短文组成。

在我们为真实评估感到兴奋的同时，还要保持头脑冷静。仅仅与传统的标准化测验不同，并不能保证这种新型测验更好。还有许多问题需要解答。例如，假设一项新的评估方法要求学生完成一项动手做的科学活动，如果某个学生在这项活动中做得很好，那么这是否意味着他或她"通晓"科学而且在其他活动中也会做得很好呢？一项研究发现，学生在三种不同的科学任务中的表现是非常不同的：例如，一个学生在一项吸光率实验中做得很好，但可能不能完成电流学的任务。因此，只根据三种任务来概括评价学生的科学能力是很困难的。需要更多任务来获得对科学知识良好的理解，但是一次操作评估包含许多不同的任务将花费很高和耗费时间(Shavelson，Gao，& Baxter，1993)。

此外，如果高风险决策基于操作评估，教师是否会让学生在某些特定操作活动方面加强练习，而开始"为考试而教学"呢？善于书面表达的学生是否会使看重某种操作的评分者存有偏见？这样做是否会使过程评估测验更倾向于歧视某些人？如何判断这些操作活动？不同的评判者对于操作水平的判断能达成一致吗？当研究者分析1992年佛蒙特州档案库评估项目结果时，他们发现记分员经常对同一答案给予不同的分数(Kotrez，Stecher，& Diebert，1993)，换句话说，基于这种新型评估的判断是可信和有效的吗？评估的结果能够推广到那些测验以外的任务吗？新的评估方式有利于学习吗(Hambleton，1997；Moss，

检查要点： 标准化测验的新趋势

回 顾

- 什么是学习潜能评估？
- 什么是真实评估？

应 用

- 一项过程评估要求某个学生通过使用不同尺寸和形状花砖设计砖楼房的方式来展示他的几何学知识，你如何判断这个测验的信度和效度？
- 把学习潜力的测量与维果斯基最近发展区理论联系起来。

[1] 构建回答形式——评估方法需要学生自己形成答案而不是从预先设计好的一组选项中选择答案。

1992)？因为这是一个新的领域，所以要形成适用于整个学区或州的高质量的新型评估方法还需要经历相当长的时间。为了对此有更多了解，我们将在下一章侧重于分析班级水平的真实评价。

总结

评价、测量和评估

区别评估、测量和评价

在评价过程中，我们把数据跟标准做比较，然后判断。测量是从定量的方面进行评价。评估包括测量，但是内容更广，因为它包括各种抽样方法和观测学生技能、知识和能力的各种方式。

区分常模参照测验和标准参照测验

常模参照测验中，需将某个学生的得分与其他学生的平均分数作比较。而在目标参照测验中，是将分数与一个预设的标准做比较。常模参照测验可测量许多一般目标，而且它适于只允许接收少数拔尖者的情况。然而，常模参照测验的结果并不能说明学生是否具备继续学习的条件，对于情感和动作目标的测量也不适用。目标参照测验测量的是非常具体的目标的掌握情况——它能向教师准确地说明学生能够做什么和不能够做什么，但是它不能把学生与当地或国家同等水平的其他学生相比较。

测验分数意味着什么？

描述标准化测验的典型特征

标准化测验大多是常模参照测验。要对这些测验进行预测、修订，然后用最终版本实施于标准样本——将成为评分的对照组。标准化测验中测量的重要方面是频率分布、集中趋势和标准差。

什么是平均数、中位数、众数和标准差？

平均数（算术平均值）、中位数（中间值）和众数（出现最多的值）都是测量集中趋势的。标准差说明分数如何围绕平均数分布。正态分布是一种用钟状曲线表示的频次分布。许多分数聚集在中间；与中间点离得越远，分数分布越少，有一半分数大于平均值，另一半则小于平均值。

描述各种不同类型的分数

标准化测验分数有几种基本类型：百分等级说明等于或低于某个个体分数的人的百分率；年级等值分数说明了一个学生的成绩与所定等级的学生平均分的接近程度；标准分数建立在标准差的基础上，T 分数和 z 分数都是经常使用的标准分。标九分数是将百分等级合并的标准分数。

测验的信度

一些测验比另一些测验更可信，就是说，这些测验的结果更稳定和一致。在解释测验结果时一定要注意，每次测验都只是那天学生表现的一个例子，这个分数只是对学生假定的真实分数的估计。测量中的标准误考虑的是误差的可能性，是测验信度的表征。

测验的效度

测验中最需要考虑的是基于测验结果的评价和判断的效度。一些测验的效度比其他测验高，是因为对这些测验的解释和判断具备强有力的证据。效度的依据与内容、指标、结构有关。结构关联效度是最宽泛的效度类型，它包括了内容关联效度和效标关联效度。测验是有效的话，必定是可信，但是信度并不能保证效度。

标准化测验的类型

三种标准化测验是什么?

学校中通常使用的三种标准化测验是：成就测验，诊断性测验和能力倾向测验。常模参照成就测验的测验图，也可以用于以指标参照方式帮助教师评价学生在某一具体方面的优点和不足。诊断性测验一般以个别施测方式测量那些被怀疑存在学习问题的小学生。能力倾向测验是用来预测一个学生将来的表现情况。例如，学术评估测验(SAT)预测的是大学一年级时的成绩。

标准化测验中的问题

目前测验中存在的问题是什么?

关于标准化测验的争论主要集中在：测验的作用和解释、作为判断低龄儿童的准备性测验的信度、最低能力要求测验的有效性、教师测验问题以及测验的公平程度，包括测验中固有的对少数民族学生的可能歧视。测验结果的使用方式对教师来说是一个主要问题，教师应该利用测验结果改善教学，而不能对学生形成定势或为低期望提供证据。

学生能变成更有效的应试者吗？

如果学生有某种类型测验的实际经验或接受过学习技能和解决问题方面的训练，他们的标准化测验成绩会有所提高。许多学生都会从有关如何准备测验的直接指导中获益。学生参与到测验准备计划的设计中是有好处的。

标准化测验的新趋势

什么是学习潜能评估？

一个新的评估目标是，要揭示学习潜能，确定那些有助于个体意识到自己潜能的心理和教育干涉。可用的方法是当孩子解决一个问题时，给其循序渐进的提示。这些提示被书写出来，最开始是一般的提示，最后是详细说明如何发现这个答案。孩子使用提示和测验情境下学习的方式为其学习潜力提供了证据。

什么是真实评估？

真实评估是评估学生解决重要的现实生活问题的能力、创造性地思维和负责任的行为。这样的方法假设评估应能够揭示学生的未来学习潜能，并能够有助于找到帮助学生认识潜能的教育干预措施。未来的标准化测验将更加多样化，将会更多使用建构问题的模式，要求学生自己给出（而不是选择）答案。

走向专业化

反思

你是否能够应用本章关于标准化测验的知识，解决以下实际问题？

幼儿园

你所在学区正考虑建立一项一年级准备性测验项目，作为幼儿园的领导，你需要向委员会说明这个想法；他们对各种新的做法还是比较宽容的，你会从哪几点来介绍？

小学和中学

你的学生对春季考试感到很紧张。当地报纸报导了去年学校低分数的情况，这次要做得更好，所以每个人都有压力。你应该怎样使学生做好准备？

初中和高中

一位学生的父母对你很不满意，因为他的孩子没有被选入数学提高组。选择是在标准化测验的分数和班级表现的基础上作出的。你如何解释学校的决定呢？

认证测验要求

这一章描述了教师在测验中经常遇到的许多概念。相信你知道了常模参照测验和指标参照测验的区别；平均数、中位数、众数的定义；百分等级数、标九分数、z 分数、年级等值分数、T 分数（不仅仅是公式，而且包括分数的意义）；高风险测试、测验误差、成就测验、诊断性测验、能力倾向测验。相信你能够解释图 14.5 中肯的测验结果。

你的教学档案

考虑你的教学观念，大多数工作面试时都会问这个问题。你如何看待使用测验测试儿童？你怎么解释少数群体学生的测验成绩？

选择本章中有关父母参与的内容添加到你的档案库中。

使用准备性测验的指南，为你所教的年级准备好一份测验指南。

教学资源

在你的教学资源中添加图 14.4“正态分布曲线上的四种标准分数”和图 14.6“迎接‘这项测验’的挑战：基于问题的学习”。

教师案例簿

他们会怎么做？

本章开头描述了一个“父母希望女儿数学跳级”的问题情境，下面是几位教师对此作出的回应。

MARK H. SMITH

Teacher, Grades Nine through Twelve

Medford High School, Medford, Massachusetts

数学标准化测验中这个女孩得到11.8的年级等值分数，这说明她在高中数学方面有能力学得很好。父母应该更多关注的是，凭借标准化测验揭示出的这一能力，他们的女儿应该能够在数学测验中有更高的得分。随着学生的发展和升入高中，课程内容会变得更加抽象，许多内容不再仅仅是知道步骤和答案就可以了，尤其是数学这样一门前后联系紧密的课程。要达到高一级水平，学生必须不仅是简单地给出答案。

我理解很多父母选择站在学生一边，而与教师对立，此案例就是这种情况，因为这对父母直到觉得发生了令他们对教师不满的事情，才去找教师讨论孩子的学习。作为一名教师，你所能做的就是解释你的评分过程、课程设置和对班里学生的期望。如果你对班里所有学生的期望是明确而合理的，那么实现期望就是学生的责任了。

家长希望教师基于标准化测验结果改变班级评级是不现实的，希望由此而跳过一门课更为荒唐。尽管在这个案例中，这位家长最终来与教师见面，但他们的想法完全错误，必须向其解释学校教育的要求。在高中水平及以后各个阶段，这个学生将承担更多的学习责任。

THOMAS W. NEWKIRK

Eighth Grade Teacher

Hamilton Heights Middle School, Arcadia, Indiana

一个学生在班级中得到的分数有时衡量的只是行为表现，并不是智力程度。缺乏条理的聪明学生可能会迟交作业多日，有的可能根本就不完成作业。聪明的孩子如果缺课几天也会被落下的作业压垮。

常常需要向学生和家长解释学生在班级中的成绩，以便他们了解评价的根据。所以，教师妥善保存评语记录，并与家长保持联系是很重要的。

尽管这个学生在成就测验中获得11.8的年级等值分数是很好的，但是她的平时班级成绩可能并没有达到A的标准。无论一名学生的成就测验分数是高还是低，根据成就测验分数改变最终评级是不公平的。

除非学校有规定学生将基于最后成就测验获得评级，否则，当学生升入十年级时，我们应鼓励父母和学生保持与学校的平时沟通。

THOMAS O'DONNELL

Social Studies Chairperson, Grades Seven through Twelve

Malden High School, Malden, Massachusetts

这个女孩取得的数学成就也许不能充分衡量她学习更抽象、更概念化的高中以上数学课程的能力。你必须向父母解释你的分级，以便他们知道获取高的评级需要努力和毅力。

因为父母的陈述里面有两次对你严厉的指责，所以要使他们明白你期望得到他们的尊重，但是这个问题不会影响你与学生的关系。你必须拒绝他们改变评级和学分的要求。

SUZY L. BOSWELL
Art Teacher, Grades Six through Eight
Pickens County Middle School, Jasper, Georgia

教师工作中最具挑战的一个方面就是与家长沟通。不幸的是，当孩子进入中学或初中后，家长与学校和教师的联系中断了。家长可能认为再也没有他们的事了，或者认为孩子更喜欢他们保持沉默，而不使孩子为难。然而，孩子的学习动机和学习过程仍然非常需要学校和家庭共同监督。

那些关心孩子的家长，就像那些直到问题发生时才抽出时间的家长，至少最终还会出现。无论最后导致他们去学校的原因是什么，我认为教师都应该感谢家长能够到学校跟她讨论孩子的教育问题。我们必须要使他们明白，我们希望他们加入教育孩子的行列。孩子们得到他们的支持是很重要的。而且只要我们站在一起就一定会成功。我们都希望给予孩子最好的教育，我们最好能共同完成这个任务。

家长不愿意花时间来听教师的说教。但在这个案例中，他们却来到学校给教师严词教训一番，让教师纠正错误。为了使这种局面扭转为积极和富有成效的会面，可能需要很多外交手段。作为教师，我们几乎每天都会遇到感到厌烦的学生，这种情况没有什么差别。

一旦家长有了接纳的态度，就向他们解释测验的特征，包括验证测验结果的各种不同方式，这是非常有帮助的。意识到下面一点很重要，即学生可能在课堂上有学习和表现的能力倾向，只是他们选择不去发挥这些能力，所以，这些学生仍然没有满足某个特定班级所要求的学分。

很显然那个女孩很聪明，如果参与课堂活动和做家庭作业的话，她在班级中的成绩会有相当大的提高。然而，要想获得高分，她必须认识到完成班级要求是她的责任。

总之，重要的是，你要使家长确信，你感谢他们的关注，乐意与他们讨论，希望他们的女儿提高分数。向他们保证我们会与其共同努力，我们当然希望他们女儿的学习成绩反映出她在标准化测验所显示的能力。

第十五章 课堂评估和评分

回想一下这几年的成绩单和级别，得过比自己想的要低的分数吗？那时通常你是怎样看待你自己，老师，科目，还有学校的？老师是怎样帮助你去理解，从经验中受益的？

在这一章里，我们将会看到有关测验和评分方面，不仅注意到它们可能对学生产生的影响，而且也会研究建立更有效的测验和评分的实际方法。

开始看一下教师们每年准备的许多类型的测验和一些新的评价方法，然后研究计分可能对学生产生的影响。因为有如此之多的记分方法，我们也有必要看一下一种方法之于另一种方法的优点和缺点。最后，我们转到和学生、家长讨论的重要的话题上。你觉得你的评分合理吗？

完成这一章后，你应该能做到：

- 给学生做一个单元测试的计划。
- 修订教科书和教学参考评价测验。
- 描述一下有效的评价方法，包括成绩、表现、标准组建。
- 讨论评分可能对学生产生的潜在的积极的和消极的影响。
- 举出参照和常模参照记分方法的例子。
- 把成绩分配到各组学生，在课堂讨论中维护你的决定。
- 和家长进行一次会谈，向他们解释你的评分方法和他们孩子的级别。

你会怎么做？

教师案例簿

学校要求你给你们班学生评分，你可以采用想使用的任何一种方法，只要每个学生成绩单上各个学科领域和各个阶段的评分都呈现为 A，B，C，D，或 F。一些教师用的是作业纸，小测验，家庭作业。其他一些教师分配小组作业和成长档案袋。一些老师不只是考虑最后的成绩，而且在学生的进步和努力上有自己个人的计分标准。一些教师在尝试用契约的方法，进行长期计划的试验，而另一些教师则几乎全是靠日常作业。两个使用小组作业的教师考虑在等级上给“优秀小组成员”一定的荣誉，或者是给最高得分组竞争性的分数奖励。还有教师是给全班进行分数奖励，不是为了在班里划分等级。你仅有的划分等级的经验就是用书面评语和通过评价学生在特定目标上是否取得满意进步而给予相应等级的方法，想要一种公平的可操作的评价系统，而且更重要的是要激励学习而不只是激励行为。

● 你进行评分的主要作业和项目是什么？

● 给诸如团体参与或者努力的分数算在内吗？

● 怎么把所有因素放在一起考虑给每个分数段的每个学生评定出一个等级？怎么向校长和家长证明你用的评价系统是合理的？

● 这几点将怎样影响你教的年级？

形成性评价和终结性评价

作为教师，你可能参与也可能不参与给学校或者班级设计评分方法。许多地区的学校都有一套标准的评分方法。就你而言，还是可以自由选择如何使用你们地区的评分方法，怎样评价学生的学习。学生是否做计划，把做过的作业集中成册？家庭作业会怎样影响到评分？[1][2]

评估一般有两种用途或者功能：形成和总结。**形成性评价(formative assessment)**[3]适用于教学之前，有两个基本目的：指导教师作教学计划，帮助学生明确哪些地方需要继续努力。换句话说，形成性评估有助于组织教学。通常进行教学任务之前，学生接受一次形成性测验，就是帮助教师了解学生已经掌握了的内容的**前测(pretest)**[4]。有时在教学过程中也给学生实施形成性测验，来了解学生学习的薄弱环节，使教学有针对性。一般称之为**诊断性测验(diagnostic test)**[5]，但不同于测量一般学习能力的标准化诊断测验。课堂诊断性测验使学生明确某个学科中取得成绩和还薄弱的地方，大一点的学生已经能够应用从成就性测验中得到的信息来指导自己的学习。

前测和诊断性测验不被评分，而且既然形成性测验不累加到最后的等级上，总是对“真”测验感到焦虑的学生会发现参加这种低压力的测验练习很有帮助。

各种形成性评价是教学正在进行中的评价，通常叫做**基于数据资料的教学(data-**

---

〔1〕 联系与拓展——联系你的教学。形成性评价在课堂中实施有哪些具体的方式？

〔2〕 联系与拓展——参考研究。基于课程的评估有不同的模式，如何针对大多数学生进行评估，参见夏皮罗和阿哲(Shapiro, E. S., & Ager, C., 1992)的《在正规教育计划中对特殊教育学生的评价：连接评价与教学》(Assessment of special education students in regular education programs: linking assessment to instruction)，载于《小学杂志》(*The Elementary School Journal*)，第 92 卷，第 283—296 页。

〔3〕 形成性评价——在教学之前或教学过程中使用的不评分测验，用以辅助制定教学计划和诊断。

〔4〕 前测——评估学生已掌握的知识，准备状态，能力等的形成性测验。

〔5〕 诊断性测验——确定学生弱点所在的形成性测验。

based instruction)[1]，或者基于课程的评估(CBA)(curriculum-based assessment)[2]。这种方法频繁地使用"探针"，测试具体技能和选取部分的知识的小测验，对学生当前的成绩作出确切的描述。实际上，CBA不只是一种方法，而是把教学和评估联系在一起的一组方法。CBA是"测量程序，使用直接观察和记录学生在当地课程学习中取得的成绩作为基本依据，来决定教学方向"(Deno，1987，p. 41)。起初，因为这种方法提供了对学生成绩和教师教学方法的系统评估，针对的是那些有学习问题的学生。这些评估小探针检查知识的困难水平和教师的教学速度对学生是否恰当。如果通过这种探针评估学生没有显示出充分的进步，教师就应该考虑调整或者改变教学策略或者教学速度(Shapiro & Ager，1992)。

检查要点：形成性评价和终结性评价

回 顾

课堂评价有哪两种类型？

应 用

你的班级在学完一段课本内容以后，在决定是否使用一个考试需要考虑的最重要的问题是什么？

终结性评价(summative assessment)[3]在教学最后使用，目的是使教师和学生都清楚取得的成绩水平。因此，终结性评估提供了一个成绩的总结性说明，期末考试就是一个典型的例子。如果目标是测量学生对计划学习目标的达到水平，这种评价就是形成性的：若目的是决定学生的最后成绩(确定一门课的成绩等级)，则评价就是终结性的。

充分利用传统测验

许多人一提到评估，通常想到的是测验。正像我们即将看到的，现在的教师有许多其他的选择，但是在大多数课堂上，测验仍然很重要。我们来考虑一下使用传统的方法评估学生，这部分将研究怎样计划有效测验，如何评价标准课程材料里附带的测验以及怎样编写自己的测验。

测验计划

组织和设计良好的教学和评价都会非常有效的。如果自己有一个好的计划，就能更好的判断教师手册里提供的那些测验，或者是自己动手编写的测验。

---

[1] 基于数据资料的教学——利用日常掌握的具体技能作为评估探针的一种评价方法。
[2] 基于课程的评估(CBA)——时常对学生掌握的知识和技能进行测验的一种评估方法。
[3] 终结性评价——教学和成绩评价之后的测验。

什么时候测试

登普斯特(Frank Dempster,1991)系统整理了关于复习和测验方面的研究,为教师提出了以下几点重要的结论:

> 1. 经常性的测验有助于信息的保持,比用同样长时间进行复习和学习材料更有效果。
>
> 2. 学生刚学会材料之后立即进行测试,对提高他们知识的掌握水平尤其有效。以后再进行复测,几次复测之间的时间间隔应该越拉越长。
>
> 3. 在测验中使用累计性问题是有效学习的一个关键,累计性问题要求学生应用前面的单元中学过的知识解决新问题。

很不幸,许多学校课程安排的太满,而没有时间留给经常的测验和复习。登普斯特主张"少教学生一点",他们可能学得更多,也就是减少课程内容,进行深入研究,多一点时间用来复习、练习、测验和反馈(Dempster,1993)。[1] [2]

评定教科书里附带的测验

如今许多中小学的课本里都附有一些补充材料,比如教师手册,分发的印刷品,编好的测试题,等等。使用这类测验确实能节省一些时间,但是能把这种测验当成好的教学练习吗?答案在于你对学生的教学目标,你的教学方式,还有这种测验的质量(Airasian,1996)。如果这些课本里的测验和你的测验计划以及与教学一致,那么可能用这种测验还行。表 15.1 列出了评价课本测验要考虑的几个关键点。

如果对你想测试的内容没有现成的测验,或者教师手册里提供的测验不合适,怎么办呢?这时就该自己动手编测试题了,我们将研究测试题主要的两种类型:客观题和主观题。

---

〔1〕 联系与拓展——参考研究。登普斯特(Dempster,F.,1991)的《评语和测验研究综合》(Synthesis of research on review and tests),载于《教育领导学》(*Educational Leadership*),第 48(7)卷,第 71—76 页。集中的问题:如何利用测验和评语鼓励学生学习?

〔2〕 联系与拓展——参考研究。登普斯特(Dempster,F. N.,1993)的《少教学生一些,他们会学到更多》(Exposing our students to less shoule help them learn more),载于《菲・德尔塔・卡潘》(美国教育专业协会会刊)(*Phi Delta Kappan*),第 74 卷,第 432—437 页。

表 15.1 评价课本测验要考虑的几个关键点

教师决定是否使用课本测验之前，必须明确自己的教学和评估目标。

课本测验通常是为那些典型的课堂设计的，没有几个课堂符合这种典型性，所以教师使用课本测验时，常常进行适当改动，以满足学生的需要。

课堂教学目标偏离教科书和课程计划目标越远，课本测验可能就越没有效果。

判断课本测验是否合适主要考虑测验题目和课堂里学生学到的内容是否匹配。

- 测验设置的问题是否与教师的教学目标以及教学重点一致？
- 测验题目是否要求学生表现学过的行为？
- 测验的问题是否覆盖了所有或大多数重要的教学目标？
- 根据每个目标设置的题目是否具有完全的代表性？

Source: From *Assessment in the Classroom* (p. 190), by P. Airasian, 1996, New York: McGraw-Hill. Copyright © 1996 by The McGraw-Hill Companies. Adapted with permission.

客观测验

多项选择问题，匹配练习，正误判断，简答或者是填空都属于**客观测验（objective testing）**〔1〕。"客观"这个词在测验里意味着"封闭式答案"，或者是"不是主观的"。由于客观题的答案比论述题的更明确，这种题目的评分跟论述测验比起来相对直接一些。

格朗兰德(Gronlund，1993)提出确定哪种题目格式最好的指导原则，"使用这种题目形式，能尽可能地对学生的成绩直接测量"。换句话说，如果你想知道学生写信的水平怎么样，就让他们写封信，而不要让他们做关于信的多项选择题。但是若采用不同的项目形式效果都不错，就用多项选择，因为多项选择评分容易，并且涉及的知识面广。如果根据材料不可能写出好的多项选择条目，那就用其他的形式。例如，如果需要联系相关的概念，比如术语或者定义，匹配题要比多选题要好。要是不容易想出多选题的几个错误选择项，就尝试采用是非判断的形式。另外，还可以让学生作简短的回答来完成一个陈述(填空)。有多种变化形式的客观测验能减轻学生的焦虑，因为总分不只依据一种形式的问题，而有的学生就是觉得自己做那种形式的题目有困难。这里我们来仔细看一下多项选择题，因为多项选择题变化最多——是最难运用好的。

多项选择测验的使用

人们通常认定只要对事实性问题进行考查时，使用多项选择才合适。多项选择题也能对高水平的学习目标进行考查。尽管写出高水平的多项选择条目并不容易，若题目要求学生对考查的概念和原理进行应用或分析之后处理新内容，多项选择题就不只

〔1〕 客观测验——多选，匹配，判断正误，简答和填空测验；答案确定，评分不需要解释。

是简单的让学生回忆和再认(Gronlund,1993)。例如,下面的这道多项选择题是考查学生对陈述做推论的能力,一种分析概念的技能。[1]

一位教育心理学教授说:“标准分为+1,大致相当于百分等级为84”。

请判断下面哪个假设是教授作出的?

1. 该测验的分数从0到100不等。
2. 该测验分数的标准差等于3.4。
3. 该测验的分数分布是正态的(该项为正确答案)。
4. 该测验有效,可靠。

设置多项选择题

不管什么测验题目都需要精致地构建,但要写出好的多项选择题是一个真正的挑战。一些学生开玩笑地提到“多项选择题”的测验是“多项猜测”,这表明这种测验通常设计得很差劲。写这些测验条目的目的就是通过它们能测量学生的成绩,而不是测查哪个学生猜的技巧高。

多项选择题的**题干(stem)**[2]是提出问题部分,下面的各个选择叫做选项,错误的选项叫做干扰项,因为设置**干扰项(distractors)**[3]的目的是干扰那些对知识理解不全面的学生。没有好的干扰项,学生即使只有含混的理解也会不费任何力气就能找到正确答案。

下面是来自格朗兰德(1993)的建议,应该对组建多项选择题或者其他客观测验有帮助。

指南——编制客观测验项目

题干应该明确、简洁,只提出一个单一的问题,删除次要的细节说明。

差:有几个不同种类的标准分和导出分数,IQ分数尤其重要,因为……

优:IQ分数的优点是……

题干中问题的提出应该用肯定表述。否定表述形式容易使人迷惑,如果是非得使用诸如“不”,“除了”这样的否定词,就把这些词标上下划线或者用其他显著的形式表示出来。

差:下面哪一个不是标准分?

优:下面哪一个<u>不是</u>标准分?

〔1〕 联系与拓展——联系其他章节。参考第十二章中布卢姆的认知领域目标分类,以及近来所作的修订。
〔2〕 题干——多项选择题的问题部分。
〔3〕 干扰项——多选项目中的错误选项。

不要期望学生能绝对明确地区别各个选择项。

差：正态曲线中，+1 和 −1 标准差之间的区域面积所占的百分比是：

A. 66%。 B. 67%。 C. 68%。 D. 69%。

优：正态曲线中，+1 和 −1 标准差之间的区域面积所占的百分比是：

A. 14%。 B. 34%。 Ⓒ 68%。 D. 95%。

为了选择项中少做重复，题干表述用字尽可能多一些。

差：百分比分数是：

A. 指回答正确的题目占的百分数

B. 指正确答案所占的百分数除以错误答案的百分数

C. 指得分等于或高于给定原始分的人数所占的百分数

D. 指得分等于或低于给定原始分的人数所占的百分数

优：百分比分数是一个________的百分数。

A. 回答正确的题目数

B. 正确的答案数目除以错误答案数

C. 得分等于或高于给定原始分的人数

Ⓓ 得分等于或低于给定原始分的人数

每个选项应该符合题干的语法形式，不要写明显错误的选项。

差：斯坦福-比奈量表测验得出的是：

A. IQ 分数。 B. 阅读水平。 C. 职业偏向。 D. 机械能力倾向。

优：斯坦福-比奈量表测的是：

Ⓐ 智力。 B. 阅读水平。 C. 职业偏向。 D. 机械能力偏向。

要避免使用一些具有绝对意义的词。比如，总是，都，只有，从不，等等。除非这些词在所有的选项里都出现，许多聪明的考生知道绝对的选项常常是错误的。

差：标准测验里学生的真实分数是：

A. 永远不会等于实际获得的分数。

B. 总是和实际获得的分数接近。

C. 总是由测量的标准误决定。

D. 通常是在实际得分上下一个标准误的范围内波动。

优：关于标准测验中学生的真实分数，下列陈述中最正确的是：

A. 和实际获得的分数相等。

B. 和实际获得的分数很接近。

C. 由测量标准误决定。

Ⓓ 高于或者低于实际获得的分数。

还应该避免出现两个相同意义的干扰项。因为只有一个答案是正确的，若两个相同的答案，那么这两个答案一定都是错误的，这就使得选择的范围变窄。

差：分数分布中最常出现的那个分数叫做：

A. 众数　　B. 算术平均数　　C. 中数　　D. 平均数。

优：分数分布中最常出现的那个分数叫做：

Ⓐ 众数　　B. 标准差　　C. 中数　　D. 平均数。

避免按原样使用课本中的表达词汇。否则学习困难的学生往往没有弄懂什么意思，就找到了正确答案。

避免过度使用"综上所有选项都……"和"所有选项都不……"。这样的选项给那些只是在猜的学生以可乘之机。另外，看到"综上所有选项都……"这样的表述后，发现窍门的学生看到第一个选项是正确的，就不再继续看其他选项了。

一些明显的模式也会帮助那些只是猜测的学生。正确选项的位置不要固定，表述的长度也应该有变化。

主观测验

要测量学生是否达到某种学习目标，最好方式是让他们创造性地写出他们自己的答案。论述题就是一例，用论述题进行测试其中最困难的部分就是评判学生做的回答，当然出一道好的论述题也不容易。结合格朗兰德（Gronlund，1993）在这方面的专门研究的建议，我们来看一下主观测验的出题、实施和评判，并思考哪些因素影响到主观题的评分和克服这些因素的方法。

编制主观测验

主观测验费时较多，考查到的知识相对客观测验少，所以主观测验应该只是对更复杂的学习成果的评估。论述题目应当让学生明确任务的内容，说明题目的回答中包含的要素。格朗兰德以教育心理学中，测量布卢姆在认知领域中分类的综合水平为例，作如下建议：

> 学生应该有足够的回答问题的时间，若是在同一段课堂时间里，要求学生完成的论述题目不只一个，就会想对每道题目的回答时间进行限制。但要记住时间压力会提高焦虑，这样就不能对其中一些学生作出准确的评估。将测验的频次提高，要比在一段时间里多塞给学生题目的效果好。主观题和客观题相结合，可以避免单纯的主观题而使知识的覆盖

面过窄的问题。[1]

评价论文：危险

1912年，斯达茨和爱略特做的一系列实验让教育家们震惊不已，促使他们认真思考测验中的主观成分。研究者们试图找出教师在评判论文时，受个人的价值、标准及其个人期望的影响程度。起初，他们把两所高校学生的英语试卷副本寄给200所高校的英语教师，每位教师要做的是按他(她)所在学校的标准给试卷打分，要求75%的通过率。

结果呢？不同的教师对答案的整洁度，拼写，标点，表达效果要求的标准都不同。其中一张试卷的得分从64分到98分不等，平均88.2分；另一张卷子平均分是80.2，每份得分从50分到97分不等。第二年，斯达茨和爱略特(1913a，b)在一项历史和几何试卷的研究中得出了同样的结果，这些研究得出的重要发现是评分中的主观性问题不是限定在一个特定的目标区域，最大的困难是每个评分者有不同的评分标准，评分程序不可信。

论文的某些方面可能影响到评分。就论文而言，教师更看重的是数量。菲斯克(Fiske)在一系列研究中指出，许多高校的英语教师认为语言风格相同的文章就是等同的。一篇是冗长啰嗦，有很多修饰的语言，复杂的句型和被动词。另一篇用的是大多数老师强调的简洁直接的语言，教师们总是倾向于给前者高分。[2]

检查要点：充分利用传统测验

回　顾

教师如何计划测验？

描述两种传统的考试形式？

应　用

在下列情况下客观测验或者主观测验哪个更合适？

1. 你想考查学生在实验室实验使用的术语知识。

2. 在六周的学习结束的两天之前必要的且需定出等级的考试。

3. 你想考查学生呈现一个富有逻辑的论点的能力。

4. 你的目的是在一个较高信度的测验和主观判断之间找到一个平衡。

5. 你想测验学生对一些主要的原理的理解。

6. 你设计一个考试的时间有限。

---

〔1〕联系与拓展——联系你的教学。学生更喜欢论文测验的一个原因是做论文题能写一些内容，即使并没有回答问题，也会至少得到一部分分数。你认为教师这样给这一部分分数是一种普遍存在的现象吗？编写论文测验时，研究论文测验的样题只会使知识考查范围受到限制，这样做到底是有益还是相反呢？

〔2〕联系与拓展——参考研究。《写作评价：对4位教师所作的整体评分和分析评分的检查》(Writing Evaluation: Examining four teachers' holistic and analytic scores)，载于《小学杂志》(*Elementary School Journal*)，第90卷，第88—95页。

评价论文：方法

格朗兰德(Gronlund,1993)提出了一些避免评判论文中出现的主观性和不准确问题的策略。可能的话，最好是先做一份标准答案，然后给每个部分分派分值，也可以给答案赋予组织性和内容派分。接下来从1到5或者是从A到F评分，将试卷按级别整理，放成几堆。最后，浏览一下，看一看每堆里的试卷的质量是不是相当。做这些有助于保证教师评分的公平和准确。

如果是同时给几个问题的论述进行评分，对一个问题评分完成之后再进行下一个显得尤其重要。这样可以避免由学生一个问题的回答影响到评判学生的其他问题的回答。一个题目评分结束之后，把试卷的顺序弄乱，打乱在你头脑中给试卷分的一等、末等、中等的印象。

若是要求学生把名字写在试卷的背面，评分就是匿名的，这样就更客观了。最后，可以找另外一个熟悉你的要求目标和学科的教师，不告诉他(她)你做的评分，再进行评分。由此可以对你评分实践中的偏好进行很有价值的思考。[1]

现在把客观测验和主观测验放到一起，比较这两种方法。表15.2概括了每种方法的主要特点。

表 15.2 比较客观测验和主观测验

客观测验指各种让学生从一组备选答案中选出正确答案的各种测验形式(多选，正误判断，匹配)。

	选 择 题	主 观 题
测量的学习成果	适合测量事实性知识，理解和应用水平；不宜用来考查组织和表达能力。	不适宜测量事实性知识；最适合用来测量组织和表达能力。
内容取样	应用大量选择项，知识覆盖面广，内容选取能有代表性。	项目数量受到限制，内容取样代表性不合理。
项目的准备	选择项准备起来很困难，也很费时。	准备工作也很困难，但比较起来还容易些。
评分	客观，简单，信度高。	主观，难度高，信度低。
记分隐患	阅读能力和猜测。	书写能力和修饰。
对学习可能产生的影响	鼓励学生记忆，解释和借鉴其他人的观念和想法。	鼓励学生组织，解释和表达他们自己的想法。

Source: From *How to Make Achievement Tests and Assessments* (5th ed.) (p. 83), by N. E. Gronlund, 1993, Boston: Allyn & Bacon. Copyright © 1993 by Allyn & Bacon. Reprinted with permission.

〔1〕 联系与拓展——参考研究。坎伯利和特比尔(Cambourne, B., & Turbill, J. 1990)的《在整体语言教学中的评价：从理论到实践》，载于《小学杂志》(*Elementary School Journal*)，第90页，第337—349页。

评估革新

我们一直在思考的是如何使传统袭用的测验更有效，现在来看几个课堂评估的新方法。时下标准测验的主要批评之一就是对课程的控制，重在对事实的回忆而不是思考和解决问题，这同时也是对课堂评估的主要批评，教师们对这一点也是认同的。即使是按照我们讨论出的那些步骤做了，仍然摆脱不了传统测验的局限性，该怎么办呢？革新的方法一定是要使得传统的测验废弃吗？下面的两个对立的观点说明了这个问题。

观点与争议：测验还是不测验？（续）

我们已经看到了标准测验的优缺点，课堂测验有什么好处与不足的地方呢？传统的多项选择和主观测验在课堂评估中有用吗？

▶观点：传统测验在课堂评估中说明不了什么。

维金斯（Grant Wiggins，1991）在他的文章《激励学生做有质量的作业》，1991）中提到"标准，不是标准化，给学生提供优秀作业的各项标准让他们参照，来判断自己的作业。这些标准不能是多项选择中的高分，如果传统测验的分数成为标准，传递给学生的信息就成了只有正确答案才是最重要的，答案背后的思考放到了一边"。维金斯指出：

> 我们不依据间接的，容易测试的，普通的指标判断施乐复印机，波士顿交响乐队，辛辛耶提的印第安人，派里根大师葡萄园。如果用一般的固定的测验当做成功的惟一的测量标准，这些地方的工人也不大可能会创造品质。要求和获得质量，不论是对学生还是成年工人，都意味着形成评估这个作业领域的标准，这就形成了一种期望，使得做有质量的作业成为需要而不是一种选择。思考：
>
> ● 英语教师指导学生进行一对一修改作业，让学生把没兴趣看的或者写得很潦草的地方标下来，交还给对方重新改好。
>
> ● 教授要求所有的数学作业最后都必须有另一个同学的签字，两个人彼此交换作业划上自己评判的等级。

在一篇近期的文章中，维金斯继续讨论有意义的评估，测验应用到实际生活中的知识。通过让学生使用技能和脱离情境的知识的测试，并不能测量出他们的理解能力。"换句话说，除非我们能够在一定的、不同的背景下明智、熟练、灵活而适当地使用知识，否则就不能说自己理解什么"(1993，p. 200)。

◀对立的观点：传统测验能起到很大的作用。

许多心理和教育家同意维金斯设定明确的、高的、真正的测验是很重要，但这个过程中也离不开传统测验。学会不仅仅指知道正确答案，但正确答案非常重要。上学是为了学生思考和解决问题，但同时也要学习知识。学生必须有思考的对象——事实，想法，概念，原理，理论，解释，结论，图像，观点。设计良好的传统测验能够对学生所学进行有效评价(Airasian，1996；Kirst，1991b)。一些教育家们相信传统测验所起的作用应该比当前实际表现的更大。教育政策评论家们指出美国的学生和其他发达国家的学生相比基础知识缺乏，因为美国的学校强调过程——批判性思维，自尊，问题解决更甚于内容。教师要多讲，就需要确定学生对所学内容掌握的情况。由此传统测验就提供了学习内容方面的一些重要信息。

在激励和指导学生学习方面测验也很有价值。有研究依据，连续的测验有助于知识掌握和保持(Nungester & Duchastel，1982)；事实上，随课堂多设一些测验，学生会学得更多(Dempster，1991)。

Source: From "Standards Not Standardization," by G. Wiggins, 1991, *Educational Leadership*, *48*(5), pp. 18 - 25.

真实的课堂测验

真实测验(authentic tests)[1] 要求学生像在真实生活中一样应用技巧和能力。例如，用下脚料丰富或者减少菜谱。维金斯指出：

> 如果测验决定了教师要讲授的内容，学生要学习的内容——也正是如此——改革之路是径直的不是陡峭的：测试那些我们认为重要的习惯和能力，而且是在一定情境中进行测试。在有充足理由的情况下允许学生重测一次，这一向学术纪律(公平性问题)挑战的做法，目的是为了让测验是真实的。

维根接着提出，如果对学生的教育目标是让他们具备写、说、听、创造、批判性思维、做研究、解决问题、应用知识的能力，那么我们的测验也就应该是让学生去写、说、

〔1〕 真实测验——测试学生在实际生活中的技巧和能力的一种评估方法。

听、思考、解决问题和应用。怎么才能做到呢?[1]

许多教育家建议参照艺术和运动类比解决这个问题,把测验当做一场音乐会,展览会,比赛,模拟法庭审判,等等,教学指向这样的测验很好。教练,艺术家,音乐家们很乐于为了这样的测验去教学,因为教育的全部意义就在于在这样的测验上表演好。这些表演可能是思维表演,物理表演,创造性表演或者是其他形式。[2][3]

把思维也当做表演可能听起来有点古怪,但他们确实有很多相似的地方。真正的思维是有挑战性的(冒险),因为现实生活中的问题设置的并不是在理想的状况下,通常我们思考的结果要接受公众的评价,就像参加百老汇舞蹈演员的彩排,必须应付评价的各种结果。比如一个雕塑家审视一团泥,一个学生处理一道难题都得实验,观察,想像,验证各种解决办法,应用基本技能和创造技能,解释,考虑怎样和假想的观众交流思考结果,经常接受批评建议以找到更好的解决办法(Eisber,1999; Herman,1997)。表 15.3 列出了真实测验的一些特点:

表 15.3 真实测验的特点

A. 结构和逻辑

1. 适当开放的,包括观众、面板(展示台)等等。
2. 按真实情境时间、不受任意时间的限制。
3. 提供已知的信息,问题和任务,而不是当做秘密。
4. 更像一系列作业或者是一组游戏(不是由一次成绩决定)。
5. 需要和他人的合作。
6. 要回想,练习,尝试,重来。
7. 给学生表现作评估和反馈,调整学校的时间表、结构布局、政策。

B. 智能设计特点

1. 是"基本的,不可缺少的"——不是没有必要引入的、任意的或者是为了散开等级而设计的。
2. 是"赋予权利",让学生更熟练地使用技能和知识。
3. 是置于背景中的,复杂的智力挑战,而不是"分散的彼此隔离的"任务,是和相关的"结果"相对应的。
4. 包括学生自己做的研究或者知识的应用,内容只是一种方式。
5. 评估学生所有的技能,而不是仅仅回忆或者插入式(plug-in)的技能。
6. 是"典型的"挑战——相对知识的宽度更强调知识的深度。
7. 很吸引人,也很具教育性。
8. 含有一些不明确的("结构不良的问题或任务")。

〔1〕 联系与拓展——联系其他章节。参见第十四章,对真评价和标准测验的讨论。

〔2〕 联系与拓展——参考专业杂志。维金斯(Wiggins,G.,1989)的《教会真实考试》(*Teaching to the authentic test.*),载于《教育领导学》(*Education Leadership*),第 46(7)卷,第 41—47 页,焦点问题:怎么做才能使测验"真"?

〔3〕 联系与拓展——参考专业杂志。阿什布彻和温特斯(Aschbacher,P. R.,& Winters,L.,1992)的《真实评价的实践指导》(*A practical guide to alternative assessment.*),亚历山大:课程发展和管理协会(Alexandria, VA: Association for Supervision and Curriculum Development)。阿什布彻(Aschbacher,1997)的《在学生评价中的新方向[特别的论点]》(New directions in student assessment [special issuel]),载于《理论联系实践》(*Theory into Practice*),第 36(4)卷,第 194—272 页。

续 表

C. 评分和评分的标准
1. 其中一些重要的评估标准不容易计算误差。
2. 不是根据"曲线"评分,而是根据行为标准(指标参照,不是常模参照)。
3. 包括一些并不神秘的成功的标准,对学生来说是成功活动中固有的。
4. 自我评价,也是评价的一部分。
5. 评分体系是多维度的,不是一个聚合的等级。
6. 体现出和学校教育目标一致——统一标准。
D. 公平和公正
1. 找出并确定那些(可能是隐藏的)能够影响公平和公正的因素。
2. 在以成绩为荣和与生俱来的技能或者幸运的前训练之间确立一种平衡,并不断进行检测。
3. 把不需要,不公平的程度最小化,弱化比较。
4. 给学生的学习风格、学习态度和学习兴趣留下一定的空间。
5. 学生希望的是能够——应该是在测验的帮助下,"顺着脚手架得到提高"而不是愣头愣脑地掉下来。

Source: From "Teaching to the Authentic Test," by G. W. Wiggins, 1989, *Educational Leadership*, 45(7), p. 44. Copyright © 1989 by the Association of Supervision and Curriculum Development. Reprinted with permission.

情境中的表现:成长档案袋和展示

对真实评估的关注已经发展了几种基于情境表现为目标的新方法。学生不需要去找并不存在的情形中的问题的答案,而是去解决现实生活中真实的问题,在真实情境中运用所学的知识。例如,学生用学过的语法知识,给微软公司写一封请求信,申请班级计算机中心基金。下面是选自康涅狄格州大众学习中心的一个例子:

> 许多当地的超市都声称自己卖的商品是最低价,但事实真的是这样吗?他们是说自己店里的所有商品都以低价格出售,还是只是其中的一部分呢?去哪家超市更省钱呢?你要做的评估就是设计并实施一个研究来解决这个问题。要比较哪些商品和价格,为什么?如何取样以及取样的信度怎样保证?(Wolf,Bixby,Glenn,& Gardner,1991,p. 61)

学生要完成这个测试,要使用数学知识,了解真实生活情境中的各个环节。另外,他们得批判地思维,用词要有说服力。

成长档案袋和展示是要求情境表现的两种评估方法。用这两种方法很难在教学指导和评估之间找到一个区分点，因为这两个过程是交织在一起的。[1]

成长档案袋

保尔森和迈耶(Paulson，Meyer)这样定义**成长档案袋(portfolio)**[2]：

在一个或多个领域，能有效表现学生的努力，进步和成绩的作业集。这个作业集必须包括学生参与选择其中的内容，判断优异的标准，学生的反思。成长档案袋常常包括表现进步的，修订，学生的自我分析，对所学内容的思考等。例如，下面的文字是一个学生的反思：

> 今天看了作文本里从9月份以来自己写的所有的故事，觉得有所提高。现在对他们做了修订，加上了句号和引号。过去有的故事写得比较长，爱写错字，现在我查字典和问朋友。能写出激动人心的，还有让人害怕的故事，故事的结尾也能写得不错了。会用大写了，过去常常漏掉字，写的故事也很简短。

书面的作业或者艺术作品是作品集里常见的内容，也可以是图表、展品的快照、同伴的评语、录音或者录像带、实验报告、某个计算机程序等等——任何能表现被评估领域中所学知识的东西(Belanoff & Dickson，1991；Camp，1990；W0lf，Bixby，Glenn，& Gardner，1991)。例如，佛蒙特州数学作品集：A. 学生优秀作业部分的5/7，包括至少一个疑难问题，一项观察，一个应用，两个小组作业。B. 一封给作品集检查人员的信。C. 其他部分数学作业。下面的指导步骤针对在教学中如何使用成长档案袋给出建议：

指南——创建成长档案袋

学生应该参与到成长档案袋的组建工作中来。

举例：

1. 一个单元或一个学期中，让学生按一定标准选出一部分作业，比如：我碰到的最困难的题，做得最好的一次作业，最有进步的一次作业，解某个题目的三种方法等等。

---

〔1〕 联系与拓展——参考专业杂志。保尔森，保尔森和迈耶(Paulson，F. l.，Paulson，P. R.，& Meyaer，C. A.，1991)的《什么使一个成长档案袋是一个成长档案袋》(What makes a portfolio a portfolio?)，载于《教育领导学》(*Educational leadership*)，第48(5)卷，第60—63页。讨论问题：描述了五个可能包含在一个学生成长档案袋中的条目。

〔2〕 成长档案袋——体现学生某方面的成长，自我反思和成绩的作业集。

2. 最后，让学生选出最能代表自己所学全部内容的几份作业。

一个成长档案袋包含的信息应该能表现出学生的反思和自我批评。

举例：

1. 让学生注明所作选择的理由。
2. 每个人给自己的成长档案袋写一个说明书，说明其中的优缺点。
3. 包含自评和他评，特别是说明哪些地方做得比较好，哪些有待提高。
4. 对自己的作品进行自我批评。

成长档案袋应反映学生的学习活动。

举例：

1. 选出有代表性的设计、文章、图画等。
2. 让学生将成长档案袋里的内容和学习目标联系起来。

在一个学年的不同时段，成长档案袋起到的作用不同。

举例：

1. 学年初，可以是未完成的作业，或问题部分。
2. 学年末，可以只包含学生愿意公开的内容。

成长档案袋应该表现学生的成长。

举例：

1. 让学生按一定维度，从某一方面对自己的进步做历史记录。
2. 让学生描述表现成长的课外活动。

教学生如何建立和使用成长档案袋。

举例：

1. 将优秀的成长档案袋当做范本，但要强调每个成长档案袋都是自己的个性说明。
2. 要时常检查学生的成长档案袋，尤其是学年初期，他们刚刚开始习惯使用的时候，并给出建设性的反馈。[1]

展示

展示(exhibition)[2] 有另外两个特点。第一，是公开的，所以学生准备时，必须把观众也考虑进去，交流和理解显得尤为重要。第二，往往需要很多时间来准备，因为

[1] 联系与拓展——参考专业杂志。把成长档案袋作为一个全国的评价方法的正面观点(For a positive view of using portfolios as a state-wide assessment process)，参见安布鲁斯卡托(Ambruscato, J.，1993)的《来自佛蒙特州成长档案袋项目的早期的结果和实验的启示》(Early results and tentative implications from the Vermont Portfoliol Project.)，载于《菲·德尔塔·卡潘》(美国教育专业协会会刊)(*Phi Delta Kappan*)，第74卷，第474—477页。

[2] 展示——一种表现性测验，或者对所学知识的公开演示，常常需要留出时间准备。

展示是整个学习程序的终极体会。赛泽(Ted Sizer,1984)提出用“熟练的展示”代替传统测验作为毕业、结业考试。维金斯(Grant Wiggins,1989)认为“不仅是一次很好的测验,就像毕业论文答辩,决定学生是否能获得学位,离开学校”。

评价成长档案袋和成绩

检核表,等级标准,评分标准对评估成绩很有帮助,因为对成绩,成长档案袋和展示的评估是指标参照而非常模参照。换句话说,学生的成长档案袋和成绩是和已经确立的效标相比较,不是和其他学生进行比较排名(Cambourne & Turbill,1990; Wiggins,1991)。下面是对口语表达的三种评定方式,数字的、图表的和文字描述的。[1]

数字等级量表

说明: 学生做口头表达时,出现以下这些行为的频率。如果学生**总是**出现某种行为就在 1 上画圈,**常常**出现在 2 上画圈,**很少**出现就在 3 上画圈,**从不**出现就在 4 上画圈。

自然表述:

A. 站直,面对观众

1 2 3 4

B. 随表达语调的变化,表情也相应的变化

1 2 3 4

图解等级量表

说明: 学生口头表达出现某种行为,在下列表示该行为出现的相应频率的那条线上打×。

自然描述

A. 站直,面对观众

总是 常常 很少 从不

B. 随表达语调的变化,表情也相应的变化

总是 常常 很少 从不

---

〔1〕 联系与拓展——参考专业杂志。一个学校的毕业展示的描述以及在教学中运用展示的一些颇有创见的分析(For a descrpotion of one school's graduation exhibitions and a thoughtful analysis of the use of exhibitions in teaching),参见麦克唐纳(McDonald,J. P.,1993)的《一个展示的三个画面:热情的、冷漠的和艰苦的》(Three pictures of an exhibition: Warm, cool and hard),载于《菲·德尔塔·卡潘》(美国教育专业协会会刊)(*Phi Delta Kappan*),第 74 卷,第 480—485 页。

描述性等级量表

说明：在下列对学生表达时出现行为的描述中，选出最为贴切的，在相应的竖线上打×。

A. 站直，面对观众

站直，总是看着观众	闪避，不安 视线在观众和天花板之间游移	不断有让人觉得心烦意乱的动作，视线不与观众接触。

B. 随表达语气的变化，表情也相应的变化

表情对应内容和重点	大多数表情是合适的，偶尔缺乏表情	语气与表情不匹配，表情转移

图 15.1 对口语表达的三种评定方式

Source: From *Assessment in the Classroom* (p. 153), by P. W. Airasian, 1996, New York: McGraw-Hill. Copyright © by The McGraw-Hill Companies. Adapted with permission.

评分标准

检核表或者等级标准对成绩的各个组成部分作出明确的解释。**评分标准（scoring rubrics）**[1]是判定学生表现质量的一些标准准则（Mabry，1999）。例如，对优秀口语表演的文字描述如下：

> 学生不时会面对观众，身体直立，和观众有目光接触。发音正确，清楚。语速、语调变化适当。发言内容组织良好，表达完整，符合逻辑，结尾简明概括。（Airasian，1996，p. 155）

学生参与评分标准和等级标准的制定很有帮助，他们参与时，就得思考确定某个领域里的优秀作品应该看上去或者听起来是什么样的。学生预先知道评估者期待的作品是什么样的，随着学生在设计和应用这些标准的过程中得到训练，作业和学习水平常常能得到提高。下面是合作学习小组成员自评和他评格式。

〔1〕评分标准——确定学生成绩质量的一些规则。

图 15.2 学习小组各成员的自评和互评

学生自评和互评表

这个表格用来评估你的学习小组成员，填一张你自己的，然后再填小组其他成员的。在小组讨论时，把你填的关于他们的表格交给他们本人，比较你对自己的评价和别人对你的评价方式。如果其他成员对你的评价有什么出入，要求澄清。最后，每个人都制定一个目标，以期给小组多做贡献。

被评定人：________________

写上小组成员得到的级分值：(4=优，3=良，2=中，1=差)

________按时上课。

________做课前准备。

________按时完成布置的作业。

________作业质量高。

________常常帮助学习小组成员。

________遇到疑难的时候，如果需要，会积极向同学老师请教。

________一步一步认真讲解。(不只是给出答案)

________考虑其他的推理方式。

________学新知识时，联系以前学过的内容。

________把学的新知识在头脑里形成视觉图像。

________自觉探究问题。

Source: From "The Role of Cooperative Learning in Assessing and Communicating Student Learning," by D. W. Johnson and R. T. Johnson. In *ASCD 1996 Yearbook*: *Communicating Student Learning* (p. 41), T. Guskey (Ed.). Copyright © 1996 by the Association for Supervision and Curriculum Development. Reprinted with permission. All rights reserved.

表现性评估需要教师方面的仔细判断以及让学生明确哪些方面做得好，哪些还有待提高。在某些方面，这种方法和比奈进行智力评估的临床方法相似：以学生完成一系列任务的表现为依据，表现成绩和一个标准比较。和比奈从来没想过用一个简单数字来代表儿童的智力一样，教师也不会用一个分数来表示学生的成绩。即使需要排名、评分，这种评定也不是最终的目标——提高学习。下面是古德里奇(Goodrich)建立评定标准的指导步骤：

指南——组建标准

1. 看范本：给学生看好的和差的作业范例，指明好之所以好，差之所以差。
2. 列出标准：以讨论的方式，列出具备哪些特点才能算优秀作业。
3. 明确各个等级的品质特点：根据自己的常见问题和集体讨论，描述最好的和最坏的分别是什么水平，然后是中等作业。

4. 用范本练习：让学生用这些标准评价第一步中提供的范本。
5. 自评和他评：交给学生任务。在任务解决过程中，偶尔让他们停下来，进行自评和互评。
6. 修订：给学生时间根据第五步中得到的反馈进行修正。
7. 教师评估：你使用同样的标准对学生的作业进行评估。

如果给学生的任务是他们不熟悉的，通常需要第一步。第三、四步很有用，但要花时间；可以自己做这两步，尤其是如果你已经在使用一些标准。班级集体进行评估可以提高效率，从列标准开始，然后教师写出各个等级的品质特点，和学生一起检查、修订，再用这些标准进行学生自评、互评以及教师评估。

信度、效度、普遍适用性、公平

表现性评估中判断作用重大，信度、效度、公平都要考虑。前面的章节提到佛蒙特州成长档案袋，评估后的等级常常不一致，说明信度不够。如果评级者有经验，有明确的评分标准，信度就会有所提高(Herman & Winters, 1994; LeMahieu, Gitomer, & Eresh, 1993)。也有的信度提高是因为设定的标准把评分者的注意集中到作业的少数几个方面，可选择的评分水平的范围太窄造成的。若评分者只是用1,2,3,4表示等级水平，那么比用100个分点的等级更容易达成一致。所以，这些标准并没有真正的获得评分者之间的信度，而是因为评分水平的可变化范围受到限制，使得信度看上去提高了(Mabry, 1999)。

提到效度，有研究表明，根据成长档案袋评估被评定为写作优秀的学生，用标准写作评估进行评价的结论是写作能力较低。哪种形式的评价能更好的反映学生的持久品质？这方面的研究很少，很难作出明确回答(Herman & Winters, 1994)。另外，评估特定任务而建立的标准在其他的任务评估中应用可能无效，除非两者之间很相似。所以，关于学生学习的更一般的东西，我们实际上究竟能了解多少呢？

检查要点：评估革新

回　顾

什么是真实评价？

描述成长档案袋和展示。

应　用

你如何保证你所使用的真实评价任务的信度、效度和公平性？

如何使用检核表和评分标准评价学生的成长档案袋和展示？

公平问题存在于所有的评估中。评价学生的一次公众表演，依据学生的外表，发言，是否接触贵重声频、视频资源而可能产生偏向。表现性评估和其他测验有同样的局限,对不富有或者是文化背景不同的学生不公平。大量的小组作业,生生互相校正,课外时间弄成长档案袋表明一些学生能够接触到广博的网络信息的支持和完全帮助。许多学生的家庭具备电脑绘图的知识背景和桌面印刷能力,而另外一些学生从家庭方面得不到这样的支持,这些不同就将造成偏向和不公平。

评分产生的影响

研究表明,在高标准、充满竞争的班级氛围中,大部分的较低等级学生的旷课和辍学率增加(Moos & Moos,1978)。尤其对于那些处于不利地位的学生更是如此(Wessman,1978)。那些易焦虑,缺乏自信的学生更加不适应高强度竞争的班级。所以,固然高标准,高强度竞争一般和学术学习的提高相联系,但很明显,在高标准和成功的合理机率之间必须达到平衡。[1]

失败的影响

听起来,学校里好像应该避免使用低等级和失败这类词,但实际情况并非如此。思考多年来对失败的影响从几个方面做的研究,克里福德(Margaret Clifford,1990,1991)指出,失败对成绩的影响可能是消极的,也可能是积极的,取决于实际情形和学生本人的个性。

例如,有项研究要求被试完成三组问题。第一组,实验者让被试体验一半失败,一半成功,或者全部成功。第二组让所有的被试全部失败。第三组问题实验者只记录被试完成的状况。结果发现挫败体验在前,而后一半时间内成功的被试做得最好。看起来完全失败或者成功的经历不利于应对失败,而这是所有的人都必须学会的。在某个水平的失败可能对大部分学生有益,尤其是如果教师帮助学生认识困难作业和提高之间的关系。让学生远离失败,保证他们成功只是徒劳。克里福德 (Glifford,1990)这样向老师们建议:

> 施教者应该用挑战来代替容易取得的成功,我们必须鼓励学生去超越,赋予他们在错误中学习的权利,容忍学生在课堂上犯的错误,逐渐的成功胜于连续不断的成功,是评判学习的准绳。
>
> 你的学生们学得越好,帮助他们学会"成功的失败"就更有挑战性,也更重要(Foster, 1981)。[2]
>
> 到现在为止,我们已经讨论了测验或者是一门课失败产生的影响,那么要是在整个评分中失败——也就是成了"拖后腿的",会产生怎样的影响呢?

---

〔1〕 联系与拓展——联系你自己的理念。课堂评价常常被当做一种"评分游戏",从学生的角度看评分的哪些方面和游戏相像?

〔2〕 联系与拓展——参考专业杂志。哈佛教育研究院(Harvard Graduate School of Education),1999,1月/2月刊,《定位与社会提升:学校寻求多样化》(Retention vs. social promotion: Schools search for alternatives),《哈佛教育通讯》(*Harvard Education Newsletter*),第15(1)卷,第1—3页。讨论问题:对学生定位的效果是什么?你能计划多样化的评价吗?

自幼儿园算起,20%的高中生至少有过一个年级的复读经历,通常是在早期的年级(Kelly,1999)。一些研究者认为,成为落伍分子伤害了学生的自尊,他们辍学的机率由此增加(Grissom & Smith,1989; Roderick,1994)。在他们看来,让学生升级,他们会学得更好一点。还有研究者发现让具备一般或一般以上能力的情感上未成熟的学生在一、二、三年级留级,对他们有好处(Kelly,1999; Pierson & Connell,1992),但这种益处不会一直继续下去。在一项对许多学生几年的追踪研究中,应留级的学生让他们升级,他们做得与那些正常留级的学生一样好,有时甚至超过他们 (Reynolds,1992)。[1]

不管怎么样,无论是留级还是升级,学习有困难的学生应该得到帮助。只是把同样的学习材料再过一遍不会解决学生的学习或者是社交问题。让困难学生和同学多交往,在暑假或者下一个学期给他们针对性的辅导也许是最好的方法(Mantzicopoulos & Morrison,1992; Shepard & Smith,1989)。更好的办法是通过额外补习不让那些问题发生,比如阅读矫正方案或者努力使所有人成功(Oakes,1999)。

反馈的作用

几个关于反馈的研究结果很适合"成功"的或者是积极的失败这样的理念。这些研究表明应该告诉学生为什么错了,这样他们能学到更多学习策略(Bangert-Drowns, Kulik & Morgan,1991)。学生常常需要别人帮他指出为什么他们的答案是错的。如果没有这样的反馈,他们就容易再次犯同样的错误。但是他们得到的这类反馈很少。一项研究表明,只有8%的教师能够注意到学生连续出现的算术计算错误,并告知学生(Bloom & Bourdon,1980)。

有效的书面反馈具备哪些共同特征呢?对大一点的学生而言(初二、三年级),因人而异的,能提出积极批评的书面评语最有帮助。这意味着教师应该对学生的失误,不正确的学习策略作出具体的,专门的评语,要把批评,如何提高的建议,对作业中积极方面的肯定三者平衡起来(Butler & Nisan,1986; Elawar & Corno,1985)。伊拉沃和科诺(Elawar & Como)通过对六年级教师的研究发现,让教师做反馈时以下面四个问题为指导,将会有很大的提高:"主要错误在哪里?学生犯这个错误可能的原因是什

[1] 联系与拓展——参考专业杂志。关于等级定位的两个研究和一个研究综合参见曼茨科波洛斯和莫里森(Mantzicopolous,P.,Morrison,D.,1992)的《幼儿园的定位:通过结束第二年级的学业和行为的结果》(Kindergarten retention: Academic and behavioral outcomes through the end of second grade),载于《美国教育研究杂志》(*American Educational Research Journal*),第29卷,第182—198页。皮尔逊和康奈尔(Pierson,L. H.,& Connell, J. P.,1992)的《等级定位对自我体系加工学校管理以及学习成绩产生的作用》(Effect of grade retention on self-system processes, school engagement, and academic performance),载于《教育心理杂志》(*Journal of Educational Psychology*),第84卷,第300—307页。谢泼德和史密斯(Shepard, L. A.,& Smith, M. L.,1990)的《等级定位研究综合》(Synthesis of research on grade retention),载于《教育领导学》(*Educational Leadership*),第47(8)卷,第84—88页。

么？以后怎样引导学生不犯这个错误？学生哪个部分做得比较好？”下面是一些教师写得不错的评语：

琼安，你知道怎样求百分数，可这个题的计算错了……能看出错在哪里吗？（教师已经把错误的地方用下划线标出。）你知道怎样解决这个问题——公式是对的——但你没有证明你理解一个分数乘以另一个分数得到的结果为什么比它们其中任何一个都小。

这些评语帮助学生纠正错误，认识到怎么做是对的，已经取得的进步以及进一步提高的技巧。[1][2]

评分和激励

为等级学习还是为学会知识而学习之间存在真正的差异吗？是否存在依赖于这种等级是如何确定的。作为教师，可以用等级来激发学生学习，你想让他们在你教的科目中要学到东西。如果你的测验只处在简单的罗列知识细节的水平，那么学生就不得不面临着在深入学习和取得一个好的评分之间作出选择。但若等级反映的是有意义的学习，为评分学习和为学习知识而学习就等同了。最后，较高的等级常常能激励学生更加投入学习，而较低的等级一般不会鼓励学生上进。学生被评定为较低的等级，更可能在学习上退却，把责任归咎于别人，认为学习枯燥无趣或者认为自己有责任但对如何提高感到无助。与其给学生一个不及格的等级，还不如多看看学生不完善的作业，帮助他们修改和提高，保持高标准要求，并且给学生机会让他们达到这些标准(Guskey，1994)。下面的指导步骤概括了评分对学生产生的影响。[3][4]

检查要点：分数和对学生评分的作用

回　顾

失败如何支持学习？

社会提升和成为“后进”，哪个更好？

反馈包括评分是否促进学习和动机？

应　用

你如何评价你从你的大学班级里得到的反馈的价值？

〔1〕 联系与拓展——联系你自己的理念。你在作业和测验中得到反馈的体验是怎样的？不给学生A，也不说明哪些地方需要提高对学生是不是公平？

〔2〕 联系与拓展——联系其他章节。参见第六章，关于如何有效使用评语的讨论，写书面反馈语应用这些指导。

〔3〕 联系与拓展——联系你自己的理念。根据评价对教学的不同作用，指出教师测验之后，没有接着给出结果，几星期以后才讨论测验，这样做的缺点是什么？只是公布等级评定的结果，不把实际测验卷子返回给学生有什么不好？把评完分数的卷子给学生发回去，而不讨论正确答案，这样做哪里不好？

〔4〕 联系与拓展——联系你的教学理念。能利用等级来激发所有的学生学习吗？决定等级是否具有刺激学习作用的是什么？教师应该如何使用等级，使其达到的效果是促进学习而不是挫败学生？

指南——减少评分对学生的负面影响

当学生和你的或者课本中的回答一致，要及时给他们高的等级和赞扬，不要吝啬。

举例：

1. 给正确的有创造性的答案另外加分。
2. 问题的各个方面都研究过之前，保留你的看法。
3. 激励学生质疑。
4. 对于部分正确的答案，也要给部分分数。

保证每个学生都有一定的机会取得成功，尤其是在新任务进行初期。

举例：

1. 对学生进行前测，确保他们具备那些必需的能力。
2. 如果合适的话，对学生重测，给他们提高自己等级的机会，要保证前后两次测试的难易程度一致。
3. 把失败当做"不完善"，鼓励学生进行改正和提高。

平衡书面和口头反馈的使用。

举例：

1. 给年龄小的学生简短生动的书面评语，对稍大的学生则适当多说一些。
2. 如果一份作业上得到的等级比学生本人认为应该得到的低，一定要让学生明确得低分的原因。
3. 对学生成绩的评语要因人而异，避免重复写相同的赞语。
4. 记录学生作业中具体的错误，出错可能的原因，提高的办法，和做得好的作业。

尽可能使评分有意义。

举例：

1. 等级划分依据其是否达到某些重要学习目标。
2. 给学生不进行等级划分的作业，鼓励他们探究。
3. 尝试成长档案袋和表现性评价。

等级划分不要只依据单一的标准。

举例：

1. 进行测验时，论述题和多选题结合使用。
2. 口头报告和课堂参与也要参与评分。

评分和报告：具体细节

教师必须对学生的等级作出最后决定。学生得到的等级应该反映学了多少，学得怎么样还是反映和班里其他同学比较以后所在的位置？换句话说，评分应该是指标参照还是常模参照？[1]

指标参照和常模参照

在**指标参照评分(criterion-referenced grading)**[2] 中的等级代表一列成绩。如果已经给一门课设定了明确的学习目标，得到的等级就代表学生已经达到的一定数量的目标。使用指标参照方法，一般提前说明每个等级要求的标准，然后学生自己决定他(她)想获得的等级。因此，用这种评定方法，只要他们达到要求，所有学生都能得A。

使用**常模参照评分(norm-referenced grading)**[3] 方法，评分得到的是一个学生的等级和也上这门课的其他学生相比较所处的位置。如果这个学生学习努力，其他人也一样努力，这个学生就有可能只拿到一个令人失望的等级，比如C。

指标参照方法

指标参照评分的优点是结合学生在明确设定的教学目标上取得的成绩，进行评定。一些地区的学校已经建立起了这样的成绩报告方法，在成绩单上列出要求的目标和学生在每个目标上达到的程度。每个单元的教学末期都做这样的报告。下面是一份中学的成绩报告单，体现了评估和单元目标之间的关系。

常模参照方法

一种常见的常模参照评分形式叫做**曲线评分(Grading on the Curve)**[4]，其中常模分布的中间或者是平均成绩是评分的基础。换句话说，教师用平均成绩来代表这次成绩的中间等级，然后再判断优良的成绩和较低的成绩。[5]

---

〔1〕联系与拓展——联系你自己的理念。如果所有的考试都取消了，学生眼里的学校变成什么样了？多数学生还有动力学习和完成作业吗？

〔2〕指标参照评分——对每个学生是否掌握了课程目标进行评估。

〔3〕常模参照评分——把学生的成绩相互之间比较进行评估。

〔4〕曲线评分——常模参照评分，把学生的成绩和平均水平进行比较。

〔5〕联系与拓展——参考专业杂志。希尔斯(Hills, J. R., 1991)的《对定级和测验缺乏关注》(Apathy concerning grading and testing)，载于《菲·德尔塔·卡潘》(美国教育专业协会会刊)(*Phi Delta Kappan*)，第72(7)卷，第540—545页。

林肯小学

五年级

学生＿＿＿＿＿＿ 教师＿＿＿＿＿＿ 校长＿＿＿＿＿＿ 地区 2 3 4

E=优秀 S=合格 P=有进步 N=需要提高

阅 读

使用的阅读材料：＿＿＿＿＿＿

＿＿＿＿＿＿＿＿＿＿＿＿

＿＿＿＿＿＿＿＿＿＿＿＿

＿＿理解阅读

＿＿能写出读的内容

＿＿按时完成阅读作业

＿＿对阅读有兴趣

阅读技巧

＿＿解释生词

＿＿理解生词

独立阅读的水平

不合格 /合格/优

语言艺术

＿＿有效使用口语

＿＿认真听讲

＿＿每周拼写

写作能力

＿＿把写作理解为一个过程

＿＿打草稿

＿＿做有意义的修正

＿＿最后定稿是编辑整理过，文字清晰

编辑能力

＿＿大写字母

＿＿标点

＿＿用句完整

＿＿分段

＿＿会使用词典

作 业

＿＿自选作业

＿＿准确完成

＿＿按时完成作业

介绍/计划 ＿＿＿＿＿＿

＿＿＿＿＿＿＿＿＿＿＿＿

数 学

问题解决

＿＿能解决老师提出的问题

＿＿能解决自己或同学提出的问题

＿＿能自己创造问题情境

解释问题

＿＿使用恰当的方法

＿＿能用多种方法解题

＿＿能用书面文字描述使用的方法

＿＿能口头描述使用的方法

数学概念

对十进制的理解

初步/发展/熟练

乘法，基本事实

初步/发展/熟练

两位数乘法

初步/发展/熟练

除法

初步/发展/熟练

几何

初步/发展/熟练

整体的数学技能水平

初步/发展/熟练

态度/学习技能

＿＿乐于接受挑战

＿＿毅力

＿＿善于向他人学习

＿＿学会倾听别人

＿＿参与讨论

借助图表

准备做＿＿＿＿＿＿＿＿

目标：

准备达到的目标：

＿＿＿＿＿＿＿＿＿＿＿＿

社 会 学 习

＿＿＿＿对这门课的理解

＿＿＿＿表现出好奇和热情

＿＿＿＿参与课堂讨论

＿＿＿＿使用绘图技巧

＿＿＿＿通过解释课文展示

阅读技巧

涉及：个体文化，哥伦布第一英国殖民地

科 学

＿＿＿＿对科学问题表现出好奇

＿＿＿＿提出好的科学问题

＿＿＿＿了解科学方法的知识

＿＿＿＿利用科学方法的知识建立和实施实验

＿＿＿＿进行良好的科学观察

＿＿研究过的科学课题＿＿＿

＿＿＿＿＿＿＿＿＿＿＿＿

我想

目前在做＿＿＿＿＿＿

＿＿＿＿＿＿＿＿＿＿＿＿

学 习 技 巧

＿＿仔细听讲

＿＿遵循指导

＿＿作业要整洁，仔细

＿＿作业完成要检查

＿＿高效地利用时间

＿＿独立做好作业

＿＿做好小组作业

＿＿学习要勇于冒险

＿＿乐于迎接挑战

续 表

人 际 关 系

_______表现出好奇
_______尊重他人的权利
_______自我控制
_______和同伴相互配合
_______在班级里表现出合作和积极的态度
_______和其他同学一起完成任务的时候表现出合作的态度
_______乐于帮助其他同学
_______和成人(教师,家长等)在一起工作时,表现良好。

到 校 人 数

	1st	2nd	3rd	4th
到校				
缺席				
迟到				

下个学年的安排:
____

这是一例指标参照成绩报告单,其他形式也可以,但都说明学生在具体目标上取得的进步。

图 15.3 指标参照成绩报告单

Source: From "Reporting Methods in Grades K–8," by K. Lake and K. Kafka. In *ASCD 1996 Yearbook*: *Communicating Student Learning* (p. 104), T. Guskey (Ed.). Copyright © 1996 by the Association for Supervision and Curriculum Development. Reprinted with permission. All rights reserved.

如果严格按照常模曲线评分,得 A 和得 F 的人数相等,许多学生得 B 和 D,大部分人得 C,这些等级组成一条钟状曲线。举例说明,教师把 10%的学生划为 A 和 F,让 20%的学生得 B 和 D,40%的是 C。这是严格按照常模曲线的数字说明,常常让学习很努力,可成绩总是低于平均成绩的学生气馁。

进行曲线评分时可以采取不同的精确水平,最简单的方法是把学生测验的原始成绩从高到低排序列表,用这个列表作为评分的依据。我们知道 2/3 的分数位于常模分布的中间位置,把中间的 2/3 划出来,给这些学生得 C(或者是 B,如果你认为 B 代表班级的平均等级)。有人更愿意依据中间的 1/3 划平均等级,根据这种方法,给下面的分数划分等级:

中间 1/3 得 C

A: 92 | B: 91 91 90 83 80 78 76 | C: 72 68 65 61 57 54 53 49 |

D: 48 47 46 43 38 36 | F: 29 29

在这个例子中字母之间的距离有时只有一分!根据测验中的错题数,这种分配可能有失公平。我们可以通过引入标准意义,来解决这个问题。例如,下面的评分方法可能更为公平:

调整后的评分：

A				B					C					
92	91	91	90	83	80	78	76	72	68	65	61	57	54	53

D							F	
49	48	47	46	43	38	36	29	29

在这个例子中，教师使用原始的自然分距，找出了各个等级的边界，A 和 B 等级差 7 分，B 和 C 之间是 4 分，等等。尽管这样做似乎看起来公平了，许多教育家还是鼓励教师避免使用曲线评分，因为这种方法预先造成这样的局面，使学生不得不为少数的几个优秀等级名额竞争（Guskey，1994；Kohn，1996）。[1][2]

表 15.4 比较使用指标参照和常模参照方法描述学生的成绩，并列出对应的等级。

表 15.4 比较评分的指标参照方法和常模参照方法

常模参照方法是用全班的测验成绩作为划分等级的标准，指标参照方法用学科学习和掌握要求的各个标准来划分等级。

等级	指标参照	常模参照
A	完全掌握所学知识，发展了高水平的技巧，为今后进一步学习做好了完善的准备	远远超过班级平均水平
B	掌握大部分所学知识，发展了大部分高水平技巧，具备进一步学习的资格条件	超过班级平均水平
C	只掌握了基本的概念知识，具备一定的基本技能，缺乏少数几个进一步学习的基本条件	处于班级平均水平
D	基础知识不足，一些重要的技能没有掌握，不具备大部分进一步学习的资格条件	低于班级平均水平
F	大部分概念和原理没有学会，大多数重要技巧没有掌握，不具备进一步学习需要的必要条件	远远低于班级平均水平

Source: From "Developing a Personal Grading Plan," by D. A. Frisbie and K. K. Waltmen, 1992, *Educational Measurement*: *Issues and Practices*, p. 37. Copyright © 1992 by the National Council on Measurement in Education. Reprinted with permission.

准备成绩报告单

不管你使用的是哪种评分方法，无疑都要进行不止一次的测验，还可能布置作业，

〔1〕 联系与拓展——联系你的教学。增加测验的频率，促进学生学习的一个有效方法是采用"通俗的测验"，但是现在通俗的测验能在一种不会产生过分焦虑的方式中进行吗？一种解决方法是：把这些通俗测验作为一种特别的奖励。

〔2〕 联系与拓展——联系你自己的理念。家长更容易理解哪种评分定向，常模参照还是指标参照？一般家长更倾向于赞成哪一种？选择哪一种随相关的等级水平变化吗？

方案等。让我们设想一下,你的单元评估计划包括两个测验(一个论述题加多个多项选择题),家庭作业,成长档案袋,一个单元测试。如果测验和评分都使用指标参照方法,如何在成绩报告单上,将学生的测验分数转化为全面的各种目标要求的掌握程度说明,如上例指标参照成绩报告单。要是用常模参照呢?如何把学生的测验结果和其他几项评估结合起来,得到一个最后的单元评分分数分布。[1]

首先来考虑用指标参照方法进行评分。如果采取这种方法,就不能把测验分数、家庭作业的等级做数学相加或平均,既然测验和那些评估测量的是对某个(或一组)学习目标掌握赋予程度,那么做平均就毫无意义了,即使"两个数字相加"和"用尺子测量"都是算术课里要求的目标。成绩报告单上列出了许多要求目标和学生在各个目标上达到的水平的说明。

常模参照评分与此不同。教师为了分配等级,必须把所有的测验分数和其他评估综合成一个最后的分数。每个学生的最后等级就取决于他(她)的这个最后分数与班里其他同学比较的结果。但是,将所有的分数简单相加,总数平均的这种常用程序常常并不合适,可能出现误导。例如,假定两个学生共同参加两次测验。这两次测验在整个单元的位置同等重要。两个学生的得分如下:

	测验 1 **班级平均成绩=30** **标准差=8**	**测验 2** **班级平均成绩=50** **标准差=16**	**总　分** **原始分**
莱丝蕾	38	50	88
杰　森	30	66	96

如果我们按他们的总分算平均分排名,显然杰森在莱丝蕾之前。但是,再把两次测验的班级平均分和标准差考虑进去,情况就大大不同了。在测验 1 中,莱丝蕾得分比平均成绩高一个标准差,而她在测验 2 中的得分则刚好等于班级的平均成绩,杰森的情况类似。

如果两次测验同等重要,结合班里其他同学的成绩,杰森和莱丝蕾的得分是一样的。要比较学生几次测验的成绩,必须把原始分转化成标准分,比如 T 分数。这个例子表明进行评分使用标准意义的重要性。原始总分并不总是能反映出一个学生与其他学生相比学得好坏情况。

点方法

点系统是把所有评估得到的等级综合起来的一种常见方法。根据每个测验或评

[1] 联系与拓展——参考专业杂志。对于在发展一个评分计划中的综合的考虑,参见弗里斯比和沃尔特曼(Frisbie,D. A.,& Waltmen,K. K.,1992)的《建立个人评分计划》(Developing a personal grading plan),载于《教育测量:问题和实践》(*Educational Measurement*:*Issue and Practices*,Washington,DC:National council on Mwasurement in Education),第 35—42 页。

估的重要程度，分配给它们一定的分值。在评分中的分量占40%的测验就给它分配40分，作业的比重占20%就分配20分，这样依据一定的标准将分值分配下去。得A_+的作业，达到了所有标准的要求，就能得满分20分；一般水平的作业可能得10分。如果几个测验在评分中的重要性相当，它们就值同样的分值，难度差不多，知识量相当，两个相当测验的平均分和标准差差很多的时候，我们就能避免遇到莱丝蕾和杰森那样的情况出现的问题。

我们来假定一个评分表，来解释表15.5中的分数。该怎么分配学生这个单元学习的等级呢？最常用的方法是找出每个学生的总分，排名，找出原始分的分距或作曲线分析进行等级分配。

表 15.5 五项作业的点数

学生	测验1 20% 20分	测验2 20% 20分	单元测验 30% 30分	家庭作业 15% 15分	成长档案袋 15% 15分	总分
Amy	10	12	16	6	7	______
Lee	12	10	14	7	6	______
Luis	20	19	30	15	13	______
Wayne	18	20	25	15	15	______
Etienne	6	5	12	4	10	______
Frieda	10	12	18	10	9	______
Grace	13	11	22	11	10	______
Houston	7	9	12	5	6	______
Isaac	14	16	26	12	12	______
Liz	20	18	28	10	15	______
Peter	19	20	25	11	12	______
Linda	14	12	20	13	9	______
Melody	15	13	24	8	10	______
Ned	8	7	12	8	6	______
Olivia	11	12	16	9	10	______
Rob	7	8	11	4	8	______

百分法

仍以上表中的这组学生为例，分配等级还有另外一种方法，**百分法(percentage grading)**[1]。教师依据每个学生掌握知识的多少——他(她)掌握知识总量的百分比，分配等级。要得到这个数据，教师评卷或者其他课堂作业要使用百分数(答对的题

〔1〕 百分法——把课堂成绩转化为百分比分数的一种方法，根据预先确定的截止分数划分等级。

目所占题目总量的百分比——50%，85%等等）。然后把这些数据平均得到一门课的分数，再根据事先确定的分数截点，把这个分数转化成字母等级。许多学生能够得到任何一个等级，这种方法很常用，你可以作为一个学生自己体验一下。我们具体看一下，因为有一些问题常常被忽视。

A，B，C，D，F 这几个等级符号，可能是目前做报告最常用的。学校通常给这几个等级建立相当的百分比范围，各个地区的学校都不一样，以下是两种典型的百分比划分：

90%—100%＝A；80%—89%＝B；70%—79%＝C；60%—69%＝D；Below 60%＝F

94%—100%＝A；85%—93%＝B；76%—84%＝C；60%—75%＝D；Below 60%＝F

看得出来，两个评分方法都是从 A 到 F 五个分值，但相同等级要求的平均成绩并不同。我们真能把知识的有效范围具体到数量，比如 8 级更科学吗？有把握精确测量出学生学到的知识占那部分知识总量的百分比？适当使用百分法，需要知道学生要学的确切内容和每个学生已经掌握知识的确切数量。这些条件都很难满足，即使教师用分数截点分配等级，看起来好像是很精确，一分之差也很重要："虽然对教育和心理测量已经有几十年的研究，也已经找到了一些可靠的测量方法，但这个概念（百分比等级），一旦建立起来，就顽固不变了"（Zimmerman，1981，p. 178）。

任何一种评分方法，不论学校指定的或者建议的都会受到教师方面的特定影响，所以不要被百分比表面的可靠性欺骗。即使使用这种方法，你本身的评分理念仍然起作用。由于当今越来越关注目标和指标参照评估具体化，尤其是基础等级水平，根据先定的标准评价学生进步已经发展了几种供选择的方法。我们来看其中的一种：契约方法。

契约方法和评分标准

在课堂中使用**契约方法（contract system）**[1]，契约说明等级中各个数字或者是字母对作业要求的类型、数量、质量。

F：不正常上课，不交要求的作业。

D：正常上课并按时按要求交作业。

C：正常上课，按时交作业，所有作业都得良，表明作业做得不错。

B：正常上课，按时交作业，所有作业都是良好，其中至少有三个作业得良$_+$，表明作业优秀。

A：同上，再加上读了课外阅读书目列表上的某一本书，并做了一份不错的口头或书面报告。

不幸的是，这种方法容易导致过分强调作业数量，教师往往对区别合格作业与不

〔1〕 契约方法——根据事先达成一致的标准，让每个学生向着某个特定目标努力的一种方法。

合格作业之间的标准含混不清,这也正是评分标准重要的地方。如果达到明确的设计良好的描述成绩的标准成为对学生作业期待的水平,并且学生学会使用这些标准来评价他们自己的学习,那就是质量而非数量成为评分的重点。教师可以通过引入**修改权(revise option)**[1],来调整这个契约方法。例如,一个复选标记大概值 75 分,复选加号值 90 分;修改以后得的复选加号值 85 分——比复选标记的分值高,但比第一次得复选加号时拿到的分低。这种方法鼓励学生提高作业水平,而且给第一次修改正确的作业给予奖励。这样可以控制作业的质量,因为学生要取得分数不仅要考虑数量也要注意质量。另外,教师可能不太清楚批改那些不太满意的作业,因为学生本可以把作业做得更好(King,1979)。但是,也要看到,如果学校要求 5 分制评分方式,所有学生受其约束,都得到了最高的等级(修改前或后),教师就会希望在评分结果出来之前再考虑一下这种方法的原则。下面的指导能帮助我们公正合理地使用任何一种评分方法。

指南——使用任何一种评分方法

课程学习初期就向学生说明评分方法,并且经常提醒他们。

举例:

1. 把说明作业、测验、评分的标准,课程时间安排印制成书面材料发给年龄大一点的学生。
2. 对于年龄较小的学生,采用一种低压力的方式告诉他们会从哪些方面来评价他们的作业。

设定合理的标准。

举例:

1. 和有经验的教师讨论工作量和评分标准。
2. 评分测验之前,组织一次新形式的测验来判断一下学生的能力。
3. 你自己先做测验,把握测验的难度,估计学生测验所需要的时间。

尽可能多用客观的依据进行评分。

举例:

1. 提前计划要怎么测验,什么时候测验。
2. 给学生的作业弄一个作业汇编,可能对学生和家长都很重要。

确定学生理解测验的方向。

举例:

1. 在写字板上写出大概的测验方向。

〔1〕 修改权——指契约方法中,修改和提高作业的机会。

2. 让几个学生解释一下这些方向。
3. 先找个例题复习一下。

尽可能快地批改，发回，讨论试卷。

举例：
1. 让那些答题好的学生把做的回答读给全班同学听，并且每次让不同的学生读。
2. 讨论那些错误的回答为什么不正确，尤其是那些典型的错误选项。
3. 学生完成一次测验之后，把答案和课本里讨论这些题目的页码给他们。

作为一项规定，不要随便改变确定的等级。

举例：
1. 首先确定你能够维护得出的评分结果。
2. 不要改变表述或者计算上的失误。

评分中警惕偏见。

举例：
1. 让学生把名字写在试卷的背面。
2. 给短文进行评分时使用客观的点系统或者试卷范例。

让学生明确自己在班级中的位置。

举例：
1. 测验之后，把班级的分数分布图画在写字板上。
2. 定期安排讨论会，回顾上几周的学习。

赋予学生质疑的权利，任何一种评分方法都有漏洞。

举例：
1. 给较高的等级定一个边界线。
2. 如果大多数学生在相同的问题上犯了相同的错误，以后测验的时候把这些题目重新修正。对于当前测验，评分时考虑把这种问题剔除出去。[1]

按努力和取得的进步评分

依据努力和取得的进步评分确实不是一个完整的评分方法，但却是贯穿许多评分方法的主题。教师进行评分时，到底是按学生学了多少知识还是看他们最后的学习水平呢？其中把提高作为评分的一个标准，存在的一个问题就是最好的学生提高的最少，因

〔1〕 联系与拓展——联系你自己的理念。你会如何解决下面的问题？——你准备在你的一个班上实施契约方法，等级 A 的一个要求是“写一份读书报告”。然而，有些学生报告的书都是一些你觉得他们去年应该读过的书，有些写得很短、很肤浅。现在到你来考虑该如何组织一个契约体系，让学生今后的作业做得更好一些？

为他们学得已经非常好了。你会因为学生起初知道的很少,教学和测验限制了他们自我展现所学的知识,而惩罚他们吗？还有,除非你给他们另外布置作业,他们才会竭尽全力去做。

一种解决办法是利用**自我学习预期(individual learning expectation, or ILE)**〔1〕。用这种方法,学生为了超过通常得分或取得一个理想的分数,而使测验或者作业的分数得到提高。教师最后表示学生等级的时候或者作为课堂奖励的依据,可以看一下学生提高的分数。〔2〕

许多教师都试图把努力引入到最后的等级中来,但是很难评价努力。你能确定对所有学生的努力程度的了解都是正确的？克莱门特(Clement,1978)对此提出了一种方法,**双重标识法(dual marking system)**〔3〕。学生最后得到两个等级：一个,常常是一个字母,表明学生成绩的实际水平;另一个,一个数字,表明学生的成绩与学生的能力和付出的努力之间的关系。例如,这样限定B等级(Clement,1978,p. 51)：B1：非常努力,成绩比期望中的好,学习态度端正。B2：一般努力水平,能力方面良好。B3：成绩没有表现出具有的能力,学习态度不好。

> **检查要点：**评分和报告：螺帽和螺钉
>
> **回　顾**
>
> 描述两种评分方式。
>
> 什么叫做点系统？
>
> 描述相对传统评分的其他方法。
>
> 在评分中偏见的一些来源是什么？
>
> **应　用**
>
> 在大学班级中你正经历的评分系统是什么？
>
> 契约方法有什么优点和不足？百分比等级呢？曲线评分呢？

当然,这种方法默认了这样一个假定,教师能充分把握学生的能力和努力程度。D1,D2;F2这样的等级带有侮辱性,A3或者F1不可能出现,但这种方法确实具备这样的长处,认可努力,并对看起来缺乏努力的学生提供反馈信息。等级A2,B2也许是在这样告诉那些非常聪明的学生:"学得不错,但我知道你能做得更好!"帮助学生对自己提出更高的要求,避免成绩滑坡。学生整体表现的等级——A,B,C——仍然体现学生的成绩,不随教师对学生努力程度的主观判断而改变。

注意：要公平

教师对学生成功或失败的归因影响学生得到的等级。和能力(不可控因素)比较

〔1〕 自我学习预期——个人的通常得分水平。
〔2〕 联系与拓展——联系其他章节。参见第六章,关于行为管理契约的讨论。
〔3〕 双重标识法——同时分配两类等级,一个反映成绩,另一个反映努力、态度和实际能力的一种评分方法。

而言，教师更可能给努力(可控因素)较高的等级。学生得较低的等级，往往是教师把他们的失败归因于不够努力而不是缺乏能力(Weiner，1979)。评分还有可能受到**晕轮效应(halo effect)**[1] 的影响——依据平时对学生的一般印象，积极或消极的，来评定学生特定方面的一种趋向。作为一名教师，你会发现很难避免这种积极或消极的晕轮的影响。讨人喜欢的学生，看起来学习努力、很少惹麻烦，更可能在拿不准时给他们高的等级(B 而不是 C_+)。而对于非常困难的学生，他们看起来好像拒绝尝试，就可能在评分中失败(D 而不是 C_-)。[2]

评分之外：交流

没有任何一个数字或者是字母，能传达出学生在课堂上或者是一门课中表现的所有信息，但有时学生和教师都过分关注最后的分数——等级。对于儿童和青少年来讲，一年中许多月份的大部分清醒的时光是在学校里度过的。在这里，教师就是和他们相关联的成人，这就使教师有机会也有责任了解他们的学生。

小学教师常常期望和学生家长进行讨论，这在初高中也同等重要。很明显，越善于交流的教师，组织的这种讨论就越有效果。聆听和问题解决技能，如第十二章讨论过的，尤其重要。当你跟气愤或沮丧的学生、家长交谈的时候，确定自己是否知道他们真正关心的是什么，而不只是注意他们说的话，气氛应该是友好，平静的。对学生的观察尽可能符合事实，依据评估中的观察资料或者信息，从学生或者家长那里得来的信息应该保密。家庭与社区合作指导提供了一些计划和组织这种讨论会的建议。

与家庭和社区建立合作关系指南——参考

预先计划。

例：你的目标有哪些？要解决哪些问题？公布测验结果？想让学生对哪些问题作出回答？给学生提供哪些信息？强调积极的方面。在课堂上讲讲接下来怎么做？给家庭应用这些信息提些什么建议？

以积极的评语开始。

例："哈佛很有幽默感。""比起对付动物来，吉塞拉更喜欢处理原材料。""别人有困难的时候，桑迪很有同情心。"

积极聆听。

例：和家长产生情感上的共鸣。

---

[1] 晕轮效应——对一个人的一般印象影响到我们对他(她)任何一方面的看法，这种趋势就是晕轮效应。

[2] 联系与拓展——联系你自己的理念。老师常常会批评某个学生不遵守课堂纪律，即使那个学生并没有错。这是不是晕轮效应的一个例子？你还能想到其他例子吗？

接受他们的感受："看到李不听课，想像不到我们有多灰心。"

建立一种合作关系。

例：请家长在家里把课堂上的目标坚持到底："如果你们想看家庭作业记录表，和艾里斯在家里复习，我就在上面写上评语，把她在学校里取得的进步制成图表。"

计划下一步的联系。

例：通过写短信或者打电话和家长分享学生的进步。

学生出现问题之前，告知家长学生的情况。

以肯定的评价语句作为结束语。

例："乔今年交了好多朋友。"

"考特尼在社会学科的表演活动中干得不错，他所在的小组发展得挺好。"

Source: From *The Successful Classroom*: *Management Strategies for Regular and Special Education Teachers* (p. 181), by D. P. Fromberg and M. Driscoll, 1985, New York: Teachers College Press. Copyright © 1985 by Teachers College Press. Adapted with permission.

有一条重要的联邦法律，巴克雷修订法(Buckleyamendment)，可能影响到教师，它也叫做家庭教育的权利和政策1974年修订法，1974年教育修订法。这条法律规定所有的教育机构必须作出测验结果和相关其他信息，记录在学生档案里面，以备学生或家长查询。如果学生和家长认为这些档案中包含不符合事实的信息，他们可以对这些条目提出质询，若理由充分就有权进行更改。这将意味着学生档案里的信息必须有坚实、合理的依据。测验必须是有效和可信的，评分必须依据完整的评估和观察资料，关于学生的评论和轶事记录必须准确、公平。

检查要点：评分之外：交流

回 顾

与家庭的交流如何促进学习？

应 用

评价你所见过的一次家长会。

总结

形成性评价和终结性评价

有哪两种课堂评估方式？

大部分教师必须对学生进行评估，分配等级。许多学校已经建立起测验和评分的相关政策,但由教师自己决定如何具体实施。课堂上,评估可能是形成性的(不进行评分,诊断性的)或者是终结性的(评分)。形成性评价有助于组织教学,终结性评价总结说明学生的成绩状况。

充分利用传统评估方法

教师应该怎样计划评估?

评估需要计划。经常性的测验中,使用要求学生应用和融会贯通所学知识的累积性问题,有助于学生的学习。在头脑中有一个评价目的,就能很好的自己设计测试题或者是评价教科书出版者提供的测验题。

两种传统形式的测验

测验的两种传统形式是客观性测验和主观性测验。客观性测验包括多项选择题、正误判断题、填空和匹配题,出客观性测验题应该依据具体的指导步骤。主观性测试题的编写和评分需要更细致的计划,还要依据评分标准去除各种偏向。主观性测验容易受各种偏向的影响,比如论文写的内容多或者写成精致的散文就可能获得较高等级。

评估革新

什么是真实评估?

对于传统测验的各种批评认为教师应该使用真实测验和其他的真实评估方法。真实评估要求学生完成任务,解决那些和真实生活相联系的实际问题,这也是学生走出学校后应该能做到的。

成长档案袋和演示

成长档案袋和演示是真实评估的两个例子。成长档案袋是学生的作业集,有时选那些表现成长和提高的作业,有时是"最好的作业"。演示是学生对知识理解的公开展示。成长档案袋和演示都强调在有意义的情境中完成真实生活中的任务。和其他评估方法一样,对这两种评估方式进行评价也需要判断效度,信度,普遍化程度和公平。

评分对学生的影响

失败怎样促进学习?

学生需要应对失败的经验,所以,为了刺激他们付出努力,设定的标准要足够高。

若及时提供反馈，偶然的失败可能起积极的作用。没有学会应对失败的学生，学习过程中经历第一次努力失败，就可能很快放弃了。

社会提升和成为“后进”，哪个更好？

只是简单的让学习有困难的学生升级或留级并不能保证他们能学会。除非和其他孩子相比，这个学生年龄很小，情感上还没有成熟，最好的办法是让他升级，但要给他额外的帮助，比如家庭辅导或者暑期学校上课。

反馈包括等级能提高学习和动机吗？

书面的或者是口头的反馈，包括对失误，不正确的学习策略的具体评语，结合对作业的肯定性评价，在批评和建议之间形成一定的平衡以最有效地促进学习提高。若和等级相联系的是有意义的学习，那么等级就能刺激学生的学习动机。

评分和报告：具体细节

两种评分方式

评分可以按指标参照和常模参照两种方式进行，指标参照成绩报告单通常说明学生在各个学习目标上达到的水平。曲线评分一种常用的常模指标参照评分方法，依据是与班级平均成绩水平相比较得出的学生成绩排序。

什么是点方法？

通常使用点方法进行测验和作业的评分。许多学校使用百分比评分方法，但是测验的困难和评分标准经常影响评分结果。等级 B 和 C 之间可能就只是作业上的一两分之差，但是对学生而言这一两分带来的后果是巨大的。

几种传统的评分方法

传统的评分方法有契约法，自我学习预期和双重标识法。不论使用哪种方法，你都得首先决定是按照努力程度，学习提高程度，或者把两者结合起来进行评分，还有是否要限制优良等级的数量。

评分中产生偏向来源

除了作业的质量，能影响到评分的因素很多：比如，教师对学生能力、努力或者学生一般课堂行为的认定。

超越评分：交流

和学生家庭成员交流怎样促进学生学习的？

并不是教师每次的谈话都得和等级连在一起。和学生以及学生家长交流有助于教师理解学生，通过创设和谐的学习环境提供有效的教学。在法律上学生本人和家长有权向学校了解学生档案袋里的所有信息，所以这些档案记录必须是适当的，准确的，并有事实依据。

走向专业化

反思

你能应用本章的课堂评估和评分的内容来解决下面的实际问题吗？

学前和幼儿园

班里有几个孩子的父母想要一份报告，看看他们的孩子在学前班的情况，对此你会作何反应？对这些小孩子来说，哪种评估和报告方式更为合适？

小学和中学学校

在一次教师家长见面会上，一对父母指责你偏向，给他们的孩子评低的等级“就因为他与众不同”。对此，你作何反应？

初中和高中学校

几个学生对你给他们的学期方案设计(term projects)评的等级很不满意，他们要求你讲明理由，想让你提高他们的等级，这时你怎么办呢？

你的学校要求你使用百分比评分，但是你更倾向于另一种方法，这时该作何选择呢？

认证测验要求

了解形成性测验和终结性测验的区别。

理解真实评价的特征。

熟悉评分的几种方法。

了解巴克雷修订法的具体要求。

个人教学档案

思考一下自己的教学理念，讲讲你对测验和评分的理解？你会怎么分配等级？（结合本章相关的指南）

给你要教的年级水平建立一个评分计划，并把计划加到你的教学袋里去。

根据这一章所学的内容，想像怎么让家长参与进来，把想到的加到教学袋中。

教学资源

针对你学生的情况，调整建立标准的指南。

把表 15.1“评价课本测验要考虑的几个关键点”和表 15.3“真实测验的特征”加到你的教学资源文件中去。

把图 15.1“对口语表达的三种评定方式”和图 15.2“学习小组各成员的自评和互评”加到你的教学资源文件中去。

教师案例簿

他们会怎么做？

本章开头描述了一个“如何建立起一套字母评分方法”的问题情境，下面是几位教师对此作出的回应。

KATIE CHURCHILL
Third Grade Teacher
Oriole Parke Elementary School, Chicago, Illinois

我要用一组评价工具来对我的学生进行评估，用学生和家长都熟悉的标准，这样他们更容易理解，也利于实施。确定下来的标准要放在教室的中心位置，以不断提醒学生牢记老师对他们的期望。

以不同的教学方式对学生因材施教，满足学生不同的学习风格和特征，学生会越来越喜欢学习，用更多的时间投入学习，也就能够拿出高质量的作业，超过老师对他们的期望。

要获得特别字母等级，要考虑这样几个重要的因素。字母等级必须是综合小组作业、完成目标、符合任务要求的标准才能取得。

MADYA AYALA

High School Teacher of Preperatoria Eugenio Garza Lagüera

Campus Garza Sada, Monterrey, N. L. Mexico

我认为重要的是评估学生的代表性作业。首先，成长档案袋可以是收集每学年各种作业的一个不错的渠道，通过学生的最佳作品，教师可以给学生的成绩和取得的进步分配一个相应的字母等级。给孩子们分配等级的时候不要只看学生有没有进步，也要看他们对知识的理解。我要用有意义的书面评估来测评学生对知识的掌握和保持程度。最后，我给学生做的各种方案设计和实验评定等级，让设计优秀的学生公平的得到较高的等级。我也非常赞成用确定一系列标准的方法，来给学生的作业或者设计分配等级。在一个标准体系下，教师给各部分内容分配一定数量的分值，然后再根据学生得到的分数就可以很容易的划分等级了。

教师要评价学生的成绩，对学生取得进步进行反馈对达到教学目标非常重要。她已经使用了定性的评语，比如，对学生的进步满意或不满意。如果校方要求使用字母评分，我同样也不会忘记反馈；这是一个很重要的策略，所有教师都要这样做来监控学生的行为，包括给学生提供机会发展批判性思维、策略思维、元认知等等。我要教学生监控自己和他人的行为（当然这得根据学生的年龄和学期的长短决定）。

我的策略是：

- 教他们建立标准。
- 让他们意识到反馈和评分的区别。
- 训练他们自我反馈。
- 训练他们根据教师的指导，把具体任务的完成情况和标准联系起来，给出一定的分值。

训练结束时：

- 评价的标准在老师的帮助下在小组中确立下来。
- 学生和教师在不同的任务上彼此进行反馈。
- 学生和教师一起给任务的完成情况评定等级。

KATIE PIEL

Kindergarten-Sixth Grade Teacher

West Park School, Moscow, Idaho

在 K—12 年级，评分一直是一个有争议的问题，我想从一个小学 K—6 教师的观点谈起。我遇到过和前面提出的相类似的情境。和多数教育工作者一样，我更希望有自己选择评估和评价标准的自由，以更适合我的教学风格和学生的学习风格。但事实并不是这样,“A—F”这种等级划分仍然是一种广泛应用的形式。在这种情况下,我想再看一下国家标准,州原则以及地区学校的课程目标。我想在评分阶段上一门新的课程,依据就是国家、州和地方指导原则下建立的符合标准的学习行为。然后我就向学生清楚地说明每个等级的标准,要达到的水平。例如,社会科学这门课要得“A”,所有列出的标准都要完全符合。数学,要得“B”,必须满足标准中的 4/5。科学课,符合标准中的 3/5 可以得“C”。评分阶段开始之前,必须把这些标准、期望和规则对学生、家长以及学校行政管理者交代清楚。学生可以自由采取不同的方式表现自己的学业成绩,如,小组设计、日常作业、测验和个人设计等等,所有的学生都有责任展示自己的学习情况。由于每个教师的评分标准不同,教师需要与同事积极协作,和其他教师交流学生下个发展阶段能够期望他(她)的技能达到什么水平也是很重要的一件事。

AIMEE FREDETTE

Second Grade Teacher

Fisher Elementary School, Walpole, Massachusetts

我相信每个学生都有自己独特的聪明之处。我给出各种各样的方式,让学生自己选择不同的方式来展示他们的知识。我看重的是学生应用知识能力,以及把知识融会到其他学科领域的能力。

我给每个孩子建立成长档案袋,整理全学年的作品,能体现学生的进步和发展。每次批改作业的时候,我都给每个孩子挑出他们做的几个作业,把这些作业放到他们的成长档案袋里去。我不只是挑那些优秀的作业,而是尽可能多样化。学年末的时候孩子们就能拿到一个完整的记录袋保存起来。

我让每个孩子得到的等级都是他(她)自己的等级。每个孩子通过记录袋里的样例,只和自己比较。为了顺利实施这种评估方式,教师需要学校行政部门的支持。为了证明我使用的记录袋的评估方式是有效的,我可以向学校行政部门或家长展示某个学生能够做什么的“证据”(学生的实际作业)。成长和发展可以从 9 月份的一个作业样例和 11 月份的一个作业样例的比较中体现出来。

ALLAN OSBORNE

Assistant Principal

Snug Harbor Community School, Quincy, Massachusetts

不论哪一种评分方法都应该考虑学生取得的进步和付出的努力,而且要能够个性化地说明每个学生的长处和弱点。这样,占绝对多数的普通教育的学生就不会受到和天才儿童同样的期望。

每个学期的最后等级应该依据多个变量得出，虽然测验和考试是确定学生学到什么的主要方式，也应该给学生提供一些其他的渠道来展示他们所学的知识。因此，我要让学生做一个长期的方案设计，在解决现实生活问题的过程中展现所学的知识。确定最后等级时，我尤其强调对学生在某个特定问题上的实用性知识的评价。

虽然小组作业也是一种很重要的学习体验，但我不想过分强调小组方案设计的等级。我们都知道，每个小组成员并不是平等参与小组作业的，小组取得的等级并不反映每个成员的表现。

任何一种成功的评分方法最重要的方面就是公平。公平要求预先向学生和家长说明班级要求、期望以及评分标准，只有公平的方法才是合理的。准确和详细的记录学生取得的进步也很重要。除了记录学生考试、测验、方案设计的等级，还要保存学生的相关轶事记录，这些轶事是学生的典型行为表现。当有人对成绩报告单有疑问的时候，这些记录就有价值了。

词汇表

A

Ability	能力
Absence Seizure	失神痉挛
Academic Learning Time	学业学习时间
Academic Tasks	学业任务
Accommodation	顺应
Achievement Tests	成就测验
Acronym	首字母缩略法
Action Zone	作用区
Active Teaching	活动教学
Adaptation	适应
Adolescent Egocentrism	青少年自我中心
Advance Organizer	先行组织者
Affective Domain	情感领域
Aggression	攻击,侵犯
Algorithm	算法
Allocated Time	分配时间
American with Disabilities Act	美国残疾人法令(ADA)
Analogical Thinking	类比法
Anchored Instruction	支点式教学
Androgynous	性别角色混合
Anorexia Nervosa	神经性厌食症
Antecedents	前因
Anxiety	焦虑
Applied Behavior Analysis	应用行为分析
Aptitude Tests	能力倾向测验
Arousal	唤醒
Articulation Disorders	发音动作障碍
Articulatory Loop	关节环路
Assertive Discipline	坚定的管理
Assessment	评估
Assimilation	同化
Assisted Learning	辅助学习
Associative Stage	联结阶段
Attainment Value	获得性价值

Attention-deficit/hyperactivity Disorder, ADHD	注意力缺陷或多动症
Attention	注意
Attribution Theories	归因理论
Authentic Assessment	真实评估
Authentic Task	真实性任务
Authentic Tests	真实测验
Authoritarian Personality	独裁人格
Automated Basic Skills	自动化基本技能
Automaticity	自动化
Autonomous Stage	自动化阶段
Autonomy	自主性,自律
Aversive	令人厌恶的

B

Basic Skills	基本技能
Behavior Modification	行为矫正
Behavioral Learning Theories	行为主义学习理论
Behavioral Objectives	行为目标
Between-class Ability Grouping	班级间能力分组
Bilingualism	使用双语,双语现象
Bimodal Distribution	双峰分布
Blended Families	混合家庭
Bottom-up Processing	自下而上的信息加工
Brainstorming	头脑风暴
Bulimia	饥饿症

C

CAPS	一种阅读文学作品的方法
Case Study	个案研究
Central Tendency	集中趋势
Cerebral Palsy	脑瘫痪
Certification Test	资格认证测验
Chain Mnemonics	链记法
Chunking	组块
Classical Conditioning	经典条件反射
Classification	分类,分组

Classroom Management	课堂管理
Co-constructed	共同建构
Coding System	编码系统
Cognitive Apprenticeship	认知学徒
Cognitive Behavior Modification	认知行为调整
Cognitive Development	认知发展
Cognitive Domain	认知领域
Cognitive Evaluation Theory	认知评价理论
Cognitive Objectives	认知目标
Cognitive Stage	认知阶段
Cognitive Styles	认知风格
Cognitive View of Learning	学习的认知观
Collective Monologue	集体独白
Collective Self-esteem	集体自尊
Community of Practice	实践群体
Compensation	补偿
Complex Learning Environments	复杂学习环境
Components	成分
Concept Mapping	概念地图
Conception	概念
Conceptual Change Teaching in Science	科学中的概念转变教学
Concrete Operations	具体运算
Conditional Knowledge	条件性知识
Conditional Stimulus, CS	条件刺激
Conditional Response, CR	条件反应
Confidence Interval	置信区间
Consequences	后果
Conservation	守恒
Constructed-response Format	构建回答形式
Constructivism (Also Constructivist Approach)	建构主义
Construct-related Evidence of Validity	结构关联效度
Content-related Evidence of Validity	内容关联效度
Context	场合，背景
Contiguity	接近，邻近
Contingency Contract	暂时契约方案
Continuous Reinforcement Schedule	连续强化程式
Contract System	契约方法

Convergent Questions	聚合型问题
Convergent Thinking	聚合思维
Cooperative Learning	合作学习
Cooperative Teaching	合作教学
Correlations	相关性,相关
Creativity	创造性
Criterion-referenced Grading	指标参照评分
Criterion-referenced Testing	指标参照测验
Criterion-related Evidence of Validity	效标关联效度
Critical Thinking	批判性思维
Cueing	线索
Cultural Deficit Model	文化缺陷模型
Cultural Tool	文化工具
Culturally Compatible Classroom	文化和谐共存的课堂
Culturally Relevant Pedagogy	与文化相匹配的教学
Culture	文化
Culture-fair/culture-free Test	文化公平或超越文化的测验
Curriculum-based Assessment	基于课程的评估(CBA)

D

Data-based Instruction	基于数据资料的教学
Decay	衰退
Decentering	去中心化
Declarative Knowledge	陈述性知识
Deductive Reasoning	演绎推理
Deficiency Needs	缺失需要
Defining Attributes	定义属性
Descriptive Studies	描述性研究
Developmental Crisis	发展危机
Development	发展
Deviation IQ	离差智商
Diagnostic Tests	诊断性测验
Dialect	方言
Direct Instruction	直接教学
Disability	残疾,障碍
Discovery Learning	发现学习
Discrimination	歧视

Discrimination	辨别
Disequilibrium	失衡
Distractors	干扰项
Distributed Practice	分散练习
Divergent Questions	发散型问题
Divergent Thinking	发散思维
Domain-specific Knowledge	专门领域的知识
Domain-specific Strategy	专门领域策略
Dual Marking System	双重标识法

E

Educational Blind	教育意义上的失明
Educational Psychology	教育心理学
Egocentric	自我中心
Ego-involved Learners	自我介入型学习者
Eg-rule Method	例规法
Elaboration	精加工
Elaborative Rehearsal	精细复述
Emotional Intelligence,EQ	情感智力
Empathetic Listening	移情倾听
Engaged Time	投入时间
English as A Second Language(ESL)	作为第二语言的英语
Entity View of Ability	能力实体观
Epilepsy	癫痫症
Episodic	情节记忆
Equilibration	平衡
Ethnic Pride	民族自豪感
Ethnicity	民族性
Ethnography	人种志
Evaluation	评价
Exceptional Students	特殊学生
Executive Control Processes	执行控制过程
Exemplars	范例
Exhibition	展示
Expectancy x Value Theories	期望 X 价值理论
Experimentation	实验
Expert Teachers	专家型教师

Explanatory Links	说明性连词
Explicit Teaching	显性教学
Expository Teaching	讲解式教学
Extinction	消退
Extrinsic Motivation	外部动机

F

Failure-accepting Students	接受失败型学生
Failure-avoiding Students	避免失败型学生
Field Dependence	场依存
Field Independence	场独立
Fine-motor Skills	精细运动技能
Finger Spelling	指语拼写
Formal Operations	形式运算
Formative Assessment	形成性评价
Frequency Distribution	频次分布
Full Inclusion	全纳
Functional Fixedness	功能固着

G

Gender Biases	性别偏见
Gender Schemas	性别图式
Gender-role Identity	性别角色认同
General Knowledge	一般知识
Generalization	泛化
Generalized Seizures	一般的痉挛
Generativity	繁殖
Gestalt	格式塔
Gifted Students	有天赋的学生
Goal Structure	目标结构
Goal	目标
Goal-directed Actions	目的性行为
Good Behavior Game	良好行为比赛
Graded Membership	等级资格
Grade-equivalent Score	年级等值分数
Grading On the Curve	曲线评分

Gross-motor Skills	大运动技能
Group Consequences	团体效应
Group Discussion	小组讨论
Group Focus	维持团体注意
Growth Needs	成长需要
Guided Discovery	有指导的发现

H

Halo Effect	晕轮效应
Handicap	障碍
Heuistic	启发式
Hierarchy of Needs	需要层次
High-road Transfer	高路迁移
High-stakes Testing	高风险测试
Histogram	直方图
Humanistic View	人本主义观点
Hyperactivity	多动症
Hypothetico-deductive Reasoning	假设-演绎推理

I

Identity Achievement	同一性获得
Identity Diffusion	同一性扩散
Identity Foreclosure	同一性排斥
Identity	同一性
Images	表象
Impulsive	冲动型
Incentive	诱因
Incremental View of Ability	能力增长观
Individual Learning Expectation (ILE)	自我学习预期
Individualized Education Program (IEP)	个别化教育方案
Individuals with Disabilities Education	残疾儿童教育法案(IDEA)
Inductive Reasoning	归纳推理
Industry	勤奋
Information Processing	信息加工
Initiative	主动性
Inquiry Learning	探究学习

Insight	顿悟
Insight	洞察力
Instructional Conversation	教学交谈
Instructional Objective	教学目标
Integrity	完满感
Intelligence Quotient (IQ)	智商
Intelligence	智力
Interference	干扰
Intermittent Reinforcement Schedule	间歇强化程式
Internalize	内化
Intersubjective Attitude	主体间态度
Interval Schedule	时间间隔程式
Initiative	主动性
Intrinsic Motivation	内部动机
Intrinsic or Interest Value	内在的或兴趣价值
Intuitive Thinking	直觉思维

J

Jigsaw	拼图式

K

Keyword Method	关键词法
KWL Plus	引导学生阅读和提问的一种方法

L

Lateralization	侧面优势,偏侧性,偏侧优势,偏利
Learned Helplessness	习得无能为力
Learning Disability	学习障碍,学习困难
Learning Goal	学习性目标
Learning Helpless	习得无能为力
Learning Preferences	学习偏好
Learning Propensity Assessment Device	学习倾向评价程序
Learning Strategies	学习策略
Learning Styles	学习风格
Learning Tactics	学习技巧
Learning	学习

Least Restrictive Placement	最少限制的安置
Lecturing	讲授
Legitimate Peripheral Participation	真实的外围参与
Levels of Processing Theories	信息加工水平理论
Limited English Proficiency (LEP)	英语能力不足者
Linguistic Comprehension	语言的理解
Loci Method	场所法
Locus of Causality	原因控制点
Long-term Memory	长时记忆
Low Vision	视弱
Low-road Transfer	低路迁移

M

Mainstreaming	主流
Maintenance Rehearsal	保持性复述
Massed Practice	集中学习
Mastery Experiences	掌握的经验
Mastery-oriented Students	掌握定向型学生
Mastery	掌握学习
Maturation	成熟
Mean	平均数
Meaning Verbal Learning	有意义言语学习
Means-ends Analysis	手段-目的分析法
Measurement	测量
Median	中位数
Melting Pot	熔炉
Mental Age	心理年龄
Mental Retardation	智力迟钝
Metacognition	元认知
Metalinguistic Awareness	元语言意识
Minimum Competency Test	最低能力要求测验
Minority Group	少数群体
Mnemonics	记忆术
Mode	众数
Modeling	模仿
Monolinguals	单语者
Moral Dilemmas	道德两难问题

Moral Realism	现实道德
Moral Reasoning	道德推理
Morality of Cooperation	合作道德
Moratorium	延迟
Motivation to Learn	学习动机
Motivation	动机
Movement Management	活动转换管理
Multicultural Education	多元文化教育
Multiple Intelligence	多元智能
Multiple Representations of Content	内容的多种表征
Myelination	髓鞘形成

N

Negative Correlation	负相关
Negative Reinforcement	负强化或消极强化
Neo-Piagetian Theries	新皮亚杰理论
Neutral Stimulus	中性刺激
Norm Group	常模群体
Normal Distribution	正态分布
Norming Sample	常模样本
Norm-referenced Grading	常模参照评分
Norm-referenced Testing	常模参照测验

O

Object Permanence	客体永久性
Objective Testing	客观测验
Observational Learning	观察学习
Operant Conditioning	操作条件反应
Operants	操作性反应
Operations	运算
Organization	组织
Orthopedic Device	整形外科装置
Overgeneralization	概念外延扩大
Overlapping	一心多用
Overlearning	过度学习

P

Paraphrase Rule	释义方法
Part Learning	部分学习法
Participant Observation	参与性观察
Participation Structures	参与结构
Peg-type Mnemonics	钉子法
Percentage Grading	百分法
Percentile Rank	百分等级
Perception	知觉
Performance Goal	行为表现目标
Personal Development	个性发展
Perspective-taking Ability	理解他人观点的能力
Physical Development	生理发育
Portfolio	成长档案袋
Positive Correlation	正相关
Positive Practice	正练习
Positive Reinforcement	正强化或积极强化
PQ4R	学习课文的六步法
Prejudice	偏见
Premack Principle	普雷马克原理
Preoperational	前运算
Prepositional Networks	命题网络
Presentation Punishment	呈现惩罚
Pretest	前测
Principle	原理
Private Speech	自我言语
Problem Solving	问题解决
Problem-based Learning	基于问题的学习
Problem	问题
Procedural Knowledge	程序性知识
Procedural Memory	程序性记忆
Procedures	程序
Productions	产生式
Prompt	提示
Prototype	原型
Psychomotor Domain	动作领域
Psychosocial	心理社会学

Puberty	青春期
Pygmalion Effect	皮格马利翁效应

R

Race	种族
Radical Constructivism	激进的建构主义
Random	随机
Range	范围
Ratio Schedule	比率间隔程式
Readiness Testing	准备性测验
READS	五步阅读法
Reciprocal Determinism	交互决定论
Reciprocal Questioning	交互提问
Reciprocal Teaching	交互教学
Recitation	问答
Reconstruction	重新建构、重构
Reflective	反思、反思型
Regular Education Initiative	正规教育主动化
Reinforcement	强化
Reinforcer	强化物
Reliability	信度
Removal Punishment	去除惩罚
Reprimands	申斥
Resistance Culture	反叛文化
Resource Room	资源室
Respondents	反射
Response Cost	反应代价
Response	反应
Retrieval	提取
Reversibility	可逆性
Reversible Thinking	逆向思维
Revise Option	修改权
Reward	奖励
Ripple Effect	连锁效应
Rote Memorization	机械记忆
Rule-eg Method	规例法
Rules	规则

S

Satiation	饱和法
Scaffolding	支架,脚手架
Schema-driven Problem Solving	图式驱动解题法
Schemas	图式
Scoring Rubrics	评分标准
Scripted Cooperation	互评式合作
Script	脚本
Seatwork	课堂作业
Self-actualization	自我实现
Self-concept	自我概念
Self-determination	自我决定
Self-efficacy	自我效能感
Self-esteem	自尊
Self-fulfilling Prophecy	自我实现预言
Self-instruction	自我指导
Self-management	自我管理
Self-regulated Learners	自我监控学习者
Self-reinforcement	自我强化
Semantic Memory	语义记忆
Semilingual	半语者
Semiotic Function	符号功能
Sensorimotor	感觉运动
Sensory Memory	感觉记忆
Serial-position Effect	序列位置效应
Seriation	排序
Shape	塑造
Sigh Language	手势语
Situated Learning	情境化学习
Social Cognitive Theory	社会认知理论
Social Development	社会性发展
Social Goals	社会性目标
Social Isolation	社会隔离
Social Learning Theory	社会学习理论
Social Negotiation	社会协商
Social Persuasion	他人劝说
Socialcultural View of Motivation	社会文化的动机观

Socialization	社会化
Sociocultural Theory	社会文化理论
Socioeconomic Status (SES)	社会经济地位
Sociolinguistics	社会语言学
Spasticity	痉挛状态
Speech Impairments	语言障碍
Speech Reading	语言识别
Spiral Curriculum	螺旋课程
Spread of Activation	激活的扩散
Stand-alone Thinking Skills Programs	独立的思维技能项目
Standard Deviation	标准差
Standard Error of Measurement	测量的标准误
Standard Scores	标准分数
Standard Speech	标准话
Standardized Tests	标准化测验
Stanine Scores	标九分数
Statistically Significant	统计意义上显著
Stem	题干
Stereotype	刻板印象
Stereotype Threat	刻板印象威胁
Stimulus	刺激
Stimulus Control	刺激控制
Story Grammar	故事文法
Student Teams-achievement Divisions (STAD)	学生小组成就区分法
Stuttering	口吃
Subjects	被试
Successive Approximations	逐步接近法
Summative	终结性评价
Sustaining Expectation Effect	持续的期望效应
Syntax	句法

T

T Score	T 分数
Tacit Knowledge	常规性知识
Task Analysis	任务分析
Task-involved Learners	任务介入型学习者
Taxonomy	分类法

Teaching Efficacy	教学效能感
Teaching Portfolio	教学档案库
Teams-games-tournaments (TGT)	小组游戏竞赛法
Test Bias	测验偏见
Theory	理论
Time on Task	任务时间
Time Out	间歇
Token Reinforcement System	代币强化方案
Top-down Processing	自上而下的信息加工
Tracking	分层教学
Transfer	迁移
Transition Program	过渡计划
Triarchic Theory of Intelligence	智力三元理论
True Score	真实分数

U

Unconditional Response, UR	无条件反应
Unconditional Stimulus, US	无条件刺激
Undergeneralization	概念外延缩小
Utility Value	实用价值

V

Validity	效度
Variability	变异性
Verbalization	言语表现
Vicarious Experience	替代经验
Vicarious Reinforcement	替代强化
Voicing Problems	嗓音问题
Volition	意志力

W

Whole-language Perspective	全语观点
Within-class Ability Grouping	班级内部能力分组
Withitness	明察秋毫
Work-avoidant Learners	逃避工作型学习者
Working Memory	工作记忆

Working-backward Strategy 逆推策略

Z

z Score z 分数
Zone of Proximal Development 最近发展区

参考文献

AAMD Ad Hoc Committee on Terminology and Classification. (1992). *Mental retardation: Definition, classification, and systems of support* (9th ed.). Washington, DC: American Association on Mental Retardation.

Abi-Nader, J. (1991). Creating a vision of the future: Strategies for motivating minority students. *Phi Delta Kappan, 72,* 546–549.

Aboud, F., & Skerry, S. (1984). The development of ethnic identification: A critical review. *Journal of Cross-Cultural Psychology, 15,* 3–34.

Abruscato, J. (1993). Early results and tentative implications from the Vermont Portfolio Project. *Phi Delta Kappan, 74,* 474–477.

Adams, M. J., Treiman, R., & Pressley, M. (1998). Reading, writing, and literacy. In I. Sigel & A. Renninger (Eds.), *Handbook of child psychology: Child psychology in practice* (Vol. 4, pp. 275–355). New York: Wiley.

Adams, R. S., & Biddle, B. J. (1970). *Realities of teaching: Exploration with videotape.* New York: Holt, Rinehart, & Winston.

Airasian, P. W. (1996). *Assessment in the classroom.* New York: McGraw-Hill.

Airasian, P. W. (in press). Types, uses, and critiques of objectives. In L. Anderson & D. Krathwohl (Eds.), *A taxonomy of teaching and learning: A revision of Bloom's taxonomy of educational objectives.* New York: Addison, Wesley, Longman.

Airasian, P. W., & Walsh, M. E. (1997). Constructivist cautions. *Phi Delta Kappan, 78,* 444–449.

Alberto, P., & Troutman, A. C. (1990). *Applied behavior analysis for teachers: Influencing student performance* (3rd ed.). Columbus, OH: Merrill.

Alderman, M. K. (1985). Achievement motivation and the preservice teacher. In M. Alderman & M. Cohen (Eds.), *Motivation theory and practice for preservice teachers* (pp. 37–49). Washington, DC: ERIC Clearinghouse on Teacher Education.

Alexander, P. (in press). Stages and phases of domain learning: The dynamics of subject-matter knowledge, strategy knowledge, and motivation. In C. Weinstein & B. McCombs (Eds.), *Strategic learning: Skill, will, and self-regulation.* Mahwah, NJ: Lawrence Erlbaum Associates.

Alexander, P. A. (1992). Domain knowledge: Evolving themes and emerging concerns. *Educational Psychologist, 27,* 33–51.

Alexander, P. A. (1995). Superimposing a situation-specific and domain-specific perspective on an account of self-regulated learning. *Educational Psychologist, 30,* 189–194.

Alexander, P. A. (1996). The past, present, and future of knowledge research: A reexamination of the role of knowledge in learning and instruction. *Educational Psychologist, 31,* 89–92.

Alexander, P. A. (1997). Mapping the multidimensional nature of domain learning: The interplay of cognitive, motivational, and strategic forces. *Advances in Motivation and Achievement, 10,* 213–250.

Alexander, P. A., & Jetton, T. L. (1996). The role of importance and interest in the processing of text. *Educational Psychology Review, 8,* 89–121.

Alexander, P. A., Kulikowich, J. M., & Schulze, S. K. (1994). How subject-matter knowledge affects recall and interest. *American Educational Research Journal, 31,* 313–337.

Alexander, P. A., & Murphy, P. K. (1998). The research base for APA's Learner-Centered Psychological Principles. In N. Lambert & B. McCombs (Eds.), *How students learn: Reforming schools through learner-centered education.* Washington, DC: American Psychological Association.

Allington, R. (1980). Teacher interruption behaviors during primary-grade oral reading. *Journal of Educational Psychology, 71,* 371–377.

Alloway, N. (1984). *Teacher expectations.* Paper presented at the meetings of the Australian Association for Research in Education, Perth, Australia.

Alloy, L. B., & Seligman, M. E. P. (1979). On the cognitive component of learned helplessness and depression. *The Journal of Learning and Motivation, 13,* 219–276.

Alwin, D., & Thornton, A. (1984). Family origins and schooling processes: Early versus late influence of parental characteristics. *American Sociological Review, 49,* 784–802.

Amato, L. F., Loomis, L. S., & Booth, A. (1995). Parental divorce, marital conflict, and offspring well-being during early adulthood. *Social Forces, 73,* 895–915.

American Association for the Advancement of Science (AAAS). (1993). *Benchmarks for science literacy.* Washington, DC: Author.

American Association of University Women (AAUW). (1991). *Shortchanging girls, shortchanging America.* Washington, DC: Author.

Ames, C. (1990). Motivation: What teachers need to know. *Teachers College Record, 91,* 409–421.

Ames, C. (1992). Classrooms: Goals, structures, and student motivation. *Journal of Educational Psychology, 84,* 261–271.

Ames, R., & Lau, S. (1982). An attributional analysis of student help-seeking in academic settings. *Journal of Educational Psychology, 74,* 414–423.

Anastasi, A. (1988). *Psychological testing* (6th ed.). New York: Macmillan.

Anderman, E. M., & Maehr, M. L. (1994). Motivation and schooling in the middle grades. *Review of Educational Research, 64,* 287–310.

Anderson, C. W., & Roth, K. J. (1989). Teaching for meaningful and self-regulated learning of science. In J. Brophy (Ed.), *Advances in research on teaching* (Vol. 1, pp. 265–306). Greenwich, CT: JAI Press.

Anderson, C. W., & Smith, E. L. (1983, April). *Children's conceptions of light and color: Developing the concept of unseen rays.* Paper presented at the annual meeting of the American Educational Research Association, Montreal.

Anderson, C. W., & Smith, E. L. (1987). Teaching science. In V. Richardson-Koehler (Ed.), *Educators' handbook: A research perspective* (pp. 84–111). New York: Longman.

Anderson, C. W., Holland, J. D., & Palincsar, A. S. (1997). Canonical and sociocultural approaches to research and reform in science education: The story of Juan and his group. *The Elementary School Journal, 97,* 359–384.

Anderson, J. R. (1993). Problem solving and learning. *American Psychologist, 48,* 35–44.

Anderson, J. R. (1995a). *Cognitive psychology and its implications* (4th ed.). New York: Freeman.

参考文献

Anderson, J. R. (1995b). *Learning and memory*. New York: John Wiley & Sons.

Anderson, J. R., Reder, L. M., & Simon, H. A. (1995). Applications and misapplication of cognitive psychology to mathematics education. Unpublished manuscript. [www document] URL http://www.psy.cmu.edu/~mm4b/misapplied.html

Anderson, J. R., Reder, L. M., & Simon, H. A. (1996). Situated learning and education. *Educational Researcher, 25*, 5–11.

Anderson, L. M. (1985). What are students doing when they do all that seatwork? In C. Fisher & D. Berliner (Eds.), *Perspectives on instructional time* (pp. 189–202). New York: Longman.

Anderson, L. M. (1989a). Learners and learning. In M. Reynolds (Ed.), *Knowledge base for beginning teachers* (pp. 85–100). New York: Pergamon.

Anderson, L. M. (1989b). Classroom instruction. In M. Reynolds (Ed.), *Knowledge base for beginning teachers* (pp. 101–116). New York: Pergamon.

Anderson, L. M., Brubaker, N. L., Alleman-Brooks, J., & Duffy, G. G. (1985). A qualitative study of seatwork in first-grade classrooms. *Elementary School Journal, 86*, 123–140.

Anderson, L. W., & Krathwohl, D. R. (Eds.). (2001). *A Taxonomy for Learning, Teaching, and Assessing: A Revision of Bloom's Taxonomy of Educational Objectives*. New York: Addison, Wesley, Longman.

Anderson, L. W., & Sosniak, L. A. (Eds.). (1994). *Bloom's Taxonomy: A forty-year retrospective*. Ninety-third yearbook for the National Society for the Study of Education: Part II. Chicago: University of Chicago Press.

Anderson, P. J., & Graham, S. M. (1994). Issues in second-language phonological acquisition among children and adults. *Topics in Language Disorders, 14*, 84–100.

Anderson, R., Hiebert, E., Scott, J., & Wilkinson, I. (1985). *Becoming a nation of readers: The report of the commission on reading*. Washington, DC: National Institute of Education.

Anderson, S. M., Klatzky, R. L., & Murray, J. (1990). Traits and social stereotypes: Efficiency differences in social information processing. *Journal of Personality and Social Psychology, 59*, 192–201.

Anglin, J. M. (1993). Vocabulary development: A morphological analysis. *Monographs of the Society for Research in Child Development, 58*(10, Serial No. 238).

Anyon, J. (1980). Social class and the hidden curriculum of work. *Journal of Education, 162*, 67–92.

APA Board of Educational Affairs. (1995). *Learner-centered psychological principles: A framework for school redesign and reform*. Washington, DC: American Psychological Association.

Archer, S. L., & Waterman, A. S. (1990). Varieties of identity diffusions and foreclosures: An exploration of the subcategories of the identity statuses. *Journal of Adolescent Research, 5*, 96–111.

Arlin, M. (1984). Time, equality, and mastery learning. *Review of Educational Research, 54*, 65–86.

Armbruster, B. B., & Anderson, T. H. (1981). Research synthesis on study skills. *Educational Leadership, 39*, 154–156.

Armstrong, L. S. (1991, January 16). Racial, ethnic prejudice still prevalent, survey finds. *Education Week, 7*.

Aronson, J., & Fried, C. B. (in press). Reducing the effects of stereotype threat on African American college students: The role of theories of intelligence. *Journal of Experimental Social Psychology*.

Aronson, J., Lustina, M. J., Good, C., Keough, K., Steele, C. M., & Brown, J. (1999). When White men can't do math: Necessary and sufficient factors in stereotype threat. *Journal of Experimental Social Psychology, 35*, 2946.

Aronson, J., & Salinas, M. F. (1998). Stereotype threat, attributional ambiguity, and Latino underperformance. Unpublished manuscript, University of Texas at Austin.

Aronson, J., Steele, C. M., Salinas, M. F., & Lustina, M. J. (1999). The effect of stereotype threat on the standardized test performance of college students. In E. Aronson (Ed.), *Readings About the Social Animal* (8th ed.). New York: Freeman.

Artman, L., & Cahan, S. (1993). Schooling and the development of transitive inference. *Developmental Psychology, 29*, 753–759.

Aschbacher, P. (1997). New directions in student assessment [Special issue]. *Theory Into Practice, 36*(4), 194–272.

Ashton, P. T. (1978). Cross-cultural Piagetian research: An experimental perspective. *Harvard Educational Review* (Reprint Series No. 13).

Association for Supervision and Curriculum Development. (1990). Effective teaching redux. *ASCD Update, 32*(6), 5.

Association for Supervision and Curriculum Development. (1991). Issue. *ASCD Update, 33*(3), 7.

Atkinson, R. C., & Shiffrin, R. M. (1968). Human memory: A proposed system and its control processes. In K. Spence & J. Spence (Eds.), *The psychology of learning and motivation* (Vol. 2). New York: Academic Press.

Atkinson, R. K., Levin, J. R., Kiewra, K. A., Meyers, T., Atkinson, L. A., Renandya, W. A., & Hwang, Y. (1999). Matrix and mnemonic text-processing adjuncts: Comparing and combining their components. *Journal of Educational Psychology, 91*, 242–257.

Au, K. H. (1980). Participation structures in a reading lesson with Hawaiian children: Analysis of a culturally appropriate instructional event. *Anthropology and Education Quarterly, 11*, 91–115.

Ausubel, D. P. (1963). *The psychology of meaningful verbal learning*. New York: Grune and Stratton.

Ausubel, D. P. (1977). The facilitation of meaningful verbal learning in the classroom. *Educational Psychologist, 12*, 162–178.

Babad, E. Y. (1995). The "Teachers' Pet" phenomenon, students' perceptions of differential behavior, and students' morale. *Journal of Educational Psychology, 87*, 361–374.

Babad, E. Y., Inbar, J., & Rosenthal, R. (1982). Pygmalion, Galatea, and the Golem: Investigations of biased and unbiased teachers. *Journal of Educational Psychology, 74*, 459–474.

Baddeley, A. D. (1986). *Working memory*. Oxford, UK: Clarendon Books.

Baddeley, A. (1998). *Human memory: Theory and practice* (Rev. ed.). Boston: Allyn & Bacon.

Baer, J. (1997). *Creative teachers, creative students*. Boston: Allyn & Bacon.

Bailey, S. M. (1993). The current status of gender equity research in American Schools. *Educational Psychologist, 28*, 321–339.

Baillargeon, R., & DeVos, J. (1991. Object permanence in young infants: Further evidence. *Child Development, 62*, 1227–1246.

Baker, C. (1993). *Foundations of bilingual education and bilingualism*. Clevedon, England: Multilingual Matters.

Baker, D. (1986). Sex differences in classroom interaction in secondary science. *Journal of Classroom Interaction, 22*, 212–218.

Bakerman, R., Adamson, L. B., Koner, M., & Barr, R. G. (1990). !Kung infancy: The social context of object exploration. *Child Development, 61*, 794–809.

Bandura, A. (1965). Influence of models' reinforcement contingencies on the acquisition of imitative responses. *Journal of Personality and Social Psychology, 1*, 589–595.

Bandura, A. (1977). *Social learning theory*. Englewood Cliffs, NJ: Prentice-Hall.

Bandura, A. (1982). Self-efficacy mechanisms in human agency. *American Psychologist, 37*, 122–147.

Bandura, A. (1986). *Social foundations of thought and action*. Englewood Cliffs, NJ: Prentice-Hall.

Bandura, A. (1993). Perceived self-efficacy in cognitive development and functioning. *Educational Psychologist, 28*, 117–148.

Bandura, A. (1997). *Self-efficacy: The exercise of control*. New York: Freeman.

Bandura, A., Ross, D., & Ross, S. A. (1963). Vicarious reinforcement and imitative learning. *Journal of Abnormal and Social Psychology, 67*, 601–607.

Bangert-Drowns, R. L., Kulik, C. C., Kulik, J. A., & Morgan, M. (1991). The instructional effect of feedback in test-like events. *Review of Educational Research, 61*, 213–238.

Banks, J. A. (1993). Multicultural education: Characteristics and goals. In J. Banks & C. McGee Banks (Eds.), *Multicultural education: Issues and perspectives* (2nd ed.) (pp. 2–26). Boston: Allyn & Bacon.
Banks,J.A.(1993).Multicultural education:Development,dimensions, and challenges. *Phi Delta Kappan, 75*, 22–28.
Banks, J. A. (1994). *Multiethnic education: Theory and practice.* Boston: Allyn & Bacon.
Banks, J. A. (1997). *Teaching strategies for ethnic studies* (6th ed.). Boston: Allyn & Bacon.
Banks, J. A. (1999). *An introduction to multicultural education* (2nd ed.). Boston: Allyn & Bacon,
Bargh, J. A., & Chartrand, T. L. (1999). The unbearable automaticity of being. *American Psychologist, 54*, 462–479.
Baron, R. A. (1998). *Psychology* (4th ed.). Boston: Allyn & Bacon.
Baroody, A. R., & Ginsburg, H. P. (1990). Children's learning: A cognitive view. In R. Davis, C. Maher, & N. Noddings (Eds.), *Constructivist views on the teaching and learning of mathematics* (pp. 51–64). Monograph 4 of the National Council of Teachers of Mathematics, Reston, VA.
Bartlett,F.C.(1932).*Remembering: A study in experimental and social psychology.* New York: Macmillan.
Barton, E. J. (1981). Developing sharing: An analysis of modeling and other behavioral techniques. *Behavior Modification, 5*, 386–398.
Battistich, V., Solomon, D., & Delucci, K. (1993). Interaction processes and student outcomes in cooperative groups. *Elementary School Journal, 94*, 19–32.
Baumeister, R. F., & Leary, M. R. (1995). The need to belong: Desire for interpersonal attachments as a fundamental human motivation. *Psychological Bulletin, 117*, 497–529.
Beane, J. A. (1991). Sorting out the self-esteem controversy. *Educational Leadership, 49*(1), 25–30.
Beane, J. A. (1995). (Ed.). *Toward a coherent curriculum.* Alexandria, VA: Association for Supervision and Curriculum Development.
Bear, T., Schenk, S., & Buckner, L. (1993). Supporting victims of child abuse. *Educational Leadership, 50*(4), 44.
Beck, I. L., McKeown, M. G., Worthy, J., Sandora, C. A., & Kucan, L. (1996). Questioning the author: A yearlong classroom implementation to engage students with text. *The Elementary School Journal, 96*, 385–414.
Becker, W. C., Engelmann, S., & Thomas, D. R. (1975). *Teaching 1: Classroom management.* Chicago: Science Research Associates.
Bee, H. (1981). *The developing child* (3rd ed.). New York: Harper & Row.
Bee, H. (1992). *The developing child* (6th ed.). New York: Harper & Row.
Beeth, M. E. (1998). Teaching science in fifth grade: Instructional goals that support conceptual change. *Journal of Research in Science Teaching, 35*, 1091–1101.
Beezer, B. (1985). Reporting child abuse and neglect: Your responsibilities and your protections. *Phi Delta Kappan, 66*, 434–436.
Begley, S. (1998, September 7). The parent trap. *Newsweek, 132*(10), 52–59.
Belanoff, P., & Dickson, M. (1991). *Portfolios: Process and product.* Portsmouth, NH: Heinemann, Boynton/Cook.
Bem, S. L. (1974). The measurement of psychological androgyny. *Journal of Consulting and Clinical Psychology, 42*, 155–162.
Benbow, C. P., & Minor, L. L. (1986). Mathematically talented males and females and achievement in the high school sciences. *American Educational Research Journal, 23*, 425–436.
Benbow, C. P., & Stanley, J. C. (1980). Sex differences in mathematical ability: Fact or artifact? *Science, 210*, 1262–1264.
Benbow, C. P., & Stanley, J. C. (1983a). Sex differences in mathematical abilities: More facts. *Science, 222*, 1029–1031.
Benbow, C. P., & Stanley, J. C. (1983b). Differential course-taking hypothesis revisited. *American Educational Research Journal, 20*, 469–473.
Benenson, J. F. (1993). Greater preference among females than males for dyadic interaction in early childhood. *Child Development, 64*, 544–555.
Benjafield, J. G. (1992). *Cognition.* Englewood Cliffs, NJ: Prentice-Hall.
Bennett, C. I. (1995). *Comprehensive multicultural education: Theory and practice* (3rd ed.). Boston: Allyn & Bacon.
Bennett, C. I. (1999). *Comprehensive multicultural education: Theory and practice* (4th Ed.). Boston: Allyn & Bacon.
Berg, C. A., & Clough, M. (1991). Hunter lesson design: The wrong one for science teaching. *Educational Leadership, 48*(4), 73–78.
Berger, K. S., & Thompson, R. A. (1995). *The developing person through childhood and adolescence.* New York: Worth.
Berk, L. E. (1993). *Infants, children, and adolescents.* Boston: Allyn & Bacon.
Berk, L. E. (1994). *Child development* (3d ed.). Boston: Allyn & Bacon.
Berk, L. E. (1996). *Infants, children, and adolescents* (2nd ed.). Boston: Allyn & Bacon.
Berk, L. E. (1997). *Child development* (4th ed.). Boston: Allyn & Bacon.
Berk, L. E. (1999). *Infants, children, and adolescents* (3rd ed.). Boston: Allyn & Bacon.
Berk, L. E., & Spuhl, S. T. (1995). Maternal interaction, private speech, and task performance in preschool children. *Early Childhood Research Quarterly, 10*, 145–169.
Berliner, D. (1983). Developing concepts of classroom environments: Some light on the T in studies of ATI. *Educational Psychologist, 18*, 1–13.
Berliner, D. (1987). But do they understand? In V. Richardson-Koehler (Ed.), *Educators' handbook: A research perspective* (pp. 259–293). New York: Longman.
Berliner, D. (1988). Simple views of effective teaching and a simple theory of classroom instruction. In D. Berliner & B. Rosenshine (Eds.), *Talks to teachers* (pp. 93–110). New York: Random House.
Berliner, D. (1992).Telling the stories of educational psychology. *Educational Psychologist, 27*, 143–152.
Berliner, D., & Biddle, B. (1997). *The manufactured crisis: Myths, frauds, and the attack on America's public schools.* White Plains: Longman.
Berlyne, D. (1966). Curiosity and exploration. *Science, 153*, 25–33.
Berndt, T. J., & Keefe, K. (1995). Friends' influence on adolescents' adjustment to school. *Child Development, 66*, 1312–1329.
Betancourt, H., & Lopez, S. R. (1993). The study of culture, ethnicity, and race in American psychology. *American Psychologist, 48*, 629–637.
Bivens, J. A., & Berk, L. E. (1990). A longitudinal study of elementary school children's private speech. *Merrill-Palmer Quarterly, 36*, 443–463.
Bjorklund, D. F. (1989). *Children's thinking: Developmental function and individual differences.* Pacific Grove, CA: Brooks/Cole.
Block, J. H. (1983). Differential premises arising from differential socialization of the sexes: Some conjectures. *Child Development, 54*, 1335–1354.
Block, J. H., & Anderson, L. W. (1975). *Mastery learning in classroom instruction.* New York: Macmillan.
Bloom, B. (1994). Reflections on the development and use of the taxonomy. In L. Anderson & L. Sosniak (Eds.), *Bloom's taxonomy: A forty-year retrospective.* Ninety-third yearbook for the National Society for the Study of Education: Part II (pp. 1–8). Chicago: University of Chicago Press.
Bloom, B. S. (1968). *Learning for mastery. Evaluation Comment, 1(2).* Los Angeles: University of California, Center for the Study of Evaluation of Instructional Programs.
Bloom, B. S., Engelhart, M. D., Frost, E. J., Hill, W. H., & Krathwohl, D. R. (1956). *Taxonomy of educational objectives. Handbook I: Cognitive domain.* New York: David McKay.

参考文献

Bloom, R., & Bourdon, L. (1980). Types and frequencies of teachers' written instructional feedback. *Journal of Educational Research, 74*, 13–15.

Blumenfeld, P. C., Puro, P., & Mergendoller, J. R. (1992). Translating motivation into thoughtfulness. In H. Marshall (Ed.), *Redefining student learning: Roots of educational change* (pp. 207–240). Norwood, NJ: Ablex.

Boggiano, A. K., Flink, C., Shields, A., Seelbach, A., & Barrett, M. (1993). Use of techniques promoting students' self-determination: Effects on students' analytic problem-solving skills. *Motivation and Education, 17*, 319–336.

Bohannon, J. N., III, & Warren-Leubecker, A. (1989). Theoretical approaches to language acquisition. In J. Berko Gleason (Ed.), *The development of language* (pp. 167–223). Columbus, OH: Merrill.

Boldizar, J. P. (1991). Assessing sex typing and androgyny in children: The children's sex inventory. *Developmental Psychology, 27*, 505–515.

Borko, H., & Putnam, R. (1996). Learning to teach. In D. Berliner & R. Calfee (Eds.), *Handbook of educational psychology* (pp. 673–708). New York: Macmillan.

Borko, H. (1989). Research on learning to teach: Implications for graduate teacher preparation. In A. Woolfolk (Ed.), *Research perspectives on the graduate preparation of teachers* (pp. 69–87). Boston: Allyn & Bacon.

Borko, H., & Livingston, C. (1989). Cognition and improvisation: Differences in mathematics instruction by expert and novice teachers. *American Educational Research Journal, 26*, 473–498.

Borkowski, J. G., Johnston, M. B., & Reid, M. K. (1986). Metacognition, motivation, and the transfer of control processes. In S. J. Ceci (Ed.), *Handbook of cognition: Social and neurological aspects of learning disabilities*. Hillsdale, NJ: Erlbaum.

Bos, C. S., & Reyes, E. I. (1996). Conversations with a Latina teacher about education for language-minority students with special needs. *The Elementary School Journal, 96*, 344–351.

Braddock, J., II, & Slavin, R. E. (1993). Why ability grouping must end: Achieving excellence and equity in American education. *Journal of Intergroup Relations, 20*(2), 51–64.

Brandt, R. (1994). On making sense: A conversation with Magdalene Lampert. *Educational Leadership, 51*(5), 26–32.

Brandt, R. (1993). On teaching for understanding: A conversation with Howard Gardner. *Educational Leadership, 50*(7), 4–7.

Bransford, J. D., & Stein, B. S. (1993). *The IDEAL problem solver: A guide for improving thinking, learning, and creativity* (2nd ed.). New York: Freemen.

Bransford, J. D., Stein, B. S., Vye, N. J., Franks, J. J., Auble, P. M., Mezynski, K. J., & Perfetto, G. A. (1982). Differences in approaches to learning: An overview. *Journal of Experimental Psychology: General, 111*, 390–398.

Braun, C. (1976). Teacher expectation: Sociopsychological dynamics. *Review of Educational Research, 46*(2), 185–212.

Bredo, E. (1994). Reconstructing educational psychology: Situated cognition and Deweyian pragmatism. *Educational Psychologist, 29*, 23–36.

Bretherton, I., & Waters, E. (1985). Growing points of attachment theory and research. *Monographs of the Society for Research in Child Development, 50* (1, 2, Serial No. 209).

Bronfenbrenner, U., McClelland, P., Wethington, E., Moen, P., & Ceci, S. (1996). *The state of Americans: This generation and the next*. New York: Free Press.

Brookhart, S. M., & Freeman, D. J. (1992). Characteristics of entering teacher candidates. *Review of Educational Research, 62*, 37–60.

Brooks, D. (1985). Beginning the year in junior high: The first day of school. *Educational Leadership, 42*, 76–78.

Brooks, J. G., & Brooks, M. G. (1993). Becoming a constructivist teacher. In Association for Supervision and Curriculum Development (ASCD) (Ed.), *In search of understanding: The case for constructivist classrooms*. Alexandria, VA: ASCD.

Brooks-Gunn, J. (1988). The impact of puberty and sexual activity upon the health and education of adolescent boys and girls. *Peabody Journal of Education, 64*, 88–113.

Brooks-Gunn, J., & Furstenberg, F. F., Jr. (1989). Adolescent sexual behavior. *American Psychologist, 44*, 2249–2257.

Brophy, J. E. (1981). Teacher praise: A functional analysis. *Review of Educational Research, 51*, 5–21.

Brophy, J. E. (1982, March). *Research on the self-fulfilling prophecy and teacher expectations*. Paper presented at the annual meeting of the American Educational Research Association, New York.

Brophy, J. E. (1983). Conceptualizing student motivation to learn. *Educational Psychologist, 18*, 200–215.

Brophy, J. E. (1985). Teacher-student interaction. In J. Dusek (Ed.), *Teacher expectancies*. Hillsdale, NJ: Erlbaum.

Brophy, J. E. (1988). On motivating students. In D. Berliner & B. Rosenshine (Eds.), *Talks to teachers* (pp. 201–245). New York: Random House.

Brophy, J. E., & Evertson, C. (1978). Context variables in teaching. *Educational Psychologist, 12*, 310–316.

Brophy, J. E., & Good, T. (1986). Teacher behavior and student achievement. In M. Wittrock (Ed.), *Handbook of research on teaching* (3rd ed.) (pp. 328–375). New York: Macmillan.

Brophy, J. E., & Kher, N. (1986). Teacher socialization as a mechanism for developing student motivation to learn. In R. Feldman (Ed.), *Social psychology applied to education* (pp. 256–288). New York: Cambridge University Press.

Brown, A. (1987). Metacognition, executive control, self-regulation, and other more mysterious mechanisms. In F. Weinert & R. Kluwe (Eds.), *Metacognition, motivation, and understanding* (pp. 65–116). Hillside, NJ: Erlbaum.

Brown, A. L. (1992). Design experiments: Theoretical and methodological challenges in creating complex interventions in classroom settings. *Journal of the Learning Sciences, 2*, 141–178.

Brown, A. L., Bransford, J., Ferrara, R., & Campione, J. (1983). Learning, remembering, and understanding. In P. Mussen (Ed.), *Handbook of child psychology* (Vol. 3). New York: Wiley.

Brown, A. L., & Campione, J. C. (1996). Psychological theory and the design of innovative learning environments: On procedures, principles, and systems. In L. Schauble & R. Glaser (Eds.), *Innovations in learning: New environments for education* (pp. 289–325). Mahwah, NJ: Lawrence Erlbaum Associates.

Brown, J. S., & Burton, R. R. (1979). Diagnostic models for procedural bugs in basic mathematical skills. *Cognitive Science, 2*, 155–192.

Brown, R., & Hanlon, C. (1970). Derivational complexity and order of acquisition in child speech. In J. M. Hays (Ed.), *Cognition and the development of language*. New York: Wiley.

Bruner, J. S. (1966). *Toward a theory of instruction*. New York: Norton.

Bruner, J. S. (1971). *The relevance of education*. New York: Norton.

Bruner, J. S. (1973). *Beyond the information given: Studies in the psychology of knowing*. New York: Norton.

Bruner, J. S., Goodnow, J. J., & Austin, G. A. (1956). *A study of thinking*. New York: Wiley.

Bruning, R. H., Schraw, G. J., & Ronning, R. R. (1999). *Cognitive psychology and instruction* (3rd ed.). Columbus, OH: Merrill.

Buenning, M., & Tollefson, N. (1987). The cultural gap hypothesis as an explanation for the achievement patterns of Mexican-American students. *Psychology in the Schools, 14*, 264–271.

Burden, P. R. (1995). *Classroom management and discipline: Methods to facilitate cooperation and instruction*. White Plains, NY: Longman.

Burton, N. W., & Jones, L. V. (1982). Recent trends in achievement levels of black and white youth. *Educational Research, 11*, 10–14.

Burton, R. V. (1963). The generality of honesty reconsidered. *Psychological Review, 70*, 481–499.

Bus, A. G., & van Ijzendoorn, M. H. (1999). Phonological awareness and early reading: a meta-analysis of experimental training studies. *Journal of Educational Psychology*, *91*, 403–414.
Buss, D. M. (1995). Psychological sex differences: Origin through sexual selection. *American Psychologist, 50,* 164–168.
Butler, R. (1987). Task-involving and ego-involving properties of evaluation: Effects of different feedback conditions on motivational perceptions, interest, and performance. *Journal of Educational Psychology*, *79*, 474–482.
Butler, R., & Neuman, O. (1995). Effects of task and ego achievement goals on help-seeking behaviors and attitudes. *Journal of Educational Psychology, 87,* 261–271.
Butler, R., & Nisan, M. (1986). Effects of no feedback, task-related comments, and grades on intrinsic motivation and performance. *Journal of Educational Psychology, 78,* 210–224.
Butler, S. R., Marsh, H. W., Sheppard, M. J., & Sheppard, J. L. (1985). Seven-year longitudinal study of the early prediction of reading achievement. *Journal of Educational Psychology*, *77*, 349–361.
Byrne, B. M., & Shavelson, R. J. (1996). On the structure of social self-concept for pre-, early, and late adolescents: A test of the Shavelson model. *Journal of Personality and Social Psychology, 70,* 599–613.
Byrne, B. M., & Worth Gavin, D. A. (1996). The Shavelson model revisited: Testing for structure of academic self concept across pre-, early, and late adolescents. *Journal of Educational Psychology, 88,* 215–229.
Byrnes, J. P. (1996). *Cognitive development and learning in instructional contexts.* Boston: Allyn & Bacon.
Byrnes, J. P., & Fox, N. A. (1998). The educational relevance of research in cognitive neuroscience. *Educational Psychology Review, 10,* 297–342.
Caine, R. N., & Caine, G. (1991). *Making connections: Teaching and the human brain.* Alexandria, VA: Association for Supervision and Curriculum Development.
Calderhead, J. (1996). Teacher: Beliefs and knowledge. In D. Berliner & R. Calfee (Eds.), *Handbook of educational psychology* (pp. 709–725). New York: Macmillan.
Calderhead, J., & Robson, M. (1991). Images of teaching: Student teachers' early conceptions of classroom practice. *Teaching and Teacher Education, 7,* 1–8.
Calfee, R. (1992), Refining educational psychology: The case of the missing links. *Educational Psychologist, 27,* 163–176.
Callahan, C. M., Tomlinson, C. A., & Plucker, J. (1997). *Project STATR using a multiple intelligences model in identifying and promoting talent in high-risk students.* Storrs, CT: National Research Center for Gifted and Talented. University of Connecticut Technical Report.
Calmore, J. A. (1986). National housing policy and black America: Trends, issues, and implications. In *The state of black America 1986* (pp. 115–149). New York: National Urban League.
Cambourne, B., & Turbill, J. (1990). Assessment in whole-language classrooms: Theory into practice. *Elementary School Journal, 90,* 337–349.
Cameron, J., & Pierce, W. D. (1994). Reinforcement, reward, and intrinsic motivation: A meta-analysis. *Review of Educational Research, 64,* 363–423.
Cameron, J., & Pierce, W. D. (1996). The debate about rewards and intrinsic motivation: Protests and accusations do not alter the results. *Review of Educational Research, 66,* 39–52.
Camp, R. (1990, Spring). Thinking together about portfolios. *The Quarterly of the National Writing Project, 27,* 8–14.
Campbell, F. A., & Ramey, C. T. (1994). Effects of early intervention on intellectual and academic achievement: A follow-up study of children from low-income families. *Child Development, 65,* 684–698.
Campbell, F. A., & Ramey, C. T. (1995). Cognitive and school outcomes for high-risk African-American students at middle adolescence: Positive effects of early interventions. *American Educational Research Journal, 32,* 743–772.
Campbell, L., Campbell, B., & Dickinson, D. (1999). *Teaching and learning through multiple intelligences* (2nd ed.). Boston: Allyn & Bacon.
Canfield, J. (1990). Improving students' self-concepts. *Educational Leadership, 48*(1), 48–50.
Cangelosi, J. S. (1990). *Designing tests for evaluating student achievement.* New York: Longman.
Canter, L. (1988). Let the educator beware: A response to Curwin and Mendler. *Educational Leadership, 46*(2), 71–73.
Canter, L. (1989). Assertive discipline—More than names on the board and marbles in a jar. *Phi Delta Kappan, 71*(1), 41–56.
Canter, L., & Canter, M. (1992). *Lee Canter's Assertive Discipline: Positive behavior management for today's classroom.* Santa Monica: Lee Canter and Associates.
Carey, L. M. (1994). *Measuring and evaluating school learning* (2nd ed.). Boston: Allyn & Bacon.
Cariglia-Bull, T., & Pressley, M. (1990). Short-term memory differences between children predict imagery effects when sentences are read. *Journal of Experimental Child Psychology, 49,* 384–398.
Carnegie Council on Adolescent Development. (1995). *Great transitions: Preparing adolescents for a new century.* New York: Carnegie Corporation of New York.
Carnegie Forum on Education and the Economy. (1986). *A nation prepared: Teachers for the 21st century.* Washington, DC: Author.
Carnegie Foundation for the Advancement of Teaching (1987). *1987 national survey of public school teachers.* Princeton, NJ: Author.
Carroll, J. (1993). *Human cognitive abilities: A survey of factor analytic studies.* Cambridge, England: Cambridge University Press.
Carter, K. (1984). Do teachers understand principles of writing tests? *Journal of Teacher Education, 35,* 57–60.
Casanova, U. (1987). Ethnic and cultural differences. In V. Richardson-Koehler (Ed.), *Educators' handbook: A research perspective* (pp. 370–393). New York: Longman.
Case, R. (1985a). *Intellectual development: Birth to adulthood.* New York: Academic Press.
Case, R. (1985b). A developmentally-based approach to the problem of instructional design. In R. Glaser, S. Chipman, & J. Segal (Eds.), *Teaching thinking skills* (Vol. 2, pp. 545–562). Hillsdale, NJ: Erlbaum.
Case, R. (1992). *The mind's staircase: Exploring the conceptual underpinnings of children's thought and knowledge.* Mahwah, NJ: Lawrence Erlbaum.
Case, R. (1998). The development of conceptual structures. In D. Kuhn & R. S. Siegler (Eds.), *Handbook of child psychology: Vol. 2: Cognition, perception, and language* (pp. 745–800). New York: Wiley.
Cauley, K., & Tyler, B. (1989). The relationship of self-concept to prosocial behavior in children. *Early Childhood Research Quarterly, 4,* 51–60.
Cazden, C. B. (1988). *Classroom discourse: The language of teaching and learning.* Portsmouth, NH: Heinemann.
Ceci, S. J. (1991). How much does schooling influence intelligence and its cognitive components? A reassessment of the evidence. *Developmental Psychology, 27,* 703–720.
Ceci, S. J., & Roazzi, A. (1994). The effects of context on cognition: Postcards from Brazil. In R. J. Sternberg (Ed.), *Mind in context* (pp. 74–101). New York: Cambridge University Press.
Chambers, B., & Abrami, P. C. (1991). The relationship between student team learning outcomes and achievement, causal attributions, and affect. *Journal of Educational Psychology, 83,* 140–146.
Chamot, A. U., & O'Malley, J. M. (1996). The Cognitive Academic Language Learning Approach: A model for linguistically diverse classrooms. *The Elementary School Journal, 96,* 259–274.
Chance, P. (1991). Backtalk: a gross injustice. *Phi Delta Kappan, 72,* 803.

Chance, P. (1992). The rewards of learning. *Phi Delta Kappan, 73,* 200–207.
Chance, P. (1993). Sticking up for rewards. *Phi Delta Kappan, 74,* 787–790.
Chapman, M., Zahn-Waxler, C., Cooperman, G., & Iannotti, R. (1987). Empathy and responsibility in the motivation of children's helping. *Developmental Psychology, 23,* 140–145.
Charles, C. M. (1985). *Building classroom discipline: From models to practice* (2nd ed.). New York: Longman.
Charles, C. M. (1996). *Building classroom discipline* (5th ed.). White Plains, NY: Longman.
Chase, C. I. (1978). *Measurement for educational evaluation* (2nd ed.). Reading, MA: Addison-Wesley.
Chi, M. T. H. (1978). Knowledge structures and memory development. In R. Siegler (Ed.), *Children's thinking: What develops?* (pp. 73–96). Hillsdale, NJ: Erlbaum.
Chi, M. T. H., Glaser, R., & Farr, M. (Eds.) (1988). *The nature of expertise.* Hillsdale, NJ: Erlbaum.
Chi, M. T. H., & Koeske, R. D. (1983). Network representation of a child's dinosaur knowledge. *Developmental Psychology, 19,* 29–39.
Children's Defense Fund. (1994). *The state of America's children: Yearbook 1994.* Washington, DC: Author.
Childs, C. P., & Greenfield, P. M. (1982). Informal modes of learning and teaching: The case of Zinacanteco weaving. In N. Warren (Ed.), *Advances in cross-cultural psychology* (Vol. 2, pp. 269–316). London: Academic Press.
Chomsky, N. (1965). *Aspects of a theory of syntax.* Cambridge, MA: MIT Press.
Chomsky, N. (1986). *Knowledge of language: Its nature, origin, and use.* New York: Praeger.
Civil Rights Commission. (1973). *Teacher and students: Differences in teacher interactions with Mexican-American and Anglo students.* Washington, DC: Government Printing Office.
Cizek, G. J. (1991). Innovation or enervation: Performance assessment in perspective. *Phi Delta Kappan, 72*(9), 695–699.
Claiborn, W. L. (1969). Expectancy effects in the classroom: A failure to replicate. *Journal of Education Psychology, 60,* 377–383.
Clark, C. M. (1983). Personal communication.
Clark, C. M., & Peterson, P. L. (1986). Teachers' thought processes. In M. Wittrock (Ed.), *Handbook of research on teaching* (3rd ed.) (pp. 255–296). New York: Macmillan.
Clark, C. M., & Yinger, R. (1988). Teacher planning. In D. Berliner & B. Rosenshine (Eds.), *Talks to teachers* (pp. 342–365). New York: Random House.
Clark, C. M., Gage, N. L., Marx, R. W., Peterson, P. L., Staybrook, N. G., & Winnie, P. H. (1979). A factorial experiment on teacher structuring, soliciting, and reacting. *Journal of Educational Psychology, 71,* 534–550.
Clark, D. L., & Astuto, T. A. (1994). Redirecting reform: Challenges to popular assumptions about teachers and students. *Phi Delta Kappan, 75,* 512–520.
Clark, J. M., & Paivio, A. (1991). Dual coding theory and education. *Educational Psychology Review, 3,* 149–210.
Clark, K., & Clark, M. (1939). The development of consciousness of self and the emergence of racial identification in Negro preschool children. *Journal of Social Psychology, 10,* 591–599.
Clark, R., Anderson, N. B., Clark, V. R., & Williams, D. R. (1999). Racism as a stressor for African Americans. *American Psychologist, 54,* 805–816.
Clarke, J. H., & Agne, R. M. (1997). *Interdisciplinary high school teaching.* Boston: Allyn & Bacon.
Clement, S. L. (1978). Dual marking system: Simple and effective. *American Secondary Education, 8,* 49–52.
Clifford, M. M. (1984a). Educational psychology. In *Encyclopedia of Education* (pp. 413–416). New York: Macmillan.
Clifford, M. M. (1990). Students need challenge, not easy success. *Educational Leadership, 48*(1), 22–26.
Clifford, M. M. (1991). Risk taking: Empirical and educational considerations. *Educational Psychologist, 26,* 263–298.
Cobb, P., & Bowers, J. (1999). Cognitive and situated learning: Perspectives in theory and practice. *Educational Researcher, 28*(2), 4–15.
Cognition and Technology Group at Vanderbilt. (1990). Anchored instruction and its relations to situated cognition. *Educational Researcher, 19*(6) 2–10.
Cognition and Technology Group at Vanderbilt. (1991). Some thoughts about constructivism and instructional design. *Educational Technology, 31*(5), 16–18.
Cognition and Technology Group at Vanderbilt. (1993). Anchored instruction and situated learning revisited. *Educational Technology, 33*(3), 52–70.
Cognition and Technology Group at Vanderbilt. (1996). Looking at technology in context: A framework for understanding technology and educational research. In D. Berliner & R. Calfee (Eds.), *Handbook of educational psychology* (pp. 807–840). New York: Macmillan.
Cohen, E. G. (1986). *Designing groupwork: Strategies for the heterogeneous classroom.* New York: Teachers College Press.
Coie, J. D., & Dodge, K. A. (1998). Aggression and antisocial behavior. In N. Eisenberg (Ed.), *Handbook of child psychology: Vol. 3. Social, emotional, and personality development* (5th ed.) (pp. 779–862). New York: Wiley.
Coie, J. D., Terry, R., Lenox, K., Lochman, J., & Hyman, C. (1995). Childhood peer rejection and aggression as predictors of stable patterns of adolescent disorder. *Development and Psychopathology, 7,* 697–714.
Cole, D. A., Martin, J. M., Peeke, L. A., Seroczynski, A. D., & Fier, J. (1999). Children's over- and underestimation of academic competence: A longitudinal study of gender differences, depression, and anxiety. *Child Development, 70,* 459–473.
Cole, M. (1985). The zone of proximal development: Where culture and cognition create each other. In J. V. Wertsch (Ed.), *Culture, communication, and cognition: Vygotskian perspectives* (pp. 146–161). Cambridge: Cambridge University Press.
Coles, R. (1990, September). Teachers who made a difference. *Instructor,* 58–59.
Collins, A., Brown, J. S., & Holum, A. (1991). Cognitive apprenticeship: Making thinking visible. *American Educator, 15*(3), 38–39.
Collins, A., Brown, J. S., & Newman, S. E. (1989). Cognitive apprenticeship: Teaching the crafts of reading, writing, and mathematics. In L. B. Resnick (Ed.), *Knowing, learning, and instruction: Essays in honor of Robert Galser* (pp. 453–494). Hillsdale, NJ: Lawrence Erlbaum.
Collins, A., & Ferguson, W. (1993). Epistemic forms and epistemic games: Structures and strategies to guide inquiry. *Educational Psychologist, 28,* 35.
Confrey, J. (1990a). A review of the research on students' conceptions in mathematics, science, and programming. *Review of Research in Education, 16,* 3–56.
Confrey, J. (1990b). What constructivism implies for teaching. In R. Davis, C. Maher, & N. Noddings (Eds.), *Constructivist views on the teaching and learning of mathematics* (pp. 107–122). Monograph 4 of the National Council of Teachers of Mathematics, Reston, VA.
Conger, R. D., Conger, K. J., & Elder, G. (1997). Family economic hardship and adolescent academic performance: Mediating and moderating processes. In G. Duncan & J. Brooks-Gunn (Eds.), *Consequences of growing up poor* (pp. 288–310). New York: Russell Sage Foundation
Conley, S. (1991). Review of research on teacher participation in school decision making. *Review of Research in Education, 17,* 225–266.
Cooke, B. L., & Pang, K. C. (1991). Recent research on beginning teachers: Studies of trained and untrained novices. *Teaching and Teacher Education, 7,* 93–110.
Cooper, C. R. (1998). *The weaving of maturity: Cultural perspectives on adolescent development.* New York: Oxford University Press.

Cooper, C. R., & Denner, J. (1998). Theories linking culture and psychology: Universal and community-specific processes. In J. T. Spence, J. M. Darley, & D. J. Foss (Eds.), *Annual review of psychology* (pp. 559–584). Palo Alto, CA: Annual Reviews.

Cooper, G., & Sweller, J. (1987). Effects of schema acquisition and rule automation on mathematical problem-solving transfer. *Journal of Educational Psychology, 79,* 347–362.

Cooper, H. M. (1979). Pygmalion grows up: A model for teacher expectation communication and performance influence. *Review of Educational Research, 49,* 389–410.

Cooper, H. M., & Good, T. (1983). *Pygmalion grows up: Studies in the expectation communication process.* New York: Longman.

Cooper, H. M, Valentine, J. C., Nye, B., & Kindsay, J. J. (1999). Relationships between five after-school activities and academic achievement. *Journal of Educational Psychology, 91,* 369–683.

Copi, I. M. (1961). *Introduction to logic.* New York: Macmillan.

Cordova, D. I., & Lepper, M. R. (1996). Intrinsic motivation and the process of learning: Beneficial effects of contextualization, personalization, and choice. *Journal of Educational Psychology, 88,* 715–730.

Corenblum, B., & Annis, R. C. (1987). Racial identity and preference among Canadian Indian and White children: Replication and extension. *Canadian Journal of Behavioural Science, 19,* 254–265.

Corkill, A. J. (1992). Advance organizers: Facilitators of recall. *Educational Psychology Review, 4,* 33–67.

Corno, L. (1992). Encouraging students to take responsibility for learning and performance. *The Elementary School Journal, 93,* 69–84.

Corno, L. (1995). Comments on Winne: Analytic and systemic research are both needed. *Educational Psychologist, 30,* 201–206.

Corno, L., & Snow, R. E. (1986). Adapting teaching to individual differences in learners. In M. Wittrock (Ed.), *Handbook of research on teaching* (3rd ed.) (pp. 605–629). New York: Macmillan.

Corwin, R. (1981). Patterns of organizational control and teacher militancy: Theoretical continuities in the idea of "loose coupling." In A. Kerckhoff (Ed.), *Research in the sociology of education and socialization* (Vol. 2, pp. 261–291). Greenwich, CT: JAI Press.

Costa, A. L. (Ed.). (1985). *Developing minds: A resource book for teaching thinking.* Alexandria, VA: Association for Supervision and Curriculum Development.

Covaleskie, J. F. (1992). Discipline and morality: Beyond rules and consequences. *The Educational Forum, 56*(2), 56–60.

Covington, M. V. (1992). *Making the grade: A self-worth perspective on motivation and school reform.* New York: Holt, Rinehart, & Winston.

Covington, M. V., & Omelich, C. L. (1984). An empirical examination of Weiner's critique of attribution research. *Journal of Educational Psychology, 76,* 1214–1225.

Covington, M. V., & Omelich, C. (1987). "I knew it cold before the exam": A test of the anxiety-blockage hypothesis. *Journal of Educational Psychology, 79,* 393–400.

Cowley, G., & Underwood, A. (1998, June 15). Memory. *Newsweek, 131*(24), 48–54.

Craik, F. I. M., & Lockhart, R. S. (1972). Levels of processing: A framework for memory research. *Journal of Verbal Learning and Verbal Behavior, 11,* 671–684.

Crawford, J. (1997). *Best evidence: Research foundations of the Bilingual Education Act.* Washington, DC: National Clearinghouse for Bilingual Education.

Crisci, P. E. (1986). The Quest National Center: A focus on prevention of alienation. *Phi Delta Kappan, 67,* 440–442.

Cronin, J. F. (1993). Four misconceptions about authentic learning. *Educational Leadership, 50*(7), 78–80.

Cummins, D. D. (1991). Children's interpretation of arithmetic word problems. *Cognition and Instruction, 8,* 261–289.

Cummins, J. (1984). *Bilingualism and special education.* San Diego: College Hill Press.

Cummins, J. (1994). *The acquisition of English as a second language.* In K. Spangenberg-Urbschat & R. Prichard (Eds.), *Kids come in all languages: Reading instruction for ESL students* (pp. 36–62). Newark, DE: International Reading Association.

Cunningham, D. J. (1992) Beyond educational psychology: Steps toward an educational semiotic. *Educational Psychology Review, 4,* 165–194.

Current Directions in Psychological Science. (1993). Special Section: Controversies, 2, 1–12.

Curwin, R. L., & Mendler, A. N. (1988). Packaged discipline programs: Let the buyer beware. *Educational Leadership, 46*(2), 68–71.

Danielson, C., & Dwyer, C. (1995). How Praxis III supports beginning teachers. *Educational Leadership, 52*(6), 66–67.

Dansereau, D. F. (1985). Learning strategy research. In J. Segal, S. Chipman, & R. Glaser (Eds.), *Thinking and learning skills. Vol. 1: Relating instruction to research.* Hillsdale, NJ: Erlbaum.

Dark, V. J., & Benbow, C. P. (1991). Differential enhancement of working memory with mathematical versus verbal precocity. *Journal of Educational Psychology, 83,* 48–60.

Das, J. P. (1995). Some thoughts on two aspects of Vygotsky's work. *Educational Psychologist, 30,* 93–97.

Davidson, J. (1982). The group mapping activity for instruction in reading and thinking. *Journal of Reading, 26,* 52–56.

Davis, J. K. (1991). Educational implications of field-dependence—independence. In S. Wapner & J. Demick (Eds.), *Field-dependence—independence: Cognitive styles across the life span* (pp. 149–176). Hillsdale, NJ: Lawrence Erlbaum.

Davis, R. B., Maher, C. A., & Noddings, N. (Eds.). (1990). Constructivist views on the teaching and learning of mathematics. *Monograph 4 of the National Council of Teachers of Mathematics,* Reston, VA.

Davis, S. F., Grover, C. A., Becker, A. H., & McGregor, L. N. (1992). Academic dishonesty: Prevalence, determinants, techniques, and punishments. *Teaching of Psychology, 9,* 16–20.

De Corte, E., & Verschaffel, L. (1985). Beginning first graders' initial representation of arithmetic word problems. *Journal of Mathematical Behavior, 4,* 3021.

De Corte, E., Greer, B., & Verschaffel, L. (1996). Mathematics learning and teaching. In D. Berliner & R. Calfee (Eds.), *Handbook of educational psychology* (pp. 491–549). New York: Macmillan.

De Mott, R. M. (1982). Visual impairments. In N. Haring (Ed.), *Exceptional children and youth.* Columbus, OH: Charles E. Merrill.

Deaux, K. (1993). Commentary: Sorry, wrong number: A reply to Gentile's call. *Psychological Science, 4,* 125–126.

DeCecco, J., & Richards, A. (1974). *Growing pains: Uses of school conflicts.* New York: Aberdeen.

deCharms, R. (1976). *Enhancing motivation.* New York: Irvington.

deCharms, R. (1983). Intrinsic motivation, peer tutoring, and cooperative learning: Practical maxims. In J. Levine & M. Wang (Eds.), *Teacher and student perceptions: Implications for learning* (pp. 391–398). Hillsdale, NJ: Erlbaum.

Deci, E. L. (1975). *Intrinsic motivation.* New York: Plenum.

Deci, E. L., Koestner, R., & Ryan, R. M. (1999). A meta-analytic review of experiments examining the effects of extrinsic rewards on intrinsic motivation. *Psychological Bulletin, 125,* 627–668.

Deci, E. L., & Ryan, R. M. (1985). *Intrinsic motivation and self-determination in human behavior.* New York: Plenum.

Deci, E. L., Vallerand, R. J., Pelletier, L. G., & Ryan, R. M. (1991). Motivation and education: The self-determination perspective. *Educational Psychologist, 26,* 325–346.

Delpit, L. (1995). *Other people's children: Cultural conflict in the classroom.* New York: The New York Press.

Dembo, M. H. (1994). *Applying educational psychology* (5th ed.). New York: Longman.

Demetras, M. J., & Post, K. N. (1985, April). *Negative feedback in mother-child dialogues.* Paper presented at the biennial meeting of the Society for Research in Child Development, Toronto.

Dempster, F. N. (1991). Synthesis of research on reviews and tests. *Educational Leadership, 48*(7), 71–76.

Dempster, F. N. (1993). Exposing our students to less should help them learn more. *Phi Delta Kappan, 74,* 432–437.
Deno, S. L. (1987). Curriculum-based measurement. *Teaching Exceptional Children, 20,* 41.
DeRidder, L. M. (1993). Teenage pregnancy: Etiology and educational interventions. *Educational Psychology Review, 5,* 87–107.
Derry, S. J. (1989). Putting learning strategies to work. *Educational Leadership, 47*(5) 4–10.
Derry, S. J. (1991). Strategy and expertise in solving word problems. In C. McCormick, G. Miller, & M. Pressley (Eds.), *Cognitive strategies research: From basic research to educational applications.* New York: Springer-Verlag.
Derry, S. J. (1992). Beyond symbolic processing: Expanding horizons for educational psychology. *Journal of Educational Psychology, 84,* 413–419.
Derry, S. J., & Murphy, D. A. (1986). Designing systems that train learning ability: From theory to practice. *Review of Educational Research, 56,* 1–39.
Deshler, D. D., & Schumaker, J. B. (1986). Learning strategies: An instructional alternative for low-achieving adolescents. *Exceptional Children, 52,* 583–590.
Dewey, J. (1910). *How we think.* Boston: D. C. Heath.
Diana, E. M., & Webb, J. M. (1997). Using geographic maps in classroom: The conjoint influence of individual differences and dual coding on learning facts. *Learning and Individual Differences, 9,* 195–214.
Diaz, R. M., & Berk, L. E. (Eds.). (1992). *Private speech: From social interaction to self-regulation.* Hillsdale, NJ: Erlbaum.
Dinnel, D., & Glover, J. A. (1985). Advance organizers: Encoding manipulations. *Journal of Educational Psychology, 77,* 514–522.
DiVesta, F. J., & Di Cintio, M. J. (1997). Interactive effects of working memory span and text comprehension on reading comprehension and retrieval. *Learning and Individual Differences, 9,* 215–231.
DiVesta, F. J., & Gray, G. S. (1972). Listening and notetaking. *Journal of Educational Psychology, 63,* 8–14.
Doctorow, M., Wittrock, M. C., & Marks, C. (1978). Generative processes in reading comprehension. *Journal of Educational Psychology, 70,* 109–118.
Dodge, K. A., & Somberg, D. R. (1987). Hostile attributional biases among aggressive boys are exacerbated under conditions of threats to the self. *Child Development, 58,* 213–224.
Dole, J. A., Duffy, G. G., Roehler, L. R., & Pearson, P. D. (1991). Moving from the old to the new: Research on reading comprehension instruction. *Review of Educational Research, 61,* 239–264.
Doyle, W. (1977). The uses of nonverbal behaviors: Toward an ecological model of classrooms. *Merrill-Palmer Quarterly, 23,* 179–192.
Doyle, W. (1983). Academic work. *Review of Educational Research, 53,* 159–200.
Doyle, W. (1986). Classroom organization and management. In M. C. Wittrock (Ed.), *Handbook of research on teaching* (3rd ed.) (pp. 392–431). New York: Macmillan.
Driscoll, M. P. (1994). *Psychology of learning for instruction.* Boston: Allyn & Bacon.
Duchastel, P. (1979). Learning objectives and the organization of prose. *Journal of Educational Psychology, 71,* 100–106.
Duckitt, J. (1992). Psychology and prejudice: A historical analysis and integrative framework. *American Psychologist, 47,* 1182–1193.
Duckitt, J. (1994). *The social psychology of prejudice.* Westport, CN: Praeger.
Duell, O. K. (1994). Extended wait time and university student achievement. *American Educational Research Journal, 31,* 397–414.
Duffy, G., Roehler, L. R., Meloth, M. S., & Vavrus, L. G. (1986). Conceptualizing instructional explanation. *Teaching and Teacher Education, 2,* 197–214.
Duncker, K. (1945). On solving problems. *Psychological Monographs, 58*(5, Whole No. 270).
Dunkin, M. J., & Biddle, B. J. (1974). *The study of teaching.* New York: Holt, Rinehart & Winston.
Dunn, K., & Dunn, R. (1978). *Teaching students through their individual learning styles.* Reston, VA: National Council of Principals.
Dunn, K., & Dunn, R. (1987). Dispelling outmoded beliefs about student learning. *Educational Leadership, 44*(6), 55–63.
Dunn, R. (1987). Research on instructional environments: Implications for student achievement and attitudes. *Professional School Psychology, 2,* 43–52.
Dunn, R., Beaudry, J. S., & Klavas, A. (1989). Survey of research on learning styles. *Educational Leadership, 47*(7), 50–58.
Dunn, R., Dunn, K., & Price, G. E. (1984). *Learning Style Inventory.* Lawrence, KS: Price Systems.
Dweck, C. S. (1986). Motivational processes affecting learning. *American Psychologist, 41,* 1040–1047.
Dweck, C. S., & Bempechat, J. (1983). Children's theories on intelligence: Consequences for learning. In S. Paris, G. Olson, & W. Stevenson (Eds.), *Learning and motivation in the classroom* (pp. 239–256). Hillsdale, NJ: Erlbaum.
Dwyer, C. A., & Villegas, A. M. (1993, January). *Guiding conceptions and assessment principles for the Praxis Series: Professional assessments for beginning teachers.* Princeton, NJ: Educational Testing Service.
Dyson, A. H. (1997). *Writing superheroes: Contemporary childhood, popular culture, and classroom literacy.* New York: Teachers College Press.
Eaton, J. F., Anderson, C. W., & Smith, E. L. (1984). Students' misconceptions interfere with science learning: Case studies of fifth-graders. *Elementary School Journal, 84,* 365–379.
Eccles, J., & Wigfield, A. (1985). Teacher expectations and student motivation. In J. Dusek (Ed.), *Teacher expectancies* (pp. 185–226). Hillsdale, NJ: Erlbaum.
Educational Testing Service (ETS). (1992). *The second international assessment of educational progress.* Princeton, NJ: Author.
Egan, S. K., Monson, T. C., & Perry, D. G. (1998). Social-cognitive influences on change in aggression over time. *Developmental Psychology, 34,* 996–1006.
Eggen, P. D., & Kauchak, D. P. (1996). *Strategies for teachers: Teaching content and thinking skills* (3rd ed.) Boston: Allyn & Bacon.
Eimas, P. D. (1985). The perception of speech in early infancy. *Scientific American, 252,* 46–52.
Eiseman, J. W. (1981). What criteria should public school moral education programs meet? *The Review of Education, 7,* 213–230.
Eisenberg, N., Martin, C. L., & Fabes, R. A. (1996). Gender development and gender effects. In D. Berliner & R. Calfee (Eds.), *Handbook of educational psychology* (pp. 358–396). New York: Macmillan.
Eisenberg, N., & Miller, P. A. (1987). The relation of empathy to prosocial and related behaviors. *Psychological Bulletin, 101,* 91–119.
Eisenberg, N., Shell, R., Pasernack, J., Lennon, R., Beller, R., & Mathy, R. M. (1987). Prosocial development in middle childhood: A longitudinal study. *Developmental Psychology, 23,* 712–718.
Eisenberg, R., Pierce, W. D., & Cameron, J. (1999). Effects of rewards on intrinsic motivation—Negative, neutral, and positive: Comment on Deci, Koestner, and Ryan (1999). *Psychological Bulletin, 125,* 677–691.
Eisner, E. W. (1999). The uses and limits of performance assessments. *Phi Delta Kappan, 80,* 658–660.
Elashoff, J. D., & Snow, R. E. (1971). *Pygmalion reconsidered.* Worthington, OH: Charles A. Jones.
Elawar, M. C., & Corno, L. (1985). A factorial experiment in teachers' written feedback on student homework: Changing teacher behavior a little rather than a lot. *Journal of Educational Psychology, 77,* 162–173.
Elkind, D. (1981). Obituary—Jean Piaget (1896–1980). *American Psychologist, 36,* 911–913.
Elkind, D. (1989). Developmentally appropriate education for 4-year-olds. *Theory Into Practice, 28*(1), 47–52.

Elkind, D. (1991). Formal education and early childhood education: An essential difference. In K. M. Cauley, F. Linder, & J. H. MacMillan (Eds.), *Annual Editions: Educational Psychology 91/92* (pp. 27–37). Guilford, CT: Duskin.

Ellis, A. K., & Fouts, J. T. (1993). *Research on educational innovations*. Princeton, NJ: Eye on Education.

Elrich, M. (1994). The stereotype within. *Educational Leadership, 51*(8), 12–15.

Emery, R. E. (1989). Family violence. *American Psychologist, 44*, 321–328.

Emmer, E. T., & Evertson, C. M. (1981). Synthesis of research on classroom management. *Educational Leadership, 38*, 342–345.

Emmer, E. T., & Evertson, C. M. (1982). Effective classroom management at the beginning of the school year in junior high school classes. *Journal of Educational Psychology, 74*, 485–498.

Emmer, E. T., Evertson, C. M., & Anderson, L. M. (1980). Effective classroom management at the beginning of the school year. *Elementary School Journal, 80*, 219–231.

Emmer, E. T., Evertson, C., Clements, B., & Worsham, M. (1997). *Classroom management for secondary teachers* (4th ed.). Boston: Allyn & Bacon.

Emmer, E. T., Evertson, C. M., & Worsham, M. E. (2000). *Classroom management for secondary teachers* (5th ed.). Boston: Allyn & Bacon.

End of innocence. (1991, Summer). *Newsweek* [Special Edition, How Kids Grow], 62–64.

Engel, P. (1991). Tracking progress toward the school readiness goal. *Educational Leadership, 48*(5), 39–42.

Engelmann, S., & Englemann, T. (1981). *Give your child a superior mind*. New York: Simon & Schuster.

Entwisle, D. R., & Alexander, K. L. (1998). Facilitating the transition to first grade: The nature of transition and research on factors affecting it. *The Elementary School Journal, 98*, 351–364.

Entwisle, D. R., Alexander, K., & Olson, L. (1997). *Children, schools, and inequality*. Boulder, CO: Westview Press.

Epanchin, B. C., Townsend, B., & Stoddard, K. (1994). *Constructive classroom management: Strategies for creating positive learning environments*. Pacific Grove, CA: Brooks/Cole.

Epstein, H. (1978). Growth spurts during brain development: Implications for educational policy and practice. In J. Chall & A. Mirsky (Eds.), *Education and the brain. The seventy-seventh yearbook of the National Society for the Study of Education, Part II* (pp. 343–370). Chicago: University of Chicago Press.

Epstein, H. (1980). EEG developmental stages. *Developmental Psychobiology, 13*, 629–631.

Epstein, J. L. (1989). Family structure and student motivation. In R. E. Ames & C. Ames (Eds.), *Research on motivation in education: Vol 3. Goals and cognitions* (pp. 259–295). New York: Academic Press.

Epstein, J. L. (1995). School/Family/Community partnerships: Caring for the children we share. *Phi Delta Kappan, 76*, 701–712.

Epstein, J. L., & MacIver, D. J. (1992). *Opportunities to learn: Effects on eighth graders of curriculum offerings and instructional approaches*. (Report No. 34). Baltimore: Center for Research on Elementary and Middle Schools, Johns Hopkins University.

Erez, M., & Zidon, I. (1984). Effects of goal acceptance on the relationship of goal difficulty to performance. *Journal of Applied Psychology, 69*, 69–78.

Erickson, F., & Shultz, J. (1982). *The counselor as gatekeeper: Social interaction in interviews*. New York: Academic Press.

Ericsson, K. A., & Smith, J. (Eds.) (1991). *Toward a general theory of expertise*. Cambridge, UK: Cambridge University Press.

Erikson, E. H. (1963). *Childhood and society* (2nd ed.). New York: Norton.

Erikson, E. H. (1968). *Identity, youth, and crisis*. New York: Norton.

Erikson, E. H. (1980). *Identity and the life cycle* (2nd ed.). New York: Norton.

Espe, C., Worner, C., & Hotkevich, M. (1990). Whole language—What a bargain. *Educational Leadership, 47*(6), 45.

Estes, W. K. (1993). Concepts, categories, and psychological science. *Psychological Science, 4*, 143–153.

Evertson, C. M. (1988). Managing classrooms: A framework for teachers. In D. Berliner & B. Rosenshine (Eds.), *Talks to teachers* (pp. 54–74). New York: Random House.

Evertson, C. M., Emmer, E. T., Clements, B. S., & Worsham, M. E. (1997). *Classroom management for elementary teachers* (4th ed.). Boston: Allyn & Bacon.

Evertson, C. M., Emmer, E. T., & Worsham, M. E. (2000). *Classroom management for elementary teachers* (5th ed.). Boston: Allyn & Bacon.

Ewy, C. & student authors. (1997). Kids take on "the test." *Educational Leadership, 54*(4), 76–78.

Fagot, B. I., & Hagan, R. (1991). Observations of parent reactions to sex-stereotyped behaviors: Age and sex effects. *Child Development, 62*, 617–628.

Fagot, B. I., Hagan, R., Leinbach, M. D., & Kronsberg, S. (1985). Differential reactions to assertive and communicative acts of toddler boys and girls. *Child Development, 56*, 1499–1505.

Fantuzzo, J., Davis, G., & Ginsburg, M. (1995). Effects of parent involvement in isolation or in combination with peer tutoring on student self-concept and mathematics achievement. *Journal of Educational Psychology, 87*, 272–281.

Farnaham-Diggory, S. (1994). Paradigms of knowledge and instruction. *Review of Educational Research, 64*, 463–477.

Farrar, M. J. (1990). Discourse and the acquisition of grammatical morphemes. *Journal of Child Language, 17*, 607–624.

Feather, N. T. (1982). *Expectations and actions: Expectancy-value models in psychology*. Hillsdale, NJ: Lawrence Erlbaum.

Feiman-Nemser, S. (1983). Learning to teach. In L. Shulman & G. Sykes (Eds.), *Handbook of teaching and policy* (pp. 150–170). New York: Longman.

Feingold, A. (1994). Gender differences in personality: A meta-analysis. *Psychological Bulletin, 116*, 429–456.

Fennema, E., & Peterson, P. (1988). Effective teaching for boys and girls: The same or different? In D. Berliner & B. Rosenshine (Eds.), *Talks to teachers* (pp. 111–127). New York: Random House.

Fennema, E., & Sherman, J. (1977). Sex-related differences in mathematics achievement, spatial visualization and affective factors. *American Educational Research Journal, 14*(1), 51–71.

Ferguson, D. L., Ferguson, P. M., & Bogdan, R. C. (1987). If mainstreaming is the answer, what is the question? In V. Richardson-Koehler (Ed.), *Educators' handbook: A research perspective* (pp. 394–419). New York: Longman.

Fernald, A. (1993). Approval and disapproval: Infant responsiveness to vocal affect in familiar and unfamiliar languages. *Child Development, 64*, 657–674.

Feuerstein, R. (1979). *The dynamic assessment of retarded performers: The Learning Potential Assessment Device, theory, instruments, and techniques*. Baltimore: University Park Press.

Feuerstein, R. (1990). The theory of structural cognitive modifiability. In B. Presseisen (Ed.), *Learning and thinking styles: Classroom interaction* (pp. 68–134). Washington, DC: National Education Association.

Fielding, L. G., & Pearson, P. D. (1994). Synthesis of research: Reading comprehension: What works. *Educational Leadership, 51*(5), 62–68.

Finn, J. (1972). Expectations and the educational environment. *Review of Educational Research, 42*, 387–410.

Fiske, E. B. (1981, October 27). Teachers reward muddy prose, study finds. *New York Times*, p. C1.

Fiske, E. B. (1988, April 10). America's test mania. *New York Times* (Education Life Section), pp. 16–20.

Fiske, S. T. (1993). Social cognition and social perception. *Annual Review of Psychology, 44*, 155–194.

Fitts, P. M., & Posner, M. I. (1967). *Human performance*. Belmont, CA: Brooks Cole.

Fitzgerald, J. (1995). English-as-a-second-language learners' cognitive reading process: A review of the research in the United States. *Review of Educational Research, 62,* 145–190.

Flammer, A. (1995). Developmental analysis of control beliefs. In A. Bandura, (Ed.). *Self-efficacy in changing societies* (pp. 69–113). New York: Cambridge University Press.

Flavell, J. H. (1985). *Cognitive development* (2nd ed.). Englewood Cliffs, NJ: Prentice-Hall.

Flavell, J. H., Friedrichs, A. G., & Hoyt, J. D. (1970). Developmental changes in memorization processes. *Cognitive Psychology, 1,* 324–340.

Flavell, J. H., Green, F. L., & Flavell, E. R. (1995). Young children's knowledge about thinking. *Monographs of the Society for Research in Child Development, 60*(1) (Serial No. 243).

Flink, C. F., Boggiano, A. K., & Barrett, M. (1990). Controlling teaching strategies: Undermining children's self-determination and performance. *Journal of Personality and Social Psychology, 59,* 916–924.

Floden, R. E., & Klinzing, H. G. (1990). What can research on teacher thinking contribute to teacher preparation? A second opinion. *Educational Researcher, 19*(4), 15–20.

Forest, M. (1991). It's about relationships. In L. Meyer, C. Peck, & L. Brown (Eds.), *Critical issues in the lives of people with disabilities* (pp. 399–408). Baltimore: Paul H. Brookes.

Foster, J. D. (1991). The role of accountability in Kentucky's Educational Reform Act of 1990. *Educational Leadership, 48*(5), 34–36.

Foster, W. (1981, August). *Social and emotional development in gifted individuals.* Paper presented at the Fourth World Conference on Gifted and Talented, Montreal.

Fox, L. H. (1981). Identification of the academically gifted. *American Psychologist, 36,* 1103–1111.

Frable, D. E. S. (1997). Gender, Racial, ethnic, and class identities. In J. T, Spence, J. M. Darley, & D. J. Foss (Eds.) *Annual Review of Psychology* (pp. 139–162). Palo Alto, CA: Annual Reviews.

Frank, S. J., Pirsch, L. A., & Wright, V. C. (1990). Late adolescents' perceptions of their parents: Relationships among deidealization, autonomy, relatedness, and insecurity and implications for adolescent adjustment and ego identity status. *Journal of Youth and Adolescence, 19,* 571–588.

Frederiksen, N. (1984). Implications of cognitive theory for instruction in problem solving. *Review of Educational Research 54,* 363–407.

Freiberg, H. J. (1999). Sustaining the paradigm. In H. J. Freiberg (Ed.), *Beyond behaviorism: Changing the classroom management paradigm* (pp. 164–173). Boston: Allyn & Bacon

Freiberg, H. J. (Ed.). (1999). *Beyond behaviorism: Changing the classroom management.* Boston: Allyn & Bacon.

Freiberg, H. J., & Driscoll, A. (1996). *Universal teaching strategies* (2nd ed.). Boston: Allyn & Bacon.

Freud, S. (1959). Creative writers and daydreaming. In J. Strachey (Ed.), *The standard edition of the complete psychological works of Sigmund Freud* (Vol. 9). London: Hogarth Press.

Frick, T. W. (1990). Analysis of patterns in time: A method of recording and quantifying temporal relations in education. *American Educational Research Journal, 27,* 180–204.

Friend, M., & Bursuck, W. (1996). *Including students with special needs: A practical guide for classroom teachers.* Boston: Allyn & Bacon.

Frisbie, D. A., & Waltmen, K. K. (1992). Developing a personal grading plan. *Educational Measurement: Issues and practices* (pp. 35–42). Washington, DC: National Council on Measurement in Education.

Fromberg, D. P., & Driscoll, M. (1985). *The successful classroom: Management strategies for regular and special education teachers.* New York: Teachers College Press.

Fuchs, L. S., Fuchs, D., Hamlett, C. L., & Karns, K. (1998). High-achieving students' interactions and performance on complex mathematical tasks as a function of homogeneous and heterogeneous pairings. *American Educational Research Journal, 35,* 227–268.

Fulk, C. L., & Smith, P. J. (1995). Students' perceptions of teachers' instructional and management adaptations for students with learning or behavior problems. *The Elementary School Journal, 95,* 409–419.

Fuller, F. G. (1969). Concerns of teachers: A developmental conceptualization. *American Educational Research Journal, 6,* 207–226.

Furstenberg, F. F., & Cherlin, A. J. (1991). *Divided families.* Cambridge: Harvard University Press.

Gage, N. L. (1991). The obviousness of social and educational research results. *Educational Researcher, 20*(A), 10–16.

Gagné, E. D. (1985). *The cognitive psychology of school learning.* Boston: Little Brown.

Gagné, E. D., Yekovich, C. W., & Yekovich, F. R. (1993). *The cognitive psychology of school learning* (2nd ed.). New York: HarperCollins.

Gagné, R. M. (1977). *The conditions of learning* (3rd ed.). New York: Holt, Rinehart & Winston.

Gagné, R. M. (1985). *The conditions of learning and theory of instruction* (4th ed.). New York: Holt, Rinehart & Winston.

Gagné, R. M., & Driscoll, M. P. (1988). *Essentials of learning for instruction* (2nd ed.). Englewood Cliffs, NJ: Prentice-Hall.

Gagné, R. M., & Smith, E. (1962). A study of the effects of verbalization on problem solving. *Journal of Experimental Psychology, 63,* 12–18.

Gaines, S. O., & Reed, E. S. (1995). Prejudice: From Allport to DuBois. *American Psychologist, 50,* 96–103.

Galambos, S. J., & Goldin-Meadow, S. (1990). The effects of learning two languages on metalinguistic development. *Cognition, 34,* 1–56.

Gall, M. D. (1970). The use of questions in teaching. *Review of Educational Research, 40,* 707–721.

Gall, M. D. (1984). Synthesis of research on teachers' questioning. *Educational Leadership, 41,* 40–47.

Gallini, J. K. (1991). Schema-based strategies and implications for instructional design in strategy training. In C. McCormick, G. Miller, & M. Pressley (Eds.), *Cognitive strategies research: From basic research to educational applications.* New York: Springer-Verlag.

Gamoran, A., & Mare, R. D. (1989). Secondary school detracking and educational inequity: Compensation, reinforcement, or neutrality? *American Journal of Education, 106*(3), 385–415.

Garcia, E. E. (1992). "Hispanic" children: Theoretical, empirical, and related policy issues. *Educational Psychology Review, 4,* 69–94.

Garcia, R. L. (1991). *Teaching in a pluralistic society: Concepts, models, and strategies.* New York: HarperCollins.

Garcia, T., & Pintrich, P. (1994). Regulating motivation and cognition in the classroom: The role of self-schemas and self-regulatory strategies. In B. J. Zimmerman & D. Schunk (Eds.), *Self-regulation of learning and performance: Issues and educational applications* (pp. 127–153). Hillsdale, NJ: Erlbaum.

Gardner, H. (1982a). *Art, mind, and brain: A cognitive approach to creativity.* New York: Basic Books.

Gardner, H. (1982b). *Developmental psychology* (2nd ed.). Boston: Little, Brown.

Gardner, H. (1983). *Frames of mind: The theory of multiple intelligences.* New York: Basic Books.

Gardner, H. (1991). *The unschooled mind: How children think and how schools should teach.* New York: Basic Books.

Gardner, H. (1993a). *Creating minds: An anatomy of creativity seen through the lives of Freud, Einstein, Picasso, Stravinsky, Elliot, Graham, and Gandhi.* New York: Basic Books.

Gardner, H. (1993b). *Educating the unschooled mind: A science and public policy seminar.* Washington, DC: American Educational Research Association.

Gardner, H. (1993c). *Multiple intelligences: The theory in practice.* New York: Basic Books.

Gardner, H. (1998). Reflections on multiple intelligences: Myths and messages. In A. Woolfolk (Ed.), *Readings in educational psychology* (2nd ed.) (pp. 61–67). Boston: Allyn & Bacon.

Gardner, H. (1999, August). *Who owns intelligence?* Invited address at the Annual Meeting of the American Psychological Association, Boston.
Gardner, H., & Hatch, T. (1989). Multiple intelligences go to school. *Educational Researcher, 18*(8), 4–10.
Gardner, R., Brown, R., Sanders, S. & Menke, D. J. (1992). "Seductive details" in learning from text. In K. A. Renninger, S. Hidi, & A. Krapp (Eds.), *The role of interest in learning and development* (pp. 239–254). Hillsdale, NJ: Erlbaum.
Gargarian, G. (1996). The art of design. In Y. Kafai & M. Resnick (Eds.), *Constructivism in practice: Designing, thinking, and learning in a digital world* (pp. 125–160). Mahwah, NJ: Erlbaum.
Garmon, A., Nystrand, M., Berends, M., & LePore. P. C. (1995). An organizational analysis of the effects of ability grouping. *American Educational Research Journal, 32,* 687–715.
Garmoran, A. (1987). The stratification of high school learning opportunities. *Sociology of Education, 60,* 135–155.
Garner, R. (1990). When children and adults do not use learning strategies: Toward a theory of settings. *Review of Educational Psychology, 60,* 517–530.
Garner, R. (1992). Learning from school tests. *Educational Psychologist, 27,* 53–63.
Garner, R. (1998). Choosing to learn and not-learn in school. *Educational Psychology Review, 10,* 227–238.
Garrison, J. (1995). Deweyan pragmatism and the epistemology of contemporary social constructivism. *American Educational Research Journal, 32,* 716–741.
Garrod, A., Beal, C., & Shin, P. (1990). The development of moral orientation in elementary school children. *Sex Roles, 22,* 13–27.
Gartner, A., & Lipsky, D. K. (1987). Beyond special education: Toward a quality system for all students. *Harvard Educational Review, 57,* 367–395.
Geary, D. C. (1995). Reflections of evolution and culture in children's cognition: Implications for mathematical development and instruction. *American Psychologist, 50,* 24–37.
Geary, D. C. (1995). Sexual selection and sex differences in spatial cognition. *Learning and Individual Differences, 7,* 289–303.
Geary, D. C. (1998). What is the function of mind and brain? *Educational Psychologist, 10,* 377–388.
Geary, D. C. (1999). Evolution and developmental sex differences. *Current Directions in Psychological Science, 8,* 115–120.
Gelman, R. (1979). Preschool thought. *American Psychologist, 34,* 900–905.
Gelman, R., & Baillargeon, R. (1983). A review of some Piagetian concepts. In P. Mussen (Ed.), *Carmichael's manual of child psychology. Vol. 3: Cognitive development* (E. Markman & J. Flavell, Volume Eds.). New York: Wiley.
Gelman, R., Meck, E., & Merkin, S. (1986). Young children's numerical competence. *Cognitive Development, 1,* 1–29.
Gelman, S. A., & Ebeling, K. S. (1989). Children's use of nonegocentric standards in judgments of size. *Child Development, 60,* 920–932.
Gentner, D. (1975). Evidence for the psychological reality of semantic components: The verbs of possession. In D. Norman & D. Rumelhart (Eds.), *Explorations in cognition* (pp. 211–246). San Francisco: Freeman.
Gerbner, G., Gross, L. Signorelli, N., & Morgan, M. (1986). *Television's mean world: Violence Profile No. 14–15.* Philadelphia: Annenberg School of Communication, University of Pennsylvania.
Gergen, K. J. (1997). Constructing constructivism: Pedagogical potentials. *Issues in Education: Contributions from Educational Psychology, 3,* 195–202.
Gersten, R. (1996a). The language-minority students in transition: Contemporary instructional research. *The Elementary School Journal, 96,* 217–220.
Gersten, R. (1996b). Literacy instruction for language-minority students: The transition years. *The Elementary School Journal, 96,* 217–220.
Giaconia, R. M., & Hedges, L. V. (1982). Identifying features of effective open education. *Review of Educational Research, 52,* 579–602.
Gibbs, J. W., & Luyben, P. D. (1985). Treatment of self-injurious behavior: Contingent versus noncontingent positive practice overcorrection. *Behavior Modification, 9,* 3–21.
Gick, M. L. (1986). Problem-solving strategies. *Educational Psychologist, 21,* 99–120.
Gick, M. L., & Holyoak, K. L. (1983). Schema induction and analogical transfer. *Cognitive Psychology, 15,* 1–38.
Gillett, M., & Gall, M. (1982, March). *The effects of teacher enthusiasm on the at-task behavior of students in the elementary grades.* Paper presented at the annual meeting of the American Educational Research Association, New York.
Gilligan, C. (1982). *In a different voice: Psychological theory and women's development.* Cambridge, MA: Harvard University Press.
Gilligan, C., & Attanucci, J. (1988). Two moral orientations: Gender differences and similarities. *Merrill-Palmer Quarterly, 34,* 223–237.
Gilstrap, R. L., & Martin, W. R. (1975). *Current strategies for teachers: A resource for personalizing education.* Pacific Palisades, CA: Goodyear.
Ginsburg, H., & Opper, S. (1988). *Piaget's theory of intellectual development* (3rd ed.). Englewood Cliffs, NJ: Prentice-Hall.
Girls' math achievement: What we do and don't know. (1986, January). *Harvard Education Letter, 2*(1), 1–5.
Glaser, R. (1981). The future of testing: A research agenda for cognitive psychology and psychometrics. *American Psychologist, 36,* 923–936.
Glasgow, K. L., Dornbusch, S. M., Troyer, L., Steinberg, L., & Ritter, P. L. (1997). Parenting styles, adolescents' attributions, and educational outcomes in nine heterogeneous high schools. *Child Development, 68,* 507–523.
Glasser, W. (1969). *Schools without failure.* New York: Harper & Row.
Glasser, W. (1990). *The quality school: Managing students without coercion.* New York: Harper & Row.
Gleitman, H., Fridlund, A. J., & Reisberg, D. (1999). *Psychology* (5th ed.). New York: Norton.
Goldenberg, C. (1996). The education of language-minority students: Where are we, and where do we need to go? *The Elementary School Journal, 96,* 353–361.
Goleman, D. (1988, April 10). An emerging theory on blacks' I.Q. scores. *New York Times* (Education Life Section), pp. 22–24.
Goleman, D. (1995). *Emotional intelligence.* New York: Bantam.
Gollnick, D. A., & Chinn, P. C. (1994). *Multicultural education in a pluralistic society* (4th ed.). New York: Merrill.
Good, T. L. (1983a). Classroom research: A decade of progress. *Educational Psychologist, 18,* 127–144.
Good, T. L. (1983b). Research on classroom teaching. In L. Shulman & G. Sykes (Eds.), *Handbook of teaching and policy* (pp. 42–80). New York: Longman.
Good, T. L. (1988). Teacher expectations. In D. Berliner & B. Rosenshine (Eds.), *Talks to teachers* (pp. 159–200). New York: Random House.
Good, T. L. (1996). Teaching effects and teacher evaluation. In J. Sikula (Ed.) *Handbook of research on teacher education* (pp. 617–665). New York: Macmillan.
Good, T. L., & Brophy, J. E. (1994). *Looking in classrooms* (6th ed.). New York: HarperCollins.
Good, T. L., & Brophy, J. E. (1997). *Looking in classrooms* (7th ed.). New York: Longman.
Good, T. L., Grouws, D., & Ebmeier, H. (1983). *Active mathematics teaching.* New York: Longman.
Good, T. L., & Marshall, S. (1984). Do students learn more in heterogeneous or homogeneous groups? In P. Peterson, L. C. Wilkinson, & M. Hallinan (Eds.), *The social context of instruction: Group organization and group processes* (pp. 15–38). Orlando, FL: Academic Press.

Good, T. L., & Weinstein, R. (1986). Schools make a difference: Evidence, criticisms, and new directions. *American Psychologist, 41,* 1090–1097.
Goodenow, C. (1992). Strengthening the links between educational psychology and the study of social contexts. *Educational Psychologist, 27,* 177–196.
Goodenow, C. (1993). Classroom belonging among early adolescents: Relationships to motivation and achievement. *Journal of Early Adolescence, 13,* 21–43.
Goodman, K. S. (1986). *What's whole in whole language: A parent-teacher guide.* Portsmouth, NH: Heinemann.
Goodman, Y. M., & Goodman, K. S. (1990). Vygotsky in a whole-language perspective. In L. Moll (Ed.), *Vygotsky and education: Instructional implications and applications of sociohistorical psychology* (pp. 223–250). New York: Cambridge University Press.
Goodrich, H. (1997). Understanding rubrics. *Educational Leadership, 54(4),* 14–17.
Gordon, E. W. (1991). Human diversity and pluralism. *Educational Psychologist, 26,* 99–108.
Gordon, T. (1974). *Teacher effectiveness training.* New York: Peter H. Wyden.
Gordon, T. (1981). Crippling our children with discipline. *Journal of Education, 163,* 228–243.
Grabe, M., & Latta, R. M. (1981). Cumulative achievement in a mastery instructional system: The impact of differences in resultant achievement motivation and persistence. *American Educational Research Journal, 18,* 7–14.
Graber, J. A, & Brooks-Gunn, J. (1996). Transitions and turning points: Navigating the passage from childhood through adolescence. *Developmental Psychology, 32,* 768–776.
Graham, S., & Weiner, B. (1996). Theories and principles of motivation. In D. Berliner & R. Calfee (Eds.), *Handbook of educational psychology* (pp. 63–84). New York: Macmillan.
Graham, S. (1991). A review of attribution theory in achievement contexts. *Educational Psychology Review, 3,* 5–39.
Graham, S. (1994). Motivation in African Americans. *Review of Educational Research, 64,* 55–117.
Graham, S. (1995). Narrative versus meta-analytic reviews of race differences in motivation. *Review of Educational Research, 65,* 509–514.
Graham, S. (1996). How causal beliefs influence the academic and social motivation of African-American children. In G. G. Brannigan (Ed.), *The enlightened educator: Research adventures in the schools* (pp. 111–126). New York: McGraw-Hill.
Graham, S. (1998). Self-blame and peer victimization in middle school: An attributional analysis. *Developmental Psychology, 34,* 587–599.
Graham, S., & Barker, G. (1990). The downside of help: An attributional developmental analysis of helping behavior as a low ability cue. *Journal of Educational Psychology, 82,* 7–14.
Graham, S., & Golan, S. (1991). Motivational influences on cognition: Task involvement, ego involvement, and depth of information processing. *Journal of Educational Psychology, 83,* 187–194.
Graham, S., & Guskey, T. R. (1990). Cooperative mastery learning strategies. *The Elementary School Journal, 91,* 33–42.
Graham, S., & Harris, K. R. (1994). The effects of whole language on children's writing: A review of literature. *Educational Psychologist, 29,* 187–192.
Graham, S., & Harris, K. R. (1994). The effects of whole language on children's writing: A review of the literature. *Educational Psychologist, 29,* 187–192.
Grant, C. A., & Sleeter, C. E. (1989). Race, class, gender, exceptionality, and educational reform. In J. Banks & C. McGee Banks (Eds.), *Multicultural education: Issues and perspectives* (pp. 49–66). Boston: Allyn & Bacon.
Greeno, J. G., Collins, A. M., & Resnick, L. B. (1996). Cognition and learning. In D. Berliner & R. Calfee (Eds.), *Handbook of educational psychology* (pp. 15–46). New York: Macmillan.
Greenough, W. T., Black, J. E., & Wallace, C. S. (1987). Experience and brain development. *Child Development, 58,* 539–559.
Gregorc, A. F. (1982). *Gregorc Style Delineator: Development, technical, and administrative manual.* Maynard, MA: Gabriel Systems.
Gresham, F. (1981). Social skills training with handicapped children. *Review of Educational Research, 51,* 139–176.
Grigorenko, E. L., & Sternberg, R. J. (1998). Dynamic testing. *Psychological Bulletin, 124,* 75–111.
Grinder, R. E. (1981). The "new" science of education: Educational psychology in search of a mission. In F. H. Farley & N. J. Gordon (Eds.), *Psychology and education: The state of the union* (pp. 354–366). Berkeley, CA: McCutchan.
Grissom, J. B., & Smith, L. A. (1989). Repeating and dropping out of school. In L. Shepard & M. Smith (Eds.), *Flunking grades: Research and policies on retention* (pp. 34–63). Philadelphia: Falmer Press.
Grolnick, W. S., & Ryan, R. M. (1989). Parent styles associated with children's self-regulation and competence in school. *Journal of Educational Psychology, 81,* 143–154.
Grolnick, W. S., Ryan, R. M., & Deci, E. L. (1991) Inner resources for school achievement: Motivational mediators of children's perceptions of their parents. *Journal of Educational Psychology, 83,* 508–517.
Gronlund, N. E. (1993). *How to make achievement tests and assessments* (5th ed.). Boston: Allyn & Bacon.
Gronlund, N. E. (2000). *How to write and use instructional objectives* (6th ed.). Columbus: OH: Merrill.
Gross, M. U. M. (1992). The use of radical acceleration in cases of extreme intellectual precocity. *Gifted Child Quarterly, 36,* 91–99.
Grossman, H., & Grossman, S. H. (1994). *Gender issues in education.* Boston: Allyn & Bacon.
Grotevant, H. D. (1998). Adolescent development in family contexts. In N. Eisenberg (Ed.), *Handbook of child psychology: Vol 3. Social, emotional, and personality development* (5th ed.) (pp. 1097–1149). New York: Wiley.
Guilford, J. P. (1988). Some changes in the Structure-of-Intellect model. *Educational and Psychological Measurement, 48,* 1–4.
Guitierrez, R., & Slavin, R. E. (1992). Achievement effects of the nongraded elementary school: A best evidence synthesis. *Review of Educational Research, 62,* 333–376.
Guskey, T. R. (1994). Making the grade: What benefits students? *Educational Leadership, 52*(2), 14–21.
Guskey, T. R., & Gates, S. L. (1986). Synthesis of research on mastery learning. *Education Leadership, 43,* 73–81.
Gustafsson, J-E., & Undheim, J. O. (1996) Individual differences in cognitive functioning. In D. Berliner & R. Calfee (Eds.), *Handbook of educational psychology* (pp. 186–242). New York: Macmillan.
Guthrie, J. T., Cox, K. E., Anderson, E., Harris, K., Mazzoni, S., & Rach, L. (1998). Principles of integrated instruction for engagement in reading. *Educational Psychology Review, 10,* 227–238.
Guttmacher (Alan) Institute. (1991). *Issues in brief* (Vol. 11, No. 2). Washington, DC: Author.
Haertel, E. H. (1999). Performance assessment and educational reform. *Phi Delta Kappan, 80,* 662–666.
Hakuta, K. (1986). *Mirror of language: The debate on bilingualism.* New York: Basic Books.
Hakuta, K., & Garcia, E. E. (1989). Bilingualism and education. *American Psychologist, 44,* 374–379.
Hakuta, K., & Gould, L. J. (1987). Synthesis of research on bilingual education. *Educational Leadership, 44*(6), 38–45.
Hale-Benson, J. E. (1986). *Black children: Their roots, culture, and learning styles* (rev. ed.). Baltimore: Johns Hopkins University Press.
Halford, J. M. (1999). A different mirror: A conversation with Ronald Takaki. *Educational Leadership, 56*(7), 8–13.
Hall, J. W. (1991). More on the utility of the keyword method. *Journal of Educational Psychology, 83,* 171–172.
Hallahan, D. P., & Kauffman, J. M. (2000). *Exceptional learners: Introduction to special education* (8th ed.). Boston: Allyn & Bacon.

Hallahan, D. P., Kauffman, J. M., & Lloyd, J. W. (2000). *Introduction to learning disabilities* (4th ed.). Boston: Allyn & Bacon.
Hallowell, E. M., & Ratey, J. J. (1994). *Driven to distraction*. New York: Pantheon Books.
Halpern, D. F. (1996). Changing data, changing minds: What the data on cognitive sex differences tell us and what we hear. *Learning and Individual Differences*, *8*, 73–82.
Hambleton, R. K. (1996). Advances in assessment models, methods, and practices. In D. C. Berliner & R. C. Calfee (Eds.), *Handbook of educational psychology* (pp. 899–925). New York: Macmillan.
Hamilton, R. J. (1985). A framework for the evaluation of the effectiveness of adjunct questions and objectives. *Review of Educational Research*, *55*, 47–86.
Hansen, R. A. (1977). Anxiety. In S. Ball (Ed.), *Motivation in education*. New York: Academic Press.
Hardiman, P. T., Dufresne, R., & Mestre, J. P. (1989). The relation between problem categorization and problem solving among experts and novices. *Memory & Cognition*, *17*, 627–638.
Hardman, M. L. (1994). *Inclusion: Issues of educating students with disabilities in regular educational settings*. A booklet to accompany Hardman, M. L., Drew, C. J., Egan, M. W., & Wolf, B. (1993). *Human exceptionality: Society, school, and family* (4th ed.). Boston: Allyn & Bacon.
Hardman, M. L., Drew, C. J., & Egan, M. W. (1996). *Human exceptionality: Society, school, and family* (5th ed.). Boston: Allyn & Bacon.
Hardman, M. L., Drew, C. J., & Egan, M. W. (1999). *Human exceptionality: Society, school, and family* (6th ed.). Boston: Allyn & Bacon.
Harmin, M. (1994). *Inspiring active learning: A handbook for teachers*. Alexandria, VA: Association for Supervision and Curriculum Development.
Harris, J. R. (1998). *The nurture assumption: Why children turn out the way they do; parents matter less than you think and peers matter more*. New York: Free Press.
Harris, K. R. (1990). Developing self-regulated learners: The role of private speech and self-instruction. *Educational Psychologist*, *25*, 35–50.
Harris, K. R., & Graham, S. (1996). Memo to constructivist: Skills count too. *Educational Leadership*, *53*(5), 26–29.
Harris, K. R., Graham, S., & Pressley, M. (1991). Cognitive-behavioral approaches in reading and written language: Developing self-regulated learners. In N. N. Singh & I. L. Beale (Eds.), *Learning disabilities: Nature, theory, and treatment* (pp. 415–451). New York: Springer-Verlag.
Harris, K. R., Graham, S., & Pressley, M. (in press). Cognitive strategies in reading and written language. In N. Singhh & I. Beale (Eds.), *Current perspectives in learning disabilities: Nature, theory, and treatment*. New York: Springer-Verlag.
Harris, K. R., & Pressley, M. (1991). The nature of cognitive strategy instruction: Interactive strategy construction. *Exceptional Children*, *57*, 392–404.
Harris, L. (1989, June). *The ICD survey III: A report card on special education*. New York: Louis Harris & Associates.
Harris, R. T. (1991). Anorexia nervosa and bulimia nervosa in female adolescents. *Nutrition Today*, *26*(2), 30–34.
Harrison, A. O., Wilson, M. N., Pine, C. J., & Buriel, R. (1990). Family ecologies of ethnic minority children. *Child Development*, *61*, 347–362.
Harrow, A. J. (1972). *A taxonomy of the psychomotor domain: A guide for developing behavior objectives*. New York: David McKay.
Harter, S. (1990). Issues in the assessment of self-concept of children and adolescents. In A. LaGreca (Ed.), *Through the eyes of a child* (pp. 292–325). Boston: Allyn & Bacon.
Harter, S. (1998). The development of self-representations. In N. Eisenberg (Ed.), *Handbook of child psychology: Vol 3. Social, emotional, and personality development* (5th ed.) (pp. 553–618). New York: Wiley.
Hartup, W. W., & Stevens, N. (1999). Friendships and adaptation across the lifespan. *Current Directions in Psychological Science*, *8*, 76–79.
Hayes, J. R., Waterman, D. A., & Robinson, C. S. (1977). Identifying relevant aspects of a problem text. *Cognitive Science*, *1*, 297–313.
Hayes, S. C., Rosenfarb, I., Wulfert, E., Munt, E. D., Korn, Z., & Zettle, R. D. (1985). Self-reinforcement effects: An artifact of social standard setting? *Journal of Applied Behavior Analysis*, *18*, 201–214.
Herbert, E. A. (1998). Design matters: How school environment affects children. *Educational Leadership*, *56*(1), 69–71.
Herman, J. (1997). Assessing new assessments: How do they measure up? *Theory Into Practice*, *36*, 197–204.
Herman, J. L., Aschbacher, P. R., & Winters, L. (1992). *A practical guide to alternative assessment*. Alexandria, VA: Association for Supervision and Curriculum Development.
Herman, J., & Winters. L. (1994). Portfolio research: A slim collection. *Educational Leadership*, *52*(2), 48–55.
Hernshaw, L. S. (1987). *The shaping of modern psychology: A historical introduction from dawn to present day*. London: Routledge & Kegan Paul.
Hess, R., & McDevitt, T. (1984). Some cognitive consequences of maternal intervention techniques. A longitudinal study. *Child Development*, *55*, 1902–1912.
Hess, R., Chih-Mei, C., & McDevitt, T. M. (1987). Cultural variation in family beliefs about children's performance in mathematics: Comparisons among People's Republic of China, Chinese-American, and Caucasian-American families. *Journal of Educational Psychology*, *79*, 179–188.
Hess, R. D., & Shipman, V. C. (1965). Early experience and the socialization of cognitive modes in children. *Child Development*, *36*, 869–886.
Hetherington, E. M. (1989). Coping with family transitions: Winners, losers, and survivors. *Child Development*, *60*, 1–14.
Hetherington, E. M., & Stanley-Hagan, M. M. (1997). The effects of divorce on fathers and their children. In M. Lamb (Ed.), *The role of the father in child development* (pp. 191–211). New York: Wiley.
Heward, W. L., & Orlansky, M. D. (1992). *Exceptional children* (4th ed.). Columbus, OH: Charles E. Merrill.
Hewson, P. W., Beeth, M. E., & Thorley, N. R. (1998). Teaching for conceptual change. In B. J. Fraserr & K. G. Tobin (Eds.), *International handbook of science education* (pp. 199–218). New York: Kluwer.
Hewstone, M. (1989). Changing stereotypes with disconfirming information. In D. Bar-Tal, C. Graumann, A. Kruglanski, & W. Stroebe (Eds.), *Stereotyping and prejudice: Changing conceptions* (pp. 207–223). New York: Springer-Verlag.
Hilgard, E. R., Atkinson, R. L., & Atkinson, R. C. (1979). *Introduction to psychology* (7th ed.). New York: Harcourt Brace Jovanovich.
Hill, K. T., & Eaton, W. O. (1977). The interaction of test anxiety and success-failure experiences in determining children's arithmetic performance. *Developmental Psychology*, *13*, 205–211.
Hill, K. T., & Wigfield, A. (1984). Test anxiety: A major educational problem and what can be done about it. *Elementary School Journal*, *85*, 105–126.
Hilliard, A. G. (1991/1992). Why we must pluralize curriculum. *Educational Leadership*, *49*(4), 12–16.
Hines, C. V., Cruickshank, D. R., & Kennedy, J. J. (1982, March). *Measures of teacher clarity and their relationships to student achievement and satisfaction*. Paper presented at the annual meeting of the American Educational Research Association, New York.
Hines, C. V., Cruickshank, D. R., & Kennedy, J. J. (1985). Teacher clarity and its relation to student achievement and satisfaction. *American Educational Research Journal*, *22*, 87–99.
Hinsley, D., Hayes, J. R., & Simon, H. A. (1977). From words to equations. In P. Carpenter & M. Just (Eds.), *Cognitive processes in comprehension*. Hillsdale, NJ: Erlbaum.

Hiroto, D. S., & Seligmen, M. E. P. (1975). Generality of learned helplessness in man. *Journal of Personality and Social Psychology, 31*, 311–327.
Hirsch, E. D., Jr. (1996). *The schools we need—and why we don't have them*. New York: Doubleday.
Hodges, E. V. E., & Perry, D. G. (1999). Personal and interpersonal antecedents and consequences of victimization by peers. *Journal of Personality and Social Psychology, 76*, 677–685.
Hodgkinson, H. L. (1985). *All one system: Demographics of education, kindergarten through graduate school*. Washington, DC: Institute of Educational Leadership.
Hoffman, L. W. (1984). Work, family, and the socialization of the child. In R. Parke (Ed.), *Review of child development research* (Vol. 7) (pp. 223–282). Chicago: University of Chicago Press.
Hoffman, M. L. (1988). Moral development. In M. Bornstein & M. Lamb (Eds.), *Developmental psychology: An advanced textbook* (2nd ed.) (pp. 497–548). Hillsdale, NJ: Erlbaum.
Hoge, D. R., Smit, E. K., & Hanson, S. L. (1990). School experiences predicting changes in self-esteem of sixth- and seventh-grade students. *Journal of Educational Psychology, 82*, 117–126.
Holden, G. W., & Ritchie, K. L. (1991). Linking extreme marital discord, child rearing practices, and child behavior problems: Evidence from battered women. *Child Development, 62*, 311–327.
Holmes, C. T., (1989). Grade-level retention effects: A meta analysis of research studies. In L. Shepard & M. Smith (Eds.), *Flunking grades: Research and policies on retention* (pp. 16–33). Philadelphia: Falmer Press.
Hoover-Dempsey, K. V., Bassler, O. C., & Burow, R. (1995). Parents' reported involvement in students' homework: Strategies and practices. *The Elementary School Journal, 95*, 435–450.
Horgan, D. D. (1995). *Achieving gender equity: Strategies for the classroom*. Boston: Allyn & Bacon.
Howard, K. (1990, Spring). Making the writing portfolio real. *The Quarterly of the National Writing Project, 27*, 4–8.
Hoy, W. K., & Woolfolk, A. E. (1990). Organizational socialization of student teachers. *American Educational Research Journal, 27*, 279–300.
Hoy, W. K., & Woolfolk, A. E. (1993). Teachers' sense of efficacy and the organizational health of schools. *Elementary School Journal, 93*, 355–372.
Huessman, L. R., Eron, L. D., Klein, R., Brice, P., & Fischer, P. (1983). Mitigating the imitation of aggressive behaviors by changing children's attitudes about media violence. *Journal of Personality and Social Psychology, 44*, 899–910.
Huff, C. R. (1989). Youth gangs and public policy. *Crime & Delinquency, 35*, 524–537.
Hundert, J., & Bucher, B. (1978). Pupil's self-scored arithmetic performance: A practical procedure for maintaining accuracy. *Journal of Applied Behavior Analysis, 11*, 304.
Hunt, J. McV. (1961). *Intelligence and experience*. New York: Ronald.
Hunt, R. R., & Ellis, H. C. (1999). *Fundamentals of cognitive psychology* (6th ed.). New York: McGraw-Hill College.
Hunter, M. (1982). *Mastery teaching*. El Segundo, CA: TIP Publications.
Hyde, J. S., Fennema, E., & Lamon, S. J. (1990). Gender differences in mathematical performance: A meta-analysis. *Psychological Bulletin, 107*, 139–155.
IIS Report. (1990). Water Mill, NY: Educational Products Information Exchange Institute.
Inclusive Education Programs. (1994, February). AFT President calls inclusion "fad." *Inclusive Education Programs: Advice on Educating Students with Disabilities in Regular Settings*. LRP Publications, 1+.
International Reading Association (IRA). (1985). *Literacy development*. Newark, DE: Author.
Iran-Nejad, A. (1990). Active and dynamic self-regulation of learning processes. *Review of Educational Research, 60*, 573–602.
Iran-Nejad, A., Marsh, G. E., & Clements, A. C. (1992). The figure and ground of constructive brain functioning: Beyond explicit memory processes. *Educational Psychologist, 27*, 473–492.
Iran-Najad, A., Wittrock, M. C., & Hidi, S. (Eds.). (1992, Fall). Brain and education [Special issue]. *Educational Psychologist, 27*(4).
Irving, O., & Martin, J. (1982). Withitness: The confusing variable. *American Educational Research Journal, 19*, 313–319.
Irwin, J. W. (1991). *Teaching reading comprehension* (2nd ed.). Boston: Allyn & Bacon.
Isabella, R., & Belsky, J. (1991). Interactional synchrony and the origins of infant-mother attachment: A replication study. *Child Development, 62*, 373–384.
Jacklin, C. N., Dipietro, J. A., & Maccoby, E. E. (1984). Sex-typing behavior and sex-typing pressure in child-parent interactions. *Sex Roles, 13*, 413–425.
Jagacinski, C. M., & Nicholls, J. G. (1987). Competence and affect in task involvement and ego involvement: The impact of social comparison information. *Journal of Educational Psychology, 76*, 107–114.
James, W. (1890). *The principles of psychology* (Vol. 2). New York: Henry Holt.
James, W. (1912). *Talks to teachers on psychology: And to students on some of life's ideals*. New York: Holt.
Jarrett, R. (1995). Growing up poor: The family experiences of socially mobile youth in low-income African American neighborhoods. *Journal of Adolescent Research, 10*, 111–135.
Jenson, W. R., Sloane, H. N., & Young, K. R. (1988). *Applied behavior analysis in education: A structured teaching approach*. Englewood Cliffs, NJ: Prentice-Hall.
Jimenez, R. T., & Gersten, R. (1999). Lessons and dilemmas derived from the literacy instruction of two Latina/o teachers. *American Educational Research Journal, 36*, 265–302.
John-Steiner, V., & Mahn, H. (1996). Sociocultural approaches to learning and development: A Vygotskian framework. *Educational Psychologist, 31*, 191–206.
Johnson, D. W. (1993). *Reaching out: Interpersonal effectiveness and self-actualization* (5th ed.). Boston: Allyn & Bacon.
Johnson, D. W., & Johnson, R. (1985). Motivational processes in cooperative, competitive, and individualistic learning situations. In C. Ames & R. Ames (Eds.), *Research on motivation in education. Vol. 2: The classroom milieu* (pp. 249–286). New York: Academic Press.
Johnson, D. W., & Johnson, R. (1994). *Learning together and alone: Cooperation, competition, and individualization* (4th ed.). Boston: Allyn & Bacon.
Johnson, D. W., & Johnson, R. (1999). *Learning together and alone: Cooperation, competition, and individualization* (5th ed.). Boston: Allyn & Bacon.
Johnson, D. W., & Johnson, R. (1999). The three Cs of school and classroom management. In H. J. Freiberg (Ed.), *Beyond behaviorism: Changing the classroom management paradigm* (pp. 119–144). Boston: Allyn & Bacon.
Johnson. D. W., & Johnson, R. T. (1996). The role of cooperative learning in assessing and communicating student learning. In T. Guskey (Ed.), *ASCD 1996 Yearbook: Communicating student learning* (pp. 25–46). Alexandria, VA: Association for Supervision and Curriculum Development.
Johnson, D. W., Johnson, R., Dudley, B., Ward, M., & Magnuson, D. (1995). The impact of peer mediation training on the management of school and home conflicts. *American Educational Research Journal, 32*, 829–844.
Johnson, J. S., & Newport, E. L. (1989). Critical period effects in second language learning: The influence of maturational state on the acquisition of English as a second language. *Cognitive Psychology, 21*, 60–69.
Jones, E. D., & Southern, W. T. (1991). Conclusions about acceleration: Echoes of a debate. In W. Southern & E. Jones (Eds.), *The*

academic acceleration of gifted children (pp. 223–228). New York: Teachers College Press.
Jones, M. G., & Gerig, T M. (1994). Silent sixth-grade students: Characteristics, achievement, and teacher expectations. *Elementary School Journal, 95*, 169–182.
Jones, V. F., & Jones, L. S. (1995). *Comprehensive classroom management: Creating positive learning environments* (4th ed.). Boston: Allyn & Bacon.
Jordan, N., & Goldsmith-Phillips, J. (1994). *Assessment of learning disabilities.* Boston: Allyn & Bacon.
Joshua, S., & Dupin, J. J. (1987). Taking into account students' conceptions in instructional strategy: An example in physics. *Cognition and Instruction, 4*, 117–135.
Joyce, B., & Weil, M. (1996). *Models of teaching* (5th ed.). Boston: Allyn & Bacon.
Jurden, F. H. (1995). Individual differences in working memory and complex cognition. *Journal of Educational Psychology, 87*, 93–102.
Kagan, D. (1992). Implications of research on teacher belief. *Educational Psychologist, 27*, 65–90.
Kagan, S. (1983). Social orientation among Mexican-American children: A challenge to traditional classroom structures. In E. Garcia (Ed.), *The Mexican-American child: Language, cognition, and social development.* Tempe, AZ: Center for Bilingual Education.
Kagan, S. (1994). *Cooperative learning.* San Juan Capistrano, CA: Kagan Cooperative Learning.
Kanfer, F. H., & Gaelick, L. (1986). Self-management methods. In F. Kanfer & A. Goldstein (Eds.), *Helping people change: A textbook of methods* (3rd ed.). New York: Pergamon.
Kantor, H., & Lowe, R. (1995). Class, race, and the emergence of federal education policy: From the New Deal to the Great Society. *Educational Researcher, 24*(3), 4–11.
Kaplan, B. (1984). *Development and growth.* Hillsdale, NJ: Erlbaum.
Kaplan, J. S. (1991). *Beyond behavior modification* (2nd ed.). Austin, TX: Pro-Ed.
Karpov, Y. V., & Bransford, J. D. (1995). L. S. Vygotsky and the doctrine of empirical and theoretical learning. *Educational Psychologist, 30*, 61–66.
Karpov, Y. V., & Haywood, H. C. (1998). Two ways to elaborate Vygotsky's concept of mediation implications for instruction. *American Psychologist, 53*, 27–36
Karweit, N. (1989). Time and learning: A review. In R. E. Slavin (Ed.), *School and classroom organization* (pp. 69–95). Hillsdale, NJ: Erlbaum.
Karweit, N., & Slavin, R. (1981). Measurement and modeling choices in studies of time and learning. *American Educational Research Journal, 18*, 157–171.
Kazdin, A. E. (1984). *Behavior modification in applied settings.* Homewood, IL: Dorsey Press.
Keefe, J. W. (1982). Assessing student learning styles: An overview. In *Student learning styles and brain behavior.* Reston, VA: National Association of Secondary School Principals.
Keefe, J. W., & Monk, J. S. (1986). *Learning style profile examiner's manual.* Reston, VA: National Association of Secondary School Principals.
Keith, T. Z. (1982). Time spent on homework and high school grades: A large-sample path analysis. *Journal of Educational Psychology, 74*, 248–253.
Kelly, K. (1999). Retention vs. social promotion: Schools search for alternatives. *Harvard Education Letter, 15*(1), 1–3.
Keogh, B. K., & MacMillan, D. L. (1996). Exceptionality. In D. Berliner & R. Calfee (Eds.), *Handbook of educational psychology* (pp. 311–330). New York: Macmillan.
Kerckhoff, A. C. (1986). Effects of ability grouping in British secondary schools. *American Sociological Review, 51*, 842–858.
Keyser, V., & Barling, J. (1981). Determinants of children's self-efficacy beliefs in an academic environment. *Cognitive Therapy and Research, 5*, 29–40.
Kiewra, K. A. (1985). Investigating notetaking and review: A depth of processing alternative. *Educational Psychologist, 20*, 23–32.
Kiewra, K. A. (1988). Cognitive aspects of autonomous note taking: Control processes, learning strategies, and prior knowledge. *Educational Psychologist, 23*, 39–56.
Kiewra, K. A. (1989). A review of note-taking: The encoding storage paradigm and beyond. *Educational Psychology Review, 1*, 147–172.
Kindsvatter, R., Wilen, W., & Ishler, M. (1988). *Dynamics of effective teaching.* New York: Longman.
Kindsvatter, R., Wilen, W., & Ishler, M. (1992). *Dynamics of effective teaching* (2nd ed.). New York: Longman.
King, A. (1990). Enhancing peer interaction and learning in the classroom through reciprocal questioning. *American Educational Research Journal, 27*, 664–687.
King, A. (1994). Guiding knowledge construction in the classroom: Effects of teaching children how to question and how to explain. *American Educational Research Journal, 31*, 338–368.
King, G. (1979, June). Personal communication. University of Texas at Austin.
Kintsch, E. (1990). Macroprocesses and microprocesses in the development of summarization skills. *Cognition and Instruction, 7*, 161–195.
Kirk, S., Gallagher, J. J., & Anastasiow, N. J. (1993). *Educating exceptional children* (7th ed.). Boston: Houghton Mifflin.
Kirst, M. (1991a). Interview on assessment issues with Lorrie Shepard. *Educational Researcher, 20*(2), 21–23.
Kirst, M. (1991b). Interview on assessment issues with James Popham. *Educational Researcher, 20*(2), 24–27.
Klausmeier, H. J. (1976). Instructional design and the teaching of concepts. In J. Levin & V. Allen (Eds.), *Cognitive learning in children: Theories and strategies* (pp. 191–218). New York: Academic Press.
Klausmeier, H. J. (1992). Concept learning and concept teaching. *Educational Psychologist, 27*, 267–286.
Kling, K. C., Hyde, J. S., Showers, C. J., & Buswell, B. N. (1999). Gender differences in self-esteem: A meta-analysis. *Psychological Bulletin, 125*, 470–500.
Knapp, M., Turnbull, B. J., & Shields, P. M. (1990). New directions for educating children of poverty. *Educational Leadership, 48*(1), 4–9.
Kneedler, P. (1985). California assesses critical thinking. In A. Costa (Ed.), *Developing minds: A resource book for teaching thinking* (pp. 276–280). Alexandria, VA: Association for Supervision and Curriculum Development.
Kogan, N. (1983). Stylistic variation in childhood and adolescence: Creativity, metaphor, and cognitive style. In P. Mussen (Ed.), *Handbook of child psychology* (4th ed.) (Vol. 3, pp. 630–706). New York: Wiley.
Kohlberg, L. (1963). The development of children's orientations toward moral order: Sequence in the development of moral thought. *Vita Humana, 6*, 11–33.
Kohlberg, L. (1975). The cognitive-developmental approach to moral education. *Phi Delta Kappan, 56*, 670–677.
Kohlberg, L. (1981). *The philosophy of moral development.* New York: Harper & Row.
Kohlberg, L. (1984). *Essays on moral development.* San Francisco: Harper & Row.
Kohlberg, L., Yaeger, J., & Hjertholm, E. (1969). Private speech: Four studies and a review of theories. *Child Development, 39*, 691–736.
Kohn, A. (1991). Caring kids: The role of the schools. *Phi Delta Kappan, 72*, 496–506.
Kohn, A. (1993). Rewards versus learning: A response to Paul Chance. *Phi Delta Kappan, 74*, 783–787.
Kohn, A. (1996). By all available means: Cameron and Pierce's defense of extrinsic motivators. *Review of Educational Research, 66*, 1–4.
Kolata, G. B. (1980). Math and sex: Are girls born with less ability? *Science, 210*, 1234–1235.

参考文献

Kolb, G., & Whishaw, I. Q. (1998). Brain plasticity and behavior. In J. T. Spence, J. M. Darley, & D. J. Foss (Eds.), *Annual Review of Psychology* (pp. 43–64). Palo Alto, CA: Annual Reviews

Korenman, S., Miller, J., & Sjaastad, J. (1995). Long-term poverty and child development in the United States: Results from the NLSY. *Children and Youth Services Review, 17,* 127–155.

Kotrez, D., Stecher, B., & Diebert, E. (1993). *The reliability of scores from the 1992 Vermont Portfolio Assessment Program.* CSE Technical Report 355. Los Angeles: UCLA Center for the Study of Evaluation.

Kounin, J. S. (1970). *Discipline and group management in classrooms.* New York: Holt, Rinehart & Winston.

Kounin, J. S., & Doyle, P. H. (1975). Degree of continuity of a lesson's signal system and task involvement of children. *Journal of Educational Psychology, 67,* 159–164.

Kozulin, A. (1990). *Vygotsky's psychology: A biography of ideas.* Cambridge, MA: Harvard University Press.

Kozulin, A., & Falik, L. (1995). Dynamic cognitive assessment of the child. *Current Directions, 4,* 192–195.

Kozulin, A., & Presseisen, B. Z. (1995). Mediated learning experience and psychological tools: Vygotsky's and Feuerstein's perspectives in a study of student learning. *Educational Psychologist, 30,* 67–75.

Krathwohl, D. R., Bloom, B. S., & Masia, B. B. (1964). *Taxonomy of educational objectives. Handbook II: Affective domain.* New York: David McKay.

Kreitzer, A. E., & Madaus, G. F. (1994). Empirical investigations of the hierarchical structure of the taxonomy. In L. W. Anderson & L. A. Sosniak (Eds.), *Bloom's taxonomy: A forty-year retrospective.* Ninety-third yearbook for the National Society for the Study of Education: Part II (pp. 64–81). Chicago: University of Chicago Press.

Kroger, J. (1995). The differentiation of "firm" and "developmental" foreclosure identity statuses: A longitudinal study. *Journal of Adolescent Research, 10,* 317–337.

Krumboltz, J. D., & Krumboltz, H. B. (1972). *Changing children's behavior.* Englewood Cliffs, NJ: Prentice-Hall.

Kulik, C. C., & Kulik, J. A. (1982). Effects of ability grouping on secondary school students: A meta-analysis of evaluation findings. *American Educational Research Journal, 19,* 415–428.

Kulik, C. L., Kulik, J. A., & Bangert-Drowns, R. L. (1990). Effectiveness of mastery learning programs: A meta-analysis. *Review of Educational Research, 60,* 265–299.

Kulik, J. A., & Kulik, C. C. (1984). Effects of accelerated instruction on students. *Review of Educational Research, 54,* 409–425.

Kulik, J. A., Kulik, C. C., & Bangert, R. L. (1984, April). Effects of practice on aptitude and achievement test scores. *American Educational Research Journal, 21,* 435–447.

Kupersmidt, J. B., Coie, J. D., & Dodge, K. A. (1990). The role of poor peer relations in the development of disorder. In S. Asher & J. Coie (Eds.), *Peer rejection in childhood* (pp. 274–305). New York: Cambridge.

Ladson-Billings, G. (1990). Like lightning in a bottle: Attempting to capture the pedagogical excellence of successful teachers of Black students. *Qualitative Studies in Education, 3,* 335–344.

Ladson-Billings, G. (1992). Culturally relevant teaching: The key to making multicultural education work. In C.A. Grant (Ed.), *Research and multicultural education* (pp. 106–121). London: Falmer Press.

Ladson-Billings, G. (1994). *The dream keepers.* San Francisco: Jossey Bass.

Ladson-Billings, G. (1995). But that is just good teaching! The case for culturally relevant pedagogy. *Theory Into Practice, 34,* 161–165.

Lake, K., & Kafka, K. (1996). Reporting methods in grades K–8. In T. Guskey (Ed.), *ASCD 1996 Yearbook: Communicating student learning* (pp. 90–118). Alexandria, VA: Association for Supervision and Curriculum Development.

Lambert, (1995). Stereotypes and social judgment: The consequences of group variability. *Journal of Personality and Social Psychology, 68,* 388–403.

Land, M. L. (1987). Vagueness and clarity. In M. Dunkin (Ed.), *The international encyclopedia of teaching and teacher education* (pp. 392–397). New York: Pergamon.

Langer, E. J. (1993). A mindful education. *Educational Psychologist, 28,* 43–51.

Language Development and Hypermedia Group (1992). "Open" software design: A case study. *Educational Technology, 32,* 43–55.

Languis, M. L., & Miller, D. C. (1992). Luria's theory of brain functioning: A model for research in cognitive psychophysiology. *Educational Psychologist, 27,* 493–512.

Larrivee, B. (1985). *Effective teaching behaviors for successful mainstreaming.* New York: Longman.

Lave, J. (1988). *Cognition in practice: Mind, mathematics, and culture in everyday life.* New York: Cambridge University Press.

Lave, J., & Wenger, E. (1991). *Situated learning: Legitimate peripheral participation.* Cambridge, MA: Cambridge University Press.

Leavy, J. (1996, March 18). Mother's little helper. *Newsweek, 127,* 51–56.

Lee, A. Y., & Hutchinson, L. (1998). Improving learning from examples through reflection. *Journal of Experimental Psychology: Applied, 4,* 187–210.

Lefton, L. A. (1994). *Psychology* (5th ed.). Boston: Allyn & Bacon.

Leinhardt, G. (1986). Expertise in mathematics teaching. *Educational Leadership, 43,* 28–33.

Leinhardt, G. (1988). Situated knowledge and expertise in teaching. In J. Calderhead (Ed.), *Teachers' professional learning* (pp. 146–168). London: Farmer Press.

LeMahieu, P., Gitomer, D. H., & Eresh, J. T. (1993). *Portfolios in large-scale assessment: Difficult but not impossible.* Unpublished manuscript, University of Delaware.

Leming, J. S. (1981). Curriculum effectiveness in value/moral education. *Journal of Moral Education, 10,* 147–164.

Lepper, M. (1995, August). *Intrinsic motivation and the process of learning.* Paper presented at the American Psychological Association, New York.

Lepper, M. R. (1988). Motivational considerations in the study of instruction. *Cognition and Instruction, 5,* 289–309.

Lepper, M. R., & Greene, D. (1978). *The hidden costs of rewards: New perspectives on the psychology of human motivation.* Hillsdale, NJ: Erlbaum.

Lepper, M. R., Keavney, M., & Drake, M. (1996). Intrinsic motivation and extrinsic reward: A commentary on Cameron and Pierce's meta-analysis. *Review of Educational Research, 66,* 5–32.

Lerner, R. M., & Galambos, N. L. (1998). Adolescent development: Challenges and opportunities for research, programs, and policies. In J. T. Spence, J. M. Darley, & D. J. Foss (Eds.), *Annual Review of Psychology* (pp. 413–446). Palo Alto, CA: Annual Reviews.

Levin, J. R. (1985). Educational applications of mnemonic pictures: Possibilities beyond your wildest imagination. In A. A. Sheikh (Ed.), *Imagery in the educational process* (pp. 63–87). Farmingdale, NY: Baywood.

Levin, J. R. (1994). Mnemonic strategies and classroom learning: A twenty-year report card. *Elementary School Journal, 94,* 235–254.

Levin, J. R., McCormick, C. B., Miller, G. E., Kessler, J., & Pressley, M. (1981). *Mnemonic versus nonmnemonic vocabulary learning strategies for children.* Report from the Project on Studies in Language: Reading and Communication. University of Wisconsin.

Levin, J. R., & Nolan, J. F. (1996). *Principles of classroom management: A professional decision-making model.* Boston: Allyn & Bacon.

Levin, J. R., & Nolan, J. F. (2000). *Principles of classroom management: A professional decision-making model.* Boston: Allyn & Bacon.

Lewinsohn, P. M., Rohde, P., & Seeley, J. R. (1994). Psychological risk factors for future attempts. *Journal of Consulting and Clinical Psychology, 62,* 297–305.

Lewis, A. C. (1995). An overview of the standards movement. *Phi Delta Kappan, 76,* 744–750.

Liben, L. S., & Signorella, M. L. (1993). Gender-schematic processing in children: The role of initial interpretations of stimuli. *Developmental Psychology, 29,* 141–149.
Lindsay, P. H., & Norman, D. A. (1977). *Human information processing: An introduction to psychology* (2nd ed.). New York: Academic Press.
Linn, M. C., & Hyde, J. S. (1989). Gender, mathematics, and science. *Educational Researcher, 18,* 17–27.
Linn, R. L. (1986). Educational testing and assessment: Research needs and policy issues. *American Psychologist, 41,* 1153–1160.
Linn, R. L., & Gronlund, N. E. (2000). *Measurement and assessment in education* (8th ed.). Columbus, OH: Merrill.
Lipscomb, T. J., MacAllister, H. A., & Bregman, N. J. (1985). A developmental inquiry into the effects of multiple models on children's generosity. *Merrill-Palmer Quarterly, 31,* 335–344.
Locke, E. A., & Latham, G. P. (1990). *A theory of goal setting and task performance.* Englewood Cliffs, NJ: Prentice-Hall.
Loftus, E., & Palmer, J. C. (1974). Reconstruction of automobile destruction: An example of the interaction between language and memory. *Journal of Verbal Learning and Verbal Behavior, 13,* 585–589.
Lohman, D. L. (1989). Human intelligence: An introduction to advances in theory and research. *Review of Educational Research, 59,* 333–374.
Lomask, M. S., Pecheone, R. L., & Baron, J. B. (1995). Assessing new science teachers. *Educational Leadership, 52*(6), 62–65.
Lord, S., Eccles, J., & McCarthy, K. (1994). Surviving the junior high school transition: Family processes and self-perceptions as protective factors. *Journal of Early Adolescence, 14,* 162–199.
Lortie, D. (1975). *Schoolteachers: A sociological study.* Chicago: University of Chicago Press.
Lortie, D. (1977). The balance of control and autonomy in elementary school teaching. In D. Erickson (Ed.), *Educational organization and administration* (pp. 335–371). Berkeley, CA: McCutchan.
Loveless, T. (1999). Will tracking reform promote social equity? *Educational Leadership, 56*(7), 28–32.
Lowenstein, G. (1994). The psychology of curiosity: A review and reinterpretation. *Psychological Bulletin, 117,* 75–98.
Lowry, R., Sleet, D., Duncan, C., Powell, K., & Kolbe, L. (1995). Adolescents at risk for violence. *Educational Psychology Review, 7,* 7–40.
Luiten, J., Ames, W., & Ackerson, G. (1980). A meta-analysis of the effects of advance organizers on learning and retention. *American Educational Research Journal, 17,* 211–218.
Lyman, H. B. (1986). *Test scores and what they mean* (4th ed.). Englewood Cliffs, NJ: Prentice-Hall.
Lytton, H., & Romney, D. M. (1991). Parents' sex-related differential socialization of boys and girls: A meta-analysis. *Psychological Bulletin, 109,* 267–296.
Ma, X., & Kishor, N. (1997). Attitude toward self, social factors, and achievement in mathematics: A meta-analytic review. *Educational Psychology Review, 9,* 89–120.
Mabry, L. (1999). Writing to the rubrics: Lingering effects of traditional standardized testing on direct writing assessment. *Phi Delta Kappan, 80,* 673–679.
Maccoby, E. E. (1990). Gender and relationships. *American Psychologist, 45,* 513–520.
Maccoby, E. E., & Martin, J. A. (1983). Socialization in the context of the family: Parent–child interactions. In E. M. Hetherington (Ed.), *Handbook of child psychology: Vol. 4, Socialization, personality, and social development* (4th ed.) (pp. 1–101). New York: Wiley.
Macionis, J. J. (1991). *Sociology* (3rd ed.). Englewood Cliffs, NJ: Prentice-Hall.
Macionis, J. J. (1994). *Sociology* (4th ed.). Englewood Cliffs, NJ: Prentice-Hall.
Macrae, C. N., Milne, A. B., & Bodenhausen, C. V. (1994). Stereotypes as energy-saving devices: A peek inside the cognitive toolbox. *Journal of Personality and Social Psychology, 66,* 37–47.
Madaus, G. F., & Kellaghan, T. (1993). Testing as a mechanism of public policy: A brief history. *Measurement and Evaluation in Counseling and Development, 26,* 6–10.
Madsen, C. H., Becker, W. C., & Thomas, D. R. (1968). Rules, praise, and ignoring: Elements of elementary classroom control. *Journal of Applied Behavior Analysis, 1,* 139–150.
Madsen, C. H., Becker, W. C., Thomas, D. R., Koser, L., & Plager, E. (1968). An analysis of the reinforcing function of "sit down" commands. In R. K. Parker (Ed.), *Readings in educational psychology.* Boston: Allyn & Bacon.
Maehr, M. L., & Anderman, E.M. (1993). Reinventing schools for early adolescents: Emphasizing task goals. *The Elementary School Journal, 93,* 593–610.
Mager, R. (1975). *Preparing instructional objectives* (2nd ed.). Palo Alto, CA: Fearon.
Magusson, S. J., & Palincsar, A. S. (1995). The learning environment as a site of science reform. *Theory Into Practice, 34,* 43–50.
Maier, N. R. F. (1933). An aspect of human reasoning. *British Journal of Psychology, 24,* 144–155.
Major, B., & Schmader, T. (1998), Coping with stigma through psychological disengagement. In J. Swim & C. Stangor (Eds.), *Stigma: The target's perspective* (pp. 219–241). New York: Academic Press.
Maker, C. J. (1987). Gifted and talented. In V. Richardson-Koehler (Ed.), *Educators' handbook: A research perspective* (pp. 420–455). New York: Longman.
Mandlebaum, L. H., Russell, S. C., Krouse, J., & Gonter, M. (1983). Assertive discipline: An effective classwide behavior management program. *Behavior Disorders, 8*(4), 258–264.
Mangione, P. L., & Speth, T. (1998). The transition to elementary school: A framework for creating early childhood continuity through home, school, and community partnerships. *The Elementary School Journal, 98,* 381–397.
Manning, B. H. (1991). *Cognitive self-instruction of classroom processes.* Albany, NY: State University of New York Press.
Manning, B. H., & Payne, B. D. (1996). *Self-talk for teachers and students: Metacognitive strategies for personal and classroom use.* Boston: Allyn & Bacon.
Manning, M. L., & Baruth, L. G. (1996). *Multicultural education of children and adolescents* (2nd ed.). Boston: Allyn & Bacon.
Mantzicopolos, P., & Morrison, D. (1992). Kindergarten retention: Academic and behavioral outcomes through the end of second grade. *American Educational Research Journal, 29,* 182–198.
Maratsos, M. P. (1989). Innateness and plasticity in language acquisition. In M. L. Rice & R. L. Schiefelbusch (Eds.), *The teachability of language* (pp. 105–125). Baltimore, MD: Brooks/Cole.
Marcia, J. E. (1980). Ego identity development. In J. Adelson (Ed.), *The handbook of adolescent psychology* (pp. 159–187). New York: Wiley.
Marcia, J. E. (1987). The identity status approach to the study of ego identity development. In T. Honess & K. Yardley (Eds.), *Self and identity: Perspectives across the life span* (pp. 161–171). London: Routledge & Kagan Paul.
Marcia, J. E. (1991). Identity and self development. In R. Lerner, A. Peterson, & J. Brooks-Gunn (Eds.), *Encyclopedia of Adolescence* (Vol. 1). New York: Garland.
Marcia, J. E. (1994). The empirical study of ego identity. In H. Bosma, T. Graafsma, H. Grotebanc, & D. DeLivita (Eds.), *The identity and development.* Newbury Park, CA: Sage.
Marcus, N., Cooper, M., & Sweller, J. (1996). Understanding instructions. *Journal of Educational Psychology, 88,* 49–63.
Markman, E. M. (1977). Realizing that you don't understand: A preliminary investigation. *Child Development, 48,* 986–992.
Markman, E. M. (1979). Realizing that you don't understand: Elementary school children's awareness of inconsistencies. *Child Development, 50,* 643–655.
Markman, E. M. (1990). Constraints children place on word meanings. *Cognitive Science, 14,* 57–77.
Markstrom-Adams, C. (1992). A consideration of intervening factors in adolescent identity formation. In G. R. Adams, R. Montemayor,

and T. Gullotta (Eds.), *Advances in adolescent development: Vol. 4. Adolescent identity formation* (pp. 173-192). Newbury Park, CA: Sage.

Marsh, H. W. (1987). The big-fish-little-pond effect on academic self-concept. *Journal of Educational Psychology, 79*, 280–295.

Marsh, H. W. (1990). Influences of internal and external frames of reference on the formation of math and English self-concepts. *Journal of Educational Psychology, 82*, 107–116.

Marsh, H. W. (1993). The multidimensional structure of academic self-concept: Invariance over gender and age. *American Educational Research Journal, 30*, 841–860.

Marsh, H. W. (1994). Using the National Longitudinal Study of 1988 to evaluate theoretical models of self-concept: The Self-Description Questionnaire. *Journal of Educational Psychology, 86*, 439–456.

Marsh, H. W., Chessor, D., Craven, R., & Roche, L. (1995). The effects of gifted and talented programs on academic self-concept: The big fish strikes again. *American Educational Research Journal, 32*, 285–321.

Marsh, H. W., & Holmes, I. W. M. (1990). Multidimensional self-concepts: Construct validation of responses by children. *American Educational Research Journal, 27*, 89–118.

Marsh, H. W., & Shavelson, R. (1985). Self-concept: Its multifaceted, hierarchical structure. *Educational Psychologist, 20*, 107–123.

Marsh, H. W., & Yeung, A. S. (1997). Coursework selection: Relation to academic self-concept and achievement. *American Educational Research Journal, 34*, 691–720.

Marsh, H. W., Walker, R., & Debus, R. (1991). Subject-specific components of academic self-concept and self-efficacy. *Contemporary Educational Psychology, 16*, 331–345.

Marshall, H. (1996). Implications of differentiating and understanding constructivist approaches. *Journal of Educational Psychology, 31*, 235–240.

Marshall, H. H. (1987). Motivational strategies of three fifth-grade teachers. *Elementary School Journal, 88*, 135–150.

Marshall, H. H. (1989). The development of self-concept. *Young Children, 44*(5), 44–51.

Marshall, H. H. (Ed.). (1992). *Redefining student learning: Roots of educational change.* Norwood, NJ: Ablex.

Martin, C. L. (1989). Children's use of gender-related information in making social judgments. *Developmental Psychology, 25*, 80–88.

Martin, C. L., & Little, J. K. (1990). The relation of gender understanding to children's sex-typed preferences and gender stereotypes. *Child Development, 61*, 1427–1439.

Martin, G., & Pear, J. (1992). *Behavior modification: What it is and how to do it* (4th ed.). Englewood Cliffs, NJ: Prentice-Hall.

Martindale, C. (1991). *Cognitive psychology: A neural-network approach.* Pacific Grove, CA: Brooks/Cole.

Maslow, A. H. (1968). *Toward a psychology of being* (2nd ed.). New York: Van Nostrand.

Maslow, A. H. (1970). *Motivation and personality* (2nd ed.). New York: Harper and Row.

Mason, D. A., & Good, T. L. (1993). Effects of two-group and whole-class teaching on regrouped elementary students' mathematics achievement. *American Educational Research Journal, 30*, 328–360.

Matlin, M. W., & Foley, H. J. (1997). *Sensation and perception* (4th ed.). Boston: Allyn & Bacon.

Mayer, J. D., & Salovey, P. (1993). The intelligence of emotional intelligence. *Intelligence, 17*, 433–442.

Mayer, J. D., & Salovey, P. (1997). What is emotional intelligence? In P. Salovey & D. Sluyter (Eds.), *Emotional development, emotional literacy, and emotional intelligence.* New York: Basic Books.

Mayer, R. E. (1982). Memory for algebra story problems. *Journal of Educational Psychology, 74*, 199–216.

Mayer, R. E. (1983a). Can you repeat that? Qualitative and quantitative effects of repetition and advance organizers on learning from science prose. *Journal of Educational Psychology, 75*, 40–49.

Mayer, R. E. (1983b). *Thinking, problem solving, cognition.* San Francisco: Freeman.

Mayer, R. E. (1984). Twenty-five years of research on advance organizers. *Instructional Science, 8*, 133–169.

Mayer, R. E. (1992). Cognition and instruction: Their historic meeting within educational psychology. *Journal of Educational Psychology, 84*, 405–412.

Mayer, R. E. (1992). *Thinking, problem solving, cognition* (2nd ed.). New York: Freeman.

Mayer, R. E. (1996). Learners as information processors: Legacies and limitations of educational psychology's second metaphor. *Journal of Educational Psychology, 31*, 151–161.

Mayer, R. E., & Sims, V. K. (1994). For whom is a picture worth a thousand words? Extensions of a dual-coding theory of multimedia learning. *Journal of Educational Psychology, 86*, 389–401.

Mayer, R. E., & Wittrock, M. C. (1996). Problem-solving transfer. In D. Berliner & R. Calfee (Eds.), *Handbook of educational psychology* (pp. 47–62). New York: Macmillan.

McCaslin, M., & Good, T. (1996). The informal curriculum. In D. Berliner & R. Calfee (Eds.), *Handbook of educational psychology* (pp. 622–670). New York: Macmillan.

McClelland, D. (1985). *Human motivation.* Glenview, IL: Scott, Foresman.

McClelland, D. C. (1993). Intelligence is not the best predictor of job performance. *Current Directions in Psychological Science, 2*, 5–6.

McCombs, B. L., & Marzano, R. J. (1990). Putting the self in self-regulated learning: The self as agent in integrating skill and will. *Educational Psychologist, 25*, 51–70.

McCormack, S. (1989). Response to Render, Padilla, and Krank: But practitioners say it works! *Educational Leadership, 46*(6), 77–79.

McCormick, C. B., & Levin, J. R. (1987). Mnemonic prose-learning strategies. In M. Pressley & M. McDaniel (Eds.), *Imaginary and related mnemonic processes* (pp. 407–427). New York: Springer-Verlag.

McDonald, J. P. (1993). Three pictures of an exhibition: Warm, cool, and hard. *Phi Delta Kappan, 6*, 480–485.

McGee, L. M., & Richgels, D. J. (1990). *Literacy's beginnings.* Boston: Allyn & Bacon.

McGuire, J. (1988). Gender stereotypes of parents with two-year-olds and beliefs about gender differences in behavior. *Sex Roles, 19*, 233–240.

McKenzie, T. L., & Rushall, B. S. (1974). Effects of self-recording on attendance and performance in a competitive swimming training environment. *Journal of Applied Behavior Analysis, 7*, 199–206.

McLaughlin, J. (1991). Reconciling care and control: Authority in classroom relationships. *Journal of Teacher Education, 40*(3), 182–195.

McLaughlin, T. F., & Gnagey, W. J. (1981, April). *Self-management and pupil self-control.* Paper presented at the annual meeting of the American Educational Research Association, Los Angeles.

McLoyd, V. C. (1998). Economic disadvantage and child development. *American Psychologist, 53*, 185–204.

McNemar, Q. (1964). Lost: Our intelligence? Why? *American Psychologist, 19*, 871–882.

Means, B., & Knapp, M. S. (1991). Cognitive approaches to teaching advanced skills to educationally disadvantaged students. *Phi Delta Kappan, 73*, 282–289.

Mediascope. (1996). *National television violence study: Executive summary 1994–1995.* Studio City, CA: Author.

Medley, D. M. (1979). The effectiveness of teachers. In P. Peterson & H. Walberg (Eds.), *Research on teaching: Concepts, findings, and implications* (pp. 11–27). Berkeley, CA: McCutchan.

Meece, J. L. (1997). *Child and adolescent development for educators.* New York: McGraw-Hill.

Meek, A. (1991). On thinking about teaching: A conversation with Eleanor Duckworth. *Educational Leadership, 48*(6), 30–34.

Meichenbaum, D. (1977). *Cognitive behavior modification: An integrative approach.* New York: Plenum.

Meichenbaum, D. (1986). Cognitive behavior modification. In F. Kanfer & A. Goldstein (Eds.), *Helping people change: A textbook of methods* (3rd ed.) (pp. 346–380). New York: Pergamon.

Meichenbaum, D., Burland, S., Gruson, L., & Cameron, R. (1985). Metacognitive assessment. In S. Yussen (Ed.), *The growth of reflection in children* (pp. 1–30). Orlando, FL: Academic Press.

Meisels, S. J. (1989). High-stakes testing in kindergarten. *Educational Leadership, 46*(7), 16–22.

Mendell, P. R. (1971). Retrieval and representation in long-term memory. *Psychonomic Science, 23,* 295–296.

Messick, S. (1975). The standard problem: Meaning and values in measurement and evaluation. *American Psychologist, 35,* 1012–1027.

Messick, S. (1994). The matter of style: Manifestations of personality in cognition, learning, and teaching. *Educational Psychologist, 29,* 121–136.

Metcalfe, B. (1981). Self-concept and attitude toward school. *British Journal of Educational Psychology, 51,* 66–76.

Metcalfe, J., & Shimamura, A. P. (Eds.). (1994). *Metacognition: Knowledge about knowing.* Cambridge, MA: MIT Press.

Meyer, D. R., & Garasky, S. (1993). Custodial fathers: Myths, realities, and child support. *Journal of Marriage and the Family, 55,* 73–79.

Meyer, M., Delgardelle, M., & Middleton, J. (1996). Addressing parents' concerns over curriculum reform. *Educational Leadership, 53*(7), 54–57.

Michael, R. T., Gagnon, J. H., Laumann, E. O., & Kolata, G. (1994). *Sex in America.* Boston: Little Brown.

Miller, E. (1994). Peer mediation catches on, but some adults don't. *Harvard Education Letter, 10*(3), 8.

Miller, G. A. (1956). The magical number seven, plus or minus two: Some limits on our capacity for processing information. *Psychological Review, 63,* 81–97.

Miller, G. A., Galanter, E., & Pribram, K. H. (1960). *Plans and the structure of behavior.* New York: Holt, Rinehart & Winston.

Miller, K., & Gelman, R. (1983). The child's representation of number: A multidimensional scaling analysis. *Child Development, 54,* 1470–1479.

Miller, P. H. (1993). *Theories of developmental psychology* (3rd ed.). New York: Freeman.

Miller, R. B. (1962). Analysis and specification of behavior for training. In R. Glaser (Ed.), *Training research and education: Science edition.* New York: Wiley.

Mills, C. J., Ablard, K. E., & Stumpf, H. (1993). Gender differences in academically talented young students' mathematical reasoning: Patterns across age and subskills. *Journal of Educational Psychology, 85,* 340–346.

Mills, J. R., & Jackson, N. E. (1990). Predictive significance of early giftedness: The case of precocious reading. *Journal of Educational Psychology, 82,* 410–419.

Mitchell, B. M. (1984). An update on gifted and talented education in the U.S. *Roeper Review, 6,* 161–163.

Moely, B. E., Hart, S. S., Santulli, K., Leal, L., Johnson, T., Rao, N., & Burney, L. (1986). How do teachers teach memory skills? In J. Levin & M. Pressley (Eds.), *Educational Psychologist, 21* (Special issue on learning strategies), 55–72.

Moll, L. C., & Whitmore, K. F. (1993). Vygotsky in classroom practice: Moving from individual transmission to social transaction. In E. Forman, N. Minick, & C. A. Stone (Eds.), *Contexts for learning: Sociocultural dynamics in children's development* (pp. 19–42). New York: Oxford University Press.

Moll, L. C., Amanti, C., Neff, D., & Gonzalez, N. (1992). Funds of knowledge: Using a qualitative approach to connect homes and classrooms. *Theory Into Practice, 31,* 132–141.

Moos, R. H., & Moos, B. S. (1978). Classroom social climate and student absences and grades. *Journal of Educational Psychology, 70,* 263–269.

Morine Dershimer, G. (1993). Tracing conceptual change in preservice teachers. *Teaching and Teacher Education, 9,* 15–26.

Morris, C. G. (1991). *Psychology: An introduction* (7th ed.). Englewood Cliffs, NJ: Prentice-Hall.

Morris, P. F. (1990). Metacognition. In M. W. Eysenck, (Ed.), *The Blackwell dictionary of cognitive psychology* (pp. 225–229). Oxford, UK: Basil Blackwell.

Morrow, L. M. (1983). Home and school correlates of early interest in literature. *Journal of Educational Research, 76,* 221–230.

Morrow, L. M. (1992). The impact of a literature-based program on literacy achievement, use of literature, and attitudes of children from minority backgrounds. *Reading Research Quarterly, 27,* 251–275.

Morrow, L. M. (1997). *Literacy development in the early years: Helping children to read and write* (3rd ed.). Boston: Allyn & Bacon.

Morrow, L. M., & Weinstein, C. (1986). Encouraging voluntary reading: The impact of a literature program on children's use of library centers. *Reading Research Quarterly, 21,* 330–346.

Moshman, D. (1982). Exogenous, endogenous, and dialectical constructivism. *Developmental Review, 2,* 371–384.

Moshman, D. (1997). Pluralist rational constructivism. *Issues in Education: Contributions from Educational Psychology, 3,* 229–234.

Moshman, D., Glover, J. A., & Bruning, R. H. (1987). *Developmental psychology.* Boston: Little, Brown.

Moskowitz, G., & Hayman, M. L. (1976). Successful strategies of inner-city teachers: A year-long study. *Journal of Educational Research, 69,* 283–289.

Moss, P. A. (1992). Shifting conceptions of validity in educational measurement: Implications for performance assessment. *Review of Educational Research, 62,* 229–258.

Mueller, C. M., & Dweck, C. S. (1998). Praise for intelligence can undermine children's motivation and performance. *Journal of Personality and Social Psychology, 75,* 33–52.

Mumford, M. D., Costanza, D. P., Baughman, W. A., Threlfall, V., & Fleishman, E. A. (1994). Influence of abilities on performance during practice: Effects of massed and distributed practice. *Journal of Educational Psychology, 86,* 134–144.

Murphy, P. K., & Alexander, P. A. (2000). A motivated exploration of motivation terminology. *Contemporary Educational Psychology, 25,* 3–53.

Murray, H. G. (1983). Low inference classroom teaching behavior and student ratings of college teaching effectiveness. *Journal of Educational Psychology, 75,* 138–149.

Mussen, P., Conger, J. J., & Kagan, J. (1984). *Child development and personality* (6th ed.). New York: Harper & Row.

Muth, K. D., & Alverman, D. E. (1999). *Teaching and learning in the middle grades.* Boston: Allyn & Bacon.

National Center for Research on Cultural Diversity and Second Language Learning, Center for Applied Linguistics (1992). *Instructional conversations.* Washington, DC: ERIC Document #EDO-FL-92-01.

National Council of Teachers of Mathematics (NCTM). (1989). *Curriculum and evaluation standards for school mathematics.* Reston, VA: Author.

National Council of Teachers of Mathematics (NCTM). (1991). *Professional standards for teaching mathematics.* Reston, VA: Author.

National Governors Association (NGA). (1989). *Results in education: 1989.* Washington, DC: Author.

National Joint Committee on Learning Disabilities (NJCLD). (1989). *Letter from NJCLD to member organizations. Topic: Modifications to the NJCLD definition of learning disabilities.* Washington, DC: Author.

National Science Foundation (NSF). (1988). *Women and minorities in science and engineering* (NSF 88–301). Washington, DC: Author.

Naveh-Benjamin, M. (1991). A comparison of training programs intended for different types of test-anxious students: Further support for an information-processing model. *Journal of Educational Psychology, 83,* 134–139.

Naveh-Benjamin, M., McKeachie, W. J., & Lin, Y. (1987). Two types of test-anxious students: Support for an information processing model. *Journal of Educational Psychology, 79,* 131–136.

参考文献

Needles, M., & Knapp, M. (1994). Teaching writing to children who are undeserved. *Journal of Educational Psychology, 86,* 339–349.

Neimark, E. (1975). Intellectual development during adolescence. In F. D. Horowitz (Ed.), *Review of child development research* (Vol. 4). Chicago: University of Chicago Press.

Neisser, U., Boodoo, G., Bouchard, A., Boykin, W., Brody, N., Ceci, S. J., Halpern, D. F., Loehlin, J. C., Perloff, R., Sternberg, R. J., & Urbina, S. (1996). Intelligence: Knowns and unknowns. *American Psychologist, 51,* 77–101.

Nelson, G. (1993). Risk, resistance, and self-esteem: A longitudinal study of elementary school-aged children from mother-custody and two-parent families. *Journal of Divorce and Remarriage, 19,* 99–119.

Nelson, K. (1986). *Event knowledge.* Hillsdale, NJ: Erlbaum.

Nelson, T. O. (1996). Consciousness and metacognition. *American Psychologist, 51,* 102–116.

Nestor-Baker, N. S. (1999). *Tacit knowledge in the superintendency: An exploratory analysis.* Unpublished doctoral dissertation, The Ohio State University, Columbus, OH.

Neuman, R. S., & Schwager, M. T. (1995). Students' help seeking during problem solving: Effects of grade, goal, and prior achievement. *American Educational Research Journal, 32,* 352–376.

Neuman, S. B., & Roskos, K. (1992). Literacy objects as cultural tools: Effects on children's literacy behaviors in play. *Reading Research Quarterly, 27,* 255–275.

Newby, T. J. (1991). Classroom motivation: Strategies of first-year teachers. *Journal of Educational Psychology, 83,* 195–200.

Newcombe, N., & Baenninger, M. (1990). The role of expectations in spatial test performance: A meta-analysis. *Sex Roles, 16,* 25–37.

Newmann, F. M., & Wehlage, G. G. (1993). Five standards of authentic instruction. *Educational Leadership, 50*(7), 8–12.

Newstead, S. E., Franklyn-Stokes, A., & Armstead, P. (1996). Individual differences in student cheating. *Journal of Educational Psychology, 88,* 229–241.

Nicholls, J. G., & Miller, A. (1984). Conceptions of ability and achievement motivation. In R. Ames & C. Ames (Eds.), *Research on motivation in education. Vol. 1: Student Motivation* (pp. 39–73). New York: Academic Press.

Nicholls, J. G., Nelson, J. R., Gleaves, K. (1995). Learning facts versus learning that most questions have many answers: Students' evaluations of contrasting curricula. *Journal of Educational Psychology, 87,* 253–260.

Nielsen, L. (1993). Students from divorced and blended families. *Educational Psychology Review, 5,* 177–199.

Nissani, M., & Hoefler-Nissani, D. M. (1992). Experimental studies of belief dependence of observations and of resistance to conceptual change. *Cognition and Instruction, 9,* 97–111.

Noddings, N. (1990). Constructivism in mathematics education. In R. Davis, C. Maher, & N. Noddings (Eds.), *Constructivist views on the teaching and learning of mathematics* (pp. 7–18). Monograph 4 of the National Council of Teachers of Mathematics, Reston, VA.

Noddings, N. (1992). *The challenge to care in schools: An alternative approach to education.* New York: Teachers College Press.

Noddings, N. (1995). Teaching themes of care. *Phi Delta Kappan, 76,* 675–679.

Norman, D. P. (1982). *Learning and memory.* San Francisco: Freeman.

Novak, J. D., & Musonda, D. (1991). A twelve-year longitudinal study of science concept learning. *American Educational Research Journal, 28,* 117–154.

Nucci, L. (1987). Synthesis of research on moral development. *Educational Leadership, 44*(5), 86–92.

Nungester, R. J., & Duchastel, P. C. (1982). Testing versus review: Effects on retention. *Journal of Educational Psychology, 74,* 18–22.

Nuthall, G., & Alton-Lee, A. (1990). Research on teaching and learning: Thirty years of change. *Elementary School Journal, 90,* 546–570.

Nuthall, G., & Alton-Lee, A. (1992). Understanding how students learn in classrooms. In M. Pressley, K. Harris, & J. Guthrie (Eds.), *Promoting academic competence and literacy in school* (pp. 57–87). San Diego: Academic Press.

Nuthall, G., & Alton-Lee, A. (1993). Predicting learning from student experience of teaching: A theory of student knowledge in classrooms. *American Educational Research Journal, 30,* 799–840.

Nuthall, G., & Alton-Lee, A. (1995). Assessing classroom knowledge: How students use their knowledge and experience to answer classroom achievement test questions in science and social studies. *American Educational Research Journal, 32,* 185–197.

O'Boyle, M. W., & Gill, H. S. (1998). On the relevance of research findings in cognitive neuroscience to educational practice. *Educational Psychology Review, 10,* 397–410.

O'Connor, C. (1997). Dispositions toward (collective) struggle and educational resilience in the inner city: A case analysis of six African American high school students. *American Educational Research Journal, 34,* 593–629.

O'Donnell, A. M., & O'Kelly, J. (1994). Learning from peers: Beyond the rhetoric of positive results. *Educational Psychology Review, 6,* 321–350.

O'Leary, K. D. (1980). Pills or skills for hyperactive children? *Journal of Applied Behavior Analysis, 13,* 191–204.

O'Leary, K. D., & O'Leary, S. (Eds.). (1977). *Classroom management: The successful use of behavior modification* (2nd ed.). Elmsford, NY: Pergamon.

O'Leary, K. D., & Wilson, G. T. (1987). *Behavior therapy: Application and outcome.* Englewood Cliffs, NJ: Prentice-Hall.

O'Leary, K. D., Kaufman, K. F., Kass, R. E., & Drabman, R. S. (1970). The effects of loud and soft reprimands on the behavior of disruptive students. *Exceptional Children, 37,* 145–155.

O'Leary, S. (1995). Parental discipline mistakes. *Current Directions in Psychological Science, 4,* 11–13.

O'Leary, S. G., & O'Leary, K. D. (1976). Behavior modification in the schools. In H. Leitenberg (Ed.), *Handbook of behavior modification and behavior therapy.* Englewood Cliffs, NJ: Prentice-Hall.

O'Neil, J. (1990a). Link between style, culture proves divisive. *Educational Leadership, 48*(2), 8.

O'Neil, J. (1990b). Piecing together the restructuring puzzle. *Educational Leadership, 47*(7), 4–10.

O'Neil, J. (1991). Drive for national standards picking up steam. *Educational Leadership, 48*(5), 4–8.

O'Neil, J. (1993). Can national standards make a difference? *Educational Leadership, 50*(5), 4–8.

Oakes, J. (1985). *Keeping track.* New Haven: Yale University Press.

Oakes, J. (1990a). Opportunities, achievement, and choice: Women and minority students in science and math. *Review of Research in Education, 16,* 153–222.

Oakes, J. (1990b). *Multiplying inequities: The effects of race, social class, and tracking on opportunities to learn mathematics and science.* Santa Monica, CA: Rand.

Oakes, J. (1999). Promotion or retention: Which one is social? *Harvard Education Letter, 15*(1), 8.

Ogbu, J. U. (1987). Variability in minority school performance: A problem in search of an explanation. *Anthropology and Education Quarterly, 18,* 312–334.

Ogbu, J. U. (1997). Understanding the school performance of urban blacks: Some essential background knowledge. In H. Walberg, O. Reyes, & R. P. Weissberg (Eds.), *Children and youth: Interdisciplinary perspectives* (pp. 190–140). Norwood, NJ: Ablex.

Ogbu, J. U. (1999). Beyond language: Ebonics, Proper English, and identity in a Black-American speech community. *American Educational Research Journal, 36,* 147–184.

Ogden, J. E., Brophy, J. E., & Evertson, C. M. (1977, April). *An experimental investigation of organization and management techniques in first-grade reading groups.* Paper presented at the annual meeting of the American Educational Research Association, New York.

Ollendick, T. H., Dailey, D., & Shapiro, E. S. (1983). Vicarious reinforcement: Expected and unexpected effects. *Journal of Applied Behavior Analysis, 16*, 485–491.

Olsen, L. (1988). *Crossing the schoolhouse border: Immigrant students and the California public schools.* San Francisco: California Tomorrow.

Onslow, M. (1992). Choosing a treatment program for early stuttering: Issues and future directions. *Journal of Speech and Hearing Research, 35*, 983–993.

Orlando L., & Machado, A. (1996). In defense of Piaget's theory: A reply to 10 common criticisms. *Psychological Review, 103*, 143–164.

Ormrod, J. E. (1999). *Human learning* (3rd ed.). Upper Saddle River: NJ: Merrill/Prentice-Hall.

Ortony, A., Clore, G. L., & Collins, A. (1988). *The cognitive structure of emotions.* Cambridge: Cambridge University Press.

Osborn, A. F. (1963). *Applied imagination* (3rd ed.). New York: Scribner's.

Ovando, C. J. (1989). Language diversity and education. In J. Banks & C. McGee Banks (Eds.), *Multicultural education: Issues and perspectives* (pp. 208–228). Boston: Allyn & Bacon.

Owen, L. (1985). *None of the above: Behind the myth of scholastic aptitude.* Boston: Houghton Mifflin.

Owens, R. E. (1995). *Language disorders* (2nd ed.) Boston: Allyn & Bacon.

Padilla, F. M. (1992). *The gang as an American enterprise.* New Brunswick, NJ: Rutgers University Press.

Paivio, A. (1971). *Imagery and verbal processes.* New York: Holt, Rinehart & Winston.

Paivio, A. (1986). *Mental representations: A dual-coding approach.* New York: Oxford University Press.

Pajares, F. (1997). Current directions in self-efficacy research. In M. L. Maehr & P. R. Pintrich (Eds.), *Advances in motivation and achievement* (Vol. 10, pp. 1–49). Greenwich, CT: JAI Press.

Palincsar, A. S. (1986). The role of dialogue in providing scaffolded instruction. In J. Levin & M. Pressley (Eds.), *Educational Psychologist, 21* (Special issue on learning strategies), 73–98.

Palincsar, A. S. (1998). Social constructivist perspectives on teaching and learning. In J. T. Spence, J. M. Darley, & D. J. Foss (Eds.), *Annual Review of Psychology* (pp. 345–375). Palo Alto, CA: Annual Reviews.

Palincsar, A. S., & Brown, A. L. (1984). Reciprocal teaching of comprehension-fostering and monitoring activities. *Cognition and Instruction, 1*, 117–175.

Palincsar, A. S., & Brown, A. L. (1989). Classroom dialogues to promote self-regulated comprehension. In J. Brophy (Ed.), *Advances in research on teaching* (Vol. 1, pp. 35–67). Greenwich, CT: JAI Press.

Palincsar, A. S., Magnuson, S. J., Marano, N., Ford, D., & Brown, N. (1998). Designing a community of practice: Principles and practices of the GIsML community. *Teaching and Teacher Education, 14*, 5–19.

Pallas, A. M., & Alexander, K. (1983). Sex differences in quantitative SAT performance: New evidence on the differential coursework hypothesis. *American Educational Research Journal, 20*, 165–182.

Panksepp, J. (1998). Attention deficit hyperactivity disorders, psychostimulants, and intolerance of playfulness: A tragedy in the making? *Current Directions in Psychological Science, 7*, 91–98

Papert, S. (1993). *The children's machine: Rethinking school in the age of the computer.* New York: Basic Books.

Paris, S. (1988, April). *Fusing skill and will: The integration of cognitive and motivational psychology.* Paper presented at the annual meeting of the American Educational Research Association, New Orleans.

Paris, S. G., & Cunningham, A. E. (1996). Children becoming students. In D. Berliner & R. Calfee, (Eds.), *Handbook of Educational Psychology* (pp. 117–146). New York: Macmillan.

Paris, S. G., Lipson, M. Y., & Wixson, K. K. (1983). Becoming a strategic reader. *Contemporary Educational Psychology, 8*, 293–316.

Parks, C. P. (1995). Gang behavior in the schools: Myth or reality? *Educational Psychology Review, 7*, 41–68.

Pasch, M., Sparks-Langer, G., Gardner, T. G., Starko, A. J., & Moody, C. D. (1991). *Teaching as decision making: Instructional practices for the successful teacher.* New York: Longman.

Pate, P. E., McGinnis, K., & Homestead, E. (1995). Creating coherence through curriculum integration. In M. Harmin (1994). *Inspiring active learning: A handbook for teachers* (pp. 62–70). Alexandria, VA: Association for Supervision and Curriculum Development.

Paulman, R. G., & Kennelly, K. J. (1984). Test anxiety and ineffective test taking: Different names, same construct? *Journal of Educational Psychology, 76*, 279–288.

Paulson, F. L., Paulson, P. R., & Meyer, C. A. (1991). What makes a portfolio a portfolio? *Educational Leadership, 48*(5), 60–63.

Payne, K. J., & Biddle, B. J. (1999). Poor school funding, child poverty, and mathematics achievement. *Educational Researcher, 28*(6), 4–12.

Pearson, P. D. (1989). Commentary: Reading the whole language movement. *Elementary School Journal, 90*, 231–241.

Pelham, W. E. (1981). Attention deficits in hyperactive and learning-disabled children. *Exceptional Education Quarterly, 2*, 13–23.

Pelham, W. E., & Murphy, H. A. (1986). Attention deficit and conduct disorders. In M. Hersen (Ed.), *Pharmacological and behavioral treatment: An integrative approach* (pp. 108–148). New York: Wiley.

Pellegrini, A. D., Bartini, M., & Brooks, F. (1999). School bullies, victims, and aggressive victims: Factors relating to group affiliation and victimization in early adolescence. *Journal of Educational Psychology, 91*, 216–224.

Peneul, W. R., & Wertsch, J. V. (1995). Vygotsky and identity formation: A sociocultural approach. *Educational Psychologist, 30*, 83–92.

Peng, S., & Lee, R. (1992, April). *Home variables, parent-child activities, and academic achievement: A study of 1988 eighth graders.* Paper presented at the annual meeting of the American Educational Research Association, San Francisco.

Perkins, D. N. (1986). Thinking frames. *Educational Leadership, 43*, 4–11.

Perkins, D. N. (1987). Thinking frames: An integrative perspective on teaching cognitive skills. In J. B. Baron & R. J. Sternberg (Eds.), *Teaching thinking skills: Theory and practice* (pp. 41–85). New York: Freeman.

Perkins, D. N., & Blythe, T. (1994). Putting understanding up front. *Educational Leadership, 51*(5), 4–7.

Perkins, D. N., Jay, E., & Tishman, S. (1993). New conceptions of thinking: From ontology to education. *Educational Psychologist, 28*, 67–85.

Perkins, D. N., & Salomon, G. (1989). Are cognitive skills context-bound? *Educational Researcher, 18*, 16–25.

Perrone, V. (1994). How to engage students in learning. *Educational Leadership, 51*(5), 11–13.

Perry, N. E., VandeKamp, K., & Mercer, L. (2000, April). *Investigating teacher-student interactions that foster self-regulated learning.* In N. E. Perry (Chair), Symposium conducted at the meeting of the American Educational Research Association, New Orleans.

Peterson, C., & Barrett, L. C. (1987). Explanatory style and academic performance among university freshmen. *Journal of Personality and Social Psychology, 53*, 603–607.

Peterson, M. P. (1993). Physical and sexual abuse among school children: Prevalence and prevention. *Educational Psychology Review, 5*, 63–86.

Peterson, P. L. (1992). Revising their thinking: Keisha Coleman and her third-grade mathematics class. In H. Marshall (Ed.), *Redefining student learning: Roots of educational change* (pp. 151–176). Norwood, NJ: Ablex.

Peterson, P. L., & Comeaux, M. A. (1989). Assessing the teacher as a reflective professional: New perspectives on teacher evaluation. In A. Woolfolk (Ed.), *Research perspectives on the graduate preparation of teachers* (pp. 132–152). Englewood Cliffs, NJ: Prentice-Hall.

Peterson, P. L., Fennema, E., & Carpenter, T. (1989). Using knowledge of how students think about mathematics. *Educational Leadership, 46*(4), 42–46.

Peterson, S. E., DeGracie, J. S., & Ayabe, C. R. (1987). A longitudinal study of the effects of retention/promotion on academic achievement. *American Educational Research Journal, 24,* 107–118.

Pettigrew, T. (1998). Intergroup contact theory. In J. T. Spence, J. M. Darley, & D. J. Foss (Eds.), *Annual Review of Psychology* (pp. 65–85). Palo Alto, CA: Annual Reviews.

Pfeffer, C. R. (1981). Developmental issues among children of separation and divorce. In I. Stuart & L. Abt (Eds.), *Children of separation and divorce.* New York: Van Nostrand Reinhold.

Pfiffner, L. J., Rosen, L. A., & O'Leary, S. G. (1985). The efficacy of an all-positive approach to classroom management. *Journal of Applied Behavior Analysis, 18,* 257–261.

Phillips, D. (1995). The good, the bad, and the ugly: The many faces of constructivism. *Educational Researcher, 24*(7), 5–12.

Phillips, D. (1997). How, why, what, when, and where: Perspectives on constructivism and education. *Issues in Education: Contributions from Educational Psychology, 3,* 151–194.

Phillips, D., & Zimmerman, M. (1990). The developmental course of perceived competence and incompetence among competent children. In R. Sternberg & J. Kolligian (Eds.), *Competence considered* (pp. 41–66). New Haven, CT: Yale University Press.

Phinney, J., & Alipiria, L. (1990). Ethnic identity in college students from four ethnic groups. *Journal of Adolescence, 13,* 171–183.

Phinney, J. S. (1993). Multiple group identities: Differentiation, conflict, and integration. In J. Kroger (Ed.), *Discussions on ego identity* (pp. 47–73). Hillsdale, NJ: Lawrence Erlbaum.

Phye, G. D. (1992). Strategic transfer: A tool for academic problem solving. *Educational Psychology Review, 4,* 393–421.

Phye, G. D., & Sanders, C. E. (1994). Advice and feedback: Elements of practice for problem solving. *Contemporary Educational Psychology, 17,* 211–223.

Phye, G. D., & Sanders, C. E. (1994). Advice and feedback: Elements of practice for problem solving. *Contemporary Educational Psychology, 19,* 286–301.

Piaget, J. (1954). *The construction of reality in the child* (M. Cook, Trans.). New York: Basic Books.

Piaget, J. (1962). *Comments on Vygotsky's critical remarks concerning "The language and thought of the child" and "Judgment and reasoning in the child."* Cambridge, MA: MIT Press.

Piaget, J. (1963). *Origins of intelligence in children.* New York: Norton.

Piaget, J. (1965). *The moral judgment of the child.* New York: Free Press.

Piaget, J. (1970a). Piaget's theory. In P. Mussen (Ed.), *Handbook of child psychology* (3rd ed.) (Vol. 1, pp. 703–732). New York: Wiley.

Piaget, J. (1970b). *The science of education and the psychology of the child.* New York: Orion Press.

Piaget, J. (1973). *To understand is to invent: The future of education* (G.-A. Roberts, Trans.). New York : Grossman.

Piaget, J. (1974). *Understanding causality* (D. Miles and M. Miles, Trans.). New York: Norton.

Piaget, J. (1985). *The equilibrium of cognitive structures: The central problem of intellectual development* (T. Brown & K. L. Thampy, Trans.). Chicago: University of Chicago Press.

Pierson, L. H., & Connell, J. P. (1992). Effect of grade retention on self-system processes, school engagement, and academic performance. *Journal of Educational Psychology, 84,* 300–307.

Pine, G. J., & Hilliard, A. G., III (1990). Rx for racism: Imperatives for America's schools. *Phi Delta Kappan, 71,* 593–600.

Pintrich, P. R. (1994). Continuities and discontinuities: Future directions for research in educational psychology. *Educational Psychologist, 29,* 137–148.

Pintrich, P. R., Marx, R. W., & Boyle, R. A. (1993). Beyond cold conceptual change: The role of motivational beliefs and classroom contextual factors in the process of conceptual change. *Review of Educational Research, 63,* 167–199.

Pintrich, P. R., & Schrauben, B. (1992). Students' motivational beliefs and their cognitive engagement in academic tasks. In D. Schunk & J. Meece (Eds.), *Students' perceptions in the classroom: Causes and consequences* (pp. 149–183). Hillsdale, NJ: Erlbaum.

Pintrich, P. R., & Schunk, D. H. (1996). *Motivation in education: Theory, research, and applications.* Columbus, OH: Merrill.

Pitts, J. M. (1992). Constructivism: Learning rethought. In J. B. Smith & J. C. Coleman, Jr. (Eds.), *School Library Media Annual* (Vol. 10, pp. 14–25). Englewood, CO: Libraries Unlimited.

Polson, P. G., & Jeffries, R. (1985). Instruction in general problem-solving skills: An analysis of four approaches. In J. Segal, S. Chipman, & R. Glaser (Eds.), *Thinking and learning skills* (Vol. 1, pp. 417–455). Mahwah, NJ: Erlbaum.

Popham, W. J. (1993). *Educational evaluation* (3rd ed.). Boston: Allyn & Bacon.

Popham, W. J. (1999). *Classroom assessment: What teachers need to know.* Boston: Allyn & Bacon.

Posner, M. I. (1973). *Cognition: An introduction.* Glenview, IL: Scott, Foresman.

Powell, R. R., Garcia, J., & Denton, J. J. (1985, March). *The portrayal of minorities and women in selected elementary science series.* Paper presented at the annual meeting of the American Educational Research Association, Chicago.

Powers, S. I., Hauser, S. T., & Kilner, L. A. (1989). Adolescent mental health. *American Psychologist, 44,* 200–208.

Prawat, R. S. (1991). The value of ideas: The immersion approach to the development of thinking. *Educational Researcher, 20,* 3– 10.

Prawat, R. S. (1992). Teachers beliefs about teaching and learning: A constructivist perspective. *American Journal of Education, 100,* 354–395.

Prawat, R. S. (1996). Constructivism, modern and postmodern. *Issues in Education: Contributions from Educational Psychology, 3,* 215–226.

Prawat, R. S., & Floden, R. E. (1994). Philosophical perspectives on constructivist view of learning. *Educational Psychologist, 29,* 37–48.

Premack, D. (1965). Reinforcement theory. In D. Levine (Ed.), *Nebraska symposium on motivation* (Vol. 13). Lincoln, NE: University of Nebraska Press.

Pressley, M. (1986). The relevance of the good strategy user model to the teaching of mathematics. In J. Levin & M. Pressley (Eds.), *Educational Psychologist, 21* (Special issue on learning strategies), 139–161.

Pressley, M. (1991). Comparing Hall (1988) with related research on elaborative mnemonics. *Journal of Educational Psychology, 83,* 165–170.

Pressley, M. (1995). More about the development of self-regulation: complex, long-term, and thoroughly social. *Educational Psychologist, 30,* 207–212.

Pressley, M. (1996, August). *Getting beyond whole language: Elementary reading instruction that makes sense in light of recent psychological research.* Paper presented at the Annual meeting of the American Psychological Association, Toronto.

Pressley, M. (1998). *Reading instruction that works: The case for balanced teaching.* New York: The Guilford Press.

Pressley, M., Barkowski, J. G., & Schneider, W. (1987). Cognitive strategies: Good strategy users coordinate metacognition and knowledge. In R. Vasta & G. Whitehurst (Eds.), *Annals of Child Development,* Vol. 5 (pp. 89–129). Greenwich, CT: JAI Press.

Pressley, M., Levin, J., & Delaney, H. D. (1982). The mnemonic keyword method. *Review of Research in Education, 52,* 61–91.

Price, G., & O'Leary, K. D. (1974). *Teaching children to develop high performance standards.* Unpublished manuscript. State University of New York at Stony Brook.

Pring, R. (1971). Bloom's taxonomy: A philosophical critique. *Cambridge Journal of Education, 1,* 83–91.

Public Agenda Foundation. (1994). *First things first: What Americans expect from public schools.* New York: Author.

Purcell, P., & Stewart, L. (1990). Dick and Jane in 1989. *Sex Roles, 22,* 177–185.

Putnam, R. T., & Borko, H. (in press). Teacher learning: Implications of new views of cognition. In B. J. Biddle, T. L. Good, & I. F. Goodson (Eds.), *The international handbook of teachers and teaching.* Dordrecht, the Netherlands: Kluwer.

Quay, H. C., & Peterson, D. R. (1987). *Manual for the revised behavior problem checklist.* Coral Cables, FL: Author.

Rachlin, H. (1991). *Introduction to modern behaviorism* (3rd ed.), New York: W. H. Freeman.

Raffini, J. P. (1996). *150 ways to increase intrinsic motivation in the classroom.* Boston: Allyn & Bacon.

Ramirez, J., Yuen, S., & Ramey, D. (1991). *Executive summary: Longitudinal study of structured English immersion strategy, early-exit, late-exit transitional bilingual education programs for language minority children.* San Mateo, CA: Aguirre International.

Range, L. M. (1993). Suicide prevention: Guidelines for schools. *Educational Psychology Review, 5,* 135–154.

Rathus, S. A. (1988). *Understanding child development.* New York: Holt, Rinehart & Winston.

Raudenbush, S. (1984). Magnitude of teacher expectancy effects on pupil IQ as a function of the credibility of expectancy induction: A synthesis of findings from 18 experiments. *Journal of Educational Psychology, 76,* 85–97.

Raudsepp, E., & Haugh, G. P. (1977). *Creative growth games.* New York: Harcourt Brace Jovanovich.

Ravitch, D. (1995). *National standards in American education: A citizens's guide.* Washington, DC: Brookings Institution.

Recht, D. R., & Leslie, L. (1988). Effect of prior knowledge on good and poor readers' memory of text. *Journal of Educational Psychology, 80,* 16–20.

Reder, L. M. (1996). Different research programs on metacognition: Are the boundaries imaginary? *Learning and Individual Differences, 8,* 383–390.

Redfield, D. L., & Rousseau, E. W. (1981). A meta-analysis of experimental research on teacher questioning behavior. *Review of Educational Research, 51,* 181–193.

Reed, S., & Sautter, R. C. (1990). Children of poverty: The status of 12 million Americans. *Phi Delta Kappan, 71*(10), K1–K12.

Reeve, J. (1996). *Motivating others: Nurturing inner motivational resources.* Boston: Allyn & Bacon.

Reeve, J., Bolt, E., & Cai, Y. (1999). Autonomy-supportive teachers: How they teach and motivate students. *Journal of Educational Psychology, 91,* 537–548.

Reich, P. A. (1986). *Language development.* Englewood Cliffs, NJ: Prentice-Hall.

Reid, D. K., Hresko, W. P., & Swanson, H. L. (1991). *A cognitive approach to learning disabilities* (2nd ed.). Austin, TX: Pro-Ed.

Reid, M. K., & Borkowski, J. G. (1987). Causal attributions of hyperactive children: Implications for teaching strategies and self control. *Journal of Educational Psychology, 79,* 296–307.

Reisberg, D., & Heuer, F. (1992). Remembering the details of emotional events. In E. Winograd & U. Neisser (Eds.), *Affect and accuracy in recall: Studies of "flashbulb" memories.* Cambridge, England: Cambridge University Press.

Rembolt, C. (1998). Making violence unacceptable. *Educational Leadership, 56* (1), 32–38.

Render, G. F., Padilla, J. N. M., & Krank, H. M. (1989). What research really shows about assertive discipline. *Educational Leadership, 46*(6), 72–75.

Rennie, L. J., & Parker, L. H. (1987). Detecting and accounting for gender differences in mixed-sex and single-sex groupings in science lessons. *Educational Review, 39*(1), 65–73.

Renninger, K. A., Hidi, S., & Krapp, A. (Eds.). (1992). *The role of interest in learning and development.* Hillsdale, NJ: Lawrence Erlbaum.

Rentel, V. (1994). Preparing clinical faculty members: Research on teachers' reasoning. In K. Howey & N. Zimpher (Eds.), *The professional development of teacher educators.* Norwood, NJ: Ablex.

Renzulli, J. S., & Reis, S. M. (1991). The schoolwide enrichment model: A comprehensive plan for the development of creative productivity. In N. Colangelo & G. Davis (Eds.), *Handbook of gifted education* (pp. 111–141). Boston: Allyn & Bacon.

Renzulli, J. S., & Smith, L. H. (1978). *The Learning Styles Inventory: A measure of student preferences for instructional techniques.* Mansfield Center, CT: Creative Learning Press.

Resnick, L. B. (1981). Instructional psychology. *Annual Review of Psychology, 32,* 659–704.

Resnick, L. B. (1987). Learning in school and out. *Educational Researcher, 16*(9), 13–20.

Resnick, L. B., & Klopfer, L. E. (1989). Toward the thinking curriculum: An overview. In *Toward the thinking curriculum: Current cognitive research* (pp. 1–18). Alexandria, VA: Association for Supervision and Curriculum Development.

Resnick, L. B., & Nolan, K. (1995). Where in the world are world-class standards? *Educational Leadership, 52*(6), 6–11.

Reynolds, A. (1992). Grade retention and school adjustment: An explanatory analysis. *Educational Evaluation and Policy Analysis, 14*(2), 101–121.

Reynolds, M. C., & Birch, J. W. (1988). *Adaptive mainstreaming: A primer for teachers and principals* (3rd ed.). New York: Longman.

Reynolds, W. M. (1980). Self-esteem and classroom behavior in elementary school children. *Psychology in the Schools, 17,* 273–277.

Rhode, G., Morgan, D. P., & Young, K. R. (1983). Generalization and maintenance of treatment gains of behaviorally handicapped students from resource rooms to regular classrooms using self-evaluation procedures. *Journal of Applied Behavior Analysis, 16,* 171–188.

Ricciardelli, L. A. (1992). Bilingualism and cognitive development: Relation to threshold theory. *Journal of Psycholinguistic Research, 21,* 301–316.

Rice, F. P. (1999). *The adolescent: Development, relationships, and culture* (9th ed.). Boston: Allyn & Bacon.

Rice, M. L. (1989). Children's language acquisition. *American Psychologist, 44,* 149–156.

Richardson, T. M., & Benbow, C. P. (1990). Long-term effects of acceleration on the social-emotional adjustment of mathematically precocious youths. *Journal of Educational Psychology, 82,* 464–470.

Riley, M. S., & Greeno, J. G. (1991). Developmental analysis of understanding language about quantities and of solving problems. *Cognition and Instruction, 5,* 49–101.

Robbins, P. A. (1990). Implementing whole language: Bridging children and books. *Educational Leadership, 47*(6), 50–55.

Robert Wood Johnson Foundation (1988). *Serving handicapped children: A special report.* Princeton, NJ: Author.

Robinsin, A., & Clinkenbeard, P. R. (1998). Giftedness: An exceptionality examined. In J. T. Spence, J. M. Darley, & D. J. Foss (Eds.), *Annual Review of Psychology* (pp. 117–139). Palo Alto, CA: Annual Reviews.

Robinson, C. S., & Hayes, J. R. (1978). Making inferences about relevance in understanding problems. In R. Revlin & R. E. Mayer (Eds.), *Human reasoning.* Washington, DC: Winston.

Robinson, D. H. (1998). Graphic organizers as aids to test learning. *Reading Research and Instruction, 37,* 85–105.

Robinson, D. H., & Kiewra, K. A. (1995). Visual argument: Graphic outlines are superior to outlines in improving learning from text. *Journal of Educational Psychology, 87,* 455–467.

Roderick, M. (1994). Grade retention and school dropout: Investigating an association, *American Educational Research Journal, 31,* 729–760.
Rodriguez, R. (1987, September 9). What is an American education? *Education Week, 7*(1).
Rogers, C. R. (1969). *Freedom to learn.* Columbus, OH: Charles E. Merrill.
Rogers, C. R., & Freiberg, H. J. (1994). *Freedom to learn* (3rd ed.). Columbus, OH: Charles E. Merrill.
Rogoff, B. (1990). *Apprenticeship in thinking: Cognitive development in social context.* New York: Oxford University Press.
Rogoff, B., & Chavajay, P. (1995). What's become of the research on the cultural basis of cognitive development? *American Psychologist, 50,* 859–877.
Rogoff, B., & Morelii, G. (1989). Perspectives on children's development from cultural psychology. *American Psychologist, 44,* 343–348.
Rogoff, B., & Wertsch, J. V. (Eds.). (1984). *Children's learning in the "zone of proximal development."* San Francisco: Jossey-Bass.
Rohwer, W. D., Jr., & Sloane, K. (1994). Psychological perspectives. In L. Anderson & L. Sosniak (Eds.), *Bloom's taxonomy: A forty-year retrospective.* Ninety-third yearbook for the National Society for the Study of Education: Part II (pp. 41–63). Chicago: University of Chicago Press.
Rokos, K., & Neuman, S. B. (1998). Play as an opportunity for literacy. In O. N. Saracho & B. Spodek (Eds.), *Multiple perspectives on play in early childhood education* (pp. 100–115). Albany: State University of New York Press.
Rop, C. (1997/1998). Breaking the gender barrier in the physical sciences. *Educational Leadership, 55*(4), 58–60.
Rosch, E. H. (1973). On the internal structure of perceptual and semantic categories. In T. Moore (Ed.), *Cognitive development and the acquisition of language* (pp. 111–144). New York: Academic Press.
Rosch, E. H. (1975). Cognitive representations of semantic categories. *Journal of Experimental Psychology: General, 104,* 192–233.
Roschelle, J., & Clancey, W. J. (1992). Learning as social and neural. *Educational Psychologist, 27,* 435–454.
Rose, A. (1962). The causes of prejudice. In I. M. Barron (Ed.), *American cultural minorities: A textbook in intergroup relations.* New York: Alfred A. Knopf.
Rose, L. C., & Gallup, A. M. (1996). The 28th annual Phi Delta Kappa/Gallup Poll of the public's attitude toward the public schools. *Phi Delta Kappan, 78*(1), 41–59.
Rose, L. C. & Gallup, A. M. (1999). The 31st annual Phi Delta Kappa/Gallup Poll of the public's attitude toward the public schools. *Phi Delta Kappan, 81*(1), 41–58.
Rosen, L. A., O'Leary, S. G., Joyce, S. A., Conway, G., & Pfiffner, L. J. (1984). The importance of prudent negative consequences for maintaining the appropriate behavior of hyperactive students. *Journal of Abnormal Child Psychology, 12,* 581–604.
Rosenman, A. A. (1987, November 11). The value of multicultural curricula. *Education Week, 7*(10).
Rosenshine, B. (1977, April). *Primary grades instruction and student achievement.* Paper presented at the annual meeting of the American Educational Research Association, New York.
Rosenshine, B. (1979). Content, time, and direct instruction. In P. Peterson & H. Walberg (Eds.), *Research on teaching: Concepts, findings, and implications* (pp. 28–56). Berkeley, CA: McCutchan.
Rosenshine, B. (1986). Synthesis of research on explicit teaching. *Educational Leadership, 43*(7), 60–69.
Rosenshine, B. (1988). Explicit teaching. In D. Berliner & B. Rosenshine (Eds.), *Talks to teachers* (pp. 75–92). New York: Random House.
Rosenshine, B., & Furst, N. (1973). The use of direct observation to study teaching. In R. Travers (Ed.), *Second handbook of research on teaching.* Chicago: Rand McNally.
Rosenshine, B., & Meister, C. (1992, April). *The uses of scaffolds for teaching less structured academic tasks.* Paper presented at the annual meeting of the American Educational Research Association, San Francisco.
Rosenshine, B., & Meister, C. (1994). Reciprocal teaching: A review of the research. *Review of Educational Research, 64,* 479–530.
Rosenshine, B., & Stevens, R. (1986). Teaching functions. In M. Wittrock (Ed.), *Handbook of research on teaching* (3rd ed.) (pp. 376–391). New York: Macmillan.
Rosenthal, R. (1973). The Pygmalion effect lives. *Psychology Today,* 56–63.
Rosenthal, R. (1987). Pygmalion effects: Existence, magnitude and social importance. A reply to Wineburg. *Educational Researcher, 16,* 37–41.
Rosenthal, R. (1995). Critiquing Pygmalion: A 25-year perspective. *Current Directions in Psychological Science, 4,* 171–172.
Rosenthal, R., & Jacobson, L. (1968). *Pygmalion in the classroom.* New York: Holt, Rinehart, Winston.
Roskos, K., & Neuman, S. B. (1993). Descriptive observation of adults' facilitation of literacy in young children's play. *Early Childhood Research Quarterly, 8,* 77–98.
Roskos, K., & Neuman, S. B. (1995). Two beginning kindergarten teachers' planning for integrated literacy instruction. *Elementary School Journal, 96,* 195–215.
Rosser, R. (1994). *Cognitive development: Psychological and biological perspectives.* Boston: Allyn & Bacon.
Roth, W-M., & Bowen, G. M. (1995). Knowing and interacting: A study of culture, practices, and resources in a grade 8 open-inquiry science guided by an apprenticeship metaphor. *Cognition and Instruction, 13,* 73–128.
Rothenberg, J. (1989). The open classroom reconsidered. *Elementary School Journal, 90,* 68–86.
Rotherham-Borus, M. J. (1994). Bicultural reference group orientations and adjustment. In M. Bernal & G. Knight (Eds.), *Ethnic identity.* Albany, NY: State University of New York Press.
Rowe, M. B. (1974). Wait-time and rewards as instructional variables: Their influence on language, logic, and fate control. Part 1: Wait-time. *Journal of Research in Science Teaching, 11,* 81–94.
Rumelhart, D., & Ortony, A. (1977). The representation of knowledge in memory. In R. Anderson, R. Spiro, & W. Montague (Eds.), *Schooling and the acquisition of knowledge* (pp. 99–135). Hillsdale, NJ: Erlbaum.
Ruopp, F., & Driscoll, M. (1990, January/February). Access to algebra. *Harvard Education Letter,* 6(A), 4–5.
Ryan, R. M. (1991). The nature of the self in autonomy and relatedness. In G. R. Goethals & J. Strauss (Eds.), *Multidisciplinary perspectives on the self.* New York: Springer-Verlag.
Ryan, R. M., & Deci, E. L. (1996). When paradigms clash: Comments on Cameron and Pierce's claim that rewards do not undermine intrinsic motivation. *Review of Educational Research, 66,* 33–38.
Ryan, R. M., & Grolnick, W. S. (1986). Origins and pawns in the classroom: Self-report and projective assessments of individual differences in the children's perceptions. *Journal of Personality and Social Psychology, 50,* 550–558.
Ryans, D. G. (1960). *Characteristics of effective teachers, their descriptions, comparisons and appraisal: A research study.* Washington, DC: American Council on Education.
Sabers, D. S., Cushing, K. S., & Berliner, D. C. (1991). Differences among teachers in a task characterized by simultaneity, multidimensionality, and immediacy. *American Educational Research Journal, 28,* 68–87.
Sadker, M., & Sadker, D. (1986a). Questioning skills. In J. Cooper (Ed.), *Classroom teaching skills* (3rd ed.) (pp. 143–180). Lexington, MA: D. C. Heath.
Sadker, M., & Sadker, D. (1986b). Sexism in the classroom: From grade school to graduate school. *Phi Delta Kappan, 68,* 512.
Sadker, M., & Sadker, D. (1994). *Failing at fairness: How America's schools cheat girls.* New York; Scribner.
Sadker, M., Sadker, D., & Klein, S. (1991). The issue of gender in elementary and secondary education. *Review of Research in Education, 17,* 269–334.

Salomon, G., & Perkins, D. N. (1989). Rocky roads to transfer: Rethinking mechanisms of a neglected phenomenon. *Educational Psychologist, 24,* 113–142.
Salovey, P. & Mayer, J. D. (1990). Emotional intelligence. *Imagination, Cognition, and Personality*, 9, 185–211.
Sanchez, F., & Anderson, M. L. (1990, May). Gang mediation: A process that works. *Principal,* 54–56.
Sanchez, R. (1995, April 6). Educators reexamine the way teachers are taught. *The Washington Post,* pp. A1.
Sandrock, J. W. (1996). *Adolescence.* Dubuque, IA: Brown & Benchmark.
Sattler, J. (1992). *Assessment of children* (3rd ed. rev.). San Diego: Jerome M. Sattler.
Savage, T. V. (1999). *Teaching self-control through management and discipline.* Boston: Allyn & Bacon.
Sawyer, R. J., Graham, S., & Harris, K. R. (1992). Direct teaching, strategy instruction, and strategy instruction with explicit self-regulation: Effects on the composition skills and self-efficacy of learning disabled students. *Journal of Educational Psychology, 84,* 340–352.
Saxe, G. B. (1988). Candy selling and math learning. *Educational Researcher, 17*(6), 14–21.
Scardamalia, M., & Bereiter, C. (1996). Adaptation and understanding: A case for new cultures of schooling. In S. Vosniado, E. De Corte, R. Glasse, & H. Mandl (Eds.), *International perspectives on the design of technology-supported learning environments* (pp. 149–163). Hillsdale, NJ: Lawrence Erlbaum.
Scarr, S., & Carter-Saltzman, L. (1982). Genetics and intelligence. In R. Sternberg (Ed.), *Handbook of human intelligence* (pp. 792–896). New York: Cambridge University Press.
Scarr, S., Weinberg, R. A., & Levine, A. (1986). *Understanding development.* New York: Harcourt Brace Jovanovich.
Scherer, M. (1993). On savage inequalities: A conversation with Jonathan Kozol. *Educational Leadership, 50*(4), 4–9.
Scherer, M. (1999). The discipline of hope: A conversation with Herb Kohl. *Educational Leadership, 56*(1), 8–13.
Schiefele, U. (1991). Interest, learning, and motivation. *Educational Psychologist, 26,* 299–324.
Schneider, W., & Bjorklund, D. F. (1992). Expertise, aptitude, and strategic remembering. *Child Development, 63,* 416–473.
Schoenfeld, A. H. (1979). Explicit heuristic training as a variable in problem solving performance. *Journal for Research in Mathematics Education, 10,* 173–187.
Schofield, J. W. (1991). School desegregation and intergroup relations. *Review of Research in Education, 17,* 235–412.
Schofield, J. W. (1995). Review of research on school desegregation's impact on elementary and secondary school students. In J. A. Banks & C. Banks (Eds.), *Handbook of research on multicultural education.* New York: Macmillan.
Schofield, J. W., Eurch-Fulcer, R., & Britt, C. L. (1994). Teachers, computer tutors, and teaching: The artificially intelligent tutor as an agent for classroom change. *American Educational Research Journal, 31,* 579–607.
Schon, D. (1983). *The reflective practitioner.* New York: Basic Books.
Schraw, G., & Moshman, D. (1995). Metacognitive theories. *Educational Psychology Review, 7,* 351–371.
Schuder, T. (1994). The genesis of transactional strategies for at-risk students. *Elementary School Journal, 94,* 235–254.
Schunk, D. H. (1987). Peer models and children's behavioral change. *Review of Educational Research, 57,* 149–174.
Schunk, D. H. (1991). Self-efficacy and academic motivation. *Educational Psychologist, 26,* 207–232.
Schunk, D. H. (1996). Goal and self-evaluative influences during childrens' cognitive skill learning. *American Educational Research Journal, 33,* 359–382.
Schunk, D. H. (1996). *Learning theories: An educational perspective* (2nd ed.). Columbus, OH: Merrill.
Schunk, D. H. (2000). *Learning theories: An educational perspective* (3rd ed.). Columbus, OH: Merrill/Prentice-Hall.
Schunk, D. H., & Hanson, A. R. (1985). Peer models: Influence on children's self-efficacy and achievement. *Journal of Educational Psychology, 77,* 313–322.
Schwartz, B., & Reisberg, D. (1991). *Learning and memory.* New York: Norton.
Schwartz, B., & Robbins, S. J. (1995). *Psychology of learning and behavior* (4th ed.). New York, Norton.
Seddon, G. M. (1978). The properties of Bloom's taxonomy of educational objectives for the cognitive domain. *Review of Educational Research, 48,* 303–323.
Seifert, K. L., & Hoffnung, R. J. (1991). *Child and adolescent development.* Boston: Houghton Mifflin.
Seligman, M. E. P. (1975). *Helplessness: On depression, development, and death.* San Francisco: Freeman.
Selman, R. L. (1980). *The growth of interpersonal understanding.* New York: Academic Press.
Selman, R. L., & Byrne, D. F. (1974). A structural-developmental analysis of levels of role taking in middle childhood. *Child Development, 45,* 803–806.
Semb, G. B., & Ellis, J. A. (1994). Knowledge taught in school: What is remembered? *Review of Educational Research, 64,* 253–286.
Serbin, L., & O'Leary, D. (1975, January). How nursery schools teach girls to shut up. *Psychology Today,* 56–58.
Serpell, R. (1993). Interface between sociocultural and psychological aspects of cognition. In E. Forman, N. Minick, & C. A. Stone (Eds.), *Contexts for learning: Sociocultural dynamics in children's development* (pp. 357–368). New York: Oxford University Press.
Shapiro, B. C. (1995). The NBPTS sets standards for accomplished teaching. *Educational Leadership, 52*(6), 55–57.
Shapiro, E. S., & Ager, C. (1992). Assessment of special education students in regular education programs: Linking assessment to instruction. *The Elementary School Journal, 92,* 283–296.
Shavelson, R. J. (1987). Planning. In M. Dunkin (Ed.), *The international encyclopedia of teaching and teacher education* (pp. 483–486). New York: Pergamon Press.
Shavelson, R. J., & Bolus, R. (1982). Self-concept: The interplay of theory and methods. *Psychology, 74,* 3–17.
Shavelson, R. J., Gao, X., & Baxter, G. (1993). *Sampling variability of performance assessments.* CSE Technical Report 361. Los Angeles: UCLA Center for the Study of Evaluation.
Shepard, L. A., & Smith, M. L. (1989). Academic and emotional effects of kindergarten retention. In L. Shepard & M. Smith (Eds.), *Flunking grades: Research and policies on retention* (pp. 79–107). Philadelphia: Falmer Press.
Sherman, A. (1994). *Wasting America's future: The Children's Defense Fund report on the costs of child poverty.* Boston: Beacon Press.
Sherman, J. G., Ruskin, R. S., & Semb, G. B. (Eds.) (1982). *The Personalized System of Instruction: 48 seminal papers.* Lawrence, KS: TRI Publications.
Sherman, J. W., & Bessenoff, G. R. (1999). Stereotypes as source-monitoring cues: On the interaction between episodic and semantic memory. *Psychological Science, 10,* 106–110.
Sherry, M. (1990). Implementing an integrated instructional system: Critical issues. *Phi Delta Kappan, 72,* 118–120.
Shields, P., Gordon, J., & Dupree, D. (1983). Influence of parent practices upon the reading achievement of good and poor readers. *Journal of Negro Education, 52,* 436–445.
Shimahara, N. K., & Sakai, A. (1995). *Learning to teach in two cultures.* New York: Garland.
Shoda, Y., Mischel, W., & Peake, P. K. (1990). Predicting adolescent cognitive and self-regulatory competencies from preschool delay of gratification. *Developmental Psychology,* 26, 978–986.
Shuell, T. J. (1981, April). *Toward a model of learning from instruction.* Paper presented at a meeting of the American Educational Research Association, Los Angeles.
Shuell, T. J. (1986). Cognitive conceptions of learning. *Review of Educational Research, 56,* 411–436.

Shuell, T. J. (1990). Phases of meaningful learning. *Review of Educational Psychology, 60,* 531–548.
Shuell, T. J. (1996). Teaching and learning in a classroom context. In D. Berliner & R. Calfee (Eds.), *Handbook of educational psychology* (pp. 726–764). New York: Macmillan.
Shulman, L. S. (1987). Knowledge and teaching: Foundations of the new reform. *Harvard Educational Review, 19*(2), 4–14.
Shulman, L. S. (1992). Toward a pedagogy of cases. In J. Shulman (Ed.), *Case method in teacher education* (pp. 1–30). New York: Teachers College Press.
Shultz, J., & Florio, S. (1979). Stop and freeze: The negotiation of social and physical space in a kindergarten/first grade classroom. *Anthropology and Education Quarterly, 10,* 166–181.
Siegel, J., & Shaughnessy, M. F. (1994). Educating for understanding: An interview with Howard Gardner. *Phi Delta Kappan, 75,* 536–566.
Siegler, R. S. (1991). *Children's thinking* (2nd ed.). Englewood Cliffs, NJ: Prentice-Hall.
Siegler, R. S. (1993). Adaptive and non-adaptive characteristics of low-income children's mathematical strategy use. In B. Penner (Ed.), *The challenge in mathematics and science education: Psychology's response* (pp. 341–366). Washington, DC: American Psychological Association.
Simmons, R. G., & Blyth, D. A. (1987). *Moving into adolescence.* New York: Aldine De Gruyter.
Simon, D. P., & Chase, W. G. (1973). Skill in chess. *American Scientist, 61,* 394–403.
Simon, H. A. (1995). The information-processing view of mind. *American Psychologist, 50,* 507–508.
Simon, P. (1980). *The tongue-tied American: Confronting the foreign language crisis.* New York: Continuum.
Simpson, E. J. (1972). The classification of educational objectives in the psychomotor domain. *The Psychomotor Domain. Vol. 3.* Washington: Gryphon House.
Singley, K., & Anderson, J. R. (1989). *The transfer of cognitive skill.* Cambridge, MA: Harvard University Press.
Sisk, D. A. (1988). Children at risk: The identification of the gifted among the minority. *Gifted Education International, 5,* 138–141.
Sizer, T. (1984). *Horace's compromise: The dilemma of the American high school* (updated ed.). Princeton, NJ: Houghton Mifflin.
Skinner, B. F. (1950). Are theories of learning necessary? *Psychological Review, 57,* 193–216.
Skinner, B. F. (1953). *Science and human behavior.* New York: Macmillan.
Skinner, B. F. (1989). The origins of cognitive thought. *American Psychologist, 44,* 13–18.
Skoe, E. E., Pratt, M. W., Matthews, M., & Curror, S. E. (1996). The ethic of care: Stability over time, gender differences, and correlates in mid-to late adulthood. *Psychology and Aging, 11,* 280–292.
Slaby, R. G., Roedell, W. C., Arezzo, D., & Hendrix, K. (1995). *Early violence prevention.* Washington, DC: National Association for the Education of Young Children.
Slavin, R. E. (1984). Students motivating students to excel: Cooperative incentives, cooperative tasks, and student achievement. *Elementary School Journal, 85,* 53–64.
Slavin, R. E. (1987). Ability grouping and student achievement in elementary schools: A best-evidence synthesis. *Review of Educational Research, 57,* 293–336.
Slavin, R. E. (1990). Achievement effects of ability grouping in secondary schools: A best-evidence synthesis. *Review of Educational Research, 60,* 471–500.
Slavin, R. E. (1995). *Cooperative learning* (2nd ed.). Boston: Allyn & Bacon.
Slavin, R. E., & Karweit, N. (1985). Effects of whole class, ability grouped, and individualized instruction on mathematics achievement. *American Educational Research Journal, 22,* 351–368.
Slavin, R. E., Karweit, N. L., & Madden, N. A. (1989). *Effective programs for students at risk.* Boston: Allyn & Bacon.
Sleeter, C. E. (1995). Curriculum controversies in multicultural education. In E. Flaxman & H. Passow (Eds.), *94th Yearbook of the National Society for the Study of Education: Part II: Changing populations, changing schools* (pp. 162–185). Chicago: University of Chicago Press.
Smetana, J. G., & Braeges, J. L. (1990). The development of toddlers' moral and conventional judgments. *Merrill-Palmer Quarterly, 36,* 329–346.
Smith, C. B. (Moderator) (1994). *Whole language: The debate.* Bloomington, IN: EDINFO Press.
Smith, D. D. (1998). *Introduction to special education: Teaching in an age of challenge* (3rd ed.). Boston: Allyn & Bacon.
Smith, F. (1975). *Comprehension and learning: A conceptual framework for teachers.* New York: Holt, Rinehart & Winston.
Smith, F. (1992). Learning to read: The never-ending debate. *Phi Delta Kappan, 73,* 432–442.
Smith, J. D., & Caplan, J. (1988). Cultural differences in cognitive style development. *Developmental Psychology, 24,* 46–52.
Smith, M. (1993). Some school-based violence prevention strategies. *NASSP Bulletin, 77*(557), 70–75.
Smith, M. L. (1991). Put to the test: The effects of external testing on teachers. *Educational Researcher, 20*(5), 8–11.
Smith, S. M., Glenberg, A., & Bjork, R. A. (1978). Environmental context and human memory. *Memory and Cognition, 6,* 342–353.
Snider, V. E. (1990). What we know about learning styles from research in special education. *Educational Leadership, 48*(2), 53.
Snow, C. E. (1987). Beyond conversation: Second language learners' acquisition of description and explanation. In J. P. Lantolf & A. Labarca (Eds.), *Research in second language learning: Focus on the classroom* (pp. 3–16). Norwood, NJ: Ablex.
Snow, C. E. (1993). Families as social contexts for literacy development. In C. Daiute (Ed.), *New directions for child development* (No. 61, pp. 11–24). San Francisco: Jossey-Bass.
Snow, M. A. (1986). *Innovative second language education: Bilingual immersion programs* (Education Report 1). Los Angeles: Center of Language Education and Research, University of California.
Snow, R. E. (1995). Pygmalion and intelligence. *Current Directions in Psychological Science, 4,* 169–171.
Snow, R. E., Corno, L., & Jackson, D. (1996). Individual differences in affective and cognitive functions. In D. Berliner & R. Calfee (Eds.), *Handbook of educational psychology* (pp. 243–310). New York: Macmillan.
Snowman, J. (1984). Learning tactics and strategies. In G. Phye & T. Andre (Eds.), *Cognitive instructional psychology* (pp. 243–275). Orlando, FL: Academic Press.
Soar, R. S., & Soar, R. M. (1979). Emotional climate and management. In P. Peterson & H. Walberg (Eds.), *Research on teaching: Concepts, findings, and implications* (pp. 97–119). Berkeley, CA: McCutchan.
Sobesky, W. E. (1983). The effects of situational factors on moral judgment. *Child Development, 54,* 575–584.
Sokolove, S., Garrett, J., Sadker, D., & Sadker, M. (1986). Interpersonal communications skills. In J. Cooper (Ed.), *Classroom teaching skills: A handbook* (pp. 233–278). Lexington, MA: D. C. Heath.
Spearman, C. (1927). *The abilities of man: Their nature and measurement.* New York: Macmillan.
Spector, J. E. (1992). Predicting progress in beginning reading: Dynamic assessment of phonemic awareness. *Journal of Educational Psychology, 84,* 353–363.
Spencer, M. B., & Markstrom-Adams, C. (1990). Identity processes among racial and ethnic-minority children in America. *Child Development, 61,* 290–310.
Spiro, R. J., Feltovich, P. J., Jacobson, M. L., & Coulson, R. L. (1991). Cognitive flexibility, constructivism, and hypertext: Random access instruction for advanced knowledge acquisition in ill-structured domains. *Educational Technology, 31*(5), 24–33.

Stahl, S. A., & Miller, P. D. (1989). Whole language and language experience approaches for beginning reading: A quantitative research synthesis. *Review of Educational Research, 59,* 87–116.

Stainback, S., & Stainback, W. (1992). Schools as inclusive communities. In W. Stainback & S. Stainback (Eds.), *Controversial issues confronting special education: Divergent perspectives* (pp. 29–43). Boston: Allyn & Bacon.

Stanovich, K. E. (1991). Reading disability: Assessment issues. In H. Swanson (Ed.), *Handbook of assessment of learning disabilities: Theory, research, and practice* (pp. 147–175). Austin, TX: Pro-Ed.

Stanovich, K. E. (1992). *How to think straight about psychology* (3rd ed.). Glenview, IL: Scott, Foresman.

Stanovich, K. E. (1998). Cognitive neuroscience and educational psychology: What season is it? *Educational Psychology Review, 10,* 419–426.

Starch, D., & Elliot, E. C. (1912). Reliability of grading high school work in English. *Scholastic Review, 20,* 442–457.

Starch, D., & Elliot, E. C. (1913a). Reliability of grading work in history. *Scholastic Review, 21,* 676–681.

Starch, D., & Elliot, E. C. (1913b). Reliability of grading work in mathematics. *Scholastic Review, 21,* 254–259.

Starr, R. H., Jr. (1979). Child abuse. *American Psychologist, 34,* 872–878.

Steele, C. M., & Aronson, J. Stereotype threat and the intellectual test performance of African Americans. *Journal of Personality and Social Psychology, 69,* 797–811.

Stein, B. S., Littlefield, J., Bransford, J. D., & Persampieri, M. (1984). Elaboration and knowledge acquisition. *Memory and Cognition, 12,* 522–529.

Stephen, J., Fraser, E., & Marcia, J. E. (1992). Moratorium achievement (Mama) cycles in life span identity development: Vale orientations and reasoning system correlates. *Journal of Adolescence, 15,* 283–300.

Stepien, W., & Gallagher, S. (1993). Problem-based learning: As authentic as it gets. *Educational Leadership, 50*(7), 25–28.

Sternberg, R. J. (1985). *Beyond IQ: A triarchic theory of human intelligence.* New York: Cambridge University Press.

Sternberg, R. J. (1986). *Intelligence applied: Understanding and increasing your own intellectual skills.* New York: Harcourt Brace Jovanovich.

Sternberg, R. J. (1990). *Metaphors of mind: Conceptions of the nature of intelligence.* New York: Cambridge University Press.

Sternberg, R. J. (1998). Myths, countermyths, and truths about intelligence. In A. Woolfolk (Ed.), *Readings in educational psychology* (2nd ed.) (pp. 53–60). Boston: Allyn & Bacon.

Sternberg, R. J. (1999). *Cognitive psychology* (2nd ed.). Ft. Worth, TX: Harcourt Brace.

Sternberg, R. J., & Davidson, J. (1982, June). The mind of the puzzler. *Psychology Today,* 37–44.

Sternberg, R. J., & Detterman, D. L. (Eds.). (1986). *What is intelligence? Contemporary viewpoints on its nature and definition.* Norwood, NJ: Ablex.

Sternberg, R. J., & Kaufman, J. C. (1998). Human abilities. In J. T. Spence, J. M. Darley, & D. J. Foss (Eds.), *Annual Review of Psychology* (pp. 479–502). Palo Alto, CA: Annual Reviews.

Sternberg, R. J., & Wagner, R. K. (1993). The g-ocentric view of intelligence and job performance is wrong. *Current Directions in Psychological Science, 2,* 1–5.

Sternberg, R. J., Wagner, R. K., Williams, W. M., & Horvath, J. A. (1995). Testing common sense. *American Psychologist, 50,* 912–927.

Stevenson, H. W, & Stigler, J. (1992). *The learning gap.* New York: Summit Books.

Stigler, J. W., Lee, S., & Stevenson, H. W. (1987). Mathematics classrooms in Japan, Taiwan, and the United States. *Child Development, 58,* 1272–1285.

Stipek, D. J. (1993). *Motivation to learn* (2nd ed.). Boston: Allyn & Bacon.

Stipek, D. J. (1996). Motivation and instruction. In D. Berliner & R. Calfee (Eds.), *Handbook of educational psychology* (pp. 85–109). New York: Macmillan.

Stipek, D. J. (1998). *Motivation to learn* (3rd ed.). Boston: Allyn & Bacon.

Stodolsky, S. S. (1988). *The subject matters: Classroom activity in math and social studies.* Chicago: University of Chicago Press.

Straus, M. A., Gelles, R. J., & Steinmetz, S. K. (1980). *Behind closed doors: Violence in the American family.* New York: Doubleday.

Strauss, S. (1993). Teachers' pedagogical content knowledge about children's minds and learning: Implications for teacher education. *Educational Psychologist, 28,* 279–290.

Strike, K. (1975). The logic of discovery. *Review of Educational Research, 45,* 461–483.

Stumpf, H. (1995). Gender differences on test of cognitive abilities: Experimental design issues and empirical results. *Learning and Individual Differences, 7,* 275–288.

Sulzby, E., & Teale, W. (1991). Emergent literacy. In R. Barr, M. L. Kamil, P. B. Mosenthal, & P. D. Pearson (Eds.), *Handbook of reading research, Vol. II* (pp. 727–758). New York: Longman.

Sulzer-Azaroff, B., & Mayer, G. R. (1986). *Achieving educational excellence using behavioral strategies.* New York: Holt, Rinehart & Winston.

Suzuki, B. H. (1983). The education of Asian and Pacific Americans: An introductory overview. In D. Nakanishi & M. Hirano-Nakanishi (Eds.), *The education of Asian and Pacific Americans: Historical perspectives and prescriptions for the future* (pp. 1–14). Phoenix, AZ: Oryx Press.

Swanson, H. L. (1990). The influence of metacognitive knowledge and aptitude on problem solving. *Journal of Educational Psychology, 82,* 306–314.

Swanson, H. L., O'Conner, J. E., & Cooney, J. B. (1990). An information processing analysis of expert and novice teachers' problem solving. *American Educational Research Journal, 27,* 533–556.

Sweller, J., van Merrienboer, J. J. G., & Paas, F. G. W. C. (1998). Cognitive architecture and instructional design. *Educational Psychology Review, 10,* 251–296.

Symons, S., Woloshyn, V., & Pressley, M. (1994). The scientific evaluation of the whole language approach to literacy development [Special issue]. *Educational Psychologist, 29*(4).

Tait, H., & Enwistle, N. J. (in press). Identifying students at risk through ineffective study strategies. *Higher Education.*

Tal, Z., & Babad, E. (1990). The teachers' pet phenomenon: Rate of occurrence, correlates, and psychological costs. *Journal of Educational Psychology, 82,* 637–645.

Tanner, J. M. (1990). *Foetus to man* (2nd ed.). Cambridge: Harvard University Press.

Task Force on Pediatric AIDS: American Psychological Association. (1989). Pediatric AIDS and human immunodeficiency virus infection: Psychological issues. *American Psychologist, 44,* 258–264.

Tavris, C. (1998, September 13). Peer pressure. [Review of the book *The nurture assumption: Why children turn out the way they do; parents matter less than you think and peers matter more*]. *New York Review of Books,* 14–15.

Taylor, J. B. (1983). Influence of speech variety on teachers' evaluation of reading comprehension. *Journal of Educational Psychology, 75,* 662–667.

Tennyson, R. D. (1981, April). *Concept learning effectiveness using prototype and skill development presentation forms.* Paper presented at the annual meeting of the American Educational Research Association, Los Angeles.

Tennyson, R. D., & Cocchiarella, M. J. (1986). An empirically based instructional design theory for teaching concepts. *Review of Educational Research, 56,* 40–71.

Terman, L. M., & Oden, M. H. (1947). The gifted child grows up. In L. M. Terman (Ed.), *Genetic studies of genius* (Vol. 4). Stanford, CA: Stanford University Press.

Terman, L. M., & Oden, M. H. (1959). The gifted group in mid-life. In L. M. Terman (Ed.), *Genetic studies of genius* (Vol. 5). Stanford, CA: Stanford University Press.

Terman, L. M., Baldwin, B. T., & Bronson, E. (1925). Mental and physical traits of a thousand gifted children. In L. M. Terman (Ed.), *Genetic studies of genius* (Vol. 1). Stanford, CA: Stanford University Press.

Tharp, R. G. (1989). Psychocultural variables and constants: Effects on teaching and learning in schools. *American Psychologist, 44,* 349–359.

Tharp, R. G., & Gallimore, R. (1988). *Rousing minds to life: Teaching, learning, and schooling in social context.* New York: Cambridge University Press.

Tharp, R. G., & Gallimore, R. (1991). *The instructional conversation: Teaching and learning in social activity.* Washington, DC: National Center for Research on Cultural Diversity and Second Language Learning.

Thoma, S. J. (1986). Estimating gender differences in the comprehension and preference of moral issues. *Developmental Review, 6,* 165–180.

Thomas, E. L., & Robinson, H. A. (1972). *Improving reading in every class: A sourcebook for teachers.* Boston: Allyn & Bacon.

Thompson, R. A., & Wyatt, J. M. (1999). Current research on child maltreatment: Implications for educators. *Educational Psychology Review, 11,* 173–202.

Thompson, G. (1991). *Teaching through themes.* New York: Scholastic.

Thorkildsen, T. A., Nolen, S. B., & Fournier, J. (1994). What is fair? Children's critiques of practices that influence motivation. *Journal of Educational Psychology, 86,* 475–486.

Thorndike, E. L. (1913). *Educational psychology: Vol. 2. The psychology of learning.* New York: Teachers College, Columbia University.

Thorndike, R., Hagen, E., & Sattler, J. (1986). *The Stanford-Binet Intelligence Scale* (4th ed.). Chicago: Riverside.

Thurstone, L. L. (1938). Primary mental abilities. *Psychometric Monographs,* No. 1.

Tiedt, P. L., & Tiedt, I. M. (1990). *Multicultural education: A handbook of activities, information, and resources.* Boston: Allyn & Bacon.

Tierney, R. J., Readence, J. E., & Dishner, E. K. (1990). *Reading strategies and practices: A compendium* (3rd ed.). Boston: Allyn & Bacon.

Timmer, S. G., Eccles, J., & O'Brien, K. (1988). How children use time. In F. Juster & F. Stafford (Eds.), *Time, goods, and well-being.* Ann Arbor, MI: Institute for Social Research, University of Michigan.

Tishman, S., Perkins, D., & Jay, E., (1995). *The thinking classroom: Creating a culture of thinking.* Boston: Allyn & Bacon.

Tobias, S. (1982). When do instructional methods make a difference? *Educational Researcher, 11*(4), 4–10.

Tobias, S. (1985). Text anxiety: Interference, defective skills, and cognitive capacity. *Educational Psychologist, 20,* 135–142.

Tobias, S., & Duchastel, P. (1974). Behavioral objectives, sequence, and anxiety in CAI. *Instructional Science, 3,* 232–242.

Tobin, K. (1987). The role of wait time in higher cognitive learning. *Review of Educational Research, 56,* 69–95.

Tobin, K. (1990, April). *Metaphors in the construction of teacher knowledge.* Paper presented at the Annual Meeting of the American Educational Research Association, Boston.

Tobin, K., & Dawson, G. (1992). Constraints to curriculum reform: Teachers and the myths of schooling. *Educational Technology Research and Development, 40*(1), 81–92.

Tochon, F., & Munby, H. (1993). Novice and expert teachers' time epistemology: A wave function from didactics to pedagogy. *Teaching and Teacher Education, 9,* 205–218.

Tomasello, M., Kruger, A. C., & Ratner, H. H. (1993). Cultural learning. *Behavioral and Brain Sciences, 16,* 495–552.

Tomlinson-Keasey, C. (1990). Developing our intellectual resources for the 21st century: Educating the gifted. *Journal of Educational Psychology, 82,* 399–403.

Tomlinson-Keasey, C., & Little, T. D. (1990). Predicting educational attainment, occupational achievement intellectual skill, and personal adjustment among gifted men and women. *Journal of Educational Psychology, 82,* 442–455.

Torrance, E. P. (1972). Predictive validity of the Torrance tests of creative thinking. *Journal of Creative Behavior, 6,* 236–262.

Torrance, E. P. (1986). Teaching creative and gifted learners. In M. Wittrock (Ed.), *Handbook of research on teaching* (3rd ed.) (pp. 630–647). New York: Macmillan.

Torrance, E. P., & Hall, L. K. (1980). Assessing the future reaches of creative potential. *Journal of Creative Behavior, 14,* 1–19.

Tschannen-Moran, M., Woolfolk Hoy, A. & Hoy, W. K. (1998). Teacher efficacy: Its meaning and measure. *Review of Educational Research, 68,* 202–248.

Turiel E. (1983). *The development of social knowledge: Morality and convention.* New York: Cambridge University Press.

U. S. Bureau of the Census. (1997). *Statistical abstract of the United States.* Washington DC: US Government Printing Office.

U. S. Department of Health and Human Services. (1997). *Youth risk behavior surveillance—U.S., 1995.* MMWR, 45 (No. SS-4).

Urdan, T. C., & Maehr, M. L. (1995). Beyond a two-goal theory of motivation and achievement: A case for social goals. *Review of Educational Research, 65,* 213–243.

Vacc, N. N. (1989). Writing evaluation: Examining four teachers' holistic and analytic scores. *Elementary School Journal, 90,* 88–95.

Van Houten, R., & Doleys, D. M. (1983). Are social reprimands effective? In S. Axelrod & J. Apsche (Eds.), *The effects of punishment on human behavior.* San Diego: Academic Press.

Van Meter, P., Yokoi, L., & Pressley, M. (1994). College students' theory of note-taking derived from their perceptions of note-taking. *Journal of Educational Psychology, 86,* 323–338.

Vasquez, J. A. (1990). Teaching to the distinctive traits of minority students. *The Clearing House, 63,* 299–304.

Vaughn, S., Bos, C. S., & Schumm, J. S. (1996). *Teaching mainstreamed, diverse, and at-risk students in the general education classroom.* Boston: Allyn & Bacon.

Veenman, S. (1984). Perceived problems of beginning teachers. *Review of Educational Research, 54,* 143–178.

Vellutino, F. R. (1991). Introduction to three studies on reading acquisition: Convergent findings on theoretical foundations of code-oriented versus whole-language approaches to reading instruction. *Journal of Educational Psychology, 83,* 437–443.

Vera, A. H., & Simon, H. A. (1993). Situated action: A symbolic interpretation. *Cognitive Science, 17,* 7–48.

Viadero, D. (1990). Battle over multicultural education rises in intensity. *Education Week, 10*(13), 1, 11, 13, 14.

Vispoel, W. P. (1995). Self-concept inartistic domains: An extension of the Shavelson, Hubmner, and Stanton (1976) model. *Journal of Educational Psychology, 87,* 134–153.

Vispoel, W. P., & Austin, J. R. (1995). Success and failure in junior high school: A critical incident approach to understanding students' attributional beliefs. *American Educational Research Journal, 32,* 377–412.

von Glaserfeld, E. (1990). An exposition of constructivism: Why some like it radical. In R. Davis, C. Maher, & N. Noddings (Eds.), *Constructivist views on the teaching and learning of mathematics* (pp. 19–30). Monograph 4 of the National Council of Teachers of Mathematics, Reston, VA.

von Glaserfeld, E. (1995). A constructivist approach to teaching. In L. Steffe & J. Gale (Eds.), *Constructivism in education* (p. 5). Hillsdale, NJ: Lawrence Erlbaum.

von Glaserfeld, E. (1997). Amplification of a constructivist perspective. *Issues in Education: Contributions from Educational Psychology, 3,* 203–210.

Vroom, V. (1964). *Work and motivation.* New York: Wiley.

Vygotsky, L. S. (1978). *Mind in society: The development of higher mental process.* Cambridge, MA: Harvard University Press.
Vygotsky, L. S. (1986). *Thought and language.* Cambridge, MA: MIT Press.
Vygotsky, L. S. (1987). *Problems of general psychology.* New York: Plenum.
Vygotsky, L. S. (1993). *The collected works of L. S. Vygotsky: Vol. 2* (J. Knox & C. Stevens, Trans.). New York: Plenum.
Wadsworth, B. J. (1978). *Piaget for the classroom teacher.* New York: Longman.
Wadsworth, B. J. (1989). *Piaget's theory of cognitive development: An introduction for students of psychology and education* (4th ed.). New York: Longman.
Wadsworth, B. J. (1996). *Piaget's theory of cognitive and affective development* (5th ed.). New York: Addison, Wesley, Longman.
Walberg, H. J. (1990). Productive teaching and instruction: Assessing the knowledge base. *Phi Delta Kappan, 72,* 470–478.
Walberg, H. J., Pascal, R. A., & Weinstein, T. (1985). Homework's powerful effects on learning. *Educational Leadership, 42*(7), 76–79.
Walker, L. J. (1991). Sex differences in moral reasoning. In W. M. Kurtines & J. L. Gewirtz (Eds.), *Handbook of moral behavior and development* (Vol. 2) (pp. 333–362). Hillsdale, NJ: Erlbaum.
Walker, L. J., & Pitts, R. C. (1998). Naturalistic conceptions of moral maturity. *Developmental Psychology, 34,* 403–419.
Walker, L. J., Pitts, R. C., Hennig, K. H., & Matsuba, M. K. (1995). Reasoning about morality and real-life moral problems. In M. Killen & D. Hart (Eds.), *Morality in everyday life: Developmental perspectives* (pp. 371–407). Cambridge, England: Cambridge University Press
Wallerstein, J. S. (1991). The long-term effects of divorce on children: A review. *Journal of the American Academy of Child and Adolescent Psychiatry, 30,* 349–360.
Walton, G. *Identification of the intellectually gifted children in the public school kindergarten.* Unpublished doctoral dissertation, University of California, Los Angeles, 1961.
Wang, A. Y., & Thomas, M. H. (1995). Effects of keywords on long-term retention: Help or hindrance? *Journal of Educational Psychology, 87,* 468–475.
Wang, A. Y., Thomas, M. H., & Ouellette, J. A. (1992). Keyword mnemonic and retention of second-language vocabulary words. *Journal of Educational Psychology, 84,* 520–528.
Wang, M. C., & Palincsar, A. S. (1989). Teaching students to assume an active role in their learning. In M. Reynolds (Ed.), *Knowledge base for the beginning teacher* (pp. 71–84). New York: Pergamon.
Ward, M., & Sweller, J. (1990). Structuring effective worked examples. *Cognition and Instruction, 7,* 1–40.
Wasserman, E. A., & Miller, R. R. (1997). What's elementary about associative learning. In J. T. Spence, J. M. Darley, & D. J. Foss (Eds.), *Annual Review of Psychology* (pp. 573–607). Palo Alto, CA: Annual Reviews.
Wasserman, S. (1993). *Getting down to cases.* New York: Teachers College Press.
Waterman, A. S. (1992). Identity as an affect of optimal psychological functioning. In G. Adams, T. Gullota, & R. Montemayoor (Eds.), *Adolescent identity formation.* Newbury Park, CA: Sage.
Waters, H. F. (1993, July 12). Networks under the gun. *Newsweek,* 64–66.
Webb, N. (1985). Verbal interaction and learning in peer-directed groups. *Theory Into Practice, 24,* 32–39.
Webb, N., & Palincsar, A. (1996). Group processes in the classroom. In D. C. Berliner & R. C. Calfee (Eds.), *Handbook of educational psychology* (pp. 841–876). New York: Macmillan.
Weiland, A., & Coughlin, R. (1979). Self-identification and preferences: A comparison of White and Mexican-American first- and third-graders. *Journal of Cross-Cultural Psychology, 10,* 356–365.
Weinberg, R. A. (1989). Intelligence and IQ. *American Psychologist, 44,* 98–104.
Weiner, B. (1979). A theory of motivation for some classroom experiences. *Journal of Educational Psychology, 71,* 3–25.
Weiner, B. (1980). The role of affect in rational (attributional) approaches to human motivation. *Educational Researcher, 9,* 4–11.
Weiner, B. (1986). *An attributional theory of motivation and emotion.* New York: Springer.
Weiner, B. (1990). History of motivational research in education. *Journal of Educational Psychology, 82,* 616–622.
Weiner, B. (1992). *Human motivation: Metaphors, theories, and research.* Newbury Park, CA: Sage.
Weiner, B. (1994). Ability versus effort revisited: The moral determinants of achievement evaluation an achievement as a moral system. *Educational Psychologist, 29,* 163–172.
Weiner, B. (1994). Integrating social and persons theories of achievement striving. *Review of Educational Research, 64,* 557–575.
Weiner, B., & Graham, S. (1989). Understanding the motivational role of affect: Lifespan research from an attributional perspective. *Cognition and Emotion, 4,* 401–419.
Weiner, B., Russell, D., & Lerman, D. (1978). Affective consequences of causal ascriptions. In J. H. Harvey, W. J. Ickes, & R. F. Kidd (Eds.), *New directions in attribution research* (Vol. 2). Hillsdale, NJ: Erlbaum.
Weinert, F. E., & Helmke, A. (1995). Learning from wise mother nature or big brother instructor: The wrong choice as seen from an educational perspective. *Educational Psychologist, 30,* 135–143.
Weinstein, C., Woolfolk, A., Dittmeier, L. & Shanker, U. (1994). Protector or prison guard: Using metaphors and media to explore student teachers' thinking about classroom management. *Action in Teacher Education, 16*(1), 41–54.
Weinstein, C. E. (1994). Learning strategies and learning to learn. *Encyclopedia of Education.*
Weinstein, C. E., & Mayer, R. E. (1985). The teaching of learning strategies. In M. C. Wittrock (Ed.), *Handbook of research on teaching* (3rd ed.) (pp. 315–327). New York: Macmillan.
Weinstein, C. E., & McCombs, B. (in press). A model of strategic learning. In C. Weinstein & B. McCombs (Eds.), *Strategic learning: Skill, will, and self-regulation.* Hillsdale, NJ: Erlbaum.
Weinstein, C. S. (1977). Modifying student behavior in an open classroom through changes in the physical design. *American Educational Research Journal, 14,* 249–262.
Weinstein, C. S. (1996). *Secondary classroom management: Lessons from research and practice.* New York: McGraw-Hill.
Weinstein, C. S. (1999). Reflections on best practices and promising programs: Beyond assertive classroom discipline. In H. J. Freiberg (Ed.), *Beyond behaviorism: Changing the classroom management paradigm* (pp. 147–163). Boston: Allyn & Bacon.
Weinstein, C. S., & Mignano, A. J., Jr. (1997). *Elementary classroom management: Lessons from research and practice* (2nd ed.) New York: McGraw-Hill.
Weinstein, R. S., Madison, S. M., & Kuklinski, M. R. (1995). Raising expectations in schools: Obstacles and opportunities for change. *American Educational Research Journal, 32,* 121–159.
Weisberg, R. W. (1993). *Creativity: Beyond the myth of genius.* New York: W. H. Freemen.
Weiss, G., & Hechtman, L. T. (1993). *Hyperactive children grow up: ADHD in children, adolescents, and adults* (2nd ed.). New York: Guilford Press.
Wells, A. S., & Crain, R. L. (1994). Perpetuation theory and the long-term effects of school desegregation. *Review of Educational Research, 64,* 531–55.
Wentzel, K. R. (1999). Social-motivational processes and interpersonal relations: Implications for understanding motivation in school. *Journal of Educational Psychology, 91,* 76–97.
Wertsch, J. V. (1985). *Vygotsky and the social formation of the mind.* Cambridge, MA: Harvard University Press.
Wertsch, J. V. (1991). *Voices of the mind: A sociocultural approach to mediated action.* Cambridge, MA: Harvard University Press.

Wertsch, J., & Tulviste, P. (1992). L. S. Vygotsky and contemporary developmental psychology. *Developmental Psychology, 28,* 548–557.

Wessells, M. G. (1982). *Cognitive psychology.* New York: Harper & Row.

Wessman, A. (1972). Scholastic and psychological effects of a compensatory education program for disadvantaged high school students: Project A B C. *American Educational Research Journal, 9,* 361–372.

Wharton-McDonald, R. Pressley, M., & Mistretta, J. (1996). *Outstanding literacy instruction in first grade: Teacher practices and student achievement.* Albany, NY: National Reading Research Center.

Wheelock, A. (1992). *Crossing the tracks: How untracking can save America's schools.* New York: the New Press.

When the student becomes the teacher. (1986, March). *Harvard Education Letter, 2*(3), 5–6.

White, B. Y. (1993). TinkerTools: Causal models, conceptual change, and science education. *Cognition and Instruction, 10,* 1–100.

White, E. M. (1984). Holisticism. *College Composition and Communication, 35,* 400–409.

White, H. (1986). Damsels in distress: Dependency themes in fiction for children and adolescents. *Adolescence, 21,* 251–256.

White, K. R. (1982). The relation between socioeconomic status and academic achievement. *Psychological Bulletin, 91*(3), 461–481.

White, S., & Tharp, R. G. (1988, April). *Questioning and wait-time: A cross cultural analysis.* Paper presented at the annual meeting of the American Educational Research Association, New Orleans.

Whitehead, A. N. (1929). *The aims of education.* New York: Macmillan.

Whitehurst, G. J., Epstein, J. N., Angell, A. L., Payne, A. C., Crone, D. A., & Fischel, J. E. (1994). Outcomes of an emergent literacy program in headstart. *Journal of Educational Psychology, 86,* 542–555.

Wigfield, A., & Eccles, J. (1989). Test anxiety in elementary and secondary school students. *Educational Psychologist, 24,* 159–183.

Wigfield, A., Eccles, J., MacIver, D., Rueman, D., & Midgley, C. (1991). Transitions at early adolescence: Changes in children's domain-specific self-perceptions and general self-esteem across the transition to junior high school. *Developmental Psychology, 27,* 552–565.

Wigfield, A., Eccles, J. S., & Pintrich, P. R. (1996). Development between the ages of 11 and 25. In D. Berliner & R. Calfee, (Eds.), *Handbook of Educational Psychology* (pp. 148–185). New York: Macmillan.

Wiggins, G. (1989). Teaching to the authentic test. *Educational Leadership, 46*(7), 41–47.

Wiggins, G. (1991). Assessment, authenticity, context, and validity. *Phi Delta Kappan, 75,* 200–214.

Wiggins, G. (1991). Standards, not standardization: Evoking quality student work. *Educational Leadership, 48*(5), 18–25.

Wiggins, G. (1993). Assessment, authenticity, context, and validity. *Phi Delta Kappan, 75,* 200–214.

Wiig, E. H. (1982). Communication disorders. In H. Haring (Ed.), *Exceptional children and youth* (pp. 81–110). Columbus, OH: Charles E. Merrill.

Wilen, W. (1990). Forms and phases of discussion. In W. Wilen (Ed.), *Teaching and learning through discussion* (pp. 3–24). Springfield, IL: Charles C. Thomas.

Wilkins, W. E., & Glock, M. D. (1973). *Teacher expectations and student achievement: A replication and extension.* Ithaca, NY: Cornell University Press.

Willerman, L. (1979). *The psychology of individual and group differences.* San Francisco: Freeman.

Williams, C., & Bybee J. (1994). What do children feel guilty about? Developmental and gender differences. *Developmental Psychology, 30,* 617–623.

Williams, G. C., Wiener, M. W., Markakis, K. M., Reeve, J., & Deci, E. L. (1993). Medical student motivation for internal medicine. *Annals of Internal Medicine.*

Williams, W., Blythe, T., White, N., Li, J., Sternberg, R., & Gardner, H. (1996). *Practical Intelligence in school.* New York: HarperCollins.

Willingham, W. W., & Cole, N. S. (1997). *Gender and fair assessment.* Mahwah, NJ: Lawrence Erlbaum Associates.

Willis, P. (1977). *Learning to labor.* Lexington, MA: D. C. Heath.

Wilson, C. W., & Hopkins, B. L. (1973). The effects of contingent music on the intensity of noise in junior high home economics classes. *Journal of Applied Behavior Analysis, 6,* 269–275.

Winett, R. A., & Winkler, R. C. (1972). Current behavior modification in the classroom: Be still, be quiet, be docile. *Journal of Applied Behavior Analysis, 15,* 499–504.

Wingate, N. (1986). Sexism in the classroom. *Equity and Excellence, 22,* 105–110.

Winne, P. H. (1995). Inherent details in self-regulated learning. *Educational Psychologist, 30,* 173–188.

Winograd, P., & Johnston, P. (1982). Comprehension monitoring and the error-detection paradigm. *Journal of Reading Behavior, 14,* 61–76.

Witkin, H. A., Moore, C. A., Goodenough, D. R., & Cox, R. W. (1977). Field-dependent and field-independent cognitive styles and their educational implications. *Review of Educational Research, 47,* 1–64.

Wittrock, M. C. (1982, March). *Educational implications of recent research on learning and memory.* Paper presented at the annual meeting of the American Educational Research Association, New York.

Wittrock, M. C. (1992). An empowering conception of educational psychology. *Educational Psychologist, 27,* 129–142.

Wolf, D., Bixby, J., Glenn, J., III, & Gardner, H. (1991). To use their minds well: New forms of student assessment. *Review of Research in Education, 17,* 31–74.

Wolters, C. A., Yu, S. L., & Pintrich, P. R. (1996). The relation between goal orientation and students' motivational beliefs and self-regulated learning. *Learning and Individual Differences, 8,* 211–238.

Women on Words and Images. (1975). *Dick and Jane as victims: Sex stereotyping in children's readers.* Available from author, P. O. Box 2163, Princeton, NJ.

Wong, L. (1987). Reaction to research findings: Is the feeling of obviousness warranted? *Dissertation Abstracts International,* 48/12, 3709B (University Microfilms #DA 8801059).

Wood, D., Bruner, J., & Ross, S. (1976). The role of tutoring in problem solving. *British Journal of Psychology, 66,* 181–191.

Wood, S. E., & Wood, E. G. (1999). *The world of psychology* (3rd ed.). Boston: Allyn & Bacon.

Woolfolk, A. E., & Brooks, D. (1983). Nonverbal communication in teaching. In E. Gordon (Ed.), *Review of research in education* (Vol. 10, pp. 103–150). Washington, DC: American Educational Research Association.

Woolfolk, A. E., & Brooks, D. (1985). The influence of teachers' nonverbal behaviors on students' perceptions and performance. *Elementary School Journal, 85,* 514–528.

Woolfolk, A. E., & Hoy, W. K. (1990). Prospective teachers' sense of efficacy and beliefs about control. *Journal of Educational Psychology, 82,* 81–91.

Woolfolk, A. E., Rosoff, B., & Hoy, W. K. (1990). Teachers' sense of efficacy and their beliefs about managing students. *Teaching and Teacher Education, 6,* 137–148.

Woolfolk, A. E., & Woolfolk, R. L. (1974). A contingency management technique for increasing student attention in a small group. *Journal of School Psychology, 12,* 204–212.

Woolfolk Hoy, A., & Tschannen-Moran. M. (1999). Implications of cognitive approaches to peer learning for teacher education. In A.

O'Donnell & A. King (Eds.), *Cognitive perspectives on peer learning* (pp. 257–284). Mahwah, NJ: Lawrence Erlbaum.

Worthen, B. R. (1993). Critical issues that will determine the future of alternative assessment. *Phi Delta Kappan, 74,* 444–457.

Worthen, B. R., & Spandel, V. (1991). Putting the standardized text debate in perspective. *Educational Leadership, 48*(5), 65–70.

Wright, S. C., & Taylor, D. M. (1995). Identity and the language of the classroom: Investigating the impact of heritage versus second language instruction on personal and collective self-esteem. *Journal of Educational Psychology, 87,* 241–252.

Wyler, R. S. (1988). Social memory and social judgment. In P. Solomon, G. Goethals, C. Kelly, & B. Stephans (Eds.), *Perspectives on memory research.* New York: Springer-Verlag.

Yee, A. H. (1992). Asians as stereotypes and students: Misperceptions that persist. *Educational Psychology Review, 4,* 95–132.

Yell, M. L. (1990). The use of corporal punishment, suspension, expulsion, and timeout with behaviorally disordered students in public schools: Legal considerations. *Behavioral Disorders, 15,* 100–109.

Yerkes, R. M., & Dodson, J. D. (1908). The relation of strength of stimulus to rapidity of habit formation. *Journal of Comparative Neurology, 18,* 459–482.

Yetman, N. R. (1999). *Majority and minority: The dynamics of race and ethnicity in American life.* (6th ed.). Boston: Allyn & Bacon.

Yinger, R. (1999). The role of standards in teaching and teacher education. In G. Griffin (Ed.), *The education of teachers: Ninety-eighth yearbook of the National Society for the Study of Education (Part 1)* (pp. 85–113). Chicago: University of Chicago Press.

You and the system. (1991, April). *Teacher Magazine*, 32H.

Young, A. J. (1997). I think, therefore I'm motivated: The relations among cognitive strategy use, motivational orientation, and classroom perceptions over time. *Learning and Individual Differences,* 9, 249–283.

Zeichner, K., & Gore, J. (1990). Teacher socialization. In W. R. Houston (Ed.), *Handbook of research on teacher education* (pp. 329–348). New York: Macmillan.

Zeidner, M. (1995). Adaptive coping with test situations. *Educational Psychologist, 30,* 123–134.

Zelli, A, Dodge, K. A., Lochman, J. E., & Laird, R. D. (1999). The distinction between beliefs legitimizing aggression and deviant processing of social cues: Testing measurement validity and the hypothesis that biased processing mediates the effects of beliefs on aggression. *Journal of Personality and Social Psychology, 77,* 150–166.

Zigmond, N., Jenkins, J., Fuchs, D., Deno, S., & Fuchs, L. S. (1995). When students fail to achieve satisfactorily: A reply to Leskey and Waldron. *Phi Delta Kappan, 77,* 303–306.

Zimmerman, B. J. (1990). Self-regulated learning and academic achievement: An overview. *Educational Psychologist, 21,* 3–18.

Zimmerman. B. J. (1995). Self-efficacy and educational development. In A. Bandura (Ed.), *Self-efficacy in changing societies* (pp. 202–231). New York: Cambridge University Press.

Zimmerman, B. J., Bandura, A., & Martinez-Pons, M. (1992). Self-motivation for academic attainment: The role of self-efficacy beliefs and goal-setting. *American Educational Research Journal, 29,* 663–676.

Zimmerman, B. J., & Schunk, D. H. (Eds.). (1989). *Self-regulated learning and academic achievement: Theory, research, and practice.* New York: Springer-Verlag.

Zimmerman, D. W. (1981). On the perennial argument about grading "on the curve" in college courses. *Educational Psychologist, 16,* 175–178.

Ziomek, R. L., & Maxey, J. M. (1993). To nationally test or not to nationally test: That is the question! *Measurement and Evaluation in Counseling and Development, 26,* 64–68.

译后记

伍德沃克曾说:“对我来讲,编写教育心理学教材的过程就是一种教学行为。”在伍德沃克的《教育心理学》(第八版)中,不仅可以听到教师的娓娓诱导,看到研究者孜孜以求的思索,还听到了一线教师的困惑和质疑,目睹学习者与教师、学习者与研究者、学生与现实之间的对话和争论。它为我们展现了一幅教育心理学课程教学的生动画面。

在教育心理学的研究和教材编写领域,伍德沃克教授已耕耘了 20 多年。教育心理学是教师培训项目中的基础课程,伍德沃克认为在教师培养计划中,教育心理学课程的主要目的,是帮助未来的教师在促进学生的学习和在自己的生活中,理解、评价和应用教育心理学的知识和方法,而教师自身的学习和工作应首先从中受益。伍德沃克希望教育心理学帮助教师成为“专业的学习者”,这样他们才可能帮助自己的学生成为“专业的学习者”。而且教师应对自己的学习和发展过程有自我认识,并知道如何把这个过程呈现给他人。

教育心理学之所以成为教师教育中的必备课程,在于教育心理学对教师教学的内在意义和价值,伍德沃克认为教育心理学的内容已越来越趋向于直接研究学校情景和课堂中教师直接面对的问题,从而使研究成果带给教师更直接、更有针对性的指导,使教育心理学从以前的“一般性”的学科转向了“具有直接实践价值”的学科。在本教材中我们可清楚地看到作者在这方面的鲜明的倾向和所做的大量努力。本书中除了系统介绍具有应用价值的研究外,还不断引入现实案例和问题,如教师案例簿、观点与争议、指南、检查要点中的应用,反思、联系与拓展中的联系你的教学等等,通过这些,作者试图在帮助学习者建构理论与教育实践间的联系。

关于教材的作用,伍德沃克认为与对教学过程的理解有关,当教学作为传授知识的活动,教材只需要精确、信息及时和可读性强,但当教学作为交流、对话、师徒相承、复杂决策的活动,教育心理学教材应承担以下支持学生学习的作用,这些作用也成为本书的重要特征:1. 教材可鼓励学生识别他们自己对教与学的理解和已有的知识,例如本书中的“你会怎么做”;2. 教材可通过介绍研究、呈现矛盾的观点等激发学生分析和形成自己对学习、动机、发展和教学的认识,如本书中的

“观点与争议”;3. 教材可能成为学生分析问题和完成研究项目的参考资源,而不仅仅是考试的需要;4. 教材可单独提供解释,当教师不在跟前时;5. 教材可激发学生,通过展现学习的价值、引发学习兴趣、解释更有效的阅读、解决问题和应试的策略;6. 教材可帮助学生设想教育心理学原则如何落实到行为中,通过提供具体例子和应用,请学生基于例子进行认识、分析和思考。学生可以阅读某项研究,将研究与理论联系起来,再读一两种可能的应用。在这个过程中,学生从思考特定的情景(某个研究发现)到一般的规则(理论解释),再到特定的情景(应用),再到一般的规则,再到特定情景(如何),再到一般规则(解释);7. 最后,当前的教材可提供一种综合的、鼓励读者组织各种来源的信息。教材可作为学生讨论的基础,阅读同一本教材学生感受和认识可能不同,在讨论中学生建构他们的认识。

伍德沃克选择写作一部比较综合的教材,不是局限于某个理论观点,而是涉及了有关发展、学习、动机、教学和评价的主要观点。这为本教材的使用者提供了较充分的选择空间,教师可根据需要选择某些章节组织教学,如作者本人一般选择其中的八或九章,同时补充其他阅读资料和活动,深入每个选择的主题。课程不必为教材所限,它只是教学的资源。

伍德沃克极为看重组织教材的条理清晰,以便于学生阅读和理解,学生不必为搞懂教材所要表达的意思而煞费一番功夫。但她也提醒到,教材的清晰并不能保证学生必定真正理解,也许学生以为自己理解了,但只是获得了一些惰性知识。伍德沃克建议采用较宏观的观点作为组织材料的中心,或是采用教学任务作为线索,如计划如何联系实践、举例、应用、方法技巧等,同时伍德沃克也提出要避免把复杂的原理简化为一套行为清单,而应问一些非常重要的问题,如“为什么/还可以怎么做?”“为什么?”“为什么这个情景中这样应用会有效?”“教师还可以怎样应用这个理论?”

本教材的另一个重要特征是,始终将理论与实践紧密相联,每章都有大量案例来说明理论的应用或不足。既有贯穿整章的案例讨论,也有仅针对某个观点的案例列举。比如,每章开始时学习者就面临一个实践问题,带着对实践问题的思考,在学习教育心理学的理论和研究过程,寻求对问题的解决办法和依据。

原版书图文并茂,装帧精细,采用了彩色框、粗体、斜体和总结框来突出重点,为学习者和教学提供了清晰线索。中文版虽然未完全保有原版形式,但也采用了一系列不同字号的黑体、斜体字等突出各级标题、关键概念以及不同的功能段落如“检查要点”、“观点与争议”和“指南”等,力图保留原版的格式上条理清晰可辨的特征。

在阅读和使用本书的过程中,以下几点还望特别提醒读者注意。

总体上说,本书是入门教材,但书中的某些内容事实上超出了入门的水平,甚至可能更适于研究生的层次。

尽管本书以综合全面而著称,但一本教材终究不可能包罗万象,甚至会遗漏一些重要的理论和成果。

最重要的一点是，对于阅读此中文版的读者，需要了解此书介绍的理论大部分来自西方国家，新近的研究几乎都是在美国完成。而且列举的实践问题、案例和教师体会都是来自美国本土，我国的读者从中会受到启发，但还需要我们联系自己的社会文化背景和自身的实践需要，认真学习钻研，慎重借鉴吸纳，踏实求证实践。

还有一点，本书介绍了大量教育心理学术语，也对这些术语给出了解释，但这些解释并未采用十分精准的定义形式，换句话说，它与辞典中的定义有一定距离，而是采用简洁的释义方法，对于将教育心理学作为应用工具的教师来讲，他们学习的目的不在于记忆这些解释，而在于在适当的场合正确使用这些术语。

由于篇幅、出书的成本和定价等原因，原版中未成为正文一部分的某些卡通画和照片在中文版中未出现，这也是一个很大的遗憾。

本教材由两人合译，陈红兵主要负责翻译中文版序、第一章、第三章、第五章、第九章、第十章、第十一章、第十二章、第十三章和第十四章，张春莉主要翻译了第二章、第四章、第六章、第七章、第八章和第十五章。这里我们由衷地感谢北京师范大学教育学院院长张斌贤教授在百忙中为全书做了审校工作。在翻译的过程中，得到了我们的研究生刘金玲、丁凤喜、杜蕾、吴敏和部分本科生的帮助，这里对他们表示谢意。还要特别感谢江苏教育出版社的赵明主任和本书的责任编辑金玲女士，他们为本书的最终付梓做了大量而细致的工作。最后，还要特别对伍德沃克教授的帮助深表谢意，感谢她百忙中抽出时间及时回答我们在翻译中向她求教的问题，给予我们支持，并为中文版未来的读者写寄语。

当然，由于译者水平有限，本书中错误在所难免，希望得到广大专家、同行和学生的批评指正。请将您的反馈意见寄至北京师范大学教育学院陈红兵或张春莉收。我们期盼着您的宝贵意见。

陈红兵　张春莉

2004 年 5 月